Walter Doberenz, Thomas Gewinnus

Datenbankprogrammierung mit Visual Basic 2010

Walter Doberenz, Thomas Gewinnus

Datenbankprogrammierung mit Visual Basic 2010

15 14 13 12 11 10 9 8 7 6 5 4 3 2 1
12 11 10

ISBN 978-3-86645-445-3

© O'Reilly Verlag GmbH & Co. KG
Balthasarstr. 81, D-50670 Köln
Alle Rechte vorbehalten

Satz: Ingenieurbüro Dipl.-Ing. Th. Gewinnus (www.doko-buch.de)
Layout: Gerhard Alfes, mediaService, Siegen (www.media-service.tv)
Umschlaggestaltung: Hommer Design GmbH, Haar (www.HommerDesign.com)
Gesamtherstellung: Kösel, Krugzell (www.KoeselBuch.de)

Kurzübersicht

Inhaltsverzeichnis

> **HINWEIS** Die Bonuskapitel 3, 11 und 21 finden Sie als PDF-Datei auf der beiliegenden CD. Im Inhaltsverzeichnis sind sie durch ein CD-Symbol gekennzeichnet.

Vorwort

Zu Beginn dieses Jahrtausends hat Microsoft mit der Einführung der .NET-Technologie eine neue Ära der Windows-Anwendungsentwicklung eingeläutet. Damit sind jedoch nicht nur die umfassenden Möglichkeiten der Datenbank- und Internetprogrammierung gemeint. Auch die Barrieren zwischen den Entwicklern, die bislang in unterschiedlichen Sprachen ihr Brot verdienten, wurden eingerissen, da die Common Language Runtime (CLR) eine gemeinsame Ebene für alle Sprachen definiert.

Jetzt buhlt eine ständig wachsende Gruppe von .NET-Programmiersprachen um die Gunst des Entwicklers, zu den wichtigsten dieser Sprachen zählt Visual Basic.

HINWEIS   Dieses Buch beschäftigt sich speziell mit dem Einsatz von Visual Basic 2010 zur Datenbank- und Web-Programmierung und kann demnach keine umfassende Einführung in die Grundlagen dieser Sprache nach Art eines Lehrbuchs geben. Dem Neuling sei deshalb wärmstens empfohlen, sich vorher mit einem der auch bei Microsoft Press erschienenen Visual Visual Basic 2010-Einsteigerbücher auseinanderzusetzen.

Ein Buch für Einsteiger und Fortgeschrittene

Vor Ihnen liegt die komplett für das .NET Framework 4 überarbeitete und durch neue Kapitel und Beiträge (Chart, WCF, SQL Server Compact, SQLite, LINQ to Entities ...) ergänzte Neuauflage unseres erfolgreichen Vorgängertitels »Datenbankprogrammierung mit Visual Basic 2010«.

Wie seine Vorgänger wagt auch dieses Buch den Spagat zwischen einem Leitfaden für Einsteiger und einem Nachschlagewerk für Fortgeschrittene.

Die Möglichkeiten der Datenbank- und Web-Programmierung mit den Mitteln von Visual Studio 2010 sind inzwischen so komplex und vielgestaltig, dass dieses Buch trotz seines deutlich vergrößerten Umfangs den Anspruch auf Vollständigkeit aufgeben muss. Unser Ziel konnte es deshalb nur sein, nach dem Prinzip »soviel wie nötig« eine sorgfältige Auswahl zu treffen, die einerseits den Einsteiger nicht überfordert oder gar verwirrt und andererseits dem Profi Antworten auf wichtige Fragen liefert, die er bislang in anderen Quellen vergeblich gesucht hat.

HINWEIS   Da das Buch auf Vollständigkeit zugunsten von Problemlösungen verzichtet, kann es die integrierte Online-Hilfe keinesfalls ersetzen!

Die wichtigsten allgemeinen Kapitel dieses Buchs sind in einen Grundlagenteil und einen How-to-Praxisteil untergliedert:

- Der Grundlagenteil vermittelt einen Einstieg in die Datenbank- bzw. Web-Programmierung mit den Klassen des .NET Framework 4.0. Es wird versucht, den in Sachen .NET und Datenbanken noch unerfahrenen Leser schrittweise an die doch ziemlich komplexe Problematik heranzuführen. Aber auch der Profi wird hier auf seine Kosten kommen, bietet sich ihm hier doch eine Nachschlagemöglichkeit für die wichtigsten Datenzugriffstechnologien.

- Programmieren lernt man nicht durch das Studium von Lehrbüchern, sondern nur durch das unermüdliche Ausprobieren von Beispielen! Gemäß diesem Motto finden Sie im How-to-Praxisteil der Kapitel eine Vielzahl von Beispielen, die Sie zum Auslösen von »Aha-Effekten« motivieren bzw. zur Lösung eigener Problemstellungen befähigen sollen.

- Als .NET-Programmierer haben Sie die Auswahl zwischen den unterschiedlichsten Datenbanksystemen (Access, SQL Server, Oracle etc.). Obwohl wir in den Beispielen dieses Buchs hauptsächlich auf Access- und SQL Server-Datenbanken Bezug nehmen, ist diese Beschränkung ohne gravierende praktische Auswirkungen, da es die .NET-Datenprovider gestatten, mit einheitlichem Muster auf beliebige Datenquellen zuzugreifen.

Nützlich auch für den Visual C#-Programmierer

Das Pendant zum vorliegenden Buch ist unser ebenfalls bei Microsoft Press erschienener Titel *Datenbankprogrammierung mit Visual C# 2010*. Da beide Bücher exakt das gleiche Inhaltsverzeichnis haben (inklusive Beispielcode), lassen sich ideale Vergleiche zwischen beiden Sprachen anstellen.

Eine solche »Übersetzungshilfe« scheint besonders nützlich zu sein, weil man in einem .NET-Entwicklerteam durchaus in mehreren .NET-Sprachen zusammenarbeitet.

Begleitdateien

Die zu diesem Buch mitgelieferten Begleitdateien enthalten den vollständigen Quellcode aller Kapitel sowie ein komplettes E-Book inklusive der Kapitel 3 (SQL), Kapitel 11 (Crystal Reports) und Kapitel 21 (Webshop). Letztere mussten wir zugunsten neuerer Themen schweren Herzens auslagern, da ansonsten die maximal zulässige Seitenzahl dieses Buchs überschritten worden wäre.

Alle für die Beispiele benötigten **.mdb-* und **.mdf-*Datenbanken sind mehrfach in den Begleitdateien enthalten. Wir haben uns dabei bewusst nicht nur auf die bekannte *Northwind/Nordwind*-Datenbank beschränkt. Um flexibel zu bleiben und das einseitige Fixieren auf eine bestimmte Tabellenstruktur zu vermeiden, wurden gelegentlich auch andere Datenbanken verwendet.

Für den Einsteiger einige weitere Hinweise, die wir aufgrund von Erfahrungen mit unserem Vorgängertitel diesmal nicht vergessen wollen:

- Sie sollten natürlich *Visual Studio 2010* auf Ihrem PC installiert haben, diese Software ist nicht Teil der Begleitdateien. Ausführliche Hinweise zu dieser und weiteren erforderlichen Installationen finden Sie gleich zu Beginn des Kapitels 1.

- In der Regel sind alle von der Festplatte gestarteten Beispiele sofort lauffähig, da die Datenbanken meist direkt in das Projektverzeichnis kopiert wurden, wodurch Probleme mit absoluten Pfadangaben entfallen. Insbesondere bei den Beispielen zur Web-Programmierung sind aber meist diverse Sicherheitshürden zu umschiffen und empfiehlt sich, vorher einen Blick auf die beigefügten *Liesmich*-Dateien zu werfen.

Zu den Autoren

Hinweise zum Buch und Leseranfragen können Sie über unsere Website

www.doko-buch.de

direkt an die Autoren richten.

Dort finden Sie auch eventuelle Fehlerberichtigungen und ergänzende Beispiele.

Danksagungen

Danken möchten wir den Mitarbeitern von Microsoft Press für die Unterstützung beim Zustandekommen der Neuauflage des Werkes.

Auch Ihnen, liebe Leserin und lieber Leser, gebührt Dank für das durch den Kauf des Buches erwiesene Vertrauen in die Autoren. Wir hoffen, dass wir Ihnen damit einen nützlichen Begleiter für die Entwicklung anspruchsvoller .NET-Datenbankapplikationen in die Hände gegeben haben, der seinen Platz im Bücherregal möglichst lange behaupten kann.

Falls Sie dennoch dieses und jenes vermissen, so bitten wir Sie um Nachsicht, denn es ist einerseits die unglaubliche Vielfalt an Möglichkeiten, die Ihnen die Datenbankprogrammierung mit Visual Basic 2010 bietet, und andererseits das Bedürfnis des Praktikers nach unmittelbar anwendbaren Problemlösungen, die uns zu einigen inhaltlichen Kompromissen gezwungen haben.

Viel Spaß und Erfolg beim Programmieren!

Walter Doberenz und *Thomas Gewinnus*

Kapitel 1

Erste Schritte

In diesem Kapitel:

Dieses Kapitel soll Ihnen nicht mehr und nicht weniger als einen ersten Überblick über die Datenbankprogrammierung unter Visual Basic 2010 vermitteln. Wir gehen davon aus, dass Sie bereits über Grundkenntnisse der .NET-Programmierung verfügen, mit Klassen und Objekten einigermaßen umgehen können und wissen, wie die Entwicklungsumgebung *Visual Studio 2010* vom Prinzip her zu bedienen ist. Gewisse Erfahrungen im Umgang mit relationalen Datenbanken (Access, Microsoft SQL Server) wären zwar ebenfalls wünschenswert, sind aber nicht Bedingung.

Für den so »vorbelasteten« Leser haben wir dieses Einführungskapitel in folgende Abschnitte aufgeteilt:

- **Unsere Werkstatt**
  Hier noch einmal in Kürze das Wichtigste zu den auf Ihrem Entwicklungsrechner erforderlichen Software-Installationen.

- **Visual Basic und die Datenbankprogrammierung**
  Die wichtigsten Konzepte des Datenbankzugriffs werden skizziert. Für alle, die bereits mit Visual Studio 2008 gearbeitet haben, erfolgt ein kurzer Überblick über die unter Visual Studio 2010 bzw. .NET 4.0 eingeführten Neuerungen.

- **Etwas Datenbanktheorie**
  Das Allernotwendigste zum Entwurf von Relationalen Datenbanken sowie Klärung der wichtigsten Begriffe.

- **Einführungsbeispiele**
  Sechs einfache Beispiele für den schnellen Einstieg in die Datenbank- und Internetprogrammierung.

Unsere Werkstatt

Bevor es so richtig losgehen kann, sollten wir unsere Werkstatt in einen aufgeräumten und funktionsbereiten Zustand versetzen.

Betriebssystem

Wir setzen voraus, dass Sie über Windows Vista, Windows 7 oder Windows Server 2003 bzw. 2008 verfügen und dazu die erforderlichen Service Packs installiert haben.

HINWEIS	Alle Beispiele in diesem Buch wurden unter Windows 7 entwickelt.

Internet Information Server

Obwohl Web-Anwendungen auch mit dem bereits unter .NET 2.0 eingeführten Development Server entwickelt werden können, sind die mit dem Betriebssystem gelieferten *Internet Information Services*, die wir kurzerhand als *Internet Information Server* (IIS) bezeichnen werden, nach wie vor unabkömmlich.

Die aktuelle Version 7.5 findet sich in Windows Server 2008 und Windows 7. Die Funktionsfähigkeit des IIS können Sie überprüfen, indem Sie im Internet Explorer (IE) die folgende URL eingeben:

```
http://localhost
```

Es müsste nun die Standard-Webseite des IIS erscheinen.

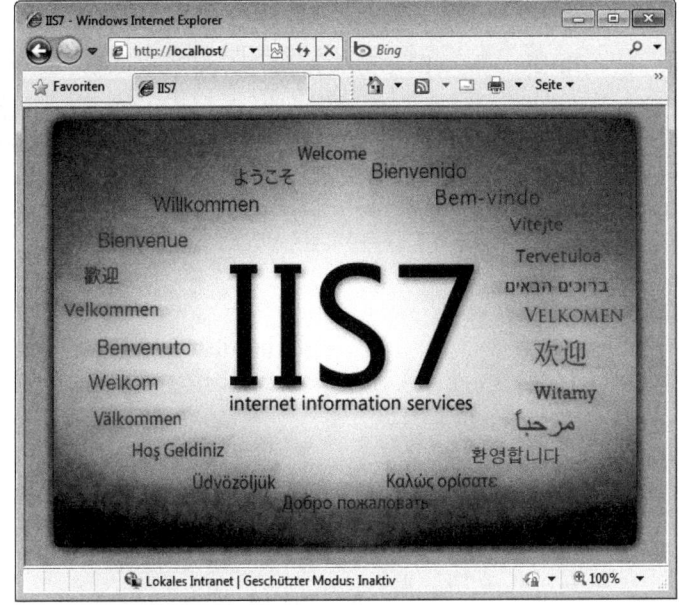

Abbildung 1.1 Die Standard-Website des IIS

Sollte dies nicht der Fall sein, so überprüfen Sie, ob der IIS überhaupt installiert ist. Öffnen Sie dazu die Windows-Systemsteuerung und klicken Sie unter *Programme* auf »Windows-Funktionen aktivieren oder deaktivieren«. Aktivieren Sie die »WWW-Dienste« und die »Internetinformationsdienste« wobei Sie zumindest die in der Abbildung gezeigten Häkchen setzen sollten.

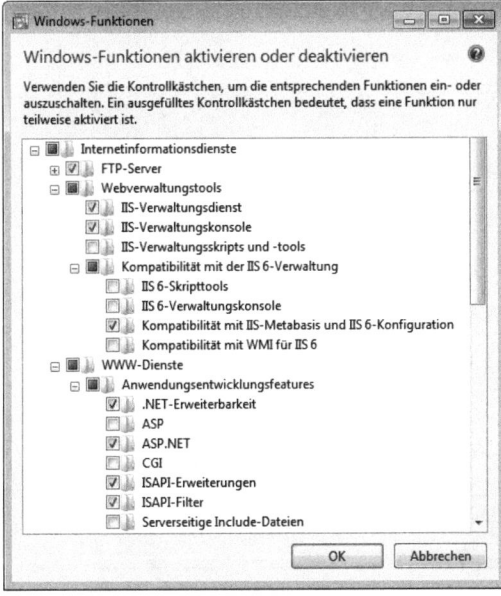

Abbildung 1.2 Auswahldialog für Windows-Funktionen

In der Regel ist auch nach diesem *OK* das Problem leider noch nicht gelöst.

ASP.NET registrieren

Nach erfolgter Installation des IIS müssen Sie in der Regel noch ASP.NET 4.x registrieren. Dazu steht Ihnen das Tool *aspnet_regiis.exe* aus dem Verzeichnis *C:\Windows\Microsoft.NET\Framework\v4.0.21006* zur Verfügung.

Wechseln Sie in die Windows-Kommandozeile (*Start/Alle Programme/Zubehör/Eingabeaufforderung*) und öffnen Sie gegebenenfalls mit der Option: *Als Administrator ausführen*

Geben Sie den folgenden Befehl ein.

```
c:\windows\microsoft.net\framework\v4.0.21006\aspnet_regiis -i
```

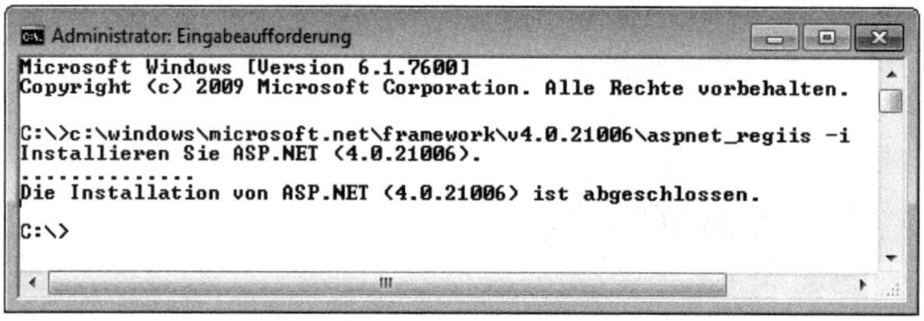

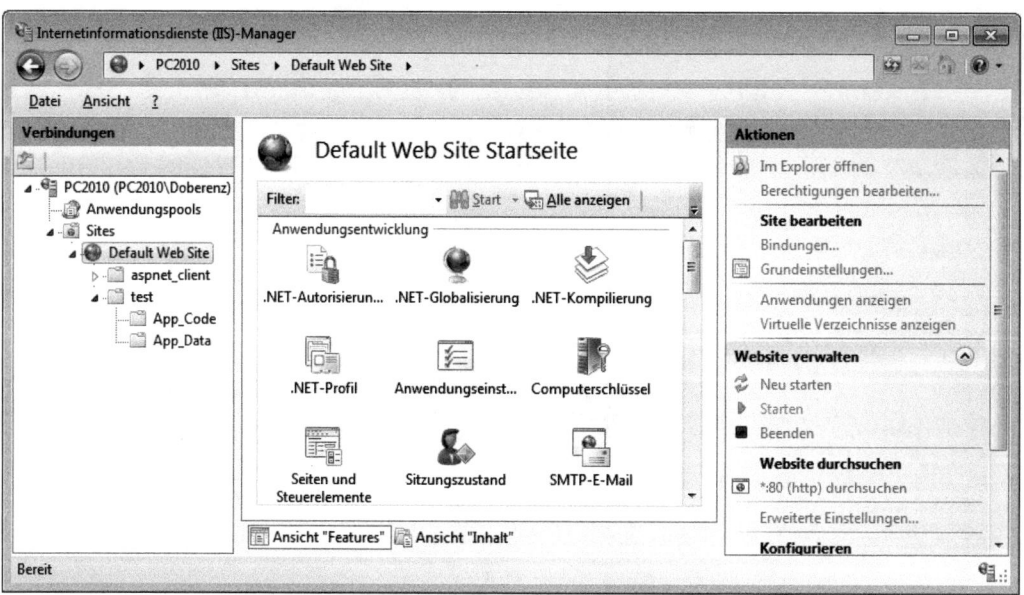

Abbildung 1.3   ASP.NET-Registrierung

Anschließend dürfte dem Anlegen neuer Web-Projekte auf dem IIS nichts mehr im Wege stehen.

Die abgebildete IIS-Konsole können Sie über die Windows-Systemsteuerung öffnen (*System und Sicherheit/ Verwaltung/Internetinformationsdienste (IIS)-Manager*).

Abbildung 1.4   IIS-Manager

Visual Studio 2010

Auf Details zur Installation von Visual Studio 2010 wollen wir hier nicht weiter eingehen, sondern lediglich darauf hinweisen, dass zumindest die Professional-Edition, vorhanden sein sollte.

HINWEIS   Vor dem Setup von Visual Studio 2010 deinstallieren Sie unbedingt eventuell vorhandene Test-Editionen der Microsoft-Entwicklungsumgebung.

Vergewissern Sie sich (Menü *Hilfe/Info über Microsoft Visual Studio*), dass zumindest die folgenden Produkte installiert sind:

- Microsoft Visual Basic 2010
- Microsoft Visual Web Developer 2010

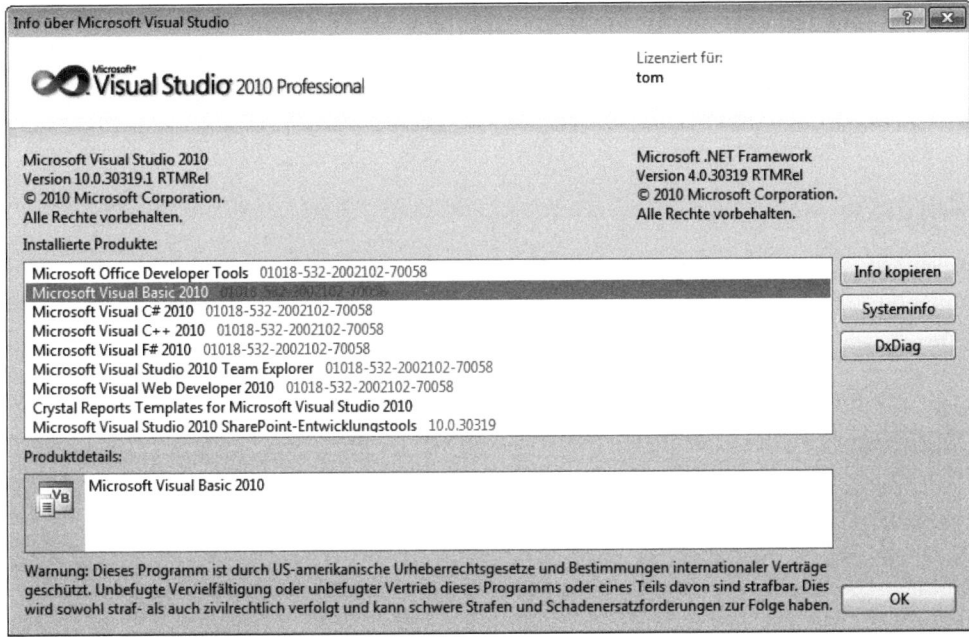

Abbildung 1.5 Übersicht über die installierten Produkte

SQL Server 2008 oder SQL Server Express

Wer den Microsoft SQL Server 2008 nicht bereits sein Eigen nennt, für den ist die abgerüstete Version, nämlich der *SQL Server Express* (SQLEXPRESS), eine gute Alternative. Auf der gleichen Codebasis wie der SQL Server 2008 erstellt, bietet die SQL Server Express größtenteils die gleichen Features. Es ist deshalb problemlos möglich, eine mit der Express-Version erstellte Anwendung später nach SQL Server 2008 zu portieren.

HINWEIS   Auf die Einschränkungen der Express-Version gehen wir in Kapitel 13 im Detail ein.

SQLEXPRESS erhält den Instanznamen \\Servername\SQLEXPRESS und kann über den SQL Server-Konfi-gurations-Manager gestartet/gestoppt werden (Aufruf über *Start/Programme/Microsoft SQL Server 2008/ Konfigurationstools*).

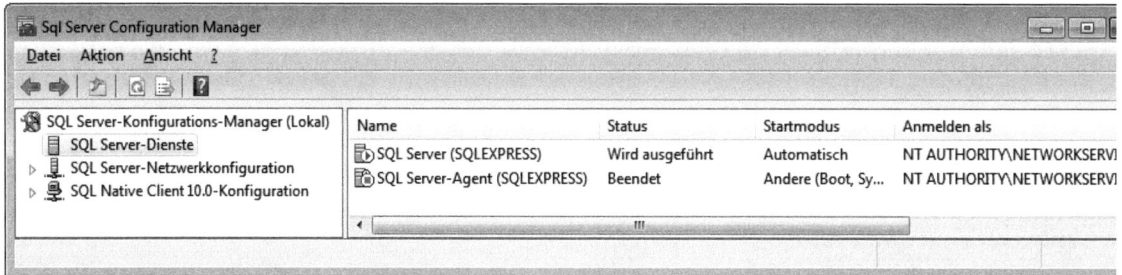

Abbildung 1.6 SQL Server-Konfigurations-Manager

HINWEIS   Viele Beispiele dieses Buchs beziehen sich auf die *Northwind*-Datenbank. Eine Installation dieser Datenbank auf dem SQL-Server wäre zwar wünschenswert, ist aber nicht unbedingt erforderlich, da (nach entsprechender Änderung der Verbindungszeichenfolge) auch die mitgegebene Datenbankdatei *Northwind.mdf* verwendet werden kann.

Microsoft Access

Zur Unterstützung unserer Arbeit empfiehlt sich auch die Installation von *Microsoft Office*, wobei vor allem *Microsoft Access* sehr hilfreich sein kann.

Nach wie vor erfreuen sich Access-Datenbanken großer Beliebtheit, da sie sich schnell erstellen und einfach administrieren lassen. Deshalb werden wir in diesem Buch auch den Zugriff auf Access-Datenbanken als Alternative zum Microsoft SQL-Server behandeln.

Allerdings müssen Sie sich darüber im Klaren sein, dass Access-Datenbanken schlecht skalierbar sind, also nicht für viele gleichzeitige Zugriffe entwickelt wurden, was ihren Einsatz insbesondere in ASP.NET- oder Webdienst-Anwendungen behindert.

HINWEIS   Bei der zu den Vorgängerversionen von Access mitgelieferten Beispieldatenbank *Nordwind.mdb* handelt es sich um eine eingedeutschte und etwas abgerüstete Version der *Northwind*-Datenbank des SQL-Servers. Eine vergleichende Gegenüberstellung finden Sie im Anhang dieses Buchs. Für das neuere Access 2007-Format kommt die als Download und als Begleitdaten verfügbare *Northwind.accdb* zum Einsatz. Mehr zu diesem Thema finden Sie im Kapitel 12.

Visual Basic und die Datenbankprogrammierung

Wir richten uns jetzt vor allem an jene Leser, die sich nicht mehr zum Kreis der absoluten Newcomer in Sachen Datenbankprogrammierung zählen und die sich deshalb kaum wundern werden, dass sich die Schwerpunkte dieses Buches weniger um Visual Basic 2010, als um die folgenden Themen gruppieren:

- ADO.NET
- SQL

- LINQ

- ADO.NET Entity Framework

- SQL Server

- Reporting

- ASP.NET

- WCF

Alle diese Themen stehen untereinander im engen Zusammenhang, das gemeinsame Dach heißt .NET! Die konkrete Wahl der Programmiersprache (Visual Basic, C# ...) ist dabei eher sekundär und lediglich Mittel zum Zweck.

Zur Geschichte des universellen Datenzugriffs

»Nichts ist mehr so, wie es einmal war!« – Dieser Satz charakterisiert wohl am ehesten die neuen Anforderungen, die das Web-Zeitalter an die Programmierung von Datenbankapplikationen stellt. Wir wollen diese Anforderungen zunächst grob charakterisieren, um uns dann einen ersten Überblick über die Architektur von ADO.NET – dem (trotz oder gerade wegen LINQ) wohl wichtigsten Thema dieses Buchs – zu verschaffen.

Jedes Datenbanksystem stellt Schnittstellen (APIs) zur Verfügung, die es dem Programmierer erlauben, auf Datenbanken zuzugreifen bzw. welche zu erzeugen. Allerdings sind diese APIs herstellerspezifisch, und es war in der Vergangenheit für einen Anwendungsprogrammierer immer ziemlich schwierig und fehleranfällig, all diese Vielfalt zu beherrschen. Noch komplizierter wurde es, wenn ein neues Datenbanksystem herauskam und bereits vorhandene ältere Applikationen darauf umgestellt werden mussten. Der Ruf nach einer einheitlichen, universell einsetzbaren Datenbankschnittstelle wurde demzufolge immer lauter.

Microsoft hat schon seit vielen Jahren versucht, dieses Problem zu lösen. Die bisherigen Schritte in dieser Richtung sind:

- ODBC (Open Database Connectivity)

- OLE DB

- ADO (ActiveX Data Objects)

- ADO.NET

- LINQ (LINQ to SQL, LINQ to Entities ...)

Eine rundum zufrieden stellende Lösung konnte und kann auch das alte ADO – der Vorgänger von ADO.-NET – nicht bieten, da es die speziellen Belange des Internets, auf die wir noch zu sprechen kommen, nur ungenügend berücksichtigt.

Zusammen mit der .NET-Plattform hatte Microsoft einen grundlegend neuen Mechanismus für den universellen Datenzugriff ins Leben gerufen: ADO.NET. Obwohl ADO für *ActiveX Data Objects* steht, hat ADO.NET mit der ActiveX-Technologie so gut wie nichts mehr zu tun – es heißt einfach nur ADO.NET!

ADO.NET bietet ein umfangreiches System von Klassen, mit denen auf unterschiedlichste Datenbanken zugegriffen werden kann. Von der einfachen Desktop-Anwendung bis hin zur komplexen transaktionsbasierten Web-Applikation ist alles machbar. Im Unterschied zum klassischen ADO liefert ADO.NET ausschließlich so genannten *Managed Code* (verwalteten Code) und ist somit für die optimale Integration in das .NET Framework ausgelegt.

HINWEIS   Das bereits unter .NET 3.5 neu eingeführte LINQ setzt auf ADO.NET auf und ermöglicht eine Integration von SQL-ähnlichen Abfragen direkt in die Sprache VB (siehe Einführungsbeispiel 1.3).

Merkmale webbasierter Anwendungen

Anders als bei klassischen Desktop-Anwendungen gibt es in verteilten Umgebungen keine feste Beziehung zwischen Datenquelle und Frontend mehr. Der kurzzeitige Kontakt eines Programms zur Datenquelle lässt sich auf drei Etappen reduzieren:

- Aufbau der Verbindung zur Datenquelle
- Übertragung der Daten
- Abbau der Verbindung

Die Anzahl gleichzeitiger Benutzer ist nie eindeutig vorhersehbar, d.h., die Web-Anwendung muss einen hohen Grad von Skalierbarkeit erreichen, um z.B. auch hundert gleichzeitige Zugriffe zu verkraften.

Allgemeine Architektur

ADO.NET wurde geschaffen, um den besonderen Anforderungen verteilter Anwendungen Rechnung zu tragen, die immer aus mehreren Teilprogrammen bzw. Ebenen bestehen:

- Datenebene (auch Data-Tier oder Backend)
- Geschäftsebene (auch Middle-Tier oder Business-Schicht)
- Präsentationsebene (auch Anwenderschnittstelle, Usertier oder Frontend)
- Das Internet/Intranet als Verbindungsschicht zwischen Präsentations- und Geschäftsebene

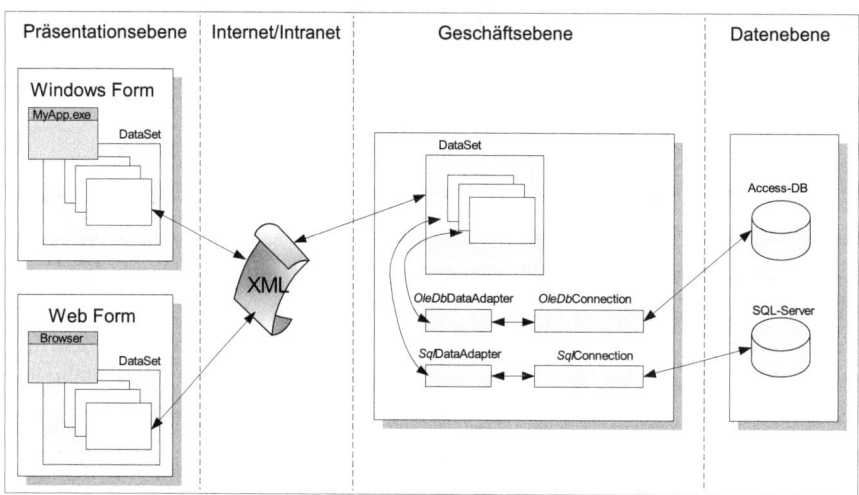

Abbildung 1.7 Zur Architektur webbasierter Anwendungen

Die Abbildung 1.7 soll Ihnen diese typische Struktur erläutern. Sie erkennen u.a. deutlich die Rolle von XML, welches als universelles Übertragungsprotokoll den Datenaustausch zwischen Präsentations- und Geschäftsebene übernimmt.

In der Abbildung erkennen Sie auch die zentrale Rolle der Hauptobjekte von ADO.NET: *DataSet*, *DataAdapter* und *Connection*.

Weiterhin sind die Projekttypen zur Gestaltung der Benutzerschnittstelle ersichtlich:

- Desktop-Anwendung (Windows-Forms, WPF)

- Web-Anwendung (Internet-Browser)

Wie Ihnen bereits die Einführungsbeispiele dieses Kapitels verdeutlichen, gibt es keine grundsätzlichen programmtechnischen Unterschiede zwischen beiden Anwendungstypen.

Grundprinzip ist die Trennung von Datenbank und Datenhaltung

Das eherne Grundprinzip von ADO.NET ist die strikte Trennung von Datenbank und Datenhaltung. Die benötigten Datensätze werden einmal bei der Datenbank abgeholt und dann im Arbeitsspeicher bis auf Abruf vorgehalten. Alle vorgenommenen Änderungen schlagen sich zunächst hier nieder. Erst wenn diese Änderungen irgendwann in die Datenbank zurückgeschrieben werden sollen, erfolgt kurzzeitig ein erneuter Verbindungsaufbau zur Datenbank, die Aktualisierung wird also in einem Schwung erledigt. Dieser sehr flexible Update-Mechanismus erlaubt eine äußerst wirkungsvolle Reduktion der Anzahl gleichzeitiger Datenbankzugriffe und ermöglicht somit eine hohe Skalierbarkeit der Anwendung.

Kein Platz mehr für das Recordset-Objekt

»Der Mohr hat seine Schuldigkeit getan!«. Im Modell des asynchronen Datenzugriffs gibt es keine Verwendung mehr für das klassische (cursorbasierte) *Recordset*-Objekt, welches als Kernobjekt aller Vorgängertechnologien (DAO, ADO alt) gilt. Ein solches *Recordset* benötigt in der Regel eine ständige Datenbankverbindung und ermöglicht lediglich eine zeilenweise Bearbeitung der Datensätze. Das führt zu einer Verlagerung großer Teile der Anwendungslogik auf den Datenbankserver, um dort eine möglichst intelligente Verarbeitung (*Stored Procedures*) und damit eine Einschränkung der Ergebnismenge zu erreichen. Der asynchrone Datenzugriff eröffnet hingegen eine neue Sicht auf die Logik, die auf dem Datenbankserver zu implementieren ist.

Das DataSet als Mini-Datenbank

Das Kernobjekt von ADO.NET ist das *DataSet*. Es hat völlig andere und erheblich komplexere Eigenschaften und Fähigkeiten als das altbekannte *Recordset*. So kann es beispielsweise nicht nur eine, sondern mehrere Tabellen enthalten. Neben den eigentlichen Daten sind im Speicher auch die Strukturinformationen (Schema- bzw. Metadaten) hinterlegt. Es liegen also auch Informationen über die verwendeten Datentypen und die Beziehungen (Relationen) zwischen den Tabellen vor.

All diese Forderungen werden durch das *DataSet*-Objekt erfüllt. Es repräsentiert – ähnlich wie eine Datenbank – sowohl die Daten als auch die Metadaten und kann auch die Relationen speichern.

Das *DataSet* steht in enger Beziehung zur *Extensible Markup Language* (XML), es lässt sich komplett im XML-Format beschreiben und serialisieren bzw. abspeichern.

Ohne XML geht gar nichts mehr

Mittlerweile ist XML zu einem grundlegenden Standard geworden. Auch unter ADO.NET basieren neben dem *DataSet* viele weiteren Elemente auf XML, wobei primärer Einsatzzweck der Datenaustausch zwischen den verschiedenen Schichten einer Web-Applikation ist. Man verwendet diese Beschreibungssprache aber auch z.B. zum Ablegen der Daten im Arbeitsspeicher bzw. auf der Festplatte. Umgekehrt können Sie eine XML-Datei wie jede andere Datenquelle verwenden, um z.B. ein *DataSet* daraus zu erstellen.

Hier die wichtigsten Vorteile:

- **XML ist textbasiert**
  Da die XML-Darstellung keine binären Informationen verwendet, kann sie über jedes textbasierte Protokoll (z.B. HTTP) verschickt werden. Eine Blockade durch Firewalls ist unwahrscheinlich, da sich diese in der Regel nur gegen binäre Dateien richtet.

- **XML ist standardisiert**
  Aufgrund des einheitlichen Formats können die Datenkomponenten Ihrer Anwendung Daten mit jeder anderen Komponente in jeder anderen Anwendung austauschen, so lange diese Komponente XML versteht. Damit wird ein hohes Maß an Austauschbarkeit zwischen völlig verschiedenen Anwendungstypen erreicht.

LINQ to XML

Mit Einführung der LINQ-Technologie vereinfachte sich auch der Zugriff auf XML-Dokumente, denn diese können mit LINQ to XML nach dem gleichen Muster abgefragt werden, wie beispielsweise Datenbanken mit LINQ to SQL.

SQL-Kenntnisse sind ein Muss!

Wer bis jetzt noch ohne SQL-Kenntnisse über die Runden gekommen ist, für den ist bei ADO.NET endgültig und erbarmungslos das Ende der Fahnenstange erreicht. Das gilt trotz, oder gerade wegen LINQ to SQL. Sie sollten sich zumindest Grundkenntnisse angeeignet haben, bevor Sie mit LINQ to SQL oder Entity SQL zu größeren Sprüngen abheben wollen.

Für all diejenigen, die bezüglich SQL noch Nachholbedarf haben, bietet das Kapitel 3 reichlich Übungsstoff.

ASP.NET ist keine Hürde!

ASP.NET ist keine neue Programmiersprache, sondern wohl eher eine Technologie, die mit Hilfe einer bestimmten Programmiersprache (VB, C# ...) umgesetzt wird. ASP (*Active Server Pages*) liefert dynamische Webseiten, die auf dem Server »intelligent« erzeugt werden, wobei der Client nach wie vor reines HTML »sieht«. Im Unterschied zum alten ASP ist dank der Code Behind-Technologie von ASP.NET die Programmierung erheblich vereinfacht (siehe Einführungsbeispiel 1.4 bzw. Kapitel 8).

Last but not least – OOP!

Wer beim Querlesen dieses Buchs glaubt, sofort mit der Datenbankprogrammierung beginnen zu können, ohne sich vorher mit den gnadenlos objektorientierten Konzepten von VB beschäftigt zu haben, der wird wahrscheinlich größere Schwierigkeiten beim Nachvollziehen der Beispiele bekommen.

Man sollte schon etwas mit Begriffen wie Klassenbibliothek, Instanz, Konstruktor, Collection, überladene Methoden etc. anfangen können, denn diese Kenntnisse werden zum Verständnis des folgenden Stoffes im Sinn von Handwerkszeug einfach vorausgesetzt und nicht noch einmal grundlegend erläutert.

> **HINWEIS** Nochmals empfehlen wir deshalb dem Newcomer in Sachen .NET-Datenbankprogrammierung das vorhergehende ultimative Studium eines entsprechenden VB-Einsteigerbuchs.

Ein Wort zum .NET-Sicherheitskonzept

Computer im Internet waren schon immer ein potenzielles Angriffsziel für Hacker und Virenattacken. Da der Grundgedanke von .NET auf der Verwendung verteilter Komponenten im Internet basiert, ist ein völlig neues Sicherheitskonzept erforderlich, welches sich deutlich von dem des klassischen (unsicheren) Codes im Internet abgrenzt. Das .NET Framework stellt dazu ein ausgeklügeltes Sicherheitsmodell zur Verfügung, in welchem Sie durch entsprechende Konfiguration des Sicherheitssystems die Programmausführung und den Codezugriff von zugeordneten Berechtigungen abhängig machen können.

Wie es früher war

In den Zeiten vor .NET konnten lokale Netzwerke bzw. Computer nur als isolierte Bereiche gesehen werden, die den Zugriff auf ihre Ressourcen zwei Hauptgruppen von Benutzern etwa wie folgt ermöglichten:

- Lokale Benutzer mit differenzierten Rechten
- Anonyme externe Benutzer mit pauschalen Rechten

Eine wichtige Rolle in diesem klassischen Sicherheitskonzept spielt der Firewall, der viele Zugriffe von außen gänzlich abblocken muss, da das System nicht in der Lage ist, zwischen »guten« und »bösen« Absichten externer Benutzer zu unterscheiden.

Es dürfte klar sein, dass dieses defensive Konzept für die der .NET-Philosophie zugrunde liegenden Interaktion verteilter Komponenten im Internet völlig unbrauchbar ist, weil die Zugriffe im Allgemeinen nicht von Benutzern, sondern von anderen Komponenten ausgehen. Wie sollen sich da Zugriffskennungen sinnvoll verwalten lassen, wie die pauschalen Rechte risikolos verteilt werden?

In .NET wird diese Frage zunächst dadurch beantwortet, dass man Kommunikation und Objekttransfer grundsätzlich über das HTTP- bzw. XML-Protokoll abwickelt und damit die bestehenden Firewall-Lösungen umgeht. Aber dies allein reicht nicht aus.

Die neuen Sicherheitsmechanismen

Nicht nur die Ausführung sicheren Codes aus dem Internet ist das Ziel von .NET-Anwendungen, sondern auch seine lokale Einbindung. Die Anwendungen sollen in der Lage sein, fremde Assemblies herunterzuladen, um sie anschließend auf dem lokalen Rechner risikofrei auszuführen.

Bereits auf Code-Ebene werden deshalb von der CLR (*Common Language Runtime*) alle Zugriffe auf eine Assembly kontrolliert. In Abhängigkeit von Herkunft und Identifikation des auszuführenden Codes (Wurde er lokal erzeugt? Hat er eine vertrauenswürdige Signatur? Stammt er aus einem Netzwerkpfad oder einem Download?) werden ihm unterschiedlich eingeschränkte Ausführungsrechte auf dem System erteilt.

Das bedeutet, dass nur Assemblies mit einem *strong name* erweiterte Ausführungsmöglichkeiten erhalten. Unter *strong name* versteht man eine Benennung, die mittels eines *PublicKeyToken* aus einer digitalen Signatur generiert wurde.

Bei der Vergabe von Rechten sind immer zwei Schritte zu unterscheiden:

- **Authentifizierung**
  … dient lediglich der Identifikation, vergleichbar mit einem Reisepass

- **Autorisierung**
  … erlaubt bzw. sperrt den Zugriff auf einzelne Module nach den Regeln der Assembly, vergleichbar mit einem Visum

Der Sicherheitsmechanismus der CLR blockt aber nicht nur ab, sondern informiert die zugreifende Anwendung auch über die ihr zustehenden Rechte, um ihr die Chance zum Abbruch unzulässiger Aktionen zu geben. So können die von der CLR für den Zugriff auf eine Assembly getroffenen Sicherheitsentscheidungen mittels SOAP (*Simple Object Access Protocol*) in einem Sicherheitsticket an andere Anwendungen bzw. Komponenten weitergereicht werden.

Was ist neu in .NET 4.0/Visual Studio 2010?

In diesem Abschnitt wollen wir kurz auf einige wichtige Neuerungen hinweisen, die mit der Version 4.0 des .NET Frameworks auf den VB-Programmierer zugekommen sind. Für Einsteiger in die .NET-Programmierung dürften diese Ausführungen allerdings weniger aussagekräftig sein.

Die verschiedenen Pakete

Die bisherigen Editionen (Express, Standard, Professional, Team Suite) entfallen teilweise bzw. wurden umbenannt. So gibt es beispielsweise keine Standard Edition mehr.

- *Visual Studio 2010 Ultimate* ersetzt das bisherige Spitzenprodukt Visual Studio Team Suite und enthält – wie zuvor Team Suite – alle rollenspezifischen Funktionen sowie alle exklusiven neuen Funktionen

- *Visual Studio 2010 Premium* entspricht in etwa dem kombinierten Leistungsumfang der bisherigen Team System Development Edition plus der Team System Database Edition plus neuen Funktionen aus Visual Studio 2010

- *Visual Studio 2010 Professional* ist etwa vergleichbar mit dem Leistungsumfang des gleichnamigen Vorgängerpakets plus den wichtigsten neuen Funktionen

Die Visual Basic-Entwicklungsumgebung

Die IDE von Visual Studio 2010 offeriert weitaus mehr Neuigkeiten, als es beispielsweise die neue Startseite sowie die optimierte Anordnung von Menüs und Symbolleisten zunächst vermuten lassen.

WPF-Technologie

Es ist kein Geheimnis mehr, dass sich die WPF[1]-Technologie gegenüber den klassischen Windows Forms immer weiter durchsetzt. Im Einklang damit ist die neue IDE von Visual Studio 2010 komplett auf WPF aufgebaut, vordergründig merken Sie allerdings davon nichts.

IntelliSense Suggestion Mode

Die IntelliSense besitzt nunmehr zwei Optionen zum automatischen Vervollständigen, den *Completion Mode* und den *Suggestion Mode*. Letzterer wird dann verwendet, wenn auf Klassen und deren Mitglieder bereits vor ihrer Definition zugegriffen werden soll.

Navigate To

Diese Neuigkeit unterstützt Sie bei der Suche nach einem bestimmten Symbol bzw. einer Datei im Quellcode.

Highlighting von Verweisen

Dieses Feature ermöglicht es Ihnen, durch Klick auf ein bestimmtes Symbol alle Verweise auf dieses Symbol optisch hervorzuheben.

Generate From Usage

Mit dem Feature »Bei Gebrauch erzeugen« ist es nun möglich, Klassen, Methoden, Eigenschaften und Felder automatisch erstellen zu lassen, während man bereits mit den nicht vorhandenen Referenzen arbeitet. Sie müssen dazu Ihre aktuelle Stelle im Code nicht verlassen, sondern können im Rumpf einer Klasse Methoden, Eigenschaften oder Enumerationen generieren lassen.

Neuheiten im Framework 4.0

Das .NET Framework 4 bringt eine gewaltige Flut von Neuerungen mit sich, zu deren wichtigsten wohl die dynamische und die parallele Programmierung zählen.

Dynamic Language Runtime

Die DLR (*Dynamic Language Runtime*) gestattet es, ein bestehendes Objekt zur Laufzeit mit den gewünschten Eigenschaften auszurüsten. Es baut auf die CLR (*Common Langugae Runtime*) auf und ermöglicht auf diese Weise dynamische Sprachen wie Python oder Ruby.

Numerische Typen

Auch einige neue numerische Typen sind in das .NET Framework 4.0 eingezogen:

- Für beliebig große ganzzahlige Werte steht *System.Numerics.BigInteger* zur Verfügung. Dieser Datentyp gestattet das Anlegen und Arbeiten mit einer (theoretisch) unendlich großen Ziffernfolge.

---

[1] *Windows Presentation Foundation*

- Mit dem neuen Datentyp *System.Numeric.Complex* ist das .NET Framework nun auch in der Lage, auf direktem Weg mit komplexen Zahlen zu arbeiten.

Generische Datenstrukturen

Neu sind beispielsweise die folgenden generischen Klassen:

- Die *System.Tuple<>*-Klasse erlaubt es, bis zu acht Elemente unterschiedlichen Typs zusammen in einem Tupel abzuspeichern
- Mit der *System.Collections.Generic.SortedSet<>*-Klasse werden automatisch sortierte Menge realisiert

Lazy Initialization

Die verzögerte Initialisierung (Lazy Initialization) hat zur Folge, dass Objekte erst dann Speicherplatz belegen, wenn sie wirklich verwendet werden.

Chart

Endlich wird jetzt eine native Komponente für die grafische Darstellung unterschiedlichster Diagramme mitgeliefert. Das *Chart*-Control verfügt natürlich auch über einige leistungsfähige Datenbindungsmethoden (siehe Kapitel 9).

Reporting

Die Entwicklungsumgebung für die *Microsoft Reporting Services* wurde deutlich modifiziert (geänderte Entwurfsumgebung, andere Parameterdialoge ..., siehe Kapitel 10).

WCF

Die Entwicklung von WCF-Anwendungen wurde erleichtert (Standard-Endpunkte, multiple Bindungen, standardmäßige MEX-Konfiguration, Projektvorlage »WCF-Dienstbibliothek«, siehe Kapitel 19).

VB 2010: Sprache und Compiler

Für den VB-Programmierer ergibt sich eine ganze Reihe interessanter neuer Möglichkeiten.

VB und C# kommen sich näher

Für viele Jahre gab es wichtige Unterschiede zwischen den Sprachfeatures von C# und VB, wobei bekannterweise jede Sprache ihre eigenen Vorzüge hat. So ist zum Beispiel bei VB der Interop-Support für COM exzellent. In C# hat man eine klarere Syntax, keinen Ärger mit der Zeilenfortsetzung und kann mehrzeilige Lambda-Ausdrücke schreiben. Diese Aufzählung könnte beliebig fortgeführt werden, wichtig aber ist jetzt folgende generelle Feststellung:

HINWEIS Unter VB 2010 beginnt die Liste der Unterschiede zu C# wieder zu schrumpfen, denn bei der Entwicklung von .NET 4.0 hat Microsoft das C#- und das VB-Team endlich gemeinsam an einen Tisch gesetzt.

Implizite Zeilenfortführung

In vielen Fällen kann eine Quellcodezeile auch ohne den Unterstrich (_) fortgeführt werden.

Selbst implementierende Eigenschaften

Einfache Eigenschaften lassen sich jetzt schneller implementieren, sodass auf Get- und Set-Zugriffscode verzichtet werden kann.

Collection Initialisierer

Eine verkürzte Syntax ermöglicht es jetzt, dass Sie eine Collection mit bekannten Werten schneller erzeugen und initialisieren können.

Mehrzeilige Lambda Expressions

Die Unterstützung für Lambda-Ausdrücke wurde erweitert, sodass jetzt auch mehrzeilige Lambda Funktionen und Subroutinen möglich sind.

Parallele Programmierung/PLINQ

Als Reaktion auf die zunehmende Verfügbarkeit von Mehrprozessorplattformen wurde die Unterstützung für paralleles Programmieren erweitert (neue Runtime, neue Typen für die Klassenbibliothek, neue Diagnostic-Tools). Parallel Language Integrated Query (PLINQ) bietet eine einfache Möglichkeit, die Vorteile paralleler Hardware einschließlich herkömmlicher Mehrprozessorcomputer und der neueren Generation von Mehrkernprozessoren zu nutzen.

Verbesserungen bei der Dateiarbeit

Die Performance beim Zugriff auf umfangreiche Dateien wurde durch neue Methoden verbessert. Neue Klassen erleichtern die Programmierung von Memory Mapped Files.

Typäquivalenz-Support

Sie können nun Applikationen vertreiben, die über eingebettete Typinformationen verfügen, statt über Typinformationen, die von einer primären Interop Assembly (PIA) importiert werden.

Ein wenig Datenbanktheorie

Obwohl dieses Kapitel bis jetzt direkt auf die Praxis zielte, sollte damit keinesfalls der Eindruck erweckt werden, dass ein Datenbankprogrammierer ganz ohne trockene Theorie auskommt. Auch in unserem Buch können wir nicht ganz darauf verzichten. In diesem Abschnitt sollen deshalb die übergreifenden (allgemeinen) Begriffe und Konzepte Relationaler Datenbanken in gebotener Kürze erörtert werden:

- Normalisieren von Tabellen
- Tabellenoperationen
- Begriffsbestimmungen

Normalisieren von Tabellen

Zieht man die Tatsache in Betracht, dass die Lebensdauer der Stammdaten eines Unternehmens im Allgemeinen weit über die von Hard- und Software hinausgeht, können die aus einem dilettantischen Datenbankentwurf resultierenden Verluste gewaltig sein.

Die optimale Aufteilung einer relationalen Datenbank in mehrere Tabellen ist ein schrittweiser Prozess, der auch als *Normalisierung* bezeichnet wird. In den Einführungsbeispielen am Schluss dieses Kapitels werden wir eine »normalisierte« Datenbank verwenden, ohne uns über die zweckmäßige Aufteilung der Tabellen einen Kopf gemacht zu haben. Das hatte seinen guten Grund, denn ein effektiver Datenbankentwurf ist eine ziemlich komplexe Angelegenheit und für den Einsteiger ziemlich abstrakt und abschreckend. Manche betrachten das Ganze sogar mehr als Kunst denn als Wissenschaft. Das bedeutet, dass auch die Intuition eine größere Rolle dabei spielt.

Es gibt eine ziemlich abstrakte »Theorie des Datenbankentwurfs«, die allerdings Sache der Fachliteratur ist. In diesem Zusammenhang sei auf einen gewissen *E. F. Codd* verwiesen, der 1970 das Modell der relationalen Datenbank definierte und dafür zwölf Regeln aufstellte. Ziel dieses Abschnitts soll es lediglich sein, dem Einsteiger einen allgemeinen Überblick zu vermitteln, ohne ihn mit allzu vielen Details zu belästigen. Wir wollen das am praktischen Beispiel einer Firmen-Datenbank nachvollziehen, deren Ziel das Abspeichern von Rechnungsdaten ist.

Ausgangstabelle

Wir notieren zunächst einmal aus dem Stegreif eine erste Version einer Tabelle mit dem Namen *RECHNUNGEN*, in welche wir alle benötigten Informationen hineinpacken (Rechnungsdatum, Rechnungsbetrag, Kundennummer, Kundenname, Kundenort, Artikelnummer, Artikelname):

ReNr	ReDatum	ReBetrag	KuNr	KuName	KuOrt	ArtNr	ArtName
1	12.09.01	1.500	2	Müller	Berlin	2, 4, 11	Tisch, Stuhl, Lampe
2	15.10.01	950	5	Schultze	München	3	Sofa
3	17.01.02	1.025	1	Mayer	Hamburg	2, 4	Tisch, Stuhl

Tabelle 1.1 *Rechnungen*: Erster Entwurf

Aus Gründen der Übersichtlichkeit bleiben in unserem Beispiel diese Informationen auf das absolute Minimum reduziert (Artikelpreis und -anzahl fehlen zum Beispiel, könnten aber problemlos ergänzt werden).

Nach näherem Hinsehen sticht uns bereits ein gravierender Mangel ins Auge:

In den Feldern *ArtNr* und *ArtName* sind *mehrfache Merkmalswerte* eingetragen. Wenn ein Kunde viele Artikel kauft, passen diese möglicherweise nicht mehr alle in das dafür vorgesehene Feld. Wir müssen deshalb die Tabelle umstrukturieren, um die *Erste Normalform* zu erreichen.

Erste Normalform

Eine Tabelle hat dann die erste Normalform (1NF), wenn sie nur einfache Merkmalswerte enthält.

Durch einfaches Umgruppieren der Daten erreichen wir die 1NF:

ReNr	ReDatum	ReBetrag	KuNr	KuName	KuOrt	ArtNr	ArtName
1	12.09.01	1.500	2	Müller	Berlin	2	Tisch
1	12.09.01	1.500	2	Müller	Berlin	4	Stuhl
1	12.09.01	1.500	2	Müller	Berlin	11	Lampe
2	15.10.01	950	5	Schultze	München	3	Sofa
3	17.01.02	1.025	1	Mayer	Hamburg	2	Tisch
3	17.01.02	1.025	1	Mayer	Hamburg	4	Stuhl

Tabelle 1.2 *Rechnungen*: Erste Normalform

Mit diesem Anblick sollten wir uns aber keinesfalls zufrieden geben, da die gleichen Daten (Adresse des Kunden, Artikelname) mehrfach abgespeichert sind, es liegen also viele überflüssige Informationen vor, man spricht von *Redundanz*. Abgesehen von der Speicherplatzverschwendung stellen Sie sich bitte vor, ein Kunde wechselt seinen Wohnort. Sie müssten dann möglicherweise sehr viele Datensätze ändern, und wehe, Sie haben dabei einen vergessen! Lasst uns also etwas gegen diese lästige Redundanz unternehmen.

Zweite Normalform

Eine Tabelle weist dann die zweite Normalform (2NF) auf, wenn sie sich in der 1NF befindet und wenn jedes Merkmal (außer dem Schlüssel) unmittelbar vom Schlüssel abhängt.

Wie wir sehen, sind z.B. die Merkmale *KuNr*, *KuName*, *KuOrt*, *ArtNr* und *ArtName* vom Wert des Schlüssels (*ReNr*) unabhängig, sie widersprechen also der 2NF. Sie glauben es nicht? Dann überzeugen Sie sich bitte selbst davon, dass es zu jeder Rechnungsnummer nur ein bestimmtes Rechnungsdatum und einen bestimmten Rechnungsbetrag gibt. Der Inhalt der übrigen (unabhängigen) Felder wiederholt sich aber teilweise, da er mit der Rechnungsnummer nicht 1:1 gekoppelt ist.

Offenbar genügt eine einzige Tabelle nicht mehr, um die Forderungen der 2NF zu erfüllen. Wie wir im Folgenden sehen, erzwingt die 2NF die Aufteilung unserer Ausgangstabelle in mehrere Einzeltabellen (Entitäten), die bestimmten »Sachgebieten« entsprechen müssen:

KuNr	KuName	KuOrt
1	Mayer	Hamburg
2	Müller	Berlin
5	Schultze	München

Tabelle 1.3 Tabelle *Kunden*

ReNr	KuNr	ReDatum	ReBetrag
1	2	12.09.01	1500
2	5	15.10.01	950
3	1	17.01.02	1025

Tabelle 1.4 Tabelle *Rechnungen*

ReNr	ArtNr	ArtName
1	2	Tisch
1	4	Stuhl
1	11	Lampe
2	3	Sofa
3	2	Tisch
3	4	Stuhl

Tabelle 1.5 Tabelle *Artikel*

So richtig können wir uns aber auch an diesen drei Tabellen nicht erfreuen, zumindest die *Artikel*-Tabelle erregt unseren Unmut. Nach längerem Hinsehen entdecken wir nämlich wieder untrügliche Spuren der vermaledeiten Redundanz: Der gleiche Artikelname taucht mehrfach auf! Der Entschluss »Ach, lassen wir das doch so stehen ...« kann schnell zum Albtraum werden: Haben Sie vielleicht Lust, jede Menge Einträge nachträglich zu korrigieren, nur wenn sich z.B. später die Bezeichnung »Tisch« in »Schreibtisch« ändern sollte? Also knöpfen wir uns wohl oder übel noch einmal die *Artikel*-Tabelle vor (die *Kunden*- und die *Rechnungen*-Tabelle bleiben unverändert).

Dritte Normalform

Die dritte Normalform (3NF) einer Tabelle liegt dann vor, wenn sie sich in der 2NF befindet und wenn ihre Merkmale (außer Schlüssel) untereinander unabhängig sind, d.h., es dürfen keine transitiven Abhängigkeiten bestehen.

Dem Sinn dieser Definition kommt man erst nach längerem Grübeln auf die Spur. Was versteht man unter »transitiven Abhängigkeiten«? Aber halt, zäumen wir doch besser das Pferd von hinten auf und betrachten wir erst einmal ein Gegenbeispiel anhand der Tabelle *Kunden*, die offenbar über den Verdacht transitiver Abhängigkeiten völlig erhaben ist. In der Tat, der Kundenort ist nicht abhängig vom Kundennamen, denn der Kunde kann den Ort wechseln, oder es können mehrere Kunden im gleichen Ort wohnen. Etwas anders sieht es bei der *Artikel*-Tabelle aus. Der Name des Artikels ist fest an die Artikelnummer gekoppelt, mehrere Artikel dürfen nicht die gleiche Nummer haben, es besteht also eine transitive Abhängigkeit der Merkmale *ArtNr* und *ArtName*, die es zu beseitigen gilt. Dazu splitten wir die ursprüngliche *Artikel*-Tabelle in zwei Tabellen (*Rechnungsdaten* und *Artikel*) auf:

ReNr	ArtNr
1	2
1	4
1	11
2	3
3	2
3	4

Tabelle 1.6 Tabelle *Rechnungsdaten*

Eine Tabelle, wie die obige, bezeichnet man auch als *Interselektionstabelle*.

ArtNr	ArtName
2	Tisch
4	Stuhl
3	Sofa
11	Lampe

Tabelle 1.7 Tabelle *Artikel*

Nunmehr besteht unsere Datenbank aus vier Tabellen (*Kunden, Rechnungen, Artikel, Rechnungsdaten*), die alle die dritte Normalform (3NF) aufweisen, die Datenbasis ist quasi normalisiert.

Zwar kennt die Theorie noch weitere Normalformen, aber dies ist eine Angelegenheit der Spezialliteratur. Für die überwiegende Mehrheit praktischer Einsatzfälle dürfte das Erreichen der 3NF ausreichend sein.

HINWEIS   Hüten Sie sich vor einem »Normalisierungswahn«, der zu einer unüberschaubaren Vielzahl kleiner Tabellen (und der dafür erforderlichen künstlichen Schlüssel!) führen kann.

Einen kleinen Vorgeschmack auf derlei Auswüchse vermittelt die *Rechnungsdaten*-Tabelle, die quasi nur noch aus Schlüsselverweisen (Fremdschlüssel) besteht und ansonsten keine echten Felder mehr enthält. Auch die Performance des Datenbanksystems (Antwortverhalten) leidet unter einer Übernormalisierung, die Fehleranfälligkeit wächst als Folge der Komplexität.

Angestrebtes Ziel des Normalisierungsprozesses sollte stets ein optimaler Kompromiss zwischen Systemleistung und Redundanzfreiheit sein. Leider liefern auch die zu vielen Datenbanksystemen mitgelieferten »Experten« in der Regel eine übernormalisierte Tabellenaufteilung. Verzichten Sie deshalb besser auf derlei »Bärendienste« und verlassen Sie sich lieber auf Ihren gesunden Menschenverstand!

Normalisierung nach dem Prinzip »Faule Sekretärin«

Wem das schrittweise Normalisieren der Tabellen einer Datenbank gar zu lästig ist, für den mag auch folgende rein pragmatische Vorgehensweise zu brauchbaren Resultaten führen: Versetzen Sie sich in die Rolle einer pfiffigen Sekretärin, die das Rechnungswesen der Firma mit einem System von Karteikästen verwalten soll. Sehr schnell wird die Dame auf den Dreh kommen, dass es wenig Sinn und viel Arbeit macht, wenn sie nur einen einzigen Karteikasten (für jede Rechnung eine Karte) verwendet. Das Ändern der Anschrift eines einzigen Kunden oder die Preisänderung eines Artikels würde sie mit wachsendem Datenbestand zu immer mehr ungewollten Überstunden zwingen. Nach und nach würde sie zwangsläufig zunächst die Kunden und dann die Artikel in eigene Karteikästen auslagern und so – bar jedes Verständnisses der theoretischen Hintergründe – bis zur zweiten oder gar dritten Normalform vorstoßen!

Relationale Datenbank

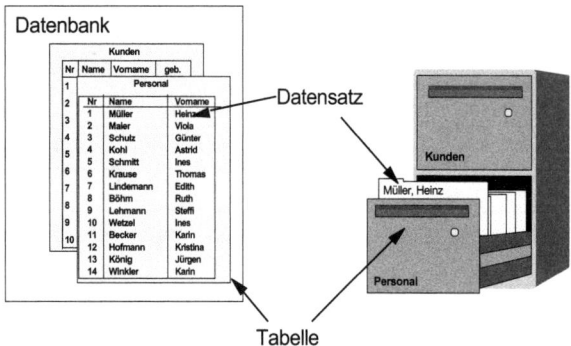

Tabelle

Abbildung 1.8   Analogie für relationale Datenbank

Verknüpfen von Tabellen

Durch die Normalisierung unserer Datenbank ist deren Struktur verloren gegangen, und die ursprünglichen Beziehungen zwischen den Daten existieren nicht mehr. Indem wir die Tabellen miteinander verknüpfen, wollen wir die alten Beziehungen restaurieren.

Im Folgenden wollen wir die wichtigsten Beziehungen unter die Lupe nehmen.

1:1-Beziehung

In einer 1:1-Beziehung existiert für jeden Datensatz in Tabelle 1 genau ein Datensatz in Tabelle 2. Theoretisch könnte diese Beziehung aufgelöst werden, denn die Daten aus Tabelle 2 lassen sich auch in Tabelle 1 speichern.

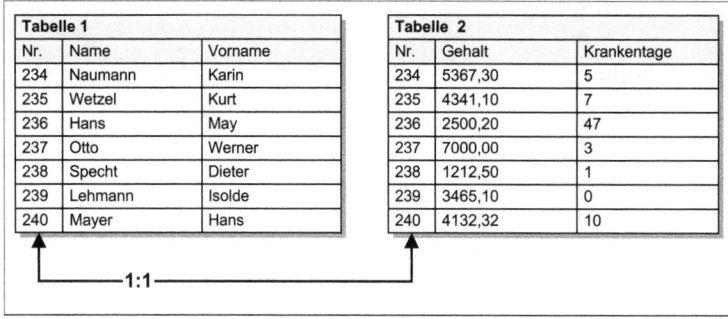

Abbildung 1.9   1:1-Beziehung

Es gibt allerdings Fälle, in denen 1:1-Beziehungen sinnvoll sind:

- Sicherheitsaspekte (die vertraulichen Daten werden in einer separaten Tabelle gespeichert, auf die nicht jeder Zugriff hat)

- Performance (selten gebrauchte Daten werden in eine zweite Tabelle ausgelagert, die relevanten Daten befinden sich alle in nahe liegenden Sektoren)

- Einschränkungen (das Datenbanksystem stellt nicht genügend Tabellenspalten zur Verfügung, um alle Attribute in einer Tabelle zu speichern)

Damit nicht jeder Mitarbeiter, der auf Tabelle 1 zugreifen kann, erfährt, wie viel sein Kollege verdient bzw. wie oft er krank war, werden diese Informationen in einer zweiten Tabelle gespeichert, auf die nur einige auserwählte Mitarbeiter zugreifen können.

1:n-Beziehung

1:n-Beziehungen sind dadurch gekennzeichnet, dass zu einem Datensatz in Tabelle 1 beliebig viele Datensätze (0 ... n) in Tabelle 2 existieren können.

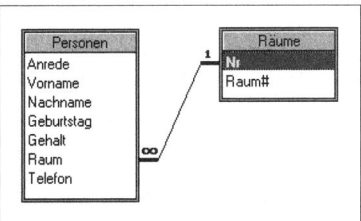

Abbildung 1.10 1:n-Beziehung

Umgekehrt gilt: Zu jedem Datensatz in Tabelle 2 gibt es genau einen Datensatz in Tabelle 1.

Wie Sie der folgenden Abbildung entnehmen können, arbeiten im Raum *A20* drei Personen, in Raum *A64* zwei Personen usw. Da diese Beziehung auch in SQL-Abfragen genutzt werden kann, ist es z.B. kein Problem, einen Raumbelegungsplan zu erstellen.

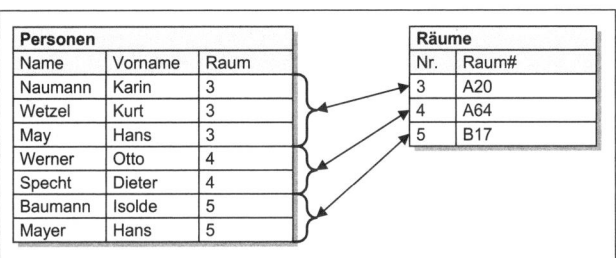

Abbildung 1.11 Beispiel aus der *Firma*-Datenbank

m:n-Beziehung

Als Beispiel für eine m:n-Beziehung soll die Mitgliedschaft von Personen in Vereinen herhalten. *N* Personen können Mitglied in *m* Vereinen sein. Allerdings genügen für die Darstellung dieser Beziehung nicht zwei Tabellen (Personen, Vereine), sondern es wird eine weitere Zwischentabelle benötigt, welche die m:n-Beziehung in zwei 1:n-Beziehungen überführt.

Wie Sie der folgenden Abbildung entnehmen können, ist es problemlos möglich, dass ein und dieselbe Person Mitglied in beliebig vielen Vereinen sein kann.

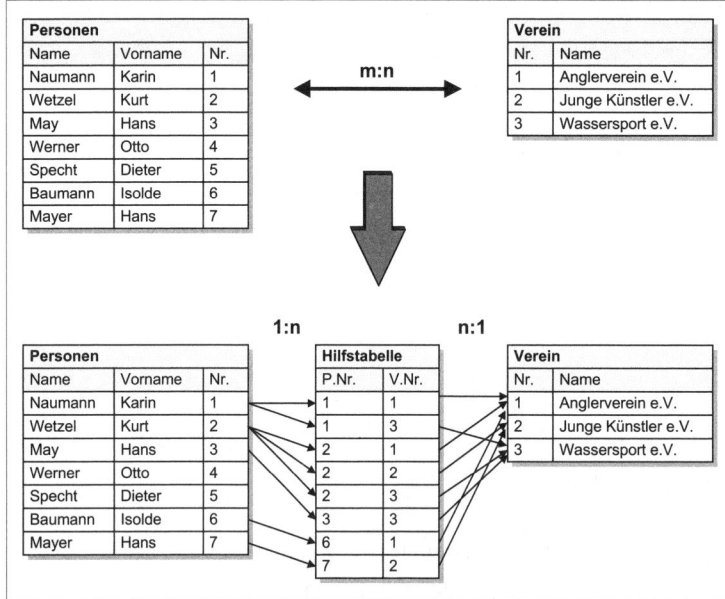

Abbildung 1.12   m:n-Beziehung

Für jeden Verein eine eigene Tabelle mit der Mitgliederliste zu erstellen, dürfte keine gute Idee sein, ist doch eine zusammenhängende redundanzfreie Darstellung auf diese Weise illusorisch.

Beziehungsdiagramm der FIRMA-Datenbank

Wir wollen uns an Hand der folgenden Abbildung einen Überblick über die grundlegenden Beziehungen zwischen allen Tabellen der FIRMA-Datenbank verschaffen.

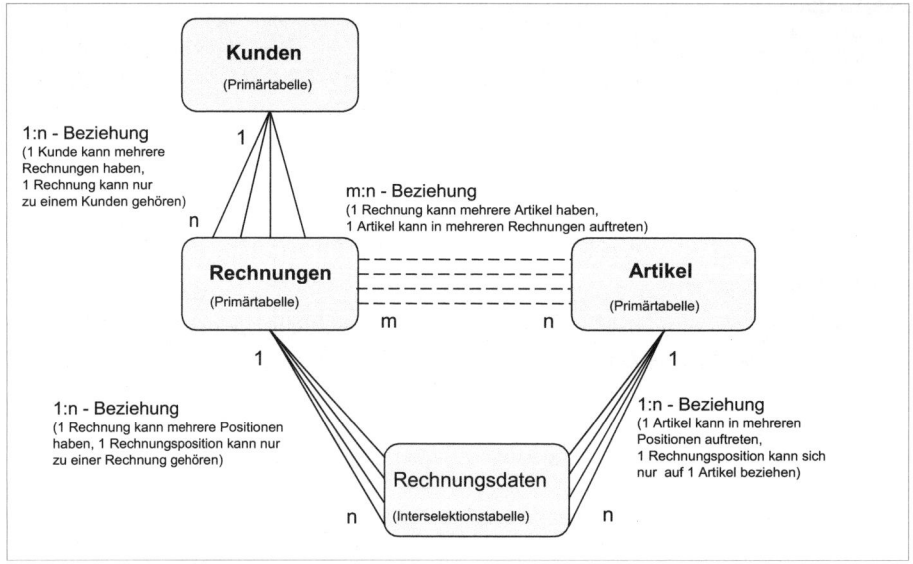

Abbildung 1.13   Beziehungsdiagramm

Aus dem Beziehungsdiagramm gewinnen wir folgende allgemein gültigen Erkenntnisse, die auch als Resultat der einzelnen Normalformen zu interpretieren sind:

- Eine m:n-Beziehung, wie sie zwischen den Tabellen *Rechnungen* und *Artikel* besteht, kann so nicht nachgebildet werden. Sie muss mit Hilfe einer *Interselektionstabelle (Rechnungsdaten)* in zwei 1:n-Beziehungen aufgelöst werden. Dies ist unter anderem Ergebnis der 1NF und 3NF.

- Nur Primärtabellen, wie *Kunden, Artikel* und *Rechnungen* müssen einen (künstlichen) Schlüssel haben. Die Entstehung dieser Tabellen kann man als Ergebnis der 2NF betrachten.

- Fremdschlüssel verweisen auf den Primärschlüssel einer anderen Tabelle. In unserem Beispiel haben die Tabellen *Rechnungen* und *Rechnungsdaten* einen bzw. zwei Fremdschlüssel.

- Als Verknüpfungsziele dienen die Schlüsselfelder der Tabellen, in unserem Fall sind dies die künstlichen Schlüssel *ReNr, KuNr* und *ArtNr*. Alle Felder mit Fremdschlüsseln (*ReNr* und *ArtNr* in *Rechnungsdaten* und *KuNr* in *Rechnungen*) sollten hingegen einen Sekundärindex zwecks Beschleunigung des Zugriffs erhalten.

Referenzielle Integrität

Dieser zentrale Begriff taucht immer wieder im Zusammenhang mit verknüpften Tabellen auf. Was passiert, wenn Sie in der FIRMA-Beispieldatenbank einen Kunden aus der *Kunden*-Tabelle löschen? Dann existieren möglicherweise noch »verwaiste« Datensätze in der Tabelle *Rechnungen*, die mit ihrem Fremdschlüssel (*KuNr*) auf einen nun nicht mehr vorhandenen Kunden zeigen. Auch die Tabelle *Rechnungsdaten* enthält nun viele sinnlose Einträge. Stellen Sie sich die verheerenden Auswirkungen in umfangreichen Datenbanken großer Unternehmen vor! Im Insider-Jargon heißt das: »Die Referenzielle Integrität wurde verletzt.« Das Problem *Referenzielle Integrität* wird umso akuter, je mehr Tabellen in Ihrer Datenbank miteinander verknüpft sind. Damit lernen wir eine weitere Schattenseite des angesprochenen »Normalisierungswahns« kennen, der ja bekanntlich eine Vielzahl von Einzeltabellen zur Folge hat.

Datenbank-Prototyp verwenden

Unsere FIRMA-Datenbank ist kein Sonderfall, sondern kann durchaus als Vorbild (Prototyp) für viele andere Datenbankmodelle dienen. Haben Sie eine solche Analogie erkannt, können Sie sich die Normalisierung sparen und (nach formalen Umbenennungen) die Struktur des Prototyps (bzw. Teile davon) direkt übernehmen.

Als Beispiel kann eine *Bibliotheks*-Datenbank dienen, die Analogien zwischen den Tabellen sind im Folgenden dargestellt:

FIRMA	BIBLIOTHEK
KUNDEN	VERLAGE
Nr	Nr
Name	Name
Straße	Straße
Ort	Ort
PLZ	PLZ
Telefon	Ansprechpartner
	Telefon

Tabelle 1.8 Analogie zwischen zwei Datenbanken

FIRMA	**BIBLIOTHEK**

RECHNUNGEN
  Nr
  Datum
  KundenNr
  Betrag
	TITEL
	  Nr
	  Erscheinungsjahr
	  VerlagsNr
	  ISBN
	  Anzahl

RECHNUNGSDATEN
  RechnungsNr
  ArtikelNr
  ArtikelAnzahl
	TITEL_AUTOR
	  TitelNr
	  AutorenNr

ARTIKEL
  Nr
  Name
  Einkaufspreis
  Verkaufspreis
  Bestand
	AUTOREN
	  Nr
	  Name
	  Vorname
	  Telefon
	  KontoNr

Tabelle 1.8 Analogie zwischen zwei Datenbanken *(Fortsetzung)*

Analog zur Tabelle RECHNUNGEN steht hier die Tabelle TITEL, in der die einzelnen Bücher erfasst sind, im Mittelpunkt. Die Notwendigkeit einer Interselektionstabelle ergibt sich allein aus der Tatsache, dass einem bestimmten Buchtitel auch mehrere Autoren zugeordnet werden können (genauso wie zu einer Rechnung in der Regel mehrere Artikel gehören). Demgegenüber hat ein Buchtitel immer genau einen Verlag (genauso wie jede Rechnung genau einen Kunden hat).

HINWEIS   Vielleicht haben Sie jetzt endlich auch die erleuchtende Idee, wie Sie Ihre CD-Sammlung mittels einer Datenbank erfassen können!

Weitere wichtige Begriffe

Begriffe wie »NULL«-Werte oder »Sekundärindex« gehören zum Standardvokabular eines jeden Datenbankprogrammierers. In diesem Abschnitt werden wir diese Features näher beleuchten.

Sekundärindex

Normalerweise sind die Datensätze einer Tabelle ungeordnet, d.h., sie sind in der Reihenfolge so abgelegt, wie sie durch den Anwender eingegeben wurden. Das Suchen nach einer bestimmten Information erfordert deshalb das Durchlaufen des gesamten Datenbestandes. Werden nun einige Spalten der Tabelle indiziert, kann der Suchvorgang drastisch beschleunigt werden.

BEISPIEL

Da sehr häufig nach dem Namen eines Kunden gesucht wird, ist das entsprechende Feld (*KuName*) der Tabelle indiziert. Das Datenbanksystem legt dazu eine neue Indextabelle mit einer Liste der Namen an. Diese Tabelle ist alphabetisch geordnet und besitzt einen Querverweis auf den eigentlichen Datensatz in der Kundentabelle. Werden Daten über einen bestimmten Kunden benötigt, genügt die Suche in der geordneten Indextabelle, um über den Querverweis an die Information zu gelangen.

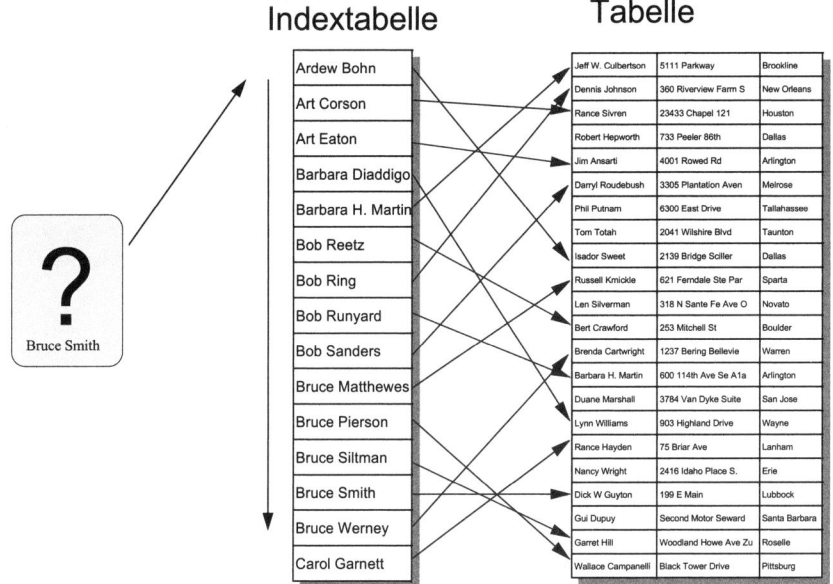

Indextabelle   **Tabelle**

Abbildung 1.14 Sekundärindex

Ein Index lässt sich auch für das Sortieren von Tabellen verwenden. Alle Tabellenfelder, nach denen häufig sortiert werden muss, sollten deshalb indiziert sein.

Den Vorteilen einer Indizierung stehen auch mehrere Nachteile gegenüber:

- Das Einfügen von Datensätzen erfordert nicht nur ein Ändern der Tabelle, sondern auch die Änderung aller enthaltenen Indizes. Dies kann unter Umständen die Bearbeitung verlangsamen.
- Jeder Index stellt eine redundante (überflüssige) Information dar, d.h., es wird zusätzlicher Plattenspeicher benötigt.

NULL-Werte

Bereits in den obigen Beispielen zu Tabellenoperationen war mehrmals von NULL-Werten die Rede. Diese bezeichnen allerdings weder eine numerische Null noch eine leere Zeichenfolge! Mit NULL werden Felder gekennzeichnet, deren Inhalt nicht definiert ist.

BEISPIEL

Sie möchten die Adresse von Herrn Müller in die *Kunden*-Tabelle der FIRMA-Datenbank eintragen. Leider ist die Visitenkarte schon sehr abgegriffen und Sie können die Telefonnummer nicht mehr erkennen. In das Feld für die Telefonnummer werden Sie also vermutlich nichts eintragen. Die Datenbank-Engine füllt dieses Feld deshalb mit einem NULL-Wert.

Beim Entwurf von Datenbanktabellen können Sie gewöhnlich festlegen, ob für bestimmte Felder NULL-Werte zulässig sind, ob ein Standardwert automatisch zugewiesen wird oder ob die Eingabe eines Wertes erzwungen werden soll.

Einführungsbeispiele

Genug der langen Rede! Um einen Vorgeschmack auf das zu bekommen, was Sie in den folgenden Kapiteln erwartet, wollen wir abschließend einige typische Einsteigerbeispiele in die Datenbankprogrammierung demonstrieren:

- Zugriff auf eine lokale Access-Datenbank

- Klassischer Zugriff auf den Microsoft SQL-Server

- Zugriff auf den Microsoft SQL-Server mit LINQ to SQL

- ASP.NET-Anwendung

- WPF-Anwendung

- WCF-Anwendung

Diese sechs How-to-Beispiele sind inhaltlich aufeinander abgestimmt, ihr Schwierigkeitsgrad ist relativ gering, sodass sie sich auch ohne Vorkenntnisse in ADO.NET, ASP.NET, WCF und WPF mühelos bewältigen lassen dürften.

Allerdings müssen Sie die vielen neuen Objekte und die Details ihrer Programmierung ohne langes Nachfragen zunächst einmal blind zur Kenntnis nehmen und auf spätere Erleuchtung hoffen, wozu aber die restlichen Kapitel dieses Buchs noch reichlich Gelegenheit bieten werden.

1.1   ... auf eine lokale Access-Datenbank zugreifen?

Datenquelle erzeugen; *DataGridView*-Komponente; *TableAdapter*: *Fill*-, *Update*-Methode; Access-Datenbank (**.mdb*)

Auch ohne tiefer greifende Kenntnisse von VB und der ADO.NET-Klassen können Sie mit Visual Studio 2010 bereits datengebundene Formulare programmieren und dadurch einiges an Entwicklungszeit gegenüber dem manuellen Erstellen einsparen.

Aufgabe dieses Einsteigerbeispiels soll es sein, in einem Datengitter alle Kunden der lokalen Beispieldatenbank *Nordwind.mdb* anzuzeigen.

Ausgangspunkt ist eine so genannte »Datenquelle«, in deren Hintergrund ein Assistent agiert, der uns die Programmierarbeiten weitestgehend abnimmt.

Datenquelle einrichten

Wir erstellen ein neues Visual Basic-Projekt vom Typ *Windows Forms-Anwendung*. Das Startformular *Form1* bleibt zunächst unbeachtet liegen, stattdessen ziehen wir die Datenbank *Nordwind.mdb* (siehe Begleitdateien) per Drag & Drop in den Projektmappen-Explorer.

Es erscheint der »Assistent zum Konfigurieren von Datenbankverbindungen«, mit welchem wir als Datenbankobjekt die Tabelle *Kunden* auswählen.

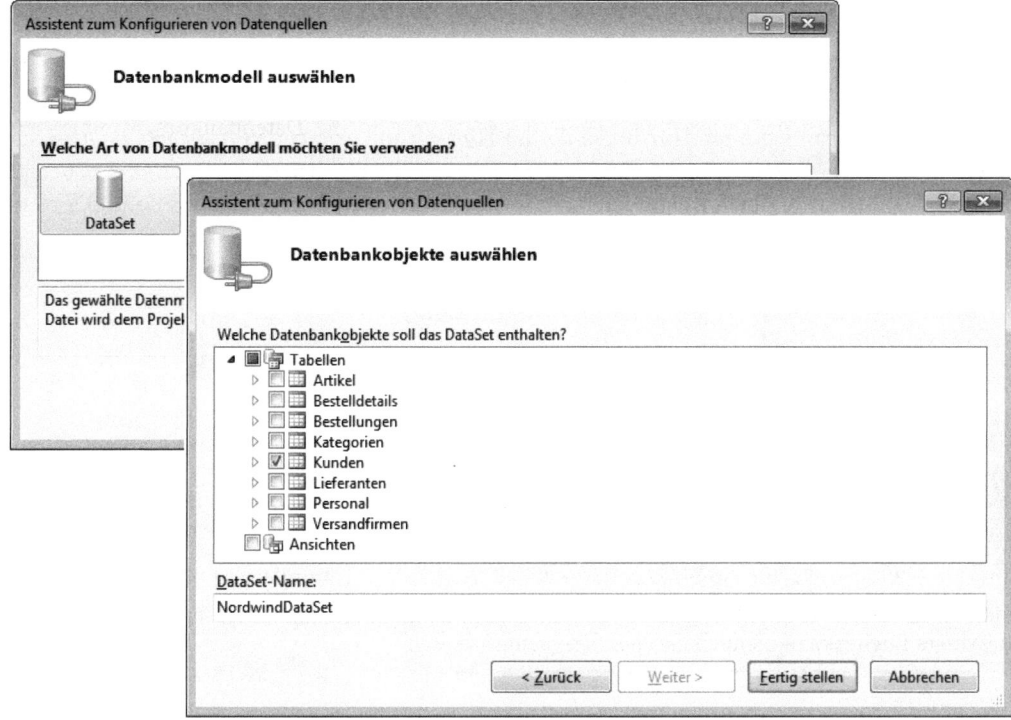

Abbildung 1.15   Dialoge des Assistenten

Die fertige Datenquelle

Nach dem Klick auf *Fertigstellen* vergeht eine kleine Weile, bis uns die Entwicklungsumgebung das Datenquellen-Fenster präsentiert (falls es nicht erscheint holen Sie es über das Menü *Daten/Datenquellen anzeigen*
herbei). Hier sehen wir ein so genanntes *typisiertes DataSet* mit dem Namen *NordwindDataSet*, welches die
von uns ausgewählte Tabelle *Kunden* bereitstellt. Im Projektmappen-Explorer fällt uns die Datei *Nordwind-
DataSet.xsd* auf. Hier handelt es sich um eine XML-Schemadatei, welche die Strukturinformationen unseres
typisierten DataSets enthält. Außerdem entdecken wir hier auch unsere zum Projekt hinzugefügte Datenbank *Nordwind.mdb*.

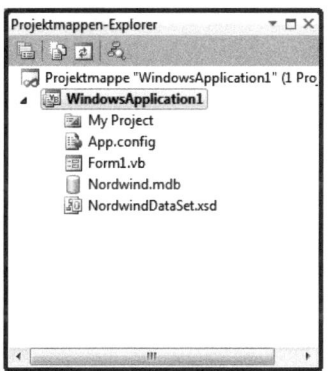

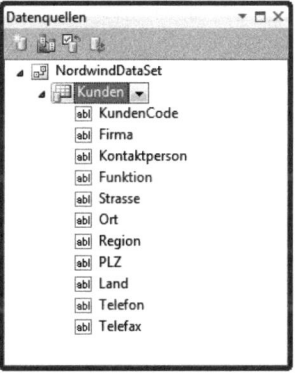

Abbildung 1.16   Wichtige Fenster der IDE
nach dem Hinzufügen der Datenquelle
NordwindDataSet

Benutzerschnittstelle

Das Erstellen einer zur Datenquelle passenden Benutzerschnittstelle gleicht einem Kinderspiel:

Sie ziehen die Tabelle *Kunden* einfach per Drag & Drop aus dem Datenquellen-Fenster auf das Formular *Form1* und werden Zeuge wundersamer Aktivitäten des im Hintergrund agierenden Assistenten: Quasi aus dem Nichts erscheint auf dem Formular ein Datengitter (*DataGridView*-Steuerelement) mit den bereits fertigen Spaltenbezeichnern. Am oberen Rand hat ein *BindingNavigator* angedockt und im Komponenten-fach tummeln sich diverse, automatisch generierte, Steuerelemente.

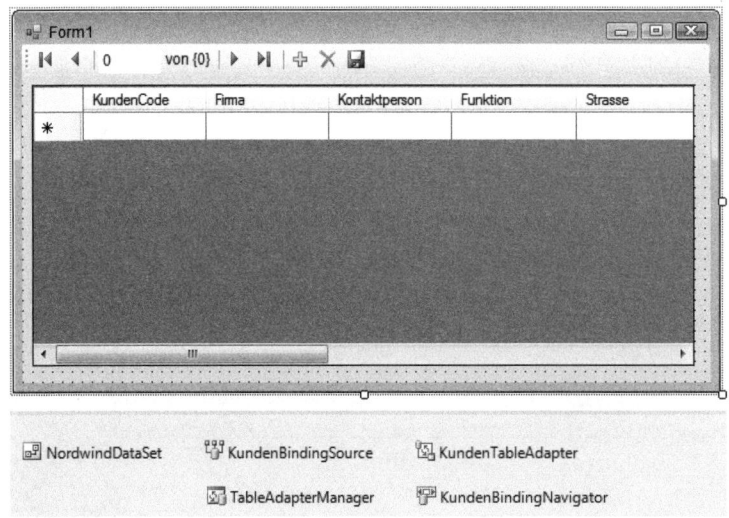

Abbildung 1.17   Vom Assistenten erzeugte Benutzerschnittstelle (Entwurfsansicht)

HINWEIS   Ohne dass wir eine einzige Zeile Quellcode schreiben mussten ist unser Programm bereits funktionsfähig!

Programm testen

Nach Programmstart zeigt uns das *DataGridView* den Inhalt der *Kunden*-Tabelle für die von uns ausgewähl-ten Felder an:

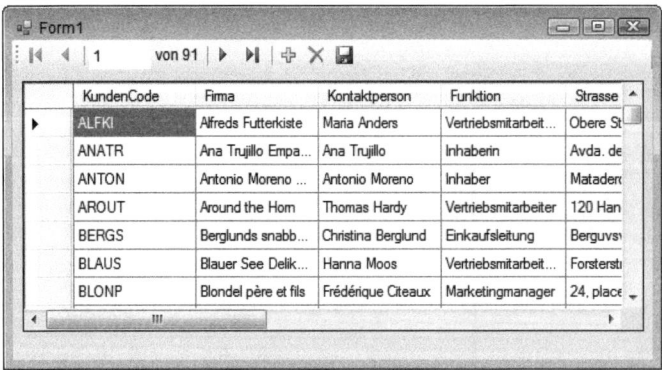

Abbildung 1.18   Laufzeitansicht des Beispiels unmittelbar nach Programmstart

Wir können die Datensätze (außer den *KundenCode*, denn das ist der Primärschlüssel) beliebig editieren. Der Datensatznavigator erlaubt das Hinzufügen und Löschen von Datensätzen und das Zurückschreiben der Änderungen in die Datenbank.

Quellcode

Wenn wir in den vom Assistenten generierten Quellcode von *Form1* schauen, erblicken wir zunächst nur zwei Ereignisbehandlungen, in denen die *UpdateAll*-Methode des *TableAdapterManager* und die *Fill*-Methode des des *KundenTableAdapter* aufgerufen werden. Diesen Code, der die Aktionen beim Abspeichern in und beim Laden von der Datenbank spezifiziert, könnten wir auch an eine andere Stelle verschieben, z.B. in das *Click*-Event eines zusätzlichen *Buttons*.

```
Public Class Form1

    Private Sub KundenBindingNavigatorSaveItem_Click(ByVal sender As System.Object,
                        ByVal e As System.EventArgs) Handles KundenBindingNavigatorSaveItem.Click
        Me.Validate()
        Me.KundenBindingSource.EndEdit()
        Me.TableAdapterManager.UpdateAll(Me.NordwindDataSet)
    End Sub

    Private Sub Form1_Load(ByVal sender As System.Object, ByVal e As System.EventArgs) _
                                                        Handles MyBase.Load
        Me.KundenTableAdapter.Fill(Me.NordwindDataSet.Kunden)
    End Sub

End Class
```

Bemerkungen

Was wir im obigen Code sehen, ist nur die Spitze des Eisbergs, handelt es sich doch nur um eine partielle Klasse. Den restlichen Code von *Form1* finden wir in der Datei *Form1.Designer.vb*, die wir über den Projektmappen-Explorer öffnen können. Hinter den Kulissen hat der Assistent fleißig gewerkelt und eine Unmenge Quelltext für die Anwendung geschrieben, wie ein Blick in die Datei *NordwindDataSet.Designer.vb* bestätigt.

Die gesamte Programmierarbeit, die wir normalerweise selbst erledigen müssten, besteht aus folgenden Schritten:

- Erstellen einer Verbindung (Connection) zur Datenquelle

- Generieren eines typisierten DataSets (*NordwindDataSet*)

- Erstellen eines *TableAdapter* zwecks Verbindung zwischen Datenbank und *Kunden*-Tabelle

- Erzeugen datengebundener Steuerelemente (*DataGridView*) und deren Verbindung zum typisierten DataSet mittels *BindingSource* und *BindingNavigator*

So bequem die Assistenten auch sind, dem Einsteiger sei dringend empfohlen, ADO.NET zunächst »von der Pike auf« zu erlernen und die benötigten Objekte selbst zu programmieren. Wer sich blindlings dem Assistenten anvertraut, steht Fehlern oftmals hilflos gegenüber. Außerdem kann bei komplizierteren Anforderungen der Assistent oft nicht helfen, da er wenig eigene Gestaltungsspielräume lässt.

HINWEIS	Detailliert gehen wir im Kapitel 12 auf Access-Datenbanken ein!

1.2   ... mit dem Microsoft SQL Server arbeiten?

Datenquelle erzeugen; Detail-Benutzerschnittstelle; Datenbankdatei(.*mdf*);

Das Konzept der Datenquellen ist universell. Was im Vorgängerbeispiel mit einer Access-Datenbank geklappt hat, sollte also auch beim SQL Server funktionieren.

Diesmal wollen wir alle Kunden aus der *Customers*-Tabelle der *Northwind*-Beispieldatenbank des SQL Servers anzeigen.

HINWEIS   Voraussetzung für die Durchführung dieses Beispiels ist die ordnungsgemäße Installation des *Microsoft SQL Servers* bzw. der *SQLExpress*-Edition. Wer die *Northwind*-Beispieldatenbank nicht auf seinem SQL Server hat kann dieses Beispiel trotzdem durchführen, da wir mit der SQL Server Datenbankdatei *Northwind.mdf* arbeiten werden, die sich mehrfach in den Begleitdateien befindet.

Sie werden feststellen, dass sich die Vorgehensweise nur geringfügig von dem im Vorgängerbeispiel praktizierten Zugriff auf eine Access-Datenbank unterscheidet, weshalb wir die Erläuterungen knapp halten können.

Datenquelle einrichten

Der Umgang mit der Datenbankdatei *Northwind.mdf* entspricht dem mit der im Vorgängerbeispiel verwendeten *Nordwind.mdb*. Ziehen Sie also auch hier die Datei *Northwind.mdf* einfach per Drag & Drop in den Projektmappen-Explorer.

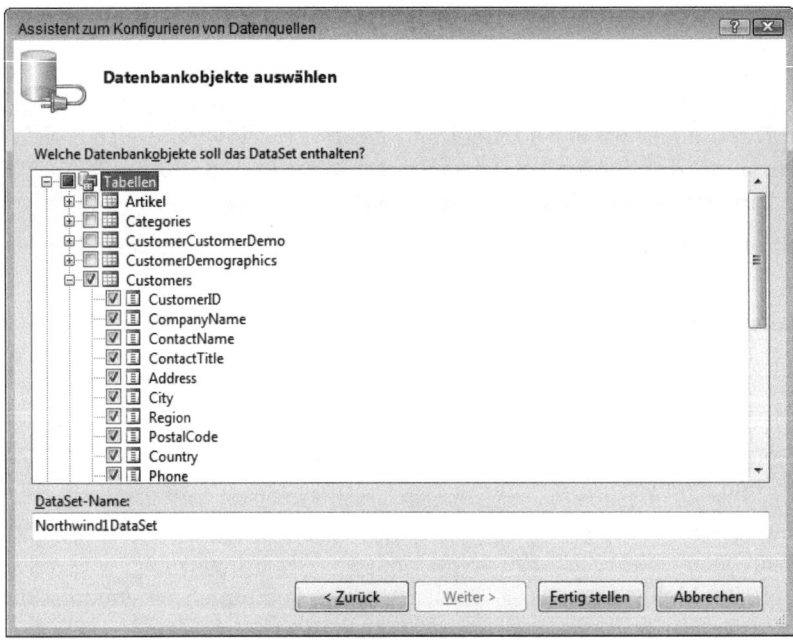

Abbildung 1.19 Auswahl der Tabelle *Customers*

Der »Assistent zum Konfigurieren von Datenquellen« tritt auch hier automatisch in Aktion und verlangt von Ihnen das Markieren der gewünschten Tabelle *Customers* (Abbildung 1.19).

Um eine Wiederholung des Vorgängerbeispiels zu vermeiden, werden wir diesmal anstatt der *DataGridView*-Anzeige die *Details*-Option wählen:

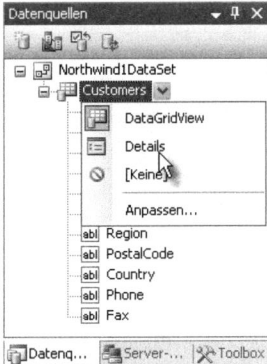

Abbildung 1.20 Detailansicht für die *Customers*-Tabelle auswählen

Nachdem Sie die *Customers*-Tabelle per Drag & Drop auf *Form1* gezogen haben, generiert der Assistent eine komplette Eingabemaske:

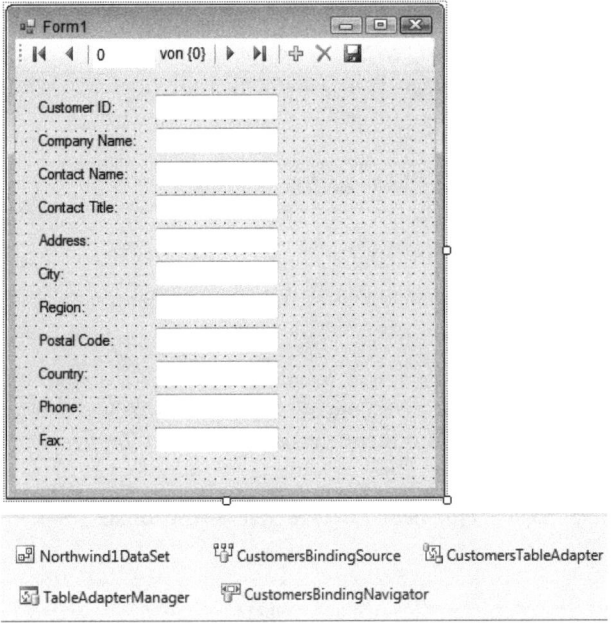

Abbildung 1.21 Entwurfsansicht der automatisch generierten Benutzerschnittstelle

Programm testen

Im Unterschied zum Datengitter (*DataGridView*) ermöglicht die hier aus einzelnen *TextBox*en bestehende Detail-Benutzerschnittstelle eine bequemere Eingabe, allerdings ist es nicht möglich, mehrere Datensätze gleichzeitig zu betrachten.

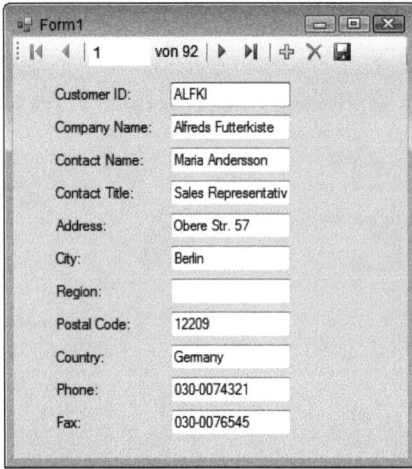

Abbildung 1.22   Das Programm in Aktion

HINWEIS   Ausführlich werden wir uns in den Kapiteln 13 und 14 mit dem Microsoft SQL Server beschäftigen!

1.3   ... eine einfache LINQ to SQL-Anwendung schreiben?

O/R-Designer; Datenkontext; *DataGridView*-Control;

Dieses Beispiel soll lediglich einen kleinen Vorgeschmack auf *LINQ to SQL* vermitteln, hier handelt es sich um eine spezielle LINQ-Variante (*LINQ Flavour*), die das Abfragen von Datenbanken in einer SQL-ähnlichen Syntax ermöglicht und die deshalb im Rahmen dieses Buchs eine größere Rolle spielen wird.

HINWEIS   LINQ to SQL funktioniert nur für den MS SQL Server, also nicht für Access-Datenbanken!

Im Folgenden wollen wir mit LINQ to SQL eine ähnliche Aufgabenstellung wie im Vorgängerbeispiel lösen, nämlich die Anzeige aller Kunden der *Customers*-Tabelle aus der *Northwind*-Beispieldatenbank.

Oberfläche

Öffnen Sie eine neue Windows Forms-Anwendung und ziehen Sie zunächst die Datenbankdatei *Northwind.mdf* in den Projektmappen-Explorer. Den sich anschließend öffnenden *Assistenten zum Konfigurieren von Datenquellen* brechen Sie kurzerhand ab.

Fügen Sie über das Menü *Projekt/Neues Element hinzufügen...* eine neue *LINQ to SQL-Klasse* hinzu.

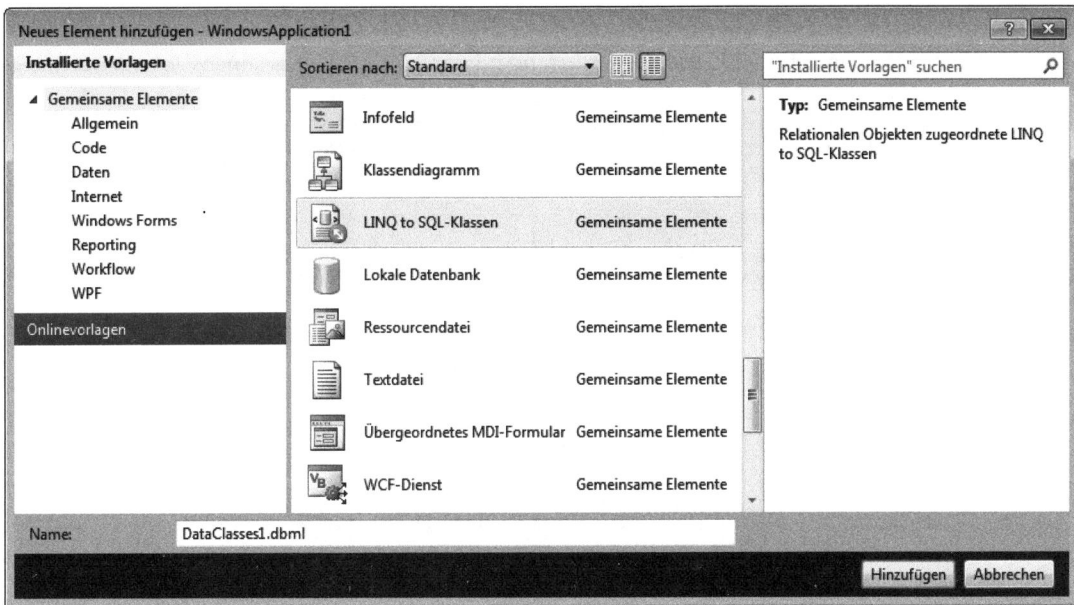

Abbildung 1.23 Ein Datenkontext für *LINQ to SQL-Klassen* wird hinzugefügt

Öffnen Sie den Server-Explorer (*Ansicht/Server-Explorer*) und ziehen Sie per Drag&Drop die *Customers*-Tabelle auf die Entwurfsoberfläche des LINQ to SQL-Designers[1]. Der Designer erstellt nun automatisch die erforderliche VB-Mapperklasse *Customers* für diese Tabelle.

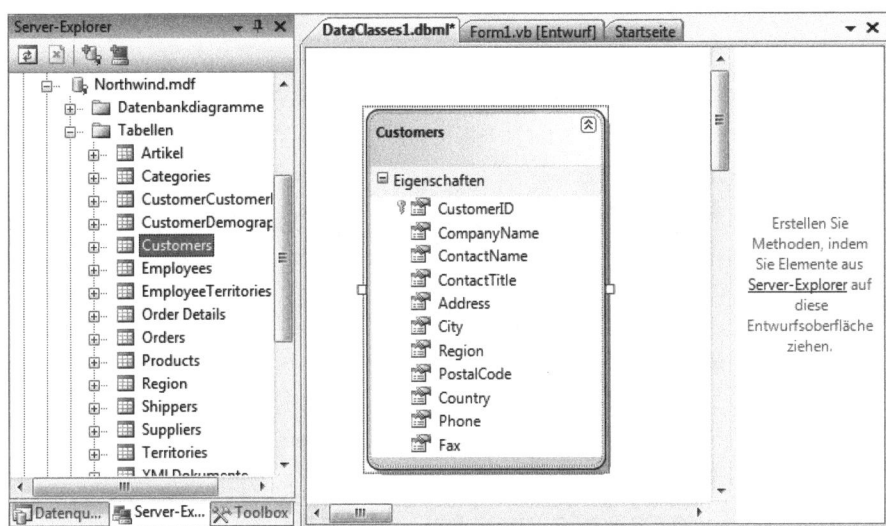

Abbildung 1.24 Die *Customers*-Tabelle wird vom Server-Explorer auf die Entwurfsoberfläche des O/R-Designers gezogen

---

[1] Hier auch *O/R-Designer* genannt, weil er das so genannte Objekt-Relationale Mapping vornimmt.

Klicken Sie mit der rechten Maustaste auf die Entwurfsoberfläche des Designers und wählen Sie *Eigenschaften*. Ändern Sie den für den zentralen Datenkontext standardmäßig vergebenen Namen *DataClasses1Data-Context* in *NWDataContext*.

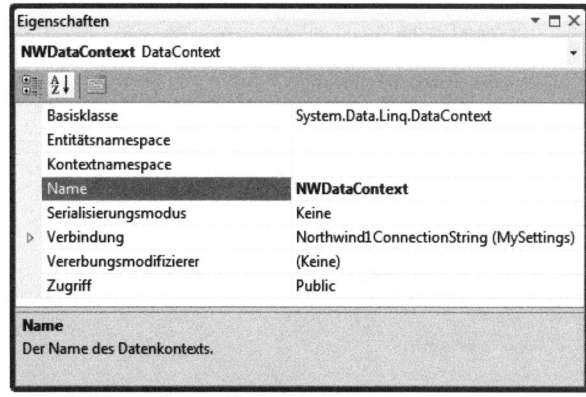

Abbildung 1.25 Der Name des Datenkontexts wird angepasst

Wechseln Sie zur Entwurfsansicht von *Form1* und setzen Sie ein *DataGridView*-Steuerelement und zwei *Button*s auf dem Formular ab.

Quellcode

HINWEIS   Beachten Sie, dass Sie beim Schreiben des Datenzugriffscodes umfassende Intellisense-Unterstützung haben, denn die SQL-Abfragen sind keine Zeichenketten mehr, sondern sie sind direkt in die Sprache integriert und können deshalb sofort vom Compiler überprüft werden!

Eine Instanz des Datenkontexts erzeugen, welcher die zentrale Rolle bei der Verbindung zur Datenbank über-nimmt:

```
Private dbnw As New NWDataContext()
```

In Variante 1 wollen wir den kompletten Inhalt der *Customers*-Tabelle anzeigen, indem wir die *Customers*-Collection direkt dem Datengitter zuweisen:

```
Private Sub Button1_Click(ByVal sender As System.Object, ByVal e As System.EventArgs) _
                                                        Handles Button1.Click
    DataGridView1.DataSource = dbnw.Customers
End Sub
```

In Variante 2 verwenden wir eine LINQ to SQL-Abfrage, mit der wir die Daten selektieren (vier Spalten), filtern (alle Londoner Firmen) und sortieren (nach Firmennamen):

```
Private Sub Button2_Click(ByVal sender As System.Object, ByVal e As System.EventArgs) _
                                                        Handles Button2.Click
    Dim Customers = From cust In dbnw.Customers
    Where cust.City = "London"
```

```
        Order By cust.CompanyName
        Select cust.CustomerID, cust.CompanyName, cust.Address, cust.City
        DataGridView1.DataSource = Customers
    End Sub
```

Test

Unter der Voraussetzung, dass der SQL Server läuft, erhalten Sie etwa die abgebildeten Ergebnisse.

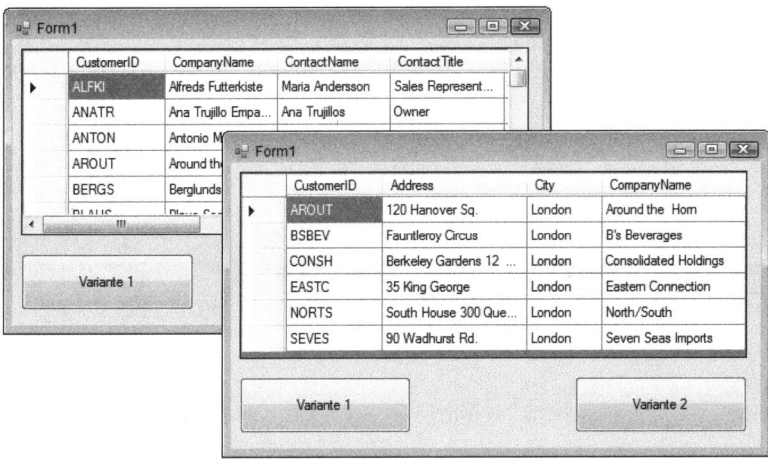

Abbildung 1.26 Laufzeitansichten des Beispiels

1.4   … eine einfache ASP.NET-Webanwendung erstellen?

GridView-Komponente; Website; Internet Explorer;

Mit *Visual Web Developer* (Bestandteil von *Visual Studio 2010*) ist der Aufwand für eine Web-Anwendung nicht viel höher als für eine lokale Datenbankapplikation. Da nach wie vor das Web-Hosting mittels Access-Datenbank (trotz schlechter Skalierbarkeit) in vielen Fällen eine interessante (weil preisgünstige) Alternative zum SQL Server ist, wollen wir den Zugriff auf die Datenbank *Nordwind.mdb* als Web-Anwendung realisieren!

Öffnen der ASP.NET-Website

Öffnen Sie eine neue *ASP.NET-Website* (*Datei/Neu/Website...*) und belassen Sie es bei den Standardeinstellungen für Speicherort (*Dateisystem*) und Pfad.

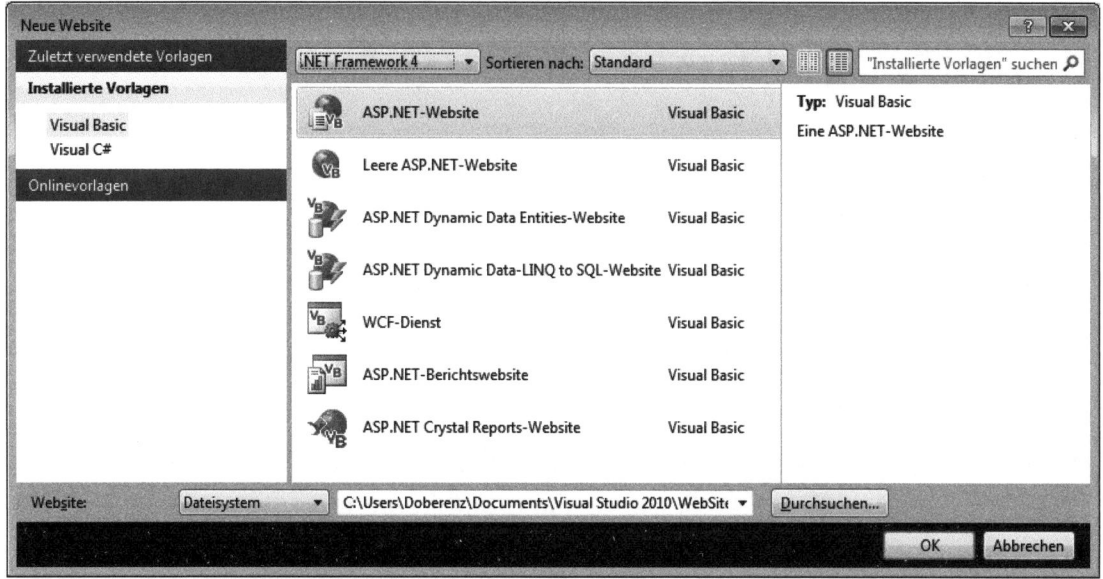

Abbildung 1.27   Erstellen einer neuen ASP.NET-Website

Nach dem Klick auf *OK* vergeht ein kleines Weilchen, bis die Web-Entwicklungsumgebung von Visual Studio erscheint.

Öffnen Sie den Designer von *Default.aspx* indem Sie ganz unten links auf *Entwurf* klicken.

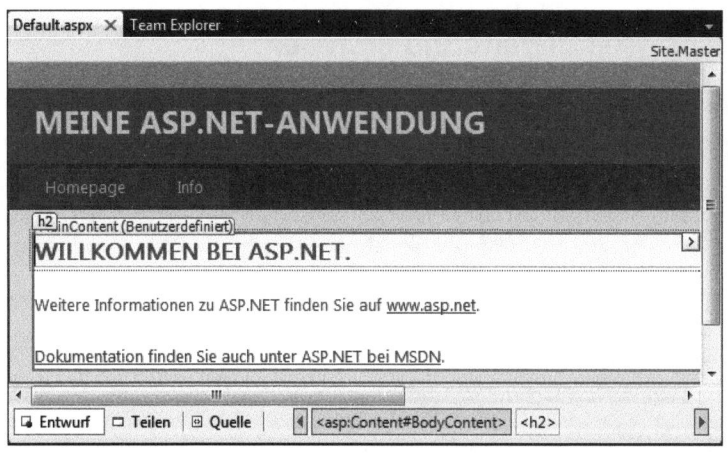

Abbildung 1.28   Eröffnungsseite der ASP.NET-Entwicklungsumgebung

Datenbank hinzufügen

Öffnen Sie den Projektmappen-Explorer (Menü *Ansicht/Projektmappen-Explorer*). Ziehen Sie die Datenbank *Nordwind.mdb* einfach per Drag & Drop vom Windows-Explorer in das *App_Data*-Verzeichnis des Projektmappen-Explorers.

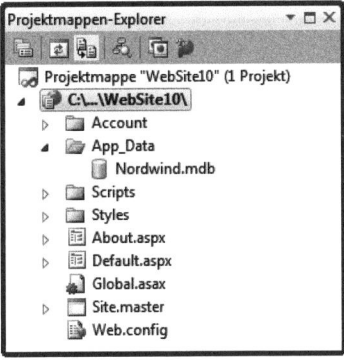

Abbildung 1.29 Die Datenbank *Nordwind.mdb* im *App_Data* Verzeichnis

GridView hinzufügen

Ziehen Sie ein *GridView* von der Toolbox (Kategorie *Daten*) auf die Oberfläche des Designers.

Da das *GridView* standardmäßig in einem recht spartanischen Outfit erscheint, empfehlen sich einige kosmetische Korrekturen, wie zum Beispiel das Ändern der Eigenschaften *BorderStyle*, *Font.Size*, *AlternatingRowStyle.BackColor*, *HeaderStyle.BackColor*, *Caption* ...

Wir nutzen die vom *GridView* angebotene Möglichkeit, eine Datenquelle per Aufgaben-Menü hinzuzufügen/zu erstellen:

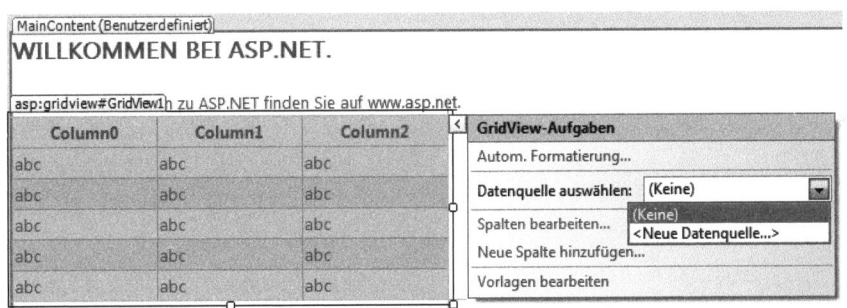

Abbildung 1.30 Hinzufügen einer neuen Datenquelle per Aufgaben-Menü

GridView an Datenquelle anbinden

Im folgenden Dialog entscheiden wir uns für unsere Access-Datenbank (Abbildung 1.31).

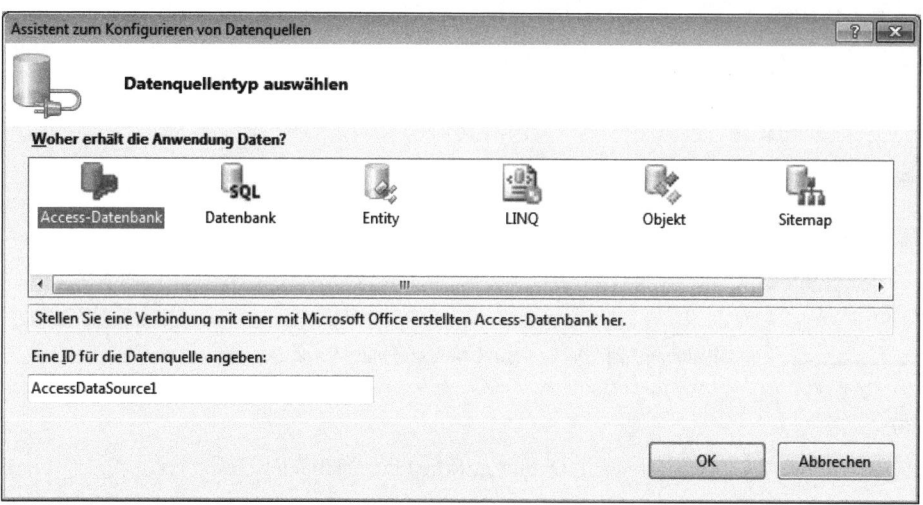

Abbildung 1.31   Auswahl des Datenquellentyps

Wir wählen im folgenden Schritt unsere bereits im Verzeichnis *App_Data* vorhandene Datenbank *Nord-wind.mdb* aus. Was noch zu tun bleibt ist die Auswahl der Tabelle und der Spalten:

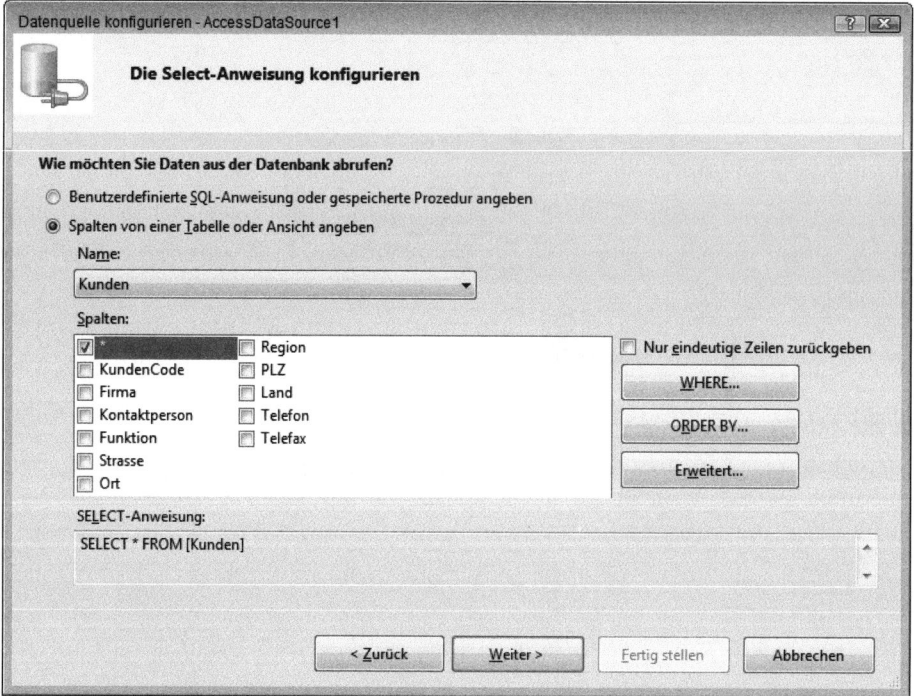

Abbildung 1.32   Auswahl der Tabelle und aller anzuzeigenden Spalten

Nach dem Schließen des Assistenten sollten im *GridView* bereits die Tabellenspalten angezeigt werden. Öffnen Sie noch kurz den *GridView*-Aufgabenbereich und aktivieren Sie die Optionen *Paging*, *Sortieren* und *Auswahl*:

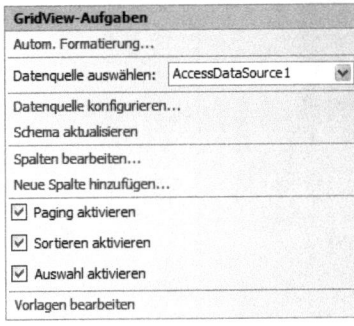

Abbildung 1.33 Paging, Sortieren und Auswahl für das *GridView* aktivieren

Test

Wenn Sie wie gewohnt starten wollen (F5), werden Sie in einem Meldungsfenster zunächst aufgefordert, das Debuggen zu aktivieren:

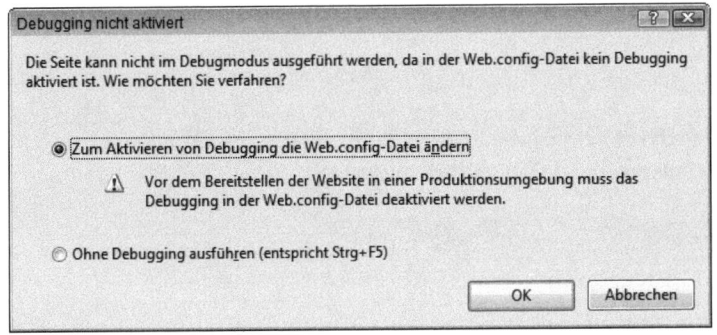

Abbildung 1.34 Im Meldungsfenster wird das Debuggen aktiviert

Nach dem *OK* können Sie im Internet-Explorer bereits die erste Tabellenansicht bewundern (siehe Abbildung 1.35).

Auch die Navigation zwischen den einzelnen Seiten ist bereits voll funktionstüchtig, klicken Sie ruhig mal auf eine der Ziffern im unteren Bereich des *GridView*-Steuerelements. Gleiches trifft auf die Möglichkeit zu, die Daten nach bestimmten Spalten zu sortieren, ein Klick auf den gewünschten Tabellenkopf-Eintrag genügt.

HINWEIS	Ohne eine einzige Zeile Code geschrieben zu haben, liegt bereits eine funktionsfähige Anwendung vor!

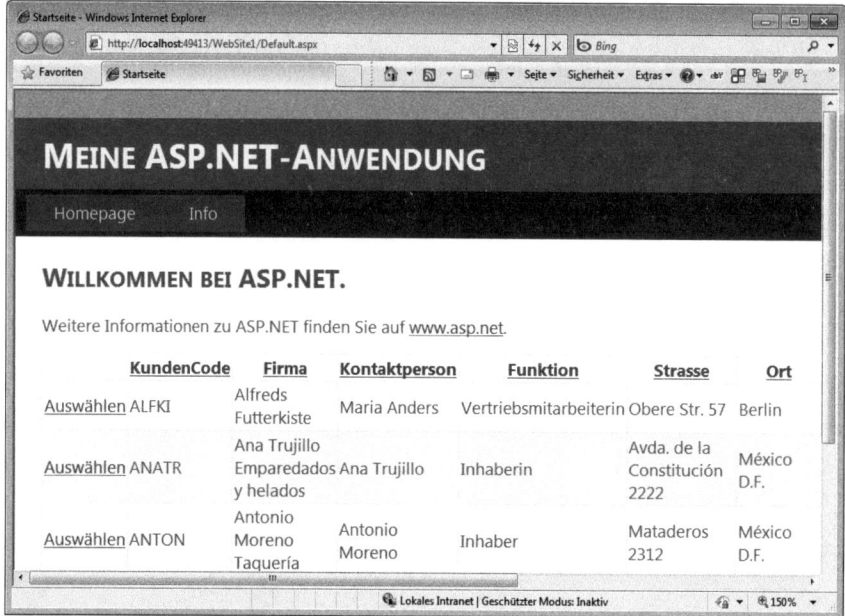

Abbildung 1.35   Die Website im Internet Explorer

Bemerkungen

Da wir beim Erstellen als Speicherort *Dateisystem* eingegeben haben, können Sie beim Öffnen der Anwendung (*Datei/Öffnen/Website...*) direkt das entsprechende Verzeichnis auswählen:

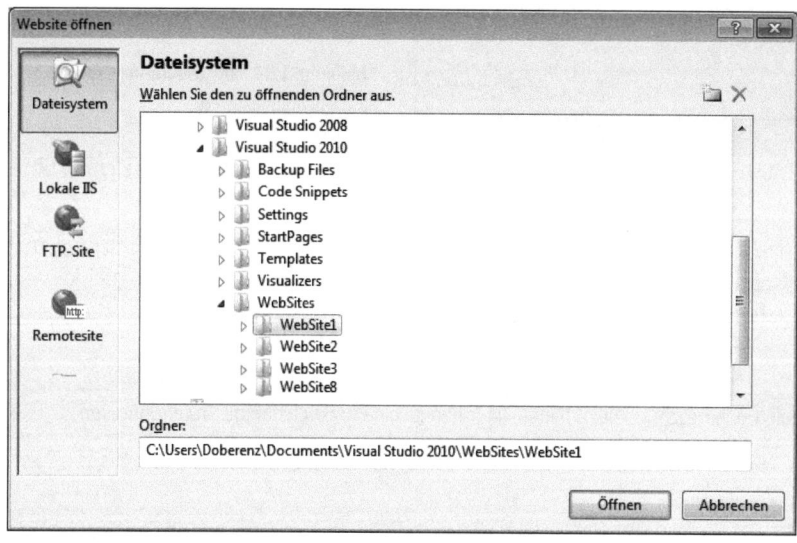

Abbildung 1.36   Öffnen der ASP.NET-WebSite unter »Dateisystem«

HINWEIS   Mehr Informationen zu ASP.NET-Webanwendungen finden Sie in Kapitel 8.

1.5 ... meine erste WPF-Anwendung entwickeln?

WPF: *ListView*-Control;

Bei WPF[1]-Anwendungen handelt es sich um eine moderne, zu den Windows Forms-Anwendungen alternative Technologie zur Gestaltung von Benutzerschnittstellen. Das vorliegende Beispiel soll lediglich einen kleinen Vorgeschmack auf den WPF-Projekttyp vermitteln. Wir wollen damit eine ähnliche Aufgabenstellung wie in den Vorgängerbeispielen lösen, nämlich die Anzeige aller Kunden der *Customers*-Tabelle aus der *Northwind*-Beispieldatenbank des SQL Servers.

Oberfläche

Öffnen Sie eine neue WPF-Anwendung (siehe Abbildung 1.37).

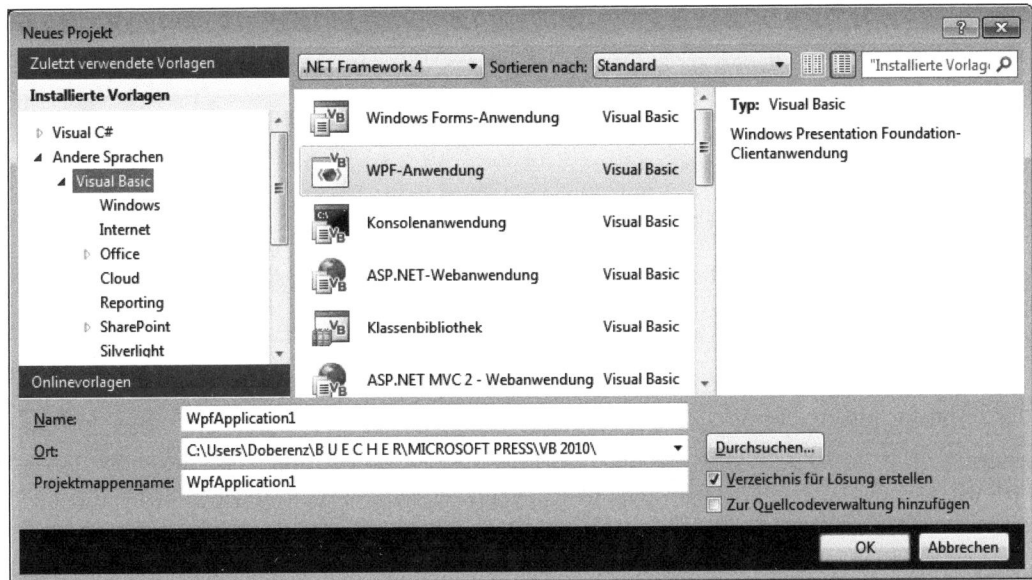

Abbildung 1.37 Eröffnen einer neuen WPF-Anwendung

Wer bislang nur Windows Forms-Anwendungen entwickelt hat, muss sich zunächst an die neue Entwurfsumgebung gewöhnen (siehe Abbildung 1.38). So heißt zum Beispiel ein *Form* jetzt *Window* und die Beschreibungssprache ist XML-basiert (*.xaml*-Dateien).

HINWEIS	Mehr zur Datenbindung unter WPF erfahren Sie im Kapitel 7.

---

[1] Windows Presentation Foundation

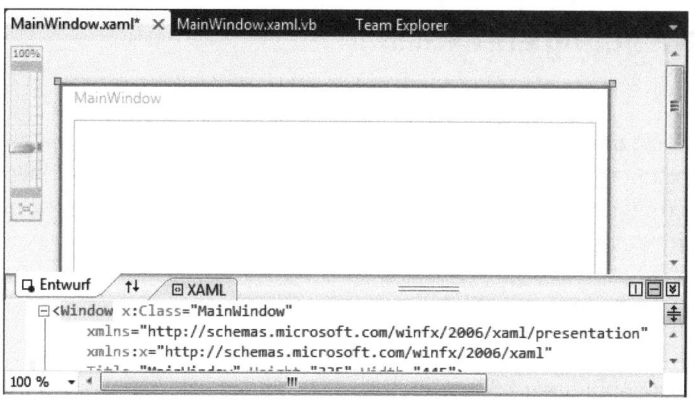

Abbildung 1.38 Der Designer zu Beginn eines neuen WPF-Projekts

Wie im Vorgängerbeispiel 1.3 »... eine einfache LINQ to SQL-Anwendung schreiben?«, ziehen Sie zunächst die Datenbankdatei *Northwind.mdf* in den Projektmappen-Explorer. Den sich anschließend öffnenden *Assistenten zum Konfigurieren von Datenquellen* können Sie abbrechen.

Da wir auch in unserer WPF-Anwendung zur Datenbindung die LINQ-Technologie einsetzen wollen, gleicht auch der nächste Schritt dem Beispiel 1.3:

Fügen Sie zum Projekt eine *LINQ to SQL-Klasse* hinzu (*Projekt/Neues Element hinzufügen...*) und ziehen Sie per Drag & Drop die *Customers*-Tabelle aus dem Server-Explorer auf die Oberfläche des O/R-Designers (linkes Teilfenster!). Klicken Sie mit der rechten Maustaste auf die Entwurfsoberfläche des Designers, wählen Sie das Kontextmenü *Eigenschaften* und ändern Sie den Namen *DataClasses1DataContext* in *NWData-Context*.

Quellcode (.xaml)

Die für die Oberflächenbeschreibung zuständige Datei *MainWindow.xaml* muss von Ihnen um die im Folgenden fett gedruckten Anweisungen ergänzt werden (Sie erzeugen damit eine *ListView* mit mehreren Spalten):

```xaml
<Window x:Class="WpfApplication1.MainWindow"
    xmlns="http://schemas.microsoft.com/winfx/2006/xaml/presentation"
    xmlns:x="http://schemas.microsoft.com/winfx/2006/xaml"
    Title="Datenbindung unter WPF" Height="237" Width="300">
    <Grid>
        <ListView Name="lvKunden" ItemsSource="{Binding}">
            <ListView.View>
                <GridView>
                    <GridView.Columns>
                    <GridViewColumn Header="KundenCode" DisplayMemberBinding="{Binding CustomerID}" />
                    <GridViewColumn Header="Firma" DisplayMemberBinding="{Binding CompanyName}" />
                    <GridViewColumn Header="Kontaktperson" DisplayMemberBinding="{Binding ContactName}" />
                    <GridViewColumn Header="Funktion" DisplayMemberBinding="{Binding ContactTitle}" />
                    <GridViewColumn Header="Strasse" DisplayMemberBinding="{Binding Address}" />
                    <GridViewColumn Header="Ort" DisplayMemberBinding="{Binding City}" />
                    </GridView.Columns>
                </GridView>
```

```
        </ListView.View>
      </ListView>
    </Grid>
</Window>
```

HINWEIS Das etwas mühevolle Eintippen des Codes, insbesondere der mittleren Zeilen, kann man sich durch Kopieren und Einfügen über die Zwischenablage wesentlich erleichtern.

Quellcode (.vb)

Die hinter obigem Code liegende Visual Basic-Datei *MainWindow.xaml.vb* braucht von Ihnen lediglich um zwei Anweisungen ergänzt zu werden (Erzeugen des per LINQ to SQL definierten Datenkontexts und Verbinden der *ListView* mit dem Datenkontext):

```
Class MainWindow

    Private db As New NWDataContext()           ' Datenkontext instanziieren

    Public Sub New()                            ' Konstruktor
        ' Dieser Aufruf ist für den Windows Form-Designer erforderlich.
        InitializeComponent()

        ' Fügen Sie Initialisierungen nach dem InitializeComponent()-Aufruf hinzu.
        lvKunden.DataContext = db.Customers          ' ListView anbinden
    End Sub
End Class
```

Test

Überzeugen Sie sich davon, dass der SQL Server läuft, und starten Sie dann Ihre erste WPF-Anwendung! Haben Sie alles richtig gemacht, so wird Sie (nach einigen Sekunden bangen Wartens) der folgende Anblick erfreuen:

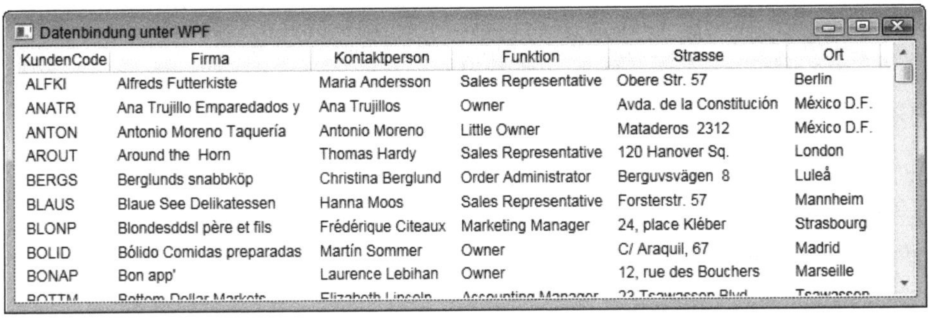

Datenbindung unter WPF

KundenCode	Firma	Kontaktperson	Funktion	Strasse	Ort
ALFKI	Alfreds Futterkiste	Maria Andersson	Sales Representative	Obere Str. 57	Berlin
ANATR	Ana Trujillo Emparedados y	Ana Trujillos	Owner	Avda. de la Constitución	México D.F.
ANTON	Antonio Moreno Taquería	Antonio Moreno	Little Owner	Mataderos 2312	México D.F.
AROUT	Around the Horn	Thomas Hardy	Sales Representative	120 Hanover Sq.	London
BERGS	Berglunds snabbköp	Christina Berglund	Order Administrator	Berguvsvägen 8	Luleå
BLAUS	Blaue See Delikatessen	Hanna Moos	Sales Representative	Forsterstr. 57	Mannheim
BLONP	Blondesddsl père et fils	Frédérique Citeaux	Marketing Manager	24, place Kléber	Strasbourg
BOLID	Bólido Comidas preparadas	Martín Sommer	Owner	C/ Araquil, 67	Madrid
BONAP	Bon app'	Laurence Lebihan	Owner	12, rue des Bouchers	Marseille

Abbildung 1.39 Laufzeitansicht

1.6   ... einen einfachen WCF-Dienst entwickeln?

WCF: *ServiceContract-*, *OperationContract*-Attribut;

WCF ermöglicht es Applikationen plattformübergreifend miteinander zu kommunizieren, egal ob sie sich auf demselben Computer oder irgendwo im Internet befinden. Dieses Beispiel soll Ihnen lediglich einen ersten Eindruck der noch relativ neuen WCF[1]-Technologie vermitteln.

Unser WCF-Dienst soll die *Kunden*-Tabelle der Datenbank *Nordwind.mdb* liefern. Die Anzeige erfolgt in einem Windows Forms-Client.

Webdienst

Starten Sie Visual Studio 2010 und wählen Sie *Datei/Neues Projekt...* Nehmen Sie die Vorlage *WCF-Dienstanwendung*.

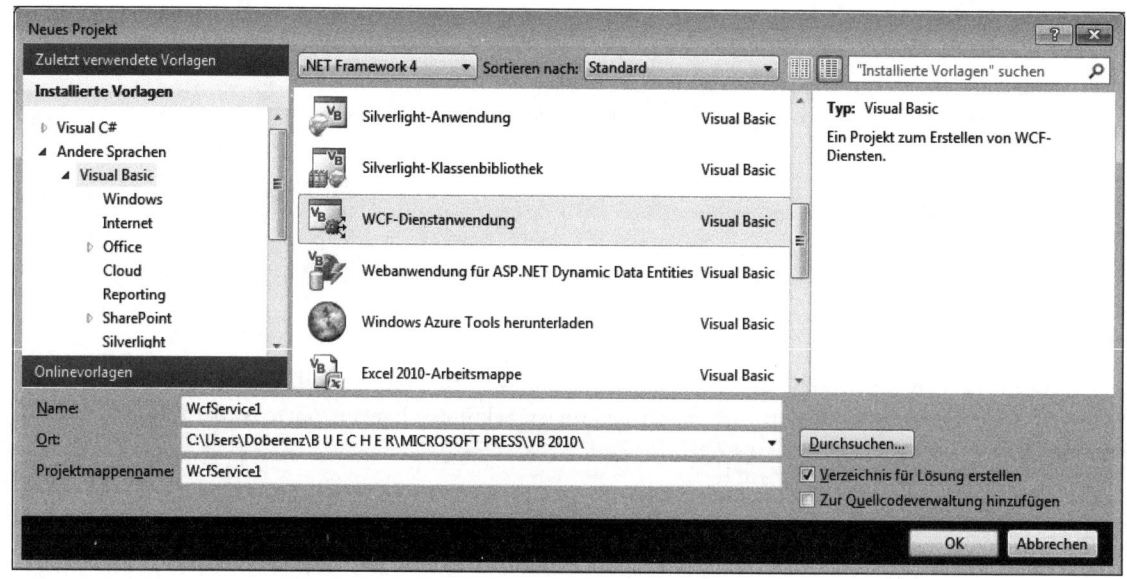

Abbildung 1.40   Auswahl der WCF-Projektvorlage

Wir belassen es beim Namen *WcfService1* und gehen in folgenden Schritten vor:

1. Nach dem *OK* erscheint der Rahmencode eines WCF-Webdienstes, in welchem bereits einige Definitionen für vorgefertigte Testroutinen enthalten sind. Um unseren Code überschaubar zu halten, entfernen wir diesen Testcode sowie die Schnittstellen-Datei *IService1.vb* (im Projektmappen-Explorer löschen).

2. Nun fügen wir die Datenbankdatei *Nordwind.mdb* hinzu, indem wir sie per Drag & Drop auf den *App_-Data*-Zweig im Projektmappen-Explorer ziehen.

3. Außerdem binden wir die Namespaces *System.Data* und *System.Data.OleDb* ein.

4. In den (noch leeren) Klassencode fügen wir die Methode *getKunden* ein (siehe Listing).

---

[1] *Windows Communication Foundation*

5. Abschließend definieren wir die Verträge, d.h., wir stellen dem Klassenbezeichner *Service1* das Attribut *<ServiceContract]>* und der Methode *getKunden* das Attribut *<OperationContract>* voran.

Der komplette Code unseres WCF-Webdienstes dürfte jetzt folgendermaßen aussehen:

```
Imports System.Data
Imports System.Data.OleDb

<ServiceContract()>
Public Class Service1
    <OperationContract()>
    Public Function getKunden() As DataSet
        Dim connStr = "Provider=Microsoft.Jet.OLEDB.4.0;Data Source=|DataDirectory|\Nordwind.mdb;" &
                                                    "Persist Security Info=True"

        Dim conn As New OleDbConnection(connStr)
        Dim da As New OleDbDataAdapter("SELECT * FROM Kunden", conn)
        Dim ds As New DataSet()
        da.Fill(ds, "Kunden")
        Return ds
    End Function
End Class
```

HINWEIS   Klicken Sie den Menüeintrag *Erstellen/WcfService1 erstellen.* um den Webdienst zu kompilieren[1].

Webclient

Um einen einfachen Testclient zu erstellen gehen Sie wie folgt vor:

1. Über den Menüpunkt *Datei/Hinzufügen/Neues Projekt ...* fügen Sie zur Projektmappe eine *Windows Forms*-Anwendung hinzu (*WindowsApplication1*)

2. Auf das Startformular (*Form1*) setzen Sie ein *DataGridView*-Steuerelement

3. Klicken Sie im Projektmappen-Explorer mit der rechten Maustaste auf das Clientprojekt und wählen Sie den Eintrag »Dienstverweis hinzufügen...«

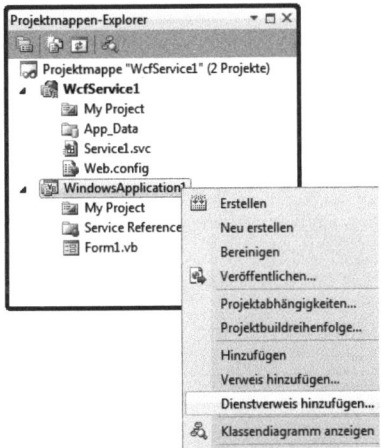

Abbildung 1.41 Hinzufügen eines Dienstverweises

---

[1] Nicht F5 o.ä., denn dann erscheint ein Testclient, der uns im konkreten Fall nichts nützt, da er keine *DataSet*s verarbeiten kann.

4. Im nachfolgenden Dialog tragen Sie die Adresse des Webdienstes ein. Am schnellsten geht das, wenn Sie über die Schaltfläche *Ermitteln* den Klappbox-Eintrag *Dienste in der Projektmappe* wählen.

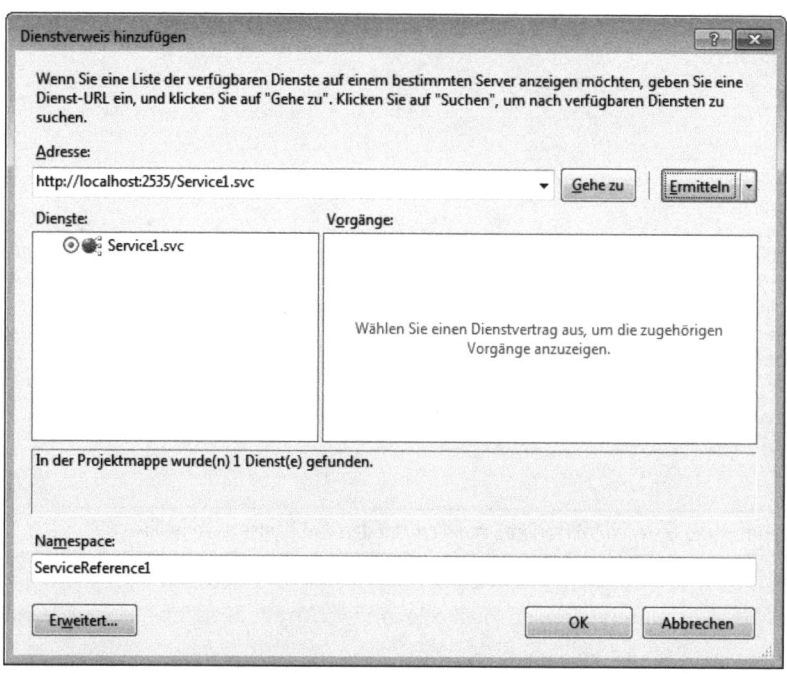

Abbildung 1.42   Auswahldialog für Dienstverweis

5. Nach dem *OK* generiert Visual Studio hinter den Kulissen eine ganze Menge Code. Im Wesentlichen wird eine Stellvertreter-Klasse (ein so genannter Proxy) erstellt, der den clientseitigen Zugriff auf den Webdienst ermöglicht.

6. Jetzt können Sie den Zugriffscode auf die Webmethode *getKunden* einfügen und die Anzeige der empfangenen Daten realisieren:

```
Public Class Form1

    Private Sub Form1_Load(ByVal sender As System.Object, ByVal e As System.EventArgs) _
                                                    Handles MyBase.Load

        Dim proxy As New ServiceReference1.Service1Client()
        DataGridView1.DataSource = proxy.getKunden()
        DataGridView1.DataMember = "Kunden"
        proxy.Close()

    End Sub

End Class
```

Test

Halt, bevor es richtig losgehen kann, klicken Sie mit der rechten Maustaste im Projektmappen-Explorer auf die Clientanwendung *WindowsApplication1* und wählen Sie diese als Startprojekt (*Als Startprojekt festlegen*).

Beim Ausprobieren merken Sie nicht, dass Sie mit einem Webdienst arbeiten (abgesehen von einer kleinen Verzögerung).

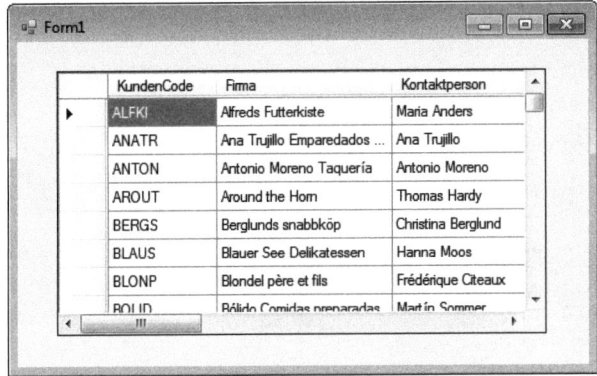

Abbildung 1.43 Laufzeitansicht

Bemerkungen

- Zwischen einem WCF Service-Client und einer normalen Windows-Anwendung gibt es rein äußerlich keinerlei Unterschiede.

- Damit der Client die vom WCF Service bereitgestellten Methoden verwenden kann, muss ein Dienstverweis eingerichtet werden.

- Die in unserem Beispiel verwendete *Code First*-Architektur (Programmcode und Vertrag sind in einer Klasse zusammengefasst) ist nur für Minianwendungen zu empfehlen. Das WCF-Konzept hingegen favorisiert die *Contract First*-Architektur, bei der Verträge (Schnittstellen) und Implementierungen getrennt werden. Ein WCF-Vertrag wird dabei aus einer Schnittstelle mit den entsprechenden Attributen gebildet.

HINWEIS   Mehr zur WCF-Programmierung finden Sie im Kapitel 19.

Kapitel 2

Einführung in LINQ

In diesem Kapitel:

Das bereits unter .NET 3.5 eingeführte LINQ (*Language Integrated Query*)ähnelt SQL, ist allerdings keine eigenständige Sprache, sondern eine grundlegend neue Technologie, welche das Implementieren aller Arten von Datenzugriffen vereinfacht und auf eine einheitliche Grundlage stellt, ohne an eine bestimmte Architektur gebunden zu sein.

Die LINQ-Philosophie

Weil das objektorientierte Paradigma das derzeit dominierende Software-Modell ist, müssen die Entwickler viel Zeit damit verbringen, um dieses Modell mit anderen Systemen, speziell relationale Datenbanken und XML, zu verbinden. Hier eilt uns LINQ zu Hilfe, indem es Transparenz und Produktivität der datenbezogenen Programmierung deutlich verbessert.

Aber es geht nicht nur um die Effektivität, sondern auch um die Qualität der Software-Entwicklung, denn das Schreiben von monotonen und fehleranfälligen Anpassungscode birgt die Gefahr von Instabilitäten in sich oder kann zur Herabsetzung der Performance führen.

Natürlich gab und gibt es neben LINQ bereits andere Lösungen. So könnten wir beispielsweise einen Codegenerator oder eines der verschiedenen objektrelationalen Mapping-Tools von Drittanbietern verwenden. Leider sind diese Tools alles andere als perfekt. Beispielsweise sind sie nur für den Datenbankzugriff geeignet und nicht für andere Datenquellen wie XML-Dokumente. Außerdem kann Microsoft etwas, was andere Anbieter nicht können, nämlich den Datenzugriff direkt in die Sprachen Visual Basic und C# integrieren.

OOP-Modell versus relationales Modell

Nehmen wir das objektorientierte und das relationale Modell, dann existiert der Widerspruch zwischen ihnen auf verschiedenen Ebenen:

- **Relationale Datenbanken und objektorientierte Sprachen verwenden nicht dieselben primitiven Datentypen.**
  Beispielsweise haben Strings in Datenbanken gewöhnlich eine begrenzte Länge, was in C# oder in VB.NET nicht der Fall ist. Das kann zum Problem werden, wenn Sie einen String mit 150-Zeichen in einem Tabellenfeld mit nur 100 Zeichen speichern wollen. Viele Datenbanken haben keinen booleschen Typ, während wir in Programmiersprachen oft *True/False* Werte verwenden.

- **OOP und relationale Theorien haben verschiedene Datenmodelle.**
  Aus Performancegründen und wegen ihres Wesens müssen relationale Datenbanken normalisiert werden. Normalisierung ist ein Prozess, bei dem Redundanzen eliminiert und Daten effektiv organisiert werden. Weiterhin wird das Potenzial für Anomalien während der Datenoperationen reduziert, auch die Datenkonsistenz wird verbessert. Normalisierung resultiert in einer Organisation der Daten die spezifisch für das relationale Datenmodell ist. Das verhindert ein direktes Mapping der Tabellen und Records mit Objekten und Auflistungen. Relationale Datenbanken werden in Tabellen und Beziehungen normalisiert, während Objekte Vererbung, Komposition und komplexe Referenzhierarchien verwenden. Ein grundsätzliches Problem existiert, weil relationale Datenbanken keine Konzepte wie das der Vererbung besitzen: das Mapping einer Klassenhierarchie an eine relationale Datenbank erfordert meist einige mehr oder weniger ausgefeilte Workarounds bzw. »Tricks«.

- **Programmiermodelle**
  In SQL schreiben Sie Abfragen und bewegen sich somit auf einer höheren Ebene der Deklaration, um auszudrücken, an welcher Datenmenge Sie interessiert sind. In allgemeinen Programmiersprachen wie C# oder VB müssen Sie hingegen Schleifenanweisungen, If-Statements usw. schreiben.

- **Kapselung**
  Objekte sind selbstenthaltend/selbstbeschreibend und enthalten sowohl Daten als auch Verhalten. In relationalen Datenbanken hingegen sind Code und Daten sauber voneinander getrennt.

HINWEIS   Objektrelationales Mapping (ORM) ist die Brücke zwischen objektorientierten Sprachen und relationalen Datenbanken.

ORM kann als der Akt bezeichnet werden, bei welchem festgelegt wird, wie Objekte und ihre Beziehungen in einem permanenten Datenspeicher abgelegt (persistiert) werden, in diesem Fall in einer relationalen Datenbank.

Besonderheiten beim ORM

Konzepte wie Vererbung oder Komposition werden von relationalen Datenbanken nicht direkt unterstützt, d.h., die Daten können nicht auf gleiche Weise in beiden Modellen repräsentiert werden. Wie Sie am folgenden Beispiel sehen, können verschiedene Objekte und Typen an eine einzige Tabelle gemappt werden.

BEISPIEL

Die folgende Abbildung zeigt ein Objektmodell und ein entsprechendes relationales Modell. Wie man leicht erkennt, ist trotz der Einfachheit beider Modelle das Mapping wegen der Unterschiede zwischen beiden Paradigmen nicht ganz trivial.

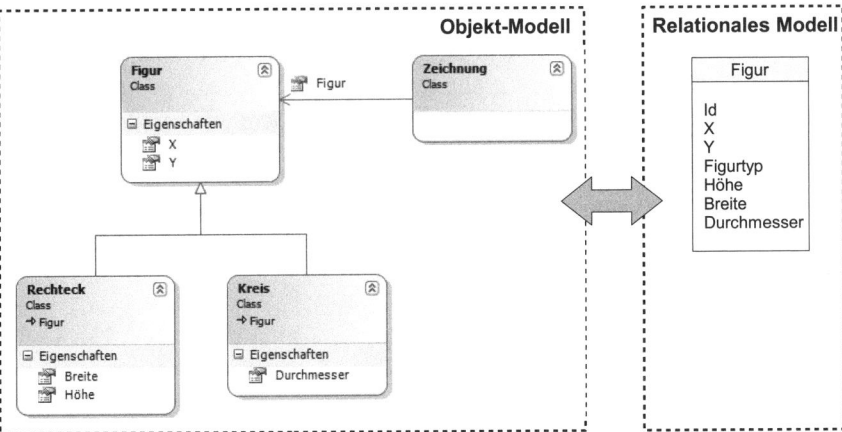

Abbildung 2.1 Objektmodell und relationales Modell

Auch wenn wir ein Objektmodell in einer neuen relationalen Datenbank speichern wollten, könnten wir kein direktes Mapping verwenden. Aus Performancegründen und um Duplikate zu vermeiden ist es im aktuellen Beispiel viel besser, wenn wir nur eine einzige Tabelle verwenden. Als Konsequenz können aber dann die von der Datenbanktabelle kommenden Daten nicht genutzt werden, ohne dass der Objektgraph im Arbeitsspeicher aktualisiert wird. Wie Sie sehen, bedeutet ein Gewinn auf der einen Seite einen Verlust auf der anderen.

Wir könnten zwar ein Datenbankschema oder ein Objektmodell entwerfen welches diese Fehlanpassung zwischen beiden Welten reduziert, wir könnten diese aber niemals, wegen der beiden Paradigmen innewohnenden Unterschiede, beseitigen.

Meist haben wir nicht einmal diese Wahl, da das Datenbankschema bereits definiert ist. Ein anderes Mal müssen wir mit Objekten arbeiten, die jemand anderes entwickelt hat.

Das komplexe Problem der Integration von Datenquellen in Programme umfasst mehr als nur das einfache Lesen und Schreiben von bzw. in die Datenquelle. Wenn wir mit einer objektorientierten Sprache programmieren, wollen wir dass unsere Anwendung ein Objektmodell benutzt, welches eine konzeptionelle Repräsentation der Geschäftsdomäne darstellt, anstatt direkt an die relationale Struktur gebunden zu sein. Das Problem dabei ist, dass an bestimmten Stellen das Objektmodell und das relationale Modell zusammenarbeiten müssen. Das ist nicht leicht, weil objektorientierte Programmiersprachen und .NET Entity-Klassen Geschäftsregeln, komplexe Beziehungen und Vererbung umfassen, während eine relationale Datenquelle Tabellen, Zeilen, Spalten, Primär- und Fremdschlüssel usw. enthält.

Ein erstes LINQ-Beispiel

Ehe wir detailliert die hinter LINQ stehenden Konzepte beleuchten, wollen wir Ihnen an einem typischen Beispiel einen ersten Eindruck von den neuen Sprachkonstrukten vermitteln, wie sie jetzt unter VB 9.0 zur Verfügung stehen.

Klassischer Datenbankzugriff

Das in der .NET-Klassenbibliothek enthaltene ADO.NET (siehe Kapitel 4) stellt bereits eine umfangreiche API für den Zugriff auf relationale Datenbanken zur Verfügung und ermöglicht die Repräsentation relationaler Daten im Speicher. Das Problem mit diesen Klassen (z.B. *SqlConnection*, *SqlCommand*, *SqlReader*, *DataSet*, *DataTable*) ist aber, dass sie den Entwickler dazu zwingen, explizit mit Tabellen, Records und Spalten zu arbeiten, während eine moderne Sprachen wie VB.NET auf dem objektorientierte Paradigma basiert. Das folgende Beispiel zeigt eine typische Anwendung im herkömmlichen Sinn.

BEISPIEL

Datenbankzugriff unter dem klassischen .NET

```
...
Dim connection As New SqlConnection("...")
Dim command As SqlCommand = connection.CreateCommand()
```

SQL-Abfrage als String:

```
command.CommandText = "SELECT CompanyName, Country FROM Customers  WHERE City = @City"
```

Lose gebundene Parameter:

```
command.Parameters.AddWithValue("@City", "London")
connection.Open()
```

```
    Dim reader As SqlDataReader = command.ExecuteReader()
    While reader.Read()
```

Lose typisierte Spalten:

```
        Dim name As String = reader.GetString(0)
        Dim land As String = reader.GetString(1)
```

Ausgabe:

```
        ListBox1.Items.Add(name & "   " & land)
    End While
    reader.Close()
    connection.Close()
    ...
```

Folgende Einschränkungen bzw. Fragen ergeben sich aus obigem Code:

- Alle SQL-Befehle sind als Zeichenketten notiert, sie unterliegen deshalb keinerlei Prüfungen durch den Compiler. Was also ist, wenn der String eine ungültige SQL-Abfrage enthält? Was passiert, wenn eine Spalte in der Datenbank umbenannt wurde?

- Dasselbe trifft auch auf die Parameter und auf die Ergebnismenge zu – sie sind nur lose definiert. Haben die Spalten den richtigen Typ? Haben wir die korrekte Anzahl von Parametern übergeben? Entsprechen die Parameter in der Abfrage exakt den Parameterdeklarationen?

- Die von uns verwendeten Klassen sind nur für den SQL Server bestimmt und können nicht von einem anderen Datenbankserver benutzt werden.

Das grundsätzliche Problem beim Zugriff auf relationale Datenbanken ist, dass sich eine tiefe Kluft zwischen Ihrer Programmiersprache und der Datenbank auftut, d.h., zwischen der relationalen und der objektorientierten Sicht gibt es Differenzen, die nicht einfach zu überbrücken sind. Zwar wurden viele mehr oder weniger erfolgreiche Versuche zur Einführung objektorientierter Datenbanken unternommen, die näher an objektorientierten Plattformen und wichtigen Programmiersprachen wie VB und C# angesiedelt sind, trotzdem ist diesen Datenbanken der große Durchbruch bis heute versagt geblieben und relationale Datenbanken sind nach wie vor weit verbreitet. D.h., Sie als Programmierer müssen nach wie vor mit dem Datenzugriff kämpfen.

Hierin also liegt die ursprüngliche Motivation, die zur Entwicklung von LINQ führte, nämlich die Überwindung des Widerspruchs zwischen den objektorientierten .NET-Programmiersprachen und den nach wie vor den Markt dominierenden relationalen Datenbanken.

Datenbankzugriff unter LINQ

Mit LINQ beabsichtigt Microsoft eine Lösung des Problems des objekt-relationalen Mapping (ORM), genauso wie die Vereinfachung der Interaktion zwischen Objekten und Datenquellen. Das folgende Beispiel zeigt eine Realisierung des Vorgängerbeispiels mit den neuen LINQ-Sprachkonstrukten (fett) und dürfte einen ersten Eindruck über die Vorteile dieser Technologie vermitteln.

BEISPIEL

Einfache LINQ-Abfrage (Prinzip)

Datenkontext instanziieren:

```
Dim DB As New MyDataContext()
```

LINQ to SQL-Abfrage formulieren:

```
Dim customers = From cust In DB.Customers
                Where cust.City = "London"
                Select cust.CompanyName, cust.Country
```

Durchlaufen der *customers*-Collection und Ausgabe:

```
For Each cust In customers
    ListBox1.Items.Add(cust.CompanyName & " " & cust.Country)
Next
```

Dieser Code überrascht durch seine Transparenz und Kürze, leistet aber das Gleiche wie das in klassischer ADO.NET-Technologie realisierte Vorgängerbeispiel. Obwohl eine Erklärung der neuen Sprachkonstrukte erst an späterer Stelle erfolgt, dürfte der Code bereits jetzt weitgehend selbsterklärend sein. Mehr noch: In LINQ-Abfragen können die Daten im Arbeitsspeicher, in einer Datenbank, in einem XML Dokument oder an einer anderen Stelle sein, die Syntax bleibt dieselbe. Wie wir noch sehen werden, kann dank der Erweiterbarkeit von LINQ diese Art von Abfragen auch mit mehreren Datentypen und verschiedenen Datenquellen verwendet werden.

Damit zeigt das Beispiel aber nur die Spitze des Eisbergs, denn LINQ hat sich aus seiner ursprünglichen Zweckbestimmung (Zugriff auf relationale Datenbanken) heraus zu einer allgemeinen Sammlung von Abfragewerkzeugen, die in eine Sprache integriert werden können, weiter entwickelt. Diese Tools werden verwendet um auf Daten zuzugreifen, die von In-Memory Objekten (LINQ to Objects), Datenbanken (LINQ to SQL), XML Dokumenten (LINQ to XML), dem Dateisystem oder von irgendeiner anderen Quelle kommen.

Der Weg zu LINQ

Wie wir bereits wissen, erfüllte Microsoft mit LINQ den Wunsch vieler Entwickler nach universell einsetzbaren Datenabfragemethoden, die SQL-Abfragen ähneln. Microsoft hatte bis dahin noch keine Lösung für das objektrelationale Daten-Mapping (ORM) und mit LINQ bot sich für MS die Gelegenheit, sowohl Mapping als auch Abfragemechanismen in seine .NET-Programmiersprachen zu integrieren.

Wie war es in der Zeit vor LINQ?

Damals mussten Sie sich mit verschiedenen Sprachen, wie SQL, XML oder XPath, und verschiedenen Technologien und APIs, wie ADO.NET oder *System.Xml*, in jeder Anwendung die mit allgemeinen Sprachen wie VB oder C# geschrieben wurden, herumplagen und waren ausschließlich auf die unterschiedlichen Datenzugriffsmodelle angewiesen bzw. mussten dafür eigene APIs entwickeln. So haben Sie für die Abfrage von Datenbanken üblicherweise SQL verwendet. Für den Zugriff auf XML-Dokumente benutzten Sie das DOM (*Document Object Model*) oder XQuery. Mit Schleifenanweisungen haben Sie Arrays durchsucht, oder Sie haben selbst spezielle Algorithmen geschrieben, um sich durch Objektbäume zu hangeln oder auf andere Arten von Daten wie Excel-Tabellen, E-Mails oder die Registrierdatenbank zuzugreifen. Unterm Strich war es also bislang so, dass verschiedene Datenquellen verschiedene Programmiermodelle erforderlich machten.

Ein weiteres Problem sind die verschiedenen Datentypen, mit denen Sie zu kämpfen haben, wenn ein bestimmtes Datenmodell nicht an die jeweilige Sprache gebunden ist. Das kann zu Anpassungsschwierigkeiten zwischen Daten und Code führen. LINQ stellt die bislang vermisste direkte Verbindung zwischen den unterschiedlichen Datenquellen und verschiedenen (.NET)-Programmiersprachen her und vereinheitlicht den Datenzugriff auf beliebige Datenquellen. Es erlaubt Abfrage- und Schreiboperationen, ähnlich wie bei SQL Anweisungen für Datenbanken. Durch zahlreiche Spracherweiterungen integriert LINQ diese Abfragen direkt in .NET-Sprachen wie Visual Basic und C#.

So sind beispielsweise der objektorientierte Zugriff auf XML oder das Mixen relationaler Daten mit XML einige der Aufgaben die LINQ vereinfacht.

Ein zentraler Aspekt ist weiterhin, dass LINQ die Zusammenarbeit mit beliebigen Typen von Objekten oder Datenquellen ermöglicht und dazu ein konsistentes Programmiermodell bereitstellt. Syntax und Konzepte für den Datenzugriff sind dieselben. Wenn Sie also wissen wie LINQ mit einem Array oder einer Collection funktioniert, dann kennen Sie auch die grundlegenden Konzepte für die Anwendung von LINQ auf Datenbanken oder XML-Dateien.

Ein weiterer Vorteil von LINQ ist, dass Sie damit in einer streng typisierten Welt arbeiten. Beim Entwurf erhalten Sie Hinweise von der IntelliSense und Ihre Abfragen werden bereits beim Kompilieren geprüft.

HINWEIS   LINQ wird einige Aspekte Ihres Umgangs mit Daten in Anwendungen und Komponenten grundlegend verändern. Sie werden merken, dass LINQ ein wesentlicher Schritt in Richtung deklaratives Programmieren darstellt. Sie werden sich sehr bald darüber wundern, warum Sie früher so viele Zeilen Code geschrieben haben.

Wichtige LINQ-Features

LINQ ermöglicht durch das Schreiben von Abfragemethoden den Zugriff auf jede beliebige Art von Datenquelle.

Konkret stellen sich die Vorteile von LINQ wie folgt dar:

- Erweiterung der Sprachen Visual Basic und C#

- streng typisiert

- Queries werden zur Entwurfszeit geprüft, nicht erst zur Laufzeit

- Intellisense-Unterstützung in Visual Studio

- keine CLR-Erweiterung notwendig

Die Funktionsweise:

- LINQ-Ausdrücke werden vom Compiler in Extension Methods (Erweiterungsmethoden) und Lambda Expressions übersetzt

- Durch die Lambda Expressions steht der LINQ-Ausdruck zur Laufzeit als Expression Tree (Abfragebaum) zur Verfügung

- Die Expression Trees werden je nach LINQ-Variante in eine andere Darstellung (wie z.B. SQL) übersetzt

LINQ Ausdrücke können auf folgende Typen angewendet werden:

- *IEnumerable* (LINQ to Objects)
- *IQueryable(Of T)* (LINQ to Entities, ... to SQL, ...)

Trotz all dieser euphorisch stimmenden LINQ-Features sollte eines nicht vergessen werden: SQL ist ein weit verbreiteter Standard und kann auch in Zukunft nicht generell durch LINQ ersetzt werden. Allerdings ist der deklarative Charakter der LINQ-Syntax unbestritten ein Meilenstein bei der Entwicklung der großen Programmiersprachen.

Die LINQ-Architektur

Die Abbildung 2.2 soll die grundsätzliche Architektur von LINQ verdeutlichen.

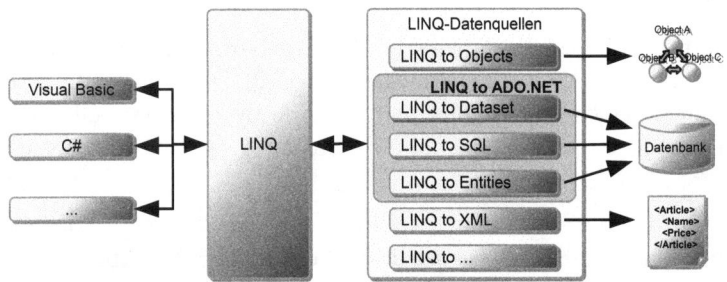

Abbildung 2.2 Die LINQ Architektur

Je nach Standort des Betrachters besteht LINQ einerseits aus einer Menge von Werkzeugen zur Arbeit mit Daten, was in den verschiedenen LINQ-Implementierungen (LINQ to Objects, LINQ to DataSets, LINQ to SQL, LINQ to Entities und LINQ to XML) zum Ausdruck kommt. Andererseits besteht LINQ aus einer Menge von Spracherweiterungen (momentan für VB und C#).

LINQ-Implementationen

LINQ bietet zahlreiche Varianten für den Zugriff auf verschiedenste Arten von Daten. Diese sind in den verschiedenen LINQ-Implementationen (auch als »LINQ Flavours«, d.h. »Geschmacksrichtungen« bezeichnet) enthalten. Folgende LINQ-Provider werden als Bestandteil des .NET Frameworks bereitgestellt:

- LINQ to Objects (arbeitet mit Collections die *IEnumerable* implementieren)
- LINQ to XML (Zugriff auf XML Strukturen)
- LINQ to SQL (Zugriff auf SQL Datenbanken)
- LINQ to DataSet (arbeitet auf Basis von DataSets) und
- LINQ to Entities (verwendet das ADO.NET Entity Framework als ORM)

Diese LINQ-Provider/Implementationen bilden eine Familie von Tools, die einzeln für bestimmte Aufgaben eingesetzt oder aber auch für leistungsfähige Lösungen mit einem Mix aus Objekten, XML und relationalen Daten miteinander kombiniert werden können.

HINWEIS   Nochmals sei hier betont, dass LINQ eine offene Technologie ist, der jederzeit neue Provider hinzugefügt werden können! Die im .NET Framework 3.5 enthaltenen Implementationen bilden lediglich eine Basis, die eine Menge von Grundbausteinen (Abfrageoperatoren, Abfrageausdrücke, Abfragebäume) bereitstellt.

Die neuen Sprachfeatures

Für die Einbindung von LINQ in VB mussten mehrere neue Sprachkonstrukte eingeführt werden, die wir Ihnen im Folgenden vorstellen möchten. Teilweise bauen diese auf den bereits unter .NET 2.0 eingeführten Neuerungen (generische Typen etc.) auf.

Typinferenz

Unter Typinferenz versteht man ein Sprachmerkmal welches es erlaubt, dass der Datentyp lokaler Variablen bei der Deklaration vom Compiler automatisch ermittelt wird, ohne dass explizit der Typ angegeben werden muss. Wie wir später noch sehen werden, erweist sich dieses Feature vor allem für anonyme Typen als praktisch bzw. notwendig.

Als Ersatz für einen konkreten Typ wird in VB das Schlüsselwort *Dim* verwendet, wobei man auf das *As* verzichtet.

Mancher mag denken, dass es sich hier um dasselbe Verhalten wie bei *Option Strict Off* handelt, tatsächlich aber erhalten Sie streng typisierte Variablen.

BEISPIEL

Die Initialisierung der Variablen *a* wird vom Compiler ausgewertet und der Typ aufgrund des Wertes 35 auf *Integer* festgelegt.

```
Dim a = 35
```

Obige Zeile ist semantisch identisch mit folgendem Ausdruck:

```
Dim a As Integer = 35
```

Der Datentyp wird einmalig bei der ersten Deklaration der Variablen vom Compiler festgelegt und kann danach nicht mehr verändert werden!

BEISPIEL

Da die Variable *b* vom Compiler als *Integer* festgelegt wurde, kann ihr später kein *Double*-Wert zugewiesen werden.

```
Dim b = 7
b = 12.3
MessageBox.Show(b.ToString)          ' zeigt 12
```

BEISPIEL

Verschiedene implizite lokale Variablendeklarationen

```
Dim txt = "abc"                 ' Typ : String
Dim pi = 3.1415                 ' Typ Double
For i = 1 To 10                 ' Typ von i: Integer
    ...
```

Obige Beispiele sind semantisch äquivalent zur »klassischen« Deklaration bei welcher der Datentyp explizit angegeben wird.

HINWEIS	Typinferenz ist nicht gleichbedeutend mit dem Zuweisen des *Object*-Datentyps, wie folgendes Beispiel belegt.

BEISPIEL

Zuweisen einer per Typinferenz deklarierten Integer-Variablen zu einer Variablen vom Typ *Object*

```
Option Strict On
...
Dim a = 5                          ' Deklarieren von a als Integer
Dim b As Object = 3                ' Boxing von Integer in Object
Dim c As Integer= a                ' kein Casting, kein Unboxing
Dim d As Integer = CType(b, Integer)  ' Casting und Unboxing sind notwendig
```

HINWEIS	Wie bereits erwähnt, ist die Typinferenz nur im lokalen Gültigkeitsbereich zulässig, d.h., sie darf nicht für Membervariablen und Parameter benutzt werden.

BEISPIEL

Einige zulässige implizite Variablendeklarationen

```
    Public Sub test(ByVal d As Decimal)
        Dim x = 5.3            ' Double
        Dim y = x             ' Double
        Dim r = x / y         ' Double
        Dim s = "test"        ' String
        Dim w = d             ' Decimal
    End Sub
```

BEISPIEL

Nicht zulässige implizite Variablendeklarationen

```
Option Strict On

Class Form1
    Dim a = 0                 ' Fehler, da nicht lokal

    Public Sub test1(Dim x)   ' Fehler, da Typ in Parameterliste erwartet wird
        ...
    End Sub

    Public Function test2()   ' Fehler, da Funktionstyp erwartet wird
        Return 5
    End Function

End Class
```

HINWEIS	Obwohl durch verwenden von Typinferenz das Schreiben von Code vereinfacht wird, kann die Lesbarkeit darunter erheblich leiden (besonders bei mehreren Methodenüberladungen).

Nullable-Typen

Der Compiler kann durch ein der Typdeklaration nachgestelltes Fragezeichen (?) einen Wertetyp in eine generische *System.Nullable(Of T As Structure)*-Struktur verpacken.

BEISPIEL

Einige Deklarationen von Nullable-Typen

```
Dim i As Integer? = 10
Dim j As Integer? = Nothing
Dim k As Integer? = i + j           ' Nothing
```

Von Nutzen sind Nullable-Typen besonders dann, wenn Daten aus einer relationalen Datenbank gelesen bzw. dorthin zurückgeschrieben werden sollen.

Was sind Nullable Types?

Einer der Hauptunterschiede zwischen Wertetypen wie *Integer* oder *Structure* und Referenztypen wie *Form* oder *String* ist der, dass Referenztypen so genannte Null-Werte unterstützen. Eine Referenztyp-Variable kann also den Wert *Nothing* enthalten, d.h., die Variable referenziert im Moment keinen bestimmten Wert. Demgegenüber enthält eine Wertetyp-Variable immer einen Wert, auch wenn dieser, wie bei einer *Integer*-Variablen, den Wert 0 (null) hat. Falls Sie einer Wertetyp-Variablen *Nothing* zuweisen, wird diese auf ihren Default-Wert zurückgesetzt, bei einer *Integer*-Variablen wäre das 0 (null)).

Die aktuelle CLR bietet keine Möglichkeit um festzustellen, ob einer *Integer*-Variablen ein Wert zugewiesen wurde, die Tatsache dass die Variable den Wert 0 (null) hat bedeutet noch lange nicht, dass dieser Wert auch zugewiesen wurde, denn es könnte sich ja genauso gut um den Default-Value handeln.

Leider gibt es Situationen, wo es wünschenswert wäre, dass auch Wertetypen einen Null-Zustand annehmen könnten. Das allgemeinste Beispiel für solch einen Fall wäre ein Typ, der Informationen aus einer Datenbank repräsentiert. Viele Datenbanken erlauben Spalten beliebiger Typen, dass diese einen Null-Wert erhalten können. Das bedeutet, »man hat dieser Spalte noch keinen Wert zugewiesen«.

BEISPIEL

Eine Personal-Datenbank kann einen Null-Wert für die Spalte *Gehalt* für pensionierte Angestellte zulassen, d.h., dass diese nicht länger ein Gehalt beziehen[1].

Die Tatsache, dass die CLR keine Nullwerte für Wertetypen unterstützt, kann in solch einer Situation peinlich sein und ist auch der Grund dafür, dass es den *System.Data.SqlTypes* Namespace gibt. Die darin enthaltenen Typen sind speziell für SQL-Anwendungen optimiert – wäre es aber nicht schön, wenn wir dieses Verhalten für alle Wertetypen hätten?

Die Antwort ist »ja« und die Unterstützung für generische Typen macht es möglich. Ein neuer generischer Typ *Nullable(Of T)* ermöglicht es auch Wertetypen, »nullable« zu sein.

---

[1] Einen mysteriösen Wert wie 0 Euro zuzuweisen wäre irreführend, da man meinen könnte, der Angestellte arbeite ohne Geld.

Ein an die Subroutine *PrintValue* übergebener Integer-Wert wird nur angezeigt, wenn ihm ein Wert zugewiesen wurde. Ansonsten erfolgt die Ausgabe »Null Wert«.

```
Sub PrintValue(ByVal i As Nullable(Of Integer))
    If i.HasValue Then
        Console.WriteLine(CInt(i))
    Else
        Console.WriteLine("Null Wert!")
    End If
End Sub
```

Objekt-Initialisierer

Durch Objekt-Initialisierer wird es möglich, ähnlich wie bei der Initialisierung von Attributen, elegant Felder und Eigenschaften einer Klasse oder Struktur auf Anfangswerte zu setzen. Somit können nun öffentliche Eigenschaften und Felder von Objekten ohne das explizite Vorhandensein eines passenden Konstruktors in beliebiger Reihenfolge initialisiert werden.

Wie wir noch sehen werden, ist diese Funktionalität notwendig um anonyme Typen zu initialisieren.

Das Initialisieren geschieht mit dem Schlüsselwort *With* und nachfolgenden geschweiften Klammern, in denen die einzelnen Felder/Eigenschaften des Objekts mit Werten belegt werden. Der Namen der Felder/Eigenschaften muss mit einem Punkt (.) beginnen.

Ausgangspunkt ist eine Klasse *CKunde*:

```
Public Class CKunde
    Public Name As String
    Public PLZ As Integer
    Public Ort As String
End Class
```

Das Erzeugen und Initialisieren einer Instanz von *CKunde* bedarf keines speziellen Konstruktors:

```
Private kunde As New CKunde With {.Name = "Müller", .PLZ = 12345, .Ort = "Musterhausen" }
```

Verschachtelte Objektinitialisierung beim Erzeugen einer Instanz der Klasse *Rectangle*:

```
Dim rect As New Rectangle With {
    .Location = New Point With {.X = 3, .Y = 7},
    .Size = New Size With {.Width = 19, .Height = 34}}
```

Initialisierung einer Collection aus Objekten der Klasse *CKunde*

```
Dim kunden() = {New CKunde With {.Name = "Müller", .PLZ = 12345, .Ort = "Musterhausen"},
```

```
     New CKunde With {.Name = "Meier", .PLZ = 2344, .Ort = "Walldorf"},
     New CKunde With {.Name = "Schulze", .PLZ = 32111, .Ort = "Biesdorf"}}
```

Auf ähnliche Weise wie bei Objektinitialisierern kann man auch zu Auflistungen, die *ICollection(Of T)* implementieren, elegant Elemente hinzufügen. Für die Elemente wird, entsprechend ihrer Reihenfolge, die Methode *ICollection(Of T).Add(element As T)* aufgerufen. Die aufgelisteten Elemente müssen natürlich vom Typ *T* sein oder es muss eine implizite Konvertierung zu *T* existieren.

BEISPIEL

Erzeugen und Initialisieren einer Auflistung.

```
Dim intList As New List(Of Integer) (New Integer() {0, 2, 2, 3, 6, 10, 15, 29, 44})
```

BEISPIEL

Diese Anweisung erzeugt einen Fehler, denn *Double* kann nicht nach *Integer* konvertiert werden.

```
Option Strict On
...
Dim intList As New List(Of Integer) (New Integer() {0, 2, 3, 5, 7.49})     ' Fehler!
```

Anonyme Typen

Darunter verstehen wir einfache namenlose Klassen, die vom Compiler automatisch erzeugt werden und die nur über Eigenschaften und dazugehörige private Felder verfügen. »Namenlos« bedeutet, dass uns der Name der Klasse nicht bekannt ist und man deshalb keinen direkten Zugriff auf die Klasse hat. Lediglich eine Instanz steht zur Verfügung, die man ausschließlich lokal, d.h. im Bereich der Deklaration, verwenden kann.

Das Deklarieren anonymer Typen erfolgt mittels eines anonymen Objekt-Initialisierers, d.h., man lässt beim Initialisieren einfach den Klassennamen weg. Der Compiler erzeugt die anonyme Klasse anhand der Eigenschaften im Objekt-Initialisierer und anhand des jeweiligen Typs der zugewiesenen Werte.

BEISPIEL

Eine Objektvariable *person* wird aus einer anonymen Klasse instanziiert.

```
Dim person = New With {.Vorname = "Maxhelm", .Nachname = "Müller", .Alter = 53}
```

Der Compiler generiert hierfür intern den MSIL-Code, der der folgenden Klasse entspricht:

```
Friend Class ???????
    Private _vorname As String
    Private _nachname As String
    Private _alter As Integer

    Public Property Vorname() As String
      Get
        Return _vorname
      End Get
      Set(ByVal value As String)
        _vorname = value
```

```
      End Set
   End Property

   Public Property Nachname() As String
      Get
         Return _nachname
      End Get
      Set(ByVal value As String)
         _nachname = value
      End Set
   End Property

   Public Property Alter() As Integer
      Get
         Return _alter
      End Get
      Set(ByVal value As Integer)
         _alter = value
      End Set
   End Property
End Class
```

Sobald eine weitere anonyme Klasse deklariert wird, bei der im Objekt-Initialisierer Eigenschaften mit dem gleichen Namen, Typ und in der gleichen Reihenfolge wie bei einer anderen bereits vorhandenen anonymen Klassen angegeben sind, verwendet der Compiler die gleiche anonyme Klasse, und es sind untereinander Zuweisungen möglich.

BEISPIEL

Da Name, Typ und Reihenfolge der Eigenschaften im Objekt-Initialisierer bei *person* (siehe oben) und *kunde* identisch sind, ist ein direktes Zuweisen möglich.

```
Dim kunde = New With {.Vorname = "Siegbast", .Nachname = "Krause", .Alter = 29}
kunde = person
```

Erweiterungsmethoden

Normalerweise erlaubt eine objektorientierte Programmiersprache das Erweitern von Klassen durch Vererbung. Visual Basic 9.0 führte eine neue Syntax ein, die das direkte Hinzufügen neuer Methoden zu einer bereits vorhandenen Klasse erlaubt. Mit anderen Worten: Mit Erweiterungsmethoden können Sie einem Datentyp oder einer Schnittstelle Methoden außerhalb der Definition hinzufügen.

In Visual Basic müssen sowohl die Erweiterungsmethode als auch das Modul, welches die Erweiterungsmethode enthält, mit dem Attribut *System.Runtime.CompilerServices.Extension* versehen werden.

BEISPIEL

Die Klasse *System.Int32* wird um die Methoden *mult()* und *abs()* erweitert.

```
Imports System.Runtime.CompilerServices
<Extension()>
Public Module IntExtension
   <Extension()>
```

```
    Public Function mult(ByVal i As Integer, ByVal faktor As Integer) As Integer
        Return i * faktor
    End Function

    <Extension()>
    Public Function abs(ByVal i As Integer) As Integer
        If i < 0 Then i = -1 * i
        Return i
    End Function
End Module
```

Der Test:

```
    Private Sub Button1_Click(ByVal sender As System.Object, ByVal e As System.EventArgs) _
                                                    Handles Button1.Click
        Dim zahl As Integer = -95
        TextBox1.Text = zahl.mult(7).ToString          ' -665
        TextBox2.Text = zahl.abs.ToString              '   95
    End Sub
```

In diesem Beispiel kann man nun die Erweiterungsmethoden *mult* und *abs* für jede Integer-Variable so nutzen, als wären diese Methoden direkt in der Basisklasse *System.Int32* als Instanzenmethoden implementiert.

HINWEIS   Falls in *System.Int32* bereits eine *abs*-Methode mit der gleichen Signatur wie die gleichnamige Erweiterungsmethode existieren würde, so hätte die in *System.Int32* bereits vorhandene Methode Vorrang vor der Erweiterungsmethode.

Erweiterungsmethoden ermöglichen es Ihnen, einem vorhandenen Typ neue Methoden hinzuzufügen, ohne den Typ tatsächlich zu ändern. Die Standardabfrageoperatoren in LINQ stellen eine Reihe von Erweiterungsmethoden dar, die Abfragefunktionen für jeden Typ bieten, der *IEnumerable(Of T)* implementiert.

BEISPIEL

Durch die folgende Erweiterungsmethode wird der *String*-Klasse eine *Print*-Methode hinzugefügt.

```
<Extension()>
Public Sub Print(ByVal s As String)
    Console.WriteLine(s)
End Sub
```

Die Methode wird wie jede normale Instanzenmethode von *String* aufgerufen:

```
Dim msg As String = "Hallo"
msg.Print()
```

Lambda-Ausdrücke

Die Lambda-Ausdrücke (*Lambda Expressions*) gehörten zweifelsfrei mit zu den spektakulärsten sprachlichen Neuerungen von VB 9.0. Die Syntax basiert auf dem Schlüsselwort *Function*:

```
Function(Inputparameter) Expression
```

Die *Inputparameter* werden im *Expression* ausgewertet und liefern so gewissermaßen den Rückgabewert des Lambda-Ausdrucks.

Ein Lambda-Ausdruck ist quasi eine namenlose (anonyme) Funktion, von der ein einzelner Wert berechnet und zurückgegeben wird. Im Gegensatz zu benannten Funktionen kann ein Lambda-Ausdruck gleichzeitig definiert und ausgeführt werden.

BEISPIEL

Eine Methode zum Multiplizieren von zwei Gleitkommazahlen wird mittels Lambda-Ausdruck definiert.

```
Public Delegate Function opDeleg(ByVal x As Double, ByVal y As Double) As Double
```

Methode als Lambda-Ausdruck zuweisen:

```
Dim multDlg As opDeleg = Function(x As Double, y As Double) x * y
```

Der Test:

```
TextBox1.Text = multDlg(5.5, 4.3).ToString          ' 23.65
```

Einen kleinen Vorgeschmack auf den Einsatz von Lambda-Ausdrücken im Zusammenspiel mit LINQ-Ausdrücken soll das folgende Beispiel liefern:

BEISPIEL

Definition einer Abfrage über eine (generische) Liste

```
Dim employees As New List(Of Employee)
Dim query = employees.FindAll(Function(c) c.City = "London")
```

HINWEIS   In LINQ liegen vielen der Standardabfrageoperatoren Lambda-Ausdrücke zugrunde, diese werden vom Compiler erstellt, um Berechnungen zu erfassen, die in grundlegenden Abfragemethoden wie *Where, Select, Order By, Take While* usw. definiert sind.

Der Rückgabetyp eines Lambda-Ausdrucks wird durch den Typ des rechts stehenden Ausdrucks bestimmt. Folglich hat ein Lambda-Ausdruck mit nur einem Methodenaufruf den gleichen Rückgabetyp wie diese Methode.

BEISPIEL

Einige Lambda-Ausdrücke, die die Zuordnung des Rückgabetyps veranschaulichen sollen.

Rückgabetyp ist leer, da *Console.WriteLine()* nichts zurückliefert:

```
Function(j As Integer) Console.WriteLine(j.ToString)
```

Rückgabetyp *Integer*, da *j* und *k* vom Typ *Integer* sind:

```
Function(j As Integer, k As Integer) j * k
```

Rückgabetyp *Double*, da ein *Double (0.7)* zu einem *Integer* addiert wird und das Ergebnis *Double* ist:

```
Function(i As Integer) i + 0.7
```

Rückgabetyp *String*, da auf der rechten Seite ein *String* addiert wird:

```
Function(geb As Integer) "Alles Gute zum " & geb & ". !"
```

Natürlich müssen Anzahl der Parameter und deren jeweiliger Datentyp mit denen des Delegaten, für den der Lambda-Ausdruck angegeben wird, übereinstimmen. Allerdings kann bei Lambda-Ausdrücken auf die Angabe des Typs für die Parameter verzichtet werden, da diese vom Kontext her ableitbar sind. Dem jeweiligen Parameter des Lambda-Ausdrucks wird also automatisch der Typ des entsprechenden Parameters des Delegaten, für den der Lambda-Ausdruck angegeben wird, zugewiesen. Im folgenden Beispiel kann man dieses Konzept erkennen:

BEISPIEL

Parametertyperkennung in einem Lambda-Ausdruck

```
Public Class CPerson
    Public Name As String
    Public Alter As Integer
End Class
```

Schnell eine Instanz mittels Objektinitialisierer erzeugen:

```
Public person1 As New CPerson With {.Name = "Krause", .Alter = 45}
```

Einen Delegate-Typ definieren, der eine *CPerson*-Instanz als Parameter entgegennimmt und nichts zurückgibt (*Sub*):

```
Public Delegate Sub PDelegate(ByVal person As CPerson)
```

Wegen *PDelegate* ist der Parameter *p* vom Typ *CPerson*, der Rückgabetyp muss leer sein:

```
Dim dlg1 As PDelegate = Function(p) _
                MessageBox.Show(p.Name & " ist " & p.Alter.ToString & " Jahre alt!")
```

Der Aufruf ist unspektakulär:

```
dlg1(person1)
```

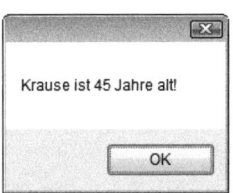

Abbildung 2.3 Ergebnis des Beispiels

Allgemein bleibt es die Entscheidung des Entwicklers, ob er benannte Methoden oder Lambda-Ausdrücke verwenden möchte. Lambda-Ausdrücke haben den Vorteil der einfachsten und kompaktesten Syntax. Wichtiger noch dürfte es aber sein, dass Lambda-Ausdrücke sowohl als Code als auch als Daten kompiliert werden, was ihre Verarbeitung zur Laufzeit, d.h. ihre Optimierung, Übersetzung und Bewertung, ermöglicht.

Abfragen mit LINQ to Objects

Bei *LINQ to Objects* handelt es sich um die allgemeinste und grundlegendste LINQ-Implementierung, welche auch die wichtigsten Bausteine für die übrigen LINQ-Implementierungen liefert. In einer SQL-ähnlichen Syntax können miteinander verknüpfte Collections/Auflistungen abgefragt werden, die über die *IEnumerable*-Schnittstelle verfügen. LINQ-Code kann grundsätzlich in so genannter *Query Expression Syntax* oder in *Extension Method Syntax* geschrieben werden, auch Mischformen sind möglich.

Grundlegende Syntax

Dazu gehört zunächst als wichtigster Standard die Angabe einer Quelle (*From*), das Festlegen der zurückzugebenden Daten (*Select),* das Filtern (*Where*) und das Sortieren (*Order By*). Hinzu kommt eine Fülle weiterer Operatoren, wie z.B. für das Gruppieren, Verknüpfen und Sammeln von Datensätzen usw.

Die LINQ-Abfrageoperatoren sind als Erweiterungsmethoden definiert und in der Regel auf beliebige Objekte, die *IEnumerable(Of T)* implementieren, anwendbar.

BEISPIEL

Gegeben sei die Auflistung:

```
Dim monate() As String = {"Januar", "Februar", "März", "April", "Mai", "Juni",
                "Juli", "August", "September", "Oktober", "November", "Dezember"}
```

Die folgende LINQ-Abfrage selektiert die Monatsnamen mit einer Länge von 6 Buchstaben, wandelt sie in Großbuchstaben um und ordnet sie alphabetisch.

```
Dim expr = From s In monate
              Where s.Length = 6
              Order By s
              Select s.ToUpper()
```

Die Ergebnisanzeige:

```
For Each item As String In expr
    ListBox1.Items.Add(item)
Next item
```

Das Resultat in der *ListBox*:

```
AUGUST
JANUAR
```

Obiges Beispiel verdeutlicht das allgemeine Format einer LINQ-Abfrage:

```
From ... < Where ... Order By ... > Select ...
```

Eine LINQ-Abfrage muss immer mit *From* beginnen. Im Wesentlichen durchläuft *From* eine Liste von Daten. Dazu wird eine Variable benötigt, die jedem einzelnen Datenelement in der Quelle entspricht.

HINWEIS Wer die Sprache SQL kennt, der wird zunächst darüber irritiert sein, warum eine LINQ-Abfrage mit *From* und nicht mit *Select* beginnt. Der Grund hierfür ist der, dass nur so ein effektives Arbeiten mit der IntelliSense von Visual Studio möglich ist. Da zuerst die Datenquelle ausgewählt wird, kann die IntelliSense geeignete Typmitglieder für die Objekte der Auflistung anbieten.

Weiterhin erkennen Sie, wie vom neuen Sprachfeature der lokalen Typinferenz (implizite Variablendeklaration) Gebrauch gemacht wird, denn die Anweisung

```
Dim expr = From s In monate ...
```

ist für den Compiler identisch mit

```
Dim expr As IEnumerable(Of String) = From s In monate ...
```

Zwei alternative Schreibweisen von LINQ Abfragen

Grundsätzlich sind für LINQ Abfragen zwei gleichberechtigte Schreibweisen möglich:

- Query Expression-Syntax (Abfrage-Syntax)
- Extension Method-Syntax[1] (Erweiterungsmethoden-Syntax)

Bis jetzt haben wir aber nur die Query Expression-Syntax verwendet. Um die volle Leistungsfähigkeit von LINQ auszuschöpfen, sollten Sie aber beide Syntaxformen verstehen.

BEISPIEL

Die LINQ-Abfrage des obigen Beispiels in *Extension Method-Syntax*.

```
Dim expr =
        monate.Where(Function(s) s.Length = 6).
        OrderBy(Function(s) s).
        Select(Function(s) s.ToUpper())
```

Oder kompakt in einer Zeile:

```
Dim expr = monate.Where(Function(s) s.Length = 6).OrderBy(Function(s) s).
                Select(Function(s) s.ToUpper())
```

Wie Sie sehen, verwenden wir bei dieser Notation Erweiterungsmethoden und Lambda-Ausdrücke. Aber auch eine Kombination von *Query Expression-Syntax* mit *Extension Method-Syntax* ist möglich.

BEISPIEL

Obiges Beispiel in gemischter Syntax:

```
Dim expr =
        (From s In monate
        Where s.Length = 6
        Select s.ToUpper()).
        OrderBy(Function(s) s)
```

---

[1] Die *Extension Method Syntax* wird auch als *Dot Notation Syntax* bezeichnet.

Hier wurde ein Abfrageausdruck in runde Klammern eingeschlossen, gefolgt von der Erweiterungsmethode *OrderBy*. Solange wie der Abfrageausdruck ein *IEnumerable* zurückgibt, kann darauf eine ganze Kette von Erweiterungsmethoden folgen.

Die Query Expression-Syntax (Abfragesyntax) ermöglicht das Schreiben von Abfragen in einer SQL-ähnlichen Weise. Wo immer es möglich ist, empfehlen wir, vor allem der besseren Lesbarkeit wegen, die Verwendung dieser Syntax. Letztendlich konvertiert jedoch der Compiler alle Queries in die andere, auf Erweiterungsmethoden basierende, Syntaxform. Dabei wird z.B. die Filterbedingung *Where* einfach in den Aufruf einer Erweiterungsmethode namens *Where* der *Enumerable*-Klasse übersetzt, die im Namespace *System.Linq* definiert ist.

Allerdings unterstützt die Query Expression-Syntax nicht jeden standardmäßigen Abfrageoperator bzw. kann nicht jeden unterstützen den Sie selbst hinzufügen. In einem solchen Fall sollten Sie direkt die Extension Method-Syntax verwenden.

Abfrageausdrücke unterstützen eine Anzahl verschiedener "Klauseln", z. B. *Where*, *Select*, *Order By*, *Group By* und *Join*. Wie bereits erwähnt, lassen sich diese Klauseln in die gleichwertigen Operator-Aufrufe übersetzen, die wiederum über Erweiterungsmethoden implementiert werden. Die enge Beziehung zwischen den Abfrageklauseln und den Erweiterungsmethoden, welche die Operatoren implementieren, erleichtert ihre Kombination, falls die Abfragesyntax keine direkte Klausel für einen erforderlichen Operator unterstützt.

Übersicht der wichtigsten Abfrageoperatoren

Die Klasse *Enumerable* im Namespace *System.Linq* stellt zahlreiche Abfrageoperatoren für LINQ to Objects bereit und definiert diese als Erweiterungsmethoden für Typen die *IEnumerable(Of T)* implementieren.

HINWEIS   Kommen bei der Extension Method-Syntax (Erweiterungsmethoden-Syntax) Abfrageoperatoren bzw. -Methoden zur Anwendung, so sollten wir bei der Query Expression-Syntax (Abfrage-Syntax) präziser von Abfrage-Klauseln bzw. -Statements sprechen.

Die folgende Tabelle zeigt die wichtigsten standardmäßigen Abfrageoperatoren von LINQ.

Bezeichnung der Gruppe	Operator
Beschränkungsoperatoren (Restriction)	*Where*
Projektionsoperatoren (Projection)	*Select, SelectMany*
Sortieroperatoren (Ordering)	*OrderBy, ThenBy*
Gruppierungsoperatoren (Grouping)	*GroupBy*
Quantifizierungsoperatoren (Quantifiers)	*Any, All, Contains*
Aufteilungsoperatoren (Partitioning)	*Take, Skip, TakeWhile, SkipWhile*
Mengenoperatoren (Sets)	*Distinct, Union, Intersect, Except*
Elementoperatoren (Elements)	*First, FirstOrDefault, ElementAt*

Tabelle 2.1 LINQ-Abfrageoperatoren

Bezeichnung der Gruppe	Operator
Aggregatoperatoren (Aggregation)	*Count, Sum, Min, Max, Average*
Konvertierungsoperatoren (Conversion)	*ToArray, ToList, ToDictionary*
Typumwandlungsoperatoren (Casting)	*OfType T*

Tabelle 2.1 LINQ-Abfrageoperatoren *(Fortsetzung)*

Die folgende Abbildung illustriert an einem Beispiel, wie einige der bereits im Vorgängerabschnitt diskutierten neuen Sprach-Features in LINQ-Konstrukten zur Anwendung kommen und wie die Abfrage-Syntax vom Compiler in die äquivalente Erweiterungsmethoden-Syntax umgesetzt wird.

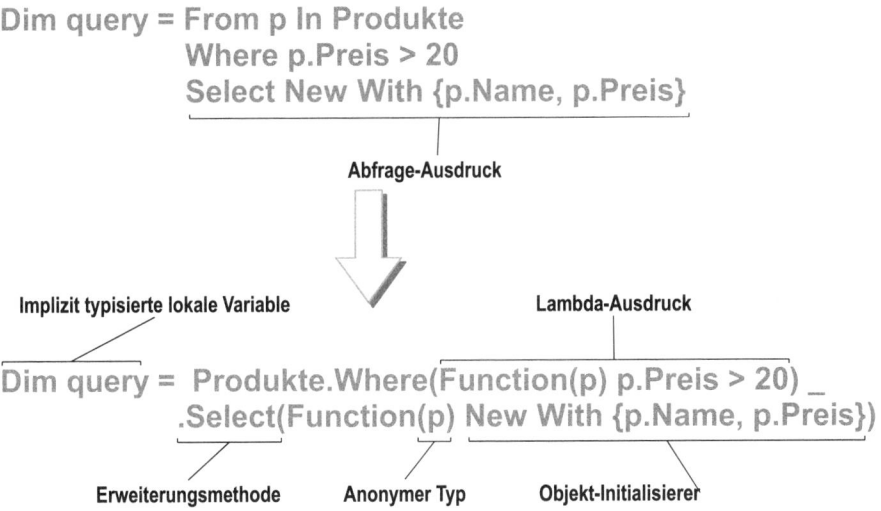

Abbildung 2.4 Vergleich zwischen Abfrage-Syntax (oben) und Erweiterungsmethoden-Syntax (unten)

Beispiele zu LINQ to Objects

Das Ziel der folgenden Beispiele ist nicht die vollständige Erläuterung aller in obiger Tabelle aufgeführten Operatoren und deren Überladungen, sondern vielmehr eine Demonstration des prinzipiellen Aufbaus von Anweisungen zur Abfrage von Objektauflistungen.

In der Regel werden beide Syntaxformen (*Query Expression-Syntax* und Extension *Method-Syntax*) gegenübergestellt, denn nur so erschließt sich am ehesten das allgemeine Verständnis für die auch für den SQL-Kundigen nicht immer leicht durchschaubare Logik der LINQ-Operatoren bzw. -Abfragen.

Für die Beispiele zu LINQ to Objects wird überwiegend auf eine Datenmenge zugegriffen, deren Struktur das folgende, mit dem Klassendesigner von Visual Studio entwickelte, Diagramm zeigt.

HINWEIS Die verwendeten Daten haben ihren Ursprung nicht in einer Datenbank, sondern werden per Code erzeugt (Listing siehe Begleitdateien).

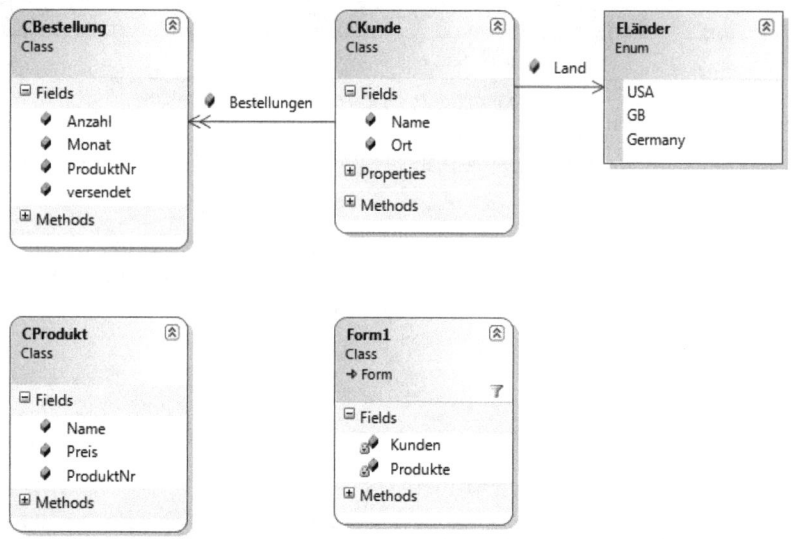

Abbildung 2.5   Das mit dem Klassendesigner entwickelte Klassendiagramm

Die Projektionsoperatoren Select und SelectMany

Diese Operatoren »projizieren« die Inhalte einer Quell-Auflistung in eine Ziel-Auflistung, die das Abfrageergebnis repräsentiert.

Select

Der Operator macht die Abfrageergebnisse über ein Objekt verfügbar, welches *IEnumerable(Of T)* implementiert.

BEISPIEL

Die komplette Produktliste wird ausgegeben. Zunächst in Extension Method-Syntax:

```
Dim allProdukte = Produkte.Select(Function(p) p.Name)
```

Alternativ die Query Expression-Syntax:

```
Dim allProdukte = From p In Produkte Select p.Name
```

Die Ausgabe der Ergebnisliste:

```
For Each p In allProdukte
    ListBox1.Items.Add(p)
Next
```

Der Inhalt der *ListBox* sollte dann etwa folgenden Anblick bieten:

```
Marmelade
Quark
Mohrrüben ...
```

Das Abfrageergebnis wird auf einen anonymen Typ projiziert, der als Tupel (Datensatz) definiert ist.

```
Dim expr = Kunden.Select(Function(k) New With {k.Name, k.Ort})
```

Die Ausgabeschleife:

```
For Each k In expr
    ListBox1.Items.Add(k)
Next
```

Das Ergebnis:

```
{Name = Walter, Ort = Altenburg}
{Name = Thomas, Ort = Berlin}
...
```

SelectMany

Stände nur der *Select*-Operator zur Verfügung, so hätte man zum Beispiel bei der Abfrage der Bestellungen für alle Kunden eines bestimmten Landes das Problem, dass das Ergebnis vom Typ *IEnumerable(Of CBestellung)* wäre, wobei es sich bei jedem Element um ein Array mit den Bestellungen eines einzelnen Kunden handeln würde. Um einen praktikableren, d.h. weniger tief geschachtelten, Ergebnistyp zu erhalten, wurde der Operator *SelectMany* eingeführt.

Die Bestellungen aller Kunden aus Deutschland sollen ermittelt werden.

```
Dim bestellungen = Kunden.Where(Function(k) k.Land = ELänder.Germany).
                               SelectMany(Function(k) k.Bestellungen)
```

Alternativ der Abfrageausdruck in Query Expression Syntax:

```
Dim bestellungen = From k In Kunden
                   Where k.Land = ELänder.Germany
                   From b In k.Bestellungen
                   Select b
```

Das Auslesen des Ergebnisses der Abfrage:

```
For Each b In bestellungen
    ListBox1.Items.Add(b)
Next
```

Das Ergebnis (Voraussetzung ist eine entsprechende Überschreibung der *ToString()*-Methode der Klasse *CBestellung*):

```
ProdNr: 2 , Anzahl: 4 , Monat: März, Versand: False
ProdNr: 1 , Anzahl: 11, Monat: Juni , Versand: True
...
```

Der Restriktionsoperator Where

Dieser Operator schränkt die Ergebnismenge anhand einer Bedingung ein. Sein prinzipieller Einsatz wurde bereits in den Vorgängerbeispielen hinreichend demonstriert. Außerdem können auch Indexparameter verwendet werden, um die Filterung auf bestimmte Indexpositionen zu begrenzen.

BEISPIEL

Die Kunden an den Positionen 2 und 3 der Kundenliste sollen angezeigt werden.

```
Dim expr = Kunden.Where(Function(k, index) (index >= 2) And (index < 4)).Select(Function(k) k.Name)
```

Die Ausgabe:

```
For Each kd In expr
    ListBox1.Items.Add(kd)
Next
```

Das Ergebnis:

```
Holger
Fernando
```

Die Sortierungsoperatoren OrderBy und ThenBy

Diese Operatoren bewirken ein Sortieren der Elemente innerhalb der Ergebnismenge.

OrderBy/OrderByDescending

Das Pärchen ermöglicht Sortieren in auf- bzw. absteigender Reihenfolge.

BEISPIEL

Alle Produkte mit einem Preis kleiner gleich 20 sollen ermittelt und nach dem Preis sortiert ausgegeben werden (der teuerste zuerst).

```
Dim prod = Produkte
        .Where(Function(p) p.Preis <= 20)
        .OrderByDescending(Function(p) p.Preis)
        .Select(Function(p) New With {p.Name, p.Preis})
```

Oder alternativ als Abfrageausdruck:

```
Dim prod = From p In Produkte
        Where (p.Preis <= 20)
        Order By p.Preis Descending
        Select p.Name, p.Preis
```

Die Ausgabeschleife:

```
For Each p In prod
    ListBox1.Items.Add(p)
Next
```

Das Resultat:

```
{Name = Käse, Preis = 20}
{Name = Mohrrüben, Preis = 15}
...
```

ThenBy/ThenByDescending

Diese Operatoren verwendet man, wenn nacheinander nach mehreren Schlüsseln sortiert werden soll. Da *ThenBy* und *ThenByDescending* nicht auf den Typ *IEnumerable(Of T)*, sondern nur auf den Typ *IOrdered-Sequence(Of T)* anwendbar sind, können diese Operatoren nur im Anschluss an *OrderBy/OrderByDescending* eingesetzt werden.

BEISPIEL

Alle Kunden sollen zunächst nach ihrem Land und dann nach ihren Namen sortiert werden.

```
Dim knd = Kunden.OrderBy(Function(k) k.Land).
        ThenBy(Function(k) k.Name).
        Select(Function(k) New With {k.Land, k.Name})
```

Der alternative Abfrageausdruck:

```
Dim knd = From k In Kunden
        Order By k.Land, k.Name
        Select k.Land, k.Name
```

Die Ausgabe

```
For Each ku In knd
    ListBox1.Items.Add(ku)
Next
```

... führt in beiden Fällen zu einem Ergebnis wie diesem:

```
{Land = USA, Name = Fernando}
{Land = USA, Name = Holger}
{Land = GB, Name = Alice}
{Land = Germany, Name = Thomas}
{Land = Germany, Name = Walter}
```

Reverse

Dieser Operator bietet eine einfache Möglichkeit, um die Aufeinanderfolge der Elemente im Abfrageergebnis umzukehren.

BEISPIEL

Das Vorgängerbeispiel mit umgekehrter Reihenfolge der Ergebniselemente:

```
Dim knd = Kunden.OrderBy(Function(k) k.Land).
        ThenBy(Function(k) k.Name).
        Select(Function(k) New With {k.Land, k.Name}).
        Reverse()
```

Ergebnis:

```
{Land = Germany, Name = Walter}
{Land = Germany, Name = Thomas}
...
```

Der Gruppierungsoperator GroupBy

Dieser Operator kommt dann zum Einsatz, wenn das Abfrageergebnis in gruppierter Form zur Verfügung stehen soll. *GroupBy* wählt die gewünschten Schlüssel-Elemente-Zuordnungen aus der abzufragenden Auflistung aus.

BEISPIEL

Alle Kunden nach Ländern gruppieren

```
Dim knd = Kunden.GroupBy(Function(k) k.Land)
```

Der alternative Abfrageausdruck:

```
Dim knd = From k In Kunden Group By k.Land Into Group
```

Durchlaufen der Ergebnismenge:

```
For Each kdGroup In knd
    ListBox1.Items.Add(kdGroup.Land)
    For Each kd In kdGroup.Group
        ListBox1.Items.Add("   " & kd.Name)
    Next
Next
```

Der Gruppenschlüssel (*kdGroup.Key*) ist hier das Land. Die Standardausgabe der Gruppenelemente erfolgt entsprechend der überschriebenen *ToString()*-Methode der Klasse *CKunden* (siehe Beispieldaten zum Buch):

```
Germany
    Walter - Altenburg - Germany
    Thomas - Berlin - Germany
USA
    Holger - Washington - USA
    Fernando - New York - USA
GB
    Alice - London - GB
```

Der *GroupBy*-Operator existiert in mehreren Überladungen, die alle den Typ *IEnumerable(Of IGrouping(Of K, T)* liefern. Die generische Schnittstelle *IGrouping(Of K, T)* definiert einen spezifischen Schlüssel vom Typ *K* für die Gruppenelemente (Typ *T*).

BEISPIEL

Alle Produkte werden nach ihren Anfangsbuchstaben gruppiert.

```
Dim prodGroups = Produkte.GroupBy(Function(p) p.Name(0), Function(p) p.Name)
```

Die (verschachtelte) Ausgabeschleife:

```
For Each pGroup In prodGroups
    ListBox1.Items.Add(pGroup.Key)
    For Each p In pGroup
        ListBox1.Items.Add("  " & p)
    Next
Next
```

Das Ergebnis:

```
M
  Marmelade
  Mohrrüben
  Mehl
Q
  Quark
K
  Käse
H
  Honig
```

Zum gleichen Resultat führt der folgende Code unter Verwendung eines Abfrageausdrucks:

```
Dim prodGroups = From p In Produkte
                 Group By FirstLetter = p.Name(0)
                 Into prods = Group
```

Die (verschachtelte) Ausgabeschleife:

```
For Each pGroup In prodGroups
    ListBox1.Items.Add(pGroup.FirstLetter)
    For Each pr In pGroup.prods
        ListBox1.Items.Add("  " & pr.Name)
    Next
Next
```

Verknüpfen mit Join

Mit diesem Operator definieren Sie Beziehungen zwischen verschiedenen Auflistungen. Im folgenden Beispiel werden Bestelldaten auf Produkte projiziert.

BEISPIEL

Die Bestellungen aller Kunden werden aufgelistet.

```
Dim bestprod = Kunden.
               SelectMany(Function(k) k.Bestellungen).
               Join(Produkte, Function(b) b.ProduktNr,
               Function(p) p.ProduktNr, Function(b, p) New With {b.Monat, p.ProduktNr,
               p.Name, p.Preis, b.versendet})
```

Alternativ die Notation in Abfragesyntax:

```
Dim bestprod = From k In Kunden
               From b In k.Bestellungen
```

```
        Join p In Produkte On b.ProduktNr Equals p.ProduktNr
        Select New With {b.Monat, p.ProduktNr, p.Name, p.Preis, b.versendet}
```

Beim Vergleich (*Equals*) ist zu beachten, dass zuerst der Schlüssel der äußeren Auflistung (*b.ProduktNr*) und dann der der inneren Auflistung (*p.ProduktNr*) angegeben werden muss.

Die Anzeigeroutine:

```
For Each bp In bestprod
    ListBox1.Items.Add(bp)
Next
```

Das Ergebnis liefert die Übersicht über alle Bestellungen:

```
{Monat = März, ProduktNr = 2, Name = Quark, Preis = 10, versendet = False}
{Monat = Juni, ProduktNr = 1, Name = Marmelade, Preis = 5, versendet = False}
{Monat = November, ProduktNr = 3, Name = Mohrrüben, Preis = 15, versendet = True}
{Monat = November, ProduktNr = 5, Name = Honig, Preis = 25, versendet = True}
{Monat = Juni, ProduktNr = 6, Name = Mehl, Preis = 30, versendet = False}
{Monat = Februar, ProduktNr = 4, Name = Käse, Preis = 20, versendet = True}
...
```

Aggregatoperatoren

Zum Abschluss unserer Stippvisite bei den LINQ-Operatoren wollen wir noch einen kurzen Blick auf eine weitere wichtige Familie werfen. Diese Operatoren, zu denen *Count, Sum, Max, Min, Average* etc. gehören, setzen Sie ein, wenn Sie verschiedenste Berechnungen mit den Elementen der Datenquelle durchführen wollen.

Count

Die von diesem Operator durchzuführende Aufgabe ist sehr einfach, es wird die Anzahl der Elemente in der abzufragenden Auflistung ermittelt.

BEISPIEL

Alle Kunden sollen, zusammen mit der Anzahl der von ihnen aufgegebenen Bestellungen, angezeigt werden.

```
Dim kdn = Kunden.Select(Function(k) New With {k.Name, k.Ort, .AnzahlBest = k.Bestellungen.Count})
```

Oder das Gleiche in Abfrage-Syntax:

```
Dim kdn = From k In Kunden
          Select k.Name, k.Ort, AnzahlBest = k.Bestellungen.Count()
```

Wir iterieren durch die Ergebnismenge:

```
For Each ku In kdn
    ListBox1.Items.Add(ku)
Next
```

Die Ausgabe:

```
{Name = Walter, Ort = Altenburg, AnzahlBest = 1}
{Name = Thomas, Ort = Berlin, AnzahlBest = 2}
...
```

Wie Sie sehen, scheint die Anwendung dieser Operatoren einfach und leicht verständlich zu sein.

Sum

Wie es der Name schon vermuten lässt, können mit diesem Operator verschiedenste Summen aus den Elementen der Quell-Auflistung gebildet werden. Zunächst ein einfaches Beispiel.

BEISPIEL

Die Summe aller Preise der Produktliste

```
Dim total = Produkte.Sum(Function(p) p.Preis)
```

Die alternative Abfrage-Syntax (eigentlich gemischte Syntax):

```
Dim total = (From p In Produkte Select p.Preis).Sum()
```

Die Ausgabe

```
ListBox1.Items.Add(total)
```

... liefert mit den ursprünglichen Beispieldaten den Wert *105*.

Das folgende Beispiel ist nicht mehr ganz so trivial, da sich hier der *Sum*-Operator innerhalb einer verschachtelten Abfrage versteckt.

BEISPIEL

Die Gesamtsumme der von allen Kunden aufgegebenen Bestellungen wird ermittelt.

```
Dim expr = From k In Kunden
           Join b In
           (
               From k In Kunden
               From b In k.Bestellungen
               Join p In Produkte
               On b.ProduktNr Equals p.ProduktNr
               Select New With {k.Name, .BestellBetrag = b.Anzahl * p.Preis}
           ) On k.Name Equals b.Name
           For Each k In expr
               ListBox1.Items.Add(k.b)
           Next
```

Das Ergebnis:

```
{Name = Walter, BestellBetrag = 40}
{Name = Thomas, BestellBetrag = 340}
...
```

Verzögertes Ausführen von LINQ-Abfragen

Normalerweise werden LINQ-Ausdrücke nicht bereits bei ihrer Definition, sondern erst bei Verwendung der Ergebnismenge ausgeführt. Damit hat man die Möglichkeit, nachträglich Elemente zu der abzufragenden Auflistung hinzuzufügen bzw. zu ändern, ohne dazu die Abfrage nochmals neu erstellen zu müssen.

BEISPIEL

Alle Produkte, die mit dem Buchstaben "M" beginnen, sollen ermittelt werden.

```
Dim MProds = From p In Produkte Where p.Name(0) = "M" Select p.Name
```

Die Ergebnismenge wird das erste Mal durchlaufen und angezeigt:

```
For Each prod In MProds
    ListBox1.Items.Add(prod)
Next prod
ListBox1.Items.Add("----------")
```

Anschließend ändern wir ein Element in der der Abfrage zugrundeliegenden Quelle:

```
Produkte(0).Name = "Milch"
```

... und durchlaufen die Ergebnismenge ein zweites Mal:

```
For Each prod In MProds
    ListBox1.Items.Add(prod)
Next prod
```

Die Ausgabe im Listenfeld zeigt, dass in der zweiten Ergebnismenge das geänderte Element erscheint:

```
Marmelade
Mohrrüben
Mehl
----------
Milch
Mohrrüben
Mehl
```

Wir sehen, dass die definierte Abfrage immer dann neu ausgeführt wird, wenn wir (wie hier in der *For-Each*-Schleife) auf das Abfrageergebnis (*MProds*) zugreifen.

Abfragen dieser Art bezeichnet man deshalb auch als "verzögerte Abfragen". Mitunter aber ist dieses Verhalten nicht erwünscht, d.h., man möchte das Abfrageergebnis nicht verzögert, sondern sofort nach Definition der Abfrage zur Verfügung haben. Das hätte auch den Vorteil, dass sich die Performance verbessert, weil die Abfrage nicht (wie im Beispiel innerhalb der *For Each*-Schleife) immer wieder zur Ausführung kommt. Abhilfe schafft hier die im nächsten Abschnitt beschriebene Anwendung von Konvertierungsmethoden.

Konvertierungsmethoden

Zu dieser Gruppe gehören *ToArray*, *ToList*, *ToDictionary*, *AsEnumerable*, *Cast* und *ToLookup*. Sowohl die Methoden *ToArray* als auch *ToList* forcieren ein sofortiges Durchführen der Abfrage.

BEISPIEL

Das Vorgängerbeispiel wird wiederholt, diesmal aber wird das Abfrageergebnis in einem Array zwischengespeichert.

```
Dim MProds = (From p In Produkte Where p.Name(0) = "M" Select p.Name).ToArray
...
```

Die Änderung der Quellfolge bleibt jetzt ohne Konsequenz für das Abfrageergebnis:

```
Produkte(0).Name = "Milch"
...
```

Die Ausgabe:

```
Marmelade
Mohrrüben
Mehl
----------
Marmelade
Mohrrüben
Mehl
```

Abfragen mit PLINQ

Als Reaktion auf die zunehmende Verfügbarkeit von Mehrprozessorplattformen bietet PLINQ eine einfache Möglichkeit, die Vorteile paralleler Hardware zu nutzen.

PLINQ ist eine parallele Implementierung von LINQ to Objects und kombiniert die Einfachheit und Lesbarkeit der LINQ Syntax mit der Leistungsfähigkeit der parallelen Programmierung. Es steht das komplette Angebot an Standard-Abfrageoperatoren zur Verfügung, zusätzlich gibt es spezielle Operatoren für parallele Operationen.

HINWEIS   In vielen Szenarien kann PLINQ signifikant die Geschwindigkeit von LINQ to Objects-Abfragen steigern, da es alle verfügbaren Prozessoren des Computers effizient nutzt.

Wer bereits mit LINQ vertraut ist, dem wird der Umstieg auf PLINQ kaum Sorgen bereiten. Die Verwendung von PLINQ entspricht meistens exakt der von LINQ-to-Objects und LINQ-to-XML. Sie können beliebige der bereits bekannten Operatoren nutzen, wie zum Beispiel *Join*, *Select*, *Where* usw.

Damit können Sie auch unter PLINQ Ihre bereits vorhandenen LINQ-Abfragen auf gewohnte Weise weiter verwenden, wenn Sie dabei einen wesentlichen Unterschied beachten:

HINWEIS   Parallelisieren Sie die Abfrage durch Aufruf der Erweiterungsmethode *AsParallel*!

Die Erweiterungsmethode *AsParallel* gehört zur *System.Linq.ParallelQuery*-Klasse, diese ist in der *System.-Core.dll* enthalten und repräsentiert eine parallele Sequenz. *AsParallel* kann auf jeder Datenmenge ausgeführt werden, die *IEnumerable(Of T)* implementiert.

Der Aufruf von *AsParallel* veranlasst den VB-Compiler, die parallele Version der Standard-Abfrageoperatoren zu binden. Damit übernimmt PLINQ die weitere Verarbeitung der Abfrage.

BEISPIEL

Eine einfache LINQ-Abfrage über eine Liste von Integer-Zahlen

```
Dim zahlen = { 0, 1, 2, 3, 4, 5, 6, 7, 8, 9 }
```

Oder auch:

```
Dim q = From x in zahlen
        Where x > 3
        Order By x Descending
        Select x
```

Erst beim Iterieren über die Liste wird die Abfrage ausgeführt:

```
For Each z In q
   ListBox1.Items.Add(z.ToString)            ' 9, 8, 7, 6, 5, 4
Next
```

Um dieselbe Abfrage mittels PLINQ auszuführen, ist lediglich *AsParallel* auf den Daten aufzurufen:

BEISPIEL

Die Abfrage im obigen Beispiel mit PLINQ

```
Dim q = From x in zahlen.AsParallel
        Where x > 3
        Order By x Descending
        Select x
```

Die Abfragen in obigen Beispielen wurden in Query Expression-Syntax geschrieben. Alternativ kann man natürlich auch die Extension Method-Syntax[1] verwenden.

BEISPIEL

Beide obigen Abfragen in Erweiterungsmethoden-Syntax

Einfache LINQ-Version:

```
Dim q = zahlen.
        Where(Function(x) x > 3).
        OrderByDescending(Function(x) x).
        Select(Function(x) x)
```

PLINQ-Version:

```
Dim q = zahlen.AsParallel.
        Where(Function(x) x > 3).
        OrderByDescending(Function(x) x).
        Select(Function(x) x)
```

Nach dem Aufruf der *AsParallel*-Methode führt PLINQ transparent die Erweiterungsmethoden (*Where*, *OrderBy*, *Select* ...) auf allem verfügbaren Prozessoren aus. Genauso wie LINQ realisiert auch PLINQ eine

---

[1] Der Compiler konvertiert die Query Expression-Syntax ohnehin in die Extension Method-Syntax, sodass letztendlich bei beiden Syntaxformen Erweiterungsmethoden aufgerufen werden.

verzögerte Ausführung von Abfragen, d.h., erst beim Durchlaufen der *For Each*-Schleife, beim Direktaufruf von *GetEnumerator*, oder beim Eintragen der Ergebnisse in eine Liste (*ToList*, *ToDictionary*,...) wird die Datenmenge abgefragt. Dann kümmert sich PLINQ darum, dass bestimmte Teile der Abfrage auf verschiedenen Prozessoren laufen, was mit versteckten multiplen Threads umgesetzt wird. Sie als Programmierer brauchen das nicht zu verstehen, Sie merken lediglich an der höheren Performance, dass die Prozessoren besser ausgelastet werden.

Probleme mit der Sortierfolge

Wie sollte es anders sein, bei genauerem Hinsehen werden Sie feststellen, dass es doch nicht ganz so unkompliziert ist, LINQ-Abfragen zu parallelisieren. Ganz abgesehen davon, dass die Parallelisierung nicht immer den erhofften Geschwindigkeitszuwachs bringt, haben wir es noch mit einem schwierigen und vor allem nicht gleich erkennbaren Problem zu tun: der Sortierfolge. Diese bereitet im Zusammenhang mit der parallelen Verarbeitung teilweise recht große Probleme, da auch bei einer geordneten Ausgangsmenge nicht eindeutig ist, in welcher Reihenfolge die Elemente durch PLINQ verarbeitet werden. Je nach LINQ-Operator kann es zu recht merkwürdigen Ergebnissen kommen[1].

Aus diesem Grund wurde die Erweiterungsmethode *AsOrdered* eingeführt. Verwenden Sie diese im Zusammenhang mit *AsParallel*, wird die Sortierfolge der Ausgangsmenge in jedem Fall beibehalten.

BEISPIEL

Verwendung von *AsOrdered*

```
Dim zahlen = {7, 4, 2, 3, 1, 6, 11, 5, 10, 8, 9, 13, 12}
Dim q = (From x In zahlen.AsParallel.AsOrdered
        Where x > 3
        Select x).
        Take(5)                          ' nur die ersten fünf
```

Das Ergebnis wird in jedem Fall

7, 4, 6, 11, 5

sein. Lassen Sie *AsOrdered* weg, sind weder die obige Reihenfolge noch die Zahlen eindeutig bestimmbar. Unter Umständen könnte auch

13, 7, 11, 6, 5

ausgegeben werden.

Wie sich Sortierfolgen auf bestimmte Operatoren auswirken, beschreibt im Detail die folgende Webseite:

WWW   http://msdn.microsoft.com/de-de/library/dd460677%28VS.100%29.aspx

HINWEIS   Grundsätzlich jedoch gilt: Vermeiden Sie im Zusammenhang mit PLINQ die Anwendung von Sortieroperationen, diese machen die Vorteile von PLINQ durch erhöhten Verwaltungsaufwand meist wieder zunichte.

[1] Dies ist auch von der Anzahl der Prozessoren und der Größe der Datenmenge abhängig.

How-to-Beispiele

2.1   ... LINQ-Abfragen verstehen?

LINQ-Abfrage: Query Expression Syntax, Extension Method Syntax; Lambda-Ausdruck; LINQ-Abfrage-operatoren: *Select, From, Where, Order By;* LINQ-Erweiterungsmethoden: *Where, OrderBy, Select;*

In diesem Lernbeispiel üben Sie den prinzipiellen Aufbau von LINQ-Abfragen. Im Zusammenhang damit kommen die neu eingeführten Sprachfeatures wie Typinferenz, Lambda-Ausdrücke und Erweiterungs-methoden zum Einsatz.

Die zwei grundlegenden Syntaxformen für LINQ-Abfragen:

- *Query* Expression *Syntax*
  Hier werden Standard-Query-Operatoren verwendet

- *Extension Method Syntax*
  Hier kommen Erweiterungsmethoden zum Einsatz

Im Folgenden werden diese beiden Syntaxformen gegenübergestellt, um den Inhalt eines Integer-Arrays zu verarbeiten. Außerdem wird eine Mischform vorgeführt.

Oberfläche

Auf dem Startformular *Form1* finden eine *ListBox* und vier *Button*s ihren Platz (siehe Laufzeitansicht).

Quellcode

```
...
Imports System.Linq
...
Partial Public Class Form1
```

Das abzufragende Integer-Array enthält irgendwelche Werte:

```
    Private zahlen() As Integer = {5, -4, 18, 26, 0, 19, 16, 2, -1, 0, 9, -5, 8, 15, 19 }
```

Die Abfrage in Query Expression Syntax:

```
    Private Sub Button1_Click(ByVal sender As Object, ByVal e As EventArgs) _
                              Handles Button1.Click
```

Im Abfrageergebnis sollen alle Zahlen, die größer als 10 sind, enthalten sein und nach ihrer Größe sortiert werden. Im Abfrageausdruck kommen die SQL-ähnlichen Standard-Abfrageoperatoren (*From, Where, Order By, Select*) und so genannte Typinferenz zum Einsatz:

```
        Dim expr = From z In zahlen
                   Where z > 10
                   Order By z
                   Select z
```

Die Anzeige:

```
For Each z As Integer In expr
        ListBox1.Items.Add(z.ToString())
Next z

End Sub
```

Dieselbe Abfrage in Extension Method Syntax:

```
Private Sub Button2_Click(ByVal sender As Object, ByVal e As EventArgs) _
                                Handles Button2.Click
```

Hier werden im Abfrageausdruck so genannte Erweiterungsmethoden (*Where, OrderBy, Select*) zusammen mit Lambda-Ausdrücken (*... Function(z) z > 10 ...*) benutzt:

```
Dim expr = zahlen.Where(Function(z) z > 10).OrderBy(Function(z) z).Select(Function(z) z)
```

Die Anzeige:

```
For Each z As Integer In expr
    ListBox1.Items.Add(z.ToString())
Next z
End Sub
```

Die gleiche Abfrage in gemischter Syntax:

```
Private Sub Button3_Click(ByVal sender As Object, ByVal e As EventArgs) _
                                Handles Button3.Click
```

Hier wird der erste Teil des Abfrageausdrucks in Query Expression Syntax, und der zweite (mit einem Punkt eingeleitete) Teil in Extension Method Syntax geschrieben:

```
Dim expr = ( From z In zahlen
             Where z > 10
             Select z).OrderBy(Function(z) z)
```

Die Anzeige:

```
For Each z As Integer In expr
    ListBox1.Items.Add(z.ToString())
Next z

End Sub
```

ListBox-Inhalt löschen:

```
Private Sub Button4_Click(ByVal sender As Object, ByVal e As EventArgs) _
                                    Handles Button4.Click
    ListBox1.Items.Clear()
End Sub
End Class
```

Test

Egal, auf welche der drei Schaltflächen Sie klicken, das Ergebnis wird stets dasselbe sein (Abbildung 2.6).

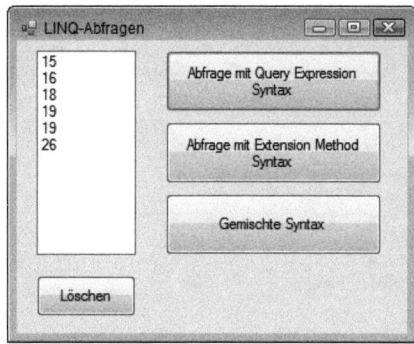

Abbildung 2.6 Laufzeitansicht

2.2   ... nichtgenerische Collections abfragen?

Cast-, *TypeOf*-Operator; LINQ-Abfrage: *ToList*-Methode; *ArrayList*-Objekt;

Wenn Sie das vorhergehende How-to durchgearbeitet haben, sollten Sie in der Lage sein, In-Memory-Collections mit LINQ to Objects abzufragen. Dies gilt allerdings nur für Collections, die das *System.Collections-.Generic.IEnumerable(Of T)*-Interface implementieren, wie beispielsweise *System.Collections.Generic.List(Of T)*, sowie Arrays, Dictionaries und Queues. Das Problem besteht darin, dass *IEnumerable(Of T)* ein generisches Interface ist, aber nicht alle Klassen generisch sind.

Ein Beispiel hierfür ist die Datenstruktur *System.Collections.ArrayList*. Hier handelt es sich um eine nichtgenerische Collection, die eine Liste untypisierter Objekte enthält und die *IEnumerable(Of T)* nicht implementiert.

BEISPIEL

Der folgende Versuch, eine *ArrayList* abzufragen, misslingt:

```
Private autoListe As New ArrayList(5)
...
Dim abfrage = From auto In autoListe
              Where auto.Preis > 10000
              Select New With { auto.Typ, auto.Preis, auto.Baujahr }
```

Zur Entwurfszeit erhalten Sie keinerlei Unterstützung durch die Intellisense, was Sie bereits stutzig machen sollte. Beim Kompilieren erscheint eine Fehlermeldung, weil der Typ der Variablen *autoListe* nicht unterstützt wird.

Das vorliegende How-to demonstriert mehrere Lösungsmöglichkeiten.

Oberfläche

Auf das Startformular *Form1* setzen Sie ein *DataGridView*, sowie drei *Button*s (siehe Laufzeitansicht).

ArrayList erzeugen

Bevor wir mit unseren Experimenten beginnen, müssen wir uns zunächst eine geeignete nichtgenerische Collection besorgen.

Wegen unserer *ArrayList* ist folgender Namespace einzubinden:

```
Imports System.Collections
...

    Public Class Form1
```

Wir demonstrieren unser Problem anhand von Objekten einer Klasse *CAuto*, deren Eigenschaften einfachheitshalber als öffentliche Variablen vorliegen:

```
    Public Class CAuto
        Public Typ As String
        Public Baujahr As Integer
        Public Preis As Decimal
    End Class
```

Eine *ArrayList* mit der Startkapazität 5 wird erzeugt:

```
    Private autoListe As New ArrayList(5)
```

Im Konstruktor des Formulars füllen wir die *ArrayList* mit fünf Objekten:

```
    Public Sub New()
        InitializeComponent()
```

Das Erzeugen der einzelnen *CAuto*-Objekte wird hier mittels *Objektinitialisierer* realisiert. Diese Neuerung, die ohne einen extra Konstruktor auskommt, ist eine der sprachlichen Voraussetzungen für die LINQ-Technologie:

```
        With autoListe
            .Add(New CAuto With {.Typ = "Ford", .Baujahr = 2005, .Preis = 12000D})
            .Add(New CAuto With {.Typ = "Opel", .Baujahr = 2007, .Preis = 17500D})
            .Add(New CAuto With {.Typ = "Mazda", .Baujahr = 2006, .Preis = 9600D})
            .Add(New CAuto With {.Typ = "Opel", .Baujahr = 2005, .Preis = 7200D})
            .Add(New CAuto With {.Typ = "Ford", .Baujahr = 2008, .Preis = 21700D})
        End With
    End Sub
```

Variante 1 (mit Cast-Operator)

Cast nimmt einen nichtgenerischen *IEnumerable* und liefert Ihnen einen generischen *IEnumerable(Of T)* zurück. Wenn das zurückgegebene Objekt enumeriert ist, iteriert es durch die Quellensequenz und liefert jedes Element als Typ *T*.

```
    Private Sub Button1_Click(ByVal sender As Object, ByVal e As EventArgs) _
                                                        Handles Button1.Click
        Dim Abfrage = From auto In autoListe.Cast(Of CAuto)()
                      Where auto.Preis > 10000
                      Select New With {auto.Typ, auto.Preis, auto.Baujahr}
        DataGridView1.DataSource = Abfrage.ToList()
    End Sub
```

Variante 2 (mit Typisierung)

Unsere Abfrage kann auch ohne *Cast* formuliert werden, indem wir die Iterationsvariable explizit als Typ *CAuto* deklarieren.

```
Private Sub Button2_Click(ByVal sender As Object, ByVal e As EventArgs) _
                                                    Handles Button2.Click
    Dim Abfrage = From auto As CAuto In autoListe
                  Where auto.Preis > 10000
                  Select New With {auto.Typ, auto.Preis, auto.Baujahr}
    DataGridView1.DataSource = Abfrage.ToList()
End Sub
```

Variante 3 (mit OfType)

Als Alternative zum *Cast*-Operator können Sie auch den *OfType*-Operator einsetzen. Der Unterschied besteht darin, dass *OfType* nur die Objekte eines bestimmten Typs aus der Quell-Collection zurückgibt. Hätten Sie zum Beispiel eine *ArrayList* mit *CAuto*- und *CFahrrad*-Objektens, so würde der Aufruf von *ArrayList.OfType(Of CAuto)* nur die Instanzen von *CAuto* aus der *ArrayList* liefern.

```
Private Sub Button3_Click(ByVal sender As Object, ByVal e As EventArgs) _
                                                    Handles Button3.Click
    Dim Abfrage = From auto In autoListe.OfType(Of CAuto)()
                  Where auto.Preis > 10000
                  Select New With {auto.Typ, auto.Preis, auto.Baujahr}
    DataGridView1.DataSource = Abfrage.ToList()
    End Sub
End Class
```

Test

Die drei Varianten zeigen erwartungsgemäß das gleiche Ergebnis (alle Autos mit einem Preis ab 10.000 Euro).

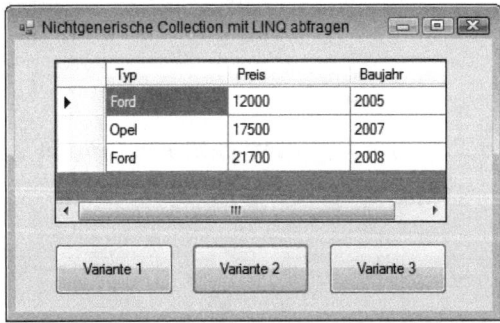

Abbildung 2.7 Laufzeitansicht

HINWEIS   In Zukunft werden Sie wahrscheinlich mehr und mehr auf die *ArrayList* und andere nichtgenerische Collections verzichten, denn generische Listen bieten neben einer Typüberprüfung auch eine verbesserte Performance.

Kapitel 3

SQL in Theorie und Praxis

In diesem Kapitel:

Dieses Kapitel finden Sie als kostenlosen Zusatzinhalt auf der beiliegenden DVD.

Kapitel 4

Einführung ADO.NET

In diesem Kapitel:

ADO.NET ist die zentrale Datenzugriffstechnologie für das .NET Framework und soll Entwickler dazu befähigen, effiziente mehrschichtige Datenbankanwendungen für Intranet und Internet zu erstellen.

Der Inhalt des vorliegenden Kapitels konzentriert sich auf eine Einführung in das ADO .NET-Objektmodell und eine Beschreibung der .NET-Datenprovider nach dem Prinzip »soviel wie nötig«[1].

HINWEIS   Bevor Sie mit dem Durcharbeiten dieses Kapitels beginnen, sollten Sie sich im Kapitel 1 das Einführungsbeispiel näher anschauen!

Die wichtigsten Klassen in ADO.NET

Die umfangreichen Klassenbibliotheken von ADO.NET verlangen vom Einsteiger eine erheblich steilere »Lernkurve« als dies z.B. bei den alten COM-basierten *ActiveX Data Objects* (ADO) der Fall war.

Klassenhierarchie

ADO.NET setzt sich aus einer ziemlich komplexen Hierarchie vieler Klassen zusammen. Die daraus erzeugten Objekte lassen sich zunächst in zwei Gruppen aufteilen:

- Datenprovider
- Datenkonsument

Während der *Datenprovider* die Daten zur Verfügung stellt, ist der *Datenkonsument* der Teil der Applikation, welche die Dienste eines Datenproviders nutzt, um auf beliebige Daten zuzugreifen, sie zu lesen, zu speichern und zu ändern.

Die Objekte *Connection*, *Command*, *DataReader* und *DataAdapter* sind die Hauptelemente des .NET-Datenprovider-Modells.

Man bezeichnet die Datenprovider auch als *Verbundene Objekte*, da sie immer in Beziehung zu einer bestimmten Datenquelle stehen. Die Datenkonsumenten hingegen sind *Unverbundene Objekte*, weil sie – ganz im Sinne der ADO.NET-Philosophie – unabhängig von einer Datenquelle ihr völlig autarkes Dasein führen.

Der allen übergeordnete Datenkonsument ist das *DataSet*, es ist gewissermaßen das Kernobjekt von ADO.-NET und ist vergleichbar mit den vom alten ADO her bekannten *Recordset*-Objekten, allerdings ist es weitaus komplizierter, da es z.B. mehrere *DataTable*-Objekte und die Beziehungen (Relationen) zwischen ihnen kapseln kann. Ein *DataSet* kann (unter Verwendung eines *DataAdapters*) direkt von der Datenquelle geladen werden, es kann aber auch – ähnlich einem Array – völlig unabhängig von einer Datenbank mit Werten gefüllt werden.

HINWEIS   Um ein erstes praktisches Feeling für die ADO.Net-Klassen zu entwickeln, sollte der Einsteiger bereits jetzt ein einfaches Beispiel ausprobieren, z.B. das How-to 4.1 »... wichtige ADO.NET-Objekte schnell kennen lernen?«.

---

[1] Das ADO.NET-DataSet sowie die Datenbindung von Windows Forms-, WPF- und ASP.NET-Komponenten werden ausführlich erst in den nachfolgenden Kapiteln behandelt!

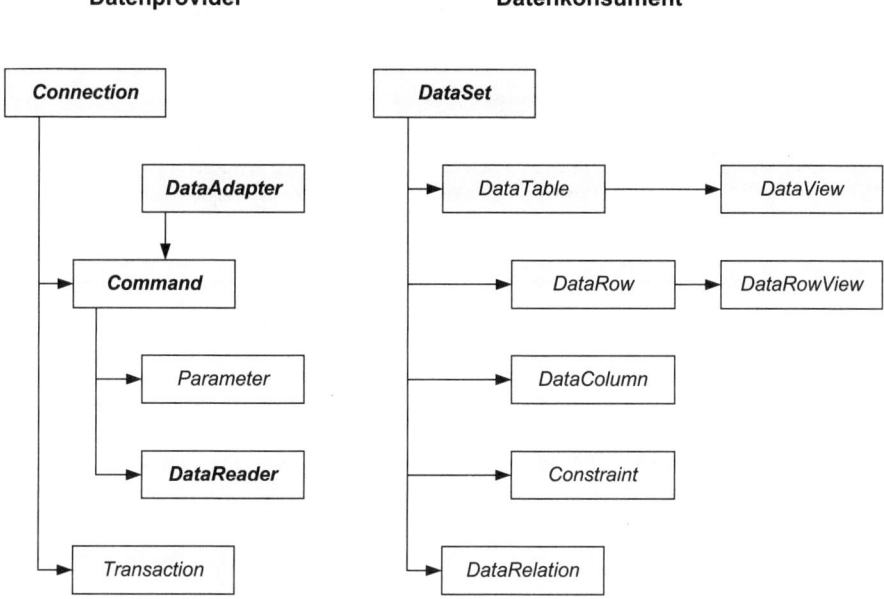

Abbildung 4.1   Die wichtigsten ADO.NET-Objekte

Die Klassen der Datenprovider

Im Einklang mit dem ADO.NET-Objektmodell sind Datenprovider stets in mehrfacher Ausfertigung vorhanden. Die Präfixe charakterisieren die Zugehörigkeit zu einem bestimmten .*NET-Datenprovider*, z.B.:

- *OleDb...*
  Diese Klassen (z.B. *OleDbConnection*) dienen dem OLE Db-Zugriff auf unterschiedlichste Datenbanktypen, für die ein Treiber installiert ist

- *Sql...*
  Diese Klassen (z.B. *SqlConnection*) dienen dem schnelleren Direktzugriff auf den »hauseigenen« Microsoft SQL Server

Der *Datenprovider* im .NET Framework kapselt die Datenbank und ermöglicht den Zugriff über eine einheitliche Schnittstelle, er fungiert quasi als Brücke zwischen einer Anwendung und einer Datenbank und wird zum Abrufen von Daten aus einer Datenbank und zum Abgleichen von Änderungen an diesen Daten mit der Datenbank verwendet.

Die Datenquelle selbst kann eine beliebige Struktur haben und sich an einem beliebigen Ort befinden, z.B. eine lokale Access-Datenbank, ein SQL Server oder aber auch verschiedene Adressen des Internets, auf die über Webdienste zugegriffen wird.

.NET-Datenprovider

In der folgenden Tabelle 4.1 sind die wichtigsten Klassen der *OleDb-* und *SqlServer*-Provider paarweise aufgelistet:

Namespace System.Data.OleDb	Namespace System.Data.SqlClient	Bedeutung
OleDbConnection	SqlConnection	Stellt die Verbindung zur Datenquelle her
OleDbCommand	SqlCommand	Führt eine SQL-Abfrage aus
OleDbDataReader	SqlDataReader	Ermöglicht einen sequenziellen Nur-Lese-Zugriff auf die Datenquelle
OleDbDataAdapter	SqlDataAdapter	Ermöglicht das Füllen eines *DataSets* mit den Ergebnissen einer SQL-Abfrage
OleDbCommandBuilder	SqlCommandBuilder	Erstellt automatisch *Command*-Objekte für die Übernahme der in einem *DataSet* vorgenommenen Änderungen in die Datenbank
OleDbTransaction	SqlTransaction	Organisiert die Anwendung von Transaktionen

Tabelle 4.1 Wichtige .NET-Datenprovider

Weitere Datenprovider

Die Liste der .NET-Datenprovider ist keinesfalls nur auf die beiden nach einer Standardinstallation vorhandenen Provider beschränkt. Neben *OleDb* und *SqlClient* sind in ADO.NET auch die folgenden Provider enthalten:

- *System.Data.Odbc*
- *System.Data.SqlServerCe*
- *System.Data.OracleClient*

Im Unterschied zu den Vorgängerversionen von Visual Studio werden Sie nach einer Standardinstallation von Visual Studio jedoch noch keine der Datenprovider-Komponenten in der Toolbox vorfinden, was bei der Vielfalt auch nicht sinnvoll wäre. Falls Sie die Komponenten nicht – wie bei den meisten unserer Beispiele – per Code (*New*-Operator), sondern durch Einfügen aus der Toolbox erzeugen wollen, wählen Sie das Toolbox-Kontextmenü *Elemente auswählen...* und fügen Sie die gewünschten Komponenten hinzu.

Abbildung 4.2 Die vier Komponenten des OleDb-Providers wurden zum »Daten«-Abschnitt der Toolbox hinzugefügt

Anzeige der installierten Datenprovider

Einen Überblick über alle auf Ihrem System installierten ADO.NET-Datenprovider können Sie mit der Methode *GetFactoryClasses* der *DbProviderFactories*-Auflistung aus dem *System.Data.Common*-Namespace gewinnen.

BEISPIEL

Alle verfügbaren Datenprovider in einer *ListBox* anzeigen.

```
Dim providers As DataTable = System.Data.Common.DbProviderFactories.GetFactoryClasses()
For Each provider As DataRow In providers.Rows
    For Each col As DataColumn In providers.Columns
        ListBox1.Items.Add(col.ColumnName & " : " & provider(col).ToString)
    Next
    ListBox1.Items.Add("----------------------------------------")
Next
```

```
Name : Odbc Data Provider
Description : .Net Framework Data Provider for Odbc
InvariantName : System.Data.Odbc
AssemblyQualifiedName : System.Data.Odbc.OdbcFactory, System.Data, Version=2.0.0.0, Culture=neutral, PublicKeyToken=b77a

Name : OleDb Data Provider
Description : .Net Framework Data Provider for OleDb
InvariantName : System.Data.OleDb
AssemblyQualifiedName : System.Data.OleDb.OleDbFactory, System.Data, Version=2.0.0.0, Culture=neutral, PublicKeyToken=b7

Name : OracleClient Data Provider
Description : .Net Framework Data Provider for Oracle
InvariantName : System.Data.OracleClient
AssemblyQualifiedName : System.Data.OracleClient.OracleClientFactory, System.Data.OracleClient, Version=2.0.0.0, Culture=neutr

Name : SqlClient Data Provider
Description : .Net Framework Data Provider for SqlServer
InvariantName : System.Data.SqlClient
AssemblyQualifiedName : System.Data.SqlClient.SqlClientFactory, System.Data, Version=2.0.0.0, Culture=neutral, PublicKeyToken

Name : Microsoft SQL Server Compact Data Provider
Description : .NET Framework Data Provider for Microsoft SQL Server Compact
InvariantName : System.Data.SqlServerCe.3.5
AssemblyQualifiedName : System.Data.SqlServerCe.SqlCeProviderFactory, System.Data.SqlServerCe, Version=3.5.0.0, Culture=ne
```

Abbildung 4.3 Anzeige der verfügbaren Datenprovider

HINWEIS   Seit ADO.NET 2.0 ist unter anderem auch der providerunabhängige Datenzugriff möglich, wie er sich in den providerneutralen Klassen des *System.Data.Common*-Namespace (z.B. *DbConnection*) widerspiegelt (siehe Seite 269).

Herstellerspezifische Datenprovider

Jeder Hersteller, der seine Datenbank für ADO.NET verfügbar machen möchte, hat zumindest zwei Alternativen:

- Er kann entweder einen weiteren .NET-Datenprovider zu den bereits existierenden hinzufügen oder
- dem vorhandenen OLE DB-.NET-Datenprovider eine weitere Schnittstelle anbieten

Für den *Microsoft SQL Server* existieren beide Möglichkeiten: Der schnelle Direktzugriff über die API des SQL Servers und der (etwas langsamere) Zugriff über die allgemeine OLE DB-Schnittstelle.

Zu den bekanntesten Datenprovidern zählen auch die für *MySQL*, *DB2*, *Sybase*, *Firebird* und *Informix*.

Klassen im DataSet

Wie bereits erwähnt, dient das *DataSet* zur lokalen Speicherung von Daten beliebiger Herkunft. In der
nachfolgenden Tabelle sind die wichtigsten Klassen aufgelistet:

Klasse	Bedeutung	Enthalten in Auflistung
DataSet	Kernobjekt von ADO.NET, kann als Container für alle anderen untergeordneten Objekte dienen	
DataTable	Datentabelle, bestehend aus Zeilen und Spalten	*Tables*
DataRow	Eine bestimmte Zeile einer *DataTable*	*Rows*
DataColumn	Eine bestimmte Spalte einer *DataTable*	*Columns*
Constraint	Definiert Einschränkungen innerhalb einer *DataTable*	*Constraints*
DataRelation	Definiert Beziehungen zwischen den *DataTable*s	*Relations*
DataView	Sicht auf eine *DataTable*, z.B. für Sortieren und Suchen	

Tabelle 4.2 Die wichtigsten Klassen im *DataSet*

Die meisten Objekte werden in Auflistungen (Collections) verwaltet, die einen einfachen Zugriff gestatten.

Das Zusammenspiel der ADO.NET-Klassen

In der Abbildung 4.4 wird versucht, den grundlegenden Zusammenhang zwischen den ADO.NET-Klassen
in vereinfachter Form zu verdeutlichen:

Die in der Abbildung angegebenen Namespaces (Namensräume) für die ADO.NET- Klassen sind:

- *System.Data*
- *System.Data.OleDb*
- *System.Data.SQLClient*

Das *DataSet* ist vollständig von der Datenbank entkoppelt, denn dazwischen hat sich ein *.NET-Datenpro-
vider* geschoben, der im Bedarfsfall den Datentransport (über die OLE DB- bzw. die direkte SQL Server-
Schnittstelle) übernimmt.

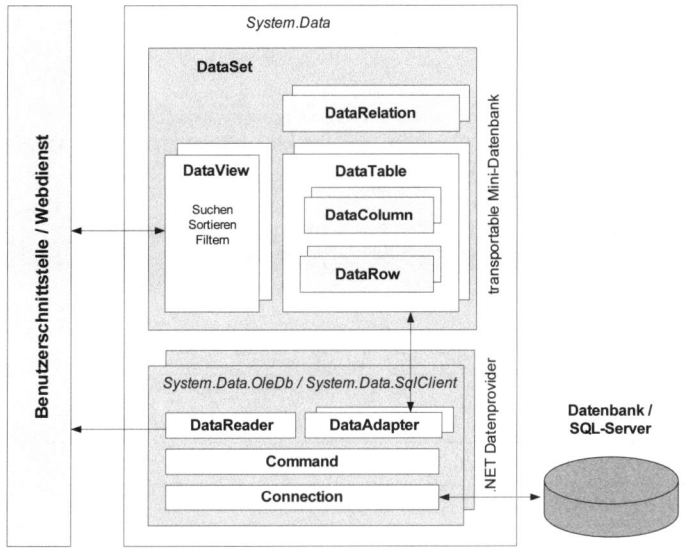

Abbildung 4.4 Zusammenspiel der ADO.NET-Klassen

Das Connection-Objekt

Um überhaupt auf eine Datenbank zugreifen zu können, muss als Erstes eine Verbindung zu ihr hergestellt werden. Dazu führt in der Regel kein Weg am *Connection*-Objekt vorbei.

Allgemeiner Aufbau

Der am häufigsten zum Erzeugen und Initialisieren eines *Connection*-Objekts benutzte Konstruktor nimmt einen *ConnectionString* als Parameter entgegen:

```
Dim conn As New Connection(ConnectionString As String)
```

Der *ConnectionString* – die gleichzeitig auch wichtigste Eigenschaft des *Connection*-Objekts – kapselt alle erforderlichen Verbindungsparameter.

Durch Aufruf der (parameterlosen) *Open*-Methode erhält das *Connection*-Objekt eine offene Verbindung aus dem Verbindungspool, falls diese verfügbar ist. Andernfalls wird eine neue Verbindung mit der Datenquelle erstellt.

Nach einer Standardinstallation von Visual Studio stehen – je nach Auswahl des .NET-Providers – verschiedene *Connection*-Objekte zur Verfügung, z.B.:

- *OleDbConnection*-Objekt
  … gewährleistet den Zugriff auf eine Vielzahl von Datenquellen, angefangen von einfachen Textdateien über Tabellen bis hin zu kompletten Datenbanken

- *SqlConnection*-Objekt
  … ist speziell für die Verwendung mit dem SQL Server optimiert, indem die OLE DB-Schicht umgangen wird

OleDbConnection

Parameter für OleDb-Zugriff

Die Parameter des *ConnectionString* (bzw. Eigenschaften des *Connection*-Objekts) hängen vom gewählten Datenprovider ab. Die Tabelle zeigt die wichtigsten Angaben für den OLE DB-Zugriff:

Parameter	Bedeutung
Provider	Name des OLE DB-Providers, so wie in der Registry abgelegt (z.B. Microsoft.Jet.OLEDB.4.0 für Microsoft Access, SQLOLEDB.1 für den SQL Server)
Data Source	Name der Datenquelle (bei Access-Datenbanken ein Dateiname, z.B. *Nordwind.mdb*)
DSN	Falls auf dem lokalen PC eine Benutzer- oder System-DSN (*Data Source Name*) vorhanden, kann auch über diesen Alias auf die Datenbank zugegriffen werden (Angabe von *Data Source* in diesem Fall nicht notwendig)
User	Wenn der Zugriff auf die Datenbank geschützt ist, kann hier der Benutzername angegeben werden
Password	Falls ein User notiert wurde, kann hier das zugehörige Passwort übergeben werden

Tabelle 4.3 Parameter für den OleDb-Zugriff

HINWEIS   Wer mit dem Zusammenstückeln des *ConnectionString* Schwierigkeiten hat, kann dazu auch die Hilfe eines Assistenten in Anspruch nehmen (Menü *Ansicht/Server-Explorer, Verbindung hinzufügen...*). Gleichzeitig lernt er dadurch die zahlreichen anderen Parameter bzw. Eigenschaften in der Praxis kennen.

OleDb-Provider für Access Datenbank (.mdb)

BEISPIEL

Öffnen einer OLE DB-Verbindung zur Access-Datenbank *Nordwind.mdb*, die sich im aktuellen Anwendungsverzeichnis befindet.

```
Imports System.Data.OleDb
...
Dim conn As New OleDbConnection("Provider=Microsoft.Jet.OLEDB.4.0; Data Source=Nordwind.mdb;")
conn.Open()
```

Anzeige der Verbindungsparameter:

```
MessageBox.Show("Provider: " & conn.Provider & vbCrLf & "Data Source: " & conn.DataSource)
```

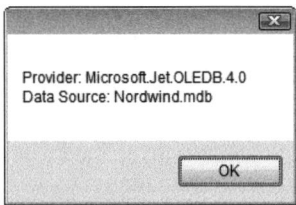

Abbildung 4.5 Meldungsfenster des Beispiels

Im obigen Beispiel wurde der *ConnectionString* dem *New*-Konstruktor als Parameter übergeben. Man kann ihn aber auch separat zuweisen, wie es das folgende Beispiel zeigt.

BEISPIEL

```
Eine zum Vorgängerbeispiel äquivalente Variante.
....
Dim conn As New OleDbConnection()
conn.ConnectionString = "Provider=Microsoft.Jet.OLEDB.4.0; Data Source=Nordwind.mdb;"
conn.Open()
...
```

Wie Sie erkennen, besteht ein *ConnectionString* aus einer Zeichenfolge mit Attribut/Wert-Paaren für Informationen, die zum Anmelden an eine Datenbank und Zeigen auf eine bestimmte Datenbank erforderlich sind.

HINWEIS Die Reihenfolge der Parameter im *ConnectionString* ist ohne Bedeutung!

Im obigen Beispiel sind als Minimum nur der (OleDb-)*Provider* und die *DataSource* (Datenquelle) angegeben. Beide Parameter sind wiederum Eigenschaften des *Connection*-Objekts, die man allerdings nur lesen kann (*ReadOnly*).

HINWEIS Ein *ConnectionString* ist eine Art »Behälter« für die zahlreichen Eigenschaften eines *Connection*-Objekts.

OleDb-Provider für Access 2007/2010 (.accdb)

BEISPIEL

Verbindungszeichenfolge zur Access-Datenbank *Nordwind.accdb*, die sich im aktuellen Anwendungsverzeichnis befindet.

```
Imports System.Data.OleDb
...
Dim connStr As String = "Provider=Microsoft.ACE.OLEDB.12.0; Data Source=Nordwind.accdb;"
...
```

HINWEIS Haben Sie auf Ihrem Entwicklungsrechner neben Visual Studio auch Office 2007/2010 installiert, so dürfte es mit obigem Connectionstring keine Probleme geben. Ansonsten müssen Sie diesen Provider extra registrieren, siehe dazu auch Kapitel 12.

OleDb-Provider für SQL Server

BEISPIEL

Öffnen einer OleDb-Verbindung zur *Northwind*-Beispieldatenbank mit Windows-Authentifizierung auf dem lokalen PC (das Server-Verzeichnis entspricht einer Visual Studio-Standardinstallation). Es werden der Name des Servers und die Version in einem Meldungsfenster angezeigt, bevor die Verbindung wieder geschlossen wird.

```
Imports System.Data.OleDb
...
Dim CrLf As String = Environment.NewLine
Dim conn As New OleDbConnection()
```

```
conn.ConnectionString =
  "Provider=SQLOLEDB.1; Data Source=.\SQLEXPRESS; Initial Catalog=Northwind;Integrated Security=SSPI"
conn.Open()
MessageBox.Show("Provider: " & conn.Provider & CrLf & "Data Source: " & conn.DataSource & CrLf &
                                                     "Server Version: " & conn.ServerVersion)
conn.Close()
```

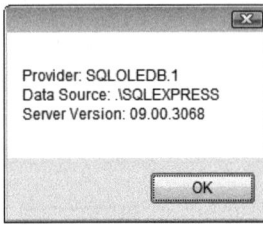

Abbildung 4.6 Meldungsfenster des Beispiels

Wie Sie dem Beispiel entnehmen, tragen die Verbindungsparameter für den SQL Server-Zugriff teilweise andere Bezeichner als für den Zugriff auf eine Access-Datenbank.

SqlConnection

Die Verwendung einer *SqlConnection* ist im Vergleich zur *OleDbConnection* der direkte (und schnellere) Weg zum SQL Server. Das Öffnen eines *SqlConnection*-Objekts weist gegenüber einer *OleDbConnection* keine gravierenden Unterschiede auf, außer dass einige Eigenschaften hinzugekommen sind bzw. fehlen (z.B. *Provider*-Eigenschaft).

BEISPIEL

Das Vorgängerbeispiel wird leicht modifiziert und mit einer *SqlConnection* wiederholt.

```
Imports System.Data.SqlClient
...
Dim CrLf As String = Environment.NewLine
Dim conn As New SqlConnection(
           "Server=.\SQLEXPRESS;Initial Catalog=Northwind;Integrated Security=True")
conn.Open()
MessageBox.Show("Data Source: " & conn. DataSource & CrLf & "Server Version: " & conn.ServerVersion)
conn.Close()
```

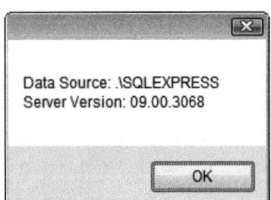

Abbildung 4.7 Meldungsfenster des Beispiels

HINWEIS   Als weiteres praktisches Beispiel zum Thema empfiehlt sich das How-to 14.4 »... ein SqlConnection-Objekt programmieren?«.

Parameter für SQL Server-Zugriff

Die folgende Tabelle zeigt einige wichtige Parameter zum Zugriff auf den SQL Server, wobei Parameter mit gleichwertiger Bedeutung untereinander aufgelistet sind.

Parameter	Standard-wert	Bedeutung
Connect Timeout Connection Timeout	15	Liefert Zeitdauer (Sekunden), die auf eine Verbindung zum Server gewartet werden soll, bevor der Versuch abgebrochen und ein Fehler generiert wird
Connection Lifetime	0	Ist die Zeitspanne (in Sekunden) einer an den Pool zurückgegebenen Verbindung größer als dieser Wert, wird die Verbindung beendet
Connection Reset	True	Bestimmt, ob die Datenbankverbindung zurückgesetzt wird, wenn sie aus dem Pool entfernt wird
Current Language		Der Datensatzname der SQL Server-Sprache
Data Source, Server, Addr, Network Address		Der Name des SQL Servers oder dessen Adresse im lokalen Netzwerk. Falls SQL Server auf dem lokalen Rechner installiert ist, kann (local) angegeben werden
Initial Catalog, Database		Der Name der gewünschten Datenbank auf dem SQL Server
Integrated Security, Trusted_Connection	False	Gibt an, ob es sich um eine sichere Verbindung handelt. Der Wert sspi entspricht True
User ID		Falls Datenbankzugriff geschützt ist, kann hier der Benutzername angegeben werden
Packet Size	8192	Größe der Netzwerkpakete (Byte), die zum Kommunizieren mit einer Instanz von SQL Server verwendet werden
Password, Pwd		Wenn User ID gesetzt, kann hier das zugehörige Passwort übergeben werden
Pooling	True	Wenn True, dann wird das SQLConnection-Objekt aus dem Connection-Pool übernommen bzw. erstellt und dem Pool hinzugefügt

Tabelle 4.4 Parameter für den SQL Server-Zugriff

Verbindung mit einer SQL Server Datenbankdatei

Eine Datenbankdatei (.mdf) kann – wie eine Access Datenbank (.mdb) – frei kopiert werden und muss auch nicht beim SQL Server angemeldet werden. Dies erfolgt erst beim Aufbau der Connection.

BEISPIEL

Connectionstring zur Northwind-Datenbank, die sich in der Datei Northwind.mdf im Anwendungspfad befindet.

```
Dim connStr As String = "Data Source=.\SQLEXPRESS;AttachDbFilename=|DataDirectory|\Northwind.mdf;" &
                        "Integrated Security=True;User Instance=True"
```

Die Connection ist wie gewohnt nutzbar. Allerdings wird die .mdf-Datei erst beim Zugriff vom SQL Server geladen. Nach dem Schließen der Connection wird die Datenbank wieder freigegeben. Sie können diese also problemlos kopieren.

Die Angabe von *DataDirectory* in einem *ConnectionString* steht in einer Windows Forms-Anwendung für das Verzeichnis in dem sich die **.exe* befindet[1]. Bei Bedarf kann der Pfad mittels folgendem Befehl angepasst werden:

```
AppDomain.CurrentDomain.SetData("DataDirectory", newPath)
```

Diese Syntax kann sowohl für den *SqlClient-* als auch für den *OleDb*-Provider angewendet werden.

BEISPIEL

Die Datenbankdatei *Northwind.mdf* befindet sich vier Verzeichnisebenen oberhalb:

```
...
Imports System.Data.SqlClient
Imports System.IO
...
```

Zunächst das aktuelle Verzeichnis ermitteln (wo sich die *.exe* befindet):

```
Dim pfad As String = Directory.GetCurrentDirectory()
```

Vier Verzeichnisebenen nach oben gehen:

```
For i As Integer = 1 To 4
    pfad = Directory.GetParent(pfad).ToString()
Next
```

Die *DataDirectory* wird für den neuen Pfad angepasst:

```
AppDomain.CurrentDomain.SetData("DataDirectory", pfad)
```

Der Connectionstring braucht nicht geändert zu werden:

```
Dim conn As New SqlConnection("Data Source=.\SQLEXPRESS;AttachDbFilename=|DataDirectory|" &
                              "\Northwind.mdf;Integrated Security=True;User Instance=True")
conn.Open()
MessageBox.Show("Data Source: " & conn.DataSource & vbCrLf & "Server Version: " &
                                                        conn.ServerVersion)
conn.Close()
...
```

Data Source: \\.\pipe\ABD01D18-60B7-47\tsql\query
Server Version: 09.00.3068

OK

Abbildung 4.8   Meldungsfenster des Beispiels

---

[1] In einer Webanwendung bezieht es sich hingegen auf den *App_Data* Ordner.

Bemerkungen zur Authentifizierung

Bevor irgendein Prozess auf die Daten eines SQL Servers zugreifen kann, muss er sich zunächst beim SQL Server einloggen. Hierbei kommuniziert das *SQLConnection*-Objekt mit dem SQL Server und führt das Login aufgrund der im *ConnectionString* enthaltenen Parameter aus.

Jedes Login erfordert in der Regel eine Authentifizierung. Hier prüft der SQL Server, ob der den Prozess auslösende Nutzer berechtigt ist, auf die gespeicherten Daten zuzugreifen.

Der SQL Server benutzt zwei Verfahren zur Authentifizierung:

- Die *SQL Server Authentifizierung*, die den Prozess auffordert, die Credentials (Benutzernamen und Passwort) zu unterbreiten, welche vom Administrator des SQL Servers eingerichtet wurden

- Die *Integrierte Windows Authentifizierung*, bei welcher Sie weder Benutzername noch Kennwort angeben müssen, weil das Betriebssystem das Login des Benutzers an den SQL Server weiterreicht

BEISPIEL

SQL-Server-Authentifizierung bei Zugriff auf die *Northwind*-Beispieldatenbank mit *sa*-Account und einem leeren Passwort.

```
Dim connStr As String = "Data Source=.\SQLEXPRESS; Initial Catalog=Northwind; User ID=sa; Password="
```

BEISPIEL

Zugriff auf die *Northwind*-Beispieldatenbank unter Verwendung der *Integrierten Windows-Authentifizierung*.

```
Dim connStr As String = "Data Source=.\SQLEXPRESS; Initial Catalog=Northwind; Integrated Security=True"
```

HINWEIS   *User ID* und *Password* sollten Sie aus Sicherheitsgründen grundsätzlich **nicht** im *ConnectionString* speichern!

Fehlerbehandlung beim Öffnen einer Verbindung

Es braucht nur eine Kleinigkeit im *ConnectionString* nicht zu stimmen, und schon gibt es lange Gesichter. Wertvolle Antworten kann in einem solchen Fall eine *Try-Catch-Finally*-Fehlerbehandlung liefern.

BEISPIEL

Fehlerbehandlung beim Öffnen einer Verbindung zur Access Datenbank *Nordwind.mdb* (befindet sich im Anwendungspfad).

```
Imports System.Data.OleDb
...
Dim conn As New OleDbConnection("Provider=Microsoft.Jet.OLEDB.4.0; Data Source=Nordwind.mdb;")
Try
    conn.Open()
    MessageBox.Show("Die Verbindung wurde erfolgreich hergestellt !" & vbCrLf & _
              "Der Provider: " & conn.Provider  & vbCrLf & "Die Datenquelle: " & conn.DataSource)
Catch ex As Exception
   MessageBox.Show(ex.Message, "Fehler")
Finally
   conn.Close()
End Try
```

Ist der *ConnectionString* fehlerfrei, so erscheint das folgende Meldungsfenster:

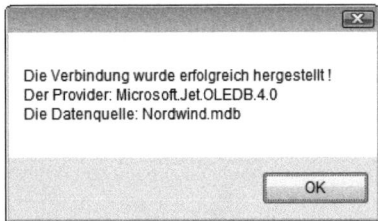

Abbildung 4.9 Meldungsfenster zum Beispiel

Haben Sie versehentlich einen falschen Provider angegeben (die veraltete Version 3.51)

```
Dim oConn As New OleDbConnection("Provider=Microsoft.Jet.OLEDB.3.51; Data Source=Nordwind.mdb;")
```

so erscheint die folgende Fehlermeldung:

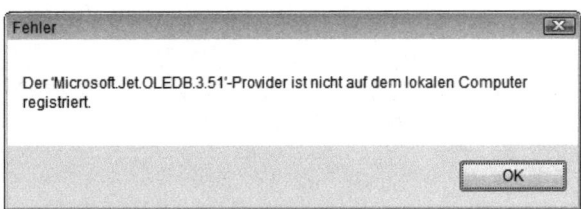

Abbildung 4.10   Fehlermeldung

Hätten Sie auf die Fehlerbehandlung verzichtet, wäre scheinbar nichts passiert, denn Sie hätten gar nicht gemerkt, dass der Verbindungsaufbau fehlgeschlagen ist.

In den meisten Beispielen dieses Buchs werden wir aus Übersichtlichkeitsgründen keine Fehlerbehandlungen einbauen, Sie allerdings sollten in Ihren Projekten nicht darauf verzichten.

Schließen einer Verbindung

Nachdem die Daten übertragen worden sind, sollte die Verbindung mit Hilfe der *Close*-Methode wieder geschlossen werden. Ansonsten bleibt die Connection weiter geöffnet, auch nachdem die Connection-Instanz selbst terminiert wurde!

Um die Netzbelastung gering zu halten, sollte man – ganz im Sinne der ADO.NET-Philosophie – das Öffnen und Schließen einer Verbindung möglichst innerhalb einer einzigen Befehlskette durchführen.

BEISPIEL

Es wird kurzzeitig eine Verbindung zur Access-Datenbank *Firma.mdb* geöffnet, um die Kundentabelle in ein *DataSet* zu übertragen. Danach wird die Verbindung sofort wieder geschlossen.

```
Imports System.Data.OleDb
...

Dim conn As New OleDbConnection("Provider=Microsoft.Jet.OLEDB.4.0; Data Source=Firma.mdb;")
```

Verbindung öffnen:

```
conn.Open()
```

Daten übertragen:

```
Dim ds As New DataSet()
Dim da As New OleDbDataAdapter("SELECT * FROM Kunden", conn)
da.Fill(ds, "Kunden")
```

Verbindung schließen:

```
conn.Close()
```

Verbindungspooling

Da das Öffnen und Schließen von Datenbankverbindungen ziemlich viel Zeit und Ressourcen verbraucht, implementieren alle .NET-Datenprovider so genanntes *Verbindungspooling*. Das bedeutet, dass eine Verbindung nach Aufruf der *Close*-Methode nicht geschlossen wird, sondern an einen Pool übergeben wird. Immer wenn eine neue Verbindung angefordert wird, durchsucht der Datenprovider den Pool nach einer passenden Verbindung. Erst wenn keine vorhanden ist, wird eine neue erzeugt.

Sie brauchen sich um Verbindungspooling eigentlich nicht selbst zu kümmern, denn es ist standardmäßig aktiviert.

HINWEIS   Wenn Sie kein Verbindungspooling anwenden wollen, d.h., Sie wollen die Verbindung durch Aufruf von *Close()* sofort schließen, so sollten Sie dieses Verhalten bereits beim Erzeugen der Verbindung implementieren, indem Sie in den *ConnectionString* das Element *OLE DB Services=–4;* einfügen.

Transaktionen

Eine Transaktion besteht aus einer Serie von SQL-Anweisungen (SELECT, INSERT, UPDATE oder DELETE). Verläuft eine Transaktion fehlerfrei, so werden alle Änderungen in die Datenbank geschrieben, andernfalls werden keine der Änderungen übernommen[1].

Die drei Transaktionsbefehle sind: BEGIN, COMMIT und ROLLBACK. Alle Prozeduren, die nach der BEGIN-Anweisung versucht werden, gelten als Teil der Transaktion, die mit der COMMIT-Anweisung bestätigt oder mit der ROLLBACK-Anweisung rückgängig gemacht wird.

BEISPIEL

Innerhalb einer Transaktion wird versucht, zwei Datensätze in die *Region*-Tabelle des SQL Servers einzufügen.

```
Imports System.Data.SqlClient
...
Dim conn As New SqlConnection(
              "Data Source=.\SQLEXPRESS;Initial Catalog=Northwind;Integrated Security=SSPI;")
conn.Open()
```

---

[1] Wie wichtig Transaktionen sind, wird Ihnen spätestens dann deutlich, wenn mitten in einer Geldüberweisung, die Sie per Homebanking vornehmen, Ihr kleiner Sohn plötzlich den Netzstecker zieht.

```
Dim trans As SqlTransaction

trans = conn.BeginTransaction()           ' lokale Transaktion starten
Dim cmd As New SqlCommand()                ' Befehl innerhalb der aktuellen Transaktion
cmd.Transaction = trans

Try
    cmd.CommandText = "INSERT INTO Region (RegionID, RegionDescription) VALUES (100,'Description')"
    cmd.ExecuteNonQuery()
    cmd.CommandText = "INSERT INTO Region (RegionID, RegionDescription) VALUES (101, 'Description')"
    cmd.ExecuteNonQuery()
    trans.Commit()
    Console.WriteLine("Beide Datensätze wurden in die Datenbank geschrieben!")
```

Im Fehlerfall machen wir unsere Aktionen rückgängig:

```
Catch ex As Exception
    trans.Rollback()
    Console.WriteLine(ex.ToString())
    Console.WriteLine("In die Datenbank wurden keine Datensätze geschrieben!")
```

Abschließend brauchen wir nur die Verbindung zu schließen:

```
Finally
    conn.Close()
End Try
```

Eigenschaften des Connection-Objekts

Da wir im Verlauf dieses Abschnittes bereits viele Eigenschaften des *Connection*-Objekts en passant besprochen haben, soll diese knappe Zusammenfassung den Überblick erleichtern und gleichzeitig einige zusätzliche Informationen liefern.

ConnectionString-Eigenschaft

Diese zweifelsohne wichtigste Eigenschaft des *Connection*-Objekts kapselt sämtliche Verbindungsinformationen zur Datenbank. Außerdem ist es die einzige Eigenschaft, die nicht schreibgeschützt ist (wenn keine Verbindung zur Datenquelle besteht).

Database- und DataSource-Eigenschaft

Was ist der Unterschied zwischen beiden Eigenschaften? Die *DataSource*-Eigenschaft des *Connection*-Objekts entspricht dem *Data Source*-Attribut innerhalb des *ConnectionStrings* und enthält den Speicherort der Datenquelle.

Für eine serverbasierte Datenquelle (Microsoft SQL Server, Oracle) bedeutet der Speicherort den Namen des Computers, auf dem der Server installiert ist. Bei dateibasierten Datenbanken, wie z.B. Access, verweist diese Eigenschaft auf den Datenbankpfad (z.B. *c:\Beispiele\Nordwind.mdb*).

Die *Database*-Eigenschaft ist hingegen für Datenquellen, wie z.B. den SQL Server, gedacht, die mehrere Datenbanken unterstützen und entspricht dem Attribut *Initial Catalog* im *ConnectionString*. Beim *SQL Server OleDb-Provider* können wir aber alternativ beide Attributebezeichner verwenden.

BEISPIEL

Zwei gleichwertige Möglichkeiten.

```
conn.ConnectionString = "Provider=SQLOLEDB.1; Data Source=.\SQLEXPRESS; " &
                        "Initial Catalog=Northwind;Integrated Security=SSPI"
```

oder

```
conn.ConnectionString = "Provider=SQLOLEDB.1; Data Source=.\SQLEXPRESS; " &
                        "Database=Northwind;Integrated Security=SSPI"
```

```
Label1.Text = conn.DataSource          ' liefert ".\SQLEXPRESS"
Label2.Text = conn.Database            ' liefert "Northwind"
```

Provider-Eigenschaft

Es klingt möglicherweise etwas verwirrend: Während wir unter dem Begriff *.NET-Datenprovider* eine Klassenbibliothek für den Datenzugriff verstehen, ist *Provider* auch eine Eigenschaft des *OleDbConnection*-Objekts.

Die *Provider*-Eigenschaft bezeichnet hier die OLE DB-Schnittstelle, welche die Datenquelle des jeweiligen Herstellers kapselt. Die Tabelle erklärt einige häufig benutzte OLE DB-Schnittstellen:

Datenquelle	Provider-Eigenschaft
Microsoft Access	Microsoft.Jet.OLEDB.4.0
Microsoft SQL Server	SQLOLEDB.1
Microsoft Indexing Service	MSIDXS.1
Oracle	MSDAORA.1

Tabelle 4.5 Wichtige OleDb-Provider

HINWEIS   Die *Provider*-Eigenschaft gibt es nicht für die *SqlConnection*, da sie dort überflüssig ist!

ServerVersion-Eigenschaft

Diese Eigenschaft liefert eine Zeichenfolge zurück, die die Version der Datenbank enthält. Durch Abprüfen von *ServerVersion* können Sie z.B. gewährleisten, dass keine Abfragen an den Server geschickt werden, die von diesem nicht unterstützt werden (z.B. Abfrageergebnisse als XML liefern, was erst ab SQL Server 2000 möglich ist).

ConnectionTimeout-Eigenschaft

Obwohl diese Eigenschaft schreibgeschützt ist, haben Sie trotzdem die Möglichkeit, innerhalb des *ConnectionString* anzugeben, wie viel Sekunden der OleDb-Provider versuchen soll, die Verbindung zur Datenbank herzustellen.

BEISPIEL

Die Zeit bis zum Timeout der Verbindungsaufnahme wird auf 10 Sekunden festgelegt.

```
conn.ConnectionString = "Provider=SQLOLEDB.1; Data Source=.\SQLEXPRESS;...; Connect Timeout=10; ... "
```

State-Eigenschaft

Diese Eigenschaft liefert den aktuellen Verbindungsstatus. Die möglichen Werte sind Mitglieder der *ConnectionState*-Enumeration.

Konstante	Verbindungszustand
Open	Geöffnet
Closed	Geschlossen
Connecting	Verbindung wird aufgebaut
Executing	Eine Abfrage wird ausgeführt
Fetching	Daten werden abgerufen
Broken	Unterbrochen

Tabelle 4.6 Die Mitglieder der *ConnectionState*-Enumeration

Methoden des Connection-Objekts

Open- und Close-Methode

Wenn Sie die *Open*-Methode auf einem bereits geöffneten *Connection*-Objekt ausführen, wird ein Fehler ausgelöst. Hingegen verursacht der Aufruf von *Close* über einer bereits geschlossenen Verbindung keinen Fehler.

HINWEIS   Da Sie standardmäßig mit Verbindungspooling arbeiten, wird die Verbindung nicht wirklich geschlossen, sondern nur zurück an den Pool gesendet.

Es ist keine Vergesslichkeit der Autoren, wenn in manchen Beispielen das *Connection*-Objekt weder mit *Open* geöffnet noch mit *Close* geschlossen wird. Gewissermaßen im Hintergrund können *Fill*- und *Update*-Methode eines *DataAdapter*-Objekts automatisch die Verbindung öffnen (wenn sie nicht schon geöffnet ist) und sie auch wieder schließen, wenn die Operation beendet ist.

Trotzdem: Bei mehreren aufeinander folgenden Operationen, für die eine geöffnete Verbindung erforderlich ist, können Sie die Performance verbessern, wenn Sie explizit die *Open*-Methode des *Connection*-Objekts aufrufen, die Operationen für die Datenquelle durchführen und anschließend die Verbindung mit *Close* wieder schließen. Generell sollte die Verbindung zur Datenquelle so kurz wie möglich geöffnet bleiben, um die kostbare Ressource »Netzwerkverbindung« schnellstmöglich wieder freizugeben, damit sie von anderen Clientanwendungen genutzt werden kann.

ChangeDatabase-Methode

Viele Server, wie z.B. auch der SQL Server, unterstützen mehrere Datenbanken. Mit der *ChangeDatabase*-Methode können Sie die Datenbank zur Laufzeit wechseln, ohne den USE-Befehl verwenden zu müssen.

BEISPIEL

Zwei äquivalente Variánten zum Wechseln der Datenbank.

```
conn.ChangeDatabase("Northwind")
```

oder

```
Dim cmd As OleDbCommand = conn.CreateCommand()
cmd.CommandText = "USE Northwind"
cmd.ExecuteNonQuery()
```

CreateCommand-Methode

Mit dieser Methode können Sie ein neues *Command*-Objekt erzeugen und damit etwas Schreibarbeit einsparen (siehe obiges Beispiel).

BeginTransaction-Methode

Diese Methode leitet eine Transaktion ein. Rückgabewert ist ein neues *Transaction*-Objekt. Zum Ausführen oder Zurücksetzen der Transaktion werden die Methoden *Commit* oder *Rollback* des erzeugten *Transaction*-Objekts verwendet.

BEISPIEL

Start einer Transaktion

```
Dim ta As OleDbTransaction = conn.BeginTransaction()
```

Ereignisse des Connection-Objekts

Das *Connection*-Objekt besitzt zwei Ereignisse, mit denen Sie Informationsmeldungen aus einer Datenquelle abrufen oder eine Statusänderung feststellen können:

InfoMessage-Ereignis

... tritt auf, wenn eine Informationsmeldung aus einer Datenquelle zurückgegeben wird. Informationsmeldungen sind Meldungen aus einer Datenquelle, die keine Exception auslösen.

BEISPIEL

Hinzufügen einer Ereignisbehandlung für *InfoMessage*.

```
Imports System.Data.SqlClient
...
Dim conn As = New SqlConnection(
                "Data Source=(local);Integrated Security=sspi; Initial Catalog=Northwind;")
AddHandler conn.InfoMessage, AddressOf OnInfoMessage
```

```
Private Sub OnInfoMessage(ByVal sender As Object, ByVal e As SqlInfoMessageEventArgs)
    Dim st As String = "{0} hat eine Meldung {1} erhalten, Zustand {2}, Fehlernummer {3}" &
                       "in Zeile {4} der Prozedur {5} auf Server {6}:{7}"

    For Each err As SqlError In e.Errors
        Label1.Text = String.Format(st, err.Source, err.Class, err.State, err.Number,
                                 err.LineNumber, err.Procedure, err.Server, err.Message)
    Next
End Sub
```

HINWEIS   Beim SQL Server werden alle Meldungen mit einem Schweregrad von 10 oder weniger als Informations-meldungen betrachtet!

StateChange-Ereignis

... tritt auf, wenn sich der Status des *Connection*-Objekts ändert (siehe *State*-Eigenschaft).

BEISPIEL

Mit dem *StateChange*-Ereignis wird eine Meldung ausgegeben, sobald sich der Status des *Connection*-Objekts ändert.

```
Imports System.Data.SqlClient
...
AddHandler conn.StateChange, AddressOf OnStateChange

Private Sub OnStateChange(ByVal sender As Object, ByVal e As StateChangeEventArgs)
  MessageBox.Show(String.Format("Der aktuelle Verbindungszustand hat sich geändert " &
                         "von {0} nach {1}.", e.OriginalState, e.CurrentState)
End Sub
```

Der ConnectionStringBuilder

Um das Zusammenbauen eines *ConnectionString*s etwas übersichtlicher zu gestalten, gibt es ab ADO.NET 2.0 die providerspezifische *ConnectionStringBuilder*-Klasse.

BEISPIEL

Vergleich von zwei Möglichkeiten für das Erstellen einer Verbindungszeichenfolge zur *Northwind*-Datenbank des SQL Servers

```
Imports System.Data.SqlClient
```

Ohne *ConnectionStringBuilder*:

```
Dim connStr As String =
              "Data Source = .\SQLEXPRESS; Initial Catalog=Northwind; Integrated Security=True"
Dim conn As New SqlConnection(connStr)
```

Mit *ConnectionStringBuilder*:

```
Dim csb As New SqlConnectionStringBuilder()
csb.DataSource = ".\SQLEXPRESS"
```

```
csb.IntegratedSecurity = True
csb.InitialCatalog = "Northwind"
```

ConnectionString in den Anwendungseinstellungen speichern

In der Regel werden Sie Verbindungszeichenfolgen nicht fest im Quellcode »verdrahten«, sondern in der Konfigurationsdatei der Anwendung (*app.config* bzw. **.exe.config*) hinterlegen, sodass sie vom späteren Programmnutzer leicht angepasst werden können.

Im umfangreichen *Projekteigenschaften*-Dialog (Menü *Projekt/<Projektname>-Eigenschaften...*) öffnen Sie die Registerseite *Einstellungen*. Als *Typ* stellen Sie »(Verbindungszeichenfolge)« ein und als *Bereich* wählen Sie *Anwendung*. Für den *Wert* tragen Sie die Verbindungszeichenfolge ein, ohne diese aber in doppelten Anführungszeichen einzuschließen.

BEISPIEL

Die Verbindungszeichenfolge

```
"Data Source = .\SQLEXPRESS; Initial Catalog=Northwind; Integrated Security=true"
```

wird unter dem Namen *connStr* eingetragen:

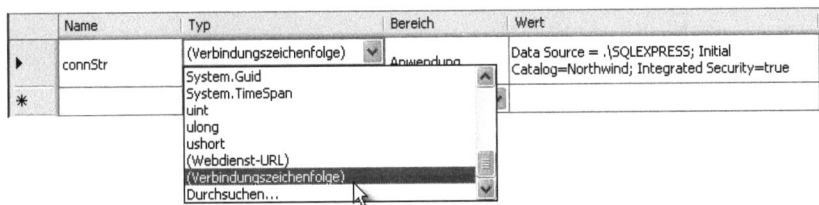

Abbildung 4.11 Eintragen des *ConnectionStrings* in die Anwendungseinstellungen

In der *app.config*-Datei sieht das Ergebnis dann folgendermaßen aus:

```
...
  - <connectionStrings>
    <add name="WindowsApplication1.My.Settings.connStr"
        connectionString="Data Source =
                    .\SQLEXPRESS; Initial Catalog=Northwind; Integrated Security=true" />
    </connectionStrings>
...
```

Der Zugriff im Quellcode:

```
Dim connStr = My.Settings.connStr
Dim conn As New SqlConnection(connStr)
```

HINWEIS   Den kompletten Code finden Sie im How-to 14.4 »... ein SqlConnection-Objekt programmieren?«.

Das Command-Objekt

An Abfragen aller Art (SQL-Queries, Stored Procedures) führt beim Programmieren von Datenbank-anwendungen kein Weg vorbei. Unter ADO.NET werden für alle Datenbankabfragen *Command*-Objekte benutzt, die zentraler Bestandteil der jeweiligen .NET-Datenprovider sind.

Erzeugen und Anwenden eines Command-Objekts

Wie bei fast allen anderen ADO.NET-Objekten, bieten sich auch zum Erzeugen eines *Command*-Objekts verschiedene Konstruktoren an. Eine übliche Vorgehensweise ist es, die gewünschte Abfrage neben dem zuvor angelegten *Connection*-Objekt an den Konstruktor der Klasse zu übergeben:

```
Dim cmd As New Command(sql As String, conn As Connection)
```

Das so erzeugte und initialisierte *Command*-Objekt kann dann z.B. an den Konstruktor der *DataAdapter*-Klasse weitergereicht werden, um letztendlich ein *DataSet* zu füllen.

Aber es geht auch ohne *DataAdapter* und *DataSet*, denn um SQL-Anweisungen direkt gegen die Daten-quelle zu fahren, kann eine der *Execute*-Methoden (*ExecuteNonQuery*, *ExecuteReader*, *ExecuteScalar*) aufge-rufen werden.

BEISPIEL

Es werden zwei *OleDbCommand*-Objekte erstellt. Mit dem ersten werden die Namen der Firmen aller Pariser Kunden aus *Nordwind.mdb* geändert, mit dem zweiten wird ein *DataAdapter* erstellt, der zum Befüllen eines *DataSet*-Objekts mit den Kunden-Datensätzen dient.

```
Dim conn As New OleDbConnection("Provider=Microsoft.Jet.OLEDB.4.0; Data Source=Nordwind.mdb;")

Dim updCmd As New OleDbCommand("UPDATE Kunden SET Firma = 'Pariser Kunde' WHERE Ort = 'Paris'", conn)

Dim selCmd As New OleDbCommand("SELECT Firma, Ort FROM Kunden WHERE Ort = 'Paris'", conn)

Dim da As New OleDbDataAdapter(selCmd)
Dim ds As New DataSet()
conn.Open()
```

UPDATE-Befehl wird gegen die Datenbank gefahren:

```
updCmd.ExecuteNonQuery()
```

DataSet erhält neue Tabelle (»PariserKunden«) mit Datensätzen gemäß SELECT-Befehl:

```
da.Fill(ds, "PariserKunden")
conn.Close()
```

HINWEIS   Den vollständigen Code finden Sie im How-to 4.3 »... eine Aktionsabfrage ausführen?«.

Erzeugen mittels CreateCommand-Methode

Auch mit Hilfe der *CreateCommand*-Methode eines *Connection*-Objekts können Sie ein *Command*-Objekt erzeugen. Damit ersparen Sie sich etwas Schreibarbeit.

BEISPIEL

Zwei äquivalente Varianten, wenn ein gültiges *Connection*-Objekt *conn* vorliegt.

Variante A:

```
Dim cmd As New OleDbCommand()
cmd.Connection = conn
```

Variante B:

```
Dim cmd As OleDbCommand = conn.CreateCommand()
```

Eigenschaften des Command-Objekts

Wir werden uns hier nur auf eine knappe Darstellung der wichtigsten Eigenschaften beschränken.

Connection- und CommandText-Eigenschaft

Beide Eigenschaften werden üblicherweise bereits im Konstruktor übergeben (siehe oben), man kann Sie aber auch separat zuweisen.

BEISPIEL

Zwei Varianten zum Erzeugen und Initialisieren eines *OleDbCommand*-Objekts.

```
Dim cmd As New OleDbCommand("UPDATE Kunden SET Firma = 'Pariser Firma' WHERE Ort = 'Paris'", conn)
```

ist äquivalent zu

```
Dim cmd As New OleDbCommand()
cmd.Connection = conn
cmd.CommandText = "UPDATE Kunden SET Firma = 'Pariser Firma' WHERE Ort = 'Paris'"
```

CommandTimeout-Eigenschaft

Um festzulegen, wie lange die Ausführung einer Abfrage maximal dauern darf, können Sie der *Command-Timeout*-Eigenschaft einen Wert in Sekunden zuweisen (Standardwert = 30 Sekunden).

BEISPIEL

Ein *DataSet* wird mit der Kundenliste der SQL-Datenbank *Northwind* gefüllt, wofür maximal 10 Sekunden zur Verfügung stehen.

```
Dim conn As New SqlConnection(
                "Data Source=(local);Integrated Security=sspi;Initial Catalog=Northwind")
Dim cmd As New SqlCommand("SELECT CustomerID, CompanyName FROM Customers", conn)
```

Die Ausführung der Abfrage darf maximal 30 Sekunden dauern:

```
cmd.CommandTimeout = 30
Dim da As New SqlDataAdapter()
da.SelectCommand = cmd
Dim ds As New DataSet()
conn.Open()
da.Fill(ds, "Kunden")
conn.Close()
```

> **HINWEIS**   Sollte eine Abfrage dennoch zu lange dauern, so können Sie diese innerhalb einer asynchronen Umgebung mit Hilfe der *Cancel*-Methode abbrechen.

Zum Ausführen einfacher Datenbankabfragen (wie im obigen Beispiel), können Sie auf das explizite Erzeugen eines *Command*-Objekts verzichten, denn man kann den SQL-String auch direkt dem *DataAdapter* als Parameter übergeben.

BEISPIEL

Eine gleichwertige Realisierung des Vorgängerbeispiels.

```
Dim da As New SqlDataAdapter("SELECT CustomerID, CompanyName FROM Customers", conn)
da.SelectCommand.CommandTimeout = 30
```

CommandType-Eigenschaft

Mit der *CommandType*-Eigenschaft definieren Sie die auszuführende Operation. Mittels der gleichnamigen Enumeration stehen drei Möglichkeiten zur Verfügung:

- *Text* (Standardwert)
  Hier können Sie eine frei definierbare SQL-Abfrage übergeben

- *StoredProcedure*
  Hier soll eine in der Datenbank gespeicherte Prozedur bzw. Auswahlabfrage aufgerufen werden

- *TableDirect*
  Hier wird direkt der Name einer Tabelle angegeben (entspricht *SELECT * FROM <Tabellenname>*)

BEISPIEL

Aufruf der Stored Procedure »Sales by Years« in der Datenbank *Northwind*.

```
Dim cmd As New SqlCommand("Sales by Year", conn)
cmd.CommandType = CommandType.StoredProcedure
Dim parm1 As New SqlParameter("@Beginning_Date", SqlDbType.DateTime)
```

Definition als Input-Parameter:

```
parm1.Direction = ParameterDirection.Input
```

Das *Beginn*-Datum wird der ersten *TextBox* entnommen:

```
parm1.Value = Convert.ToDateTime(TextBox1.Text)
```

Parameter hinzufügen:

```
cmd.Parameters.Add(parm1)
```

HINWEIS   Den kompletten Code finden Sie im How-to 14.5 »... eine Gespeicherte Prozedur aufrufen?«. Der nach dem gleichen Prinzip funktionierende Aufruf einer in der Datenbank *Nordwind.mdb* gespeicherten Auswahlabfrage ist im How-to 4.4 »...eine Access-Auswahlabfrage aufrufen?« erklärt.

UpdatedRowSource-Eigenschaft

Diese Eigenschaft dürfte für den Einsteiger zunächst nur von untergeordnetem Interesse sein. Der Profi weiß aber, dass man mit UPDATE- und INSERT-Abfragen nicht nur Datensätze in der Datenquelle ändert, sondern dass auch Ausgabeparameter oder sogar Datensätze zurückgegeben werden können.

Typisch ist dies bei so genannten Stapel- bzw. Batch-Abfragen, denn hier können Sie z.B. Ausgabeparameter bzw. Datensätze aus der Datenbank abrufen, sofort nachdem der *DataAdapter* eine Aktualisierung entsprechend seiner *UpdateCommand*- oder *InsertCommand*-Eigenschaft durchgeführt hat.

Mittels der *UpdatedRowSource*-Eigenschaft legen Sie fest, ob und wie das *Command*-Objekt die von der Datenquelle zurückgelieferten Parameter bzw. Zeilen in das *DataSet*-Objekt einfügen soll.

Die *UpdateRowSource*-Enumeration stellt dazu entsprechende Konstanten bereit:

UpdatedRowSource-Mitglied	Beschreibung
Both	Sowohl die erste zurückgegebene Zeile als auch die Ausgabeparameter werden der geänderten Zeile im DataSet zugeordnet (Standard)
FirstReturnedRecord	Nur die Daten in der ersten zurückgegebenen Zeile werden der geänderten Zeile im *DataSet* zugeordnet
OutputParameters	Nur die Ausgabeparameter werden der geänderten Zeile im *DataSet* zugeordnet
None	Alle zurückgegebenen Parameter oder Zeilen werden ignoriert

Tabelle 4.7 Die Mitglieder der *UpdatedRowSource*-Enumeration

---

BEISPIEL

Eine Batch-Abfrage kapselt zwei SELECT-Anweisungen in einem String

```
Dim sqlBatch As String = "SELECT CustomerID, CompanyName, ContactName, ContactTitle " &
                         "FROM Customers WHERE CustomerID = 'ALFKI'; " &
                         "SELECT OrderID, OrderDate, RequiredDate, ShippedDate, Freight " &
                         "FROM Orders WHERE CustomerID = 'ALFKI'"

Dim cmd As New OleDbCommand(sqlBatch, conn)
cmd.UpdatedRowSource = UpdateRowSource.None
Dim da As New OleDbDataAdapter(cmd)
...
```

HINWEIS   Das vollständige Beispiel finden Sie im How-to 14.7 »... mit Stapel-Abfragen arbeiten?«.

Methoden des Command-Objekts

ExecuteNonQuery-Methode

Diese Methode setzen Sie vor allem ein, um Aktionsbefehle auf Basis von UPDATE, INSERT oder DELETE direkt gegen die Datenbank auszuführen (also ohne Verwendung von *DataAdapter* und *DataSet*). Rückgabewert ist hier die Anzahl der betroffenen Datensätze (sonst –1).

BEISPIEL

Ein *OleDbCommand*-Objekt wird erzeugt und eine UPDATE-Anweisung gegen die Datenbank gefahren. Die Anzahl betroffener Datensätze wird angezeigt (ein gültiges *OleDbConnection*-Objekt *conn* wird vorausgesetzt).

```
Dim updStr As String = "UPDATE Kunden SET Firma = 'Pariser Firma' WHERE Ort = 'Paris'"
Dim updCmd As New OleDbCommand(updStr, conn)
conn.Open()
```

SQL-Anweisung ausführen und Anzahl betroffener Datensätze anzeigen:

```
Label1.Text = cmd.ExecuteNonQuery.ToString()
```

HINWEIS   Das ausführliche Beispiel findet sich im How-to 4.2 »... eine Aktionsabfrage ausführen?«.

Weitere Möglichkeiten für Aktionsbefehle sind die Abfrage der Struktur einer Datenbank oder das Erstellen von Datenbankobjekten wie z.B. Tabellen (CREATE TABLE ...).

ExecuteReader-Methode

Auf Basis eines SELECT-Befehls erzeugt diese Methode ein *DataReader*-Objekt. Ein Instanziieren des *DataReader*s mittels *New*-Konstruktor entfällt deshalb.

BEISPIEL

Auf Basis eines gültigen *OleDbConnection*-Objekts und eines SELECT-Befehls wird ein *OleDbCommand*-Objekt erstellt und zum Erzeugen eines *DataReader*-Objekts verwendet.

```
Dim selStr As String = "SELECT Firma, Kontaktperson, Ort FROM Kunden WHERE Ort = 'Paris'"
Dim selCmd As New OleDbCommand(selStr, conn)
conn.Open()
Dim dr As OleDbDataReader = selCmd.ExecuteReader(CommandBehavior.CloseConnection)
```

HINWEIS   Mehr erfahren Sie im DataReader-Abschnitt dieses Kapitels bzw. im How-to 6.10 »... mit DataReader und ListView arbeiten?«.

ExecuteScalar-Methode

Rückgabewert dieser Methode ist das Objekt der ersten Spalte der ersten Zeile aus der Menge der zurückgegebenen Datensätze.

Generell eignet sich die *ExecuteScalar*-Methode des *Command*-Objekts für alle Abfragen, bei denen man nur an der Rückgabe eines einzigen Wertes interessiert ist.

BEISPIEL

Abfrage des Firmennamens eines bestimmten Kunden.

```
Dim cmd As New SqlCommand("SELECT Firma FROM Kunden WHERE KundenCode = 'ALFKI'", conn)
conn.Open()
Label1.Text = Convert.ToString(cmd.ExecuteScalar)
```

Besonders vorteilhaft kann man *ExecuteScalar* zur Ausführung von Aggregatfunktionen verwenden, was weniger Aufwand erfordert als die Anwendung der *ExecuteReader*-Methode.

BEISPIEL

Aus der Datenbank *Northwind* wird die Anzahl der in Paris wohnhaften Kunden abgefragt und angezeigt.

```
Dim cmd As New SqlCommand()
cmd.Connection = conn
cmd.CommandText = "SELECT COUNT(*) AS Anzahl FROM Customers WHERE City = 'Paris'"
cmd.Connection.Open()                      ' oder auch: conn.Open()
Label1.Text = cmd.ExecuteScalar().ToString()
cmd.Connection.Close()
```

Freigabe von Connection- und Command-Objekten

In einfachen Codebeispielen stellt man häufig fest, dass der Aufruf der *Dispose()*-Methode auf *SqlConnection*- und *SqlCommand*-Objekten fehlt[1]. Auch wird der Datenzugriffscode meist nicht in *Try-Finally*-Blöcke eingerahmt.

BEISPIEL

Die (leider nicht ganz saubere) Programmierung einer Datenbankverbindung

```
Dim conn As New SqlConnection(connString)
Dim cmd As New SqlCommand(cmdString, conn)
conn.Open()
cmd.ExecuteNonQuery()
conn.Close()
```

Das Problem ist, dass *SqlConnection* und *SqlCommand* die Schnittstelle *IDisposable* implementieren, d.h., es können auch Ressourcen aus nicht verwaltetem (unmanaged) Code zu bereinigen sein. Als Programmierer müssen Sie dann unter allen Umständen absichern, dass *Dispose* auf diesen Objekten aufgerufen wird, nachdem die Arbeit mit ihnen beendet ist. Weil bei Nichtverfügbarkeit der Datenbank immer ein Fehler auftreten kann, sollten Sie den Aufruf von *Dispose* auch für diesen Fall gewährleisten.

Das Problem lässt sich elegant mittels *Using*-Schlüsselwort lösen, welches Ihnen lästige Schreibarbeiten abnimmt, denn intern wird automatisch ein *Try-Finally*-Block um das entsprechende Objekt generiert und beim Beenden wird für das Objekt *Dispose* aufgerufen.

---

[1] Auch die Codebeispiele dieses Buchs bilden da (aus Platzgründen!) keine Ausnahme.

BEISPIEL

Saubere Programmierung des Vorgängerbeispiels

```
Using conn As New SqlConnection(connString)
    Using cmd As New SqlCommand(cmdString, conn)
        conn.Open()
        cmd.ExecuteNonQuery()
    End Using
End Using
```

Der intern generierte Code für obige Zeilen könnte etwa folgendermaßen aussehen:

```
Dim conn As SqlConnection = Nothing
Dim cmd As SqlCommand = Nothing
Try
    conn = New SqlConnection(connString)
    cmd = New SqlCommand(cmdString, conn)
    conn.Open()
    cmd.ExecuteNonQuery()
Finally
    If cmd IsNot Nothing Then cmd.Dispose()
    If conn IsNot Nothing Then conn.Dispose()
End Try
```

HINWEIS   Falls Sie, wie im obigen Beispiel, den Aufruf von *Close* für die *SqlConnection* vermissen, seien Sie trotzdem unbesorgt: Intern überprüft *Dispose* den Status der Verbindung und schließt diese für Sie.

Parameter-Objekte

In vielen Fällen enthält ein *Command*-Objekt Parameter bzw. Parameter-Auflistungen, mit denen parametrisierte Abfragen durchführbar sind.

Erzeugen und Anwenden eines Parameter-Objekts

Einer der möglichen Konstruktoren:

```
Dim prm As New Parameter(pName As String, pType As DbType)
```

Nach dem Zuweisen weiterer Eigenschaften erfolgt das Hinzufügen zur *Parameters*-Auflistung des *Command*-Objekts:

```
cmd.Parameters.Add(prm As Parameter)
```

BEISPIEL

SqlParameter-Objekt *p1* zur *Parameters*-Collection eines vorhandenen *SqlCommand*-Objekts hinzufügen.

Im Konstruktor übergeben wir Namen und Datentyp:

```
Dim p1 As New SqlParameter("@Geburtstag", SqlDbType.DateTime)
```

Datumswert aus einer *TextBox* zuweisen ...

```
p1.Value = Convert.ToDateTime(TextBox1.Text)
```

... und zum *SqlCommand*-Objekt hinzufügen:

```
cmd.Parameters.Add(p1)
```

Die erzeugten Parameter werden zur Laufzeit in die *CommandText*-Eigenschaft des *Command*-Objekts »eingebaut«.

BEISPIEL

Der im Vorgängerbeispiel definierte Parameter *@Geburtstag* wird in eine SQL-Abfrage eingefügt.

```
cmd.CommandText = "SELECT * FROM Employees WHERE (BirthDate > @Geburtstag)"
```

Umfangreichere Anwendungen von parametrisierten Abfragen finden Sie im Zusammenhang mit gespeicherten Prozeduren oder dem Einsatz von Datenadaptern, siehe z.B.

- How-to 14.5 »... eine Gespeicherte Prozedur aufrufen?«

- How-to 4.6 »... die Datenbank aktualisieren?«

- How-to 14.9 »... die MARS-Technologie kennen lernen?«

Eigenschaften des Parameter-Objekts

ParameterName- und Value-Eigenschaft

Beide Eigenschaften dürften selbsterklärend sein.

BEISPIEL

Eine alternative Zuweisung für das obige erste Beispiel wäre:

```
p1.ParameterName = "@Geburtstag"
p1.Value = Convert.ToDateTime(TextBox1.Text)
```

DbType, OleDbType und SqlDbType-Eigenschaft

Durch das Spezifizieren des Datentyps wird der Wert des Parameters dem Datentyp des .NET-Datenproviders angepasst, bevor er an die Datenquelle weitergereicht wird. Fehlt die Typangabe, so leitet ihn ADO.NET von der *Value*-Eigenschaft des *Parameter*-Objekts ab.

Alternativ zu *OleDbType*- bzw. *SqlDbType*-Eigenschaft kann der Datentyp eines Parameters auch allgemein (generisch) aus *System.Data.DbType* abgeleitet werden.

HINWEIS Die exakten Zuordnungen zwischen den Datentypen entnehmen Sie am besten der Online-Hilfe bzw. den Übersichten am Ende dieses Kapitels.

BEISPIEL

Ein *Byte*-Parameter wird erzeugt, initialisiert und zur *Parameters*-Collection eines *SqlCommand*-Objekts hinzugefügt.

```
Dim prm As SqlParameter = cmd.Parameters.Add("@p2", SqlDbType.TinyInt)
```

BEISPIEL

Zwei Möglichkeiten zum Zuweisen des Datentyps eines *OleDbParameter*-Objekts.

```
Dim prm1 As New OleDbParameter()
```

Verwenden der *DbType*-Enumeration:

```
prm1.DbType = DbType.DateTime
```

Oder Verwenden der *OleDbType*-Enumeration:

```
prm1.OleDbType = OleDbType.DBDate
```

Direction-Eigenschaft

Die Eigenschaft bestimmt die Richtung des Parameters relativ zum *DataSet*. Die *ParameterDirection*-Enumeration enthält die in der Tabelle aufgeführten Werte:

ParameterDirection-Mitglied	Beschreibung
Input	Es handelt sich um einen Eingabeparameter (Standard)
InputOutput	Der Parameter unterstützt sowohl Ein- als auch Ausgabe
Output	Es handelt sich um einen Ausgabeparameter
ReturnValue	Der Parameter ist ein Rückgabewert aus einer Operation

Tabelle 4.8 Die Mitglieder der *ParameterDirection*-Enumeration

BEISPIEL

Ein *OleDbParameter* wird erstellt und seine *Direction*-Eigenschaft festgelegt.

```
Public Sub CreateOleDbParameter()
    Dim p1 As New OleDbParameter("Description", OleDbType.VarChar, 50)
    p1.IsNullable = True
    p1.Direction = ParameterDirection.Output
End Sub
```

Weitere Eigenschaften

- *SourceColumn*- und *SourceVersion*-Eigenschaft werden im Zusammenhang mit der *Update*-Methode des *DataAdapter*-Objekts ausführlicher erläutert (siehe Seite 252)

- Weitere wichtige Eigenschaften von *Parameter*-Objekten sind am Ende des Kapitels aufgelistet

Das CommandBuilder-Objekt

Das manuelle Zuweisen der *Insert-, Update- und DeleteCommand*-Eigenschaften des *DataAdapter*s ist mitunter eine ziemlich aufwändige Angelegenheit. Aber auch in all jenen Fällen, in denen die *SelectCommand*-Eigenschaft erst zur Laufzeit festgelegt werden kann, wie z.B. bei Verwendung dynamischer SQL-Abfragen, sind Sie nicht in der Lage, bereits zur Entwurfszeit entsprechende *Command*-Objekte zu spezifizieren. Dann können Sie – falls Ihr *DataAdapter* auf einer einzigen Datenbanktabelle aufsetzt – vorteilhaft den *CommandBuilder* zum automatischen Generieren der *Command*-Objekte verwenden.

Erzeugen

Voraussetzung für den Einsatz eines *CommandBuilder*-Objekts ist, dass der *DataAdapter* über eine *Select-Command*-Eigenschaft verfügt. Das Tabellenschema, welches durch *SelectCommand* geliefert wird, bestimmt die Syntax der automatisch generierten INSERT-, UPDATE- und DELETE-Statements. Eine einzige Anweisung reicht dann aus, um einen *CommandBuilder* mit einem *DataAdapter* zu verkoppeln:

```
Dim cmdBuilder As New CommandBuilder(da As DataAdapter)
```

Der *CommandBuilder* verfolgt nun argwöhnisch alle am *DataSet* vorgenommenen Änderungen und generiert die erforderlichen Queries bzw. *Command*-Objekte selbstständig im Hintergrund.

Anwenden

Die *Update*-Methode des *DataAdapter*s würde im folgenden Beispiel ohne *OleDbCommandBuilder* fehlschlagen.

BEISPIEL

Aktualisieren der Kunden-Tabelle aus *Nordwind.mdb*.

Beim Instanziieren erhält der *DataAdapter* automatisch auch seine *SelectCommand*-Eigenschaft, sodass diese nicht explizit zugewiesen werden muss:

```
Dim da As New OleDbDataAdapter("SELECT * FROM Kunden", conn)
```

Ein *OleDbCommandBuilder* wird mit dem *OleDbDataAdapter* verbunden:

```
Dim cmdB As New OleDbCommandBuilder(da)
```

Ein *DataSet* wird mit den Daten gefüllt:

```
Dim ds As New DataSet()
conn.Open()
da.Fill(ds, "Kunden")
...
```

Nachdem die Daten geändert wurden werden die Änderungen in die Datenbank zurückgeschrieben:

```
da.Update(ds, "Kunden")
```

Beim Aufruf von *Dispose* wird die Zuordnung von *CommandBuilder* zu *DataAdapter* aufgehoben, und die generierten Befehle werden nicht mehr verwendet.

HINWEIS   Ein Beispiel für den Einsatz des *CommandBuilders* finden Sie im How-to 4.6 »... die Datenbank aktualisieren?«.

Einsatzbeschränkungen

Dass der *CommandBuilder* nicht immer problemlos *UpdateCommand*-, *InsertCommand*- und *Delete-Command*-Objekte generieren kann, zeigen die folgenden Einschränkungen:

- Das *SelectCommand* muss mindestens einen Primärschlüssel bzw. eine eindeutige Spalte liefern. Falls diese Bedingung nicht erfüllt ist, wird eine *InvalidOperation*-Exception ausgelöst.

- Falls eine von den *InsertCommand*-, *UpdateCommand*- und *DeleteCommand*-Eigenschaften des *Data-Adapter*s bereits existiert, wird die existierende Eigenschaft genommen.

- Für Datenbankabfragen mit zwei oder mehr verknüpften Tabellen kann der *CommandBuilder* keine *Command*-Objekte erstellen.

- Einem *DataAdapter*-Objekt kann immer nur ein *CommandBuilder*-Objekt gleichzeitig zugeordnet werden und umgekehrt.

- Das automatische Generieren der *Command*-Objekte versagt, wenn in den Tabellen- oder Spaltenbezeichnern spezielle Zeichen wie Leerzeichen, Fragezeichen oder andere nicht alphanumerische Zeichen enthalten sind.

- Wenn Sie *SelectCommand* nach dem Abrufen der Metadaten ändern (z.B. nach der ersten Aktualisierung), müssen Sie die *RefreshSchema*-Methode aufrufen, um die Metadaten zu aktualisieren.

- Um die Strukturinformationen (Metadaten) zu gewinnen, muss der *CommandBuilder* das *Select-Command* ausführen, was einen Extra-Trip zur Datenquelle erforderlich macht und die Performance nachteilig beeinflussen kann. Sie sollten deshalb in kritischen Fällen lieber auf den *CommandBuilder* verzichten und stattdessen die *Command*-Objekte manuell deklarieren.

Einige Regeln

Die folgende Tabelle fasst die Regeln zusammen, nach denen die verschiedenen *Command*-Objekte durch den *CommandBuilder* generiert werden. Grundlage ist das *Optimistische Konkurrenzmodell für Aktualisierungs- und Löschvorgänge*, welches im Anschluss erläutert wird.

Command-Objekt	Regel
InsertCommand	Fügt Datensätze in die Datenquelle ein für alle Zeilen im *DataSet* mit *RowState = DataRowState.Added* und fügt Werte für alle aktualisierbaren Spalten ein.
UpdateCommand	Aktualisiert alle Datensätze in der Datenquelle für alle Zeilen im *DataSet* mit *RowState = DataRowState.-Modified*. Aktualisiert die Werte aller Spalten mit Ausnahme der Spalten, die nicht aktualisierbar sind (z.B. Ausdrücke).
DeleteCommand	Löscht die Datensätze in der Datenquelle für alle Zeilen im *DataSet* mit *RowState = DataRowState.Deleted*.

Tabelle 4.9 Regeln für das automatische Generieren von *Command*-Objekten

Optimistisches Konkurrenzmodell

Die Logik für das automatische Generieren von UPDATE- und DELETE-Anweisungen durch den *CommandBuilder* beruht auf der so genannten *Optimistischen Konkurrenz*. Das bedeutet, dass die Datensätze beim Editieren nicht für andere Benutzer oder Prozesse gesperrt werden.

Weil ein Datensatz zwischenzeitlich durch Dritte geändert werden kann, nachdem er mit SELECT ermittelt wurde, aber bevor UPDATE oder DELETE ausgeführt werden, ist im automatisch generierten UPDATE- oder DELETE-Statement eine WHERE-Klausel angefügt, die bewirkt, dass ein Datensatz nur dann aktualisiert werden kann, wenn er in der Datenquelle nicht zwischenzeitlich geändert wurde, d.h., er hat dort noch seine ursprünglichen Werte bzw. wurde nicht gelöscht.

Durch diese Maßnahme wird vermieden, dass neue Daten einfach überschrieben werden. In Fällen, wo ein automatisch generiertes Update versucht, eine bereits gelöschte Zeile zu aktualisieren oder eine, deren Inhalt von den Originalwerten abweicht, wird eine *DBConcurrencyException* ausgelöst.

> **HINWEIS** Wenn Sie wünschen, dass UPDATE oder DELETE ohne Rücksicht auf die Originalwerte ausgeführt werden sollen, müssen Sie selbst explizit die *UpdateCommand*-Eigenschaft des *DataAdapters* setzen und auf den Einsatz eines *CommandBuilder* verzichten.

Das DataReader-Objekt

Häufig genügt ein Lesezugriff auf die Datensätze. Dabei müssen im Frontend meist nur einige für die Listendarstellung benötigte Komponenten gefüllt bzw. aktualisiert werden (*ListBox*, *ComboBox*, *ListView*, *TreeView*, *DataGrid* usw.). Aber auch für komplexere Logik innerhalb der Business-Objekte der mittleren Schicht (Middle-Tier) ist häufig nur ein ReadOnly-Zugriff auf Datensätze erforderlich.

Im .NET Framework gibt es für diesen Zweck den *DataReader*. Diese Klasse ist für einen einmaligen ReadOnly-Hochgeschwindigkeitszugriff auf eine Datensatzgruppe optimiert und ähnelt anderen *Reader*-Objekten wie *TextReader*, *StreamReader* und *XmlReader*.

In Abhängigkeit vom verwendeten .NET-Datenprovider gibt es auch hier unterschiedliche Typen (*SqlDataReader*, *OleDbDataReader*).

DataReader erzeugen

Einen *DataReader* erzeugt man in der Regel nicht mit dem *New*-Konstruktor, sondern mit der *ExecuteReader*-Methode des zugrunde liegenden *Command*-Objekts:

```
Dim dr As DataReader = cmd.ExecuteReader()
```

Mitunter wird auch dem *Execute*-Konstruktor als Argument der Wert *CloseConnection* (aus der *CommandBehavior*-Enumeration) übergeben. Damit ist gewährleistet, dass die Verbindung automatisch nach dem Durchlauf des *DataReaders* geschlossen wird.

BEISPIEL

Ein *DataReader*, der das Schließen des *Connection*-Objekts erledigt, wird instanziiert.

```
Dim dr As DataReader = cmd.ExecuteReader(CommandBehavior.CloseConnection)
```

Daten lesen

Das Auslesen der Informationen innerhalb einer Schleife ist typisch für die Arbeit mit dem *DataReader*.

BEISPIEL

Die Kundentabelle aus *Nordwind.mdb* wird zeilenweise in eine *ListBox* ausgelesen.

```
Const SQL As String = "SELECT * FROM Kunden ORDER BY KundenCode"
Dim conn As New OleDbConnection("Provider=Microsoft.Jet.OLEDB.4.0; Data Source=Nordwind.mdb;")
Dim cmd As New OleDbCommand(SQL, conn)
conn.Open()
Dim dr As OleDbDataReader = cmd.ExecuteReader()
Dim str As String = String.Empty
Dim tab As String = "   "
While dr.Read()
    str = dr("KundenCode").ToString & tab
    str &= dr("Firma").ToString & tab
    str &= dr("Kontaktperson").ToString & tab
    str &= dr("Strasse").ToString & tab
    str &= dr("PLZ").ToString & tab
    str &= dr("Ort").ToString
    ListBox1.Items.Add(str)
End While
dr.Close()
conn.Close()
```

HINWEIS   Es ist wichtig, dass Sie den *DataReader* so schnell wie möglich nach dem Auslesen der Daten wieder schließen, da sonst das *Connection*-Objekt blockiert ist!

Hier das Ergebnis:

```
ALFKI  Alfreds Futterkiste  Maria Anders  Obere Str. 57  12209  Berlin
ANATR  Ana Trujillo Emparedados y helados  Ana Trujillo  Avda. de la Constitución 2222  05021  México D.F.
ANTON  Antonio Moreno Taquería  Antonio Moreno  Mataderos 2312  05023  México D.F.
AROUT  Around the Horn  Thomas Hardy  120 Hanover Sq.  WA1 1DP  London
BERGS  Berglunds snabbköp  Christina Berglund  Berguvsvägen 8  S-958 22  Luleå
BLAUS  Blauer See Delikatessen  Hanna Moos  Forsterstr. 57  68306  Mannheim
BLONP  Blondel père et fils  Frédérique Citeaux  24, place Kléber  67000  Strasbourg
BOLID  Bólido Comidas preparadas  Martín Sommer  C/ Araquil, 67  28023  Madrid
BONAP  Bon app'  Laurence Lebihan  12, rue des Bouchers  13008  Marseille
BOTTM  Bottom-Dollar Markets  Elizabeth Lincoln  23 Tsawassen Blvd.  T2F 8M4  Tsawassen
BSBEV  B's Beverages  Victoria Ashworth  Fauntleroy Circus  EC2 5NT  London
CACTU  Cactus Comidas para llevar  Patricio Simpson  Cerrito 333  1010  Buenos Aires
CENTC  Centro comercial Moctezuma  Francisco Chang  Sierras de Granada 9993  05022  México D.F.
```

Abbildung 4.12   Laufzeitansicht

HINWEIS   Weitere Beispiele zum Thema finden Sie im How-to 6.10 »... mit DataReader und ListView arbeiten?« und im How-to 14.9 »... die MARS-Technologie kennen lernen?«.

Eigenschaften des DataReaders

Item-Eigenschaft

Diese Eigenschaft ermöglicht den Zugriff auf die aktuelle Spalte, der Rückgabewert ist vom *Object*-Datentyp (ähnlich der *Item*-Eigenschaft des *DataRow*-Objekts). Falls der Datentyp vorher bekannt ist, sollte man eine der *Get*-Methoden (siehe unten) für den Zugriff verwenden.

FieldCount-Eigenschaft

Diese Eigenschaft liefert die Gesamtzahl der Datensätze.

IsClosed-Eigenschaft

Der Wert ist *True*, falls der *DataReader* geschlossen ist.

Methoden des DataReaders

Read-Methode

Damit wird das automatische Weiterbewegen zum nächsten Datensatz innerhalb der *While*-Schleife ermöglicht (Rückgabewert *True/False*).

GetValue- und GetValues-Methode

Während *GetValue* – ähnlich der *Item*-Eigenschaft – den Wert einer Spalte (basierend auf dem Spaltenindex) zurückgibt, nimmt *GetValues* ein Array entgegen, in welchem der *DataReader* den Inhalt der aktuellen Zeile ablegt. Mit *GetValues* wird beste Performance erreicht.

GetOrdinal- und ähnliche Methoden

Eine Vielzahl von *Get...*-Methoden ermöglichen ein Konvertieren der gelesenen Werte in fast jeden Datentyp.

BEISPIEL

Ein Datumswert aus der *Employee*-Tabelle der *Northwind*-Datenbank wird ausgelesen.

```
Dim aDate As DateTime
aDate = dr.GetDateTime(dr.GetOrdinal("BirthDate"))
```

Das DataAdapter-Objekt

Datenadapter werden in einer Art »Brückenfunktion« dazu genutzt, Daten mittels SQL-Anweisungen aus Datenquellen in *DataSet*s zu transportieren bzw. um Datenquellen mit den geänderten Inhalten von *Data-Set*s zu aktualisieren. Das *DataAdapter*-Objekt verwendet das *Connection*-Objekt des jeweiligen .NET-Datenproviders, um eine Verbindung zu einer Datenquelle herzustellen, und ist außerdem auf verschiedene *Command*-Objekte angewiesen.

Hin- und Rücktransport der Daten zwischen Datenquelle und *DataSet* werden mit der *Fill-* und *Update-*Methode des DataAdapters realisiert. Beide lösen die entsprechenden SQL-Anweisungen aufgrund der dem *DataAdapter* übergebenen *Command*-Objekte aus.

DataAdapter erzeugen

Mehrere überladene Konstruktoren stellen den Newcomer vor die Qual der Wahl.

Konstruktor mit SELECT-String und Connection-Objekt

Im einfachsten Fall kommt man sogar ohne *Command*-Objekt aus, es genügt, dem Konstruktor eine SELECT-Anweisung und das *Connection*-Objekt als Parameter zu übergeben:

```
Dim da As New DataAdapter(selectStr As String, conn As Connection)
```

BEISPIEL

Ein *DataAdapter* füllt ein *DataSet* mit Datensätzen aus *Nordwind.mdb*.

```
Imports System.Data.OleDb
...
Dim conn As New OleDbConnection("Provider=Microsoft.Jet.OLEDB.4.0; Data Source=Nordwind.mdb;")
Dim da As New OleDbDataAdapter("SELECT * FROM Kunden WHERE Ort = 'Paris'", conn)
Dim ds As New DataSet()
conn.Open()
da.Fill(ds, "PariserKunden")
conn.Close()
```

Konstruktor mit SelectCommand-Objekt

Eine weitere Möglichkeit ist die Verwendung eines Konstruktors, dem ein *Command*-Objekt (SELECT-Befehl) zu übergeben ist:

```
Dim da As New DataAdapter(selectCommand As Command)
```

BEISPIEL

Das Vorgängerbeispiel wird mit einem *Command*-Objekt realisiert.

```
Imports System.Data.OleDb
...

Dim conn As New OleDbConnection("Provider=Microsoft.Jet.OLEDB.4.0; Data Source=Nordwind.mdb;")
Dim cmd As New OleDbCommand("SELECT Firma FROM Kunden WHERE Ort = 'Paris'")
cmd.Connection = conn
Dim da As New OleDbDataAdapter(cmd)
Dim ds As New DataSet()
conn.Open()
da.Fill(ds, "PariserKunden")
conn.Close()
```

Command-Eigenschaften

Ein Datenadapter benötigt für die komplette Zusammenarbeit mit der Datenquelle vier verschiedene *Command*-Objekte, die als Eigenschaften zugewiesen werden:

- *SelectCommand* zur Abfrage

- *UpdateCommand* zur Aktualisierung

- *InsertCommand* zum Einfügen

- *DeleteCommand* zum Löschen

BEISPIEL

Realisierung der Vorgängerbeispiele mittels *SelectCommand*-Eigenschaft.

```
Imports System.Data.OleDb
...
Dim conn As New OleDbConnection("Provider=Microsoft.Jet.OLEDB.4.0;Data Source=Nordwind.mdb;")
Dim cmd As New OleDbCommand("SELECT Firma FROM Kunden WHERE Ort = 'Paris'")
cmd.Connection = conn
Dim da As New OleDbDataAdapter()
da.SelectCommand = cmd
Dim ds As New DataSet()
conn.Open()
da.Fill(ds, "PariserKunden")
conn.Close()
```

Die *SelectCommand*-Eigenschaft muss gesetzt werden, bevor die *Fill*-Methode des *DataAdapter*s aufgerufen wird.

HINWEIS   Auf das explizite Setzen der *SelectCommand*-Eigenschaft kann verzichtet werden, wenn der *DataAdapter* mit dem SELECT-String instanziiert wird (vgl. obige und folgende Beispiele).

Fill-Methode

Die relativ unkomplizierte *Fill*-Methode des *DataAdapter* hatten Sie bereits in zahlreichen Beispielen kennen gelernt. Hier noch einmal die am häufigsten benutzte Aufrufvariante:

```
myDataAdapter.Fill(ds As DataSet, tblName As String)
```

BEISPIEL

Ein *DataSet* wird mit der Kundentabelle aus *Nordwind.mdb* gefüllt. Im *DataSet* sollen die Namen aller Firmen aus Paris geändert werden in »Pariser Firma«

```
Dim conn As New OleDbConnection("Provider=Microsoft.Jet.OLEDB.4.0; Data Source=Nordwind.mdb;")
Dim da As New OleDbDataAdapter("SELECT * FROM Kunden", conn)
Dim ds As New DataSet()
da.Fill(ds, "Kunden")
```

Das Arbeiten mit den Daten im *DataSet*:

```
Dim dt As DataTable = ds.Tables("Kunden")
```

Alle Zeilen der *DataTable* durchlaufen:

```
For Each cRow As DataRow cRow In dt.Rows
    If cRow("Ort") = "Paris" Then cRow("Firma") = "Pariser Firma"
Next cRow
```

HINWEIS   Das Beispiel wird im folgenden Abschnitt fortgesetzt!

Begrenzung der Datenmenge

Geht es nur um die Übertragung kleinerer Datenmengen, so ist die bislang praktizierte Vorgehensweise problemlos, nicht aber wenn es sich um Hunderte von Datensätzen handelt.

Abhilfe schafft eine (überladene) Version der *Fill*-Methode, die die Anzahl der zu transportierenden Datensätze begrenzt:

```
Dim z As Integer =
        myDataAdapter.Fill(ds As DataSet, start As Integer, anzahl As Integer, tblName As String)
```

start   = Nummer der Startzeile

anzahl   = Anzahl der abzurufenden Datensätze

z   = Anzahl der tatsächlich zurückgegebenen Datensätze

BEISPIEL

Ab Zeile 100 werden 50 Zeilen aus der Datenbank abgerufen und in die »Kunden«-Tabelle gefüllt.

```
Dim z As Integer = da.Fill(ds, 100, 50, "Kunden")
```

Update-Methode

Irgendwann einmal müssen die im *DataSet* vorgenommenen Änderungen in die Datenquelle zurückgeschrieben werden. Zu diesem Zweck wird (kurzzeitig) eine Verbindung zur Datenbank aufgebaut. Genauso wie beim Füllen spielt auch hier ein *DataAdapter*-Objekt die Vermittlerrolle, wobei dessen *Update*-Methode gewissermaßen das Pendant zur *Fill*-Methode ist und zum Zurückschreiben der im *DataSet* vorgenommenen Änderungen in die Datenquelle dient.

Genauso wie die *Fill*-Methode benötigt die *Update*-Methode als Parameter die Instanz eines *DataSet* und (optional) den Namen der *DataTable*.

```
myDataAdapter.Update(ds As DataSet, tblName As String)
```

Bei der *Update*-Methode läuft es nicht ganz so einfach ab wie bei der *Fill*-Methode, denn es muss konsequenter Abschied von klassischen Vorstellungen zur Datenbankaktualisierung genommen werden. Die Tatsache, dass ein *DataSet* völlig autark existiert und nur gelegentlich mit der Datenbank verbunden wird, zwingt zu völlig neuen Überlegungen, da z.B. zwischenzeitlich das *DataSet* nicht nur seine Inhalte, sondern auch seine Struktur geändert haben kann.

BEISPIEL

Das Vorgängerbeispiel soll fortgesetzt werden. Ziel ist das Zurückschreiben der in der Spalte *Firma* (und nur dort!) vorgenommenen Änderungen in die Datenquelle. Grundlage ist eine UPDATE-Anweisung mit zwei Parametern (die ? sind die Platzhalter):

```
...
Dim cmd As New OleDbCommand("UPDATE Kunden SET Firma = ? WHERE KundenCode = ?", conn)
```

Der *Add*-Methode werden Parametername, Datentyp, Spaltenbreite und Spaltenname übergeben. Da es sich hier nicht um benannte Parameter handelt, muss die Reihenfolge ihrer Definition der Reihenfolge im SQL-String entsprechen:

```
cmd.Parameters.Add("?", OleDbType.VarChar, 30, "Firma")
```

Für die Schlüsselspalte eine Extrawurst:

```
Dim prm As OleDbParameter = cmd.Parameters.Add("?", OleDbType.VarChar)
prm.SourceColumn = "KundenCode"
```

Der ursprüngliche Wert (beim Füllen des *DataSets*) ist maßgebend:

```
prm.SourceVersion = DataRowVersion.Original
```

```
da.UpdateCommand = cmd
da.Update(ds, "Kunden")
```

HINWEIS   Der Kern der Aktualisierungslogik liegt in der WHERE-Bedingung der UPDATE-Anweisung. Der Datensatz wird nur dann aktualisiert, wenn der Wert der Schlüsselspalte, mit dem er geladen wurde, noch vorhanden ist.

Bemerkungen

- Durch Einsatz eines *CommandBuilder*-Objekts kann das manuelle Erstellen der *UpdateCommand*-, *InsertCommand*- und *DeleteCommand*-Eigenschaften automatisiert werden

- Ein komplettes Beispiel finden Sie im How-to 4.6 »... die Datenbank aktualisieren?«

UpdateCommand und Parameter-Objekte

Zum Aktualisieren eines Datensatzes in der Datenquelle wird die im *UpdateCommand*-Objekt des Datenadapters eingebaute UPDATE-Anweisung aufgerufen, welche ein Schlüsselfeld (normalerweise ist das der Primärschlüssel) benutzt, um den Datensatz innerhalb der Tabelle zu identifizieren.

Um einen fehlerfreien Abgleich von Datenquelle und *DataSet* zu ermöglichen, kommt den *Parameter*-Objekten des *UpdateCommand*-Objekts des *DataAdapters* eine Schlüsselfunktion zu.

BEISPIEL

Das *CompanyName*-Feld in der SQL Server-Datenbank *Northwind* wird mit dem Wert des *@p1*-Parameters für den Datensatz aktualisiert, wo *CustomerID* dem Wert des Parameters *@p2* entspricht.

```
Imports System.Data.SqlClient
...
Dim da As New SqlDataAdapter()
...
Dim updCmd As New SqlCommand("UPDATE Customers SET CompanyName = @p1 WHERE CustomerID = @p2", conn)
da.UpdateCommand = updCmd
```

Der erste Parameter kann wie folgt erzeugt werden:

```
da.UpdateCommand.Parameters.Add("@p1", SqlDbType.NChar, 30, "CompanyName")
```

Der zweite Parameter lässt sich nicht ganz so elegant erzeugen, da zusätzlich die *DataRowVersion*-Eigenschaft zugewiesen werden muss und es dafür keinen geeigneten überladenen Konstruktor gibt:

```
Dim prm As SqlParameter = da.UpdateCommand.Parameters.Add("@p2", SqlDbType.NChar, 5, "CustomerID")
prm.SourceVersion = DataRowVersion.Original
```

Wie oben ersichtlich, werden der *Add*-Methode der *Parameters*-Collection folgende Werte übergeben, die sich auch als Eigenschaften des *Parameter*-Objekts zuweisen lassen (siehe auch die Übersicht am Ende des Kapitels):

- der Name des Parameters (*ParameterName*-Eigenschaft)
- der spezifische Datentyp (*SqlDbType* bzw. *OleDbType*-Eigenschaft)
- die Größe in Byte (*Size*-Eigenschaft)
- der Name der zugeordneten Spalte des *DataTable*-Objekts (*SourceColumn*-Eigenschaft)
- Aktualisierungsversion (*SourceVersion*-Eigenschaft)

Der Kenner parametrisierter UPDATE-Befehle wird im obigen Beispiel vielleicht das Zuweisen der *Value*-Eigenschaft (das ist der konkrete Wert eines Parameters) vermissen. Diese Funktionalität wird von der *Update*-Methode des *DataAdapter*s automatisch übernommen, die im Hintergrund alle *DataRow*-Objekte der *DataTable* aufgrund deren *RowState*-Eigenschaft auf vorgenommene Änderungen überprüft. Falls Änderungen vorhanden sind, wird die *Value*-Eigenschaft des entsprechenden Parameters gesetzt und der UPDATE-Befehl (siehe *UpdateCommand*-Eigenschaft) gegen die Datenbank ausgeführt.

SourceVersion- und SourceColumn-Eigenschaft

Im obigen Beispiel wurde die *SourceVersion*-Eigenschaft des zweiten Parameter-Objekts (*prm*) auf *Original* gesetzt. Diese Eigenschaft ist Bestandteil der *DataRowVersion*-Enumeration und dient hier beim Updaten zur Identifikation des Datensatzes in der Datenquelle.

Die *SourceColumn*-Eigenschaft hatte für den ersten Parameter den Wert *CompanyName* für den zweiten *CustomerID*.

Was aber passiert, wenn im *DataSet* jemand auch einige Werte der *CustomerID*-Spalte verändert hat, z.B. das Schlüsselfeld AROUT in ANTON? Welcher Datensatz soll nun in der Datenquelle aktualisiert werden? Die

Entscheidung darüber treffen Sie durch Festlegen der *SourceVersion*-Eigenschaft, wobei zwei Einstellungen interessant sind:

- *Current* (Standardwert)
  Es wird der Datensatz in der Datenquelle gesucht, dessen Schlüsselspalte exakt dem Wert entspricht, wie ihn der momentane Wert im *DataSet* hat.

- *Original*
  Bei dieser Einstellung spielen die eventuellen Änderungen, die Sie im *DataSet* an Werten der *Source-Column*-Spalte vorgenommen haben, keine Rolle. In der Datenquelle wird nach dem Datensatz gesucht, dessen Inhalt dem ursprünglichen übergebenen Wert entspricht. Es klingt logisch, dass zumindest eine Spalte (im Allgemeinen die mit der WHERE-Bedingung verknüpfte Primärschlüsselspalte) einen zugeordneten *Original*-Parameter haben muss, da sonst ein Wiederauffinden des Datensatzes in der Datenquelle unmöglich wäre.

InsertCommand und DeleteCommand

Nachdem wir ausführlich auf die Rolle der Parameter im *UpdateCommand*-Objekt des *DataAdapter*s eingegangen sind, wollen wir dies jetzt auch für das *InsertCommand*- und das *DeleteCommand*-Objekt nachholen. Auf diese greift die *Update*-Methode des *DataAdapter*s dann zurück, wenn die Datenquelle mit neu hinzugefügten bzw. gelöschten Datensätzen aktualisiert werden soll.

Vorgehensweise

Die prinzipielle Vorgehensweise entspricht der beim *UpdateCommand*-Objekt: Im ersten Schritt werden die parametrisierten SQL-Abfragen erstellt und im zweiten Schritt die dafür erforderlichen Parameter erzeugt und zur *Parameters*-Auflistung der *Command*-Objekte hinzugefügt.

- Die *InsertCommand*-, *UpdateCommand*- oder *DeleteCommand*-Eigenschaften müssen vor Aufruf der *Update*-Methode des Datenadapters gesetzt werden, abhängig davon, welche Änderungen im *DataSet* vorgenommen wurden (z.B. wenn Zeilen hinzugefügt wurden, muss *InsertCommand* vor dem Aufruf von *Update* gesetzt werden).

- Wenn *Update* eine eingefügte, geänderte oder gelöschte Zeile aktualisiert, benutzt der Datenadapter automatisch die entsprechende *Command*-Eigenschaft zum Ausführen der Aktion. Die aktuelle Information über die modifizierte Zeile erhält das *Command*-Objekt über die *Parameters*-Collection.

BEISPIEL

Die folgenden SQL-Statements werden als *CommandText* für die *SelectCommand*-, *InsertCommand*-, *Update-Command*-, und *DeleteCommand*-Eigenschaften des *DataAdapter*s benutzt. Es werden Varianten für beide .NET-Datenprovider gezeigt.

Variante 1:

```
Imports System.Data.SqlClient
...
Dim selectSQL As String =
        "SELECT CustomerID, CompanyName FROM Customers WHERE Country = @Country AND City = @City"
Dim insertSQL As String =
        "INSERT INTO Customers (CustomerID, CompanyName) VALUES (@CustomerID, @CompanyName)"
```

```
Dim updateSQL As String =
        "UPDATE Customers SET CustomerID = @CustomerID, CompanyName = @CompanyName " &
        "WHERE CustomerID = @OldCustomerID"
Dim deleteSQL As String = "DELETE FROM Customers WHERE CustomerID = @CustomerID"
```

Variante 2:

```
Imports System.Data.OleDb
...
Dim selectSQL As String = "SELECT KundenCode, Firma FROM Kunden WHERE Land = ? AND Ort = ?"
Dim insertSQL As String = "INSERT INTO Kunden (KundenCode, Firma) VALUES (?, ?)"
Dim updateSQL As String = "UPDATE Kunden SET KundenCode = ?, Firma = ? WHERE KundenCode = ?"
Dim deleteSQL As String = "DELETE FROM Kunden WHERE KundenCode = ?"
```

Parameter definieren

Die parametrisierten SQL-Abfragen zeigen, welche Parameter von Ihnen definiert werden müssen. Um einen Parameter zu erzeugen, können Sie entweder die *Parameters.Add*-Methode oder den *Parameter*-Konstruktor verwenden, um den Spaltenbezeichner, den Datentyp und die Größe festzulegen. Für einfache Datentypen wie *Integer* brauchen Sie die Größe allerdings nicht anzugeben.

- Bezüglich der Syntax sind – abhängig vom verwendeten .NET-Datenprovider – gewisse Unterschiede zu beachten. So werden für das *OleDbDataAdapter*-Objekt als Platzhalter in der Regel Fragezeichen (?) zur Identifikation der Parameter verwendet werden. Hier ist die Reihenfolge der Definitionen wichtig. Das *SqlDataAdapter*-Objekt hingegen benutzt benannte Parameter.

- Falls Sie für einen Parameter keinen Namen angeben, erhält dieser automatisch einen inkrementell erzeugten Standardnamen wie *Parameter1, Parameter2, ...* Es wird deshalb dringend empfohlen, dass Sie selbst Ihre Parameter nicht nach der gleichen Namenskonvention benennen, weil dies zu Konflikten mit einem bereits existierenden Namen in der *ParameterCollection* führen könnte.

Datensätze hinzufügen

Anstatt vieler Worte soll ein kleines Beispiel Licht in die Dunkelheit bringen.

BEISPIEL

Hinzufügen von Datensätzen in die *Artikel*-Tabelle der *Nordwind*-Datenbank mit einem *InsertCommand*-Objekt. Ein gültiges *OleDbConnection*-Objekt (*conn*), ein *OleDbDataAdapter* (*da*) und ein *DataSet* (*ds*) werden vorausgesetzt.

Der INSERT-SQL-Anweisung werden drei Parameter übergeben:

```
Dim insSQL As String =
        "INSERT INTO Artikel (Artikelname, Einzelpreis, Mindestbestand) VALUES (?, ?, ?)"
Dim cmd As New OleDbCommand(insSQL, conn)
```

Erzeugen der Parameter:

```
cmd.Parameters.Add("?", OleDbType.VarChar, 40, "Artikelname")
cmd.Parameters.Add("?", OleDbType.Currency, 8, "Einzelpreis")
cmd.Parameters.Add("?", OleDbType.SmallInt, 4, "Mindestbestand")
da.InsertCommand = cmd
```

Erzeugen der neuen Zeile:

```
Dim dt As DataTable = ds.Tables("ArtikelListe")
Dim rw As DataRow = dt.NewRow()                    ' leere Zeile mit Schema
rw("Artikelname") = "Marmelade"
rw("Einzelpreis") = 3.45
rw("Mindestbestand") = 120
```

Hinzufügen zur *DataTable*:

```
dt.Rows.Add(rw)
```

Die Verbindung zur Datenbank wird geöffnet, um die neue Zeile zu übertragen:

```
conn.Open()
da.Update(dt)
conn.Close()
```

Datensätze löschen

Auch hier soll ein kleines Beispiel für Erleuchtung sorgen.

BEISPIEL

Löschen von Datensätzen in der *Artikel*-Tabelle der *Nordwind*-Datenbank mit einem *DeleteCommand*-Objekt. Ein gültiges *OleDbConnection*-Objekt (*conn*), ein *OleDbDataAdapter* (*da*) und ein *DataSet* (*ds*) sind bereits vorhanden.

Der DELETE-SQL-Anweisung wird als Parameter der Primärschlüssel übergeben:

```
Dim delSQL As String = "DELETE FROM Artikel WHERE ArtikelNr = ?"
Dim cmd As New OleDbCommand(delSQL, conn)
Dim p1 As OleDbParameter = cmd.Parameters.Add("?", OleDbType.BigInt, 4, "ArtikelNr")
```

Löschen nur, wenn originaler Datensatz noch vorhanden ist:

```
p1.SourceVersion = DataRowVersion.Original
```

Zuweisen der *DeleteCommand*-Eigenschaft:

```
da.DeleteCommand = cmd
```

Es werden im *DataSet* alle Artikel mit dem Namen »Marmelade« gelöscht:

```
Dim dt As DataTable = ds.Tables("ArtikelListe")
For Each dr As DataRow In dt.Rows
    If dr("Artikelname") = "Marmelade" Then
        dr.Delete()
    End If
Next dr
```

Die Löschweitergabe an die Datenbank:

```
conn.Open()
da.Update(dt)
conn.Close()
```

> **HINWEIS**   Ein komplettes Beispiel finden Sie im How-to 4.6 »... die Datenbank aktualisieren?«.

MissingSchemaAction-Eigenschaft

Diese Eigenschaft bestimmt die auszuführende Aktion, wenn das aktuelle *DataSet*-Schema nicht mit den neuen Daten zusammenpasst, z.B. wenn zusätzliche Spalten vorhanden sind.

Die folgende Tabelle zeigt eine Zusammenstellung der möglichen Werte.

MissingSchemaAction-Mitglied	Beschreibung
Add	Die erforderlichen Spalten werden hinzugefügt um das Schema zu komplettieren
AddWithKey	Die erforderlichen Spalten und Primärschlüsselinfos werden hinzugefügt
Error	Eine *InvalidOperationException* wird ausgelöst falls die Spalten nicht übereinstimmen
Ignore	Die zusätzlichen Spalten werden ignoriert

Tabelle 4.10 Mitglieder der *MissingSchemaAction*-Enumeration

Die *MissingSchemaAction*-Eigenschaft des *DataAdapter*s hat besonders im Zusammenhang mit dem Hinzufügen von Datensätzen Bedeutung, wenn der Primärschlüssel automatisch von der Datenbank vergeben wird.

> **BEISPIEL**
>
> Der *DataAdapter* sorgt für das automatische Hinzufügen von Primärschlüsselinfos, falls diese fehlen sollten.

```
Dim da As New OleDbDataAdapter(selStr, conn)
da.MissingSchemaAction = MissingSchemaAction.AddWithKey
```

RowUpdating- und RowUpdated-Ereignis

Wenn Sie die *Update*-Methode eines *DataAdapter*s aufrufen, treten pro aktualisierter Datenzeile zwei Ereignisse ein: *OnRowUpdating* und *OnRowUpdated*.

Beide sind in den folgenden Ablauf eingebettet:

- Die Werte in der *DataRow* werden in die zugeordneten Parameterwerte gefüllt
- Das *OnRowUpdating*-Ereignis wird ausgelöst
- Der Befehl wird ausgeführt
- Ist die *UpdatedRowSource*-Eigenschaft des *Command*-Objekts auf *FirstReturnedRecord* festgelegt, wird das erste zurückgegebene Ergebnis in der *DataRow* platziert
- Sind Ausgabeparameter vorhanden, so werden diese in der *DataRow* platziert
- Das *OnRowUpdated*-Ereignis wird ausgelöst
- Die *AcceptChanges*-Methode der *DataRow* wird aufgerufen

HINWEIS   Wollen Sie anstehende Änderungen in den Zeilen überprüfen, bevor diese übermittelt werden, so sollten Sie das *RowUpdating*-Ereignis verwenden. Soll bestimmter Code sofort nach Übermitteln der Änderungen ausgeführt werden, so verwenden Sie das *RowUpdated*-Ereignis.

Der Parameter RowUpdatingEventArgs

Der Delegat des *RowUpdating*- und *RowUpdated*-Ereignisses enthält den providerspezifischen Typ *RowUpdatingEventArgs* als Parameter. Die in diesem Parameter übergebenen Eigenschaften wie *Row*, *StatementType* oder *Status* ermöglichen es Ihnen, den ausgeführten Befehl sofort zu untersuchen und gegebenenfalls Ergebnisse zu manipulieren.

BEISPIEL

Der Lagerbestand des ersten Datensatzes der *Artikel*-Tabelle der *Nordwind*-Datenbank wird geändert. Dabei wird das *RowUpdating*-Event ausgewertet, und der Lagerbestand vor und nach der Aktualisierung angezeigt.

```
Dim da As New OleDbDataAdapter("SELECT TOP 1 ArtikelNr, Artikelname, Lagerbestand FROM Artikel", conn)

Dim cb As New OleDbCommandBuilder(da)

AddHandler da.RowUpdating, AddressOf OnRowUpdating
...

Private Sub OnRowUpdating(ByVal sender As Object, ByVal e As OleDbRowUpdatingEventArgs)
  Dim s As String = "Ereignis: " & e.StatementType.ToString() & vbCrLf
  s &= "Artikel-Nr: " & e.Row("ArtikelNr").ToString() & vbCrLf
  s &= "Lagerbestand davor:    " & e.Row("Lagerbestand", DataRowVersion.Original).ToString() & vbCrLf
  s &= "Lagerbestand danach: " & e.Row("Lagerbestand").ToString() & vbCrLf
  Label1.Text = s
End Sub
```

Routine zum Verändern des Lagerbestandes um die Anzahl *z*:

```
Private Sub changeStock(ByVal z As Integer)
  Dim dr As DataRow = dt.Rows(0)             ' die erste (und einzige!) Zeile der DataTable
  Dim i As Integer = Convert.ToInt32(dr("Lagerbestand"))
  dt.Rows(0)("Lagerbestand") =  i + z
  da.Update(dt)
End Sub
```

Lagerbestand erhöhen:

```
Private Sub Button1_Click(ByVal sender As Object, ByVal e As System.EventArgs) _
                                                Handles Button1.Click
  changeStock(1)
End Sub
```

```
Ereignis: Update
Artikel-Nr: 1
Lagerbestand davor: 18
Lagerbestand danach: 17
```

Abbildung 4.13 Ausgabe nach Verringern des Lagerbestands

HINWEIS   Das komplette Beispiel finden Sie im How-to 4.7 »... RowUpdating- und RowUpdated-Ereignis verstehen?«.

Die Status-Eigenschaft

Mit dieser Eigenschaft legen Sie fest, wie das Update im Fehlerfall zu behandeln ist. Die Tabelle zeigt die möglichen Werte als Mitglieder der *UpdateStatus*-Enumeration.

UpdateStatus-Mitglied	Beschreibung
Continue	Der *DataAdapter* setzt das Update fort
ErrorsOccured	Das Update wird unterbrochen und erzeugt eine Ausnahme
SkipAllRemainingRows	Es werden keine weiteren Zeilen verarbeitet
SkipCurrentRow	Die aktuelle Zeile wird ignoriert, Fortsetzung mit der nächsten

Tabelle 4.11 Die Mitglieder der *UpdateStatus*-Enumeration

BEISPIEL

Die *Status*-Eigenschaft wird im *RowUpdated*-Event eines *DataAdapter*s ausgewertet.

```
Private Sub OnRowUpdated(ByVal sender As Object, ByVal e As OleDbRowUpdatedEventArgs)
    If e.Status = UpdateStatus.ErrorsOccurred Then
        e.Row.RowError = e.Errors.Message
        e.Status = UpdateStatus.SkipCurrentRow              ' weitermachen!
    End If
End Sub
```

Arbeiten mit Excel-Arbeitsmappen

In diesem Abschnitt wollen wir uns mit dem Zugriff auf Microsoft Excel-Arbeitsmappen einem etwas speziellerem Thema widmen, das für viele Entwickler von großer Bedeutung ist. Einer der Hauptgründe ist sicher die weite Verbreitung und die exzellenten Möglichkeiten der Datenauswertung innerhalb der Excel-Tabellen. Ein weiterer Grund ist nicht gleich offensichtlich, aber viele Anwender können sich mit dem Konzept einer Datenbank »anfreunden« und verwenden stattdessen lieber eine Excel-Tabelle, auch wenn dies in vielen Fällen nicht die optimale Lösung ist.

Im Weiteren wollen wir Ihnen deshalb Wege aufzeigen, wie Sie Ihre Datenbankkenntnisse auch für den Zugriff auf Excel-Arbeitsmappen nutzen können.

Zugriffsmöglichkeiten

Grundsätzlich bieten sich dem VB-Programmierer eine ganze Reihe von Möglichkeiten um auf Daten im Excel-Format zuzugreifen (siehe folgende Tabelle):

Variante	Bemerkung
OLE DB Provider	Die optimale Variante für den Im- und Export von Tabellen-Daten. Die Vorgehensweise entspricht dem bekannten Zugriff auf Datenbanken mittels ADO.NET.
	Zur Realisierung siehe folgende Abschnitte.

Tabelle 4.12 Zugriffsmöglichkeiten auf Excel-Daten

Variante	Bemerkung
OLE-Automation	Ist Microsoft Excel auf dem Computer installiert, kann dieses per OLE-Automation quasi »ferngesteuert« werden, um Tabellen und Diagramme zu erzeugen oder Daten auszulesen.
	Der Vorteil: Sie haben alle Möglichkeiten zur Tabellengestaltung, die auch Excel bietet, der Nachteil: der Export größerer Datenmengen ist viel zu langsam.
ZIP+XML-Libraries	Für die Low-Level-Programmierer bietet sich seit Excel 2007 eine weitere Variante des Datenzugriffs an, da es sich bei den neueren Excel-Datenformat um gepackte XML-Daten handelt. Benennen Sie eine XLSX-Datei in .ZIP um und entpacken diese, erhalten Sie eine Verzeichnisstruktur mit einzelnen XML-Dateien. Diese lassen sich mit den umfangreichen XML-Fähigkeiten von VB bearbeiten. Abschließend verpacken Sie die Daten wieder um eine regelgerechte Excel-Datei zu erstellen. Dass diese Variante nicht für den Gelegenheitsprogrammierer relevant ist, brauchen wir sicher nicht weiter zu betonen.
Crystal Report, Reporting Servcies	Für den reinen Export bereits aufbereiteter Daten bieten sich auch die verfügbaren Reporting-Tools an, die auch über eine Excel-Export-.Schnittstelle verfügen.

Tabelle 4.12 Zugriffsmöglichkeiten auf Excel-Daten *(Fortsetzung)*

HINWEIS Kommt es auf den Export größerer Datenmengen an und sollen diese auch optisch aufbereitet werden, bietet es sich an, zunächst die Daten per OLE DB-Provider zu exportieren und die so erzeugten Tabellen nachträglich per OLE-Automation zu formatieren.

Ein Beispiel für den Zugriff per ZIP- und XML-Library finden Sie unter folgender Adresse:

WWW http://www.codeproject.com/KB/office/OpenXML.aspx

OLE DB-Connectionstring

Haben Sie sich dafür entschieden, per OLE DB-Provider auf Excel-Dokumente zuzugreifen, stehen Sie sicher zunächst vor der Frage, welcher Connectionstring in diesem Fall genutzt werden muss. Grundsätzlich müssen Sie zwischen zwei Dateiformaten unterscheiden:

- Excel-Dateien bis Version 2003

- Excel-Daten ab Version 2007

Während Sie auf erstere ohne weitere Installationsvoraussetzungen zugreifen können, müssen Sie für Excel-Tabellen ab 2007 zunächst die »Datenkonnektivitätskomponenten« bzw. die »Microsoft Access Database Engine 2010 Redistributable« installieren (siehe folgender Abschnitt). Alternativ genügt auch ein vorhandenes Excel in der Version 2007/2010.

BEISPIEL

Connectionstring für eine Excel 2000-Arbeitsmappe

```
Provider=Microsoft.Jet.OLEDB.4.0;Data Source=C:\Beispiel.xls;Extended Properties="Excel 8.0;HDR=YES;"
```

Ihre Aufmerksamkeit sollte vor allem der Sektion »Extended Properties« gelten, da hier das genaue Format (siehe folgende Tabelle) und die Behandlung der Tabellenköpfe festgelegt werden.

Die Option »HDR=Yes« bestimmt, dass die erste Zeile der Excel-Tabelle als Tabellenkopf, d.h. für die Spaltennamen verwendet wird, setzen Sie den Wert auf *No*, behandelt der Provider die Zeile als normalen Datensatz.

HINWEIS   Können keine Spaltennamen durch den Provider bestimmt werden, können Sie auf die einzelnen Felder über die Bezeichner »F1«, »F2« ... zugreifen (z.B. in SQL-Abfragen).

Eigenschaft	Bedeutung
Excel 8.0	Excel 97-Daten
Excel 9.0	Excel 2000-Daten
Excel 10.0	Excel 2002-Daten
Excel 11.0	Excel 2003-Daten

Tabelle 4.13 Zuordnung der Excel-Formate

BEISPIEL

Verwendung des Connectionstrings in VB

```
Using xlsconn As New OleDbConnection("Provider=Microsoft.Jet.OLEDB.4.0;" &
              "Data Source=MeinExport.xls;Extended Properties=""Excel 8.0;HDR=Yes""")
...
```

Beachten Sie die Schachtelung der Anführungszeichen im Zusammenhang mit der Übergabe der »Extended Properties«.

Welche Besonderheiten bei Excel 2007/2010-Dateien zu beachten sind, zeigt der folgende Abschnitt.

Zugriff auf Excel 2007/2010-Arbeitsmappen

Seit Excel 2007 ist es nicht mehr ohne weiteres möglich, über den standardmäßigen Jet-OLEDB-Treiber auf die erzeugten Excel-Arbeitsmappen zuzugreifen. Voraussetzung für eine erfolgreiche Verbindungsaufnahme ist die Installation der *Office 2007 System Driver*, die Sie unter folgender Adresse herunterladen können:

WWW   http://www.microsoft.com/downloads/details.aspx?FamilyID=7554f536-8c28-4598-9b72-ef94e038c891

Alternativ sind Sie auf die Dienste der *Microsoft Access Database Engine 2010 Redistributable*[1] angewiesen. Diese können Sie unter der folgenden Adresse herunterladen:

WWW   http://www.microsoft.com/downloads/details.aspx?FamilyID=c06b8369-60dd-4b64-a44b-84b371ede16d

Nach der erfolgreichen Installation eines der beiden Pakete (alternativ kann natürlich auch MS Office 2007/2010 installiert werden) können Sie auch schon zur Tat schreiten und die Verbindung zu Ihren Excel-Arbeitsmappen aufnehmen.

---

[1] Die Namensgebung ist wieder einmal recht sinnfrei, aber das sind Sie sicher schon gewohnt.

BEISPIEL

Zugriff auf eine Excel 2007/2010-Arbeitsmappe

```
Using xlsconn As New OleDbConnection("Provider=Microsoft.ACE.OLEDB.12.0;" &
                "Data Source=MeinExport.xlsx;Extended Properties=""Excel 12.0 Xml""")
...
```

Der Provider ist in diesem Fall nicht mehr *Microsoft.Jet.OLEDB* sondern *Microsoft.ACE.OLEDB*. Beachten Sie, dass Sie bei den *Extended Properties* auch die Bezeichnung »Xml« angeben, andernfalls bekommen Sie beim Import in Microsoft Excel Probleme.

Neue Mappen erstellen

Nachdem wir uns mit dem neuen Connectionstring »angefreundet« haben, wollen wir in einem ersten Schritt eine neue Excel-Arbeitsmappe erstellen.

BEISPIEL

Erstellen einer neuen Arbeitmappe

```
Private Sub Button1_Click(ByVal sender As System.Object, ByVal e As System.EventArgs) _
                Handles Button1.Click
```

Datei löschen falls bereits vorhanden:

```
If File.Exists("MeinExport.xls") Then File.Delete("MeinExport.xls")
```

Verbindung zuweisen:

```
Using xlsconn As New OleDbConnection("Provider=Microsoft.Jet.OLEDB.4.0;" &
                "Data Source=MeinExport.xls;Extended Properties=""Excel 8.0;HDR=Yes""")
    Dim cmd As OleDbCommand = xlsconn.CreateCommand()
```

Einfach ein Tabellenblatt erstellen (dieses entspricht einer Tabelle in einer »normalen« Datenbank), damit wird auch die Arbeitsmappe erstellt:

```
    cmd.CommandText = "CREATE TABLE [MeineExportdaten]" &
                "(Vorname char(255), Nachname char(255), Gehalt Currency)"
    xlsconn.Open()
```

SQL-Befehl ausführen:

```
    cmd.ExecuteNonQuery()
    xlsconn.Close()
    End Using
End Sub
```

Damit ist die Datei erstellt (siehe folgende Abbildung 4.14).

HINWEIS   Vielfach finden Sie im Internet Beispiele, bei denen an den Tabellennamen ein »$« angehängt ist. In diesem Fall geht der Provider davon aus, dass dieses Tabellenblatt bereits vorhanden ist, andernfalls wird ein Fehler ausgelöst.

Abbildung 4.14   Das neue Tabellenblatt

Beim Blick auf obige SQL-Anweisung werden Sie sicher merken, dass wir für die Spalten jeweils auch die entsprechenden Datentypen (*Char*, *Currency*) angegeben haben. Welche Typen Sie hier angeben sollten Sie im Einzelfall mit dem jeweiligen Excel-Format ausprobieren.

Daten in ein Tabellenblatt eintragen

Sicher ist das Erstellen eines leeren Tabellenblatts nicht das endgültiger Ziel, und so wollen wir im nächsten Schritt einige Datensätze in das bereits erstellte Tabellenblatt einfügen. An dieser Stelle werden wir uns auf die Verwendung von *Command*-Objekten beschränken.

BEISPIEL

Exportieren von drei Datensätze in eine vorhandene Excel-Tabelle

Verbindung öffnen:

```
Using xlsconn As New OleDbConnection("Provider=Microsoft.Jet.OLEDB.4.0;" &
        "Data Source=MeinExport.xls;Extended Properties=""Excel 8.0;HDR=Yes""")
    Dim cmd As OleDbCommand = xlsconn.CreateCommand()
    xlsconn.Open()
```

Datensätze speichern:

```
    cmd.CommandText = "INSERT INTO [MeineExportdaten$]" &
            " (Vorname, Nachname, Gehalt) values ('Thomas', 'Gewinnus', 3456)"
    cmd.ExecuteNonQuery()
    cmd.CommandText = "INSERT INTO [MeineExportdaten$]" &
            " (Vorname, Nachname, Gehalt) values ('Walter', 'Doberenz', 3856)"
    cmd.ExecuteNonQuery()
    cmd.CommandText = "INSERT INTO [MeineExportdaten$]" &
            " (Vorname, Nachname, Gehalt) values ('Edwin', 'Müller', 1234)"
    cmd.ExecuteNonQuery()
    xlsconn.Close()
    End Using
...
```

HINWEIS	Natürlich können Sie auch Parameter erzeugen und die Daten auf diese Weise an das *OleDbCommand*-Objekt übergeben.

Daten aktualisieren

Auch hier kann der SQL-Programmierer mit seinen Kenntnissen glänzen.

BEISPIEL

Ändern eines spezifischen Datensatzes

```
Private Sub Button3_Click(ByVal sender As System.Object, ByVal e As System.EventArgs) _
                                                        Handles Button3.Click
    Using xlsconn As New OleDbConnection("Provider=Microsoft.Jet.OLEDB.4.0;" &
                    "Data Source=MeinExport.xls;Extended Properties=""Excel 8.0;HDR=Yes""")
        Dim cmd As OleDbCommand = xlsconn.CreateCommand()
        xlsconn.Open()
        cmd.CommandText = "UPDATE [MeineExportdaten$] SET Gehalt= 2500 WHERE Nachname='Müller'"
        cmd.ExecuteNonQuery()
        xlsconn.Close()
    End Using
    Process.Start("MeinExport.xls")
End Sub
```

HINWEIS	Sie können in Excel-Tabellen keine Datensätze löschen!

Daten auslesen

Für das Auslesen der Excel-Tabellen bieten sich verschiedene Wege an, von denen wir Ihnen drei vorstellen möchten.

BEISPIEL

Auslesen mit *OleDbDataReader* unter Verwendung der Headerinformationen

```
Private Sub Button4_Click(ByVal sender As System.Object, ByVal e As System.EventArgs) _
                                                        Handles Button4.Click
    Using xlsconn As New OleDbConnection("Provider=Microsoft.Jet.OLEDB.4.0;" &
                "Data Source=MeinExport.xls;Extended Properties=""Excel 8.0;HDR=Yes""")
        Dim cmd As OleDbCommand = xlsconn.CreateCommand()
        cmd.CommandText = "SELECT * FROM [MeineExportdaten$]"
        xlsconn.Open()
        Dim dr As OleDbDataReader = cmd.ExecuteReader()
        Do While dr.Read()
            listBox1.Items.Add(dr("Vorname").ToString() & " " &
                        dr("Nachname") & " = " & dr("Gehalt"))
        Loop
        xlsconn.Close()
    End Using
End Sub
```

Ist die Arbeitsmappenstruktur unbekannt, müssen Sie zunächst mit *GetOleDbSchemaTable* die vorhandenen Arbeitsblätter ermitteln, bevor Sie auf diese zugreifen können.

BEISPIEL

Auslesen des ersten Tabellenblatts mit *OleDbDataReader* ohne Kenntnis der Struktur und ohne Header

```
Private Sub Button5_Click(ByVal sender As System.Object, ByVal e As System.EventArgs) _
                                                  Handles Button5.Click
    Using xlsconn As New OleDbConnection("Provider=Microsoft.Jet.OLEDB.4.0;" &
                  "Data Source=MeinExport.xls;Extended Properties=""Excel 8.0""")
        xlsconn.Open()
```

Zunächst vorhandene Tabellenblätter ermitteln:

```
        Dim dt As DataTable = xlsconn.GetOleDbSchemaTable(OleDbSchemaGuid.Tables, Nothing)
        Dim firstsheet As String = dt.Rows(0)("TABLE_NAME").ToString()
```

Jetzt können wir auf eines dieses Blätter zugreifen:

```
        Dim cmd As OleDbCommand = xlsconn.CreateCommand()
        cmd.CommandText = "SELECT * FROM [" & firstsheet & "$]"
        Dim dr As OleDbDataReader = cmd.ExecuteReader()
```

Wir lesen die Spalten über ihren Index aus:

```
        Do While dr.Read()
            listBox1.Items.Add(dr(0) & " " & dr(1) & " = " & dr(2))
        Loop
        xlsconn.Close()
    End Using
End Sub
```

Möchten Sie Datenbindungen realisieren, ist die *DataTable* die erste Wahl. Im Folgenden zeigen wir Ihnen, wie Sie auf einfache Weise ein Excel-Tabellenblatt in eine *DataTable* einlesen.

BEISPIEL

Excel-Tabelle in *DataTable* einlesen und anzeigen

Eine kleine Hilfsfunktion für das Abrufen der *DataTable*:

```
    Private Function LoadDataTable(ByVal connection As String, ByVal sheet As String) As DataTable
```

DataTable erzeugen:

```
        Dim dt As New DataTable(sheet)
        Using xlsconn As New OleDbConnection(connection)
            Try
                xlsconn.Open()
```

DataAdapter für die gewünschte Tabelle erzeugen:

```
            Dim da As New OleDbDataAdapter("SELECT * FROM [" & sheet & "$]", xlsconn)
```

DataTable mit den Daten füllen:

```
            da.Fill(dt)
            xlsconn.Close()
        Catch e1 As Exception
        End Try
        Return dt
    End Using
End Function
```

Anzeige der Daten:

```
Private Sub Button8_Click(ByVal sender As System.Object, ByVal e As System.EventArgs) _
                    Handles Button8.Click
    DataGridView1.DataSource = LoadDataTable("Provider=Microsoft.Jet.OLEDB.4.0;" &
                "Data Source=MeinExport.xls;Extended Properties=""Excel 8.0""",
                "MeineExportdaten")
End Sub
```

Zugriff auf Tabellenbereiche

Möchten Sie aus umfangreichen Tabellenblättern nur einen kleinen Ausschnitt einlesen, ist auch dies problemlos möglich. Statt lediglich einen Tabellennamen bei der Datenauswahl anzugeben, können Sie zusätzlich auch einen Bereich mit Hilfe der Excel-Konventionen definieren und an den Tabellennamen anhängen (z.B.»Tabelle1$A1:B7«).

BEISPIEL

Laden von Tabellenbereichen

```
Private Function LoadDataTableRange(ByVal connection As String, ByVal sheet As String,
                        ByVal range As String) As DataTable

    Dim dt As New DataTable(sheet)

    Using xlsconn As New OleDbConnection(connection)
        Try
            xlsconn.Open()
            Dim da As New OleDbDataAdapter("SELECT * FROM [" & sheet & "$" & range & "]", xlsconn)
            da.Fill(dt)
            xlsconn.Close()
        Catch e1 As Exception
        End Try
        Return dt
    End Using
End Function
```

Mit

```
    DataGridView1.DataSource = LoadDataTableRange("Provider=Microsoft.Jet.OLEDB.4.0;" &
                "Data Source=MeinExport.xls;Extended Properties=""Excel 8.0;HDR=Yes""",
                "MeineExportdaten", "A1:B3")
```

erhalten Sie dann folgende Auswahl:

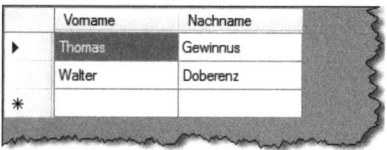

	A	B	C
1	Vorname	Nachname	Gehalt
2	Thomas	Gewinnus	3456
3	Walter	Doberenz	3856
4	Edwin	Müller	2500
5			
6			

	Vorname	Nachname
▶	Thomas	Gewinnus
	Walter	Doberenz
✳		

Abbildung 4.15 Datenauswahl durch obige Bereichsauswahl

Doch Achtung:

HINWEIS   Nutzen Sie Headerinformationen (Tabellenköpfe), müssen Sie diese natürlich in den Bereich einschließen, andernfalls ist kein Zugriff möglich.

OLE-Automation

An dieser Stelle wollen wir keine umfassende Einführung in die Programmierung von Excel per OLE-Automation bzw. COM Interop geben, sondern uns auf zwei kurze Beispiele beschränken, die Ihnen zum einen das Erstellen einer gänzlich neuen Excel-Arbeitsmappe und zum anderen das Nachbearbeiten einer bestehenden Arbeitsmappe demonstrieren. Letzteres dürfte zusammen mit dem Datenexport per OLE DB-Provider der sinnvollste Weg sein.

Erster Schritt ist in jedem Fall das Hinzufügen eines Verweises auf die Interop-Library *Microsoft.Office.-Interop.Excel*.

HINWEIS   Beim Entwickeln von Anwendungen die auf COM-Interop zugreifen brauchen Sie sich keine Sorgen um das Verteilen der Interop-Assembly mehr zu machen. Ein neues Feature in Visual Studio 2010 erlaubt es Ihnen, die Typen aus der Interop-Assembly direkt in Ihre Projekt-Assembly einzubetten. Öffnen Sie dazu den Knoten *Verweise* im Projektmappen-Explorer, klicken Sie mit der rechten Maustaste auf die Interop-Assembly und ändern Sie die Eigenschaft *Interop-Typen einbetten* in *True*.

BEISPIEL

Nachbearbeiten der Excel-Datei aus den vorhergehenden Beispielen

```
Imports Excel = Microsoft.Office.Interop.Excel
...
    Private Sub Button9_Click(ByVal sender As System.Object, ByVal e As System.EventArgs) _
                                                     Handles Button9.Click
```

Excel-Instanz erzeugen:

```
        Dim eApp = New Excel.Application()
```

Excel anzeigen (das muss nicht sein):

```
        eApp.Visible = True
```

Wir öffnen die bereits vorhandene Datei:

```
eApp.Workbooks.Open(Application.StartupPath & "\MeinExport.xls")
```

Einen Bereich auswählen und formatieren:

```
eApp.Range("A1:C1").Select()
eApp.Selection.Font.Bold = True
```

Hier setzen wir ebenfalls ein neues Format für die Spalte *Gehalt*:

```
eApp.Range("C2:C5").Select()
eApp.Selection.Style = "Currency"
```

Wir erzeugen eine Summe:

```
eApp.Range("C5").Activate()
eApp.ActiveCell.FormulaR1C1 = "=SUM(R[-3]C:R[-1]C)"
```

und formatieren diese:

```
eApp.Range("C5").Select()
eApp.Selection.Font.Bold = True
```

Spaltenbreiten anpassen:

```
eApp.Columns("B:B").ColumnWidth = 11.43
eApp.Columns("C:C").ColumnWidth = 11.43
```

Datei sichern:

```
eApp.ActiveWorkbook.Save()
```

Eventuell Excel wieder beenden:

```
    '  eApp.Quit()
  End Sub
```

Das Ergebnis unserer Bemühungen zeigt die folgende Abbildung:

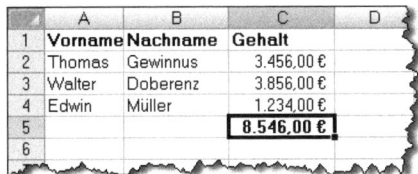

Abbildung 4.16 Unser Tabellenblatt nach der Formatierung

BEISPIEL

Erzeugen einer neuen Excel-Datei

```
Imports Excel = Microsoft.Office.Interop.Excel
...
```

Excel-Instanz erzeugen und anzeigen:

```
Dim eApp = New Excel.Application()
eApp.Visible = True
```

Neue Arbeitsmappe erzeugen:

```
Dim wkBook As Object = eApp.Workbooks.Add()
Dim wsData As Excel.Worksheet = wkBook.ActiveSheet
```

Tabellenkopf festlegen:

```
wsData.Cells(1, 1) = "Name"
wsData.Cells(1, 2) = "Gehalt"
```

Wir fügen einen kompletten Bereich ein:

```
Dim data = New String(,) {{"Walter Doberenz", "4000"}, {"Thomas Gewinnus", "3900"}}
wsData.Range("A2", "B3").Value2 = data
```

Ein weiteres Tabellenblatt erzeugen:

```
Dim wsEnd As Excel.Worksheet = wkBook.Worksheets.Add(After:=wsData)
```

Daten eintragen:

```
wsEnd.Cells(2, 2) = "Testeintrag"
```

Daten sichern:

```
wkBook.SaveAs(Application.StartupPath & "\test.xls", Excel.XlSaveAsAccessMode.xlShared)
```

Eventuell Excel wieder beenden:

```
'    eApp.Quit()
```

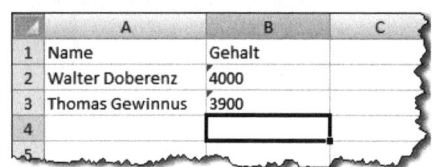

Abbildung 4.17 Das Ergebnis

HINWEIS Selbstverständlich fehlt in obigem Beispiel noch jede Menge Fehlerbehandlung, die gerade in diesem Zusammenhang sehr wichtig ist, da im Zweifelsfall die Excel-Anwendung im Arbeitsspeicher verbleibt.

Weitere Features des Datenzugriffs

Bei der Vielfalt von Features, die Ihnen ADO.NET bietet, konnten wir in diesem Kapitel leider nicht alle denkbaren Szenarien berücksichtigen. Bei der folgenden Nachlese liegt der Schwerpunkt auf einigen interessanten Möglichkeiten, wie sie ab der Version 2.0 eingeführt wurden.

Auslesen von Datenbankschemas

Zwar war es auch unter dem alten ADO.NET 1.x möglich, mit providerabhängigen Methoden, wie z.B. *GetOleDbSchemaTable* des *Connection*-Objekts, Schemainfos von der Datenbank abzurufen. Das neue Schema-API von ADO.NET besteht jedoch nur noch aus einer einzigen Methode *GetSchema*, welcher als zweiter Parameter ein Filter (Stringarray) zu übergeben ist. Auch diese Methode liefert – genauso wie ihre Vorgänger – die Schema-Informationen als *DataTable*-Objekt zurück.

BEISPIEL

Ermittlung des Schemas der *Kunden*-Tabelle der Datenbank *Nordwind.mdb*.

```
Private conn As New OleDbConnection("Provider=Microsoft.Jet.OLEDB.4.0;" &
                                    " Data Source=Nordwind.mdb;")
Dim filter() As String = { Nothing, Nothing, "Kunden", Nothing }
Dim dt As DataTable = conn.GetSchema("Columns", filter)
```

HINWEIS   Den vollständigen Quellcode finden Sie im How-to 4.8 »... Schemainformationen von der Datenbank abrufen?«.

Providerfabriken

Im Namespace *System.Data.Common* finden Sie die Klassen *DbProviderFactory*, *DbConnection*, *DbCommand*, *DbDataReader*, ... Damit können Sie auf einfache Weise Code schreiben, der unabhängig von einer konkreten Datenbank ist. Auf providerspezifische Klassen wie *SqlConnection*, *OleDbConnection*, *SqlCommand*, *OleDbCommand*, *SqlDataAdapter*, *OleDbDataAdapter*... sind Sie also nicht mehr angewiesen.

Alles beginnt mit einem *DbProviderFactory*-Objekt, welches Sie nicht mit *New*, sondern unter Verwendung der *GetFactory*-Methode mit dem gewünschten Providerstring instanziieren. Anschließend können Sie mit den Methoden *CreateConnection*, *CreateCommand*, *CreateDataAdapter*, ... Objekte der quasi »providerneutralen« Klassen *DbConnection*, *DbDataReader*, *DbCommand*, *DbDataAdapter* erzeugen und auf gewohnte Weise damit arbeiten.

BEISPIEL

Eine *DbProviderFactory* ermöglicht den Zugriff auf die *Artikel*-Tabelle der *Nordwind.mdb*-Datenbank. Die Anzeige erfolgt in einem *DataGridView*.

```
Imports System.Data
...
Const PROVIDERNAME As String = "System.Data.OleDb"

Const CONNSTR As String = "Provider=Microsoft.Jet.OLEDB.4.0; Data Source=Nordwind.mdb"

Const SQL As String = "SELECT ArtikelNr, Artikelname, Liefereinheit, Einzelpreis, " &
                      "Mindestbestand FROM Artikel"
...
Dim provider As DbProviderFactory = DbProviderFactories.GetFactory(PROVIDERNAME)
Dim Conn As DbConnection = provider.CreateConnection()
conn.ConnectionString = CONNSTR

Dim cmd As DbCommand = provider.CreateCommand()
```

```
cmd.Connection = conn
cmd.CommandText = SQL
Dim da As DbDataAdapter = provider.CreateDataAdapter()
da.SelectCommand = cmd
Dim ds As New DataSet()
da.Fill(ds, "ArtikelListe")
DataGridView1.DataSource = ds
DataGridView1.DataMember = "ArtikelListe"
```

HINWEIS   Den kompletten Code finden Sie in den Begleitdateien!

How-to-Beispiele

4.1   ... wichtige ADO.NET-Objekte schnell kennen lernen?

Connection-Objekt: *Open-*, *Close*-Methode; *Command*-Objekt: *CommandText-*, *Connection*-Eigenschaft; *DataAdapter*-Objekt: *Fill*-Methode; *DataSet*-Objekt: *DataTables*-Auflistung; *DataTable*-Objekt: *Columns-*, *Rows*-Auflistungen: *DataRow*-Objekt; *ListBox*-Komponente: *Items*-Auflistung; *For Each*-Schleife;

Wer sich nicht nur auf die Hilfe von Assistenten verlassen möchte, sollte sich in der ADO.NET-Objekthierarchie ein wenig auskennen, damit er die Objekte bei Bedarf selbst per Code programmieren kann.

Die *Columns-* und *Rows*-Auflistungen zählen zu den wichtigsten Eigenschaften der *DataTable*-Klasse, weil sie den Zugriff auf sämtliche Spalten und Zeilen der Tabelle ermöglichen. Das vorliegende Beispiel soll das Zugriffsprinzip verdeutlichen, indem es uns den Inhalt der *Artikel*-Tabelle der *Nordwind*-Datenbank anzeigt.

Oberfläche

Sie brauchen lediglich eine *ListBox* und einen *Button* zum Beenden (siehe Laufzeitansicht).

Quellcode (OleDb)

```
Imports System.Data.OleDb
...
```

Alles beginnt mit dem Festlegen der Verbindungszeichenfolge (*ConnectionString*) zur Access-Datenbank, die wir aus Bequemlichkeitsgründen gleich mit in das Anwendungsverzeichnis kopiert haben, um nicht den kompletten Datenbankpfad eintragen zu müssen[1]:

```
Public Class Form1
```

Der Klick auf die *Start*-Schaltfläche:

```
    Private Sub Button1_Click(ByVal sender As System.Object, ByVal e As System.EventArgs) _
                                                            Handles Button1.Click
```

---

[1] Letztlich dürfte das auch in Ihrem Interesse sein, denn die Buch-Beispiele laufen sofort, ohne dass Sie den Datenbankpfad neu einrichten müssten.

```
        Dim conn As New OleDbConnection("Provider=Microsoft.Jet.OLEDB.4.0; Data Source=Nordwind.mdb")
        Dim cmdStr As String =
                "SELECT ArtikelNr,Artikelname,Liefereinheit,Einzelpreis,Mindestbestand FROM Artikel"
        Dim cmd As New OleDbCommand(cmdStr, conn)
```

Nun geht es um das Füllen des *DataSets* mit Hilfe des *DataAdapters*:

```
        Dim da As New OleDbDataAdapter(cmd)
        Dim ds As New DataSet()
        conn.Open()
        da.Fill(ds, "ArtikelListe")
        conn.Close()
```

Die Datenbankverbindung ist ab jetzt wieder getrennt und der Benutzer arbeitet mit dem abgekoppelten *DataSet* quasi wie mit einer Minidatenbank:

```
        Dim dt As DataTable = ds.Tables("ArtikelListe")
```

Nachdem je eine Zeilen- und Spaltenvariable definiert sind, sorgen zwei ineinander verschachtelte *For Each*-Schleifen für den Durchlauf der Auflistungen:

```
        For Each cRow As DataRow In dt.Rows
            For Each cCol As DataColumn In dt.Columns
                ListBox1.Items.Add(cCol.ColumnName & " = " & cRow(cCol.Ordinal).ToString())
            Next
            ListBox1.Items.Add("-------------------------------------------------------")
        Next
    End Sub
End Class
```

HINWEIS   Vielleicht wundert es Sie, dass im obigen Code sowohl das *DataTable*- als auch das *DataRow*-Objekt lediglich deklariert, nicht aber mit dem *New*-Konstruktor instanziiert wurden. Der Grund: Beide Objekte sind bereits im *DataSet* vorhanden und brauchen deshalb nicht nochmals erzeugt zu werden! Benötigt werden lediglich Zeiger auf die Objektvariablen.

Test

Sofort nach Programmstart erscheint der Inhalt der *Artikel*-Tabelle in der *ListBox*.

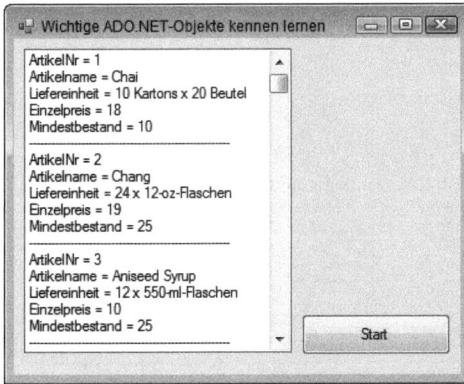

Abbildung 4.18 Laufzeitansicht

Bemerkungen

■ Am Quellcode können Sie den typischen Ablauf einer Web-Applikation studieren: Verbindung öffnen, Daten übertragen, Verbindung schließen.

■ Beim Durchlaufen der Datensätze werden Sie die vom altvertrauten ADO-*Recordset*-Objekt her bekannten Methoden wie *MoveFirst*, *MoveNext* etc. vergeblich suchen. Dafür besteht unter ADO.NET keinerlei Notwendigkeit mehr, da alle Datensätze im *DataSet* quasi wie in einem Array gespeichert sind und ein sofortiger (indizierter) Zugriff möglich ist, ohne dass man sich erst mühsam »hinbewegen« muss.

■ Da es sich hier um einen reinen Lese-Zugriff handelt, wäre natürlich auch die Verwendung eines *DataReader*-Objekts möglich, siehe How-to 6.10 »... mit DataReader und ListView arbeiten?«.

4.2   ... eine Aktionsabfrage ausführen?

Command-Objekt: *Connection*-, *CommandText*-Eigenschaft, *ExecuteNonQuery*-Methode; SQL: UPDATE; *DataSet*-Objekt: *Clear*-Methode; *DataGridView*-Komponente: *DataSource*-, *DataMember*-Eigenschaft;

Wir wollen an die *Nordwind.mdb*-Beispieldatenbank folgendes SQL-Statement absetzen:

```
UPDATE Kunden SET Firma = 'Londoner Firma' WHERE Ort = 'London'
```

Das vorliegende Beispiel zeigt, wie Sie dazu die *ExecuteNonQuery*-Methode des *Command*-Objekts verwenden können.

Oberfläche

Sie brauchen ein *DataGridView*, zwei *TextBox*en, zwei *Buttons* und einige *Labels* (siehe Laufzeitansicht).

Beide *TextBox*en sollen dazu dienen, dass Sie die Einträge für den Firmennamen und den Ort zur Laufzeit verändern können.

Quellcode

Für das Ausführen des Beispiels wären eigentlich ein *Connection*- und ein *Command*-Objekt völlig ausreichend. Da wir uns aber auch von der Wirkung des UPDATE-Befehls überzeugen wollen, müssen wir einigen zusätzlichen Aufwand für die Anzeige betreiben: Das *DataGridView* benötigt ein *DataSet* als Datenquelle, welches wiederum von einem *DataAdapter* gefüllt wird.

```
Imports System.Data.OleDb

Public Class Form1
    Dim conn As New OleDbConnection("Provider=Microsoft.Jet.OLEDB.4.0; Data Source=Nordwind.mdb;")
    Dim ds As New DataSet()
    Dim cmd As New OleDbCommand()
```

Aktionsabfrage starten:

```
    Private Sub Button1_Click(ByVal sender As System.Object, ByVal e As System.EventArgs) _
                                                            Handles Button1.Click
        Dim da As New OleDbDataAdapter(
                "SELECT Firma, Kontaktperson, Ort FROM Kunden ORDER BY Firma", conn)
```

```
        ds.Clear()
        cmd.Connection = conn
```

Das Zusammenbasteln des UPDATE-Strings verlangt etwas Fingerspitzengefühl, darf man doch auch die Apostrophe ('), die die Feldbezeichner einschließen, nicht vergessen:

```
        cmd.CommandText = "UPDATE Kunden SET Firma = '" & TextBox1.Text & "' WHERE Ort = '" &
                                                                    TextBox2.Text & "'"
```

Sicherheitshalber haben wir diesmal den kritischen Programmteil in eine Fehlerbehandlungsroutine eingebaut:

```
        Try
            conn.Open()
```

Die folgende Anweisung führt den UPDATE-Befehl aus und zeigt gleichzeitig die Anzahl der in der Datenbank geänderten Datensätze an:

```
            Label1.Text = cmd.ExecuteNonQuery().ToString()
        Catch ex As Exception
            MessageBox.Show(ex.Message)
        End Try
        da.Fill(ds, "Kunden")
        conn.Close()
```

Das *DataGridView* an das *DataSet* anklemmen:

```
        DataGridView1.DataSource = ds
        DataGridView1.DataMember = "Kunden"
    End Sub
End Class
```

Test

Stimmt die Verbindungszeichenfolge des *Connection*-Objekts, dürfte es keine Probleme beim Ausprobieren unterschiedlicher Updates geben.

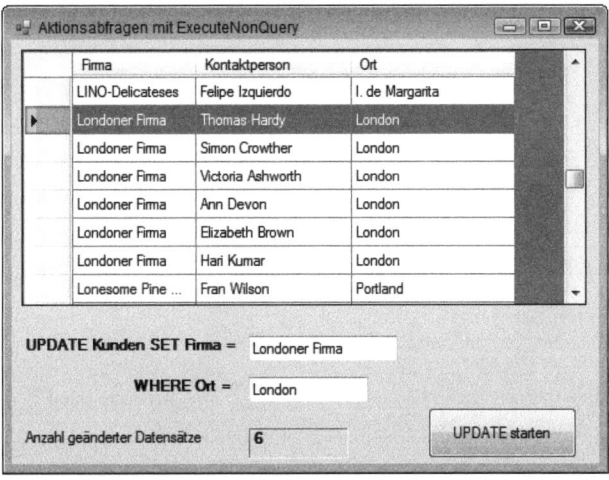

Abbildung 4.19 Laufzeitansicht

Bemerkungen

- Bei SQL-Aktionsabfragen werden keine Datensätze gelesen bzw. zurückgeliefert, sondern es geht lediglich um direkte Änderungen in der Datenquelle per SQL-Befehl (UPDATE, INSERT, DELETE). Ein *DataSet* ist dabei nicht beteiligt!

- Wie Sie die Änderungen zuerst in einer *DataTable* vornehmen und erst danach in die Datenbank zurückschreiben, erfahren Sie im How-to 4.6 »... die Datenbank aktualisieren?«

- Für den Zugriff auf die Datenbank *Nordwind.accdb* (Access 2007-Format) muss der entsprechende Provider auf Ihrem PC extra registriert werden (das ist automatisch der Fall, wenn Sie Office 2007/2010 auf Ihrem Entwicklungsrechner installiert haben, siehe auch Kapitel 12). Die Verbindungszeichenfolge ist wie folgt anzupassen:

```
Dim conn As New OleDbConnection("Provider=Microsoft.ACE.OLEDB.12.0; Data Source=Nordwind.accdb;")
```

- Durch Ändern der Verbindungszeichenfolge und Anpassung der Spaltenbezeichner ist dieses Beispiel auch auf die *Customers*-Tabelle der *Northwind*-Datenbank des SQL Servers übertragbar.

4.3 ... Daten direkt zur Datenbank hinzufügen oder löschen?

Command-Objekt: *ExecuteNonQuery*-Methode; SQL-Befehle: INSERT, DELETE

Dieses Beispiel zeigen Ihnen, wie Sie mittels *ExecuteNonQuery*-Methode des *Command*-Objekts Datensätze direkt in die Datenbank einfügen können und wie Sie dort Löschungen vornehmen.

> **HINWEIS** Es geht hier also nicht um das Hinzufügen bzw. Löschen von Datensätzen in einem *DataSet*-Objekt, sondern nur um das unmittelbare Ausführen dieser Befehle in der Datenbank!

Oberfläche

Neben einem *DataGridView* werden noch einige *TextBox*en und *Button*s gebraucht. Ein breites *Label* soll den SQL-String zu Kontrollzwecken anzeigen (siehe Laufzeitabbildung).

Quellcode

```
Imports System.Data.OleDb

Public Class Form1
    ...
    Private conn As OleDbConnection
```

Beim Laden des Programms wird das *Connection*-Objekt instanziiert:

```
Protected Overrides Sub OnLoad(ByVal e As System.EventArgs)
    conn = New OleDbConnection("Provider=Microsoft.Jet.OLEDB.4.0;Data Source=Nordwind.mdb;")
```

Standardeinträge in die Textfelder ersparen uns mühselige Tipparbeit:

```
TextBox1.Text = "MUELL"
TextBox2.Text = "Happy Software"
```

```
        TextBox3.Text = "Maxhelm Müller"
        TextBox4.Text = "Waldklinik"
        MyBase.OnLoad(e)
    End Sub
```

Die folgende Methode *execNQuery* erledigt auf Basis der übergebenen SQL-Anweisung die Hauptarbeit:

```
    Private Sub execNQuery(ByVal cmdText As String)
        Dim cmd As New OleDbCommand(cmdText, conn)
        Label5.Text = cmdText
```

Die Kapselung des kritischen Programmteils in einen *Try-Catch*-Fehlerblock hilft bei der späteren Fehlersuche:

```
        Try
            conn.Open()
```

SQL-Befehl wird gegen die Datenbank gefahren:

```
            cmd.ExecuteNonQuery()
        Catch ex As Exception ex
            MessageBox.Show(ex.Message)
        End Try
        conn.Close()
    End Sub
```

Ausführen von INSERT:

```
    Private Sub Button1_Click(ByVal sender As System.Object, ByVal e As System.EventArgs) _
                                                        Handles Button1.Click
        Dim sql As String = "INSERT INTO Kunden(KundenCode, " &
                        "Firma, Kontaktperson, Ort) VALUES ('" & TextBox1.Text & " ', '" &
                        TextBox2.Text & "', '" & TextBox3.Text & " ', '" & TextBox4.Text & "')"
        execNQuery(sql)
    End Sub
```

Wie Sie sehen, entartet das »Zusammenbasteln« des SQL-Strings aus den Inhalten der Textboxen zu einer Sisyphus-Arbeit, besonders penibles Augenmerk ist auf die Hochkommas (') zu richten, in welche bekanntlich jeder »String im String« einzuschließen ist.

Nicht ganz so schlimm wird es beim Zusammenstückeln der DELETE-Anweisung:

```
    Private Sub Button2_Click(ByVal sender As System.Object, ByVal e As System.EventArgs) _
                                                        Handles Button2.Click
        Dim sql As String = "DELETE FROM Kunden WHERE KundenCode = '" & TextBox1.Text & "'"
        execNQuery(sql)
    End Sub
```

Das abschließende Betrachten des Ergebnisses im *DataGridView* dient lediglich Kontrollzwecken:

```
    Private Sub Button3_Click(ByVal sender As System.Object, ByVal e As System.EventArgs) _
                                                        Handles Button3.Click
        Dim sql As String =
                    "SELECT KundenCode, Firma, Kontaktperson, Ort FROM Kunden ORDER BY KundenCode"
        Dim da As New OleDbDataAdapter(Sql, conn)
        Dim ds As New DataSet()
        da.Fill(ds, "Kunden")
```

```
        DataGridView1.DataSource = ds
        DataGridView1.DataMember = "Kunden"
    End Sub
End Class
```

Test

Beginnen Sie mit dem Einfügen des Datensatzes. Die Kontrollausgabe des SQL-Strings leistet nicht nur bei der Fehlersuche gute Dienste, sondern trägt auch ganz wesentlich zum Verständnis bei.

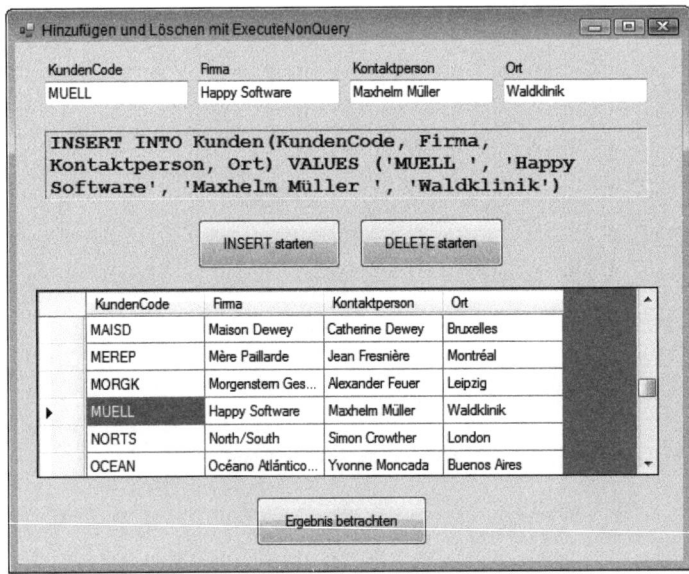

Abbildung 4.20 Laufzeitansicht nach dem Hinzufügen eines neuen Datensatzes

Zum Löschen mit DELETE eignen sich in unserem Fall nur neu hinzugefügte Datensätze. Es genügt, wenn nur der *KundenCode* in das erste Textfeld eingetragen wird.

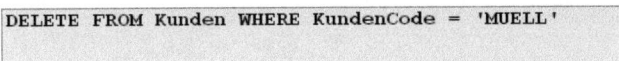

Abbildung 4.21 Anzeige des SQL-Strings beim Löschen eines Datensatzes

Jeder Versuch, einen »hauseigenen« *Nordwind*-Kunden zu liquidieren, wird mit einer Fehlermeldung quittiert, da in der Regel noch Datensätze in anderen Tabellen vorhanden sind, die auf diesen Kunden verweisen.

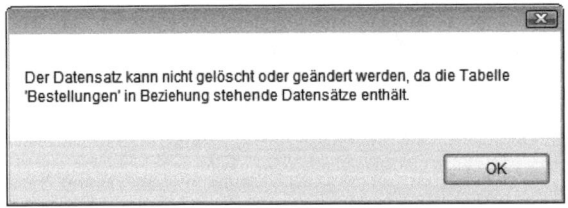

Abbildung 4.22 Fehlermeldung beim Löschen eines Kunden wegen Verletzung der Referenziellen Integrität

Auch wenn Sie versuchen, zweimal hintereinander auf INSERT zu klicken, werden Sie durch eine entsprechende Fehlermeldung zurückgepfiffen, da die Eindeutigkeit des Primärschlüssels (*KundenCode*) verletzt wird.

Bemerkungen

- Falls es sich beim Primärschlüssel um ein Zählerfeld (Autowert) handelt, übernimmt die SQL-Engine die korrekte Zuordnung. Lassen Sie dann das Schlüsselfeld in der Feldliste einfach weg!

- Durch Ändern der Verbindungszeichenfolge und Anpassung der Spaltenbezeichner ist dieses Beispiel auch für die *Customers*-Tabelle der *Northwind*-Datenbank des SQL Servers verwendbar.

4.4 ... eine Access-Auswahlabfrage ausführen?

Command-Objekt: *CommandType*-Eigenschaft; *Parameter*-Objekt: *Direction*-, *Value*-Eigenschaft;

Die unter Microsoft Access gespeicherten Auswahlabfragen kann man quasi als Pendant zu den Stored Procedures des Microsoft SQL Servers betrachten. Öffnen Sie das Datenbankfenster von *Nordwind.mdb* und Sie sehen das zahlreiche Angebot an vorbereiteten Abfragen, die Sie natürlich auch selbst um weitere ergänzen können:

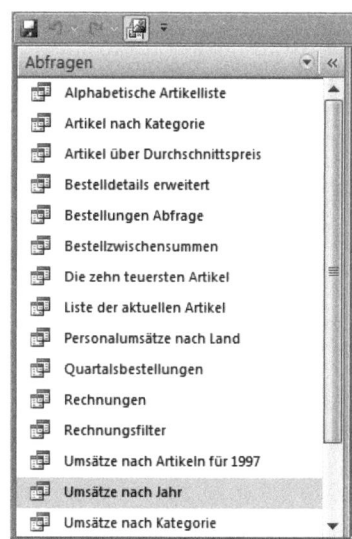

Abbildung 4.23 Die Auswahlabfragen von *Nordwind.mdb*

Hinter jeder Auswahlabfrage verbirgt sich in der Regel eine parametrisierte SQL-SELECT-Anweisung, die Sie sich im Access-Datenbankprogramm durch Öffnen der Entwurfsansicht über den Kontextmenübefehl *SQL-Ansicht* anschauen können. Dabei finden Sie auch die zu übergebenden Parameter und deren Datentypen leicht heraus:

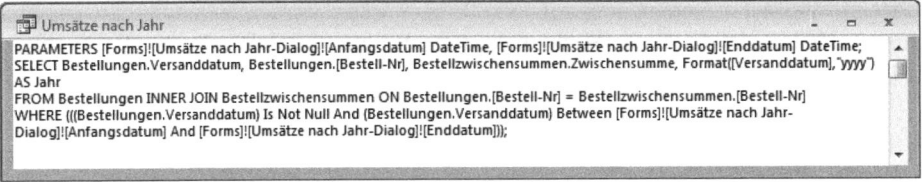

Abbildung 4.24   Die SQL-Ansicht der Auswahlabfrage *Umsätze nach Jahr*

Oberfläche

Ein *DataGridView*, zwei *TextBox*en und ein *Button* sollen für unseren Test genügen (siehe Laufzeitansicht).

Quellcode

```
Imports System.Data.OleDb
Public Class Form1
    ...
```

Die Verbindung zur Datenbank wird hergestellt:

```
Private Sub Button1_Click(ByVal sender As System.Object, ByVal e As System.EventArgs) _
                                                          Handles Button1.Click
    Dim connStr As String = "Provider=Microsoft.Jet.OLEDB.4.0; Data Source=Nordwind.mdb;"
    Dim conn As New OleDbConnection(connStr)

    Dim cmd As New OleDbCommand("[Umsätze nach Jahr]", conn)
    cmd.CommandType = CommandType.StoredProcedure
```

Die Definition der beiden Parameter und das Hinzufügen zur *Parameters*-Auflistung des *Command*-Objekts:

```
    Dim parm1 As New OleDbParameter("@Anfangsdatum", OleDbType.DBDate)
    parm1.Direction = ParameterDirection.Input
    parm1.Value = Convert.ToDateTime(TextBox1.Text)
    cmd.Parameters.Add(parm1)

    Dim parm2 As New OleDbParameter("@EndDatum", OleDbType.DBDate)
    parm2.Direction = ParameterDirection.Input
    parm2.Value = Convert.ToDateTime(TextBox2.Text)
    cmd.Parameters.Add(parm2)
```

Das *Command*-Objekt wird dem Konstruktor des *DataAdapters* übergeben. Nach dem Öffnen der *Connection* wird die Abfrage ausgeführt. Die zurückgegebenen Datensätze werden in einer im *DataSet* neu angelegten Tabelle mit einem von uns frei bestimmten Namen *Jahresumsätze* gespeichert:

```
    Dim da As New OleDbDataAdapter(cmd)
    Dim ds As New DataSet()
    Try
        conn.Open()
        da.Fill(ds, "Jahresumsätze")
        conn.Close()
    Catch ex As Exception

        MessageBox.Show(ex.ToString())
    End Try
```

Die Anzeige:

```
DataGridView1.DataSource = ds
DataGridView1.DataMember = "Jahresumsätze"
```

Wenigstens die Währungsspalte sollte eine ordentliche Formatierung erhalten (bei den übrigen Spalten belassen wir es bei den Standardeinstellungen):

```
DataGridView1.Columns.Remove("Zwischensumme")
Dim tbc As New DataGridViewTextBoxColumn()
tbc.DataPropertyName = "Zwischensumme"
tbc.HeaderText = "Zwischensumme"
tbc.Width = 80
tbc.DefaultCellStyle.Format = "c"
tbc.DefaultCellStyle.Alignment = DataGridViewContentAlignment.MiddleRight
tbc.DefaultCellStyle.Font = New Font(DataGridView1.Font, FontStyle.Bold)
tbc.DisplayIndex = 2
DataGridView1.Columns.Add(tbc)
    End Sub
End Class
```

Test

Nach Eingabe sinnvoller Datumswerte dürfte sich Ihnen der folgende Anblick bieten:

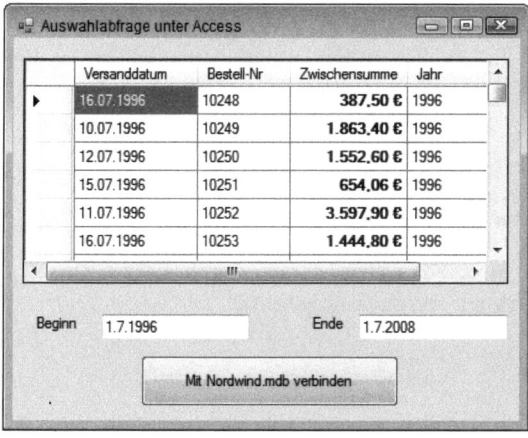

Abbildung 4.25 Laufzeitansicht mit formatierter Währungsspalte

Bemerkungen

- Vergessen Sie nicht, den Namen der Auswahlabfrage »*[Umsätze nach Jahr]*« in eckige Klammern einzuschließen

- Ein entsprechendes Programm für den Microsoft SQL Server finden Sie im How-to 14.5 »... eine Gespeicherte Prozedur aufrufen?«

4.5 ... parametrierte Abfragen ausführen?

DataAdapter-Objekt: *SelectCommand*-Eigenschaft: *Parameters*-Auflistung; SQL-Befehl: BETWEEN

Parametrierte Abfragen sind normale SQL-Anweisungen, die Sie selbst definieren und mit Parametern ausstatten[1]. Wir wollen dies sowohl anhand der Tabelle *Bestellungen* der *Nordwind.mdb*- bzw. *Nordwind.accdb*-Datenbank[2] für MS Access, als auch der Tabelle *Orders* einer *Northwind.mdf*-Datenbankdatei für den MS SQL-Server demonstrieren, indem wir uns die in einem bestimmten Zeitabschnitt registrierten Bestellungen anzeigen lassen.

Um besser vergleichen zu können, werden alle drei Varianten in separaten Anwendungen erstellt, wobei sich die Dateien *Nordwind.mdb*, *Nordwind.accdb* und *Northwind.mdf* im jeweiligen Anwendungsverzeichnis befinden.

Oberfläche

Pro Testformular verwenden wir ein *DataGridView*, zwei *TextBox*en und einen *Button*.

Quellcode 1 (Nordwind.mdb)

```
Imports System.Data.OleDb

Public Class Form1
    Private Sub Button1_Click(ByVal sender As System.Object, ByVal e As System.EventArgs) _
                                                            Handles Button1.Click

        Dim connStr As String = "Provider=Microsoft.Jet.OLEDB.4.0; Data Source=Nordwind.mdb;"

        Dim conn As New OleDbConnection(connStr)

        Dim da As New OleDbDataAdapter("SELECT * FROM Bestellungen " &
                            "WHERE Bestelldatum BETWEEN ? AND ?", conn)
```

Die Reihenfolge der Parameterdefinition muss (bei Access-Datenbanken) der in der SQL-Abfrage entsprechen, was Sie anstatt des Fragezeichens (?) für einen Namen eingeben ist eigentlich egal:

```
        da.SelectCommand.Parameters.Add("?", OleDbType.DBDate).Value =
                                            Convert.ToDateTime(TextBox1.Text)

        da.SelectCommand.Parameters.Add("?", OleDbType.DBDate).Value =
                                            Convert.ToDateTime(TextBox2.Text)

        Dim ds As New DataSet()
        Try
            conn.Open()
            da.Fill(ds, "AbfrageBestellungen")
            conn.Close()
        Catch ex As Exception
            MessageBox.Show(ex.ToString())
        End Try
```

---

[1] Parametrierte Abfragen reduzieren die Gefahr der SQL-Injektion und sind deshalb dem einfachen Zusammenbau von SQL-Befehlen mittels Stringaddition vorzuziehen.

[2] Das *.accdb*-Format ist das Datenbankformat von Access 2007/2010.

```
        DataGridView1.DataSource = ds
        DataGridView1.DataMember = "AbfrageBestellungen"
    End Sub

End Class
```

Erster Test

Nach Eingabe sinnvoller Datumswerte dürfte sich Ihnen ein Anblick entsprechend folgender Abbildung bieten:

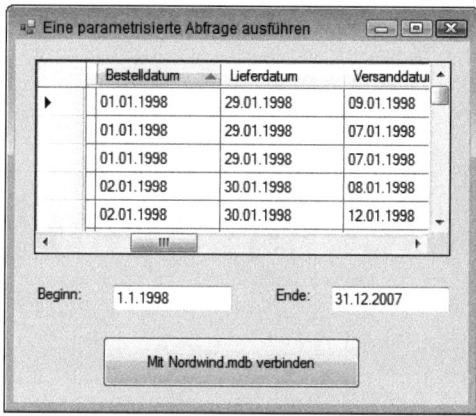

Abbildung 4.26 Laufzeitansicht der Variante mit *Nordwind.mdb*

Quellcode 2 (Northwind.accdb)

Um auf eine Datenbank im Format von Access 2007/2010 zugreifen zu können, muss der entsprechende Provider auf Ihrem PC registriert sein[1].

Gegenüber der Vorgängervariante ist lediglich der Connectionstring anzupassen:

```
Dim connStr As String = "Provider=Microsoft.ACE.OLEDB.12.0; Data Source=Nordwind.accdb;"
```

Quellcode 3 (Northwind.mdf)

Voraussetzung ist eine Installation des MS SQL Servers und das Vorhandensein der Datei *Northwind.mdf* im Anwendungsverzeichnis.

```
Imports System.Data.SqlClient

Public Class Form1

    Private Sub Button1_Click(ByVal sender As System.Object, ByVal e As System.EventArgs) _
                                                              Handles Button1.Click
        Dim connStr As String =
                "Data Source=.\SQLEXPRESS;AttachDbFilename=|DataDirectory|\Northwind.mdf;" &
                                        "Integrated Security=True;User Instance=True"
        Dim conn As New SqlConnection(connStr)
```

---

[1] Das ist z.B. der Fall, wenn Sie Office 2007/2010 auf Ihrem PC installiert haben, Visual Studio allein reicht dazu nicht aus!

```
Dim da As New SqlDataAdapter("SELECT * FROM Orders WHERE " &
                    "OrderDate BETWEEN @Beginning_Date AND @Ending_Date", conn)
```

Da wir hier, im Unterschied zu den beiden Vorgängervarianten, mit benannten Parametern arbeiten können, spielt die Reihenfolge der Definition keine Rolle:

```
da.SelectCommand.Parameters.Add("@Beginning_Date", SqlDbType.DateTime).Value =
                                        Convert.ToDateTime(TextBox1.Text)

da.SelectCommand.Parameters.Add("@Ending_Date", SqlDbType.DateTime).Value =
                                        Convert.ToDateTime(TextBox2.Text)
```

Da wir hier, im Unterschied zu den beiden Vorgängervarianten, mit benannten Parametern arbeiten können, spielt die Reihenfolge der Definition keine Rolle:

```
Dim ds As New DataSet()
Try
    conn.Open()
    da.Fill(ds, "AbfrageBestellungen")
    conn.Close()
Catch ex As Exception
    MessageBox.Show(ex.ToString())
End Try
DataGridView1.DataSource = ds
DataGridView1.DataMember = "AbfrageBestellungen"
    End Sub
End Class
```

Test

Das Ergebnis ist vergleichbar mit Variante 1.

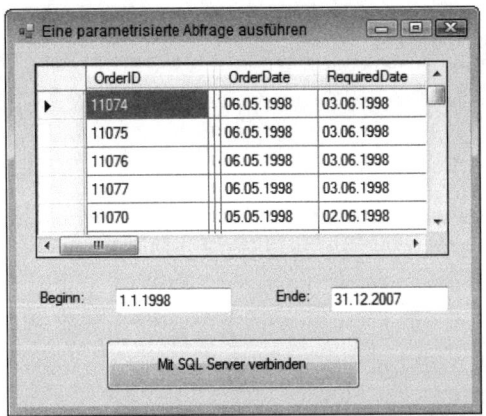

Abbildung 4.27   Laufzeitansicht der Variante mit *Northwind.mdf*

HINWEIS   Eine Zusammenstellung der Datentypen für die *Parameter*-Objekte finden Sie im Anhang dieses Kapitels.

4.6 ... die Datenbank aktualisieren?

DataAdapter-Objekt: *MissingSchemaAction*-Eigenschaft; *SelectCommand*-, *UpdateCommand*-, *InsertCommand*-, *DeleteCommand*-Eigenschaft, *Fill*-, *Update*-Methode; *Parameter*-Objekt: *SourceColumn*-, *SourceVersion*-Eigenschaft; *Command*-Objekt: *Parameters*-Auflistung; *CommandBuilder*-Objekt; *OleDbType*-Enumerationen; *DataSet*-Objekt: *HasChanges*-Eigenschaft; *Clear*-, *Merge*-, *AcceptChanges*-, *RejectChanges*-Methode; SQL-Befehl: SELECT, UPDATE, INSERT, DELETE;

In diesem kleinen Beispiel sind so ziemlich alle wichtigen ADO.NET-Objekte versammelt, es eignet sich daher besonders gut für den Einsteiger. Schwerpunkte sind das Aktualisieren (UPDATE), Hinzufügen (INSERT) und Löschen (DELETE) von Datensätzen. Diese kritischen Datenbankoperationen erfordern weitaus mehr Aufmerksamkeit, als eine einfache SELECT-Abfrage.

Wir wollen zwei Varianten gegenüberstellen:

- Die manuelle Programmierung, wobei wir uns selbst um das Erstellen der parametrisierten *UpdateCommand*-, *InsertCommand*- und *DeleteCommand*-Objekte kümmern und

- das automatische Erstellen der *Command*-Objekte durch einen *CommandBuilder*

Ganz im Einklang mit der ADO.NET-Philosophie müssen wir dabei in folgenden drei Etappen vorgehen:

- Das *DataSet* mit der Datenbank verbinden, um bestimmte Datensätze von dort abzuholen (hierzu wird das *SelectCommand*-Objekt des *DataAdapters* eingesetzt)

- Bei abgekoppelter Datenbank die Änderungen direkt im *DataSet* vornehmen (hierzu ist eine SQL-Anweisung leider untauglich, da das *DataSet* kein SQL kennt)

- Das *DataSet* irgendwann mal wieder mit der Datenbank verbinden, um die Inhalte zu aktualisieren (hierzu werden *UpdateCommand*-, *InsertCommand*- und *DeleteCommand*-Objekt des *DataAdapters* gebraucht)

Wir werden beide Varianten am Beispiel der *Artikel*-Tabelle aus *Nordwind.mdb* demonstrieren.

Oberfläche

Neben zwei *Button*s zum Anzeigen und Aktualisieren brauchen wir noch eine *DataGridView*-Komponente (siehe Laufzeitabbildung).

Quellcode (Command-Objekte selbst programmiert)

```
Imports System.Data.OleDb

Public Class Form1
```

Die wichtigsten Objekte sollten global verfügbar sein:

```
Private conn As New OleDbConnection("Provider=Microsoft.Jet.OLEDB.4.0;Data Source=Nordwind.mdb;")
Private da As OleDbDataAdapter = Nothing
Private ds As DataSet = Nothing
```

Die Funktion *getArtikel* liefert ein gefülltes *DataSet* zurück:

```
Public Function getArtikel() As DataSet
```

SelectCommand-Objekt für *DataAdapter* erstellen (geschieht automatisch beim Instanziieren):

```
Dim selStr As String =
"SELECT ArtikelNr, Artikelname, Einzelpreis, Mindestbestand FROM Artikel ORDER BY Artikelname"
da = New OleDbDataAdapter(selStr, conn)
```

Die folgende Anweisung sorgt dafür, dass neu hinzugefügte Datensätze sofort einen Primärschlüssel erhalten:

```
da.MissingSchemaAction = MissingSchemaAction.AddWithKey
conn.Open()
Dim ds As New DataSet()
da.Fill(ds, "Artikel")
conn.Close()
Return ds
End Function
```

Der Methode *setArtikel* wird ein gefülltes *DataSet* per Referenz übergeben. Auf Basis von parametrierten SQL-Befehlen werden für den *DataAdapter* die *UpdateCommand*, *InsertCommand*- und *DeleteCommand*-Objekte erstellt, die für das Zurückschreiben der im *DataSet* vorgenommenen Änderungen in die Datenbank verantwortlich zeichnen.

```
Public Sub setArtikel(ByRef ds As DataSet)
```

UpdateCommand-Objekt: ---

```
Dim updStr As String = "UPDATE Artikel SET Artikelname = ?, Einzelpreis = ?, " &
                       "Mindestbestand = ? WHERE ArtikelNr = ?"
Dim updCmd As New OleDbCommand(updStr, conn)
```

Jede Parameterdefinition mittels *Add*-Methode benötigt Parametername, Datentyp, Spaltenbreite, Spaltenname (Reihenfolge beachten!):

```
updCmd.Parameters.Add("?", OleDbType.VarChar, 40, "Artikelname")
updCmd.Parameters.Add("?", OleDbType.Currency, 8, "Einzelpreis")
updCmd.Parameters.Add("?", OleDbType.SmallInt, 4, "Mindestbestand")
```

Für die Schlüsselspalte muss der Parameter detaillierter spezifiziert werden:

```
Dim p4 As OleDbParameter = updCmd.Parameters.Add("?", OleDbType.BigInt)
```

Der ursprüngliche Schlüsselwert ist maßgebend:

```
p4.SourceColumn = "ArtikelNr"
p4.SourceVersion = DataRowVersion.Original
da.UpdateCommand = updCmd
```

InsertCommand-Objekt: ---

Dem INSERT-Befehl werden drei Parameter übergeben:

```
Dim insSQL As String =
            "INSERT INTO Artikel (Artikelname, Einzelpreis, Mindestbestand) VALUES (?, ?, ?)"
Dim insCmd As New OleDbCommand(insSQL, conn)
insCmd.Parameters.Add("?", OleDbType.VarChar, 40, "Artikelname")
insCmd.Parameters.Add("?", OleDbType.Currency, 8, "Einzelpreis")
insCmd.Parameters.Add("?", OleDbType.SmallInt, 4, "Mindestbestand")
da.InsertCommand = insCmd
```

DeleteCommand-Objekt: --

Die zugrundeliegende DELETE-Anweisung benötigt nur einen Parameter (den Primärschlüssel). Beim Erzeugen des Parameters ist auch noch die *SourceVersion*-Eigenschaft zuzuweisen. Der Wert *Original* bedeutet, dass der Datensatz mit seinem Original-Schlüsselwert (also der *ArtikelNr*, die er bei seinem Eintreffen in der *DataTable* hatte) in der Datenbank gesucht und gelöscht wird:

```
Dim delStr As String = "DELETE FROM Artikel WHERE ArtikelNr = ?"
Dim delCmd As New OleDbCommand(delStr, conn)
Dim p5 As OleDbParameter = delCmd.Parameters.Add("?", OleDbType.BigInt, 4, "ArtikelNr")
```

Datensatz muss unverändert in der Datenquelle vorhanden sein:

```
p5.SourceVersion = DataRowVersion.Original
da.DeleteCommand = delCmd
conn.Open()
da.Update(ds, "Artikel")
conn.Close()
End Sub
```

Anzeigen:

```
Private Sub Button1_Click(ByVal sender As Object, ByVal e As EventArgs) Handles Button1.Click
    DataGridView1.DataSource = Nothing
    ds = getArtikel()
```

DataGridView mit *DataSet* verbinden:

```
DataGridView1.DataSource = ds
DataGridView1.DataMember = "Artikel"
```

Für das Formatieren der Anzeige wird eine eigene Routine (siehe unten) aufgerufen:

```
formatDataGridView(DataGridView1)
End Sub
```

Die Schaltfläche *Aktualisieren*:

```
Private Sub Button2_Click(ByVal sender As System.Object, ByVal e As System.EventArgs) _
                                                        Handles Button2.Click
```

Nur die Änderungen zurück in die Datenbank schreiben:

```
Dim ds1 As DataSet = ds.GetChanges()
If ds1 IsNot Nothing Then
    Try
        setArtikel(ds1)
```

Die per Referenz zurückgegebenen Datensätze werden mit dem Original-*DataSet* zusammengeführt:

```
ds.Merge(ds1)
ds.AcceptChanges()
MessageBox.Show("Datenbank wurde aktualisiert!", "Erfolg")
Catch ex As Exceeption
```

Rücknahme der Änderungen:

```
            ds.RejectChanges()
            MessageBox.Show(ex.Message, "Fehler")
        End Try
    End If
End Sub
```

Die Routine zum Formatieren der *Einzelpreis*-Spalte des *DataGridView*:

```
Private Sub formatDataGridView(ByVal dgv As DataGridView)
    dgv.Columns.Remove("Einzelpreis")
    Dim tbc As New DataGridViewTextBoxColumn()
    tbc.DataPropertyName = "Einzelpreis"
    tbc.HeaderText = "Einzelpreis"
    tbc.Width = 80
    tbc.DefaultCellStyle.Format = "c"
    tbc.DefaultCellStyle.Alignment = DataGridViewContentAlignment.MiddleRight
    tbc.DefaultCellStyle.Font = New Font(DataGridView1.Font, FontStyle.Bold)
    tbc.DisplayIndex = 2
    dgv.Columns.Add(tbc)
End Sub
End Class
```

Test

Klicken Sie auf die *Artikel anzeigen*-Schaltfläche, um das *DataSet* anzuzeigen. Nehmen Sie dann einige Änderungen direkt im *DataGridView* vor, fügen Sie Datensätze hinzu (dazu an das Ende des *DataGridView* scrollen) oder löschen Sie Datensätze (mit *Entf*-Taste, vorher komplette Zeile markieren). Klicken Sie auf *Artikel aktualisieren* um die Änderungen in die Datenbank zu übertragen.

Lassen Sie dann erneut die Artikel anzeigen um sich davon zu überzeugen, dass alle Änderungen tatsächlich in der Datenbank gelandet sind.

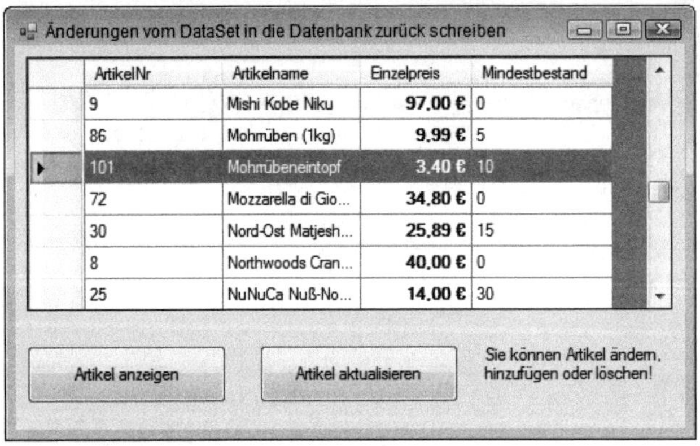

Abbildung 4.28 Laufzeitansicht nach Einfügen eines neuen Datensatzes

Quellcode (mit CommandBuilder)

Durch den Einsatz eines *CommandBuilder*-Objekts entfällt der Quellcode zum Erstellen der *Update-Command*-, *InsertCommand*- und *DeleteCommand*-Objekte für den *DataAdapter* unter der Bedingung, dass der *DataAdapter* bereits über ein gültiges *SelectCommand*-Objekt verfügt.

Der *CommandBuilder* generiert im Hintergrund aus dem vorhandenen *SelectCommand*-Objekt automatisch die restlichen Objekte. Wir brauchen uns also um den Zusammenbau der UPDATE-, INSERT- und DELETE-SQL-Anweisungen und die lästigen Parameterdefinitionen nicht mehr zu kümmern.

Gegenüber der Variante 1 ist lediglich die *setArtikel*-Methode wie folgt zu kürzen:

```
...
Public Sub setArtikel(ByRef ds As DataSet)
    Dim cb As New OleDbCommandBuilder(da)
    conn.Open()
    da.Update(ds, "Artikel")
    conn.Close()
End Sub
...
```

Test

Der Test der zweiten Variante sollte erwartungsgemäß zu gleichen Ergebnissen wie bei Variante 1 führen.

Bemerkungen

- Es ist auch möglich, mehrere Datensätze hintereinander zu ändern, hinzuzufügen bzw. zu löschen bevor der Abgleich mit der Datenbank erfolgt.

- In der Regel werden Sie nur die von Ihnen selbst hinzugefügten Datensätze löschen können, da die originalen Datensätze in Relationen zu anderen Tabellen eingebunden sind.

- Für jede zu einem *DataSet* neu hinzugefügte Zeile gilt die Eigenschaft *RowState = Added*. Beim Aufruf der *Update*-Methode des *DataAdapter* werden alle diese Zeilen gesucht und entsprechend dem im *InsertCommand*-Objekt gekapselten INSERT-Befehl zur Datenbank hinzugefügt. Analoges gilt für die Eigenschaften *RowState = Modified* und UPDATE bzw. *RowState = Deleted* und DELETE (siehe *DataSet*-Kapitel 5).

- Zwar kann man sich durch Einsatz eines *CommandBuilder*-Objekts viel Programmierarbeit ersparen, allerdings steht der Anfänger bei der Fehlersuche hilflos da, wenn er das grundlegende Handwerkszeug nicht beherrscht.

4.7 ... RowUpdating-/RowUpdated-Ereignisse verstehen?

DataAdapter-Objekt: *RowUpdating-*, *RowUpdated*-Ereignis; *RowUpdatingEventArgs*-Objekt: *Row-*, *StatementType*-Eigenschaft; *DataRowVersion*-Enumeration; *Command*-Objekt: *Parameters*-Auflistung; SQL-Befehle: SELECT TOP, UPDATE;

RowUpdating- und *RowUpdated*-Ereignis werden durch das *DataAdapter*-Objekt immer dann ausgelöst, wenn dessen *Update*-Methode aufgerufen wird.

Das vorliegende Beispiel soll den Einsatz beider Ereignisse demonstrieren. Wir verwenden dazu den ersten Datensatz der *Artikel*-Tabelle von *Nordwind.mdb* und greifen dabei auf das Integer-Feld »Lagerbestand« zu, welches wir erhöhen bzw. erniedrigen.

Oberfläche

Auf das Formular setzen Sie ein großes *Label* und zwei *Button*s. Evtl. sollten Sie dem *Label* eine größere Schrift gönnen (siehe Laufzeitabbildung).

Quellcode

```
Imports System.Data.OleDb

Public Class Form1
    Private s As String = String.Empty
    Private dt As DataTable = Nothing
    Private da As OleDbDataAdapter = Nothing
```

Beim Start wird der erste Datensatz aus der *Artikel*-Tabelle geladen:

```
Protected Overrides Sub OnLoad(ByVal e As System.EventArgs)
    Dim conn As New OleDbConnection("Provider=Microsoft.Jet.OLEDB.4.0; Data Source=Nordwind.mdb;")
    da = New OleDbDataAdapter("SELECT TOP 1 ArtikelNr, Artikelname, Lagerbestand FROM Artikel",
                                                                                        conn)
```

Die beiden Ereignisbehandlungen hinzufügen (die Implementierung der beiden Eventhandler erfolgt weiter unten):

```
    AddHandler da.RowUpdating, AddressOf OnRowUpdating
    AddHandler da.RowUpdated, AddressOf OnRowUpdated
    dt = New DataTable("Artikel")
    da.Fill(dt)
```

Sie haben jetzt die Wahl, mit einem *OleDbCommandBuilder* automatisch das *UpdateCommand*-Objekt zu erstellen ...

```
    Dim cb As New OleDbCommandBuilder(da)
```

... oder aber auch eine »handgestrickte« Version zu verwenden, wobei Sie gleichzeitig etwas für die eigene Weiterbildung in Sachen *Parameter*-Objekte tun:

```
    Dim cmd As New OleDbCommand("UPDATE Artikel SET Lagerbestand = ? WHERE ArtikelNr = ?", conn)
    cmd.Parameters.Add("@p1", OleDbType.Integer, 4, "Lagerbestand")
    cmd.Parameters.Add("@p2", OleDbType.Integer, 4, "ArtikelNr")
    da.UpdateCommand = cmd

    MyBase.OnLoad(e)
End Sub
```

Der Eventhandler für *RowUpdating*:

```
Private Sub OnRowUpdating(ByVal sender As Object, ByVal e As OleDbRowUpdatingEventArgs)
    s &= "Ereignis: " & e.StatementType.ToString() & vbCrLf
    s &= "Artikel-Nr: " & e.Row("ArtikelNr").ToString() & vbCrLf
    s &= "Lagerbestand davor: " &
             e.Row("Lagerbestand", DataRowVersion.Original).ToString() & vb CrLf
    s &= "Lagerbestand danach: " & e.Row("Lagerbestand").ToString() & vbCrLf & vbCrLf
End Sub
```

Der Eventhandler für *RowUpdated*:

```
Private Sub OnRowUpdated(ByVal sender As Object, ByVal e As OleDbRowUpdatedEventArgs)
    s &= "Ereignis: " & e.StatementType.ToString() & vbCrLf
    s &= "Artikel-Nr: " & e.Row("ArtikelNr").ToString() & vbCrLf
    If e.Status = UpdateStatus.ErrorsOccurred Then
        s &= "Fehler!" & vbCrLf
    Else
        s &= "Update erfolgreich!" & vbCrLf & vbCrLf
    End If
    Label1.Text = s
    s = String.Empty
End Sub
```

Die Routine zum Verändern des Lagerbestands:

```
Private Sub changeStock(ByVal z As Integer)
    Try
```

Die erste (und einzige!) Zeile der *DataTable*:

```
        Dim dr As DataRow = dt.Rows(0)
        Dim i As Integer = Convert.ToInt32(dr("Lagerbestand"))
        dt.Rows(0)("Lagerbestand") = i + z
        da.Update(dt)
    Catch ex As Exception ex
        MessageBox.Show(ex.Message)
    End Try
End Sub
```

Lagerbestand erhöhen:

```
Private Sub Button1_Click(ByVal sender As System.Object, ByVal e As System.EventArgs) _
                                                        Handles Button1.Click
    changeStock(1)
End Sub
```

Lagerbestand verringern:

```
Private Sub Button2_Click(ByVal sender As System.Object, ByVal e As System.EventArgs) _
                                                        Handles Button2.Click
    changeStock(-1)
End Sub
```

```
End Class
```

Test

Wenn Sie den Lagerbestand erhöhen oder reduzieren werden die Änderungen angezeigt und sofort in die Datenbank geschrieben.

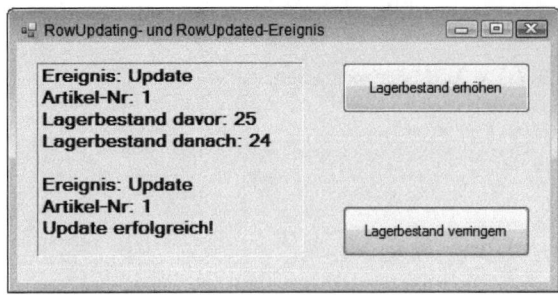

Bemerkungen

- Sie erkennen unter anderem, dass das *RowUpdating*-Event immer vor dem *RowUpdated*-Event ausgelöst wird

- Das Beispiel dient eher der Erkenntnisgewinnung als dem praktischen Gebrauch, denn man wird nicht nach jeder kleinen Änderung sofort die *Update*-Methode des *DataAdapter*s aufrufen

4.8   ... Schemainformationen von der Datenbank abrufen?

Connection-Objekt: *GetSchema*-Methode; *BindingSource*-, *BindingNavigator*-Komponente

Beim Strukturentwurf einer Datenbank wird für Textfelder meist die maximale Länge vorgegeben. Lädt man aber ein *DataSet* mittels *Fill*-Methode eines *DataAdapter*s, so gehen in der Regel diese Informationen verloren, d.h., dem XML-Schema des *DataSet*s sind zwar die einzelnen Datentypen zu entnehmen, nicht aber die konkrete Länge der String-Felder. Verbindet man nun das *DataSet* mit einer Eingabemaske, so »weiß« diese nichts von der maximal zulässigen Länge und man kann beliebig viele Zeichen eingeben. Erst beim Versuch, das *DataSet* in die Datenbank zurückzuschreiben, erfolgt eine Fehlermeldung, die auf die Längenüberschreitung hinweist.

Viel benutzerfreundlicher wäre es, wenn die *MaxLength*-Eigenschaft der Textboxen automatisch mit der Datenbank abgeglichen würde, so dass bei Eingaben die maximal zulässige Zeichenanzahl nicht überschritten werden kann.

Am Beispiel der *Kunden*-Tabelle aus *Nordwind.mdb* zeigen wir eine Lösung, bei der das Schema-API von ADO.NET zum Einsatz kommt.

Oberfläche

Auf dem Startformular *Form1* entwerfen Sie eine einfache Eingabemaske für ein paar beliebige Textfelder aus *Nordwind.mdb*. Die *Label*s auf der rechten Seite dienen lediglich Informationszwecken, denn sie zeigen die in der Datenbank gesetzte Maximallänge an.

Von der *Data*-Seite der Toolbox ziehen Sie eine *BindingSource* und einen *BindingNavigator* in das Komponentenfach. Im Eigenschaftenfenster verbinden Sie die *DataSource*-Property von *BindingNavigator1* mit *BindingSource1*.

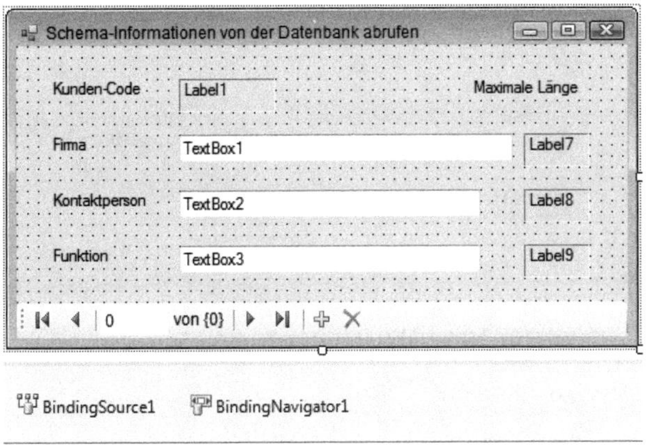

Abbildung 4.30 Entwurfsansicht

Quellcode

```
Imports System.Data
Imports System.Data.OleDb

Public Class Form1
    Private conn As New OleDbConnection("Provider=Microsoft.Jet.OLEDB.4.0;Data Source=Nordwind.mdb;")
```

Beim Laden des Formulars erfolgt der Aufruf der beiden Hauptroutinen *showKundenTable* und *setMaxLength*:

```
    Protected Overrides Sub OnLoad(ByVal e As System.EventArgs)
        Try
            conn.Open()
            showKundenTable()
            setMaxLength()
        Catch ex As Exception
            MessageBox.Show(ex.Message.ToString())
        Finally
            conn.Close()
        End Try

        MyBase.OnLoad(e)
    End Sub
```

Die Methode *showKundenTable* zeigt die Kundentabelle an:

```
    Private Sub showKundenTable()
        Dim da As New OleDbDataAdapter(
                        "SELECT KundenCode, Firma, Kontaktperson, Funktion FROM Kunden", conn)
        Dim dt As New DataTable()
```

Die *BindingSource* mit der *DataTable* synchronisieren:

```
        BindingSource1.DataSource = dt
        da.Fill(dt)
```

Die *Text*-Eigenschaft der Steuerelemente anbinden:

```
        Label1.DataBindings.Add("Text", BindingSource1, "KundenCode")
        TextBox1.DataBindings.Add("Text", BindingSource1, "Firma")
```

```
        TextBox2.DataBindings.Add("Text", BindingSource1, "Kontaktperson")
        TextBox3.DataBindings.Add("Text", BindingSource1, "Funktion")
    End Sub
```

Die Methode *setMaxLength* zum Herauslesen der maximalen Textlängen aus der Kundentabelle, Anpassen der *TextBox*en und Kontrollanzeige der Textlängen:

```
    Private Sub setMaxLength()
```

Ein *String*-Array kapselt die Filterbedingungen:

```
        Dim filter() As String = {Nothing, Nothing, "Kunden", Nothing}
```

Die Abfrage des Schemas, das Ergebnis wird in eine *DataTable* geladen:

```
        Dim dt As DataTable = conn.GetSchema("Columns", filter)
```

Alle Zeilen der Schematabelle durchlaufen, in jeder Zeile sind die Infos zu einer bestimmten Spalte enthalten:

```
        For i As Integer = 0 To dt.Rows.Count - 1
            Dim fName As String = dt.Rows(i)("COLUMN_NAME").ToString()
```

Die maximal zulässige Anzahl von Zeichen:

```
            Dim fLen As Integer = Convert.ToInt32(dt.Rows(i)("CHARACTER_MAXIMUM_LENGTH"))
            Select Case fName
                Case "Firma" : TextBox1.MaxLength = fLen
                    Label7.Text = fLen.ToString()
                Case "Kontaktperson" : TextBox2.MaxLength = fLen
                    Label8.Text = fLen.ToString()
                Case "Funktion" : TextBox3.MaxLength = fLen
                    Label9.Text = fLen.ToString()
            End Select
        Next
    End Sub

End Class
```

Test

Sofort nach Programmstart werden Sie über die maximal zulässige Zeichenanzahl je Textfeld informiert und können durch die Tabelle blättern. Wenn Sie versuchen, mehr Zeichen einzugeben als es die maximale Länge erlaubt, bleibt die Einfügemarke stehen und ein Warnton ertönt.

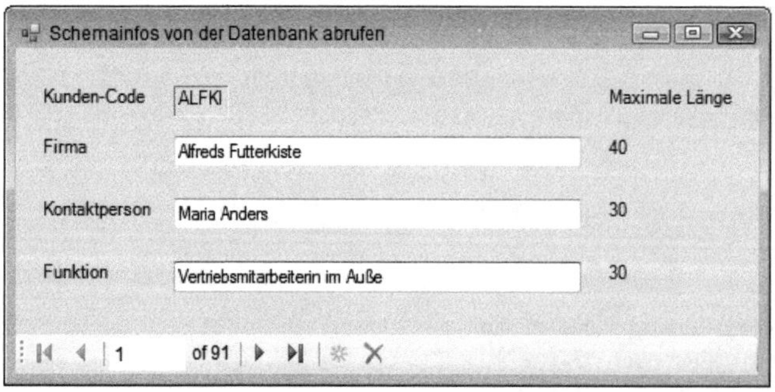

Abbildung 4.31　Die Eingabe »Vertriebsmitarbeiterin im Außendienst« gelingt nicht, da das Datenbankschema nur max. 30 Zeichen zulässt

Bemerkungen

- Die gezeigte Lösung hat den Vorteil, dass sich nachträglich vorgenommene Änderungen der Datenbankstruktur (Textfeldlänge) sofort auf die Benutzerschnittstelle auswirken, ohne dass der Quellcode geändert werden müsste

- Ein Abspeichern der vorgenommenen Änderungen in der Datenbank ist in diesem Demo-Programm nicht vorgesehen

4.9   ... einen Connectionstring verschlüsseln?

Assembly *System.Configuration*; *ConfigurationManager*; Config-Datei

Wie bereits mehrfach erwähnt, sollten Sie Passwörter und andere sensible Informationen nicht als Klartext in Ihren Anwendungen abspeichern. Dies trifft nicht zuletzt auch auf die Verbindungszeichenfolgen und die entsprechenden Anmeldedaten für die jeweilige Datenverbindung zu.

Genau dafür wollen wir Ihnen an dieser Stelle eine Lösung aufzeigen, die neben einem einfachen Handling auch eine ausreichende Sicherheit verspricht.

Oberfläche

Erzeugen Sie zunächst ein neues Windows Forms-Projekt und fügen Sie beispielsweise die Datei *Northwind.mdf* ein. Auf die Frage des Assistenten nach dem Datenmodell entscheiden Sie sich für »DataSet«, der Assistent erzeugt automatisch einen Connectionstring in den Anwendungseinstellungen und legt ein DataSet mit den ausgewählten Tabellen an.

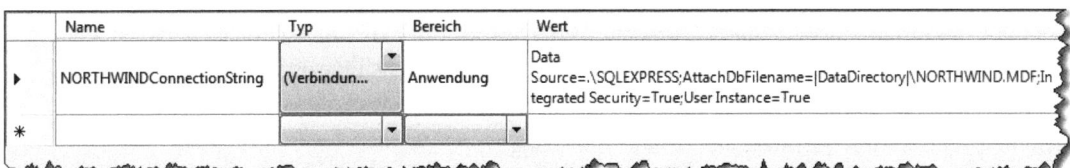

	Name	Typ	Bereich	Wert
▶	NORTHWINDConnectionString	(Verbindun... ▼	Anwendung	Data Source=.\SQLEXPRESS;AttachDbFilename=|DataDirectory|\NORTHWIND.MDF;Integrated Security=True;User Instance=True
*		▼	▼	

Abbildung 4.32 Der erzeugte Connectionstring in den Anwendungseinstellugnen

Binden Sie nun noch einen Verweis auf die Assembly *System.Configuration* ein.

Für die Oberfläche genügen uns zwei *Button*s und ein *DataGridView*.

Quelltext

Einbinden des Namespace:

```
Imports System.Configuration
...
```

Zunächst die ganz normale Vorgehensweise zur Anzeige der Tabelle *Products* im *DataGridView*:

```
Private Sub Button2_Click(ByVal sender As System.Object, ByVal e As System.EventArgs) _
                                            Handles Button2.Click
    MessageBox.Show(My.Settings.NORTHWINDConnectionString)
```

```
      Dim ds As New NORTHWINDDataSet()
      Dim da As New NORTHWINDDataSetTableAdapters.ProductsTableAdapter()
      da.Fill(ds.Products)
      DataGridView1.DataSource = ds.Products
   End Sub
```

Über die folgende Schaltfläche verschlüsseln wir den Connectionstring:

```
   Private Sub Button1_Click(ByVal sender As System.Object, ByVal e As System.EventArgs) _
                                                              Handles Button1.Click
      ProtectSection("connectionStrings")
      MessageBox.Show(My.Settings.NORTHWINDConnectionString)
   End Sub
```

Diese Methode verschlüsselt den gewünschten Abschnitt in der Anwendungskonfigurationsdatei:

```
   Private Sub ProtectSection(ByVal sectionname As String)
      Dim config As Configuration =
            ConfigurationManager.OpenExeConfiguration(ConfigurationUserLevel.None)
      Dim section As ConfigurationSection = config.GetSection(sectionname)
      If section IsNot Nothing Then
         If Not section.IsReadOnly() Then
            section.SectionInformation.ProtectSection("RsaProtectedConfigurationProvider")
            section.SectionInformation.ForceSave = True
            config.Save(ConfigurationSaveMode.Modified)
         End If
      End If
   End Sub
```

Test

Klicken Sie beim ersten Start auf die Schaltfläche *Verschlüsseln*, um den Connectionstring vor neugierigen Blicken zu schützen. Mit der Schaltfläche »Datenanzeige« können Sie sich davon überzeugen, dass die Daten trotz Verschlüsselung geladen werden. Ein Blick in die Konfigurationsdatei zeigt den Unterschied:

Aus dem ursprünglich unverschlüsselten Connectionstring

```
<?xml version="1.0" encoding="utf-8" ?>
<configuration>
    <configSections>
    </configSections>
    <connectionStrings>
        <add name="EncryptConn_Bsp.Properties.Settings.NORTHWINDConnectionString"
            connectionString="Data Source=.\SQLEXPRESS;AttachDbFilename=
                  |DataDirectory|\NORTHWIND.MDF;Integrated Security=True;User Instance=True"
            providerName="System.Data.SqlClient" />
    </connectionStrings>
</configuration>
```

wird folgendes unlesbares Konstrukt:

```
<?xml version="1.0" encoding="utf-8" ?>
<configuration>
    <configSections>
    </configSections>
    <connectionStrings configProtectionProvider="RsaProtectedConfigurationProvider">
```

```
<EncryptedData Type="http://www.w3.org/2001/04/xmlenc#Element"
        xmlns="http://www.w3.org/2001/04/xmlenc#">
    <EncryptionMethod Algorithm="http://www.w3.org/2001/04/xmlenc#tripledes-cbc" />
    <KeyInfo xmlns="http://www.w3.org/2000/09/xmldsig#">
        <EncryptedKey xmlns="http://www.w3.org/2001/04/xmlenc#">
            <EncryptionMethod Algorithm="http://www.w3.org/2001/04/xmlenc#rsa-1_5" />
            <KeyInfo xmlns="http://www.w3.org/2000/09/xmldsig#">
                <KeyName>Rsa Key</KeyName>
            </KeyInfo>
            <CipherData>
                <CipherValue>44dYeUw9pZbUF8hkNOLgJOa6aLjgtbnOyeJSx/1dAUvOUIOsQ9FVycgBc6T3QEOGCS
                    HDQymFkhoHGO4ngTBeKk4hGUGAJDI8ONykncb9VN6EIo8bxCRljZ2HvTrPMwX4tBNvKDj
                    mmXKRN5mQskgvIhUpSS+/3Qy5yxsQCtUrLeE=</CipherValue>
            </CipherData>
        </EncryptedKey>
    </KeyInfo>
    <CipherData>
        <CipherValue>wWZx8IOa4efEou4upD+8UosI1syDX81XEt3IMsBrns2qqwktY5unnVieRE/zuTOy/ODI4cQisF
            PDQY/T9kbKm+ckasxOVu3t1vxwHc3JKZMD126pgtKH1Dsbt/
            +tR12jeOVufLvYZq6fyOVnUKokdg23SMD21x6HmEuLALfd/O7tStTzx8/ndaQk79gu7TaoxieuI1JwWexG
            I1YyI+z4416C+EO1r8Vo5rc8hiWg6cRquW1DqFMu7h1WqB+xgttdroIKfWdAba4uxQa3aL32foDoEyfHy
            MHIBOw2HMcgW1Z6F5YWko1/amP4pkUXiG21F4LKUTIOcf2sEf4iVDLTFI6zOXTv7jXQq3UO/YCBYOxU2OF
            p6QCm2ITbFVkJGTLyjfPFaMv4pZ5Vz7dzTD1SKw==</CipherValue>
    </CipherData>
</EncryptedData>
            </connectionStrings>
</configuration>
```

4.10   ... eine klassische Datenzugriffsschicht entwickeln?

DAL; CRUD; *DataTable*-Objekt: *Load*-Methode; *Command*-Objekt: *ExecuteNonQuery*-Methode; *Data-Reader*-Objekt: *Close*-Methode; SQL: SELECT, INSERT, UPDATE, DELETE

In einer Produktionsumgebung werden Sie Ihre ADO.NET Logik meistens in eine *.NET* *.*dll* Assembly aus-lagern, da so eine optimale Wiederverwendbarkeit des Codes gewährleistet ist. Von vielen Applikationen mit verschiedenen Frontends (konsolen-, desktop- oder webbasierte) lässt sich diese Bibliothek völlig sprach-unabhängig referenzieren. Andere .NET Programmierer können eine dazu passende Benutzerschnittstelle in einer Sprache ihrer Wahl entwickeln (VB, C++).

Unser vorliegendes Beispiel zeigt die Entwicklung einer wiederverwendbaren und erweiterungsfähigen Datenzugriffsbibliothek (*NordwindDAL.dll*), welche verschiedene CRUD[1]-Datenzugriffsoperationen kap-selt.

Wir greifen allerdings nicht auf die SQL Serverdatenbank *Northwind* zu, sondern auf die Access-Datenbank *Nordwind.mdb*. Wir haben uns für diese Variante entschieden, um auch dem weniger erfahrenen Leser den sicheren Nachvollzug des Beispiels zu ermöglichen[2]. Ein Umschreiben des Codes für den *Northwind*-Zugriff ist mit wenigen Änderungen (Austausch von Providern und Bezeichnern) schnell und problemlos möglich.

---

[1] *CRUD = Create Read Update Delete*

[2] Gleichzeitig erübrigt sich damit die Diskussion, ob man nicht doch besser *Linq to Sql* oder *Linq to Entities* verwenden sollte, denn diese moderneren Technologien lassen sich leider nicht auf Access-Datenbanken anwenden.

HINWEIS Der beabsichtigte spätere Einsatz innerhalb einer mehrschichtigen WCF-Anwendung (siehe Kapitel 19) ist der Hauptgrund dafür, dass wir auf das ressourcenfressende *DataSet*-Objekt verzichten, denn in verteilten Umgebungen erzielen wir die beste Performance mit der klassischen Kombination *DataReader* und *Command.Execute...* (siehe dazu auch Seite 245)!

Vorbereitungen

Öffnen Sie ein neues Projekt vom Typ *Klassenbibliothek*, und vergeben Sie dafür den Namen *NordwindDAL[1]*. Importieren Sie zusätzlich die Namespaces *System.Data* und *System.Data.OleDb*.

```
Imports System.Data
Imports System.Data.OleDb
```

Die Hilfsklasse *CKunde* mit vier selbst implementierenden Eigenschaften repräsentiert einen einzelnen Kunden:

```
Public Class CKunde
    Property KundenCode As String
    Property Firma As String
    Property Kontaktperson As String
    Property Funktion As String
End Class
```

Die Datenzugriffsschicht wird durch die Klasse *CKundenDAL* repräsentiert:

```
Public Class CKundenDAL

    Private conn As OleDbConnection
```

Die Methoden zum Öffnen und Schließen der Datenbankverbindung:

```
Public Sub OpenConnection(ByVal connStr As String)
    conn = New OleDbConnection()
    conn.ConnectionString = connStr
    conn.Open()
End Sub

Public Sub CloseConnection()
    conn.Close()
End Sub
```

Selektieren aller Kunden

Die folgende Methode liefert die Daten der *Kunden*-Tabelle in Form eines *DataTable*-Objekts. Deutliche Performance-Einbußen (wie bei der Übertragung serialisierter DataSets) sind nicht zu befürchten, denn dessen *Load*-Methode lädt die Daten automatisch mittels eines *DataReader* Objekts:

```
Public Function GetAllKunden() As DataTable
    Dim kunden = New DataTable()
    Dim sql = "SELECT * FROM Kunden"
    Using cmd As New OleDbCommand(sql, conn)
        Dim dr = cmd.ExecuteReader()
        kunden.Load(dr)
```

---

[1] *DAL = Data Access Layer*

```
            dr.Close()
        End Using
        Return kunden
    End Function
```

Kunde hinzufügen

Für das Hinzufügen eines neuen Kunden kann der Aufrufer ein streng typisiertes Objekt übergeben, welches die Daten einer neuen Zeile für die *Kunden*-Tabelle enthält:

```
Public Sub InsertKunde(ByVal kd As CKunde)
    Dim sql = String.Format("INSERT INTO Kunden " &
            "(KundenCode, Firma, Kontaktperson, Funktion) Values " &
                    "('{0}', '{1}', '{2}', '{3}')", kd.KundenCode, kd.Firma,
                                    kd.Kontaktperson, kd.Funktion)
    Using cmd As New OleDbCommand(sql, conn)
        cmd.ExecuteNonQuery()
    End Using
End Sub
```

Kunde löschen

Genauso einfach wie das Hinzufügen eines neuen Datensatzes ist auch das Löschen eines vorhandenen. Achten Sie hier aber besonders auf den *Try-Catch*-Block, der den Fehler behandelt der beim Löschversuch an einem noch in andere Beziehungen eingebundenen Kunden auftritt (Verletzung der referenziellen Integrität).

```
Public Sub DeleteKunde(ByVal kdCode As String)

    Dim sql = String.Format("DELETE FROM Kunden WHERE KundenCode = '{0}'", kdCode)

    Using cmd As New OleDbCommand(sql, conn)
        Try
            cmd.ExecuteNonQuery()
        Catch ex As OleDbException
            Dim err = New Exception("Kunde darf nicht gelöscht werden!", ex)
            Throw err
        End Try
    End Using
End Sub
```

Kunden aktualisieren

Idealerweise schreiben Sie eine Anzahl von Methoden die es dem Aufrufer ermöglichen einen Datensatz auf verschiedene Weise zu aktualisieren. In unserem Fall ersetzen wir allerdings die Daten eines gegebenen Kunden komplett:

```
Public Sub UpdateKunde(ByVal kd As CKunde)
    Dim sql = String.Format(
        "UPDATE Kunden SET Firma = '{0}', Kontaktperson = '{1}', Funktion = '{2}' &
                                        WHERE KundenCode = '{3}'",
                kd.Firma, kd.Kontaktperson, kd.Funktion, kd.KundenCode)
    Using cmd As New OleDbCommand(Sql, conn)
        cmd.ExecuteNonQuery()
```

```
      End Using
   End Sub

End Class
```

Kompilieren Sie das Projekt, es entsteht die Assembly *NordwindDAL.dll*.

TestClient

Die prinzipielle Funktionalität unserer Datenzugriffsschicht testen wir mit einer einfachen Windows Forms-Anwendung, deren Startformular wir mit einem *DataGridView* und einigen *Button*s und *TextBox*en be-stücken (siehe Laufzeitansicht).

- Fügen Sie im Projektmappen-Explorer einen Verweis auf die *NordwindDAL*-Assembly hinzu
- Ziehen Sie per Drag & Drop die Datenbank *Nordwind.mdb* in den Projektmappen-Explorer

Die DAL einbinden:

```
Imports NordwindDAL

Public Class Form1
    Private connStr As String = "Provider=Microsoft.Jet.OLEDB.4.0; Data Source=Nordwind.mdb"
    Private kuDAL As New CKundenDAL()
```

Alle Kunden laden:

```
Private Sub Button1_Click(ByVal sender As System.Object, ByVal e As System.EventArgs) _
                                                        Handles Button1.Click

    kuDAL.OpenConnection(connStr)
    DataGridView1.DataSource = kuDAL.GetAllKunden()
    kuDAL.CloseConnection()
End Sub
```

Einen Kunden einfügen:

```
Private Sub Button2_Click(ByVal sender As System.Object, ByVal e As System.EventArgs) _
                                                        Handles Button2.Click
    Dim kd = New CKunde With {.KundenCode = TextBox1.Text, .Firma = TextBox2.Text,
                    .Kontaktperson = TextBox3.Text, .Funktion = TextBox4.Text}
    kuDAL.OpenConnection(connStr)
    kuDAL.InsertKunde(kd)
    kuDAL.CloseConnection()
End Sub
```

Einen Kunden aktualisieren:

```
Private Sub Button3_Click(ByVal sender As System.Object, ByVal e As System.EventArgs) _
                                                        Handles Button3.Click
    Dim kd = New CKunde With {.KundenCode = TextBox1.Text, .Firma = TextBox2.Text,
                    .Kontaktperson = TextBox3.Text, .Funktion = TextBox4.Text}
    kuDAL.OpenConnection(connStr)
    kuDAL.UpdateKunde(kd)
    kuDAL.CloseConnection()
End Sub
```

Einen Kunden löschen:

```
Private Sub Button4_Click(ByVal sender As System.Object, ByVal e As System.EventArgs) _
                                                      Handles Button4.Click
    kuDAL.OpenConnection(connStr)
    kuDAL.DeleteKunde(TextBox1.Text)
    kuDAL.CloseConnection()
End Sub
```

Die Anzeige löschen:

```
Private Sub Button5_Click(ByVal sender As System.Object, ByVal e As System.EventArgs) _
                                                      Handles Button5.Click
    DataGridView1.DataSource = Nothing
End Sub
End Class
```

Nach dem Kompilieren können Sie nun alle von der Datenzugriffsschicht bereitgestellten Methoden testen.

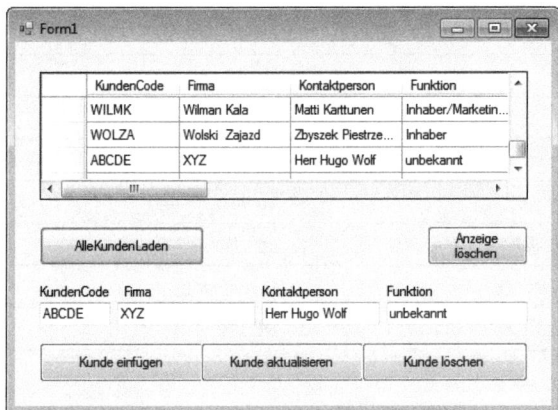

Abbildung 4.33 Testclient (Laufzeitansicht)

HINWEIS In der Regel können Sie natürlich nur die von Ihnen selbst hinzugefügten Datensätze auch wieder problemlos löschen, da die standardmäßig vorhandenen Datensätze meist in Relationen eingebunden sind und Löschversuche wegen Verletzung der referenziellen Integrität abgewiesen werden.

Bemerkungen

- Das Definieren von Klassen, die Datensätze in einer relationalen Datenbank repräsentieren, ist ein allgemein üblicher Weg für den Aufbau einer Datenzugriffs-Bibliothek. Das ADO.NET Entity Framework (siehe Kapitel 18) kann automatisch streng typisierte Klassen generieren, die den Zugriff auf die Datenbank kapseln (geht leider nicht für Access-DBs).

- Die *ExecuteReader*-Methode extrahiert ein *DataReader*-Objekt, das die Untersuchung der Ergebnisse einer SQL-Abfrage mittels eines Vorwärts-ReadOnly-Informationsflusses ermöglicht. Wenn Sie jedoch SQL-Abfragen absetzen wollen, die Veränderungen an einer Tabelle bewirken sollen (auch Erzeugen von Tabellen, Berechtigungen ...) rufen Sie die *ExecuteNonQuery*-Methode Ihres *Command*-Objekts auf. Diese Methode führt Insert-, Update- und Delete-Operationen aus, die auf der *CommandText*-Eigenschaft des *Command*-Objekts basieren.

Übersichten

Datentypen

.NET Framework-Typ	System.Data.DbType	SqlDbType	OleDbType
	AnsiString	VarChar	VarChar
bool	Boolean	Bit	Boolean
byte	Byte	TinyInt	UnsignedTinyInt
char			Char
	Currency	Money	Currency
DateTime	DateTime	DateTime	DBTimeStamp
	Date	DateTime	DBDate
double	Double	Float	Double
float	Single	Real	Single
int		Int	Integer
long		BigInt	BigInt
object	Object	Variant	Variant
short		SmallInt	SmallInt
string	String	NVarChar	VarWChar
	Time	DateTime	DBTime

Tabelle 4.14 Datentypen

Connection-Objekt

Eigenschaft	Beschreibung
ConnectionString	Verbindungszeichenfolge zur Datenbank (Lese-/Schreibzugriff)
ConnectionTimeout	Zeit (in Sekunden) für Verbindungsversuch (Lesezugriff)
Database	Name der aktuellen Datenbank (Lesezugriff)
DataSource	Name der Datenbankdatei bzw. SQL Server-Instanz
PacketSize	Größe der Netzwerkpakete (in Byte, Lesezugriff)
Provider	Name des OleDb-Providers
ServerVersion	Version des Servers, mit dem Client verbunden ist (Lesezugriff)
State	Aktueller Zustand der Verbindung (Lesezugriff)
WorkstationId	Zeichenfolge, die den Datenbank-Client bezeichnet (Lesezugriff)

Tabelle 4.15 Eigenschaften

Methode	Beschreibung
BeginTransaction()	Startet eine Datenbanktransaktion
ChangeDatabase()	Wechselt die aktuelle Datenbank einer offenen Connection
Close()	Schließt die Verbindung zur Datenquelle
CreateCommand()	Erstellt ein der Connection zugeordnetes *Command*-Objekt
Open()	Öffnet Datenbankverbindung entsprechend ConnectionString

Tabelle 4.16 Methoden

Ereignis	... wird ausgelöst wenn ...
InfoMessage	... Warnungen/Infos durch den Provider bzw. SQL Server gesendet werden
StateChange	... sich der Zustand der Verbindung ändert

Tabelle 4.17 Ereignisse

Command-Objekt

Eigenschaft	Beschreibung
CommandText	(Transact-)SQL-Anweisung oder gespeicherte Prozedur, die gegen die Datenquelle ausgeführt wird (Lese-/Schreibzugriff)
Command-Timeout	Zeit, die gewartet wird, bis Versuch einer Befehlsausführung beendet und Fehler generiert wird (Lese-/Schreibzugriff)
CommandType	Interpretation der *CommandText*-Eigenschaft (Lese-/Schreibzugriff)
Connection	Von diesem *Command*-Objekt verwendete *Connection* (Lese-/Schreibzugriff)
Parameters	*ParameterCollection* des *Command*-Objekts
Transaction	Transaktion, in der das *Command*-Objekt ausgeführt wird (Lese-/Schreibzugriff)
UpdatedRowSource	Anwendung der Ergebnisse von Befehlen auf ein *DataRow*-Objekt (*Both*, *FirstReturnedRecord*, *None*, *OutputParameters*)

Tabelle 4.18 Eigenschaften

Methode	Beschreibung
Cancel()	Versucht, die Ausführung eines Commands abzubrechen
CreateParameter()	Erstellt neue Instanz eines *Parameter*-Objekts
ExecuteNonQuery()	Führt SQL-Befehl für *Connection* aus und liefert Anzahl Zeilen
ExecuteReader()	Sendet *CommandText* an *Connection* und erstellt einen *DataReader*
ExecuteScalar()	Führt Abfrage aus und gibt erste Spalte der ersten Zeile zurück
ExecuteXmlReader()	Sendet *CommandText* an *Connection* und erstellt *XmlReader*
Prepare()	Erstellt vorbereitete (oder compilierte) Version des Befehls
ResetCommandTimeout()	Setzt *CommandTimeout*-Eigenschaft zurück auf Standardwert

Tabelle 4.19 Methoden

Parameter-Objekt

Eigenschaft	Beschreibung
IsNullable	Parameter darf NULL-Werte annehmen (True/False; Lese-/Schreibzugriff)
DbType	Generischer DbType des Parameters (Lese-/Schreibzugriff)
Direction	Anwendungsrichtung des Parameters (Input, InputOutput, Output, ReturnValue)
Offset	Offset für Value-Eigenschaft (Lese-/Schreibzugriff)
OleDbType	Providerspezifischer OleDbType des Parameters (Lese-/Schreibzugriff)
ParameterName	Name des Parameters (Lese-/Schreibzugriff)
Precision	Maximale Anzahl von Ziffern für Value-Eigenschaft (Lese-/Schreibzugriff)
Scale	Anzahl von Dezimalstellen in Value-Eigenschaft (Lese-/Schreibzugriff)
Size	Maximale Größe der Daten in Byte (Lese-/Schreibzugriff)
SourceColumn	Name der Quellspalte des DataSet, die zum Laden oder Zurückgeben der Value-Eigenschaft verwendet wird (Lese-/Schreibzugriff)
SourceVersion	DataRowVersion beim Laden der Value-Eigenschaft (Current, Original, Proposed, Default; Lese-/Schreibzugriff)
SqlDbType	Providerspezifischer SqlDbType des Parameters (Lese-/Schreibzugriff)
Value	Wert des Parameters (Lese-/Schreibzugriff)

Tabelle 4.20 Eigenschaften

DataReader-Objekt

Eigenschaft	Beschreibung
Depth	Ruft einen Wert ab, der die Tiefe der Schachtelung für die aktuelle Zeile angibt
FieldCount	Ruft die Anzahl der Spalten in der aktuellen Zeile ab
IsClosed	Gibt an, ob der Datenreader geschlossen ist
Item	Ruft den Wert einer Spalte im systemeigenen Format ab
RecordsAffected	Ruft die Anzahl der durch die Ausführung der SQL-Anweisung geänderten, eingefügten oder gelöschten Zeilen ab

Tabelle 4.21 Eigenschaften

Methode	Beschreibung
Close()	Schließt den DataReader
GetBoolean(), GetDateTime(), GetString(), GetFloat(), ...	Ruft Spalteninhalt als Wert eines bestimmten Datentyps ab (siehe Online-Hilfe)

Tabelle 4.22 Methoden

Methode	Beschreibung
GetSchemaTable()	Liefert ein *DataTable*-Objekt mit den Spaltenmetadaten
GetValue()	Ruft Spalteninhalt im systemeigenen Datenformat ab
IsDBNull()	Gibt an, ob Spalte fehlende Werte enthält
NextResult()	Setzt den *DataReader* beim Lesen der Ergebnisse von SQL-Batch-Anweisungen auf das nächste Ergebnis
Read()	Setzt den *DataReader* auf den nächsten Datensatz

Tabelle 4.22 Methoden *(Fortsetzung)*

DataAdapter

Eigenschaft	Beschreibung
AcceptChangesDuringFill	Bestimmt, ob *AcceptChanges* für eine *DataRow* nach dem Hinzufügen zu einer *DataTable* aufgerufen werden soll (Lese-/Schreibzugriff)
ContinueUpdateOnError	Bestimmt, ob beim Auftreten eines Fehlers während der Aktualisierung von Zeilen eine Ausnahme ausgelöst oder die Zeile übersprungen werden soll (Lese-/Schreibzugriff)
DeleteCommand	SQL-Anweisung oder gespeicherte Prozedur zum Löschen von Datensätzen in der Datenquelle (Lese-/Schreibzugriff)
InsertCommand	SQL-Anweisung oder gespeicherte Prozedur zum Hinzufügen neuer Datensätze zur Datenquelle (Lese-/Schreibzugriff)
MissingMappingAction	Bestimmt die auszuführende Aktion, wenn für eingehende Daten keine entsprechende Tabelle oder Spalte vorhanden ist
MissingSchemaAction	Bestimmt, was geschehen soll, wenn kein Schema für eine Tabelle vorhanden ist oder keine Schlüsselspalte übertragen wurde
SelectCommand	SQL-Anweisung oder gespeicherte Prozedur, um Datensätze in der Datenquelle auszuwählen (Lese-/Schreibzugriff)
TableMappings	Auflistung für die Masterzuordnung zwischen einer Quelltabelle und einer *DataTable*
UpdateCommand	SQL-Anweisung oder gespeicherte Prozedur zum Aktualisieren von Datensätzen in der Datenquelle (Lese-/Schreibzugriff)

Tabelle 4.23 Eigenschaften

Methode	Beschreibung
Fill()	Transportiert Zeilen aus der Datenquelle zum *DataSet*
FillSchema()	Fügt einem *DataSet* eine *DataTable* hinzu und passt deren Schema dem Schema in der Datenquelle an
GetFillParameters()	Liefert die Parameter, die vom Benutzer beim Ausführen einer SELECT-Anweisung festgelegt wurden
Update()	Ruft für jede eingefügte, aktualisierte oder gelöschte Zeile im DataSet die INSERT-, UPDATE- bzw. DELETE-Anweisung auf

Tabelle 4.24 Methoden

Ereignis	... wird ausgelöst, wenn ...
FillError	... während eines Füllvorgangs ein Fehler auftritt
RowUpdated	... während der Ausführung von Update ein Aktualisierungsbefehl für die Datenquelle ausgeführt wurde
RowUpdating	... während der Ausführung von Update ein Befehl für die Datenquelle ausgeführt werden soll

Tabelle 4.25 Ereignisse

CommandBuilder

Eigenschaft	Beschreibung
DataAdapter	*DataAdapter*-Objekt, für welches der *CommandBuilder* arbeitet
QuotePrefix	Anfangszeichen, die bei Namen für z. B. Tabellen oder Spalten anstatt Zeichen wie Leerzeichen verwendet werden sollen (Lese-/Schreibzugriff)
QuoteSuffix	Wie QuotePrefix, aber für Endzeichen

Tabelle 4.26 Eigenschaften

Methode	Beschreibung
DeriveParameters()	Füllt die Parameters-Auflistung des *Command*-Objekts mit den Parameterinformationen auf
GetDeleteCommand()	Liefert das automatisch generierte *DeleteCommand*-Objekt, wenn eine Anwendung die Update-Methode für den *DataAdapter* aufruft
GetInsertCommand()	Liefert das automatisch generierte *InsertCommand*-Objekt, wenn eine Anwendung die Update-Methode für den *DataAdapter* aufruft
GetUpdateCommand()	Liefert das automatisch generierte *UpdateCommand*-Objekt, wenn eine Anwendung die Update-Methode für den *DataAdapter* aufruft
RefreshSchema()	Aktualisiert die Schemainformationen der Datenbank, die zum Generieren von INSERT-, UPDATE- und DELETE-Anweisungen verwendet werden

Tabelle 4.27 Methoden

Kapitel 5

Das DataSet-Objekt im Detail

In diesem Kapitel:

In diesem Kapitel, welches sich methodisch an seinen Vorgänger anfügt, wird das ADO.NET-Objektmodell um seine zweite Hälfte – die unverbundenen Objekte bzw. Datenkonsumenten – ergänzt. Da das *DataSet* zweifelsfrei das Kernobjekt von ADO.NET ist, dürfte das vorliegende Kapitel deshalb mit zu den wichtigsten dieses Buchs zählen.

Einführung

Beim *DataSet* handelt sich um eine ziemlich komplexe »Minidatenbank«, die komplett im Arbeitsspeicher gehalten wird und deren Interaktion mit vorhandenen Datenbanken in der Regel vom *DataAdapter*-Objekt gesteuert wird. Allerdings hinkt der Vergleich mit einer Minidatenbank etwas, denn das *DataSet* kennt keinerlei Datenbankmanager (wie z.B. die Jet-Engine bei Access), es kennt keinen aktuellen Datensatz, keinen Cursor[1] und kein SQL. Genau genommen ist das *DataSet* ein clientseitiger Datencache (Pufferspeicher), der die Änderungen mitprotokolliert[2].

Dem vom alten ADO kommenden Umsteiger wird deshalb vieles in Erstaunen versetzen. So wurden die vertrauten *MoveFirst*-, *MoveNext*-Methoden ersatzlos gestrichen, denn aufgrund der objektbasierten Array-Struktur kann der Programmierer jetzt sofort auf jeden Datensatz zugreifen, ohne sich erst mühselig »hinbewegen« zu müssen.

Es spielt auch keine Rolle, von welchem der .NET-Datenprovider das *DataSet* mit Daten gefüllt wurde oder ob es seine Daten auf andere Weise (z.B. aus einer XML-Datei oder direkt aus dem Programm) erhalten hat. Sie werden beim *DataSet*-Objekt auch keine Eigenschaften oder Methoden finden, die Aufschluss über die Datenherkunft geben.

HINWEIS   Dem *DataSet* ist es völlig egal, woher seine Daten kommen!

Da wir im Zusammenhang mit der *Fill*- und *Update*-Methode des *DataAdapter*-Objekts (siehe Kapitel 4) bereits ausführlich auf den Datentransport zwischen Datenquelle und *DataSet* eingegangen sind, können wir uns im Folgenden ganz auf den inneren Aufbau und die spezifischen Funktionalitäten des *DataSets* konzentrieren.

Das Objektmodell

Im Gegensatz zum klassischen Recordset ist das ADO.NET-*DataSet* konsequent objektorientiert aufgebaut.

Objekthierarchie

Eine detaillierte Darstellung der Objekthierarchie zeigt die nachfolgende Abbildung.

---

[1] Die exakte Bedeutung für Cursor ist in diesem Zusammenhang nicht etwa »Datensatzzeiger« o.ä., wie oft fälschlich angenommen wird, sondern es handelt sich schlicht um die Abkürzung für Current Set of Records!

[2] Das Prinzip eines serverseitigen Cursors wird unter ADO.NET durch die *DataReader*-Klasse umgesetzt.

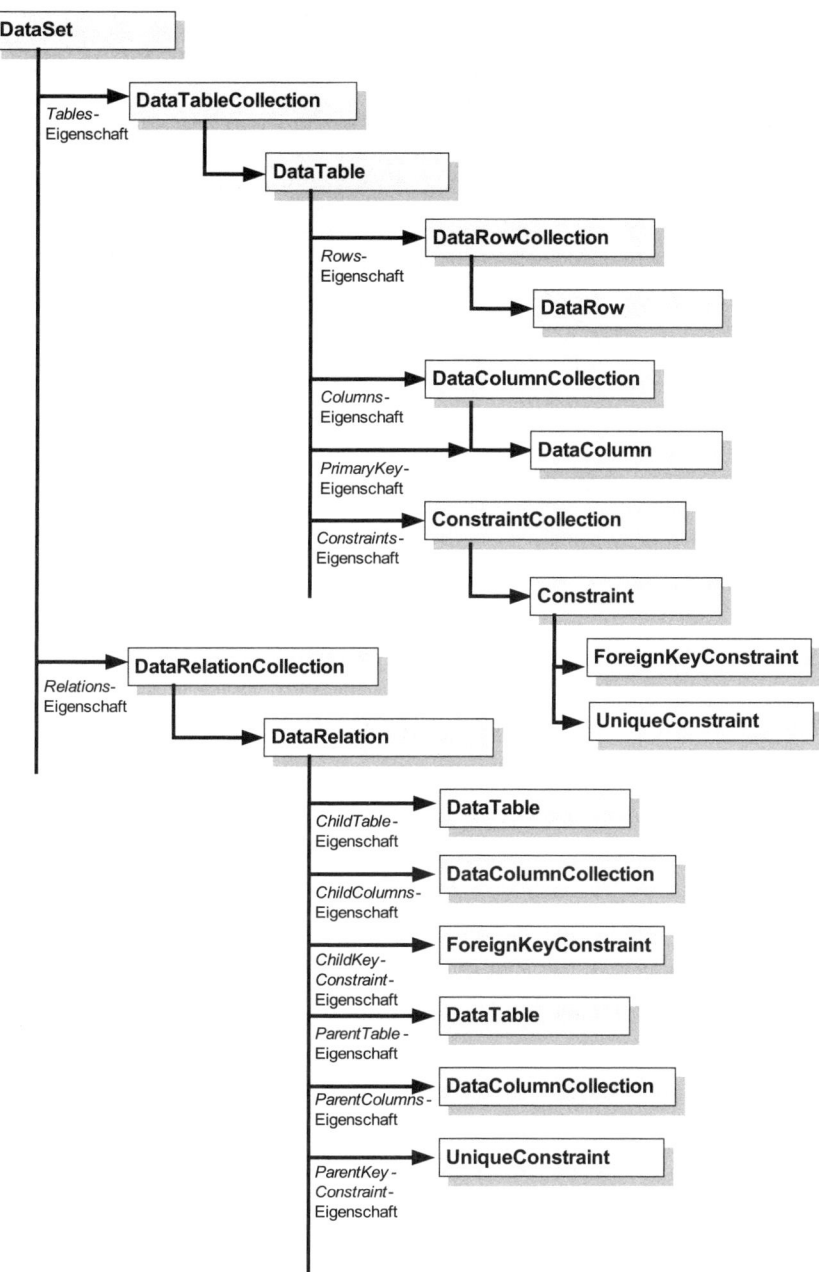

Abbildung 5.1 Objekthierarchie des *DataSets*

Die wichtigsten Klassen

Die folgende Tabelle 5.1 vermittelt Ihnen zunächst einen groben Überblick über die wichtigsten Klassen.

Klasse (System.Data)	Bedeutung
DataSet	Repräsentiert eine »Mini-Datenbank«, die (ohne Verbindung zur Datenquelle) autark im Arbeitsspeicher existiert und sowohl Daten (das können mehrere Tabellen sein) als auch Strukturinformationen (Metadaten) und Beziehungen (Relationen) zwischen den Tabellen enthält
DataTable	Entspricht einer einzelnen Tabelle im DataSet-Objekt
DataView	Visualisiert eine DataTable bzw. einen Ausschnitt davon und erlaubt den Zugriff auf einzelne Zeilen und Spalten
DataRow	Entspricht einer einzelnen Zeile (quasi Datensatz) innerhalb eines DataTable-Objekts
DataColumn	Entspricht einer einzelnen Spalte (quasi Felddefinition) innerhalb eines DataTable-Objekts
DataRelation	Stellt die Verknüpfung zwischen einzelnen Tabellen im DataSet her und überwacht die referenzielle Integrität

Tabelle 5.1 Das DataSet und seine wichtigsten Klassen

Methoden zum Erzeugen eines DataSets

In den bisherigen Beispielen des Kapitels haben wir die DataSet-Instanzen meist durch Aufrufen eines argumentfreien DataSet-Konstruktors erstellt. Dabei wurde die Name-Eigenschaft des DataSets automatisch auf NewDataSet festgelegt.

Mit einem anderen Konstruktor lässt sich auch ein Namensargument übergeben:

```
Dim ds As New DataSet(Name As String)
```

BEISPIEL

Das Erstellen einer DataSet-Instanz.

```
Dim kuDS As New DataSet("KundenListe")
```

Sie können ein neues DataSet aber auch auf Basis eines bereits vorhandenen DataSets erstellen. Beim Kopieren stehen Ihnen folgende Möglichkeiten zur Verfügung:

- Eine exakte Kopie, einschließlich Schema, Daten, Informationen zum Zeilenstatus und Zeilenversionen (siehe Copy-Methode)
- Eine Teilmenge des DataSets, die nur die geänderten Zeilen enthält (siehe GetChanges-Methode)
- Ein leeres DataSet, welches nur das Schema und die relationale Struktur enthält (siehe Clone-Methode)

HINWEIS   Diese Möglichkeiten gelten auch für DataTable-Objekte!

Copy-Methode

Diese Methode verwenden Sie zum Erstellen einer exakten Kopie des DataSets, die sowohl das Schema (Struktur) als auch die Daten enthält.

Erstellen einer exakten Kopie von *kuDS*.

```
Dim copyDS As DataSet = kuDS.Copy()
```

Clone-Methode

Die mit der *Clone*-Methode erzeugte Kopie eines *DataSet*s enthält hingegen nur die Struktur- bzw. Schemainformationen.

Ein Klon eines *DataSet*s wird erstellt.

```
Dim klonDS As DataSet = DS.Clone()
```

GetChanges-/HasChanges-Methode

Mit der *GetChanges*-Methode erstellen Sie eine Kopie, die das Schema und nur die Daten enthält, die

- *Added*-Zeilen
- *Modified*-Zeilen oder
- *Deleted*-Zeilen

darstellen.

Mit *GetChanges* können außerdem nur Zeilen mit einem bestimmten Zeilenstatus geliefert werden, indem beim Aufruf ein *DataRowState*-Wert übergeben wird.

Übergabe eines *DataRowState* beim Aufrufen von *GetChanges*.

```
Dim changeDS As DataSet = custDS.GetChanges()            ' alle Änderungen kopieren
Dim addedDS As DataSet = custDS.GetChanges(DataRowState.Added)   ' nur neue Zeilen kopieren
```

HINWEIS   Durch den Einsatz von *GetChanges* können Sie den Datenverkehr zwischen Geschäftslogik und Datenbank optimieren, weil nicht das gesamte *DataSet* übergeben werden muss, um Änderungen abzugleichen.

Die *HasChanges*-Methode hat eine ähnliche Syntax wie *GetChanges*, nur dass der Rückgabewert *True/False* ist, je nachdem ob Zeilen im *DataSet* geändert wurden oder nicht.

Die folgende Bedingung ist dann erfüllt, wenn zum DataSet *ds* neue Zeilen hinzugefügt wurden. Die neu hinzugefügten Zeilen werden dann in ein weiteres DataSet *ds1* kopiert.

```
If ds.HasChanges(DataRowState.Added) Then
    Dim ds1 As DataSet = ds.GetChanges(DataRowState.Added)
End If
```

Weitere wichtige Methoden des DataSets

Wie die meisten bisher erörterten Methoden gelten die folgenden mit analoger Bedeutung auch für *DataTable* und *DataRow*.

RejectChanges-/AcceptChanges-Methode

RejectChanges führt zu einer Rücknahme aller am *DataSet* vorgenommenen Änderungen seit seiner Erzeugung oder seit dem letztmaligen Aufruf der *AcceptChanges*-Methode.

AcceptChanges bestätigt alle am *DataSet* vorgenommenen Änderungen seitdem es geladen wurde oder seitdem letztmalig *AcceptChanges* aufgerufen wurde. Der Aufruf von *AcceptChanges* bewirkt, dass ein nachfolgendes *GetChanges* den Wert *Nothing* liefert, es handelt sich also quasi um einen »Reset« des Änderungsstatus.

Ein Anwendungsbeispiel für das Zusammenwirken dieser Methoden siehe *Merge*-Methode!

Merge-Methode

Mit *Merge* können Sie den Inhalt von zwei *DataSet*-Objekten zu einem einzigen *DataSet* kombinieren.

BEISPIEL
```
Dim ds1 As New DataSet()
...
Dim ds2 As New DataSet()
...
ds1.Merge(ds2)
```

Anwendungen von *Merge* (wie im obigen Beispiel) sind nicht sonderlich beeindruckend. Eine größere Bedeutung hat diese Methode aber z.B. in Zusammenarbeit mit der *GetChanges*-Methode bei der Aktualisierung einer Datenbank.

BEISPIEL

In die *Artikel*-Tabelle der Datenbank *Nordwind.mdb* werden die geänderten Datensätze zurückgeschrieben.

```
Dim ds1 As DataSet = ds.GetChanges()
If ds1 IsNot Nothing Then
    Try
        setArtikel(ds1)
        ds.Merge(ds1)
        ds.AcceptChanges()
        MessageBox.Show("Datenbank wurde aktualisiert!", "Erfolg")
    Catch ex As Exception
        ds.RejectChanges()
        MessageBox.Show(ex.Message, "Fehler")
    End Try
End If
```

Die *Merge*-Methode funktioniert nur dann richtig, wenn die passenden Primärschlüsselinformationen vorliegen (*PrimaryKey*-Eigenschaft der entsprechenden *DataTable*), ansonsten kommt es nicht zu einem »Vermischen«, sondern nur zu einem »Aneinanderhängen« der Datensätze. Insbesondere beim Neuhinzufügen von Datensätzen gewinnt dabei die *MissingSchemaAction*-Eigenschaft des *DataAdapter* an Bedeutung (siehe Kapitel 4).

HINWEIS Den kompletten Code finden Sie im How-to 4.6 »...die Datenbank aktualisieren?«.

Die XML-Fähigkeiten des DataSets

Das *DataSet* ist strikt XML-orientiert aufgebaut. Die Tabelle zeigt die wichtigsten XML-Methoden, wie sie gleichermaßen auch für die *DataTable* gelten.

Methode	Bedeutung
GetXml	Liefert einen String mit den Daten des *DataSet*-Objekts
GetXmlSchema	Liefert einen String mit dem XSD-Schema des durch *GetXml* gewonnenen XML
WriteXml	Schreibt die XML-Darstellung (mit/ohne XSD-Schema) des *DataSet*-Objekts in ein *Stream*-, ein *TextWriter*-, ein *XmlWriter*-Objekt oder in eine Datei
WriteXmlSchema	Schreibt das XSD-Schema eines *DataSet*-Objekts in ein *Stream*-, ein *TextWriter*- oder ein *XmlWriter*-Objekt oder in eine Datei
ReadXml	Liest den XML-Code ein, welcher mit *WriteXml* geschrieben wurde
ReadXmlSchema	Liest das XSD-Schema ein, welches durch *WriteXmlSchema* geschrieben wurde

Tabelle 5.2 XML-Methoden des *DataSet*s

XML-Datei erzeugen

Anhand eines konkreten Beispiels, welches mit einem *DataRelation*-Objekt arbeitet, soll die Problematik verdeutlicht werden.

BEISPIEL

Es wird ein gültiges *OleDbConnection*-Objekt *conn* zur *Nordwind*-Datenbank vorausgesetzt. Im *DataSet* werden die Tabellen *Kunden* und *Bestellungen* verwendet.

```
Dim selStr As String =
                "SELECT TOP 5 KundenCode, Firma, Ort FROM Kunden WHERE KundenCode = 'ALFKI'"
Dim da As New OleDbDataAdapter (selStr, conn)
Dim das As New DataSet("Sender")
conn.Open()
```

Mastertabelle füllen:

```
da.Fill(ds, "KundeAlf")
selStr = "SELECT Bestellungen.* FROM Kunden, Bestellungen " &
        "WHERE (Kunden.KundenCode = Bestellungen.KundenCode) AND (Kunden.KundenCode = 'ALFKI')"

Dim da As New OleDbDataAdapter(selStr, conn)
```

Detailtabelle füllen:

```
da.Fill(ds, "Bestellungen")
conn.Close()
```

Beide Tabellen verknüpfen:

```
ds.Relations.Add("KundenBestellungen", ds.Tables("Kunden").Columns("KundenCode"),
                           ds.Tables("Bestellungen").Columns("KundenCode"))
```

XML-Datei erzeugen:

```
ds.WriteXml("Temp.xml", XmlWriteMode.WriteSchema)
```

Inhalt der XML-Datei

Im Projektverzeichnis findet sich jetzt die Datei *Temp.xml*. Per Doppelklick kann ihr Inhalt im Internet Explorer angezeigt werden. Hier ein Ausschnitt:

```
<?xml version="1.0" standalone="yes" ?>
- <Sender>
```

Am Anfang stehen die Schemadaten, sie beinhalten die Strukturinformationen einschließlich der Beziehungen (Relationen) zwischen den Tabellen:

```
- <xs:schema id="Sender" xmlns="" xmlns:xs="http://www.w3.org/2001/XMLSchema"
xmlns:msdata="urn:schemas-microsoft-com:xml-msdata">
- <xs:element name="Sender" msdata:IsDataSet="true" msdata:Locale="de-DE">
- <xs:complexType>
- <xs:choice maxOccurs="unbounded">
- <xs:element name="KundeAlf">
- <xs:complexType>
- <xs:sequence>
   <xs:element name="Kunden-Code" type="xs:string" minOccurs="0" />
    <xs:element name="Firma" type="xs:string" minOccurs="0" />
   <xs:element name="Ort" type="xs:string" minOccurs="0" />
  </xs:sequence>
  </xs:complexType>
  </xs:element>
- <xs:element name="Bestellungen">
- <xs:complexType>
- <xs:sequence>
   <xs:element name="Bestell-Nr" type="xs:int" minOccurs="0" />
    <xs:element name="Kunden-Code" type="xs:string" minOccurs="0" />
    <xs:element name="Personal-Nr" type="xs:int" minOccurs="0" />
    <xs:element name="Bestelldatum" type="xs:dateTime" minOccurs="0" />
...
  </xs:sequence>
</xs:complexType>
  </xs:element>
  </xs:choice>
  </xs:complexType>
- <xs:unique name="Constraint1">
  <xs:selector xpath=".//KundeAlf" />
  <xs:field xpath="Kunden-Code" />
  </xs:unique>
```

```
- <xs:keyref name="Bestellungen_Alf" refer="Constraint1">
  <xs:selector xpath=".//BestellungenAlf" />
  <xs:field xpath="Kunden-Code" />
  </xs:keyref>
  </xs:element>
  </xs:schema>
```

Erst jetzt kommt der eigentliche Inhalt:

```
- <KundeAlf>
  <Kunden-Code>ALFKI</Kunden-Code>
  <Firma>Alfreds Futterkiste</Firma>
  <Kontaktperson>Maria Anders</Kontaktperson>
  <Telefon>030-0074321</Telefon>
  </KundeAlf>
- <BestellungenAlf>
  <Bestell-Nr>10643</Bestell-Nr>
  <Kunden-Code>ALFKI</Kunden-Code>
  <Personal-Nr>6</Personal-Nr>
  <Bestelldatum>1997-08-25T00:00:00.0000000+02:00</Bestelldatum>
  <Lieferdatum>1997-09-22T00:00:00.0000000+02:00</Lieferdatum>
  <Versanddatum>1997-09-02T00:00:00.0000000+02:00</Versanddatum>
  <VersandÜber>1</VersandÜber>
  <Frachtkosten>29.46</Frachtkosten>
  <Empfänger>Alfred's Futterkiste</Empfänger>
  <Straße>Obere Str. 57</Straße>
  <Ort>Berlin</Ort>
  <PLZ>12209</PLZ>
  <Bestimmungsland>Deutschland</Bestimmungsland>
  </BestellungenAlf>
- <BestellungenAlf>
   <Bestell-Nr>10692</Bestell-Nr>
  Kunden-Code>ALFKI</Kunden-Code>
...
  </BestellungenAlf>
  </Sender>
```

Weitere konkrete Informationen entnehmen Sie den folgenden Beispielen:

- How-to 5.2 »... eine DataTable in einer XML-Datei abspeichern?«

- How-to 5.10 »... ein DataSet in einen XML-String konvertieren?«

Das DataTable-Objekt

Die eigentliche Datenspeicherung erfolgt in den *DataTable*-Objekten des *DataSet*s. Es ist deshalb logisch, dass die *DataTable* als wichtigstes und komplexestes Mitglied der *DataSet*-Hierarchie unsere besondere Aufmerksamkeit verdient.

DataTable erzeugen

Bereits im Vorgängerkapitel hatten wir im Zusammenhang mit der *Fill*-Methode des *DataAdapter*s häufig *DataTable*-Objekte erzeugt.

BEISPIEL

In ein vorhandenes *DataSet* wird mittels eines *DataAdapter*-Objekts *da* ein neues *DataTable*-Objekt *dt* mit der *TableName*-Eigenschaft *Artikel_Liste* eingefügt.

```
da.Fill(ds, "Artikel_Liste")
```

Sie können eine neue *DataTable* auch direkt an die *Tables*-Collection des *DataSets* anfügen.

BEISPIEL

Eine *DataTable* wird erzeugt.

```
Dim dt As DataTable = ds.Tables.Add("Ku_Liste")
```

Unabhängige DataTable

Eine *DataTable* muss man nicht immer nur im Zusammenhang mit Datenbanken oder *DataSets* betrachten, sie kann auch ähnlich wie ein zweidimensionales strukturiertes Array benutzt werden.

Um zu einer unabhängigen neuen *DataTable* zu kommen, verwenden Sie den üblichen Konstruktor, dem Sie optional die *TableName*-Eigenschaft übergeben können:

```
Dim dt As New DataTable(Name As String)
```

BEISPIEL

Ein unabhängiges *DataTable*-Objekt wird erzeugt.

```
Dim dt As New DataTable("Artikel_Liste")
```

HINWEIS   Wer sofort mit der *DataTable* und ihren Objekten arbeiten möchte, kann gleich mit dem How-to 5.1 »... eine DataTable erzeugen und in einer Binärdatei speichern?« beginnen.

Kopieren

Oft ist es einfacher, ein neues *DataTable*-Objekt durch Kopieren aus einer bereits vorhandenen *DataTable* zu erzeugen, anstatt es von Grund auf neu zu erstellen. Genauso wie beim *DataSet* stehen Ihnen auch hier die drei Möglichkeiten mittels *Copy*-, *GetChanges*- und *Clone*-Methode zur Verfügung.

Spalten hinzufügen

Das Schema bzw. die Struktur der *DataTable* wird – zusammen mit etwaigen Einschränkungen (Constraints) – durch eine Auflistung von *DataColumn*-Objekten bestimmt (*Columns*-Eigenschaft).

Zum Erstellen von *DataColumn*-Objekten gibt es die beiden .NET-typischen Möglichkeiten

- *DataColumn*-Konstruktor verwenden oder
- *Add*-Methode der *Columns*-Eigenschaft der *DataTable* aufrufen

Die *Add*-Methode akzeptiert optionale *ColumnName-*, *DataType-* und *Expression*-Argumente oder auch ein vorhandenes *DataColumn*-Objekt. Weil *DataTable*-Objekte nicht spezifisch für einen bestimmten .NET-Datenprovider ausgelegt sind, werden für den Datentyp die .NET Framework-Typen verwendet.

BEISPIEL

Eine *DataTable* wird erzeugt und vier Spalten werden hinzugefügt. Die Eigenschaften für die *KundenCode*-Spalte verbieten *DBNull*-Werte und verlangen, dass die Werte eindeutig sein müssen.

```
Dim dt As New DataTable("Kunden")
Dim col As DataColumn = dt.Columns.Add("KundenCode", GetType(System.Int32))
col.AllowDBNull = False
col.Unique = True
With dt.Columns
    .Add("Firma", GetType(System.String))
    .Add("Kontaktperson", GetType(System.String))
    .Add("Gehalt", GetTypeof(System.Double))
End With
```

HINWEIS   Geben Sie für eine Spalte keinen Namen an, so erhält sie den inkrementellen Standardnamen »ColumnN...«, beginnend mit »Column1«, wenn sie zur *DataColumnCollection* hinzugefügt wird.

Berechnete Spalten

Mit der *Expression*-Eigenschaft einer *DataColumn* wird der Wert einer Spalte berechnet bzw. eine Aggregat-spalte erstellt. Der Rückgabetyp des Ausdrucks wird durch den *DataType* der Spalte bestimmt.

BEISPIEL

Berechnen der Mehrwertsteuer

```
ds.Tables("Artikel").Columns("MWST").Expression = "Einzelpreis * 0.19"
```

Sie können auch selbst neue berechnete Spalten zu einer *DataTable* hinzufügen:

BEISPIEL

Es wird eine neue Spalte *Name* hinzugefügt, welche die bereits vorhandenen Spalten *Vorname* und *Nachname* zusammenfasst.

```
Dim col As New DataColumn("Name", GetType(System.String))
col.Expression = "Vorname & ' ' & Nachname"
dt.Columns.Add(col)
```

Wie bei einem berechneten Wert wird bei einem Aggregat eine Operation auf Grundlage des gesamten Zeilensets in der *DataTable* durchgeführt.

BEISPIEL

Die Anzahl der aufgenommenen Bestellungen eines Verkäufers wird gezählt.

```
ds.Tables("Bestellungen").Columns("AnzahlBestellungen").Expression = "Count(BestellNr)"
```

Primärschlüssel ergänzen

Zu (fast) jeder Datenbanktabelle gehört eine Spalte (oder auch mehrere), die jede Zeile eindeutig identifiziert und die als *Primärschlüssel* bezeichnet wird. Die *PrimaryKey*-Eigenschaft einer *DataTable* erhält als Wert ein Array aus einem oder auch mehreren *DataColumn*-Objekten.

BEISPIEL

Definition einer einzelnen Spalte als Primärschlüssel.

```
Dim colArr(1) As DataColumn          ' Array mit einem einzigen Feld, das den Index 0 hat!
colArr(0) = dt.Columns("KundenCode") '  Feld wird gefüllt
dt.PrimaryKey = colArr               '  PrimaryKey-Eigenschaft wird zugewiesen
```

Man kann die Definition eines Primärschlüssels auch in nur einer einzigen Zeile zusammenfassen, wodurch der Code allerdings etwas unübersichtlicher wirkt.

BEISPIEL

Das gleiche Ergebnis wie im Vorgängerbeispiel.

```
dt.PrimaryKey = New DataColumn() {dt.Columns("KundenCode")}
```

Ab und zu (z.B. bei Interselektionstabellen) braucht man auch zusammengesetzte Primärschlüssel, die aus zwei und (selten) noch mehr Spalten bestehen. Auch hier gibt es die Möglichkeiten der ausführlichen und der verkürzten Definition.

BEISPIEL

Zwei Spalten werden als Primärschlüssel zusammengefasst.

Ausführliche Variante:

```
Dim primKey(2) As DataColumn
primKey(0) = dt.Columns("Firma")
primKey(1) = dt.Columns("Kontaktperson")
dt.PrimaryKey = primKey
```

Verkürzte Variante:

```
dt.PrimaryKey = New DataColumn() {dt.Columns("Firma"), dt.Columns("Kontaktperson")}
```

Bemerkungen

- Haben Sie eine *DataTable* mittels *Fill*-Methode des *DataAdapters* gefüllt, so enthält die *DataTable* nur dann Primärschlüsselinformationen, wenn die *MissingSchemaAction* des *DataAdapters* auf *AddWithKey* gesetzt wurde.

- Soll die Primärschlüsselspalte automatisch inkrementiert werden, so setzen Sie die Eigenschaften *AutoIncrement = True* und *AutoIncrementSeed = 1*.

- Legen Sie eine *DataColumn* als *PrimaryKey* fest, so setzt die *DataTable* automatisch die *AllowDBNull*-Eigenschaft der Spalte auf *False* und die *Unique*-Eigenschaft auf *True*. Bei zusammengesetzten Primärschlüsseln wird nur die *AllowDBNull*-Eigenschaft automatisch *False* gesetzt.

> **HINWEIS**   Sie können in Verbindung mit der *Find*-Methode der *DataRowCollection* einen Primärschlüssel auch vorteilhaft für den Zugriff auf den Inhalt einer *DataTable* verwenden (siehe How-to 5.5 »... nach Datensätzen suchen?«).

Einbinden von Constraints

Unter einem Constraint bzw. einer Einschränkung versteht man eine Regel für eine Spalte, welche die weiteren Aktionen festlegt, wenn der Wert der Spalte sich verändert.

> **HINWEIS**   Constraints werden nur dann durchgesetzt, wenn die *EnforceConstraints*-Eigenschaft des *DataSets* den Wert *True* hat.

In ADO.NET gibt es zwei Arten von Constraints:

- die Fremdschlüsseleinschränkung (*ForeignKeyConstraint*) und
- die eindeutige Einschränkung (*UniqueConstraint*)

Beide Constraints werden standardmäßig erstellt, wenn Sie zum *DataSet* eine *DataRelation* hinzufügen, es sei denn, Sie haben beim Erstellen der *DataRelation* die Eigenschaft *CreateConstraints = False* festgelegt.

ForeignKeyConstraint

Die durch ein *ForeignKeyConstraint*-Objekt definierten Regeln legen fest, wie Aktualisierungen und Löschvorgänge an verknüpfte Tabellen weiterzugeben sind. Wenn Sie beispielsweise einen Wert in einer Tabellenzeile aktualisieren oder löschen und dieser Wert auch in einer oder mehreren verknüpften Tabellen verwendet wird, bestimmt eine *ForeignKeyConstraint*, was in den verknüpften Tabellen passieren soll.

Die Eigenschaften *DeleteRule* und *UpdateRule* der *ForeignKeyConstraint* definieren die Aktionen, die ausgeführt werden, wenn der Benutzer versucht, eine Zeile in einer verknüpften Tabelle zu löschen oder zu aktualisieren.

Die folgende Tabelle zeigt die Mitglieder der *Rules*-Enumeration für die Eigenschaften *DeleteRule* und *UpdateRule* der *ForeignKeyConstraint*:

Einstellung	Beschreibung
Cascade	Alle verknüpften Zeilen werden gelöscht oder aktualisiert (Standard)
SetNull	Die Werte in den verknüpften Zeilen werden auf *DBNull* gesetzt
SetDefault	Die Werte in verknüpften Zeilen werden auf ihren Standardwert gesetzt
None	In den verknüpften Zeilen wird keine Aktion ausgeführt

Tabelle 5.3 Mitglieder der *Rules*-Enumeration

Sie können beim Erzeugen einer *ForeignKeyConstraint* den *DeleteRule*- und den *UpdateRule*-Wert entweder an den Konstruktor übergeben oder als Eigenschaften festlegen.

BEISPIEL

Die Tabellen *Kunden* und *Bestellungen* sind miteinander verknüpft.

```
Dim kuBestFK As New ForeignKeyConstraint("kuBestFK",
                            kuDS.Tables("Kunden").Columns("KundenCode"),
                            kuDS.Tables("Bestellungen").Columns("KundenCode"))
```

Ein Kunde mit Bestellungen kann nicht gelöscht werden (für *UpdateRule* wurde der Standardwert *Cascade* festgelegt):

```
KuBestFK.DeleteRule = Rule.None
```

```
custDS.Tables("BestTable").Constraints.Add(custOrderFK)
```

AcceptRejectRule-Eigenschaft

Die *AcceptRejectRule*-Eigenschaft der *ForeignKeyConstraint* bestimmt, welche Aktion in den untergeordneten Zeilen auszuführen ist, wenn in der übergeordneten Zeile *AcceptChanges* oder *RejectChanges* aufgerufen wird.

Mit der *AcceptChanges*-Methode von *DataSet*, *DataTable* oder *DataRow* können Änderungen an Zeilen übernommen werden. Der Abbruch erfolgt mit der *RejectChanges*-Methode.

Aktion	Beschreibung
Cascade	Änderungen in untergeordneten Zeilen werden akzeptiert oder zurückgewiesen (Standard)
None	In den untergeordneten Zeilen wird keinerlei Aktion ausgeführt

Tabelle 5.4 Die Werte für *AcceptRejectRule*

UniqueConstraint

Das *UniqueConstraint*-Objekt kann entweder einer einzelnen Spalte oder einem Array aus Spalten in einer *DataTable* zugewiesen werden und stellt sicher, dass alle Daten in den angegebenen Spalten eindeutig sind.

Sie können eine *UniqueConstraint* einrichten, indem Sie die *Unique*-Eigenschaft der Spalte auf *True* setzen. Andererseits werden alle möglicherweise vorhandenen *UniqueConstraints* entfernt, wenn die *Unique*-Eigenschaft einer einzelnen Spalte *False* ist.

Durch das Definieren eines Primärschlüssels für eine Tabelle wird automatisch ein *UniqueConstraint* für die angegebene(n) Spalte(n) erstellt. Entfernen Sie die *PrimaryKey*-Eigenschaft einer Spalte, wird auch die *UniqueConstraint* entfernt.

BEISPIEL

Eine *UniqueConstraint* für zwei Spalten einer *DataTable* wird erstellt.

```
Dim dt As DataTable = ds.Tables("Kunden")
Dim uc As New UniqueConstraint(New DataColumn() {dt.Columns("KundenCode"), dt.Columns("Firma")})
ds.Tables("Kunden").Constraints.Add(uc)
```

Hinzufügen von Relationen

Eine *DataRelation* wird zum Definieren von Beziehungen zwischen über- und untergeordneten *Data-Column*-Objekten desselben Datentyps verwendet. Meist handelt es sich hier um eine Beziehung zwischen einer Primärschlüssel- und einer Fremdschlüssel-Spalte (Master-Detail-Relation). Derartige Beziehungen legen Regeln und Einschränkungen (Constraints) fest, die zur Laufzeit zu überwachen sind.

BEISPIEL

Die Datenspalte *KundenCode* aus der Tabelle *Bestellungen* ist ein Fremdschlüssel, der auf den Primärschlüssel *KundenCode* aus der Tabelle *Kunden* verweist. Damit sind jedem Kunden keine, eine oder mehrere Bestellungen zugeordnet (1:m-Beziehung).

Weil ein *DataSet* in der Regel über mehrere *DataAdapter* aus verschiedenen Datenbanktabellen gefüllt werden kann, müssen die *DataRelation*-Objekte die erforderlichen Verknüpfungen zwischen den *DataTable*s herstellen.

Erstellen einer DataRelation

DataRelation-Objekte sind in einer *DataRelationCollection* enthalten, auf die Sie über die *Relations*-Eigenschaft des *DataSet*s zugreifen.

HINWEIS Damit Sie eine Relation zwischen zwei Tabellen erstellen können, muss der *DataType*-Wert für beide Spalten identisch sein.

BEISPIEL

Die Tabellen *Kunden* und *Bestellungen* der Datenbank *Nordwind.mdb* werden in ein *DataSet* geladen und durch eine *DataRelation* miteinander verknüpft. Die verknüpften Tabellen werden in einem *DataGrid* angezeigt.

```
Imports System.Data.OleDb
...
Dim conn As New OleDbConnection( _
            "Provider=Microsoft.Jet.OLEDB.4.0; Data Source=Nordwind.mdb;")
Dim selStr As String = "SELECT KundenCode, Firma, Kontaktperson, Telefon FROM Kunden"
Dim da As New OleDbDataAdapter(selStr, conn)
Dim ds As New DataSet()
conn.Open()
da.Fill(ds, "Kunden")
selStr = "SELECT Bestellungen.BestellNr, Bestellungen.KundenCode, » & _
        "Bestellungen.Bestelldatum, Bestellungen.Versanddatum " & _
        "FROM Kunden, Bestellungen WHERE (Kunden.KundenCode = Bestellungen.KundenCode)"
Dim da As New OleDbDataAdapter(selStr, conn)
da.Fill(ds, "Bestellungen")
conn.Close()
ds.Relations.Add("KundenBestellungen", ds.Tables("Kunden").Columns("KundenCode"), _
                        ds.Tables("Bestellungen").Columns("KundenCode"))
DataGrid1.SetDataBinding(ds, "Kunden")
```

HINWEIS Das komplette Beispiel finden Sie unter How-to 5.3 »... Master-Detailbeziehungen im DataGrid anzeigen?«.

Aus obigem Code ist ersichtlich, dass das Erstellen und Hinzufügen einer *DataRelation* innerhalb einer einzigen Befehlszeile abgewickelt werden kann. Wer es gerne ausführlicher hätte, der sollte sich das folgende Beispiel anschauen.

BEISPIEL

Die im Vorgängerbeispiel fettgedruckte Befehlszeile kann durch folgenden Code ersetzt werden:

```
Dim parentCol As DataColumn = ds.Tables("Kunden").Columns("KundenCode")
Dim childCol As DataColumn = ds.Tables("Bestellungen").Columns("KundenCode")
Dim relKuBest As New DataRelation("KundenBestellungen", parentCol, childCol)
ds.Relations.Add(relKuBest)
```

GetChildRows-Methode

Mit der *GetChildRows*-Methode einer *DataRow* können Sie alle untergeordneten *DataRow*-Objekte abrufen.

BEISPIEL

Es wird eine *DataRelation* zwischen der *Kunden*-Tabelle und der *Bestellungen*-Tabelle erzeugt. Alle Bestellungen pro Kunde werden in einer *ListBox* ausgegeben.

```
Dim relKuBest As DataRelation = ds.Relations.Add("KundenBestellungen",
                        ds.Tables("Kunden").Columns("KundenCode"),
                        ds.Tables("Bestellungen").Columns("KundenCode"))

For Each kuRow As DataRow In ds.Tables("Kunden").Rows
    ListBox1.Items.Add(kuRow("KundenCode"))
    For Each bestRow As DataRow In kuRow.GetChildRows(relKuBest)
        ListBox1.Items.Add(bestRow("BestellNr"))
    Next
Next
```

Beim Erstellen der *DataRelation* für die Tabellen *Kunden* und *Bestellungen* wurde davon ausgegangen, dass alle Zeilen in der *Bestellungen*-Tabelle einen *KundenCode* haben, der auch in der übergeordneten *Kunden*-Tabelle existiert. Besitzt die Tabelle *Bestellungen* einen *KundenCode*, der nicht in der *Kunden*-Tabelle vorhanden ist, wird durch eine *ForeignKeyConstraint* eine Fehlermeldung ausgelöst.

HINWEIS   Auf gleiche Weise können Sie mit der *GetParentRow*-Methode auf den übergeordneten Datensatz zugreifen. Dann ist das Ergebnis kein Array, sondern nur ein einzelner Datensatz.

CreateConstraints-Flag

Müssen Sie damit rechnen, dass die untergeordnete Spalte möglicherweise Werte enthält, die in der übergeordneten Spalte nicht enthalten sind, so legen Sie *False* für das *CreateConstraints*-Flag beim Hinzufügen der *DataRelation* fest. Im folgenden Beispiel wird dies zwischen den beiden Tabellen *Bestellungen* und *Bestelldetails* der *Nordwind.mdb*-Datenbank praktiziert.

BEISPIEL

Die Tabellen *Kunden*, *Bestellungen*, *Bestelldetails* und *Artikel* werden durch drei *DataRelation*-Objekte miteinander verknüpft. Es werden nacheinander alle Kunden mit ihren Bestellungen aufgelistet. Wenn die *Bestelldetails*-Tabelle auf nicht existierende Datensätze aus der Tabelle *Bestellungen* verweist, führt das zu keiner Fehlermeldung.

```
Dim relKuBest As DataRelation = ds.Relations.Add("KundenBestellungen",
        ds.Tables("Kunden").Columns("KundenCode"), ds.Tables("Bestellungen").Columns("KundenCode"))
```

In der folgenden Deklaration hat das *CreateConstraints*-Flag den Wert *False*!

```
Dim relBestDet As DataRelation = ds.Relations.Add("BestellDetail",
                                ds.Tables("Bestellungen").Columns("BestellNr"),
                                ds.Tables("Bestelldetails").Columns("BestellNr"), False)

Dim relBestArt As DataRelation = ds.Relations.Add("BestellungArtikel",
                                ds.Tables("Artikel").Columns("ArtikelNr"),
                                ds.Tables("Bestelldetails").Columns("ArtikelNr"))
For Each kuRow As DataRow In ds.Tables("Kunden").Rows
    ListBox1.Items.Add("Kunden Code:" & kuRow("KundenCode").ToString)
    ListBox1.Items.Add(" ----------------------------")
    For Each bestRow As DataRow In kuRow.GetChildRows(relKuBest)
        With ListBox1.Items
            .Add("  ")
            .Add("Bestell Nr: " & bestRow("BestellNr").ToString)
            .Add("Bestelldatum: " & bestRow("Bestelldatum").ToString)
            For Each detRow As DataRow In bestRow.GetChildRows(relBestDet)
                .Add("Artikel: " & detRow.GetParentRow(relBestArt)("Artikelname").ToString)
                .Add("Anzahl: " & detRow("Anzahl").ToString)
            Next
        End With
    Next
Next
```

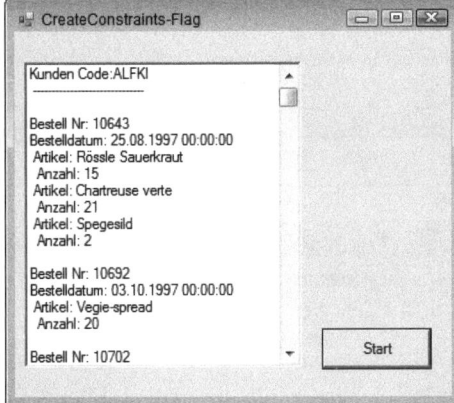

Abbildung 5.2 Laufzeitansicht

HINWEIS   Den vollständigen Quellcode finden Sie in den Begleitdateien!

Zeilen zur DataTable hinzufügen

Haben Sie ein oder mehrere *DataTable*-Objekte erstellt und deren Struktur mit Hilfe von *DataColumn*-, *Constraint*- und *DataRelation*-Objekten definiert, können Sie den Tabellen beliebig viele neue Datenzeilen hinzufügen.

NewRow-Methode

Verwenden Sie die *NewRow*-Methode der *DataTable*, so hat die erzeugte Zeile sofort die zur Tabelle passende Struktur.

```
Dim myRow As DataRow = myTable.NewRow()
```

Anschließend lässt sich die neu hinzugefügte Zeile mit Hilfe von Spaltennamen oder Index bearbeiten.

BEISPIEL

Eine neue Zeile wird erzeugt, mit Werten gefüllt und zur *DataTable* hinzugefügt.

```
Dim dt As DataTable = ds.Tables("KundenListe")
DataRow rw = dt.NewRow()
rw("Firma") = "Catering Service"        ' Zugriff über Spaltennamen
rw(2) = "Willy Schneider"               ' ... über Index
dt.Rows.Add(rw)                         ' Hinzufügen zur DataTable
```

BEISPIEL

Sieht trickreich aus, aber es funktioniert: Eine neue leere Zeile wird zu einer *DataTable* hinzugefügt.

```
dt.Rows.Add(dt.NewRow())
```

ImportRow-Methode

Um vorhandene Zeilen zu einem *DataTable*-Objekt hinzuzufügen, können Sie die *ImportRow*-Methode der *DataTable* verwenden. Diese übergibt die Daten, den Zeilenstatus sowie Versionsinformationen.

HINWEIS   Spaltenwerte werden nur berücksichtigt, wenn der Spaltenname übereinstimmt und wenn der Datentyp kompatibel ist!

BEISPIEL

Nachdem ein Klon des *DataSets* erstellt ist, werden all die Zeilen aus dem ursprünglichen *DataSet* zur *Kunden*-Tabelle im *DataSet*-Klon für Kunden hinzugefügt, deren *Land*-Spalte den Wert »Österreich« hat.

```
Dim kuGermDS As DataSet = kuDS.Clone()
Dim cRows() As DataRow = kuDS.Tables("Kunden").Select("Land = 'Österreich'")
Dim kuTable As DataTable = kuGermDS.Tables("Kunden")
For Each cRow As DataRow In cRows
    kuTable.ImportRow(cRow)
Next
```

Auf den Inhalt einer DataTable zugreifen

Eine *DataTable* ist (stark vereinfacht) durchaus mit einem zweidimensionalen Array vergleichbar, wie es die meisten Programmiersprachen kennen. Trotzdem gestaltet sich der Zugriff auf die Array-Elemente etwas komplizierter, denn die gnadenlose Objektorientierung von .NET verlangt, dass anstatt der einfachen Übergabe von Zeilen- und Spaltenindex komplette Objekte (*DataRow*, *DataColumn*) zu überreichen sind.

Columns- und Rows-Eigenschaften

Die beiden wichtigsten Eigenschaften der *DataTable*-Klasse sind die *Columns*- und *Rows*-Auflistungen, weil sie den Zugriff auf Zeilen und Spalten der *DataTable* ermöglichen.

BEISPIEL

Alle Zeilen und Spalten einer *DataTable* werden innerhalb von zwei geschachtelten *For Each*-Schleifen in eine *ListBox* ausgegeben.

```
Dim dt As DataTable = ds.Tables("ArtikelListe")
For Each cRow As DataRow In dt.Rows
    For Each cCol As DataColumn In dt.Columns
        ListBox1.Items.Add(cCol.ColumnName & " = " & cRow(cCol.Ordinal))
    Next
    ListBox1.Items.Add("-----------------------------------------------------")
Next
```

HINWEIS Den vollständigen Quellcode finden Sie im How-to 4.1 »… wichtige ADO.NET-Objekte schnell kennen lernen?«.

TableName- und ColumnName-Eigenschaften

Der Name einer Tabelle bzw. Spalte ist über die Eigenschaften *TableName* bzw. *ColumnName* erreichbar. Der Zugriff auf die einzelnen Daten erfolgt über den Indexer, dem entweder der Namen der Spalte, deren fortlaufende Ordinalnummer (beginnend mit 0) oder aber auch eine Instanz der zugehörigen *DataColumn* übergeben werden können.

Normalerweise sind also zwei Schritte auszuführen:

- Das entsprechende *DataRow*-Objekt auswählen und
- über dessen Indexer auf die gewünschte Spalte zugreifen

BEISPIEL

Die *Firma* des dritten Kunden eines *DataSet*s soll in einer *TextBox* ausgegeben werden.

```
Dim dt As DataTable = ds.Tables("Kunden")
Dim rw As DataRow = dt.Rows(2)              ' Auswahl der Zeile

TextBox1.Text = rw(1).ToString()            ' Zugriff auf Firma über Index

oder

TextBox1.Text = rw("Firma").ToString()      ' Zugriff über Spaltennamen
```

Man kann auf eine einzelne Zelle aber auch mit einer einzigen Anweisung zugreifen.

BEISPIEL

Der äquivalente Code zum Vorgängerbeispiel.

```
TextBox1.Text = ds.Tables("Kunden").Rows(2)("Firma").ToString()
```

Find-Methode

Für das Auffinden einer bestimmten Zeile kann man auch die *Find*-Methode der *Rows*-Auflistung der *DataTable* verwenden. Der Zugriff funktioniert allerdings nur dann, wenn der *DataTable* vorher eine *PrimaryKey*-Eigenschaft zugewiesen wurde.

HINWEIS   Beachten Sie, dass eine durch die *Fill*-Methode des *DataAdapters* erzeugte *DataTable* standardmäßig nicht über einen Primary-Key verfügt, obwohl die Datenbanktabelle einen Primärschlüssel besitzt! Dieser wird nur dann übernommen, wenn die *MissingSchemaAction*-Eigenschaft des *DataAdapters* auf *AddWithKeys* gesetzt wurde.

BEISPIEL

Der alternative Code zu den Vorgängerbeispielen, wobei aber die Zeilenauswahl über den Primärschlüssel erfolgt (die dritte Zeile hat den *KundenCode* ANTON).

```
Dim dt As DataTable = ds.Tables("Kunden")
Dim colArr(1) As DataColumn               ' Array mit einem Feld deklarieren
colArr(0) = dt.Columns("KundenCode")      ' Array füllen mit Primärschlüsselspalte
dt.PrimaryKey = colArr                    ' Primärschlüssel zuweisen
Dim rw As DataRow = dt.Rows.Find("ANTON") ' Zeilenauswahl über Primärschlüssel
TextBox1.Text = rw("Firma").ToString()    ' Spaltenauswahl und Zugriff
```

Übergabe eines DataColumn-Objekts

Eine weitere Alternative für den Zugriff ist die Auswahl der Datenspalte durch Übergabe eines *DataColumn*-Objekts.

BEISPIEL

Dieser Code liefert das gleiche Ergebnis wie die Vorgängerbeispiele.

```
Dim dt As DataTable = ds.Tables("Kunden")
Dim rw As DataRow = dt.Rows(2)            ' DataRow-Objekt auswählen
Dim col As DataColumn = dt.Columns("Firma") ' DataColumn-Objekt auswählen

TextBox1.Text = rw(col).ToString()        ' Zugriff auf Spalte
```

Select-Methode

Die *Select*-Methode einer *DataTable* dient dazu, Datensätze nach bestimmten Kriterien wie Suche, Sortierreihenfolge oder Zeilenstatus zurückzugeben. Hier die Syntax:

```
Function Select(filter As String, sort As String, recordStates As DataViewRowState) As DataRow()
```

Die Parameter:

- *filter*
  Die beim Filtern der Zeilen zu verwendenden Kriterien

- *sort*
  Eine Zeichenfolge, welche die Spalte und die Sortierrichtung angibt

- *recordStates*
  Einer der *DataViewRowState*-Werte

- Rückgabewert
  Ein Array von *DataRow*-Objekten

HINWEIS   Das *filter*-Argument ist analog der *Expression*-Eigenschaft der *DataColumn*-Klasse zu verwenden. Ähnliches gilt auch für das *sort*-Argument.

Anhand ihres *DataViewRowState* bestimmt die *Select*-Methode, welche Version der Zeilen angezeigt oder bearbeitet werden soll. Die folgende Tabelle zeigt die möglichen *DataViewRowState*-Enumerationswerte:

Konstante	Beschreibung
CurrentRows	Die aktuellen Zeilen, einschließlich nicht geänderter, hinzugefügter und geänderter Zeilen
Deleted	Eine gelöschte Zeile
ModifiedCurrent	Eine aktuelle Version, die eine modifizierte Version der ursprünglichen Daten ist (siehe *ModifiedOriginal*)
ModifiedOriginal	Die ursprüngliche Version aller geänderten Zeilen (die aktuelle Version kann über *ModifiedCurrent* abgerufen werden)
Added	Eine neue Zeile
None	Keine Zeile
OriginalRows	Ursprüngliche Zeilen, einschließlich nicht geänderter und gelöschter Zeilen
Unchanged	Eine nicht geänderte Zeile

Tabelle 5.5 Mitglieder der *DataViewRowState*-Enumeration

BEISPIEL

Es werden nur die Zeilen mit *DataViewRowState* = *CurrentRows* aus einer *DataTable* gefiltert und in einer *ListBox* ausgegeben.

```
Dim dt As DataTable = ds.Tables("Kunden")
Dim rws() As DataRow = dt.Select(Nothing, Nothing, DataViewRowState.CurrentRows)
If rws.Length < 1  Then
    ListBox1.Items.Add("Keine aktuellen Zeilen gefunden!")
Else
    ListBox1.Items.Add(" Nr    Name     RowState")
    ListBox1.Items.Add(" --------------------- ")
    For Each rw As DataRow In rws
        Dim rState As String = System.Enum.GetName(rw.RowState.GetType(), rw.RowState)
        ListBox1.Items.Add(rw("Nr").ToString & "  " & rw("Name").ToString & "   " & rState)
    Next
End If
```

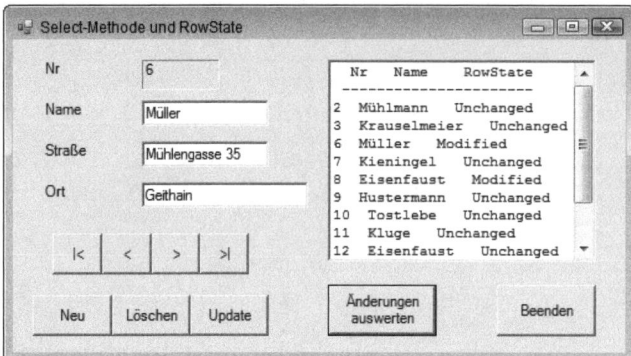

Abbildung 5.3 Laufzeitansicht des Beispiels

> **HINWEIS**   Der komplette Quellcode befindet in den Begleitdateien!

BEISPIEL

Es wird ein *DataRow*-Array zurückgegeben, das auf alle gelöschten Zeilen verweist.

```
Dim delRows() As DataRow = dt.Select(Nothing, Nothing, DataViewRowState.Deleted)
```

BEISPIEL

Ein *DataRow*-Array, das – nach *NachName* sortiert – auf alle Zeilen verweist, in denen die *KundenNr*-Spalte einen Wert größer als 10 hat.

```
Dim kuRows() As DataRow = dt.Select("KundenNr > 10", "NachName ASC")
```

> **HINWEIS**   Wollen Sie hintereinander eine Reihe von Aufrufen der *Select*-Methode ausführen, sollten Sie zuerst eine *DataView* für die *DataTable* erstellen, denn dadurch werden die Zeilen der Tabelle indiziert. Die *Select*-Methode nutzt dann diesen Index, wodurch die Zeit für das Generieren des Abfrageergebnisses deutlich verkürzt wird.

Weitere Hinweise zum Bearbeiten von Zeilen

- Wenn Sie Spaltenwerte direkt in einer *DataRow* bearbeiten, verwaltet die *DataRow* die Spaltenwerte mit Hilfe der Zeilenversionen *Current*, *Default* und *Original*. Die *BeginEdit*-, *EndEdit*- und *CancelEdit*-Methode verwenden darüber hinaus eine vierte Zeilenversion: *Proposed* (siehe Abschnitt »Zeilenstatus und Zeilenversion« ab Seite 328).

- Während der Bearbeitung können Sie einzelne Spalten überprüfen, indem Sie den *ProposedValue* im *ColumnChanged*-Ereignis der *DataTable* auswerten. Das *ColumnChanged*-Ereignis speichert *Data-ColumnChangeEventArgs*, die einen Verweis auf die sich ändernde Spalte und den *ProposedValue* enthalten.

- Ändern Sie Spaltenwerte in einer *DataRow*, wird der *RowState* auf *Modified* gesetzt, und die Änderungen werden mit der *AcceptChanges*-Methode oder der *RejectChanges*-Methode der *DataRow* übernommen oder zurückgewiesen. Die *DataRow* stellt außerdem drei Methoden bereit, mit denen Sie den Status der Zeile während ihrer Bearbeitung beeinflussen können: *BeginEdit*, *EndEdit* und *CancelEdit*.

Wir zeigen die Verwendung von *BeginEdit, EndEdit* und *CancelEdit*. Außerdem wird der *ProposedValue* im *ColumnChanged*-Ereignis überprüft.

```
Dim dt As New DataTable()
dt.Columns.Add("Firma", GetType("System.String"))
AddHandler dt.ColumnChanged, New DataColumnChangeEventHandler(AddressOf OnColumnChanged)
Dim rw As DataRow = dt.NewRow()
rw(0) = "Müllers Schnapsladen"
dt.Rows.Add(rw)
```

Sobald sich ein Wert in der *DataTable* geändert hat, wird der folgende Eventhandler abgearbeitet:

```
Private Sub OnColumnChanged(sender As Object, args As DataColumnChangeEventArgs)
    If args.Column.ColumnName = "Firma" Then
```

Wird ein Leerstring zugewiesen, so erfolgt eine Fehlermeldung und der ursprüngliche Wert wird wiederhergestellt:

```
        If args.ProposedValue.ToString = String.Empty Then
            ListBox1.Items.Add("Name der Firma muss angegeben werden.  Abbruch.")
            args.Row.CancelEdit()
        End If
    End If
End Sub
```

Die *DataRow* wird editiert, dadurch wird das *ColumnChanged*-Event der *DataTable* ausgelöst:

```
rw.BeginEdit()
rw(Firma") = TextBox1.Text
rw.EndEdit()
```

Die *ListBox* zeigt abschließend den aktuellen Inhalt der *DataRow* und deren *RowState* an.

```
ListBox1.Items.Add(rw("Firma").ToString & "  " & rw.RowState.ToString)
```

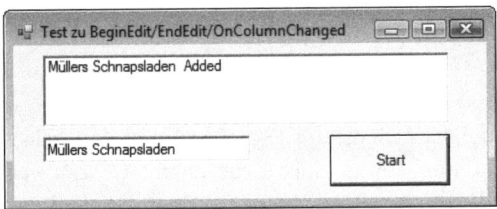

Abbildung 5.4 Laufzeitansicht des Beispiels

Den vollständigen Quellcode finden Sie in den Begleitdateien!

Zeilen löschen

Es gibt zwei grundsätzlich verschiedene Methoden, um ein *DataRow*-Objekt aus seinem *DataTable*-Objekt zu entfernen:

- Die *Remove*-Methode des *Rows*-Collection-Objekts und
- die *Delete*-Methode des *DataRow*-Objekts

Remove löscht eine *DataRow* aus der *Rows*-Collection, während *Delete* die Zeile nur zum Löschen markiert.

Die *Remove*-Methode der *Rows*-Collection erhält eine *DataRow* als Argument und entfernt diese aus der Auflistung. Die Syntax:

```
dt.Rows.Remove(rw)
```

Die *Delete*-Methode einer *DataRow* wird aufgerufen, um deren *RowState* in *Deleted* zu ändern:

```
rw.Delete
```

Delete oder Remove?

Verwenden Sie die *DataTable* in Verbindung mit einem *DataAdapter* und einer Datenbank, so sollten Sie die *Delete*-Methode der *DataRow* verwenden. Dadurch wird die Zeile zunächst als *Deleted* markiert, jedoch noch nicht entfernt. Das geschieht erst, wenn die *Update*-Methode des *DataAdapter*s aufgerufen wird. Findet dieser eine als *Deleted* markierte Zeile, wird das zugehörige *DeleteCommand* ausgeführt, um die Zeile in der Datenbank zu löschen. Anschließend kann die Zeile mit der *AcceptChanges*-Methode dauerhaft aus der *DataTable* entfernt werden.

- Wenn Sie *Remove* zum Löschen der Zeile verwenden, wird die Zeile zwar vollständig aus der Tabelle entfernt, vom *DataAdapter* jedoch nicht aus der Datenquelle gelöscht
- Ist eine Zeile zum Löschen markiert und rufen Sie die *AcceptChanges*-Methode des *DataTable*-Objekts auf, so wird die Zeile aus der *DataTable* entfernt
- Rufen Sie *RejectChanges* auf, kehrt der *RowState* der Zeile zu dem Status zurück, der gültig war, bevor die Zeile als *Deleted* markiert wurde
- Wenn *RowState* = *Added* gilt (d.h. die Zeile wurde gerade zur Tabelle hinzugefügt) und die Zeile wird dann als *Deleted* markiert, wird die Zeile aus der Tabelle entfernt

Zeilenstatus und Zeilenversion

Unter ADO.NET werden Zeilen in den *DataTable*s mit Hilfe ihres Zeilenstatus (*RowState*) und der Zeilenversion (*DataRowVersion*) verwaltet. Während ein *RowState* den Status einer Zeile angibt (*Unchanged*, *Added*, *Modified*, *Deleted*, *Detached*), werden in den verschiedenen *DataRowVersions* (*Current*, *Original* und *Default*) die Werte während der Bearbeitung aufbewahrt.

Beispielsweise hat eine Zeile, nachdem Sie eine Spalte geändert haben, den Zeilenstatus *Modified*, und es sind zwei Zeilenversionen vorhanden: *Current*, welche die aktuellen Zeilenwerte enthält, und *Original*, welche die Zeilenwerte vor der Änderung der Spalte enthält.

RowState-Eigenschaft

Mit der *RowState*-Eigenschaft (ReadOnly!) eines *DataRow*-Objekts können Sie den aktuellen Status der Zeile untersuchen. Die Tabelle zeigt eine kurze Beschreibung der *RowState*-Enumerationswerte.

Konstante	Beschreibung
Unchanged	Keine Änderungen seit dem letzten Aufruf von *AcceptChanges* oder seit der Erstellung der Zeile durch die *Fill*-Methode des *DataAdapters*
Added	Zwar wurde die Zeile der Tabelle hinzugefügt, aber *AcceptChanges* wurde nicht aufgerufen
Modified	Ein Element der Zeile wurde geändert, aber *AcceptChanges* wurde nicht aufgerufen
Deleted	Die Zeile wurde aus einer Tabelle gelöscht, aber *AcceptChanges* wurde nicht aufgerufen
Detached	Entweder eine neu erstellte Zeile, die noch nicht mittels *Add*-Methode zur *DataRowCollection* hinzugefügt wurde (danach wird der Wert auf *Added* gesetzt) oder eine mittels *Remove*-Methode aus einer *DataRowCollection* entfernte Zeile (bzw. durch die *Delete*-Methode, gefolgt von *AcceptChanges*)

Tabelle 5.6 Die Mitglieder der *RowState*-Enumeration

AcceptChanges- und RejectChanges-Methode

Wird *AcceptChanges* für ein *DataSet*, eine *DataTable* oder eine *DataRow* aufgerufen, werden alle Zeilen mit dem Zeilenstatus *Deleted* gelöscht. Alle übrigen Zeilen erhalten den Zeilenstatus *RowState = Unchanged*, und die Werte in der *Original*-Zeilenversion werden mit denen der *Current*-Zeilenversion überschrieben.

> **HINWEIS** Ein unmittelbar folgender Aufruf der *Update*-Methode bleibt damit ohne Wirkung, da dieser bekanntlich von der *RowState*-Eigenschaft jeder Zeile abhängt!

Wird *RejectChanges* aufgerufen, werden alle Zeilen mit dem Zeilenstatus *Added* entfernt. Die übrigen Zeilen erhalten den Zeilenstatus *Unchanged*, und die Werte in der *Current*-Zeilenversion werden mit den Werten der *Original*-Zeilenversion überschrieben.

BEISPIEL

Eine *DataTable* mit einer Spalte wird erstellt und anschließend eine einzelne *DataRow* hinzugefügt. Beim Erstellen, Hinzufügen, Ändern und Löschen der *DataRow* wird ihr *RowState* in einer *ListBox* ausgegeben.

```
Dim dt As DataTable = newTable()          ' nutzerdefinierte newTable-Funktion siehe unten

Dim rw As DataRow = dt.NewRow()
ListBox1.Items.Add("Neue Zeile: " & rw.RowState.ToString)          ' Detached

dt.Rows.Add(rw)
ListBox1.Items.Add("Hinzugefügt: " & rw.RowState.ToString)          ' Added

dt.AcceptChanges()
ListBox1.Items.Add("AcceptChanges: " & rw.RowState.ToString)          ' Unchanged

rw("Kontaktperson") = "Müller"
ListBox1.Items.Add("Modifiziert: " & rw.RowState.ToString)          ' Modified

rw.Delete()
ListBox1.Items.Add("Gelöscht: " & rw.RowState.ToString)          ' Deleted
```

Die folgende Hilfsfunktion liefert eine einfache Tabelle mit einer einzigen Spalte:

```
Private Function newTable() As DataTable
    Dim dt As New DataTable("aTable")
```

```
     Dim dc As DataColumn = New DataColumn("Kontaktperson", GetType(System.String))
     dt.Columns.Add(dc)
     Return dt
End Function
```

Die Laufzeitansicht des Beispiels:

```
Nach neuer Zeile: Detached
Nach Hinzufügen: Added
Nach AcceptChanges: Unchanged
Nach Änderung: Modified
Nach Löschen: Deleted
```

Abbildung 5.5 Anzeige von *RowState* in der *ListBox*

HINWEIS   Den vollständigen Quellcode finden Sie in den Begleitdateien!

DataRowVersion-Enumeration und HasVersion-Methode

Die folgende Tabelle liefert eine Kurzbeschreibung der einzelnen *DataRowVersion*-Enumerationswerte.

DataRowVersion	Beschreibung
Current	Die aktuellen Werte für die Zeile. Für Zeilen mit *RowState* = *Deleted* nicht vorhanden
Default	Die standardmäßige Einstellung. Für eine Zeile mit dem Wert *Added*, *Modified* oder *Unchanged* gilt *Current*, für eine *Deleted*-Zeile *Original* und für eine *Detached*-Zeile *Proposed*
Original	Die ursprünglichen Werte für die Zeile. Für Zeilen mit *RowState* = *Added* nicht vorhanden
Proposed	Vorgeschlagene Werte für die Zeile. Liegt vor, während eine Zeile bearbeitet wird, bzw. wird für Zeilen verwendet, die nicht Teil einer *DataRowCollection* sind

Tabelle 5.7 Mitglieder der *DataRowVersion*-Enumeration

Mit der *HasVersion*-Methode eines *DataRow*-Objekts können Sie testen, ob eine *DataRow* eine bestimmte *DataRowVersion* aufweist.

BEISPIEL

Für neu hinzugefügte Zeilen liefert folgende Anweisung vor dem Aufruf von *AcceptChanges* den Wert *False*.

```
Dim b As Boolean = row.HasVersion(DataRowVersion.Original)
```

HINWEIS   Gelöschte Zeilen haben keine *Current*-Zeilenversion, daher müssen Sie *DataRowVersion=Original* übergeben, wenn Sie auf die Spaltenwerte zugreifen wollen.

BEISPIEL

Die Werte aller gelöschten Zeilen einer Tabelle werden in einer *ListBox* angezeigt.

```
Dim dt As DataTable = ds.Tables("Kunden")
Dim delRows() As DataRow = dt.Select(Nothing, Nothing, DataViewRowState.Deleted)

For Each rw As DataRow In delRows
    For Each col As DataColumn In dt.Columns
```

```
        ListBox1.Items.Add (rw(col, DataRowVersion.Original) & "  ")
    Next
Next
```

HINWEIS   Siehe auch How-to 4.7 »... RowUpdating-/RowUpdated-Ereignis verstehen?«.

Ereignisse des DataTable-Objekts

Übersicht

In der Tabelle werden die wichtigsten *DataTable*-Ereignisse kurz vorgestellt.

Ereignis	Tritt ein, ...
ColumnChanged	... wenn ein Wert erfolgreich in eine Spalte eingefügt wurde
ColumnChanging	... wenn ein Wert für eine Spalte gesendet wurde
RowChanged	... nachdem eine Zeile in der Tabelle erfolgreich bearbeitet wurde
RowChanging	... wenn sich eine Zeile in der Tabelle ändert
RowDeleted	... nachdem eine Zeile in der Tabelle als *Deleted* markiert wurde
RowDeleting	... bevor eine Zeile in der Tabelle als *Deleted* markiert wird

Tabelle 5.8 Ereignisse des *DataTable*-Objekts

Wie Sie sehen, sind diese Ereignisse paarweise angelegt. So tritt beispielsweise *RowChanging* während der Änderung einer Tabellenzeile auf und *RowChanged* danach, wenn die Änderung erfolgreich abgeschlossen wurde.

ColumnChanging- und ColumnChanged-Ereignis

Das folgende Beispiel nutzt die Konsolenausgabe, um den Zugriff auf die Änderungseigenschaften zu demonstrieren.

BEISPIEL

Auswerten der Ereignisse *ColumnChanging* und *ColumnChanged*.

```
AddHandler aTable.ColumnChanging, New DataColumnChangeEventHandler(AddressOf OnColumnChanging)
AddHandler aTable.ColumnChanged, New DataColumnChangeEventHandler(AddressOf OnColumnChanged)

Private Sub OnColumnChanging(sender As Object, args As DataColumnChangeEventArgs)
    Console.Write("ColumnChanging-Ereignis wurde ausgelöst: ")
    Console.Write(args.Column.ColumnName & " ist '" & args.Row(args.Column).ToString &
                                  "', ändert sich zu '" & args.ProposedValue.ToString & "'")
End Sub

Private Sub OnColumnChanged(sender As Object, args As DataColumnChangeEventArgs)
    Console.Write("ColumnChanged-Ereignis wurde ausgelöst: ")
    Console.Write(args.Column.ColumnName & " änderte sich zu '" & args.ProposedValue.ToString & "'"
End Sub
```

RowChanging- und RowChanged-Ereignis

Auch hierzu soll ein Beispiel für Erleuchtung sorgen.

BEISPIEL

Auswerten der Ereignisse *RowChanging* und *RowChanged*.

```
AddHandler aTable.RowChanging, AddressOf OnRowChanging
AddHandler aTable.RowChanged, AddressOf OnRowChanged

Private Sub OnRowChanging(sender As Object sender, args As DataRowChangeEventArgs)
    If args.Action <> DataRowAction.Nothing Then
        Dim aStr As String = System.Enum.GetName(args.Action.GetType(), args.Action)
        Console.Write("RowChanging-Ereignis wurde ausgelöst: ")
        Console.WriteLine(" Zeile ändert sich: Aktion = " & aStr & ", KuID = " &
                                                            args.Row("KuID").ToString)
    End If
End Sub

Private Sub OnRowChanged(sender As Object, args As DataRowChangeEventArgs)
    If args.Action <> DataRowAction.Nothing Then
        Dim aStr As String = System.Enum.GetName(args.Action.GetType(), args.Action)
        Console.Write("RowChanged-Ereignis wurde ausgelöst: ")
        Console.WriteLine("Zeile wurde geändert: Aktion = " & aStr & ", KuID = " &
                                                            args.Row("KuID").ToString)
    End If
End Sub
```

Eigenschaften der Änderungsereignisse

Wie Sie obigen Beispielen entnehmen können, sind in dem von den Event-Handlern übergebenen Objekten (Datentyp *DataRowChangeEventArgs* bzw. *DataColumnChangeEventArgs*) bestimmte Eigenschaften enthalten, die ausgewertet werden. Die folgende Tabelle gibt dazu eine Übersicht:

Eigenschaft	Beschreibung
Action	Liest die Aktion, die für eine Datenzeile durchgeführt wurde
Column	Liest die Datenspalte, deren Wert geändert wird bzw. sich geändert hat
ProposedValue	Schreibt oder liest den neuen Wert, der in die Datenspalte eingetragen werden soll
Row	Liest die Datenzeile, in der Änderungen vorgenommen werden bzw. wurden

Tabelle 5.9 Eigenschaften von *DataRowChangeEventArgs* und *DataColumnChangeEventArgs*

Datenansichten mit DataView

Das Trennen der Daten von ihrer Darstellung macht es möglich, von einer *DataTable* ganz verschiedene Ansichten zu erstellen, ohne dass die Daten im Speicher dupliziert werden müssen. Die *DataView*-Klasse liefert die Ansicht einer *DataTable* nicht nur zwecks Datenanzeige, sondern erlaubt auch das Filtern, Sortieren und Suchen von Datensätzen. Wenn die *DataView* eine Teilmenge der Daten aus der *DataTable* darstellt, können Sie z.B. mit zwei Data-Controls arbeiten, die an dieselbe *DataTable* gebunden sind, aber verschiedene Versionen der Daten anzeigen.

Erzeugen eines DataView

Dem üblichen Konstruktor wird das zugrunde liegende *DataTable*-Objekt übergeben:

```
Dim dv As New DataView(dt As DataTable)
```

BEISPIEL

Zwei verschiedene Sichten der *Artikel*-Tabelle von *Nordwind.mdb* werden erzeugt.

```
Dim conn As New OleDbConnection("Provider=Microsoft.Jet.OLEDB.4.0; Data Source=Nordwind.mdb;")
Dim cmd As New OleDbCommand("SELECT * FROM Artikel", conn)
Dim da As New OleDbDataAdapter(cmd)
Dim ds As New DataSet()

conn.Open()
da.Fill(ds, "Artikel_Liste")
conn.Close()
Dim dt As DataTable = ds.Tables(0)
Dim dv1 As New DataView(dt)
...
Dim dv2 As New DataView(dt)
...
```

CreateDataView-Methode des DefaultViewManager

Eine weitere Möglichkeit ist das Erzeugen einer standardmäßigen *DataView* unter Verwendung des *Default-ViewManager* des *DataSet*-Objekts:

```
Dim dv As DataView = ds.DefaultViewManager.CreateDataView(dt As DataTable)
```

BEISPIEL

Ein *DataView*-Objekt zeigt den Inhalt einer Tabelle *Kundenliste* in einem *DataGridView* in der Standardansicht an.

```
Dim ds As New DataSet()
da.Fill(ds, "KundenListe")
dt = ds.Tables(0)
dv = ds.DefaultViewManager.CreateDataView(dt)
DataGridView1.DataSource = dv
```

Sortieren und Filtern von Datensätzen

Zum Sortieren übergeben Sie der *Sort*-Eigenschaft einfach die kommaseparierten Spalten, nach denen sortiert werden soll. Anschließend steht *ASC* für eine aufsteigende und *DESC* für eine absteigende Sortierfolge.

Das Filtern von Datensätzen ähnelt der WHERE-Klausel in einer SQL-Abfrage. Die gewünschte Filterbedingung wird der *RowFilter*-Eigenschaft zugewiesen. Die anschließende Sicht auf die *DataTable* enthält nur noch die Datensätze, auf welche die Bedingung zutrifft.

BEISPIEL

Aus der Tabelle *Artikel* werden alle Artikel mit einem Preis unter 20 Euro herausgefiltert und nach dem Artikelnamen (mit »Z« beginnend) umsortiert.

```
Dim dt As DataTable = ds.Tables("Artikel")
Dim dv As New DataView(dt)
dv.RowFilter = "Artikelname LIKE 'A%' AND Einzelpreis < 20"
dv.Sort = "Artikelname DESC"
```

HINWEIS   Den kompletten Quellcode finden Sie im How-to 5.4 »... in einem DataView sortieren und filtern?«.

Suchen von Datensätzen

Die beiden Methoden *Find* und *FindRows* erlauben (in Kombination mit einer vorgegebenen Sortierung) das Auffinden von Zeilen, bei denen die Sortierspalten mit den angegebenen Werten übereinstimmen.

Die *Find*-Methode liefert nur den Index der ersten Fundstelle bzw. -1, wenn kein Datensatz gefunden wurde. Hingegen überbringt die *FindRows*-Methode ein *DataRowView*-Array mit allen passenden Zeilen.

BEISPIEL

In der *Kunden*-Tabelle der *Nordwind*-Datenbank wird der **erste** Kunde mit der *Kontaktperson* »Hanna Moos« gesucht und in einem *DataGridView* markiert.

```
Dim dv As DataView = ds.DefaultViewManager.CreateDataView(dt)
dv.Sort = "Kontaktperson"                ' in dieser Tabellenspalte wird gesucht
Dim i As Integer = dv.Find("Hanna Moos")      ' Zeile wird gesucht
DataGridView1.CurrentCell = DataGridView1.Rows(i).Cells(0)    ' Zeile wird vorn markiert
If i = -1 Then MessageBox.Show("Keinen Datensatz gefunden!")
```

BEISPIEL

In der *Kunden*-Tabelle der *Nordwind*-Datenbank werden alle Kunden mit der *Kontaktperson* »Hanna Moos« gesucht und in einem *DataGridView* angezeigt.

```
dv.Sort = "Kontaktperson"
Dim arr() As DataRowView = dv.FindRows("Hanna Moos")  ' Array wird mit gesuchten Datensätzen gefüllt
```

Array-Inhalt in eine *DataTable* kopieren:

```
Dim dt2 As DataTable = dt.Clone        ' leere DataTable erzeugen,
                                       ' Schema entspricht der bereits vorhandenen Tabelle dt
For i As Integer = 0 To arr.Length-1   ' alle Array-Zeilen durchlaufen
    Dim rw As DataRow = dt2.NewRow()            ' neue Zeile mit Schema der DataTable erzeugen
    For j As Integer = 0 To dt2.Columns.Count-1  ' alle Array-Spalten durchlaufen
        rw(j) = arr(i).Item(j)         ' DataRow mit Wert des Array füllen
    Next j
```

```
    dt2.Rows.Add(rw)                 ' DataRow zur DataTable hinzuaddieren
Next i
DataGridView1.DataSource = dt2       ' alle gefundenen Datensätze anzeigen
```

> **HINWEIS**   Ein entsprechendes Beispiel finden Sie im How-to 5.5 »... nach Datensätzen suchen?«.

Zeilenansicht mit DataRowView

Genauso wie ein *DataView* die Sicht auf eine komplette *DataTable* darstellt, liefert ein *DataRowView* die Ansicht einer einzelnen *DataRow*.

Zugriff

Der Zugriff auf einen bestimmten *DataRowView* ist über den Indexer des zugrunde liegenden *DataView* möglich.

> **BEISPIEL**
>
> Einem *DataRowView*-Objekt wird die aktuellen Zeile im *DataGrid* zugewiesen.
>
> ```
> DataGrid1.DataSource = dv
> ...
> Dim drv As DataRowView = dv(DataGrid1.CurrentRowIndex)
> ```

Neu erzeugen

In der Regel erzeugt man ein neues *DataRowView*-Objekt nicht mit dem *New*-Konstruktor, sondern aus einem bereits vorhandenen *DataView*-Objekt:

```
Dim drv As DataRowView = dv.AddNew()
```

Das folgende Beispiel soll die Anwendung erläutern, wobei gleichzeitig auch die wichtigsten Eigenschaften und Methoden eines *DataRowView*-Objekts klar werden dürften.

> **BEISPIEL**
>
> Eine neue (leere) Zeile wird zur *Kunden*-Tabelle eines vorhandenen *DataSets* hinzugefügt und in einem zweiten (modalen) Formular editiert.
>
> ```
> Public Class Form1
>     ...
>     Dim dv As New DataView(ds.Tables("Kunden"))
>     Dim drv As DataRowView = dv.AddNew()        ' Erzeugen des DataRowView-Objekts als leere Zeile
>     Dim f2 As New Form2()
>     f2.editKunde(drv)                           ' Übergabe des Objekts an Form2
>     f2.Dispose()
>     ...
> End Class
>
> Public Class Form2
>     ...
>     Public Sub editKunde(ByBal drv As DataRowView)   ' Übergabeparameter ist ein DataRowView-Objekt!
> ```

```
        If Me.ShowDialog == DialogResult.OK Then       ' OK-Button
            drv.BeginEdit()
            drv("KundenCode") = TextBox1.Text
            drv("Firma") = TextBox2.Text
            drv.EndEdit()
        Else
            drv.CancelEdit()
        End If
    End Sub
    ...
End Class
```

HINWEIS   Der komplette Quellcode ist enthalten im How-to 6.5 »... zwei Formulare an eine Datenquelle binden?«.

Weitere DataSet-Features

Im Folgenden sollen einige spezielle Features der *DataSet*-Klasse vorgestellt werden, die seit dem .NET-Framework 2.0 eingeführt wurden und die sowohl funktionale als auch Performance-Verbesserungen betreffen.

Umwandlungen zwischen DataSet und DataReader

Der Datenaustausch zwischen *DataReader* und *DataSet* bzw. *DataTable* ist auch auf direktem Weg und in beiden Richtungen möglich.

DataTableReader

Die Klasse *DataTableReader* implementiert die *IDataReader*-Schnittstelle und kann mit der Übergabe einer *DataTable* instanziiert werden.

BEISPIEL

Die Daten einer mit dem Inhalt der *Customers*-Tabelle aus der *Northwind*-Datenbank gefüllten *DataTable* werden in einen *DataTableReader* übertragen und in einer *ListBox* angezeigt:

```
Dim dtr As New DataTableReader(dt)
Dim str As String = String.Empty
Dim spc As String = "    "

    ListBox1.Items.Clear()
    While dtr.Read()
        str = dr("CustomerID") & spc
        str &= dr("CompanyName") & spc
        ...
        ListBox1.Items.Add(str)
    End While
    dr.Close()
```

Load-Methode

Für die Umwandlung in umgekehrter Richtung, also für die Übertragung des Inhalts eines *DataReader*s in eine *DataTable*, stellen *DataSet/DataTable* die Methode *Load* zur Verfügung. Weil der zeilenbasierte Zugriff mittels *DataReader* immer deutlich schneller ist als die Übertragung eines *DataSets*, dürfte dieser Weg insbesondere für das effektive Lesen von Daten und deren Weiterverarbeitung als *DataSet* interessant sein.

Umgekehrt macht es die *GetTableReader*-Methode möglich, auf den Inhalt einer *DataTable* mit einem *DataReader*-Interface und dessen Semantik zuzugreifen.

BEISPIEL

Ein *DataReader* wird aus der *Customers*-Tabelle der *Northwind*-Datenbank erzeugt und in eine *DataTable* geladen.

```
Const CONNSTR As String = "Data Source=.\SQLEXPRESS; Initial Catalog=Northwind; " & 
                          "Integrated Security=sspi;"

Const SQL As String = "SELECT * FROM Customers ORDER BY CompanyName"

Dim conn As New SqlConnection(CONNSTR)

    conn.Open()
  Dim cmd As New SqlCommand(SQL, conn)
  Dim dr As SqlDataReader = cmd.ExecuteReader(CommandBehavior.CloseConnection)
  Dim dt As New DataTable()
  dt.Load(dr, LoadOption.OverwriteChanges)
```

HINWEIS   Auch mehrere *DataTable*s können gleichzeitig gefüllt werden, falls der *DataReader* mehrere Resultsets enthält.

Die Bedeutung der *OverwriteChanges*-Option für den (optionalen) *LoadOption*-Parameter wird im folgenden Abschnitt erklärt.

LoadOption-Enumeration

Diese Enumeration hat drei Werte, die für das Zusammenführen der aktuellen Zeilen der *DataTable* mit den Werten der vom *DataReader* hereinkommenden Zeilen zuständig sind:

- *OverwriteChanges*
  Aktualisiert die momentane und die originale Version der Zeile mit dem Wert der hereinkommenden Zeile.

- *PreserveChanges* (Standard)
  Aktualisiert die originale Version der Zeile mit dem Wert der hereinkommenden Zeile. Die momentane Zeilenversion bleibt unverändert.

- *Upsert*
  Aktualisiert die momentane Version der Zeile mit dem Wert der hereinkommenden Zeile. Die originale Zeilenversion bleibt unverändert.

Binäre Serialisierung für DataSet/DataTable

Genauso wie beim *DataSet* kann auch für die *DataTable* wahlweise XML- oder binäre Serialisierung eingerichtet werden. Das bringt vor allem beim .NET-Remoting und bei XML-Webservices beträchtlichen Performancegewinn und eine verbesserte Sicherheit.

RemotingFormat-Eigenschaft

Unter dem alten ADO.NET 1.x wurde das *DataSet* auch bei Verwendung des *BinaryFormatter* im XML-Format serialisiert. Seit ADO.NET 2.0 hingegen können wir eine echte binäre Serialisierung anwenden. Dazu verfügt das *DataSet* über eine Eigenschaft *RemotingFormat*, mit der es möglich ist, alternativ zur standardmäßigen XML-Serialisierung eine binäre Serialisierung einzustellen.

BEISPIEL

Eine *DataTable* wird auf binäre Serialisierung eingestellt.

```
Dim dt As New DataTable()
dt.RemotingFormat = SerializationFormat.Binary
```

Binäre- kontra XML-Serialisierung

Die binäre Serialisierung ist auch unter Sicherheitsaspekten der XML-Serialisierung vorzuziehen, da man den Inhalt einer binären Datei nicht mehr so ohne weiteres lesen kann. Weiterhin ist die Dateigröße geringer, was eine deutliche Reduktion des zu übertragenden Datenvolumens und eine Entlastung der vom Prozess benötigten Ressourcen (CPU, Speicherplatz, Bandbreite) bedeutet. Allerdings ist dies nur beim .NET Remoting relevant und nicht bei Webdiensten, da letztere XML orientiert sind.

HINWEIS   Ein Testprogramm wird im How-to 5.9 »... ein DataSet binär serialisieren?« beschrieben.

Die DataTable kann mehr XML

Genauso wie das *DataSet* unterstützt auch die *DataTable* die folgenden Basismethoden für XML:

- *ReadXML*
- *ReadXMLSchema*
- *WriteXML*
- *WriteXMLSchema*

Die *DataTable* ist unabhängig serialisierbar und kann sowohl in Webdiensten als auch in Remoting-Szenarien benutzt werden. Zusätzlich zur *Merge*-Methode unterstützt die *DataTable* auch die bereits erwähnten ADO.NET Features des *DataSet*s (*RemotingFormat*-Eigenschaft, *Load*- und *GetDataReader*-Methode).

Schnelles Laden von DataSets

Ein gravierender Nachteil der veralteten ADO.NET 1.x-Technologie, wie er allerdings nur bei größeren Datenmengen auffällt, war die relativ geringe Geschwindigkeit, mit welcher *DataSet*s gefüllt oder serialisiert werden können. Aufgrund einer komplett neu geschriebenen Index-Engine wird seit ADO.NET 2.0 eine wesentlich bessere Performance beim Laden von *DataSet*s erreicht.

BEISPIEL

Vergleich der Zeiten für das Laden von einer Million Datensätzen in ein *DataSet* (mit einem Index für die Schlüsselspalte) auf dem PC des Autors:

```
ADO.NET 1.1 (Visual Studio 2003)   : 30 - 35 Minuten
ADO.NET 2.0 (ab Visual Studio 2005): 23 - 30 Sekunden
```

Der Performancegewinn wird noch auffälliger, wenn die Anzahl der Indexe steigt (zusätzliche *DataView*s, *UniqueKey*s und *ForeignKey*s). Allerdings ist der Gewinn beim Laden kleinerer Datenmengen weniger dramatisch, bei 100.000 Datensätzen beträgt im obigen Beispiel das Verhältnis zugunsten ADO.NET 2.0 nur noch etwa 1,5 Sekunden/4,5 Sekunden.

HINWEIS   Das Testprogramm wird im How-to 5.8 »... große Datenmengen in ein DataSet laden?« beschrieben!

Typisierte DataSets

Visual Studio verfügt über Assistenten bzw. Designer, mit deren Hilfe man so genannte *Typisierte DataSets* (*Typed DataSets*) erstellen kann. Auf den Einsteiger mögen diese Konstrukte durchaus verwirrend wirken, hat er doch mit den »normalen« *DataSets* bereits genug zu kämpfen. Bei manchem Newcomer kann es deshalb eine ganze Weile dauern, bis das typisierte DataSet seinen abschreckenden Charakter verliert und als Freund und Helfer akzeptiert wird.

Was ist ein typisiertes DataSet?

Ein typisiertes DataSet ist eine von der Klasse *DataSet* abgeleitete Klasse mit Eigenschaften und Methoden, die einen wesentlich bequemeren, weil streng objektorientierten, Zugriff auf den Inhalt ermöglichen, als dies beim konventionellen DataSet der Fall ist.

Zu einem typisierten DataSet gehören auch eine XML-Schema-Beschreibung (*.xsd*-Datei) sowie die Beschreibung der Anordnung der Daten in der grafischen Ansicht (*.xss*- und *.xcs*-Dateien).

HINWEIS   Typisierte DataSets gibt es bereits seit der ersten Version von Visual Studio, sie wurden aber seit Visual Studio 2005 erheblich modifiziert und erweitert.

Welche Vorteile bietet ein typisiertes DataSet?

Stellen Sie sich zum Beispiel einmal vor, Sie hätten sich in der folgenden Codezeile vertippt:

```
Dim dt As DataTable = ds.Tables("Kunten")
```

Wäre »Kunten« der Name einer Variablen, Eigenschaft oder Methode, wäre das kein Problem, denn der Compiler würde natürlich beim Übersetzen sofort losmeckern, im vorliegenden Fall hat er aber keine

Ahnung, ob das *DataSet* nicht doch eine Tabelle mit dem Namen »Kunten« enthält. So also bleibt der Fehler unbemerkt, und das böse Erwachen kommt erst zur Laufzeit.

Sie sehen, wie vorteilhaft es wäre, wenn man solch heimtückische Fehler bereits beim Kompilieren erkennen würde und genau dies ist der Fall, wenn Sie ein typisiertes DataSet verwenden.

Weitere Vorteile ergeben sich durch die Möglichkeit, bereits zur Entwurfszeit ein Anbinden der datengebundenen Steuerelemente zu realisieren. Aber das ist nur die Spitze des Eisbergs, weitere wichtige Einsatzmöglichkeiten bieten sich im Zusammenhang mit dem Datenquellen-Konzept, auf welches wir später noch zu sprechen kommen.

Bei soviel Licht gibt es natürlich auch Schatten:

- Der Hauptnachteil typisierter DataSets ist die große Menge des für die Klassendefinition von einem Assistenten zu generierenden Codes[1]

- Wenn Sie Abfragen dynamisch erzeugen wollen, können Sie kein typisiertes DataSet verwenden, sondern müssen das standardmäßige DataSet nehmen

Wie erzeuge ich ein typisiertes DataSet?

Dank Assistenten-Unterstützung ist diese Arbeit in wenigen Schritten erledigt, die wir hier nur stichpunktartig aufzählen wollen, da später im Zusammenhang mit Datenquellen und in verschiedenen How-to-Beispielen (z.B. im Report-Kapitel 10) immer wieder detailliert darauf eingegangen wird.

Wählen Sie das Menü *Projekt/Neues Element hinzufügen...* und die Vorlage »DataSet«. Es wird eine *.xsd*-Datei (*DataSet1.xsd*) für ein typisiertes DataSet erzeugt.

Anschließend öffnet sich der DataSet-Designer, der z.B. per Drag & Drop aus dem Server-Explorer gefüllt werden kann. Sie können aber auch, wie in der folgenden Abbildung gezeigt, einen *TableAdapter* hinzufügen, um direkt auf eine bestimmte Datenbank zuzugreifen.

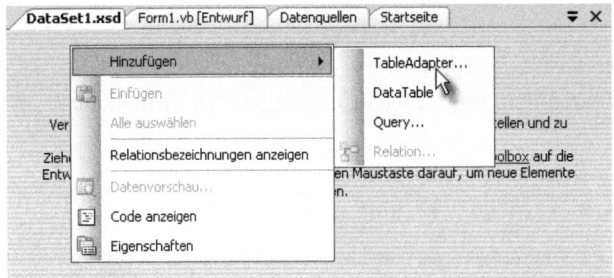

Abbildung 5.6   Entwurfsoberfläche des DataSet-Designers (Hinzufügen eines *TableAdapters*)

Mit dem *TableAdapter-Konfigurations-Assistenten* wählen Sie Ihre Datenverbindung aus und geben im später folgenden SQL-Dialog z.B. die Anweisung »SELECT * FROM Kunden« ein.

Wenn der Assistent fertig ist, bieten Ihnen das Datenquellen-Fenster (Menü *Daten/Datenquellen anzeigen*) und der DataSet-Designer den in der folgenden Abbildung gezeigten Anblick.

---

[1] Für zwei verknüpfte Tabellen können es durchaus 1500 und mehr Zeilen sein.

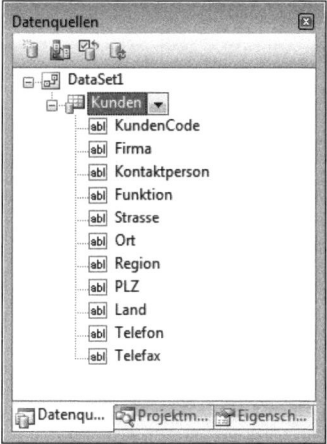 

Abbildung 5.7 Datenquellen-Fenster (links) und DataSet-Designer (rechts) nach Fertigstellung des typisierten DataSets

Das typisierte DataSet kann zur Drag & Drop-Datenbindung in Windows Forms-Fenstern oder per Programmcode verwendet werden.

HINWEIS   Beachten Sie, dass es sich beim typisierten DataSet um eine Klasse handelt, die vor ihrer Verwendung erst noch zu instanziieren ist!

BEISPIEL

Das typisierte DataSet *DataSet1* (siehe obige Abbildung) wird instanziiert, mit Daten gefüllt und angezeigt.

```
Imports DataSet1TableAdapters              ' Namespace für TableAdapter

Dim kta As New KundenTableAdapter()        ' TableAdapter instanziieren
Dim ds1 As New DataSet1()                  ' typ. DataSet instanziieren
kta.Fill(ds1.Kunden)                       ' typ. DataSet füllen
DataGridView1.DataSource = ds1.Kunden      ' ... und anzeigen
```

HINWEIS   Das vollständige Beispiel finden Sie in den Begleitdateien!

Das Datenquellen-Konzept

Wie Sie bereits erfahren haben, sind typisierte DataSets und Datenquellen eng miteinander verknüpft. Ganz allgemein repräsentiert eine Datenquelle die Daten, die für die Applikation verfügbar sind. Die Daten müssen aber nicht unbedingt von einer Datenbank kommen. Der *Assistent zum Konfigurieren von Datenquellen* erlaubt Daten aus drei verschiedenen Quellen:

- Datenbank
  Das kann entweder eine serverbasierte Datenbank wie der SQL Server oder Oracle sein, oder eine dateibasierte Datenbank wie Access. Visual Studio generiert automatisch typisierte DataSets und andere Klassen und fügt diese zu Ihrem Projekt hinzu.

- Objekt
  Irgendein Objekt mit öffentlichen Eigenschaften kann ebenfalls als Datenquelle dienen. Es ist nicht notwendig, dafür ein spezielles Interface zu implementieren.

- Webservice
  Beim Erzeugen einer Datenquelle von einem Webdienst werden Objekte erstellt, die mit dem Datentyp korrespondieren, der vom Webdienst geliefert wird.

Eine Datenquelle dient einem doppelten Zweck:

Zum Ersten ist es ein Weg um das Erstellen streng typisierter Klassen zu spezifizieren, welche die Anwendungsdaten repräsentieren, zum Zweiten stellt die Datenquelle einen flexiblen Mechanismus zur schnellen Entwicklung attraktiver und funktioneller WinForms- und WebForms-Benutzerschnittstellen bereit.

Typisierte DataSets und TableAdapter

Eine Datenbank-Datenquelle ist die Kombination eines streng typisierten *DataSets* mit einem oder mehreren Pärchen von streng typisierten *DataTable*s und *TableAdapter*s.

Ein typisiertes DataSet ist, soviel wissen wir bereits, eine automatisch generierte Wrapper-Klasse, die die *DataSet*-Klasse »umhüllt« und ein definiertes Schema zusammen mit Eigenschaften und Methoden besitzt. Das ist aber noch nicht alles. Zusätzlich werden für jede *DataTable* des *DataSet*s drei abgeleitete Klassen generiert: eine typisierte *DataTable*, eine typisierte *DataRow* und eine typisierte *DataRowChangeEvent* Klasse.

BEISPIEL

Eine Datenquelle, basierend auf der *Customers* Tabelle der *Northwind*-Datenbank, führt zum Generieren folgender typisierter Klassen:

```
NorthwindDataSet
CustomersDataTable
CustomersDataRow
CustomersRowChangeEvent
CustomersTableAdapter
```

Bereits die ersten vier Klassen des Beispiels charakterisieren ein typisiertes *DataSet*. In Visual Studio wird aber noch eine fünfte Klasse generiert, ein typisierter *TableAdapter* mit dem Namen*CustomersTableAdapter*, auf den wir noch ausführlicher zu sprechen kommen werden.

Warum sollte man ein typisiertes DataSet einsetzen?

Hier die wichtigsten Vorzüge im Detail:

- *DataSet*s, *DataTable*s, *DataRow*s und *RowChangeEvent* sind vom Datenschema abhängig

- *Tables*, *Columns* und *Relations* stehen als benannte Eigenschaften zur Verfügung und nicht mehr als allgemeine Mitglieder einer Auflistung

- Der Programmierer hat unter Visual Studio die volle Unterstützung der IntelliSense (automatische Codevervollständigung), was die Entwicklung des Codes beschleunigt und die Wahrscheinlichkeit von Tippfehlern verringert

- Fehlerprüfungen erfolgen bereits beim Kompilieren (z.B. führt ein falscher Feldname bereits zu einem Kompilier- und nicht erst zu einem Laufzeitfehler)
- Der Code ist konsistenter und lesbarer (siehe folgendes Beispiel)

BEISPIEL

Vergleich der Schreibweisen beim Zugriff auf die *ContactName*-Spalte in der vierten Zeile der *Customers*-Tabelle der *Northwind*-Datenbank.

Normales DataSet:

```
Dim cName As String = nwDS.Tables ("Customers").Rows(3)("ContactName").ToString()
```

Typisiertes DataSet:

```
Dim cName As String = northwindDataSet.Customers(3).ContactName
```

Die zweite Variante ist doch viel transparenter – oder? Die von seinem untypisierten Vorfahren geerbte Funktionalität bleibt natürlich erhalten, Sie können deshalb ein typisiertes DataSet optional auch mit der gleichen Syntax wie ein normales DataSet abfragen.

Der TableAdapter

Ein *TableAdapter* ist das streng typisierte Äquivalent zum normalen *DataAdapter*.

Sie verwenden den *TableAdapter* zunächst genauso wie den *DataAdapter*, d.h. zur Verbindungsaufnahme mit einer Datenbank, zum Ausführen von Abfragen (oder gespeicherten Prozeduren) und zum Befüllen einer *DataTable* mit Daten.

BEISPIEL

Die (typisierte) Tabelle *NorthwindDataSet.Customers* wird mit Daten gefüllt.

```
Me.CustomersTableAdapter.Fill(Me.NorthwindDataSet.Customers)
```

Der *TableAdapter* offeriert gegenüber seinem nichttypisierten Kollegen einige gewichtige Vorteile:

- Ein und dieselbe *TableAdapter*-Klasse kann von einer oder mehreren Forms oder Controls benutzt werden, sodass alle Änderungen der Abfragen sich automatisch in allen Instanzen auswirken. Dies ist ein deutlicher Unterschied zur bisherigen Situation, wo jede Datenzugriffskomponente ihren eigenen individuell konfigurierten *DataAdapter* haben musste. Damit sichern Sie ab, dass *DataTables* und *DataAdapters* synchron arbeiten.
- Anstatt mehrere *DataAdapter* zu verwenden (oder selbst Umschaltcode zu schreiben um mehrere Abfragen für eine einzelne *DataTable* zu ermöglichen), erlaubt ein *TableAdapter* die Definition mehrerer Abfragen pro *DataTable*.
- Die verschiedenen *Command*-Objekte treten nicht mehr direkt, sondern als benannte *Fill...* bzw. *Update...*-Methoden des *TableAdapters* in Erscheinung, Sie können diese Methoden per DataSet-Designer beliebig hinzufügen, wobei automatisch Typ- und Werteinformationen für alle Parameter zur Verfügung stehen. Sie brauchen sich also nicht länger über providerspezifische Datentypen, wie z.B. *SqlInt*, zu ärgern!

BEISPIEL

Die folgende einfachen Abfrage mit einem Parametern soll ausgeführt werden:

```
SELECT CompanyName, ContactName from Customers WHERE City = @city
```

Auch wenn Sie ein typisiertes DataSet verwenden bleibt der Code ohne *TableAdapter* doch ziemlich unübersichtlich:

```
SqlDataAdapter1.SelectCommand.Parameters("@city").Value = Listbox1.SelectedItem.ToString()
SqlDataAdapter1.Fill (Me.NorthwindDataSet.Customers)
```

Wenn sich die Anzahl der Parameter vergrößert wächst auch die Zahl der Codezeilen. Lästige Fehler entstehen, wenn man den Parameternamen falsch eintippt. Auch wenn Sie den Parameternamen richtig schreiben, müssen Sie sich auch noch an den dazugehörigen Datentyp erinnern. Das Schlimmste aber ist, dass Sie
erst zur Laufzeit informiert werden, wenn mit den Parametern etwas nicht stimmt!

Mit dem *TableAdapter* von Visual Studio muss man nach Definition einer *Fill...*-Abfragemethode lediglich
eine einzige Zeile Code schreiben um einen (oder auch mehrere) Parameterwerte zu übergeben:

BEISPIEL

Der Abfragemethode *FillByCity* wird als Parameter der Name einer Stadt aus einer *TextBox* übergeben.

```
Me.CustomersTableAdapter.FillByCity (Me.NorthwindDataSet.Customers, Me.TextBox1.Text)
```

Da die Abfragemethoden streng typisiert sind, erhalten Sie beim Schreiben von Code die volle Unterstützung der Intellisense von Visual Studio.

LINQ to DataSet

Die LINQ-Technologie (siehe Kapitel 2) hat natürlich auch vor *DataSet*s nicht halt gemacht. Ein spezielles
LINQ-Flavour, genannt *LINQ to DataSet*, kann das Abfragen von *DataSet*s erheblich vereinfachen. Bislang
können wir zwar fast beliebige Daten/Abfragen in den Arbeitsspeicher schaufeln, sind diese jedoch erstmal
dort, fehlen uns die notwendigen Werkzeuge, um diese Daten auch komfortabel zu verarbeiten. Wir sind auf
schnöde Schleifen, wie *For Each*-Anweisungen, angewiesen, um Berechnungen, Filter etc. zu realisieren.
Auch die Verwendung einer *DataView* hilft uns hier nicht viel weiter.

Mit *LINQ to DataSet* steht uns eine Lösung in Form einer SQL-ähnlichen Abfragesprache zur Verfügung.
Ausgehend von der Tatsache, dass die im *DataSet* enthaltenen *DataTable*-Objekte auch nichts anderes als
Listen von Objekten (*DataRows*) sind, können wir die bereits im Kapitel 2 bei *LINQ to Objects* gewonnenen
Erkenntnisse mit einigen Anpassungen auch auf die Verarbeitung von *DataSet*s übertragen. An dieser Stelle
müssen wir allerdings eine Unterscheidung zwischen

- untypisierten *DataSet*s und
- typisierten *DataSet*s vornehmen.

Letztere bieten wesentlich bessere Voraussetzungen für das Abfragen von Feldinhalten (eine Typisierung in
der LINQ-Abfrage kann meist entfallen). Auch steht uns nur bei diesem Typ die Intellisense hilfreich zur
Seite.

Untypisierte DataSets abfragen

Im Gegensatz zu den typisierten *DataSets* bzw. *DataTable*-Objekten ist bei untypisierten *DataTables* eine direkte Abfrage per LINQ nicht möglich. Mit Hilfe der Erweiterungsmethode *AsEnumerable()* können Sie aber eine abfragbare *IEnumerable*-Liste erzeugen.

BEISPIEL

Ein *DataSet* mit Inhalten der *Products*-Tabelle der *Northwind*-Datenbank füllen und nachträglich die Artikel mit einem Preis kleiner 10 heraussuchen. Zusätzlich sollen die Artikel nach dem Preis sortiert werden.

```
Imports System.Data.SqlClient
...
Dim ds As New DataSet()
Dim da As New SqlDataAdapter("SELECT * FROM Products",
            "Data Source=.\SQLEXPRESS;Initial Catalog=Northwind;Integrated Security=True")
da.Fill(ds)
Dim products As DataTable = ds.Tables(0)
```

Bis hier dürfte Ihnen alles bekannt vorkommen (Laden der Daten in das *DataSet*), neu ist die folgende LINQ-Abfrage:

```
Dim query = From p In products.AsEnumerable()
            Where p.Field(Of Decimal)("UnitPrice") < 10
            Order By p.Field(Of Decimal)("UnitPrice")
            Select p
```

Last but not least sorgen wir noch für die Anzeige in einem *DataGridView*:

```
DataGridView1.DataSource = query.AsDataView()
```

Wie schon erwähnt, müssen wir zunächst *AsEnumerable()* verwenden, um überhaupt mit LINQ arbeiten zu können. Zusätzlichen Aufwand müssen wir noch mit den Feldinhalten treiben, diese stehen uns nur über spezielle *Field((Of ...)*-Erweiterungsmethoden zur Verfügung. Diese Accessor-Methoden sind für die Typisierung der Feldinhalte verantwortlich.

Probleme mit NULL-Werten

Führen Sie obiges Beispiel aus, wird es problemlos funktionieren, doch wehe die abgefragte Tabellenspalte enthält einen NULL-Value (siehe Abbildung 5.8).

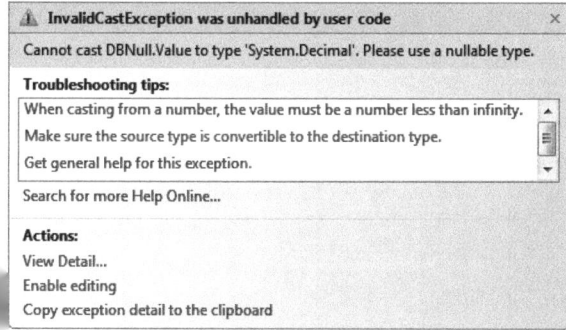

Abbildung 5.8 Fehlermeldung

Hier hilft nur eine vorherige Abfrage mit *IsNull()*, um das Schlimmste zu verhindern:

BEISPIEL

Wir erweitern obiges Beispiel um die zusätzliche Abfrage auf NULL-Values.

```
...
Dim query = From p In products.AsEnumerable()
            Where p.IsNull("UnitPrice") = False AndAlso p.Field(Of Decimal)("UnitPrice") < 10
            Order By p.Field(Of Decimal)("UnitPrice")
            Select p
...
```

Mit obigem Konstrukt wird die zweite Bedingung nicht ausgeführt wenn sich in der Spalte ein Null-Value befindet. Alternativ können Sie auch folgende Schreibweise nutzen:

```
    ...
    Where p.Field(Of Nullable(Of Decimal))("UnitPrice") < 10
    Order By p.Field(Of Nullable(Of Decimal))("UnitPrice")
    ...
```

Typisierte DataSets abfragen

Bei typisierten *DataSet*s können wir auf die *Field*-Accessor-Methoden und die Umwandlung mit *AsEnumerable* verzichten, da die entsprechenden *DataTable*-Klassen bereits über die erforderliche Schnittstelle *IEnumerable* verfügen.

Fügen Sie dem Projekt ein *DataSet* hinzu und ziehen Sie die gewünschten Tabellendaten per Drag & Drop aus dem Server-Explorer hinein. Zu jeder Tabelle wird automatisch ein typisierter *TableAdapter* erzeugt, der mit seinen verschiedenen *Command*-Objekten für das Abrufen, Einfügen, Löschen und Aktualisieren der Daten verantwortlich ist.

BEISPIEL

Wir wollen unser Beispiel aus dem vorhergehenden Abschnitt mittels typisiertem *DataSet* realisieren. Dabei gehen wir davon aus, dass wir das entsprechende *DataSet* für die Tabelle *Products* bereits erstellt haben.

DataSet instanziieren und *TableAdapter* erzeugen:

```
Private dsNorth As New dsNorthwind()
Private taProducts As New dsNorthwindTableAdapters.ProductsTableAdapter()
...
```

Daten per *TableAdapter* in das *DataSet* laden (eigentlich in die *DataTable*):

```
taProducts.Fill(dsNorth.Products)
```

Und hier die Abfrage, die wesentlich einfacher und transparenter als beim untypisierten *DataSet* ist:

```
Dim q = From p In dsNorth.Produccts
        Where p.UnitPrice < 10
        Order By p.UnitPrice
        Select p
```

Für die Anzeige müssen wir eine kleine Umwandlung vornehmen, so ist auch die Datenbindung problemlos möglich:

```
DataGridView2.DataSource = q.AsDataView()
```

Wie Sie sehen, können wir direkt mit der typisierten *DataTable* (*Products*) arbeiten, auch beim Feldzugriff sind keine »Kopfstände« erforderlich, die Typisierung ist ja bereits erfolgt. Für die Arbeit mit Null-Values gilt das Gleiche wie bei den untypisierten DataSets, d.h., Sie müssen entsprechende Bedingungen einbauen.

> **HINWEIS**   Ein komplettes Beispiel finden Sie im How-to 5.13 »… mit LINQ to DataSet die Datenbank aktualisieren?«.

Abhängigkeiten zwischen den Tabellen auflösen

Das Abfragen einer einzigen Tabelle mit LINQ dürfte bisher kaum den Aufwand rechtfertigen, das klappt mit einer *DataView* auch recht gut. Doch was ist, wenn Sie mit zwei oder mehr Tabellen arbeiten? Hier müssten Sie eine zusätzliche Abfrage im *DataSet* unterbringen.

Häufiges Anwendungsgebiet ist die bekannte 1:n-Beziehung. Diese können Sie in LINQ to DataSet über eine entsprechende Eigenschaft (*...Row*) auflösen.

> **BEISPIEL**

Ausgehend von der in der Abbildung gezeigten Abhängigkeit, wollen wir in einer Liste der Bestelldetails den jeweiligen Produktnamen (aus Tabelle *Products*) direkt anzeigen.

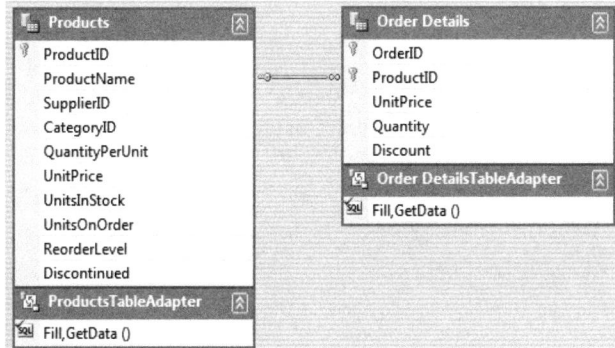

Abbildung 5.9 Datenbasis

DataSet füllen:

```
...
   taProducts.Fill(dsNorth.Products)
   taOrderDetails.Fill(dsNorth.Order_Details)
```

Die Abfrage:

```
Dim q = From od In dsNorth.Order_Details
        Select New With
        { .OrderId = od.OrderID,
          .ProductId = od.ProductID,
```

```
            .ProductName = od.ProductsRow.ProductName }
    DataGridView2.DataSource = q.ToList()
```

Wie Sie sehen, beziehen wir uns per *ProductsRow* (zu jeder Zeile in *OrderDetails* gibt es genau einen Datensatz in *Products*) auf den gewünschten Artikel:

OrderId	ProductId	ProductName
10248	11	Queso Cabrales
10248	42	Singaporean Hokkien Fried Mee
10248	72	Mozzarella di Giovanni
10249	14	Tofu
10249	51	Manjimup Dried Apples
10250	41	Jack's New England Clam Chowder
10250	51	Manjimup Dried Apples

Abbildung 5.10 Abfrageergebnis

Doch was ist mit der umgekehrten Variante, wenn Sie beispielsweise für jeden Artikel die Gesamtverkäufe bestimmen wollen? In SQL würden Sie dafür folgendes Statement programmieren:

```
SELECT
    p.ProductName,
    Sum(od.Quantity) AS Orders
FROM
    Products AS p,
    [Order Details] AS od
WHERE
    p.ProductId = od.ProductId
GROUP BY
    p.productname
```

Die Umsetzung in LINQ:

```
...
Dim q = From p In dsNorth.Products
        Group Join od In dsNorth.Order_Details On p.ProductID Equals od.ProductID
        Into ods = Group
        Select New With { .ProductId = p.ProductID,
                          .ProductName = p.ProductName,
                          .Orders = ods.Sum(Function(n) n.Quantity)}

    DataGridView2.DataSource = q.ToList()
...
```

Das Ergebnis ist eine Liste der Produkte mit der jeweiligen Anzahl der Bestellungen:

ProductId	ProductName	Orders
1	Chai	828
2	Chang	1057
3	Aniseed Syrup	328
4	Chef Anton's Cajun Seasoning	453
5	Chef Anton's Gumbo Mix	298
6	Grandma's Boysenberry Spread	301
7	Uncle Bob's Organic Dried Pears	763

Abbildung 5.11 Abfrageergebnis

Auf dem gleichen Weg können Sie auch alle anderen Aggregat-Funktionen nutzen oder weitere Berechnungen anstellen (zum Beispiel die Gesamtbestellsumme je Artikel ermitteln).

HINWEIS   Ein weiteres Beispiel mit Relationen finden Sie im How-to 5.12 »... ein typisiertes DataSet mit LINQ abfragen?«

Die Qual der Wahl

DataSet, DataReader oder LINQ? Die Frage, für welche Datenzugriffstechnologie er sich denn nun entscheiden soll, bereitet angesichts der Fülle von Objekten manchem .NET-Entwickler schlaflose Nächte.

In diesem zusammenfassenden Abschnitt wollen wir das Thema ADO.NET abrunden und das Für und Wider von DataSet und *DataReader*, sowie die Rolle der neueren ORM[1]-Tools (LINQ to SQL, LINQ to Entities) diskutieren.

DataReader – der schnelle Lesezugriff

Am schnellsten geht das Lesen von Daten mit dem *DataReader* (siehe Kapitel 4), dieser ist in der .NET-Klassenbibliothek das grundlegende Instrument für den Zugriff auf Datenbanken. Alle anderen Datenzugriffstechnologien greifen hinter den Kulissen auf den *DataReader* zu.

Allerdings kann der *DataReader* die Daten nur lesen und die Ergebnismenge sequenziell von vorn nach hinten durchlaufen. Während seiner Arbeit braucht der *DataReader* eine kontinuierliche Verbindung zur Datenbank, deshalb lässt er sich nicht serialisieren und in einem verteilten System nutzen.

Wie schnell der *DataReader* ist, hängt vom Datenbanktreiber, der Datenquelle und der Netzwerkverbindung ab. Von Hause aus sind im .NET Framework nur ADO.NET-Treiber für den SQL Server und für Oracle enthalten. Weitere Datenbanktreiber werden direkt von den Herstellern oder von Drittanbietern geliefert[2].

Der DataReader ist zwar schnell, kann aber leider nur lesen. Will man Daten speichern, so braucht der *DataReader* einen »schreibfähigen« Partner. In der Regel wird man hierfür *Command*-Objekte einsetzen, mit denen die entsprechenden SQL-Befehle abgesetzt oder gespeicherten Prozeduren aufgerufen werden (siehe Seite 245 oder How-to 4.2 »... eine Aktionsabfrage ausführen?«). Für den Programmierer bleibt also viel mühselige Kleinarbeit übrig. Dafür wird er mit der besten Performance und dem geringsten Ressourcen-Verbrauch belohnt.

DataSet – die Datenbank im Hauptspeicher

Gegenüber dem *DataReader* ist das *DataSet* ein Alleskönner. Es ist ein im Hauptspeicher gehaltener Datencontainer, der mehrere Ergebnismengen gleichzeitig aufnehmen und miteinander verknüpfen kann. Wie bei einer »richtigen« Datenbank kann man zwischen Datensätzen navigieren und Filter- und Suchoperationen durchführen. Vor allem aber ist der Entwickler in der Lage, Daten im *DataSet* zu ändern. Das *DataSet* unterstützt den Programmierer beim Zurückschreiben der Änderungen in die Datenbank. Ein *DataSet* kann im XML- oder im Binärformat serialisiert und über das Netz verschickt werden.

---

[1] Objektrelationale Mapper

[2] Wer noch mit Microsoft Access arbeitet, ist nach wie vor auf die relativ langsamen OLEDB-Treiber angewiesen.

Bei so viel Licht gibt es natürlich auch Schatten: Im Unterschied zum *DataReader* verschlingt das *DataSet* Unmengen an Speicherplatz und benötigt eine deutlich höhere Rechnerleistung.

Typisiertes versus untypisiertes DataSet

In das normale *DataSet* können Sie beliebige Tabellenschemen einlesen, es ist also untypisiert (so wie auch der *DataReader*). Diese Flexibilität hat den Nachteil, dass man im Programmcode die Spalten nur als Zeichenketten benennen kann, die vom Compiler nicht überprüfbar sind.

Ein typisiertes DataSet hingegen ist eine automatisch generierte Wrapper-Klasse, welche die *DataSet*-Klasse »umhüllt« und ein definiertes Schema zusammen mit Eigenschaften und Methoden besitzt (siehe dazu Seite 339).

Neben dem sauberen objektorientierten Code und der Intellisense-Unterstützung bieten typisierte DataSets auch Vorteile bei der Datenbindung, denn hier erleichtern Assistenten und Auswahlfelder in Visual Studio die Arbeit des Entwicklers deutlich.

Doch dieser Komfort hat seinen Preis: Beim Erzeugen typisierter DataSets ist man in der Regel auf die Unterstützung eines Assistenten angewiesen, dieser produziert im Hintergrund Unmengen von Code. Auch die Performance ist etwas schlechter als beim einfachen, untypisierten DataSet.

Ein DataSet (egal ob normal oder typisiert) hat eigentlich nur in klassischen Desktop-Anwendungen seinen angestammten Platz. Hier überwiegen die Vorteile und die schlechte Performance fällt kaum ins Gewicht. Anders sieht dies bei Webanwendungen und in verteilten Systemen aus, insbesondere bei größeren Datenmengen und Benutzerzahlen. Hier stößt das DataSet bezüglich Leistung und Skalierbarkeit an seine Grenzen.

HINWEIS   Dies ist sicher auch ein Grund, dass für Silverlight-Anwendungen keine *DataSet*-Unterstützung vorhanden und auch nicht geplant ist.

Objektrelationales Mapping – die Zukunft?

Wer bisher nur mit *DataSet* und *DataReader* gearbeitet hat weiß um die Komplexität einer ausgewachsenen Datenbankanwendung. In der Regel sind nicht nur einfache CRUD[1]-Operationen zu programmieren, sondern auch das Problem der Änderungsverfolgung ist zu lösen. Weitere Hürden lauern, wenn es um Primär- und Fremdschlüssel, Autowertspalten, Relationen und Transaktionen geht.

Ideal wäre ein typisierter Datenzugriff unter Vermeidung der Nachteile des DataSets. Dabei besteht das grundsätzliche Problem im Wesensunterschied zwischen dem relationalen Modell und dem Objektmodell. Relationale Datenbanken werden in Tabellen und Beziehungen normalisiert, während Objekte die Konzepte der Vererbung und Komposition sowie komplexe Referenzhierarchien verwenden. Das verhindert ein direktes Mapping der Tabellen und Records an äquivalente Objekte und Auflistungen.

Die Lösung dieses Konflikts soll das objektrelationale Mapping (ORM) bringen. Die Grundidee besteht in der Definition von .NET-Klassen, deren Aufbau dem Tabellenschema einer Datenbank entspricht.

---

[1] *Create, Retrieve, Update, Delete*

terrashop.de

Terrashop GmbH, Lise-Meitner-Str. 8, 53332 Bornheim
Internet: www.terrashop.de E-Mail: service@terrashop.de

Tel.: 02227-9292-0
Fax: 02227-9292-12

Herrn
Roland Peter
Schwabbrucker Str. 10

82541 Münsing

0004/012

4655585267

Lieferschein zu Rechnung
Nr. 4655585267
Kunden-Nr. 0010768948

Rechnungs-/Lieferdatum: 07.11.2014   Bearbeiter: SPSP

Vielen Dank für Ihre Bestellung vom 06.11.2014

Stk.	Bestell-Nr.	Gr.	Titel		Lagerpl.
1	8664544		Datenbankprogrammierung mit	W 01 3	
			Visual Basic 2010		
1	BEST_ID		1174170		
1	ZWPP		Vielen Dank für Ihren Einkauf		

Gesamtstückzahl	Gewicht	Versandart
1	2,307	DHL Paket

12

Steuer-Nr. 222/57/18/1380
Geschäftsführer: Helmut Frey

Handelsregister: Amtsgericht Bonn
HRB 9379 - Ust-IdNr. DE 214366298

Bank: Kreissparkasse Köln
IBAN: DE48370502990184004087 BIC: COKSDE33

LINQ to SQL/LINQ to Entities

Nachdem Microsoft recht lange das ORM-Feld Drittanbietern überlassen hat[2], gibt es seit .NET 3.5 *LINQ to SQL* (siehe Kapitel 17) und *LINQ to Entities* bzw. das ADO.NET Entity Framework (siehe Kapitel 18).

Die modernen ORM-Technologien lohnen sich für den Datenbankprogrammierer vor allem dann, wenn er ein völlig neues Projekt realisieren möchte, eine Datenbank also noch nicht vorhanden ist. In diesem Fall kann er mit dem Entwurf des Objektmodells beginnen und die Datenbank auf dieser Grundlage erzeugen.

Auch wenn Sie Wert auf sauberen objektorientierten Code, Vererbungsunterstützung, auf Datenbankunabhängigkeit und auf die Kommunikation mit anderen Plattformen legen, sollten Sie LINQ to SQL oder das leistungsfähigere LINQ to Entities ins Auge fassen.

Andererseits kann es für den geplagten Datenbankprogrammierer auch ein fataler Irrtum sein, in den ORM-Tools eine Allzweck-Wunderwaffe zu sehen. Für Massendatenänderungen sind ORMs kaum geeignet, denn es hat keinen Sinn, tausende Objekte erst in den Speicher zu laden, dort zu ändern und anschließend in die Datenbank zurückzubefördern. Hier sollten Sie gezielt mit gekapselten *Command*-Anweisungen SQL-Befehle direkt an die Datenbank schicken.

Ein weiterer Schwachpunkt ist die Performance. Erwartungsgemäß sind ORMs keinesfalls schneller als typisierte *DataSets* oder gar *DataReader*. Damit fällt objektrelationales Mapping für zeitkritische Lese- und Schreiboperationen unter den Tisch. Nach wie vor sind hier der *DataReader* und das direkte SQL mit *Command*-Objekten zu empfehlen.

How-to-Beispiele

5.1 ... eine DataTable erzeugen und in einer Binärdatei speichern?

FileStream-Objekt: *Length*-Eigenschaft; *BinaryReader*-Objekt: *ReadInt32*-, *ReadDecimal*-, *ReadString*-Methode; *BinaryWriter*-Objekt: *Write*-Methode; *DataColumn*-Objekt: *AutoIncrement*-, *AllowDBNull*-, *DefaultValue*-Eigenschaft; *DataRow*-Objekt: *NewRow*-Methode; *DataTable*-Objekt: *Rows*-Auflistung, *Add*-Methode;

Dieses How-to soll den Lernenden vor allem mit der *DataTable* und ihrer Struktur, die sich in den verschiedenen in ihr enthaltenen Objekten widerspiegelt, vertraut machen.

Dabei geht es auch um die Feststellung, dass der Inhalt eines *DataSets* bzw. einer *DataTable* nicht immer in einer Datenbank abgelegt werden muss, denn oft genügt auch das Abspeichern in eine normale Binärdatei.

Mangels Datenbank kann man sich dann seine *DataTable* nicht mehr so einfach per *Fill*-Methode vom *DataAdapter* erzeugen lassen, sondern muss sie schrittweise selbst per Code »zusammenbasteln«.

Vorbild ist eine Tabelle »Belege« mit folgender Struktur, die für den Lernenden den Vorteil bietet, dass in ihr mehrere unterschiedliche Datentypen enthalten sind.

---

[2] z.B. *Hibernate bzw. NHibernate*

Feld	Datentyp
Nr	Integer
EingangsDatum	DatumZeit
KuNr	Integer
GesamtNetto	Währung
Bemerkung	String

Tabelle 5.10 Tabellenstruktur

Oberfläche

Außer dem Startformular (*Form1*) werden ein *DataGridView* und drei *Buttons* benötigt (siehe Laufzeitansicht am Schluss).

Quellcode

```
...
Imports System.IO

Public Class Form1
    Private dt As DataTable = Nothing
```

Da die Tabellenstruktur nicht aus einer Datenbank übernommen werden kann, müssen wir uns um das Erzeugen der *DataTable* selbst kümmern:

```
Private Function getDataTable() As DataTable
    Dim dt As New DataTable("Belege")
    Dim col0 As DataColumn = dt.Columns.Add("Nr", GetType(System.Int32))
    col0.AutoIncrement = True
    col0.AutoIncrementStep = 1

    Dim col1 As DataColumn = dt.Columns.Add("EingangsDatum", GetType(System.DateTime))
    col1.AllowDBNull = False
    col1.DefaultValue = DateTime.Now

    Dim col2 As DataColumn = dt.Columns.Add("KuNr", GetType(System.Int32))
    col2.AllowDBNull = False

    Dim col3 As DataColumn = dt.Columns.Add("GesamtNetto", GetType(System.Decimal))
    col3.DefaultValue = 0

    Dim col4 As DataColumn = dt.Columns.Add("Bemerkung", GetType(System.String))
    col4.DefaultValue = ""
    col4.MaxLength = 50
    Return dt
End Function
```

Der Aufruf obiger Methode und das Verbinden mit dem *DataGridView* erfolgen beim Laden des Formulars:

```
Protected Overrides Sub OnLoad(ByVal e As System.EventArgs)
    dt = getDataTable()
    DataGridView1.DataSource = dt              ' Datengitter an DataTable anbinden
    formatDataGridView(DataGridView1)          ' ... und formatieren
```

```
        MyBase.OnLoad(e)
    End Sub
```

Es erleichtert das Verständnis, wenn wir nicht mit dem Lesen, sondern mit dem Abspeichern der *DataTable* beginnen:

```
    Private Sub Button2_Click(ByVal sender As System.Object, ByVal e As System.EventArgs) _
                                                            Handles Button2.Click
        Dim wStream As New FileStream("Belege.dat", FileMode.OpenOrCreate, FileAccess.Write)
        Dim bWriter As New BinaryWriter(wStream)
```

Wichtig für das spätere Auslesen der Datei ist, dass wir als ersten Wert die Zeilenanzahl der *DataTable* abspeichern:

```
        bWriter.Write(dt.Rows.Count)
```

Jede Zeile der *DataTable* wird nun einzeln abgespeichert, die Typkonvertierung ist wegen des *Object*-Datentyps der *DataRow*-Elemente erforderlich:

```
        For Each rw As DataRow In dt.Rows
            bWriter.Write(CType(rw("Nr"), Integer))
            bWriter.Write(CType(rw("EingangsDatum"), String))
            bWriter.Write(CType(rw("KuNr"), Integer))
            bWriter.Write(CType(rw("GesamtNetto"), Decimal))
            bWriter.Write(CType(rw("Bemerkung"), String))
        Next
        bWriter.Flush()              ' Puffer => Datei
        bWriter.Close()
        wStream.Close()
    End Sub
```

Von der Datei laden:

```
    Private Sub Button1_Click(ByVal sender As System.Object, ByVal e As System.EventArgs) _
                                                            Handles Button1.Click
        Dim rStream As New FileStream("Belege.dat", FileMode.OpenOrCreate, FileAccess.Read)
        Dim bReader As New BinaryReader(rStream)
```

Zuerst muss die Anzahl der in der Datei abgespeicherten Datensätze eingelesen werden:

```
        Dim max As Integer = bReader.ReadInt32   ' zuerst die Anzahl der Datensätze lesen
        If (rStream.Length > 0) Then             ' kein Lesen bei leerer bzw. neu angelegter Datei
```

Nun den Dateiinhalt zeilenweise einlesen und in die *DataRow* schreiben:

```
            For i As Integer = 1 To max
                Dim rw As DataRow = dt.NewRow
```

Die Spalten der Zeile mit Werten füllen:

```
                rw("Nr") = bReader.ReadInt32
                rw("EingangsDatum") = Convert.ToDateTime(bReader.ReadString)
                rw("KuNr") = bReader.ReadInt32
                rw("GesamtNetto") = bReader.ReadDecimal
                rw("Bemerkung") = bReader.ReadString
```

Schließlich die komplett beschriebene *DataRow* zur *DataTable* hinzufügen:

```
                dt.Rows.Add(rw)
            Next i
        End If
        bReader.Close()
        rStream.Close()
    End Sub
```

Die Anzeige löschen wir, indem wir die komplette *DataTable* löschen:

```
    Private Sub Button3_Click(ByVal sender As System.Object, ByVal e As System.EventArgs) _
                                                                Handles Button3.Click
        dt.Clear()
    End Sub
```

Das Formatieren des *DataGridView* beschränken wir auf die Spalten *EingangsDatum* und *GesamtNetto*:

```
    Private Sub formatDataGridView(ByVal dgv As DataGridView)
```

Datum formatieren:

```
        dgv.Columns.Remove("EingangsDatum")
        Dim tbc1 As New DataGridViewTextBoxColumn()
        tbc1.DataPropertyName = "EingangsDatum"
        tbc1.HeaderText = "EingangsDatum"
        tbc1.Width = 90
        tbc1.DefaultCellStyle.Format = "d"
        tbc1.DefaultCellStyle.Alignment = DataGridViewContentAlignment.MiddleCenter
        tbc1.DisplayIndex = 1
        dgv.Columns.Add(tbc1)
```

Währung formatieren:

```
        dgv.Columns.Remove("GesamtNetto")
        Dim tbc2 As New DataGridViewTextBoxColumn()
        tbc2.DataPropertyName = "GesamtNetto"
        tbc2.HeaderText = "GesamtNetto"
        tbc2.Width = 80
        tbc2.DefaultCellStyle.Format = "c"
        tbc2.DefaultCellStyle.Alignment = DataGridViewContentAlignment.MiddleRight
        tbc2.DefaultCellStyle.Font = New Font(DataGridView1.Font, FontStyle.Bold)
        tbc2.DisplayIndex = 3
        dgv.Columns.Add(tbc2)
    End Sub
End Class
```

Test

Tragen Sie gleich zu Beginn einige Datensätze ein. Der Wert in der *Nr*-Spalte wird (dank *AutoIncrement=True*) automatisch ergänzt. Sie können Datensätze editieren oder mit der *Entf*-Taste löschen. Durch die *Esc*-Taste oder *Strg+Z* lassen sich Änderungen rückgängig machen.

Speichern Sie ab, löschen Sie die Anzeige und laden Sie dann erneut!

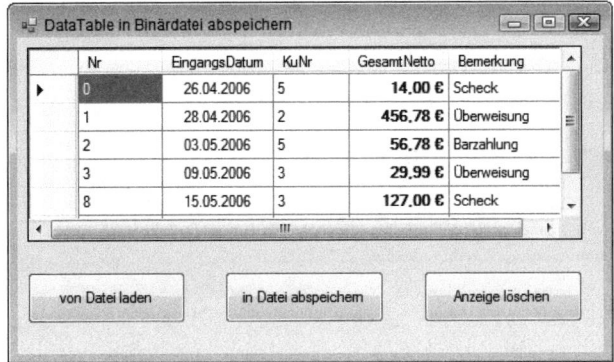

Abbildung 5.12 Laufzeitansicht

HINWEIS   Die erzeugte Datei *Belege.dat* finden Sie im *\bin\Debug*-Unterverzeichnis des Projekts.

Bemerkungen

- Damit der Quellcode übersichtlich bleibt, wurde auf eine Fehlerbehandlung, z.B. bei Eingabe eines ungültigen Datums, verzichtet

- Um die Spalten des *DataGridView* zu formatieren (vor allem *GesamtNetto*), ist einiger zusätzlicher Aufwand erforderlich, siehe dazu How-to 6.9 »... die Spalten im DataGridView formatieren?«

- Wie man nicht nur eine einfache *DataTable*, sondern ein komplettes *DataSet* mit zwei über eine Relation verknüpften Tabellen »per Hand« erzeugt, ist Teil des How-to 5.10 »... ein DataSet in einen XML-String konvertieren?«

- Die Verwendung der neuen *RemotingFormat*-Eigenschaft von *DataSet/DataTable* zum binären Serialisieren wird im How-to 5.9 »... ein DataSet binär serialisieren?« beschrieben

- Wie das nachfolgende How-to 5.2 »... eine DataTable in einer XML-Datei abspeichern?« zeigt, kann man eine *DataTable* auch mit deutlich weniger Code auf der Festplatte ablegen

5.2   ... eine DataTable in einer XML-Datei abspeichern?

DataSet-/DataTable-Objekt: *ReadXml-*, *WriteXml*-Methode; *XmlWriteMode*-Enumeration;

Im vorhergehenden How-to 5.1 »... eine DataTable erzeugen und in einer Binärdatei speichern?« musste relativ aufwändig mit *FileStream, BinaryReader, BinaryWriter* etc. gearbeitet werden um die Datenpersistenz zu gewährleisten. Wenn Sie aber die *DataTable* statt in einer Binärdatei in einer XML-Datei abspeichern wollen, können Sie sich einige Codezeilen ersparen, denn genauso wie ein *DataSet* verfügt auch eine *DataTable* über die Methoden *ReadXml* und *WriteXml*, mit denen es von einer XML-Datei gelesen bzw. in diese geschrieben werden kann.

Oberfläche

Diese entspricht 100%-ig dem Vorgängerbeispiel.

Quellcode

Der Code hinter den Schaltflächen »von Datei laden« und »in Datei abspeichern« vereinfacht sich drastisch (der übrige Code bleibt unverändert):

Von Datei laden:

```
Private Sub Button1_Click(ByVal sender As Object, ByVal e As EventArgs e) Handles Button1.Click
    dt.ReadXml("Belege.xml")
End Sub
```

In Datei abspeichern (Inhalt plus Schema-Informationen):

```
Private Sub Button2_Click(ByVal sender As Object, ByVal e As EventArgs)  Handles Button2.Click
    dt.WriteXml("Belege.xml", XmlWriteMode.WriteSchema)
End Sub
```

Test

Im Vergleich zum Vorgängerbeispiel ist kein unterschiedliches Verhalten festzustellen, allerdings befindet sich jetzt im Anwendungsverzeichnis keine Binär- sondern eine XML-Datei (*Belege.xml*).

5.3   ... Master-Detailbeziehungen im DataGrid anzeigen?

DataSet-Objekt: *Tables-, Relations-, -Auflistung: Add*-Methode; *DataRelation*-Objekt; *DataGrid*-Control;

Das »gute alte« *DataGrid* kann mehrere Tabellen gleichzeitig verwalten, dies ist fast der einzige (wenn auch nicht unbedeutende) Vorteil gegenüber dem strahlenden Nachfolger *DataGridView*. Im vorliegenden Beispiel zeigen wir, wie man ohne viel Mehraufwand eine Darstellung von zwei verknüpften Tabellen (*Kunden* und *Bestellungen* aus der *Nordwind*-Datenbank) erreichen kann. Dabei lernen wir, wie man eine *DataRelation* erstellt und anwendet.

Oberfläche

Ein *DataGrid* und ein *Button* genügen für einen kleinen Test. Da das *DataGrid* aus der Toolbox vertrieben wurde[1], müssen wir es aus der »Mottenkiste« wieder herausholen (Kontextmenü *Elemente auswählen...* und unter *.NET Framework-Komponenten* suchen).

Quellcode

```
...

Imports System.Data.OleDb

Public Class Form1
```

Einrichten der Verbindung zur Datenbank:

```
    Private Sub Button1_Click(ByVal sender As System.Object, ByVal e As System.EventArgs) _
                                                    Handles Button1.Click
```

---

[1] Der Mohr hat seine Schuldigkeit getan?

```
         Dim connStr As String = "Provider=Microsoft.Jet.OLEDB.4.0; Data Source=Nordwind.mdb;"
         Dim conn As New OleDbConnection(connStr)
```

Die Tabelle *Kunden* wird in das *DataSet* geladen:

```
         Dim selStr As String = "SELECT KundenCode, Firma, Kontaktperson, Telefon FROM Kunden"
         Dim da As New OleDbDataAdapter(selStr, conn)
         Dim ds As New DataSet()
         conn.Open()
         da.Fill(ds, "Kunden")
```

Die Tabelle *Bestellungen* wird geladen:

```
         selStr = "SELECT Bestellungen.BestellNr, Bestellungen.KundenCode," &
                  " Bestellungen.Bestelldatum, Bestellungen.Versanddatum" &
                  " FROM Kunden, Bestellungen WHERE (Kunden.KundenCode = Bestellungen.KundenCode)"
         da = New OleDbDataAdapter(selStr, conn)
         da.Fill(ds, "Bestellungen")
         conn.Close()
```

Die *DataRelation* wird zum *DataSet* hinzugefügt:

```
         ds.Relations.Add("KundenBestellungen", ds.Tables("Kunden").Columns("KundenCode"),
                                                ds.Tables("Bestellungen").Columns("KundenCode"))
```

Anbinden des *DataGrid*:

```
         DataGrid1.SetDataBinding(ds, "Kunden")
      End Sub
   End Class
```

Test

Das *DataGrid* zeigt zunächst eine scheinbar normale Darstellung der Kunden. Nach Klick auf das Kreuzchen in der ersten Tabellenspalte können Sie die Darstellung expandieren (siehe Abbildung links).

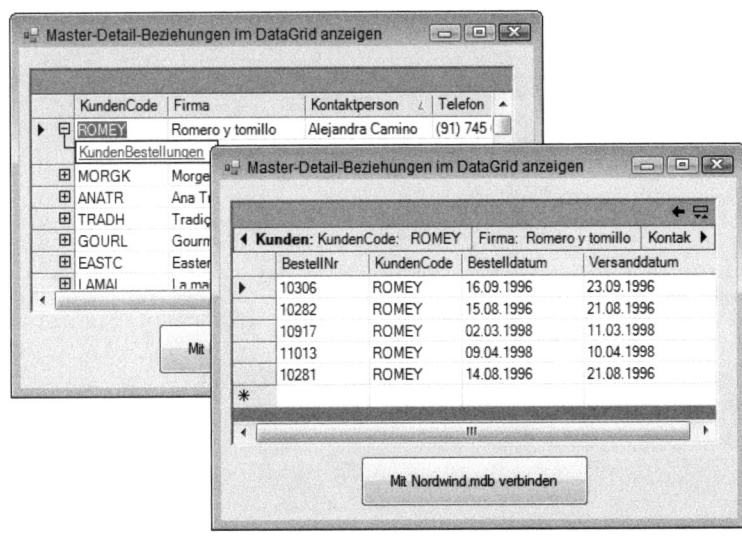

Abbildung 5.13 Master- und Detailansicht im *DataGrid*

Nachdem Sie auf den Hotspot »KundenBestellungen« geklickt haben erscheinen im *DataGrid* die gewünschten Detaildatensätze (siehe Abbildung rechts).

HINWEIS   Um zur Master-Tabelle zurückzukehren, klicken Sie auf den kleinen Pfeil rechts oben in der Titelleiste der Detailansicht.

5.4   ... in einem DataView sortieren und filtern?

DataTable-Objekt: *DefaultView*-Eigenschaft; *DataView*-Objekt: *Sort*-, *RowFilter*-Eigenschaft;

Ein *DataView*-Objekt visualisiert die Daten eines *DataTable*-Objekts und ermöglicht gleichzeitig ein bequemes Suchen und Filtern. Das vorliegende Beispiel zeigt eine einfache Anwendung zum Sortieren und Filtern auf Basis der *Artikel*-Tabelle aus *Nordwind.mdb*.

Oberfläche

Wir brauchen ein *DataGridView*, einen *Button* und zwei *TextBox*en. Letztere dienen der Eingabe der *Sort*- und der *RowFilter*-Eigenschaft des *DataView*-Objekts. Die Syntax dieser Eigenschaften ist SQL-orientiert.

Um beim Experimentieren nicht jedes Mal komplett die *Sort*- und *RowFilter*-Eigenschaften neu eintippen zu müssen, sollten Sie gleich zur Entwurfszeit beiden *TextBox*en gültige Anfangswerte zuweisen, z.B.

- *Sort*:   *Artikelname DESC*
- *RowFilter*:   *Artikelname LIKE 'M%' AND Einzelpreis < 50*

Quellcode

```
...
Imports System.Data.OleDb

Public Class Form1
```

Alle benötigten Objekte werden global referenziert:

```
    Private dv As DataView = Nothing
```

Beim Laden der Anwendung erfolgt das Instanziieren und Initialisieren der Objekte:

```
    Protected Overrides Sub OnLoad(ByVal e As System.EventArgs)
        Dim conn As New OleDbConnection("Provider=Microsoft.Jet.OLEDB.4.0; Data Source=Nordwind.mdb;")
        Dim cmd As New OleDbCommand(
                "SELECT ArtikelNr, Artikelname,Liefereinheit,Einzelpreis FROM Artikel", conn)
        Dim da As New OleDbDataAdapter(cmd)
        Dim dt As New DataTable()
        da.Fill(dt)                            ' DataTable füllen
        dv = dt.DefaultView                    ' Erzeugen des DataView in Standardansicht
        DataGridView1.DataSource = dv          ' Datengitter an DataView anbinden

        MyBase.OnLoad(e)
    End Sub
```

Zum Filtern und Sortieren werden die Inhalte aus den Textboxen zugewiesen:

```
Private Sub Button1_Click(ByVal sender As System.Object, ByVal e As System.EventArgs) _
                                                          Handles Button1.Click

    dv.Sort = TextBox1.Text
    dv.RowFilter = TextBox2.Text
End Sub
End Class
```

Test

Nach dem Programmstart zeigt die *DataView* zunächst alle Artikel in Standardansicht an. Nach dem An-klicken der *Start*-Schaltfläche werden z.B. nur noch alle mit »M« beginnenden Artikel mit einem Einzelpreis von z.B. unterhalb *50 Euro* in umgekehrter alphabetischer Reihenfolge angezeigt.

Weiteren Experimenten steht nun nichts mehr im Wege (bescheidene SQL-Kenntnisse vorausgesetzt).

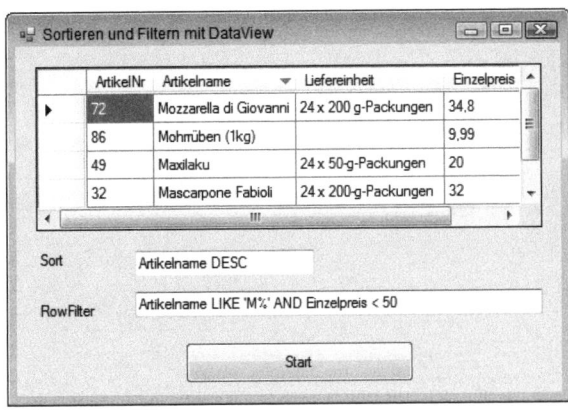

Abbildung 5.14 Laufzeitansicht

Bemerkungen

- Die SQL-Syntax der *RowFilter*-Eigenschaft ist dieselbe wie die der *Expression*-Eigenschaft des *Data-Column*-Objekts

- Neben dem »%«-Platzhalterzeichen können Sie auch das Zeichen »*« verwenden

5.5 ... nach Datensätzen suchen?

DataView-Objekt: *Sort*-Eigenschaft, *Find*-, *FindRows*-Methode; *DataRowView*-Array; *DataTable*-Objekt: *Clone*-, *NewRow*-Methode; *ComboBox*-Control;

Nicht nur Sortieren und Filtern, auch das Suchen von Datensätzen ist ein wichtiges Anwendungsfeld des *DataView*-Objekts, wozu die *Find*- und die *FindRows*-Methode eingesetzt werden. Das vorliegende Beispiel zeigt außerdem die Auswahl von Spalten mittels *ComboBox* und die Übertragung eines *DataRowView*-Arrays in eine *DataTable*.

Oberfläche

Für unseren Test benötigen wir ein *DataGridView*, eine *ComboBox*, eine *TextBox* und drei *Buttons* (siehe Laufzeitabbildung).

Quellcode

```
...
Imports System.Data.OleDb
    Public Class Form1
        Private dv As DataView = Nothing
        Private dt As DataTable = Nothing
```

Die üblichen Routineaktivitäten beim Starten:

```
        Protected Overrides Sub OnLoad(ByVal e As System.EventArgs)
            Dim conn As New OleDbConnection("Provider=Microsoft.Jet.OLEDB.4.0; Data Source=Nordwind.mdb;")
            Dim cmd As New OleDbCommand("SELECT * FROM Kunden", conn)
            Dim da As New OleDbDataAdapter(cmd)
            dt = New DataTable("Kundenliste")
            conn.Open()
            da.Fill(dt)
            conn.Close()
            dv = dt.DefaultView
```

Die Übertragung der Spaltenbezeichner in die ComboBox:

```
        For Each c As DataColumn In dt.Columns
            ComboBox1.Items.Add(c.ColumnName)
        Next
        ComboBox1.SelectedIndex = 5          ' Spalte "Ort" anzeigen
        TextBox1.Text = "London"             ' Default-Suchbegriff
```

Die Anzeige:

```
        DataGridView1.DataSource = dv
        MyBase.OnLoad(e)
    End Sub
```

Wir beginnen mit der *FindRows*-Methode, welche ein *DataRowView*-Array mit **allen** gefundenen Datensätzen füllt:

```
    Private Sub Button1_Click(ByVal sender As System.Object, ByVal e As System.EventArgs) _
                                                        Handles Button1.Click
        dv.Sort = ComboBox1.Text           ' vor dem Suchen muss sortiert werden!
        Dim arr() As DataRowView = dv.FindRows(TextBox1.Text)
```

Den Array-Inhalt in eine weitere *DataTable* kopieren, um die Datensätze bequem im *DataGridView* anzeigen zu können[1]:

```
        Dim dt2 As DataTable = dt.Clone()        ' neue leere DataTable erzeugen,
        ' Schema entspricht der ersten Tabelle
        For i As Integer = 0 To arr.Length - 1    ' alle Array-Zeilen durchlaufen
            Dim rw As DataRow = dt2.NewRow()         ' neue Zeile mit Schema der DataTable erzeugen
```

---

[1] Möglicherweise gibt es eine elegantere Lösung, aber auf jeden Fall lernen Sie hier einiges über den Zugriff auf Arrays und DataTables.

```
                For j As Integer = 0 To dt2.Columns.Count - 1      ' alle Array-Spalten durchlaufen
                   rw(j) = arr(i)(j)                  ' DataRow-Feld mit Wert der Array-Zelle füllen
                Next
                dt2.Rows.Add(rw)                      ' DataRow zur DataTable addieren
            Next
            DataGridView1.DataSource = dt2      ' alle gefundenen Datensätze angezeigen
        End Sub
```

Die *Find*-Methode liefert lediglich den Index des ersten gefundenen Datensatzes. Auch hier muss die zu durchsuchende Tabellenspalte vorher mittels *Sort*-Eigenschaft zugewiesen werden:

```
        Private Sub Button2_Click(ByVal sender As System.Object, ByVal e As System.EventArgs) _
                                                                          Handles Button2.Click
            dv.Sort = ComboBox1.Text
            Dim i As Integer = dv.Find(TextBox1.Text)
            If i < 0 Then
                MessageBox.Show("Keinen Datensatz gefunden!")
            Else
                DataGridView1.CurrentCell = DataGridView1.Rows(i).Cells(0)
            End If
        End Sub
```

Das Zurücksetzen der Anzeige:

```
        Private Sub Button3_Click(ByVal sender As System.Object, ByVal e As System.EventArgs) _
                                                                          Handles Button3.Click
            DataGridView1.DataSource = dt
        End Sub
    End Class
```

Test

Zu Beginn werden alle Datensätze in der Standardansicht angezeigt. Nach Auswahl der Tabellenspalte mittels *ComboBox* und Eingabe des Suchbegriffs wählen Sie die *FindRows*-Schaltfläche und es erscheinen alle gefundenen Datensätze im Datengitter.

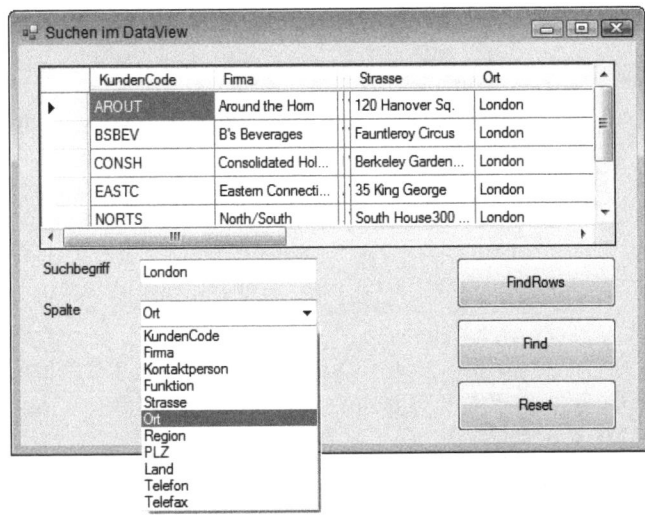

Abbildung 5.15 Laufzeitansicht
nach Aufruf der *FindRows*-Methode

Die *Find*-Methode zeigt immer nur den ersten Treffer an und lohnt sich deshalb eigentlich nur bei der Suche in eindeutigen Spalten (z.B. *KundenCode*).

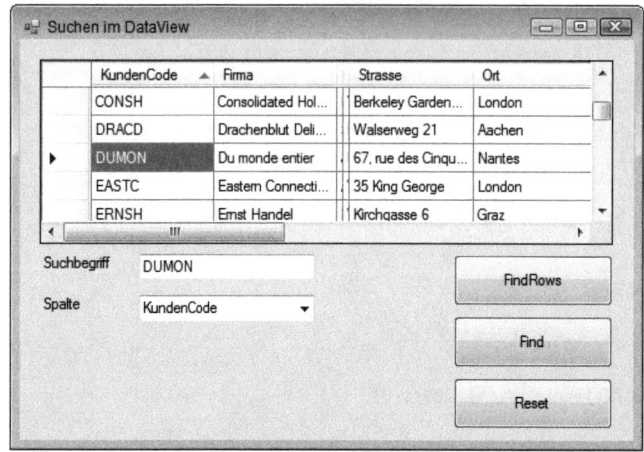

Abbildung 5.16 Laufzeitansicht nach Aufruf der *Find*-Methode

5.6   ... vereinfacht nach Datensätzen suchen?

DataView-Objekt: *RowFilter*-Eigenschaft; SQL: LIKE, %-Platzhalterzeichen

Das Vorgängerbeispiel ist zwar bezüglich des Umgangs mit *DataTable* und *DataView* sowie der Anwendung der Methoden *Find* und *FindRows* sehr aufschlussreich, für die praktische Suche nach Datensätzen aber eher ungeeignet, da stets der exakte Suchbegriff eingegeben werden muss.

Wer mit weniger Aufwand und mehr Komfort nach Datensätzen suchen will, der sollte sich an die im How-to 5.4 »... in einem DataView sortieren und filtern?« vorgestellte *RowFilter*-Eigenschaft erinnern. Unter Verwendung der SQL-Syntax (LIKE) und des Einbaus des Platzhalterzeichens »%« kann man erreichen, dass nicht der komplette Suchbegriff eingegeben werden muss, sondern dass die ersten Buchstaben ausreichen, um ähnliche Datensätze herauszufiltern.

Oberfläche

Für das Startformular benötigen Sie lediglich ein *DataGridView*, eine *ComboBox* und eine *TextBox* (siehe Laufzeitansicht).

Quellcode

```
...
Imports System.Data.OleDb

    Public Class Form1
        Private dv As DataView = Nothing

    Protected Overrides Sub OnLoad(ByVal e As System.EventArgs)
        Dim conn As New OleDbConnection("Provider=Microsoft.Jet.OLEDB.4.0; Data Source=Nordwind.mdb;")
        Dim cmd As New OleDbCommand("SELECT * FROM Kunden", conn)
        Dim da As New OleDbDataAdapter(cmd)
```

```
        Dim dt As New DataTable("Kundenliste")
        conn.Open()
        da.Fill(dt)
        conn.Close()
        dv = New DataView(dt)          ' oder dv = dt.DefaultView
```

Die Übertragung der Spaltenbezeichner in die *ComboBox*:

```
        For Each c As DataColumn In dt.Columns
            ComboBox1.Items.Add(c.ColumnName)
        Next
```

Standardanzeige einstellen:

```
        ComboBox1.SelectedIndex = 1         ' Spalte "Firma"
        TextBox1.Text = "L"                 ' Default-Suchbegriff
        DataGridView1.DataSource = dv
        MyBase.OnLoad(e)
    End Sub
```

Die Suche startet nach Betätigen der Eingabetaste:

```
    Private Sub TextBox1_KeyUp(ByVal sender As System.Object,
                        ByVal e As System.Windows.Forms.KeyEventArgs) Handles TextBox1.KeyUp
        If e.KeyCode = Keys.Enter Then
            dv.Sort = ComboBox1.Text
            dv.RowFilter = dv.Sort & " LIKE '" & TextBox1.Text & "%'"
        End If
    End Sub
End Class
```

Test

Stellen Sie in der *ComboBox* zuerst die Spalte ein, in der Sie suchen möchten. Geben Sie dann in die *TextBox* ein oder mehrere Zeichen für die Anfangsbuchstaben des zu suchenden Begriffs ein und beenden Sie die Eingabe mit der Eingabetaste.

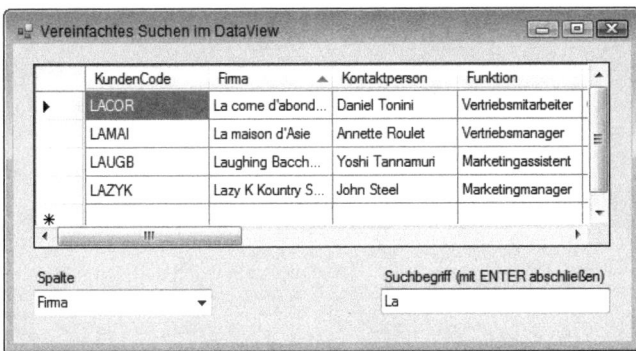

Abbildung 5.17 Suchen in der *Firma*-Spalte

HINWEIS   Wenn Sie einen leeren Suchbegriff eingeben, wird wieder die komplette Tabelle angezeigt.

5.7 ... zwischen DataTable und DataReader umwandeln?

DataTable-Objekt: *Load*-Methode; *DataTableReader*-Objekt: *Read*-Methode; *IDataReader*-Interface;

Zu den neueren ADO.NET Features gehört auch die Möglichkeit, auf direktem Weg den Inhalt einer *DataTable* bzw. eines *DataSets* in einen *DataReader* zu schaffen und umgekehrt. Unser Testprogramm demonstriert dies am Beispiel der *Customers*-Tabelle der *Northwind*-Datenbank des SQL Servers.

Oberfläche

Auf dem Startformular *Form1* platzieren wir eine *ListBox*, ein *DataGridView* und zwei *Buttons* (siehe Laufzeitabbildung).

Quellcode (Allgemein)

```
...
Imports System.Data.SqlClient

Public Class Form1
```

Zunächst definieren wir die Verbindungszeichenfolge zum SQL-Server und die SQL-Abfrage:

```
    Private Const CONNSTR As String =
            "Data Source=.\SQLEXPRESS; Initial Catalog=Northwind; Integrated Security=sspi;"

    Private Const SQL As String = "SELECT * FROM Customers ORDER BY CompanyName"
```

Eine Hilfsmethode, die den Inhalt eines übergebenen *DataReader*-Objekts in der *ListBox* anzeigt:

```
    Private Sub showReader(ByVal dr As IDataReader)
        Dim str As String = String.Empty
        Dim spc As String = "   "
        ListBox1.Items.Clear()
        While dr.Read()
            str = dr("CustomerID") & spc
            str &= dr("CompanyName") & spc
            str &= dr("ContactName") & spc
            str &= dr("ContactTitle") & spc
            str &= dr("Address") & spc
            str &= dr("City") & spc
            ListBox1.Items.Add(str)
        End While
        dr.Close()
    End Sub
```

Quellcode (DataTable => DataReader)

```
    Private Sub Button1_Click(ByVal sender As System.Object, ByVal e As System.EventArgs) _
                                                                    Handles Button1.Click
        Dim conn As SqlConnection = New SqlConnection(CONNSTR)
        Try
```

```
          conn.Open()
          Dim cmd As New SqlCommand(SQL, conn)
          Dim da As New SqlDataAdapter(cmd)
          Dim dt As New DataTable()
          da.Fill(dt)
```

Die Klasse *DataTableReader* implementiert die *IDataReader*-Schnittstelle:

```
     Dim dtr As New DataTableReader(dt)
     showReader(dtr)
```

Wir leisten uns diesmal eine ausführliche Fehlerbehandlung:

```
     Catch ex As SqlException
          MessageBox.Show(ex.Message)
     Catch ex As InvalidOperationException
          MessageBox.Show(ex.Message)
     Catch ex As Exception
          MessageBox.Show(ex.Message)
     Finally
          conn.Close()
     End Try
End Sub
```

Quellcode (DataReader => DataTable)

```
Private Sub Button2_Click(ByVal sender As System.Object, ByVal e As System.EventArgs) _
                                                         Handles Button2.Click
     Dim conn As New SqlConnection(CONNSTR)
     Try
          conn.Open()
          Dim cmd As New SqlCommand(SQL, conn)
          Dim dr As SqlDataReader = cmd.ExecuteReader(CommandBehavior.CloseConnection)
          Dim dt As New DataTable()
```

Die *Load*-Methode ermöglicht die Übernahme eines *DataReader*:

```
     dt.Load(dr, LoadOption.OverwriteChanges)
```

Die nachfolgende Fehlerbehandlung entspricht der obigen und wird deshalb nicht nochmals abgedruckt.

```
     ...
End Sub

End Class
```

Test

Die Ergebnisse entsprechen unseren Erwartungen (Abbildung 5.18).

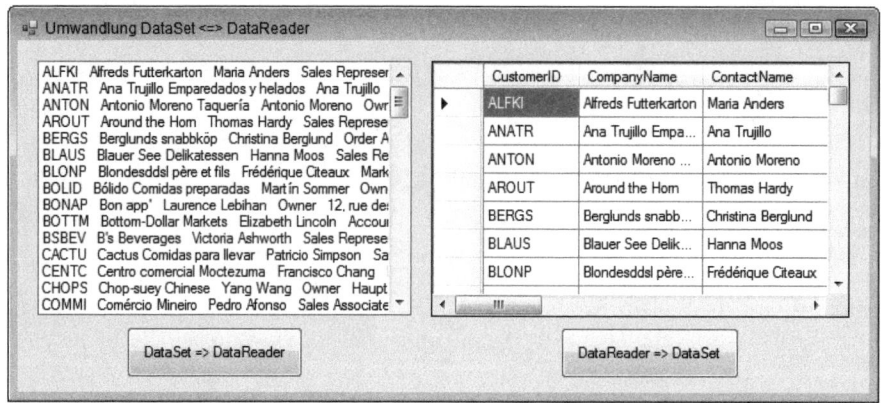

Abbildung 5.18 Laufzeitansicht des Beispiels

5.8 ... große Datenmengen in ein DataSet laden?

DataSet-Objekt: *Tables*-Auflistung; *DataTable*-Objekt: *Rows*-Auflistung; *DataRow*-Objekt; *TimeSpan*-Klasse;

Mit diesem Testprogramm können Sie sich von den teilweise dramatischen Geschwindigkeitsvorteilen überzeugen, mit denen sich unter ADO.NET größere Datenmengen in eine *DataTable* »schaufeln« lassen.

Wir definieren eine *DataTable* mit zwei Spalten und füllen diese in ein *DataSet*. In einer Schleife erzeugt das Programm eine vom Benutzer vorzugebende größere Anzahl von Datensätzen und fügt diese zur *DataTable* hinzu. Um ein reales Szenario möglichst gut nachzubilden, bestimmt ein Zufallszahlengenerator die Einträge. Die Zeit für den Aufbau des gefüllten *DataSet*s wird gemessen und angezeigt.

Warum nehmen wir nicht einfach den Wert des Schleifenzählers, sondern eine Zufallszahl? Weil in einem realen Szenario der Zugriff auf die Elemente einer *DataTable* nur selten sequenziell erfolgt. Für jede Operation (Insert, Update, Delete) muss zunächst die durch die Schlüsselspalte spezifizierte Zeile lokalisiert werden, anschließend erfolgt das Aktualisieren der Tabellenindizes. Würden wir eine Million Datensätze mit sequenziellen Schlüsselwerten in eine leere Tabelle laden, würde das viel zu schnell gehen und die Zeitmessung würde geschönte Ergebnisse liefern.

Oberfläche

Ein Formular, eine *TextBox* für die Eingabe der gewünschten Anzahl von Datensätzen, ein *Button* für den Start und einige *Label*s zur Anzeige genügen (siehe Laufzeitansicht).

Quellcode

```
Public Class Form1
    Private Sub Button1_Click(ByVal sender As System.Object, ByVal e As System.EventArgs) _
                                                            Handles Button1.Click
        Dim ds As New DataSet()
        Label1.Text = String.Empty
        Label2.Text = String.Empty
        Dim start As New DateTime()
```

Erzeugen des *DataSets*:

```
ds.Tables.Add("Test")
ds.Tables(0).Columns.Add("Nr", GetType(System.Int32))
ds.Tables(0).Columns("Nr").Unique = True            ' eindeutiger Schlüssel
ds.Tables(0).Columns.Add("Wert", GetType(System.String))
Dim n As Integer = Int32.Parse(TextBox1.Text) ' Anzahl Iterationen
Me.Cursor = Cursors.WaitCursor
start = DateTime.Now         ' Startzeit
Dim rnd As New Random()      ' Zufallszahlengenerator erzeugen
```

Hinzufügen von *n* Zeilen:

```
For i As Integer = 1 To n - 1
    Try
        Dim z As Integer = rnd.Next()      ' neue Zufallszahl
        Dim dr As DataRow = ds.Tables(0).NewRow()
        dr("Nr") = z
        dr("Wert") = z.ToString()
        ds.Tables(0).Rows.Add(dr)
    Catch     ' Fehler bei doppeltem "Nr"-Wert
    End Try
Next
Me.Cursor = Me.DefaultCursor                ' Mauszeiger zurücksetzen
```

Die Zeitdauer in Sekunden ermitteln:

```
Dim ts As New TimeSpan(DateTime.Now.Ticks - start.Ticks)
```

Ergebnisanzeige:

```
Label1.Text = ds.Tables("Test").Rows.Count.ToString   ' tatsächliche Anzahl der Zeilen
Label2.Text = ts.TotalSeconds.ToString                ' Zeitdauer
    End Sub

End Class
```

Test

Eine Million Datensätze sind kein Pappenstiel und so sind auch ADO.NET und ein 3,6 GHz-DualCore-PC ca. 7 Sekunden mit dieser Herkulesarbeit beschäftigt. Wundern Sie sich aber nicht, dass weniger Datensätze als vorgegeben hinzugefügt wurden (in unserem Fall laut Abbildung 999804). Die fehlenden Datensätze haben wir dem Zufallszahlengenerator zu verdanken, welcher ab und zu auch mal doppelte *Nr*-Werte generiert hat, die dann aber aufgrund der *Unique*-Eigenschaft wieder verworfen werden mussten.

Abbildung 5.19 Laufzeitansicht nach Abschluss der Messung

5.9 ... ein DataSet binär serialisieren?

DataSet-/DataTable-Objekt: *RemotingFormat*-Eigenschaft; *ConnectionStringBuilder*-Objekt: *DataSource-*, *IntegratedSecurity-*, *InitialCatalog*-Eigenschaft;

In diesem Beispiel zeigen wir, wie Sie die *RemotingFormat*-Eigenschaft des *DataSet*s verwenden. Auch weitere ADO.NET-Features, wie die geänderten Anwendungseinstellungen und der *ConnectionStringBuilder*, kommen zum Einsatz. Voraussetzung ist eine SQL-Server-Installation und das Vorhandensein der *Northwind*-Datenbank.

Oberfläche

Öffnen Sie eine neue Windows-Anwendung mit dem Namen »SerialisierungsDemo« und gestalten Sie die abgebildete Oberfläche:

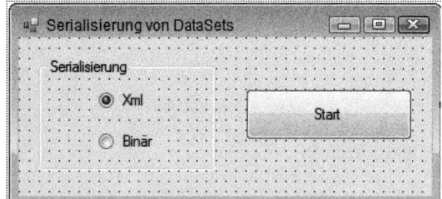

Abbildung 5.20 Bedienoberfläche

Um auch später Namen und Standort des SQL Servers (hier z.B. ».\SQLEXPRESS«) bequem ändern zu können, wird dieser nicht in den Quellcode, sondern in die Anwendungseinstellungen geschrieben. Öffnen Sie dazu das Menü *Projekt|SerialisierungsDemo-Eigenschaften...* und das Dialogfeld *Einstellungen*. Tragen Sie Namen, Typ, Bereich und Wert entsprechend in die Tabelle ein (*Name = Servername, Typ = string, Bereich = Anwendung, Wert = .\SQLEXPRESS*).

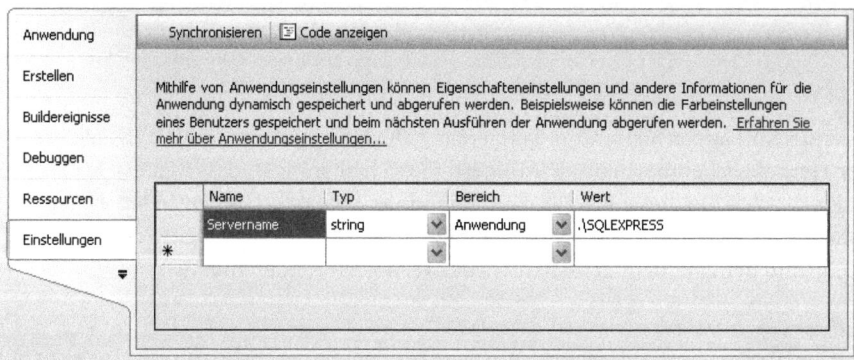

Abbildung 5.21 Der Name des SQL Servers wird in den Projekteinstellungen hinterlegt

Quellcode

```
...
Imports System.Data.SqlClient
Imports System.Runtime.Serialization.Formatters.Binary
```

```
Imports System.IO

Public Class Form1
```

Die Verbindungszeichenfolge zum SQL Server wird über einen *ConnectionStringBuilder* gewonnen. Der Name des SQL Servers wird dabei den Anwendungseinstellungen (siehe oben) entnommen:

```
Private Function getConnectionString() As String
    Dim csb As New SqlConnectionStringBuilder()
```

Computername den Anwendungseinstellungen entnehmen:

```
    csb.DataSource = My.Settings.Servername
    csb.IntegratedSecurity = True
    csb.InitialCatalog = "Northwind"
    Return csb.ConnectionString
End Function
```

Die *Start*-Schaltfläche:

```
Private Sub Button1_Click(ByVal sender As System.Object, ByVal e As System.EventArgs) _
                                                    Handles Button1.Click
```

Der Standort der erzeugten Dateien soll – gemeinsam mit den übrigen Projektdateien – zwei Verzeichnisebenen oberhalb des Anwendungsverzeichnisses liegen:

```
Dim pfadXml As String = "..\..\Xml.txt"
Dim pfadBinary As String = "..\..\Binary.txt"
```

Die folgenden Anweisungen laden alle Kunden aus der *Customers*-Tabelle in ein *DataSet*:

```
Dim ds As New DataSet()
Dim da As New SqlDataAdapter("SELECT * FROM Customers", getConnectionString())
da.Fill(ds)
```

Zum Serialisieren des *DataSets* werden ein *BinaryFormatter* und ein *FileStream*-Objekt benötigt:

```
Dim bf As New BinaryFormatter()
Dim fs As FileStream = Nothing
```

Die Entscheidung zwischen XML- und Binär-Serialisierung wird durch Festlegen der *RemotingFormat*-Eigenschaft des *DataSets* getroffen. Mit der *Delete*-Methode der (statischen) *File*-Klasse wird eine eventuell vorhandene gleichnamige Datei gelöscht (falls die Datei nicht vorhanden ist, wird kein Fehler ausgelöst!):

```
If RadioButton1.Checked Then
    File.Delete(pfadXml)
    fs = New FileStream(pfadXml, FileMode.CreateNew)
    ds.RemotingFormat = SerializationFormat.Xml
Else
    File.Delete(pfadBinary)
    fs = New FileStream(pfadBinary, FileMode.CreateNew)
    ds.RemotingFormat = SerializationFormat.Binary    ' neu in ADO.NET 2.0!
End If
```

Jetzt wird serialisiert und die Ausgabe in die entsprechende Datei vorgenommen:

```
bf.Serialize(fs, ds)
```

Die letzte Anweisung darf nicht vergessen werden, ansonsten führt ein erneutes Betätigen der *Start*-Schaltfläche zu einem Fehler:

```
        fs.Close()
    End Sub

End Class
```

Test

Unter der Voraussetzung, dass die Verbindung zum SQL Server steht, finden sich nach Betätigen der *Start*-Schaltfläche im Projektverzeichnis die Dateien *Xml.txt* bzw. *Binary.txt*. Das Öffnen mit einem Texteditor offenbart die gravierenden Sicherheitsdefizite des XML-Formats, während die Binärdatei weitaus weniger »mitteilungsbedürftig« ist.

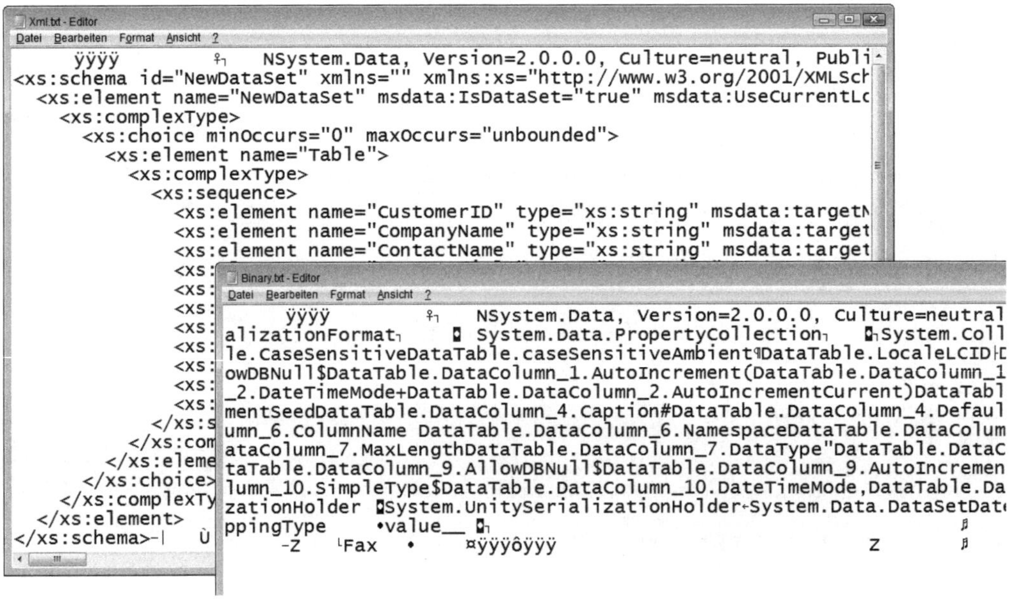

Abbildung 5.22 Textansicht der XML-Datei (hinten) und der Binärdatei (vorn)

5.10   ... ein DataSet in einen XML-String konvertieren?

DataSet-Objekt: *ReadXml-*, *WriteXml*-Methode; *MemoryStream*-Objekt; *XmlTextWriter*-Objekt; *StringReader*-Objekt; *Byte*-Array;

Dieses Beispiel zeigt Ihnen nicht nur, wie Sie ein beliebiges *DataSet*-Objekt in einen XML-String verwandeln, sondern erklärt auch den umgekehrten Weg, nämlich die Rücktransformation eines XML-Strings in ein *DataSet*.

Ganz nebenbei wird auch noch demonstriert, wie man ein *DataSet* (inklusive Relationen zwischen den Tabellen) in »Handarbeit« – also ganz ohne Datenbank – erstellen und füllen kann.

Konvertierungsmethoden

Grundlage beider Konvertierungen sind Überladungen der *WriteXml*- bzw. *ReadXml*-Methode des *DataSet*s, welche diesmal nicht auf die Festplatte, sondern direkt auf den Arbeitsspeicher zugreifen.

```
...
Imports System.Xml
Imports System.IO
```

Die folgende Methode konvertiert das übergebene *DataSet* in einen XML-String, wobei der Weg über einen *MemoryStream* und ein *Byte*-Array geht:

```
Public Function ConvertDataSetToXML(ByVal ds As DataSet) As String

    Dim stream As MemoryStream = Nothing
    Dim writer As XmlTextWriter = Nothing
    Try
        stream = New MemoryStream()
```

XmlTextWriter mit dem *MemoryStream* initialiseren:

```
        writer = New XmlTextWriter(stream, System.Text.Encoding.Unicode)
```

DataSet in den *MemoryStream* schreiben und dabei auch die Strukturinformationen mit übergeben:

```
        ds.WriteXml(writer, XmlWriteMode.WriteSchema)
```

Byte-Array als Puffer erstellen (*MemoryStream* kann grundsätzlich nur in ein Byte-Array einlesen):

```
        Dim arr() As Byte = stream.ToArray()
```

XML-String aus Byte-Array gewinnen und zurückgeben:

```
        Dim utf As New System.Text.UnicodeEncoding()
        Return utf.GetString(arr).Trim()
    Catch
        Return String.Empty
    Finally
        If writer IsNot Nothing Then writer.Close()
    End Try
End Function
```

Die zweite Methode arbeitet in umgekehrter Richtung, sie konvertiert einen übergebenen XML-String in ein *DataSet*, was dank *StringReader*-Objekt auf direktem Weg geht:

```
Public Function ConvertXMLToDataSet(ByVal xml As String) As DataSet
    Dim reader As StringReader = Nothing
    Try
        Dim ds As New DataSet()
        reader = New StringReader(xml)
```

XML-String in *DataSet* einlesen:

```
        ds.ReadXml(reader)
        Return ds
    Catch
        Return Nothing
```

```
        Finally
            If reader IsNot Nothing Then reader.Close()
        End Try
    End Function
```

Testoberfläche Form1

Eine *TextBox* (*MultiLine = True*), zwei *Button*s und das gute alte *DataGrid* bilden die Testoberfläche. Da man im Unterschied zum modernen *DataGridView* im *DataGrid* auch mehrere Tabellen und ihre Beziehungen gleichzeitig darstellen kann, wurde letzteres extra zu diesem Zweck aus seiner Schmollecke zurückgeholt (Hinzufügen zur Toolbox über Kontextmenü *Elemente auswählen ...*).

```
...
Imports System.Xml
Imports System.IO

Public Class Form1
```

DataSet => XML-String:

```
    Private Sub Button1_Click(ByVal sender As System.Object, ByVal e As System.EventArgs) _
                                                              Handles Button1.Click

        Dim ds As DataSet = getTestDS()
        TextBox1.Text = ConvertDataSetToXML(ds)
        Button2.Enabled = True
    End Sub
```

XML-String => DataSet:

```
    Private Sub Button2_Click(ByVal sender As System.Object, ByVal e As System.EventArgs) _
                                                              Handles Button2.Click

        Dim ds As DataSet = ConvertXMLToDataSet(TextBox1.Text)
        DataGrid1.DataSource = Nothing
        DataGrid1.DataSource = ds
    End Sub
```

Erzeugen eines untypisierten DataSets als Testobjekt

Ein *DataSet* zum Experimentieren hätten wir uns auch einfach aus einer beliebigen Datenbanktabelle holen können (z.B. mittels *Fill*-Methode des *DataAdapter*s). Da es hier aber um grundsätzliche Untersuchungen geht, wollen wir diesmal unser *DataSet* lieber eigenhändig per Code erstellen.

Vorbild ist die abgebildete Struktur, in welcher die Tabellen *Kunden* und *Bestellungen* über eine 1:n-Relation miteinander verbunden sind:

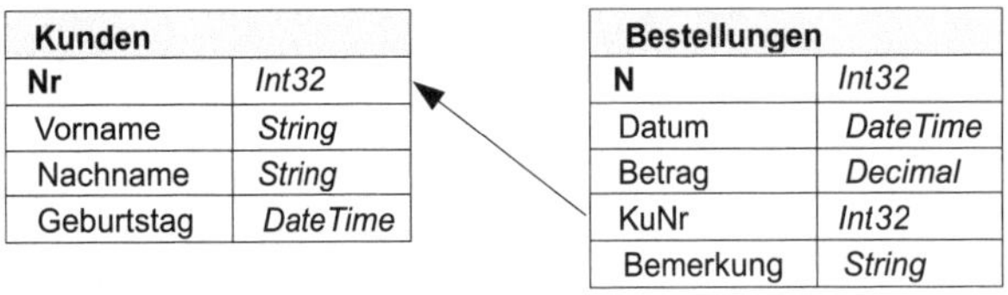

Kunden	
Nr	*Int32*
Vorname	*String*
Nachname	*String*
Geburtstag	*DateTime*

Bestellungen	
N	*Int32*
Datum	*DateTime*
Betrag	*Decimal*
KuNr	*Int32*
Bemerkung	*String*

Abbildung 5.23 DataSet-Struktur

Die Methode *getTestDS* erzeugt ein untypisiertes *DataSet* mit zwei *DataTables* und einer *DataRelation* entsprechend obiger Abbildung und fügt jeder Tabelle zwei Datensätze hinzu:

```
Private Function getTestDS() As DataSet
```

Tabelle *Personen*:

```
Dim dt1 As New DataTable("Personen")
```

Primärschlüssel:

```
Dim col1 As DataColumn = dt1.Columns.Add("Nr", GetType(System.Int32))
col1.AllowDBNull = False
col1.Unique = True
col1.AutoIncrement = True
col1.AutoIncrementStep = 1
```

Die restlichen Spalten hinzufügen:

```
dt1.Columns.Add("Vorname", .GetType(System.String))
dt1.Columns.Add("Nachname", GetType(System.String))
dt1.Columns.Add("Geburtstag", GetType(System.DateTime))
```

Zwei Datensätze hinzufügen:

```
Dim rw11 As DataRow = dt1.NewRow()
rw11("Vorname") = "Klaus"
rw11("Nachname") = "Müller"
rw11("Geburtstag") = Convert.ToDateTime("3.4.1975")
Dim rw12 As DataRow = dt1.NewRow()
rw12("Vorname") = "Tobalt"
rw12("Nachname") = "Tonne"
rw12("Geburtstag") = Convert.ToDateTime("5.8.1984")
dt1.Rows.Add(rw11)
dt1.Rows.Add(rw12)
```

Tabelle *Bestellungen*:

```
Dim dt2 As New DataTable("Bestellungen")
Dim col2 As DataColumn = dt2.Columns.Add("Nr", GetType(System.Int32))
col2.AllowDBNull = False
col2.Unique = True
col2.AutoIncrement = True
col2.AutoIncrementStep = 1
dt2.Columns.Add("Datum", GetType(System.DateTime))
dt2.Columns.Add("Betrag", GetType(System.Decimal))
dt2.Columns.Add("PersNr", GetType(System.Int32))          ' Fremdschlüssel
dt2.Columns.Add("Bemerkung", GetType(System.String))
```

Zwei Datensätze hinzufügen:

```
Dim rw21 As DataRow = dt2.NewRow()
rw21("Datum") = Convert.ToDateTime("20.2.2006")
rw21("Betrag") = Convert.ToDecimal("256,50")
rw21("PersNr") = 0
rw21("Bemerkung") = "per Nachname"
dt2.Rows.Add(rw21)
```

```
        Dim rw22 As DataRow = dt2.NewRow()
        rw22("Datum") = Convert.ToDateTime("8.3.2006")
        rw22("Betrag") = Convert.ToDecimal("12,95")
        rw22("PersNr") = 0
        rw22("Bemerkung") = "per Scheck"
        dt2.Rows.Add(rw22)
```

DataSet zusammenbauen (mit 1 : n Relation zwischen *Kunden* und *Bestellungen*):

```
        Dim ds As New DataSet()
        ds.Tables.Add(dt1)
        ds.Tables.Add(dt2)
        ds.Relations.Add("Person_Bestellungen", ds.Tables("Personen").Columns("Nr"),
                                    ds.Tables("Bestellungen").Columns("PersNr"))

        Return ds
    End Function
End Class
```

Test

Zunächst lassen wir uns die XML-Darstellung des *DataSet*s in der *TextBox* anzeigen. Anschließend betätigen wir zwecks Rückkonvertierung die untere Schaltfläche.

Nach Klick auf die Relation *Kunde_Bestellungen* erscheinen alle vom betreffenden Kunden aufgegebenen Bestellungen.

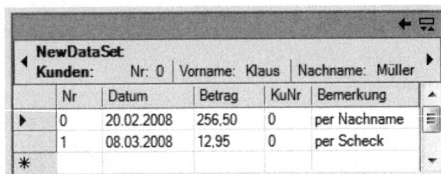

Abbildung 5.24 Laufzeitansicht (Detailtabelle)

Ein Klick auf den kleinen Pfeil in der rechten oberen Ecke des *DataGrid* bewirkt die Rückkehr zur Anzeige der *Kunden*-Tabelle.

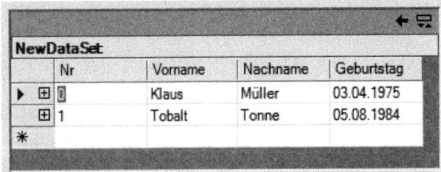

Abbildung 5.25 Laufzeitansicht (Mastertabelle)

HINWEIS   Das als XML-String vorliegende *DataSet* bietet interessante Anwendungsmöglichkeiten: Man kann es z.B. mittels LINQ to XML bearbeiten oder auch als gepacktes Byte-Array über einen Webdienst versenden.

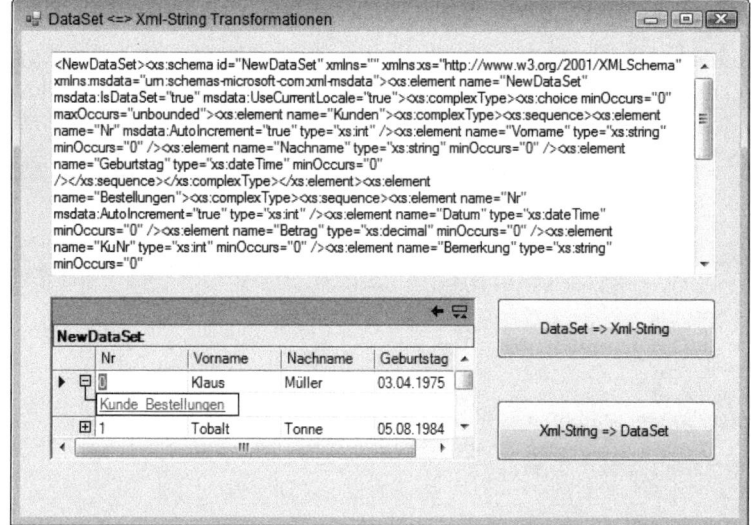

Abbildung 5.26 Laufzeitansicht

5.11 ... ein untypisiertes in ein typisiertes DataSet laden?

DataSet-Objekt: *ReadXml-*, *WriteXml-*Methode; *MemoryStream*-Objekt: *Seek-*Methode;

Als Ergebnis einer Datenbankabfrage oder eines Webmethodenaufrufs liegt häufig ein »normales« *DataSet* vor, für die weitere Informationsverarbeitung möchte man aber gern ein *typisiertes DataSet* nehmen, welches z.B. als Datenquelle für ein Windows-Frontend oder einen ReportService agieren soll.

Das vorliegende Beispiel zeigt eine Lösung, wie man die Informationen aus dem gefüllten untypisierten *DataSet*-Objekt *ds* in das leere typisierte *DataSet1*-Objekt *ds1* schaffen kann, ohne dabei mühselig durch alle Zeilen und Spalten der *DataTable*s iterieren zu müssen.

Während der umgekehrte Weg (typisiert => untypisiert) ziemlich einfach ist:

```
Dim ds As DataSet = CType(ds1, DataSet)
```

... funktioniert der folgende Code leider nicht:

```
Dim ds1 As DataSet1 = CType(ds, DataSet1)
```

Der »Dünnbrettbohrer« könnte allerdings mit folgendem Code sein Ziel erreichen:

```
ds.WriteXml("Temp.dat", XmlWriteMode.WriteSchema)
Dim ds1 As New DataSet1()
ds1.ReadXml("Temp.dat")
```

Neben der relativen Langsamkeit hat dieses Verfahren den gravierenden Nachteil, dass als Zwischenspeicher eine temporäre Datei auf der Festplatte herhalten muss. Dies kann z.B. beim Ausführen des Codes auf einem Internetserver mangels Schreibrechten zur Funktionsunfähigkeit führen.

Konvertierungscode

Die folgende Funktion konvertiert ein übergebenes untypisiertes *DataSet* in ein DataSet vom Typ *DataSet1*. Im Zentrum stehen dabei die bekannten Methoden *WriteXml* und *ReadXml*, allerdings arbeiten die Methoden diesmal nicht mit einer Datei sondern mit einem *MemoryStream*.

```
...
Imports System.IO

Public Class Form1
    Public Function ConvertUntypedToTypedDS(ByVal ds As DataSet) As DataSet1
        Dim stream As MemoryStream = Nothing
        Try
            stream = New MemoryStream()
```

DataSet inkl. Strukturinfo in den *MemoryStream* schreiben:

```
            ds.WriteXml(stream, XmlWriteMode.WriteSchema)
```

Position im *MemoryStream* auf Anfang zurücksetzen:

```
            stream.Seek(0, SeekOrigin.Begin)
```

Typisiertes DataSet instanziieren und Inhalt des *MemoryStream*s einlesen:

```
            Dim ds1 As New DataSet1()
            ds1.ReadXml(stream, XmlReadMode.InferSchema)
            Return ds1
        Catch
            Return Nothing
        Finally
            If stream IsNot Nothing Then stream.Close()
        End Try
    End Function
```

Um die Funktion zu testen, brauchen wir sowohl ein gefülltes untypisiertes als auch ein leeres typisiertes DataSet mit identischen Strukturen. Unser Beispiel soll aber nicht nur den Trivialfall einer einzigen Tabelle abdecken, sondern zumindest aus zwei über eine Relation verknüpften Tabellen bestehen.

Normales DataSet erzeugen

Die beiden *DataTable*-Objekte *Kunden* und *Bestellungen* sind über eine 1:n-Relation miteinander verknüpft (ein Kunde hat keine, eine oder mehrere Bestellungen). Der Fremdschlüssel *KuNr* aus der Tabelle *Bestellungen* zeigt auf den Primärschlüssel *Nr* der Tabelle *Kunden*.

Um dieses *DataSet* per Code zu erzeugen, verwenden wir die Methode *getTestDS* aus dem How-to 5.10 »... ein DataSet in einen XML-String konvertieren?«, eine andere Möglichkeit wäre das Hinzufügen beider Tabellen inkl. Relation zu einer Testdatenbank (SQL-Server oder Access) mit anschließendem Einlesen in ein *DataSet*-Objekt.

Typisiertes DataSet

Ziel ist der Entwurf eines typisierten DataSets mit der gleichen Struktur wie das untypisierte DataSet.

Über das Menü *Projekt/Neues Element hinzufügen...* fügen Sie ein (typisiertes) DataSet hinzu.

Mit Hilfe des Menüs *Daten/Datenquellen anzeigen* bringen Sie das *Datenquellen*-Fenster zur Ansicht und entdecken das neu erzeugte typisierte *DataSet1*. Wählen Sie das Kontextmenü *DataSet mit Designer bearbeiten*. Klicken Sie mit der rechten Maustaste auf die leere Oberfläche des Designers und erzeugen Sie über das Kontextmenü *Hinzufügen/DataTable* die Tabellen *Kunden* und *Bestellungen* mit den entsprechenden Spalten. Über das Kontextmenü *Eigenschaften* weisen Sie jeder Spalte den Datentyp zu (vorher die volle Spalte markieren!).

Nachdem auch die Tabelle *Bestellungen* fertig ist, wählen Sie im Kontextmenü *Hinzufügen/Relation...* und verbinden im Dialogfeld *Beziehung* beide Tabellen entsprechend der Abbildung 5.27.

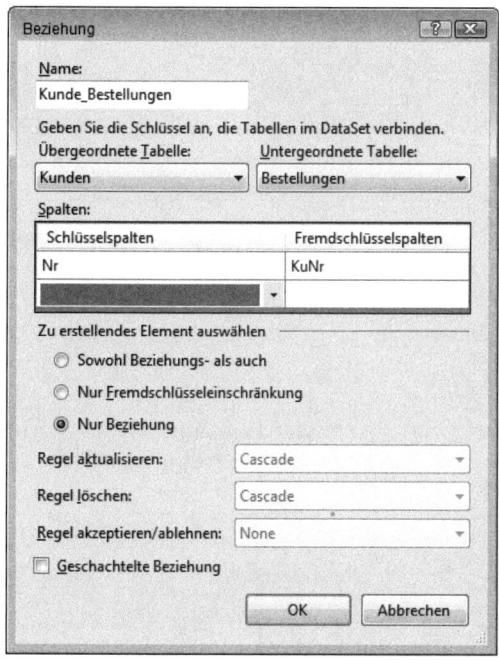

Abbildung 5.27 Hinzufügen einer Beziehung

Das Ergebnis im DataSet-Designer:

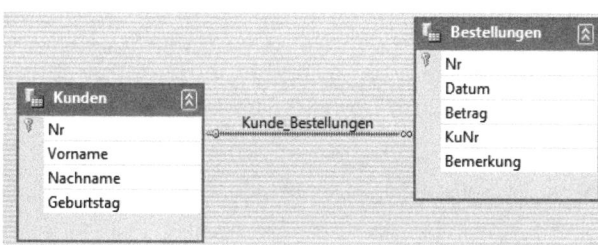

Abbildung 5.28 Typisiertes DataSet im DataSet-Designer

Das Datenquellen-Fenster bietet nun folgenden Anblick:

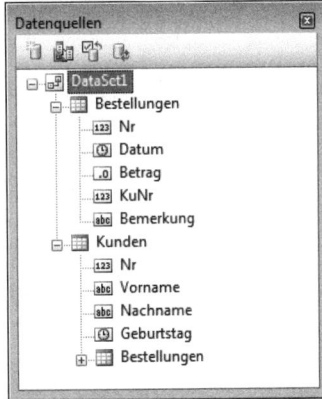

Abbildung 5.29 Typisiertes DataSet im Datenquellen-Fenster

Testoberfläche

Auf dem Startformular *Form1* findet (neben einem *Button*) das gute alte *DataGrid* seinen Platz. Gegenüber seinem strahlenden Nachfolger, dem *DataGridView*, hat dieses zum Schattendasein verdammte Control den Vorteil, dass man mit ihm sehr bequem mehrere Tabellen und deren Verknüpfungen betrachten kann.

Der Code beschränkt sich im Wesentlichen auf den Aufruf der Methoden *getTestDS* und *ConvertUntyped-ToTypedDS*:

```
Imports System.IO

Public Class Form1

    Private Sub Button1_Click(ByVal sender As System.Object, ByVal e As System.EventArgs) _
                                                                    Handles Button1.Click
```

Das gefüllte untypisierte DataSet holen:

```
        Dim ds As DataSet = getTestDS()
```

Kontrollanzeige (umständlich weil nicht typisiert):

```
        MessageBox.Show(ds.Tables("Personen").Rows(0)("Vorname").ToString)
```

Typisiertes DataSet füllen:

```
        Dim ds1 As DataSet1 = ConvertUntypedToTypedDS(ds)
```

Datengitter mit dem typisierten DataSet verbinden:

```
        DataGrid1.DataSource = ds1
```

Kontrollanzeige (transparent weil typisiert):

```
        MessageBox.Show(ds1.Personen(0).Vorname)
    End Sub
End Class
```

Beide Meldungsfenster zeigen das gleiche Ergebnis (»Klaus«) und dienen dem Zweck, die unterschiedliche Syntax beim Zugriff auf untypisiertes und typisiertes DataSet gegenüberzustellen. Während der untypisierte Zugriff doch ziemlich umständlich ist, bietet der typisierte Zugriff zur Entwurfszeit bessere Transparenz und bequeme Intellisense-Unterstützung.

Test

Der Programmtest beweist, dass die Methode *ConvertUntypedToTypedDS* unsere Erwartungen voll erfüllt.

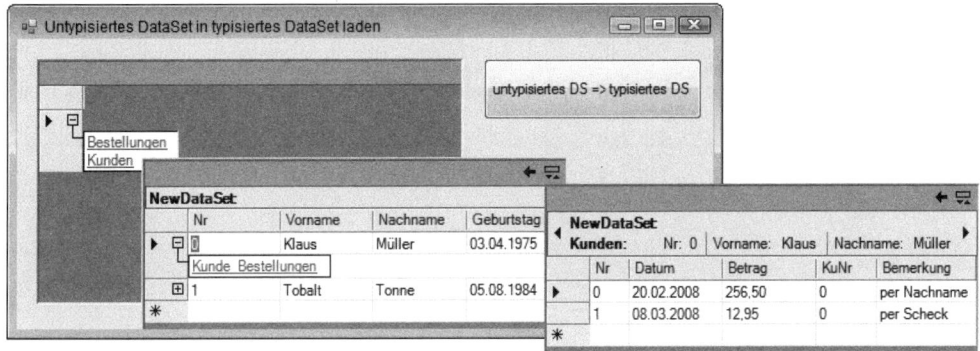

Abbildung 5.30 Laufzeitansichten des Beispiels

5.12   ... ein typisiertes DataSet mit LINQ abfragen?

LINQ to DataSet; typisiertes *DataSet*: *Add...Row*-Methoden;

Typisierte *DataSet*s können mit *LINQ to DataSet* zuverlässig und typsicher abgefragt werden (bei untypisierten *DataSet*s ist dies leider nicht der Fall). Das vorliegende How-to zeigt eine LINQ-Abfrage für ein typisiertes *DataSet*, welches zwei durch eine Relation miteinander verknüpfte Tabellen enthält.

> **HINWEIS**   Eine Datenbank ist nicht erforderlich, da ein DataSet auch völlig eigenständig existieren kann!

Oberfläche

Öffnen Sie eine neue Windows Forms-Anwendung und platzieren Sie auf dem Startformular *Form1* ein *DataGridView* und einen *Button* (siehe Laufzeitansicht).

Typisiertes DataSet

Über das Menü *Projekt/Neues Element hinzufügen ...* ergänzen Sie die Anwendung mit einem (typisierten) *DataSet*, welches Sie guten Gewissens auf seinem Standardnamen *DataSet1* belassen können.

Im sich automatisch öffnenden DataSet-Designer entwerfen Sie die Tabellen *Kunden* und *Bestellungen* entsprechend der folgenden Abbildung. Weisen Sie den einzelnen Spalten die entsprechenden Datentypen zu: *System.Int32* für die drei Schlüsselspalten, *System.DateTime* für die Datumsspalten und *System.Decimal* für die Währungsspalte *Betrag*, alle anderen Spalten bleiben auf dem Standardtyp *System.String*. Beide *Nr*-Spalten sind Primärschlüssel und erhalten für ihre *AutoIncrement*-Eigenschaft den Wert *True*.

Fügen Sie eine Relation *Kunden_Bestellungen* hinzu (Fremdschlüssel = *KuNr* von *Bestellungen*, Primär-schlüssel = *Nr* aus *Kunden*).

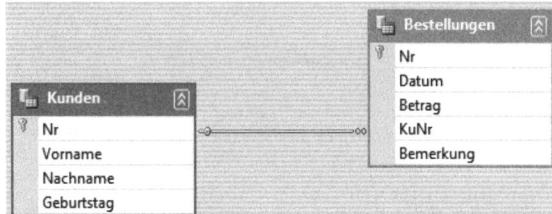

Abbildung 5.31 Das typisierte *DataSet* im Designer

HINWEIS   Das Hinzufügen einer Relation ist im HowTo 5.11 »... ein untypisiertes in ein typisiertes DataSet laden?« näher beschrieben.

Quellcode

```
    Public Class Form1
```

Die *Start*-Schaltfläche:

```
    Private Sub Button1_Click(ByVal sender As System.Object, ByVal e As System.EventArgs) _
                                                        Handles Button1.Click
```

Zunächst muss eine Instanz des typisierten *DataSet*s erzeugt werden:

```
    Dim ds1 As New DataSet1()
```

Zwei hart kodierte Datensätze für die *Kunden*-Tabelle (wir verzichten auf eine Datenbank):

```
    With ds1.Kunden
        .AddKundenRow("Klaus", "Müller", Convert.ToDateTime("3.4.1975"))
        .AddKundenRow("Tobalt", "Tonne", Convert.ToDateTime("5.8.1984"))
    End With
```

Die *Bestellungen*-Tabelle erhält ebenfalls einige Datensätze, die über ihre Fremdschlüssel mit der *Kunden*-Tabelle verknüpft werden:

```
    With ds1.Bestellungen
        .AddBestellungenRow(Convert.ToDateTime("20.2.2008"), 256.50D,
                                        ds1.Kunden(0),"per Nachname")
        .AddBestellungenRow(Convert.ToDateTime("8.3.2008"), 12.95D,
                                        ds1.Kunden(0), "per Scheck")
        .AddBestellungenRow(Convert.ToDateTime("19.7.2008"), 524.15D,
                                        ds1.Kunden(1), "per Überweisung")
    End With
```

Die folgende LINQ-Abfrage ist klar lesbar und einfach zu erstellen, da Sie dabei durch die Intellisense unter-stützt werden:

```
    Dim query = From kunden In ds1.Kunden, bestellungen In kunden.GetBestellungenRows()
        Select New With
        {.Kunde = kunden.Vorname & " " & kunden.Nachname,
```

```
                .Bestelldatum = bestellungen.Datum,
                .Betrag = bestellungen.Betrag,
                .Bemerkung = bestellungen.Bemerkung}
```

Die Anzeige:

```
            DataGridView1.DataSource = query.ToList()
        End Sub
End Class
```

Test

Nach Klick auf die *Start*-Schaltfläche erscheinen im Datengitter alle Kunden und die ihnen zugeordneten Bestellungen.

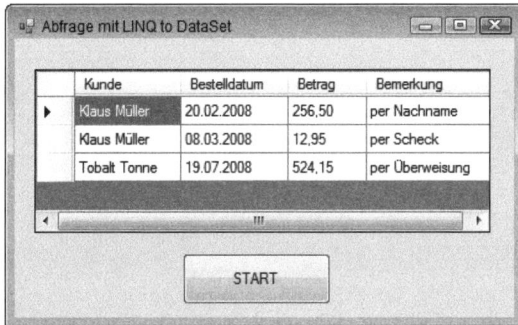

Abbildung 5.32 Laufzeitansicht

Bemerkungen

Die Vorteile einer LINQ-Abfrage über ein typisiertes *DataSet* unter Einbeziehung der Relationen lassen sich wie folgt zusammenfassen:

- Da die typisierten *DataRow*s auch Methoden für die zugeordneten Relationen anbieten, sind sowohl eine Intellisense-Unterstützung als auch eine Compilerprüfung möglich

- Weil die Relationen im *DataSet* bereits definiert wurden, brauchen sie nicht erneut festgelegt zu werden. Das ergibt kürzeren und einfacheren Code als bei untypisierten *DataSet*s

5.13 ... mit LINQ to DataSet die Datenbank aktualisieren?

Typisiertes DataSet erstellen; LINQ-Query: *AsDataView*-Methode;

Herkömmliche Datenbankabfragen mit LINQ to DataSet leiden unter einem Nachteil: sie erlauben nur eine Anzeige von Abfrageergebnissen, nicht aber eine Aktualisierung der Datenbank, d.h., die kompletten CRUD-Operationen sind nicht möglich. Wir wollen dennoch anhand der *Kunden*-Tabelle der Datenbank *Nordwind.mdb* eine Lösungsmöglichkeit zeigen.

Bedienoberfläche

Öffnen Sie eine neue Windows Forms-Anwendung. Auf das Startformular *Form1* setzen Sie untereinander zwei *DataGridView*-Controls und zwei *Button*s.

Typisiertes DataSet erstellen und anbinden

- Ziehen Sie per Drag & Drop die Datenbank *Nordwind.mdb* aus einem beliebigen anderen Verzeichnis des Windows-Explorers in den Projektmappen-Explorer.

- Automatisch erscheint der »Assistent zum Konfigurieren von Datenquellen«. Hier markieren Sie die Tabelle *Kunden* mit einem Häkchen, belassen es bei dem standardmäßig vergebenen Namen *Nordwind-DataSet* und klicken auf die Schaltfläche *Fertig stellen*.

- Klicken Sie im oberen *DataGridView* auf den Smart Tag »DataGridView-Aufgaben« und öffnen Sie die Klappbox »Datenquelle auswählen«.

- Expandieren Sie den Baum »Weitere Datenquellen« und wählen Sie unter *NordwindDataSet* die Tabelle *Kunden*. Automatisch erscheinen jetzt im Komponentenfach die Controls *NordwindDataSet*, *Kunden-BindingSource* und *KundenTableAdapter*, und das *DataGridView* zeigt bereits jetzt die Tabellenstruktur.

Quellcode

```
Public Class Form1
```

Der folgende Eventhandler ist bereits vorhanden, er lädt Daten in die Tabelle *NordwindDataSet.Kunden*:

```
    Private Sub Form1_Load(ByVal sender As System.Object, ByVal e As System.EventArgs) _
                                                              Handles MyBase.Load
        Me.KundenTableAdapter.Fill(Me.NordwindDataSet.Kunden)
    End Sub
```

Eine LINQ to DataSet-Abfrage, welche alle Firmen herausfiltert, deren *KundenCode* mit »D« beginnt, wird ausgeführt:

```
    Private Sub Button1_Click(ByVal sender As System.Object, ByVal e As System.EventArgs) _
                                                              Handles Button1.Click
        Dim kunden = From kd In NordwindDataSet.Kunden()
                     Where (kd.KundenCode.StartsWith("D"))
                     Order By (kd.KundenCode)
                     Select kd
```

Mittels der *AsDataView*-Methode wird das Abfrageergebnis einer *DataView* zugewiesen und an das untere Datengitter gebunden:

```
        Dim dv As DataView = kunden.AsDataView()
        DataGridView2.DataSource = dv
```

Anstatt der obigen beiden Zeilen ginge es hier aber auch kürzer:

```
        ' DataGridView2.DataSource = kunden.AsDataView()
    End Sub
```

Das Zurückschreiben in die Datenbank erfolgt mit der *Update*-Methode des *KundenTableAdapters*:

```
    Private Sub Button2_Click(ByVal sender As System.Object, ByVal e As System.EventArgs) _
                                                              Handles Button2.Click
        Me.KundenTableAdapter.Update(Me.NordwindDataSet.Kunden)
    End Sub
End Class
```

Test

Zu Beginn wird zunächst der komplette Inhalt der Kundentabelle im oberen Datengitter angezeigt. Nun starten Sie die Abfrage, und Sie sehen im unteren Datengitter alle Kunden, deren Kundencode mit »D« beginnt. Versuchen Sie nun, Datensätze zu editieren, hinzuzufügen oder zu löschen. Sie werden sehen, dass die Änderungen in einem der beiden Datengitter auch im anderen erscheinen, da das zugrunde liegende DataSet aktualisiert wird.

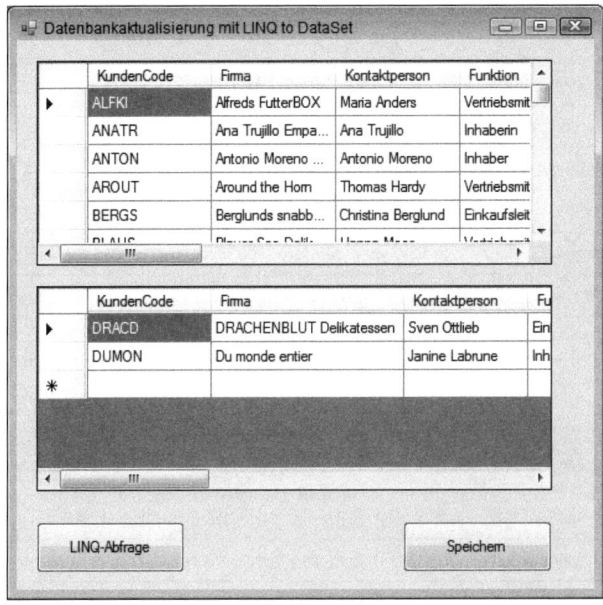

Abbildung 5.33 Laufzeitansicht

Bemerkungen

- Das ursprüngliche *NordwindDataSet* wurde automatisch durch die *DataView* aktualisiert und kann deshalb unter Verwendung des *KundenTableAdapter*s die Datenbank aktualisieren.

- Neben der *AsDataView-* kann auch die *CopyToDataTable*-Methode verwendet werden, um eine Aktualisierung der Abfrageergebnisse durch die GUI-Controls zu ermöglichen. *CopyToDataTable* ist ein Abfrageoperator zum Kopieren der Ergebnisse von LINQ to DataSet-Abfragen in eine *DataTable*.

Übersichten

DataSet

Eigenschaft	Beschreibung
CaseSensitive	Schreibt oder setzt, ob Zeichenkettenvergleiche die Groß-/Kleinschreibung berücksichtigen sollen (True/False)
DataSetName	Liefert den Namen des DataSets
DefaultViewManager	Liefert eine eigene Sicht auf die Daten unter Verwendung eines DataViewManager
EnforceConstraints	Gibt an, ob Datenbankregeln bei Aktualisierungsaktionen gelten sollen (True/False)
ExtendedProperties	Ermöglicht Zugriff auf benutzerdefinierte Eigenschaften
HasErrors	Gibt an, ob nach einer Aktion Fehler in Zeilen aufgetreten sind (True/False)
Namespace	Schreibt oder liest den Namensraum für die XML-Präsentation der Daten
Relations	Liefert eine Auflistung von übergeordneten Beziehungen für Tabellen (Nothing, falls keine)
Tables	Liefert eine Auflistung der im DataSet enthaltenen Tabellen

Tabelle 5.11 *DataSet*-Eigenschaften

Methode	Beschreibung
AcceptChanges()	Bestätigt alle Änderungen, die am DataSet vorgenommen wurden, und ruft in allen Tabellen AcceptChanges auf
Clear()	Löscht den Inhalt des DataSet, indem alle Zeilen aus allen Tabellen entfernt werden
Clone()	Kopiert die Struktur des DataSets in ein neues, Daten werden nicht kopiert
Copy()	Kopiert die Struktur und Daten eines DataSets in ein neues
GetChanges()	Liefert die Kopie des DataSets mit allen Änderungen, die seit dem Laden oder dem letzten Aufruf von AcceptChanges vorgenommen wurden (Spezifizierung durch Übergabe von DataRowState wie Added, Deleted, Detached, Modified, Unchanged)
GetXml()	Liefert eine Zeichenkette mit der XML-Präsentation der Daten
GetXmlSchema()	Liefert eine Zeichenkette mit der XML-Präsentation des Schemas
HasChanges()	Informiert, ob Änderungen durchgeführt wurden (True/False)
InferXmlSchema()	Kopiert ein XML-Schema aus einem XMLReader, TextReader oder Stream
Merge()	Führt zwei DataSet-Instanzen zusammen
ReadXml()	Liest die übergebenen XML-Daten inklusive ihrem Schema ein
ReadXmlSchema()	Liest das übergebene XML-Schema ein
RejectChanges()	Verwirft alle Änderungen seit dem Laden oder dem letzten Aufruf von AcceptChanges, ruft in allen Tabellen RejectChanges auf

Tabelle 5.12 *DataSet*-Methoden

Methode	Beschreibung
Reset()	Regeneriert den ursprünglichen Zustand des DataSet
WriteXml()	Schreibt XML-Daten inklusive ihrem Schema in einen *XMLWriter*, *TextWriter* oder *Stream*
WriteXmlSchema()	Schreibt ein XML-Schema in einen *XMLWriter*, *TextWriter* oder *Stream*

Tabelle 5.12 *DataSet*-Methoden *(Fortsetzung)*

DataTable

Eigenschaft	Beschreibung
CaseSensitive	Schreibt oder setzt, ob Zeichenkettenvergleiche die Groß-/Kleinschreibung berücksichtigen sollen (*True/False*)
ChildRelations	Liefert alle Detaildatenbeziehungen der Tabelle als Auflistung vom Typ *DataRelationCollection* (*Nothing*, falls keine)
Columns	Liefert alle Spalten als Auflistung vom Typ *DataColumnCollection* (*Nothing*, falls keine)
Constraints	Liefert alle Einschränkungen der Tabelle als Auflistung vom Typ *ConstraintCollection*
DataSet	Gibt das der *DataTable* übergeordnete *DataSet* zurück
DefaultView	Liefert ein *DataView*-Objekt mit einer benutzerdefinierten, sortierten oder gefilterten Sicht
DisplayExpression	Liest oder setzt Zeichenkette zur Kennzeichnung der *DataTable* in der Benutzeroberfläche
ExtendedProperties	Liest Auflistung der benutzerdefinierten Informationen als *PropertyCollection*. Ein Hinzufügen ist mittels der *Add*-Methode möglich
HasErrors	Liefert *True*, wenn in einer der Datenzeilen Fehler aufgetreten sind
Namespace	Setzt oder liest den Namensraum der XML-Präsentation der *DataTable*
ParentRelations	Liefert eine Auflistung der übergeordneten Beziehungen der *DataTable* (*Nothing*, falls keine)
PrimaryKey	Setzt oder liest ein *DataColumn*-Array mit Primärschlüsselspalten der *DataTable*
Rows	Liefert eine Auflistung der *DataRow*-Objekte der Tabelle (*Nothing*, falls keine)
TableName	Setzt oder liest den Namen der *DataTable*

Tabelle 5.13 *DataTable*-Eigenschaften

Methode	Beschreibung
AcceptChanges()	Bestätigt alle Änderungen seit dem Laden der *DataTable* oder dem letzten Aufruf von *AcceptChanges*
BeginInit()	Steuert die Initialisierung einer *DataTable*, wartet bis zum Aufruf von *EndEdit*, damit die *DataTable* nicht eher verwendet wird
BeginLoadData()	Deaktiviert im Zusammenhang mit *EndLoadData* Benachrichtigungen, Einschränkungen und Index-Aktualisierungen, während Daten geladen werden
Clear()	Löscht alle Daten in der *DataTable*, alle Zeilen werden entfernt
Clone()	Kopiert das Schema der *DataTable* inklusive aller Einschränkungen
Copy()	Kopiert die Struktur und die Daten der *DataTable* in eine neue *DataTable*

Tabelle 5.14 *DataTable*-Methoden

Methode	Beschreibung
EndInit()	Beendet die Initialisierung der *DataTable* und gibt sie zur Verwendung frei
EndLoadData()	Aktiviert im Zusammenhang mit *BeginLoadData* Benachrichtigungen, Einschränkungen und Index-Aktualisierungen, nachdem Daten geladen wurden
GetChanges()	Liefert eine Kopie aller an der *DataTable* vorgenommenen Änderungen seit dem Laden der *DataTable* oder dem letzten Aufruf von *AcceptChanges*
GetErrors()	Liefert ein Array von *DataRow*-Objekten mit allen fehlerhaften Zeilen
ImportRow()	Kopiert eine *DataRow* in eine *DataTable*
LoadDataRow()	Sucht und aktualisiert eine bestimmte Datenzeile, wird diese nicht gefunden, so wird eine neue Zeile mit den angegebenen Werten erstellt
NewRow()	Erzeugt eine neue *DataRow* auf Grundlage des Tabellenschemas
RejectChanges()	Verwirft alle Änderungen seit dem Laden der *DataTable* bzw. seit dem letzten Aufruf von *AcceptChanges*
Reset()	Stellt den Originalzustand der *DataTable* wieder her
Select()	Liefert ein *DataRow*-Array auf Basis eines übergebenen Ausdrucks

Tabelle 5.14 *DataTable*-Methoden *(Fortsetzung)*

Ereignis	Tritt ein, ...
ColumnChanging	... wenn ein Wert in eine Spalte eingetragen wird
ColumnChanged	... nachdem ein Wert in eine Spalte erfolgreich eingetragen wurde
RowChanging	... wenn eine Zeile in der *DataTable* verändert wird
RowChanged	... nachdem eine Zeile in der *DataTable* erfolgreich verändert wurde
RowDeleting	... bevor eine Zeile in der *DataTable* als gelöscht markiert wird
RowDeleted	... nachdem eine Zeile in der DataTable als gelöscht markiert wurde

Tabelle 5.15 *DataTable*-Ereignisse

DataColumn

Eigenschaft	Beschreibung
AllowDBNull	Gibt an, ob der Wert *DBNull* für diese Spalte erlaubt ist (*True/False*)
AutoIncrement	Gibt an, ob der numerische Wert der Spalte automatisch inkrementiert wird (*True/False*)
AutoIncrementSeed	Startwert des Zählerfeldes (falls *AutoIncrement* = *True*)
AutoIncrementStep	Schrittweite der Zählers (falls *AutoIncrement* = *True*)
Caption	Überschrift der Spalte
ColumnName	Name der Spalte
DataType	Datentyp der Spalte
DefaultValue	Initialer Standardwert der Spalte

Tabelle 5.16 *DataColumn*-Eigenschaften

Eigenschaft	Beschreibung
Expression	Ausdruck, mit dem der Spalteninhalt berechnet wird
MaxLength	Maximale Länge einer Zeichenketten-Spalte
Ordinal	Fortlaufende Spaltennummer
ReadOnly	Erlaubt nur Lesezugriff auf die Spalte (*True/False*)
Table	Liefert zugehöriges *DataTable*-Objekt
Unique	Gibt an, ob die Spalte einen eindeutigen Wert erhalten muss (*True/False*)

Tabelle 5.16 *DataColumn*-Eigenschaften *(Fortsetzung)*

DataRow

Eigenschaft	Beschreibung
HasErrors	Gibt an, ob die Zeile Fehler enthält
Item	Ruft die Daten aus einer angegebenen Spalte ab oder legt diese fest
ItemArray	Liefert alle Spalten als *Object()*-Array oder legt dieses fest
RowError	Liefert einen eventuell in der Zeile vorhandenen Fehler
RowState	Gibt den Zeilenstatus zurück (*Added, Deleted, Detached, Modified, Unchanged*)
Table	Liefert das zugehörige *DataTable*-Objekt

Tabelle 5.17 *DataRow*-Eigenschaften

Methode	Beschreibung
AcceptChanges()	Bestätigt alle Änderungen seit dem Laden oder dem letztmaligen Aufruf der Methode
BeginEdit()	Leitet den Änderungsmodus der Zeile ein
CancelEdit()	Bricht den Änderungsmodus ab
ClearErrors()	Löscht alle Fehler
Delete()	Markiert die Zeile als gelöscht
EndEdit()	Beendet den Änderungsmodus
GetChildRows()	Liefert alle untergeordneten Zeilen in einem *DataRow()*-Array
GetColumnError()	Liefert die Fehlerbeschreibung einer Spalte als Zeichenkette
GetColumnsInError()	Ruft ein *DataColumn()*-Array mit Spalten ab, die Fehler enthalten
GetParentRow()	Liefert unter Verwendung der angegebenen *DataRelation* das übergeordnete *DataRow*-Objekt
GetParentRows()	Liefert ein DataRow()-Array mit den übergeordneten *DataRow*-Objekten
HasVersion()	Gibt an, ob die angegebene *DataRowVersion* (*Current, Default, Original, Proposed*) vorhanden ist (True/False)

Tabelle 5.18 *DataRow*-Methoden

Methode	Beschreibung
IsNull()	Gibt an, ob die angegebene Spalte einen NULL-Wert enthält (*True/False*)
RejectChanges()	Verwirft alle Änderungen, die seit dem letzten Aufruf von *AcceptChanges* an der Zeile vorgenommen wurden
SetColumnError()	Setzt die Fehlerbeschreibung einer Spalte innerhalb der Zeile
SetParentRow()	Setzt die übergeordnete *DataRow*

Tabelle 5.18 *DataRow*-Methoden *(Fortsetzung)*

DataView

Eigenschaft	Beschreibung
AllowDelete	Löschen von Datensätzen erlaubt (*True/False*, Lese-/Schreibzugriff)
AllowEdit	Editieren von Datensätzen erlaubt (*True/False*, Lese-/Schreibzugriff)
AllowNew	Hinzufügen von Datensätzen erlaubt (*True/False*, Lese-/Schreibzugriff)
ApplyDefaultSort	Sortieren nach Standardvorgabe (*True/False*, Lese-/Schreibzugriff)
Count	Liefert die Anzahl an Datensätzen nach Anwenden von *RowFilter/RowStateFilter* (Lesezugriff)
DataViewManager	Liefert den *DataViewManager*, der mit *DataView* verbunden ist
Item	Identifiziert eine Zeile in der Datentabelle (über Indexer)
RowFilter	Zeichenkette mit Filtervorschrift (Lese-/Schreibzugriff)
Sort	Spalten, nach denen sortiert werden soll, und Sortierfolge (Lese-/Schreibzugriff)
Table	Liest Namen der zugrunde liegenden *DataTable* (Schreibzugriff nur *Nothing*)

Tabelle 5.19 *DataView*-Eigenschaften

Methode	Beschreibung
AddNew()	Fügt eine neue Datenzeile des Typs *DataRowView* hinzu
BeginInit()	Legt fest, wann DataView initialisiert wird (siehe *EndInit()*)
Delete()	Löscht die Datenzeile an der im Argument angegebenen Zeilenposition
EndInit()	Leitet das Ende der Initialisierung ein und gibt *DataView* frei (siehe *BeginInit()*)
Find()	Liefert die Zeilenposition einer gesuchten Datenzeile (Schlüsselwerte siehe *Sort*)
FindRows()	Liefert die Zeilenposition mehrerer gesuchter Datenzeilen als Array (siehe *Sort*)

Tabelle 5.20 *DataView*-Methoden

Kapitel 6

Windows Forms-Datenbindung

In diesem Kapitel:

In den beiden Vorgänger-Kapiteln haben Sie die Grundlagen von ADO.NET bereits kennen gelernt und wissen, wie man Datenbanken abfragen und aktualisieren kann. Um Ein- und Ausgaben zu realisieren, hatten Sie dort bereits mit einfacher Datenbindung gearbeitet (meist unter Verwendung des *DataGridView*).

Unter Datenbindung verstehen wir ganz allgemein die Verknüpfung zwischen einer Steuerelementeigenschaft und einer Datenquelle. Im vorliegenden Kapitel wollen wir diese Materie ausgiebiger beleuchten und folgende Schwerpunkte setzen:

- Datenbindung von Windows Forms-Steuerelementen
- Beschreibung des *DataGridView*-Steuerelements

Da das Thema »Datenbindung« ohne ausreichenden praktischen Bezug nur schwer zu vermitteln ist, runden zahlreiche How-to-Beispiele das Kapitel ab.

HINWEIS   Weil auch die Datenbindung von Windows Forms-Steuerelementen den mächtigen Mechanismus der .NET-Reflection nutzt, ist sie nicht nur auf ADO.NET-Datenquellen, wie *DataSets*, *DataTables* und *DataRows*, beschränkt, sondern funktioniert mit (fast) jedem Objekt, welches über Properties verfügt.

Einführung

In Abhängigkeit von der Beantwortung der beiden Fragen

- Will ich die Datenbindung manuell oder mit Drag & Drop-Assistentenunterstützung programmieren?

und

- Sollen komplette Listen bzw. Tabelleninhalte oder nur einzelne Felder angebunden werden?

... kann man das Gebiet der Datenbindung grob in vier Bereiche aufteilen:

- Manuelle Datenbindung an einfache Datenfelder
- Manuelle Datenbindung an Listen/Tabelleninhalte
- Entwurfszeit-Datenbindung an ein typisiertes DataSet
- Drag & Drop-Datenbindung

Es soll nicht verschwiegen werden, dass die grundsätzliche Entscheidung darüber, ob man den Datenbindungscode selbst schreibt oder lieber per Drag & Drop von einem Assistenten automatisch generieren lässt, unter Experten durchaus kontrovers diskutiert wird. So schön und elegant das automatische Erstellen einer kompletten Eingabemaske durch einfaches Absetzen eines typisierten DataSets auf dem Formular auch sein mag, man darf die Augen nicht vor den ungeheuren Codemengen verschließen, die dabei im Hintergrund von überaus fleißigen Assistenten generiert werden und die vordergründig in einem vollgestopften Komponentenfach ihren Ausdruck finden.

HINWEIS   Der solide Handwerker, der lieber etwas mehr Code schreibt und dafür aber die volle Kontrolle über sein Programm behält, wird nach wie vor auch die manuelle Datenbindung in seine Projekte einbeziehen.

Manuelle Datenbindung an einfache Datenfelder

Bestimmte Eigenschaften vieler Windows Forms-Controls lassen sich an eine Datenquelle binden. Damit ändert der Wert in der Datenquelle den Wert der gebundenen Eigenschaft und umgekehrt.

Bevor wir ins Detail gehen, zunächst ein einführendes Beispiel:

BEISPIEL

Ein DataSet *ds* enthält die Tabelle *Personal*. Eine *TextBox* soll an das Feld *Nachname* angebunden werden. Fügen Sie von der Toolbox eine *BindingSource*-Komponente zum Formular hinzu.

```
BindingSource1.DataSource = ds
BindingSource1.DataMember = "Personal"
```

Die *Text*-Eigenschaft der *TextBox* wird angebunden:

```
TextBox1.DataBindings.Add("Text", BindingSource1, "Nachname")
```

Um die Datensätze weiterblättern zu können, brauchen Sie nur noch eine *BindingNavigator*-Komponente hinzuzufügen, deren *BindingSource*-Eigenschaft Sie auf *BindingSource1* setzen.

BindingSource erzeugen

HINWEIS Die ab .NET 2.0 eingeführte *BindingSource* hat die veralteten (aber natürlich nach wie vor unterstützten) Klassen *BindingContext, BindingManagerBase* bzw. *CurrencyManager* abgelöst.

Eine *BindingSource* kapselt die Datenquelle des Formulars und schiebt sich quasi als zusätzliche Schicht zwischen Datenquelle und Anzeigecontrols.

Mittels *DataSource*- bzw. *DataMember*-Eigenschaft wird eine *BindingSource* mit der Datenquelle verbunden.

BEISPIEL

Verschiedene Varianten zum Erzeugen einer *BindingSource* und ihrer Verbindung mit der Tabelle *Personal* eines *DataSet*-Objekts *ds*.

```
Dim bs As New BindingSource()
bs.DataSource = ds
bs.DataMember = "Personal"
```

oder

```
Dim bs As New BindingSource(ds, "Personal")
```

oder

```
Dim dt As DataTable = ds.Tables("Personal")
Dim bs As New BindingSource()
bs.DataSource = dt
```

oder

```
Dim dv As DataView = ds.Tables("Personal").DefaultView
Dim bs As New BindingSource()
bs.DataSource = dv
```

Binding-Objekt

Ein *Binding*-Objekt ermöglicht die einfache Bindung zwischen dem Wert einer Objekteigenschaft und dem Wert einer Steuerelementeigenschaft. Bei der Instanziierung sind drei Parameter zu übergeben:

- Die zu bindende Eigenschaft des Controls (z.B. *Text*)

- Die Datenquelle, an die gebunden werden soll (*BindingSource, DataSet, DataTable, DataView*)

- Das Feld innerhalb der Datenquelle, das angebunden werden soll (z.B. *Vorname*)

BEISPIEL

Die Steuerelementeigenschaft *Text* wird an die Eigenschaft Geburtsdatum der *Personal*-Tabelle gebunden.

```
Dim bs As New BindingSource(ds, "Personal")
Dim b1 As New Binding("Text", bs, "Geburtsdatum")
```

HINWEIS   Neben den ADO.NET-spezifischen Klassen kommt als Datenquelle für die *BindingSource* auch jede indizierte Collection von Objekten infrage (jede Klasse, die *IList* implementiert), siehe dazu How-to 6.2 »... Steuerelemente an einen Objektbaum binden?«.

DataBindings-Collection

Die Datenanbindung für einfache Steuerelemente, wie z.B. *Label* oder *TextBox*, wird durch Hinzufügen von *Binding*-Objekten zur *DataBindings*-Auflistung des Steuerelements komplettiert. Der *Add*-Methode sind entweder ein komplettes *Binding*-Objekt oder aber dessen Argumente zu übergeben.

BEISPIEL

Das im Vorgängerbeispiel erzeugte *Binding*-Objekt wird zur *DataBindings*-Collection einer *TextBox* hinzugefügt:

```
TextBox1.DataBindings.Add(b1)
```

Eine Überladung der *Add*-Methode, die ohne explizit erzeugtes *Binding*-Objekt auskommt:

```
TextBox1.DataBindings.Add("Text", bs, "Geburtsdatum")
```

Die *Add*-Methode hat insgesamt sieben Überladungen. Eine Zusammenstellung der dafür möglichen Übergabeparameter zeigt die folgende Tabelle.

Parameter	Datentyp	Beschreibung
binding	*Binding*	hinzuzufügendes *Binding*-Objekt
propertyName	*String*	Name der zu bindenden Steuerelementeeigenschaft
dataSource	*Object*	Datenquelle
dataMember	*String*	Eigenschaft bzw. Liste, an welche gebunden werden soll
formattingEnabled	*Boolean*	*True*, wenn angezeigte Daten formatiert werden sollen
updateMode	*DataSourceUpdateMode*	*Never*: Datenquelle wird niemals aktualisiert, überprüft oder formatiert
		OnPropertyChanged: Datenquelle wird aktualisiert, wenn sich Wert der Steuerelementeigenschaft ändert
		OnValidation: Datenquelle wird aktualisiert, wenn Steuerelementeigenschaft überprüft wird
nullValue	*Object*	angewendeter Wert (z.B. null), wenn Wert der Datenquelle System.DBNull
formatString	*String*	Formatierungsstring (z.B. »"C2"«)

Tabelle 6.1 Mögliche Übergabeparameter der *Add*-Methode einer *ControlBindingsCollection*

BEISPIEL

Eine *TextBox* wird an das Feld *Freight* der *Northwind*-Datenbank angebunden. Die Anzeige wird als Währung formatiert.

```
TextBox4.DataBindings.Add("Text", BindingSourceOrders,"Freight", True,
                              DataSourceUpdateMode.OnValidation, Nothing, "C2")
```

HINWEIS Den kompletten Quellcode finden Sie im How-to 6.15 »... Datenbindung unter LINQ to SQL kennen lernen?«.

Bindungen löschen

Um die Datenbindungen eines bestimmten Controls wieder zu löschen, muss die *Clear*-Methode der *Data-Bindings*-Collection aufgerufen werden.

BEISPIEL

Die Datenbindungen aller in einer *GroupBox* zusammengefassten Steuerelemente werden zurückgesetzt.

```
For Each ctl As Object In Me.GroupBox1.Controls
  If ctl.GetType().Name = "TextBox" Then
      TryCast(ctl, TextBox).DataBindings.Clear()
  End If
Next ctl
```

Bemerkungen

- Mit der *Control*-Eigenschaft können Sie das Steuerelement abrufen, zu dem die *DataBindings*-Collection gehört

- Nachdem die Steuerelemente angebunden sind, werden lediglich die Werte der ersten Zeile der *Data-Table* angezeigt, Möglichkeiten zum Navigieren bzw. Blättern sind noch nicht vorhanden

- Die *BindingSource* spielt bei der Datenbindung eine zentrale Rolle. In diesem kurzen Abriss konnten wir aber bei weitem nicht all ihre Eigenschaften, Methoden und Ereignisse behandeln. Viele davon werden Sie noch im umfangreichen How-to-Teil dieses Kapitels kennen lernen, den Rest erklärt Ihnen die Online-Hilfe.

Manuelle Datenbindung an Listen und Tabelleninhalte

Bei dieser komplexeren Form der Datenbindung wollen wir Steuerelemente, die mehrere Werte anzeigen können, an eine Liste von Werten binden. Die dafür am häufigsten verwendeten Steuerelemente sind *Data-GridView*, *ComboBox* oder *ListBox*[1].

DataGridView

Das *DataGridView* ist ein sehr leistungsfähiges Datengitter-Steuerelement, welches Sie bereits häufig für die Anzeige von Tabelleninhalten benutzt haben und welches im zweiten Teil dieses Kapitels noch ausgiebig beschrieben wird (Seite 399).

BEISPIEL

Anzeige der *Personal*-Tabelle im *DataGridView*

```
DataGridView1.DataSource = ds
DataGridView1.DataMember = "Personal"
```

oder

```
Dim bs As New BindingSource(ds, "Personal")
DataGridView1.DataSource = bs
```

Datenbindung von ComboBox und ListBox

Häufig werden *ComboBox* und *ListBox* zum Implementieren sogenannter »Nachschlagefunktionalität« bei *DataTable*s (oder *DataView*s) eingesetzt, zwischen denen eine Master-Detail-Relation besteht.

Um die *ComboBox/ListBox* mit der Master-Tabelle zu verknüpfen, muss zunächst die *SelectedValue*-Eigenschaft an den in der Mastertabelle enthaltenen Fremdschlüssel angebunden werden.

Anschließend werden den *DataSource-*, *DisplayMember-* und *ValueMember*-Eigenschaften die entsprechenden Spalten der Detailtabelle zugewiesen.

BEISPIEL

Die Tabellen *Bestellungen* und *Personal* der *Nordwind*-Datenbank sind durch eine Master-Detail-Beziehung verknüpft. In der *ComboBox* soll der zur aktuellen Bestellung gehörige *Nachname* aus der *Personal*-Tabelle angezeigt werden.

Verbinden der *ComboBox* mit der Mastertabelle:

```
BindingSourceBest.DataSource = ds.Tables("Bestellungen")
```

---

[1] Leider unterstützt das *ListView*-Control nach wie vor keine Datenbindung.

```
ComboBox1.DataBindings.Add("SelectedValue", BindingSourceBest, "PersonalNr")
```

Anbinden der Detaildaten an die *ComboBox*:

```
BindingSourcePers.DataSource = ds.Tables("Personal")
With ComboBox1
    .DataSource = BindingSourcePers
    .DisplayMember = "Nachname"
    .ValueMember = "PersonalNr"
End With
```

HINWEIS   Den kompletten Code finden Sie im How-to 6.6 »... mit der ComboBox zwei Tabellen verknüpfen?«.

Entwurfszeit-Datenbindung an ein typisiertes DataSet

Zwar basiert ADO.NET auf dem Prinzip der strikten Trennung der Benutzerschnittstelle von der Datenbank, doch es gibt sie trotzdem, die Möglichkeit der Entwurfszeitanbindung der Steuerelemente. Allerdings muss dazu eine Datenquelle (typisiertes DataSet) vorhanden sein, welche nur mit Assistentenhilfe sinnvoll zu erstellen ist.

BEISPIEL

Die folgende Abbildung zeigt, wie Sie über den *(DataBindings)*-Knoten im Eigenschaftenfenster die Datenbindung für ein *Label*-Steuerelement vornehmen. Die Datenfelder stehen dabei als *BindingSource*-Elemente zur Verfügung.

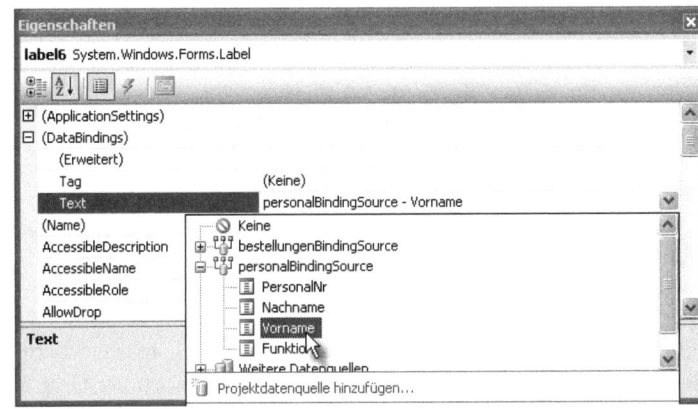

Abbildung 6.1 Anbinden eines *Labels* an ein typisiertes DataSet

Auf analoge Weise realisieren Sie z.B. auch Entwurfszeit-Datenbindungen für *TextBox*, *ComboBox* und *ListBox*, sowie mit dem *DataGridView*.

BEISPIEL

Ein *DataGridView* wird über eine *BindingSource* mit der Tabelle *Bestellungen* eines typisierten DataSets verbunden. Bereits zur Entwurfszeit zeigt das *DataGridView* die Datenstruktur (siehe Abbildung 6.2).

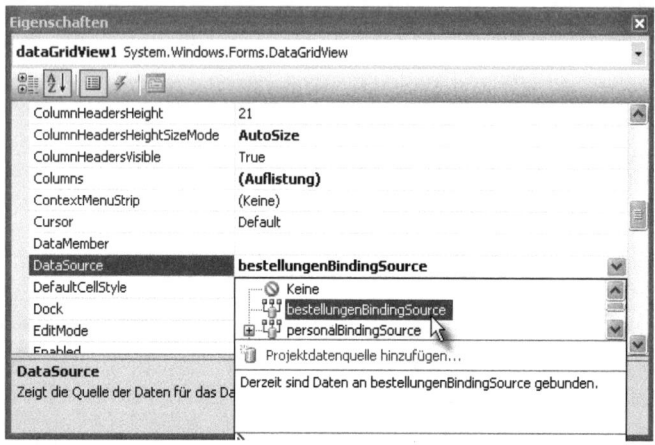

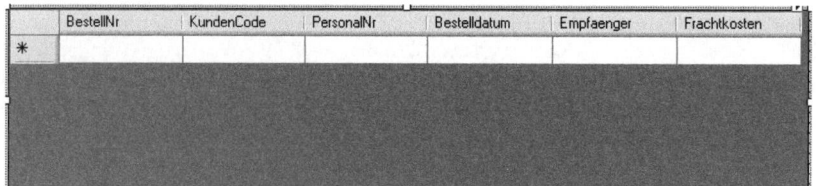

Abbildung 6.2   Datenbindung eines *DataGridView* an ein typisiertes DataSet

HINWEIS   Eine komplette Anleitung für die Datenbindung zur Entwurfszeit finden Sie im How-to 6.7 »... ein typisiertes DataSet manuell binden?«.

Drag & Drop-Datenbindung

Diese Technologie verkörpert den Gipfel der Bequemlichkeit, denn in der Regel brauchen Sie keine einzige Zeile Code mehr zu schreiben bzw. keinerlei Bindungen für Steuerelemente im Eigenschaftsfenster vorzunehmen. Unter der Voraussetzung, dass eine Datenquelle vorhanden ist, brauchen Sie nur noch per Drag & Drop komplette Tabellen aus dem Datenquellen-Fenster auf das Formular zu ziehen. Neben einer fertigen Eingabemaske (wahlweise Einzelkomponenten mit *BindingNavigator* oder als *DataGridView*) werden auch eine Unmenge von Datenzugriffskomponenten (*DataSet*, *BindingSource*, *TableAdapter*, ...) generiert und im Komponentenfach abgelegt.

HINWEIS   Eine Anleitung findet sich im How-to 6.8 »... 1:n-Beziehungen per Drag & Drop-Datenbindung anzeigen?«.

Navigieren im DataSet

Für das Durchblättern der Datensätze sowie für Editieren, Hinzufügen und Löschen haben Sie hauptsächlich zwei Möglichkeiten:

- Sie können die verschiedenen Methoden der *BindingSource* verwenden oder
- Sie verwenden einen *BindingNavigator,* der die Methodenaufrufe kapselt

Vor- und Rückwärtsblättern

So wie das »gute alte« Recordset-Objekt aus den Zeiten vor .NET verfügt auch die *BindingSource* über die Methoden *MoveNext*, *MovePrevious*, *MoveFirst* und *MoveLast.*

BEISPIEL

Bewegen zum ersten Datensatz:

```
Dim bs As New BindingSource(ds, "Personal")

Private Sub Button1_Click(ByVal sender As Object, ByVal e As EventArgs) Handles Button1.Click
    bs.MoveFirst()
End Sub
```

Hinzufügen und Löschen

Dafür bietet die *BindingSource* die Methoden *Add, AddNew, Remove, RemoveAt, RemoveCurrent* und *RemoveFilter.*

BEISPIEL

Ein neuer Datensatz wird hinzugefügt:

```
bs.AddNew()
```

Der aktuelle Datensatz wird gelöscht:

```
bs.RemoveCurrent()
```

Aktualisieren und Abbrechen

Mit der *EndEdit-* bzw. *CancelEdit-*Methode der *BindingSource* kann der aktuelle Editiervorgang beendet bzw. abgebrochen werden.

BEISPIEL

Die geänderten Daten werden vom *DataTable*-Objekt *dt* in die Datenbank übertragen.

```
bs.EndEdit()
da.Update(dt)
```

HINWEIS   Wenn Sie die *EndEdit*-Methode nicht aufrufen, werden die geänderten Daten erst beim Weiterblättern in die *DataTable* übernommen.

BindingNavigator

Ein *BindingNavigator* eignet sich nur für die Zusammenarbeit mit einer *BindingSource*.

BEISPIEL

Ein *BindingNavigator* wird mit einem *BindingSource*-Objekt *bs* verknüpft.

```
BindingNavigator1.BindingSource = bs
```

Der *BindingNavigator* bietet alle Funktionen zum Weiterblättern, sowie zum Hinzufügen und zum Löschen – mit Ausnahme der *Speichern*- und der *Abbrechen*-Schaltfläche, die Sie selbst hinzufügen und implementieren müssen.

BEISPIEL

Ein *BindingNavigator*, dem Sie zwei Schaltflächen hinzugefügt haben, wird für das Speichern eines *DataTable*-Objekts *dt* und für das Abbrechen der aktuellen Operation »nachgerüstet«.

Speichern:

```
Private Sub ToolStripButton1_Click(ByVal sender As Object, ByVal e As EventArgs) _
                                                      Handles ToolStripButton1.Click
    bs.EndEdit()
    da.Update(dt)
End Sub
```

Abbrechen:

```
Private Sub ToolStripButton2_Click(ByVal sender As Object, ByVal e As EventArgs) _
                                                      Handles ToolStripButton2.Click
    bs.CancelEdit()
End Sub
```

 **Abbildung 6.3** *BindingNavigator* mit zwei zusätzlich hinzugefügten Schaltflächen

---

HINWEIS   Den kompletten Code finden Sie im How-to 6.4 »... Steuerelemente manuell an ein DataSet binden?«.

Die Anzeige formatieren

Zum Formatieren der Inhalte manuell gebundener Steuerelemente ist einiger zusätzlicher Aufwand erforderlich. Die *Binding*-Objekte müssen separat erzeugt und mit Event-Handlern für das *Format*- und für das *Parse*-Event nachgerüstet werden.

BEISPIEL

Die Anzeige des Geburtsdatums wird formatiert.

```
Dim b1 As New Binding("Text", bs, "Geburtstag")
AddHandler b1.Format, New ConvertEventHandler(AddressOf DatToDateString)
AddHandler b1.Parse,  New ConvertEventHandler(AddressOf DateStrToDat)
TextBox3.DataBindings.Add(b1)
```

Datenquelle => Anzeige:

```
Private Sub DateToDateString(sender As Object, e As ConvertEventArgs)
   Try
       e.Value = Convert.ToDateTime(e.Value).ToString("d.M.yyyy")
   Catch
   End Try
End Sub
```

Anzeige => Datenquelle:

```
Private Sub DateStringToDate(sender As Object, e As ConvertEventArgs)
    e.Value = Convert.ToDateTime(e.Value)
End Sub
```

HINWEIS   Den kompletten Quellcode finden Sie im How-to 6.4 »... Steuerelemente manuell an ein DataSet binden?«.

Das DataGridView

Obwohl das Haupteinsatzgebiet des *DataGridView*-Controls die Darstellung von Datenbankinhalten ist, kann es auch ohne darunter liegende Datenquelle benutzt werden.

HINWEIS   Wer ohne viel Theorie das *DataGridView* gleich in Aktion erleben will, der sei auf das How-to 6.14 »... das DataGridView als Datenbank-Frontend verwenden?« verwiesen.

Vom DataGrid zum DataGridView

Das »alte« .NET 1.x *DataGrid* – welches natürlich nach wie vor unterstützt wird – gilt bereits als Wunderwerk an Funktionalität, hat aber einige wichtige Einschränkungen:

- Das alte *DataGrid* ist vom Prinzip her ein datengebundenes Control. Zwar lässt es sich auch ohne Datenbank an Objekte binden, aber man kann es nicht wirklich ungebunden verwenden.

- Eine weitere große Einschränkung des alten *DataGrid*s ist seine strikt spaltenorientierte Arbeitsweise. Die für die einzelnen Spalten standardmäßig zur Verfügung stehenden Controls können nur vom Typ *TextBox* oder *CheckBox* sein. In vielen Fällen wünschte man sich aber weitere Controls, wie z.B. eine *ComboBox*, um auch Beziehungen zwischen verknüpften Tabellen darstellen und editieren zu können. Dies ist zwar nicht unmöglich, erfordert aber das relativ aufwändige Ableiten zusätzlicher Klassen, sodass die meisten Entwickler diesen Aufwand scheuen und sich lieber den Produkten von Drittanbietern zuwenden.

- Auch das Erzeugen einer Spalte, in der einige Zellen *CheckBox*en haben und andere *TextBox*en, gestaltet sich ziemlich schwierig.

Mit dem *DataGridView* hat Microsoft ein Steuerelement entwickelt, welches den Programmierer von aufwändigen Zusatzarbeiten entlastet:

- Das neue *DataGridView* ist nicht vordergründig ein datengebundenes Control, sondern es kann sowohl mit als auch ohne darunterliegende Datenquelle benutzt werden

- Es unterstützt allgemeine Aufgaben wie Master-Detail-Listen, Eingabevalidierung und Datenformatierung, wobei der Entwickler nur wenige Zeilen Code zu schreiben hat

- Es wurde von Grund auf als erweiterungsfähiges Control konzipiert, sodass sich zusätzliche Features ohne größere »Klimmzüge« integrieren lassen

Obwohl es bezüglich Programmierung und Bedienung viele Parallelen zum »alten« *DataGrid* gibt, handelt es sich beim *DataGridView* um ein grundlegend neues und universeller einsetzbares Steuerelement. So können Sie direkt Zeilen- und Zellen-Objekte erzeugen, ja es unterstützt sogar einen virtuellen Modus, in welchem der Zugriff auf eine beliebige Datenquelle frei programmiert werden kann. Zu den weiteren Verbesserungen zählen neben fein abgestimmter Formatierung, flexibler Größenänderung und Selektion vor allem eine bessere Performance und ein deutlich umfangreicheres Ereignismodell.

Das äußere Erscheinungsbild bestimmen zunächst selbst erklärende Eigenschaften wie *DefaultCellStyle*, *ColumnHeadersDefaultCellStyle*, *CellBorderStyle* und *GridColor*. Das ist aber nur die Spitze des Eisbergs. Das *DataGridView* konfrontiert Sie mit einer wahren Flut weiterer Eigenschaften, Methoden und Ereignisse, die teilweise ziemlich verwirrend sind und eine radikale Umstellung vom gewohnten Umgang mit dem »alten« *DataGrid* bedeuten.

Grundlegende Datenbindung

Genauso wie beim *DataGrid* können Sie ein *DataGridView* mittels *DataSource*- und *DataMember*-Properties direkt an ein *DataSet* oder ein davon abgeleitetes Objekt wie *DataTable* oder *DataGridView* anbinden[1].

BEISPIEL

Die Funktion *getDataSet()* liefert ein gefülltes *DataSet*, die *Buecher*-Tabelle wird angezeigt.

```
Dim ds As DataSet = getDataSet()
DataGridView1.DataSource = ds.Tables("Buecher")
```

An dieser Stelle soll auch gleich auf eine grundlegende Einschränkung gegenüber dem »alten« *DataGrid* hingewiesen werden, die mancher vielleicht sogar als Nachteil empfinden mag, weil nun nicht mehr der komplette Inhalt eines *DataSet*s (inklusive Relationen) angezeigt werden kann:

HINWEIS   Im Unterschied zum *DataGrid* kann das *DataGridView* immer nur eine einzige Tabelle gleichzeitig anzeigen!

Verbinden Sie das *DataGridView* mit einem kompletten *DataSet*, so wird zunächst nichts angezeigt, es sei denn, Sie setzen die *DataMember*-Property auf den Namen der anzuzeigenden Tabelle.

---

[1] Damit enden aber auch schon fast die Gemeinsamkeiten zwischen *DataGrid* und *DataGridView*.

> **BEISPIEL**
>
> Die Tabelle »Buecher« eines *DataSets* wird in einem *DataGridView* angezeigt.
>
> ```
> DataGridView1.DataSource = ds
> DataGridView1.DataMember = "Buecher"
> ```

Natürlich kann ein *DataGridView* auch mit einer *BindingSource* verbunden werden, die sich vor die Datenquelle schiebt.

> **BEISPIEL**
>
> Das Vorgängerbeispiel mit einer *BindingSource*.
>
> ```
> Dim bs As New BindingSource(ds, "Buecher")
> DataGridView1.DataSource = bs
> ```

Standardmäßige Anzeige und Bedienung

Die Spaltenköpfe des *DataGridView* zeigen sich im modernen Flat-Design und leuchten auf, wenn der User die Maus darüber bewegt.

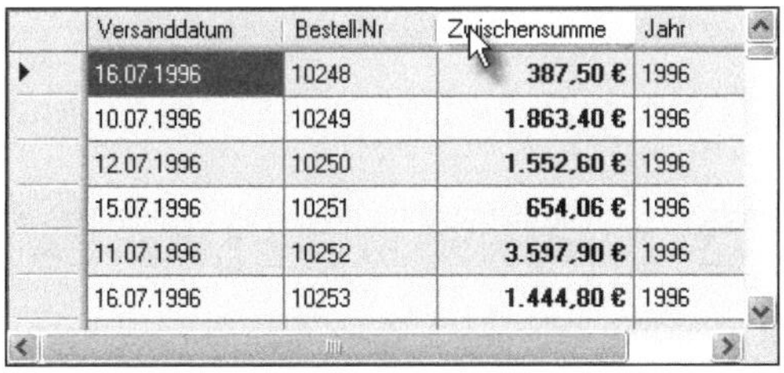

Abbildung 6.4 Bewegen der Maus über den Spaltenkopf
lässt diesen aufleuchten

Die standardmäßige *DataGridView*-Anzeige und -Bedienung unterliegt folgenden Prinzipien, wie sie größtenteils auch für das »alte« *DataGrid* gelten:

- Für jedes Feld in der Datenquelle wird eine Spalte generiert, die Spaltenbezeichner entsprechen den Feldnamen.

- Zwecks automatischer Größenanpassung (Autosizing) muss der User auf den Trennstrich zwischen zwei Spalten doppelklicken. Die linke Spalte passt ihre Breite dann automatisch dem Zelleninhalt an.

- Zum Editieren kann der User in eine Zelle doppelklicken oder F2 drücken, um den aktuellen Wert zu ändern. Einzige Ausnahme sind schreibgeschützte Felder (*DataColumn.ReadOnly = True*).

- Um eine Spalte automatisch in auf- oder absteigender Reihenfolge zu sortieren, genügt ein- oder zweimaliges Klicken auf den Spaltenkopf.

- Erlaubt sind verschiedene Arten von Selektion, so kann der User durch Klick und Ziehen mit der Maus eine oder mehrere Zellen oder auch Zeilen markieren. Bei Klick auf das kleine Rechteck in der linken oberen Ecke wird die gesamte Tabelle selektiert.

Wichtige Spalteneinstellungen

Eine Vielzahl von Manipulationen mit Spalten sind möglich, so lassen sich Spalten verstecken, verschieben oder »einfrieren«. Diese Features werden durch Properties der *DataGridView-* bzw. der *DataGridView-Column*-Klasse bereitgestellt:

AllowUserToOrderColumns

... falls *True*, lassen sich alle Spalten zur Laufzeit durch einfaches Anfassen des Spaltenkopfes mit der Maus verschieben.

Frozen

... falls *True*, bleibt die Spalte sichtbar und an der linken Seite der Tabelle fixiert, auch wenn der User nach rechts scrollt um weitere Spalten zu sichten.

BEISPIEL

Die erste Spalte wird »eingefroren«.

```
DataGridView1.Columns(1).Frozen = True
```

HeaderText

... setzt den Text, der im Spaltenkopf erscheinen soll.

BEISPIEL

Der Spaltentitel wird geändert.

```
DataGridView1.Columns("OrderID").HeaderText = "Order ID"
```

DisplayIndex

... setzt die Position einer Spalte (z.B. eine mit *DisplayIndex = 0* wird automatisch in der äußersten linken Spalte angezeigt). Falls mehrere Spalten den gleichen *DisplayIndex* haben, wird die erste Spalte der Collection gezeigt.

HINWEIS   Falls Sie den *DisplayIndex* verwenden um eine Spalte nach links zu verschieben, müssen Sie ebenfalls den *DisplayIndex* der äußersten linken Spalte nach rechts verschieben.

Resizable und MinimumWidth

Setzen Sie *Resizable* auf *False*, um dem User das Verändern der Spaltenbreite zu verbieten, oder setzen Sie *MinimumWidth* auf die minimale Anzahl von zulässigen Pixeln.

Visible

... wenn *False*, so wird die Spalte versteckt.

Automatische Größenanpassungen

Die Inhalte der Zellen sind in vielen Fällen nicht vorhersehbar und so gibt es Möglichkeiten, die Abmessungen der Spaltenbreite bzw. Zeilenhöhe zur Laufzeit automatisch anzupassen.

AutoSizeColumnsMode-Eigenschaft/AutoResizeColumns-Methode

Um die Spaltenbreite aller Zeilen automatisch anzupassen, nutzen Sie die *AutoSizeColumnsMode*-Eigenschaft oder die *AutoResizeColumns*-Methode mit einem der Werte der *DataGridViewAutoSizeColumnMode*-Enumeration, von denen die Tabelle die wichtigsten zeigt:

DataGridViewAutoSizeColumnsMode-Enumeration	Die Spaltenbreite passt sich ...
AllCells	... dem Inhalt aller Zellen an
ColumnHeader	... dem Spaltenkopf an
DisplayedCells	... dem Inhalt der momentan angezeigten Zellen an
Fill	... so an, dass der Anzeigebereich des Gitters exakt ausgefüllt wird
None	... nicht automatisch an

Tabelle 6.2 Die Mitglieder der *DataGridViewAutosizeColumnsMode*-Enumeration

BEISPIEL

Anpassen der Spaltenbreite aller Spalten basierend auf der größten Textbreite der Zellen der Spalte

```
DataGridView1.AutoSizeColumnsMode = DataGridViewAutoSizeColumnsMode.AllCells
```

oder

```
DataGridView1.AutoResizeColumns(DataGridViewAutoSizeColumnsMode.AllCells)
```

AutoSizeMode-Eigenschaft/AutoResizeColumn-Methode

Will man gezielt nur einzelne Spalten in die automatische Breitenanpassung einbeziehen, so verwendet man die *AutoSizeMode*-Eigenschaft der betreffenden Spalte oder aber deren *AutoResizeColumn*-Methode. Die gewünschte Art des Resizing wird durch einen Wert der *DataGridViewAutoSizeColumnMode*-Enumeration eingestellt (man beachte den winzigen Unterschied in der Namensgebung im Vergleich zur *DataGridViewAutoSizeColumnsMode*-Enumeration, siehe obige Tabelle).

BEISPIEL

Wie Vorgängerbeispiel, aber nur für die zweite Spalte

```
DataGridView1.Columns(1).AutoSizeMode = DataGridViewAutoSizeColumnMode.AllCells
```

oder

```
DataGridView1.AutoResizeColumn(1, DataGridViewAutoSizeColumnMode.AllCells)
```

HINWEIS   Die Breite einzelner Spalten können Sie nur dann ändern, wenn das *DataGridView* bereits mit der Datenquelle verbunden ist!

AutoSizeRowsMode-Eigenschaft/AutoResizeRows-Methode

Statt der Spaltenbreite können Sie mittels *AutoSizeRowsMode*-Eigenschaft bzw. mit *AutoSizeRows*-Methode auch die Zeilenhöhe ändern, um den Inhalt komplett anzuzeigen. Da es sich hier wohl meistens um Text handelt, müssen Sie noch den Zeilenumbruch (*WrapMode*) aktivieren, sonst bleibt der Effekt aus. In der Regel können Sie vorher die Spaltenbreite verringern, da sich jetzt die Zeilen nach unten ausdehnen.

BEISPIEL

Die Breite der zweiten Spalte wird auf einen festen Wert (100 Pixel) eingestellt und für die gesamte *Data-GridView* der Zeilenumbruch aktiviert. Anschließend wird die Zeilenhöhe dem Inhalt angepasst.

```
With DataGridView1
    .Columns(1).Width = 100
    .DefaultCellStyle.WrapMode = DataGridViewTriState.True
    .AutoSizeRowsMode = DataGridViewAutoSizeRowsMode.AllCellsExceptHeaders
End With
```

Eine alternative Schreibweise für die letzte Anweisung:

```
.AutoResizeRows(DataGridViewAutoSizeRowsMode.AllCellsExceptHeaders)
```

AutoResizeRow-Methode

Sollen nicht alle, sondern nur einzelne Zeilen ihre Höhe automatisch anpassen, so verwendet man die *AutoResizeRow*-Methode der betreffenden Zeile. Die gewünschte Art der Größenanpassung wird durch einen Wert der *DataGridViewAutoSizeRowMode*-Enumeration eingestellt (auch hier beachte man den winzigen Unterschied in der Namensgebung im Vergleich zur *DataGridViewAutoSizeRowsMode*-Enumeration).

BEISPIEL

Außer der Kopfzeile passen alle Zellen ihre Höhe automatisch an.

```
DataGridView1.AutoResizeRow(0, DataGridViewAutoSizeRowMode.AllCellsExceptHeader)
```

Nr	Buchtitel	ISBN	Autor(en)	Verlag	Jahr	Preis	Z
27	Datenbankprogrammierung mit Visual Basic .NET	3-86063-670-7	Doberenz und Kowalski	Microsoft Press Deutschland	2003	30,00 €	
214	Datenbankprogrammierung mit Visual Basic 2005	3-86063-589-1	Doberenz und Gewinnus	Microsoft Press Deutschland	2006	49,90 €	
213	Datenbankprogrammierung mit Visual C# 2005	3-86063-588-3	Doberenz und Gewinnus	Microsoft Press Deutschland	2006	49,90 €	
39	Datenbankprogrammierung mit Visual C#.NET	3-86063-095-4	Doberenz und Kowalski	Microsoft Press Deutschland	2003	30,00 €	
134	Datenstrukturen und Algorithmen in C++	3-446-22075-5	Reß und Viebeck	Carl Hanser Verlag München Wien	2004	15,00 €	
160	Die Architektur erfolgreicher Projekte	3-446-22313-4	Strohmeier	Carl Hanser Verlag München Wien	2003	10,00 €	

Abbildung 6.5   Die Zeilenhöhe hat sich dem Inhalt angepasst

Selektieren von Zellen

Standardmäßig ist eine freie Selektion möglich. Der User kann einzelne Zellen, Gruppen von Zellen, alle Zellen (durch Klick auf das Quadrat in der linken oberen Ecke) oder eine oder mehrere Zeilen (durch Klick in die linke Randspalte) auswählen. In Abhängigkeit vom Selektionsmodus lassen sich auch eine oder mehrere Spalten durch Selektieren der Spaltenköpfe auswählen. Dieses Verhalten lässt sich mit der Eigenschaft *SelectionMode* steuern, die folgende Werte aus der *DataGridViewSelectionMode*-Enumeration annehmen kann:

DataGridViewSelectionMode-Enumeration	Der User kann ...
CellSelect	... Zellen selektieren, aber keine vollen Zeilen oder Headers. Er kann mehrfache Zellen selektieren wenn *MultiSelect = True*.
FullColumnSelect	... durch Klick auf den Spaltenkopf mehrere Spalten selektieren wenn *MultiSelect = True*. Kein Sortieren des Inhalts bei Klick auf den Spaltenkopf!
FullRowSelect	... volle Zeilen durch Klick auf die linke Randspalte selektieren. Mehrere Zeilen wenn *MultiSelect = True*.
ColumnHeaderSelect	... den *CellSelect*- oder *FullColumnSelect* Modus verwenden. Kein Sortieren des Inhalts bei Klick auf den Spaltenkopf!
RowHeaderSelect	... den *CellSelect*- oder *FullRowSelect*-Modus verwenden (Standard).

Tabelle 6.3 Die Mitglieder der *DataGridViewSelectionMode*-Enumeration

BEISPIEL

Das Selektieren voller Zeilen ist möglich.

```
DataGridView1.SelectionMode = DataGridViewSelectionMode.FullRowSelect
```

SelectedCells-, SelectedRows- und SelectedColumns-Eigenschaften

Die *DataGridView* erleichtert den Zugriff auf selektierte Zellen mit drei Eigenschaften:

Eigenschaft	Beschreibung
SelectedCells	... liefert eine Auflistung von *DataGridViewCell*-Objekten ohne Rücksicht auf den *SelectionMode*
SelectedRows	... liefert nur dann etwas, wenn eine volle Zeile selektiert wurde (durch Klick auf die linke Randspalte)
SelectedColumns	... liefert nur dann etwas, wenn eine volle Spalte selektiert wurde (durch Klick auf den Spaltenkopf)

Tabelle 6.4 Eigenschaften für den Zugriff auf selektierte Zellen

BEISPIEL

Für jede voll selektierte Zeile wird der Wert der zweiten Spalte in einem Meldungsfenster angezeigt:

```
For Each selRow As DataGridViewRow In DataGridView1.SelectedRows
    MessageBox.Show(selRow.Cells(1).Value.ToString)
```

Oder falls der Spaltenname »Titel« ist:

```
    MessageBox.Show(selRow.Cells("Titel").Value.ToString)
Next selRow
```

HINWEIS   Es ist zu beachten, dass zwar ein *DataGridViewRow*-Objekt über eine *Cells*-Auflistung verfügt, nicht aber ein *DataGridViewColumn*-Objekt!

BEISPIEL

Für jede selektierte Spalte wird die Beschriftung des Spaltenkopfes in einem Meldungsfenster angezeigt:

```
DataGridView1.SelectionMode = DataGridViewSelectionMode.ColumnHeaderSelect

For Each selCol As DataGridViewColumn In DataGridView1.SelectedColumns
    MessageBox.Show(selCol.HeaderText)
Next selCol
```

CurentCell- und CurrentCellAddress-Eigenschaften

Diese Eigenschaften ermöglichen den Zugriff auf die aktuelle Zelle.

HINWEIS   Auch wenn Sie mehrere Zellen selektiert haben, es gibt immer nur genau eine aktuelle Zelle, die durch ein gepunktetes schwarzes Rechteck eingerahmt ist!

BEISPIEL

Der Wert der aktuellen Zelle, sowie Zeilen- und Spaltenindex, werden in einem Meldungsfenster angezeigt.

```
Dim inhalt As String = DataGridView1.CurrentCell.Value.ToString
Dim zeile As String = DataGridView1.CurrentCellAddress.Y.ToString
Dim spalte As String = DataGridView1.CurrentCellAddress.X.ToString

MessageBox.Show("Inhalt = " & inhalt & " ; Zeile = " & zeile & " ; spalte = " & spalte)
```

Die *CurrentCellAddress* Property ist zwar schreibgeschützt, aber Sie können *CurrentCell* verwenden, um die aktuelle Position zu ändern. Das *DataGridView* wird dann automatisch zur aktuellen Position scrollen, sodass die Zelle im sichtbaren Bereich erscheint.

BEISPIEL

Als aktuelle Position die fünfte Zelle (bzw. Spalte) in der zehnten Zeile wählen.

```
DataGridView1.CurrentCell = DataGridView1.Rows(9).Cells(4)
```

Columns- und Rows-Auflistungen

Bis jetzt wissen wir nur, wie man auf die aktuell selektierten Zeilen, Zellen und Spalten zugreifen kann. Das *DataGridView* stellt aber auch grundlegende Auflistungen bereit, die das Arbeiten mit der kompletten Datenmenge ermöglichen:

- *Columns*
  Collection von *DataGridViewColumn* Objekten
- *Rows*
  Collection aus *DataGridViewRow*-Objekten, jedes Objekt davon enthält eine Auflistung von *DataGrid-ViewCell*-Objekten

Allgemein benutzt man *DataGridViewColumn*-Objekte zum Formatieren der Anzeige in einer Spalte. Hingegen braucht man *DataGridViewRow*- und *DataGridViewCell*-Objekte, um auf die Daten zuzugreifen.

Hat man das *DataGridView*-Objektmodell einmal verstanden, so kann man leicht Code schreiben, der auf die gesamte Tabelle zugreift Anstatt den Index der Zelle darf man auch direkt den Spaltennamen verwenden.

BEISPIEL

Der Inhalt der zweiten Zelle (*Titel*-Spalte) der dritten Zeile wird zugewiesen.

```
Dim s As String = DataGridView1.Rows(2).Cells(1).Value.ToString
```

oder

```
Dim s As String = DataGridView1.Rows(2).Cells("Titel").Value.ToString
```

Um eine bestimmte Zeile, Spalte oder Zelle zu selektieren, muss man lediglich das entsprechende *DataGridViewRow*-, *DataGridViewColumn*- oder *DataGridViewCell*-Objekt finden und seine *Selected*-Eigenschaft auf *True* setzen.

BEISPIEL

Alle Inhalte der Spalte »Jahr«, die 2008 erschienen sind, werden selektiert:

```
For Each row As DataGridViewRow In DataGridView1.Rows
    If Convert.ToInt32(row.Cells("Jahr").Value) = 2008 Then row.Selected = True
Next row
```

DataGridViewCellStyle-Objekte

Um auch größere Datenmengen effektiv formatieren zu können, verwendet das *DataGridView* ein mehrschichtiges Modell unter Verwendung von *DataGridViewCellStyle*-Objekten. Ein solches Objekt kapselt alle Details zur Darstellung der Daten einer Zelle (Color, Font, Alignment, Wrapping und Datenformatierung).

Es dürfte klar sein, dass sich das Formatieren zahlreicher einzelner Zellen negativ auf Speicherplatz und Performance des *DataGridView* auswirkt. Sie können aber auch nur einen einzigen *DataGridViewCellStyle* für die komplette Tabelle erzeugen und zusätzlich das Standardformat einer Spalte, Zeile oder einer individuellen Zelle spezifizieren.

HINWEIS   Wenn Sie vorrangig eine spalten- oder eine zeilenbasierte Formatierung wählen und nur gelegentlich eine einzelne Zelle formatieren, so wird Ihr *DataGridView* kaum mehr Speicher beanspruchen als das »alte« *DataGrid*.

Wenn das *DataGridView* formatiert wird, gelten folgende Prioritäten (von der höchsten zur niedrigsten):

- *DataGridViewCellStyle*
- *DataGridViewRow.DefaultCellStyle*
- *DataGridView.AlternatingRowsDefaultCellStyle*
- *DataGridView.RowsDefaultCellStyle*
- *DataGridViewColumn.DefaultCellStyle*
- *DataGridView.DefaultCellStyle*

Haben Sie einer einzelnen *DataGridViewColumn* einen *DataGridViewCellStyle* zugewiesen, so setzt dieser den *DefaultCellStyle* des *DataGridView* außer Kraft.

Ein *DataGridViewCellStyle* definiert zwei Typen von Formatierungen: Daten und Outfit.

Datenformatierung

Die Datenformatierung bestimmt, wie der datengebundene Wert vor seiner Anzeige zu modifizieren ist. Typischerweise werden hierzu Formatierungsstrings benutzt, die numerische Werte in Text umformen. Dazu setzen Sie einfach den Format-Spezifizierer oder einen eigenen Formatstring unter Verwendung der *Format*-Property.

BEISPIEL

Formatieren aller Zahlen im *Preis*-Feld als Währungsgrößen (entsprechend den lokalen Währungseinstellungen).

```
DataGridView1.Columns("Preis").DefaultCellStyle.Format = "c"
```

Outfit

Die Formatierung des Zellenoutfits umfasst kosmetische Aspekte wie Farbe und Schriftart. Wichtige Eigenschaften sind *Font, Alignment, ForeColor, SelectionForeColor* oder *SelectionBackColor*.

BEISPIEL

Erzeugen einer neuen Spalte mit Bindung an das Feld *Verkaufspreis* und anschließendes Formatieren als rechtsbündige Währungsanzeige mit Fettschrift und gelber Hintergrundfarbe.

```
Dim tbc1 As New DataGridViewTextBoxColumn()
With tbc1
    .DataPropertyName = "Verkaufspreis"
    .HeaderText = "Preis"
    .DefaultCellStyle.Format = "c"
    .DefaultCellStyle.Alignment = DataGridViewContentAlignment.MiddleRight
    .DefaultCellStyle.Font = New Font(DataGridView1.Font, FontStyle.Bold)
    .DefaultCellStyle.BackColor = Color.LightYellow
End With
DataGridView1.Columns.Add(tbc1)
```

Die *WrapMode*-Eigenschaft bestimmt, ob ein Zeilenumbruch stattfinden soll, wobei drei Einstellungen möglich sind (ja, nein, nicht gesetzt). Ein entsprechendes Beispiel im Zusammenhang mit der automatischen Anpassung der Zeilenhöhe (*AutoResizeRows*-Methode) wurde oben bereits gezeigt.

HINWEIS Visual Studio verfügt auch über einen *DataGridView*-Designer, mit dem Sie das Spaltenoutfit bereits zur Entwurfszeit konfigurieren und aus einer Vielzahl vordefinierter Styles auswählen können.

Benutzerdefinierte Zellenformatierung

Ziemlich häufig kommt es vor, dass zur Laufzeit bestimmte Zellen optisch hervorgehoben werden sollen, z.B. wenn ihr Wert ein bestimmtes Limit überschritten hat oder ein Suchkriterium erfüllt ist. Anstatt mühselig durch die Auflistung der Zellen zu iterieren und nach diesen Werten zu suchen, sollte man das *CellFormatting*-Event des *DataGridView* verwenden. Das Ereignis »feuert« unmittelbar vor dem Neuzeichnen des Wertes in der Zelle. Das gibt Ihnen die Chance, das Outfit der Zelle in Abhängigkeit vom Inhalt anzupassen.

BEISPIEL

In der *Titel*-Spalte werden alle Buchtitel in denen der in *TextBox1* eingegebene Begriff vorkommt, gesucht und die betreffenden Zellen mit roter Schrift auf gelbem Hintergrund markiert.

```
AddHandler DataGridView1.CellFormatting, _
        New DataGridViewCellFormattingEventHandler(AddressOf DataGridView1_CellFormatting)
...
Private Sub DataGridView1_CellFormatting(ByVal sender As Object, _
                            ByVal e As DataGridViewCellFormattingEventArgs)

    If DataGridView1.Columns(e.ColumnIndex).Name = "Titel" Then
        If e.RowIndex < DataGridView1.Rows.Count Then
```

Suchbegriff gefunden:

```
            If e.Value.ToString.IndexOf(TextBox1.Text) >= 0 Then
                e.CellStyle.ForeColor = Color.Red
                e.CellStyle.BackColor = Color.Yellow
            End If
        End If
    End If
End Sub
```

Nr	Buchtitel	ISBN	Autor(en)	Verlag	Jahr	Preis	Z
27	Datenbankprogrammierung mit Visual Basic .NET	3-86063-670-7	Doberenz und Kowalski	Microsoft Press Deutschland	2003	30,00 €	
214	Datenbankprogrammierung mit Visual Basic 2005	3-86063-589-1	Doberenz und Gewinnus	Microsoft Press Deutschland	2006	49,90 €	
213	Datenbankprogrammierung mit Visual C# 2005	3-86063-588-3	Doberenz und Gewinnus	Microsoft Press Deutschland	2006	49,90 €	
39	Datenbankprogrammierung mit Visual C#.NET	3-86063-095-4	Doberenz und Kowalski	Microsoft Press Deutschland	2003	30,00 €	
134	Datenstrukturen und Algorithmen in C++	3-446-22075-5	Reß und Viebeck	Carl Hanser Verlag München Wien	2004	15,00 €	
160	Die Architektur erfolgreicher Projekte	3-446-22313-4	Strohmeier	Carl Hanser Verlag München Wien	2003	10,00 €	

Abbildung 6.6 Die gesuchten Buchtitel, in denen ».NET« vorkommt, sind gelb markiert

Spaltentypen

Von *DataGridViewColumn* können verschiedene Klassen abgeleitet werden, fünf »vorgefertigte« sind bereits standardmäßig vorhanden:

- *DataGridViewButtonColumn*
- *DataGridViewCheckBoxColumn*
- *DataGridViewComboBoxColumn*
- *DataGridViewImageColumn*
- *DataGridViewTextBoxColumn*

DataGridViewButtonColumn

Dieser Spaltentyp zeigt in jeder Zelle einen *Button*, für den Sie Ereigniscode schreiben können.

BEISPIEL

Eine *Button*-Spalte mit der Spaltenbeschriftung »Details« wird erzeugt und ein Eventhandler deklariert:

```
Dim details As New DataGridViewButtonColumn()
With details
    .Name = "Details"
    .HeaderText = "Details"
    .UseColumnTextForButtonValue = True
End With
```

Der Text einer Zelle entspricht der Beschriftung:

```
details.Text = "..."                            ' Button-Beschriftung
```

Spalte ganz rechts hinzufügen:

```
DataGridView1.Columns.Insert(DataGridView1.Columns.Count, details)
```

Ereignisbehandlung anmelden:

```
AddHandler DataGridView1.CellClick, New DataGridViewCellEventHandler(AddressOf DataGridView_CellClick)
```

BEISPIEL

Der Klick auf einen *Button* zeigt die Informationen zum Datensatz:

```
Private Sub DataGridView_CellClick(ByVal sender As Object, ByVal e As DataGridViewCellEventArgs)
    DataGridView dgv = CType(sender, DataGridView)
    If dgv.Columns(e.ColumnIndex).Name = "Details" Then
        Dim s As String = dgv.Rows(e.RowIndex).Cells("Titel").Value.ToString
        s &= Environment.NewLine
        s &= dgv.Rows(e.RowIndex).Cells("ISBN").Value.ToString
        MessageBox.Show(s)
    End If
End Sub
```

DataGridViewComboBoxColumn

Dieser im »alten« *DataGrid* schmerzlich vermisste Spaltentyp erlaubt das Verknüpfen von zwei Tabellen.

BEISPIEL

Im *DataGridView* werden Buchtitel angezeigt. Die *Autor*-Spalte besteht aus *ComboBox*en, welche die Tabelle »Buecher« mit der Tabelle »Autoren« verknüpfen.

```
Dim cbc1 As New DataGridViewComboBoxColumn()
With cbc1
    .DataSource = bsAuthors.List       ' Detailtabelle
    .DataPropertyName = "AutorenNr"    ' Fremdschlüssel
    .ValueMember = "Nr"                ' Primärschlüssel
    .DisplayMember = "Namen"           ' Detailanzeige
    .HeaderText = "Autor(en)"
    .DisplayStyle = DataGridViewComboBoxDisplayStyle.Nothing      ' nur bei aktiver Zelle
End With
DataGridView1.Columns.Add(cbc1)
```

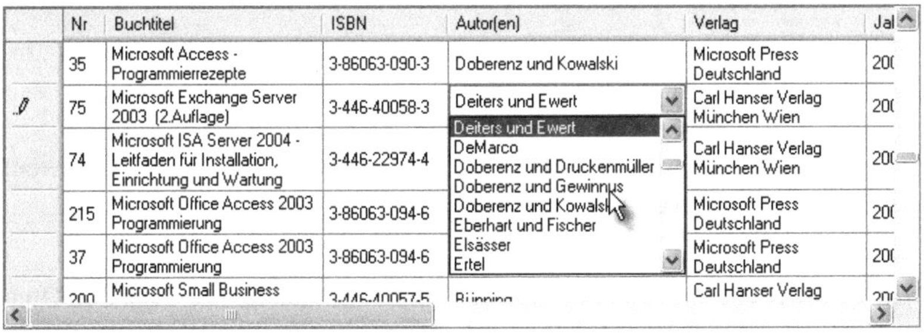

Abbildung 6.7 Eine *ComboBox*-Spalte in Aktion

Leider funktioniert *cbc1.Sorted = True* nicht, so dass für eine sortierte Auflistung bereits per SQL vorgesorgt werden muss.

HINWEIS   Eine Anwendung von *ComboBox*-Spalten finden Sie im How-to 6.14 »... das DataGridView als Datenbank-Frontend verwenden?«.

DataGridViewCheckBoxColumn

BEISPIEL

Eine simple Anwendung für eine *CheckBox*-Spalte.

```
Dim chbc1 As New DataGridViewCheckBoxColumn()
With chbc1
    .DataPropertyName = "vorgemerkt"
    .HeaderText = "res."
    .Width = 40
End With
DataGridView1.Columns.Add(chbc1)
```

Nr	Buchtitel	r	Preis	Zustand	Verkäufe	res.	Bemerkungen
74	Microsoft ISA Server 2004 - Leitfaden für Installation, Einrichtung und Wartung	5	18,00 €	1	1	☑	
215	Microsoft Office Access 2003 Programmierung	4	59,90 €	1	0	☑	
37	Microsoft Office Access 2003 Programmierung	3	40,00 €	1	1	☐	
200	Microsoft Small Business Server 2003	5	25,00 €	1	1	☐	Standard und Premium Edition
163	Mind Mapping am PC für Präsentationen, Vorträge mit MindManager 4.0	1	5,00 €	1	1	☐	

Abbildung 6.8   Eine *CheckBox*-Spalte in Aktion

DataGridViewImageColumn

Dieser Spaltentyp ermöglicht die Darstellung eines Bildes innerhalb der Abmessungen der Zelle. Mittels der *DataGridViewImageColumn.Layout*-Property lassen sich die Bildeigenschaften festlegen (Bildgröße automatisch strecken oder abschneiden falls zu groß).

Es gibt zwei grundsätzliche Möglichkeiten eine *DataGridViewImageColumn* zu verwenden:

■ Zunächst lässt sie sich auf die gleiche Weise wie z.B. eine *DataGridViewButtonColumn* erzeugen und hinzufügen. Dies ist besonders dann nützlich, wenn Sie zusätzliche Bilder anzeigen wollen, deren Daten nicht im *DataSet* gespeichert sind. Beispielsweise möchten Sie eine Bilddatei *ProductPic001.jpg* von einem Netzlaufwerk laden und im Datengitter anzeigen. Dazu müssen Sie auf ein *DataGridView*-Event wie *CellFormatting* reagieren, wo Sie den Bildverweis von der entsprechenden Zeile lesen, die Bilddaten laden und das Bild unter Verwendung der *Value*-Property der Spalte einfügen.

■ Keinerlei Arbeit haben Sie hingegen, wenn das darunter liegende *DataSet* bereits die binären Bilddaten enthält (z.B. das Firmenlogo in der *pub_info*-Tabelle der *pubs*-Datenbank des SQL Servers). Das *DataGridView* stellt automatisch fest, dass Bilddaten vorliegen und erzeugt selbst die erforderliche *DataGridViewImageColumn*.

BEISPIEL

Anzeige eines Bildes aus der Tabelle *Employees* der *Northwind*-Datenbank (*AutoSizeColumnsMode = DisplayedCellsExceptHeader, AutoSizeRowsMode = DisplayedCells*).

Abbildung 6.9   Bildanzeige im *DataGridView*

Editieren im DataGridView

Das »alte« *DataGrid* gibt dem User relativ wenig Möglichkeiten, über Eingabevalidierung und Fehlerbenachrichtigung selbst zu bestimmen. Das *DataGridView* hingegen lässt Sie dieses Verhalten mittels einer Reihe von Ereignissen steuern, die bei allen Etappen des Editierprozesses ausgelöst werden.

Standardmäßig treten die Zellen des *DataGridView* in den Editiermodus ein, wenn der User auf die Zelle doppelklickt oder die F2-Taste drückt. Sie können aber auch das *DataGridView* so konfigurieren, dass eine Zelle in den Editiermodus umschaltet sobald der User die *EditCellOnEnter* Eigenschaft des *DataGridView* auf *True* setzt.

Das Editieren können Sie auch per Programm mit den Methoden *BeginEdit*, *CancelEdit*, *CommitEdit* und *EndEdit* starten bzw. stoppen. Wenn der User eine Zelle editiert, zeigt die linke Zeilenrandspalte ein bleistiftähnliches Editiersymbol.

Der User kann das Editieren mittels ESC-Taste abbrechen. Falls hier die *EditCellOnEnter*-Property auf *True* gesetzt wurde, bleibt die Zelle zwar im Edit-Modus, alle Änderungen werden aber verworfen. Um eine Änderung zu bestätigen, muss der User einfach nur zu einer neuen Zelle gehen oder den Eingabefokus zu einem anderen Control verlegen. Falls Ihr Code die Position der aktuellen Zelle verschiebt, wird dies ebenfalls die Änderungen bestätigen.

Um Zellen vom Editieren auszuschließen, setzen Sie die *ReadOnly*-Eigenschaft von *DataGridViewCell*, *DataGridViewColumn*, *DataGridViewRow* oder *DataGridView* in Abhängigkeit davon, ob Sie Änderungen nur in dieser einen Zelle, in allen Zellen der Spalte, der Zeile oder der gesamten Tabelle verhindern wollen.

HINWEIS   Das *DataGridView* hat auch ein *CellBeginEdit*-Event, welches Sie zum Abbrechen eines Editierversuchs verwenden können.

Ändern Sie die Daten in einer *DataGridViewCell* per Code, so passiert das Gleiche wie beim Editieren durch den User: die entsprechenden *DataGridViewChange*-Events werden ausgelöst und die angebundene *Data-Table* wird modifiziert.

Fehlerbehandlung

Standardmäßig erlaubt eine *DataGridViewTextBoxColumn* dem User die Eingabe beliebiger Zeichen, auch solcher, die in der aktuellen Zelle nicht erlaubt sind. Zum Beispiel kann der User ein nichtnumerisches Zeichen in ein numerisches Feld eingeben oder einen Wert spezifizieren, der eine im darunterliegenden *DataSet* definierte Fremdschlüsselbeziehung (*ForeignKeyConstraint* oder *UniqueConstraint*) verletzt. Das *DataGridView* behandelt diese Probleme auf unterschiedliche Weise:

- Wenn der editierte Wert nicht in den geforderten Datentyp konvertiert werden kann (z.B. hat der User Text in eine numerische Spalte eingegeben), wird der User nicht in der Lage sein, die Eingabe zu bestätigen oder zu einer anderen Zeile zu navigieren. Stattdessen muss die Eingabe rückgängig gemacht oder korrigiert werden.

- Wenn der editierte Wert einen im *DataSet* definierten Constraint verletzt, wird die Änderung sofort wirkungslos, sobald der User diese durch Navigieren zu einer anderen Zeile bestätigen will oder die Eingabetaste drückt.

Diese allgemeinen Standardeinstellungen funktionieren bei den meisten Szenarien zufriedenstellend. Falls erforderlich können Sie eine Fehlerbehandlung hinzufügen, indem Sie das *DataGridView.DataError*-Event auswerten. Dieses feuert wenn das *DataGridView* einen Fehler von der Datenquelle abfängt.

BEISPIEL

Im Fall eines Fehlers wird bis zur entsprechenden Zelle gescrollt.

```
Private Sub DataGridView1_DataError(ByVal sender As Object, ByVal e As DataGridViewDataErrorEventArgs)
    DataGridView1.CurrentCell = DataGridView1.Rows(e.RowIndex).Cells(e.ColumnIndex)
    Throw New Exception("Fehler bei der Anzeige im Datengitter ! ")
End Sub
```

Eingabeprüfung

Eingabeprüfung bzw. Validierung ist etwas differenzierter zu handhaben als das Errorhandling. Beim Errorhandling haben Sie es mit Problemen zu tun die in der Regel durch das darunterliegende *DataSet* zustande kommen. Beim Validieren hingegen fangen Sie Ihre eigenen Fehlerbedingungen ab, z.B. Daten die zwar im *DataSet* erlaubt sind, aber in Ihrer Applikation keinen Sinn machen.

Wenn der User eine vorgenommene Änderung bestätigt, indem er zu einer anderen Zelle navigiert, löst das *DataGridView* das *CellValidating*- und das *CellValidated*-Ereignis aus. Beiden folgen das *RowValidating*- und *RowValidated*-Ereignis. Auf diese Events können Sie reagieren und prüfen, ob der vom User eingegebene Wert korrekt ist um irgendwelche Maßnahmen ergreifen.

Falls der Wert ungültig ist, werden Sie typischerweise die vorgenommenen Änderungen verwerfen (durch Setzen der *Cancel*-Property des *EventArgs*-Objekts auf *True* oder durch Ausgabe einer Fehlermeldung). Der Text der Fehlermeldung kann in einem anderen Control ausgegeben werden oder aber auch im *DataGridView* unter Verwendung der *ErrorText*-Eigenschaft der entsprechenden *DataGridViewRow* und *DataGridViewCell*:

- Wenn der *DataGridViewCell.ErrorText* gesetzt ist, erscheint ein Symbol mit Ausrufezeichen in der Zelle. Bewegen Sie die Maus auf das Ausrufezeichen, so erscheint die Fehlermeldung.

- Wenn der *DataGridViewRow.ErrorText* gesetzt ist, erscheint das Ausrufezeichen am linken Zeilenrand.

Normalerweise verwenden Sie beide Eigenschaften und setzen eine Fehlermeldung (Errormessage) sowohl in der Zeile als auch in der Zelle.

HINWEIS   Mehrere Codebeispiele, in denen ein *DataGridView* zum Einsatz kommt, finden Sie im How-to-Teil dieses Kapitels, sowie in den Kapiteln 4 und 5.

How-to-Beispiele

6.1 ... eine Objekt-Datenquelle verwenden?

BindingSource: *DataSource*-Eigenschaft; *BindingNavigator;* Datenquellen; generische Listen; Objekt-Initialisierer;

Nicht nur Datenbanken oder Webdienste, sondern auch ganz normale Objekte können als Datenquellen in Erscheinung treten.

In unserem Beispielszenarium haben wir es mit Angestellten einer Gebrauchtwagenfirma zu tun, deren Verkaufsabschlüsse Objekte sind.

Starten Sie eine neue Windows Forms-Anwendung und wählen Sie *Projekt/Klasse hinzufügen...* Geben Sie der Datei den Namen *BusinessObjects.vb*, da sie nicht nur eine, sondern zwei Klassen (*CVerkauf* und *CVerkäufe*) enthalten wird.

Quellcode (Geschäftsobjekte)

Die Klasse *CVerkauf* repräsentiert einen einzelnen Verkaufsvorgang mit vier (selbstimplementierenden) Eigenschaften:

```
Public Class CVerkauf

    Property Verkäufer As String
    Property Produkt As String
    Property Preis As Single
    Property Datum As DateTime
```

Dazu ein Konstruktor:

```
    Public Sub New(
            ByVal verk As String, ByVal prod As String, ByVal prs As Single, ByVal dat As DateTime)
        _Verkäufer = verk
        _Produkt = prod
        _Preis = prs
        _Datum = dat
    End Sub

End Class
```

Die Klasse *CVerkäufe* kapselt alle Verkäufe in einer generischen Liste:

```
Public Class CVerkäufe
    Private _verkäufe As List(Of CVerkauf)

    Public Sub New()
        _verkäufe = New List(Of CVerkauf)
```

Die Liste wird mit einigen Instanzen von *CVerkauf* gefüllt:

```
        _verkäufe.Add(New CVerkauf("Tobalt", "BMW", 10000.0F, New DateTime(2005, 10, 6)))
        _verkäufe.Add(New CVerkauf("Maxhelm", "Mercedes", 12000.0F, New DateTime(2005, 10, 8)))
```

```
        _verkäufe.Add(New CVerkauf("Maxhelm", "Opel", 4000.0F, New DateTime(2005, 10, 10)))
        _verkäufe.Add(New CVerkauf("Siegbast", "Opel", 6000.0F, New DateTime(2005, 10, 18)))
        _verkäufe.Add(New CVerkauf("Tobalt", "Mercedes", 16000.0F, New DateTime(2005, 10, 20)))
        _verkäufe.Add(New CVerkauf("Siegbast", "Opel", 2000.0F, New DateTime(2005, 10, 28)))
        _verkäufe.Add(New CVerkauf("Siegbast", "BMW", 9000.0F, New DateTime(2005, 11, 1)))
        _verkäufe.Add(New CVerkauf("Maxhelm", "BMW", 11000.0F, New DateTime(2005, 11, 2)))
        _verkäufe.Add(New CVerkauf("Tobalt", "BMW", 18000.0F, New DateTime(2005, 11, 9)))
        _verkäufe.Add(New CVerkauf("Tobalt", "Opel", 5000.0F, New DateTime(2005, 11, 12)))
        _verkäufe.Add(New CVerkauf("Siegbast", "Mercedes", 14000.0F, New DateTime(2005, 11, 15)))
        _verkäufe.Add(New CVerkauf("Tobalt", "Mercedes", 20000.0F, New DateTime(2005, 11, 21)))
        _verkäufe.Add(New CVerkauf("Maxhelm", "Mercedes", 26000.0F, New DateTime(2005, 11, 28)))
    End Sub
```

Die folgende Funktion liefert den Inhalt der Liste:

```
    Public Function GetVerkäufe() As List(Of CVerkauf)
        Return _verkäufe
    End Function
End Class
```

HINWEIS Bevor der Typ *CVerkauf* als Objekt-Datenquelle hinzugefügt werden kann, muss die Assembly erstellt werden (Menü *Erstellen/Projektmappe erstellen*).

Datenquelle hinzufügen

Öffnen Sie das Fenster *Datenquellen* (Menü *Daten/Datenquellen anzeigen*) und klicken Sie auf *Neue Daten-quelle hinzufügen...*

Im »Assistent zum Konfigurieren von Datenquellen« wählen Sie den Datenquellentyp *Objekt* und die Datenquelle *CVerkauf* aus.

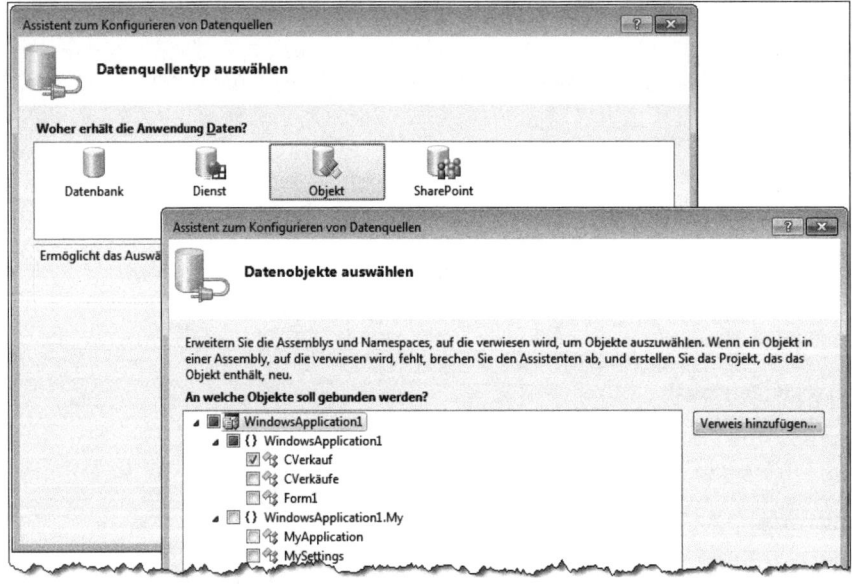

Abbildung 6.10 Auswahl des Objekts

Nach dem Klick auf *Fertigstellen* erscheint die Objekt-Datenquelle *CVerkauf* im Datenquellenfenster.

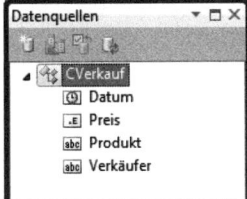

Abbildung 6.11 Die Objekt-Datenquelle steht zur Verwendung bereit

Ziehen Sie die Datenquelle *CVerkauf* per Drag & Drop auf das Startformular *Form1*, so wird von einem im Hintergrund agierenden Assistenten automatisch eine Benutzerschnittstelle generiert, die standardmäßig aus *DataGridView*, *BindingSource* und *BindingNavigator* besteht.

Fügen Sie noch einen *Button* hinzu.

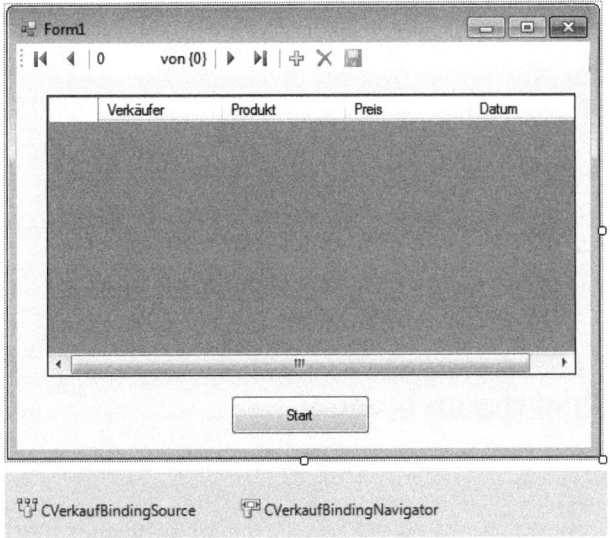

Abbildung 6.12 Die Entwurfsansicht

Quellcode (Form1)

Wenn Sie das Programm jetzt starten, bleibt das Datengitter leer, da der *BindingSource* noch keine Instanz der Verkaufsliste zugewiesen wurde. Ergänzen Sie also den Formularcode wie folgt, sodass die erforderliche Zuweisung im Konstruktorcode erfolgt:

```
Public Class Form1

    Private verkäufe As New CVerkäufe()

    Private Sub Button1_Click(ByVal sender As System.Object, ByVal e As System.EventArgs) _
                                                        Handles Button1.Click
        Me.CVerkaufBindingSource.DataSource = verkäufe.GetVerkäufe()
    End Sub
End Class
```

Test

Starten Sie das Programm und schauen Sie, welche Geschäfte unsere fleißigen Verkäufer Maxhelm, Siegbast und Tobalt getätigt haben.

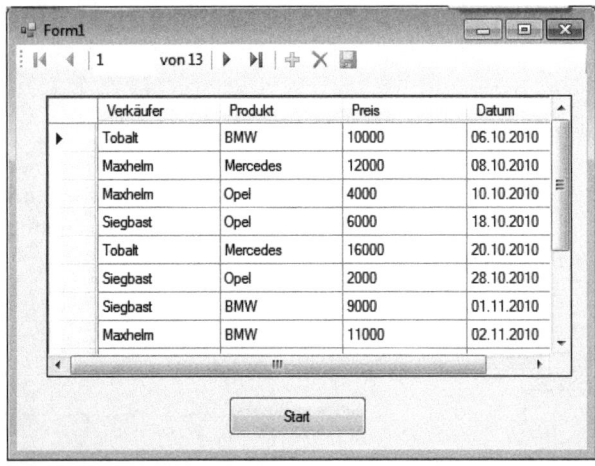

Abbildung 6.13 Anzeige des Inhalts der Objekt-Datenquelle

Bemerkungen

- Da es hier nur um das Prinzip von Objekt-Datenquellen geht, wurde dieses Beispiel sehr einfach gehalten und beschränkt sich auf den reinen Lesezugriff

- Das Beispiel dient im Report-Kapitel 10 als Datenquelle für das Gruppieren von Datensätzen und die Darstellung von Kreuztabellen-Abfragen

6.2 ... Steuerelemente an einen Objektbaum binden?

BinaryFormatter-Objekt: *Serialize-*, *Deserialize*-Methode; *FileStream*-Objekt; *BindingSource*-Objekt: *DataSource-*, *Current*-Eigenschaft, *CurrentChanged*-Ereignis; *BindingNavigator*-Komponente: *BindingSource*-Eigenschaft; *TextBox*-Komponente: *DataBindings*-Auflistung; Abstrakte Klasse, *Serializable*-Attribut; *IList*-Interface; Auflistungszuordnung; Generische Liste; Klassendesigner

In diesem How-to soll gezeigt werden, wie man auch ohne Datenbank und ADO.NET komplexere Datenstrukturen auf der Festplatte abspeichern kann und wie einfach die Benutzerschnittstelle die Datenbindung mittels *BindingSource-* und *BindingNavigator*-Komponenten realisiert.

Klassendiagramm

Ausgangspunkt ist das mit dem Klassendesigner von Visual Studio erstellte Klassendiagramm, welches neben dem Startformular *Form1* die Klassen *CFirma, CKunde, CPerson, CBestellung* und *CPersistent* enthält.

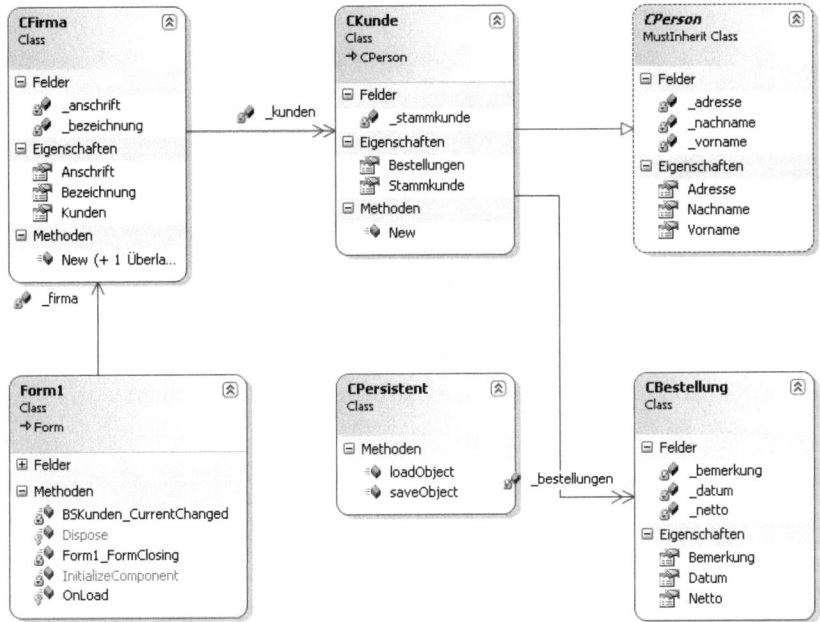

Abbildung 6.14 Das erzeugte Klassendiagramm

Wie Sie sehen, verwaltet die Benutzerschnittstelle *Form1* eine Instanz der Klasse *CFirma,* die über eine multiple Assoziation (Auflistungszuordnung[1]) mit der Klasse *CKunde* verbunden ist (eine Firma kann keinen, einen oder mehrere Kunden haben).

Eine gleichartige Beziehung besteht auch zwischen den Klassen *CKunde* und *CBestellung* (ein Kunde kann keine, eine oder mehrere Bestellungen haben). Man erkennt aus diesen Zusammenhängen, dass sich – ausgehend von einer Instanz von *CFirma* – die Objekte über Auflistungen von *CKunde* zu *CBestellung* baumartig verzweigen.

Die Klasse *CKunde* erbt von der abstrakten Klasse *CPerson.* Weiterhin gibt es eine statische Klasse *CPersistent*, welche Methoden zum Speichern und Laden des Objektbaums – dieser wird von der in *Form1* erzeugten Instanzenvariablen *firma* gekapselt – bereitstellt.

> **HINWEIS**   Wie wir zu obigem Klassendiagramm kommen, wird am Schluss dieses Beispiels erklärt!

Wer bereits über Erfahrungen mit dem in Visual Studio integrierten Klassen Designer verfügt (er ist kinderleicht zu bedienen!) kann ihn schon zu Beginn in die Codeentwicklung einbinden und sich dadurch mancherlei Arbeit ersparen, denn der Designer generiert z.B. den Rahmencode für Klassen und Methoden und kapselt Felder zu Eigenschaften. Der Quellcode wird automatisch mit dem Klassendiagramm synchronisiert.

---

[1] Eine Auflistungszuordnung ist – im Unterschied zur einfachen Zuordnung – im Klassen Designer an den doppelten Pfeilspitzen erkennbar.

Klasse CBestellung

Jede am Objektbaum beteiligte Klasse muss mit dem *<Serializable>*-Attribut markiert sein.

```
<Serializable()> Public Class CBestellung

    Property Datum As DateTime
    Property Netto As Decimal
    Property Bemerkung As String

End Class
```

Klasse CPerson

Diese abstrakte Klasse stellt ihren Nachkommen vier allgemeine Eigenschaften als »Erbmaterial« zur Verfügung:

```
<Serializable()> Public MustInherit Class CPerson

    Property Vorname As String
    Property Nachname As String
    Property Adresse As String

End Class
```

Klasse CKunde

Die Klasse *CKunde* erbt von *CPerson*. Die Bestellungen des Kunden werden in einer generischen Liste vom Typ *CBestellung* gekapselt.

```
<Serializable()> Public Class CKunde
    Inherits CPerson

    Property Stammkunde As Boolean

    Private _bestellungen As IList(Of CBestellung)

    Sub New()
        _bestellungen = New List(Of CBestellung)          ' generische Liste
    End Sub

    Public Property Bestellungen() As IList(Of CBestellung)
        Get
            Return _bestellungen
        End Get
        Set(ByVal value As IList(Of CBestellung))
            _bestellungen = value
        End Set
    End Property

End Class
```

Klasse CFirma

Diese Klasse ist die Wurzelklasse des Objektbaums und kapselt die Kundenliste (generische Liste vom Typ *CKunde*).

```
<Serializable()> Public Class CFirma

    Property Anschrift As String
    Property Bezeichnung As String

    Private _kunden As IList(Of CKunde)

    Sub New()
        _kunden = New List(Of CKunde)                    ' generische Liste
    End Sub

    Sub New(ByVal ans As String, ByVal bez As String)
        _Anschrift = ans
        _Bezeichnung = bez
        _kunden = New List(Of CKunde)
    End Sub

    Public Property Kunden() As IList(Of CKunde)
        Get
            Return _kunden
        End Get
        Set(ByVal value As IList(Of CKunde))
            _kunden = value
        End Set
    End Property

End Class
```

Klasse CPersistent

Diese Klasse exportiert die statischen Methoden *saveObject* und *loadObject*, mit denen die Serialisierung/ Deserialisierung beliebiger Objekte möglich ist.

Die Methode *saveObject* übernimmt als Parameter das Objekt und den Dateipfad, serialisiert das Objekt und speichert es auf der Festplatte ab.

Die Methode *loadObject* erwartet als Parameter den Dateipfad, holt sich das Objekt von der Festplatte und liefert es deserialisiert zurück.

```
Imports System.IO
Imports System.Runtime.Serialization.Formatters.Binary

Public Class CPersistent
    Public Shared Sub saveObject(ByVal o As Object, ByVal pfad As String)
        Dim fs As New FileStream(pfad, FileMode.Create, FileAccess.Write, FileShare.None)
        Dim bf As New BinaryFormatter()
        bf.Serialize(fs, o)
        fs.Close()
    End Sub
```

```
    Public Shared Function loadObject(ByVal pfad As String) As Object
        Dim fs As New FileStream(pfad, FileMode.Open, FileAccess.Read, FileShare.Read)
        Dim bf As New BinaryFormatter()
        Dim o As Object = bf.Deserialize(fs)
        fs.Close()
        Return o
    End Function

End Class
```

Form1

Die folgende Abbildung zeigt einen Vorschlag zur Gestaltung der Benutzerschnittstelle. Die Bedienelemente zu Kunden und Bestellungen sind in jeweils einer *GroupBox* angeordnet, an deren Fuß eine *BindingNavigator*-Komponente angedockt hat. Weiterhin werden zwei *BindingSource*-Komponenten benötigt.

Verknüpfen Sie im Eigenschaftenfenster die *BindingSource*-Property von *BNKunden* mit *BSKunden* und von *BNBestellungen* mit *BSBestellungen*.

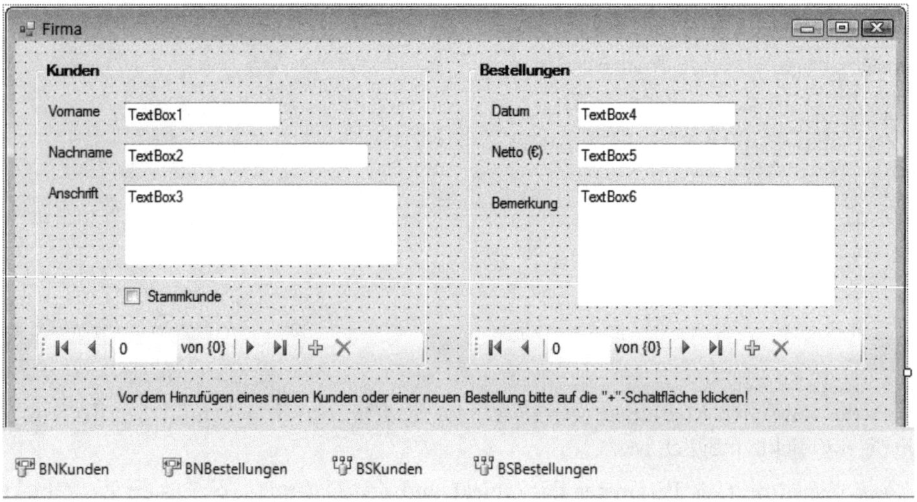

Abbildung 6.15 Entwurfsansicht der Bedienoberfläche

```
Public Class Form1
```

Man sieht es dieser Variablen nicht an, dass sie den kompletten Objektbaum kapselt:

```
    Private _firma As New CFirma()
```

Der Dateipfad verweist in unserem Fall auf das Ausgabeverzeichnis des Projekts:

```
    Private Const PFAD As String = "Bestellungen.dat"
```

Beim Laden des Formulars wird versucht, die Datei zu laden (falls die Datei nicht vorhanden ist, wird eine neue leere Datei angelegt):

```
    Protected Overrides Sub OnLoad(ByVal e As System.EventArgs)
        Try
```

```
        _firma = CType(CPersistent.loadObject(PFAD), CFirma)
    Catch ex As Exception
        MessageBox.Show(ex.Message)
    End Try
    BSKunden.DataSource = _firma.Kunden

    TextBox1.DataBindings.Add(New Binding("Text", BSKunden, "Vorname", True))
    TextBox2.DataBindings.Add(New Binding("Text", BSKunden, "Nachname", True))
    TextBox3.DataBindings.Add(New Binding("Text", BSKunden, "Adresse", True))
    CheckBox1.DataBindings.Add(New Binding("Checked", BSKunden, "Stammkunde", True))
    MyBase.OnLoad(e)
End Sub
```

Wenn zu einem anderen Kunden gewechselt wird, müssen auch die zu diesem Kunden gehörenden Bestellungen ermittelt und der *BindingSource* zugewiesen werden. Anschließend werden die *TextBox*en erneut angebunden:

```
Private Sub BSKunden_CurrentChanged(ByVal sender As Object, ByVal e As System.EventArgs) _
                                     Handles BSKunden.CurrentChanged^

    Dim kunde As CKunde = CType(BSKunden.Current, CKunde)
    BSBestellungen.DataSource = kunde.Bestellungen
    TextBox4.DataBindings.Clear()
    TextBox4.DataBindings.Add("Text", BSBestellungen, "Datum", True)
    TextBox5.DataBindings.Clear()
    TextBox5.DataBindings.Add("Text", BSBestellungen, "Netto", True)
    TextBox6.DataBindings.Clear()
    TextBox6.DataBindings.Add("Text", BSBestellungen, "Bemerkung", True)
End Sub
```

Beim Schließen des Formulars wird der komplette Objektbaum gespeichert:

```
Private Sub Form1_FormClosing(ByVal sender As Object,
                ByVal e As System.Windows.Forms.FormClosingEventArgs) Handles Me.FormClosing

    Try
        CPersistent.saveObject(_firma, PFAD)
    Catch ex As Exception
        MessageBox.Show(ex.Message)
    End Try
    MyBase.OnClosing(e)
End Sub

End Class
```

Test

Blättern Sie durch die Kunden, so werden rechts die vom Kunden getätigten Bestellungen angezeigt. Editieren und löschen Sie nach Belieben.

HINWEIS Um einen Kunden hinzuzufügen, muss zunächst die »+«-Schaltfläche des *BindingNavigator*s geklickt werden. Analog ist beim Hinzufügen einer Bestellung zu verfahren.

Wundern Sie sich nicht, dass in der folgenden Laufzeitabbildung auch eine *DataGridView*-Komponente enthalten ist (siehe Bemerkung).

HINWEIS   Die eingegebenen Datensätze gehen nicht verloren, da sie beim Schließen des Formulars automatisch gespeichert werden, um nach einem erneuten Programmstart wieder zur Verfügung zu stehen.

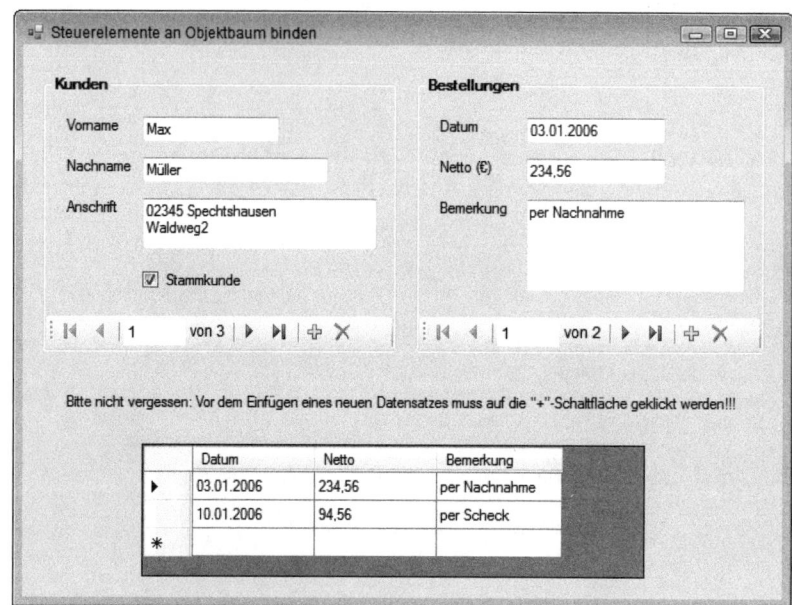

Abbildung 6.16   Laufzeitansicht mit zusätzlichem Datengitter

Anbinden an DataGridView

Eine einzige Codezeile genügt, um alle Bestellungen eines Kunden in einer zusätzlich hinzugefügten *DataGridView*-Komponente anzuzeigen:

```
DataGridView1.DataSource = BSBestellungen
```

Da das *DataGridView* editierbar ist, könnte auf die Detailanzeige in den *TextBox*en und auf den zweiten *BindingNavigator* auch verzichtet werden. Gleiches gilt natürlich auch für die Anzeige der Kundenliste.

6.3 ... Detailinformationen mit ListBox/ComboBox anzeigen?

ListBox-, *ComboBox*-Control: *DataSource-*, *ValueMember-*, *DisplayMember*-Eigenschaft; *ListControl*-Objekt: *SelectedValueChanged*-Ereignis; *DataView*-Objekt: *RowFilter*-Eigenschaft, *Item*-Methode; *DataTable*-Objekt: *DefaultView*-Eigenschaft;

Mittels ihrer *DataSource*-Eigenschaft lassen sich *ListBox* oder *ComboBox* mit verschiedenen Objekten (z.B. *DataTable*, *DataView*) verknüpfen. Das vorliegende Beispiel zeigt anhand der *Artikel*-Tabelle der *Nordwind.mdb*-Datenbank das Verbinden mit einem *DataView*-Objekt und demonstriert gleichzeitig, wie man einzelne Einträge auswählen und Detailinformationen anzeigen kann. Der Code ist neutral gehalten, sodass er ohne Änderung sowohl für eine *ListBox* als auch für eine *ComboBox* verwendet werden kann.

Oberfläche

Eine *ListBox* (oder *ComboBox*) und ein paar *Label*s sollen für unseren Test genügen (siehe Laufzeitansicht).

Quellcode

```
Imports System.Data.OleDb

Public Class Form1

    Private dv As DataView = Nothing
```

Der Programmstart:

```
    Protected Overrides Sub OnLoad(ByVal e As System.EventArgs)
        fillListControl(ListBox1)
```

Oder falls eine *ComboBox* verwendet werden soll:

```
        ' fillListControl(ComboBox1)

        MyBase.OnLoad(e)
    End Sub
```

Die folgende Routine füllt ein *ListControl* (das kann eine *ListBox* oder aber eine *ComboBox* sein) aus der Datenbank:

```
    Private Sub fillListControl(ByVal lc As ListControl)
        Dim conn As New OleDbConnection(
                            "Provider=Microsoft.Jet.OLEDB.4.0; Data Source=Nordwind.mdb;")
        Dim da As New OleDbDataAdapter("SELECT * FROM Artikel ORDER BY Artikelname", conn)
        Dim dt As New DataTable("ArtikelListe")
        da.Fill(dt)
        dv = dt.DefaultView               ' DataView erzeugen und Standardsicht zuweisen
        dv.RowFilter = "Einzelpreis < 25" ' Filterkriterium festlegen
        lc.DataSource = dv                ' ListControl anbinden
        lc.ValueMember = "ArtikelNr"      ' Schlüsselspalte
        lc.DisplayMember = "Artikelname"  ' Anzeigespalte
```

Ereignisbehandlung anmelden:

```
        AddHandler lc.SelectedValueChanged,
                        New System.EventHandler(AddressOf listControl_SelectedIndexChanged)
    End Sub
```

Die Implementierung des Eventhandlers für das *SelectedValueChanged*-Ereignis (auch der Rahmencode muss per Hand eingetippt werden!):

```
    Private Sub listControl_SelectedIndexChanged(ByVal sender As Object, ByVal e As EventArgs)
        Dim lc As ListControl = CType(sender, ListControl)
        Label1.Text = dv(lc.SelectedIndex).Row(0).ToString
        Label2.Text = dv(lc.SelectedIndex).Row("Artikelname").ToString
        Label3.Text = dv(lc.SelectedIndex).Row("Liefereinheit").ToString
        Dim ep As Decimal = Convert.ToDecimal(dv(lc.SelectedIndex).Row("Einzelpreis"))
```

```
          Label4.Text = ep.ToString("c")
          Label5.Text = dv(lc.SelectedIndex).Row("Lagerbestand").ToString
      End Sub

End Class
```

Test

Nach Programmstart werden alle Artikelnamen mit einem Einzelpreis unter 25 Euro alphabetisch aufgelistet. Durch Mausklick auf einen bestimmten Artikel erfolgt in den vier *Label*s die detaillierte Anzeige.

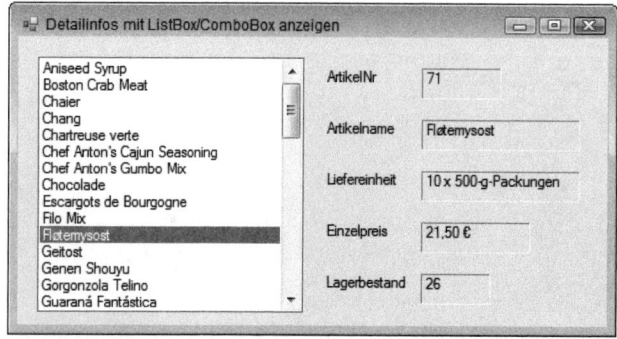

Abbildung 6.17 Laufzeitansicht

Bemerkungen

- *ListBox* und *ComboBox* haben als gemeinsamen Vorfahren das *ListControl*

- Das Beispiel funktioniert genauso mit einer *ComboBox*. wenn Sie der *fillListControl*-Methode eine *ComboBox* anstatt einer *ListBox* übergeben

6.4   ... Steuerelemente manuell an ein DataSet binden?

OleDbConnection-, *OleDbDataAdapter*-, *OleDbCommandBuilder*-, *DataTable*-Objekt; *BindingSource*-Objekt: *MoveFirst*-, *MoveNext*-, *MovePrevious*-, *MoveLast*-, *AddNew*-, *RemoveCurrent*-, *EndEdit*-Methode; *Binding*-Objekt: *Format*-, *Parse*-Event; *TextBox*-Objekt: *DataBindings*-Auflistung;

Wer ressourcensparend programmieren will, verzichtet bewusst auf ein typisiertes DataSet und bindet stattdessen die Controls zur Laufzeit manuell an ein normales *DataSet* bzw. eine *DataTable*. Im vorliegenden Beispiel geht es um die Datenbindung einfacher Steuerelemente (*Label*, *TextBox*). Dabei erfahren Sie auch, wie man formatierte Ausgaben (Datum, Währung) erzwingen kann.

Datenbasis ist die *Personal*-Tabelle der *Northwind*-Datenbank, zu welcher wir noch zusätzlich die Spalte *Monatsgehalt* hinzugefügt haben, damit mehrere Datentypen für die formatierte Datenbindung demonstriert werden können.

Benutzerschnittstelle

Über die Gestaltung des Eingabeformulars informiert Sie die Abbildung. Ganz bewusst wurde auf einen *BindingNavigator* verzichtet und stattdessen die Navigatorleiste durch einzelne *Button*s nachgebildet.

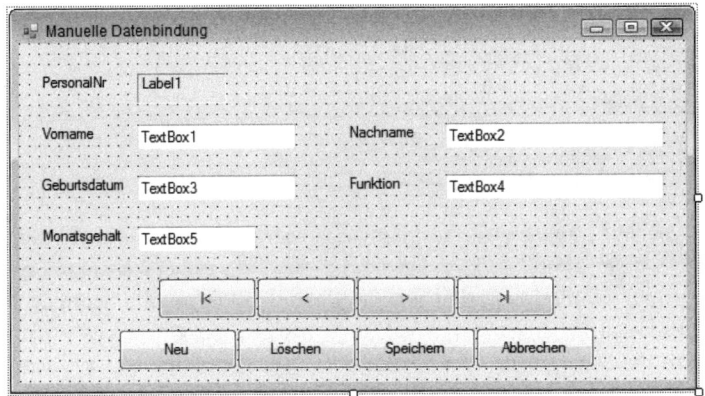

Abbildung 6.18 Entwurfsansicht der Benutzerschnittstelle

Quellcode

```
Imports System.Data.OleDb

Public Class Form1
```

Auf Formularebene deklarieren wir zunächst die global erforderlichen Variablen bzw. Objektreferenzen.

```
Private da As OleDbDataAdapter = Nothing
Private dt As DataTable = Nothing
```

Die *BindingSource* verbindet die Anzeige-Controls mit der *DataTable*.

```
Private bs As New BindingSource()
```

Beim Laden des Formulars werden die erforderlichen Objekte instanziiert und eine *DataTable* mit den *Personal*-Datensätzen aus *Nordwind.mdb* gefüllt. Anschließend werden die erforderlichen Datenbindungen der Steuerelemente eingerichtet.

```
Protected Overrides Sub OnLoad(ByVal e As System.EventArgs)
    Dim connStr As String = "Provider=Microsoft.Jet.OLEDB.4.0; Data Source=Nordwind.mdb;"
    Dim conn As New OleDbConnection(connStr)
    Dim selStr As String = "SELECT * FROM Personal"
    da = New OleDbDataAdapter(selStr, conn)
```

Wir wollen es uns einfach machen und verwenden einen *OleDbCommandBuilder*, der für uns auf Basis des SELECT-Strings automatisch die für den *DataAdapter* benötigten *Command*-Objekte erzeugt:

```
Dim cb As New OleDbCommandBuilder(da)
```

Ausführen der SQL-Abfrage (Anlegen und Füllen der Tabelle *Personal*) und zuweisen der *BindingSource*:

```
dt = New DataTable("Personal")
conn.Open()
da.Fill(dt)
conn.Close()
bs.DataSource = dt
```

Das Anbinden der Eingabemaske an die *DataTable* ist bei unformatierter Bindung pro Control mit einer Zeile Code erledigt:

```
Label1.DataBindings.Add("Text", bs, "PersonalNr")
TextBox1.DataBindings.Add("Text", bs, "Vorname")
TextBox2.DataBindings.Add("Text", bs, "Nachname")
TextBox4.DataBindings.Add("Text", bs, "Funktion")
```

Mit den beiden Textboxen für *Geburtsdatum* und *Monatsgehalt* könnten wir zwar ebenso verfahren, hätten dann aber wenig Freude mit der Anzeige (lästige Sekunden, kein Euro-Symbol …). Da aber hier eine bestimmte Datums- bzw. Währungsformatierung erwünscht ist, sind separate *Binding*-Objekte unumgänglich. Deren *Format*-Event feuert immer dann, wenn das Steuerelement neue Daten anzeigen muss, das *Parse*-Event dann, wenn der Steuerelement die Daten in die Datenquelle zurückschreiben muss. Beginnen wir mit dem Anbinden der *TextBox* zur Anzeige des Geburtsdatums:

```
Dim b1 As New Binding("Text", bs, "Geburtsdatum")
```

Aufruf der Formatierungsroutinen (s.u.):

```
Dim b1 As New Binding("Text", bs, "Geburtsdatum")
AddHandler b1.Format, New ConvertEventHandler(AddressOf Me.DateToDateString)
AddHandler b1.Parse, New ConvertEventHandler(AddressOf Me.DateStringToDate)
TextBox3.DataBindings.Add(b1)
```

Analog die Währungsformatierung beim Monatsgehalt:

```
Dim b2 As New Binding("Text", bs, "Monatsgehalt")
AddHandler b2.Format, New ConvertEventHandler(AddressOf Me.DecToCurrString)
AddHandler b2.Parse, New ConvertEventHandler(AddressOf Me.CurrStringToDec)
TextBox5.DataBindings.Add(b2)


    MyBase.OnLoad(e)
End Sub
```

Offen ist noch die Implementierung der vier Eventhandler, die das »Wie« der Formatierungen bestimmen. Beginnen wir mit dem Geburtsdatum:

```
Private Sub DateToDateString(ByVal sender As Object, ByVal e As ConvertEventArgs)
                                                              ' DataTable => Anzeige
    Try
        e.Value = Convert.ToDateTime(e.Value).ToString("d.M.yyyy")
    Catch
    End Try
End Sub

Private Sub DateStringToDate(ByVal sender As Object, ByVal e As ConvertEventArgs)
                                                              ' Anzeige => DataTable
    e.Value = Convert.ToDateTime(e.Value)
End Sub
```

Die Formatierung des Gehalts als Währung:

```
Private Sub DecToCurrString(ByVal sender As Object, ByVal e As ConvertEventArgs)
                                                              ' DataTable => Anzeige
    Try
        e.Value = Convert.ToDecimal(e.Value).ToString("c")
```

```
        Catch
        End Try
      End Sub
      Private Sub CurrStringToDec(ByVal sender As Object, ByVal e As ConvertEventArgs)
                                                      ' Anzeige => Datenquelle
        e.Value = Convert.ToDecimal(e.Value)
      End Sub
```

Die Bewegungsmethoden der *BindingSource* zum Durchblättern der Datensätze wecken nostalgische Erinnerungen an das gute alte Recordset-Objekt:

```
      Private Sub Button1_Click(ByVal sender As System.Object, ByVal e As System.EventArgs) _
                                                      Handles Button1.Click
        bs.MoveFirst()
      End Sub

      Private Sub Button2_Click(ByVal sender As System.Object, ByVal e As System.EventArgs) _
                                                      Handles Button2.Click
        bs.MovePrevious()
      End Sub

      Private Sub Button3_Click(ByVal sender As System.Object, ByVal e As System.EventArgs) _
                                                      Handles Button3.Click
        bs.MoveNext()
      End Sub

      Private Sub Button4_Click(ByVal sender As System.Object, ByVal e As System.EventArgs) _
                                                      Handles Button4.Click
        bs.MoveLast()
      End Sub
```

Beim Hinzufügen eines neuen Datensatzes verlassen wir uns auf die vom *OleDbCommandBuilder* im Hintergrund erzeugte *InsertCommand*-Eigenschaft für den *OleDbDataAdapter*:

```
      Private Sub Button5_Click(ByVal sender As System.Object, ByVal e As System.EventArgs) _
                                                      Handles Button5.Click
        bs.AddNew()
      End Sub
```

Analoges gilt für das Löschen eines Datensatzes:

```
      Private Sub Button6_Click(ByVal sender As System.Object, ByVal e As System.EventArgs) _
                                                      Handles Button6.Click
        bs.RemoveCurrent()
      End Sub
```

Das Abspeichern:

```
      Private Sub Button7_Click(ByVal sender As System.Object, ByVal e As System.EventArgs) _
                                                      Handles Button7.Click
        bs.EndEdit() : da.Update(dt)
      End Sub
```

Das Abbrechen:

```
      Private Sub Button8_Click(ByVal sender As System.Object, ByVal e As System.EventArgs) _
                                                      Handles Button8.Click
```

```
        bs.CancelEdit()
    End Sub
End Class
```

Test

Erproben Sie alle Möglichkeiten, die Ihnen die Eingabemaske bietet! Vergessen Sie nach vorgenommenen Änderungen nicht, die *Speichern*-Schaltfläche zu betätigen, anderenfalls werden die Änderungen zwar in die *DataTable*, nicht aber in die Datenbank übertragen!

HINWEIS   Sie können nur solche Datensätze löschen, die Sie selbst hinzugefügt haben, da die anderen Datensätze in Beziehungen zu anderen Tabellen in *Nordwind.mdb* eingebunden sind.

Abbildung 6.19 Laufzeitansicht

Bemerkungen

■ Die Methoden der *BindingSource* sind recht leistungsfähig. So ersetzt beispielsweise die Anweisung

```
bs.AddNew()
```

die Anweisungsfolge:

```
Dim rw As DataRow = dt.NewRow()
dt.Rows.Add(rw)
bs.Position = bs.Count
```

Die Anweisung

```
bs.RemoveCurrent()
```

ersetzt

```
dt.Rows(bs.Position).Delete()
```

- Da bei einer Datenbindung die Daten normalerweise in beiden Richtungen fließen – von der Datenquelle zum Steuerelement zwecks Anzeige und umgekehrt vom Steuerelement in die Datenquelle zwecks Eingabe – müssen zwecks Formatierung der Anzeige sowohl Eventhandler für das *Format-* als auch für das *Parse*-Ereignis des entsprechenden *Binding*-Objekts hinzugefügt werden.

- In den *Format-* bzw. *Parse*-Eventhandlern kann nicht nur formatiert bzw. entformatiert werden, es lassen sich hier natürlich auch beliebige Umrechnungen durchführen.

- Sie sollten die Implementierungen der Eventhandler für das *Format-* und *Parse*-Event der *Binding*-Objekte in *Try-Catch*-Blöcke einfassen, um Fehlermeldungen durch falsche Dateneingabe oder *Null*-Werte der Datenbank vorzubeugen.

Variante mit BindingNavigator

Durch Einsatz eines *BindingNavigators* kann man den Quellcode etwa um die Hälfte kürzen, da (mit Ausnahme des Speicherns und Abbrechens) von diesem Steuerelement alle Navigationsaufgaben übernommen werden.

Fügen Sie zum *BindingNavigator* die fehlenden zwei *Buttons* für Speichern und Abbrechen hinzu (Icons über *Image*-Eigenschaft direkt als lokale Ressourcen einfügen).

Im *Form_Load*-Ereigniscode müssen Sie folgende Zeile ergänzen:

```
BindingNavigator1.BindingSource = bs
```

Der hinter den beiden neu hinzugefügten *Buttons* liegende Code:

```
Private Sub ToolStripButton1_Click(ByVal sender As System.Object, ByVal e As System.EventArgs) _
                                             Handles ToolStripButton1.Click
    bs.EndEdit()
    da.Update(dt)
End Sub

Private Sub ToolStripButton2_Click(ByVal sender As System.Object, ByVal e As System.EventArgs) _
                                             Handles ToolStripButton2.Click
    bs.CancelEdit()

End Sub
```

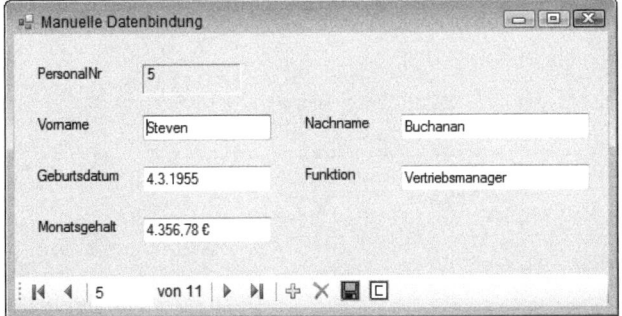

Abbildung 6.20 Laufzeitansicht des Beispiels

HINWEIS   Den kompletten Code finden Sie in den Begleitdateien!

6.5 ... zwei Formulare an eine Datenquelle binden?

DataAdapter-Objekt: *Fill*-, *Update*-Methode; *CommandBuilder*-Objekt; *DataView*-Objekt: *AddNew*-, *Delete*-Methode; *DataRowView*-Objekt: *Row*-Eigenschaft: *RowState*-Eigenschaft; *BeginEdit*-, *EndEdit*-, *CancelEdit*-Methode; *DataRowState*-Enumeration: *Detached*-Mitglied; *DataGridView*-Objekt: *CurrentRow.Index*-Eigenschaft; modales Formular; MessageBox-Löschabfrage;

Da eine Anwendung meist aus mehreren Formularen besteht, muss sich der ADO.NET-Programmierer auch mit der Frage auseinander setzen, wie er den Datenfluss zwischen den Formularen realisiert.

In unserer Anwendung wird anhand der *Kunden*-Tabelle von *Nordwind.mdb* gezeigt, wie man eine *Data-Table* zwar mit einem *DataGridView* anzeigt, zum Bearbeiten, Hinzufügen und Löschen von Datensätzen aber ein zweites Formular benutzt. Die Übergabe der Daten wird mit einem *DataRowView*-Objekt realisiert.

Oberfläche

Die Abbildung zeigt links das Hauptformular *Form1* und rechts das Detailformular *Form2*.

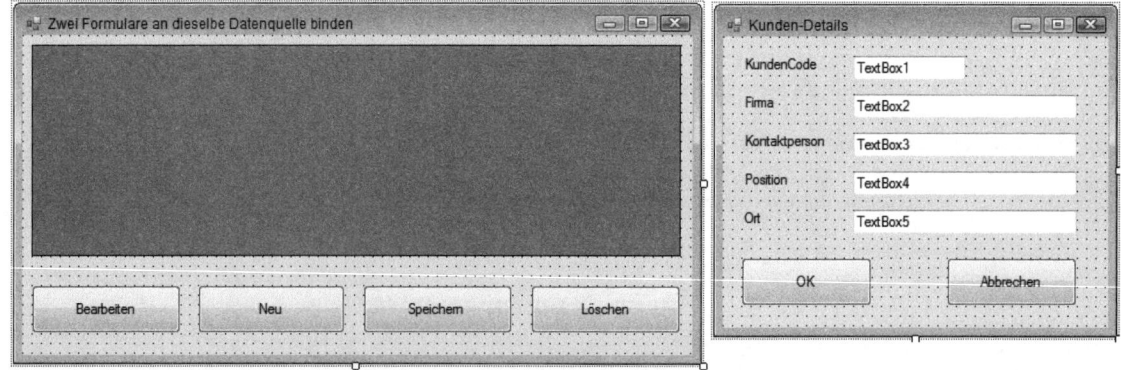

Abbildung 6.21 Entwurfsansichten von Hauptformular und Detailformular

Setzen Sie die *ReadOnly*-Eigenschaft des *DataGridView* auf *True*, um den Anwender zu zwingen, nicht direkt an den Inhalten des Datengitters herumzudoktern.

Quellcode Form1

```
Public Class Form1
    Private conn As New OleDbConnection(
                         "Provider=Microsoft.Jet.OLEDB.4.0; Data Source = Nordwind.mdb;")
    Private da As OleDbDataAdapter = Nothing
    Private dt As DataTable = Nothing
    Private dv As DataView = Nothing
    Private drv As DataRowView = Nothing
```

Die Startaktivitäten:

```
    Protected Overrides Sub OnLoad(ByVal e As System.EventArgs)
        da = New OleDbDataAdapter("SELECT KundenCode, Firma, Kontaktperson, Funktion, Ort " &
                          "FROM Kunden ORDER BY KundenCode", conn)
```

Ein *CommandBuilder* generiert im Hintergrund das *Update-*, *Insert-* und *DeleteCommand*-Objekt für den *DataAdapter* (*SelectCommand* wird beim Instanziieren des *DataAdapters* automatisch mit erzeugt):

```
Dim cb As New OleDbCommandBuilder(da)
```

Einlesen und Anzeigen der Daten:

```
dt = New DataTable("Kunden")
conn.Open()
da.Fill(dt)
conn.Close()
Dim bs As New BindingSource()
dv = New DataView(dt)
bs.DataSource = dv
DataGridView1.DataSource = bs
MyBase.OnLoad(e)
End Sub
```

Über die *Bearbeiten*-Schaltfläche wird das *DataRowView*-Objekt der aktuellen Zeile des *DataGridView* an das Detailformular *Form2* zum Editieren weitergereicht:

```
Private Sub Button1_Click(ByVal sender As System.Object, ByVal e As System.EventArgs) _
                                                        Handles Button1.Click
    drv = dv(DataGridView1.CurrentRow.Index)
    Dim f2 As New Form2()
    f2.editKunde(drv)
    f2.Dispose()
End Sub
```

Ähnlich funktioniert der Code hinter der »Neu«-Schaltfläche:

```
Private Sub Button2_Click(ByVal sender As System.Object, ByVal e As System.EventArgs) _
                                                        Handles Button2.Click
    drv = dv.AddNew()
    Dim f2 As New Form2()
    f2.editKunde(drv)
    f2.Dispose()
End Sub
```

Die *Speichern*-Schaltfläche, über welche die geänderten (und nur diese!) Datensätze der *DataTable* in die *Nordwind*-Datenbank zurückgeschrieben werden:

```
Private Sub Button3_Click(ByVal sender As System.Object, ByVal e As System.EventArgs) _
                                                        Handles Button3.Click
    Dim dt1 As DataTable = dt.GetChanges()           ' geänderte Datensätze ermitteln
    If dt1 IsNot Nothing Then
        Try
            conn.Open()
            Dim m As Integer = da.Update(dt1)         ' Datenbank-Update ausführen
            Dim s As String = "Anzahl der Änderungen: " & m.ToString
            MessageBox.Show(s, "Speichern war erfolgreich!", MessageBoxButtons.OK,
                                                MessageBoxIcon.Information)
            dt.AcceptChanges()
```

```
            Catch ex As Exception
                MessageBox.Show(ex.Message, "Speichern fehlgeschlagen!", MessageBoxButtons.OK,
                                                    MessageBoxIcon.Information)
                dt.RejectChanges()
            End Try
            conn.Close()
        End If
    End Sub
```

Das Löschen des aktuellen Datensatzes wird im Hauptformular erledigt, deshalb braucht die »Löschen«-Schaltfläche das Detailformular nicht aufzurufen. Eine zwischengeschaltete *MessageBox* erschwert das versehentliche Löschen eines Kunden.

```
    Private Sub Button4_Click(ByVal sender As System.Object, ByVal e As System.EventArgs) _
                                                      Handles Button4.Click
        If dv.Count > 0 Then
            Dim msg As String = "Wollen Sie den Kunden " &
                    dv(DataGridView1.CurrentRow.Index)("KundenCode").ToString & " wirklich löschen?"
            Dim cpt As String = "Kunde löschen"
            If (MessageBox.Show(msg, cpt, MessageBoxButtons.YesNo, MessageBoxIcon.Question) =
                                                Windows.Forms.DialogResult.Yes) Then
                dv(DataGridView1.CurrentRow.Index).Delete()
            Else
                MessageBox.Show("Kein Kunde zum Löschen!", "", MessageBoxButtons.OK,
                                                    MessageBoxIcon.Error)
            End If
        End If
    End Sub
End Class
```

Quellcode Form2

Dem Detailformular wird als Parameter ein *DataRowView*-Objekt übergeben:

```
Public Class Form2
```

Die Editiermethode erhält als Parameter die aktuelle Zeile:

```
    Public Sub editKunde(ByVal drv As DataRowView)
```

Die folgende Abfrage entscheidet, ob es sich um einen gerade neu hinzugefügten Datensatz oder aber um einen bereits vorhandenen handelt:

```
        If drv.Row.RowState = DataRowState.Detached Then       ' wenn neuer Datensatz hinzugefügt wird
```

Irgendwelche Standardwerte in die Maske schreiben:

```
            TextBox1.Text = "DODAT"
            TextBox2.Text = "DataBook"
            TextBox3.Text = "Walter"
            TextBox4.Text = "Crazy Boss"
            TextBox5.Text = "Altenburg"
        Else
```

Wenn Datensatz geändert werden soll erfolgt zunächst die Anzeige der im übergebenen *DataRowView*-Objekt enthaltenen aktuellen Werte:

```
                TextBox1.Text = drv("KundenCode").ToString
                TextBox2.Text = drv("Firma").ToString
                TextBox3.Text = drv("Kontaktperson").ToString
                TextBox4.Text = drv("Funktion").ToString
                TextBox5.Text = drv("Ort").ToString
        End If
```

Das Formular soll modal aufgerufen werden:

```
        If Me.ShowDialog() = Windows.Forms.DialogResult.OK Then        ' "OK"
            drv.BeginEdit()
            drv("KundenCode") = TextBox1.Text
            drv("Firma") = TextBox2.Text
            drv("Kontaktperson") = TextBox3.Text
            drv("Funktion") = TextBox4.Text
            drv("Ort") = TextBox5.Text
            drv.EndEdit()
        Else                                                ' "Abbrechen"
            drv.CancelEdit()
        End If
    End Sub
```

Die *OK*-Schaltfläche:

```
    Private Sub Button1_Click(ByVal sender As System.Object, ByVal e As System.EventArgs) _
                                                            Handles Button1.Click
        DialogResult = Windows.Forms.DialogResult.OK
    End Sub
```

Die *Abbrechen*-Schaltfläche:

```
    Private Sub Button2_Click(ByVal sender As System.Object, ByVal e As System.EventArgs) _
                                                            Handles Button2.Click
        DialogResult = Windows.Forms.DialogResult.Cancel
    End Sub
End Class
```

Test

Ihren Experimenten steht nun nichts mehr im Wege.

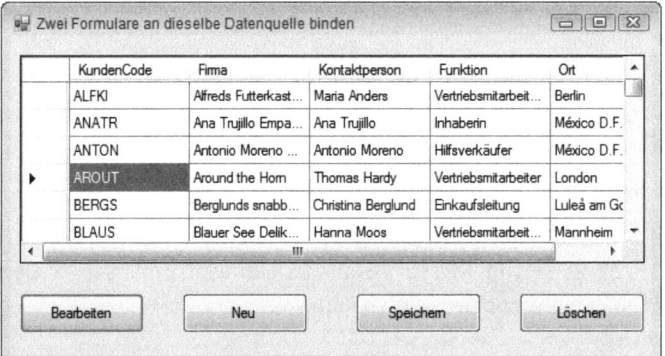

Abbildung 6.22   Editieren eines Datensatzes

HINWEIS   Um am Hauptformular *Form1* weiterarbeiten zu können, muss das modale *Form2* erst über eine seiner beiden Schaltflächen geschlossen werden.

Der Moment der Wahrheit schlägt normalerweise erst bei der Übernahme der Änderungen in die Datenbank, d.h. beim Klick auf die *Speichern*-Schaltfläche:

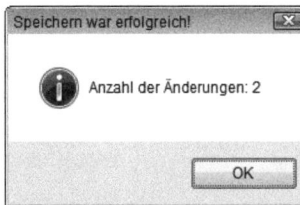

Abbildung 6.23   Meldung bei erfolgreichem Speichern

Falls Sie einen Datensatz hinzufügen wollen, dessen *KundenCode* bereits einmal in der Tabelle vorkommt, so wird er zwar zunächst in das Datengitter übernommen, das Speichern schlägt aber fehl:

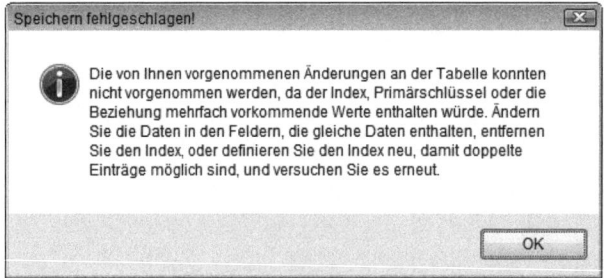

Abbildung 6.24   Meldungsfenster beim fehlgeschlagenen Speichern

Das Löschen von Kunden mit offenen Bestellungen wird ebenfalls verhindert.

Bemerkungen

- Mit den *DataView*- und *DataRowView*-Objekten haben Sie quasi die »Geschwister« von *DataTable* und *DataRow* kennen gelernt

- Anstatt eines *DataGridView* können Sie für die Anzeige der *Kunden*-Tabelle natürlich auch einzelne Steuerelemente wie *TextBox*en oder *ComboBox*en in Zusammenarbeit mit einem *BindingNavigator* verwenden

6.6 ... mittels ComboBox zwei Tabellen verknüpfen?

ComboBox-Objekt: *DataSource*-, *DisplayMember*-, *ValueMember*-, *SelectedValue*-Eigenschaft; *DataBindings*-Auflistung; *BindingSource*-, *BindingNavigator*-Objekt; *CommandBuilder*-Objekt;

Eine *ComboBox* eignet sich gut zum Implementieren von Master-Detail-Beziehungen, sodass in vielen Fällen auf das Hinzufügen von *DataRelation*-Objekten verzichtet werden kann.

Ziel dieses Beispiels ist das Verknüpfen der Tabellen *Bestellungen* (Mastertabelle) mit der Tabelle *Personal* (Detailtabelle) der Datenbank *Nordwind.mdb* in solider »Handarbeit«, weil wir auf die Dienste des Datenquellen-Fensters sowie auf Drag & Drop-Datenbindung verzichten.

Oberfläche

Die Abbildung zeigt einen Gestaltungsvorschlag, wobei die Bedienelemente für die Tabellen *Bestellungen* und *Personal* in zwei *GroupBox*-Containern angeordnet sind. Zwei *BindingSource*-Komponenten, die Sie von der Toolbox abziehen, stellen die Verbindung zu beiden Tabellen her. Die Mastertabelle *Bestellungen* ist mit einem *BindingNavigator* ausgestattet, zu dem zwei Schaltflächen (zum Abspeichern und zum Abbrechen) hinzugefügt wurden.

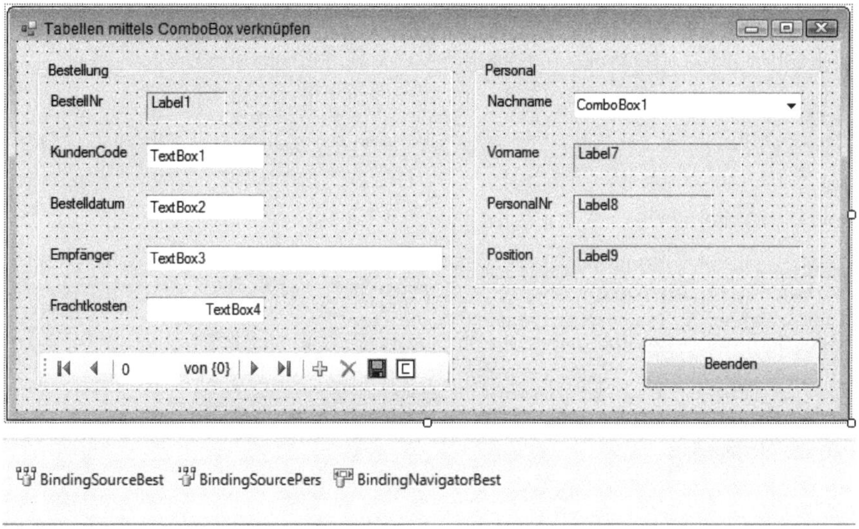

Abbildung 6.25 Bedienoberfläche in der Entwurfsansicht

Quellcode

```
Imports System.Data.OleDb

Public Class Form1
    Private conn As OleDbConnection = Nothing
    Private daBest As OleDbDataAdapter = Nothing
    Private daPers As OleDbDataAdapter = Nothing
    Private ds As DataSet = Nothing
```

Beim Laden des Formulars werden alle wichtigen Operationen (Füllen und Verknüpfen der Tabellen) durchgeführt:

```
Protected Overrides Sub OnLoad(ByVal e As System.EventArgs)
    Dim connStr As String = "Provider=Microsoft.Jet.OLEDB.4.0; Data Source=Nordwind.mdb;"
    Dim selStrBest As String = "SELECT BestellNr, KundenCode, PersonalNr, Bestelldatum, " &
                               "Empfaenger, Frachtkosten FROM Bestellungen ORDER BY Bestelldatum"
    Dim selStrPers As String = "SELECT PersonalNr, Nachname, Vorname, Funktion FROM Personal " &
                               "ORDER BY Nachname"
```

```
conn = New OleDbConnection(connStr)
```

Ein *CommandBuilder* nimmt uns das mühselige Programmieren von *UpdateCommand*, *InsertCommand* und *DeleteCommand* für die Mastertabelle ab:

```
Dim cb As New OleDbCommandBuilder(daBest)
```

Für die Detailtabelle genügt die *SelectCommand*-Eigenschaft, da hier nur angezeigt wird und andere Befehle nicht auszuführen sind (mit dem Konstruktor wird *SelectCommand* automatisch erstellt):

```
daBest = New OleDbDataAdapter(selStrBest, conn)
Dim cb As New OleDbCommandBuilder(daBest)
daPers = New OleDbDataAdapter(selStrPers, conn)
ds = New DataSet()
conn.Open()
```

Ausführen der SELECT-Abfragen (Anlegen und Füllen der Tabellen):

```
daBest.Fill(ds, "Bestellungen")
daPers.Fill(ds, "Personal")
conn.Close()
```

Anbinden der Hauptmaske an die Mastertabelle:

```
BindingSourceBest.DataSource = ds.Tables("Bestellungen")
Label1.DataBindings.Add("Text", BindingSourceBest, "BestellNr")
TextBox1.DataBindings.Add("Text", BindingSourceBest, "KundenCode")
TextBox2.DataBindings.Add("Text", BindingSourceBest, "Bestelldatum")
TextBox3.DataBindings.Add("Text", BindingSourceBest, "Empfaenger")
TextBox4.DataBindings.Add("Text", BindingSourceBest, "Frachtkosten")
```

Anbinden der Detaildaten an die *ComboBox*:

```
BindingSourcePers.DataSource = ds.Tables("Personal")
With ComboBox1
    .DataSource = BindingSourcePers
    .DisplayMember = "Nachname"
    .ValueMember = "PersonalNr"
```

Verbinden der *ComboBox* mit der Mastertabelle:

```
    .DataBindings.Add("SelectedValue", BindingSourceBest, "PersonalNr")
End With
```

Weitere Detaildaten anzeigen:

```
Label7.DataBindings.Add("Text", BindingSourcePers, "Vorname")
Label8.DataBindings.Add("Text", BindingSourcePers, "PersonalNr")
Label9.DataBindings.Add("Text", BindingSourcePers, "Funktion")
MyBase.OnLoad(e)
End Sub
```

Ein entscheidender Moment schlägt dann, wenn das Update gegen die Datenbank zu fahren ist:

```
Private Sub ToolStripButton1_Click(ByVal sender As System.Object, ByVal e As System.EventArgs) _
                                                    Handles ToolStripButton1.Click

BindingSourceBest.EndEdit()
```

Geänderte Masterdaten werden vom *DataSet* in die Datenbank übertragen:

```
    Try
        daBest.Update(ds, "Bestellungen")
    Catch ex As Exception
        MessageBox.Show(ex.Message)
    End Try
End Sub
```

Abbrechen der aktuellen Operation:

```
Private Sub ToolStripButton2_Click(ByVal sender As System.Object, ByVal e As System.EventArgs) _
                                                        Handles ToolStripButton2.Click

    BindingSourceBest.CancelEdit()
End Sub

End Class
```

Test

Obwohl auf eine ausgiebige Fehlerbehandlung verzichtet wurde, arbeitet die Anwendung relativ stabil. Sie können Datensätze editieren, neu hinzufügen oder löschen.

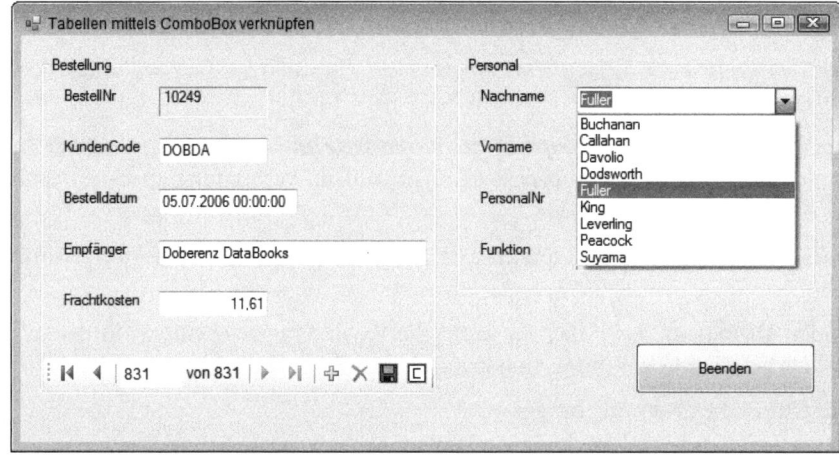

Abbildung 6.26 Laufzeitansicht des Beispiels

Die übrigen Felder der Detailtabelle werden nach jeder neuen Auswahl sofort aktualisiert:

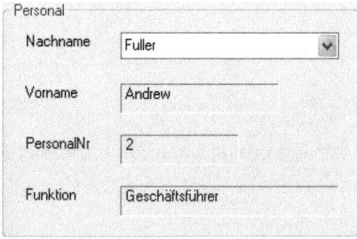

Abbildung 6.27 Anzeige von Detailinformationen

Bemerkungen

- Auf das Formatieren von Datum und Währung bei der Bestelldatum- und Frachtkosten-Anzeige haben wir hier verzichtet, um den Quellcode nicht noch weiter aufzublähen. Zum Formatieren siehe How-to 6.4 »... Steuerelemente manuell an ein DataSet binden?«.

- Wer hofft, mit weniger Code auszukommen, der kann ja mal sein Glück mit einem typisierten DataSet versuchen, siehe How-to 6.7 »... ein typisiertes DataSet manuell binden?«.

6.7 ... ein typisiertes DataSet manuell binden?

TableAdapter: *Fill*-, *Update*-Methode; *BindingSource*-Objekt; SQL-UPDATE-Befehl; Datenquelle;

Um die Vorteile typisierter DataSets so richtig würdigen zu können, wollen wir das How-to 6.6 »... mit der ComboBox zwei Tabellen verknüpfen?« diesmal mit Hilfe des Datenquellen-Konzepts realisieren.

Oberfläche

Die Eingabemaske entspricht 100%-ig dem How-to 6.6!

Datenquelle erstellen

Die dafür erforderlichen Schritte dürften Ihnen bereits aus dem DataSet-Kapitel 5 bekannt sein:

- Fügen Sie über das Menü *Projekt/Neues Element hinzufügen...* ein (typisiertes) *DataSet* unter dem Namen *NordwindDataSet.xsd* hinzu

- Öffnen Sie das Kontextmenü *Hinzufügen/TableAdapter...* des leeren DataSet-Designers und wählen Sie im »TableAdapter-Konfigurations-Assistenten« zunächst eine vorhandene Verbindung zu einer *Nordwind.mdb*-Datenbank aus bzw. erstellen Sie eine neue

- Im zwischengeschalteten Dialog bejahen Sie die Option, dass die Datenbank in Ihr Projektverzeichnis kopiert wird

- Setzen Sie auf der folgenden Dialogseite das Häkchen, damit die Verbindungszeichenfolge in der Anwendungskonfigurationsdatei als »NordwindConnectionString« gespeichert wird

- Als Befehlstyp kommt nur eine SQL-Anweisung infrage

- Geben Sie im SQL-Fenster die folgende Anweisung ein:

```
SELECT
    BestellNr, KundenCode, PersonalNr,
    Bestelldatum, Empfaenger,
    Frachtkosten
FROM
    Bestellungen
```

- Auf der Dialogseite »Zu generierende Methode auswählen« lassen Sie alle Häkchen stehen

- Im Ergebnis ist das *NordwindDataSet* mit der Tabelle *Bestellungen* entstanden (siehe auch Datenquellen-Fenster)

- Fügen Sie nun einen weiteren *TableAdapter* hinzu. Die Vorgehensweise ist identisch, wobei Sie diesmal aber die SQL-Anweisung »SELECT PersonalNr, Nachname, Vorname, Funktion FROM Personal« nehmen. Als zu generierende Methode reicht *Fill*, weshalb das Häkchen bei *DataTable füllen* genügt.

- Im Ergebnis steht Ihnen im Datenquellen-Fenster ein typisiertes DataSet *NordwindDataSet* mit den *DataTable*-Objekten *Bestellungen* und *Personal* zur Verfügung.

HINWEIS   Die zwischen beiden *DataTable*s automatisch eingetragene Relation brauchen Sie für das vorliegende Beispiel nicht, Sie können (müssen aber nicht) diese Beziehung löschen.

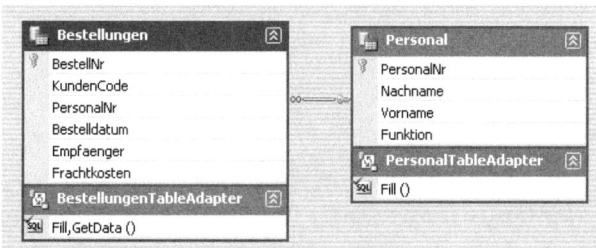

Abbildung 6.28 Das fertige typisierte DataSet im Designer

Steuerelemente manuell anbinden

Widerstehen Sie der Verlockung, per Drag & Drop die Tabellen vom Datenquellen-Fenster auf das Formular zu ziehen, sondern praktizieren Sie das manuelle Anbinden.

Beginnen Sie mit *Label1*, welches die *BestellNr* anzeigen soll. Öffnen Sie das Eigenschaftenfenster und klappen Sie den (*DataBindings*)-Knoten auf. Wählen Sie *Text* als zu bindende Eigenschaft und öffnen Sie in der Klappbox unter »Weitere Datenquellen« den Knoten »Projektdatenquellen«. Expandieren Sie diesen Knoten und binden Sie die Eigenschaft an das Feld *BestellNr* aus *Bestellungen*.

Mit der Auswahl einer Eigenschaft einer Projektdatenquelle wird eine Instanz der Datenquelle auf dem Formular erstellt und über eine neue *BindingSource* eine Bindung an diese Eigenschaft hergestellt. Ein Blick in das Komponentenfach bestätigt dies, hier sind die Instanzen *NordwindDataSet*, *BestellungenBinding-Source* und *BestellungenTableAdapter* hinzugekommen.

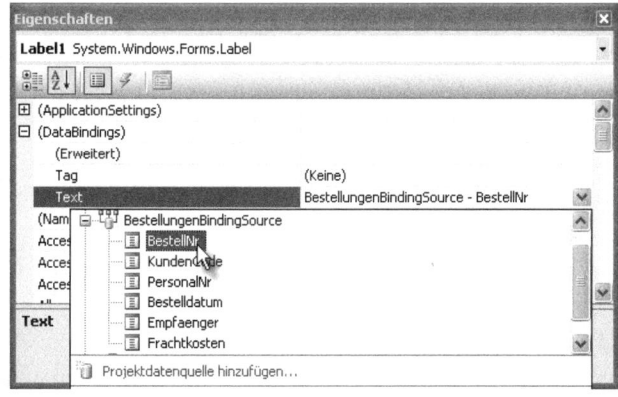

Abbildung 6.29 Binden einer Eigenschaft an ein Feld der Datenquelle

Es dürfte für Sie nun kein Problem sein, nach dem gleichen Prinzip auch die *Text*-Eigenschaft von *TextBox1* bis *TextBox4* an die entsprechenden Felder zu binden.

Auch die für die Personal-Anzeige zuständigen *Label6* bis *Label8* verbinden Sie auf analoge Weise, natürlich müssen Sie dazu zur *PersonalBindingSource* wechseln.

ComboBox anbinden

Das Anbinden der *ComboBox* verlangt einen klaren Kopf, denn zu leicht kommt es zu Verwechslungen zwischen den vier für die Bindung verantwortlichen Eigenschaften *SelectedValue*, *DataSource*, *ValueMember* und *DisplayMember*.

Zunächst stellen Sie unter dem *(DataBindings)*-Knoten die Datenbindung zum Fremdschlüssel *PersonalNr* der Tabelle *Bestellungen* her.

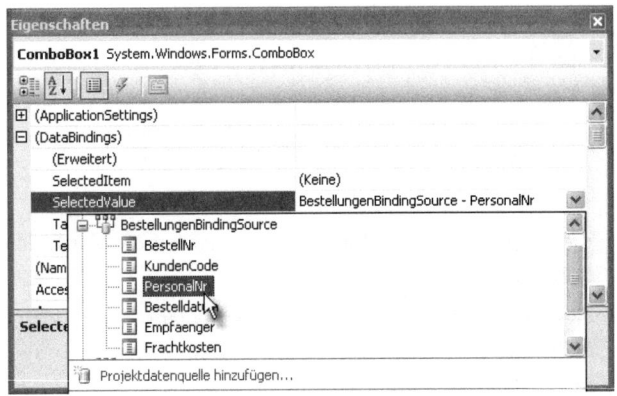

Abbildung 6.30 Verbinden der *ComboBox* mit der Mastertabelle

Die anschließenden Zuweisungen nehmen Sie in der folgenden Reihenfolge vor:

- *DataSource = PersonalBindingSource*

- *ValueMember = PersonalNr*

- *DisplayMember = Nachname*

Wenn Sie abschließend noch die *BindingSource*-Eigenschaft des *BindingNavigators* auf *BestellungenBindingSource* setzen, dürfte einem ersten Test nichts mehr im Weg stehen.

Ein Blick auf den Code von *Form1* zeigt, dass der Aufruf der *Fill*-Methode für beide *TableAdapter* bereits automatisch eingetragen wurde:

```
Private Sub Form1_Load(ByVal sender As System.Object, ByVal e As System.EventArgs) Handles MyBase.Load
    Me.PersonalTableAdapter.Fill(Me.NordwindDataSet.Personal)
    Me.BestellungenTableAdapter.Fill(Me.NordwindDataSet.Bestellungen)
End Sub
```

Test 1

Bei diesem Test, bei dem Sie noch nichts in die Datenbank zurückschreiben können, geht es lediglich um die prinzipielle Funktionsfähigkeit beim Lesezugriff.

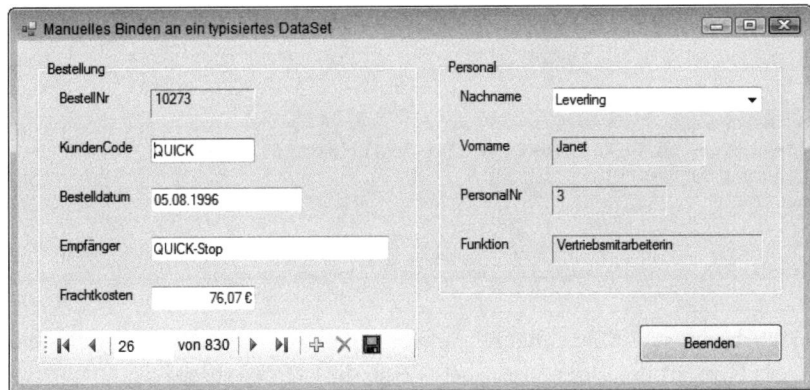

Abbildung 6.31 Laufzeitabbildung

Die Euro-Formatierung der Frachtkosten kommt nicht von allein zu Stande. Diese Einstellung nehmen Sie im Dialog *Formatierung und erweiterte Bindung* vor, den Sie über den Knoten *(Erweitert)* der *(Data-Bindings)*-Eigenschaft von *TextBox4* öffnen.

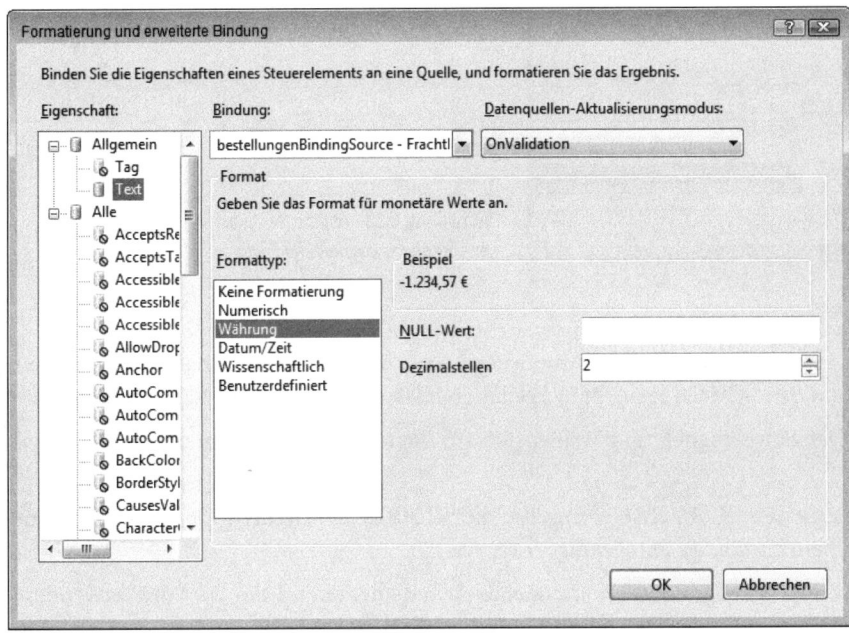

Abbildung 6.32 Einstellung der Währungsformatierung

HINWEIS   Auf gleiche Weise lässt sich auch das Datumsformat bei der Anzeige des Bestelldatums ändern!

Test 2

Um Änderungen in die Datenbank zurückschreiben zu können, ist die zusätzlich zum *BindingNavigator* hinzugefügte *Speichern*-Schaltfläche mit folgendem Code zu hinterlegen:

```
Private Sub ToolStripButton1_Click(ByVal sender As System.Object, ByVal e As System.EventArgs) _
                                              Handles ToolStripButton1.Click
        Try
            Me.Validate()
            Me.BestellungenBindingSource.EndEdit()
            Me.BestellungenTableAdapter.Update(Me.NordwindDataSet.Bestellungen)
            MessageBox.Show("Update erfolgreich")
        Catch ex As System.Exception
            MessageBox.Show("Update fehlgeschlagen", ex.Message)
        End Try
End Sub
```

Ein nachfolgender Test kann möglicherweise für Sie enttäuschend verlaufen, weil zwar die *MessageBox* ein erfolgreiches Update verkündet, ein Neustart des Programms aber wieder die alten Werte anzeigt.

Dieser schwer auffindbare Fehler lässt sich dadurch beheben, dass man im Projektmappen-Explorer auf *Nordwind.mdb* klickt und dort den Wert der Eigenschaft *In Ausgabeverzeichnis kopieren* von *Immer kopieren* ändert in *Kopieren, wenn neuer*.

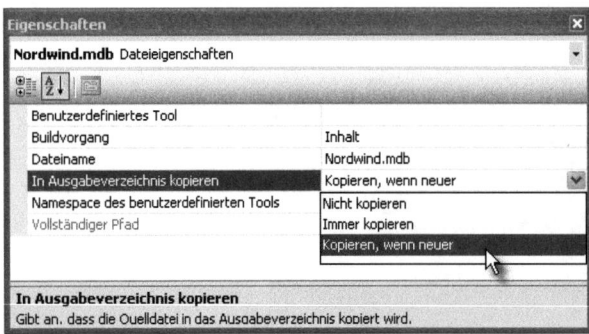

Abbildung 6.33 Ändern der Eigenschaft
In Ausgabeverzeichnis kopieren

Bemerkung

Wer sich an der gewaltig aufgeblähten UPDATE-Anweisung stört, die der *TableAdapter-Konfigurations-Assistent* erzeugt hat, der kann den SQL-Code nochmals generieren lassen, sodass er überschaubarer wird:

- Öffnen Sie dazu den DataSet-Designer und wählen Sie für *Bestellungen* das Kontextmenü *Konfigurieren...*

- Klicken Sie auf der Dialogseite *SQL-Anweisung eingeben* die Schaltfläche *Erweiterte Optionen...* und entfernen Sie das Häkchen bei *Vollständige Parallelität verwenden*

- Ein abschließender Blick in das vollgestopfte Komponentenfach deutet darauf hin, dass die Verwendung typisierter DataSets die Komplexität der Datenbindung keinesfalls verringert hat

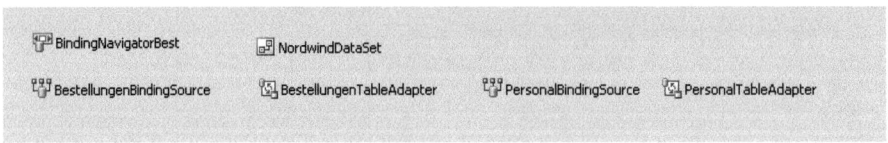

Abbildung 6.34 Das vollgestopfte Komponentenfach

6.8 ... 1:n-Beziehungen per Drag & Drop-Datenbindung anzeigen?

DataAdapter: *Fill-*, *Update*-Methode; Master-Detail-Relationen;

In diesem Beispiel wollen wir die Vorteile der Drag & Drop-Datenbindung am Beispiel der Tabellen *Bestellungen* und *Personal* aus *Nordwind.mdb* demonstrieren. Voraussetzung ist das Vorhandensein einer entsprechenden Datenquelle *NordwindDataSet*, deren Erstellung im How-to 6.7 »... ein typisiertes DataSet manuell binden?« bereits beschrieben wurde.

Oberfläche

Das nackte Startformular *Form1* genügt uns!

Datenquelle erstellen

Über das Menü *Projekt/Neues Element hinzufügen...* ergänzen Sie Ihr Projekt um ein (typisiertes) DataSet *NordwindDataSet.xsd* mit automatisch erzeugten *BestellungenTableAdapter* und *PersonalTableAdapter* (weitere Einzelheiten siehe How-to 6.7).

HINWEIS   Achten Sie darauf, dass im DataSet-Designer die Beziehung (Relation) zwischen dem Feld *PersonalNr* aus der Tabelle *Bestellungen* und dem Primärschlüssel *PersonalNr* aus der Tabelle *Personal* eingetragen ist.

Personal-Eingabemaske per Drag & Drop erzeugen

Öffnen Sie das Datenquellen-Fenster (Menü *Daten/Datenquellen anzeigen*) und stellen Sie für die *Personal*-Tabelle die *Details*-Option ein (siehe Abbildung).

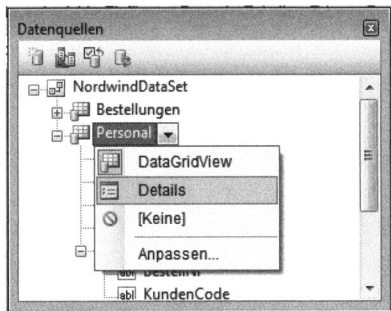

Abbildung 6.35 Einstelllen der Anzeigeoption für die *Personal*-Tabelle

Ziehen Sie die *Personal*-Tabelle auf das Formular. Es entsteht automatisch eine Eingabemaske mit *TextBox*en und einem *BindingNavigator*.

Datengitter für die Detailtabelle per Drag & Drop erzeugen

Wählen Sie jetzt im Datenquellen-Fenster die der Master-Detail-Relation zugeordnete Tabelle *Bestellungen* aus (diejenige, die unterhalb des *Personal*-Knotens liegt!) und ziehen Sie diese auf das Formular.

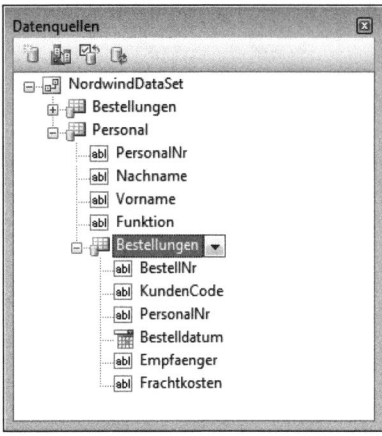

Abbildung 6.36 Richtige Auswahl der Detailtabelle *Bestellungen*

Das Ergebnis ist überzeugend wenn man bedenkt, dass wir keinerlei Bedienoberfläche erstellen und keine einzige Zeile Code schreiben mussten und dass auch die komplette Datenbindung vollautomatisch erfolgte.

HINWEIS   Beachten Sie, dass der *BindingNavigator* diesmal automatisch über eine *Speichern*-Schaltfläche verfügt, über welche Änderungen an der *Personal*-Tabelle in die Datenbank zurückgeschrieben werden können!

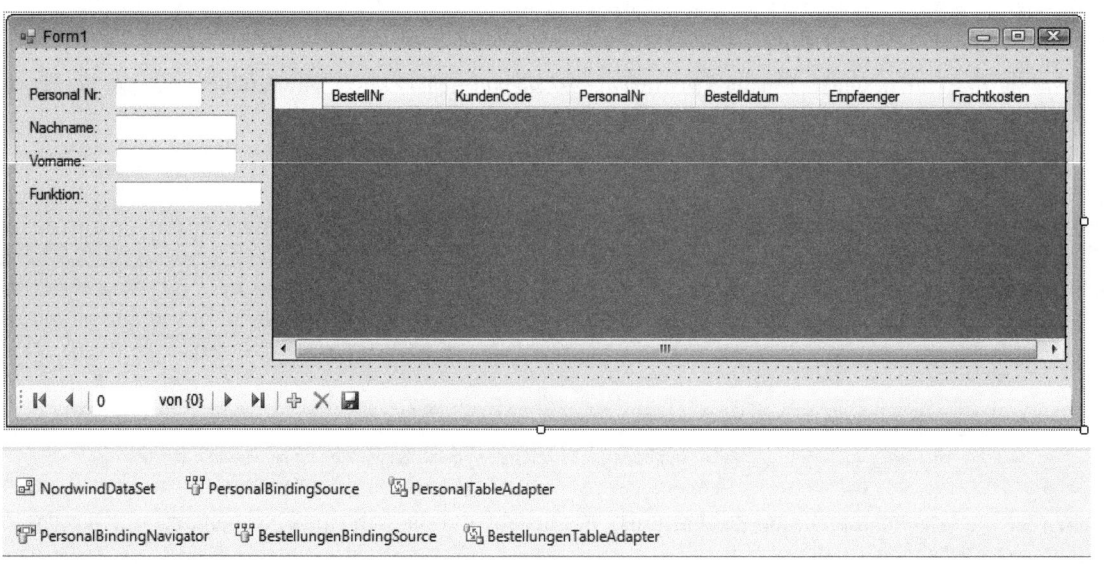

Abbildung 6.37 Entwurfsansicht (automatisch per Drag & Drop erzeugt)

Test

Beim Durchblättern der Master-Tabelle (links) werden im Datengitter alle dazugehörigen Detaildatensätze angezeigt.

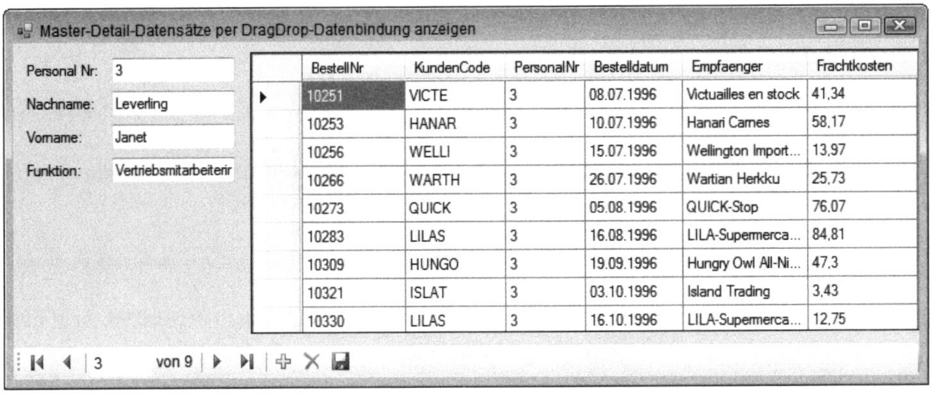

Abbildung 6.38 Laufzeitansicht

Quellcode Form1

Der automatisch generierte Code für den Aufruf der *Fill-* und der *Update*-Methode:

```
Public Class Form1

    Private Sub PersonalBindingNavigatorSaveItem_Click(ByVal sender As System.Object,
                    ByVal e As System.EventArgs) Handles PersonalBindingNavigatorSaveItem.Click
        Me.Validate()
        Me.PersonalBindingSource.EndEdit()
        Me.PersonalTableAdapter.Update(Me.NordwindDataSet.Personal)
    End Sub

    Private Sub Form1_Load(ByVal sender As System.Object, ByVal e As System.EventArgs) _
                                                            Handles MyBase.Load
        Me.BestellungenTableAdapter.Fill(Me.NordwindDataSet.Bestellungen)
        Me.PersonalTableAdapter.Fill(Me.NordwindDataSet.Personal)
    End Sub

End Class
```

6.9 … die Spalten im DataGridView formatieren?

DataGridView-Control: *Columns*-Auflistung; *DataGridViewTextBoxColumn-*, *DefaultCellStyle*-Objekt;
Format-, *DisplayIndex*-Eigenschaft; *RowsDefaultCellStyle-*, *AlternatingRowsDefaultCellStyle*-Objekt: *Back-Color*-Eigenschaft;

Verbinden Sie ein *DataGridView* durch Zuweisen seiner *DataSource-* bzw. *DataMember*-Eigenschaft mit
einer Datenquelle, so werden standardmäßig alle Spalten der Datenquelle angezeigt. Wollen Sie bestimmte
Spalten unterdrücken, deren Reihenfolge, Überschrift, Breite etc. verändern oder deren formatierte Anzeige
erzwingen, so lässt sich das kaum auf die Schnelle erledigen.

Sie müssen zunächst die alte Spalte entfernen und dann eine neue Spalte an das Datenfeld anbinden, die Sie
mit den gewünschten Format-Eigenschaften ausstatten. Schließlich muss die fertige Spalte zum *DataGrid-
View* hinzugefügt werden.

Ausgangspunkt ist das How-to 4.4 »... eine Access-Auswahlabfrage aufrufen?«, welches die in der Datenbank *Nordwind.mdb* enthaltene Abfrage »Umsätze nach Jahr« benutzt.

Oberfläche

Gestalten Sie eine Benutzerschnittstelle mit einem *DataGridView*, zwei *TextBox*en und zwei *Button*s (siehe Laufzeitansichten).

Quellcode

Der hinter *Button1* liegende Code hat lediglich die Aufgabe das *DataGridView* mit Datensätzen zu füllen und wird deshalb nicht noch einmal aufgelistet (siehe Begleitdateien).

```
Imports System.Data.OleDb

Public Class Form1
```

Der folgenden Methode wird ein *DataGridView* übergeben, welches eine Spalte *Zwischensumme* besitzt. Diese Spalte wird komplett neu erzeugt.

```
Private Sub formatColumn(ByVal dgv As DataGridView)
    If dgv.Columns("Zwischensumme") IsNot Nothing Then
```

Die standardmäßig vorhandene Spalte entfernen:

```
        dgv.Columns.Remove("Zwischensumme")
```

Eine neue Spalte erzeugen und an die gewünschte Eigenschaft binden:

```
        Dim tbc As New DataGridViewTextBoxColumn()
        tbc.DataPropertyName = "Zwischensumme"
```

Die Spaltenüberschrift:

```
        tbc.HeaderText = "Zwischensumme"
```

Die Spaltenbreite (in Pixeln):

```
        tbc.Width = 80
```

Das Währungsformat (entsprechend den Systemeinstellungen):

```
        tbc.DefaultCellStyle.Format = "c"
```

Rechtsbündige Textausrichtung und Fettschrift

```
        tbc.DefaultCellStyle.Alignment = DataGridViewContentAlignment.MiddleRight
        tbc.DefaultCellStyle.Font = New Font(DataGridView1.Font, FontStyle.Bold)
```

Die Spalte soll an dritter Position erscheinen:

```
        tbc.DisplayIndex = 2
```

Die fertige Spalte wird zum *DataGridView* hinzugefügt:

```
        dgv.Columns.Add(tbc)
    End If
End Sub
```

Der Aufruf:

```
Private Sub Button2_Click(ByVal sender As System.Object, ByVal e As System.EventArgs) _
                                                    Handles Button2.Click
    formatColumn(DataGridView1)
```

Als zusätzliches Schmankerln eine alternierende Zeilenfarbe einstellen:

```
    DataGridView1.RowsDefaultCellStyle.BackColor = Color.Bisque
    DataGridView1.AlternatingRowsDefaultCellStyle.BackColor = Color.Beige
End Sub
```

```
End Class
```

Test

Nach dem Verbinden mit *Nordwind.mdb* erscheint zunächst die unformatierte Darstellung der Daten, doch der dann folgende Anblick entschädigt für den Programmieraufwand.

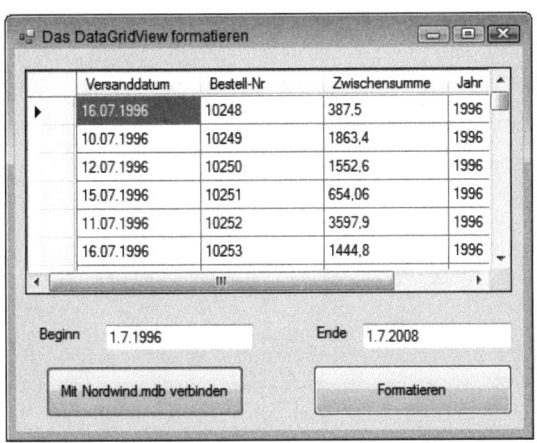 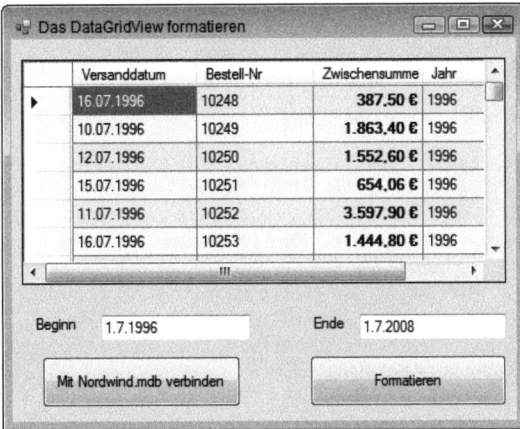

Abbildung 6.39 Das *DataGridView* vor und nach seiner Formatierung

Bemerkungen

- Wir haben in diesem Beispiel aus Gründen der Übersichtlichkeit nur eine einzige Spalte (Typ *DataGrid-ViewTextBoxColumn*) formatiert. Falls erforderlich, werden die anderen Spalten nach dem gleichen Muster formatiert, wobei auf die unterschiedlichen Spaltentypen und deren Eigenschaften zu achten ist (z.B. *DataGridViewCheckBoxColumn*, *DataGridViewComboBoxColumn*, ...).

- Mehr Informationen siehe Seite 399 oder How-to 6.14 »... das DataGridView als Datenbank-Frontend einsetzen?«.

6.10 ... mit DataReader und ListView arbeiten?

DataReader-Objekt: *Read-*, *Close*-Methode; *Command*-Objekt: *ExecuteReader*-Methode; *Parameter*-Objekt: *Direction-*, *Value*-Eigenschaft; *ListView*-Komponente: *View*-Eigenschaft, *Items-*, *Columns*-Auflistung; *List-ViewItem*-Objekt: *SubItems*-Auflistung: *Add*-Methode;

Das vorliegende Beispiel benutzt einen *DataReader*, um eine *ListView*-Komponente mit den Datensätzen der *Kunden*-Tabelle der *Nordwind.mdb*-Datenbank zu füllen. Nebenbei erfahren Sie auch etwas über den Einsatz eines *Parameter*-Objekts, mit dessen Hilfe weitere Informationen in einem *Label* angezeigt werden.

Oberfläche

Außer dem mit einer *ListView*-Komponente bestückten Startformular *Form1* werden zumindest noch ein attraktiv herausgeputztes *Label* und ein *Button* benötigt (siehe Laufzeitabbildung).

Quellcode

```
Imports System.Data.OleDb

Public Class Form1
```

Die Verbindungzeichenfolge zur Datenbank, die sich auch hier direkt im Anwendungsverzeichnis befindet:

```
    Private Const CONNSTR As String = "Provider=Microsoft.Jet.OLEDB.4.0; Data Source=Nordwind.mdb"
```

Nach einem Klick auf die Schaltfläche soll die Verbindung hergestellt werden:

```
    Private Sub Button1_Click(ByVal sender As System.Object, ByVal e As System.EventArgs) _
                                                         Handles Button1.Click
        Const SQLSTR As String = "SELECT KundenCode, Firma, Funktion FROM Kunden"
        Dim conn As New OleDbConnection(CONNSTR)
```

Nun kann ein *Command*-Objekt erzeugt werden:

```
        Dim cmd As New OleDbCommand(SQLSTR, conn)
```

Last but not least wird der Verweis auf einen *DataReader* benötigt (das Instanziieren erfolgt später, nach Öffnen der Verbindung!):

```
        Dim dr As OleDbDataReader = Nothing
```

Die folgenden Anweisungen dienen lediglich zur Vorbereitung der *ListView*-Anzeige und sind für das Verständnis des *DataReaders* von untergeordneter Bedeutung:

```
        With ListView1
            .Items.Clear()
            .View = View.Details
            .AllowColumnReorder = True
            .FullRowSelect = True
            .Columns.Add("KundenCode", 80, HorizontalAlignment.Center)
            .Columns.Add("Firma", 200, HorizontalAlignment.Left)
            .Columns.Add("Funktion", 120, HorizontalAlignment.Left)
        End With
```

Nach dem Öffnen der Verbindung wird der *DataReader* durch Übergabe an die *ExecuteReader*-Methode des *Command*-Objekts instanziert und der »Schnelldurchlauf« durch die Datensätze und deren Anzeige im *List-View* kann beginnen:

```
Try
    conn.Open()
    dr = cmd.ExecuteReader(CommandBehavior.CloseConnection)
```

Der Parameter *CommandBehavior.CloseConnection* bewirkt, dass beim Ausführen des Befehls das zugeordnete *Connection*-Objekt geschlossen wird, wenn das zugeordnete *DataReader*-Objekt geschlossen wird. Nacheinander werden nun die *ListViewItem*-Objekte gefüllt und zur *Items*-Auflistung der *ListView*-Komponente hinzugefügt:

```
Do While dr.Read()
    Dim lvItem As New ListViewItem(dr.Item("KundenCode").ToString)
    lvItem.SubItems.Add(dr.Item("Firma").ToString)
    lvItem.SubItems.Add(dr.Item("Funktion").ToString)
```

Items zum *ListView* hinzufügen:

```
    ListView1.Items.Add(lvItem)
    Loop
Catch ex As Exception
    MsgBox(ex.Message)
Finally
    dr.Close()
End Try
End Sub
```

Bis jetzt haben wir bereits ein voll funktionsfähiges Programm, dem wir aber noch ein zusätzliches Feature hinzufügen wollen: Beim Anklicken eines bestimmten Eintrags soll die komplette Kunden-Adresse im *Label* angezeigt werden. Diese Aufgabe erfüllt die folgende Methode *loadAddressInfo*, der lediglich ein *KundenCode* übergeben wird. Weiterhin ermittelt diese Methode auf Basis einer parametrisierten SQL-Abfrage völlig selbstständig die benötigten Informationen:

```
Private Sub loadAddressInfo(ByVal kuCode As String)
    Dim SQL As String = "SELECT Kontaktperson, Strasse, PLZ, Ort FROM Kunden WHERE KundenCode = ?"
    Dim conn As New OleDbConnection(CONNSTR)
    Dim cmd As New OleDbCommand(SQL, conn)
    Dim prm As New OleDbParameter("@p", OleDbType.Char)
    Dim dr As OleDbDataReader = Nothing
    prm.Direction = Data.ParameterDirection.Input
    prm.Value = kuCode
    cmd.Parameters.Add(prm)
    Try
        conn.Open()
        dr = cmd.ExecuteReader(CommandBehavior.CloseConnection)
        If (dr.Read()) Then
            Label1.Text = dr.Item("Kontaktperson").ToString & ControlChars.CrLf & _
            dr.Item("Strasse").ToString & " " & _
            dr.Item("PLZ").ToString & " " & _
            dr.Item("Ort").ToString
        End If
    Finally
        dr.Close()
```

```
            conn.Close()
        End Try
    End Sub
```

Nun zum Aufruf der *loadAdressInfo*-Methode, wobei auch deutlich werden dürfte, wie man auf ein bestimmtes Element einer *ListView* zugreift. In unserem Fall steckt der gesuchte *KundenCode* als *Text*-Eigenschaft im ersten Element der *SubItems*-Auflistung des *ListViewItem*-Objekts:

```
Private Sub ListView1_Click(ByVal sender As System.Object, ByVal e As System.EventArgs) _
                                              Handles ListView1.Click

    Dim lv As ListViewItem = ListView1.SelectedItems(0)
    loadAddressInfo(lv.SubItems(0).Text)
End Sub
```

```
End Class
```

Test

Nach Herstellen der Verbindung zu *Nordwind.mdb* werden alle Kunden aufgelistet. Nach Anklicken einer bestimmten Zeile der *ListView* erscheinen rechts unten die Adressdaten.

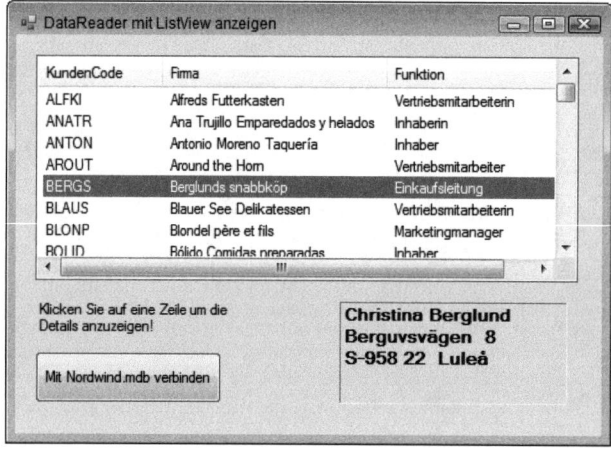

Abbildung 6.40   Laufzeitansicht des Beispiels

Bemerkungen

■ Die *Read*-Methode eilt zum nächsten Datensatz weiter, bis *False* zurückgegeben wird. Ein Vorteil dieser Syntax ist, dass das Weiterbewegen quasi automatisch erfolgt und ein Überprüfen der Abbruchbedingung nicht mehr notwendig ist.

■ Leider unterstützt die *ListView* nicht, wie viele andere Windows Forms Steuerelemente, eine Datenbindung an ein *DataSet*, denn normalerweise wollen Sie Datensätze nicht nur anzeigen, sondern auch ändern, neu hinzufügen bzw. löschen. Eine *DataReader*-Lösung im Zusammenhang mit der *Execute-NonQuery*-Methode des *Command*-Objekts zeigt das How-to 14.9 »... die MARS-Technologie kennen lernen?«.

HINWEIS   Beachten Sie, dass wir auch in diesem Beispiel nicht die originale *Nordwind.mdb*-Datenbank verwenden, sondern eine geringfügig modifizierte Version (einige geänderte Spaltenbezeichner, siehe Anhang).

6.11 ... Bilder aus der Datenbank anzeigen?

BindingSource-Objekt: *Current*-Eigenschaft, *PositionChanged*-Ereignis; *BindingNavigator*-Control: *Data-RowView*-Objekt: *Item*-Eigenschaft; *PictureBox*-Control: *Image*-Eigenschaft; *Bitmap*-Objekt; *FileStream*-Objekt: *Close*-Methode;

In der *Personal*-Tabelle der *Nordwind*-Datenbank gibt es auch eine Spalte *Foto* (*Text*-Datentyp), in der die Dateinamen der entsprechenden Bitmaps abgelegt sind (*EmpID1.bmp, EmpID2.bmp* ...).

Das vorliegende How-to soll demonstrieren, wie Sie diese Bilder in einer *PictureBox* anzeigen können. Außerdem gibt es für den Einsteiger eine kleine Wiederholung in Sachen »Einmaleins der Datenbindung«, siehe auch How-to 6.4 »... Steuerelemente manuell an ein DataSet binden?«.

Oberfläche

Wie der folgenden Abbildung zu entnehmen ist, brauchen wir neben einigen *TextBox*en, *Label*s und *Button*s auch eine *PictureBox* mit *SizeMode = AutoSize*, sowie eine *BindingSource* und einen *BindingNavigator*, dessen *BindingSource*-Eigenschaft wir mit *BindingSource1* verkoppeln.

Da wir weder Datensätze hinzufügen noch löschen wollen, ändern wir die *Visible*-Eigenschaft von *Binding-NavigatorAddNewItem* und *BindingNavigatorDeleteItem* auf *False*.

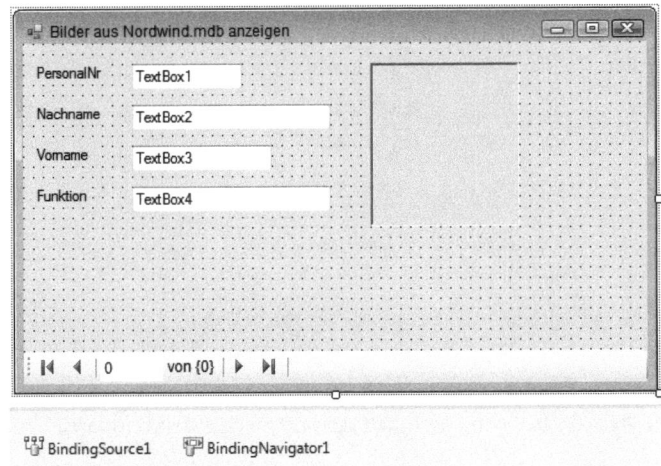

Abbildung 6.41 Entwurfsansicht

Vorbereitungen

Wir kopieren die Datenbank *Nordwind.mdb* und die Bilddateien *EmpID1.jpg* ... *EmpID9.jpg* (siehe Begleitdateien) in das *bin\Debug*\-Unterverzeichnis des Projekts.

HINWEIS   Falls die *Foto*-Spalte auf **.bmp*-Dateien verweist, ändern Sie die Dateiextension auf **.jpg*!

Quellcode

```
Imports System.Data.OleDb
Imports System.IO

Public Class Form1
```

Beim Laden des Formulars werden die Datenbankabfrage durchgeführt, die *DataTable* gefüllt und die *Text-Box*-Steuerelemente an die entsprechenden Spalten angebunden:

```
Protected Overrides Sub OnLoad(ByVal e As System.EventArgs)
    Dim connStr As String = "Provider=Microsoft.Jet.OLEDB.4.0; Data Source=Nordwind.mdb"
    Dim conn As New OleDbConnection(connStr)
    Dim cmdSel As New OleDbCommand(
                    "SELECT PersonalNr, Nachname, Vorname, Funktion, Foto FROM Personal", conn)
    Dim da As New OleDbDataAdapter(cmdSel)
    Dim dt As New DataTable("Personal")
    conn.Open()
    da.Fill(dt)
    conn.Close()
    BindingSource1.DataSource = dt
    TextBox1.DataBindings.Add("Text", BindingSource1, "PersonalNr")
    TextBox2.DataBindings.Add("Text", BindingSource1, "Nachname")
    TextBox3.DataBindings.Add("Text", BindingSource1, "Vorname")
    TextBox4.DataBindings.Add("Text", BindingSource1, "Funktion")
    showFoto()
```

Anmelden eines Eventhandlers für das Weiterblättern:

```
    AddHandler BindingSource1.PositionChanged, New EventHandler(AddressOf Me.bs_PositionChanged)

    MyBase.OnLoad(e)
End Sub
```

Die Implementierung des Eventhandlers:

```
Private Sub bs_PositionChanged(ByVal sender As Object, ByVal e As System.EventArgs)
    showFoto()
End Sub
```

Die folgende Methode bindet die *PictureBox* in »Handarbeit« an den Inhalt der entsprechenden Bilddatei:

```
Private Sub showFoto()
    If PictureBox1.Image IsNot Nothing Then PictureBox1.Image.Dispose()
    Dim drv As DataRowView = CType(BindingSource1.Current, DataRowView)   ' Sicht auf aktuelle Zeile
    Dim pfad As String = drv.Item("Foto").ToString      ' Pfad zur Bilddatei!
    Dim fs As New FileStream(pfad, FileMode.Open)
    Dim bmp As New Bitmap(fs)
    PictureBox1.Image = bmp                             ' Anzeige des Bilds
    fs.Close()                                          ' nicht vergessen!
End Sub
End Class
```

Test

Der Anblick der reizenden *Janet Leverling* dürfte Sie für die Mühen der Programmierung reichlich entschädigen:

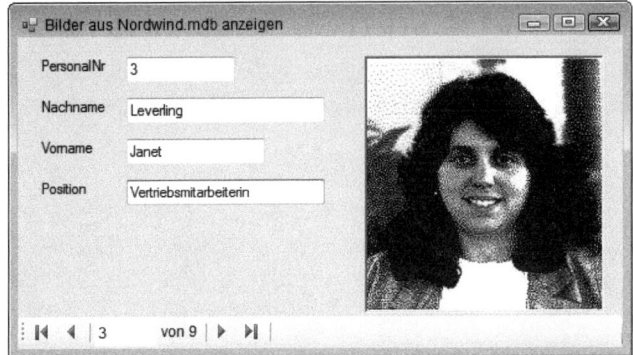

Abbildung 6.42 Laufzeitansicht

Bemerkungen

- Das Beispiel zeigt Ihnen, wie Sie prinzipiell Bildinformationen zur Anzeige bringen können, ist aber bei größeren Datenmengen für den praktischen Gebrauch etwas umständlich, weil bei jedem Blättern das Bild erneut aus der Datei geladen werden muss

- Eine elegantere aber auch aufwändigere Lösung wäre der Einsatz von zwei über eine Master-Detail-Relation verknüpften *DataTable*-Objekten, wobei die Detailtabelle die Bilddaten nur bei Bedarf abruft und die Mastertabelle die restlichen Spalten verwaltet

6.12   ... BLOB-Daten verwalten?

FileStream-Objekt: *Read*-Methode, *Length*-Eigenschaft; BLOB-Daten; Byte-Array; *Command*-Objekt: *Parameters*-Auflistung, *ExecuteNonQuery*-Methode; Konsolenanwendung;

Es ist nicht sehr effektiv, wenn Sie Bilddateien (und andere wie Sound etc.) direkt in der Datenbank als BLOBs (*Binary Large Objects*) abspeichern, denn dies wirkt sich immer negativ auf die Performance aus. Stattdessen sollten Sie in der Datenbank lediglich Verweise auf den Speicherort dieser Dateien ablegen, siehe z.B. How-to 6.11 »... Bilder aus der Datenbank anzeigen?«.

Trotz der genannten Nachteile werden Sie beim Sichten der umfangreichen *Northwind*-Datenbank des SQL Servers hin und wieder durch BLOB-Spalten aufgeschreckt, z.B. durch die Spalte *Photo* in der *Employees*-Tabelle. Wir müssen uns also wohl oder übel dem Problem stellen. Skepsis ist angebracht, denn aufgrund des nicht dokumentierten OLE-Headers einer BLOB-Spalte werden wir mit einer unlösbaren Aufgabe konfrontiert:

> **HINWEIS**   Leider wird es uns unter ADO.NET niemals gelingen, den Inhalt einer BLOB-Spalte direkt anzuzeigen (z.B. in einer *PictureBox*).

Als Ausweg schreiben wir ein kleines Tool, welches die entsprechende BLOB-Spalte nochmals mit den »sauberen« Bilddaten überschreibt, sodass der irritierende OLE-Header nicht mehr enthalten ist. Voraussetzung ist, dass uns die Bilddateien separat vorliegen (vorteilhaft ist wegen des geringen Ressourcenbedarfs das *.*jpg*-Format).

Oberfläche

Unser Programm hat keine Oberfläche! Öffnen Sie stattdessen ein neues Projekt vom Typ »Konsolenanwendung«.

Quellcode

```
Imports System.Data.OleDb
Imports System.IO

Module Module1

    Sub Main()
        Dim connStr As String =
        "Provider=SQLOLEDB;Data Source=.\SQLEXPRESS;Initial Catalog=Northwind;Trusted_Connection=Yes;"
        Dim conn As New OleDbConnection(connStr)
        conn.Open()
        Dim sqlStr As String = "UPDATE Employees SET Photo = ? WHERE EmployeeID = ?"
        Dim cmd As New OleDbCommand(sqlStr, conn)
        cmd.Parameters.Add("@Photo", OleDbType.LongVarBinary, Integer.MaxValue - 1)
        cmd.Parameters.Add("@EmployeeID", OleDbType.Integer)

        Dim fs As FileStream        ' für Zugriff auf Bilddatei
        Dim arr() As Byte           ' Byte-Array zum Zwischenspeichern einer Bilddatei
        Dim pfad As String          ' Pfad der Bilddateien
        For i As Integer = 1 To 9               ' UPDATE nacheinander für 9 Employees ausführen
            pfad = "EmpID" & i & ".jpg"             ' Bilddateien sind im Anwendungsverzeichnis
            fs = New FileStream(pfad, FileMode.Open)            ' Bilddatei öffnen
            arr = Array.CreateInstance(GetType(System.Byte), fs.Length) ' Byte-Array passender Länge
            fs.Read(arr, 0, fs.Length)          ' Dateiinhalt in Byte-Array laden
            cmd.Parameters("@Photo").Value = arr        ' dem ersten Parameter das Byte-Array zuweisen
            cmd.Parameters("@EmployeeID").Value = i     ' dem zweiten Parameter die ID zuweisen
            cmd.ExecuteNonQuery()                   ' UPDATE ausführen
        Next
        conn.Close()
    End Sub
End Module
```

Test

Überzeugen Sie sich, dass Ihr SQL Server läuft und starten Sie erst dann die Anwendung. Nach einem kurzen Aufblitzen des DOS-Fensters ist der Spuk auch schon wieder vorbei.

Bemerkungen

- Vergessen Sie nicht, die neun Bilddateien *EmpID1.jpg, EmpID2.jpg ... EmpID9.jpg* vor Programmstart in das *bin**Debug*-Unterverzeichnis des Projekts zu kopieren (siehe Begleitdateien)

- Um sich vom Erfolg des Datenbank-Updates zu überzeugen, brauchen Sie ein Programm, mit dem Sie die Bilddateien betrachten können, siehe How-to 6.13 »... BLOB-Daten anzeigen?«

6.13 ... BLOB-Daten anzeigen?

MemoryStream-Objekt; *DataRowView*-Objekt; Byte-Array; *PictureBox*-Control; *Bitmap*-Objekt: *Image*-Eigenschaft;

Dieses Beispiel ist die logische Fortsetzung des How-to 6.12 »... BLOB-Daten verwalten?«.

Ziel ist die Anzeige der *Photo*-Spalte der *Employees*-Tabelle der *Northwind*-Datenbank des SQL Servers, nachdem ein einmaliges Update der Bilddaten entsprechend How-to 6.12 erfolgte.

Unser Beispiel ist analog programmiert zum How-to 6.11 »... Bilder aus der Datenbank anzeigen?«, weshalb die Erläuterungen knapp gehalten werden können.

Oberfläche

Die Benutzerschnittstelle entspricht 100%ig dem How-to 6.11 (siehe auch Laufzeitansicht).

Quellcode

```
Imports System.Data.OleDb
Imports System.IO

Public Class Form1
```

Der erste Teil ist reine Routineprogrammierung:

```
    Protected Overrides Sub OnLoad(ByVal e As System.EventArgs)
        Dim connStr As String =
         "Provider=SQLOLEDB;Data Source=.\SQLEXPRESS;Initial Catalog=Northwind;Trusted_Connection=Yes"
        Dim conn As New OleDbConnection(connStr)
        Dim cmdSel As New OleDbCommand(
                   "SELECT EmployeeID, LastName, FirstName, Title, Photo FROM Employees", conn)
        Dim da As New OleDbDataAdapter(cmdSel)
        Dim dt As New DataTable("Personal")
        conn.Open()
        da.Fill(dt)
        conn.Close()
        BindingSource1.DataSource = dt
        TextBox1.DataBindings.Add("Text", BindingSource1, "EmployeeID")
        TextBox2.DataBindings.Add("Text", BindingSource1, "LastName")
        TextBox3.DataBindings.Add("Text", BindingSource1, "FirstName")
        TextBox4.DataBindings.Add("Text", BindingSource1, "Title")
        showFoto()
        AddHandler BindingSource1.PositionChanged, New EventHandler(AddressOf Me.bs_PositionChanged)
        MyBase.OnLoad(e)
    End Sub

    Private Sub bs_PositionChanged(ByVal sender As Object, ByVal e As System.EventArgs)
        showFoto()
    End Sub
```

Das wesentliche Know-how steckt in der folgenden Anzeigeroutine für das Foto:

```
    Private Sub showFoto()
        If PictureBox1.Image IsNot Nothing Then PictureBox1.Image.Dispose()
        Dim drv As DataRowView = CType(BindingSource1.Current, DataRowView) ' Sicht auf aktuelle Zeile
```

Die *Photo*-Spalte der aktuellen Zeile wird in ein *Byte*-Array kopiert, dessen Inhalt als *MemoryStream* im Arbeitsspeicher abgelegt wird:

```
Dim arr() As Byte = CType(drv("Photo"), Byte())
Dim ms As New MemoryStream(arr)
```

Eine *Bitmap* wird aus dem *MemoryStream* geladen:

```
Dim bmp As New Bitmap(ms)
PictureBox1.Image = bmp          ' Anzeige
ms.Close()                       ' nicht vergessen!
    End Sub
End Class
```

Test

Das anerkennende Grinsen von *Steve Buchanan* beweist, dass unsere Arbeit erfolgreich war.

Abbildung 6.43   Laufzeitansicht des Beispiels

Bemerkungen

- Anstatt des hier verwendeten OleDb-Datenproviders können Sie natürlich auch den nativen Datenprovider des SQL Servers (Namespace *System.Data.SqlClient*) verwenden

- Unter Performance-Gesichtspunkten ist die gewählte Programmiertechnik verbesserungsbedürftig (Zeitverbrauch beim wiederholten Laden der BLOB-Daten!)

6.14   ... das DataGridView als Datenbank-Frontend verwenden?

DataAdapter-Objekt: *MissingSchemaAction*-Eigenschaft, *GetChanges*-, *AcceptChanges*-Methode; *DataTable*-Objekt: *Merge*-Methode; *DataGridView*-Komponente: Formatieren;

DbProviderFactory-Klasse; *StatusStrip*-Komponente; SQL-Datum;

In diesem Beispiel wollen wir eine zweischichtige Anwendung entwickeln, die lesend und schreibend auf eine Datenbank zugreift und deren Frontend im Wesentlichen nur mit einem *DataGridView*-Steuerelement bestückt ist. Inhaltliche Schwerpunkte sind:

- Lesen und Schreiben der Datenbank mit den Komponenten einer so genannten »Providerfabrik«

- Standalone-Einsatz einer *DataTable* (also ohne *DataSet*)

- Formatieren der Spalten eines *DataGridView*, insbesondere das Vermeiden von Eingabefehlern durch Einsatz von *ComboBox*-Spalten

- Zusammenbau eines SQL-gerechten Datum-Strings

- Als weitere Features kommen eine statische Klasse, die Connectionstring-Settings der Anwendungskonfiguration sowie ein *StatusStrip*-Steuerelement zum Einsatz

Vorbereitungen

Für unser Beispiel wählen wir eine einfache Tabelle *Ausgaben* einer Access-Datenbank mit folgender Struktur:

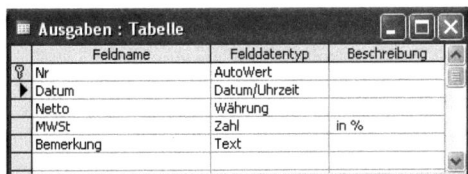

Abbildung 6.44 Tabellenstruktur

Den *ConnectionString* lagern wir in die Konfigurationsdatei *app.config* unserer Anwendung aus, damit ihn auch der spätere User auf einfache Weise anpassen kann. Öffnen Sie die Registerseite *Einstellungen* (Menü *Projekt/<Projektname>-Eigenschaften...*) und tragen Sie die folgende Verbindungszeichenfolge ein (in unserem Fall befindet sich die Datenbank im Anwendungsverzeichnis):

```
Provider=Microsoft.Jet.OLEDB.4.0; Data Source=Test.mdb
```

	Name	Typ	Bereich	Wert
	Nordwind	(Verbindungszeichenfolge)	Anwendung	Provider=Microsoft.Jet.OLEDB.4.0; Data Source=Test.mdb
*				

Abbildung 6.45 Speichern der Verbindungszeichenfolge

Bedienoberfläche

Auf dem Startformular platzieren Sie ein *DataGridView*, zwei *TextBox*en, zwei *Button*s, einige *Label*s und am unteren Rand ein *StatusStrip*-Control mit dem Element *toolStripStatusLabel1* (siehe Laufzeitabbildung).

Statische Klasse CData

Fügen Sie zunächst über das Projektmenü eine neue statische Klasse (*CData*) hinzu.

```
Imports System.Data
Imports System.Data.Common
Imports System.Globalization

Public Class CData
```

Die folgende statische Methode *getAusgaben* füllt eine *DataTable* mit dem Inhalt der Datenbanktabelle *Ausgaben*, wobei Beginn- und Endedatum als Parameter übergeben werden:

```
Public Shared Function getAusgaben(ByVal d1 As String, ByVal d2 As String) As DataTable
```

SQL-gerechte Datumstrings zusammenbauen:

```
Dim dat1 As DateTime = Convert.ToDateTime(d1)
d1 = "#" & dat1.ToString("d", New CultureInfo("en-US")) & "#"
Dim dat2 As DateTime = Convert.ToDateTime(d2)
d2 = "#" & dat2.ToString("d", New CultureInfo("en-US")) & "#"
```

Providerunabhängiger Code für den Lesezugriff:

```
Dim provider As DbProviderFactory = DbProviderFactories.GetFactory("System.Data.OleDb")
Dim conn As DbConnection = provider.CreateConnection()
```

Verbindungszeichenfolge aus Konfigurationsdatei holen:

```
conn.ConnectionString = My.Settings.TestDB
```

Die Datenbankabfrage vorbereiten:

```
Dim cmd As DbCommand = provider.CreateCommand()
cmd.Connection = conn
cmd.CommandText = "SELECT * FROM Ausgaben WHERE DATUM BETWEEN " & d1 &
                  " AND " & d2 & " ORDER BY Datum"
Dim da As DbDataAdapter = provider.CreateDataAdapter()
da.SelectCommand = cmd
```

Die folgende Anweisung ist wichtig für das clientseitige Mergen beim Einfügen neuer Datensätze:

```
da.MissingSchemaAction = MissingSchemaAction.AddWithKey
```

Das Einlesen der Datensätze:

```
Dim dt As New DataTable()
conn.Open()
da.Fill(dt)
conn.Close()
Return dt
End Function
```

Der Methode zum Zurückschreiben der Änderungen in die Datenbank wird eine *DataTable* per Referenz übergeben:

```
Public Shared Sub setAusgaben(ByRef dt As DataTable)
```

Providerunabhängiger Code für den Schreibzugriff:

```
Dim provider As DbProviderFactory = DbProviderFactories.GetFactory("System.Data.OleDb")
Dim conn As DbConnection = provider.CreateConnection()
conn.ConnectionString = My.Settings.TestDB
Dim cmd As DbCommand = provider.CreateCommand()
cmd.Connection = conn
cmd.CommandText = "SELECT * FROM Ausgaben"
Dim da As DbDataAdapter = provider.CreateDataAdapter()
da.SelectCommand = cmd
```

Ein *CommandBuilder* erstellt im Hintergrund automatisch alle weiteren *Command*-Objekte:

```
Dim cb As DbCommandBuilder = provider.CreateCommandBuilder()
```

Die Datenbank wird aktualisiert:

```
        cb.DataAdapter = da
        conn.Open()
        da.Update(dt)
        conn.Close()
    End Sub
End Class
```

Quellcode Form1 (Teil 1)

```
Public Class Form1
```

Da wir es nur mit einer einzigen Tabelle zu tun haben, kommen wir sehr gut ohne *DataSet* aus, es genügt eine *DataTable*, die hier die Funktion eines globalen Zwischenspeichers für die Tabelle *Ausgaben* übernimmt:

```
    Private dtA As DataTable = Nothing
```

Eine zweite *DataTable*, die mit der Datenbank nichts zu tun hat, dient lediglich als »hart codierte« Hilfstabelle für die gültigen Mehrwertsteuersätze:

```
    Private dtMWSt As DataTable = Nothing
```

Beim Laden des Formulars wird die Methode *createMWStTbl* aufgerufen, welche eine Hilfstabelle erzeugt:

```
    Protected Overrides Sub OnLoad(ByVal e As System.EventArgs)
        dtMWSt = createMWStTbl()

        MyBase.OnLoad(e)
    End Sub
```

Die Methode *createMWStTbl* baut eine *DataTable* zusammen, die lediglich aus den Spalten *Nr* und *Betrag* und drei Zeilen entsprechend der folgenden Struktur besteht:

```
        Nr    Betrag
        0     "keine"
        7     "7%"
        19    "19%"
```

```
    Private Function createMWStTbl() As DataTable
        Dim dt As New DataTable("MWSt")
        dt.Columns.Add("Nr", GetType(System.Byte))
        dt.Columns.Add("Betrag", GetType(System.String))
        Dim ma() As String = {"keine", "7%", "19%"}
        For i As Integer = 1 To 3              '  drei Zeilen hinzufügen
            dt.Rows.Add(dt.NewRow())           '  neue leere Zeile
            dt.Rows(i - 1)(1) = ma(i - 1)      '  "Betrag" eintragen
        Next
        dt.Rows(0)(0) = 0    ' "Nr" eintragen (0, 7, 19)
        dt.Rows(1)(0) = 7
        dt.Rows(2)(0) = 19
        Return dt
    End Function
```

Der hinter der Schaltfläche *Anzeigen* liegende Code:

```
Private Sub Button1_Click(ByVal sender As System.Object, ByVal e As System.EventArgs) _
                                                          Handles Button1.Click
    Dim bs As New BindingSource()
    Try
        dtA = CData.getAusgaben(TextBox1.Text, TextBox2.Text)
        If dtA Is Nothing Then
            DataGridView1.DataSource = Nothing
            ToolStripStatusLabel1.Text = "Zugriff nicht möglich!"
        Else
            bs.DataSource = dtA
            DataGridView1.Columns.Clear()
            DataGridView1.DataSource = bs
            ...
```

Formatieren des DataGridView

Der folgende Code erklärt alle Fragen bezüglich Spaltenbeschriftung und -positionierung, Einstellen der Spaltenbreite, Währungsformatierung, Farbgebung, Verknüpfungen mittels *ComboBox* etc.:

```
DataGridView1.Columns.Remove("Nr")
Dim tbc0 As New DataGridViewTextBoxColumn()
tbc0.DataPropertyName = "Nr"
tbc0.HeaderText = "Nr"
tbc0.Width = 30
tbc0.DisplayIndex = 0                   ' erscheint an erster Position
DataGridView1.Columns.Add(tbc0)
DataGridView1.Columns.Remove("Netto")
Dim tbc1 As New DataGridViewTextBoxColumn()
tbc1.DataPropertyName = "Netto"
tbc1.HeaderText = "Netto"
tbc1.Width = 80                         ' Breite einstellen
tbc1.DefaultCellStyle.Format = "c"
tbc1.DefaultCellStyle.Alignment = DataGridViewContentAlignment.MiddleRight
tbc1.DefaultCellStyle.Font = New Font(DataGridView1.Font, FontStyle.Bold)
tbc1.DefaultCellStyle.BackColor = Color.LightYellow
tbc1.DisplayIndex = 2
DataGridView1.Columns.Add(tbc1)
```

Besonders interessant ist die *MWSt*-Spalte, in welcher man durch Aufklappen einer *ComboBox* bequem die gültigen Mehrwertsteuersätze auswählen kann:

```
DataGridView1.Columns.Remove("MWSt")
Dim cbc0 As New DataGridViewComboBoxColumn()
cbc0.DataSource = dtMWSt        ' Detailtabelle
cbc0.DataPropertyName = "MWSt"  ' Fremdschlüssel  aus Primärtabelle
cbc0.ValueMember = "Nr"         ' Primärschlüssel aus Detailtabelle
cbc0.DisplayMember = "Betrag"   ' Detailanzeige aus Detailtabelle
cbc0.HeaderText = "MWSt"
cbc0.DisplayIndex = 3
cbc0.Width = 60
...
```

Die Spalten *Datum* und *Bemerkung* wurden nicht formatiert, d.h., sie behalten ihre Standardwerte.

Quellcode Form1 (Teil 2)

```
                ToolStripStatusLabel1.Text = bs.Count.ToString() &
                            " Einnahmen zum Editieren von der Datenbank geladen!"
        End If
    Catch ex As Exception
        MessageBox.Show(ex.Message.ToString(), "Fehler beim Laden der DataTable!")
    End Try
End Sub
```

Die *Speichern*-Schaltfläche:

```
Private Sub Button2_Click(ByVal sender As System.Object, ByVal e As System.EventArgs) _
                                                    Handles Button2.Click
    If dtA IsNot Nothing Then
        Try
```

Nur die geänderten Datensätze werden zurückgeschrieben:

```
            Dim dt1 As DataTable = dtA.GetChanges()        ' Änderungen ermitteln
            If dt1 IsNot Nothing Then
```

Das Update gegen die Datenbank fahren:

```
                CData.setAusgaben(dt1)
```

Seit ADO.NET 2.0 hat auch die *DataTable* eine *Merge*-Methode, sodass ein Zusammenführen beider *DataTables* möglich ist:

```
                dtA.Merge(dt1)
                dtA.AcceptChanges()
                ToolStripStatusLabel1.Text = "Alle Änderungen wurden von der Datenbank übernommen!"
            Else
                ToolStripStatusLabel1.Text = "Keine Änderungen zum Speichern!"
            End If
        Catch ex As Exception ex
            MessageBox.Show(ex.Message.ToString, "Fehler beim Speichern der DataTable!")
            dtA.RejectChanges()
        End Try
    Else
        ToolStripStatusLabel1.Text = "Speichern nicht möglich!"
    End If
End Sub
...
End Class
```

Test

Es bleibt Ihnen viel Raum zum Experimentieren, testen Sie auch das Hinzufügen und Löschen von Datensätzen. Die Fehlermöglichkeiten bei der MWSt-Eingabe sind dank *ComboBox*-Spalte drastisch reduziert.

HINWEIS   In unserem Fall erscheint die *ComboBox* nur dann, wenn man auf eine Zelle der *MWSt*-Spalte klickt.

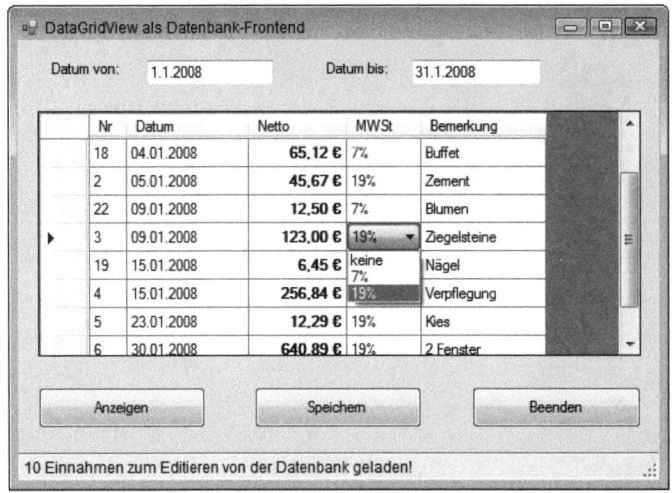

Abbildung 6.46 Laufzeitansicht des Beispiels

Bemerkungen

- In diesem Beispiel wurde bewusst auf die Hilfe von Assistenten (Datenquellen, typisierte DataSets, *TableAdapter*, etc.) verzichtet

- Die praktizierte zustandslose Anwendungsarchitektur ermöglicht auch eine problemlose Realisierung der Klasse *CData* als Webdienst

6.15   ... Datenbindung mit LINQ to SQL kennen lernen?

BindingSource-Control: *DataSource*-Eigenschaft; Datenkontext: *SubmitChanges*-Methode; *DataBindings*-Auflistung: *Add*-Methode;

In diesem Einsteiger-How-to wollen wir zu Vergleichszwecken eine ähnliche Aufgabenstellung wie in den beiden mittels klassischer ADO.NET-Technologie realisierten How-to-Beispielen 6.6 »... mittels ComboBox zwei Tabellen verknüpfen« bzw. 6.7 »... ein typisiertes DataSet manuell binden?« unter Verwendung von LINQ to SQL lösen.

> **HINWEIS**   Da LINQ to SQL für Access-Datenbanken nicht funktioniert, ist eine Installation des MS SQL Servers unbedingte Voraussetzung.

Datenkontext

Öffnen Sie eine neue Windows Forms-Anwendung und ziehen Sie zunächst die Datenbankdatei *North-wind.mdf* in den Projektmappen-Explorer. Den sich anschließend öffnenden *Assistenten zum Konfigurieren von Datenquellen* brechen Sie ab.

> **HINWEIS**   Ändern Sie für *Northwind.mdf* erforderlichenfalls den Wert der Eigenschaft *In Ausgabeverzeichnis kopieren* von *Immer kopieren* in *Kopieren, wenn neuer,* ansonsten wundern Sie sich später vielleicht, dass die geänderten Werte nicht in die Datenbank übernommen wurden.

Fügen Sie über das Menü *Projekt|Neues Element hinzufügen...* eine neue *LINQ to SQL-Klasse* hinzu.

Öffnen Sie den Server-Explorer (*Ansicht|Server-Explorer*) und ziehen Sie per Drag & Drop die *Orders-* und die *Employees*-Tabelle auf die Entwurfsoberfläche des O/R-Designers. Dieser erstellt nun automatisch die erforderliche VB-Mapperklassen für beide Tabellen.

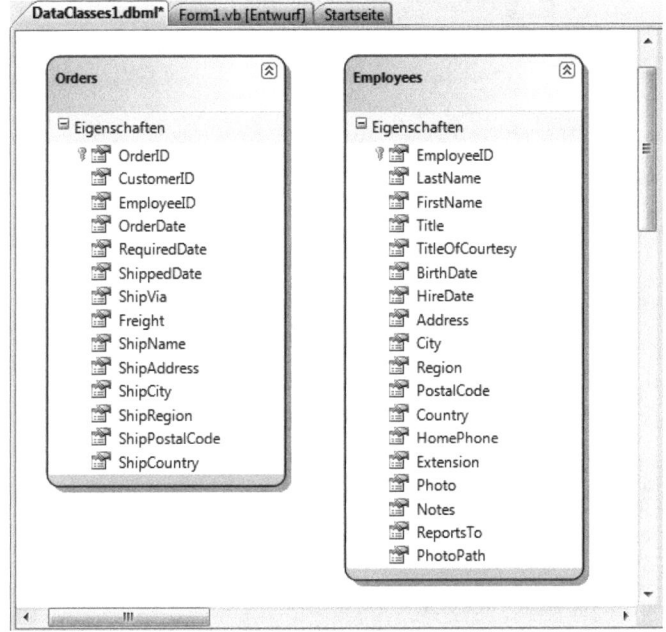

Abbildung 6.47 Die Mapper-Klassen im O/R-Designer

HINWEIS   Die *Employees_Orders*-Relation zwischen beiden Tabellen können Sie löschen, da die Verknüpfung über die *ComboBox* realisiert wird.

Klicken Sie mit der rechten Maustaste auf die Entwurfsoberfläche des Designers und wählen Sie *Eigenschaften*. Ändern Sie den für den zentralen Datenkontext standardmäßig vergebenen Namen *DataClasses1Data-Context* in *NWDataContext*.

Oberfläche

Die Abbildung zeigt die Eingabemaske, welche (bis auf die englischsprachige Beschriftung) den How-to-Beispielen 6.6 bzw. 6.7 entspricht (siehe dortige Erklärungen).

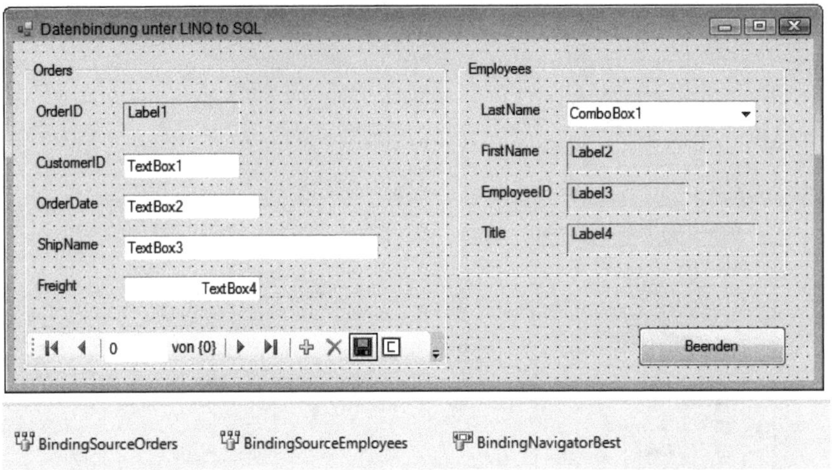

Abbildung 6.48   Entwurfsansicht

Quellcode

```
Public Class Form1
```

Eine globale Instanz des Datenkontexts erzeugen:

```
    Private dcNW As New NWDataContext()
```

Die Datenbindung nehmen wir hier im Konstruktorcode des Formulars vor:

```
    Public Sub New()

        InitializeComponent()
```

Die LINQ to SQL-Abfrage für die Master-Tabelle:

```
        Dim orders = From ord In dcNW.Orders
                     Order By ord.OrderDate
                     Select ord
```

Der *BindingSource* kann direkt die LINQ-Abfragevariable zugewiesen werden:

```
        BindingSourceOrders.DataSource = orders
```

Die Datenbindung der Steuerelemente erfolgt auf herkömmliche Weise:

```
        Label1.DataBindings.Add("Text", BindingSourceOrders, "OrderID", True)
        TextBox1.DataBindings.Add("Text", BindingSourceOrders, "CustomerID", True)
        TextBox2.DataBindings.Add("Text", BindingSourceOrders, "OrderDate", True)
        TextBox3.DataBindings.Add("Text", BindingSourceOrders, "ShipName", True)
```

Die Währungsformatierung erfordert etwas mehr Aufwand:

```
        TextBox4.DataBindings.Add("Text", BindingSourceOrders, "Freight", True,
                                  DataSourceUpdateMode.OnValidation, Nothing, "C2")
```

Die LINQ-Abfrage für die Detailtabelle:

```
Dim employees = From emps In dcNW.Employees
                Order By emps.LastName
                Select emps

BindingSourceEmployees.DataSource = employees
```

Das Anbinden der *ComboBox*:

```
With ComboBox1
    .DataSource = BindingSourceEmployees
    .DisplayMember = "LastName"
    .ValueMember = "EmployeeID"
```

Die Verbindung zur Mastertabelle gestaltet sich etwas aufwändiger:

```
    .DataBindings.Add("SelectedValue", BindingSourceOrders,
                        "EmployeeID", True, DataSourceUpdateMode.OnPropertyChanged)
End With
```

Der Rest ist Routine:

```
    Label2.DataBindings.Add("Text", BindingSourceEmployees, "FirstName")
    Label3.DataBindings.Add("Text", BindingSourceEmployees, "EmployeeID")
    Label4.DataBindings.Add("Text", BindingSourceEmployees, "Title")
End Sub
```

Rücknahme der Änderungen:

```
Private Sub ToolStripButton10_Click(ByVal sender As System.Object, ByVal e As System.EventArgs) _
                                        Handles ToolStripButton10.Click
    BindingSourceOrders.CancelEdit()
End Sub
```

Zwecks Abspeichern der Änderungen in die Datenbank ist die *SubmitChanges*-Methode des Datenkontexts aufzurufen:

```
Private Sub ToolStripButton9_Click(ByVal sender As System.Object, ByVal e As System.EventArgs) _
                                        Handles ToolStripButton9.Click
    BindingSourceOrders.EndEdit()
    Try
        dcNW.SubmitChanges()
    Catch ex As Exception
        MessageBox.Show(ex.Message)
    End Try
End Sub
...
End Class
```

Test

Wenn der SQL Server gestartet ist, können Sie nach Belieben Datensätze editieren und zum Beispiel mittels *ComboBox* den Bestellungen neues Personal zuweisen.

Bemerkungen

- Die Datenbankdatei *Northwind.mdf* ist mehrfach in den Begleitdateien enthalten
- Auf die Datenbindung unter LINQ to SQL gehen wir erst im Kapitel 13 ausführlich ein

6.16 ... den DataRepeater für die Anzeige verwenden?

DataRepeater-Komponente; DataSet; Datenbindung;

Im vorliegenden Beispiel wollen wir Ihnen zeigen, wie Sie den mit Visual Studio 2010 eingeführten *Data-Repeater* nutzen können, um übersichtliche Tabellendarstellungen in Ihren Windows Forms-Anwendungen zu realisieren.

> **HINWEIS**   ASP.NET-Programmierern wird die Komponente bekannt vorkommen, diese gibt es dort schon länger.

Oberfläche

Erzeugen Sie zunächst eine neue Windows Forms-Anwendung. Fügen Sie dem Projekt die Datenbank *Northwind.mdf* hinzu und erstellen Sie in diesem Zusammenhang auch gleich ein typisiertes DataSet, das in jedem Fall die Tabelle *Products* enthalten sollte.

Für die Gestaltung der Oberfläche genügt es, wenn Sie ein *DataRepeater*-Control im Formular platzieren und per Dock-Eigenschaft ausrichten. Der *DataRepeater* gliedert sich in zwei Bereiche, von denen der obere das Template für die einzelnen Zeilen/Spalten darstellt. In diesen Bereich müssen Sie die gewünschten Anzeige-Controls einfügen. Am einfachsten realisieren Sie dies, indem Sie die Felder der betreffenden Tabelle im *Datenquellen*-Fenster auswählen und per Drag & Drop in den *DataRepeater* einfügen. Die folgende Abbildung zeigt eine mögliche Variante:

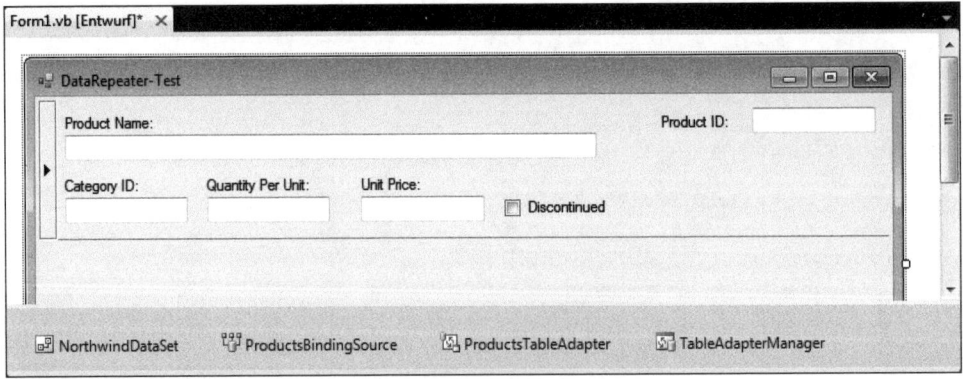

Abbildung 6.49   DataRepeater in der Entwurfsansicht

Quelltext

Falls Sie die Anzeige-Controls aus dem Datenquellen-Fenster eingefügt haben, ist bereits der komplette Code implementiert (siehe folgendes Listing), andernfalls müssen Sie zunächst die Verbindung zur Datenbank öffnen und die Tabelle *Products* im DataSet per *DataAdapter* füllen.

```
Private Sub Form1_Load(ByVal sender As System.Object, ByVal e As System.EventArgs) _
    Handles MyBase.Load
    Me.ProductsTableAdapter.Fill(Me.NorthwindDataSet.Products)
End Sub
```

Test

Nach dem Start können Sie sich bereits von der Funktionsweise des DataRepeaters überzeugen:

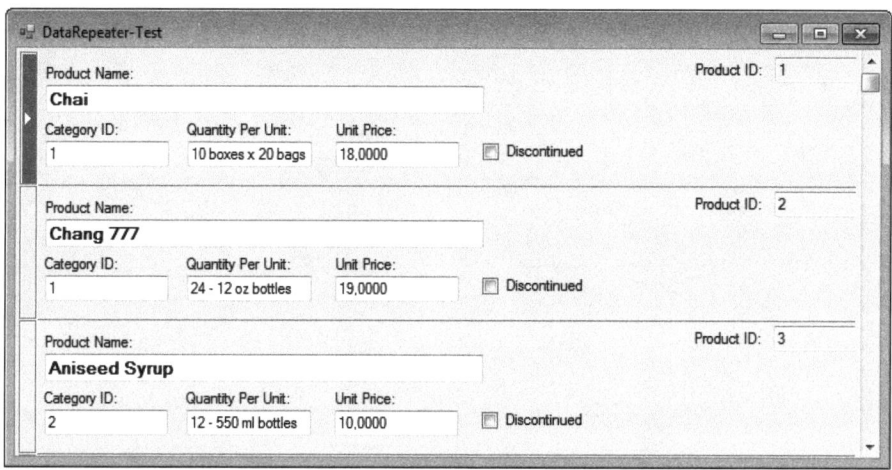

Abbildung 6.50 Laufzeitansicht

Bemerkungen

- Sie können die Komponente auch für ein horizontales Layout verwenden, verwenden Sie dazu die Eigenschaft *LayoutStyle* und setzen Sie diese auf *Horizontal*

- Wer sich näher mit dem Thema Datenbindung beschäftigen will, wird sich sicher fragen, wo eigentlich die Datenbindung definiert wird. Hier hilft ein Blick in die Datei *Form1.Designer.vb* weiter:

```
...
        Me.UnitPriceTextBox.DataBindings.Add(New System.Windows.Forms.Binding("Text",
                            Me.ProductsBindingSource, "UnitPrice", True))
        Me.UnitPriceTextBox.Location = New System.Drawing.Point(247, 76)
        Me.UnitPriceTextBox.Name = "UnitPriceTextBox"
        Me.UnitPriceTextBox.Size = New System.Drawing.Size(100, 20)
        Me.UnitPriceTextBox.TabIndex = 7
        '
        ' quantityPerUnitTextBox
        '
        Me.QuantityPerUnitTextBox.DataBindings.Add(New System.Windows.Forms.Binding("Text",
                            Me.ProductsBindingSource, "QuantityPerUnit", True))
...
```

Wie Sie sehen, wird die Datenbindung per *DataBindings* für die einzelnen Anzeige-Controls zugewiesen, der *DataRepeater* ist in diesem Zusammenhang nur der Container für diese Controls.

Kapitel 7

Datenbindung – WPF

In diesem Kapitel:

Mit WPF (*Windows Presentation Foundation*) steht dem Programmierer eine alternative Technologie zur Gestaltung von Benutzerschnittstellen zur Verfügung. Anders als bei den Windows Forms-Anwendungen sind Sie bei der Datenbindung nicht auf spezielle Controls angewiesen, denn hier kann fast jede (Abhängigkeits-) Eigenschaft an andere Eigenschaften gebunden werden.

HINWEIS	Ein erstes Einführungsbeispiel zur WPF-Datenbindung finden Sie im Kapitel 1 (How-to 1.5).

Als Datenquelle können Sie beispielsweise:

- Eigenschaften anderer WPF-Controls (Elemente)
- Ressourcen
- XML-Elemente oder
- beliebige Objekte (auch ADO.NET-Objekte, z.B. *DataTable*)

verwenden.

Unbedingte Voraussetzung für das Verständnis der WPF-Datenbindung sind Grundkenntnisse des Einsatzes der WPF-Technologie (XAML-Code!), auf die wir an dieser Stelle jedoch nicht eingehen können. Wir verweisen Sie deshalb auf unser Buch [Visual Basic 2010 Grundlagen und Profiwissen]!

Grundprinzip

Zunächst wollen wir Ihnen das Grundprinzip der Datenbindung in WPF an einem recht einfachen Beispiel demonstrieren.

BEISPIEL

Datenbindung zwischen Slider und ProgressBar

Fügen Sie in ein *Window* einen *ProgressBar* und einen *Slider* ein. Mit dem *Slider* soll der aktuelle Wert des *ProgressBar* direkt und ohne zusätzlichen Quellcode verändert werden.

```
<StackPanel>
```

Hier sehen Sie auch schon den Ablauf: Das Ziel (*ProgressBar*) bindet seine Eigenschaft *Value* an die Quelle (*Slider*) mit deren Eigenschaft *Value*.

```
<ProgressBar Height="20" Name="progressBar1" Maximum="100"
           Value="{Binding ElementName=slider1, Path=Value}"/>
<Separator Height="10"/>
<Slider Name="slider1" Maximum="100" />
</StackPanel>
```

Zur Laufzeit können Sie den *Slider* beliebig verändern, der *ProgressBar* passt sofort seinen Wert an:

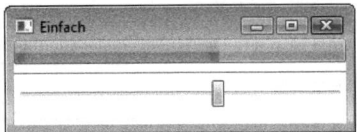

Abbildung 7.1 Datenbindung zwischen *Slider* und *ProgressBar*

Sehen wir uns noch einmal die Syntax im Detail an:

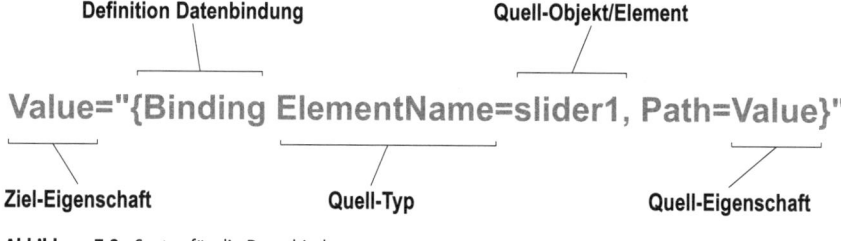

Abbildung 7.2 Syntax für die Datenbindung

HINWEIS   Kann die Quelleigenschaft nicht automatisch in den Datentyp der Zieleigenschaft konvertiert werden, können Sie zusätzlich einen Typkonverter angeben (siehe dazu Seite 497).

Bindungsarten

Das vorhergehende Beispiel zeigte bereits recht eindrucksvoll, wie einfach sich Eigenschaften verschiedener Objekte miteinander verknüpfen lassen. Doch das ist noch nicht alles. Über ein zusätzliches Attribut *Mode* lässt sich auch bestimmen, in welche Richtungen die Bindung aktiv ist, d.h., ob die Werte nur von der Quelle zum Ziel oder auch umgekehrt übertragen werden. Die folgende Tabelle zeigt die möglichen Varianten:

Typ	Beschreibung
OneTime	Mit der Initialisierung wird der Wert einmalig von der Quelle zum Ziel kopiert. Danach wird die Bindung aufgehoben.
OneWay	Der Wert wird nur von der Quelle zum Ziel übertragen (readonly). Ändert sich der Wert des Ziels, wird die Bindung aufgehoben.
OneWayToSource	Der Wert wird vom Ziel zur Quelle übertragen (writeonly). Ändert sich der Wert der Quelle, bleibt die Bindung erhalten, eine Wertübertragung findet jedoch nicht statt.
TwoWay	(meist Defaultwert[1]) Werte werden zwischen Quelle und Ziel in beiden Richtungen übertragen.

Tabelle 7.1 Bindungsarten

BEISPIEL

Testen der verschiedenen Bindungsarten

```
...
    <StackPanel Grid.Column="2">
        <Slider Name="sl2" Maximum="100" Height="30"
                Value="{Binding ElementName=sl1, Path=Value, Mode=OneTime}"/>
        <Slider Name="sl4" Maximum="100" Height="30"
                Value="{Binding ElementName=sl3, Path=Value, Mode=OneWay}"/>
        <Slider Name="sl6" Maximum="100" Height="30"
                Value="{Binding ElementName=sl5, Path=Value, Mode=OneWayToSource}"/>
```

---

[1] Bei Bindung an eine *ItemsSource* wird standardmäßig OneWay-Binding verwendet.

```
   <Slider Name="sl8" Maximum="100" Height="30"
           Value="{Binding ElementName=sl7, Path=Value, Mode=TwoWay}"/>
</StackPanel>
...
```

Verschieben Sie ruhig einmal die *Slider* im Testprogramm. Jeweils der linke und der rechte *Slider* bilden eine Datenbindung und sollten auch das entsprechende Verhalten zeigen:

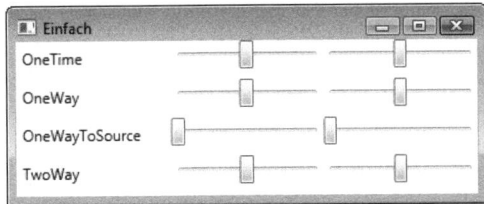

Abbildung 7.3 Laufzeitansicht des Testprogramms

Wann wird eigentlich die Quelle aktualisiert?

Im obigen Beispiel scheint alles ganz einfach zu sein, Sie ziehen an einem Schieberegler und der andere bewegt sich mit. Doch was, wenn Sie beispielsweise eine *TextBox* in einer Datenbindung verwenden? Hier steht die Frage, wann der »gewünschte« Wert wirklich in der *TextBox* steht. Eine eingegebene Ziffer ist vielleicht nicht der richtige Wert, kann aber schon als gültiger Inhalt interpretiert werden. Nicht in jedem Fall möchte man deshalb sofort einen Datenaustausch zwischen Ziel und Quelle zulassen (bei *TwoWay* oder *OneWayToSource*).

Über das optionale Attribut *UpdateSourceTrigger* haben Sie direkten Einfluss darauf, wann die Aktualisierung der Quelle durchgeführt wird. Vier Varianten bieten sich dabei an:

- *Default*
  Meist wird das *PropertyChanged*-Ereignis für die Datenübernahme genutzt, bei einigen Controls kann es auch *LostFocus* sein

- *Explicit*
  Die Datenübernahme muss »manuell« per *UpdateSource*-Methode ausgelöst werden

- *LostFocus*
  Die Datenübernahme erfolgt bei Fokusverlust des Ziels

- *PropertyChanged*
  Die Datenübernahme erfolgt mit jeder Werteänderung. Dies kann bei komplexeren Abläufen zu Problemen führen, da der Abgleich, z.B. bei einem Schieberegler/Scrollbar, recht häufig vorgenommen wird.

BEISPIEL

Explizite Datenübernahme nur mit der Eingabetaste

```
<StackPanel>
  <TextBox Name="txt1">Hallo</TextBox>
  <TextBox Name="txt2"
        Text="{Binding ElementName=txt1, Path=Text, UpdateSourceTrigger=Explicit}"
        KeyDown="TextBox_KeyDown"/>
</StackPanel>
```

Der VB-Quelltext:

```vb
Private Sub TextBox_KeyDown(ByVal sender As System.Object,
                           ByVal e As System.Windows.Input.KeyEventArgs)
    If (e.Key = Key.Enter) Then
        txt2.GetBindingExpression(TextBox.TextProperty).UpdateSource()
    End If
End Sub
```

HINWEIS　　　　Da die Bindung im XAML-Code vorgenommen wurde, müssen wir im VB-Code erst mit *GetBindingExpression* das *BindingExpression*-Objekt abrufen, um die *UpdateSource*-Methode aufzurufen.

Bindung zur Laufzeit realisieren

Nicht immer werden Sie mit den schon zur Entwurfszeit definierten Datenbindungen auskommen. Es ist aber auch kein Problem, die Datenbindung erst zur Laufzeit per VB-Code zu realisieren. Alles was Sie dazu benötigen ist ein *Binding*-Objekt, dessen Konstruktor Sie bereits den BindingPath zuweisen können. Legen Sie anschließend noch die *BindingSource* sowie gegebenenfalls den *Mode* (z.B. *OneWay*) fest. Letzter Schritt ist das eigentliche Binden mit der *SetBinding*-Methode des jeweiligen Controls.

BEISPIEL

Bindung zur Laufzeit realisieren

Unsere Testoberfläche:

```xml
<Window x:Class="Datenbindung.Bindung_Laufzeit"
...
        Title="Bindung_Laufzeit" Height="300" Width="300" Loaded="Window_Loaded">
    <StackPanel>
        <Label Name="Label1"></Label>
        <Button Name="Button1" Click="Button_Click">Test</Button>
    </StackPanel>
</Window>
```

Mit dem Laden des Fensters erzeugen wir die Bindung wie oben beschrieben:

```vb
Public Sub New()
    InitializeComponent()
```

Wir binden an die Beschriftung eines Buttons:

```vb
    Dim binding As New Binding("Content")
    binding.Source = Button1
    binding.Mode = BindingMode.OneWay
```

Binden an den Content:

```vb
    Label1.SetBinding(Label.ContentProperty, binding)
End Sub
```

Und hier verändern wir die Beschriftung des Buttons:

```
Private Sub Button_Click(ByVal sender As System.Object,
                         ByVal e As System.Windows.RoutedEventArgs)
    Button1.Content = "Ein neuer Text"
  End Sub
End Class
```

Nach dem Start dürfte im Label zunächst »Test« stehen, die ursprüngliche Button-Beschriftung. Nach einem Klick auf die Schaltfläche ändert sich sowohl die Button-Beschriftung als auch die Label-Beschriftung.

Die Bindung selbst können Sie recht einfach wieder aufheben, indem Sie der Ziel-Eigenschaft der Bindung einen neuen Wert zuweisen.

BEISPIEL

Bindung zur Laufzeit aufheben

Entweder so:

```
Label1.Content = "Bindung beendet"
```

Oder so:

```
Label1.ClearValue(Label.ContentProperty)
```

Binden an Objekte

Nachdem wir uns bereits mit dem Binden an Oberflächen-Elemente vertraut gemacht haben, wollen wir jetzt den Schritt hin zu selbstdefinierten Objekten gehen.

Prinzipiell bieten sich zwei Varianten der Instanziierung von Objekten an:

- Sie instanziieren die Objekte in XAML (in einem Ressource-Abschnitt)
- Sie instanziieren wie bisher die Objekte im Quellcode

HINWEIS   Von der Möglichkeit, Objekte im XAML-Code zu instanziieren, halten die Autoren nicht allzuviel. Einerseits wird mit Klassen gearbeitet, die per Code definiert und verarbeitet werden, andererseits wird die Instanz in der Oberfläche, d.h. im XAML-Code, erzeugt. Das ist sicher nicht der Weisheit letzter Schluss. Gerade die üble Vermischung von Code und Oberfläche sollte eigentlich vermieden werden.

Fragwürdig werden Beispielprogramme dann, wenn im VB-Quellcode das zunächst in XAML erzeugte Objekt per *FindResource* gesucht wird (siehe folgender Abschnitt). Da pervertiert doch jede Form der sauberen Programmierung.

Wohlgemerkt wollen wir nicht die komplette Datenbindung im Code realisieren. Das ist sicher zu aufwändig und auch nicht notwendig. Doch aus Sicht des Programmierers sollte nicht die Oberfläche (XAML) sondern der Code im Mittelpunkt des Programms stehen.

Objekte im Code instanziieren

Erster Schritt, nach der Definition der Klasse, ist das Importieren des entsprechenden Namespaces in die XAML-Datei.

BEISPIEL

Import des aktuelle Namespace Datenbindung in die XAML-Datei

```
<Window x:Class="Datenbindung.Window1"
    xmlns="http://schemas.microsoft.com/winfx/2006/xaml/presentation"
    xmlns:x="http://schemas.microsoft.com/winfx/2006/xaml"
    xmlns:local="clr-namespace:Datenbindung"
...
```

Nachdem in XAML die entsprechende Klasse bekannt ist, kann diese auch verwendet werden, um eine eigene Instanz zu erzeugen.

BEISPIEL

Erzeugen der Instanz im XAML-Code (wir nutzen eine fiktive Klasse Schüler)

```
...
<Window.Resources>
  <local:Schüler x:Key="sch1" Nachname="Gurkenkopf" Vorname="Sigfried" />
</Window.Resources>
```

Die Werte im Einzelnen:

- *local*: Der Bezug auf den Namespace
- *Schüler:* Der Klassenname
- *x:Key*: Der Schlüssel unter dem die Instanz verwendet werden kann
- Nachname, Vorname: Das Setzen einzelner Eigenschaften für die Instanz von *Schüler*

Letzter Schritt: wir nutzen die Möglichkeiten der Datenbindung und binden zwei *TextBox*en an die Eigenschaften *Nachname* und *Vorname*.

BEISPIEL

Bindung an das neue Objekt erzeugen

```
<StackPanel Name="StackPanel1">
  <TextBox Text="{Binding Source={StaticResource sch1}, Path=Nachname}" />
  <TextBox Text="{Binding Source={StaticResource sch1}, Path=Vorname}" />
</StackPanel>
```

Schon zur Entwurfszeit dürfte in den beiden *TextBox*en der gewünschte Inhalt auftauchen:

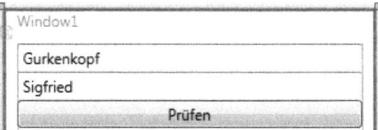

Abbildung 7.4 Entwurfsansicht

Wem das zuviel Schreibarbeit ist, der kann mit dem *DataContext* auch eine alternative Variante der Zuweisung nutzen. Diese Eigenschaft bietet zunächst eine Alternativ zur Zuweisung von *Source*, hat jedoch zusätzlich die Fähigkeit, von übergeordneten auf untergeordnete Elemente vererbt zu werden. Damit können Sie beispielsweise einem *Panel* oder sogar dem gesamten *Window* einen *DataContext* zuweisen und diesen in allen enthaltenen Elementen nutzen.

BEISPIEL

Vereinfachung durch Verwendung eines DataContext

```
<StackPanel Name="StackPanel1" DataContext="{StaticResource sch1}">
  <TextBox Text="{Binding Path=Nachname}" />
  <TextBox Text="{Binding Path=Vorname}" />
...
```

Sie sparen sich die Angabe von *Source* bei jedem einzelnen Element.

Verwenden der Instanz im VB-Quellcode

Sicher nicht ganz abwegig ist der Wunsch, zur Laufzeit per VB-Code mit dem Objekt zu arbeiten, um z.B. die Werte in einer MessageBox anzuzeigen.

Hier wird die Programmierung dann schon recht windig, müssen Sie doch zunächst die entsprechende Ressource des *Window* suchen und typisieren.

BEISPIEL

Anzeige der Werte eines per XAML instanziierten Objekts

```
Private Sub Button_Click(ByVal sender As System.Object,
                ByVal e As System.Windows.RoutedEventArgs)
    Dim mySch As Schüler = CType(FindResource("sch1"), Schüler)
    MessageBox.Show(mySch.Nachname & ", " & mySch.Vorname)
End Sub
```

Aus Sicht eines Programmierers sieht das doch ziemlich merkwürdig aus, auch wenn sich hier der XAML-Profi freut, dass er sogar eine Instanz plus Wertzuweisung per XAML-Code realisiert hat.

Doch was passiert eigentlich mit der Datenbindung, wenn wir der Instanz ein paar neue Werte zuweisen? Ein Test ist schnell realisiert:

```
Private Sub Button_Click(ByVal sender As System.Object,
                ByVal e As System.Windows.RoutedEventArgs)
    Dim mySch As Schüler = CType(FindResource("sch1"), Schüler)
    mySch.Nachname = "Strohkopf"
End Sub
```

Der nachfolgende Blick auf die Oberfläche dürfte in den meisten Fällen für Ernüchterung sorgen, haben Sie Ihre .NET-Klasse (in diesem Fall *Schüler*) nicht entsprechend angepasst, passiert überhaupt nichts und in den *TextBox*en stehen nach wie vor die alten Werte.

Anforderungen an die Quell-Klasse

Was ist hier schief gelaufen? Eigentlich nichts, die neuen Werte stehen wirklich im Objekt, werden aber nicht angezeigt, weil die darstellenden Elemente von einer Wertänderung nichts mitbekommen haben. Wir müssen diese quasi »wecken«, und was eignet sich dafür besser als ein Ereignis?

Auch hier gibt es bereits eine fertige Lösung:

HINWEIS   Implementieren Sie das Interface *INotifyPropertyChanged* (Namespace *System.ComponentModel*).

BEISPIEL

Unsere Klasse Schüler mit implementiertem *NotifyPropertyChanged*-Ereignis

```
Imports System.ComponentModel
Imports System.Collections.Specialized

Public Class Schüler
    Implements INotifyPropertyChanged

    Private _Nachname As String
    Private _Vorname As String
    Private _Geburtstag As DateTime

    Public Event PropertyChanged As PropertyChangedEventHandler _
                                Implements INotifyPropertyChanged.PropertyChanged

    Public Property Geburtstag() As DateTime
        Get
            Return _Geburtstag
        End Get
        Set(ByVal value As DateTime)
            _Geburtstag = value
            NotifyPropertyChanged("Geburtstag")
        End Set
    End Property
...
    Public Property Nachname() As String
        Get
            Return _Nachname
        End Get
        Set(ByVal value As String)
            _Nachname = value
            NotifyPropertyChanged("Nachname")
        End Set
    End Property

    Public Overloads Overrides Function ToString() As String
        Return Me._Nachname & ", " & Me._Vorname
    End Function

    Private Sub NotifyPropertyChanged(ByVal info As String)
        RaiseEvent PropertyChanged(Me, New PropertyChangedEventArgs(info))
    End Sub
End Class
```

> **HINWEIS**   Alternativ können Sie natürlich auch Abhängigkeitseigenschaften definieren, diese verfügen »ab Werk« über die erforderliche Benachrichtigung an die gebundenen Elemente.

> **HINWEIS**   Damit die Klasse auch im XAML-Code instanziiert werden kann, muss diese über einen parameterlosen Konstruktor verfügen.

Einzige sinnvolle Ausnahme: Sie erzeugen per XAML Objekte und nutzen diese auch nur dort (z.B. Zugriff auf XML-Ressourcen per Url).

Instanziieren von Objekten per VB-Code

Eigentlich könnten wir Ihnen an dieser Stelle noch weitere Möglichkeiten zeigen, wie Sie in XAML-Objekte erzeugen bzw. zuweisen können, aber dies ist weder sinnvoll noch besonders übersichtlich. Wir wollen uns stattdessen mit der Vorgehensweise bei vorhandenen, d.h. per Code erzeugten, .NET-Objekten beschäftigen.

Zunächst bleiben wir bei unserem einfachen Beispiel mit der Instanz der Klasse *Schüler*.

BEISPIEL

Verwendung von instanziierten Objekten in XAML

Zunächst die Instanziierung:

```
Partial Public Class Objects_Collections

    Public Schueler As Schüler

    Private Sub Window_Loaded(ByVal sender As System.Object,
                        ByVal e As System.Windows.RoutedEventArgs)
```

Instanz erzeugen und Werte zuweisen:

```
        Schueler = New Schüler With {.Nachname = "Möhre", .Vorname = "Willi",
                        .Geburtstag = New DateTime(1919, 1, 1)})
```

Hier legen wir per VB-Code den DataContext fest:

```
            StackPanel1.DataContext = Schueler
    End Sub
```

Die spätere Abfrage des Objekts stellt jetzt überhaupt kein Problem dar, die Instanz liegt ja bereits vor:

```
    Private Sub Button_Click(ByVal sender As System.Object,
                ByVal e As System.Windows.RoutedEventArgs)
        MessageBox.Show(Schueler.Nachname & ", " & Schueler.Vorname)
    End Sub
...
```

Der vollständige XAML-Code:

```
<Window x:Class="Datenbindung.Window1"
    xmlns="http://schemas.microsoft.com/winfx/2006/xaml/presentation"
    xmlns:x="http://schemas.microsoft.com/winfx/2006/xaml"
```

```
    Title="Window1" Height="300" Width="300">
  <StackPanel Name="StackPanel1">
    <TextBox Text="{Binding Path=Nachname}" />
    <TextBox Text="{Binding Path=Vorname}" />
    <Button Click="Button_Click">Prüfen</Button>
  </StackPanel>
</Window>
```

Der Vorteil dieser Vorgehensweise: Sie entscheiden, wie und wann die Instanz erzeugt wird, können vorher noch diverse Methoden aufrufen, profitieren von der Syntaxprüfung und haben einen lesbaren Code.

Der einzige Nachteil: Sie haben keine Wertanzeige zur Entwurfszeit, im XAML-Code ist es nicht sofort erkennbar, welches Objekt zugeordnet wird. Dies ist allerdings auch gleich wieder der Vorteil, mit einem Klick können Sie einen neuen *DataContext* zuweisen und eine andere Instanz bearbeiten.

Binden von Collections

Die bisherigen Ausführungen dürften zwar schon das Potenzial der Datenbindung demonstriert haben, doch nach der Pflicht kommt jetzt die Kür, d.h. die Arbeit mit einer Reihe von Objekten (Collections). Diese sind vor allem dann interessant, wenn Sie Objekte von Datenbanken abrufen, um diese in Eingabedialogen oder gleich in Listenfeldern darzustellen. Ausgangspunkt können hier Geschäftsobjekte, LINQ-Abfragen, Webdienste etc. sein.

HINWEIS   Im vorliegenden Abschnitt werden wir uns zunächst auf eine »selbstgestrickte« Collection beziehen (wir verwenden das *Schüler*-Objekt aus dem vorhergehenden Abschnitt). Ab Seite 505 geht es dann mit Datenbindung in Verbindung mit LINQ to SQL-Abfragen weiter.

Anforderung an die Collection

Wie auch bei der Klassendefinition für das einzelne Objekt, werden auch an die Collection einige Anforderungen gestellt. Zwar können die WPF-Elemente durch die Verwendung der *INotifyPropertyChanged*-Schnittstelle auf Änderungen einzelner Objekteigenschaften reagieren, das Hinzufügen oder Löschen von ganzen Objekten ist davon aber nicht betroffen. Aus diesem Grund bietet WPF auch hier ein genormtes Interface für die Rückmeldung an: *INotifyCollectionChanged*.

HINWEIS   Grundvoraussetzung für die Anzeige von Listen ist die Verwendung des *IEnumerable*-Interfaces.

Wollen Sie es sich leicht machen, können Sie direkt Objekte der Klasse *ObservableCollection (*Namespace *System.Collections.ObjectModel)* erzeugen.

BEISPIEL

(Fortsetzung) Erzeugen und Verwenden einer geeigneten Klasse für die Datenbindung von Collections

```
Partial Public Class Objects_Collections
```

Eine Collection von Schülern:

```
Public klasse As ObservableCollection(Of Schüler)
```

Im Loaded-Ereignis des Window erzeugen wir eine Instanz und füllen diese mit einigen Datensätzen:

```
Private Sub Window_Loaded(ByVal sender As System.Object,
                          ByVal e As System.Windows.RoutedEventArgs)
    klasse = New ObservableCollection(Of Schüler)
    klasse.Add(New Schüler With {.Nachname = "Mayer", .Vorname = "Alexander",
                                 .Geburtstag = New DateTime(2001, 11, 7)})
    klasse.Add(New Schüler With {.Nachname = "Müller", .Vorname = "Thomas",
                                 .Geburtstag = New DateTime(2001, 10, 18)})
    klasse.Add(New Schüler With {.Nachname = "Lehmann", .Vorname = "Walter",
                                 .Geburtstag = New DateTime(2001, 1, 21)})
```

Hier dürften Sie die Verbindung zur bisherigen Vorgehensweise sehen, die Collection wird als DataContext für das Fenster und damit für alle untergeordneten Elemente ausgewählt:

```
    Me.DataContext = klasse
End Sub
```

Einfache Anzeige

Damit können wir uns zunächst der einfachen Anzeige, z.B. in *TextBox*en, widmen.

BEISPIEL

(Fortsetzung) Binden von TextBoxen an die Collection

```
<StackPanel Grid.Column="1" Background="Aqua">
  <Label Content="Nachname:" />
```

Hier werden die *TextBox*en an die Eigenschaften der Collection bzw. an das aktive Objekt der Collection gebunden:

```
<TextBox Name="txt1" Text="{Binding Path=Nachname}" />
<Label Content="Vorname:" />
```

Beachten Sie auch diese mögliche Kurzsyntax, die auf die Angabe von *Path* verzichtet:

```
<TextBox Name="txt2" Text="{Binding Vorname}" />
<Label Content="Geburtstag:" />
<TextBox Name="txt3" Text="{Binding Geburtstag}" />
```

Einige Schaltflächen definieren:

```
<StackPanel Orientation="Horizontal">
  <Button Content=" &lt; " Click="Button_Click_1" />
  <Button Content=" &gt; " Click="Button_Click"/>
  <Button Content=" New " Click="Button_Click_2"/>
  <Button Content=" Del " Click="Button_Click_3"/>
</StackPanel>
</StackPanel>
```

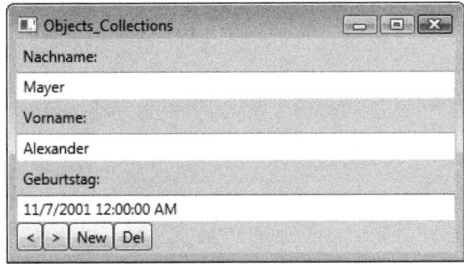

Abbildung 7.5 Das erzeugte Formular

Nach dem Start dürfte schon etwas in den Textfeldern angezeigt werden, ein Navigieren zwischen den einzelnen Datensätzen (Objekten) ist allerdings noch nicht möglich.

Navigation zwischen den Objekten

HINWEIS   An dieser Stelle müssen wir etwas vorgreifen, ab Seite 490 gehen wir auf dieses Thema im Detail ein.

Navigation zwischen Datensätzen bedeutet, dass auch irgendwo ein aktueller Datensatz gespeichert wird und entsprechende Navigationsmethoden zur Verfügung stehen. Auch bei intensiver Suche werden Sie aber derartige Eigenschaften zunächst nicht finden.

WPF erzeugt beim Binden von Collections automatisch eine Sicht auf die eigentliche Collection. Diese Sicht verwaltet den aktuellen Datensatz, bietet Navigationsmethoden an und ermöglicht das Filtern und Sortieren der Daten[1].

Diese automatisch erzeugte Sicht können Sie mit der Methode *CollectionViewSource.GetDefaultView* für eine spezifische Collection abrufen.

BEISPIEL

(Fortsetzung) Abrufen und Verwenden der *DefaultView* für unsere Collection

Wir erweitern die Liste der lokalen Variablen, um die Sicht zu speichern:

```
Private view As ICollectionView
...
Private Sub Window_Loaded(ByVal sender As System.Object,
                          ByVal e As System.Windows.RoutedEventArgs)
    klasse = New ObservableCollection(Of Schüler)
    ...
```

Im *Loaded*-Ereignis rufen wir die Sicht ab:

```
    Me.view = CollectionViewSource.GetDefaultView(klasse)
End Sub
```

Jetzt können wir mit dieser Sicht auch die Navigation zwischen den einzelnen Elementen der Collection realisieren.

---

[1] Derartige Sichten können Sie auch selbst erstellen und quasi als Schicht zwischen Daten und DataContext schieben.

Nächstes Objekt:

```
Private Sub Button_Click(ByVal sender As System.Object,
                          ByVal e As System.Windows.RoutedEventArgs)
    view.MoveCurrentToNext()
    If (view.IsCurrentAfterLast) Then view.MoveCurrentToLast()
End Sub
```

Vorhergehendes Objekt:

```
Private Sub Button_Click_1(ByVal sender As System.Object,
                          ByVal e As System.Windows.RoutedEventArgs)
    view.MoveCurrentToPrevious()
    If (view.IsCurrentBeforeFirst) Then view.MoveCurrentToFirst()
End Sub
```

Wir fügen zum Testen ein neues Objekt zur Laufzeit in die Collection ein:

```
Private Sub Button_Click_2(ByVal sender As System.Object,
                          ByVal e As System.Windows.RoutedEventArgs)
    klasse.Add(New Schüler With {.Nachname = "Möhre", .Vorname = "Willi",
                                 .Geburtstag = New DateTime(1919, 1, 1)})
End Sub
```

Auch das Löschen von Objekten ist auf diesem Wege möglich:

```
Private Sub Button_Click_3(ByVal sender As System.Object,
              ByVal e As System.Windows.RoutedEventArgs)
    klasse.Remove(CType(view.CurrentItem, Schüler))
End Sub
```

Nach dem Start des Beispiels können Sie zwischen den Objekten »navigieren«, Objekte hinzufügen und diese auch wieder löschen. Das Ganze kommt Ihnen sicherlich unter dem Stichwort »Datenbanknavigator« bekannt vor.

Einfache Anzeige in einer ListBox

Das Anzeigen von Einzeldatensätzen ist ja schon ganz gut, wie aber steht es mit dem Füllen von ganzen Listenfeldern?

Auch hier können Sie, dank Datenbindung, schnell zu brauchbaren Ergebnissen kommen.

BEISPIEL

(Fortsetzung) Anbinden einer ListBox an unsere Collection

Es genügt zunächst die einfache Zuweisung von »{Binding}« an die *ItemsSource*:

```
<ListBox Height="100" IsSynchronizedWithCurrentItem="True" Name="ListBox1"
         ItemsSource="{Binding}"/>
```

Der Hintergrund: Da die Collection bereits direkt an das Formular gebunden ist, brauchen wir hier nicht weitere Eigenschaften zu spezifizieren. Alternativ könnten Sie hier auch die Collection per *DataContext* zuweisen.

Und wofür ist das Attribut *IsSynchronizedWithCurrentItem* verantwortlich? Hier sollten Sie sich an unsere Sicht erinnern, die auch den aktuellen »Satzzeiger« verwaltet. Nur wenn Sie das Attribut auf *True* setzen, wird das aktuelle Item mit dem »Satzzeiger« synchronisiert (dies gilt für beide Richtungen).

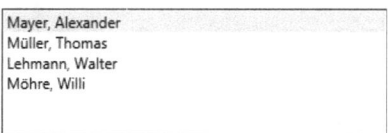

Mayer, Alexander
Müller, Thomas
Lehmann, Walter
Möhre, Willi

Abbildung 7.6 Die angezeigte ListBox zur Laufzeit

HINWEIS   Die *ItemsSource*-Eigenschaft kann nur verwendet werden, wenn die *Items*-Collection eines *ItemsControl* leer ist. Falls nicht, wird Ihre Anwendung eine *InvalidOperationException* auslösen.

Doch woher »weiß« die *ListBox* eigentlich, welche Eigenschaften des *Schüler*-Objekts in der Liste darzustellen sind? Antwort: Sie weiß es nicht und verwendet in diesem Fall einfach die *ToString*-Methode des betreffenden Objekts. Wenn Sie jetzt mal kurz auf Seite 479 nachschlagen, werden Sie feststellen, dass wir in weiser Vorahnung bereits die *ToString*-Methode überschrieben haben und damit jetzt eine Kombination aus *Nachname* und *Vorname* zurückgeben (siehe oben).

Verwendung von DisplayMemberPath

Natürlich ist das Überschreiben der *ToString*-Methode nicht der Weisheit letzter Schluss und so ist es sicher sinnvoll noch einen anderen Weg zur Auswahl des anzuzeigenden Members zu unterstützen. Genau für diesen Zweck wird die *DisplayMemberPath*-Eigenschaft angeboten, diese bestimmt, welcher Member für den Text des Listeneintrags verwendet wird.

BEISPIEL

Verwendung von DisplayMemberPath für die Auswahl der anzuzeigenden Eigenschaft

```
<ListBox Height="100"  IsSynchronizedWithCurrentItem="True" Name="ListBox1"
         ItemsSource="{Binding}" DisplayMemberPath="Nachname"/>
```

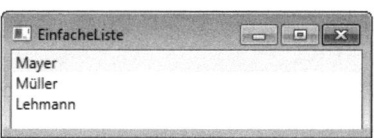

EinfacheListe

Mayer
Müller
Lehmann

Abbildung 7.7 Laufzeitansicht

Leider genügt jedoch auch diese Version der Anzeigeformatierung nicht immer und so landen wir unweigerlich bei den *DataTemplates*.

DataTemplates zur Anzeigeformatierung

Obige Art der Datenbindung dürfte in vielen Fällen wohl kaum genügen. Die WPF-Entwickler haben auch für diesen Fall vorgesorgt und mit dem *DataTemplate* ein mächtiges Werkzeug geschaffen.

Das Prinzip: Jeder *ListBox/ComboBox* können Sie ein *DataTemplate* zuweisen, das dafür verantwortlich ist, wie das einzelne Item aufgebaut ist (quasi eine Schablone in die die Daten eingefügt werden). Und da WPF im Content eines Items fast jede Zusammenstellung von Elementen akzeptiert, können Sie hier Formatierungen beliebiger Art erzeugen (natürlich im Rahmen der XAML-Vorgaben).

BEISPIEL

(Fortsetzung) Wir wollen in der ListBox eine zweispaltige Anzeige realisieren (links der Nachname, rechts der Nachname und der Vorname).

In den Ressourcen (z.B. Window) erzeugen Sie das erforderliche *DataTemplate*:

```
<Window.Resources>
  <DataTemplate x:Key="SchülerListTemplate">
```

Das Layout bestimmen Sie:

```
    <StackPanel Orientation="Horizontal">
```

Bei der Zuweisung von Inhalten können Sie jetzt direkt auf die Eigenschaften zugreifen:

```
      <TextBlock VerticalAlignment="Top" Width="100" Text="{Binding Path=Nachname}" />
      <StackPanel>
        <TextBlock Text="{Binding Path=Nachname}" />
        <TextBlock Text="{Binding Path=Vorname}" />
      </StackPanel>
    </StackPanel>
  </DataTemplate>
</Window.Resources>
...
```

Last but not least müssen Sie der *ListBox* auch noch das Template zuweisen:

```
  <ListBox Height="100"  IsSynchronizedWithCurrentItem="True" Name="ListBox2"
           ItemsSource="{Binding}" ItemTemplate="{StaticResource SchülerListTemplate}"/>
```

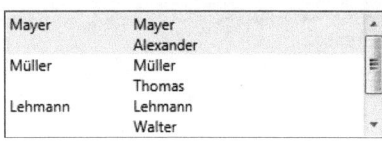

Abbildung 7.8 Die erzeugte ListBox

Dass Sie hier auch mit Grafiken, optischen Effekten, KontextMenüs etc. arbeiten können, sollte nach den Darstellungen der vorhergehenden Kapitel klar sein.

Mehr zu List- und ComboBox

An dieser Stelle wollen wir uns noch einige spezielle Eigenschaften von *List*- und *ComboBox* ansehen, die in der täglichen Programmierpraxis von Bedeutung sind.

SelectedIndex

Möchten Sie Einträge in der *ListBox* auswählen bzw. bestimmen der wievielte Eintrag (Index) in der Liste markiert ist, können Sie die *SelectedIndex*-Eigenschaft verwenden.

Auswahl des zweiten Eintrags

```
Private Sub Button_Click(ByVal sender As System.Object,
                    ByVal e As System.Windows.RoutedEventArgs)
    ListBox1.SelectedIndex = 1
End Sub
```

SelectedItem/SelectedItems

Möchten Sie das markierte Listenelement selbst abrufen bzw. das damit verbundene Objekt, verwenden Sie die *SelectedItem*-Eigenschaft. Alternativ können Sie auch eine Liste der markierten Einträge mit *Selected-Items* abrufen.

HINWEIS   Die Collection *SelectedItems* steht Ihnen nur zur Verfügung, wenn Sie *SelectionMode* auf *Multiple* festgelegt haben.

Verwendung *SelectedItem*/*SelectedItems*

Wir nutzen unsere überschriebene *ToString*-Methode:

```
MessageBox.Show(ListBox1.SelectedItem.ToString)
```

Wir greifen direkt auf einen Member (typisieren nicht vergessen) zu:

```
MessageBox.Show(CType(ListBox1.SelectedItem, Schüler).Nachname)
```

Wir zeigen alle markierten Einträge:

```
For Each s As Schüler In ListBox1.SelectedItems
    MessageBox.Show(s.Nachname)
Next
```

SelectedValuePath und SelectedValue

Mit *SelectedValuePath* können Sie festlegen, welcher Member von der Eigenschaft *SelectedValue* zurückgegeben wird. Dies ist im Zusammenhang mit Datenbanken meist der Primärindex der Tabelle, mit dem Sie einen Datensatz eindeutig identifizieren können.

HINWEIS   Ist *SelectedValuePath* nicht festgelegt, gibt *SelectedValue* das komplette Objekt zurück (dies entspricht *SelectedItem*).

Verwendung *SelectedValuePath* und *SelectedValue*

```
<ListBox  IsSynchronizedWithCurrentItem="True" Name="ListBox1"
          ItemsSource="{Binding}" DisplayMemberPath="Nachname"
          SelectedValuePath="Geburtstag"/>
```

Der VB-Quelltext:

```
Private Sub Button2_Click(ByVal sender As Object, ByVal e As RoutedEventArgs)
    MessageBox.Show(ListBox1.SelectedValue.ToString())
End Sub
```

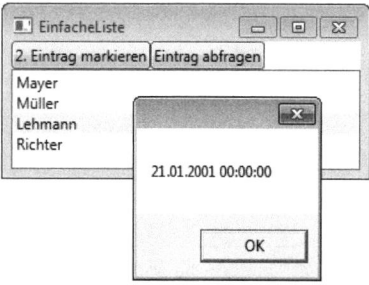

Abbildung 7.9 Die erzeugte ListBox

Verwendung der ListView

Im vorhergehenden Kapitel hatten wir die *ListView* ja bereits kurz gestreift (Trockenschwimmen), an dieser Stelle zeigen wir Ihnen die *ListView* »in Action«.

Einfache Bindung

Prinzipiell ist die *ListView* der *ListBox* recht ähnlich, die Anbindung der Einträge erfolgt ebenfalls per *Items-Source,* die Auswahl bzw. Bestimmung (*SelectedItem, SelectedValue* etc.) der markierten Einträge ist analog realisiert.

Neu ist, dass die *ListView* über Spaltenköpfe verfügt, die Sie getrennt konfigurieren können (*GridView-ColumnHeader*) und gegebenenfalls auch für das Sortieren (siehe 2. Beispiel) verwenden können.

Ein weiterer Unterschied ist die Unterstützung von verschiedenen Ansichten, von denen jedoch nur die *GridView* vordefiniert ist. Im weiteren werden wir uns auch nur auf diese Ansicht beschränken.

BEISPIEL

(Fortsetzung) Anzeige der Collection-Daten in einer ListView

Zuweisen der Datenquelle (Übernahme von *Window.DataContext*):

```
<ListView Height="100" IsSynchronizedWithCurrentItem="True" ItemsSource="{Binding}">
    <ListView.View>
```

Hier wird die *GridView* definiert:

```
<GridView>
```

Die einzelnen Spalten definieren:

```
<GridView.Columns>
```

Und jetzt wird es einfach, binden Sie lediglich die gewünschten Eigenschaften an die einzelnen Spalten der *GridView*:

```
<GridViewColumn Header="Name" DisplayMemberBinding="{Binding Path=Nachname}" />
<GridViewColumn Header="Vorname"
                DisplayMemberBinding="{Binding Path=Vorname}" />
    </GridView.Columns>
  </GridView>
</ListView.View>
</ListView>
```

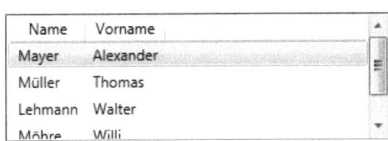

Abbildung 7.10 Das Endergebnis zur Laufzeit

Sortieren der Einträge

Wie schon erwähnt, können Sie die Spaltenköpfe auch für das Sortieren der Einträge nutzen. Ein einfaches Beispiel zeigt die Vorgehensweise:

BEISPIEL

Sortieren nach Klick auf den jeweiligen Spaltenkopf

Unsere Änderung in der Seitenbeschreibung:

```
<ListView Name="ListView1" IsSynchronizedWithCurrentItem="True"
          ItemsSource="{Binding}">
    <ListView.View>
        <GridView>
            <GridView.Columns>
                <GridViewColumn DisplayMemberBinding="{Binding Path=Nachname}" >
                    <GridViewColumnHeader Click="SortClick" Content="Nachname" />
                </GridViewColumn>
                <GridViewColumn DisplayMemberBinding="{Binding Path=Vorname}" >
                    <GridViewColumnHeader Click="SortClick" Content="Vorname" />
                </GridViewColumn>
            </GridView.Columns>
        </GridView>
    </ListView.View>
</ListView>
```

Der nötige Quellcode fällt recht kurz aus:

```
Imports System.ComponentModel
Imports System.Collections.ObjectModel
...
    Private Sub SortClick(ByVal sender As Object, ByVal e As RoutedEventArgs)
```

Zunächst die betreffende Spalte bestimmen:

```
Dim spalte As GridViewColumnHeader = TryCast(sender, GridViewColumnHeader)
```

Die Defaultview bestimmen:

```
Dim view As ICollectionView =
            CollectionViewSource.GetDefaultView(ListView1.ItemsSource)
```

Eine neue Sortierfolge festlegen:

```
view.SortDescriptions.Clear()
view.SortDescriptions.Add(New SortDescription(spalte.Content.ToString(),
                      ListSortDirection.Ascending))
```

Und aktualisieren:

```
    view.Refresh()
End Sub
```

Auf weitere Experimente mit der *ListView* verzichten wir an dieser Stelle, mit dem *DataGrid* steht uns ein wesentlich mächtiges Control zur Verfügung. Mehr dazu ab Seite 500.

Ein Blick hinter die Kulissen

Nachdem wir in den vorhergehenden Abschnitten schon mehrfach vorgegriffen haben, wollen wir an dieser Stelle noch einmal kurz auf einige Details der Datenbindung eingehen.

Interessant für den Datenbankprogrammierer ist vor allem eine Zwischenschicht, die vom WPF quasi zwischen die Daten (Collections) und die reinen Anzeige-Controls (z.B. *ListView*) geschoben wird, um einige datenbanktypische Operationen zu ermöglichen:

- Verwaltung des aktuellen Satzzeigers
- Navigation zwischen den Datensätzen
- Sortierfunktion
- Filterfunktion

Die Rede ist von der Klasse *CollectionView,* um deren Erzeugung Sie sich nicht selbst kümmern müssen, da Sie diese automatisch erstellte View recht einfach abrufen können.

BEISPIEL

Abrufen der CollectionView

```
...
  Private view As ICollectionView
...
  Private Sub Window_Loaded(ByVal sender As System.Object,
                      ByVal e As System.Windows.RoutedEventArgs)
    lvOrder.DataContext = db.Orders
    Me.view = CollectionViewSource.GetDefaultView(lvOrder.DataContext)
  End Sub
```

Mit dieser *CollectionView* stellt es jetzt kein Problem dar, die oben gewünschten Datenbankfunktionen zu implementieren.

Navigieren in den Daten

Wie schon in den vorhergehenden Abschnitten gezeigt, ist eine der Hauptaufgaben der *CollectionView* die Verwaltung des »Satzzeigers«. Dazu steht Ihnen zunächst die Eigenschaft *CurrentItem* zur Verfügung, die das aktuell ausgewählte Element der gebundenen Collection zurückgibt.

Weitere interessante Eigenschaften:

Eigenschaften	Beschreibung
CurrentItem	Aktuelles Element der Auflistung
CurrentPosition	Ordinalposition des aktuellen Elements in der Auflistung
IsCurrentAfterLast	Befindet sich der »Satzzeiger« hinter dem Ende der Auflistung?
IsCurrentBeforeFirst	Befindet sich der »Satzzeiger« vor dem Beginn der Auflistung?

Tabelle 7.2 *CollectionView*-Eigenschaften

Die eigentliche Navigation realisieren Sie mit den folgenden Methoden:

Methoden	Beschreibung
MoveCurrentTo	Das übergebene Element wird als *CurrentItem* festgelegt
MoveCurrentToFirst	»Satzzeiger« auf das erste Element verschieben
MoveCurrentToLast	»Satzzeiger« auf das letzte Element verschieben
MoveCurrentToNext	»Satzzeiger« auf das folgende Element verschieben
MoveCurrentToPosition	»Satzzeiger« auf den angegebenen Index verschieben
MoveCurrentToPrevious	»Satzzeiger« auf das vorhergehende Element verschieben

Tabelle 7.3 *CollectionView*-Methoden

BEISPIEL

Navigationstasten für »Vor« und »Zurück«

```
Private Sub Button_Click(ByVal sender As System.Object,
                         ByVal e As System.Windows.RoutedEventArgs)

    view.MoveCurrentToNext()
    If (view.IsCurrentAfterLast) Then view.MoveCurrentToLast()
End Sub

Private Sub Button_Click_1(ByVal sender As System.Object,
                           ByVal e As System.Windows.RoutedEventArgs)

    view.MoveCurrentToPrevious()
    If (view.IsCurrentBeforeFirst) Then view.MoveCurrentToFirst()
End Sub
```

BEISPIEL

Verwendung von *CurrentItem*

Löschen eines Listeneintrags per *CurrentItem* und Typisierung:

```
Private Sub Button_Click_3(ByVal sender As System.Object,
                  ByVal e As System.Windows.RoutedEventArgs)
    klasse.Remove(CType(view.CurrentItem, Schüler))
End Sub
```

Sortieren

Das sich die *CollectionView* auch zum Sortieren eignet, haben wir ja bereits am Beispiel der *ListView* gezeigt, wo durch Klicken auf den Spaltenkopf die Collection nach der jeweiligen Spalte sortiert wurde.

Zum Einsatz kommt die Collection *SortDescriptions,* die neben den Membernamen auch die Sortierfolge enthält. Da es sich um eine Collection handelt, können Sie auch mehrere Elemente angeben:

BEISPIEL

Sortieren einer Collection

```
Private Sub SortClick(ByVal sender As Object, ByVal e As RoutedEventArgs)
    Dim spalte As GridViewColumnHeader = TryCast(sender, GridViewColumnHeader)
```

CollectionView abrufen:

```
Dim view As ICollectionView =
        CollectionViewSource.GetDefaultView(ListView1.ItemsSource)
```

Bisherige Sortiervorgaben löschen:

```
view.SortDescriptions.Clear()
```

Eine neue Sortierfolge (Spaltenname, Aufsteigend) festlegen:

```
view.SortDescriptions.Add(New SortDescription(spalte.Content.ToString(),
                    ListSortDirection.Ascending))
```

Ansicht aktualisieren:

```
view.Refresh()
End Sub
```

Filtern

Auch wenn Sie mit dieser Variante vorsichtig sein sollten (Daten werden vor der Anzeige gefiltert, um unnötigen Traffic zu vermeiden), so besteht doch die Möglichkeit, zur Laufzeit gezielt Daten aus der gebundenen Collection herauszufiltern. Nutzen Sie dazu die *Filter*-Eigenschaft, der Sie eine selbst zu definierende Methode zuweisen.

BEISPIEL

Filter festlegen

Zunächst unsere Filterfunktion (alle Einträge die mit »T« beginnen):

```
Protected Function MeinFilter(ByVal value As Object) As Boolean
    Dim s As Schüler = TryCast(value, Schüler)
    Return s.Vorname.StartsWith("T")
End Function
```

Und hier wird der Filter zugewiesen (ein Aktualisieren ist nicht nötig):

```
Private Sub Button3_Click(ByVal sender As Object, ByVal e As RoutedEventArgs)
    Dim view As ICollectionView =
                    CollectionViewSource.GetDefaultView(listBox1.ItemsSource)
    view.Filter = AddressOf MeinFilter
End Sub
```

HINWEIS   Möchten Sie den Filter wieder löschen, weisen Sie der Eigenschaft einfach *Nothing* zu.

Drag & Drop-Datenbindung

Die in den vorhergehenden Abschnitten gezeigte Datenbindungstechnik war recht einfach und mit wenig Schreibaufwand verbunden. Wenn Sie trotzdem hier weiter lesen, sind Sie vermutlich daran interessiert, noch weniger Code zu produzieren und stattdessen die Assistenten für sich arbeiten zu lassen. Mal sehen, ob Sie mit dem Ergebnis und der Vorgehensweise zufrieden sind!

Vorgehensweise

1. Die Vorgehensweise orientiert sich an der Arbeitsweise bei den Windows Forms:

2. Wählen Sie zunächst den Menüpunkt *Daten/Datenquellen anzeigen*.

3. Ist die gewünschte Datenquelle noch nicht vorhanden, erzeugen Sie diese über den Klick auf den *Hinzufügen*-Button. In diesem Fall sollte jetzt der Datenquellen-Assistent erscheinen:

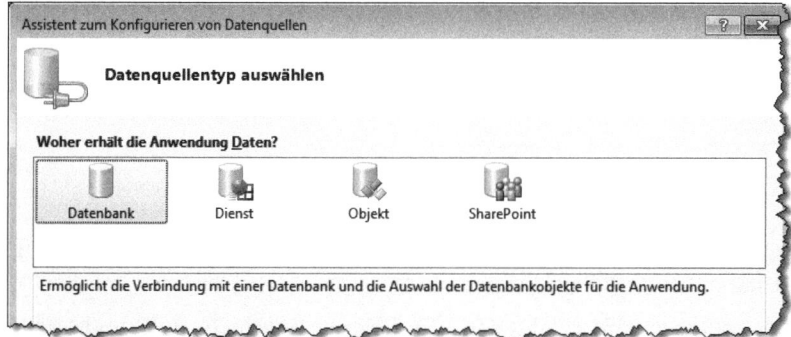

Abbildung 7.11 Datenquellen-Assistent

4. Wählen Sie den Eintrag *Datenbank*, wenn Sie eine Datenbank gänzlich neu einfügen wollen, oder *Objekt*, wenn Sie bereits über ein Datenmodell (z.B. LINQ to SQL) verfügen. Haben Sie die Datenquelle bzw. die Datenobjekte erfolgreich eingebunden, dürften diese im Datenquellen-Fenster angezeigt werden:

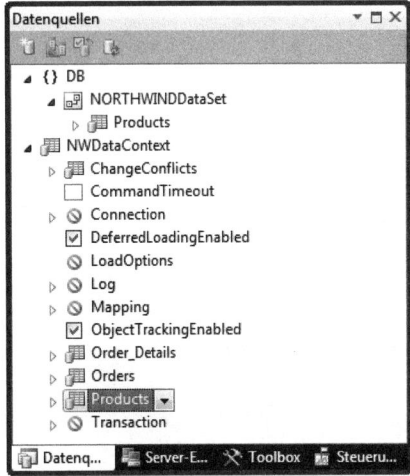

Abbildung 7.12   Die vorhandenen Datenquellen

Obige Abbildung zeigt ein eingebundenes DataSet und einen LINQ to SQL-DataContext.

5. Wählen Sie jetzt beispielsweise eine Collection *Products* im Datenquellen-Fenster aus, wird Ihnen folgende Auswahl angezeigt:

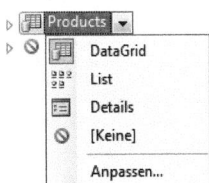

Abbildung 7.13   Auswahl der Darstellungsform

Die Auswahl bestimmt, welche Controls nach einer Drag & Drop-Operation mit dieser Collection in das Fenster eingefügt werden. Wählen Sie die erste Option, wird automatisch ein komplett fertig konfiguriertes *DataGrid* in Ihr WPF-Formular eingefügt:

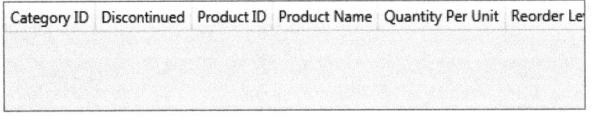

Abbildung 7.14   Das erstellte *DataGrid*

Analog gilt dieses auch für die Auswahl »List«, hier kommt eine *ListView* zum Einsatz, die jedoch, auf Templates aufbauend, statt statischem Text Textfelder verwendet.

Mit der Auswahl »Details« wird Ihnen ein *Grid* mit den erforderlichen *Label-*, *TextBox-* und *CheckBox-*Controls generiert:

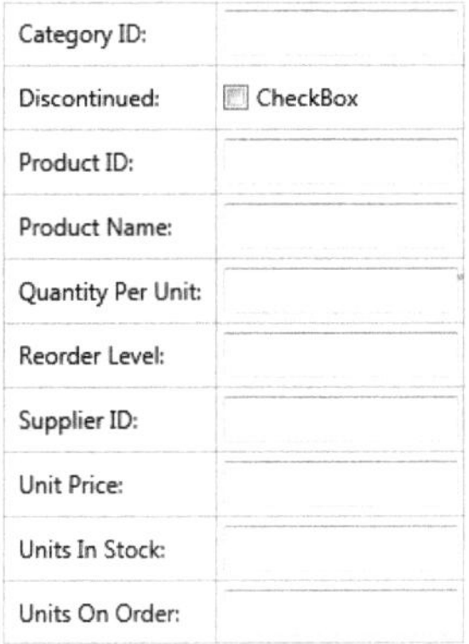

Category ID:	
Discontinued:	☐ CheckBox
Product ID:	
Product Name:	
Quantity Per Unit:	
Reorder Level:	
Supplier ID:	
Unit Price:	
Units In Stock:	
Units On Order:	

Abbildung 7.15 Eine Details-Ansicht für die gleiche Datenquelle

6. Abschließend sollten Sie ein Blick auf den VB-Quellcode des Formulars werfen, hier ist teilweise noch mit etwas Arbeit zu rechnen:

```
Private Sub Window_Loaded(ByVal sender As System.Object,
        ByVal e As System.Windows.RoutedEventArgs) Handles MyBase.Loaded

    Dim NORTHWINDDataSet As Datenbindung.NORTHWINDDataSet =
        CType(Me.FindResource("NORTHWINDDataSet"), Datenbindung.NORTHWINDDataSet)
    'Load data into the table Products. You can modify this code as needed.
    Dim NORTHWINDDataSetProductsTableAdapter As _
        Datenbindung.NORTHWINDDataSetTableAdapters.ProductsTableAdapter = New _
        Datenbindung.NORTHWINDDataSetTableAdapters.ProductsTableAdapter()
    NORTHWINDDataSetProductsTableAdapter.Fill(NORTHWINDDataSet.Products)
    Dim ProductsViewSource As System.Windows.Data.CollectionViewSource =
        CType(Me.FindResource("ProductsViewSource"),
        System.Windows.Data.CollectionViewSource)
    ProductsViewSource.View.MoveCurrentToFirst()
End Sub
```

Im obigen Beispiel (Anbindung eines DataSets) brauchen Sie keine Änderung vorzunehmen, bei der Anbindung von LINQ to SQL/Entity-DataContext-Objekten müssen Sie sich jedoch selbst um das Erstellen des *DataContext* kümmern.

7. Einem Probelauf des Programms steht jetzt nichts mehr im Wege:

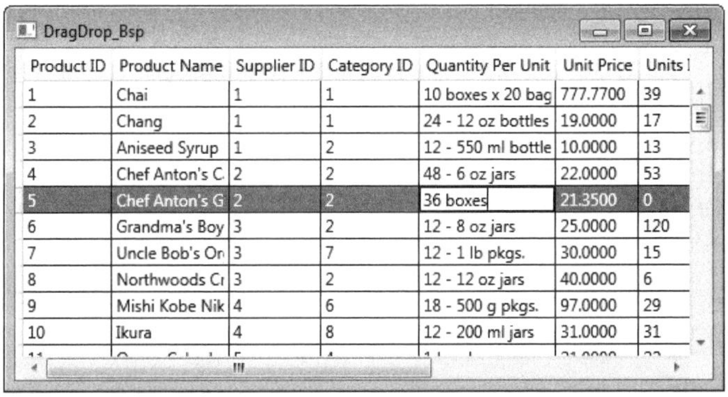

Product ID	Product Name	Supplier ID	Category ID	Quantity Per Unit	Unit Price	Units I
1	Chai	1	1	10 boxes x 20 bag	777.7700	39
2	Chang	1	1	24 - 12 oz bottles	19.0000	17
3	Aniseed Syrup	1	2	12 - 550 ml bottle	10.0000	13
4	Chef Anton's C	2	2	48 - 6 oz jars	22.0000	53
5	Chef Anton's G	2	2	36 boxes	21.3500	0
6	Grandma's Boy	3	2	12 - 8 oz jars	25.0000	120
7	Uncle Bob's On	3	7	12 - 1 lb pkgs.	30.0000	15
8	Northwoods Cr	3	2	12 - 12 oz jars	40.0000	6
9	Mishi Kobe Nik	4	6	18 - 500 g pkgs.	97.0000	29
10	Ikura	4	8	12 - 200 ml jars	31.0000	31

Abbildung 7.16 Laufzeitansicht

Weitere Möglichkeiten

Selbstverständlich können Sie jetzt noch den XAML-Code nachbearbeiten und Spalten ein-/ausblenden bzw. umformatieren. Dazu genügt es meist, wenn Sie ein neues *DataTemplate* mit dem gewünschten Eingabe-Control zuweisen:

Statt einer einfachen *TextBox*:

```
<DataGridTextColumn Binding="{Binding Path=OrderDate}" Header="Order-Date"
                    Width="SizeToHeader" />
```

können Sie zum Beispiel auch einen Kalender einblenden:

```
<DataGridTemplateColumn Header="Order Date" Width="SizeToHeader">
    <DataGridTemplateColumn.CellTemplate>
        <DataTemplate>
            <DatePicker SelectedDate="{Binding Path=OrderDate}" />
        </DataTemplate>
    </DataGridTemplateColumn.CellTemplate>
</DataGridTemplateColumn>
```

Dass Sie auch alle anderen Formatierungsmöglichkeiten des *DataGrid* nutzen können, brauchen wir an dieser Stelle sicher nicht weiter zu erwähnen.

Interessant für den Programmierer ist noch der automatisch erstellte *<Window.Resources>*-Abschnitt, in dem sowohl das nötige *DataSet* als auch eine *CollectionViewSource* erzeugt wird:

```
<Window x:Class="Datenbindung.DragDrop_Bsp"
...
    xmlns:my1="clr-namespace:Datenbindung">
    <Window.Resources>
        <my:NORTHWINDDataSet x:Key="NORTHWINDDataSet" />
        <CollectionViewSource x:Key="productsViewSource"
                Source="{Binding Path=Products, Source={StaticResource NORTHWINDDataSet}}" />
    </Window.Resources>
```

Letztere können Sie dazu nutzen, um zum Beispiel eine Navigation zwischen den Datensätzen zu realisieren:

Instanz ermitteln:

```
...
    Dim ProductsViewSource As System.Windows.Data.CollectionViewSource =
        CType(Me.FindResource("ProductsViewSource"), System.Windows.Data.CollectionViewSource)
```

Über die *View* stehen Ihnen alle Navigationsmöglichkeiten zur Verfügung:

```
ProductsViewSource.View.MoveCurrentToFirst()
```

Formatieren von Werten

In unseren Beispielen haben wir uns bisher erfolgreich davor gedrückt, Datumswerte, Währungen etc. in einem sinnvollen Format anzuzeigen bzw. zu formatieren.

Binden Sie beispielsweise einen Datumswert an eine *TextBox,* wird zunächst das Standardformat angezeigt:

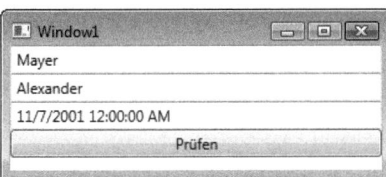

Abbildung 7.17 Standardausgabeformat

Das sieht aus deutscher Sicht zunächst wenig erfreulich aus, aber mit dem *Language*-Attribut können Sie hier etwas nachhelfen.

BEISPIEL

Verwendung Language-Attribut

```
<TextBox Text="{Binding Path=Geburtstag}" Language="de"/>
```

Nachfolgend sollte zumindest ein deutscher Datumswert angezeigt werden:

Abbildung 7.18 Ausgabeformat mit lokalen Einstellungen

Doch auch dies ist noch nicht der Weisheit letzter Schluss.

IValueConverter

Mit Hilfe der WPF-Wertkonvertierer können Sie jede beliebige Konvertierung zwischen Quelle und Ziel einer Datenbindung realisieren. Dazu erstellen Sie eine Klasse, die das *IValueConverter*-Interface unterstützt. Diese Klasse muss zwei Methoden implementieren:

- *Convert* (von der Quelle zum Ziel)
- *ConvertBack* (vom Ziel zur Quelle)

Sicher können Sie sich denken, dass die *ConvertBack*-Methode den höheren Programmieraufwand erfordert, hat doch hier der User die Möglichkeit, zunächst beliebige Werte in die Textfelder einzugeben, die Sie dann mühsam in den geforderten Datentyp umwandeln müssen.

BEISPIEL

Implementieren und Verwenden eines Wert-Konvertierers

An dieser Stelle wollen wir allerdings nicht das Rad neu erfinden, sondern ein Beispiel aus dem Microsoft MSDN darstellen.

Hier die neue Klasse *DateConverter,* die Sie mit entsprechenden Attributen versehen sollten:

```
Imports System.Globalization

<ValueConversion(GetType(DateTime), GetType(String))>
Public Class DateConverter
    Implements IValueConverter
```

Konvertieren von der Quelle zum Ziel (übergeben werden die Quelleigenschaft, der Zieleigenschaft-Typ, ein Konverter-Parameter sowie die aktuellen Landeseinstellungen):

```
    Public Function Convert(ByVal value As Object, ByVal targetType As System.Type,
                   ByVal parameter As Object, ByVal culture As CultureInfo) As Object _
                             Implements System.Windows.Data.IValueConverter.Convert
        Dim [date] As DateTime = DirectCast(value, DateTime)
        Return [date].ToShortDateString()
    End Function
```

Konvertieren vom Ziel (z.B. *TextBox*) zur Quelle (z.B. Objekt):

```
    Public Function ConvertBack(ByVal value As Object, ByVal targetType As System.Type,
                   ByVal parameter As Object, ByVal culture As CultureInfo) As Object _
                         Implements System.Windows.Data.IValueConverter.ConvertBack
        Dim strValue As String = value.ToString()
        Dim resultDateTime As DateTime
        If DateTime.TryParse(strValue, resultDateTime) Then Return resultDateTime
        Return value
    End Function

End Class
```

Die Verwendung im XAML-Code:

```
<Window x:Class="Datenbindung.Window1"
    xmlns="http://schemas.microsoft.com/winfx/2006/xaml/presentation"
    xmlns:x="http://schemas.microsoft.com/winfx/2006/xaml"
```

Zunächst den lokalen Namespace einbinden:

```
    xmlns:local="clr-namespace:Datenbindung"
    Title="Window1" Height="300" Width="300" >
```

Die Einbindung der Klasse erfolgt per Ressource:

```
  <Window.Resources>
    <local:DateConverter x:Key="dateConverter"/>
  </Window.Resources>
  <StackPanel Name="StackPanel1">
    <TextBox Text="{Binding Path=Nachname}" Name="txt1" />
    <TextBox Text="{Binding Path=Vorname}" />
```

Und hier verwenden wir den Konverter bei der Bindung:

```
<TextBox Text="{Binding Path=Geburtstag, Converter={StaticResource dateConverter}}" />
  <Button Click="Button_Click">Prüfen</Button>
 </StackPanel>
</Window>
```

Abbildung 7.19   Das neue Ergebnis sieht schon viel ansprechender aus

HINWEIS   Mit Visual Studio 2010 wurde auch die Möglichkeit geschaffen, vorhandene Wertkonvertierer per Eigenschafteneditor (siehe folgende Abbildung) zuzuweisen. Der Eigenschafteneditor erstellt, falls nötig, die entsprechenden Einträge
im *<Window.Resources>*-Abschnitt des Formulars und weist das Attribut *Converter* zu.

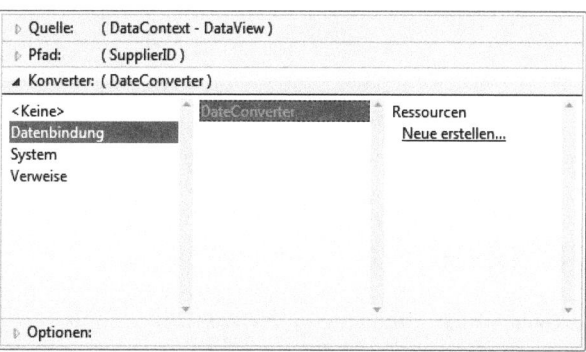

Abbildung 7.20   Auswahl des Konverters

BindingBase.StringFormat-Eigenschaft

Nachdem Sie sich durch unser obiges Beispiel gequält haben, wollen wir Ihnen auch nicht die dritte Variante zur Formatierung von Werten vorenthalten.

Bereits mit dem .NET 3.5 Framework SP 1 wurde ein entsprechendes Feature eingeführt. An dieser Stelle
wollen wir deshalb noch kurz auf die *BindingBase.StringFormat*-Eigenschaft eingehen, welche die Verwendung eines *IValueConverters* in vielen Standardfällen überflüssig macht.

BEISPIEL

Zwei verschiedene Datumsformate zuweisen

```
...
<TextBox Text="{Binding Path=Geburtstag, StringFormat= d. MMM yyyy}" />
...
<TextBox Text="{Binding Path=Geburtstag, StringFormat= dd.MM.yyyy }" />
...
```

Abbildung 7.21   Das Ergebnis für unterschiedliche Stringformate

HINWEIS   Alternativ können Sie auch hier den Eigenschafteneditor in Visual Studio 2010 nutzen (siehe folgende Abbildung), der eine einfache Zuweisung des Formatierungsstrings erlaubt.

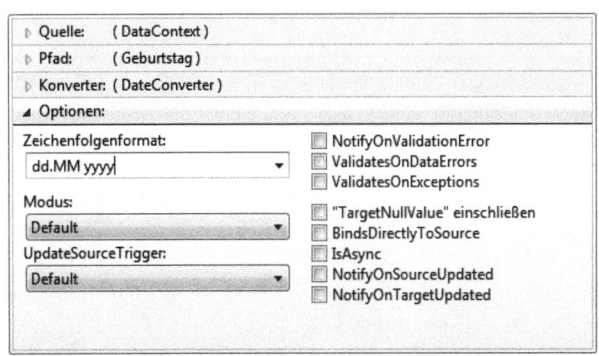

Abbildung 7.22   Stringformat per Eigenschafteneditor
festlegen

Das DataGrid als Universalwerkzeug

Mit der WPF-Version 4 wird erstmals auch ein *DataGrid* regulär unterstützt, ohne zusätzliche Toolkits etc. laden zu müssen. Wie die schon besprochene *ListView* erlaubt auch das *DataGrid* die Anzeige von Collections im Tabellenformat. Zusätzlich werden Funktionen zum Editeren, Löschen, Auswählen und Sortieren angeboten.

HINWEIS   Anhand einiger Fallbeispiele wollen wir Ihnen ein Übersicht des Funktionsumfangs geben, für eine komplette Beschreibung aller Eigenschaften bzw. Möglichkeiten fehlt uns jedoch der Platz. Hier verweisen wir an die recht umfangreiche Hilfe zum *DataGrid*-Control.

Grundlagen der Anzeige

Wie fast nicht anders zu erwarten, erfolgt die Anbindung an die Datenquelle mittels *ItemsSource*-Eigenschaft, wir erzählen Ihnen an dieser Stelle also nichts neues und verweisen auf die vorhergehenden Abschnitte.

Im Gegensatz zu den bereits beschriebenen Controls bietet das *DataGrid* jedoch einen wesentlichen Vorteil, Sie brauchen sich nicht um das Erstellen der einzelnen Spalten zu kümmern, dank *AutoGenerate-Columns*-Eigenschaft (Default *True*) werden automatisch die nötigen Spalten erzeugt.

BEISPIEL

Anbinden des DataGrid an LINQ to SQL-Daten

```
<DataGrid Name="DataGrid1" />
```

Der VB-Quellcode:

```
Partial Public Class DB_Bsp

    Dim db As New NWDataContext()

    Private Sub Window_Loaded(ByVal sender As System.Object,
                              ByVal e As System.Windows.RoutedEventArgs)
...
        DataGrid1.ItemsSource = db.Products;
    End Sub
```

ProductID	ProductName	SupplierID	CategoryID	QuantityPerUnit
1	Chai	1	1	10 boxes x 20 bags
2	Chang	1	1	24 - 12 oz bottles
3	Aniseed Syrup	1	2	12 - 550 ml bottles
4	Chef Anton's Cajun Seasoning	2	2	48 - 6 oz jars
5	Chef Anton's Gumbo Mix	2	2	36 boxes
6	Grandma's Boysenberry Spread	3	2	12 - 8 oz jars
7	Uncle Bob's Organic Dried Pears	3	7	12 - 1 lb pkgs.
8	Northwoods Cranberry Sauce	3	2	12 - 12 oz jars

Abbildung 7.23 Das Ergebnis dürfte den Erwartungen bereits entsprechen

Die Verwendung der *AutoGenerateColumns*-Eigenschaft ist sicher recht praktisch, doch haben Sie in diesem Fall keinen Einfluss auf Anzahl, Reihenfolge und Aussehen der Spalten.

Das *DataGrid* selbst unterscheidet in diesem Fall lediglich zwischen Spalten der Typen *DataGridText-Column* und *DataGridCheckBoxColumn* deren Bedeutung sich bereits durch den Namen erklärt.

UI-Virtualisierung

Sicher interessiert es Sie auch, wie leistungsfähig das *DataGrid* ist. Erstellen Sie ruhig einmal eine Collection mit 1.000.000 Datensätzen und weisen Sie diese als *ItemsSource* zu. Sie werden feststellen, dass das Erzeugen der Collection wesentlich länger dauert, als die Anzeige der Daten. Der Grund für dieses Verhalten basiert auf der UI-Virtualisierung, die mit Hilfe eines *VirtualizingStackPanel* als Layoutpanel innerhalb des *Data-Grid* (auch *ListView*, *ListBox* etc.) verwendet wird.

Das *VirtualizingStackPanel* sorgt dafür, dass nur die gerade sichtbaren Einträge (bzw. die dazu nötigen Controls) erzeugt werden. Was passiert, wenn dies nicht so ist, können Sie ganz einfach ausprobieren. Es genügt, wenn Sie das folgende Attribut in die Elementedefinition einfügen:

```
<DataGrid VirtualizingStackPanel.IsVirtualizing="False" Name="DataGrid1" />
```

Bitte besorgen Sie sich rechtzeitig eine Zeitung und eine Kanne Kaffee, wenn Sie jetzt versuchen, eine große Collection an das *DataGrid* zu binden. Im extremsten Fall kommt es zur Meldung, dass der verfügbare Arbeitsspeicher nicht ausreicht. Die Ursache dürfte schnell klar werden, wenn Sie sich vorstellen, dass für jede erforderliche Zeile und alle angezeigten Spalten die entsprechenden Anzeige-Controls generiert werden sollen.

Spalten selbst definieren

Gehen Ihnen die Möglichkeiten von *AutoGenerateColumns* nicht weit genug, können Sie alternativ auch selbst Hand anlegen und die einzelnen Spalten frei definieren. Setzen Sie in diesem Fall das Attribut *Auto-GenerateColumns* auf *False* und fügen Sie die Spaltendefinitionen der *Columns*-Eigenschaft hinzu (die Reihenfolge der Definition entscheidet über die Anzeigereihenfolge).

Wir machen es uns in diesem Fall zunächst etwas einfacher und generieren das *DataGrid* mit allen Spalten-definition per Drag & Drop-Datenbindung (siehe Seite 493).

BEISPIEL

DataGrid mit einzeln definierten Spalten

Zunächst das Erzeugen der *CollectionViewSource*:

```
...
        <CollectionViewSource x:Key="schülerViewSource" d:DesignSource=
                            "{d:DesignInstance my:Schüler, CreateList=True}" />
    </Window.Resources>
    <DockPanel DataContext="{StaticResource schülerViewSource}">
```

Hier das *DataGrid*:

```
        <DataGrid AutoGenerateColumns="False" EnableRowVirtualization="True"
            ItemsSource="{Binding}" Name="DataGrid1"
            RowDetailsVisibilityMode="VisibleWhenSelected" >
```

Und hier folgen die Definitionen der einzelnen Spalten:

```
        <DataGrid.Columns>
```

Eine Textspalte erzeugen, Bindung an den Member *Nachname* herstellen, die Kopfzeile mit *Nachname* be-schriften und eine Größenanpassung vornehmen::

```
            <DataGridTextColumn x:Name="nachnameColumn"
              Binding="{Binding Path=Nachname}" Header="Nachname" Width="SizeToHeader" />
```

Gleiches für den Vornamen:

```
            <DataGridTextColumn x:Name="vornameColumn" Binding="{Binding Path=Vorname}"
                          Header="Vorname" Width="SizeToHeader" />
```

An dieser Stelle war der Assistent schon ganz »pfiffig«, statt einer einfachen Textspalte wurde bereits ein *DataTemplate* erzeugt, dass einen *DatePicker* für die Datumsanzeige verwendet:

```
            <DataGridTemplateColumn x:Name="geburtstagColumn"
                            Header="Geburtstag" Width="SizeToHeader">
              <DataGridTemplateColumn.CellTemplate>
                <DataTemplate>
                  <DatePicker SelectedDate="{Binding Path=Geburtstag}" />
                </DataTemplate>
```

```
        </DataGridTemplateColumn.CellTemplate>
      </DataGridTemplateColumn>
    </DataGrid.Columns>
  </DataGrid>
</DockPanel>
```

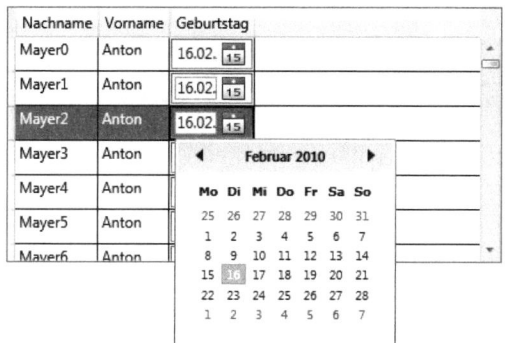

Abbildung 7.24 Das erzeugte *DataGrid*

Im obigen Beispiel ist die Datumsspalte noch zu schmal, weisen Sie einfach der Eigenschaft *Width* einen größeren Wert zu:

```
<DataGridTemplateColumn x:Name="geburtstagColumn" Header="Geburtstag" Width="100">
```

Abbildung 7.25 Die geänderte Datumsspalte

HINWEIS   Sie können die Spaltenbreite auch mit »*« angeben, in diesem Fall verwendet die Spalte den restlichen verfügbaren Platz.

Wie Sie gesehen haben, stehen Ihnen neben den Standard-Spaltentypen

- *DataGridTextColumn*

- *DataGridCheckBoxColumn*

- *DataGridComboBoxColumn*

- *DataGridHyperlinkColumn*

auch die recht flexible *DataGridTemplateColumn* zur Verfügung. Welche Controls Sie hier einbinden (*Image, Chart, RichTextBox* etc.) bleibt Ihrer Phantasie überlassen.

Weitere Gestaltungsmöglichkeiten bieten sich mit dem Ein- und Ausblenden der Trennlinien, der Konfiguration der Spaltenköpfe per Template usw.

Zusatzinformationen in den Zeilen anzeigen

Nicht alle Informationen sollen immer gleich in einem Grid sichtbar sein, vielfach werden Detailfenster etc. eingeblendet um nach der Auswahl eines Datensatzes weitere Informationen einzublenden. An dieser Stelle bietet das *DataGrid* mit dem *RowDetailsTemplate* ein recht interessantes Feature, versetzt Sie dieses Template doch in die Lage unter bestimmten Umständen (*RowDetailsVisibilityMode*-Eigenschaft) zusätzliche Inhalte einzublenden.

Verwendung von *RowDetailsTemplate*

Zunächst müssen Sie bestimmen, wann die Details eingeblendet werden:

```
<DataGrid AutoGenerateColumns="False" EnableRowVirtualization="True"
    ItemsSource="{Binding}" RowDetailsVisibilityMode="VisibleWhenSelected" >
    <DataGrid.Columns>
...
    </DataGrid.Columns>
```

Nach der Spaltendefinition können Sie dann das *RowDetailsTemplate* einfügen und mit den gewünschten Informationen füllen:

```
<DataGrid.RowDetailsTemplate>
    <DataTemplate>
        <StackPanel Orientation="Horizontal" Background="AliceBlue">
            <TextBlock>Nachname: </TextBlock>
            <TextBlock Text="{Binding Path=Nachname}" FontSize="11" />
            <TextBlock> Vorname: </TextBlock>
            <TextBlock Text="{Binding Path=Vorname}" FontSize="11" />
        </StackPanel>
    </DataTemplate>
</DataGrid.RowDetailsTemplate>
</DataGrid>
```

Abbildung 7.26 Ein einfaches *RowDetailsTemplate*

Mit *RowDetailsVisibilityMode* bestimmen Sie, wann die Zeilendetails angezeigt werden. Standardwert ist *Collapsed* (nicht sichtbar) alternativ steht *Visible* (immer sichtbar) oder *VisibleWhenSelected* zur Verfügung (nur die aktuelle Zeile).

Vom Betrachten zum Editieren

Auch wenn die umfangreichen Anzeigeoptionen das *DataGrid* für diverse Aufgaben prädestinieren, Hauptaufgabe dürfte in den meisten Fällen auch das Editieren der Inhalte sein.

Grundsätzlich entscheidet zunächst die übergreifende Eigenschaft *IsReadOnly* über die Fähigkeit, Inhalte des DataGrids zu editieren oder nur zu betrachten. Gleiches gilt auch auf Spaltenebene, auch hier können Sie mit *IsReadOnly* darüber entscheiden, welche Spalten editierbar sind und welche nicht. Zusätzlich unterstützen Sie diverse Ereignisse vor, während und nach dem Editiervorgang (*BeginningEdit, PreparingCellForEdit, CellEditEnding ...*).

How-to-Beispiele

7.1 ... Datenbindung unter LINQ to SQL realisieren?

LINQ to SQL; *ListView*; *GridView*; *DataContext*; Master/Detail-Beziehung

Basierend auf den 1:n-Beziehungen zwischen den Tabellen *Orders*, *Order_Details* und *Products* in der *Northwind*-Datenbank wollen wir für eine Bestellung die zugehörigen Produkte anzeigen. Dabei werden wir zwei Ansätze für die Anzeige der Detaildaten vorstellen.

Datenmodell per LINQ to SQL-Designer erzeugen

Fügen Sie Ihrem WPF-Projekt eine neue »LINQ to SQL Klasse« hinzu, um den LINQ to SQL-Designer zu öffnen (*Projekt/Neues Element hinzufügen*). Damit haben Sie bereits die zentrale *DataContext*-Klasse[1] erstellt. Den Namen dieser Klasse können Sie jetzt gegebenenfalls über das Eigenschaftenfenster anpassen (wir wählen *NWDataContext*).

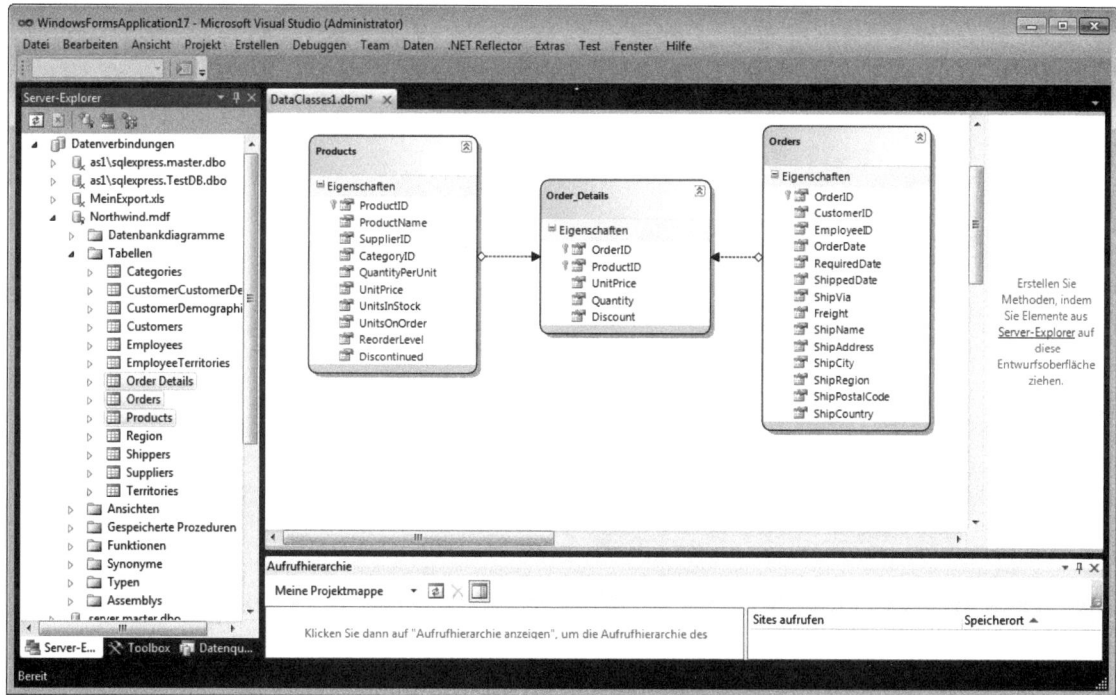

Abbildung 7.27 Das neue Datenmodell

In die noch leere Arbeitsfläche (diese ähnelt dem Klassendesigner) fügen Sie die benötigten SQL-Server-Tabellen ein. Nutzen Sie dazu den Server-Explorer (siehe linke Seite).

---

[1] Ja das ist wieder eine der »glücklich« gewählten Namensübereinstimmungen. Dieser *DataContext* hat nichts mit dem WPF-DataContext zu tun!

> **HINWEIS** Für unser Beispiel fügen Sie die Tabellen *Orders, Order_Details* und *Products* ein.

Der Designer erstellt nachfolgend automatisch die erforderlichen VB-Mapperklassen für die einzelnen Tabellen sowie deren Associations.

> **HINWEIS** Sie können neben reinen Tabellen auch Views bzw. Gespeicherte Prozeduren in den Designer einfügen. Views werden wie Tabellen behandelt, Gespeicherte Prozeduren werden als Methoden der *DataContext*-Klasse mit typisierten Rückgabewerten gemappt.

Die Programmoberfläche

Nach Schließen des Designers wollen wir uns mit einem einfachen WPF-Projekt von der Funktionsfähigkeit überzeugen.

```
<Window x:Class="Datenbindung.DB_Bsp"
    xmlns="http://schemas.microsoft.com/winfx/2006/xaml/presentation"
    xmlns:x="http://schemas.microsoft.com/winfx/2006/xaml"
```

Eine Ereignisprozedur beim Öffnen des Window:

```
Title="DB_Bsp" Height="300" Width="476" Loaded="Window_Loaded">
```

Zweispaltiges Layout per *Grid*:

```
<Grid>
  <Grid.ColumnDefinitions>
    <ColumnDefinition Width="75" />
    <ColumnDefinition Width="*" />
  </Grid.ColumnDefinitions>
```

Hier die *ListView* mit den vorhandenen Bestellungen (Tabelle *Order*):

```
<ListView Grid.Column="0" Name="lvOrder" IsSynchronizedWithCurrentItem="True"
        ItemsSource="{Binding}" SelectionChanged="lvOrder_SelectionChanged"
        HorizontalAlignment="Left" >
```

Die eigentliche Bindung erfolgt per *DataContext*-Zuweisung im VB-Code. Über das *SelectionChanged*-Ereignis werden wir die Detaildaten in die zweite *ListView* »zaubern«.

```
    <ListView.View>
      <GridView>
        <GridView.Columns>
```

Wir zeigen nur die Spalte mit der Bestellnummer an:

```
        <GridViewColumn Header="OrderID" DisplayMemberBinding="{Binding OrderID}" />
        </GridView.Columns>
      </GridView>
    </ListView.View>
  </ListView>
```

Die *ListView* für die Detaildaten (die *DataContext*-Eigenschaft setzen wir im *SelectionChanged*-Ereignis der obigen *ListView*):

```
  <ListView Grid.Column="1" Name="lvOrderDetails" IsSynchronizedWithCurrentItem="True"
            ItemsSource="{Binding}" >
    <ListView.View>
      <GridView>
        <GridView.Columns>
          <GridViewColumn Header="OrderId" DisplayMemberBinding="{Binding OrderID}" />
          <GridViewColumn Header="ID" DisplayMemberBinding="{Binding ProductID}" />
```

Wer jetzt erwartet, dass die Autoren sich die Mühe machen und noch eine dritte *GridView* für die Artikel-namen einbinden, hat nicht mit der Leistungsfähigkeit von LINQ to SQL gerechnet. Es genügt die Abfrage der untergeordneten Collection *Product*:

```
          <GridViewColumn Header="Artikelname"
                          DisplayMemberBinding="{Binding Product.ProductName}" />
```

Endlich einmal ein sinnvoller Vorteil von objekt-relationalen Mapper-Klassen!

```
        </GridView.Columns>
      </GridView>
    </ListView.View>
  </ListView>
 </Grid>
</Window>
```

Der Zugriff auf die Daten

Jetzt müssen wir noch den erforderlichen VB-Code erstellen, um die Daten auch aus der Datenbank abzu-rufen.

```
Imports System.ComponentModel

Partial Public Class DB_Bsp
```

Die meiste Arbeit nimmt uns der LINQ to SQL-DataContext ab, den wir gleich zu Beginn instanziieren:

```
    Dim db As New NWDataContext()
```

Wir wollen auch die Default-View zwischenspeichern, da wir diese für das Abrufen der Detaildatensätze benötigen:

```
    Dim view0 As ICollectionView
...
```

Beim Laden des Fensters:

```
    Private Sub Window_Loaded(ByVal sender As System.Object,
                              ByVal e As System.Windows.RoutedEventArgs)
```

Dem *DataContext* der linken *ListView* wird die Tabelle *Orders* zugewiesen:

```
        lvOrder.DataContext = db.Orders
```

Die Default-View abrufen:

```
        view0 = CollectionViewSource.GetDefaultView(lvOrder.DataContext)
    End Sub
```

So, das wäre schon alles, wenn da nicht noch die Detaildatenanzeige fehlen würde. Im *SelectionChanged*-Ereignis der linken *ListView* kümmern wir uns zunächst um das Abrufen des aktuellen Datensatzes und leiten aus diesem Objekt die *OrderDetails* ab (als Collection enthalten):

```
Private Sub lvOrder_SelectionChanged(ByVal sender As System.Object,
                    ByVal e As System.Windows.Controls.SelectionChangedEventArgs)

        lvOrderDetails.DataContext = CType(viewO.CurrentItem, Order).Order_Details
    End Sub

End Class
```

Test

Damit ist das Programm bereits lauffähig und Sie können einen ersten Test starten.

Abbildung 7.28 Laufzeitansicht unseres Beispiels

Alternative

Wie Sie gesehen haben, nutzen wir das *SelectionChanged*-Ereignis der linken *ListView,* um die Anzeige in der rechten *ListView* zu aktualisieren. Diese Variante hat den Vorteil, dass Sie direkten Einfluss darauf haben, ob und wenn ja welche Daten geladen werden. Beispielsweise können Sie hier auch umfangreichere Blobdaten per zusätzlichem Hintergrundthread laden. Der Nachteil dieses Variante: Sie schreiben mehr Code und verteilen die Datenbindung auf VB- und XAML-Code.

Alternativ lässt sich das Laden der Detaildaten auch direkt im XAML-Code realisieren. Ändern Sie dazu einfach für die *ListView* mit den Detaildaten die Bindung.

Aus

```
<ListView Grid.Column="1" Name="lvOrderDetails" IsSynchronizedWithCurrentItem="True"
        ItemsSource="{Binding}" >
```

wird

```
<ListView Grid.Column="1" Name="lvOrderDetails" IsSynchronizedWithCurrentItem="True"
        ItemsSource="{Binding ElementName=lvOrder, Path=SelectedItem.Order_Details}" >
```

Wie Sie sehen, binden wir die *ListView* mit den Detaildaten zunächst an die Master-*ListView* (*lvOrder*) und spezifizieren den *Path* auf die *Order_Details* des aktuellen Eintrags (*SelectedItem.Order_Details*).

Abbildung 7.29 Jedem *Orders*-Objekt ist eine Collection von *Order_Details* zugeordnet, diese rufen Sie mit *SelectedItem.Order_Details* ab

Die Ereignismethode *SelectionChanged* sowie die *ICollectionView* benötigen wir jetzt nicht mehr, Sie können diese löschen.

7.2 ... Drag & Drop-Bindung für Master/Detail-Beziehungen umsetzen?

Entity Framework; Master-Detail-Beziehung; Drag & Drop-Entwurf; *DataGrid*

Grundlage unseres kleinen Beispiels soll in diesem Fall ein Entity Data Model sein, bei dem wir die Beziehung zwischen den Tabellen *Orders* und *Order_Details* mit zwei *DataGrids* visualisieren wollen (siehe auch vorhergehendes Beispiel). Wir machen es uns jetzt jedoch einfach und verwenden für den Entwurf das Datenquellen-Fenster, so kommen wir ohne eine einzige Zeile eigenen Quellcodes aus.

Oberfläche

Erstellen Sie zunächst ein neues WPF-Projekt, in das Sie die Datenbank *Northwind.mdf* einfügen. Bei der Frage nach dem zu erzeugenden Datenbankmodell wählen Sie »Entity Data Model«, um ein entsprechendes Modell zu erzeugen. Bei der Auswahl der Tabellen können Sie sich auf die Tabellen *Orders*, *Order_Details* und *Products* beschränken.

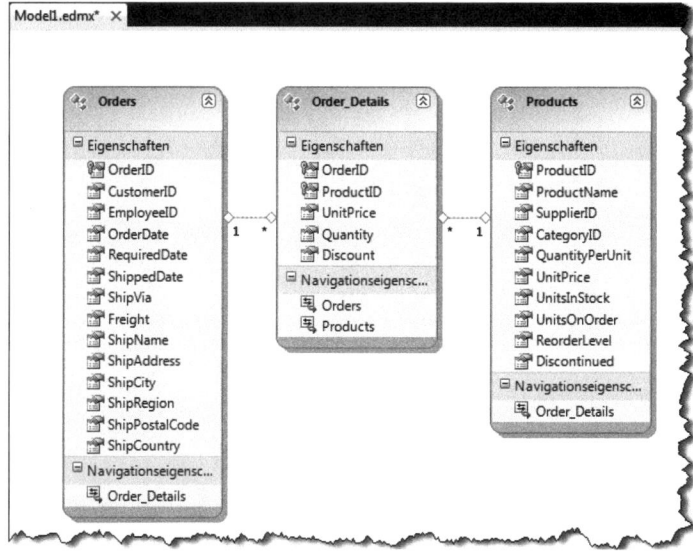

Abbildung 7.30 Unser Datenmodell

Nachfolgend wenden Sie sich dem Entwurf der Oberfläche zu. Ziehen Sie aus dem Datenquellen-Fenster (siehe Abbildung 7.31) den Eintrag *Orders* direkt in die Freifläche des WPF-Formulars. Automatisch wird jetzt ein *DataGrid* für die Anzeige der Bestellungen erzeugt (siehe Laufzeitansicht Abbildung 7.32). Für die Anzeige der Bestellungsdetails ziehen Sie einfach den untergeordneten Knoten *Order_Details* (markierter Eintrag in Abbildung 7.31) ebenfalls in das WPF-Formular.

HINWEIS   Verwechseln Sie diesen Knoten nicht mit dem Knoten *Order_Details*, der unabhängig im DataContext definiert ist!

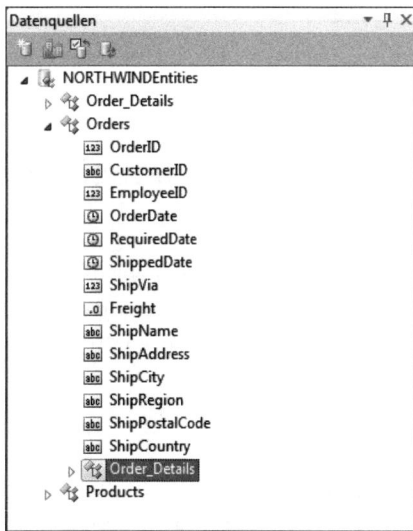

Abbildung 7.31 Die Klassenhierarchie

Damit ist unser Programm bereits »komplett«, wir wollen jedoch noch kurz einen Blick auf den generierten Quellcode werfen, um die Funktionsweise besser zu verstehen.

Quellcode (XAML)

Bei der Oberflächendefinition interessieren wir uns nur für die beiden *DataGrid*s:

```
<Window x:Class="EDM_WPF.MainWindow"
        xmlns="http://schemas.microsoft.com/winfx/2006/xaml/presentation"
        xmlns:x="http://schemas.microsoft.com/winfx/2006/xaml"
        Title="Master/Detail-Beziehung" Height="456" Width="630" mc:Ignorable="d"
        xmlns:d="http://schemas.microsoft.com/expression/blend/2008"
        xmlns:mc="http://schemas.openxmlformats.org/markup-compatibility/2006"
```

Einbinden des aktuellen Namespace und Zuweisen einer Ereignismethode in der die Daten geladen werden:

```
        xmlns:my="clr-namespace:EDM_WPF" Loaded="Window_Loaded">
    <Window.Resources>
```

Für jedes der beiden DataGrids wird eine *CollectionViewSource* erzeugt:

```
        <CollectionViewSource x:Key="ordersViewSource"
                        d:DesignSource="{d:DesignInstance my:Orders, CreateList=True}" />
```

```
        <CollectionViewSource x:Key="ordersOrder_DetailsViewSource"
                              Source="{Binding Path=Order_Details,
                              Source={StaticResource ordersViewSource}}" />
    </Window.Resources>
```

Den Datenkontext zentral zuweisen, beide *DataGrid*-Objekte befinden sich im *Grid* und erben deshalb diese Eigenschaft:

```
<Grid DataContext="{StaticResource OrdersViewSource}">
```

Das Master-*DataGrid* an die entsprechende *CollectionViewSource* binden:

```
        <DataGrid AutoGenerateColumns="False" EnableRowVirtualization="True" ItemsSource="{Binding}"
          Name="OrdersDataGrid" RowDetailsVisibilityMode="VisibleWhenSelected" >
...
        </DataGrid>
```

Das Detail-*DataGrid* nutzt ebenfalls die in den Ressourcen definierte *CollectionViewSource*:

```
        <DataGrid AutoGenerateColumns="False" EnableRowVirtualization="True"
                ItemsSource="{Binding Source={StaticResource OrdersOrder_DetailsViewSource}}"
                Name="Order_DetailsDataGrid" RowDetailsVisibilityMode="VisibleWhenSelected"
                Width="584">
...
        </DataGrid>
    </Grid>
</Window>
```

Quellcode (VB)

Auch der automatisch erzeugte Quellcode scheint noch verbesserungswürdig:

```
Class MainWindow
...
```

Mit dem Laden des Formulars werden die Daten geladen:

```
Private Sub Window_Loaded(ByVal sender As System.Object,
                        ByVal e As System.Windows.RoutedEventArgs) Handles MyBase.Loaded

    Dim NORTHWINDEntities As WpfApplication1.NORTHWINDEntities =
        New WpfApplication1.NORTHWINDEntities()
```

Die *CollectionViewSource*-Instanz (Master) aus der Oberfläche abrufen:

```
    Dim OrdersViewSource As System.Windows.Data.CollectionViewSource =
        CType(Me.FindResource("OrdersViewSource"), System.Windows.Data.CollectionViewSource)
```

Hier wird zunächst die Datenabfrage definiert (siehe Hilfsmethode):

```
    Dim OrdersQuery As System.Data.Objects.ObjectQuery(Of WpfApplication1.Orders) =
                    Me.GetOrdersQuery(NORTHWINDEntities)
```

Abrufen der Daten und zuweisen an die *CollectionViewSource*:

```
    OrdersViewSource.Source = OrdersQuery.Execute(System.Data.Objects.MergeOption.AppendOnly)
    End Sub
```

Folgende Hilfsmethode definiert die Abfrage für die Master- und die Detail-Tabelle:

```
Private Function GetOrdersQuery(ByVal NORTHWINDEntities As WpfApplication1.NORTHWINDEntities) _
                     As System.Data.Objects.ObjectQuery(Of WpfApplication1.Orders)

    Dim OrdersQuery As System.Data.Objects.ObjectQuery(Of WpfApplication1.Orders) =
                     NORTHWINDEntities.Orders
```

Hier schließen wir die Detaildaten in die Abfrage ein:

```
    OrdersQuery = OrdersQuery.Include("Order_Details")
    Return OrdersQuery
  End Function
End Class
```

Sie können den Quellcode durchaus noch etwas vereinfachen: Löschen Sie die Methode *GetOrdersQuery* und ändern Sie das *Window_Loaded*-Ereignis wie folgt:

```
Private Sub Window_Loaded(ByVal sender As System.Object,
                     ByVal e As System.Windows.RoutedEventArgs) Handles MyBase.Loaded

    Dim NORTHWINDEntities As New WpfApplication1.NORTHWINDEntities()
    Dim OrdersViewSource As System.Windows.Data.CollectionViewSource =
        CType(Me.FindResource("OrdersViewSource"), System.Windows.Data.CollectionViewSource)
    OrdersViewSource.Source = NORTHWINDEntities.Orders.Include("Order_Details")
  End Sub
```

Test

Ein Test wird Sie von der Funktionsweise überzeugen:

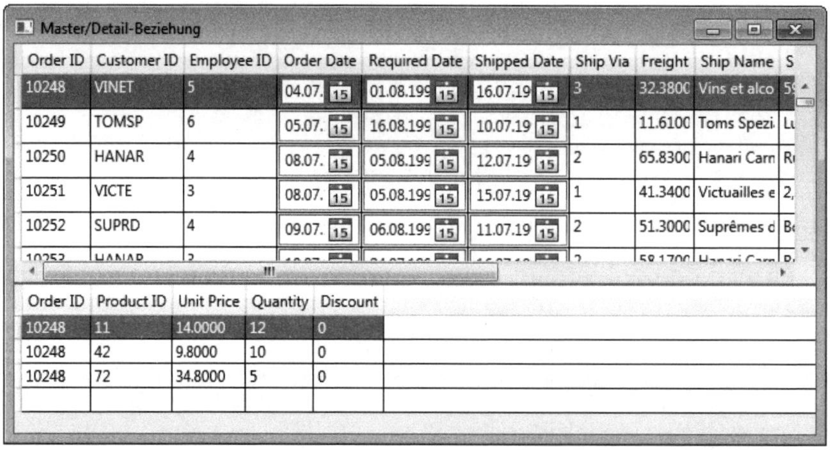

Abbildung 7.32 Laufzeitansicht

Wie Sie sehen, können Sie bereits mit dem per Drag & Drop erzeugten Programm gut leben, einige Änderungen machen jedoch den Quellcode übersichtlicher und besser verständlich.

Kapitel 8

Datenbindung in ASP.NET-Anwendungen

In diesem Kapitel:

Das vorliegende Kapitel widmet sich ausschließlich der Integration von Datenbanken in Ihre Webprojekte. Dabei setzen wir Grundkenntnisse der Webprogrammierung und der Programmierung einfacher ASP.NET-Anwendungen voraus[1].

■ Für einen ersten Einstieg in die Programmierung datengebundener ASP.NET-Anwendungen verweisen wir auf das How-to 1.4 »... eine einfache ASP.NET-Webanwendung entwickeln?« in Kapitel 1

■ Als themenübergreifende Zusammenfassung und praktisches Komplexbeispiel bietet sich die Webshop-Applikation im Kapitel 21 an

HINWEIS   Im Rahmen dieses Kapitels können wir naturgemäß nicht auf alle Neuerungen von ASP.NET 4.0 eingehen. Wir beschränken uns auf die für den Datenbankentwickler wichtigen Themen »EntityDataSource« (ab Seite 550) und »Query-Extender« (ab Seite 556). Mehr über das neue *Chart*-Control finden Sie im Kapitel 9.

Übersicht Datenbindung unter ASP.NET

Der kleine Ausflug in die Praxis (siehe Kapitel 1) hat Sie sicher von den Vorzügen von ASP.NET überzeugt. Während Sie in den früheren Versionen noch reichlich Hand anlegen mussten, um die Daten auch in die Steuerelemente zu laden (von Sortieren, Paging etc. ganz zu schweigen), ersparen Ihnen die ASP.NET-Datensteuerelemente derartige Routineaufgaben (fast) völlig.

Von den *DataSource*-Controls werden die folgenden Aufgaben übernommen:

■ Auswahl und Anzeige der Daten

■ Editieren, Hinzufügen und Löschen von Datensätzen

■ Sortieren, Filtern und Paging

■ Unterstützung bei Master-Detail-Darstellungen

■ Caching

Die grundsätzliche Vorgehensweise in ASP.NET können Sie der folgenden Abbildung entnehmen:

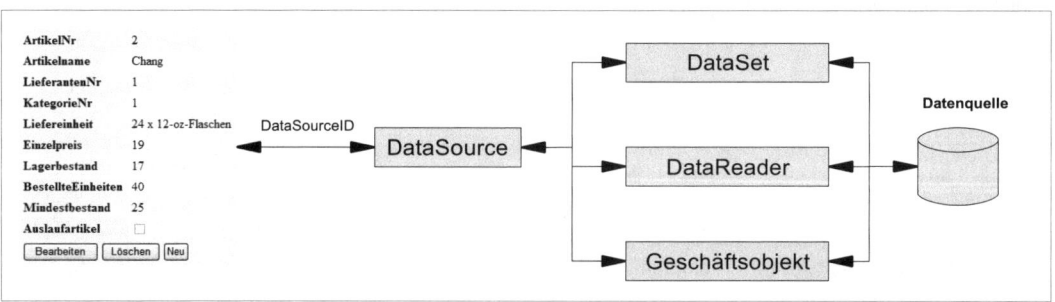

Abbildung 8.1   Grundprinzip der Datenbindung in ASP.NET

DataSource und datengebundene Steuerelemente (*GridView* etc.) verbinden Sie über die neu eingeführte Eigenschaft *DataSourceId* miteinander.

---

[1] siehe dazu unser Visual Basic 2010-Grundlagenbuch

Grundkonzept

Außer mit den bereits genannten *DataSource*-Steuerelementen haben Sie es in ASP.NET im Wesentlichen noch mit den folgenden visuellen Steuerelementen zu tun:

- *GridView* (tabellarische Ansicht)
- *DetailsView* (einfache formularbasierte Ansicht eines Datensatzes)
- *FormView* (formularbasierte Ansicht mit Templates)
- *ListView* (Mischung aus *Repeater* und *GridView* mit umfangreicher Template-Unterstützung)
- *DataList* (tabellarische Ansicht mit Templates)
- *Chart* (Diagrammdarstellung)

Auch

- *TreeView*
- *ListBox*
- *DropDownList* sowie
- *CheckBoxList* und *RadioButtonList*

lassen sich für die Datenanzeige nutzen.

HINWEIS Das »gute alte« *DataGrid* ist auch noch nicht ausgestorben, es fristet ein Gnadendasein auf Ihrer Festplatte, wurde jedoch aus der (standardmäßigen) Toolbox vertrieben.

Die grundsätzliche Vorgehensweise reduziert sich auf das Erstellen einer *DataSource* (mit enthaltenen SELECT, INSERT, UPDATE und DELETE-Befehlen) und deren Kopplung mit den visuellen Komponenten über die *DataSourceId*.

Mit *DataSets*, *Connection*-Objekten, *DataReader*n etc. kommen Sie überhaupt nicht mehr in Kontakt[1], es sei denn, Sie verwenden als Datenbasis eigene Geschäftsobjekte oder typisierte DataSets.

HINWEIS Wer will, kann nach wie vor auch die alten Technologien einsetzen, Sie werden feststellen, dass sich einige Aufgaben (ohne Datenbindung) damit sogar übersichtlicher lösen lassen.

DataSource-Steuerelemente

Bisher war immer nur von den *DataSource*-Steuerelementen die Rede, ohne im Einzelnen auf die verschiedenen Typen einzugehen.

Nachdem mit Visual Studio 2005 bereits eine Fülle von DataSource-Steuerelementen eingeführt wurde, beschränkt sich Visual Studio 2010 auf eine »alte« Neuerung, die *EntityDataSource*[2]:

---

[1] Es gibt auch die Eigenschaft *DataSourceMode*, mit der Sie zwischen der Verwendung eines internen *DataSets* und eines *DataReaders* umschalten können.

[2] Diese wurde ursprünglich mit .NET 3.5 SP1 »nachgereicht«.

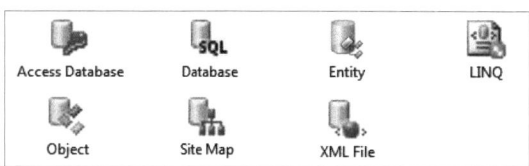

Abbildung 8.2 Verfügbare DataSource-Controls

Alle Steuerelemente sind zur Laufzeit unsichtbar, werden jedoch in der Entwicklungsumgebung direkt im Entwurfsbereich der WebForm angezeigt:

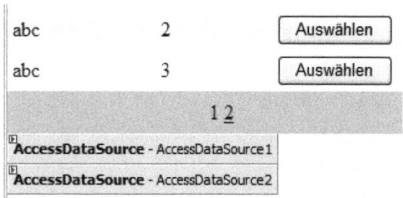

Abbildung 8.3 *AccessDataSource* in der Entwurfsansicht

Hier wäre eine optische Trennung zwischen visuellen und nicht visuellen Komponenten (wie bei den Windows Forms) sicher sinnvoll.

Folgende Datenquellen sind verfügbar:

Typ	Verwendung
SqlDataSource	Zugriff auf ADO.NET-Provider (z.B. MS SQL Server, SQLExpress, OLEDB, ODBC etc.)
ObjectDataSource	Zugriff auf Daten-Ebene oder auf Business Objects
LinqDataSource	Zugriff auf Datenmengen, die das Ergebnis von LINQ-Abfragen sind. Das können neben einfachen Listen auch die Rückgabewerte von LINQ to SQL- oder LINQ to Entity-Abfragen sein. Der Vorteil ist die Abstraktion und die einheitliche Abfragesprache für unterschiedliche Datenmengen.
EntityDataSource	Anbindung an ein Entity Data Model (EDM)
AccessDataSource	Zugriff auf MS Access-Datenbanken
SiteMapDataSource	Zugriff auf *Web.SiteMap* zum Abrufen der Web-Strukturinformationen
XmlDataSource	Zugriff auf strukturierte XML-Daten

Tabelle 8.1 Verfügbare Datenquellen

Im Folgenden werden wir zunächst die einzelnen Steuerelemente unter die Lupe nehmen, bevor wir uns einigen speziellen Techniken (1:n-Beziehungen, Filtern etc.) zuwenden.

SqlDataSource im Detail

Wie in der obigen Tabelle bereits angedeutet, beschränkt sich der Zugriff dieses Steuerelements nicht nur auf den SQL Server, wie es auch die folgende Abbildung 8.4 zeigt:

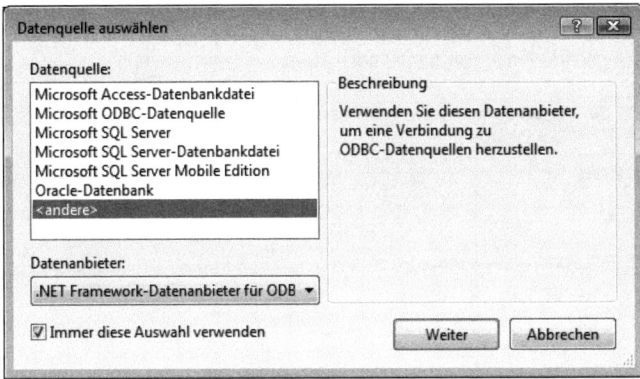

Abbildung 8.4 Einrichten einer *SqlDataSource*

HINWEIS	Nutzen Sie für den Zugriff auf Access-Datenbanken besser die dafür vorgesehene *AccessDataSource*.

Fast alle Parameter der *SQLDataSource* lassen sich bequem über das Aufgaben-Menü (bzw. den entsprechenden Assistenten) setzen.

Nach Auswahl der eigentlichen Datenquelle (siehe obige Abbildung) und der Konfiguration der Verbindung (Standard-Connection-Dialog) müssen Sie sich zunächst um die Datenauswahl (SELECT) kümmern. Dabei haben Sie die Wahl zwischen

- Tabellen/Views und

- selbstdefinierten SQL-Abfragen/Prozeduren

Ein leistungsfähiger Query Builder (Abfrage-Generator) hilft Ihnen über die ersten Hürden der SQL-Programmierung hinweg:

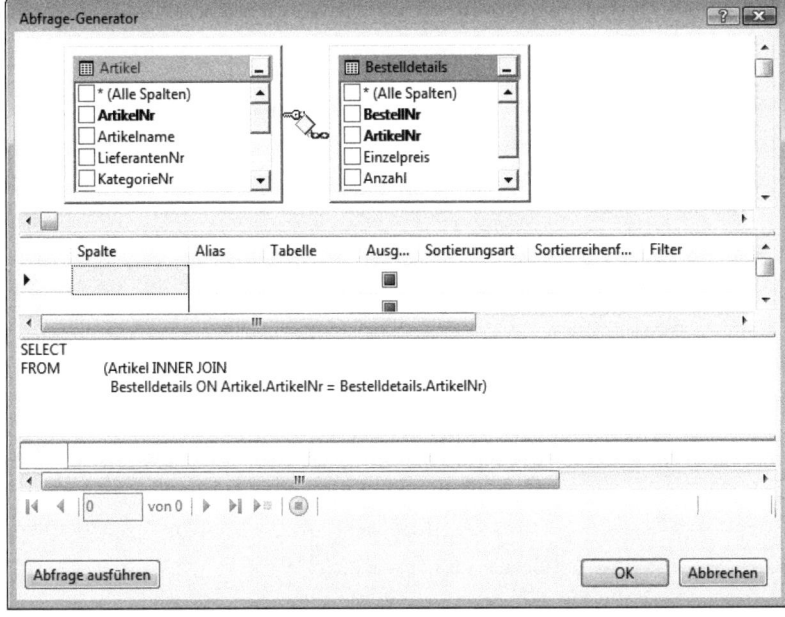

Abbildung 8.5
Zusammenstellen der Abfrage mit
Hilfe des Query Builders

HINWEIS   Soll die Datenquelle editierbar sein (Einfügen, Ändern, Löschen), müssen Sie INSERT, UPDATE und DELETE-Abfragen definieren. Meist ist es sinnvoll, die automatisch generierten Anweisungen noch etwas zu überarbeiten.

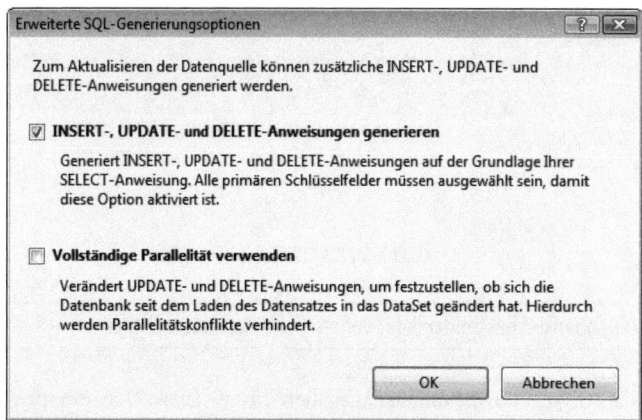

Abbildung 8.6 Automatisches Generieren von INSERT, UPDATE und DELETE-Anweisungen

Datenauswahl mit Parametern

Nicht immer und in jedem Fall möchten Sie alle Daten aus einer Tabelle abrufen. Dass Sie mit Hilfe der WHERE-Klausel und der Verwendung von Parametern diese Aufgabe lösen können, dürfte dem SQL-Kundigen bekannt sein. Im Zusammenhang mit der Datenquelle besteht jedoch die Möglichkeit, die Werte der Parameter direkt mit anderen Objekten bzw. Steuerelemente-Eigenschaften zu verknüpfen.

Öffnen Sie dazu den Konfigurationsdialog der Datenquelle und klicken Sie auf die Schaltfläche »WHERE«.

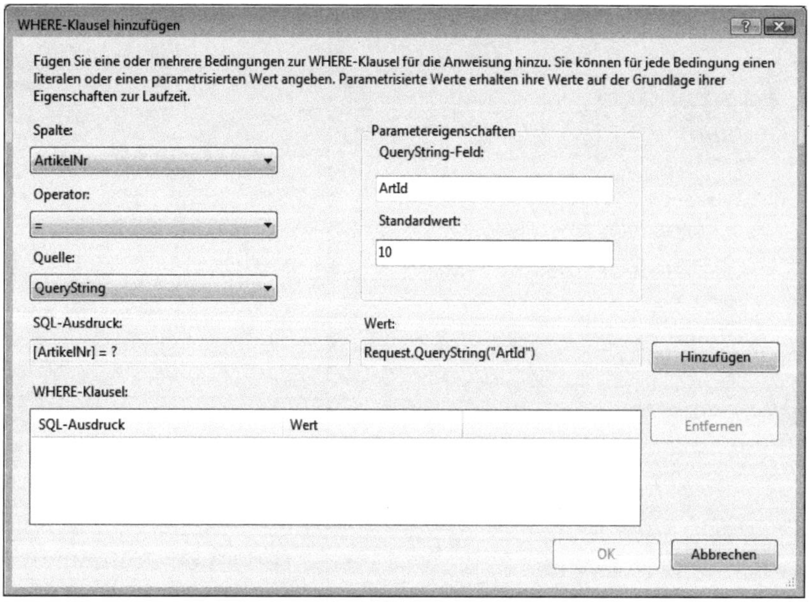

Abbildung 8.7 *QueryString* für die Datenauswahl verwenden

Es erscheint obiger Dialog, über den Sie die Verbindung zwischen SQL-Parameter und externen Eigenschaften/Parametern vornehmen.

Als Quelle für die Parameter kommen folgende Möglichkeiten in Betracht:

- *Control* (Steuerelement-Id)

- *Cookie* (Name)

- *Form* (Formularfeld)

- *Profile* (Eigenschaftenname)

- *QueryString* (QueryString-Feld)

- *Session* (Sitzungsfeld)

Damit genügt schon ein erneuter Seitenaufruf mit angehängtem QueryString, um zum Beispiel Detaildaten anzuzeigen oder die Anzeige zu beschränken. Und das Beste bei alledem: Sie brauchen keine einzige Zeile Quellcode zu schreiben!

HINWEIS Praktische Erfahrungen beim Filtern von Daten können Sie mit dem How-to 8.1 »... Zellen im GridView formatieren?« sammeln.

Parameter für INSERT, UPDATE und DELETE

Ähnlich wie beim SELECT funktioniert es auch mit dem Löschen, Einfügen und Ändern. In allen Fällen bietet die jeweilige Eigenschaft auch die Möglichkeit, Parameter über die o.g. Quellen zu setzen.

BEISPIEL

In die Tabelle *Warenkorb* soll per Button-Klick ein neuer Datensatz eingefügt werden. Die Werte für die Spalten *Bezeichnung*, *Preis* und *Anzahl* sollen direkt aus *TextBox1 ... TextBox3* kommen.

Die Einstellungen für *SqlDataSource.InsertQuery* zeigt die folgende Abbildung:

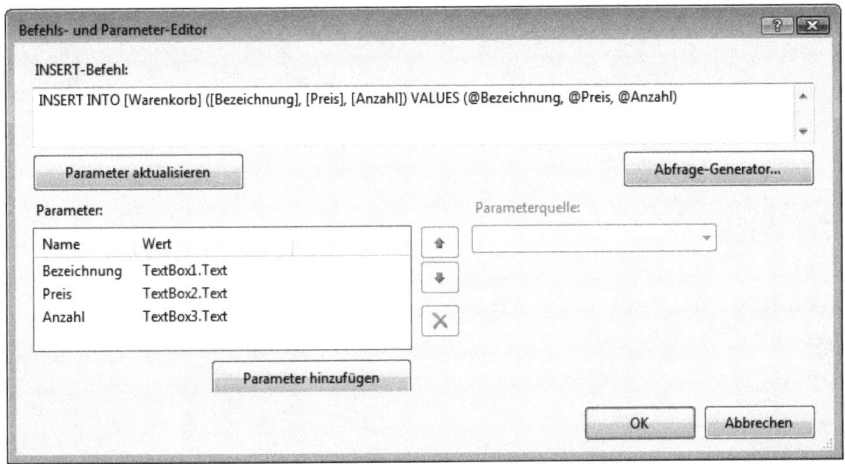

Abbildung 8.8 INSERT-Anweisung mit Parametern verknüpfen

Das eigentliche Einfügen der Daten in die Datenbank ist jetzt kinderleicht:

```
Protected Sub Button1_Click(ByVal sender As Object, ByVal e As System.EventArgs) _
                                                    Handles Button1.Click
    SqlDataSource2.Insert()
End Sub
```

HINWEIS   Verwenden Sie Client-Skript-Code oder die Validator-Controls, um schon auf dem Client die Eingaben zu prüfen. Zum einen vermeiden Sie eine unnötige Verbindung zum Server, zum anderen werden dem Anwender mögliche Fehler rechtzeitig angezeigt.

Alternativ können Sie natürlich auch eine Stored Procedure für das Einfügen oder Löschen von Daten verwenden, in diesem Fall tragen Sie nur den Namen der Prozedur als Befehl ein und klicken nachfolgend auf den Button »Parameter aktualisieren«. Der Assistent ermittelt dann alle definierten Parameter und zeigt diese an, Sie müssen nur noch die die Zuordnung vornehmen.

BEISPIEL

Die Abbildung zeigt die vom Assistenten abgerufenen Parameter

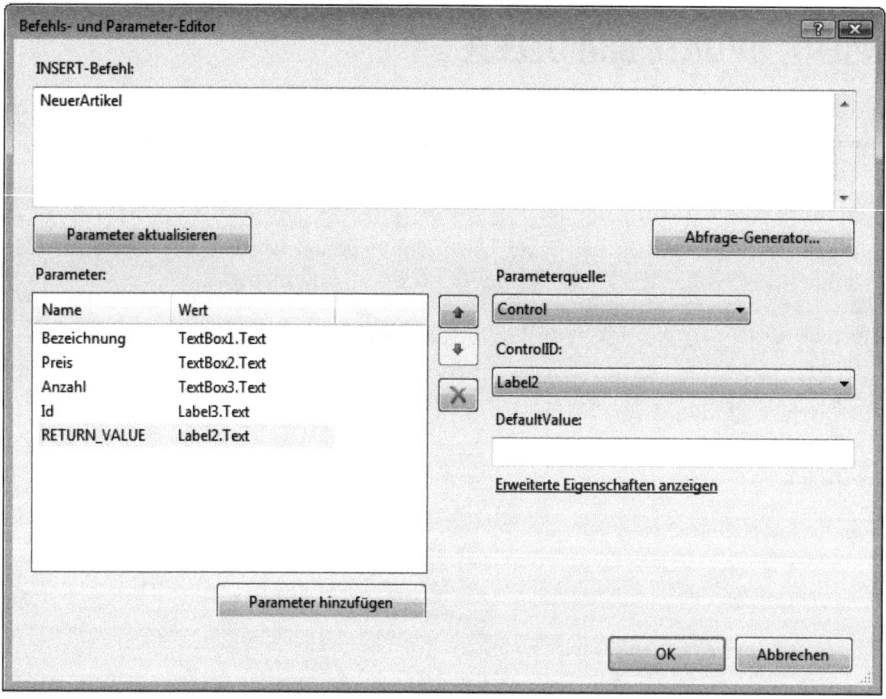

Abbildung 8.9 Zuordnen der Parameter

... für die folgende Stored Procedure:

```
CREATE PROCEDURE dbo.NeuerArtikel (
@Bezeichnung varchar(50),
@Preis float,
@Anzahl int,
@Id int OUTPUT
)
AS
 INSERT INTO [Warenkorb]
   ([Bezeichnung], [Preis], [Anzahl]) VALUES (@Bezeichnung, @Preis, @Anzahl);
 Set @Id = @@Identity

RETURN 0
```

Natürlich kann es auch vorkommen, dass der gewünschte Parameter nicht über eine der vorgegebenen Quellen verfügbar ist. In diesem Fall können Sie Parameter auch direkt per Code zuweisen:

BEISPIEL

Löschen des Artikels mit der Nummer 87

```
Protected Sub Button1_Click(ByVal sender As Object, ByVal e As System.EventArgs) _
                                              Handles Button1.Click

    SqlDataSource1.DeleteParameters("Artikelnr").DefaultValue = "87"
    SqlDataSource1.Delete()
End Sub
```

HINWEIS   Mögliche Fehler (Zugriffsverletzungen, referenzielle Integrität etc.) müssen Sie an dieser Stelle abfangen, andernfalls wird der Endanwender hier mit unangenehmen Dialogen eingedeckt.

FilterExpression

Auch wenn die Verwendung einer Eigenschaft etwas unglücklich ist, mit dem Setzen der Eigenschaft *Filter-Expression* können Sie die bereits vorselektierte (SELECT ... WHERE) Datenmenge erneut filtern. Auch hier lassen sich Parameter verwenden, die wiederum an Quellen wie Controls etc. gebunden werden können. Allerdings werden hier die Parameter durchnummeriert und nicht benannt.

BEISPIEL

Filtern der Datenmenge aktivieren

```
Protected Sub Button1_Click(ByVal sender As Object, ByVal e As System.EventArgs) _
                                              Handles Button1.Click

    SqlDataSource2.FilterExpression = "Bezeichnung LIKE '{0}'"
End Sub
```

Wie Sie sehen, brauchen Sie für die Filterausdrücke nicht gleich eine neue Programmiersprache zu lernen, einige SQL-Kenntnisse (WHERE) sind hingegen ganz hilfreich.

Die zugehörige *FilterParameters*-Eigenschaft setzen Sie mittels Assistent (siehe Abbildung 8.10).

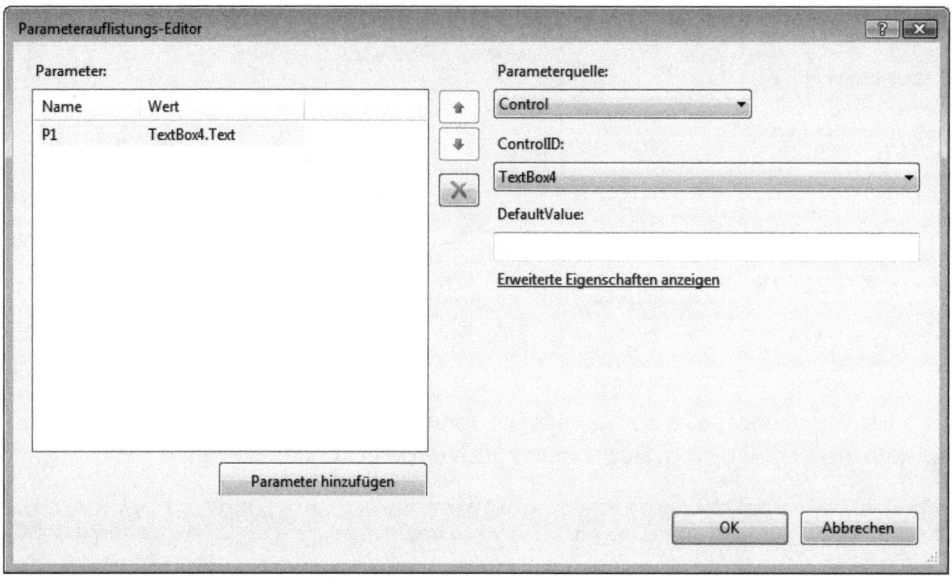

Abbildung 8.10 Filterparameter definieren

Caching

Sinn macht die Verwendung von *FilterExpression* erst bei Verwendung der Caching-Funktionalität der *Sql-DataSource*. Da die Daten komplett im Speicher liegen, muss bei geändertem Filterausdruck kein erneuter Datenbankzugriff vorgenommen werden.

Das Caching aktivieren Sie über die beiden folgenden Eigenschaften:

- *EnableCaching* (*True/False*) und
- *CacheDuration* (die Zeitdauer in Sekunden)

Nachfolgende Filterabfragen werden auf diese Weise beschleunigt, der SQL-Server selbst wird entlastet (genügend Speicher vorausgesetzt), die Daten liefert jetzt der IIS.

Weitere Methoden

Ein Blick in die Liste der *SqlDataSource*-Methoden dürfte zunächst für Ernüchterung sorgen, außer dem schon erwähnten *Insert* finden sich lediglich

- *Select*
- *Delete*
- *Update* und
- *DataBind*

Wer jetzt enttäuscht ist, sei getröstet. Auch mit diesen wenigen Methoden können Sie alle relevanten Aufgaben lösen!

HINWEIS Wer immer noch verzweifelt nach Navigations-Methoden (*First, Next* etc.) Ausschau hält sei daran erinnert, dass wir hier mit Datenmengen arbeiten, ein Datensatzzeiger im althergebrachten Sinn existiert nicht mehr.

Aktualisieren/Refresh mit DataBind

Bei Ihnen ist vielleicht auch schon die Frage aufgetaucht, wie auf Datenänderungen per externem SQL-Befehl (z.B. andere Connection) reagiert werden kann. Ein direkter Refresh-Befehl ist zwar nicht vorhanden, mit der Methode *DataBind* haben Sie jedoch auch dieses Problem im Griff.

Ereignisse

Wer schon einen Blick auf die Liste der *SqlDataSource*-Ereignisse geworfen hat, wird sich sicher auch gefragt haben, in welchem Zusammenhang man diese eigentlich benötigt.

Grundsätzlich finden sich bei den wichtigsten Ereignissen immer ein Pre- und ein Post-Ereignis:

- *Deleting/Deleted*
- *Inserting/Inserted*
- *Selecting/Selected*
- *Updating/Updated*
- *Filtering*

Doch wofür brauchen wir eigentlich diese Ereignisse? Mehrere Verwendungsszenarien sind denkbar:

BEISPIEL

Abbruch der jeweiligen Aktion unter bestimmten Bedingungen im Pre-Ereignis

```
Protected Sub SqlDataSource1_Deleting(ByVal sender As Object, ByVal e As _
     System.Web.UI.WebControls.SqlDataSourceCommandEventArgs) Handles SqlDataSource1.Deleting
```

Ist die *KundenId* gleich 47, wird der Löschvorgang abgebrochen:

```
   If e.Command.Parameters("KundenId").Value.ToString = "47" Then
        e.Cancel = True
   End If
End Sub
```

BEISPIEL

Ändern von Parametern vor der eigentlichen Ausführung

```
Protected Sub SqlDataSource1_Filtering(ByVal sender As Object, ByVal e As _
     System.Web.UI.WebControls.SqlDataSourceFilteringEventArgs) Handles SqlDataSource1.Filtering

   If (e.ParameterValues("P1").ToString() = "*") Then e.ParameterValues("P1") = "B*"
End Sub
```

BEISPIEL

Aktivieren der Transaktionsverwaltung (z.B. bei einem Update)

```
Imports System.Data.Common
...
```

Transaktion starten:

```
Protected Sub SqlDataSource1_Updating(ByVal sender As Object, ByVal e As _
        System.Web.UI.WebControls.SqlDataSourceCommandEventArgs) Handles SqlDataSource1.Updating

    e.Command.Connection.Open()
    e.Command.Transaction = e.Command.Connection.BeginTransaction()
End Sub
```

Ist die eigentliche Operation in der Datenbank abgeschlossen, können Sie prüfen, ob andere Randbedingungen eingehalten wurden und hier gegebenenfalls die Transaktion wieder rückgängig machen:

```
Protected Sub SqlDataSource1_Updated(ByVal sender As Object, ByVal e As _
        System.Web.UI.WebControls.SqlDataSourceStatusEventArgs) Handles SqlDataSource1.Updated

    If (True) Then   ' hier steht sonst Ihre Auswertung
        e.Command.Transaction.Commit()
    Else
        e.Command.Transaction.Rollback()
    End If
End Sub
```

Damit dürften Sie schon einige Anregungen erhalten haben, was Sie mit den Ereignissen der *SqlDataSource* alles anfangen können.

Zugriff auf Geschäftsobjekte mit der ObjectDataSource

»Oh je, noch eine Datenquelle und noch dazu mit Objekten!«, werden hier sicher einige stöhnen. Doch gerade die Puristen und Verfechter der »reinen Lehre« sollten sich dieses Steuerelement näher ansehen, bietet es doch die Möglichkeit, mit wenig Aufwand Geschäftsobjekte an die Oberflächen-Steuerelemente zu binden, d.h., zwischen Oberfläche und Datenbank wird eine zusätzliche Schicht geschoben, die logische Aufgaben übernimmt und das Frontend von der eigentlichen Datenbasis abschirmt.

Verbindung zwischen Objekt und DataSource

Die Schnittstelle zwischen Geschäftslogik (Objekt) und der *ObjectDataSource* wird durch einige vordefinierte Methoden realisiert:

- SELECT (Rückgabewerte, z.B. Objekte, Collections, DataSets)
- UPDATE (Übergabewerte, z.B. Objekte oder einzelne Parameter)
- INSERT (Übergabewerte, z.B. Objekte oder einzelne Parameter) und
- DELETE (Übergabewerte, z.B. Objekte oder einzelne Parameter)

Die Zuordnung kann entweder per Assistent oder über die Eigenschaften *SelectMethod ... DeleteMethod* erfolgen. Doch bevor es soweit ist, muss das eigentliche Geschäftsobjekt ausgewählt werden. Dazu ist es wichtig, dass dieses sich im Verzeichnis *App_Code* befindet, wenn Sie mit einem ASP.NET-Website-Projekt arbeiten.

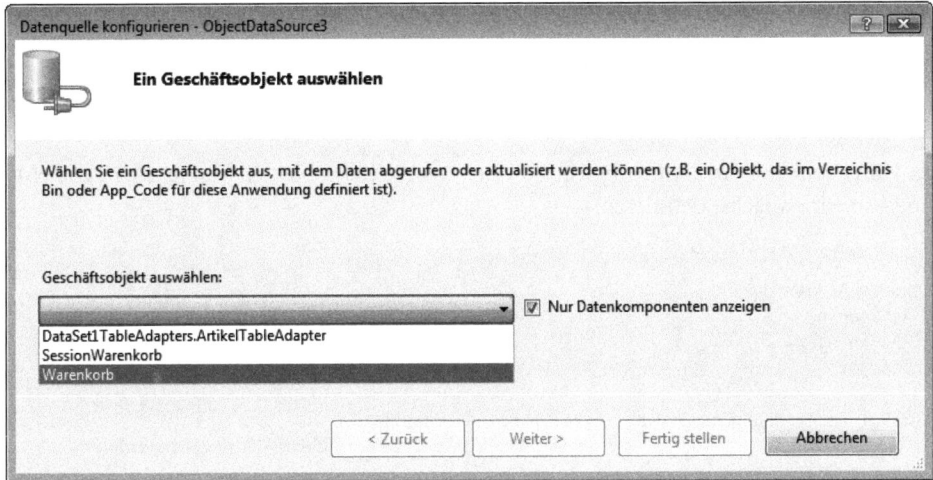

Abbildung 8.11 Geschäftsobjekt auswählen

Im obigen Beispiel wählen wir das Geschäftsobjekt *Warenkorb*, auf die Implementierung kommen wir im Verlauf des Abschnitts noch zurück.

Im nächsten Schritt können Sie dann die einzelnen Zugriffs-Methoden zuweisen:

SELECT	UPDATE	INSERT	DELETE

Wählen Sie eine Methode des Geschäftsobjekts aus, die Daten zurückgibt, die mit dem SELECT-Vorgang verknüpft werden sollen. Die Methode kann ein DataSet, einen DataReader oder eine stark typisierte Auflistung zurückgeben.

Beispiel: GetProducts(Int32 categoryId) gibt ein DataSet zurück.
Methode auswählen:

GetArtikelListe(), gibt List<Artikel> zurück

Methodensignatur:

GetArtikelListe(), gibt List<Artikel> zurück

Abbildung 8.12 Zuordnen der Methoden

Ein Beispiel sorgt für Klarheit

Im Folgenden wollen wir über ein Geschäftsobjekt *Warenkorb* Daten in der Tabelle *Warenkorb* bearbeiten. Die Geschäftslogik beschränken wir auf den reinen Datentransfer zwischen Oberfläche und Datenbank, zusätzliche Funktionen wie Rechteverwaltung, Integritäts- und Bestandsprüfungen etc. würden an dieser Stelle nur verwirren.

Das Layout der zugrunde liegenden SQL-Server-Tabelle entnehmen Sie der folgenden Abbildung:

Spaltenname	Datentyp	NULL zula...
🔑 Id	int	☐
Bezeichnung	varchar(50)	☑
Preis	float	☑
Anzahl	int	☑
▶		☐

Abbildung 8.13   Tabellenlayout

Die Basisklasse Artikel

Das Geschäftsobjekt *Warenkorb* soll eine streng typisierte Liste von *Artikel*-Objekten bereitstellen. Die entsprechende Klasse müssen wir zunächst definieren:

```
Public Class Artikel
    Private _Bezeichnung As String
    Private _Preis As Double
    Private _Anzahl As Integer
    Private _Id As Integer

    Public Sub New(ByVal Bezeichnung As String, ByVal Preis As Double,
                                    ByVal Anzahl As Integer, ByVal ID As Integer)
        Me._Bezeichnung = Bezeichnung
        Me._Preis = Preis
        Me._Anzahl = Anzahl
        Me._Id = ID
    End Sub

    Public Property Bezeichnung() As String
        Get
            Return Me._Bezeichnung
        End Get
        Set
            Me._Bezeichnung = value
        End Set
    End Property

    Public Property Preis() As Double
        Get
            Return Me._Preis
        End Get
        Set
            Me._Preis = value
        End Set
    End Property

    Public Property Anzahl() As Integer
        Get
            Return Me._Anzahl
        End Get
        Set
            Me._Anzahl = value
        End Set
    End Property
```

```
    Public Property Id() As Integer
        Get
            Return Me._Id
        End Get
        Set
            Me._Id = value
        End Set
    End Property
End Class
```

HINWEIS   Vergessen Sie nicht, die Klasse im Verzeichnis *App_Code* zu speichern, sonst haben Sie aus anderen Klassen keinen Zugriff darauf!

Das Geschäftsobjekt

Unser Geschäftsobjekt *Warenkorb*:

```
...
<DataObject(True)>
Public Class Warenkorb
```

Die interne Liste ist typisiert:

```
    Private _ArtikelListe As List(Of Artikel)
```

Im Konstruktor wird zunächst die Liste erzeugt:

```
    Public Sub New()
        _ArtikelListe = New List(Of Artikel)()
    End Sub
```

Die Methode *GetArtikelListe* gibt die Liste von *Artikel*-Objekten zurück (SELECT):

```
    <DataObjectMethod(DataObjectMethodType.[Select])>
    Public Function GetArtikelListe() As List(Of Artikel)
```

Auslesen aus der Datenbank:

```
        Dim conn As SqlConnection = New SqlConnection(
            ConfigurationManager.ConnectionStrings("DatenConnectionString2").ConnectionString)
        Dim cmd As SqlCommand = New SqlCommand("SELECT * FROM Warenkorb", conn)
        conn.Open()
        Dim dr As SqlDataReader = cmd.ExecuteReader()
```

Einlesen in die interne Liste:

```
        While dr.Read()
            _ArtikelListe.Add(New Artikel(DirectCast(dr("Bezeichnung"), String),
                DirectCast(dr("Preis"), Double), DirectCast(dr("Anzahl"), Integer),
                    DirectCast(dr("id"), Integer)))
        End While
        dr.Close()
        conn.Close()
        Return _ArtikelListe
    End Function
```

> **HINWEIS**   Das Objekt muss *stateless* (zustandslos) programmiert werden, da es mit jedem Methodenaufruf neu erzeugt wird. D.h., insbesondere die Persistenz muss bei DELETE, UPDATE und INSERT sofort hergestellt werden.

Der als Parameter übergebene *Artikel* soll aktualisiert werden:

```
<DataObjectMethod(DataObjectMethodType.Update)>
Public Sub UpdateArtikel(ByVal updArtikel As Artikel)
    Dim conn As New SqlConnection(ConfigurationManager.ConnectionStrings(
                                        "DatenConnectionString2").ConnectionString)
    Dim cmd As New SqlCommand("UPDATE Warenkorb SET" &
                    " [Bezeichnung]=@bez, [Preis]=@preis, [Anzahl]=@anz WHERE [ID]=@id", conn)
    cmd.Parameters.AddWithValue("@bez", updArtikel.Bezeichnung)
    cmd.Parameters.AddWithValue("@preis", updArtikel.Preis)
    cmd.Parameters.AddWithValue("@anz", updArtikel.Anzahl)
    cmd.Parameters.AddWithValue("@id", updArtikel.Id)
    conn.Open()
    cmd.ExecuteNonQuery()
    conn.Close()
End Sub
```

Einen Artikel löschen:

```
<DataObjectMethod(DataObjectMethodType.Delete)>
Public Sub DeleteArtikel(ByVal delArtikel As Artikel)
    Dim conn As New SqlConnection(ConfigurationManager.ConnectionStrings(
                                        "DatenConnectionString2").ConnectionString)
    Dim cmd As New SqlCommand("DELETE FROM Warenkorb WHERE [ID]=@id", conn)
    cmd.Parameters.AddWithValue("@id", delArtikel.Id)
    conn.Open()
    cmd.ExecuteNonQuery()
    conn.Close()
End Sub
End Class
```

> **HINWEIS**   Auch wenn hier ein komplettes Objekt übergeben wird, bei einem späteren Zugriff durch die *ObjectDataSource* ist nur die ID richtig gesetzt, wie die folgende Abbildung zeigt:

Name	Wert	Typ
⊞ ● conn	null	System.Data.SqlClient.SqlConnection
⊟ ● delArtikel	{Artikel}	Artikel
— ● _Anzahl	0	int
— ● _Bezeichnung	null	string
— ● _Id	3	int
— ● _Preis	0.0	double
— ● Anzahl	0	int
— ● Bezeichnung	null	string
— ● Id	3	int
— ● Preis	0.0	double
⊞ ● this	{Warenkorb}	Warenkorb

Abbildung 8.14 Auswertung zur Laufzeit

Nach Zuweisen des Geschäftsobjekts *Warenkorb* an die *ObjectDataSource* und der Zuordnung der einzelnen Methoden (siehe folgende Abbildung 8.15)

Abbildung 8.15 Eigenschaften der *ObjectDataSource*

... können Sie sich mit einem *GridView* von der Funktionsfähigkeit unseres Geschäftsobjekts überzeugen:

Id	Preis	Anzahl	Bezeichnung			
1	45	5555	lange Hosen	Bearbeiten	Löschen	Auswählen
3	45	5555	Jacken	Aktualisieren	Abbrechen	
4	45	5555	lange Hosen	Bearbeiten	Löschen	Auswählen
5	123	5	Hüte	Bearbeiten	Löschen	Auswählen
6	333	2	Gurken	Bearbeiten	Löschen	Auswählen

Abbildung 8.16 Laufzeitansicht

Wie Sie sehen, lässt sich die Datenbank mit Hilfe der *ObjectDataSource* komplett kapseln, obige Datenpersistenz hätten Sie zum Beispiel auch mit einer XML-Datei oder auch einer *Session*-Variablen erreicht. Wer es nicht glaubt, sollte sich die folgende Implementierung näher anschauen.

Geschäftsobjekte in einer Session verwalten

Das *Artikel*-Objekt sowie die Schnittstelle von *Warenkorb* aus dem vorhergehenden Beispiel werden beibehalten, statt der SQL Server Datenbank verwenden wir eine *Session*-Variable. Der Nachteil (oder auch Vorteil): Nach einigen Minuten Inaktivität ist alles wieder weg.

Aus Sicht des Programmierers müssen wir rudimentäre Datenbankfunktionen implementieren, was sich aber als nicht allzu schwer herausstellen wird:

```
...
<DataObject(True)>
Public Class SessionWarenkorb
    Private _ArtikelListe As List(Of Artikel)
```

Der vereinfachte Zugriff auf das *Session*-Objekt:

```
    Private Session As System.Web.SessionState.HttpSessionState = HttpContext.Current.Session
```

Im Konstruktor lesen wir entweder die Session aus,

```
Public Sub New()
    If Session("Warenkorb") IsNot Nothing Then _
        _ArtikelListe = DirectCast(Session("Warenkorb"), List(Of Artikel))
```

oder wir erzeugen eine neue Liste:

```
    Else
        _ArtikelListe = New List(Of Artikel)()
    End If
End Sub
```

Die Auswahl ist jetzt besonders einfach:

```
<DataObjectMethod(DataObjectMethodType.[Select])>
Public Function GetArtikelListe() As List(Of Artikel)
    Return _ArtikelListe
End Function
```

Ein Update erfordert schon etwas Handarbeit, wir müssen den Eintrag suchen:

```
<DataObjectMethod(DataObjectMethodType.Update)>
Public Sub UpdateArtikel(ByVal updArtikel As Artikel)
    For Each art As Artikel In _ArtikelListe
        If art.Id = updArtikel.Id Then
            art.Bezeichnung = updArtikel.Bezeichnung
            art.Preis = updArtikel.Preis
            art.Anzahl = updArtikel.Anzahl
            Exit For
        End If
    Next
    Session("Warenkorb") = _ArtikelListe
End Sub
```

Auch beim Delete sind wir auf Kenntnisse der Collection-Programmierung angewiesen:

```
<DataObjectMethod(DataObjectMethodType.Delete)>
Public Sub DeleteArtikel(ByVal delArtikel As Artikel)
    For i As Integer = 0 To _ArtikelListe.Count - 1
        If _ArtikelListe(i).Id = delArtikel.Id Then
            _ArtikelListe.RemoveAt(i)
            Exit For
        End If
    Next
    Session("Warenkorb") = _ArtikelListe
End Sub
```

Im Unterschied zum Geschäftsobjekt aus dem Vorgängerbeispiel erzeugen wir auch neue Datensätze:

```
<DataObjectMethod(DataObjectMethodType.Insert)>
Public Sub InsertArtikel(ByVal insArtikel As Artikel)
    Dim Counter As Integer = 0
    For Each art As Artikel In _ArtikelListe
        If art.Id > Counter Then Counter = art.Id
    Next
    Counter += 1
```

```
        _ArtikelListe.Add(New Artikel(insArtikel.Bezeichnung, insArtikel.Preis,
                                       insArtikel.Anzahl, Counter))
        Session("Warenkorb") = _ArtikelListe
    End Sub
```

Binden Sie dieses Objekt, wie schon beim letzten Beispiel, an eine *ObjectDataSource* und fügen Sie außer einem *GridView* auch ein *DetailsView* ein (für das Erzeugen neuer Datensätze setzen Sie *DefaultMode= Insert*).

HINWEIS   Damit das Löschen auch funktioniert, müssen Sie beim *GridView* die Eigenschaft *DataKeyNames* auf *Id* setzen.

Ein Test zeigt, dass auch eine Session zum gewünschten Ergebnis führt:

Bezeichnung			Id	Bezeichnung	Preis	Anzahl		
Preis			1	Schuhe (braun)	55	7	Bearbeiten	Löschen
Anzahl			2	Schuhe (rot)	210	54	Bearbeiten	Löschen
Einfügen	Abbrechen		3	Stiefel (grün)	211	5	Bearbeiten	Löschen

Abbildung 8.17   Laufzeitansicht des Beispiels

Typisierte DataSets und ObjectDataSource

Wer sich die Prinzipskizze in Abbildung 8.1 noch einmal in Erinnerung ruft, wird zwar die Verbindung von DataSource und Geschäftsobjekten vorfinden, von typisierten DataSets ist allerdings noch nichts zu sehen. Das wollen wir an dieser Stelle ändern. Doch zunächst wollen wir den Einsatz typisierter DataSets im Zusammenhang mit ASP.NET-Anwendungen einer kurzen Betrachtung unterziehen, bevor wir uns der Kombination mit der *ObjectDataSource* zuwenden.

Verwendung von TableAdaptern in ASP.NET-Seiten

Haben Sie mit Hilfe des Assistenten erfolgreich ein neues typisiertes DataSet erzeugt (siehe dazu Kapitel 5), können Sie es in Ihren ASP.NET-Seiten sowohl für den direkten Zugriff als auch für die Datenbindung verwenden.

Ausgangspunkt für unsere Beispiele ist ein einfaches *DataSet* mit folgendem Aufbau:

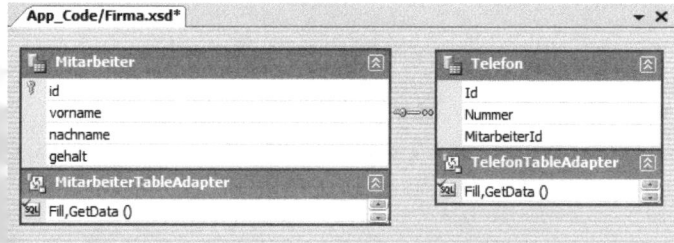

Abbildung 8.18   Ein einfaches *DataSet* mit erzeugten *TableAdapter*n für die Tabellen *Mitarbeiter* und *Telefon*

Beide Tabellen besitzen eine klassische 1:n-Beziehung, jedem Mitarbeiter können mehrere Telefone zugeordnet werden.

Eine einfache Web-Applikation (*Firmenverwaltung.aspx*) soll die Verwendung der beiden *TableAdapter* demonstrieren.

HINWEIS　　　Im folgenden Abschnitt werden wir das Beispiel um zwei *ObjectDataSource*-Controls erweitern, ein Vergleich zwischen beiden Lösungen lohnt sich.

Instanziieren von TableAdaptern und typisiertem DataSet

Bevor wir mit den *TableAdapter*n praktisch arbeiten können, müssen wir sie instanziieren, das Gleiche gilt auch für das typisierte DataSet:

```
...
Public Partial Class Firmenverwaltung
  Inherits System.Web.UI.Page

  Private taMitarbeiter As New FirmaTableAdapters.MitarbeiterTableAdapter()

  Private taTelefone As = New FirmaTableAdapters.TelefonTableAdapter()

  Private myFirma As New Firma()
```

Die oben fett hervorgehobenen Objekte bilden die Grundlage für unsere Beispiele.

Datenauswahl und Anzeige mit TableAdaptern

BEISPIEL

Sowohl die Mitarbeiterdaten als auch die Telefondaten sollen in zwei *GridView*s angezeigt werden.

Zunächst eine universelle Anzeigeroutine, wie sie auch beim späteren Aktualisieren etc. zum Einsatz kommt:

```
Protected Sub Refresh()
    taMitarbeiter.Fill(myFirma.Mitarbeiter)
    taTelefone.Fill(myFirma.Telefon)
    GridView1.DataSource = myFirma.Mitarbeiter
    GridView2.DataSource = myFirma.Telefon
    Me.DataBind()
End Sub
```

Mit dem Laden des Formulars wird auch die Anzeige aktualisiert:

```
Protected Sub Page_Load(ByVal sender As Object, ByVal e As EventArgs) Handles Me.Load
    Refresh()
End Sub
```

Nach dem Einfügen zweier *GridView*-Controls in das Webformular können Sie sich schon an zwei gefüllten Tabellen erfreuen, vorausgesetzt, in der Datenbank sind auch schon Einträge vorhanden.

Mit obiger Routine wird auf die 1:n-Verknüpfung beider Tabellen noch keine Rücksicht genommen, soll dies der Fall sein, müssen Sie dem *TelefonTableAdapter* eine zusätzliche SELECT-Methode hinzufügen, die als Parameter den gerade ausgewählten Datensatz der Primärtabelle (*Mitarbeiter*) erwartet.

Öffnen Sie dazu erneut den DataSet-Designer und klicken Sie mit der rechten Maustaste auf den *Telefon-TableAdapter* und wählen Sie im Kontextmenü den Eintrag *Hinzufügen/Query*.

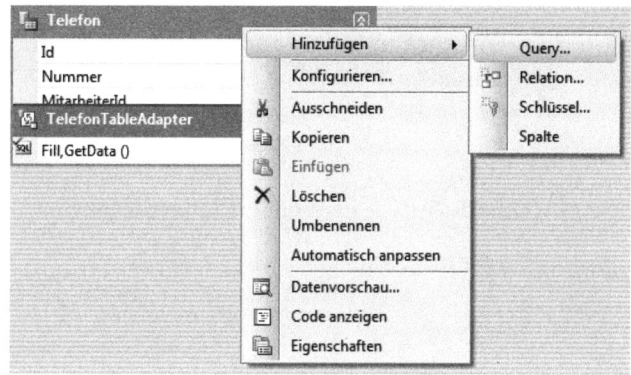

Abbildung 8.19 Neue Auswahl-Methode erzeugen

Im folgenden Dialog entscheiden Sie sich für eine neue *SQL-Anweisung*.

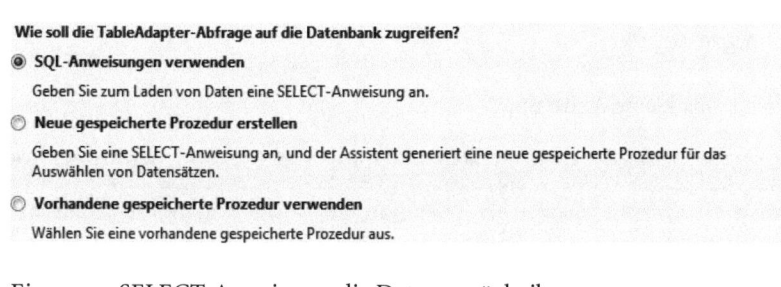

Wie soll die TableAdapter-Abfrage auf die Datenbank zugreifen?

◉ **SQL-Anweisungen verwenden**

Geben Sie zum Laden von Daten eine SELECT-Anweisung an.

○ **Neue gespeicherte Prozedur erstellen**

Geben Sie eine SELECT-Anweisung an, und der Assistent generiert eine neue gespeicherte Prozedur für das Auswählen von Datensätzen.

○ **Vorhandene gespeicherte Prozedur verwenden**

Wählen Sie eine vorhandene gespeicherte Prozedur aus.

Abbildung 8.20 Art des Zugriffs festlegen

Eine neue SELECT-Anweisung, die Daten zurückgibt

Welchen Typ von SQL-Abfrage möchten Sie verwenden?

◉ **SELECT-Anweisung, die Zeilen zurückgibt**

Gibt eine oder viele Zeilen bzw. Spalten zurück.

○ **SELECT-Anweisung, die einen einzelnen Wert zurückgibt**

Gibt einen einzelnen Wert zurück (z.B. "Sum", "Count" oder eine andere Aggregatfunktion).

○ **UPDATE**

Ändert vorhandene Daten in einer Tabelle.

○ **DELETE**

Abbildung 8.21 Eine neue SELECT-Anweisung, die Daten zurückgibt

Geben Sie im nächsten Fenster diese Abfrage ein:

```
SELECT
    Id, MitarbeiterId, Nummer
FROM
    Telefon
WHERE
    (MitarbeiterId = @Mitarbeiter)
```

Im letzten Schritt sollten Sie den beiden neu zu erzeugenden Methoden (*Fill..* und *Get...*) sinnvolle Namen geben, wir entscheiden uns für *FillByMitarbeiter* und *GetDataByMitarbeiter*:

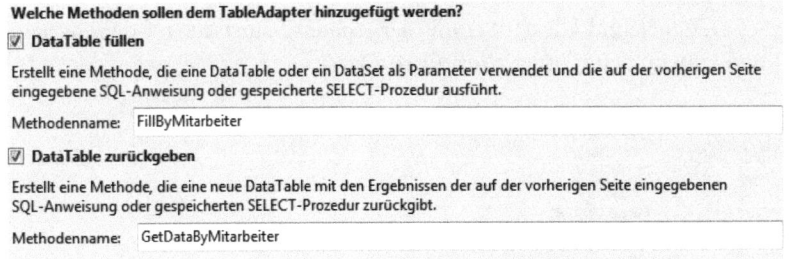

Abbildung 8.22 Methodennamen festlegen

Im Eigenschaften-Fenster können Sie sich nach dem Abschluss des Assistenten vom Erfolg überzeugen:

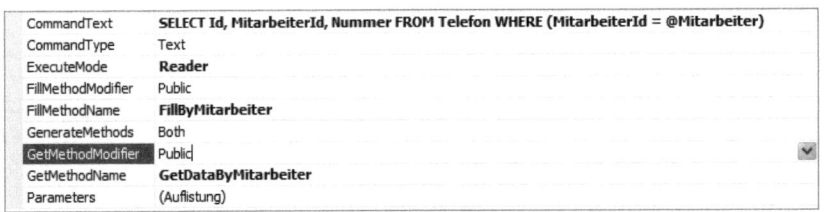

Abbildung 8.23 Die Eigenschaften der neuen Adapter-Methode

Auch unser »Programm« braucht jetzt eine kleine Änderung:

BEISPIEL

Ist kein Datensatz in der Tabelle *Mitarbeiter* markiert, sollen alle Telefonnummern angezeigt werden, andernfalls nur die zum markierten Datensatz gehörenden.

```
Protected Sub Refresh()
    taMitarbeiter.Fill(myFirma.Mitarbeiter)
    If GridView1.SelectedValue Is Nothing Then
        taTelefone.Fill(myFirma.Telefon)
    Else
        taTelefone.FillByMitarbeiter(myFirma.Telefon, DirectCast(GridView1.SelectedValue, Integer))
    End If
    GridView1.DataSource = myFirma.Mitarbeiter
    GridView2.DataSource = myFirma.Telefon
    Me.DataBind()
End Sub
```

GridView1 (*Mitarbeiter*) muss zu diesem Zweck ein zusätzliches *CommandField* (Schaltfläche *Auswählen*) erhalten, das Sie über das Kontextmenü des *GridView*-Controls erzeugen können (Abbildung 8.24).

Vorletzter Schritt ist das Festlegen der *DataKeyNames*-Eigenschaft von *GridView1* auf *id*. Damit liefert ein Aufruf von *GridView1.SelectedValue* den Primärschlüssel der ausgewählten Tabellenzeile.

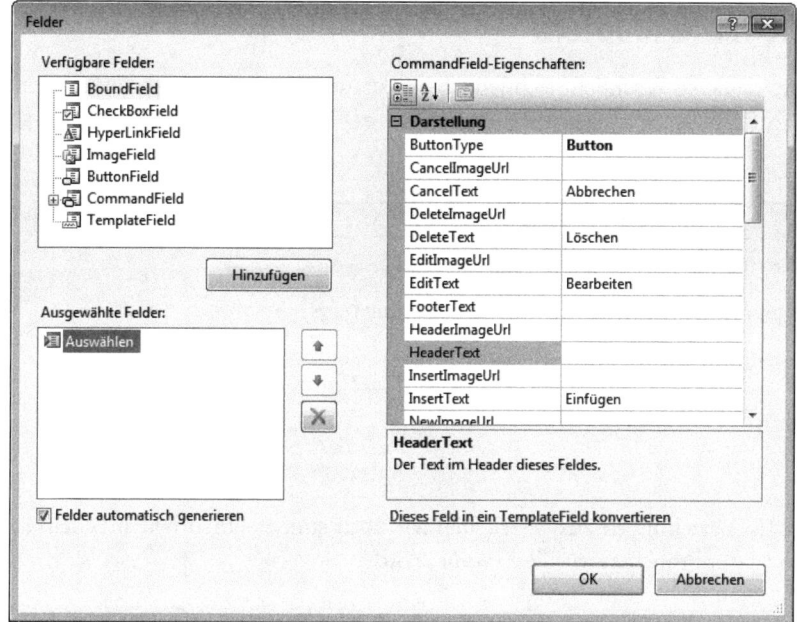

Abbildung 8.24 Schaltfläche einfügen

Letzter Schritt ist das Aktualisieren der Anzeige beim Klick auf die Schaltfläche *Auswählen*:

```
Protected Sub GridView1_SelectedIndexChanged(ByVal sender As Object, ByVal e As EventArgs)
    Refresh()
End Sub
```

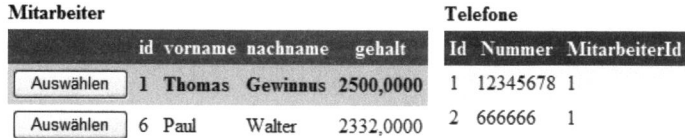

Abbildung 8.25 Das Programm in Aktion

Auch die direkte Ausgabe von Werten mittels *Response* ist mit Hilfe des typisierten DataSets recht einfach.

BEISPIEL

Mitarbeiterliste ausgeben

```
Protected Sub Button5_Click(ByVal sender As Object, ByVal e As EventArgs) Handles Button5.Click

    For Each row As Firma.MitarbeiterRow In myFirma.Mitarbeiter
        Response.Write("Name " & row.Vorname & " " & row.Nachname & " Gehalt: " &
                                            row.Gehalt.ToString("c") & "<br>")
    Next
End Sub
```

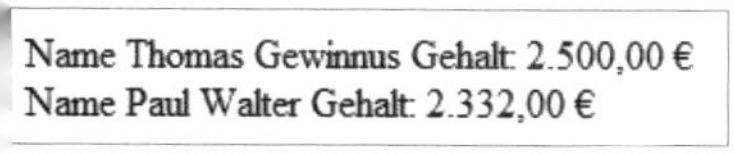

Name Thomas Gewinnus Gehalt: 2.500,00 €
Name Paul Walter Gehalt: 2.332,00 €

Abbildung 8.26 Die Ausgabe im Internet Explorer

Datenmanipulation mit TableAdaptern

Der wesentliche Vorteil typisierter DataSets erschließt sich jedoch erst dann, wenn man Daten hinzufügen, löschen oder ändern möchte. Statt kryptischer Anweisungen haben wir es jetzt mit intuitiven Methoden zu tun.

BEISPIEL

Einfügen eines neuen Mitarbeiters

```
Protected Sub Button1_Click(ByVal sender As Object, ByVal e As EventArgs) Handles Button1.Click

    myFirma.Mitarbeiter.AddMitarbeiterRow(TextBox1.Text, TextBox2.Text,
                                    Convert.ToDecimal(TextBox3.Text))
    taMitarbeiter.Update(myFirma.Mitarbeiter)
    Refresh()
End Sub
```

Doch wie sieht es eigentlich mit 1:n-Beziehungen aus? Versuchen wir doch einmal, einen neuen Datensatz in die Tabelle *Telefon* einzutragen (dafür brauchen wir die *MitarbeiterId*).

BEISPIEL

Telefonnummer für markierten Mitarbeiter (*GridView1*) einfügen

```
Protected Sub Button2_Click(ByVal sender As Object, ByVal e As EventArgs) Handles Button2.Click
```

Nur wenn im *GridView1* ein Mitarbeiter markiert ist:

```
If GridView1.SelectedValue Is Nothing Then Return
```

Neue *Row* erzeugen, parametrieren und an die *Row*-Auflistung anhängen:

```
Dim tr As Firma.TelefonRow = myFirma.Telefon.NewTelefonRow()
tr.MitarbeiterId = DirectCast(GridView1.SelectedValue, Integer)
tr.Nummer = TextBox7.Text
myFirma.Telefon.AddTelefonRow(tr)
```

Das leidige *Update* für die Persistenz:

```
taTelefone.Update(myFirma.Telefon)
Refresh()
End Sub
```

So richtig schön sieht obiges Listing aber nicht aus. Besser funktioniert es mit einer *DBDirect*-Methode, eine SQL-Anweisung, die direkt auf die zugrunde liegende Datenbank wirkt. Dazu genügt es, wenn Sie die Eigenschaft *GenerateDBDirectMethods* des jeweiligen *TableAdapters* auf *True* setzen. Statt mit dem typisierten *DataSet* (bzw. den enthaltenen *DataTables*) arbeiten Sie jetzt direkt mit dem *DataAdapter*, wie es das folgende Beispiel zeigt.

BEISPIEL

Alternative zum Einfügen einer Telefonnummer

```
Protected Sub Button4_Click(ByVal sender As Object, ByVal e As EventArgs) Handles Button4.Click
    If GridView1.SelectedValue Is Nothing Then Return
```

Eine Zeile Code genügt jetzt:

```
    taTelefone.Insert(TextBox7.Text, DirectCast(GridView1.SelectedValue, Integer))
    Refresh()
End Sub
```

Doch was ist, wenn Sie beide Einträge (Mitarbeiter und Telefon) gleichzeitig vornehmen wollen? Hier kommen Sie nicht umhin, zunächst den Primärdatensatz zu erzeugen (Mitarbeiter) und mit dessen Primärschlüssel die Detaildaten anzulegen (Telefon).

Auch in diesem Fall sollten Sie Ihre Aufmerksamkeit zunächst dem DataSet widmen. Fügen Sie über das Kontextmenü des *MitarbeiterTableAdapters* eine neue INSERT-SQL-Anweisung ein:

```
INSERT INTO [Mitarbeiter] ([vorname], [nachname], [gehalt]) VALUES (@vorname, @nachname, @gehalt);
SELECT @@IDENTITY;
```

HINWEIS   Wer genauer hinsieht merkt, dass es sich um zwei SQL-Anweisungen handelt. Zunächst der Einfügebefehl (INSERT) und nachfolgend die Selektion des Primärschlüssels (letzter Identity-Wert).

Speichern Sie die Anweisung unter dem Namen *NeuerMitarbeiter* und wenden Sie Ihre Aufmerksamkeit den Eigenschaften dieser neuen Funktion zu. Der *ExecuteMode* muss jetzt auf *Scalar* geändert werden, anderenfalls erhalten Sie nicht den gewünschten Primärschlüssel.

Mit der neuen Methode ist das Einfügen von *Mitarbeiter* und *Telefon* ein Kinderspiel:

BEISPIEL

Mitarbeiter und zugehöriges Telefon gleichzeitig eintragen

```
Protected Sub Button3_Click(ByVal sender As Object, ByVal e As EventArgs) _
                    Handles Button3.Click
```

Das Typecasting ist nötig, es handelt sich um ein *Object*:

```
    Dim id As Integer = Convert.ToInt32(taMitarbeiter.NeuerMitarbeiter(TextBox5.Text,
                                                        TextBox4.Text, 100))
    taTelefone.Insert(TextBox6.Text, id)
    Refresh()
End Sub
```

Zwei Zeilen relevanter, gut lesbarer Code reichen, um zwei verknüpfte Datensätze in einer SQL Server-Datenbank zu speichern, das ist schon nicht schlecht. Doch spätestens beim Editieren im *GridView*, bzw. in den anderen gebundenen Controls, wird der Code schnell unübersichtlich. Wir verzichten deshalb an dieser Stelle darauf, diese Techniken detailliert vorzustellen und wenden uns gleich einer sinnvollen Alternative bzw. Ergänzung zu.

ObjectDataSource und typisierte DataSets

So schön und logisch die Programmierung mit den typisierten DataSets im Quellcode und beim reinen Anzeigen von Daten auch ist, spätestens beim Editieren, Löschen oder Einfügen machen wir uns mehr Arbeit, als es eigentlich die Microsoft-Entwickler vorgesehen haben. Viele Aufgaben lassen sich wesentlich einfacher mit Hilfe der *DataSource*-Controls realisieren.

In unserem Fall brauchen Sie sicher nicht lange nachzudenken, welche DataSource die richtige ist, drängt sich doch die *ObjectDataSource* schon vom Namen her geradezu auf.

Die grundsätzliche Vorgehensweise ist Ihnen ja schon aus dem vorhergehenden Abschnitt bekannt, der wichtigste Unterschied wird zunächst sein, dass wir es jetzt mit der dynamisch erzeugten *DataSet*-Klasse bzw. den erzeugten *TableAdapter*n zu tun haben. Um das Programmieren von Klassen etc. müssen Sie sich nicht kümmern.

Auch in diesem Fall wollen wir Sie mit unserem Trivial-Beispiel (*Mitarbeiter/Telefone*) traktieren[1], wir belassen es sogar beim schon erzeugten DataSet. Die Funktionalität wollen wir in diesem Fall jedoch wesentlich erweitern.

1. TableAdapter und ObjectDataSource verknüpfen

Wie schon bei den selbst erstellten Klassen gilt auch hier: pro Klasse (*TableAdapter*) ein ObjectDataSource-Control. Über den Konfigurationsassistenten lassen sich die Klassen bequem auswählen:

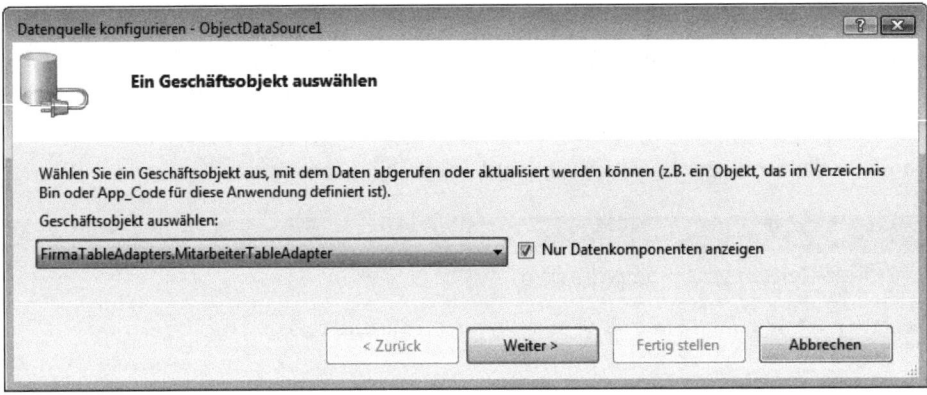

Abbildung 8.27 Auswahl der *TableAdapter*

2. Datenmethoden zuordnen

Weisen Sie nachfolgend die bereits definierten Datenmethoden für die SELECT-, UPDATE-, INSERT- und DELETE-Vorgänge zu.

---

[1] Haben Sie die Programmierung einer 1:n-Beziehung verstanden, können Sie das problemlos auf mehrfache Abhängigkeiten erweitern. Was nützt das komplexeste Beispiel, wenn es kein Mensch richtig versteht?

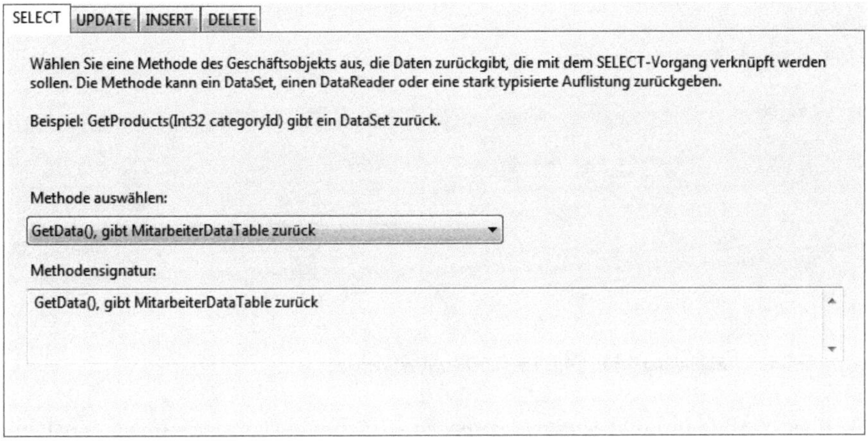

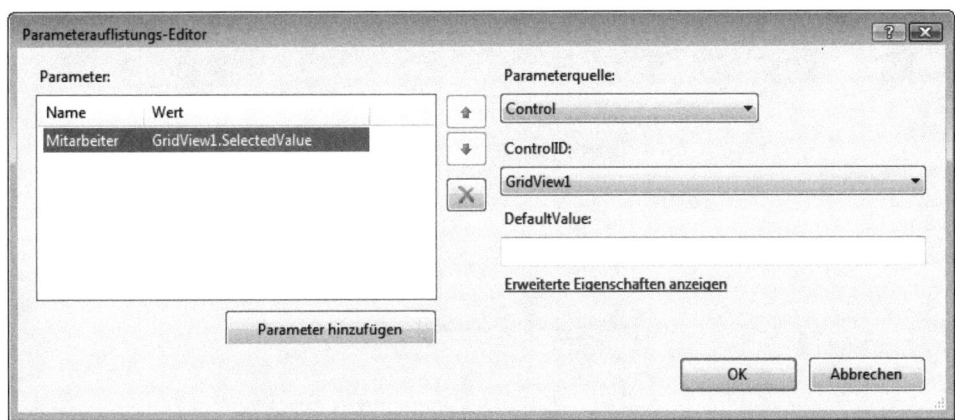

Abbildung 8.28 Zuweisen der Datenmethoden

3. Datenquellen miteinander verknüpfen (1:n-Beziehung)

Soll zwischen den beiden Tabellen eine Abhängigkeit hergestellt werden, müssen wir bei der *ObjectData-Source* für die Telefone statt der *GetData*-Methode die *GetDataByMitarbeiter*-Methode für SELECT verwenden. Diese erfordert als Parameter den Primärschlüssel der Mitarbeiter-Tabelle. Über die *SelectParameters*-Eigenschaft können wir die Zuordnung für diesen Wert setzen:

Abbildung 8.29 Der Parameter wird über den markierten *GridView*-Eintrag bestimmt

HINWEIS   Vergessen Sie nicht, sowohl beim *GridView1* als auch beim *GridView2* die Eigenschaft *DataKeyNames* jeweils auf *id* festzulegen.

4. GridView-Funktionen aktivieren

Bisher sind die *GridView*-Controls zwar schon in der Lage Daten anzuzeigen, Optik und Funktionalität sind aber noch nicht auf dem Stand der Zeit. Über das Aufgabenmenü können Sie die wichtigsten Einstellungen (Paging ...) vornehmen:

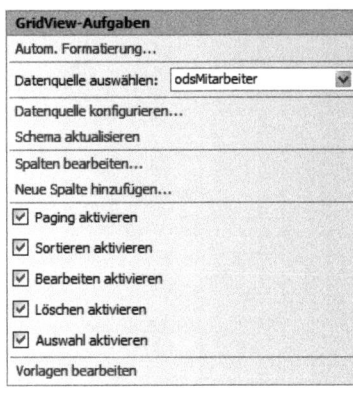

Abbildung 8.30 *GridView*-Funktionen aktivieren

Den Feinschliff können Sie über den Menüpunkt *Spalten bearbeiten* vornehmen (Formatierungen, Spalten-überschriften, Schaltflächen etc.).

5. Parameter der Datenmethoden mit Controls verknüpfen

Möchten Sie neue Datensätze anlegen, ist das *GridView* keine große Hilfe. Besser Sie nutzen ein paar *Text-Box*en oder, wie später gezeigt, eine *DetailsView*. Doch wie kommen die Inhalte der *TextBox*en zu den gewünschten Parametern für INSERT?

Hier hilft die *InsertParameters*-Eigenschaft der *ObjectDataSource* weiter. Einfach die Parameter mit den ent-sprechenden *TextBox*en verknüpfen:

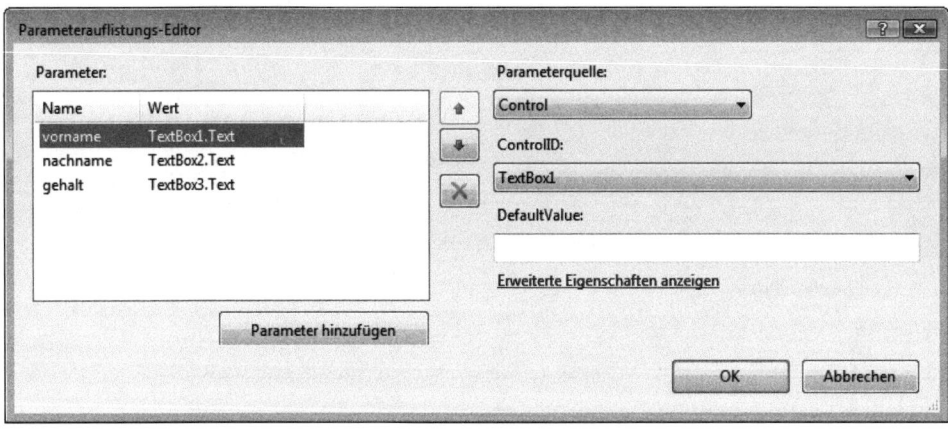

Abbildung 8.31 Parameterzuordnung beim INSERT

6. Unser erster Quellcode

Bisher sind wir ohne eine Zeile Code ausgekommen, das wird sich jetzt ändern. Für das Einfügen eines neuen Mitarbeiters müssen wir folgende »umfangreiche Routine« abarbeiten:

```
Protected Sub Button1_Click(ByVal sender As Object, ByVal e As EventArgs) Handles Button1.Click
    odsMitarbeiter.Insert()
End Sub
```

Da schämt man sich als Programmierer fast – nur eine Zeile! Doch trösten Sie sich, im Hintergrund hat der Compiler für unser typisiertes DataSet bereits zirka 1300 Zeilen Code erzeugt.

Genau die gleiche Methode rufen wir auch für die zweite *ObjectDataSource* auf:

```
Protected Sub Button2_Click(ByVal sender As Object, ByVal e As EventArgs) Handles Button2.Click
    odsTelefon.Insert()
End Sub
```

Einem ausgiebigen Test steht jetzt nichts mehr im Weg. Probieren Sie ruhig alle Eventualitäten wie Einfügen, Bearbeiten und Löschen aus (siehe Abbildung 8.30).

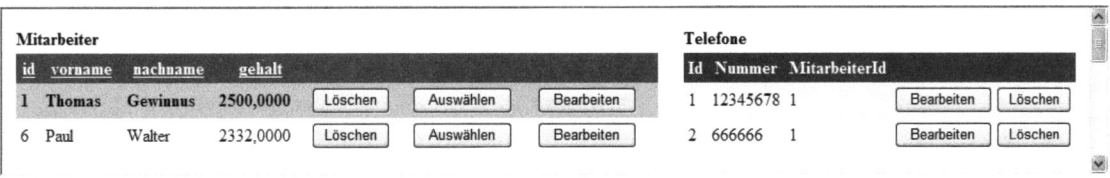

Abbildung 8.32 Das Programm in Aktion

Wer genau aufpasst, wird jedoch über einen unvermeidlichen Fehler beim Löschen stolpern:

> ## Serverfehler in der Anwendung /Beispiele.
>
> ---
>
> *Die DELETE-Anweisung steht in Konflikt mit der REFERENCE-Einschränkung "FK_Telefon_Mitarbeiter". Der Konflikt trat in der "C:\BUCH\DB_BUCH\ASP.NET\BEISPIELE\APP_DATA\DATEN.MDF"-Datenbank, Tabelle "dbo.Telefon", column 'MitarbeiterId' auf.*
> *Die Anweisung wurde beendet.*

Abbildung 8.33 Verletzung der referenziellen Integrität beim Löschen des Primärdatensatzes

7. Nachbessern

Jetzt ist guter Rat teuer! Die *ObjectDataSource* hilft Ihnen nur bedingt weiter, beispielsweise könnten Sie das *Deleting*-Ereignis verwenden. Doch der Aufwand ist viel zu hoch und das Ganze sieht auch noch recht dilettantisch aus. Wesentlich besser ist ein Eingriff in die Innereien des typisierten DataSets.

Erweitern Sie einfach die *CommandText*-Eigenschaft des *DeleteCommand* (*MitarbeiterTableAdapter*) um die erste Zeile:

```
DELETE FROM [Telefon] WHERE ([MitarbeiterId] = @Original_id);
DELETE FROM [Mitarbeiter] WHERE ([id] = @Original_id)
```

Vor dem Löschen des Mitarbeiters löschen wir einfach alle Detaildatensätze zu diesem Eintrag. Jetzt gibt es auch keine Verletzung der referenziellen Integrität.

8. Und doch wieder TableAdapter

Eine Aufgabenstellung haben wir mit den ObjectDataSources noch nicht umgesetzt. Das gleichzeitige Hinzufügen von Mitarbeiter und Telefon. Eine Änderung an der INSERT-SQL-Anweisung bringt uns nicht weiter, wir wollen ja nicht immer einen Telefoneintrag anlegen.

An dieser Stelle schließt sich der Kreis. Die beste Lösung ist hier wieder die Verwendung der TableAdapter-Methoden, wie schon beim vorhergehenden Beispiel:

```
Protected Sub Button3_Click1(ByVal sender As Object, ByVal e As EventArgs) _
                         Handles Button3.Click

    Dim taMitarbeiter As New FirmaTableAdapters.MitarbeiterTableAdapter()
    Dim taTelefone As New FirmaTableAdapters.TelefonTableAdapter()

    Dim id As Integer = Convert.ToInt32(taMitarbeiter.NeuerMitarbeiter(TextBox1.Text,
                              TextBox2.Text, Convert.ToDecimal(TextBox3.Text)))
    taTelefone.Insert(TextBox4.Text, id)
    GridView1.DataBind()
End Sub
```

Mit dem *GridView1.DataBind()* aktualisieren wir zum Schluss lediglich die Anzeige – ObjectDataSources und TableAdapter in trauter Eintracht.

9. Etwas Luxus bitte

Sicher sind Sie auch schon über den Fehler gestolpert, einen Datensatz in die Tabelle *Telefon* einzufügen, obwohl kein Datensatz im *GridView1* (Mitarbeiter) markiert ist. Folgende kleine Routine enthebt uns derartiger Probleme:

```
Protected Sub Page_PreRender(ByVal sender As Object, ByVal e As EventArgs)
    Button2.Enabled = (GridView1.SelectedValue IsNot Nothing)
End Sub
```

Warum erst in *Page_PreRender* und nicht gleich in *Page_Load*? Die Antwort lautet in diesem Fall: Im *Page_Load*-Ereignis ist *GridView1.SelectedValue* noch nicht definiert, erst kurz vor dem Rendern der Seite können wir auf den Wert zugreifen.

Damit endet auch schon unser kleiner Ausflug in die Untiefen der Programmierung mit typisierten DataSets und ObjectDataSources, wenden wir uns einer neuen Datenquelle zu.

LinqDataSource

Haben Sie sich schon durch das Kapitel 2 (LINQ) bzw. 17 (LINQ to SQL) durchgearbeitet, wird sicher auch die Frage aufkommen, wie Sie die erzeugten LINQ-Collections sinnvoll in Ihren ASP.NET-Anwendungen verwenden können.

Nichts leichter als das, wie es folgendes Beispiel beweist:

Ausgehend von einem vorhandenen LINQ to SQL *DataContext* sollen die *Artikel* der Datenbank *Northwind* in einem *GridView* angezeigt werden.

Mit dem Laden des Formulars legen wir los:

```
Protected Sub Page_Load(ByVal sender As Object, ByVal e As EventArgs)
    If (Not Me.IsPostBack) Then
```

Instanz des *DataContext* erzeugen und Daten zuweisen:

```
        Dim dc As New dcDatenDataContext()
        GridView2.DataSource = dc.Artikel
        GridView2.DataBind()
    End If
End Sub
```

Nach dem Start werden die Daten der Tabelle *Artikel* auch im *GridView* angezeigt, allerdings wird die erste Freude recht schnell dadurch getrübt, dass Sie weder eine Unterstützung für das Sortieren noch für Paging, Bearbeitung etc. erhalten.

Womit wir auch schon den Bogen zum Thema *LinqDataSource* geschlagen haben: Bei diesem Control haben wir es mit einer echten Neuerung zu tun, die uns die phantastischen Möglichkeiten von LINQ in all seinen Varianten für die Datenbindung in ASP.NET-Formularen erschließt.

Neben der »trivalen« Variante auf diese Weise eine einfache Collection mittels LINQ zu verarbeiten und an Controls zu binden, bietet sich vor allem die Verwendung im Zusammenhang mit LINQ to SQL bzw. LINQ to Entities an. In den beiden letztgenannten Fällen ist es auch problemlos möglich, neue oder geänderte Datensätze an die Datenquelle zu senden bzw. Datensätze zu löschen. Hier spielt LINQ seine Vorteile klar aus: Sie brauchen sich nicht um die Hintergründe zu kümmern, es genügt wenn Sie die entsprechende Funktion über die Eigenschaften *EnableDelete, EnableInsert, EnableUpdate* der *LinqDataSource* freischalten.

Bindung von einfachen LINQ-Collections

Ausgehend von einer trivialen Klasse *Daten,* die über die Eigenschaft *Mitarbeiter* eine Liste von Strings bereitstellt, wollen wir die Verwendung der *LinqDataSource* demonstrieren.

Zunächst ein Blick auf die Klassendefinition[1]:

```
Imports System
...

Public Class Daten
    Private _Mitarbeiter() As String = {"Müller", "Langohr", "Lehmann", "Schulze", "Otto",
                                "Gewinnus", "Rübenhals", "Ziege", "Gurkennase"}

    Public ReadOnly Property Mitarbeiter() As String()
        Get
            Return _Mitarbeiter
        End Get
    End Property
```

---

[1] Achten Sie darauf, dass in einem Website-Projekt die Klasse im Ordner *App_Code* gesichert wird.

```
    Public Sub New()
    End Sub
End Class
```

Die Konfiguration der *LinqDataSource* gestaltet sich recht simpel (ASP.NET-Quellcode):

```
<asp:LinqDataSource ID="LinqDataSource1" runat="server"
    ContextTypeName="Daten"
    TableName="Mitarbeiter">
</asp:LinqDataSource>
```

Über die Eigenschaft *ContextTypeName* weisen Sie zunächst die gewünschte Klasse zu, die eigentliche Datenmenge (Collection) bestimmen Sie mit der *TableName*-Eigenschaft.

Natürlich können Sie diese Zuweisung, wie bei der *ObjectDataSource,* auch per Assistent realisieren:

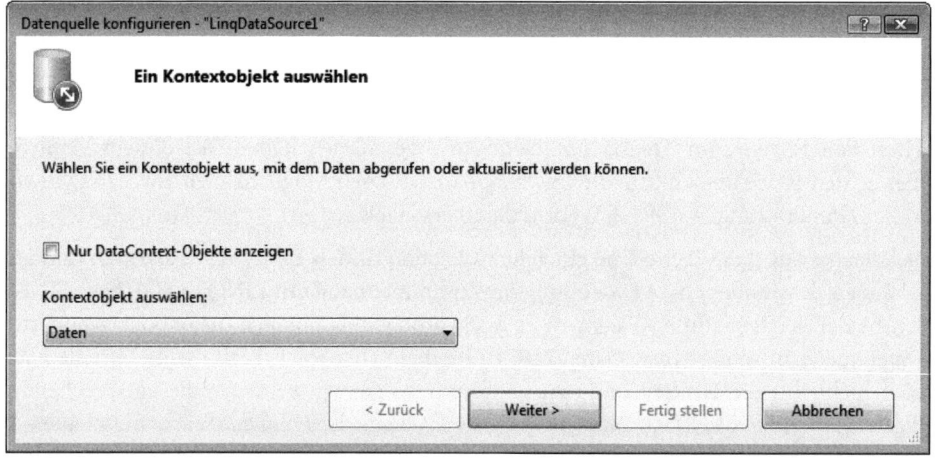

Abbildung 8.34   Erster Schritt: Auswahl des Kontextobjekts (eigentlich der Klasse)

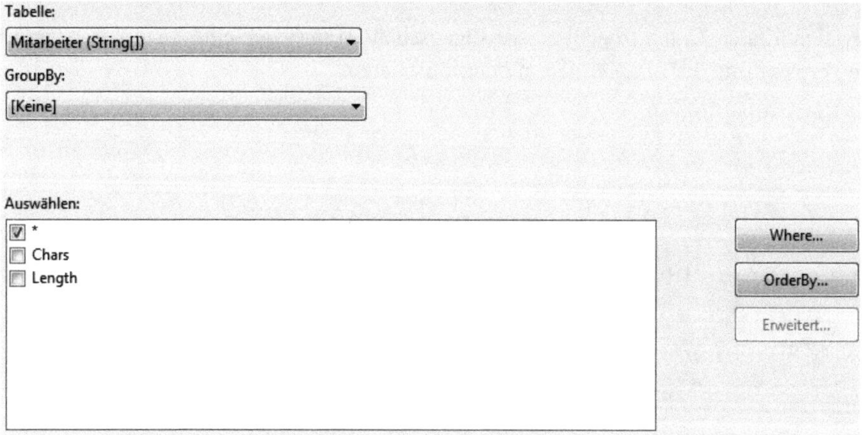

Tabelle:
Mitarbeiter (String[])
GroupBy:
[Keine]

Auswählen:
☑ *
☐ Chars
☐ Length

Where...
OrderBy...
Erweitert...

Abbildung 8.35   Zweiter Schritt: Auswahl der »Tabelle« (die Collection)

Die nachfolgende Anbindung eines Steuerelements, z.B. eines *GridView*-Controls, gestaltet sich recht einfach, weisen Sie einfach die *DataSourceId* zu und setzen Sie die Eigenschaft *AutoGenerateColumns* auf *True* (Default-Wert):

```
<asp:GridView ID="GridView1" runat="server" DataSourceID="LinqDataSource1"
    CellPadding="4" ForeColor="#333333" GridLines="None">
...
</asp:GridView>
```

Item
Müller
Langohr
Lehmann
Schulze
Otto
Gewinnus
Rübenhals
Ziege
Gurkennase

Abbildung 8.36   Ansicht zur Laufzeit

Wer aufmerksam war, hat sicher mitbekommen, dass die Spalten des *GridView*-Controls in diesem Fall mittels *AutoGenerateColumns* erst zur Laufzeit erstellt wurden. Der Grund: die Entwurfszeitunterstützung für obige Stringliste ist nur rudimentär entwickelt, da in diesem Fall keine Schema-Informationen abgerufen werden können.

Binden eines LINQ to SQL-DataContext

Ausgehend von den per Assistent/Designer erstellten LINQ to SQL-Mapperklassen können Sie der *LinqDataSource* zunächst den übergeordneten *DataContext* per *ContextTypeName*-Eigenschaft zuweisen.

HINWEIS   Wie Sie die Mapper-Klassen für eine LINQ to SQL-Abfrage erstellen, ist nicht Gegenstand dieses Kapitels (siehe Kapitel 17).

Danach bestimmen Sie per *TableName*-Eigenschaft welche Tabelle abgefragt werden soll (entspricht der FROM-Klausel in LINQ). Die Auswahl einzelner Spalten realisieren Sie mit der *Select*-Eigenschaft, der Sie ein gültiges LINQ-Statement zuweisen.

BEISPIEL

Auswahl der Spalten *BestellNr* und *Einzelpreis*

```
<asp:LinqDataSource ID="LinqDataSource2" runat="server"
    ContextTypeName="DatenDataContext"
    TableName="Bestelldetails">
    Select="New (BestellNr As BestNr, Einzelpreis AS EPreis)"
</asp:LinqDataSource>
```

Solange Sie sich auf vorhandene (einfache) Spalten beschränken (siehe oben), können Sie bei der Bindung von Controls auch die entsprechenden Assistenten zur Spaltenkonfiguration verwenden.

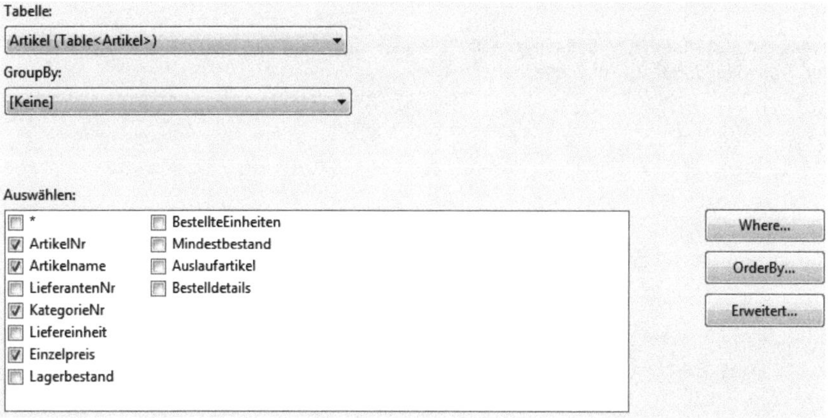

Abbildung 8.37   Spaltenauswahl per Assistent (dieser erzeugt das *Select*-Statement)

Berechnete Spalten/Detaildaten

Verwenden Sie berechnete Spalten oder Detaildaten ist Schluss mit lustig, und es bleibt nur der steinige Weg über ASP.NET-Quellcode in Verbindung mit LINQ-Anweisungen.

BEISPIEL

Eine berechnete Spalte erzeugen

```
<asp:LinqDataSource ID="LinqDataSource2" runat="server"
    ContextTypeName="DatenDataContext"
    TableName="Bestelldetails">
    Select="new (BestellNr As BestNr, Einzelpreis + Anzahl As GPreis)"
</asp:LinqDataSource>
```

BEISPIEL

Zugriff auf Detaildaten[1]

```
<asp:LinqDataSource ID="LinqDataSource2" runat="server"
    ContextTypeName="DatenDataContext"
    TableName="Bestelldetails">
    Select="new (BestellNr As BestNr, Artikel.Artikelname AS AName)"
</asp:LinqDataSource>
```

---

[1] Hier sehen Sie auch gleich einen Vorteil der LINQ to SQL-Mapperklassen: Detaildaten müssen Sie nicht mühevoll per JOIN zuordnen, sondern Sie können dazu einfach die hierarchisch geschachtelten Eigenschaften verwenden (*Artikelname* ist eine Eigenschaft der Klasse *Artikel,* die dem Feld *Artikel* zugeordnet ist).

Anzeige der beiden obigen Felder in einem *GridView*

```
<asp:GridView ID="GridView3" runat="server" DataSourceID="LinqDataSource2"
    AutoGenerateColumns="False" CellPadding="4" ForeColor="#333333" GridLines="None">
    <FooterStyle BackColor="#1C5E55" Font-Bold="True" ForeColor="White" />
    <Columns>
        <asp:BoundField  DataField="AName" HeaderText="ArtikelName"  />
        <asp:BoundField DataField="GPreis" HeaderText="GesamtPreis"  />
...
    </asp:GridView>
```

Die zur Laufzeit angezeigte Tabelle:

ArtikelName	GesamtPreis
Queso Cabrales	26,0000
Singaporean Hokkien Fried Mee	19,8000
Mozzarella di Giovanni	29,3000
Tofu	27,6000

Abbildung 8.38 Anzeige von Detaildaten bzw. berechneter Spalten

Alternativ können Sie die Anzeige von Detaildaten auch durch die Verwendung von Templates bei der Anzeige im *GridView* erreichen. Weisen Sie dazu einer *GridView*-Spalte das übergeordnete Feld zu und wandeln Sie die Spalte in ein *TemplateField* um.

In einer Auswahl aller Bestellungen wollen Sie Details zu den Kunden anzeigen. Wählen Sie dazu die Spalten *BestellNr*, *KundenCode* und *Kunden* aus. Die Spalte *Kunden* wird in diesem Fall in ein *TemplateField* umgewandelt (mehr dazu ab Seite 562).

```
<asp:GridView ID="GridView3" runat="server" AutoGenerateColumns="False"
    DataSourceID="LinqDataSource2">
    <Columns>
        <asp:BoundField DataField="BestellNr" HeaderText="BestellNr" ReadOnly="True"
            SortExpression="BestellNr" />
        <asp:BoundField DataField="KundenCode" HeaderText="KundenCode"
            SortExpression="KundenCode" />
        <asp:TemplateField HeaderText="Kunden" SortExpression="Kunden">
```

Im Template können Sie jetzt problemlos auf die Detaildaten zugreifen und beispielsweise den Firmennamen und die Kontaktperson in zwei *Label*-Controls anzeigen lassen:

```
            <ItemTemplate>
                <asp:Label ID="Label1" runat="server" Text='<%# Bind("Kunden.Firma") %>'>
                </asp:Label>
                <br />
                <asp:Label ID="Label2" runat="server" Text='<%# Bind("Kunden.Kontaktperson") %>'>
                </asp:Label>
            </ItemTemplate>
        </asp:TemplateField>
    </Columns>
</asp:GridView>
```

BestellNr	KundenCode	Kunden
10643	ALFKI	Alfreds Futterkasten Maria Andersson
10692	ALFKI	Alfreds Futterkasten Maria Andersson
10702	ALFKI	Alfreds Futterkasten Maria Andersson

Abbildung 8.39 Ausschnitt der angezeigten Daten

Eigene LINQ-Ausdrücke zur Laufzeit übergeben

So flexibel das *LinqDataSource*-Control auch ist, es gibt Fälle, wo Sie mit dem vorgegebenen Rahmen nicht weiterkommen.

Stellen Sie sich beispielsweise vor, dass Sie in einem *DropDownList*-Control eine Liste aller Ländernamen aus der Tabelle *Kunden* anzeigen wollen. Dies dürfte mit den bisher gezeigten Beispielen sicher auch kein Problem sein, aber was ist, wenn diese Liste nur eindeutige Einträge aufweisen soll? Hier erinnern Sie sich sicher an den DISTINCT-Operator aus SQL bzw. die *Distinct*-Methode aus LINQ. Doch wo wollen Sie diese Methode anwenden?

Die *LinqDataSource* verfügt zu diesem Zweck über mehrere Ereignisse, in denen der Programmierer seinen Vorstellungen freien Lauf lassen kann, ohne an die Beschränkungen des restlichen Controls gebunden zu sein. In unserem Fall müssen wir das *Selecting*-Ereignis der Datenquelle anpassen.

BEISPIEL

Eigene LINQ-Abfrage zur Laufzeit ausführen und die Ergebnismenge zurückgeben.

```
Protected Sub LinqDataSource3_Selecting(ByVal sender As Object,
                                ByVal e As LinqDataSourceSelectEventArgs)
    Dim dc As New dcDatenDataContext()
    e.Result = (From k In dc.Kunden
                Select New With {Key k.Land}).Distinct()
End Sub
```

Weisen Sie diese *LinqDataSource* einem *DropDownList*-Control zu, wird Ihnen eine Liste der Länder angezeigt.

Filtern mit der LinqDataSource

Nachdem wir im vorhergehenden Abschnitt bereits eine *DropDownList* mit Daten gefüttert haben, wollen wir dieses Control nun zum Filtern der Kundenliste verwenden.

Mit der *LinqDataSource* ist das Filtern kein Problem, über den Assistenten (*Where*-Ausdruck) können wir problemlos eine Filterbedingung zuweisen.

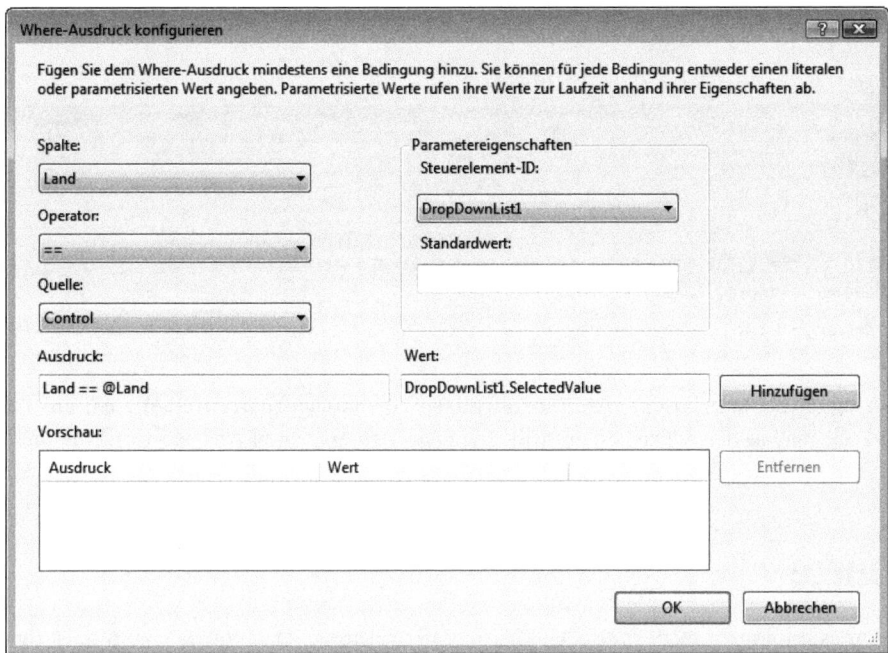

Abbildung 8.40 Zuweisen einer *DropDownList* als Filterkriterium für die Kundenliste

Starten Sie das Programm, dürfte bereits alles wie gewünscht funktionieren, mit jeder Auswahl in der *Drop-DownList* wird auch die *GridView* aktualisiert:

KundenCode	Firma	Kontaktperson	Funktion	Strasse	Ort	Region	PLZ	Land	Telefon	Telefax
MAISD	Maison Dewey	Catherine Dewey	Vertriebsagent	Rue Joseph-Bens 532	Bruxelles		B-1180	Belgien	(02) 201 24 67	(02) 201 24 68
SUPRD	Suprêmes délices	Pascale Cartrain	Buchhalterin	Boulevard Tirou, 255	Charleroi		B-6000	Belgien	(071) 23 67 22 20	(071) 23 67 22 21

Belgien

Abbildung 8.41 Beispiel für Filter

Doch auch hier stellt sich die Frage, wie wir beispielsweise einen Eintrag »ALLE« in der *DropDownList* realisieren können, und wie wir diesen Eintrag auch zum Filtern nutzen können.

Den Eintrag selbst können wir schon zur Entwurfszeit zur *DropDownList* hinzufügen. Damit dieser auch mit den Daten aus der Datenbank »gemischt« wird, setzen wir die Eigenschaft *AppendDataBoundItems* auf *True*:

```
<asp:DropDownList ID="DropDownList1" runat="server" AppendDataBoundItems="True"
    AutoPostBack="True" DataSourceID="LinqDataSource3" DataTextField="Land"
    DataValueField="Land">
    <asp:ListItem Value="- ALLE -">- ALLE -</asp:ListItem>
</asp:DropDownList>
```

Ein erneuter Testlauf führt jetzt allerdings zu einem kleinen Problem, da unsere *LinqDataSource* für die Kundenliste mit diesem Eintrag nichts anzufangen weiß.

In diesem Fall hilft ebenfalls eine Ereignis-Routine weiter, wird der Eintrag *Alle* gewählt, löschen wir einfach die *Where*-Bedingung.

BEISPIEL

Löschen der Filterbedingung

```
Protected Sub LinqDataSource2_Selecting(ByVal sender As Object,
                                ByVal e As LinqDataSourceSelectEventArgs)
    If DropDownList1.SelectedValue = "- ALLE -" Then
        e.WhereParameters.Remove("Land")
    End If
End Sub
```

Damit wollen wir es an dieser Stelle belassen, viele Ausführungen zur *SqlDataSource* treffen auch auf die *LinqDataSource* zu, und wir wollen den speziellen Ausführungen zu den einzelnen Anzeige-Controls nicht zu sehr vorgreifen.

EntityDataSource

An dieser Stelle haben wir es mit einem recht speziellen Vertreter der Gattung »Datenquelle« zu tun, ist dieses Control doch speziell für den Zugriff auf Entity Data Modelle angepasst.

Die *EntityDataSource* wurde, etwas unbeachtet, bereits mit dem Service Pack 1 für das .NET Framework 3.5 ausgeliefert.

HINWEIS   Mehr zur Arbeit mit dem Entity Framework finden Sie im Kapitel 18.

Ausgangspunkt für die Arbeit mit dem Control ist zunächst eine geeignete Datenquelle, d.h. ein vom Entity Framework unterstützter Datenprovider. Im folgenden Beispiel werden wir auf die »gute alte« *Northwind*-Datenbank des Microsoft SQL Servers zugreifen und versuchen, die Tabelle *Products* an ein *GridView* anzubinden.

Entity Data Model erstellen

Bevor wir uns um Oberfläche etc. kümmern, brauchen wir ein funktionierendes Datenmodell. Erstellen Sie dieses über *Hinzufügen/Neues Element/ADO.NET Entity Data Model*:

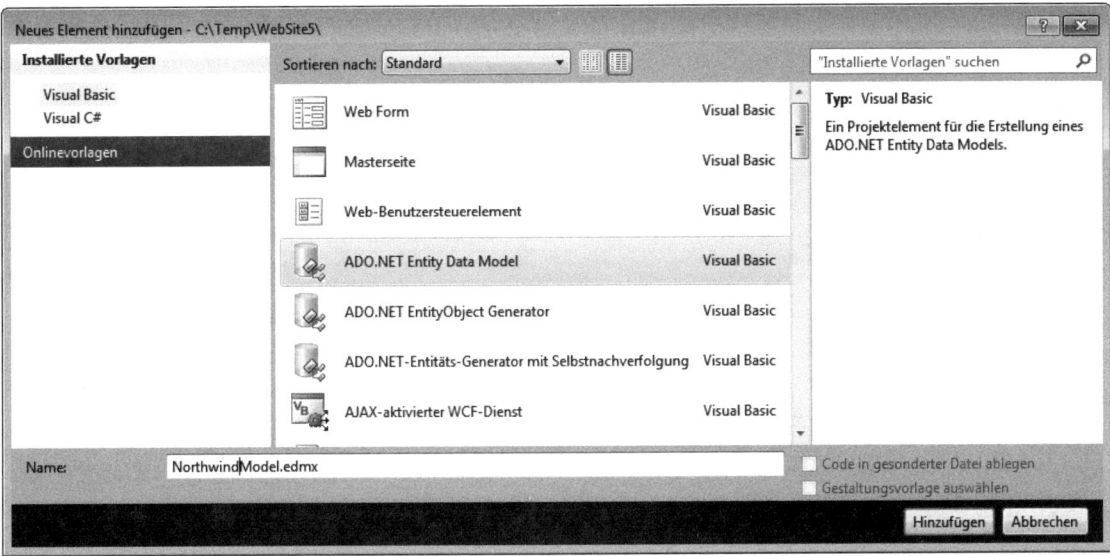

Abbildung 8.42 Neues Datenmodell erstellen

Vergeben Sie gleich hier den Namen *NorthwindModel.edmx* und klicken dann auf *Hinzufügen.* Im weiteren Verlauf müssen Sie sich entscheiden, ob Sie ein Modell aus einer bestehenden Datenbank oder ein neues Modell erzeugen wollen, wir entscheiden uns für die erste Option:

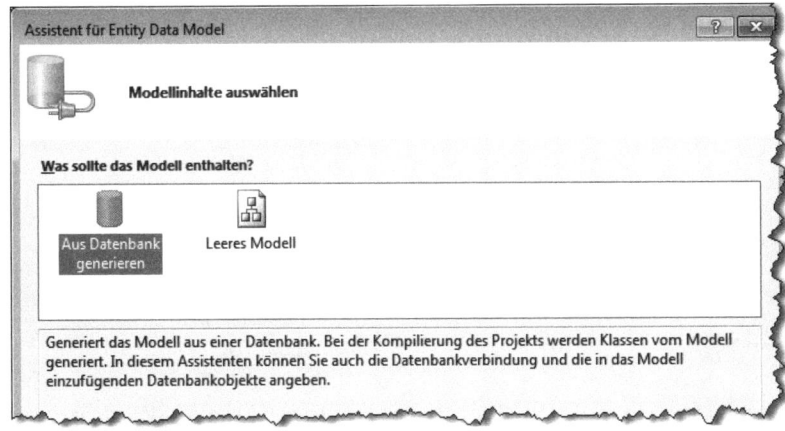

Abbildung 8.43 Modell aus der Datenbank generieren

Nachfolgend bestimmen Sie die zugrundeliegende Datenbank (Abbildung 8.44).

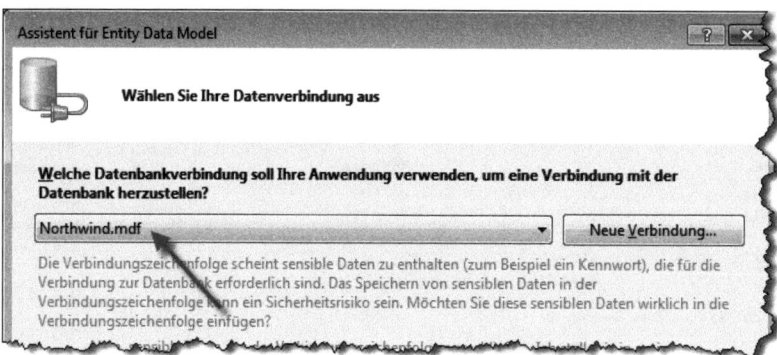

Abbildung 8.44   Auswahl der Datenbank

Nach dem Klick auf *Weiter* müssen Sie noch die per Modell abzubildenden Entitäten auswählen, wir belassen es bei der Tabelle *Products*:

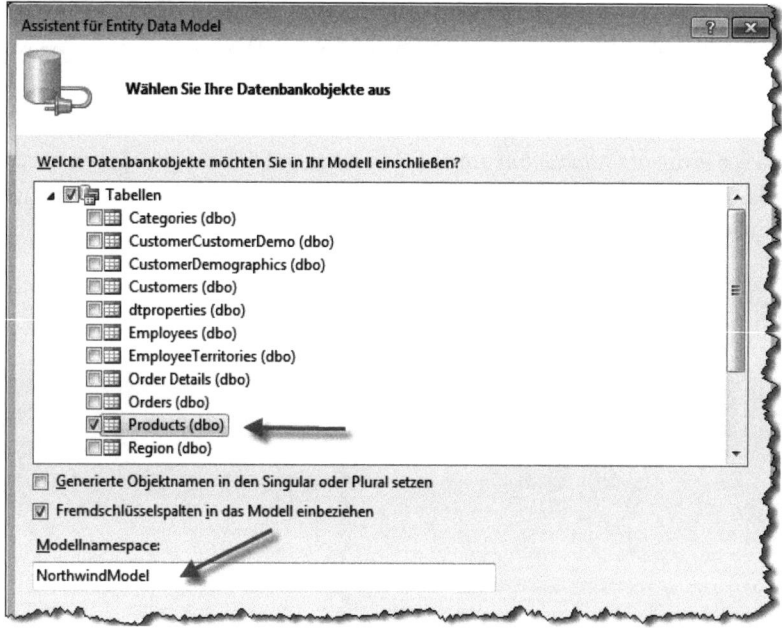

Abbildung 8.45   Tabelle *Products* auswählen

Nach kurzem Festplattenrasseln dürften Sie sich im EDM-Designer wiederfinden. Unser Modell sieht etwas karg aus, was aber nichts mit der Funktionalität zu tun hat:

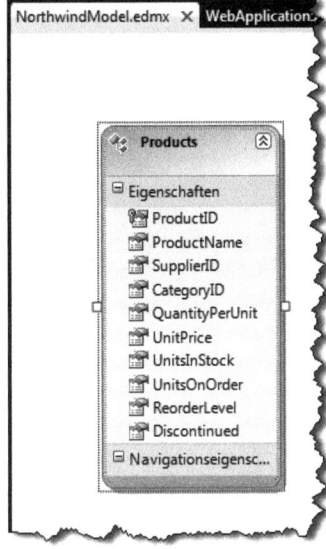

Abbildung 8.46 Das neu erstelle Datenmodell

Fügen Sie mehr als eine Tabelle hinzu, erkennt der Assistent automatisch auch die Abhängigkeiten zwischen den Tabellen und erstellt die gewünschten Verbindungen.

Damit ist der Entwurf unseres Datenmodells abgeschlossen, und wir können uns um die Oberfläche und damit auch um die *EntityDataSource* kümmern.

Bevor Sie weiterarbeiten ist es sinnvoll, das Projekt einmal zu kompilieren, andernfalls kann es passieren, dass später einige Klassen nicht gefunden werden.

EntityDataSource anbinden

Fügen Sie dem Web-Formular eine *EntityDataSource* sowie ein *GridView* hinzu. Zunächst wollen wir die *EntityDataSource* konfigurieren. Klicken Sie dazu im Aufgabenmenü des Controls auf *Datenquelle konfigurieren* und wählen Sie, wie in der folgenden Abbildung gezeigt, unsere Verbindung *NorthwindEntities* aus.

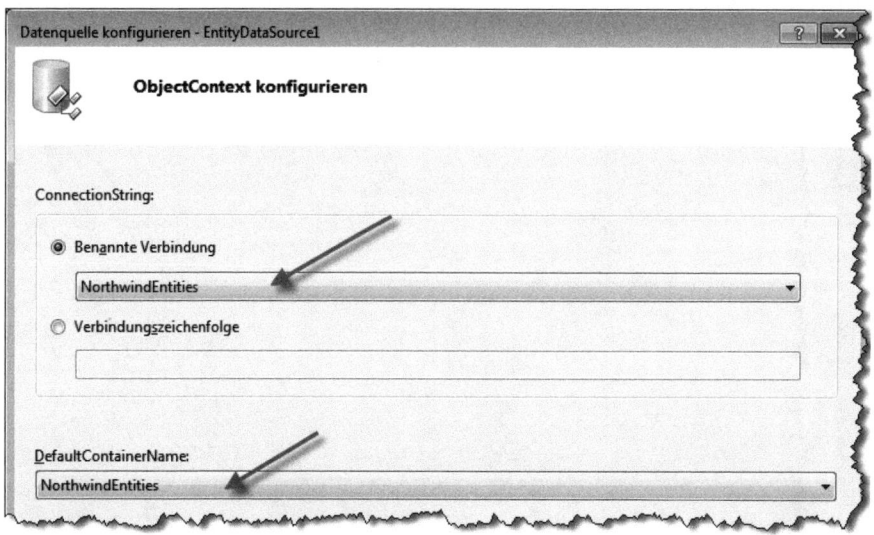

Abbildung 8.47 Auswahl der Datenquelle

Nächster Schritt ist die Auswahl der gewünschten Entität, hier bleibt Ihnen keine große Wahl, wir haben nur *Products*:

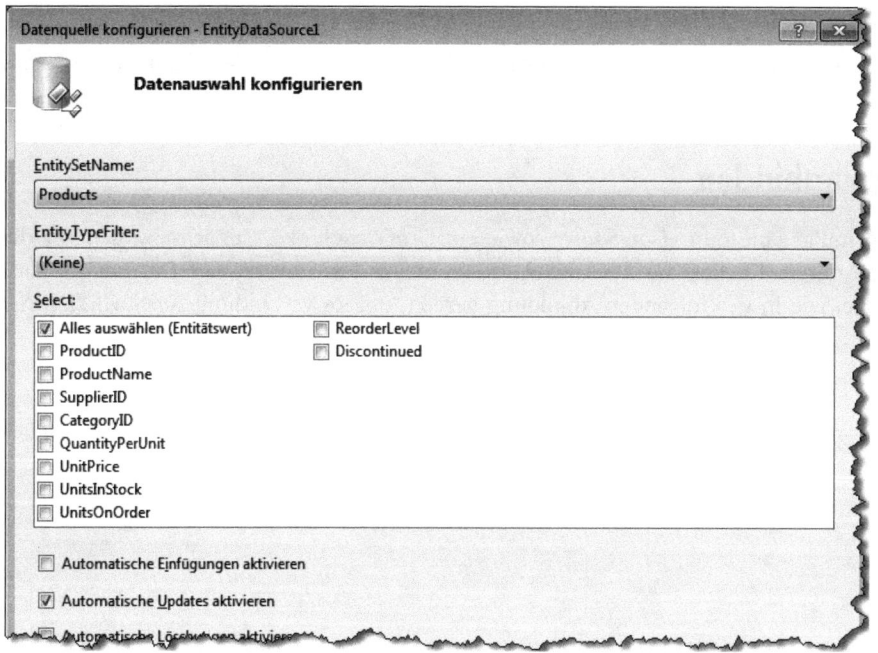

Abbildung 8.48 Auswahl der gewünschten Entität

HINWEIS   Einschränkungen bei den Spalten resultieren in einer Projektion (Abfrage).

Schließlich müssen wir noch die *GridView* an die *EntityDataSource* anbinden, auch dies gelingt dank Aufgabenmenü ohne große Probleme:

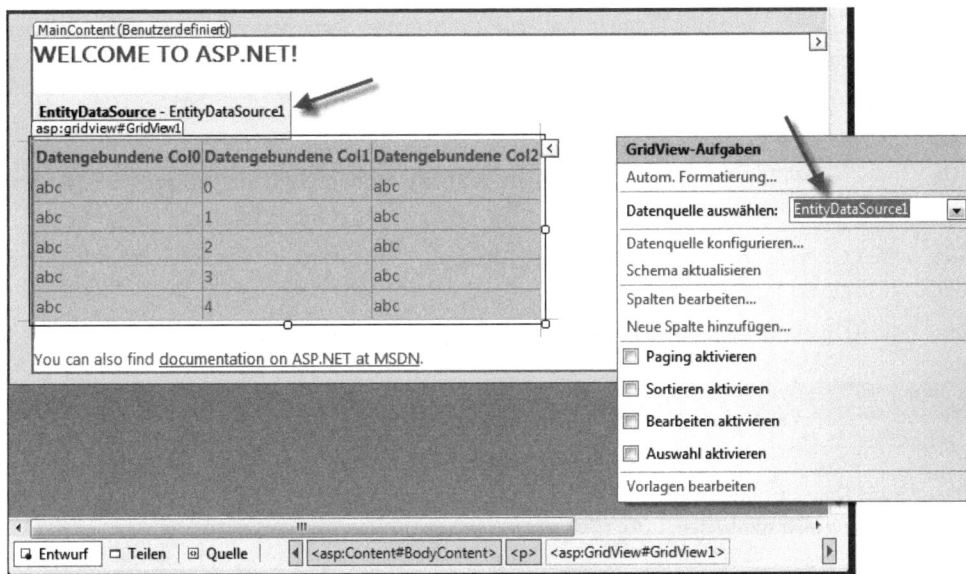

Abbildung 8.49 *GridView* an *EntityDataSource* binden

Nach Betätigen von F5 können Sie bereits die Tabellenansicht im Internet Explorer bewundern:

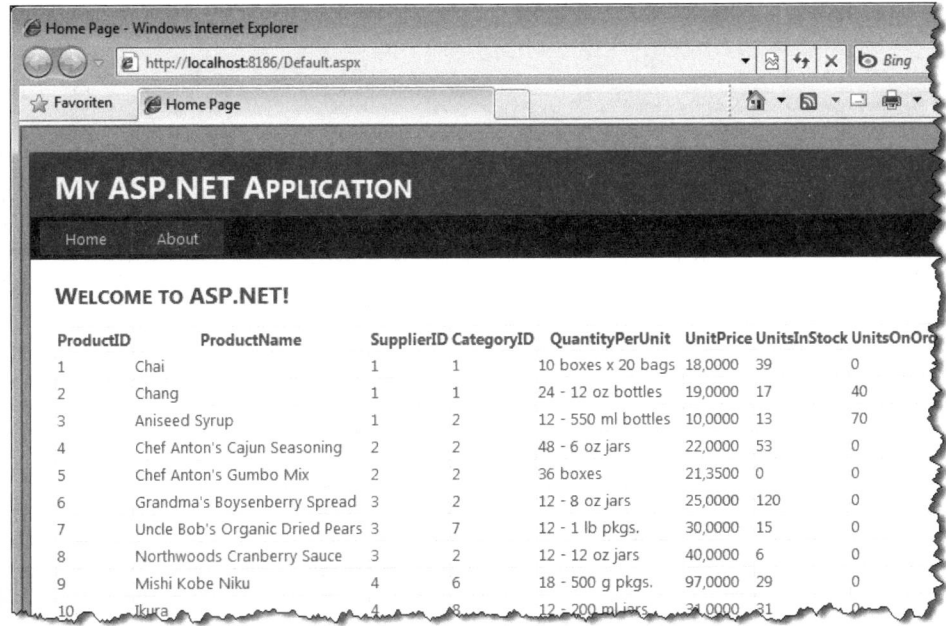

Abbildung 8.50 Unsere Datenauswahl zur Laufzeit

Datenmenge filtern

Dass wir alle Daten angezeigt bekommen ist im vorliegenden Fall nicht weiter schlimm, so umfangreich ist die Tabelle ja nicht. Ganz anders sieht die Thematik allerdings in realen Szenarien aus, hier ist fast immer mit dem Filtern der Daten zu rechnen. Doch wie bewerkstelligen wir dies im Zusammenhang mit der *EntityDataSource*?

Zwei Möglichkeiten bieten sich an:

- Sie filtern die Daten mit Hilfe der *Where*-Eigenschaft und verwenden dazu die nötigen ESQL[1]-Anweisungen

- Sie nutzen den neuen *QueryExtender* (siehe folgender Abschnitt), der Sie nicht gleich wieder mit einem neuen SQL-Dialekt beglückt

Ein kurzes Beispiel (alle Artikel mit »Chai«) zeigt die Verwendung der ersten Variante:

BEISPIEL

Filtern mit der Where-Eigenschaft

Da wir einen Bezug zum Datenmodell benötigen, müssen wir mit *it* zunächst auf dieses verweisen, um dann die eigentliche SQL-Anweisung aufzubauen:

```
<asp:EntityDataSource ID="EntityDataSource1" runat="server"
        ConnectionString="name=NorthwindEntities"
        DefaultContainerName="NorthwindEntities" EnableFlattening="False"
        EnableUpdate="True" EntitySetName="Products" EntityTypeFilter="" Select=""
        Where="it.ProductName = &quot;Chai&quot;">
    </asp:EntityDataSource>
```

Nachfolgend wird nur noch der eine passende Datensatz zurückgegeben:

ProductID	ProductName	SupplierID	CategoryID	QuantityPerUnit	UnitPrice	UnitsInStock	UnitsOnOrder
1	Chai	1	1	10 boxes x 20 bags	18,0000	39	0

Abbildung 8.51   Die Datenauswahl

HINWEIS   Die Datenauswahl erfolgt dank LINQ to Entities auf dem Server, d.h., es wird auch nur ein Datensatz vom Server abgerufen, der Client muss sich nicht um das Filtern der Daten kümmern.

QueryExtender

Hier haben wir es mit einer echten Neuerung von ASP.NET 4 zu tun:

Der *QueryExtender* ermöglicht es dem Programmierer mit minimalstem Aufwand umfangreiche Filter- und Sortierfunktionen zu den Datenquellen *LinqDataSource* und *EntityDataSource* hinzuzufügen. Ganz nebenbei können Sie bei beiden zugrundeliegenden Datenquellen die gleiche Syntax verwenden, es ist also später

---

[1] Entity SQL – eine vom physischen Datenmodell unabhängige Abfragesprache.

recht einfach möglich statt einer *LinqDataSource* eine *EntityDataSource* einzusetzen, ohne die Logik des Formulars zu verändern.

Grundlagen

Doch wozu brauchen wir eigentlich den *QueryExtender*? Die Antwort ist schnell gegeben, wenn Sie versuchen, bestehende Datenmodelle mit *LinqDataSource* und *EntityDataSource* dahingehend zu nutzen, um beispielsweise einen Filter für bestimmte Spalten zu setzen.

Wer jetzt an die Verwendung der *Where*-Eigenschaft bei beiden Datenquellen denkt, liegt zwar nicht falsch, allerdings unterliegt diese Eigenschaft gewissen Beschränkungen und ist bei wechselnden Kriterien nicht flexibel genug. Ganz nebenbei ist auch die Syntax bei *LinqDataSource* und *EntityDataSource* verschieden, was es dem Programmierer bei einem späteren Wechsel nicht einfacher macht.

Genau hier ist der Ansatz des *QueryExtenders*, dieser soll eine einheitliche, einfache Möglichkeit bieten, sowohl *LinqDataSource*- als auch *EntityDataSource*-Daten zu filtern und zu sortieren. Dazu wird das Control zum einen an eine der obigen Datenquellen gebunden, zum anderen werden die Parameter für die Such-, Filter und/oder Sortierbefehle an entsprechende Eingabecontrols oder z.B. an Elemente des Query-Strings gebunden.

> **HINWEIS**   Wer jetzt Sorge hat, dass dieses Konzept zu Lasten der Performance (Datendurchsatz) geht, liegt falsch, das Control beeinflusst direkt die an den Server gesendeten SQL-Anweisungen, es werden also nur die Daten geholt, die auch unbedingt erforderlich sind. Eine Nachverarbeitung auf dem Client findet nicht statt.

Die folgende Tabelle listet kurz die Möglichkeiten auf, die Ihnen der *QueryExtender* bietet:

Ausdruck	Bemerkung
SearchExpression	Entspricht der altbekannten *Where*-Klausel, d.h. der Suche in einem Feld und dem Vergleich mit einer Zeichenkette
RangeExpression	Der gesuchte Wert muss sich zwischen einem vorgegebenen Minimum und einem Maximum bewegen
PropertyExpression	Filtern basierend auf Eigenschaften
MethodExpression	Filtern mit Hilfe einer selbst zu definierenden Methode
OrderByExpression	Sortieren von Daten mit Vorgabe der Sortierrichtung
CustomExpression	Mit Hilfe einer aufzurufenden Methode können beliebige userspezifische Filterausdrücke erstellt werden

Tabelle 8.2 Mögliche Filter-Optionen

Gleich noch ein wichtiger Hinweis vorweg:

> **HINWEIS**   Das Control können Sie zwar noch per *TagetControlId*-Eigenschaft an eine DataSource anbinden, danach müssen Sie Ihre Nase aber tief in die Quellcodeansicht der Webseite stecken, um obige Ausdrücke zu erstellen, ohne XML-Code geht hier gar nichts.

Suchen

Erstellen Sie zunächst ein Datenmodell (LINQ to SQL oder EDM) zum Beispiel für die *Northwind*-Datenbank und binden Sie eine *LinqDataSource* oder *EntityDataSource* an dieses Modell (Tabelle *Products*). Nachfolgend können Sie zum Beispiel ein *GridView* an diese Datenquelle binden, um sich von der Funktionsweise zu überzeugen. Nach dem Start sollten in jedem Fall zunächst alle Daten der Tabelle angezeigt werden.

In einem zweiten Schritt fügen Sie jetzt einen *QueryExtender* hinzu und binden diesen über die *TargetControlID* an die Datenquelle.

Für die Suche benötigen wir auch ein Suchkriterium, wir nutzen eine *TextBox* zur Eingabe und eine Schaltfläche für den Postback der Seite (erst dann werden auch die Daten gefiltert).

BEISPIEL

Filtern nach Produktnamen

Die Anbindung an das EDM per *EntityDataSource*-Control realisieren:

```
<asp:EntityDataSource ID="EntityDataSource1" runat="server"
    ConnectionString="name=NorthwindEntities"
    DefaultContainerName="NorthwindEntities" EnableFlattening="False"
    EntitySetName="Products">
</asp:EntityDataSource>
```

Hier die Parametrierung des *QueryExtenders*:

```
<asp:QueryExtender ID="QueryExtender1" TargetControlID="EntityDataSource1"
                   runat="server">
```

Wir haben einen *SearchExpression,* der auf das Feld *ProductName* angewendet wird, Quelle ist die *TextBox1:*

```
<asp:SearchExpression DataFields="ProductName" SearchType="StartsWith">
    <asp:ControlParameter ControlID="TextBox1" />
</asp:SearchExpression>
</asp:QueryExtender>
```

Hier noch die Definition der *TextBox* und der Schaltfläche:

```
<asp:TextBox ID="TextBox1" runat="server"></asp:TextBox>
<asp:Button ID="Button1" runat="server" Text="Button" />
<br />
```

Nach dem Start werden zunächst alle Einträge angezeigt, geben Sie jetzt beispielsweise ein »C« in die *TextBox* ein und klicken auf die Schaltfläche, so wird ein Postback zum Server ausgelöst und wir erhalten die gefilterte Datenmenge (siehe folgende Abbildung).

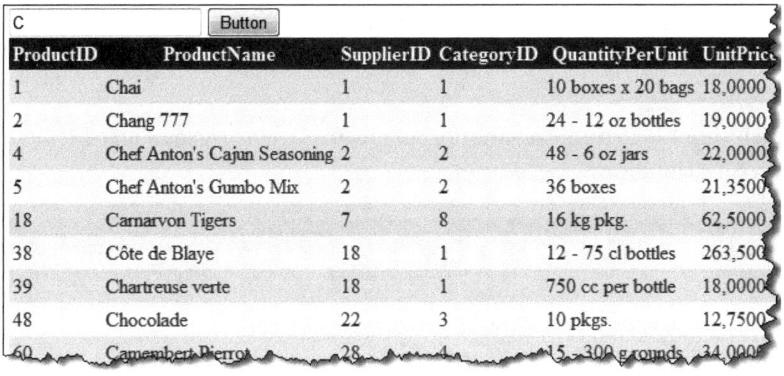

C [Button]

ProductID	ProductName	SupplierID	CategoryID	QuantityPerUnit	UnitPrice
1	Chai	1	1	10 boxes x 20 bags	18,0000
2	Chang 777	1	1	24 - 12 oz bottles	19,0000
4	Chef Anton's Cajun Seasoning	2	2	48 - 6 oz jars	22,0000
5	Chef Anton's Gumbo Mix	2	2	36 boxes	21,3500
18	Carnarvon Tigers	7	8	16 kg pkg.	62,5000
38	Côte de Blaye	18	1	12 - 75 cl bottles	263,500
39	Chartreuse verte	18	1	750 cc per bottle	18,0000
48	Chocolade	22	3	10 pkgs.	12,7500
60	Camembert Pierrot	28	4	15 - 300 g rounds	34,000

Abbildung 8.52 Die gefilterte Datenmenge

Bei einer Bereichssuche mittels *RangeExpression* werden logischerweise auch zwei Vorgabewerte (für Min und Max) erwartet, hier können Sie beispielsweise zwei *TextBox*en anbinden. Ob der Bereich die Grenzen mit einschließt, können Sie über die Attribute *MinType/MaxType* (*Inclusive, Exclusive, None*) festlegen.

BEISPIEL

Filtern mit Bereich

Verwenden Sie in diesem Fall einen *RangeExpression*:

```
<asp:QueryExtender ID="QueryExtender1" TargetControlID="EntityDataSource1" runat="server">
            <asp:SearchExpression DataFields="ProductName" SearchType="StartsWith">
              <asp:ControlParameter ControlID="TextBox1" />
            </asp:SearchExpression>
```

Bestimmen Sie zunächst das Datenfeld (*DataField*) sowie die Bereichsgrenzen (*MinTyp, MaxType*):

```
            <asp:RangeExpression DataField="UnitPrice" MinType="Inclusive"
                                 MaxType="Inclusive">
```

Hier werden die Werte zweier *TextBox*en für Min und Max verwendet:

```
               <asp:ControlParameter ControlID="TextBox2" />
               <asp:ControlParameter ControlID="TextBox3" />
            </asp:RangeExpression>
        </asp:QueryExtender>
```

Möchten Sie nach Eigenschaften filtern, bietet sich ein *PropertyExpression* an, wie es das folgende Beispiel zeigt:

BEISPIEL

Filtern nach Eigenschaft

In Abhängigkeit von der *CheckBox1* sollen nur Produkte angezeigt werden, welche die Option »discontinued« haben:

```
        <asp:QueryExtender ID="QueryExtender1" TargetControlID="EntityDataSource1"
                           runat="server">
            <asp:PropertyExpression>
```

```
        <asp:ControlParameter Name="Discontinued" ControlID="CheckBox1" />
    </asp:PropertyExpression>
</asp:QueryExtender>
```

Last, but not least, können Sie auch Ihre VB-Kenntnisse einbringen, indem Sie eine eigene Filter-Methode definieren, die Sie per *CustomExpression* einbinden:

BEISPIEL

Filtern mit Ereignis

```
    <asp:QueryExtender ID="QueryExtender1" TargetControlID="EntityDataSource1"
                runat="server">
```

Hier verweisen Sie auf die VB-Methode:

```
        <asp:CustomExpression OnQuerying="MeinFilter" />
    </asp:QueryExtender>
```

Hier der VB-Quellcode:

```
...
Imports System.Linq
Imports System.Web.UI.WebControls.Expressions

Partial Class QueryExtender_Bsp
    Inherits System.Web.UI.Page


    Protected Sub MeinFilter(ByVal sender As Object, ByVal e As CustomExpressionEventArgs)
        e.Query = From p In e.Query.Cast(Of NorthwindModel.Products)()
                Where p.ProductName.Contains("oco")
                Select p
    End Sub
```

ProductID	ProductName	SupplierID	CategoryID	QuantityPerUnit	UnitPrice	UnitsInStock
19	Teatime Chocolate Biscuits	8	3	10 boxes x 12 pieces	9,2000	25
48	Chocolade	22	3	10 pkgs.	12,7500	15

Abbildung 8.53 Das Ergebnis

Sortieren

Dass auch das Sortieren mit Hilfe des *QueryExtender*-Controls kein Problem ist, zeigt das folgende kurze Beispiel:

BEISPIEL

Sortieren nach der Spalte *ProductName*

```
    <asp:QueryExtender ID="QueryExtender1" TargetControlID="EntityDataSource1"
                runat="server">
        <asp:OrderByExpression DataField="ProductName" Direction="Descending" />
    </asp:QueryExtender>
```

Weitere Datenquellen

Bevor wir uns intensiver mit der Anzeige der Daten beschäftigen, werfen wir noch einen Blick auf zwei Spezialisten unter den Datenquellen:

- *AccessDataSource* und
- *XmlDataSource*

Spezialfall AccessDataSource

Wie der Name schon vermuten lässt, kommt dieses Steuerelement beim Zugriff auf Access-Datenbanken zum Einsatz. Nun kann man über die Bedeutung von Access-Datenbanken in Web-Applikationen sicher geteilter Meinung sein, für einige Aufgaben genügt Access jedoch in jedem Fall.

Warum ein eigenes Steuerelement? Diese Frage ist sicher berechtigt, wird doch die komplette Funktionalität der *AccessDataSource* von der *SqlDataSource* zur Verfügung gestellt, was auch nicht weiter verwundert, wurde doch die *AccessDataSource* von der *SqlDataSource* abgeleitet. Die wesentlichste Erweiterung ist die neue Eigenschaft *DataFile*, die den Pfad zur Access-Datenbank angibt. Im Gegenzug ist der Zugriff auf den Connectionstring nicht mehr möglich.

Aus diesen Gründen können wir Sie zu allen Fragen – ohne schlechtes Gewissen – auf den entsprechenden Abschnitt ab Seite 516 verweisen.

Verwalten strukturierter Daten mit der XmlDataSource

Als letzte Datenquelle wollen wir Ihnen noch kurz die *XmlDataSource* vorstellen. Diese bietet den komfortablen Zugriff auf strukturierte XML-Daten, die Sie zum Beispiel im gemeinsamen *App_Data*-Verzeichnis speichern können. Zusätzlich lassen sich diese Daten mittels Transformationsdatei (Eigenschaft *TransformFile* oder *Transform*) konvertieren oder mit einem XPath-Ausdruck filtern (Eigenschaft *XPath*):

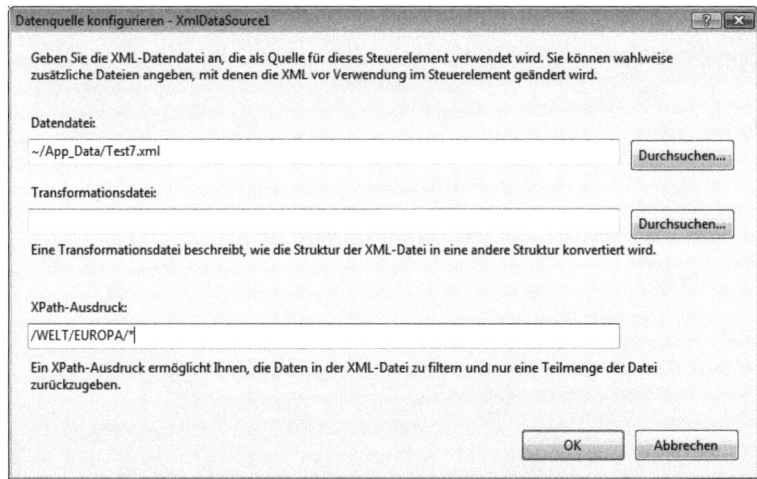

Abbildung 8.54 Konfigurieren der *XmlDataSource*

Aus dem kompletten XML-Baum (linke Abbildung) wird mittels obigem XPath-Ausdruck der Zweig EUROPA herausgefiltert (rechte Abbildung):

Abbildung 8.55   Filtern mit der *XmlDataSource*

Das GridView-Steuerelement im Detail

Hier haben wir es mit dem direkten Nachfolger des berühmt berüchtigten *DataGrid* zu tun. »Berüchtigt« für die doch recht aufwändige Programmierung selbst einfachster Aufgaben (Sortieren, Paging etc.), »berühmt« für die Fortschritte gegenüber der alten ASP-Programmierung.

Vergessen Sie all Ihre schlechten Erfahrungen und lassen Sie sich von der langen Feature-Liste begeistern:

- absolut einfache Bindung an die neuen Datenquellen per *DataSourceId*
- Funktion zum Auswählen von Zeilen
- Paging-Funktion
- Sortier-Funktion
- Edit-, Update, Delete-Funktion
- Unterstützung für Bilder (*ImageField*) und boolsche Werte (*CheckBoxField*)
- Hyperlink-Spalten für Detailanzeigen etc.
- diverse Formatierungsmöglichkeiten mit Themes und Styles

Id	Bezeichnung	Preis	Anzahl			
1	lange Hosen	45	5555	Bearbeiten	Löschen	Auswählen
3	Blaue Jacken	45	57	Bearbeiten	Löschen	Auswählen
4	lange Hosen	45	5555	Bearbeiten	Löschen	Auswählen
5	Hüte	123	5	Bearbeiten	Löschen	Auswählen
6	Gurken	333	2	Bearbeiten	Löschen	Auswählen

Abbildung 8.56 Ein *GridView* in Aktion

HINWEIS Die »alte« ASP.NET 1.x-Datenbindung beherrscht das Steuerelement natürlich auch noch.

Einige thematische Einsatzszenarien demonstrieren Ihnen die Verwendung (die endlose Aufzählung von Eigenschaften und Methoden ersparen wir Ihnen besser).

HINWEIS Im Abschnitt über die typisierten DataSets hatten wird Ihnen ja bereits einige wichtige Features kurz vorgestellt, auch wenn dort das *GridView* nicht im Mittelpunkt stand.

Auswahlfunktion (Zeilenauswahl)

Eine der wichtigsten Funktionen neben der reinen Anzeige von Tabellendaten ist sicher die Auswahl eines Eintrags, um diesen zum Beispiel zu editieren, Detaildaten anzuzeigen oder nur um den Primärschlüssel des gewählten Eintrags zu ermitteln.

Die Option *Auswahl aktivieren* wählen Sie über das Aufgaben-Menü wie es Abbildung 8.57 zeigt.

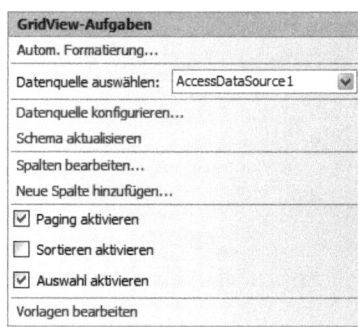

Abbildung 8.57 Aktivieren der Auswahlfunktion

Setzen Sie jetzt noch die Eigenschaft *DataKeyNames* auf den Primärschlüssel der Tabelle und schon können Sie im Ereignis *SelectedIndexChanged* die gewünschte Information abrufen:

```
Protected Sub GridView1_SelectedIndexChanged(ByVal sender As Object, ByVal e As EventArgs)
    Label1.Text = GridView1.SelectedValue.ToString
End Sub
```

Auswahl mit mehrspaltigem Index realisieren

Sollten Sie mehr als eine Spalte als Primärschlüssel festgelegt haben (Eigenschaft *DataKeyNames* mit kommagetrennter Liste der Spaltennamen),

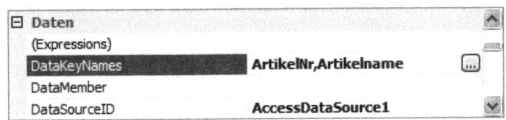

Abbildung 8.58   Mehrspaltigen Index auswerten

... können Sie auch auf jede einzelne Spalte zugreifen:

```
Protected Sub GridView1_SelectedIndexChanged(ByVal sender As Object, ByVal e As EventArgs)
    Label2.Text = GridView1.SelectedDataKey.Value.ToString
    Label3.Text = GridView1.SelectedDataKey.Values(1).ToString
End Sub
```

Hyperlink-Spalte für Detailansicht nutzen

Möchten Sie eine neue Seite mit den Detaildaten der aktuellen Auswahl anzeigen, können Sie, wie im vorhergehenden Abschnitt demonstriert, zunächst den Primärschlüssel ermitteln und diesen dann per *Session* oder *QueryString* an die Detailseite weiterreichen. Doch wozu soviel Arbeit, wenn es auch automatisiert geht?

Fügen Sie in das *GridView* eine zusätzliche Spalte »Details« vom Typ *HyperlinkField* ein. Die Eigenschaft *DataNavigateUrlField* legen Sie auf den Primärindex der Tabelle fest. Über *DataNavigateUrlFormatString* können Sie den Url mit Hilfe von Platzhaltern ({0}, {1} ...) zusammenbauen:

```
<asp:GridView ID="GridView1" runat="server" AllowPaging="True" AutoGenerateColumns="False"
...
    <asp:HyperLinkField DataNavigateUrlFields="ArtikelNr"
                        DataNavigateUrlFormatString="~/Detaildaten.aspx?Id={0}"
                        Text="Details" />
...
</asp:GridView>
```

Damit ist der Entwurf für das *GridView* abgeschlossen. Die Detailseite braucht sich jetzt nur noch um die Auswertung des übergebenen QueryStrings zu kümmern.

Abbildung 8.59   Der erzeugte QueryString zur Laufzeit

Dies kann entweder per Code erfolgen

```
Protected Sub Page_Load(ByVal sender As Object, ByVal e As EventArgs)
    Label1.Text = Request.QueryString("Id")
End Sub
```

... oder durch Zuweisen eines WHERE-Parameters für die Detaildatenauswahl:

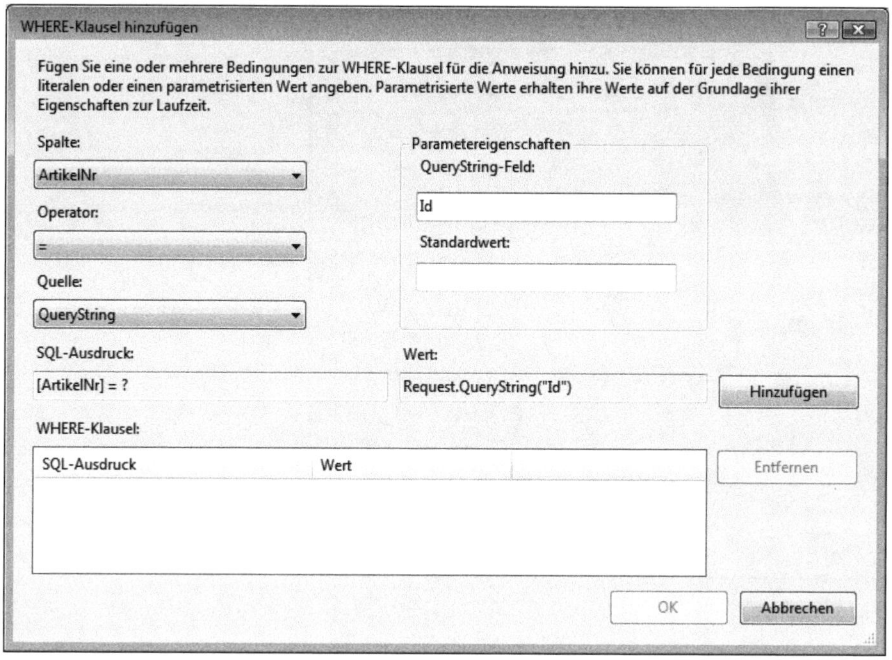

Abbildung 8.60 QueryString im Detailformular auswerten

Spalten erzeugen/konfigurieren

Neben der bereits kennen gelernten Variante, bei der die Spalten automatisch generiert wurden, können Sie diese auch selbst erzeugen. Nutzen Sie dazu das Aufgaben-Menü (*Spalten bearbeiten* bzw. *Neue Spalte hinzufügen*).

Im folgenden Editor (Abbildung 8.61) schalten Sie zunächst die Option *Felder automatisch generieren* ab.

Wählen Sie einen Feldtyp aus der oberen Liste aus und fügen Sie diesen ein. Die möglichen Eigenschaften werden Ihnen nachfolgend in der rechten Liste angezeigt. Die wichtigste Eigenschaft dürfte *DataField* sein, der Name der anzuzeigenden Spalte.

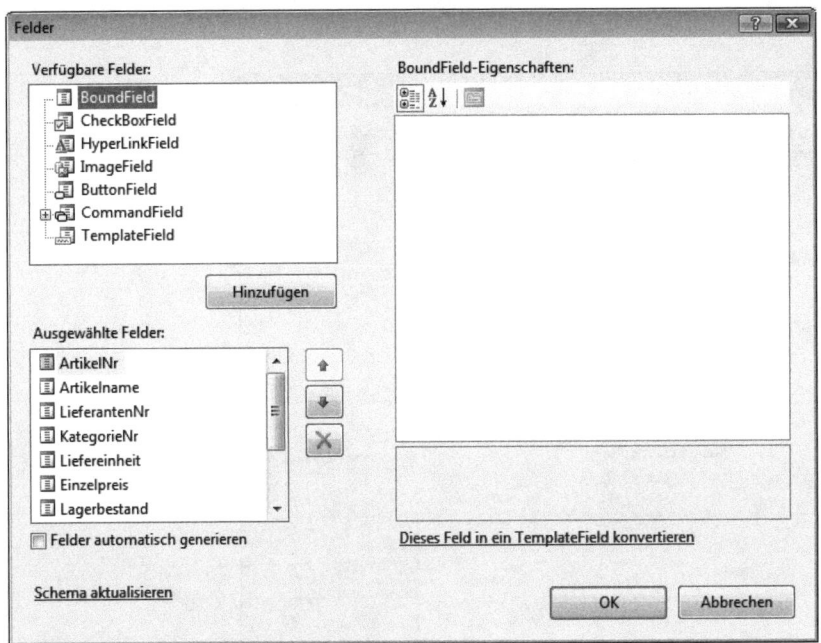

Abbildung 8.61 Tabellenspalten konfigurieren

Zu den schon vom *DataGrid* her bekannten Spaltentypen kommen jetzt noch *CheckBox*-Felder (für *True/ False*-Werte) und *Image*-Felder hinzu.

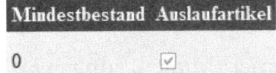

0

Abbildung 8.62 *CheckBox*-Darstellung im *GridView*

Auch Spalten mit zusätzlichen Schaltflächen (*ButtonField*) sind neben der *CommandField*-Spalte (Edit, Update, Delete etc.) realisierbar. Damit lassen sich beispielsweise per Ereigniscode Markierungen setzen oder Detaildaten anzeigen.

Template-Spalten verwenden

Neben den »normalen« Spaltentypen (*BoundField*, *CheckBoxField* etc.) wird in der Liste der verfügbaren Felder auch ein *TemplateField* angeboten. Was hat es damit auf sich?

Templates bieten dem Programmierer den größtmöglichen Einfluss auf die spätere Formatierung des HTML-Codes. Statt vordefinierter Controls (*TextBox/Label*) für eine datengebundene Textspalte können Sie eigene Controls oder auch nur Sourcecode verwenden, um die HTML-Ausgaben für die Template-Spalte zu generieren.

Doch wo viel Flexibilität im Spiel ist, wird auch der Programmierer mehr gefordert, Sie müssen wesentlich mehr Arbeit investieren. Ein kleines Fallbeispiel zeigt die Möglichkeiten der Template-Felder.

Detaildaten in Zeilenform anzeigen

Fügen Sie zunächst über das Aufgabenmenü ein neues *TemplateField* in das *GridView* ein. Die Ansicht ist zunächst recht unspektakulär, es ist lediglich eine leere Spalte zu sehen.

Um »Leben« in die Spalte zu hauchen, wählen Sie im Aufgabenmenü den Eintrag *Vorlagen bearbeiten*. Nachfolgend dürfen Sie noch die zu bearbeitende Spalte auswählen:

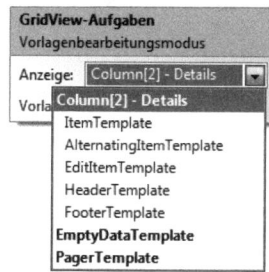

Abbildung 8.63 Auswahl der Tabellenspalte

Nach all diesen Vorarbeiten finden Sie sich im eigentlichen Entwurfsmodus für das *TemplateField* wieder:

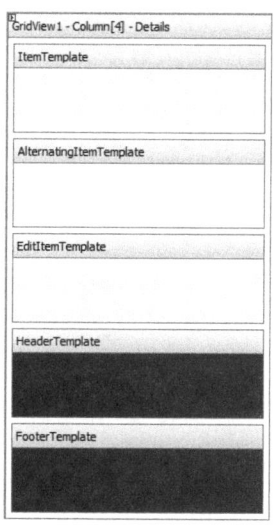

Abbildung 8.64 Ein leeres *TemplateField*

Die Bedeutung der einzelnen Bereiche dürfte sich schon aus der Bezeichnung ergeben. Während *Header-Template* und *FooterTemplate* für die Gestaltung der Kopf- bzw. Fußzeile des *GridView* verwendet werden, stellt *ItemTemplate* den »Normalzustand« dar, d.h. die Ansicht der Tabellenzelle im Readonly-Zustand. *EditItemTemplate* wird verwendet, wenn sich das *GridView* im Editiermodus befindet, *AlternatingItemTemplate* ist bei Listen etc. für alternierende Darstellung (wechselnde Hintergrundfarbe etc.) zuständig.

HINWEIS Wird *AlternatingItemTemplate* nicht festgelegt, kommt automatisch *ItemTemplate* zum Einsatz.

Als erstes einfaches Beispiel kopieren Sie ein *Label*-Control in den *ItemTemplate*-Bereich und weisen dessen Datenbindung (Aufgabenmenü) wie folgt zu:

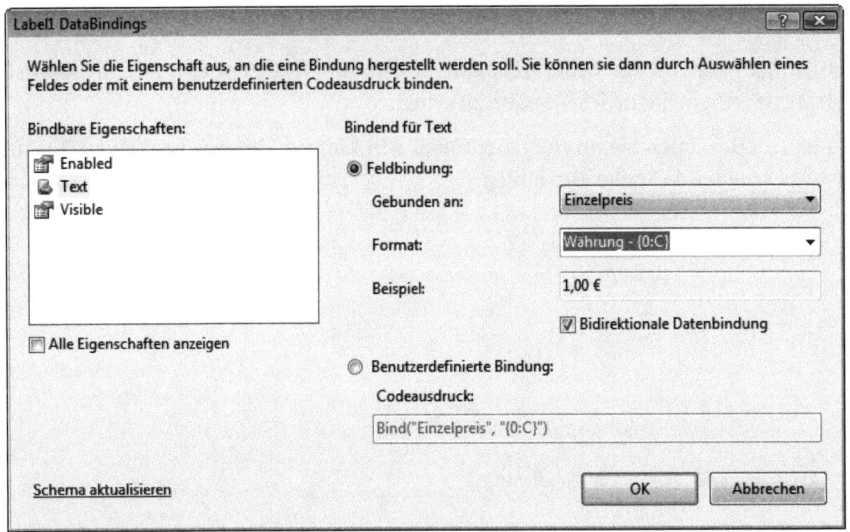

Abbildung 8.65   Datenbindung für das *Label*-Control festlegen

Wer möchte, kann jetzt auch noch zusätzliche Informationen im o.g. Bereich ablegen:

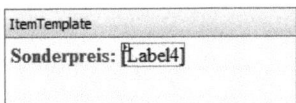

Abbildung 8.66   Beispiel für zusätzliche Formatierung im Template

Die daraus resultierende Laufzeitansicht:

Artikelname	ArtikelNr			Details
Chai	1	Auswählen	Details	Sonderpreis: 18,00 €
Chang	2	Auswählen	Details	Sonderpreis: 19,00 €
Aniseed Syrup	3	Auswählen	Details	Sonderpreis: 112,00 €

Abbildung 8.67   Laufzeitansicht

HINWEIS   Die Breite der Templatespalte bestimmen Sie über die Eigenschaft *ControlStyle.Width* des *TemplateField*s.

Dass Sie auch mehr als ein Control im jeweiligen Bereich ablegen können, dürfte auf der Hand liegen. Sinnvollerweise organisieren Sie diese in einer HTML-Table, so verrutschen Ihnen die Spalten später nicht.

Die folgende Abbildung zeigt eine mögliche Variante:

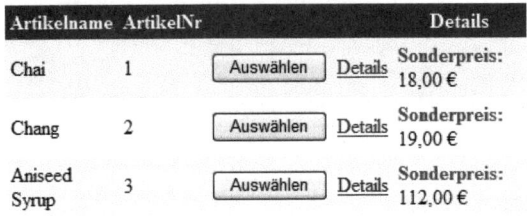

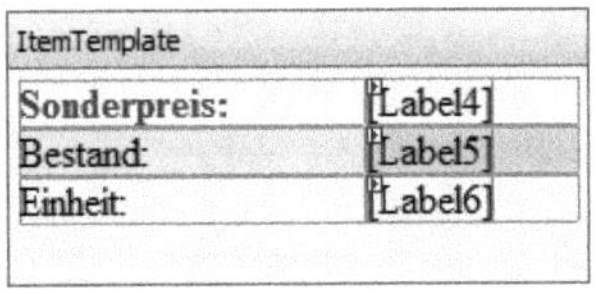

Abbildung 8.68   Entwurfsansicht

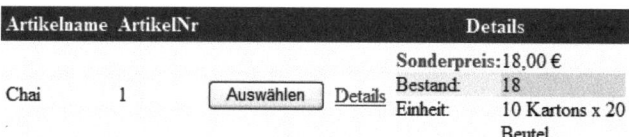

Artikelname	ArtikelNr			Details
Chai	1	Auswählen	Details	Sonderpreis:18,00 € Bestand: 18 Einheit: 10 Kartons x 20 Beutel

Abbildung 8.69 Laufzeitansicht

Doch was passiert, wenn wir auch im Editiermodus unser Template nutzen wollen? Für diesen Fall ist, wie schon kurz erwähnt, das *EditItemTemplate* vorgesehen, sollen Daten geschrieben werden, müssen wir statt der *Label*-Controls eine *TextBox* verwenden.

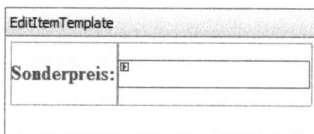

Abbildung 8.70 *EditItemTemplate* mit *TextBox*

Auch die Datenbindung muss jetzt etwas umfangreicher sein, es genügt nicht mehr nur die reine Anzeige, sondern die Daten müssen auch wieder in die *DataSource* zurückgeschrieben werden. Dazu müssen Sie die Option *Bidirektionale Datenbindung* aktivieren:

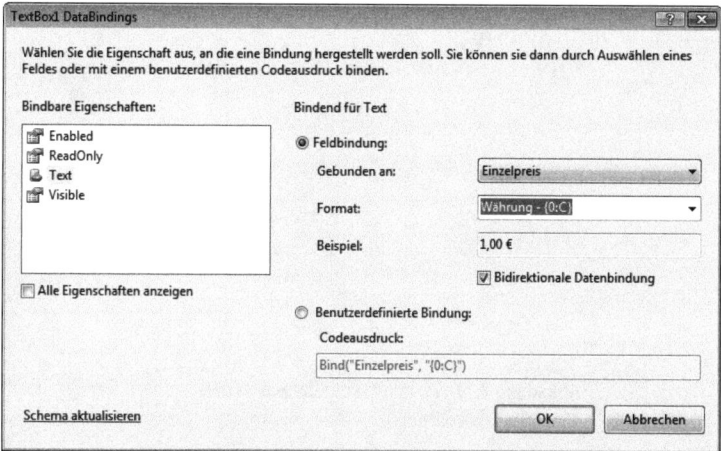

Abbildung 8.71 Datenbindung für die *TextBox*

Jetzt kann zur Laufzeit auch der Edit-Modus in der Template-Spalte genutzt werden.

Weitere mögliche Einsatzfälle für Template-Felder:

- Anzeige eines *Calendar*-Controls statt eines normalen Textfeldes
- Verwendung von DropDownListen im Editiermodus
- Anzeige von Bildern statt einer *CheckBox*
- Verwendung von Clientside-Skripten (Messagebox anzeigen)
- Fehlerbehandlung/Validierung

Paging im GridView realisieren

Grundsätzlich genügt es, wenn Sie die Eigenschaft *AllowPaging* auf *True* setzen, um die komplette Paging-Funktionalität zu aktivieren:

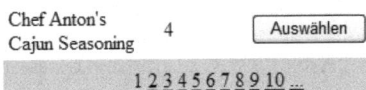

Abbildung 8.72   Paging im *GridView*

Mit *PageSize* steuern Sie die Anzahl der gleichzeitig im *GridView* angezeigten Datensätze.

Statt der Nummernliste können Sie auch Navigationsschaltflächen einblenden (Next, Previous, First, Last).

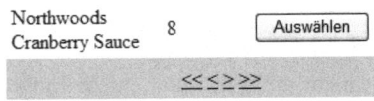

Abbildung 8.73   Anzeige von Navigationsschaltflächen

Ob, und wenn ja welche Schaltflächen angezeigt werden, bestimmt die Eigenschaft *Mode*.

Dem Ästheten sind die textuellen Schaltflächen sicher ein Graus. Abhilfe schaffen die *PagerSettings*-Eigenschaften, über die Sie auch eigene Grafiken einblenden können:

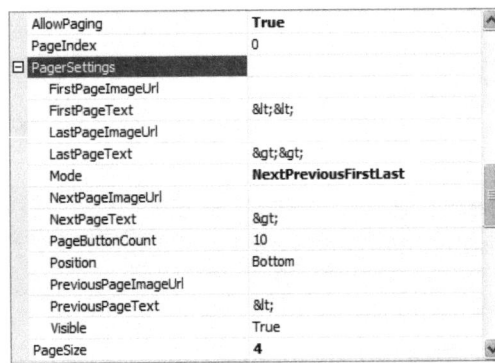

Abbildung 8.74   Zuordnen von Grafiken zu den einzelnen Schaltflächen

Das zugehörige *GridView*:

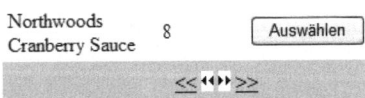

Abbildung 8.75   *NextPageImageUrl* und *PreviousPageImageUrl* wurden festgelegt

---

HINWEIS   Last but not least können Sie mit *Position* festlegen, ob der Pagerbereich oben oder unten angezeigt wird.

Editieren und Löschen im GridView

Sollen nicht nur statische Daten angezeigt werden, muss Ihre Datenquelle sinnvollerweise auch über UPDATE und DELETE-Anweisungen verfügen, anderenfalls dürften Sie sich vergeblich um die entsprechende Funktionalität bemühen.

Die erforderlichen Anweisungen generieren Sie am besten mit dem jeweiligen DataSource-Assistenten, nachdem Sie das entsprechende SELECT-Statement erzeugt haben (siehe folgende Abbildung).

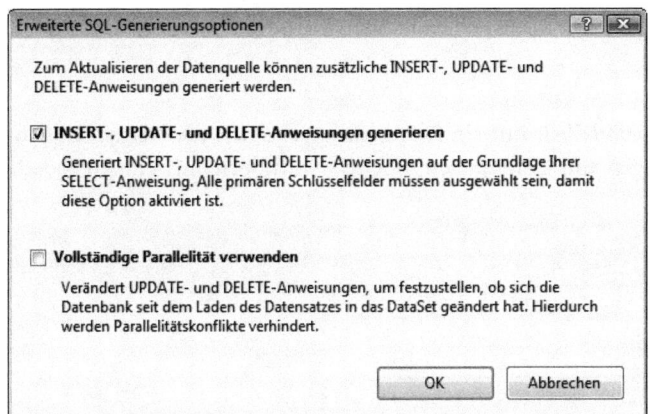

Abbildung 8.76 DataSource-Assistent zum Konfigurieren nutzen

Die entsprechenden Aktionen können Sie zur Laufzeit über die Schaltflächen des *CommandFields* auslösen.

Alternativ kann auch mit der Eigenschaft *EditIndex* die jeweilige *GridView*-Zeile in den Editiermodus versetzt werden, mit *EditIndex = -1* schalten Sie in den normalen Ansichtsmodus zurück.

HINWEIS Hier wird mit *GridView*-Zeilen (0 ... n), nicht mit Tabellenzeilen, gearbeitet!

Analoges gilt für die Auswahl einer angezeigten Zeile: Über *SelectedIndex* aktivieren Sie die gewünschte *GridView*-Zeile.

HINWEIS Das Ereignis *SelectedIndexChanged* wird in diesem Fall nicht ausgelöst!

Einfügen von Datensätzen

Eine direkte Unterstützung für die Insert-Anweisung bietet das *GridView* nicht. Folgende sinnvolle Alternativen bieten sich an:

- Externer *Button* mit Aufruf eines Detailformulars (hier wird auch Insert aufgerufen)
- Verwendung einer *DetailsView*

Keine Daten, was tun?

Enthält die zugrunde liegende Tabelle/Abfrage keine Daten, wird das *GridView* nicht angezeigt. Sinnvollerweise sollten Sie für diesen Fall die Eigenschaft *EmptyDataText* festlegen, statt des *GridView* wird dann dieser Text angezeigt.

Weitere Steuerelemente für die Datenbindung

DetailsView

Im Gegensatz zum *GridView* wird durch das *DetailsView* nur ein Datensatz angezeigt. Auch hier ist das Editieren, Löschen und vor allem auch das Einfügen von Datensätzen möglich, wird doch eine entsprechende Schaltfläche zur Verfügung gestellt.

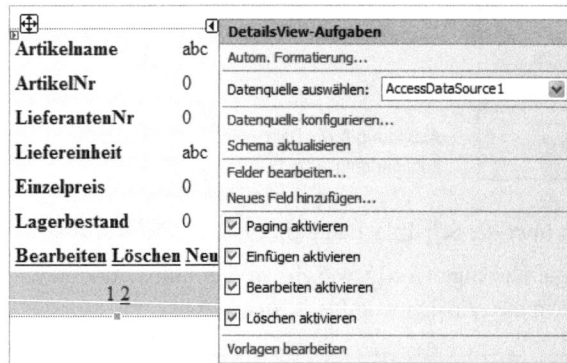

Abbildung 8.77   Entwurfsansicht *DetailsView*

Die grundsätzliche Vorgehensweise entspricht in weiten Teilen der Arbeit mit dem *GridView*, auch hier müssen Sie nach dem Auswählen einer Datenquelle die gewünschten Felder konfigurieren und die Grundfunktionalität bestimmen (siehe obiges Aufgabenmenü).

Einfügen neuer Datensätze

Neben der Anzeige von Detaildaten dürfte vor allem das Einfügen neuer Datensätze zu den Hauptaufgaben des Steuerelements zählen. Dazu muss die zugrunde liegende Datenquelle einen INSERT-Befehl realisieren (Abbildung 8.78).

Zusätzlich müssen Sie den Insert-Button über das Aufgaben-Menü einblenden, alternativ können Sie auch die Eigenschaft *AutoGenerateInsertButton* auf *True* setzen.

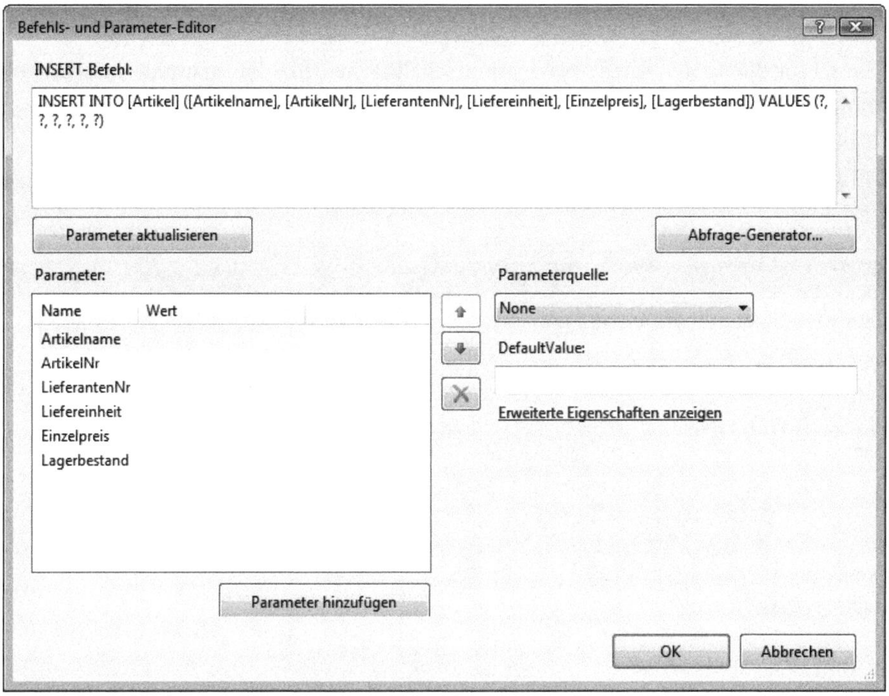

Abbildung 8.78 Parameter für eine Insert-Anweisung definieren/zuweisen

Welche Spalten editierbar sind, bestimmen Sie mit dem Feldeditor. Nutzen Sie die Eigenschaft *InsertVisible* (*True/False*) um Spalten gezielt auszublenden. Über die Eigenschaft *DefaultMode* können Sie zwischen *ReadOnly*, *Edit* und *Insert* wechseln, d.h., beim ersten Aufruf wird das Steuerelement in der gewünschten Ansicht dargestellt. Zur Laufzeit können Sie mit der Methode *ChangeMode* zwischen den verschiedenen Anzeigemodi wechseln.

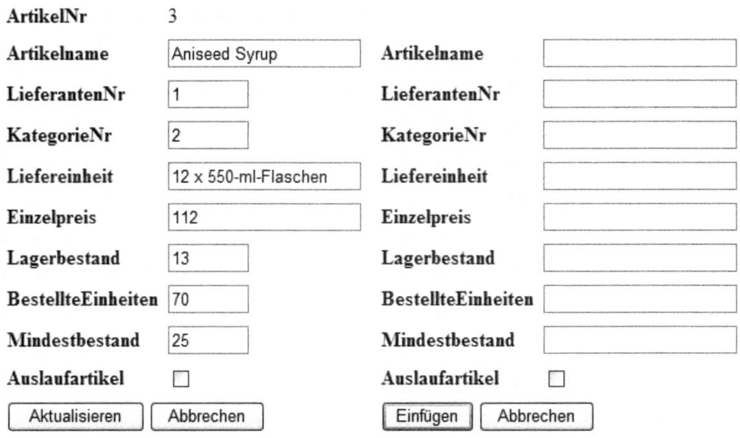

Abbildung 8.79 Edit- und Insert-Mode

Datensatzauswahl

Vielleicht haben auch Sie schon die »guten alten« Navigationsschaltflächen für die Auswahl eines Datensatzes vermisst. Diese Funktionalität können Sie bei der *DetailsView* durch einfaches Aktivieren der Paging-Funktion relativ leicht realisieren.

Wem das alles zu schlicht ist, der kann sich auch mit der Eigenschaft *PageIndex* (nullbasiert) einen eigenen Navigator »zusammenbasteln«:

BEISPIEL

Navigieren zwischen den Datensätzen mit Hilfe von *PageIndex*

Nächster Datensatz:

```
Protected Sub Button3_Click1(ByVal sender As Object, ByVal e As EventArgs)
    DetailsView2.PageIndex += 1
End Sub
```

Erster Datensatz:

```
Protected Sub Button4_Click3(ByVal sender As Object, ByVal e As EventArgs)
    DetailsView2.PageIndex = 0
End Sub
```

Letzter Datensatz

```
Protected Sub Button9_Click(ByVal sender As Object, ByVal e As EventArgs)
    DetailsView2.PageIndex = DetailsView2.PageCount - 1
End Sub
```

Vorhergehender Datensatz:

```
Protected Sub Button8_Click(ByVal sender As Object, ByVal e As EventArgs)
    DetailsView2.PageIndex -= 1
End Sub
```

HINWEIS   Wie Sie die Schaltflächen gestalten und anordnen, bleibt vollkommen Ihnen überlassen. Die Paging-Funktionalität des *DetailsView*-Controls können Sie abschalten.

Artikelname	Chai
ArtikelNr	1
LieferantenNr	1
Liefereinheit	10 Kartons x 20 Beutel
Einzelpreis	18
Lagerbestand	180

[First] [Prior] [Next] [Last]   **Abbildung 8.80** Der neue Navigator in Aktion

Die allgemeine Verwendung/Formatierung entspricht weitgehend dem *GridView* (siehe vorhergehender Abschnitt), auch hier können Sie mit Hilfe von Templatefeldern die Funktionalität nach eigenem Belieben frei definieren.

FormView

Wesentlich leistungsfähiger, dafür aber auch aufwändiger zu programmieren als ein *DetailsView*-Control, ist das *FormView*. Es bietet ebenfalls die Möglichkeit, einen Datensatz anzuzeigen bzw. zu editieren, schränkt den Programmierer aber nicht auf ein festes Layout ein, d.h., Sie können den Inhalt des *FormView* mit den zur Verfügung stehenden Server-Controls (*Label*, *TextBox* etc.) frei gestalten, an eine Tabellenansicht sind Sie nicht gebunden.

Trotz all dieser Vorzüge zeigt sich das Control zunächst von seiner »grauen« Seite:

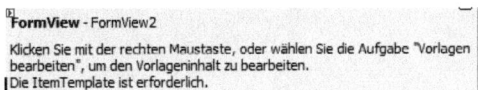

Abbildung 8.81   Entwurfsansicht

Ganz so schnell wie mit den anderen Controls kommen Sie hier aber nicht ans Ziel, für die Anzeige von Datensätzen müssen Sie zumindest ein *ItemTemplate* erzeugen. Alternativ stehen Ihnen noch folgende Templates zur Verfügung:

Template	Beschreibung
EditItemTemplate	Controls/Aussehen für den Editiermodus
EmptyDataTemplate	Anzeige bei leerer Datenmenge
FooterTemplate	Aussehen des Fuß-Bereichs
HeaderTemplate	Aussehen des Kopf-Bereichs
InsertItemTemplate	Controls/Aussehen für den Einfügemodus
ItemTemplate	Controls/Aussehen für den normalen Anzeigemodus
PagerTemplate	Aussehen des Pager-Bereichs

Tabelle 8.3 Mögliche Templates in einem *FormView*

Die einzelnen Templates können Sie über das Aufgaben-Menü des Controls (*Vorlagen bearbeiten*) editieren:

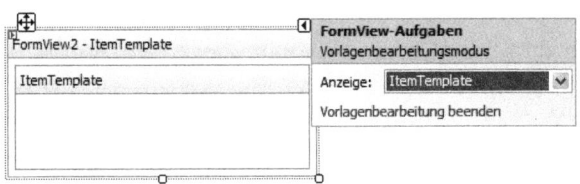

Abbildung 8.82   Auswahl eines Template

Haben Sie vorher die Datenquelle zugewiesen, werden automatisch ein *ItemTemplate*, ein *EditItemTemplate* und ein *InsertItemTemplate* mit allen von der Datenquelle angebotenen Feldern erzeugt:

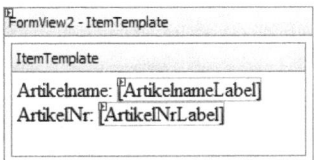

Abbildung 8.83   *ItemTemplate*

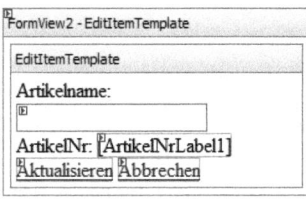

Abbildung 8.84 *EditItemTemplate* (hier ist bidirektionale Datenbindung erforderlich)

In das *InsertItemTemplate* fügen Sie nur Felder ein, die auch editiert werden können:

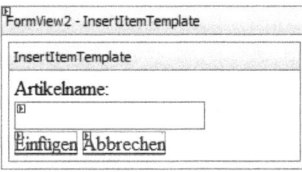

Abbildung 8.85 *InsertItemTemplate*

Jedes dieser Templates können und werden Sie aus optischen Gründen an Ihre Bedürfnisse anpassen. Positionieren Sie die einzelnen Steuerelemente am besten mit Hilfe von HTML-Tabellen, wie im Folgenden gezeigt:

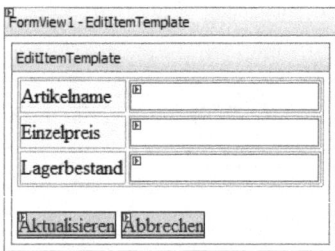

Abbildung 8.86 Positionieren der Server-Controls durch HTML-Tabellen

Wem die automatisch erzeugten Schaltflächen nicht gefallen, der kann auch ganz normale Buttons verwenden, allerdings müssen Sie deren *CommandName*-Eigenschaft mit *Insert*, *Edit*, *Update* oder *Cancel* festlegen, um dem Button auch die gewünschte Funktionalität zu geben.

Das grundsätzliche Verhalten des Steuerelements legen Sie, wie auch beim *DetailsView*-Control, mit der Eigenschaft *DefaultMode* (*ReadOnly*, *Edit*, *Insert*) oder zur Laufzeit mit der Methode *ChangeMode* fest.

Datenbindung im FormView

Haben Sie dieses Kapitel bis hierher aufmerksam studiert, werden Sie sich jetzt vielleicht verwundert die Augen reiben, lassen sich doch plötzlich viele Steuerelemente, bei denen das vorher nicht möglich war, an Daten binden. Dies ist in der Tat so, da sich die Controls nun in einem Template befinden.

Sehen wir uns zum Beispiel eine *TextBox* näher an, stellen wir erstaunt fest, dass diese plötzlich auch über ein Aufgabenmenü für Datenbindung verfügt, das unsere Wünsche voll und ganz erfüllen kann:

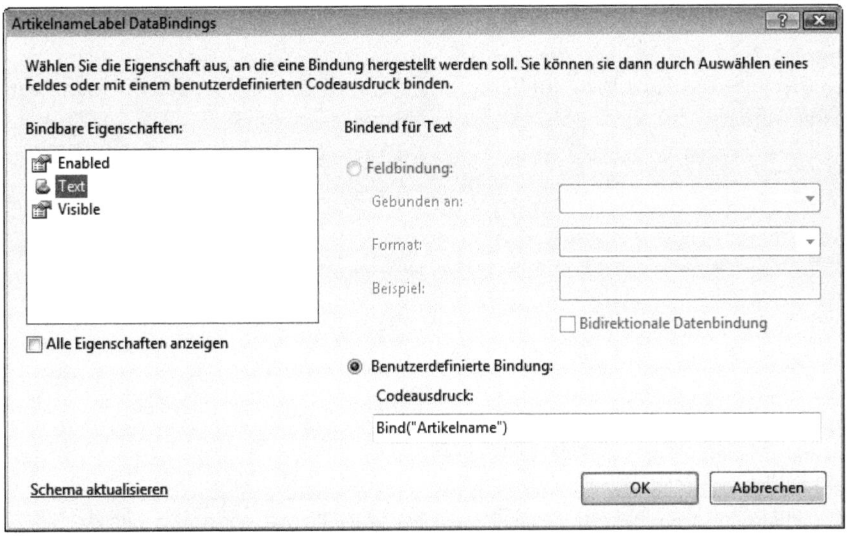

Abbildung 8.87 Datenbindung einer *TextBox*

Im ASP-Quellcode liest sich das dann so:

```
<asp:FormView ID="FormView1" runat="server" DataKeyNames="ArtikelNr" DataSourceID="AccessDataSource2"
              DefaultMode="Edit" OnPageIndexChanging="FormView1_PageIndexChanging">
  <EditItemTemplate>
...
  <asp:TextBox ID="LagerbestandTextBox" runat="server"
               Text='<%# Bind("Artikelname") %>'></asp:TextBox></td>
...
</asp:FormView>
```

Mit *Bind(...)* wird eine Zweiwege-Datenbindung erzeugt (Anzeigen und Schreiben), alternativ kann auch *Eval(...)* zum Einsatz kommen, in diesem Fall beschränkt sich die Funktion auf die pure Anzeige.

Neben der reinen Auswahl eines Tabellenfelds kann an dieser Stelle auch gleich eine Formatierung vorgenommen werden, übergeben Sie dazu der *Eval-* bzw. der *Bind*-Funktion als zweiten Parameter einen Formatierungsstring.

BEISPIEL

Währungsformatierung

```
... Bind("Einzelpreis", "{0:C}") ...
```

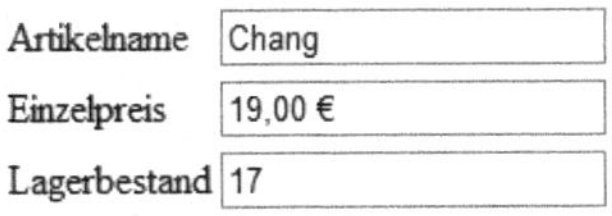

Artikelname	Chang
Einzelpreis	19,00 €
Lagerbestand	17

Abbildung 8.88 Laufzeitansicht

DataList

Auch das *DataList*-Control basiert wie das *FormView* auf Templates, die in diesem Fall jedoch in Listenform
für alle Datensätze abgearbeitet werden.

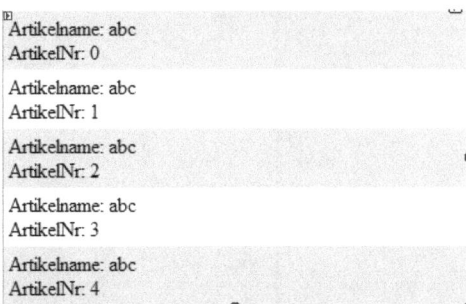

Abbildung 8.89 *DataList*

HINWEIS   Eine Datensatzbeschränkung ist im Interesse des Endanwenders sicher sinnvoll, andernfalls wird die HTML-
Seite entsprechend lang und der User wartet ewig auf die Anzeige.

Wie auch beim *GridView* können Sie mit diesem Steuerelement Datensätze selektieren, editieren und
löschen. Daraus können Sie nach den bisherigen Erfahrungen schon ableiten, dass es auch in diesem Fall
mehrere Templates gibt, die einzeln zu programmieren sind:

Abbildung 8.90 Templateauswahl in der *DataList*

Layout verändern

Sie können zwischen einem *Table*-Layout (linke Abbildung, Verwendung von HTML-Tabellen) und einem
Flow-Layout (rechte Abbildung) über die Eigenschaft *RepeatLayout* wählen:

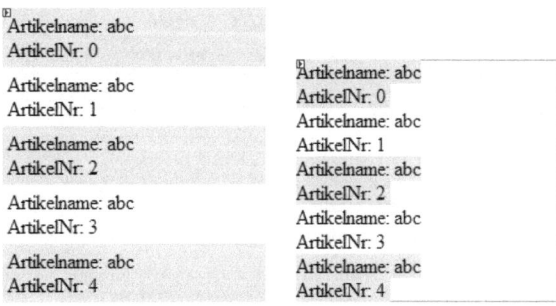

Abbildung 8.91 Layout-Varianten

Mit *RepeatColumns* bestimmen Sie, wie oft das Template in horizontaler Richtung wiederholt wird (Spalten), *RepeatDirection* bestimmt die Reihenfolge, in der die Datensätze zugewiesen werden (linke Abbildung *Vertical*, rechte Abbildung *Horizontal*).

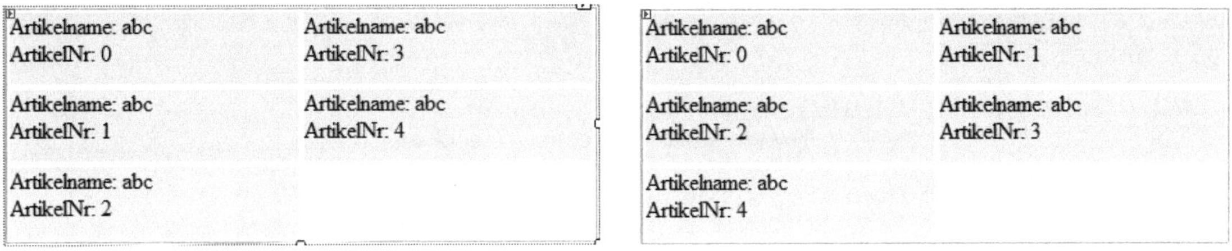

Abbildung 8.92 Auswirkung von *RepeatDirection*

Bearbeitungsfunktionen implementieren

Die Vorgehensweise gleicht in diesem Fall leider einer Mischung aus alten und neuen Technologien. Zum Ändern des Bearbeitungsmodus müssen Sie in die jeweiligen Templates Schaltflächen einfügen, die je nach Bedarf einen der folgenden Befehle implementieren (*CommandName*-Eigenschaft):

- *edit*
- *update*
- *cancel*
- *delete*
- *select*

HINWEIS   Achten Sie darauf, in welches Template Sie welches Command einfügen!

Damit ist es allerdings noch nicht getan, lösen doch diese Zuordnungen lediglich die entsprechenden Ereignisse (z.B. *EditCommand* ...) aus. Mit diesen Ereignissen müssen Sie dann die eigentlichen Aktionen anstoßen.

BEISPIEL

Edit-Modus setzen

```
Protected Sub DataList1_EditCommand(ByVal source As Object,
                        ByVal e As DataListCommandEventArgs) Handles DataList1.EditCommand
    DataList1.EditItemIndex = e.Item.ItemIndex
    DataList1.DataBind()
End Sub
```

BEISPIEL

Cancel auslösen

```
Protected Sub DataList1_CancelCommand(ByVal source As Object,
        ByVal e As System.Web.UI.WebControls.DataListCommandEventArgs) _
                                Handles DataList1.CancelCommand
```

```
        DataList1.EditItemIndex = -1
        DataList1.DataBind()
End Sub
```

BEISPIEL

Update auslösen

```
Protected Sub DataList1_UpdateCommand(ByVal source As Object,
                            ByVal e As DataListCommandEventArgs) _
                                    Handles DataList1.UpdateCommand
    AccessDataSource1.UpdateParameters("Artikelnr").DefaultValue =
                        DataList1.DataKeys(e.Item.ItemIndex).ToString()
    AccessDataSource1.UpdateParameters("Artikelname").DefaultValue =
                    (DirectCast(e.Item.FindControl("TextBox1"), TextBox)).Text
    AccessDataSource1.Update()
    DataList1.EditItemIndex = -1
    DataList1.DataBind()
End Sub
```

> **HINWEIS**   Haben Sie die Update-Parameter direkt mit den entsprechenden Eingabe-Controls verbunden, können Sie natürlich auf die obige umständliche Zuweisung verzichten. Gleiches gilt für die Delete-Parameter.

BEISPIEL

Delete auslösen

```
Protected Sub DataList1_DeleteCommand(ByVal source As Object,
                ByVal e As DataListCommandEventArgs) Handles DataList1.DeleteCommand
    AccessDataSource1.DeleteParameters("CategoryID").DefaultValue =
                        DataList1.DataKeys(e.Item.ItemIndex).ToString
    AccessDataSource1.Delete()
    DataList1.DataBind()
End Sub
```

BEISPIEL

Select auslösen

```
Protected Sub DataList1_SelectedIndexChanged(ByVal sender As Object,
                ByVal e As EventArgs) Handles DataList1.SelectedIndexChanged
    DataList1.DataBind()
End Sub
```

Möglicherweise überkommen Sie jetzt zwiespältige Erinnerungen an die Programmierung des alten *Data-Grid*, aber anders geht es leider nicht.

Repeater

Auch bei diesem Control werden Sie zunächst mit einem der »schönen« grauen Kästen konfrontiert.

Repeater - Repeater2

Wechselt zur Quellansicht, um die Vorlagen des Steuerelements zu bearbeiten.   **Abbildung 8.93** Entwurfsansicht

»Zunächst« ist eigentlich falsch ausgedrückt, denn es bleibt im Wesentlichen dabei, eine visuelle Unterstützung haben Sie bei diesen Control, das ein Template für alle vorhandenen Datensätze abarbeitet, leider nicht. Doch keine Sorge, mit einigen HTML-Kenntnissen kommen Sie auch hier weiter.

Wechseln Sie also, wie im Control angegeben, in die Quellcode-Ansicht (HTML-Code) und geben Sie folgende Elemente ein, um eine einfache Artikelliste anzuzeigen:

```
<asp:Repeater ID="Repeater1" runat="server"
              DataSourceID="AccessDataSource1">
   <ItemTemplate>
     Artikel: <%#Eval("Artikelname")%>
   </ItemTemplate>
</asp:Repeater>
```

Das Resultat ist folgender Datenwust:

Artikel: Chai Artikel: Chang Artikel: Aniseed Syrup Artikel: Chef Anton's Cajun Seasoning Artikel: Chef Anton's Gumbo Mix Artikel: Grandma's Boysenberry Spread Artikel: Uncle Bob's Organic Dried Pears Artikel: Northwoods Cranberry Sauce Artikel: Mishi Kobe Niku Artikel: Ikura Artikel: Queso Cabrales Artikel: Queso Manchego La Pastora Artikel: Konbu Artikel: Tofu Artikel: Genen Shouyu Artikel: Pavlova

Abbildung 8.94 Beispielausgabe

Wie Sie sehen, müssen Sie sich jetzt um alles selbst kümmern, dies betrifft auch die Zeilenumbrüche, Textformatierungen etc., mit etwas gutem Willen lässt sich das aber schnell realisieren.

BEISPIEL

Fettschrift, Leerzeichen und Zeilenumbruch hinzufügen

```
<asp:Repeater ID="Repeater1" runat="server"
              DataSourceID="AccessDataSource1">
   <ItemTemplate>
       <b>Artikel:</b> <%#Eval("Artikelname")%><br/>
   </ItemTemplate>
</asp:Repeater>
```

Und das sollte dabei herauskommen:

Artikel: Chai
Artikel: Chang
Artikel: Aniseed Syrup
Artikel: Chef Anton's Cajun Seasoning
Artikel: Chef Anton's Gumbo Mix
Artikel: Grandma's Boysenberry Spread
Artikel: Uncle Bob's Organic Dried Pears
Artikel: Northwoods Cranberry Sauce
Artikel: Mishi Kobe Niku

Abbildung 8.95 Repeater mit HTML-Formatierungen

An dieser Stelle müssen wir unseren Ausflug in die Untiefen der HTML-Programmierung leider abbrechen und stattdessen auf die zahlreiche Literatur zum Thema verweisen.

ListView

Dieses Control ist die »eierlegende Wollmilchsau« des ASP.NET-Programmierers. Neben der Möglichkeit, Daten in jeglicher Form per Templates formatiert auszugeben (wie auch bei *DataList* und *Repeater),* bietet dieses Control zusätzlich diverse Konfigurationsmöglichkeiten, von denen zunächst die Unterstützung für das Einfügen, Löschen und Editieren sowie das Sortieren ins Auge stechen. Über ein *DataPager*-Control können Sie zusätzlich Einfluss auf das Paging nehmen. Verschiedene Templates (*LayoutTemplate, ItemTemplate, GroupTemplate, EmptyItemTemplate, SelectedItemTemplate*) ermöglichen es dem Programmierer, das Control an fast jede Anforderung anzupassen.

Erste Schritte

Nach dem Erzeugen einer DataSource (z.B. *LinqDataSource*) und dem Einfügend des *ListView-Controls* werden Sie sicher etwas enttäuscht sein, wie beim *Repeater* lediglich einen hässlichen grauen Kasten als Platzhalter vorzufinden:

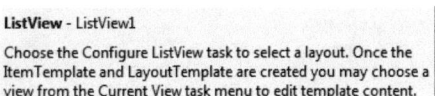

Abbildung 8.96 *ListView* in der Entwurfsansicht

Doch keine Sorge: über das Aufgabenmenü können Sie einen Konfigurationsassistenten aufrufen, der zum einen das grundsätzliche Layout definiert, zum anderen die optische Gestaltung beeinflusst:

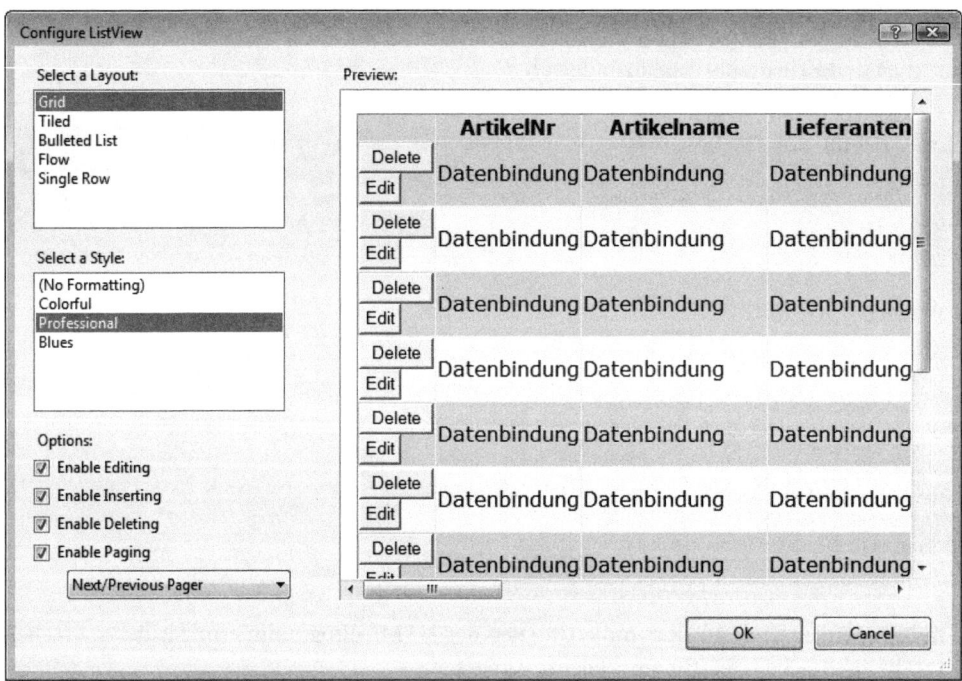

Abbildung 8.97 Konfigurationsassistent für das *ListView*-Control

Haben Sie sich für ein Grundlayout entschieden und die Optionen für Editieren, Löschen, Einfügen und Markieren wie gewünscht aktiviert, steht es Ihnen frei, die im Hintergrund angepassten Templates entsprechend Ihren Wünschen anzupassen.

Leider werden Sie an dieser Stelle nicht vom ASP.NET-Designer unterstützt, hier müssen Sie in die Niederungen der HTML-Programmierung herabsteigen, um die einzelnen Templates anzupassen.

BEISPIEL

ASP.NET-Code (Auszüge) für das in Abbildung 8.98 gezeigte Layout, die Templates sind fett hervorgehoben.

```
<asp:ListView ID="ListView1" runat="server" DataKeyNames="ArtikelNr"
      DataSourceID="LinqDataSource1" InsertItemPosition="LastItem">
    <ItemTemplate>
        <tr style="background-color:#DCDCDC;color: #000000;">
            <td>
                <asp:Button ID="DeleteButton" runat="server" CommandName="Delete"
                    Text="Delete" />
                <asp:Button ID="EditButton" runat="server" CommandName="Edit" Text="Edit" />
            </td>
            <td>
                <asp:Label ID="ArtikelNrLabel" runat="server" Text='<%# Eval("ArtikelNr") %>' />
            </td>
...
    </ItemTemplate>
    <AlternatingItemTemplate>
        <tr style="background-color:#FFF8DC;">
            <td>
                <asp:Button ID="DeleteButton" runat="server" CommandName="Delete"
                    Text="Delete" />
                <asp:Button ID="EditButton" runat="server" CommandName="Edit" Text="Edit" />
            </td>
            <td>
                <asp:Label ID="ArtikelNrLabel" runat="server" Text='<%# Eval("ArtikelNr") %>' />
            </td>
...
    </AlternatingItemTemplate>
    <EmptyDataTemplate>
        <table runat="server"
            style="background-color: #FFFFFF;border-collapse: collapse;border-color:
                #999999;border-style:none;border-width:1px;">
            <tr>
                <td>
                    No data was returned.</td>
            </tr>
        </table>
    </EmptyDataTemplate>
    <InsertItemTemplate>
...
            <td>
                <asp:TextBox ID="ArtikelnameTextBox" runat="server"
                    Text='<%# Bind("Artikelname") %>' />
            </td>
...
    </InsertItemTemplate>
    <LayoutTemplate>
        <table runat="server">
```

```
                        <tr runat="server">
                            <td runat="server">
                                <table ID="itemPlaceholderContainer" runat="server" border="1"
                                    style="background-color: #FFFFFF;border-collapse: collapse;border-color:
                                    #999999;border-style:none;border-width:1px;font-family: Verdana sans-serif;">
                                        <tr runat="server" style="background-color:#DCDCDC;color: #000000;">
                                            <th runat="server">
                                            </th>
...
                                            <th runat="server">
                                                Bestelldetails</th>
                                        </tr>
                                        <tr ID="itemPlaceholder" runat="server">
                                        </tr>
                                </table>
                            </td>
                        </tr>
                        <tr runat="server">
                            <td runat="server"
                                style="text-align: center;background-color: #CCCCCC;font-family: Verdana,
                                        Arial, Helvetica, sans-serif;color: #000000;">
                                <asp:DataPager ID="DataPager1" runat="server">
                                    <Fields>
                                        <asp:NextPreviousPagerField ButtonType="Button"
                                            ShowFirstPageButton="True"
                                            ShowLastPageButton="True" />
                                    </Fields>
                                </asp:DataPager>
                            </td>
                        </tr>
                    </table>
            </LayoutTemplate>
            <EditItemTemplate>
...
            </EditItemTemplate>
            <SelectedItemTemplate>
...
            </SelectedItemTemplate>
        </asp:ListView>
```

Die folgende Tabelle 8.4 zeigt noch einmal die einzelnen Templates und deren Bedeutung:

Template	Bemerkung
AlternatingItemTemplate	Das Layout für jede zweite Zeile/Zelle
EditItemTemplate	Das Layout für den Bearbeitungsmodus (es kommen meist TextBoxen zum Einsatz)
EmptyItemTemplate	Das Layout bei nicht vorhandenen Werten
EmptyDataTemplate	Das Layout bei fehlender Datenbasis
GroupTemplate	Das Layout für Gruppierungen
GroupSeparatorTemplate	Trenner bei Gruppierungen
ItemTemplate	Anzeige-Layout für die einzelnen Elemente

Tabelle 8.4 Die Templates eines *ListView*-Controls

Template	Bemerkung
InsertItemTemplate	Einfüge-Layout für die einzelnen Elemente
ItemSeparatorTemplate	Separator-Layout
LayoutTemplate	Das Layout für das gesamte Control, hier wird das grundsätzliche Tabellenlayout definiert, mittels Platzhalter kommen zur Laufzeit je nach Modus die jeweils passenden ItemTemplates zum Einsatz.
SelectedItemTemplate	Auswahl-Layout für die einzelnen Elemente

Tabelle 8.4 Die Templates eines *ListView*-Controls *(Fortsetzung)*

Die folgende Abbildung zeigt das mit obigem Beispiel erzeugte *ListView* zur Laufzeit:

ArtikelNr	Artikelname	Liefereinheit	Einzelpreis
1	Chai	10 Kartons x 20 Beutel	18,0000
2	Chang	24 x 12-oz-Flaschen	19,0000
3	Aniseed Syrup	12 x 550-ml-Flaschen	112,0000
4	Chef Anton's Cajun Seasoning		220,0000
5	Chef Anton's Gumbo Mix	36 Kartons	21,3500
6	Grandma's Boysenberry Spread	12 x 8-oz-Gläser	25,0000
7	Uncle Bob's Organic Dried Pears	12 x 1-lb-Packungen	30,0000
8	Northwoods Cranberry Sauce	12 x 12-oz-Gläser	40,0000
9	Mishi Kobe Niku	18 x 500-g-Packungen	97,0000
10	Ikura	12 x 200-ml-Gläser	31,0000

Erste | Zurück | **Weiter** | Letzte

Abbildung 8.98 *ListView* zur Laufzeit

Sortieren

Haben Sie schon mit dem *GridView* gearbeitet, werden Sie dieses sicher auch zum Sortieren der Datensätze genutzt haben. Eine spezielle Eigenschaft *AllowSorting* werden Sie beim *ListView* allerdings vergeblich suchen, was nicht heißt, dass Sie mit diesem Control nicht sortieren können.

Die Vorgehensweise ist in diesem Fall etwas anders, über das *LayoutTemplate* nehmen Sie direkt Einfluss auf die Optik und die Verhaltensweise der Tabellenkopfzeile.

BEISPIEL

Sortieren der Spalte *Artikelname* über einen LinkButton

```
...
        <LayoutTemplate>
            <table runat="server">
                <tr runat="server">
                    <td runat="server">
                        <table ID="itemPlaceholderContainer" runat="server" border="1"
...
```

Hier ein »normaler« Spaltenkopf:

```
                        <th runat="server">
                            ArtikelNr</th>
```

Statt eines statischen Textes fügen wir einen *LinkButton* in den nächsten Spaltenkopf ein und verbinden diesen mit einem Kommando:

```
<th runat="server">
    <asp:LinkButton ID="LinkButton1" runat="server" Text="Artikelname"
                    CommandName="sort" CommandArgument="Artikelname" />
</th>
<th runat="server">
    Liefereinheit</th>
<th runat="server">
    Einzelpreis</th>
</tr>
<tr ID="itemPlaceholder" runat="server">
</tr>
</table>
</td>
</tr>
...
```

Die Laufzeitansicht:

ArtikelNr	Artikelname	Liefereinheit	Einzelpreis
1	Chai	10 Kartons x 20 Beutel	18,0000
2	Chang	24 x 12-oz-Flaschen	19,0000
3	Aniseed Syrup	12 x 550-ml-Flaschen	112,0000
4	Chef Anton's Cajun Seasoning		220,0000
5	Chef Anton's Gumbo Mix	36 Kartons	21,3500

Abbildung 8.99 *ListView* mit Sortierfunktion

Mit einem Klick auf die Schaltfläche ist auch schon die Tabelle sortiert. Eine Erweiterung auf die anderen Spalten und/oder die Anzeige von Grafiken im Tabellenkopf ist für Sie jetzt sicher kein Problem mehr.

HINWEIS   Dieses Beispiel zeigt recht gut, wie Sie mit wenigen Eingriffen auf ASP.NET-Code-Ebene recht schnell zu optimalen Lösungen kommen können, vorausgesetzt, Sie verfügen über das nötige ASP.NET-Handwerkszeug[1]. Das Bearbeiten, Löschen und Markieren von Einträgen läuft im Wesentlichen wie beim *GridView* ab, wir gehen deshalb nicht gesondert darauf ein.

Damit wenden wir uns den etwas »einfacheren« Controls zu, die wir teilweise bereits in den vorhergehenden Abschnitten bei der Template-Programmierung genutzt haben.

Label/TextBox

Das *Label*, wie auch die *TextBox*, lässt sich mit wenig Aufwand an eine Datenquelle binden. Voraussetzung ist allerdings, dass sich das Label in einer gebundenen *FormView* oder in einem der bereits erwähnten Templates befindet.

---

[1] Umfangreiche Ausführungen zu diesem Thema können allerdings nicht Gegenstand dieses Buches sein.

```
<asp:FormView ID="FormView1" runat="server"
              DataSourceID="AccessDataSource2" DataMember="DefaultView">
    <ItemTemplate>
        <asp:Label ID="Label4" runat="server"
                   Text='<%# Eval("Description") %>'></asp:Label>
    </ItemTemplate>
</asp:FormView>
```

Abbildung 8.100 Bindung an das Feld *Description*, die Datenquelle wird durch das *FormView*-Control bestimmt

Verwenden Sie die *Eval*-Funktion, handelt es sich um einen reinen Lesezugriff, mit *Bind* können Sie auch einen Schreibzugriff realisieren, was sicher nur im Zusammenhang mit der *TextBox* einen Sinn macht. Beide Funktionen, sowie weitere Optionen, lassen sich über einen Assistenten (Aufgabenmenü) komfortabel zuweisen.

Alternativ können Sie das *Label* zum Beispiel auch an eine Variable binden.

BEISPIEL

Variablendefinition und Aufruf der *Bind()*-Methode

```
...
  Public MeineVariable As String = "Hallo User"

    Protected Sub Page_Load(ByVal sender As Object, ByVal e As EventArgs)
        If Not Page.IsPostBack Then
            Label5.DataBind()
        End If
    ...
```

Die *Label*-Eigenschaften:

```
<asp:Label ID="Label5" runat="server" Text="<%# MeineVariable %>"
           Font-Bold="True"></asp:Label>
```

CheckBoxList, BulletList, RadioButtonList, DropDownList, ListBox

Die »großen Brüder« von *CheckBox* und *RadioButton* bieten bereits eine komplett formatierte Liste mit fertiger Gruppierung für die Anzeige logischer Zustände.

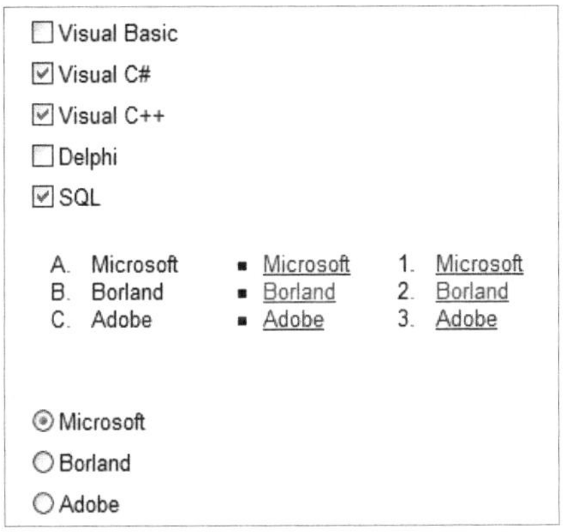

Abbildung 8.101 *CheckBoxList, BulletList* und *RadioButtonList*

Die obige Abbildung zeigt u.a. einige Formatierungsmöglichkeiten für die *BulletList*. So ist zum Beispiel mittels Datenbindung eine einfache Link-Liste realisierbar, die Zieladresse wird nach einem Klick automatisch angesprungen.

Datenbindung

Im Unterschied zu *TextBox* und *Label* ist die Datenbindung auch ohne die Verwendung einer *FormView* möglich:

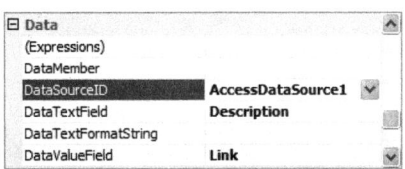

Abbildung 8.102 Zuweisen der Datenbindung über *DataSourceId*, *DataTextField* und *DataValueField*

Dazu verfügen alle drei genannten Controls über die Eigenschaften *DataMember* (welche Tabelle), *Data-SourceId* (Id der Datenquelle), *DataTextField* (die Beschriftung), *DataTextFormatString* (Beschriftung formatieren), *DataValueField* (der zurückgegebene Wert).

HINWEIS   Wichtig ist in diesem Zusammenhang auch die Eigenschaft *AppendDataBoundItems* (*True/False*), die es ermöglicht, zu schon statisch vorhandenen Einträgen noch zusätzliche Einträge aus der Datenquelle hinzuzufügen. Dies ist recht nützlich, wenn Sie zum Beispiel einen Leerstring zuweisen wollen.

BEISPIEL

Leerstring als zusätzlichen Eintrag zuweisen

Beim ersten Aufruf einen neuen Eintrag einfügen:

Beim ersten Aufruf einen neuen Eintrag einfügen:

```
Protected Sub Page_Load(ByVal sender As Object, ByVal e As EventArgs)
    If Not Me.IsPostBack Then
        DropDownList1.Items.Clear()
        DropDownList1.AppendDataBoundItems = True
        DropDownList1.Items.Add(New ListItem("-Kein-", "", True))
    End If
End Sub
```

Die Anzeige des gewählten Eintrags:

```
Protected Sub DropDownList1_SelectedIndexChanged(ByVal sender As Object,
                ByVal e As System.EventArgs) Handles DropDownList1.SelectedIndexChanged
    Response.Write(DropDownList1.SelectedValue)
End Sub
```

Für die Datenbindung sorgen Sie am besten per Aufgabenmenü:

```
<asp:DropDownList ID="DropDownList1" runat="server" AppendDataBoundItems="True"
    DataSourceID="SqlDataSource1" DataTextField="Artikelname" DataValueField="ArtikelNr"
    AutoPostBack="True" OnSelectedIndexChanged="DropDownList1_SelectedIndexChanged">
</asp:DropDownList></div>
```

Die *DropDownList* in Aktion:

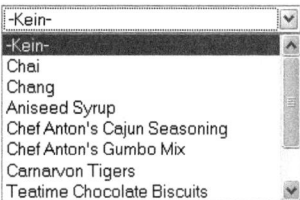

Abbildung 8.103   Laufzeitansicht

Auch die gute alte *ListBox* lässt sich ohne Probleme an eine DataSource binden. Die einzige Besonderheit ist das Auslesen der Einträge, wenn *SelectionMode* auf *Multiple* aktiviert ist. In diesem Fall helfen Ihnen *SelectedValue* oder *SelectedIndex* nicht weiter, beide liefern nur den jeweils ersten markierten Wert.

BEISPIEL

Bestimmen der markierten Einträge

```
Private Sub Button1Click(ByVal sender As Object, ByVal e As System.EventArgs)
```

GetSelectedIndices liefert eine Liste der markierten *ListBox*-Einträge (Index innerhalb der Liste):

```
    Dim sel As Integer() = ListBox1.GetSelectedIndices()
    For Each i As Integer In sel
      Response.Write(i.ToString() & " : " & ListBox1.Items(i).Value & "<br>")
    Next
End Sub
```

Hierarchische Datenanzeige mittels TreeView-Control

Über Sinn und Zweck dieses Steuerelements brauchen wir sicher nicht lange zu philosophieren, wesentlichste Aufgabe ist die hierarchische Darstellung von Informationen. Ob Sie das Control zur Navigation zwischen einzelnen Abfragen (QueryString) oder für die reine Programmsteuerung nutzen, bleibt Ihnen überlassen.

Abbildung 8.104   *TreeView* an *SiteMapDataSource*-Control gebunden

Wie auch beim *Menu*-Steuerelement können Sie das Control mit oder ohne Datenbindung betreiben. Geht es beispielsweise nur um die statische Darstellung der SiteMap, binden Sie das Control einfach an ein *Site-*

MapDataSource-Control. Auch hier steht Ihnen automatisch der URL für die Navigation zur Verfügung, eine Programmierung ist nicht erforderlich.

Geht es darum, zur Laufzeit Daten aus einer Datenquelle einzufügen, können Sie ebenfalls den bereits gezeigten Weg gehen, sinnvollerweise verwenden Sie zur Datenabfrage einen *DataReader*.

BEISPIEL

Daten in *TreeView* einfügen

```
If Not IsPostBack Then
    Dim conn As New OleDbConnection(Connstr)
    Dim cmd As New OleDbCommand("SELECT * FROM Artikelgruppen", conn)
    conn.Open()
    Dim dr As OleDbDataReader = cmd.ExecuteReader()
    While dr.Read()
        Dim tn As TreeNode = New TreeNode()
        tn.Text = dr("Name").ToString
        tn.Value = dr("id").ToString
        TreeView1.Nodes(0).ChildNodes.Add(tn)
    End While
    dr.Close()
    conn.Close()
End If
```

Doch wir haben ja mittlerweile recht gut nutzbare typisierte DataSets, dann wollen wir diese auch einsetzen.

BEISPIEL

Einlesen der *TreeView*-Daten aus einem typisierten DataSet

```
Public Partial Class Beispiel_TreeView
        Inherits System.Web.UI.Page

    Private taMitarbeiter As New FirmaTableAdapters.MitarbeiterTableAdapter()

    Private taTelefone As New FirmaTableAdapters.TelefonTableAdapter()

    Private myFirma As New Firma()
```

Zunächst die Daten in das Dataset laden:

```
Protected Sub Page_Load(ByVal sender As Object, ByVal e As EventArgs)
    taMitarbeiter.Fill(myFirma.Mitarbeiter)
    taTelefone.Fill(myFirma.Telefon)
End Sub
```

Mit dem Klick geht's los:

```
Protected Sub Button1_Click(ByVal sender As Object, ByVal e As EventArgs)
```

Alle Einträge löschen:

```
TreeView1.Nodes.Clear()
```

Einen Root-Knoten hinzufügen:

```
TreeView1.Nodes.Add(New TreeNode("Mitarbeiter"))
```

Für alle Mitarbeiter einen Knoten erzeugen:

```
For Each row As Firma.MitarbeiterRow In myFirma.Mitarbeiter
    Dim tn As TreeNode = New TreeNode()
    tn.Text = row.Vorname & " " & row.Nachname
    tn.Value = row.Id.ToString()
    tn.PopulateOnDemand = True
    TreeView1.Nodes(0).ChildNodes.Add(tn)
Next
End Sub
```

HINWEIS   Wer obiges Beispiel gut durchgearbeitet hat, wird sicher auch bemerkt haben, dass wir den Primärschlüssel in der *Value*-Eigenschaft des jeweiligen Knotens gespeichert haben.

Doch nicht in jedem Fall möchte man umfangreiche hierarchische Strukturen gleich komplett in die *Tree-View* einlesen (z.B. Verzeichnisse). Dafür bietet sich ein ereignisorientierter Ansatz mit dem Event *TreeNode-Populate* an.

BEISPIEL

Verwendung von *TreeNodePopulate*

Aufbauend auf dem vorhergehenden Beispiel möchten wir für jeden Mitarbeiter die Detaildaten (Telefon-nummern) anzeigen. Voraussetzung für das Auslösen des *TreeNodePopulate*-Ereignisses ist, dass die *Populate-OnDemand*-Eigenschaft auf *True* gesetzt wurde.

Der Ereigniscode wird durch das Expandieren des entsprechenden *TreeNode* ausgelöst:

```
Protected Sub TreeView1_TreeNodePopulate(ByVal sender As Object, ByVal e As TreeNodeEventArgs)
    Dim rows As Data.DataRow() = myFirma.Telefon.[Select]("MitarbeiterId=" & e.Node.Value)
    For Each row As Firma.TelefonRow In rows
        Dim tn As TreeNode = New TreeNode()
        tn.Text = "Telefon: " & row.Nummer
        e.Node.ChildNodes.Add(tn)
    Next
End Sub
```

Die Auswahl des Nutzers können Sie über das *SelectedNodeChanged*-Ereignis auswerten:

```
Protected Sub TreeView1_SelectedNodeChanged(ByVal sender As Object, ByVal e As EventArgs)
    Label1.Text = TreeView1.SelectedNode.Text
End Sub
```

Die Ausgabe des Beispiels zeigt Abbildung 8.105.

Abbildung 8.105   Die Ausgabe unseres Beispiels

Auch dieses Control bietet eine fast schon unüberschaubare Fülle von Eigenschaften, die wir an dieser Stelle beim besten Willen nicht alle vorstellen können.

Chart-Steuerelement

Nachdem in der aktuellen .NET Framework-Version bereits die Windows Forms-Programmierer mit einer *Chart*-Komponente beglückt wurden (siehe Kapitel 9), steht über den Namespace *System.Web.UI.Data-Visualization.Charting* auch dem ambitionierten ASP.NET-Entwickler diese Möglichkeit offen.

Ein kleiner Auszug aus der Liste der Features zeigt die Komplexität des Controls:

- 35 verschiedene Chart Typen

- eine unbegrenzte Anzahl von Chart-Bereichen, -Titeln, -Legenden etc.

- selbstverständlich die Möglichkeit der Datenbindung

- 3-D-Unterstützung

- diverse Skalierungsfunktionen

- mehr als 50 Funktionen aus dem Bereich Finanzmathematik und Statistik

- ...

BEISPIEL

Ein *Chart*-Control im Einsatz. Die Anbindung an die *Products*-Tabelle der *Northwind*-Datenbank erfolgt per *SqlDataSource* (zusätzlich haben wir die Anzahl der Datensätze mit TOP etwas beschränkt).

Der Seitenquelltext:

```
<asp:SqlDataSource ID="SqlDataSource1" runat="server"
    ConnectionString="<%$ ConnectionStrings:ConnectionString %>"

    SelectCommand="SELECT Top 20 [ProductName], [UnitsInStock] FROM [Products]">
</asp:SqlDataSource>
<br />
<asp:Chart ID="Chart1" runat="server" DataSourceID="SqlDataSource1"
    Height="600px" Width="800px">
    <series>
        <asp:Series ChartType="Bar" Name="Series1" XValueMember="ProductName"
            YValueMembers="UnitsInStock" XValueType="String">
        </asp:Series>
```

```
        </series>
        <chartareas>
            <asp:ChartArea Name="ChartArea1">
                <AxisX Interval="1">
                </AxisX>
            </asp:ChartArea>
        </chartareas>
    </asp:Chart>
```

Der generierte HTML-Quellcode:

```
...
<img id="Chart1" src="/Datenbindung/ChartImg.axd?
    i=chart_5de2a481b2e5451f8b3b98affca2bedc_0.png&amp;g=56d04bb07d8d4ccfb46446a97b04b824"
    alt="" style="height:600px;width:800px;border-width:0px;" />
...
```

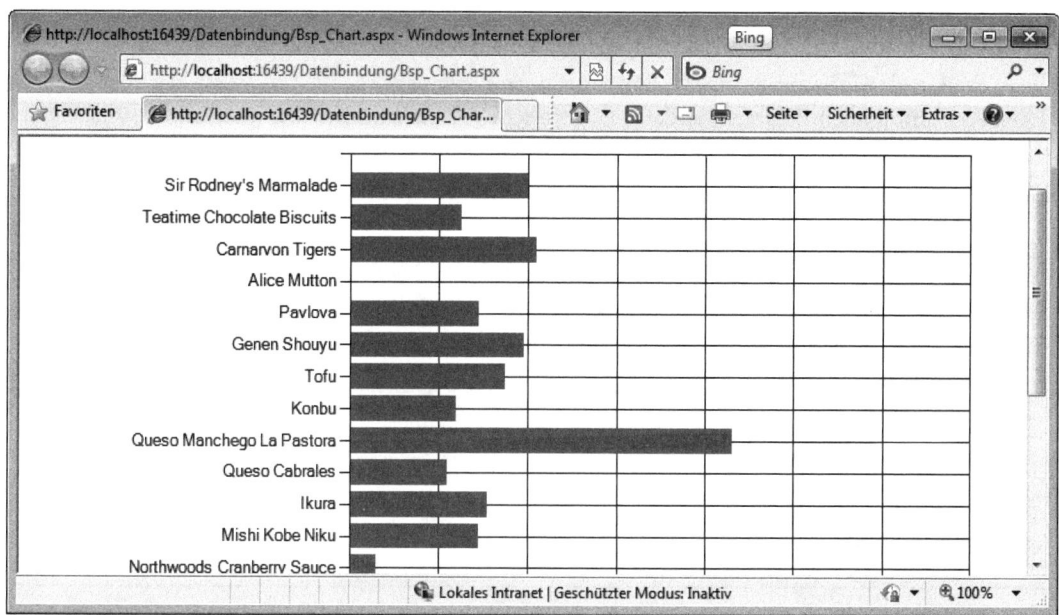

Abbildung 8.106 Das *Chart*-Control in Aktion

Interessant ist sicherlich, in welcher Form die Daten auf dem Client angezeigt werden. Ein Blick in den Quellcode der Seite zeigt uns, dass es sich um ein PNG handelt, also um eine auf dem Server generierte Grafik, die als einfaches Image angezeigt wird.

HINWEIS Wesentlich mehr zum Thema erfahren Sie im Kapitel 9, wo es zwar vordergründig um das Windows Forms-Pendant geht, jedoch lassen sich fast alle Ausführungen 1:1 auf das ASP.NET-Chart-Control übertragen.

Ein etwas umfangreicheres Beispiel finden Sie im How-to 9.3 »… mit ASP.NET ein Diagramm anzeigen?«.

Eingabeprüfung mit den Validator-Steuerelementen

Bei unseren bisherigen Experimenten sind wir vom Idealfall des Webanwenders ausgegangen: ein Nutzer, der immer alle Felder korrekt ausfüllt, keine falschen Werte eingibt und auch logisch alles richtig macht. Leider werden wir in unserem täglichen Programmiererdasein häufig auf DAUs[1] treffen, die mit traumwandlerischer Sicherheit genau die Fehler machen, auf die unsere Anwendung nicht vorbereitet ist.

In weiser Voraussicht haben die MS-Programmierer ein recht wirkungsvolles Werkzeug für die Eingabeprüfung entwickelt: die Validator-Controls.

Übersicht

Mit Hilfe der Validator-Controls bietet sich Ihnen eine einfache und vor allem flexible Möglichkeit, Benutzereingaben zu überprüfen. Neben einfachen Regeln, wie das Vorhandensein eines Eintrags, können Sie auch komplexe Vergleiche oder nutzerdefinierte Regeln realisieren.

Ein Validator-Control wird immer einem Eingabe-Control zugeordnet. Im Gegensatz dazu lassen sich einem Eingabe-Control auch mehrere Validator-Controls zuweisen. Zum Beispiel können Sie zunächst auf das Vorhandensein einer Kreditkartennummer prüfen, nachfolgend können Sie diese logisch prüfen.

Auf der *Validierung*-Seite der Toolbox finden Sie folgende Validator-Controls:

Control	Beschreibung
RequiredFieldValidator	Verknüpfen Sie dieses Control mit einer *TextBox*, muss diese einen Inhalt haben, bevor ein Post erfolgt.
CompareValidator	Dieses Control ermöglicht den Vergleich (=, >, <, >=, <=, <>) eines Eingabewertes mit einem Vorgabewert, der als Konstante oder Vergleichsfeld vorliegt.
RangeValidator	Der Inhalt des Controls muss mit einem vorgegebenen Bereich übereinstimmen.
RegularExpressionValidator	Der Inhalt des zu überwachenden Controls wird auf Basis eines regulären Ausdrucks geprüft.
CustomValidator	Dieses Control können Sie verwenden, wenn Sie mit den bisher vorgestellten Controls nicht die gewünschte Prüfung vornehmen können. Sie können eine eigene Ereignisbehandlung realisieren.
ValidationSummary	Dieses Control fasst lediglich die Meldungen der o.g. Controls zusammen.

Tabelle 8.5 Übersicht Validator-Controls

Wo findet die Fehlerprüfung statt?

Grundsätzlich erfolgt die Prüfung der eingegebenen Daten auf dem Server und zwar mit den Regeln, die durch die Validator-Controls aufgestellt worden sind.

Je nach Typ des Browsers[2] kann auch eine erste Prüfung auf dem Client erfolgen, um unnötige Datenübertragungen zwischen Client und Server zu vermeiden. Dieses Feature wird mit der Eigenschaft *EnableClientScript* aktiviert, die Überprüfung auf Browsertyp und Browserereignis nehmen die Controls automatisch vor. Da bei diesem Verfahren zunächst keine Abfrage zum Server gesendet wird, ist ein besseres Antwortverhalten zu erwarten.

---

[1] dümmster anzunehmender User
[2] Wie bei Microsoft nicht anders zu erwarten, natürlich der Internet Explorer.

HINWEIS   Beachten Sie jedoch, dass eine endgültige Prüfung in jedem Fall auf dem Server erfolgt, egal ob die Prüfung auf dem Client bereits erfolgreich war[3].

Die Möglichkeit, Prüfungen unabhängig vom Browsertyp und dessen Fähigkeiten durchzuführen, dürfte die Entwicklung robuster Eingabemasken wesentlich vereinfachen.

Verwendung

Alle Validator-Controls sind zur Laufzeit zunächst unsichtbar, tappt der Nutzer jedoch in die von uns aufgestellte Falle und versucht, einen fehlerhaften Eingabewert an den Server zu senden, erscheint die gewünschte Fehlermeldung im Validator-Control (so wie Sie diese zur Entwurfszeit festgelegt haben).

Ein erster Test zeigt die Vorgehensweise: Platzieren Sie ein *RequiredFieldValidator*-Control auf dem Form und verbinden Sie dieses mit einer *TextBox*.

Abbildung 8.107   Entwurfsansicht

Dazu genügt es, wenn Sie die Eigenschaft *ControlToValidate* auf das gewünschte Control festlegen. Wo Sie das Control platzieren, ist vollkommen egal, Sie sollten den Fehler jedoch nicht zwanzig Zeilen weiter unten anzeigen, wo der Anwender mit der Mitteilung nichts mehr anzufangen weiß.

Den Fehlertext können Sie mit Hilfe der Eigenschaft *ErrorMessage* festlegen. Weitere Gestaltungsmöglichkeiten bieten sich mit allgemeinen Eigenschaften wie *Font*, *ForeColor* etc. an.

Starten Sie die Anwendung, um sich von der Funktionstüchtigkeit zu überzeugen. Zunächst ist kein Unterschied festzustellen, versuchen Sie jedoch die Berechnung zu starten bzw. die Formulareingaben zum Server zu senden, wird die vordefinierte Fehlermeldung angezeigt:

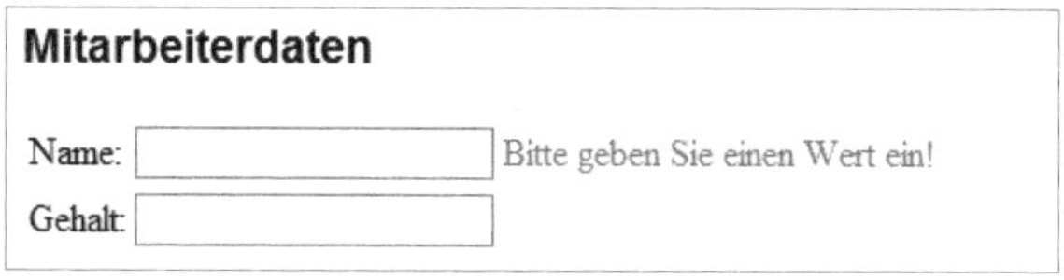

Mitarbeiterdaten

Name: [   ] Bitte geben Sie einen Wert ein!

Gehalt: [   ]

Abbildung 8.108   Laufzeitansicht

Geben Sie nun einen Text in die *TextBox* ein und versuchen Sie erneut Ihr Glück, so verschwindet die Fehlermeldung von allein.

Natürlich vereinfacht die Tatsache, dass Eingabewerte nach einem erneuten Anzeigen der Seite nicht verloren gehen, die Programmierung derartiger Prüfungen wesentlich. Wer möchte schon nach dem Ausfüllen von 10 oder 20 Feldern alles noch einmal eingeben, nur weil er vielleicht einen einzigen Wert falsch eingegeben hat?

---

[3] Hiermit sollen Manipulationsmöglichkeiten auf der Clientseite ausgeschlossen werden.

HINWEIS   Im Zusammenhang mit der Verwendung von Validator-Controls sollten Sie *AutoPostBack* besser auf *False* stellen!

Auf die Besonderheiten der verschiedenen Controls wird in den folgenden Abschnitten im Detail eingegangen.

RequiredFieldValidator

Diese Komponente haben Sie ja bereits im vorhergehenden Beispiel kennen gelernt. Die Aufgabe des *RequiredFieldValidators* besteht in der Prüfung, ob sich überhaupt ein Wert im zu überwachenden Control (z.B. *TextBox*) befindet. Ist dies nicht der Fall, wird der mit *ErrorMessage* festgelegte Text ausgegeben.

Doch was hat es mit der Eigenschaft *InitialValue* auf sich? Die Antwort findet sich beispielsweise bei einer *DropDownList*, die ja bereits beim Laden der Seite den ersten Wert anzeigt. Möchten Sie, dass der Nutzer einen anderen Wert auswählen muss, geben Sie den ersten Wert (Defaultwert) der *DropDownList* als *InitialValue* für den Validator vor.

HINWEIS   Hier ist auch die Verwendung der Eigenschaft *AppendDataBoundItems* sinnvoll, der Defaultwert wird per Code eingefügt, die eigentlichen Einträge kommen aus der Datenbank.

BEISPIEL

Mit einer *DropDownList* soll eine Sprache ausgewählt werden. Zulässig sind nur die drei letzten Auswahlpunkte.

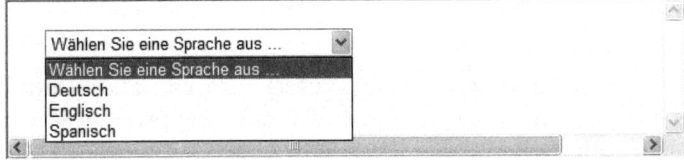

Abbildung 8.109 DropDownList mit *InitialValue*

Wählt der Nutzer keinen anderen Wert aus, tritt das Validator-Control in Aktion:

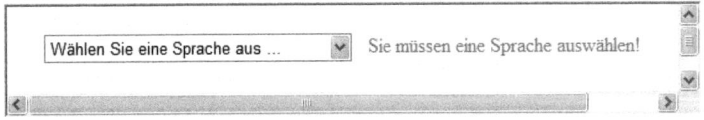

Abbildung 8.110 Fehler bei Auswahl des ersten Eintrags

CompareValidator

Mit dem *CompareValidator* lassen sich bereits wesentlich komplexere Regeln aufstellen. Das Grundprinzip ist hier ein Vergleich mit konstanten Werten, einem anderen Feld oder mit einem Datentyp.

Die wichtigsten Eigenschaften listet die Tabelle 8.6 auf.

Eigenschaft	Beschreibung
ControlToCompare	(optional) ein Control, mit dem der Vergleich erfolgen soll
ControlToValidate	das zu überwachende Control
Operator	der verwendete Vergleichsoperator
Type	(optional) ein vorgegebener Datentyp
ValueToCompare	(optional) ein konstanter Vergleichswert

Tabelle 8.6 Wichtige Eigenschaften

Wert	Beschreibung
Equal	gleich
GreaterThan	größer
GreaterThanEqual	größer gleich
LessThan	kleiner
LessThanEqual	kleiner gleich
NotEqual	ungleich
DataTypeCheck	nur Datentypvergleich (*Integer, String, Double, Currency, Date*)

Tabelle 8.7 Über die *Operator*-Eigenschaft können Sie einen der obigen Werte auswählen

BEISPIEL

Möchten Sie die Eingabe einer Jahreszahl auf einen Wert größer 2001 festlegen, gehen Sie wie folgt vor: Platzieren Sie ein *CompareValidator*-Control neben dem Eingabefeld für die Jahreszahl und verknüpfen Sie die beiden Controls über die *ControlToValidate*-Eigenschaft.

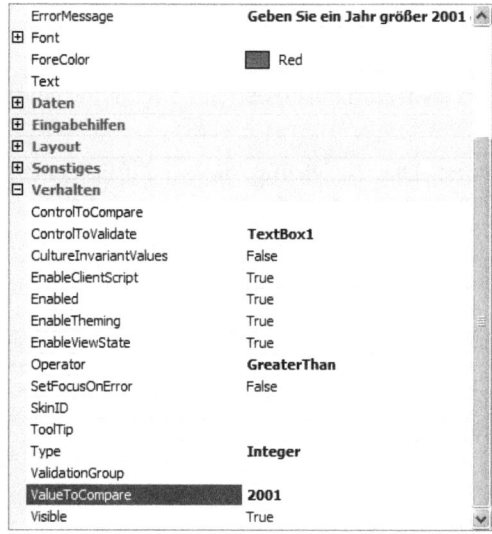

Abbildung 8.111 Die zu setzenden Eigenschaften

Nachfolgend legen Sie die Eigenschaft *Operator* auf *GreaterThan* fest. In der Eigenschaft *ValueToCompare* bringen Sie den Vergleichswert »2001« unter. Was bleibt, ist das Festlegen einer geeigneten Fehlermeldung mittels *ErrorMessage*.

Ein kurzer Test mit der Eingabe »2001« zeigt das gewünschte Ergebnis:

```
2001              Geben Sie ein Jahr größer 2001 ein!
```

Abbildung 8.112 Laufzeitansicht

BEISPIEL

Bei der Eingabe im Feld »Betrag« soll es sich in jedem Fall um einen Währungswert handeln. Bisher erfolgt lediglich eine Prüfung, ob überhaupt etwas eingegeben wurde (ein Buchstabe genügt, um die Bedingung zu erfüllen).

Realisierung: Fügen Sie ein weiteres *CompareValidator*-Control ein und verknüpfen Sie dieses mit der gewünschten *TextBox*. Die Eigenschaft *Operator* legen Sie auf *DataTypeCheck* fest. Mit *Type* wählen Sie den Datentyp *Currency* aus.

Der Test mit einer Falscheingabe zeigt das gewünschte Ergebnis (die Bedingung »Eingabe erforderlich« ist zwar erfüllt, aber der Datentyp stimmt nicht):

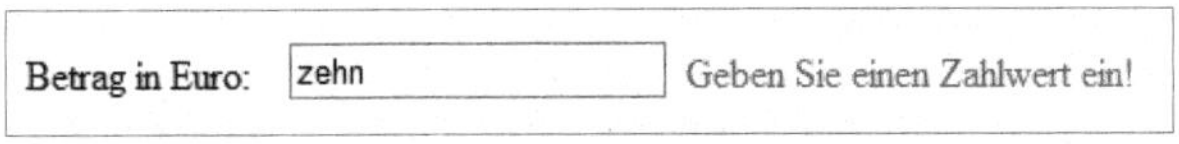

```
Betrag in Euro:  zehn              Geben Sie einen Zahlwert ein!
```

Abbildung 8.113 Test auf Datentyp

Wie Sie sehen, ist es kein Problem, einem Eingabe-Control mehrere Validator-Controls zuzuordnen. Lediglich die Platzierung der Controls auf dem Web-Form dürfte im Laufe der Zeit recht unübersichtlich werden. Abhilfe schafft das *ValidationSummary*-Control, auf das wir noch näher eingehen werden.

RangeValidator

Mit dem *RangeValidator* kann, wie es der Name schon vermuten lässt, ein Eingabewert auf Einhaltung eines bestimmten Wertebereichs geprüft werden.

Legen Sie zunächst den Datentyp mit der *Type*-Eigenschaft fest. Dies ist wichtig, da es natürlich einen Unterschied zwischen *String*- und *Integer*-Bereichen gibt.

Den eigentlichen Bereich stellen Sie mit den Eigenschaften *MinimumValue* und *MaximumValue* ein. Der Eingabewert muss dann größer gleich dem Minimum und kleiner gleich dem Maximum sein.

BEISPIEL

Eine Anwendung soll lediglich die Eingabe von Laufzeiten zwischen 1 und 15 Jahren zulassen. Wie Sie die Eigenschaften festlegen müssen, zeigt die folgende Abbildung:

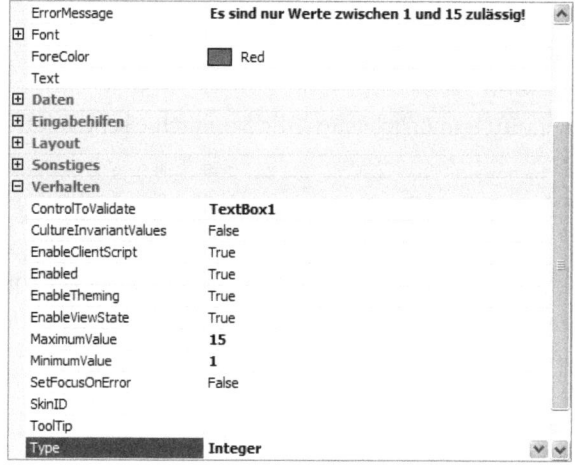

Abbildung 8.114 Festlegen eines Wertebereichs

RegularExpressionValidator

Wem die bisherigen Möglichkeiten der Prüfung von Eingabewerten immer noch nicht ausreichen, der findet sicher bei den regulären Ausdrücken das Gewünschte. Mit Hilfe einer Beschreibungssprache (Steuerzeichen, Platzhalter etc.) können quasi Masken für Eingabewerte erstellt werden.

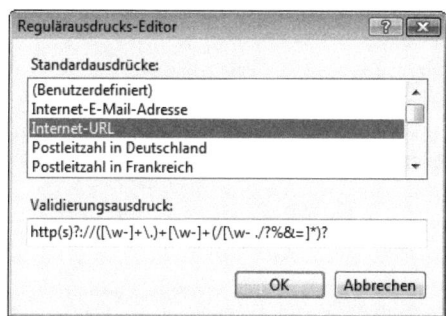

Abbildung 8.115 Vordefinierte Ausdrücke

Prominente Beispiele sind Ihnen sicher schon auf mehreren Webseiten begegnet:

- E-Mail-Adressen
- Web-Adressen
- Kreditkartennummern
- Telefonnummern (mit nationaler bzw. internationaler Vorwahl)
- Postleitzahlen …

Der für den das alles »böhmische Dörfer« sind, der sollte sich einmal die Beispiele ansehen, die über den *ValidationExpression*-Eigenschaftseditor bereitgestellt werden.

HINWEIS Mehr zu den Hintergründen und der verwendeten Syntax finden Sie in der MSDN-Library unter dem Stichwort ».NET Framework Regular Expressions«.

CustomValidator

Vermissten Sie bisher die Möglichkeit, selbst Hand anzulegen? Wenn ja, sind Sie genau hier richtig.

Der *CustomValidator* bietet Ihnen zwei grundsätzliche Prüfungsmöglichkeiten, die Sie durch eigene Routinen realisieren können:

- serverseitige Validierung
- clientseitige Validierung

Während bei der ersten Variante ein Ereignis auf dem Server ausgelöst wird und Sie wie gewohnt mit VB programmieren können, lässt die zweite Variante Erinnerungen an alte Zeiten aufkommen. Sie erzeugen ein clientseitiges Skript (VBScript, JavaScript) mit allen Unwägbarkeiten, die damit zusammenhängen.

Clientseitige Validierung

Ihre Client-Validierungsfunktion hat einige Grundanforderungen zu erfüllen. So hat die Funktion zwei Parameter (*source* und *args*) zur Verfügung zu stellen. Zusätzlich muss ein boolscher Rückgabewert realisiert werden.

BEISPIEL

Testen, ob ein Wert kleiner 10 eingegeben wurde

Die Konfiguration des *CustomValidator*-Controls:

```
...
  <asp:CustomValidator ID="CustomValidator1" runat="server"
                       ClientValidationFunction="AllesOk"
                       ErrorMessage="Zahl kleiner 10 eingeben!"
                       ControlToValidate="TextBox1"></asp:CustomValidator>
```

Die JavaScript-Funktion am Ende der ASPX-Seite:

```
...
</body>
<script language=javascript>
<!--
    function AllesOk(source, args)
    {
       args.IsValid = (parseInt(args.Value) < 10);
    }
// -->
</script>
</html>
```

HINWEIS   Ganz nebenbei könnten Sie natürlich per Client-Script auch Dialogboxen einblenden.

Serverseitige Validierung

Wie bei einer ereignisgesteuerten Programmierung wohl nicht anders zu erwarten ist, müssen Sie folgende Ereignisprozedur zur Verfügung stellen:

```
Protected Sub CustomValidator1_ServerValidate(ByVal source As Object, ByVal args _
                    As System.Web.UI.WebControls.ServerValidateEventArgs) Handles _
                                              CustomValidator1.ServerValidate
End Sub
```

Über den Parameter *args* haben Sie zum einen Zugriff auf den Inhalt des zu überwachenden Controls (*args.Value*-Eigenschaft), zum anderen bestimmen Sie mit *args.IsValid*, ob die Prüfung erfolgreich war oder nicht.

BEISPIEL

Wir möchten ein Eingabefeld prüfen, es soll sich um einen numerischen Wert handeln, der nicht größer als 10,4 und nicht kleiner als 0,5 ist.

Platzieren Sie einen *CustomValidator* neben dem Eingabefeld für den Zinssatz und verbinden Sie die beiden Controls miteinander über die *ControlToValidate*-Eigenschaft. Nachfolgend klicken Sie doppelt auf das *CustomValidator*-Control, um die Ereignisprozedur zu erstellen:

```
Private Sub CustomValidator1_ServerValidate(ByVal source As System.Object,
          ByVal args As System.Web.UI.WebControls.ServerValidateEventArgs) _
                                    Handles CustomValidator1.ServerValidate
    Dim n As Single = Nothing
```

Zunächst prüfen wir den Datentyp:

```
    Try
        n = CSng(args.Value)
    Catch
        args.IsValid = False
        Exit Sub
    End Try
```

Danach den Wertebereich:

```
    args.IsValid = (n >= 0.5) And (n <= 10.4)
End Sub
```

HINWEIS   Testen Sie das Beispiel wie oben angegeben, passiert nichts bzw. es wird ein Fehler auftreten.

Im Gegensatz zu den anderen Validator-Controls, die bereits auf dem Client die entsprechenden Prüfungen vornehmen, erfolgt die Prüfung auf dem Server. Doch leider funktioniert die *AutoPostBack*-Funktion in diesem Fall nicht wie vorgesehen, die Ereignismethode wird nicht ausgelöst.

Erst mit dem Klick auf den Button wird auch das Ereignis ausgelöst, was allerdings etwas spät erfolgt, da wir nun bereits das zweite Formular anzeigen wollen. Deshalb müssen Sie eine weitere Prüfung beim *Button_Click* vornehmen:

```
Private Sub Button2_Click(ByVal sender As System.Object, ByVal e As System.EventArgs) _
                                              Handles Button2.Click
    If Page.IsValid Then
...
    End If
End Sub
```

Jetzt klappt es auch mit der Prüfung, der Fehlertext wird korrekt angezeigt.

Gleichzeitig haben Sie auch eine weitere Möglichkeit kennen gelernt, wie Sie den Fehlerstatus in Ereignisprozeduren abfragen können.

HINWEIS   Ein wichtiges Anwendungsgebiet für das *CustomValidator*-Control dürften Abfragen in Datenbanken oder Verzeichnissen sein (z.B. Passwort/Name etc.).

ValidationSummary

Wem die bisherigen Varianten etwas zu unübersichtlich waren und wer an einer zentralen Anzeige der Eingabefehler interessiert ist, der sollte sich das *ValidationSummary*-Control näher anschauen.

Mit diesem Control selbst werden keinerlei Regeln definiert, Sie müssen das Control noch nicht einmal an die anderen Controls binden. *ValidationSummary* zeigt lediglich die Fehlermeldungen der anderen Validation-Controls in einer übersichtlichen Form an, wie folgendes Beispiel zeigt:

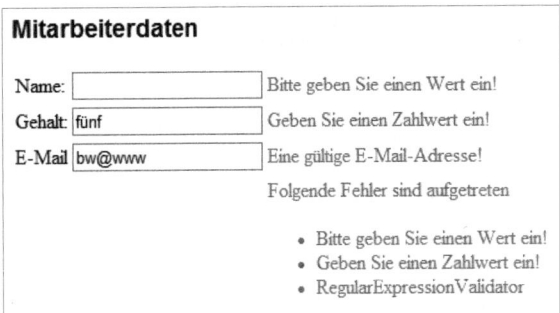

Abbildung 8.116   *ValidationSummary* (rechts unten)

Mit der Eigenschaft *DisplayMode* steuern Sie, wie die Fehlerliste ausgegeben werden soll. Möglich sind die Werte *List, BulletList, SingleParagraph*. Weiterhin dürfte *HeaderText* von Interesse sein, damit legen Sie einen einführenden Text vor den eigentlichen Fehlermeldungen fest.

ShowMessageBox ermöglicht Ihnen die zusätzliche clientseitige Anzeige eines Meldungsfensters:

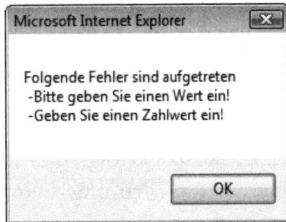

Abbildung 8.117   Eine alternative *MessageBox* mit den Fehlermeldungen

---
HINWEIS   Genügt Ihnen obige *MessageBox*, können Sie mit *ShowSummary=False* die eigentliche Anzeige der Fehler verhindern.

Weitere Möglichkeiten der Validation-Steuerelemente

Validierung zeitweise verhindern

Leider hat die konsequente Validierung auch ihre Schattenseiten. Stellen Sie sich den Fall vor, bei dem die Eingabe in ein Formular vom Nutzer abgebrochen werden soll. In Windows-Anwendungen fällt Ihnen jetzt sicher spontan der obligate Abbruch- oder Cancel-Button ein. Doch in Webanwendungen stehen Sie vor einem Problem: Jeder Klick auf einen Button hat auch eine Verbindung zum Server zur Folge, und dies wiederum führt unvermeidlich zu einer Fehlerprüfung, die zu diesem Zeitpunkt völlig überflüssig ist.

Aus diesem Grund verfügen alle Controls, die eine automatische Verbindung zum Server auslösen, über die Eigenschaft *CausesValidation* (Default=*True*), mit der die Fehlerprüfung gezielt ein- bzw. ausgeschaltet werden kann.

ValidationGroup bilden

Es gibt seit ASP.NET 2.0 die Möglichkeit, mehrere Validation-Controls zu einer logischen Gruppe zusammenzufassen. Es ist naheliegend, dass dabei die Eigenschaft *ValidationGroup* eine zentrale Rolle spielt. Gemeinsames Ausgabe-Control ist ein *ValidationSummary*-Steuerelement.

Eingabefokus setzen

Mit der Eigenschaft *SetFocusOnError* können Sie erreichen, dass nach einer fehlerhaften Eingabe der Fokus auf das betreffende Steuerelement gesetzt wird.

Reports in ASP.NET-Anwendungen verwenden

Neben der Ausgabe in Listenform mit Hilfe der Server-Controls (*GridView*, *Repeater* etc.) bietet sich mit den vorgefertigten Reports eine leistungsfähige Alternative an. Folgende Varianten sind denkbar:

- Anzeige eines Reports im *ReportViewer*-Control mit der Möglichkeit, diesen im XLS- oder PDF-Format zu exportieren
- Direkte Anzeige von XLS- oder PDF-Dokumenten, die auf dem Server aus einem vorliegenden Report generiert wurden
- Anzeige eines Crystal Reports mit der Möglichkeit zum Export im RPT-, PDF-, DOC-, XLS- oder RTF-Format

Der Microsoft ReportViewer

Der *ReportViewer* ermöglicht das Rendern von Berichten sowohl im »local mode« (RDLC-Datei) als auch die Anzeige von Berichten, die von einem Report Server per »remote mode« geliefert werden.

Wenn von einem »ReportViewer« die Rede ist, sollten Sie dies ernst nehmen. Handelt es sich beim angezeigten Report um eine RDLC-Datei (local mode), ist ein Drucken aus dem Viewer heraus nicht möglich.

Auch wenn ein Drucken bei Server-basierten Reports theoretisch möglich wäre, wird es wohl kaum in der von Microsoft angedachten Form verwirklicht werden können. Der Grund ist die Verwendung eines

ActiveX-Controls, dessen Ausführung in der heutigen Zeit wohl kaum noch einem Endanwender zugemutet werden kann. Eine Ausnahme dürften hier lediglich Intranets sein, in denen Sie die Ausführung von ActiveX-Controls pauschal erlauben.

Aus o.g. Gründen betrachten Sie den *ReportViewer* wirklich nur als »Viewer«, nutzen Sie die angebotenen Exportmöglichkeiten im Word,- Excel- bzw. PDF-Format[1] und drucken Sie dann aus diesen Anwendungen heraus den gewünschten Report.

Das Verbinden des ReportViewers mit der Reportdefinitionsdatei bzw. den eigentlichen Daten ist über das Aufgabenmenü in wenigen Sekunden realisiert, eine *ObjectDataSource* übernimmt bei lokalen Reports alle datenbankrelevanten Aufgaben.

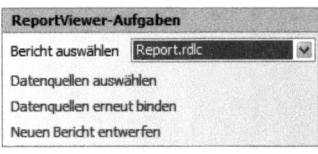

Abbildung 8.118   Report-Auswahl und Zuordnung der Datenquellen über das Aufgabenmenü

Alternativ können Sie natürlich auch zur Laufzeit einen Report (*ReportViewer.LocalReport.ReportPath*) und die Datenquelle (*ReportViewer.LocalReport.DataSources*) zuordnen.

Handelt es sich um einen Bericht vom Reportserver, müssen Sie dessen Url und den Berichtspfad angeben:

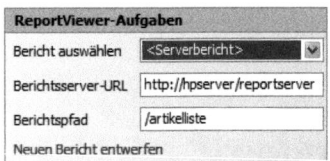

Abbildung 8.119   Aufgabenmenü bei einem Serverbericht

HINWEIS   Da die Parameter für beide Reporttypen parallel gespeichert werden, entscheidet die Eigenschaft *Processing-Mode* über die Ausführungsart.

Wer befürchtet, viel Quellcode produzieren zu müssen, sei beruhigt, im Normalfall brauchen Sie keine einzige Zeile Code zu schreiben, um den Report auf den Bildschirm zu bringen.

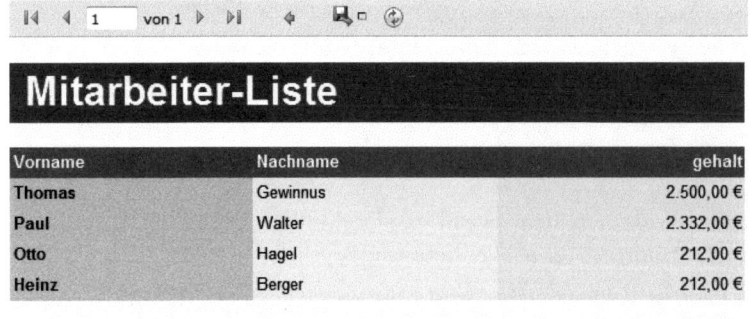

Abbildung 8.120   *ReportViewer* in Aktion

---

[1] Handelt es sich um einen Reportserver-Bericht, können Sie zusätzlich im XML-, CSV-, TIFF- und MHTML-Format speichern.

HINWEIS	Für die Ausführung des *ReportViewer*-Controls wird ein *ScriptManager* auf der betreffenden Seite benötigt.

Auf die diversen Formatierungsmöglichkeiten möchten wir an dieser Stelle nicht eingehen, stattdessen wollen wir Ihnen eine Variante vorstellen, wie Sie mit Hilfe des Reports direkt PDF- oder XLS-Dateien erzeugen können, ohne den *ReportViewer* zu bemühen. Der Nutzen dürfte größer sein, da Sie die genannten Dateiformate problemlos drucken können.

Direkter Excel-/PDF-Export

Ziel unserer Bemühungen ist das Erzeugen von XLS- bzw. PDF-Daten ohne die Verwendung des Report-Viewers. D.h., der Anwender klickt auf einen Hyperlink/eine Schaltfläche und erhält sofort das Dokument im entsprechenden Format als Download angeboten bzw. das Dokument wird im Internet Explorer darge-stellt. Dass wir hier nicht erst temporäre Dateien auf dem Server erstellen, dürfte aus Gründen der Rechte-verwaltung und der Übersichtlichkeit (wann löscht man die temporären Daten?) naheliegend sein. In dieser Beziehung kommt uns die Fähigkeit des Reports entgegen, die konvertierten Daten als reines Byte-Array zur Verfügung zu stellen. Mit Hilfe des *Response*-Objekts können wir den Datenstrom gleich an den Anwender weiterreichen, auf dem Server bleibt nichts zurück.

BEISPIEL

Direktes Exportieren im PDF-Format

Einbinden des benötigten Namespaces:

```
Imports Microsoft.Reporting.WebForms
...
Partial Public Class Beispiel_ReportViewer
```

Wir müssen den Report mit Daten füllen:

```
    Private taMitarbeiter As New FirmaTableAdapters.MitarbeiterTableAdapter()

    Private myFirma As New Firma()
```

Die PDF-Daten werden nach einem Klick auf den *Button1* erzeugt:

```
    Protected Sub Button1_Click(ByVal sender As Object, ByVal e As EventArgs)
```

Daten abrufen:

```
        taMitarbeiter.Fill(myFirma.Mitarbeiter)
```

Report instanziieren:

```
        Dim report As New LocalReport()
        report.ReportPath = "Report.rdlc"
```

Dem Report die Datenquelle zuweisen:

```
        report.DataSources.Add(New ReportDataSource("Firma_Mitarbeiter", myFirma.Mitarbeiter))
```

Alternativ könnten Sie auch eine DataSource verwenden:

```
'        report.DataSources.Add(New ReportDataSource("Firma_Mitarbeiter", ObjectDataSource1))
```

Die Definition einiger Variablen (leider nötig für die vielen *out*-Parameter):

```
Dim result() As Byte

Dim encoding As String = ""
Dim mimetype As String = ""
Dim warnings As Warning()
Dim streamids As String
Dim extension As String = ""
```

Hier erzeugen wir das Byte-Array mit den PDF-Daten:

```
result = report.Render("PDF", "", mimetype, encoding, extension, streamids, warnings)
Response.ClearContent()
```

Soll die Datei direkt im Browser angezeigt werden, verwenden Sie die folgenden Anweisungen:

```
Response.AppendHeader("content-length", result.Length.ToString)
Response.ContentType = "application/pdf"
```

Andernfalls erscheint eine Dateiauswahlbox:

```
Response.AddHeader("content-disposition", "attachment; filename=mitarbeiter." + extension)
Response.ContentType = mimetype
```

Daten zum Client senden:

```
Response.BinaryWrite(result)
Response.Flush()
Response.Close()
End Sub

End Class
```

BEISPIEL

Die Excel-Variante

Siehe obiges Beispiel mit folgender Änderung:

```
...
result = report.Render("Excel", "", mimetype, encoding, extension, streamids, warnings)
...
```

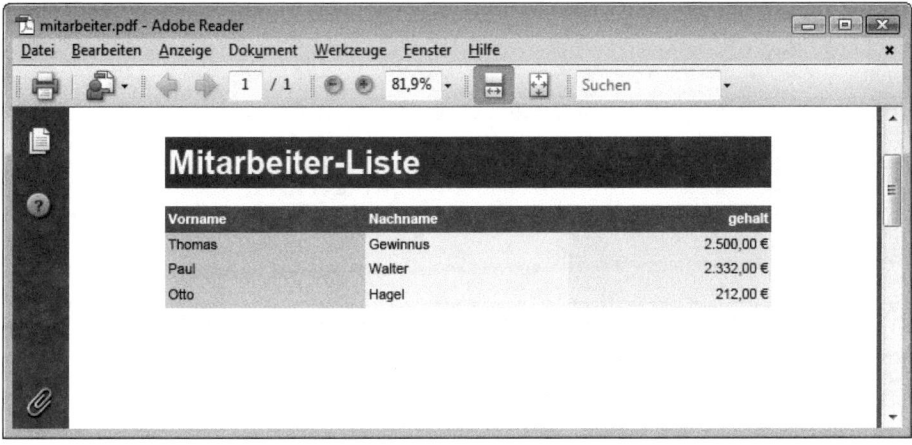

Abbildung 8.121 Der als PDF exportierte Bericht

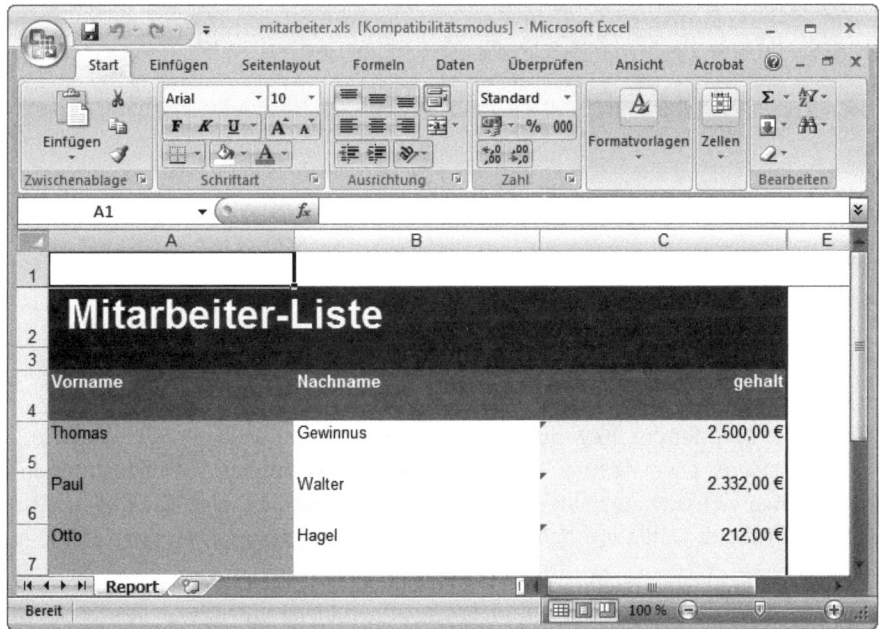

Abbildung 8.122 Der Bericht als Excel-Datei

Parameterübergabe an lokale Reports

In vielen Fällen handelt es sich bei Berichten nicht um rein statische Ausgaben, sondern es fließen auch bestimmte Parameter in die Generierung mit ein. Dies können zum Beispiel Filterbedingungen, Steueranweisungen für die Berichtsgestaltung oder zusätzlicher Text für den Bericht sein.

Handelt es sich um einen lokalen Bericht, müssen Sie die Werte für die einzelnen Parameter vor dem Rendern der HTML-Seite an den Report übergeben, automatische Abfragen sind nicht vorgesehen.

BEISPIEL

Parameterübergabe

Die Eingaben der *TextBox1* werden an den Parameter *Ersteller* übergeben:

```
Protected Sub Page_Load(ByVal sender As Object, ByVal e As EventArgs)
    Dim rp As ReportParameter = New ReportParameter("Ersteller", TextBox1.Text)
    Me.ReportViewer1.LocalReport.SetParameters(New ReportParameter() {rp})
End Sub
```

HINWEIS　　Auf die Verwendung der Crystal Report-Komponenten gehen wir an dieser Stelle nicht weiter ein, da der Hersteller es bis zum Druckzeitpunkt nicht geschafft hat, eine halbwegs finale Version bereitzustellen.

Weitere Themen

An dieser Stelle wollen wir noch kurz auf einige Themen eingehen, die auch für den Datenbankprogrammierer von Interesse sind, die wir aber in diesem Buch leider nicht ausführlicher behandeln können, da hier VB im Vordergrund steht:

- Dynamic Data
- ASP.NET MVC
- AJAX

Für einen ersten Überblick und eine Einordnung der jeweiligen Technologien sollten die folgenden Ausführungen jedoch reichen.

Dynamic Data

Mit dem ersten Service Pack für Visual Studio 2008 und .NET 3.5 hat auch ein neuer Projekttyp Einzug gehalten. Die Rede ist von den *Dynamic Data Websites*, einem Framework, das basierend auf einem Datenmodell eine Reihe von dynamischen Webseiten erstellt, die neben der reinen Anzeige auch das Hinzufügen, Löschen und Verändern (CRUD[1]) dieser Daten ermöglichen. Datenbasis können unter anderem LINQ to SQL und LINQ to Entities sein.

Das Besondere dabei: Die Seiten werden basierend auf den Metadaten des Objektmodells erstellt und bieten damit die Möglichkeit der umfassenden Datentypvalidierung, der Referenzprüfung etc. Ob und wenn ja welche Daten Sie freigeben, entscheiden Sie nachfolgend in der Dynamic Data-Anwendung.

Ein kleines Beispiel soll Ihnen das Grundprinzip zeigen, für eine umfassende Darstellung fehlt uns zum einen der Platz, zum anderen muss sich erst noch zeigen, ob sich dieser Ansatz in der Praxis bewährt.

Dynamic Data-Beispielapplikation

Aufgabe unserer Anwendung soll der Zugriff auf einige Tabelle der *Northwind*-Datenbanks ein. Dazu erstellen Sie zunächst ein neues Projekt vom Typ *Webanwendung für ASP.NET Dynamic Data Entities*:

---

[1] Create, Read, Update, Delete

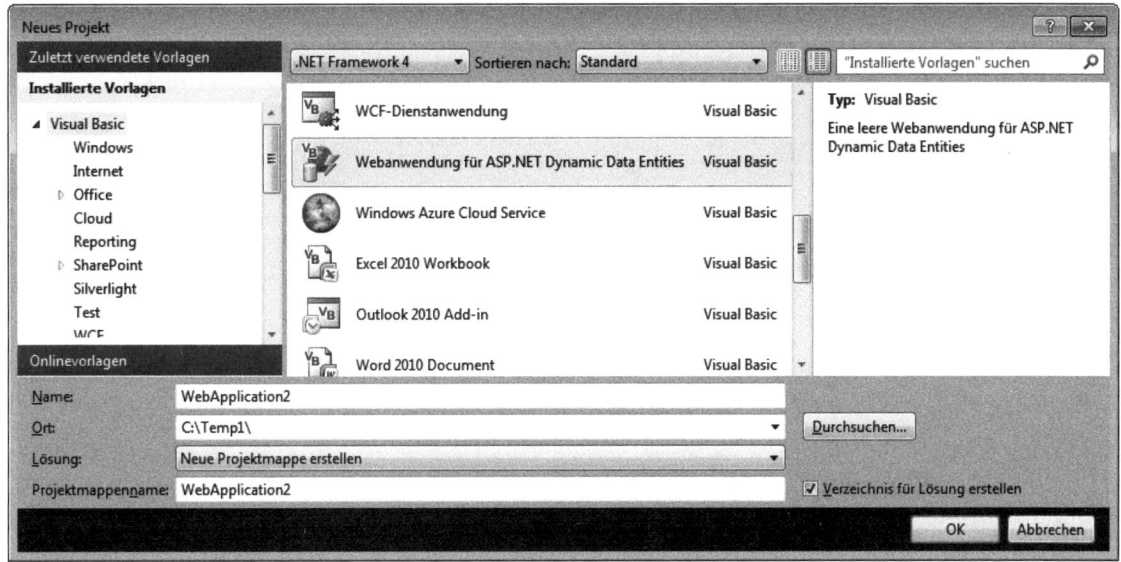

Abbildung 8.123 Neue Dynamic Data Website erstellen

Nachfolgend wird Ihr Projekt bereits mit einer Vielzahl von Dateien »geflutet«, wir stören uns nicht weiter daran und erstellen zunächst, wie im Kapitel 19 beschrieben, ein Entity Data Model für die *Northwind*-Datenbank.

Fügen Sie die Tabellen *Customers*, *Orders*, *Order_Details* und *Products* in den EDM-Designer ein, so haben wir auch gleich ein paar Abhängigkeiten in unserem neuen DataContext und können später besser experimentieren.

Die einzige Aufgabe, die uns nach dem Erstellen des DataContext bleibt, ist die Freigabe der Daten zur Veröffentlichung. Das realisieren Sie in der Datei *Global.asax.vb*, es genügt, wenn Sie in der fett gekennzeichneten Codezeile den Kommentar entfernen, den Klassennamen des DataContext eintragen und die Option *ScaffoldAllTables* auf *true* setzen (Veröffentlichung aller Tabellen):

```
Imports System.Web.Routing
Imports System.Web.DynamicData

    Public Shared Sub RegisterRoutes(ByVal routes As RouteCollection)

        DefaultModel.RegisterContext(GetType(NorthwindEntities),
            New ContextConfiguration() With {.ScaffoldAllTables = True})

        routes.Add(New DynamicDataRoute("{table}/{action}.aspx") With {
            .Constraints = New RouteValueDictionary(New With {.Action = "List|Details|Edit|Insert"}),
            .Model = DefaultModel})
...
```

Damit sind alle Vorarbeiten abgeschlossen und wir können einen ersten Test starten. Zu Beginn wird uns im Internet Explorer eine Übersichtsseite mit den verfügbaren Tabellen angezeigt (siehe Abbildung 8.124).

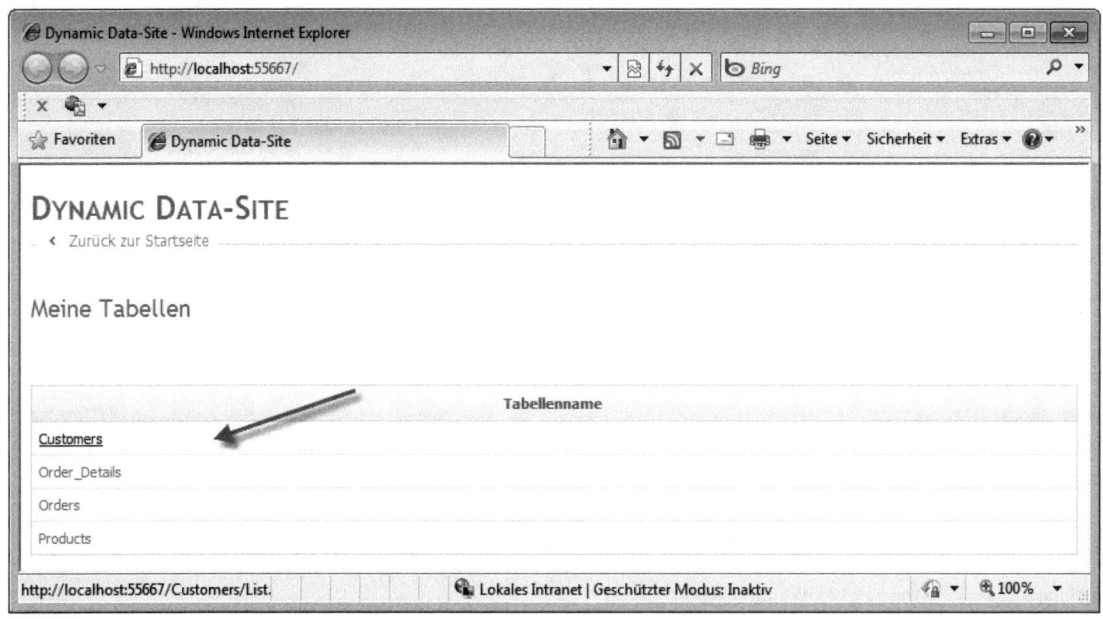

Abbildung 8.124   Startseite der Dynamic Data-Anwendung mit den freigegebenen Tabellen

Nach dem Klick auf einen der obigen Tabellenbezeichner finden Sie sich in einer Bearbeitungsansicht wieder, die neben dem Bearbeiten, Löschen und Auswählen auch die Anzeige von Detaildaten bietet:

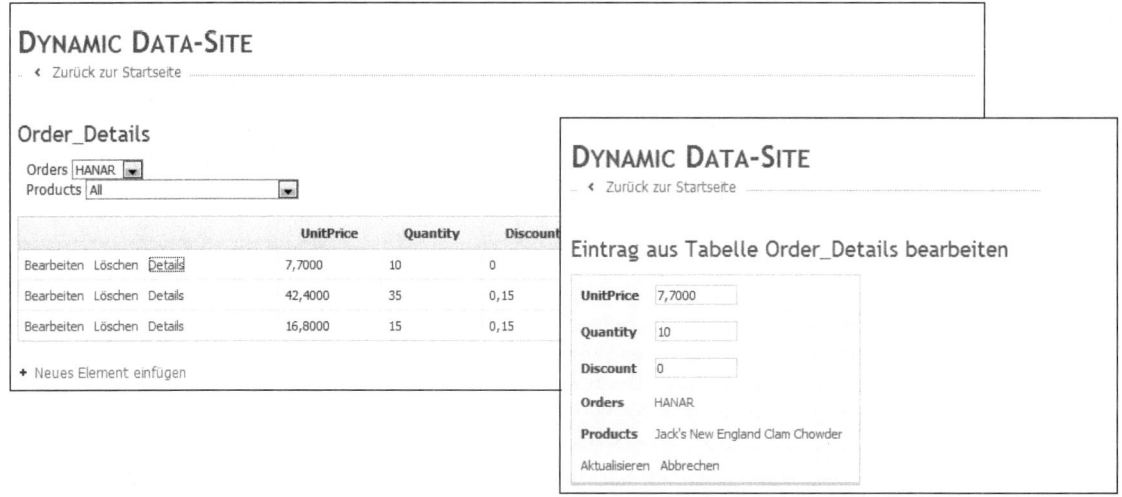

Abbildung 8.125   Bearbeitungsmaske für die Tabelle *Bestelldetails*

Für eine Anwendung, in der Sie lediglich eine Zeile Code editiert haben, ist das doch schon recht ordentlich. Spätestens beim Bearbeiten werden Sie auch feststellen, dass hinter der Maske reichlich Logik steckt, auch wenn es derzeit noch zu Problemen kommen kann:

Serverfehler in der Anwendung /.

The DELETE statement conflicted with the REFERENCE constraint "FK_Order_Details_Products".
The conflict occurred in database "C:\AKTUELLESBUCH
DATENBANKPROGRAMMIERUNG\CD\TECHNOLOGIEN\DYNAMIC_DATA\DYNAMIC_DATA\APP_DATA
table "dbo.Order Details", column 'ProductID'.
The statement has been terminated.

Beschreibung: Unbehandelte Ausnahme beim Ausführen der aktuellen Webanforderung. Überprüfen Sie die Stapelüberwachung, um weitere Informationen über diesen Fehler anzuzeigen und festzustellen, wo der Fehler im Code verursacht wurde.

Ausnahmedetails: System.Data.SqlClient.SqlException: The DELETE statement conflicted with the REFERENCE constraint "FK_Order_Details_Products". The conflict occurred in database "C:\AKTUELLESBUCH' 2010 DATENBANKPROGRAMMIERUNG\CD\TECHNOLOGIEN\DYNAMIC_DATA\DYNAMIC_DATA\APP_DATA\NORTHWIND.MDF", table "dbo.Order Details", column 'ProductID'.
The statement has been terminated.

Quellfehler:

Abbildung 8.126 So reagiert das Formular auf eine Löschanweisung bei Verletzung von Reference-Einschränkungen

Etwas besser sieht es bei den Feldvalidierungen aus, es die Abbildung 8.127 zeigt.

DYNAMIC DATA-SITE
‹ Zurück zur Startseite

Eintrag aus Tabelle Products bearbeiten

Liste der Validierungsfehler

• Das Feld "ProductName" ist erforderlich.

ProductName		*
SupplierID	1	

Abbildung 8.127 Fehler bei der Eingabe

HINWEIS Die Tabellen- und Feldnamen resultieren aus der automatischen Benennung im DataContext bzw. in der korrespondierenden Klassendatei.

```
...
Public Partial Class NorthwindEntities
    Inherits ObjectContext
...
    <EdmEntityTypeAttribute(NamespaceName:="NorthwindModel", Name:="Orders")>
    <Serializable()>
    <DataContractAttribute(IsReference:=True)>
    Public Partial Class Orders
        Inherits EntityObject
...
    <EdmScalarPropertyAttribute(EntityKeyProperty:=false, IsNullable:=true)>
    <DataMemberAttribute()>
    Public Property CustomerID() As Global.System.String
...
```

Wer jetzt die Befürchtung hat, weder optisch noch »technisch« in die Anwendung eingreifen zu können, liegt vollkommen falsch. Grundlage der Dynamic Data-Anwendung ist eine Vielzahl von Templates bzw. UserControls, die Sie entsprechend Ihren Wünschen jederzeit anpassen können. Diese Daten befinden sich im Unterverzeichnis *DynamicData* des aktuellen Projekts.

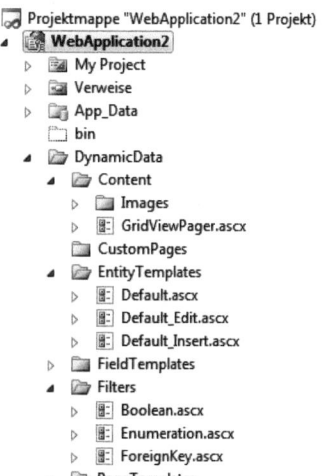

Abbildung 8.128   Die einzelnen UserControls

In den UserControls kommen wiederum unsere »guten alten« Bekannten zum Einsatz (z.B. *DetailsView*, *GridView*, *LinqDataSource* etc.), Sie sehen schon, hier schließt sich der Kreis zur ASP.NET-Programmierung wieder.

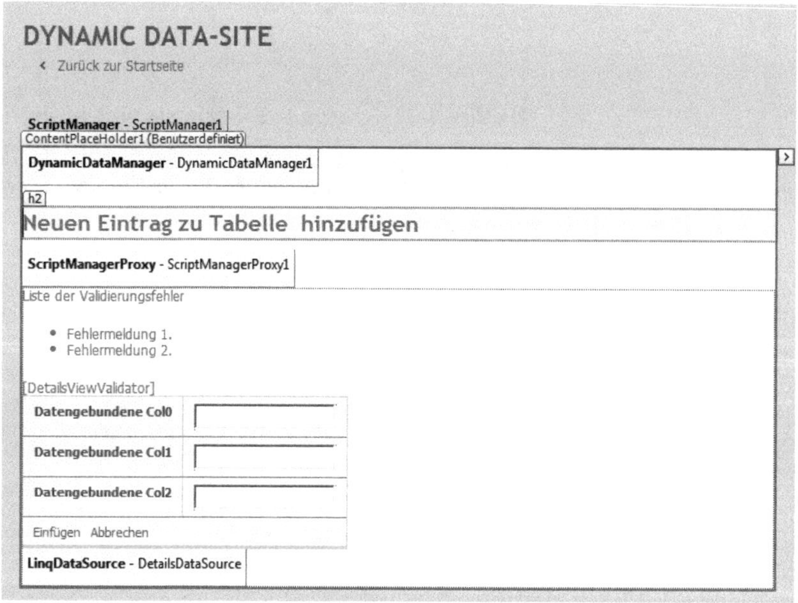

Abbildung 8.129   Das UserControl *Insert.aspx* in der Entwurfsansicht (das Gesamtprojekt verfügt über einen Site-Master)

Zweiter Ansatzpunkt für eigene Ideen und Konzepte ist auch in diesem Fall der DataContext bzw. die entsprechenden Mapperklassen, die Sie mit weiterer Logik etc. aufbessern können

Einbindung in bestehende Projekte durch direkte Adressierung

So schön und schnell sich Projekte mit Dynamic Data auch erstellen lassen, in den meisten Fällen werden Sie den Endanwendern sicher nicht eine Oberfläche zumuten wollen, die sich an der Datenbankstruktur orientiert. Das ist sicher etwas für den Programmierer oder Administrator der jeweiligen Seite, aber keine massentaugliche Lösung. Doch das ist auch nicht nötig: Sie können ja problemlos auch »Rosinenpickerei« betreiben, und nur einzelne Seiten einer Dynamic Data-Website in Ihr bestehendes ASP.NET-Projekt einbinden.

Werfen Sie nach dem Start einmal einen Blick in die Adresszeile des Browsers:

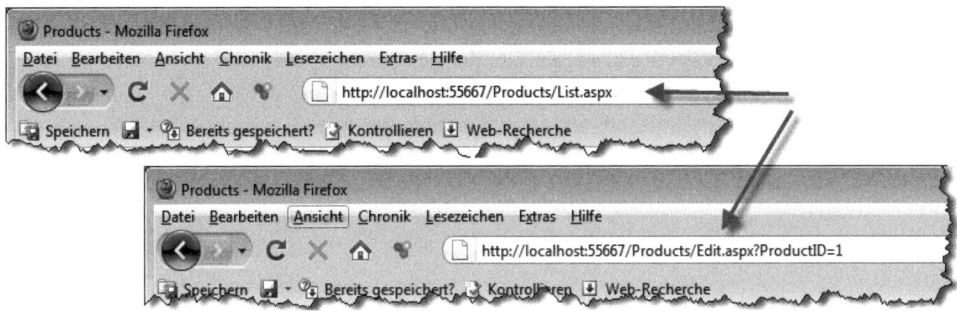

Abbildung 8.130 Adressierung der einzelnen Dynamic Data-Seiten

Vielleicht ist Ihnen das Muster bereits aus obigen Beispielen klar:

```
http://<Server>:<Port>/<Tabelle>/<Aktion>.aspx
```

bzw. optional auch

```
http://<Server>:<Port>/<Tabelle>/<Aktion>.aspx?<Filter>
```

Als Aktionen stehen Ihnen:

- List
- Details
- Edit
- Insert

zur Verfügung. Damit stellt es für den geübten ASP.NET-Programmierer kein Problem dar, aus einer bestehenden ASP.NET-Seite heraus eine Dynamic Data-Webseite mit einer bestimmten Aktion zu starten.

Doch wo kann diese »Adressierung« eigentlich festgelegt bzw. geändert werden? Hier hilft ein Blick in die Datei *Global.asxa.vb*.

BEISPIEL

Der Aufruf

```
routes.Add(New DynamicDataRoute("{table}/{action}.aspx") With {
    .Constraints = New RouteValueDictionary(New With {.Action = "List|Details|Edit|Insert"}),
    .Model = DefaultModel})
```

legt genau fest, in welcher Reihenfolge »Tabelle« und »Aktion« zu übergeben sind und welche Aktionen zulässig sind. Lassen Sie zum Beispiel »Insert« weg, werden auch keine Seiten für das Einfügen neuer Datensätze generiert.

Blättern Sie in der Datei *Global.asax.vb* etwas weiter herunter, finden Sie einige auskommentierte Zeilen. Entfernen Sie ruhig einmal die Kommentare und kommentieren Sie stattdessen die obigen Zeilen aus. Nach dem Start und dem Aufruf einer Tabelle dürften Sie schon den ersten Unterschied sehen: unter der Tabellenansicht finden Sie eine Detailansicht.

Der zweite Unterschied ist die Möglichkeit, direkt in der Tabellensicht zu editieren (siehe Abbildung 8.131).

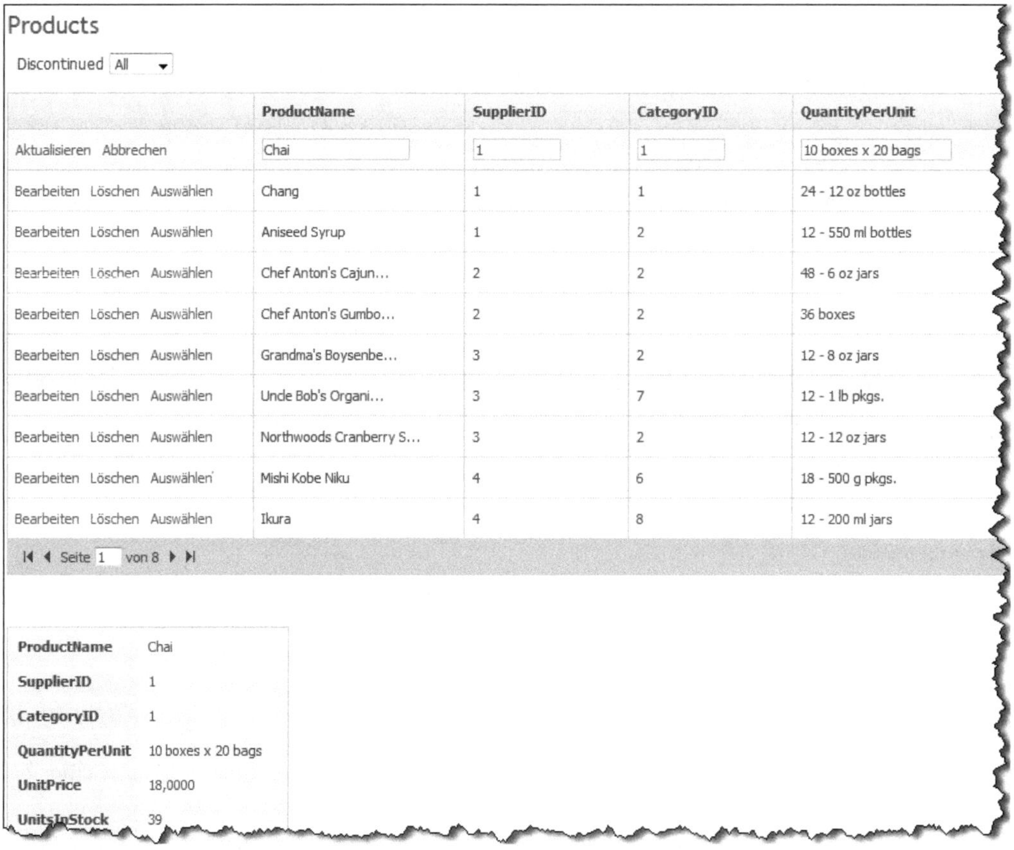

Products

Discontinued All ▾

	ProductName	SupplierID	CategoryID	QuantityPerUnit
Aktualisieren Abbrechen	Chai	1	1	10 boxes x 20 bags
Bearbeiten Löschen Auswählen	Chang	1	1	24 - 12 oz bottles
Bearbeiten Löschen Auswählen	Aniseed Syrup	1	2	12 - 550 ml bottles
Bearbeiten Löschen Auswählen	Chef Anton's Cajun...	2	2	48 - 6 oz jars
Bearbeiten Löschen Auswählen	Chef Anton's Gumbo...	2	2	36 boxes
Bearbeiten Löschen Auswählen	Grandma's Boysenbe...	3	2	12 - 8 oz jars
Bearbeiten Löschen Auswählen	Uncle Bob's Organi...	3	7	12 - 1 lb pkgs.
Bearbeiten Löschen Auswählen	Northwoods Cranberry S...	3	2	12 - 12 oz jars
Bearbeiten Löschen Auswählen	Mishi Kobe Niku	4	6	18 - 500 g pkgs.
Bearbeiten Löschen Auswählen	Ikura	4	8	12 - 200 ml jars

|◀ ◀ Seite 1 von 8 ▶ ▶|

ProductName	Chai
SupplierID	1
CategoryID	1
QuantityPerUnit	10 boxes x 20 bags
UnitPrice	18,0000
UnitsInStock	39

Abbildung 8.131 Der »combined-page«-Modus

Weitere Informationen

Sicher könnten wir hier noch lang und breit über die Möglichkeiten zur Konfiguration von Dynamic Data philosophieren, aber dies würde sicher zu weit führen, zumal es sich auch um ein schon recht spezielles Thema handelt.

Mehr zum Thema finden Sie unter den folgenden Adressen:

| WWW | http://www.asp.net/dynamicdata/ |

| WWW | http://msdn.microsoft.com/en-us/library/ee845452(v=VS.100).aspx |

| WWW | http://aspnet.codeplex.com/wikipage?title=Dynamic%20Data |

ASP.NET MVC

Als Teil des ASP.NET-Frameworks finden Sie unter vielen anderen Technologien immer häufiger auch den Begriff »ASP.NET MVC«. Der vorliegende Abschnitt soll in Kürze darüber informieren, worum es sich handelt.

Grundlagen

Zunächst zum Begriff: MVC steht für Model-View-Controller, ein Architekturmodell, das eine strikte Trennung zwischen

- Model (die Daten in Form von Geschäftsobjekten)
- View (die Benutzerschnittstelle im weitesten Sinne, diese ist prinzipiell austauschbar)
- Controller (Koordinierung von View und Model, z.B. Reaktion auf Nutzereingaben)

vorsieht:

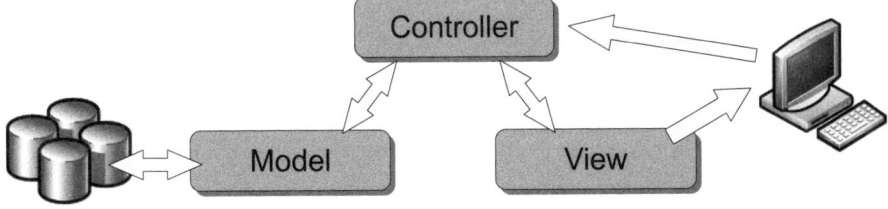

Abbildung 8.132 Grundprinzip MVC

HINWEIS   Das Ganze ist keine neue Microsoft-Erfindung, sondern wird als Architekturmuster bereits seit 1980 intensiv genutzt und ist nicht an eine bestimmte Programmiersprache gebunden.

Die Vorteile dieser Architektur: Da die einzelnen Teile strickt getrennt sind[1], wird der Anwender mit einer besseren Testbarkeit, leichteren Wartung und teilweise auch besserer Produktivität (mehrere Ansichten für ein Modell) belohnt.

Stellt sich die Frage, warum nicht alle Programmierer in Scharen zu dieser Architektur »überlaufen«? Hier dürfte zunächst einmal der Punkt »Komplexität« eine große Rolle spielen. Nicht für jedes »Gästebuch« lohnt der Aufwand. Dies vor allem unter dem Gesichtspunkt, dass beim Oberflächenentwurf ein wesentlich größerer Aufwand getrieben werden muss, die intuitive (aber aus Sicht der reinen Lehre falsche) Vermischung von Code/Logik und Oberfläche bei den Windows Forms ist hier nicht möglich. Auch das »Zwischenschalten« des Controllers führt zu höherer Komplexität und »ineffizienterem« Datenzugriff.

Das Microsoft ASP.NET MVC-Framework

Das Microsoft ASP.NET MVC-Framework liegt mittlerweile in der Version 2.0 vor, eingeführt wurde es bereits mit der ASP.NET Version 3.5. Grundsätzlich basiert das MVC-Framework auf den gleichen Bibliotheken wie die anderen Teile von ASP.NET, Sie werden also schnell bereits bekannte Klassen entdecken.

Sehen Sie sich die Abbildung 8.132 allerdings genau an, wird Ihnen sicher schnell klar werden, dass das MVC mit den »alten« ASP.NET-Webforms nicht viel gemeinsam hat, es handelt sich um eine grundsätzliche Alternative und nicht eine Ergänzung zu den Windows Forms.

HINWEIS   Sie müssen sich also bereits beim Anwendungsentwurf für eines der beiden Konzepte entscheiden, eine Vermischung wie bei Dynamic Data und Windows Forms in einem Projekt ist nicht möglich.

Ein kleines Beispiel zeigt die grundsätzliche Funktionsweise des MVC.

■ Erstellen Sie zunächst eine neue »ASP.NET MVC 2-Webanwendung«

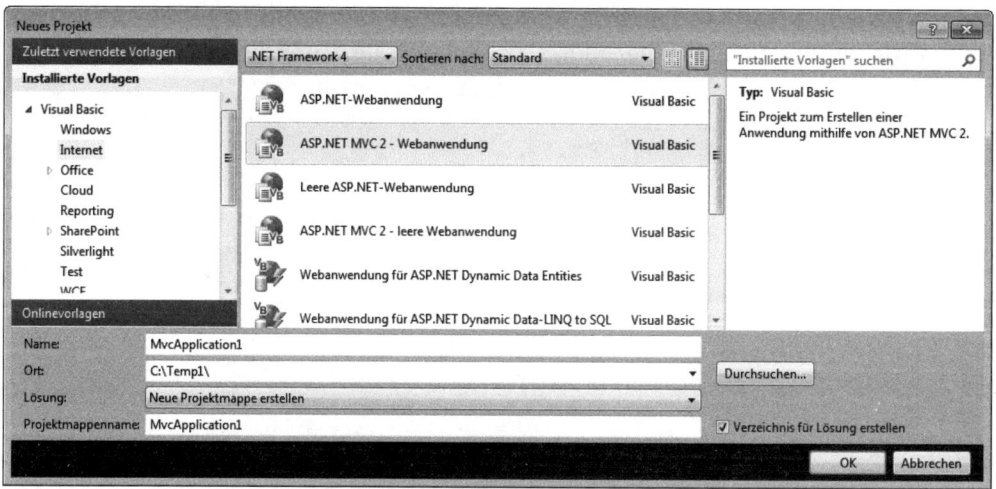

Abbildung 8.133   ASP.NET MVC 2-Webanwendung

---

[1] Das sollten sie zumindest nach der »reinen Lehre«, in der Praxis kommt es jedoch immer wieder zu leichten Überschneidungen der einzelnen Elemente.

- Auf das Erstellen eines Testprojektes können wir bei unserem ersten Ausflug in die MVC-Programmierung verzichten, beantworten Sie also die entsprechende Frage des Assistenten mit *Nein*. Für Ihre späteren Projekte sollten Sie jedoch immer gleich ein entsprechendes Testprojekt erstellen.

- Nachfolgend können Sie bereits einen Blick in den Projektmappen-Explorer wagen, hoffentlich werden Sie von der Vielzahl der Dateien und Einträge nicht abgeschreckt:

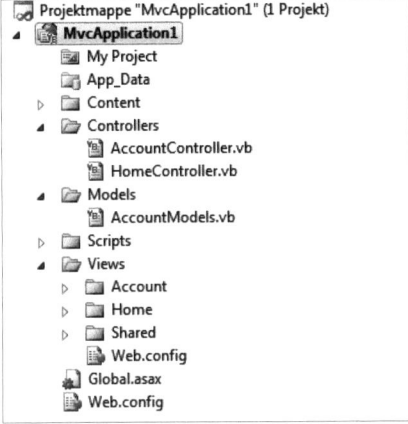

Abbildung 8.134 Neues MVC-Projekt

- Das erstellte Projekt ist bereits lauffähig, starten Sie dieses ruhig einmal. Es erscheint eine Seite, die bereits über zwei Schaltflächen *Startseite* und *Info* verfügt. Klicken Sie auf *Info* wird die entsprechende Seite angezeigt.

- Doch wo findet sich eigentlich die entsprechende Logik für dieses Verhalten? Ein Blick in den Seitenquelltext verrät, dass hier lediglich eine Adresse hinterlegt ist:

```
<div id="menucontainer">
        <ul id="menu">
              <li><a href="/">Startseite</a></li>
              <li><a href="/Home/About">Info</a></li>
        </ul>
</div>
```

- Der URL ist auch einer der Schlüssel für die Funktionsweise des MVC-Frameworks. Bereits in der Datei *Global.asax.vb* wird festgelegt, welche »Route« die »Kommandos« in Ihrer Anwendung nehmen:

```
Public Class MvcApplication
    Inherits System.Web.HttpApplication

    Shared Sub RegisterRoutes(ByVal routes As RouteCollection)
        routes.IgnoreRoute("{resource}.axd/{*pathInfo}")
```

Hier wird festgelegt, wie der URL zu interpretieren ist:

```
routes.MapRoute(
    "Default",
    "{controller}/{action}/{id}",
```

Falls die obigen Werte nicht angegeben werden, gelten folgende Standardwerte:

```
            New With {.controller = "Home", .action = "Index", .id = UrlParameter.Optional}
        )
    End Sub
```

- Die Syntax ist *{controller}/{action}/{id}*, d.h. der Name des Controllers, die Aktion und optional eine Id. Für den Aufruf in der Beispielseite (*/Home/About*) bedeutet dies, dass die Methode *About* in der Klasse *HomeController* aufgerufen wird:

```
<HandleError()>
Public Class HomeController
    Inherits System.Web.Mvc.Controller

    Function Index() As ActionResult
        ViewData("Message") = "Willkommen bei ASP.NET MVC"

        Return View()
    End Function

    Function About() As ActionResult
        Return View()
    End Function
End Class
```

- Die Methode *About* gibt die Standardansicht zurück (*View*). Entsprechend der Konvention finden Sie diese in der Datei *About.aspx* (Verzeichnis *\\Views\Home*):

```
<%@ Page Language="VB" MasterPageFile="~/Views/Shared/Site.Master"
                Inherits="System.Web.Mvc.ViewPage" %>

<asp:Content ID="aboutTitle" ContentPlaceHolderID="TitleContent" runat="server">
    Info
</asp:Content>

<asp:Content ID="aboutContent" ContentPlaceHolderID="MainContent" runat="server">
    <form id="form1" runat="server">
    <h2>Info</h2>
    <p>
        Inhalt hier einfügen.
    </p>
    </form>
</asp:Content>
```

- Diese Seite wird vom Framework inklusive eventuell enthaltener Templates verarbeitet und als HTML zurückgegeben.

- Sollen Werte vom Controller an die View übergeben werden, können Sie beispielsweise das Dictionary *ViewData* verwenden (siehe Methode *Index* in der Klasse *HomeController*). Diese werden dann per Platzhalter eingefügt:

```
...
<h2><%: ViewData["Message"] %></h2>
...
```

Weitere Informationen

Damit dürften Sie einen ersten kurzen Einblick gewonnen haben, eine umfassende Einführung in die MVC-Programmierung erfordert jedoch eine wesentlich intensivere Beschäftigung mit der Materie.

Weitere Informationen, Anleitungen etc. finden Sie unter:

WWW	http://www.asp.net/mvc

AJAX

Last but not least wollen wir noch kurz auf das Thema »AJAX« eingehen. Auch hier können wir leider nur an der Oberfläche kratzen, Bücher/Artikel zu dieser neueren Technologie finden sich aber bereits reichlich.

Was ist eigentlich AJAX und was kann es?

Zunächst wollen wir es nicht versäumen, Ihnen die Übersetzung des Begriffs nahezubringen, AJAX steht für *Asynchronous JavaScript and XML*, was bereits einige Rückschlüsse auf das Prinzip zulässt.

Grundprinzip jeder konventionellen Webanwendung ist der dauernde Datenaustausch zwischen Client (Browser) und Server (im Fall von ASP.NET der IIS). Nutzeraktivitäten am Client (Klick auf Schaltfläche etc.) lösen eine Serveranfrage aus, die je nach Verbindungsqualität mehr oder weniger schnell beantwortet wird und zu einer neuen Darstellung im Browser führt.

Sicher ist Ihnen beim Experimentieren mit ASP.NET-Anwendungen schon aufgefallen, dass dieser Datenaustausch mitunter recht langsam ist und auch zu mehr oder weniger unschönen optischen Effekten führen kann. Last but not least vermissen Sie in Webanwendungen wahrscheinlich auch jede Menge von Ereignissen (Mausereignisse, KeyDown etc.), deren Nutzung sich durch den langsamen Datenaustausch allerdings von selbst verbietet.

Genau diese Lücke soll AJAX füllen, indem dem Client wesentlich mehr Aufgaben zugeteilt werden als bisher. Doch genau dafür braucht man zunächst eine gemeinsame Programmierplattform, die von den meisten Browsern unterstützt wird. Kleinster gemeinsamer Nenner ist deshalb JavaScript, dessen Verfügbarkeit auf dem Client auch gleich einer der Knackpunkte von AJAX ist[1].

Aufgabe der in JavaScript programmierten AJAX-Bibliotheken auf dem Client ist die Übernahme möglichst vieler Aufgaben unabhängig vom Server, d.h., ohne Datenaustausch mit diesem. Werden Daten vom Server benötigt, überträgt die AJAX-Library diese asynchron im Hintergrund (per *XmlHttpRequest*-Objekt), der Nutzer sollte mit der Oberfläche weiterarbeiten können. Die AJAX-Library ist weiterhin in der Lage, Teile des Browserinhalts dynamisch neu aufzubauen, ohne einen kompletten Seitenrefresh durchzuführen.

Aus der Verwendung von AJAX ergeben sich damit folgende Vorteile:

- Verbesserte Performance von Webanwendungen, da nicht immer alle Teile der Weboberfläche neu gerendert/übertragen werden müssen
- Webanwendungen können wesentlich komfortablere Controls verwenden, die über erweiterte Funktionalität auf dem Client verfügen (Progressbars, Tooltips, Popups ...)
- Unterstützung von Forms Authentication und Nutzerprofilen

---

[1] Kein Java, kein AJAX ...

- Es besteht die Möglichkeit, über einen Proxy Methoden von Webdiensten aufzurufen

Leider ist obige Funktionalität nicht zum Nulltarif und ohne Probleme zu haben:

- Die Verwendung von AJAX erfordert die Verfügbarkeit von JavaScript auf dem Client

- Die AJAX-Libraries müssen unterschiedliche Browser unterstützen (aktuell Microsoft Internet Explorer, Mozilla Firefox, Chrome und Apple Safari)

- Die Verwendung der *Zurück*-Schaltfläche im Client kann zu unvorhergesehenen Problemen führen, da zwischenzeitlich eventuell Teile der Webseite geändert wurden

Die AJAX-Controls in Visual Studio

Die Microsoft-Variante von AJAX war zwar bereits länger verfügbar, wurde aber erst ab Visual Studio 2008 integriert.

Folgende AJAX-Server-Controls stehen zur Verfügung:

- *ScriptManager*

- *ScriptManagerProxy*

- *UpdatePanel*

- *UpdateProgress*

- *Timer*

Der *ScriptManager* bildet die Grundlage für die Verwendung der anderen AJAX-Controls und muss vor diesen in der ASPX-Datei eingefügt werden. Er ermöglicht

- die Verwendung von Client-Skript-Funktionalität

- das partielle Rendern von Webseiten auf dem Client (nur Teile der Seite werden geändert)

- den Zugriff auf Webdienste per Proxy-Klassen

- die Verwendung von ASP.NET-Authentication in JavaScript-Klassen

Zusammen mit dem *ScriptManager* können Sie mit dem *UpdatePanel*-Control Seitenbereiche erstellen, die unabhängig vom Rest der Seite aktualisiert werden können (partielles Rendering). Dies bietet sich beispielsweise bei komplexen Seiteninhalten oder Detaildarstellungen an, in diesem Fall wird beispielsweise nur das *GridView* mit den Detaildaten aktualisiert.

Mit dem *UpdateProgress* steht Ihnen ein Control zur Verfügung, das auf dem Client immer dann eingeblendet wird, wenn ein *UpdatePanel* aktualisiert wird. Die Verzögerung für die Anzeige dieses Bereichs können Sie mit der *DisplayAfter*-Eigenschaft festlegen, um das Ausblenden brauchen Sie sich nicht zu kümmern, das erfolgt automatisch. In das *UpdateProgress*-Control selbst fügen Sie beispielsweise Hinweistexte oder auch Grafiken (Animierte Gifs) ein, die dann während der Aktualisierung zu sehen sind.

Auf das *Timer*-Control hat sicher der eine oder andere schon lange gewartet. Endlich besteht die Möglichkeit, ohne eigene JavaScript-Programmierung aus dem Browser heraus zyklisch Ereignisse auf dem Server auszulösen. So können Sie beispielsweise Teile einer Webseite (bei Verwendung im *UpdatePanel)* oder auch die gesamte Website in bestimmten Intervallen aktualisieren. Der *Timer* initiiert ein Ereignis (*Tick)* auf dem Server!

AJAX-Control-Toolkit

Neben den beschriebenen Controls bietet sich unter der Adresse

| **WWW** | http://www.asp.net/ajax/downloads/ |

die Möglichkeit, das *ASP.NET AJAX Control Toolkit* herunterzuladen.

Hierbei handelt es sich um eine Sammlung von eigenständigen Controls und Extendern. Letztere dienen dazu, vorhandene ASP.NET-Server-Controls, wie TextBox etc., um zusätzliche Funktionalitäten zu erweitern (per Client-Script).

BEISPIEL

Verwendung von Extendern

Die ASP.NET-TextBox verfügt nach Installation des AJAX-Control-Toolkits über ein neues Kontextmenü, mit dem Sie den gewünschten Extender hinzufügen können:

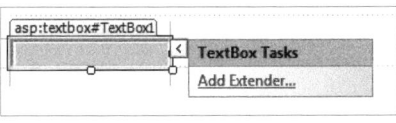

Abbildung 8.135 Kontextmenü für die Auswahl von Extendern

Abbildung 8.136 Eine Auswahl der möglichen Extender

| **HINWEIS** | Der Einsatz obiger Extender erfordert zwingend die Verwendung eines ScriptManagers auf der Webseite. |

Nach dem Start der Seite verfügt die TextBox je nach Extender über erweitere Funktionalität, wie zum Beispiel eine Kalenderauswahl:

Abbildung 8.137 Kalenderauswahl für die *TextBox*

Auch die Anzeige eines Hinweistextes mittels *TextBoxWatermark*-Extender (der Hinweistext verschwindet bei Fokuserhalt oder wenn Text eingegeben wurde) ist kein Problem:

Hier bitte Anzahl eingeben   **Abbildung 8.138**   *TextBoxWatermark*-Extender in Aktion

Ein Blick in den Seitenquelltext, zeigt, wie die Extender den einzelnen Controls zugeordnet werden:

Das *Textbox*-Control:

```
<asp:TextBox ID="TextBox1" runat="server" Height="21px" Width="309px"></asp:TextBox>
```

Der Extender, mit *TargetControlID* wird die *TextBox* zugeordnet:

```
<cc1:TextBoxWatermarkExtender ID="TextBox1_TextBoxWatermarkExtender"
    runat="server" Enabled="True" TargetControlID="TextBox1"
    WatermarkText="Hier bitte Anzahl eingeben" WatermarkCssClass="style1">
</cc1:TextBoxWatermarkExtender>
```

Die Eigenschaften des Extenders werden im Eigenschaften-Fenster des jeweiligen Controls mit eingeblendet:

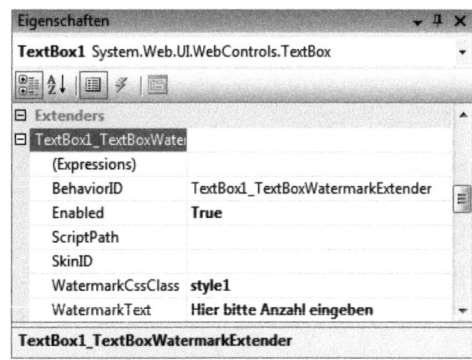

Abbildung 8.139   Extender-Eigenschaften bearbeiten

How-to-Beispiele

HINWEIS   Viele der im Folgenden vorgestellten Lösungen lassen sich nicht nur im *GridView*, sondern auch in der *Details-View* bzw. der *FormView* anwenden.

8.1 … die Zellen im GridView formatieren?

GridView-Control: *RowDataBound*-Ereignis; *Cell*-Objekt;

Gehen Ihnen die Formatierungsmöglichkeiten des *GridView*-Controls nicht weit genug und sind Ihre Wünsche auch nicht mit Templates zu realisieren, dann hilft Ihnen sicher das *RowDataBound*-Ereignis weiter. Hier können Sie nach Herzenslust Änderungen an den Formatierungen der Zellen vornehmen, Ihre Kreativität wird durch nichts mehr eingeschränkt.

Oberfläche

Erzeugen Sie ein Webformular und fügen Sie ein datengebundes *GridView* ein. Verzichten Sie auf die Formatierungsmöglichkeiten.

Quelltext

Alle Formatierungen werden wir per *RowDataBound*-Ereignis in den Zellen vornehmen:

```
...
Imports System.Drawing

Partial Public Class Beispiel_GridView
    Inherits System.Web.UI.Page
```

Eine Zählvariable für die Unterscheidung zwischen geraden und ungeraden Zeilen:

```
    Private zeile As Integer = 0
...
    Protected Sub GridView1_RowDataBound(ByVal sender As Object, ByVal e As GridViewRowEventArgs)
```

Nur wenn es sich um eine Datenzeile handelt (Sie können auch Kopf- und Fußbereich bearbeiten):

```
        If e.Row.RowType = DataControlRowType.DataRow Then
```

Für jede zweite Zeile legen wir eine andere Farbe fest:

```
            If (zeile Mod 2) = 0 Then
                e.Row.BackColor = Color.Azure
            End If
```

Ist in Spalte 7 (nullbasiert!) die Artikelanzahl unter 20 gesunken, wird die Zelle farblich markiert, der Text auf fett gesetzt und eine zusätzliche Schaltfläche eingeblendet, die ein Detailformular anzeigen kann:

```
            If Convert.ToInt32(e.Row.Cells(6).Text) < 20 Then
                e.Row.Cells(6).ForeColor = Color.Red
                e.Row.Cells(6).Font.Bold = True
                e.Row.Cells(6).BackColor = Color.Yellow
```

Beschriftungstext in einem *Label* speichern:

```
                Dim l As New Label()
                l.Text = e.Row.Cells(6).Text & "   "
```

Den *Button* erzeugen, konfigurieren und in die Zelle einfügen:

```
                Dim b As New Button()
                b.Text = " + "
                b.PostBackUrl = "~/bestellen.aspx?id=" & e.Row.Cells(0).Text
                e.Row.Cells(6).Controls.Add(l)
                e.Row.Cells(6).Controls.Add(b)
            End If
```

Zeilenzähler inkrementieren:

```
            zeile += 1
            summe += Convert.ToDecimal(DataBinder.Eval(e.Row.DataItem, "Einzelpreis"))
        End If
    End Sub

End Class
```

Test

Nach dem Start sollte das *GridView* wie folgt aussehen:

LieferantenNr	KategorieNr	Liefereinheit	Einzelpreis	Lagerbestand
1	1	10 Kartons x 20 Beutel	18,0000	18 [+]
1	1	24 x 12-oz-Flaschen	19,0000	17 [+]
1	2	12 x 550-ml-Flaschen	112,0000	13 [+]
			220,0000	53
2	2	36 Kartons	21,3500	0 [+]
3	2	12 x 8-oz-Gläser	25,0000	120

Abbildung 8.140 Laufzeitansicht

8.2   ... ein GridView mit Scrollbar realisieren?

GridView-, *Panel*-Control: *ScrollBars*-Eigenschaft

Häufig steht nicht genügend Platz zur Verfügung, das gilt auch und insbesondere für die Browseransichten. Abgesehen von Unwägbarkeiten, wie der Größe des Browserfensters etc., wird durch ein Grid beliebiger Länge meist das Layout der Seite endgültig verhunzt.

In der Windows-Welt steht uns für diesen Zweck ein Scrollbar zur Verfügung, das *GridView*-Control bietet diesen Komfort bisher nicht. Doch mit Hilfe des *Panel*-Controls haben Sie auch dieses Problem in wenigen Minuten gemeistert. Kopieren Sie einfach das *GridView* in ein *Panel* und legen Sie dessen Höhe und Breite fest. Jetzt nur noch die Eigenschaft *ScrollBars* auf *Vertical* gesetzt und schon haben Sie ein *GridView* mit Scrollbar!

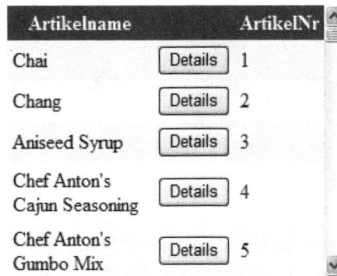

Abbildung 8.141 Laufzeitansicht

> **HINWEIS**   Der Tabellenkopf wird leider mit verschoben, ein Nebeneffekt, der sich nicht vermeiden lässt.

8.3   ... ein GridView mit Mouseover-Effekt realisieren?

GridView-Control: *RowDataBound*-Ereignis, *Row.Attributes*-Eigenschaft

Zwar bieten die neuen Web-Controls reichlich Formatierungsmöglichkeiten, doch nicht immer und in jedem Fall entspricht die Formatierung Ihren eigenen Wünschen. Gerade bei recht großen Tabellen ist es häufig wünschenswert, dem Anwender die Übersicht durch eine farbliche Hervorhebung der aktuellen Zeile zu erleichtern.

Dies kann zum Beispiel durch die *MouseOver-* und *MouseIn-*Ereignisse der einzelnen Tabellenzeilen erfolgen. Allerdings werden Sie jetzt vergeblich nach derartigen Ereignissen in Visual Studio Ausschau halten, hierbei handelt es sich um reine Client-Ereignisse, die vom Browser und nicht vom Server verarbeitet werden müssen.

Oberfläche

Erzeugen Sie eine datengebundene *GridView*, indem Sie einfach eine beliebige Datenbank-Tabelle in die Entwurfsansicht des Webformulars ziehen.

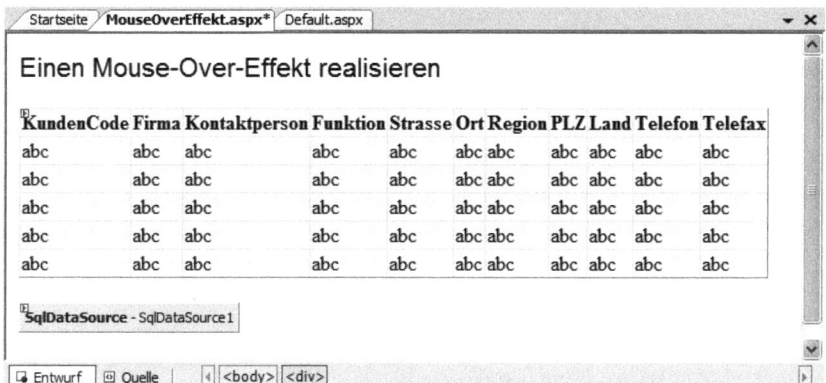

Abbildung 8.142 Beispieloberfläche

Quelltext

Erweitern Sie das Programm um folgende Ereignisbehandlung:

```
Protected Sub GridView1_RowDataBound(ByVal sender As Object, ByVal e As GridViewRowEventArgs)
    If e.Row.RowType = DataControlRowType.DataRow Then
        e.Row.Attributes.Add("OnMouseOver", "this.Style.BackgroundColor='#7fff00'")
        e.Row.Attributes.Add("OnMouseOut", "this.Style.BackgroundColor='#F8F8F8'")
    End If
End Sub
```

Das Ereignis *RowDataBound* wird beim Rendern des *GridView*-Controls für jede einzelne Zeile aufgerufen. Hier haben Sie die Möglichkeit, Formatierungen etc. für die einzelnen Tabellenzeilen vorzunehmen. In unserem Fall fügen wir Code für die Client-Ereignisse *OnMouseOver* und *OnMouseOut* hinzu.

Test

Nach dem Start des WebForms werden Sie sicher gleich den grünen Balken bemerken, der beim Bewegen der Maus über die Tabelle angezeigt wird:

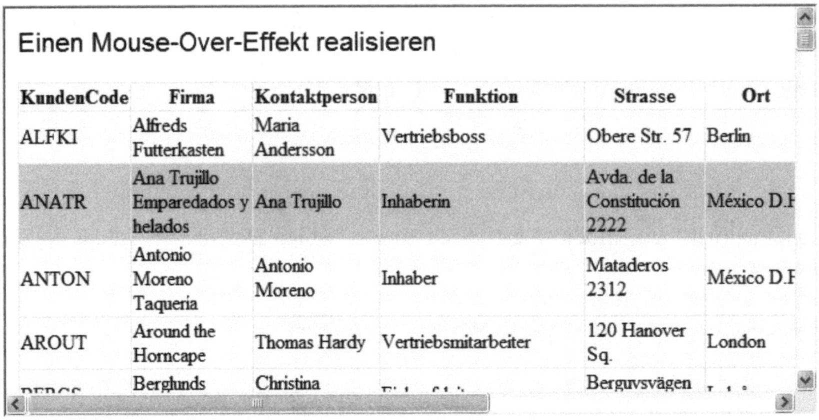

Einen Mouse-Over-Effekt realisieren

KundenCode	Firma	Kontaktperson	Funktion	Strasse	Ort
ALFKI	Alfreds Futterkasten	Maria Andersson	Vertriebsboss	Obere Str. 57	Berlin
ANATR	Ana Trujillo Emparedados y helados	Ana Trujillo	Inhaberin	Avda. de la Constitución 2222	México D.F
ANTON	Antonio Moreno Taqueria	Antonio Moreno	Inhaber	Mataderos 2312	México D.F
AROUT	Around the Horncape	Thomas Hardy	Vertriebsmitarbeiter	120 Hanover Sq.	London
BERGS	Berglunds	Christina		Berguvsvägen	

Abbildung 8.143   Laufzeitansicht

Sicher fallen Ihnen noch weitere Anwendungsmöglichkeiten in diesem Zusammenhang ein, Sie können auch Schriftarten etc. ändern oder zusätzliche Hints anzeigen lassen.

8.4   ... GridView-Daten im Excel-Format exportieren?

GridView-Control; *Response*-Objekt; *StringWriter, HtmlTextWriter, StringBuilder*

Jetzt haben Sie Ihre Daten in ansprechender Form ins Web bzw. auf den Bildschirm gebracht und dann kommt schon die nächste Forderung nach einem Export im Excel-Format, weil irgend jemand wieder an den Daten herumspielen will! Lassen Sie sich nicht zur Weißglut treiben, mit wenigen Zeilen Quellcode können Sie auch derartige Wünsche befriedigen.

Oberfläche

Erzeugen Sie zunächst eine datengebundene *GridView*, indem Sie einfach eine beliebige Datenbank-Tabelle in die Entwurfsansicht des Webformulars ziehen.

Machen Sie auch von den komfortablen Möglichkeiten der Formatierung des *GridView*-Controls Gebrauch, alle wesentlichen Einstellungen werden später auch in der Excel-Tabelle zu sehen sein.

Setzen Sie die *Visible*-Eigenschaft des *GridView* auf *False* und fügen Sie noch einem *Button* in das Webformular ein. Über diesen werden wir den Export auslösen.

HINWEIS   Das Attribut *AllowSorting* darf nicht gesetzt sein!

Quelltext

Die Routine für den Export:

```
Protected Sub Button1_Click(ByVal sender As Object, ByVal e As EventArgs)
    Response.Clear()
```

Statt der standardmäßigen HTML-Ausgabe kommen jetzt die Exel-Daten:

```
Response.AddHeader("content-disposition", "attachment;filename=Kunden.xls")
Response.Charset = ""
Response.ContentType = "application/vnd.ms-excel"
```

Einen *StringWriter* und einen *HtmlTextWriter* instanziieren:

```
Dim sw As System.IO.StringWriter = New System.IO.StringWriter()
Dim htmw As System.Web.UI.HtmlTextWriter = New System.Web.UI.HtmlTextWriter(sw)
```

Und schon können wir Excel-Daten schreiben:

```
sw.GetStringBuilder().Append("<H2>Kundenliste vom " & _
                        System.DateTime.Now.ToString("dd.mm.yyyy") & "</H2>")
sw.GetStringBuilder().Append("<br><br>")
```

Hier wird mancher sicher aufmerken, handelt es sich doch um HTML-Fragmente und nicht XLS-Daten. Doch Excel ist so tolerant und kann auch damit etwas Sinnvolles anfangen, wie der spätere Test zeigen wird.

Jetzt blenden wir noch das *GridView* kurzzeitig ein (sonst erhalten wir keine HTML-Ausgabe beim Rendern),

```
GridView1.Visible = True
```

rendern die *GridView*-Ausgaben in den *HtmlTextWriter* und blenden das *GridView* gleich wieder aus:

```
GridView1.RenderControl(htmw)
GridView1.Visible = False
```

Wir übergeben die Daten an das *Response*-Objekt und schließen die Ausgabe:

```
Response.Write(sw.ToString())
Response.End()
End Sub
```

So, das war schon der ganze Export! Doch sollten Sie jetzt schon einen ersten Test wagen, wird dieser fehlschlagen:

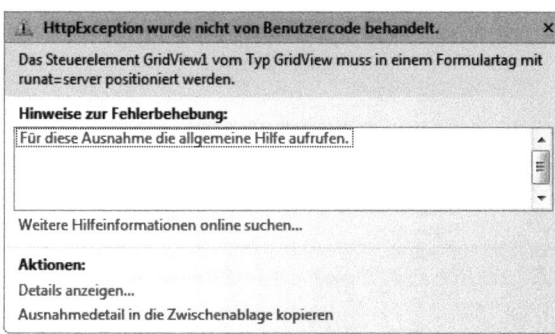

Abbildung 8.144 Fehlermeldung

HINWEIS Das Control versucht zu prüfen, ob es in *<form runat=server>*-Tags eingeschlossen ist. Das ist bei unserer HTML-Ausgabe nicht der Fall, also kommt es zur obigen Fehlermeldung.

Mit einem kleinen Trick können wir die interne Fehlerprüfung des *GridView*-Controls »veralbern«:

```
Public Overloads Overrides Sub VerifyRenderingInServerForm(ByVal control As Control)
End Sub
```

Wir überschreiben einfach die Prüfmethode und verzichten auf eine Prüfung.

Test

Nach diesen Vorarbeiten können wir einen ersten Export starten. Zunächst erscheint eine kurze Sicherheitsmeldung des Internet Explorers (oder des jeweiligen Webbrowsers):

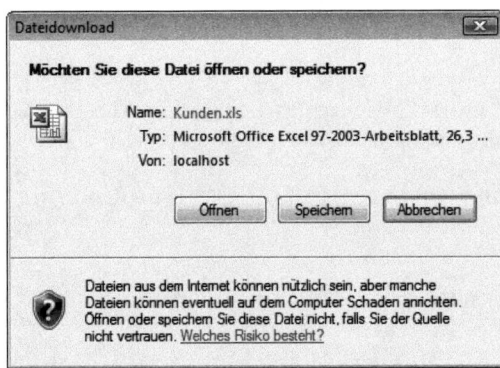

Abbildung 8.145 Sicherheitsabfrage vor dem Download

Nach dem Bestätigen dürfte sich Excel öffnen (wir gehen mal davon aus, dass es auch installiert ist) und folgenden Anblick bieten:

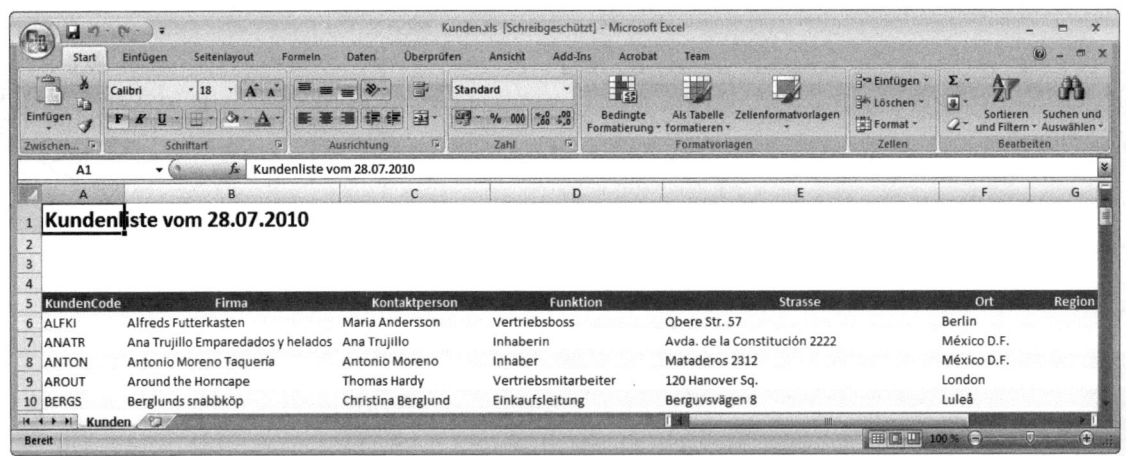

Abbildung 8.146 Die in Excel importierten Daten

HINWEIS   Arbeiten Sie mit OpenOffice, öffnet sich nicht etwa *Calc*, sondern die Textverarbeitung *Writer*, was eigentlich auch nahe liegend ist, den bis auf die Extension XLS hat unser Export nichts mit einer Kalkulation gemein.

8.5 ... Detaildaten in einem Popup-Fenster anzeigen?

Popup-Fenster; JavaScript; Template-Spalte; *ButtonField*; *OnClientClick*-Eigenschaft

Wem ist bei der Web-Programmierung noch nicht die Idee gekommen, Detaildaten oder Eingabemasken als Popup-Dialog einzublenden? Von ASP.NET dürfen Sie in dieser Beziehung keine Hilfe erwarten, hier ist clientseitige Programmierung mit JavaScript gefragt.

Oberfläche Hauptformular

Entwerfen Sie ein Webformular mit einem *GridView* und einer Datenquelle entsprechend folgender Abbildung 8.147. Angezeigt werden lediglich der Artikelname sowie eine Schaltfläche.

Die zweite Spalte mit der Schaltfläche erzeugen Sie zunächst als *Buttonfield* (Aufgabenmenü). Wandeln Sie nachfolgend die Spalte in ein Template um.

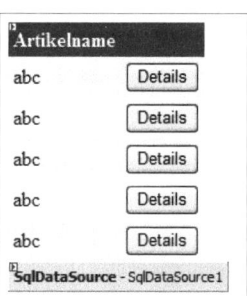

Abbildung 8.147 Entwurfsansicht

Im Template-Editor können Sie jetzt die Schaltfläche an Ihre Bedürfnisse anpassen, wichtig ist der Name des *Button*s, diesen brauchen wir später noch.

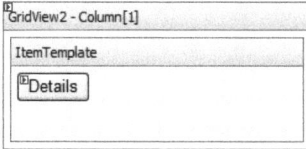

Abbildung 8.148 Im Template-Editor

Oberfläche Detailformular

Erzeugen Sie ein neues Webformular und speichern Sie es unter dem Namen *details.aspx* ab. Die Abbildung 8.149 zeigt den Grundaufbau.

Dass es sich um ein *DetailView*-Control handelt, haben Sie sicher schon erkannt. Die Breite des Controls legen Sie mit 100% fest, die Spaltenbreiten lassen sich über *ControlStyle* (z.B. 60%) anpassen.

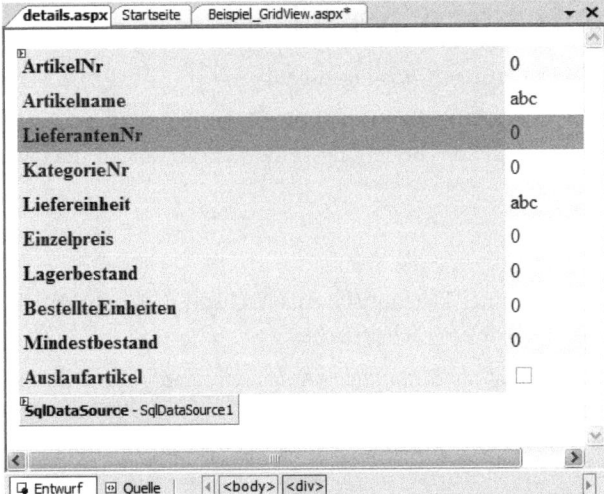

Abbildung 8.149 Detailformular

Zusätzlich müssen wir noch die Datenauswahl realisieren. Dazu verwenden wir einen SELECT-Parameter (*Artikelnr*), den wir vom Hauptformular per *QueryString* an das Detailformular weiterreichen.

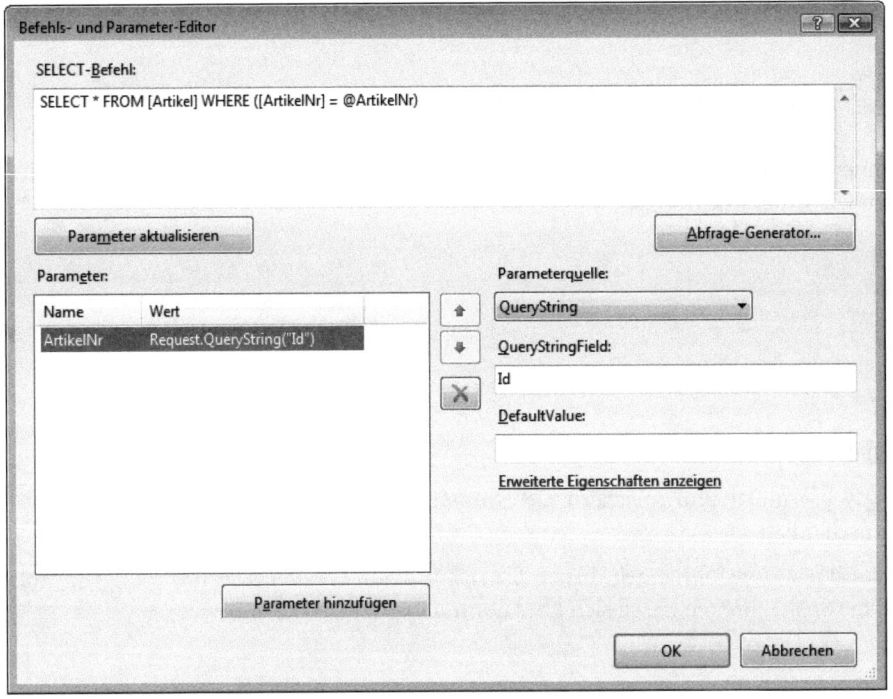

Abbildung 8.150 Zuordnung Parameter/QueryString

Quellcode

Wie schon erwähnt, kommen wir an dieser Stelle mit ASP.NET-Programmierung nicht weit, um die notwendigen ClientSkripte können wir uns aber kümmern:

```
Protected Sub GridView2_RowDataBound(ByVal sender As Object, ByVal e As GridViewRowEventArgs)
    If e.Row.RowType = DataControlRowType.DataRow Then
```

Vor der Rückgabe der HTML-Seite an den Client fügen wir für die *OnClientClick*-Eigenschaft noch etwas Skriptcode ein, der ein modales Browserfenster anzeigt:

```
Dim b As Button = DirectCast(e.Row.Cells(1).FindControl("Button1"), Button)
```

```
b.OnClientClick = "javascript:window.showModalDialog('details.aspx?id=" +
```

Hier generieren wir noch den QueryString:

```
DataBinder.Eval(e.Row.DataItem, "Artikelnr").ToString() +
```

Höhe und Breite des Dialogs festlegen:

```
                "','','dialogwidth:350 px;dialogheight:330 px')"
    End If
End Sub
```

Test

Jetzt naht der Moment der Wahrheit, nach Klick auf eine der Schaltflächen sollte der gewünschte Datensatz angezeigt werden:

Detaildatenanzeige

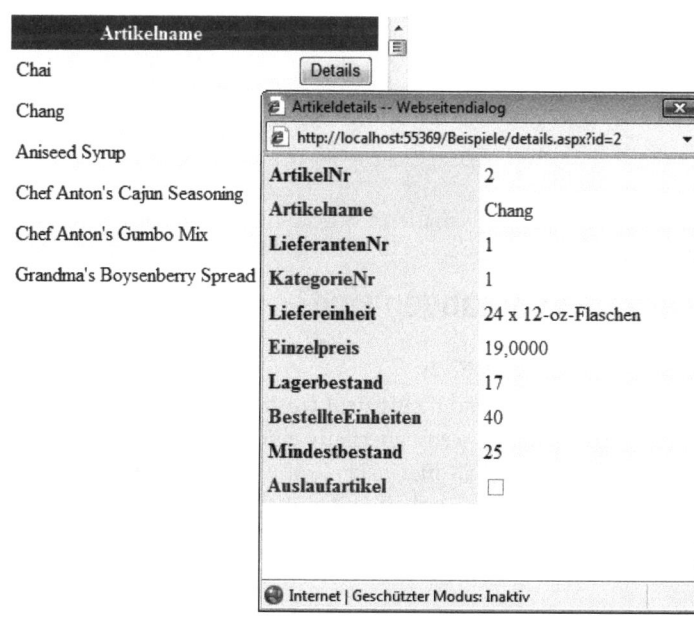

Abbildung 8.151 Laufzeitansicht mit modalem Dialog

8.6   ... eine Zeilensumme im GridView berechnen?

GridView-Control; SQL-Anweisung; *SelectQuery*-Eigenschaft

Wer in diesem Kapitel unter dieser Überschrift eine Lösung sucht, ist definitiv falsch! Hier hilft nur SQL, die schnellste, eleganteste und einfachste Lösung.

Wer beispielsweise aus *Artikelanzahl* und *Einzelpreis* einen Gesamtpreis bilden will, der editiert einfach die entsprechende *SelectQuery*-Eigenschaft:

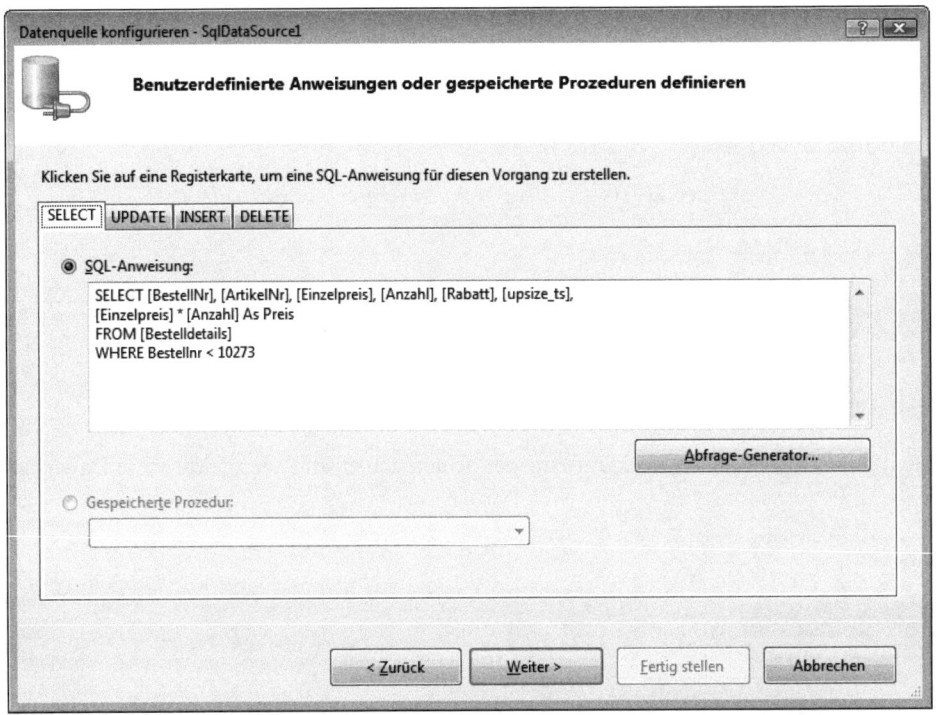

Abbildung 8.152   Neue Spalte *Preis* erzeugen

Fügen Sie jetzt noch die neue Spalte in die *GridView* ein und formatieren Sie diese als Währungswert.

8.7   ... reagieren, wenn keine Daten vorhanden sind?

GridView-Control: *EmptyDataText*-, *EmptyDataRow*-Eigenschaft;

Nicht jede Abfrage liefert auch die gewünschten Ergebnisse und nichts sieht trostloser aus als eine umfangreiche Tabelle oder Detailansicht ohne Daten. Besser wäre es, wenn alternativ eine entsprechende Meldung angezeigt würde. Die ASP.NET-Controls unterstützen Sie auch hier nach Kräften, über die Eigenschaften *EmptyDataText* bzw. *EmptyDataRowStyle* können Sie für mehr Klarheit und etwas Optik sorgen:

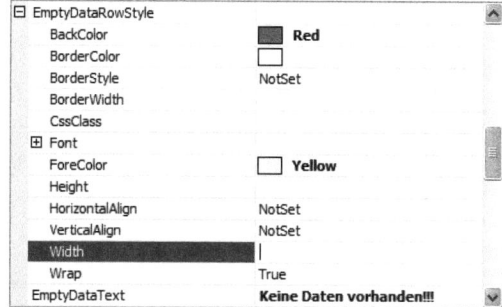

Abbildung 8.153 Eigenschaften festlegen

Abbildung 8.154 Laufzeitansicht des *GridView*

8.8 ... im GridView eine Spaltensummen berechnen?

GridView-Control; *ShowFooter*-Eigenschaft; *RowDataBound*-Ereignis; *DataBinder*; *DataItem*

Für die schnelle Übersicht oder für kleinere Rechnungen ist es häufig sinnvoll, in der untersten Zeile der *GridView* eine Spaltensumme anzuzeigen. SQL-Befehle zur Berechnung helfen Ihnen an dieser Stelle nicht weiter, kann doch die Ansicht des *GridView* durch Paging geändert werden. Damit muss sich die Spalten- summe auf die gerade angezeigten Zeilen beziehen.

Oberfläche

Erzeugen Sie zunächst eine datengebundene *GridView*, indem Sie einfach eine beliebige Datenbank-Tabelle (sinnvollerweise mit Zahlenwerten) in die Entwurfsansicht des Webformulars ziehen. Blenden Sie den Fuß- bereich der *GridView* über die Eigenschaft *ShowFooter* ein.

Quelltext

Mit dem Ereignis *RowDataBound* können wir jede einzeln angezeigte Zeile vor dem endgültigen Rendern der Seite auswerten:

```
Partial Public Class Beispiel_GridView
    Inherits System.Web.UI.Page
```

Eine Variable für die Summe:

```
    Private summe As Decimal = 0

    Protected Sub GridView1_RowDataBound(ByVal sender As Object, ByVal e As GridViewRowEventArgs)
```

Handelt es sich um eine Datenzeile, wird der Wert des Feldes (z.B. *Einzelpreis*) bestimmt und zur Summe hin- zugefügt:

```
      If e.Row.RowType = DataControlRowType.DataRow Then
        ...
        summe += Convert.ToDecimal(DataBinder.Eval(e.Row.DataItem, "Einzelpreis"))
      End If
```

Wir sind im Fußbereich angelangt:

```
      If e.Row.RowType = DataControlRowType.Footer Then
```

Beschriftung erzeugen:

```
        e.Row.Cells(4).Text = "Summe:"
        e.Row.Cells(5).HorizontalAlign = HorizontalAlign.Right
        e.Row.Cells(5).Font.Bold = True
        e.Row.Cells(5).BackColor = Color.WhiteSmoke
```

Summe ausgeben:

```
        e.Row.Cells(5).Text = summe.ToString("c")
      End If
    End Sub
End Class
```

Test

ArtikelNr	Artikelname	LieferantenNr	KategorieNr	Liefereinheit	Einzelpreis
1	Chai	1	1	10 Kartons x 20 Beutel	18,0000
2	Chang	1	1	24 x 12-oz-Flaschen	19,0000
3	Aniseed Syrup	1	2	12 x 550-ml-Flaschen	112,0000
4	Chef Anton's Cajun Seasoning				220,0000
5	Chef Anton's Gumbo Mix	2	2	36 Kartons	21,3500
				Summe:	**390,35 €**

1 2 3 4 5 6 7 8 9 10 ...

Abbildung 8.155   Laufzeitansicht

8.9   ... korrekte Währungswerte im GridView anzeigen?

DataGridView-Control; *DataFormatString*; Währungswerte; *HtmlEncode*

Da haben Sie sich bemüht und in der Hilfe gewühlt, trotzdem führen alle Änderungen an der *DataFormat-String*-Eigenschaft Ihrer Tabellenspalte nicht zum Ziel, und es wird immer nur ein normaler Gleitkommawert angezeigt:

BestellNr	ArtikelNr	Einzelpreis	Anzahl	Rabatt	Summe
0	0	0	0	0	0
1	1	0,1	1	0,1	0,1
2	2	0,2	2	0,2	0,2

Abbildung 8.156   *DataFormatString = {0:c}* für die Spalten Einzelpreis und Summe

Bevor Sie jetzt an sich selbst zweifeln, setzen Sie einfach die Eigenschaft *HtmlEncode* für die betreffenden Spalten auf *False*:

BestellNr	ArtikelNr	Einzelpreis	Anzahl	Rabatt	Summe
0	0	0,00 €	0	0	0,00 €
1	1	0,10 €	1	0,1	0,10 €
2	2	0,20 €	2	0,2	0,20 €

Abbildung 8.157 Nach dem Ändern von *HtmlEncode*

Kleine Ursache, große Wirkung, aber jetzt dürfte es wie gewünscht funktionieren.

8.10 ... Eingabewerte im GridView validieren?

GridView-Control; *Validator*-Controls;

Sicher ist Ihnen schon mal der Gedanke gekommen, das *GridView* zum Editieren von Daten zu verwenden. Doch wie sollen Sie die Eingaben sinnvoll validieren?

Kein Problem, auch hier helfen Ihnen die Validator-Controls weiter, auch wenn Sie dazu etwas Arbeit investieren müssen.

Oberfläche

- Erzeugen Sie eine datengebundene *GridView*, indem Sie einfach eine beliebige Datenbank-Tabelle in die Entwurfsansicht des Webformulars ziehen

- Aktivieren Sie die Bearbeitungsfunktion über das Aufgabenmenü

- Wandeln Sie nachfolgend alle Tabellen-Spalten, die Sie mit den Validator-Controls prüfen wollen, in Templates um

- Öffnen Sie im Template-Editor die jeweiligen *EditItemTemplates* und fügen Sie wie gewohnt die nötigen Validator-Controls ein. Verbinden Sie diese mit den bereits enthaltenen *TextBox*en

- Legen Sie die *Text*-Eigenschaft der Validator-Controls mit »*« fest, den eigentlichen Meldungstext zeigen wir in einem *ValidationSummary*-Control unter dem *GridView* an

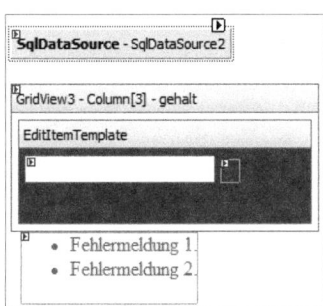

Abbildung 8.158 Beispiel für *EditItemTemplate*

Test

Ein Eingabetest bringt die gewünschten Meldungen auf den Bildschirm (Abbildung 8.159).

id	vorname	nachname	gehalt		
1	Thomas		666	Aktualisieren	Abbrechen
6	Paul	Walter	2332,0000	Bearbeiten	
35	Otto	Hagel	212,0000	Bearbeiten	
36	Heinz	Berger	212,0000	Bearbeiten	

- Geben Sie einen Namen an!
- Seien Sie nicht so geizig beim Gehalt!

Abbildung 8.159 Laufzeitansicht des Beispiels

Ein Aktualisieren ist unter obigen Umständen nicht möglich, der Abbruch kann jedoch jederzeit erfolgen.

HINWEIS   Arbeiten Sie mit mehreren *GridView*s, sollten Sie die Validator-Controls verschiedenen *ValidationGroups* zuordnen, andernfalls erhalten Sie Fehlermeldungen an Stellen, wo sie nicht hingehören.

8.11   ... einen E-Mail-Versand in ASP.NET realisieren?

SmtpClient-Objekt: *Send*-Methode; *MailMessage*-Objekt; *Attachments*-Collection: *Add*-Methode;

Unvermeidlich und kaum wegzudenken aus der heutigen Zeit ist das Versenden von E-Mails, die teilweise zur echten Plage werden können, sodass nur noch der Wechsel der Mail-Adresse Abhilfe schafft.

Auch in Ihren ASP.NET-Projekten können Sie mit wenigen Zeilen Quellcode zum Beispiel eine Bestellbestätigung, einen E-Mail-Adresstest oder Ähnliches realisieren.

Übersicht

Dreh- und Angelpunkt der weiteren Ausführungen ist die Einbindung des Namespace *System.Net*, der uns mit den Klassen *SmtpClient* und *MailMessage* beglückt.

Über die Klasse *SmtpClient* bzw. deren Methode *Send* erfolgt der eigentliche Versand. Entweder Sie übergeben alle Parameter einzeln, oder Sie definieren vorher ein *MailMessage*-Objekt, das Sie an die Methode übergeben.

```
Syntax: Send (from As String, recipients As String, subject As String, body As String )

oder

Syntax: Send (message As MailMessage)
```

Mail-Server bestimmen

Wie auch bei jedem Brief sind bei einer E-Mail vor allem Empfänger und Absender interessant, aber wo ist das »Postamt«, d.h. in unserem Fall der Mail-Server? Meist handelt es sich um einen weiteren PC im Netzwerk, von dem wir zumindest die Adresse und die Einwahldaten kennen sollten.

Die Konfiguration Ihres Mailzugangs nehmen Sie am besten in der *Web.config* mit Hilfe des ASP.NET-Konfigurationsprogramms (*Anwendung/SMTP-Einstellungen*) vor (Abbildung 8.160).

BEISPIEL

Die Einträge in der *Web.config*:

```
...
 <system.net>
  <mailSettings>
   <smtp from="">
    <network host="server" password="geheim" userName="Thomas" />
   </smtp>
  </mailSettings>
 </system.net>
...
</configuration>
```

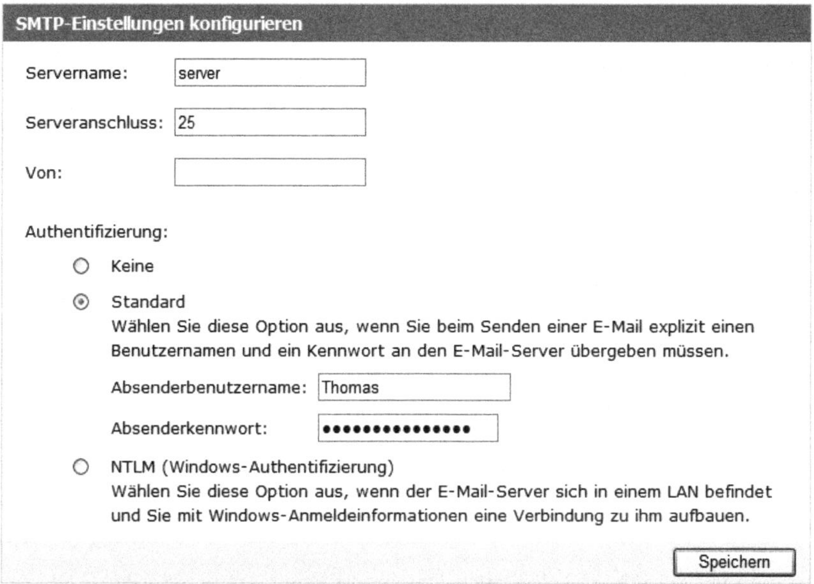

Abbildung 8.160 ASP.NET-Konfigurationsprogramm

Alternativ können Sie die Angaben auch mit den Eigenschaften des *SmtpClient*-Objekts setzen:

```
        Dim mail As New System.Net.Mail.SmtpClient()
        '...
        mail.Credentials = New NetworkCredential("Thomas", "thomas")
        mail.Host = "server"
...
```

Einfache Text-E-Mails versenden

Probieren wir es zunächst mit einem simplen Beispiel ohne *MailMessage*-Objekt.

BEISPIEL

Textnachricht versenden

```
Imports System.Net
...
    Protected Sub Page_Load(ByVal sender As Object, ByVal e As System.EventArgs) Handles Me.Load
        Dim mail As New System.Net.Mail.SmtpClient()
        mail.Host = "localhost"
        mail.Send("th.gewinnus@web.de", "doberenz@doko-buch.de",
                        "Das Buch ist endlich fertig!", "Na ja, war nur ein Scherz …")
    End Sub
```

Wer es gern übersichtlicher und vor allem objektorientierter mag, der erzeugt zunächst ein *MailMessage*-Objekt, dem die einzelnen Eigenschaften zugewiesen werden können.

BEISPIEL

E-Mail-Versand mit Hilfe des *MailMessage*-Objekts

```
Imports System.Net
...
```

Die Adressen können Sie schon beim Erzeugen des MailMessage-Objekts angeben:

```
        Dim mail As New System.Net.Mail.SmtpClient()
        Dim msg As New System.Net.Mail.MailMessage(
                "Thomas Gewinnus<th.gewinnus@web.de>", "doberenz@doko-buch.de")

        msg.Subject = "E-Mail-Test in ASP.NET"
        msg.Body = "Hallo, anbei die fertigen Buchtexte <g>"
        mail.Host = "localhost"
        mail.Send(msg)
```

E-Mails mit Dateianhang

Neben dem reinen Textversand können Sie mit ASP.NET auch Dateien jeglicher Art verschicken. Die Vorgehensweise gleicht der im vorhergehenden Abschnitt, lediglich der *Attachments*-Collection müssen Sie mit der Methode *Add* ein neu erzeugtes *MailAttachment*-Objekt übergeben. Im Konstruktor wird der jeweilige Dateiname angegeben.

BEISPIEL

Versand der Datei *buch.doc*

```
...
        Dim msg As New System.Net.Mail.MailMessage(
                        "Thomas Gewinnus<th.gewinnus@web.de>", "doberenz@doko-buch.de")
        msg.Subject = "E-Mail-Test in ASP.NET"
        msg.Body = "Hallo, anbei die fertigen Buchtexte <g>"
        msg.Attachments.Add(New System.Net.Mail.Attachment("C:\Buch.doc"))
        mail.Host = "localhost"
        mail.Send(msg)
    End Sub
```

Kapitel 9

Die Microsoft Chart-Controls

Mit Visual Studio 2010 hält endlich auch ein *Chart*-Control Einzug in die Toolbox, der Programmierer ist also nicht mehr auf Fremdkomponenten angewiesen.

Die sowohl für Windows Forms als auch für ASP.NET verfügbaren *Microsoft Chart Controls* ermöglichen die grafische Präsentation von Daten auf vielfältige Weise.

So lassen sich mit den Komponenten 35 verschiedene Diagrammtypen in 2D/3D-Darstellung anzeigen, Sie als Programmierer haben Einfluss auf Farben, Schatten etc., es dürfte für jeden Anspruch bzw. Geschmack etwas dabei sein.

HINWEIS   Gemäß der Zielstellung dieses Buchs richtet sich unser Fokus auf die *Chart*-Features zur Datenbindung. Das vorliegende Kapitel kann deshalb keine umfassende Beschreibung der *Chart*-Controls liefern.

Mehr zu den *Chart*-Controls siehe

WWW   http://code.msdn.microsoft.com/mschart

Allgemeine Chart-Features

Da ein *Chart*-Control ein ziemlich komplexes und tief gestaffeltes Objektmodell hat und eine verwirrende Vielfalt von Datenbindungsmethoden anbietet, sollen zunächst einige Grundbegriffe geklärt und das Funktionsprinzip anhand der simplen *Points.AddXY*-Methode erläutert werden.

HINWEIS   Im Weiteren beschränken wir uns auf die Darstellung des *Charts* für Windows Forms-Anwendungen. Wie das How-to 9.3 »... mit ASP.NET ein Diagramm anzeigen?« beweist, ist es aber problemlos möglich, dieses Wissen auch im Rahmen einer ASP.NET-Anwendung zu nutzen, ohne große Änderungen vornehmen zu müssen.

Serien/Reihen und Datenpunkte direkt erzeugen

Von zentraler Bedeutung für das Verständnis der Diagrammdarstellung sind die Begriffe der Serien bzw. Reihen und der Datenpunkte.

HINWEIS   Eine *Serie* bzw. *Reihe* besteht aus mehreren *Datenpunkten*, von denen jeder einzelne durch einen *X*- und einen *Y-Wert* festgelegt ist. Jeder einzelne Datenpunkt kann beispielsweise durch eine bestimmte Säule eines Balkendiagramms dargestellt werden.

Wenn Sie ein *Chart*-Control von der Toolbox abziehen und auf dem Formular absetzen, verfügt es bereits über eine Standard-Serie, die Sie aber, beispielsweise mittels der *Points.AddXY()*-Methode, noch mit Datenpunkten füllen müssen. Weitere Serien können Sie durch Aufruf der *Series.Add()*-Methode selbst hinzufügen.

Ein einfaches Balkendiagramm mit zwei Serien erzeugen

Die Standard-Serie erhält eine neue Bezeichnung:

```
Chart1.Series(0).Name = "Umsätze Kühlschränke"
```

Fünf Datenpunkte zuweisen:

```
Chart1.Series(0).Points.AddXY(2006, 10)
Chart1.Series(0).Points.AddXY(2007, 25)
Chart1.Series(0).Points.AddXY(2008, 75)
Chart1.Series(0).Points.AddXY(2009, 110)
Chart1.Series(0).Points.AddXY(2010, 130)
```

Die zweite Serie wird hinzugefügt:

```
Chart1.Series.Add("Umsätze Waschmaschinen")
```

Fünf Datenpunkte:

```
Chart1.Series(1).Points.AddXY(2006, 150)
Chart1.Series(1).Points.AddXY(2007, 75)
Chart1.Series(1).Points.AddXY(2008, 25)
Chart1.Series(1).Points.AddXY(2009, 10)
Chart1.Series(1).Points.AddXY(2010, 15)
```

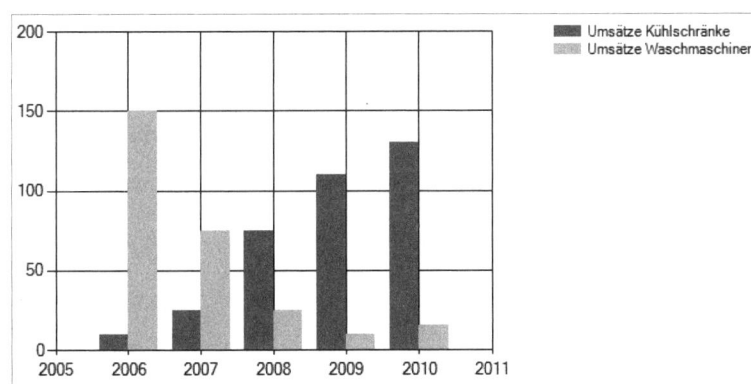

Abbildung 9.1 Das Anzeigeergebnis

Den Diagrammtyp ändern

Standardmäßig wird jede Serie als Balkendiagramm (*ChartType = Column*) angezeigt. Die Umstellung auf einen anderen Diagrammtyp ist für jede Serie einzeln vorzunehmen und kann entweder zur Entwurfszeit oder aber per Code erfolgen.

Es gibt insgesamt 35 Diagrammtypen für die unterschiedlichsten Ansprüche, man kann sie zur Entwurfszeit bequem im *Series-Auflistungs-Editor* zuweisen (erreichbar über die *Series*-Eigenschaft).

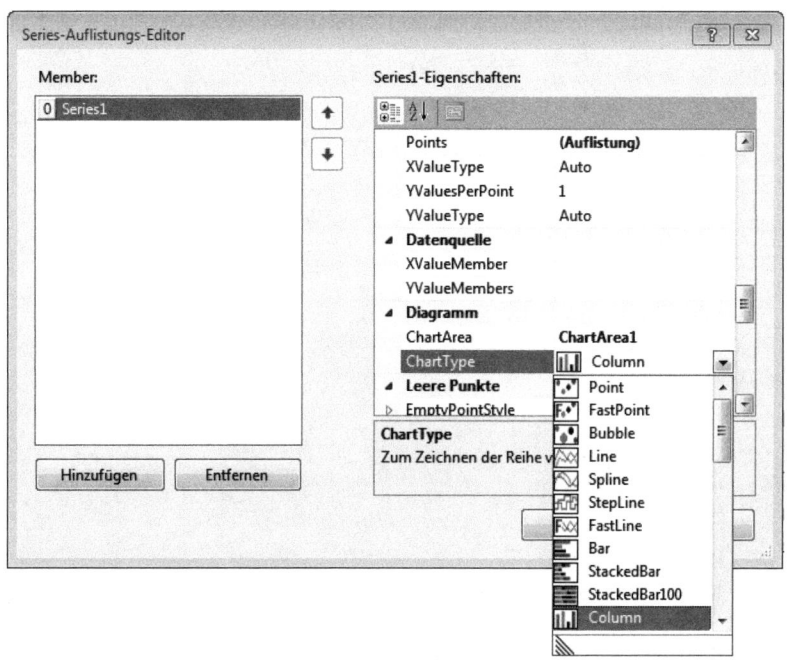

Abbildung 9.2 Auswahl Diagrammtyp

Überschaubarer und vor allem auch zur Laufzeit änderbar ist eine Zuweisung des Diagrammtyps per Code.

BEISPIEL

Das Vorgängerbeispiel soll als Liniendiagramm dargestellt werden. Es wird lediglich der ergänzende Code gezeigt:

```
Imports System.Windows.Forms.DataVisualization.Charting
...
```

Zwecks besserer Optik wird die Linie verstärkt:

```
Chart1.Series(0).BorderWidth = 5
```

Das Zuweisen des neuen Diagrammtyps:

```
Chart1.Series(0).ChartType = SeriesChartType.Line
...
```

Dasselbe für die zweite Serie:

```
Chart1.Series(1).BorderWidth = 5
Chart1.Series(1).ChartType = SeriesChartType.Line
```

Das Ergebnis zeigt die Abbildung 9.3.

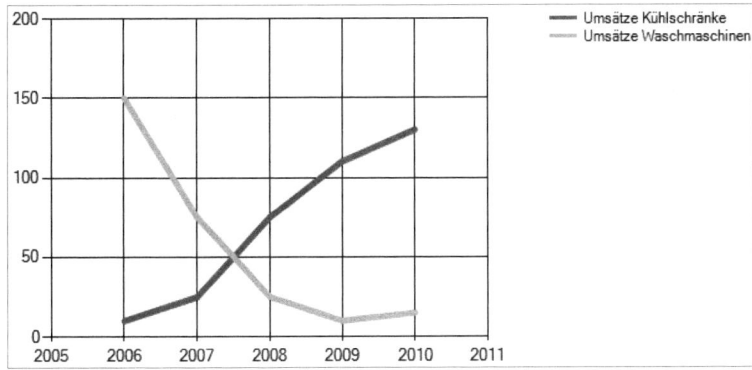

Abbildung 9.3 Ausgabeergebnis

Wie Sie sehen, werden bei einem Liniendiagramm die einzelnen Datenpunkte einer Serie/Reihe miteinander verbunden.

Soll der Diagrammtyp für alle Serien gleichzeitig geändert werden (das ist meistens der Fall), so kann der Code mit einem Schleifenkonstrukt vereinfacht werden (siehe folgendes Beispiel):

BEISPIEL

Die Serien des Vorgängerbeispiels werden als Flächendiagramme dargestellt

```
For Each ser As Series In Chart1.Series
    ser.ChartType = SeriesChartType.Area
Next ser
```

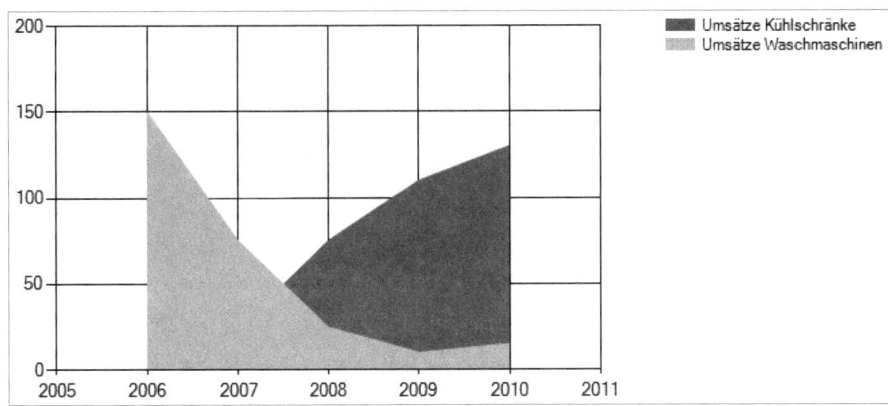

Abbildung 9.4 Laufzeitdarstellung des Diagramms

3D-Darstellung

Alle Diagrammtypen lassen sich in der Regel auch räumlich darstellen. Sie können dazu den *Chart-Area-Auflistungs-Editor* verwenden, mit welchem allgemeine Eigenschaften eines Diagramms (Achsenbeschriftungen etc.) zugewiesen werden können[1].

BEISPIEL

Das Vorgängerbeispiel in 3D-Darstellung

```
Chart1.ChartAreas(0).Area3DStyle.Enable3D = True
```

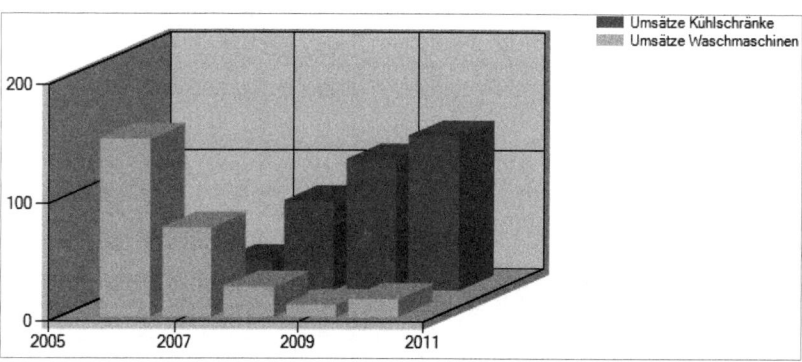

Abbildung 9.5   Ausgabeergebnis

Farben für Serien und Datenpunkte

Das *Chart*-Control bietet verschiedene Wege, um Farben für Serien und Datenpunkte zuzuweisen.

Farbpalette auswählen

Es gibt 12 eingebaute Paletten, von denen jede einzelne etwa 10 unterschiedliche Farben aufweist.

Abbildung 9.6   Übersicht Farbpaletten

---

[1] In einem *Chart* können auch mehrere Diagramme (*ChartAreas*) gleichzeitig dargestellt werden, z.B. untereinander. Im Weiteren arbeiten wir aber stets nur mit einer einzigen Diagrammfläche (*ChartAreas(0)*).

Chart-Typen, wie beispielsweise *Column* und *Line*, weisen jeder Serie automatisch eine bestimmte Farbe aus der gewählten Palette zu. Wenn das Angebot erschöpft ist, wird wieder von vorn begonnen.

BEISPIEL

Zuweisen einer Farbpalette

```
Imports System.Windows.Forms.DataVisualization.Charting
...
Chart1.Palette = ChartColorPalette.EarthTones
```

Ein *Chart*-Typ wie beispielsweise *Pie* (Tortendiagramm) verwendet für jeden einzelnen Datenpunkt eine bestimmte Farbe. Hier können Sie nach wie vor die *Palette*-Eigenschaft verwenden oder aber Sie definieren unterschiedliche Paletten für unterschiedliche Serien mittels der *Series.Palette*-Eigenschaft.

Benutzerdefinierte Paletten

Falls Ihnen keine der Standard-Paletten gefällt, können Sie auch eigene Paletten mit beliebig vielen Farben erzeugen.

BEISPIEL

Zuweisen einer benutzerdefinierten Farbpalette

```
Chart1.Palette = ChartColorPalette.None
Chart1.PaletteCustomColors = New Color() { Color.Red, Color.Blue, Color.Green}
```

Color-Eigenschaft

Sie haben, unabhängig von den bisher beschriebenen Techniken, immer die Möglichkeit, die *Color*-Eigenschaft für eine Serie oder einen einzelnen Datenpunkt direkt zu setzen.

BEISPIEL

Farbe für die gesamte Serie zuweisen

```
Chart1.Series(0).Color = Color.Blue
```

BEISPIEL

Farbe für einen einzelnen Datenpunkt setzen

```
Chart1.Series(0).Points(5).Color = Color.Yellow
```

HINWEIS   Um wieder auf die Paletten-Farben umzuschalten müssen Sie die *Color*-Eigenschaften der Serien und Datenpunkte auf *Color.Empty* setzen.

Leere Datenpunkte

Wenn Sie *DBNull*-Werte an die *Chart* binden wollen, werden die Datenpunkte automatisch als »empty points« markiert. Sie können das auch selbst tun, indem Sie Datenpunkte mittels der *DataPoint.IsEmpty-*

Eigenschaft setzen. Jeder leere Datenpunkt verwendet die in der *Series.EmptyPointStyle*-Eigenschaft definierten visuellen Attribute.

BEISPIEL

Alle leeren Datenpunkte einer Serie werden versteckt, indem sie transparent gemacht werden

```
Chart1.Series(0).EmptyPointStyle.Color = Color.Transparent
```

Diagramm drucken

Ein Diagramm auf dem Bildschirm sieht ja recht schön aus, doch in vielen Fällen soll das Ergebnis auch zu Papier gebracht werden. Das ist kein Problem, über die *Printing*-Eigenschaft des *Chart*-Controls werden alle Aktivitäten rund um die Druckausgabe gebündelt.

Folgende Methoden stehen zur Verfügung:

Methode	Beschreibung
PageSetup	... zeigt den bekannten Pagesetup-Dialog an.
Print	... druckt das vorliegende Diagramm. Übergeben Sie als Parameter *True*, wird der bekannte Druckdialog zur Druckerauswahl angezeigt.
PrintPaint	Ausgabe des Diagramms auf einem *Graphics*-Objekt.
PrintPreview	Statt der direkten Druckauswahl wird eine Druckvorschau angezeigt.

Tabelle 9.1 Methoden zur Druckausgabe

BEISPIEL

Eine einfache Druckvorschau ist mit

```
Chart1.Printing.PrintPreview()
```

realisierbar.

Diagramm exportieren/abspeichern

Mit der *SaveImage*-Methode können Sie Ihr Diagramm in insgesamt acht verschiedenen Bildformaten exportieren bzw. abspeichern: *Bmp, Emf, EmfDual, EmfPlus, Gif, Jpeg, Png, Tiff*.

BEISPIEL

Die *Chart* wird als Bitmap-Datei im Anwendungsverzeichnis abgelegt.

```
Chart1.SaveImage("Chart1.bmp", ChartImageFormat.Bmp)
```

Die *Chart* wird in einem *MemoryStream*-Objekt gespeichert und dann als *Byte*-Array zurückgegeben.

```
Private Function GetChart() As Byte()
    ...
    Using chartImage = New System.IO.MemoryStream()
        Chart1.SaveImage(chartImage, ChartImageFormat.Png)
        Return chartImage.GetBuffer()
    End Using
End Function
```

Einführung in die Chart-Datenbindung

Wie bereits in der Einführung gezeigt, verfügen Sie mit der *Points.AddXY*-Methode über ein einfaches und universelles Werkzeug, um beliebige Diagramme darzustellen. Damit lassen sich, quasi »in Handarbeit«, auch beliebige Datenbankinhalte an das *Chart* anbinden.

Nachdem wir diese Technik am Beispiel demonstriert haben, wollen wir uns einen Überblick über die verfügbaren speziellen Datenbindungsmethoden verschaffen, mit welchen die Arbeit des Programmierers teilweise drastisch vereinfacht werden kann.

Manuelle Datenbindung mittels Points.AddXY-Methode

Sie haben immer die Möglichkeit, die *Chart* manuell anzubinden, indem Sie über die Datenquelle iterieren und die einzelnen Datenpunkte zu den Serien nach Bedarf selbst hinzufügen.

Das gilt insbesondere natürlich auch für die Auswertung von Datenbankinhalten.

Eine Access-Datenbanktabelle *PKW_Verkauf_3* hat die Spalten *Verkäufer* und für die Jahre *2000*... *2010* jeweils eine weitere Spalte, in welcher die pro Jahr erzielten Verkaufssummen enthalten sind:

Feldname	Felddatentyp	Beschreibung
Verkäufer	Text	Name des Verkäufers
2000	Währung	Verkaufssumme für das Jahr 2000
2001	Währung	
2002	Währung	
2003	Währung	
2004	Währung	
2005	Währung	
2006	Währung	
2007	Währung	

Abbildung 9.7 Tabellenlayout

Gewünscht wird ein Diagramm, welches je nach Verkäufer die Abhängigkeit der Verkaufssumme von der Jahreszahl zeigt.

Zunächst lesen wir auf gewohnte Weise die gewünschten Daten in eine *DataTable* ein:

```
Dim sql As String = "SELECT * FROM PKW_Verkauf_3"
```

```
Dim conn As New OleDbConnection(connStr)
Dim cmd As New OleDbCommand(sql, conn)
Dim da As New OleDbDataAdapter(cmd)
Dim ds As New DataSet()

conn.Open()
da.Fill(ds, "query1")
conn.Close()

Dim dt As DataTable = ds.Tables("query1")
```

Alle Verkäufer durchlaufen:

```
For Each row As DataRow In dt.Rows
```

Pro Verkäufer eine neue Serie hinzufügen:

```
    Dim serName As String = row("Verkäufer").ToString()
    Chart1.Series.Add(serName)
```

Jeder Verkäufer = eine Serie von Punkten = eine Linie:

```
    Chart1.Series(serName).ChartType = SeriesChartType.Line
    Chart1.Series(serName).BorderWidth = 5
```

Alle Jahres-Spalten durchlaufen:

```
        For colNr As Integer = 1 To dt.Columns.Count - 1
```

Pro Jahres-Spalte den Y-Wert als Punkt hinzufügen:

```
        Dim YVal = CDec(row(colNr))
```

Für X-Achse (Beschriftung!):

```
        Dim colName = dt.Columns(colNr).ColumnName
        Chart1.Series(serName).Points.AddXY(colName, YVal)
    Next colNr
Next row
```

Kontrollanzeige der *DataTable* im Datengitter:

```
DataGridView1.DataSource = ds
DataGridView1.DataMember = "query1"
...
```

Das Ergebnis zeigt die Abbildung 9.8.

HINWEIS   Die Verwendung der Methode *Points.AddXY* ist auch dann zu empfehlen, wenn die Daten der Serien mittels Formeln berechnet wurden.

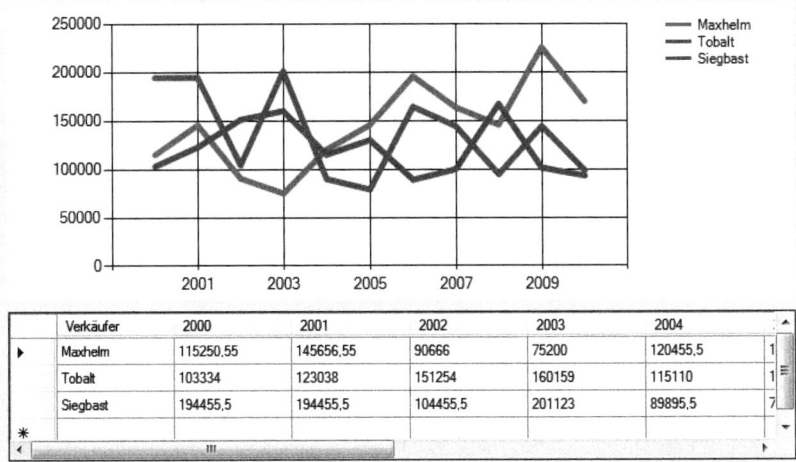

Abbildung 9.8 Ausgabe des Beispiels

Übersicht über die speziellen Datenbindungsmethoden

Wie Sie obigem Beispiel entnehmen können, ist der Programmieraufwand bei manueller Datenbindung (Methode *Points.AddXY*) doch ziemlich erheblich, denn Sie müssen Ihre Serien Punkt für Punkt selbst zusammenbauen. Damit Sie sich diese mühevolle Handarbeit sparen können, verfügt das *Chart*-Control über eine Reihe spezieller Datenbindungsmethoden, die das Erzeugen von Serien und Datenpunkten für unterschiedliche Datenquellen mehr oder weniger automatisieren.

Die folgende Tabelle gibt einen Überblick über die speziellen Datenbindungsmethoden des *Chart*-Controls:

Bindungsoption	Vorteile	Nachteile
DataBindTable-Methode	Einfaches Binden für X- und Y-Werte. Automatisches Erzeugen von Serien, basierend auf der Spaltenanzahl der Datenquelle.	Keine mehrfachen Y-Werte pro Serie. Alle Serien haben denselben X-Wert, oder der ist nicht gesetzt. Keine Bindung für erweiterte *Chart*-Eigenschaften wie z.B. Tooltips.
DataBind-Methode und *DataSource*-Eigenschaft	Können bereits zur Entwurfszeit verwendet werden. Unterstützen mehrfache Y-Werte.	Keine Bindung für erweiterte *Chart*-Eigenschaften, wie z.B. Tooltips.
Points.DataBind(X)Y	Unterstützt multiple Datenquellen, inklusive separate Datenquellen für X- und Y-Werte. Unterstützt multiple Y-Werte. Ist flexibler als obige Methoden.	Keine Bindung für erweiterte *Chart*-Eigenschaften, wie z.B. Tooltips.
Points.DataBind	Wie oben plus Bindungen für erweiterte *Chart*-Eigenschaften wie z.B. Tooltips.	Unterstützt keine unterschiedlichen Datenquellen für X- und Y-Werte von Serien.
DataBindCrossTab	Für jeden eindeutigen Wert in spezifizierten Spalten werden Serien automatisch erzeugt um die Daten zu gruppieren.	Nur Gruppieren auf einem Level (Single Level Grouping) wird unterstützt.

Tabelle 9.2 Datenbindungsmethoden

Unterstützte Datenquellen

Von den *Chart*-Bindungsmethoden wird eine Vielfalt von Datenquellen unterstützt:

- *OleDbDataReader/SqlDataReader*
- *OleDbCommand/SqlCommand*
- *OleDbDataAdapter/SqlDataAdapter*
- *DataView*
- *DataSet/DataTable*
- *List/Array*
- alle Objekte die *IEnumerable* implementieren

HINWEIS   Nicht alle Bindungsmethoden unterstützen alle Datenquellen-Typen. So eignen sich *DataSet/DataTable*, *Sql-Command/OleDbCommand* und *SqlDataAdapter/OleDbDataAdapter* nur für Datenbindung per *DataSource*-Eigenschaft!

Spezielle Chart-Datenbindungsmethoden

In diesem Abschnitt wollen wir jede der *Chart*-Bindungsmethoden näher erläutern und am konkreten Beispiel demonstrieren.

Die DataBindTable Methode

Diese Methode ermöglicht eine verblüffend einfache Datenbindungstechnik. Es kommt allerdings nur eine einzige Datenquelle infrage. Die Serien werden automatisch erzeugt, basierend auf der Anzahl von Spalten in der Datenquelle (eine Serie pro Datenspalte). Jeder Spalteneintrag erzeugt einen Datenpunkt in der entsprechenden Serie und wird für den ersten Y-Wert des Punkts verwendet. Um eine Spalte für die X-Werte aller Serien zu spezifizieren, verwendet man die überladene Methodendefinition, die einen *xField*-Parameter enthält.

HINWEIS   Diese Methode durchfährt die Datenquelle nur einmal um alle Daten zu binden.

Syntax:

```
Public Sub DataBindTable (dataSource As IEnumerable, xField As String)
```

Zu den Parametern:

dataSource: Datenquelle – ein beliebiges Objekt, welches *IEnumerable* implementiert.

xField: Name der Spalte für die X-Werte der Serien.

HINWEIS   Jede Tabellenspalte liefert die Y-Werte einer Serie. Außerdem kann die Spalte für den X-Wert bereitgestellt werden.

Die Verkäufer Maxhelm, Tobalt und Siegbast arbeiten in einem Autohaus. Die folgende Tabelle *PKW_Verkauf* mit den Spalten *Verkäufer*, *Mercedes*, *BMW*, *Opel*, *Ford*, *Mazda* und *Toyota* gibt an, wie viele Autos eines bestimmten Typs von einem bestimmten Verkäufer verkauft worden sind:

Verkäufer ▾	Mercedes ▾	BMW ▾	Opel ▾	Ford ▾	Mazda ▾	Toyota ▾
Maxhelm	12	9	6	10	4	5
Tobalt	8	2	7	5	3	9
Siegbast	5	5	8	11	5	7

Abbildung 9.9 Tabellenlayout

Nachdem Sie eine *Chart*-Komponente auf dem Formular abgesetzt haben, sind zunächst die ADO.NET-typischen Vorbereitungen (Erzeugen von *Connection*- und *Command*-Objekten, Öffnen der *Connection*, Erzeugen des *DataReader*) vorzunehmen:

```
Imports System.Data.OleDb
...
Dim connStr = "PROVIDER=Microsoft.Jet.OLEDB.4.0;Data Source=ChartTest.mdb"
Dim sql = "SELECT * FROM PKW_Verkauf_1"
Dim conn As New OleDbConnection(connStr)
Dim cmd As New OleDbCommand(sql, conn)
cmd.Connection.Open()
Dim dr As OleDbDataReader = cmd.ExecuteReader(CommandBehavior.CloseConnection)
```

Erst jetzt kommen wir zum interessanten Teil, dem Anbinden des *Chart*-Controls: Da ein *DataReader* die Schnittstelle *IEnumerable* implementiert, kann er, zusammen mit dem Namen der Spalte *Verkäufer* die als X-Wert dient, direkt an die *DataBindTable*-Methode übergeben werden:

```
Chart1.DataBindTable(dr, "Verkäufer")
dr.Close()
conn.Close()
```

Das Ergebnis als standardmäßiges Balkendiagramm:

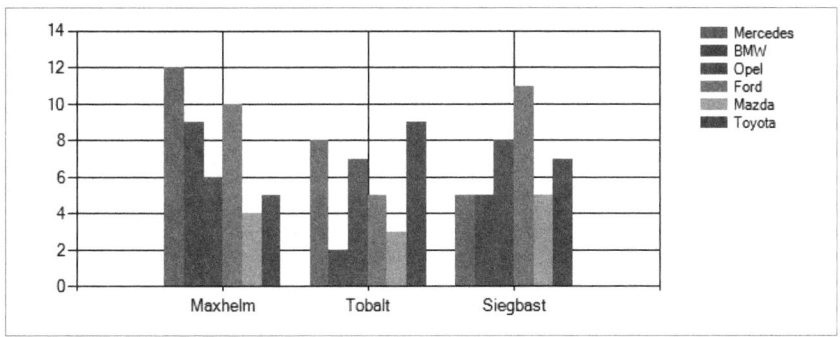

Abbildung 9.10 Das Diagramm zur Laufzeit

Wie Sie sehen, zeigt die Spalte *Verkäufer* die Werte auf der (horizontalen) X-Achse. Die übrigen sechs Spalten (PKW-Typen) bilden die Serien, die auf der (vertikalen) Y-Achse dargestellt werden. Jeder der sechs PKW-Typen (bzw. Serien) hat eine bestimmte Farbe, die Zuordnung ist auf den Legenden (rechts oben) ersichtlich.

BEISPIEL

Anstatt eines *DataReader* wollen wir diesmal eine generische Liste als Objektdatenquelle verwenden, welche wir äquivalent zur Datenbanktabelle *PKW_Verkauf* des Vorgängerbeispiels erstellen.

Die Elemente der Liste sind Objekte des Typs *CVerkäufer*:

```
Public Class CVerkäufer
  Public Property Name() As String
  Public Property Mercedes() As Integer
  ...
End Class
```

Die generische Liste (per Typinferenz) erzeugen:

```
Dim verkäufe = New List(Of CVerkäufer)
```

Liste füllen:

```
verkäufe.Add(New CVerkäufer With {.Name = "Maxhelm", .Mercedes = 12, .BMW = 9, .Opel = 6,
                                  .Ford = 10, .Mazda = 4, .Toyota = 5})
verkäufe.Add(New CVerkäufer With {.Name = "Tobalt", .Mercedes = 8, .BMW = 8, .Opel = 7,
                                  .Ford = 5, .Mazda = 3, .Toyota = 9})
```

...

Anbinden des *Chart*-Controls:

```
Chart1.DataBindTable(verkäufe,"Name")
```

Das Ergebnis ist äquivalent zum Vorgängerbeispiel. Damit es uns aber nicht zu langweilig wird, wollen wir diesmal anstatt des standardmäßigen Balkendiagramms einen der zahlreichen anderen Diagrammtypen zeigen, wie wäre es mit *Bubble*? Hierfür ist allerdings etwas zusätzlicher Programmieraufwand erforderlich, da der neue Diagrammtyp jeder einzelnen Serie extra zugewiesen werden muss:

```
For Each ser As Series In Chart1.Series
    ser.ChartType = SeriesChartType.Bubble
Next ser
```

Überflüssige Legende für Standardserie ausblenden:

```
Chart1.Series(0).IsVisibleInLegend = False
```

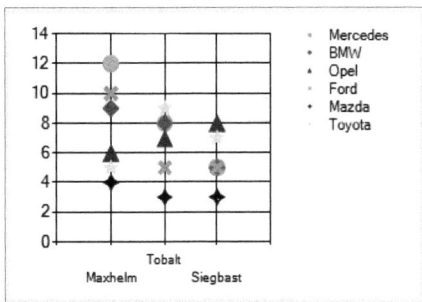

Abbildung 9.11 Ausgabeergebnis

DataBind-Methode/DataSource-Eigenschaft

Wollen Sie die *DataBind*-Methode verwenden, so müssen Sie noch diverse andere Eigenschaften des *Chart*-Controls setzen. Am wichtigsten ist die *DataSource*-Eigenschaft, sie bietet die einzige Möglichkeit, das *Chart* bereits zur Entwurfszeit anzubinden, ihr können alle oben aufgeführten Datenquellen direkt zugewiesen werden. Im Unterschied zur *DataBindTable*-Methode müssen Sie aber die Serien selbst erzeugen und deren *YValueMembers*- und optional *XValueMember*-Eigenschaften festlegen.

In den folgenden Beispielen verzichten wir im Interesse der Transparenz auf mögliche Vorteile der Entwurfszeit-Datenbindung mittels der verschiedenen über das Eigenschaftenfenster erreichbaren Auflistungs-Editoren und nehmen eine komplette Laufzeit-Anbindung vor. Die Ergebnisse jedes der Beispiele sind identisch und entsprechen den Vorgängern, weshalb wir auf Abbildungen verzichten können.

BEISPIEL

Eine alternative Realisierung des Vorgängerbeispiels mit einem *DataReader* als Datenquelle (der Vorbereitungscode, bis einschließlich dem Öffnen der *Connection*, ist identisch).

Der Datenquelle wird direkt der *DataReader* zugewiesen:

```
Chart1.DataSource = cmd.ExecuteReader(CommandBehavior.CloseConnection)
```

Im Unterschied zum Vorgängerbeispiel müssen wir uns nun um die sechs Serien selbst kümmern.

Die erste Serie ist zwar bereits vorhanden, allerdings müssen wir noch die Namen der entsprechenden X- und Y-Werte setzen:

```
Chart1.Series("Series1").XValueMember = "Verkäufer"
Chart1.Series("Series1").YValueMembers = "Mercedes"
```

Auch um die Anzeige/Beschriftung der Legende müssen wir uns selbst kümmern:

```
Chart1.Series("Series1").IsVisibleInLegend = True
Chart1.Series("Series1").LegendText = "Mercedes"
```

Dasselbe ist für die restlichen Serien zu tun, diese müssen zunächst mittels *Add()*-Methode zur *Series*-Collection hinzugefügt werden:

```
Chart1.Series.Add("Series2")
Chart1.Series("Series2").XValueMember = "Verkäufer"
Chart1.Series("Series2").YValueMembers = "BMW"
Chart1.Series("Series2").LegendText = "BMW"
...
```

Den analogen Code für die übrigen PKW-Typen (Opel, Ford, Mazda, Toyota) sparen wir uns (siehe Begleitdateien).

Nun erst kann das *Chart* an die Datenquelle gebunden werden:

```
Chart1.DataBind()
conn.Close()
```

Das Resultat ist identisch zum Vorgängerbeispiel, der Codeaufwand ist allerdings größer.

BEISPIEL

Das im Vorgängerbeispiel verwendete *Command*-Objekt wird direkt als Datenquelle eingesetzt.

```
...
Dim conn = New OleDbConnection(connStr)
Dim cmd = New OleDbCommand(sql, conn)
Chart1.DataSource = cmd
...
Chart1.DataBind()
...
```

BEISPIEL

Ein *DataAdapter*-Objekt als Datenquelle

```
...
Dim da = New OleDbDataAdapter(cmd)
Chart1.DataSource = da
...
Chart1.DataBind()
...
```

BEISPIEL

Auch der etwas umständlichere Weg über eine *DataTable* ist möglich.

```
...
Dim da = New OleDbDataAdapter(cmd)
Dim dt = New DataTable()
da.Fill(dt)
Chart1.DataSource = dt
...
Chart1.DataBind()
...
```

HINWEIS　　　Das *Chart* bindet sich noch vor dem Rendering automatisch an die spezifizierte Datenquelle. Sie können aber durch Aufruf der *DataBind*-Methode erzwingen, dass sich das *Chart* in einem beliebigen Moment anbindet.

Die DataBindCrossTable-Methode

Diese Methode unterscheidet sich von allen anderen Bindungsmethoden darin, dass sie das Gruppieren eindeutiger Werte in einer Spalte erlaubt. Jeder eindeutige Wert in der spezifizierten gruppierten Spalte führt zum Erzeugen von Datenserien. Weiterhin können erweiterte Datenpunkt-Eigenschaften (also nicht nur X- und Y-Werte) gebunden werden.

Die Syntax:

```
Public Sub DataBindCrossTable(
    dataSource As IEnumerable,
    seriesGroupByField As String,
    xField As String,
```

```
yFields As String,
otherFields As String,
sortingOrder As PointSortOrder)
```

Parameter	Bedeutung
dataSource	Die Datenquelle
seriesGroupByField	Der Name des Felds zum Gruppieren von Daten in die Serien
xField	Der Name des Felds für die x-Werte
yFields	Eine durch Trennzeichen separierte Liste von Namen der Felder für y-Werte
otherFields	Weitere Datenpunkteigenschaften (*AxisLabel, Tooltip, Label, LegendText, LegendTooltip* und *CustomPropertyName*)
sortingOrder	Serien werden nach Gruppenfeldwerten in der angegebenen Reihenfolge sortiert

Tabelle 9.3 Parameter der *DataBindCrossTable*-Methode

BEISPIEL

Gegeben sei die folgende Datenbanktabelle, in welcher die jährlichen Verkaufssummen und Provisionen unserer drei glorreichen Autoverkäufer enthalten sind:

Name	Jahr	Verkaufssumme	Provision
Maxhelm	2007	145.656,55 €	20.699,33 €
Tobalt	2007	103.334,00 €	22.299,00 €
Siegbast	2007	194.455,50 €	33.636,00 €
Maxhelm	2008	189.783,00 €	24.355,00 €
Tobalt	2008	81.999,00 €	12.487,00 €
Siegbast	2008	156.449,00 €	19.794,00 €
Maxhelm	2009	162.994,00 €	23.593,00 €
Tobalt	2009	124.993,00 €	22.599,00 €
Siegbast	2009	178.993,00 €	25.852,00 €
Maxhelm	2010	120.567,00 €	8.234,00 €
Tobalt	2010	56.789,00 €	5.239,00 €
Siegbast	2010	151.421,00 €	17.345,00 €

Abbildung 9.12 Ausgangstabelle

```
Dim conn = New OleDbConnection(connStr)
Dim cmd = New OleDbCommand("SELECT * FROM PKW_Verkauf_2", conn)
cmd.Connection.Open()
Dim dr = cmd.ExecuteReader(CommandBehavior.CloseConnection)
```

Wir wollen nach der *Name*-Spalte gruppieren, d.h., pro Verkäufer wird eine Datenserie erzeugt. Die X-Werte werden an die *Jahr*-Spalte gebunden, die Y-Werte an die Spalte *Verkaufssumme* und die *Label*-Eigenschaft der resultierenden Datenpunkte (einer pro Datensatz) an die Spalte *Provision*.

```
Chart1.DataBindCrossTable(
            dr,
            "Name",
            "Jahr",
            "Verkaufssumme",
            "Label=Provision{C}")

dr.Close()
conn.Close()
```

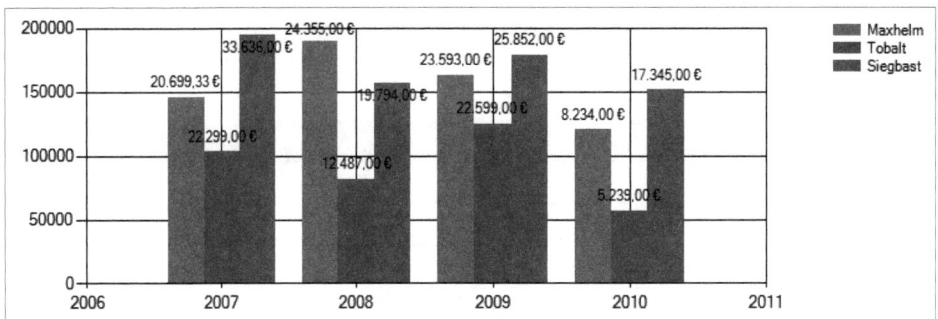

Abbildung 9.13 Die Standarddarstellung als Balkendiagramm

Eine von vielen weiteren Möglichkeiten:

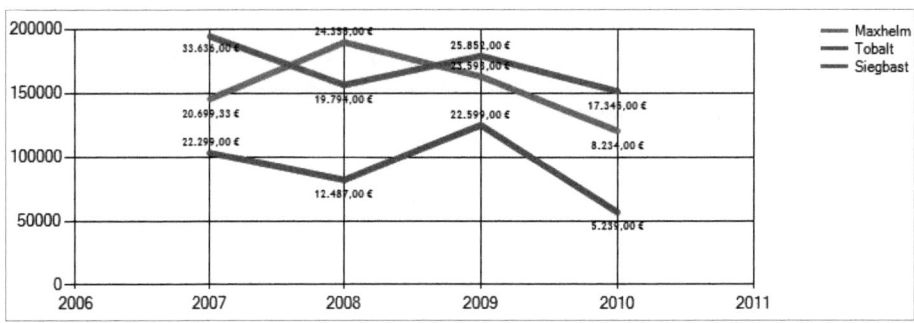

Abbildung 9.14 Alternative Darstellung als Liniendiagramm

Wie Sie sehen, werden die Serien automatisch zum *Chart* hinzugefügt, abhängig von der Anzahl eindeutiger Werte in der durch den Parameter *seriesGroupByField* spezifizierten Spalte der Datenquelle.

Als Datenquelle kommen *DataReader*, *DataView*, *DataSet* oder *DataRow* infrage, sowie alle Auflistungen, die *IEnumerable* implementieren

> **HINWEIS** Das *DataTable*-Objekt können Sie mit der *DataCrossTable*-Methode nicht verwenden, da es kein *IEnumerable*-Interface besitzt. Benutzen Sie stattdessen einen *DataView*.

Die Points.DataBind-Methode

Die *Points.DataBind*-Methode fügt Punkte zu einer spezifischen Serie hinzu, sie ermöglicht es, neben den X- und Y-Werten auch andere Properties an die Datenspalten zu binden. Zu diesen Properties gehören *Label*, *AxisLabel*, *Tooltip*, *LegendText*, *LegendTooltip* und *CustomPropertyName*, wie wir sie bereits als *otherFields*-Parameter aus der *DataBindCrossTable*-Methode kennen (diese Methode splittet *automatisch* Daten in Serien auf, basierend auf einem bestimmten Gruppierungsfeld).

BEISPIEL

Aus der Datenbanktabelle (*PKW_Verkauf_2*) des Vorgängerbeispiels werden nur die Verkäufe für das Jahr 2010 abgefragt. Die X- und Y-Werte der Serie werden den Spalten *Name* bzw. *Verkaufssumme* zugeordnet. Die Properties *Tooltip* und *Label* der resultierenden Datenpunkte werden mit den Spalten *Jahr* und *Provision* verbunden.

```
...
Dim cmd = New OleDbCommand("SELECT * FROM PKW_Verkauf_2 WHERE Jahr=2010", conn)
cmd.Connection.Open()
Dim dr = cmd.ExecuteReader(CommandBehavior.CloseConnection)
Chart1.Series("Series1").Points.DataBind(
                dr,
                "Name",
                "Verkaufssumme",
                "Tooltip=Jahr,
                 Label=Provision{C}")
...
```

Was Sie jetzt sehen ist gewissermaßen ein Ausschnitt aus dem Diagramm des Vorgängerbeispiels (es wird nur eine einzige Serie angezeigt). Das Zuweisen der *Tooltip*-Eigenschaft bewirkt, dass beim Verweilen des Mauszeigers auf einem Balken das Jahr *2010* als Quickinfo angezeigt wird.

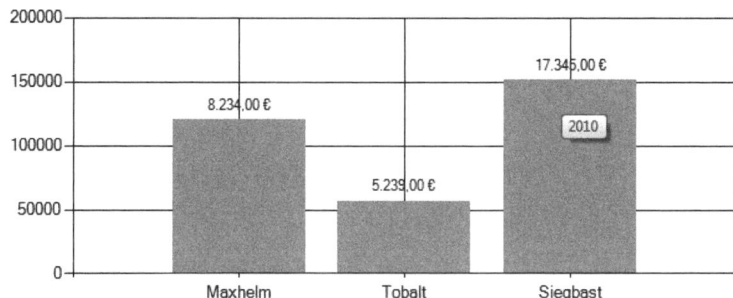

Abbildung 9.15 Ausgabeergebnis

Die Points.DataBind(X)Y-Methoden

Die *Points.DataBind*-Methode erlaubt es nicht, verschiedene Datenquellen für die X- und Y-Werte einer Serie festzulegen, eine Lösung bieten die *DataBind(X)Y*-Methoden.

Points.DataBindXY

Die *Points.DataBindXY*-Methode ermöglicht das Binden von X- und von Y-Werten einer Serie. Dabei können auch unterschiedliche Datenquellen verwendet werden.

BEISPIEL

zwei *DataReader*

```
...
Dim cmd = New OleDbCommand( "SELECT Name, Provision FROM PKW_Verkauf_2 WHERE Jahr = 2010", conn)
cmd.Connection.Open()
Dim dr = cmd.ExecuteReader(CommandBehavior.CloseConnection)
```

```
Chart1.Series(0).Points.DataBindXY(
                    dr,
                    "Name",
                    dr,
                    "Provision")
...
```

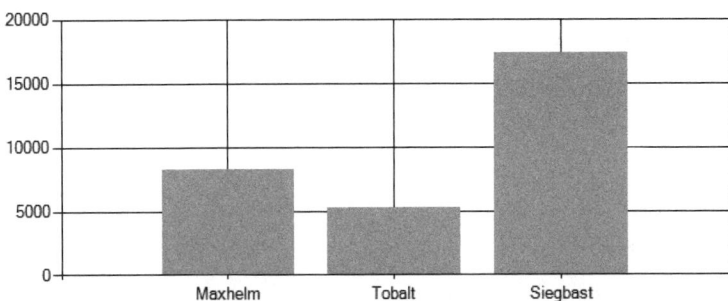

Abbildung 9.16 Ausgabeergebnis

BEISPIEL

Ein einfaches Diagramm

Array für X-Werte initialisieren:

```
Dim xval() = {"Maxhelm", "Siegbast", "Tobalt", "Friedhelm", "Susanne"}
```

Array für Y-Werte initialisieren:

```
Dim yval() As Double = {1, 6, 4, 5.35, 8}
```

Anbinden des Y-Arrays an die Punkte der Y-Achse der Standard-Datenserie:

```
Chart1.Series(0).Points.DataBindXY(
                    xval,
                    yval)
```

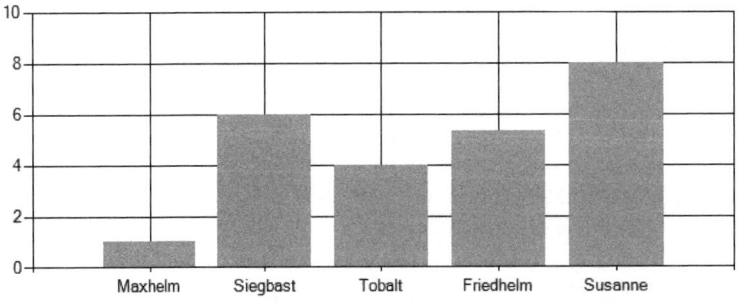

Abbildung 9.17 Ausgabeergebnis

Points.DataBindY

Im Unterschied zur *DataBindXY*-Methode bindet *DataBindY* nur Y-Werte.

BEISPIEL

Die Spalte *Verkaufssumme* der Datenbanktabelle *PKW_Verkauf_2* hat 12 Datensätze, sie wird mit den Y-Werten der Standard-Punkteserie verbunden. Die X-Achse ist mit den lfd. Datensatznummern beschriftet.

```
Dim cmd = New OleDbCommand("SELECT * FROM PKW_Verkauf_2", conn)
cmd.Connection.Open()
Dim dr = cmd.ExecuteReader(CommandBehavior.CloseConnection)
```

```
Chart1.Series("Series1").Points.DataBindY(
                        dr,
                        "Verkaufssumme")
```

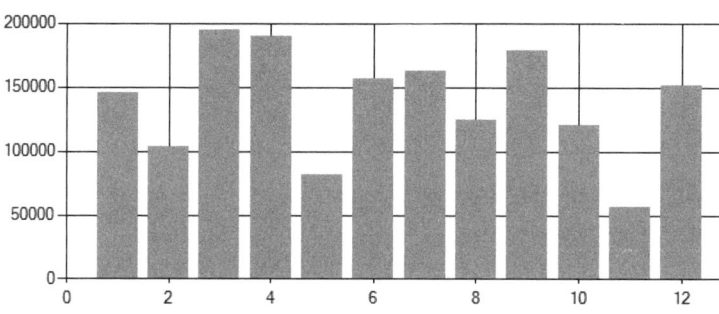

Abbildung 9.18 Ausgabeergebnis

BEISPIEL

Einfacher geht es wohl kaum noch: eine Punkteserie an ein *Double*-Array binden

Array initialisieren:

```
Dim dArr() As Double = { 2, 4, 6, 8, 3, 5, 7, 9, 19 }
```

Array an die Punkte der Y-Achse der Datenserie binden:

```
Chart1.Series("Series1").Points.DataBindY(dArr)
```

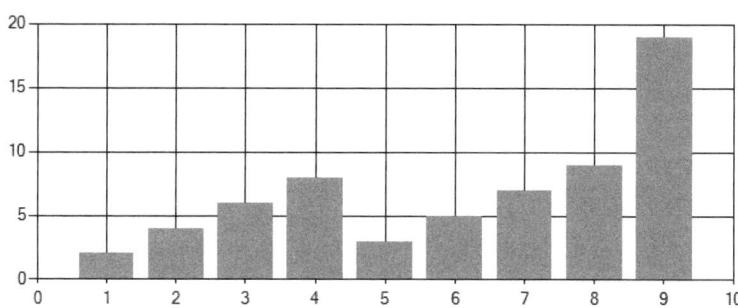

Abbildung 9.19 Ausgabeergebnis

How-to-Beispiele

9.1 ... das Chart-Control zur Laufzeit mit Daten füllen?

Chart-Control: *DataSource*-Eigenschaft, *DataBind*-Methode; *DataSetBindingSource*-Objekt: *ListChanged*-Ereignis;

An einem einfachen Beispiel wollen wir Ihnen den interaktiven Einsatz des *Chart*-Controls demonstrieren, d.h., Sie können zur Laufzeit Einträge hinzufügen und ändern. Um mit möglichst wenig Quellcode auszukommen, nutzen wir ein *DataSet* als Datenspeicher, an das wir ein *DataGridView* zur Eingabe und ein *Chart*-Control zur Ausgabe anbinden.

Dataset entwerfen

Nachdem Sie eine neue Windows Forms-Anwendung erstellt haben, fügen Sie dem Projekt zunächst ein neues *DataSet* hinzu (*Projekt|Neues Element hinzufügen...*). Erstellen Sie eine Tabelle *Umsatzentwicklung* mit folgendem Aufbau:

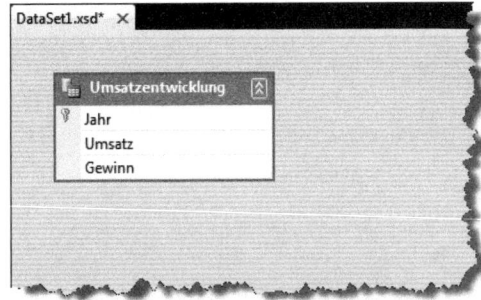

Abbildung 9.20   Das DataSet-Layout

Speichern Sie das *DataSet* ab.

Oberfläche

Fügen Sie *Form1* zunächst einen *SplitContainer* hinzu, dessen *Orientation*-Eigenschaft Sie auf *Horizontal* setzen. Um das Control im Formular auszurichten, legen Sie *Dock* auf *Fill* fest. In den oberen Teil des *Split-Containers* fügen Sie ein *DataGridView*, in den unteren Teil ein *Chart*-Control ein.

Über das Aufgaben-Menü des *DataGridView* weisen Sie unser *DataSet* als Datenquelle zu, es werden automatisch ein *DataSet* und eine *BindungSource* in das Fenster eingefügt. Legen Sie für die *BindingSource* die *DataMember*-Eigenschaft auf *Umsatzentwicklung* fest. Damit ist das *DataGridView* mit dem *DataSet* verbunden.

Nachfolgend können wir uns dem *Chart*-Control zuwenden. Legen Sie zunächst *DataSource* auf die bereits vorhandene *BindingSource*-Komponente fest. Nun lassen sich auch die einzelnen Datenreihen an die Tabellenspalten binden. Öffnen Sie dazu den *Series*-Editor und legen Sie sowohl den *XValueMember* als auch den *YValueMember* entsprechend Ihren Wünschen fest:

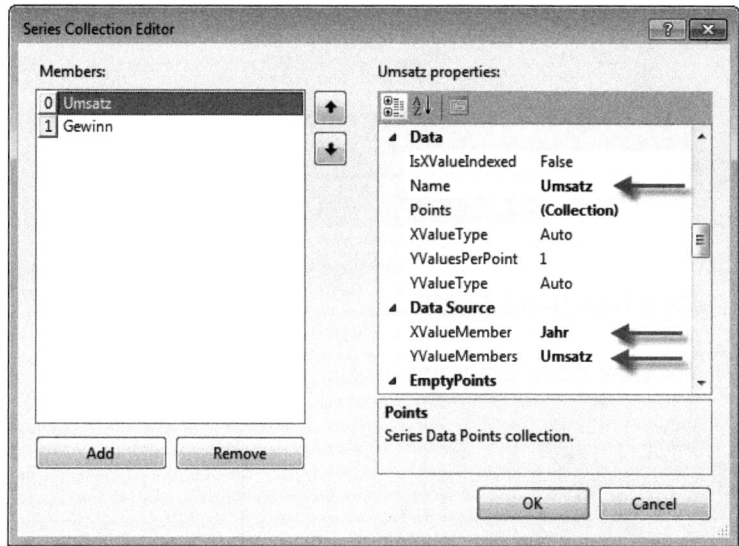

Abbildung 9.21 *XValueMember* und *YValueMember* festlegen

Die Beschriftung der Datenreihe wird über die *Name*-Eigenschaft bestimmt.

Da wir zwei Datenreihen anzeigen wollen, müssen wir im obigen Editor noch eine weitere Datenreihe einfügen und entsprechend konfigurieren.

Quelltext

Leider aktualisiert das *Chart*-Control nicht automatisch die Anzeige und so bleibt uns nichts anderes übrig, als eine »umfangreiche« Behandlung für das *ListChanged*-Ereignis der *BindingSource* zu realisieren:

```
Private Sub DataSet1BindingSource_ListChanged(ByVal sender As Object,
            ByVal e As ListChangedEventArgs) Handles DataSet1BindingSource.ListChanged
    Chart1.DataBind()
End Sub
```

Das obige Ereignis wird bei jeder Datenänderung im *DataSet* ausgelöst.

Test

Zur Laufzeit können Sie Werte in das Datengitter eingeben und die Reaktionen des Diagramms unmittelbar beobachten (Abbildung 9.22).

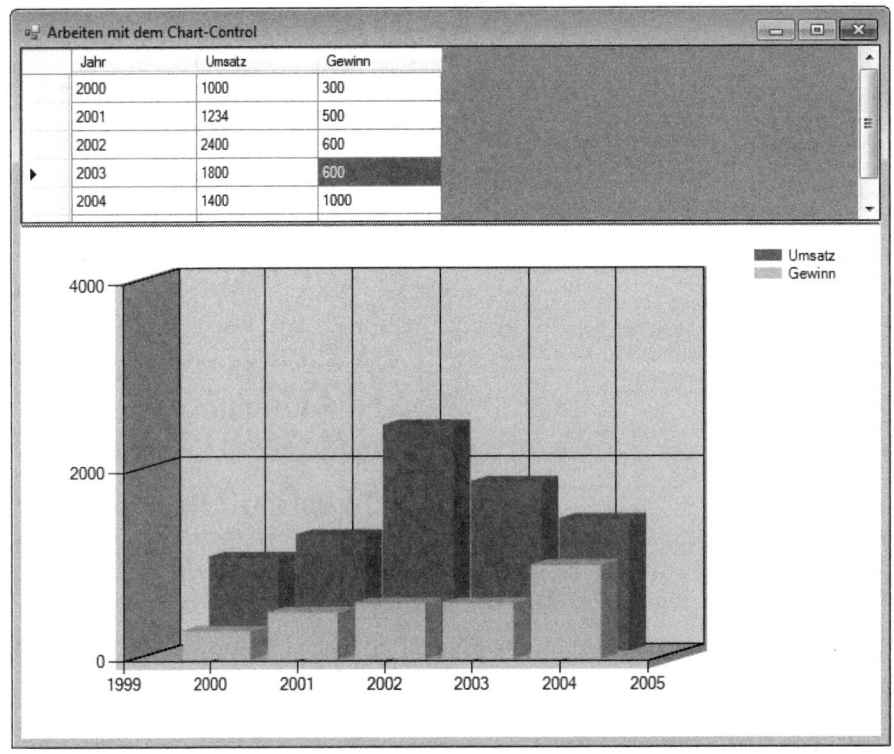

Abbildung 9.22 Laufzeitansicht

9.2   ... das Chart mit einer LINQ to SQL-Abfrage verbinden?

Chart-Control: *Titles*-Collection, *SaveImage*-Methode; *ChartAreas*-Collection: *AxisX*-, *AxisY*-, *BackColor*-, *LabelStyle.Font*-, *LabelStyle.Angle*-Eigenschaften; *Series*-Collection: *IsVisibleInLegend*-Eigenschaft;

Mit dem *Chart* wollen wir das Ergebnis einer verknüpften Abfrage der Tabellen *Employees* und *Orders* der *Northwind*-Datenbank des SQL-Servers grafisch auswerten. Die Verbindung zwischen Datenbank und *Chart* wird unter Verwendung von LINQ to SQL (siehe Kapitel 17) realisiert.

Oberfläche

Öffnen Sie eine neue Windows Forms-Anwendung.

Basis für den Einsatz von LINQ to SQL ist immer ein so genannter Datenkontext (*DataContext*). Da dessen Erzeugung bereits im Einführungsbeispiel 1.3 »... eine einfache LINQ to SQL-Anwendung schreiben?« ausführlich beschrieben wurde, können wir uns hier kurz fassen:

1. Ziehen Sie die Datenbankdatei *Northwind.mdf* auf den Projektmappen-Explorer (Assistent abbrechen!)

2. Fügen Sie eine neue *LINQ to SQL*-Klasse hinzu (Menü *Projekt/Neues Element hinzufügen ...*)

3. Öffnen Sie den Server Explorer (Menü *Ansicht/Server-Explorer*) und ziehen Sie die Tabellen *Employees* und *Orders* auf die Oberfläche des LINQ to SQL-Designers

4. Im Eigenschaftendialog des Designers ändern Sie den Namen des Datenkontexts in *NWDataContext*

Wechseln Sie nun in die Entwurfsansicht von *Form1* und setzen Sie ein *Chart*-Control und einen *Button* auf das Formular.

Quelltext

```
Imports System.Windows.Forms.DataVisualization.Charting

Public Class Form1

    Private Sub Button1_Click(ByVal sender As System.Object, ByVal e As System.EventArgs) _
                                                            Handles Button1.Click
```

Unser Datenkontext:

```
    Dim db = New NWDataContext()
```

Die folgende LINQ-Abfrage liefert einen anonymen Typ welcher die Angestellten (*Employee*-Objekte) enthält, zusammen mit der Anzahl der von ihnen generierten Bestellungen (*Orders*).

```
    Dim query = From o In db.Orders
                Group o By o.Employees
                Into g = Group
                Select New
                With {Key .Employee = Employees, Key .NoOfOrders = g.Count()}
```

Einige Properties für das Rendering der *Chart* werden gesetzt, wir beginnen mit der Überschrift:

```
    Chart1.Titles.Add("Sales By Employees")
    Chart1.Titles(0).Font = New Font("Arial", 16f)
```

Die Bezeichnungen für X- und Y-Achse werden unserer Diagrammfläche (ChartArea[1]) zugewiesen:

```
    Chart1.ChartAreas(0).AxisX.Title = "Employee"
    Chart1.ChartAreas(0).AxisY.Title = "Sales"

    Chart1.ChartAreas(0).AxisX.TitleFont = New Font("Arial", 12f)
    Chart1.ChartAreas(0).AxisY.TitleFont = New Font("Arial", 12f)

    Chart1.ChartAreas(0).AxisX.LabelStyle.Font = New Font("Arial", 10f)
```

Der Schriftwinkel für die Beschriftung der X-Achse soll um 45 Grad geneigt sein:

```
    Chart1.ChartAreas(0).AxisX.LabelStyle.Angle = -45
```

Die Hintergrundfarbe:

```
    Chart1.ChartAreas(0).BackColor = Color.LightYellow
```

Die Legende ist hier überflüssig, da nur eine Serie vorhanden ist:

```
    Chart1.Series(0).IsVisibleInLegend = False
```

---

[1] Ein *Chart*-Control kann mehrere Diagramme gleichzeitig anzeigen, die alle in der *ChartAreas*-Collection enthalten sind. Normalerweise arbeiten wir aber immer nur mit einem einzigen Diagramm (*ChartAreas(0)*).

Die resultierenden Daten der LINQ-Abfrage werden mittels *AddXY()*-Methode an das *Chart* gebunden:

```
For Each q In query
    Dim Name = q.Employee.FirstName & " "c & q.Employee.LastName
    Chart1.Series(0).Points.AddXY(Name, Convert.ToDouble(q.NoOfOrders))
Next q
```

Ein kleines Schmankerln zum Schluss, die *Chart* wird als Bilddatei abgelegt:

```
    Chart1.SaveImage("ChartTest.bmp", ChartImageFormat.Bmp)

End Sub

End Class
```

Test

Das Diagramm zeigt die Anzahl der von jedem Verkäufer insgesamt betreuten Bestellungen.

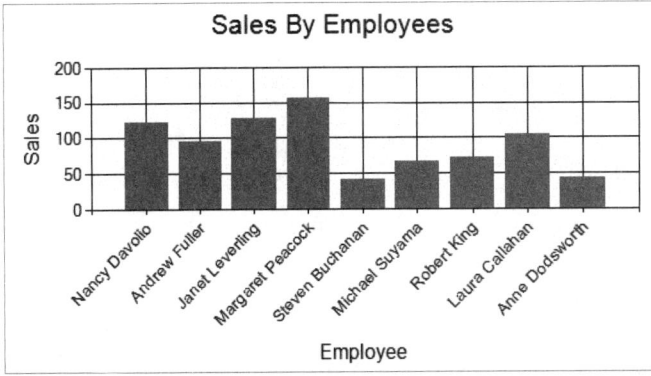

Abbildung 9.23   Laufzeitansicht

9.3 ... mit ASP.NET ein Diagramm anzeigen?

Chart; Entity Framework; Stored Procedures als Funktionsimport

Das *Chart*-Control findet sich nicht nur in der Toolbox für Windows Forms-, sondern auch in der für ASP.-NET-Anwendungen. An einem relativ einfachen Beispiel wollen wir Ihnen demonstrieren, wie Sie per Entity Framework auf eine vorhandene Stored Procedure zugreifen und deren Daten für die Diagrammanzeige verwenden können.

Oberfläche

Erzeugen Sie zunächst eine neue leere ASP.NET Website (*Datei/Neu/Web Site ...*) und legen Sie als Ziel »Dateisystem« fest. Fügen Sie dem Projekt ein neues *Web Form* hinzu (Kontextmenü *Neues Element hinzufügen*).

Als Datenquelle soll uns die schon bekannte Datenbank *Northwind.mdf* dienen. Bevor Sie die Datei per Drag & Drop in den Projektmappen-Explorer ziehen, erzeugen Sie zunächst noch einen Ordner *App_Data* (Kontextmenü *ASP.NET-Ordner hinzufügen*) in welchem wir die Datei ablegen werden.

Nachfolgend sollte das Projekt die abgebildete Struktur haben:

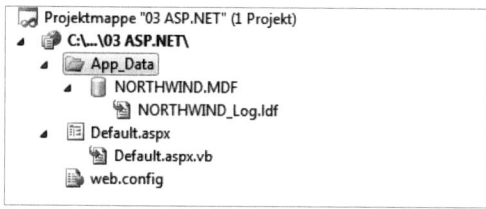

Abbildung 9.24 Projektstruktur

Datenzugriff realisieren

Für unser Beispiel wollen wir das Entity Framework als Datenzugriffstechnologie verwenden. Erzeugen Sie deshalb ein neues *ADO.NET Entity Data Model* (Kontextmenü *Hinzufügen neues Element*) mit dem Namen *NWModel.edmx*.

> **HINWEIS**   Das Modell muss bei einem Website-Projekt im Unterordner *App-Code* abgelegt werden, da sonst kein Zugriff auf die erzeugten Klassen möglich ist. Der Assistent wird einen entsprechenden Hinweis anzeigen.

Im Assistenten für das Entity Data Model wählen Sie die bereits eingefügte Datenbank *Northwind.mdf* aus, unsere Daten wollen wir aus der Stored Procedure *Ten Most Expensive Products* beziehen, wählen Sie diese in der Liste der zu importierenden Datenbankobjekte aus (siehe folgende Abbildung 9.25).

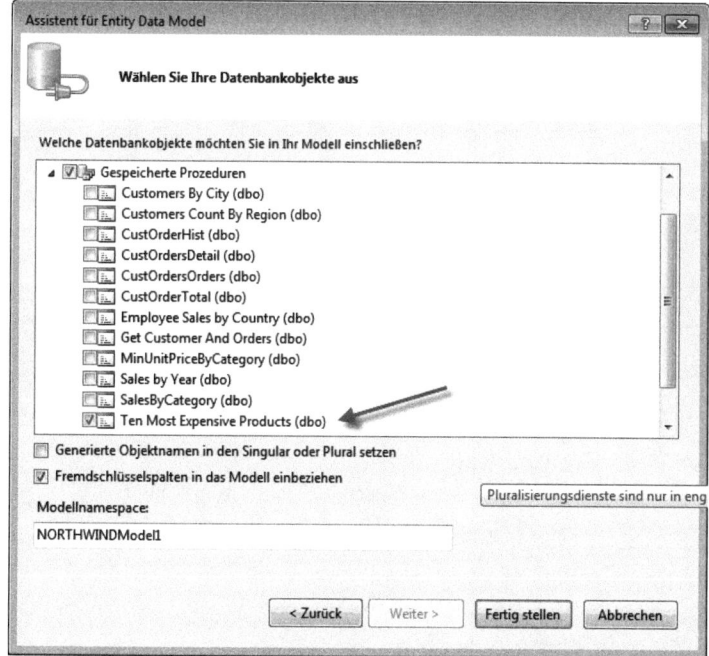

Abbildung 9.25 Auswahl der zu importierenden Datenbankobjekte

Nachfolgend finden Sie ein scheinbar leeres Entity Data Model vor, lassen Sie sich davon nicht täuschen, ein Blick in den Modellbrowser zeigt in der Rubrik »Gespeicherte Prozeduren« unsere importierte Stored

Procedure *Ten Most Expensive Products*. Wollen wir diese auch in unserem Programm nutzen, ist es erforderlich, sie als Funktion in das Datenmodell zu importieren. Verwenden Sie dazu das Kontextmenü des Modellbrowsers, wie in der folgenden Abbildung gezeigt:

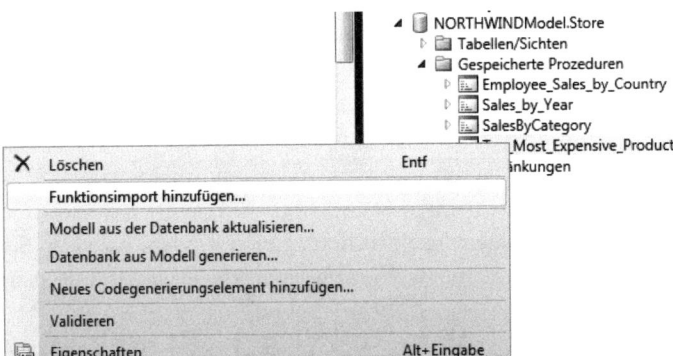

Abbildung 9.26 Die Stored Procedure als Funktion importieren

Im folgenden Assistenten klicken Sie auf den Eintrag *Spalteninformationen abrufen*, um zunächst die Rückgabewerte der Stored Procedure zu ermitteln.

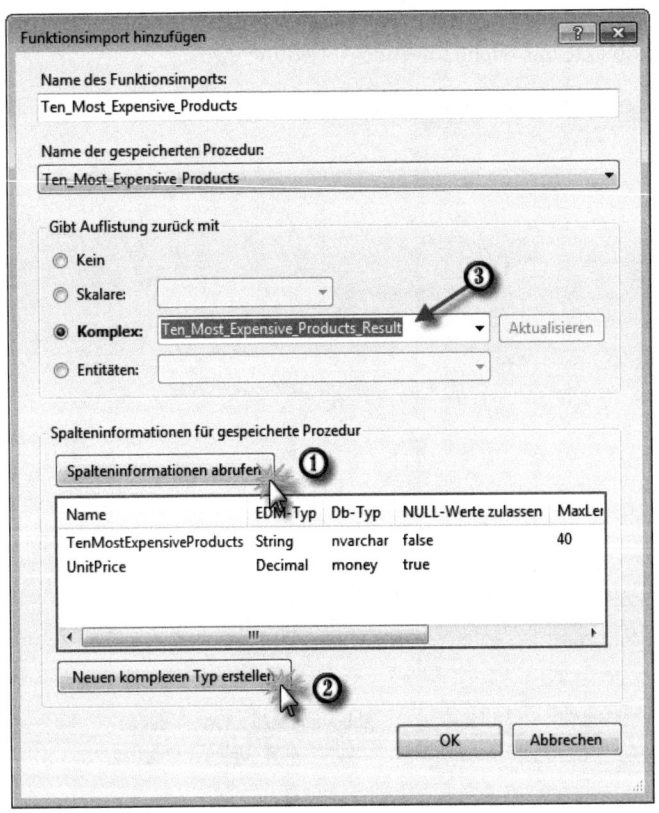

Abbildung 9.27 Assistent für den Funktionsimport

Über die Schaltfläche *Neuen komplexen Typ erstellen* erzeugen wir einen passenden Typ in unserem Modell, der nachfolgend bereits zugewiesen wird (siehe obige Abbildung 9.27).

Kompilieren Sie nachfolgend das Projekt um sicherzustellen, dass das Datenmodell auch erzeugt wird und wir im Weiteren von der Intellisense Gebrauch machen können:

```
Protected Sub Page_Load(ByVal sender As Object, ByVal e As System.EventArgs) Handles Me.Load
    Dim db As New NORTHWINDModel.NORTHWINDEntities()
    db.
```

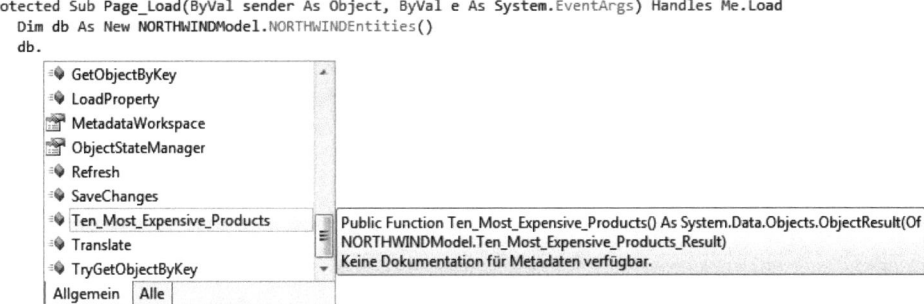

Abbildung 9.28 So einfach ist jetzt der Zugriff auf die Stored Procedure!

Bevor wir uns um den Quelltext kümmern, müssen wir noch ein *Chart*-Control in unser neu erzeugtes Web Form (*default.aspx*) einfügen.

HINWEIS Sparen Sie nicht bei den Abmessungen, die inneren Ränder des Diagramms sind später recht groß!

Quelltext

Damit können wir uns den »inneren Werten« zuwenden. Mit dem Laden des Formulars rufen wir zunächst die Daten per Entity Data Model ab und »basteln« uns dann das Diagramm nach unseren Wünschen zusammen.

Der Namenspace für die Elemente unseres Diagramms:

```
Imports System.Web.UI.DataVisualization.Charting

Partial Class _Default
    Inherits System.Web.UI.Page

    Protected Sub Page_Load(ByVal sender As Object, ByVal e As System.EventArgs) Handles Me.Load
        Dim db As New NORTHWINDModel.NORTHWINDEntities()
        Dim tenprod = db.Ten_Most_Expensive_Products()
```

Wir löschen die bereits vorhandenen *ChartAreas* und *Series*:

```
        Chart1.ChartAreas.Clear()
        Chart1.Series.Clear()
```

Zuweisen der Datenquelle:

```
        Chart1.DataSource = tenprod
```

Wir erzeugen ein neues *ChartArea*, konfigurieren dieses und fügen es der Auflistung hinzu:

```
Dim chartArea1 As New ChartArea()
chartArea1.Name = "ChartArea1"
chartArea1.Area3DStyle.Enable3D = True
chartArea1.Area3DStyle.Inclination = 5
chartArea1.Area3DStyle.Rotation = 10
chartArea1.AxisX.Interval = 1
Chart1.ChartAreas.Add(chartArea1)
```

Eine Legende erzeugen:

```
Dim legend1 As New Legend()
legend1.Name = "Legend1"
Chart1.Legends.Add(legend1)
```

Die eigentlichen Daten werden per Series-Objekt zugewiesen:

```
Dim series1 As New Series()
```

Horizontale Balken:

```
series1.ChartType = SeriesChartType.Bar
series1.ChartArea = "ChartArea1"
series1.Legend = "Legend1"
series1.Name = "Die teuersten Produkte"
```

Hier wird die Brücke zu den beiden Spalten unserer Auflistung geschlagen:

```
series1.XValueMember = "TenMostExpensiveProducts"
series1.YValueMembers = "UnitPrice"
```

HINWEIS   Da es sich um den Typ »Bar« handelt, sind X- und Y-Achse vertauscht!

Hinzufügen der Serie:

```
Chart1.Series.Add(series1)
```

Datenbindung:

```
Chart1.DataBind()
    End Sub
End Class
```

Das war doch recht einfach, wer es komfortabler mag, kann auch eine *ObjectDataSource* verwenden und dann das *Chart* per Assistent konfigurieren.

Test

Ein Start der Anwendung sollte zum folgenden Ergebnis führen:

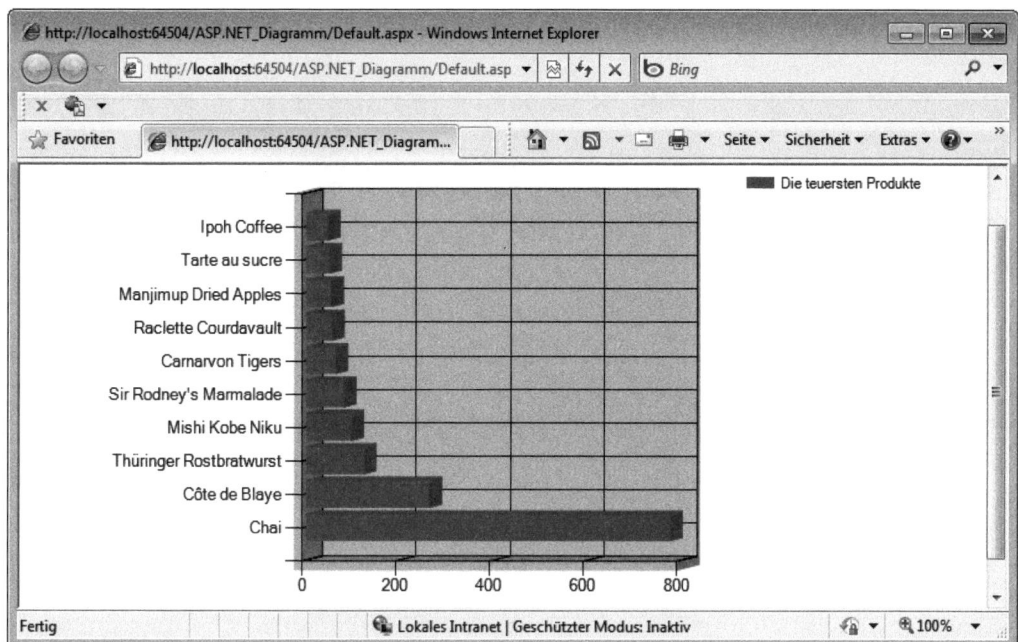

Abbildung 9.29 Die Laufzeitansicht im Internet Explorer

Kapitel 10

Reporting Services

In diesem Kapitel:

Übersicht

Microsoft Visual Studio stellt mit den Reporting Services (RS) eine zukunftsweisende Report-Technologie zur Verfügung. Die Reports sind XML-Dateien und auf dem besten Weg, den in die Jahre gekommenen Crystal Report zu verdrängen[1].

Schwerpunkt dieses Kapitels ist der Einsatz des Report Designers und des ReportViewers im lokalen Modus.

HINWEIS   Es dürfte keine allzu große Einschränkung sein, wenn wir uns in diesem Kapitel auf lokale Reports konzentrieren, da Server-Reports nach den gleichen Prinzipien erstellt werden.

Report Designer

Reports werden in einem XML-Dokument gespeichert, das dem Schema der *Report Definition Language* (RDL) entspricht. Ein lokaler Report kann entweder direkt in die Assembly Ihrer Anwendung als Ressource eingebettet werden, oder aber auch als separate *.rdlc*-Datei[2] vorliegen.

Visual Studio 2010 enthält eine etwas abgespeckte Version des Report Designers, den wir genauer genommen als »lokalen Report Designer« bezeichnen müssen. Im Unterschied zu seinem größeren Bruder, dem »RS Report Designer«, fehlen ihm aber einige Features. So ist eine Datenvorschaufunktion zur Entwurfszeit nicht möglich, da der lokale Report Designer nicht »weiß«, woher die Daten kommen (im lokalen Modus werden Daten und Parameter zur Laufzeit durch die Anwendung übergeben).

HINWEIS   Der Visual Studio 2010 Report Designer unterstützt nicht die »alten« 2005er Reports. Diese können Sie zwar im Reportviewer nach wie vor anzeigen, zum Bearbeiten müssen Sie diese jedoch in das neue RDL 2008-Schema umwandeln.

Report Viewer

Das *ReportViewer*-Control ist nicht Bestandteil des .NET Frameworks, es wird aber zu Visual Studio mitgeliefert (außer Express-Edition), und es gibt eine WinForms- und eine ASP.NET-Version.

Eigenschaften

Die folgende Aufzählung umfasst die wichtigsten Eigenschaften, wie sie im lokalen Modus relevant sind:

- Effektive Datenverarbeitung bei Filtern, Sortieren, Gruppieren und Aggregation
- Viele Möglichkeiten der Datenpräsentation wie Listen, Tabellen, Charts, Matrizen bzw. Kreuztabellen
- Variables visuelles Erscheinungsbild mit Fonts, Farben, Umrandungen oder Hintergrundbildern
- Interaktives Verhalten bei Dokumentenmappe, Sortieren, Lesezeichen, zusammenklappbare Sektionen

---

[1] Die schleppende Umsetzung des Crystal Reports auf Visual Studio 2010 dürfte da ganz hilfreich sein.

[2] RDLC = Report Definition Language (Client-side processing)

- Unterstützung bedingter Formatierungen, wie z.B. Ausdrücke in den Report einfügen, um das Aussehen dynamisch in Abhängigkeit von den Daten zu verändern

- Druck- und Druckvorschau-Funktion

- Datenexport im Excel-, Word- und PDF-Format

Betriebsarten

Der *ReportViewer* kennt zwei Betriebsarten:

- **Local Mode**
  Verarbeitung eines in Ihre Applikation eingebetteten oder als separate Datei mitgeführten *.rdlc*-Reports unter Verwendung der eingebauten Reporting-Engine

- **Server Mode**
  Anzeige von *.rdl*-Reports, die von einem Report Server bereitgestellt werden

Die folgenden Einführungsbeispiele beziehen sich auf den *Local Mode*.

Einführungsbeispiele

Allgemein kann man den Entwurf eines lokalen Reports in drei Etappen aufteilen:

- Erzeugen einer Datenquelle (falls nicht bereits im Projekt enthalten)

- Report entwerfen und seine Elemente mit den Feldern der Datenquelle verbinden

- *ReportViewer* hinzufügen und mit dem Report verbinden

Ähnlich wie bei Windows- oder Webanwendungen steht auch für den Reportentwurf ein visueller Designer zur Verfügung. Dabei ziehen Sie die Report-Elemente von einer Toolbox auf die Oberfläche des Designers und setzen die Eigenschaften so, wie Sie es von Windows- oder Web-Oberflächen gewöhnt sind.

HINWEIS   Ein Beispiel für den kompletten Berichtsentwurf mittels Assistent finden Sie im How-to 10.1 »... einen Bericht mit dem Berichtsassistenten erstellen?«.

Der erste Bericht – so einfach geht das!

Um einen ersten Eindruck zu gewinnen, wollen wir die *Kunden*-Tabelle aus der Datenbank *Nordwind.mdb* in einer *ReportViewer*-Komponente anzeigen.

Datenquelle erzeugen

- Erzeugen Sie ein neues Projekt vom Typ *Windows Forms-Anwendung*.

- Ziehen Sie per Drag & Drop die Datenbank *Nordwind.mdb* vom Windows-Explorer in den Projekt-mappen-Explorer (die Datenbank erscheint dann dort als kleine gelbe Tonne).

- Ungefragt meldet sich der »Assistent zum Konfigurieren von Datenquellen« zu Wort und fordert Sie zur Auswahl der Datenbankobjekte auf. Markieren Sie die Tabelle *Kunden*, belassen Sie es bei *DataSet-Name = NordwindDataSet* und klicken Sie auf die *Fertigstellen*-Schaltfläche.

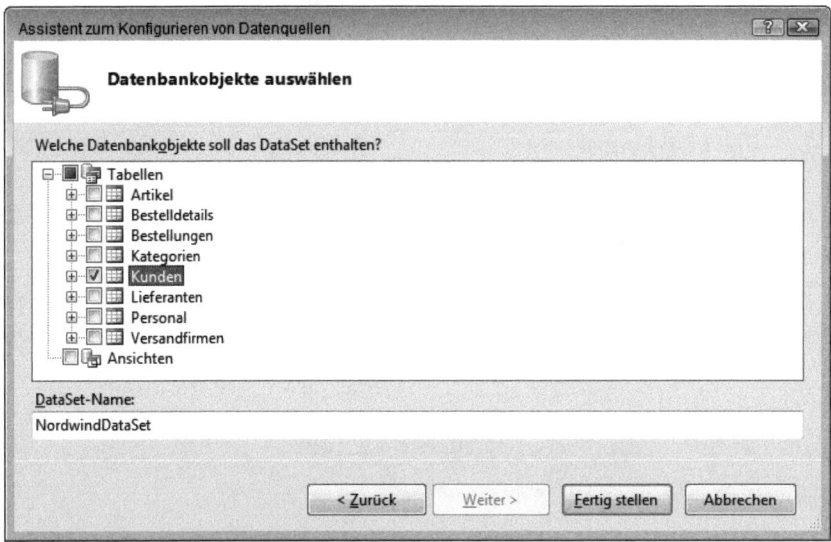

Abbildung 10.1 Auswahl der Datenbanktabelle

Report entwerfen

Über das Menü *Projekt/Neues Element hinzufügen...* wählen Sie die Vorlage *Bericht*, wobei Sie den Standardnamen *Report1.rdlc* für die Reportdatei in *Kunden.rdlc* ändern sollten.

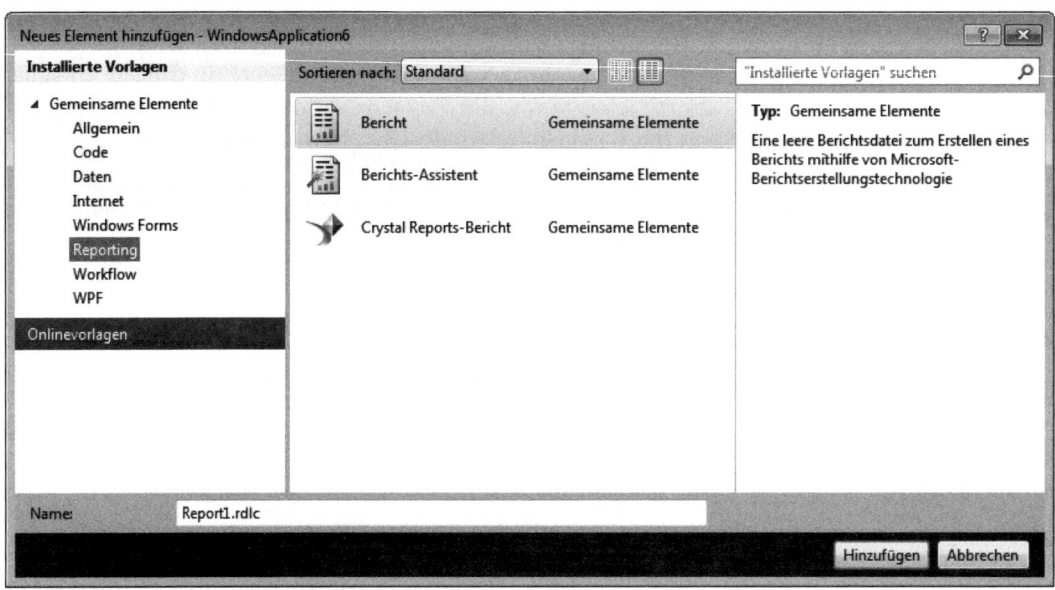

Abbildung 10.2 Hinzufügen eines Berichts zum Projekt

Es erscheint der Report Designer, auf dessen Oberfläche Sie ein Element vom Typ *Tabelle* von der Toolbox absetzen. Falls die Toolbox nicht zu sehen ist, wählen Sie das Menü *Ansicht/Toolbox*.

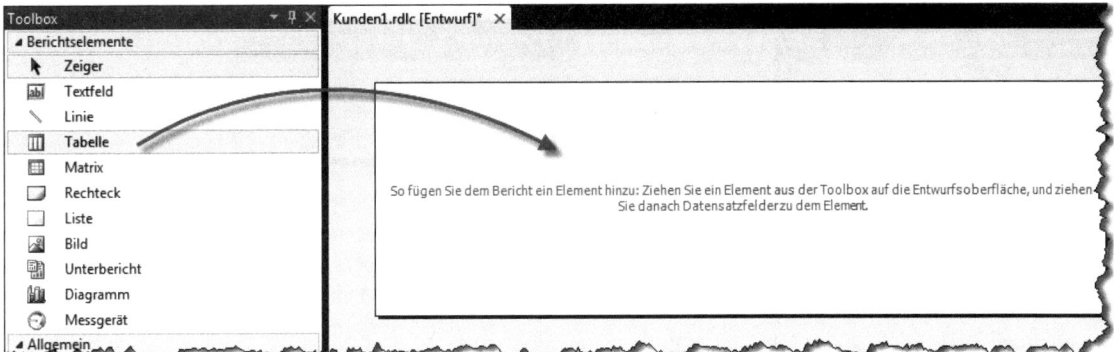

Abbildung 10.3 Entwurfsansicht des Berichts mit eingefügter Tabelle

Nachfolgend öffnet sich zunächst ein neuer Assistent, mit dem Sie zunächst eine Datenquelle für den Report erstellen bzw. zuweisen. Diese Datenquelle schiebt sich quasi zwischen das DataSet Ihres Programms und den Report.

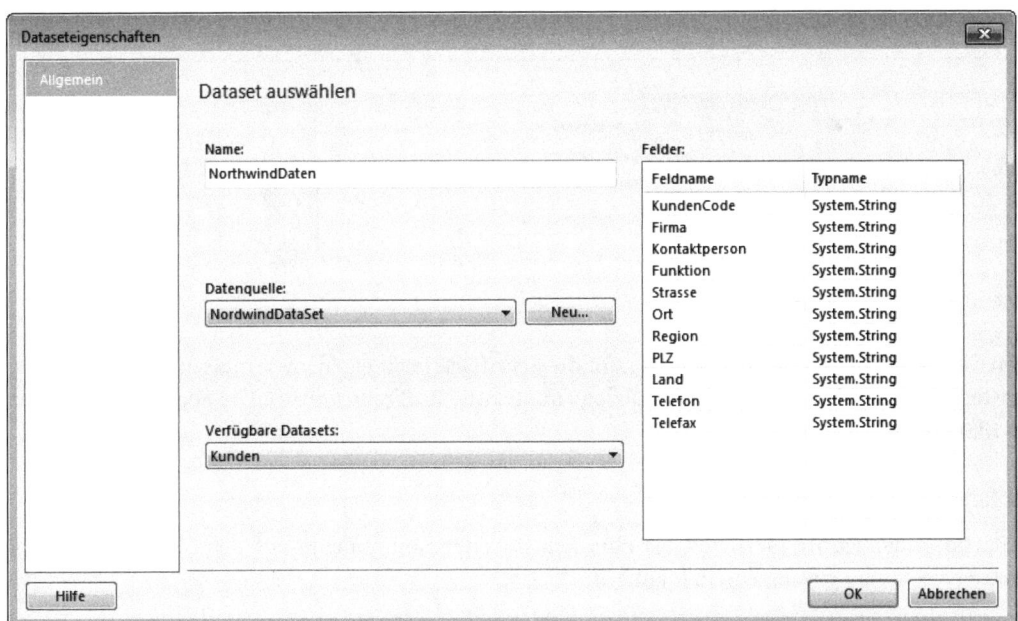

Abbildung 10.4 Reportdatenquelle erzeugen

Wählen Sie in der Auswahlliste der Datenquellen das schon vorhandene *NorthwindDataSet* aus und nutzen Sie die untere Dropdownliste[1], um die Tabelle »Kunden« zu spezifizieren.

---

[1] Die Beschriftungen sind wieder einmal sehr glücklich gewählt ...

Über das Menü *Ansicht/Berichtsdaten* bringen Sie das *Berichtsdaten*-Fenster zur Ansicht, in welchem nun das *NorwindDataSet* zu sehen sein müsste. Per Drag & Drop ziehen Sie die gewünschten *Kunden*-Felder auf die »Detail«-Zeile (die mittlere Zeile) der Report-Tabelle, wobei die Kopfzeile automatisch ergänzt wird.

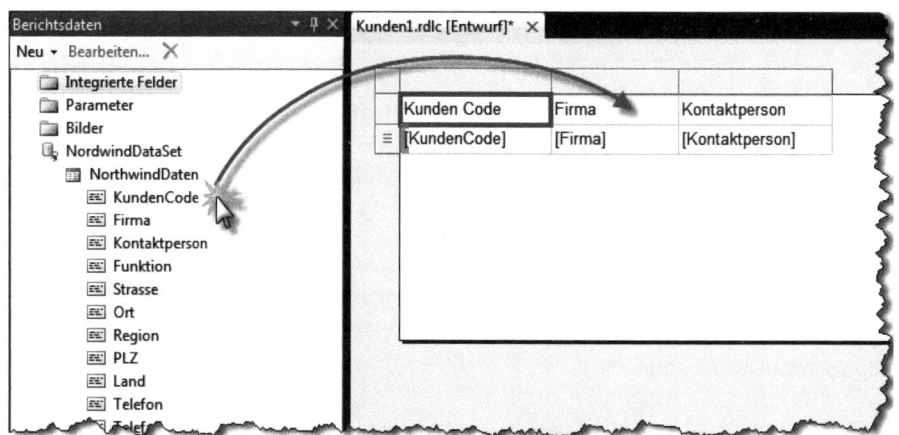

Abbildung 10.5 Die Felder der Datenbanktabelle werden per Drag & Drop in den Detail-Abschnitt der Report-Tabelle gezogen

HINWEIS   Da eine Tabelle standardmäßig mit drei Spalten erzeugt wird, müssen Sie über das Kontextmenü gegebenenfalls weitere Spalten hinzufügen.

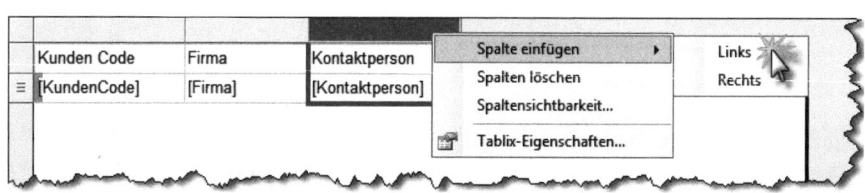

Abbildung 10.6 Hinzufügen einer Spalte

Formatieren Sie die Zellen der Report-Tabelle, z.B. die Schriftart, nach eigenem Ermessen über das Eigenschaftenfenster (F4) bzw. einen Eigenschaftendialog (Kontextmenü *Eigenschaften*). Die Spaltenbreite stellen Sie mit der Maus ein.

Report mit ReportViewer verbinden

Auf dem Startformular *Form1* platzieren Sie eine *ReportViewer*-Komponente aus der *Daten*-Sektion der Toolbox. Setzen Sie deren *Dock*-Eigenschaft auf *Fill*.

Im Aufgaben-Menü der *ReportViewer*-Komponente wählen Sie jetzt die Reportdatei *Kunden.rdlc* aus. In der Folge werden die Instanzen *NordwindDataSet*, *KundenBindingSource* und *KundenTableAdapter* erzeugt und im Komponentenfach sichtbar.

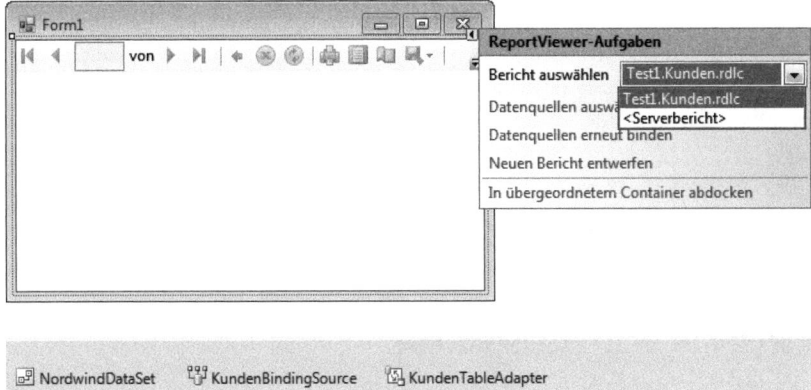

Abbildung 10.7 Dem *ReportViewer* wird der Bericht zugewiesen

Der *ReportViewer* ist nun bereit für die Anzeige der *Kunden*-Tabelle. Starten Sie das Programm (F5). Je nach Umfang des Reports dauert es ein kleines Weilchen, bis der Report zu sehen ist. Während der Wartezeit erscheint das rotierende Symbol »Bericht wird generiert«. Über die Navigatorleiste haben Sie jetzt die Möglichkeit, durch den Report zu blättern, den Report auszudrucken, die Seite einzurichten (z.B. Querformat), das Seitenlayout anzuzeigen, den Report im Excel oder PDF-Format zu exportieren, die Größe der Anzeige zu ändern oder nach Text zu suchen.

Kunden Code	Firma	Kontaktperson	Funktion	Strasse
ALFKI	Alfreds Futterkiste	Maria Anders	Vertriebsmitarbeiterin	Obere Str. 57
ANATR	Ana Trujillo Emparedados y helados	Ana Trujillo	Inhaberin	Avda. de la Cons 2222
ANTON	Antonio Moreno Taquería	Antonio Moreno	Inhaber	Mataderos 2312
AROUT	Around the Horn	Thomas Hardy	Vertriebsmitarbeiter	120 Hanover Sq.

Abbildung 10.8 Anzeige des Reports im *ReportViewer*

Bemerkungen

■ Interessant ist ein Blick auf den *Load*-Eventhandler von *Form1*, den der im Hintergrund agierende Assistent beim Verbinden der *ReportViewer*-Komponente mit der Datenquelle mit den fett gedruckten Zeilen besetzt hat:

```
Private Sub Form1_Load(ByVal sender As System.Object, ByVal e As System.EventArgs) _
                    Handles MyBase.Load
    Me.KundenTableAdapter.Fill(Me.NordwindDataSet.Kunden)
    Me.ReportViewer1.RefreshReport()
End Sub
```

- Auch die interne Sprache des Report-Designers ist Visual Basic. Bis jetzt brauchten Sie allerdings nicht selbst Hand anzulegen, das hat Ihnen der Report-Designer abgenommen (siehe Zelleninhalte der Detailzeile der *Tabelle*). Ziehen Sie beispielsweise das Feld *Kontaktperson* aus dem Datenquellen-Fenster in ein *Textfeld*, so wird automatisch der folgende Visual Basic-Code in das *Textfeld* eingetragen:

```
=First(Fields!Kontaktperson.Value)
```

HINWEIS   Mehr dazu finden Sie im Abschnitt »Programmieren mit Visual Basic« (ab Seite 688).

Ein zweiter Bericht – weg mit dem Assistenten!

Im obigen Einführungsbeispiel hatten wir die Datenbindung des *ReportViewer*s einem Assistenten überlassen, und auch das typisierte DataSet *NordwindDataSet* wurde mit Assistentenhilfe generiert.

So schön und bequem die Verwendung von Assistenten auch sein mag, dem Lernenden bleiben dabei die Details des Zusammenspiels der Objekte verborgen und ihm wird damit die Möglichkeit genommen, auf bestimmte Anforderungen flexibel mit eigenem Code zu reagieren.

Im Folgenden wird das gleiche Problem wie im Vorgängerbeispiel ohne Assistentenhilfe, also in »Handarbeit« gelöst. Sie werden selbst feststellen, dass der zusätzliche Aufwand für die manuelle Datenbindung gar nicht so groß ist und die Zusammenhänge dafür umso klarer hervortreten.

Vorbereitungen

Erzeugen Sie eine Windows Forms-Anwendung und setzen Sie einen *ReportViewer* auf das Startformular. Über das Menü *Projekt/Neues Element hinzufügen...* fügen Sie ein (typisiertes) *DataSet* hinzu und geben ihm den Namen *NordwindDataSet*.

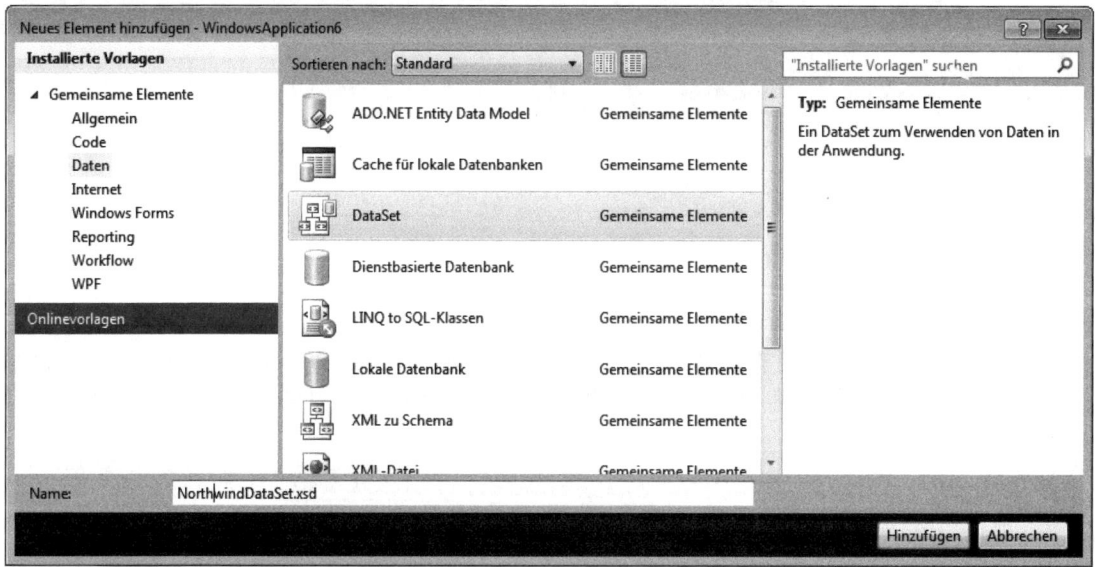

Abbildung 10.9   Hinzufügen eines typisierten DataSets

Es öffnet sich der XSD-Designer. Klicken Sie auf die leere Fläche und fügen Sie per Kontextmenü eine neue *DataTable* hinzu:

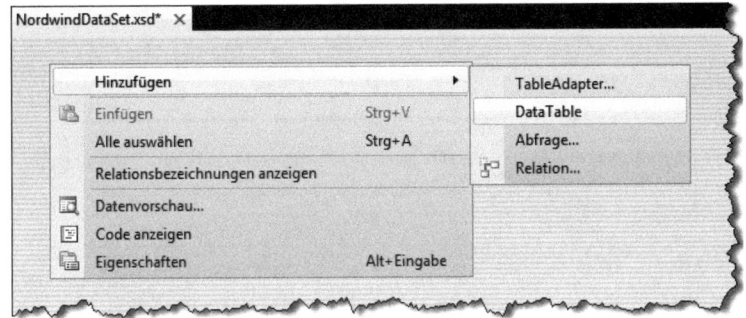

Abbildung 10.10 Hinzufügen einer *DataTable*

Es dürfte für Sie kein Problem sein, die Tabelle umzubenennen und mittels *Hinzufügen*-Kontextmenü mit Spalten (*KundenCode, Firma, Kontaktperson, Funktion, Strasse, Ort ...*) und einem Primärschlüssel entsprechend der folgenden Abbildung auszustatten. Da der Datentyp aller Spalten standardmäßig *System.-String* ist, brauchen Sie hier die Datentypen nicht zu ändern.

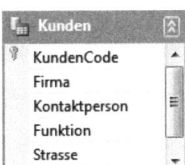

Abbildung 10.11 Aufbau der *Kunden*-Tabelle im typisierten DataSet

Ein Klick auf das Menü *Daten/Datenquellen anzeigen* beweist, dass unser typisiertes DataSet jetzt als Datenquelle zur Verfügung steht:

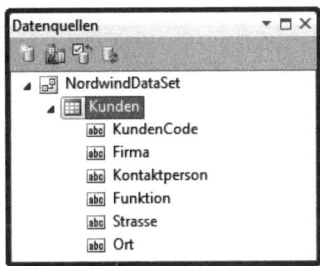

Abbildung 10.12 Unser typisiertes DataSet als Datenquelle

Bericht entwerfen

Über das Menü *Projekt/Neues Element hinzufügen...* fügen Sie einen Bericht mit dem Namen *Kunden.rdlc* hinzu. Der Drag & Drop-Entwurf unterscheidet sich nicht vom Vorgängerbeispiel. Um aber keine Langeweile aufkommen zu lassen, wollen wir diesmal anstatt einer *Tabelle* eine *Liste* nehmen. Die *Liste* füllen wir mit *Textfeld*ern entsprechend der Spaltenbreite aus und ziehen die entsprechenden Felder der *Kunden*-Tabelle hinein. Für die Spaltenüberschriften nehmen wir ebenfalls *Textfeld*er, die wir diesmal aber per Hand mit der Spaltenüberschrift ausfüllen müssen. Zur optischen Trennung zwischen Liste und Listenkopf dient ein *Linie*-Element.

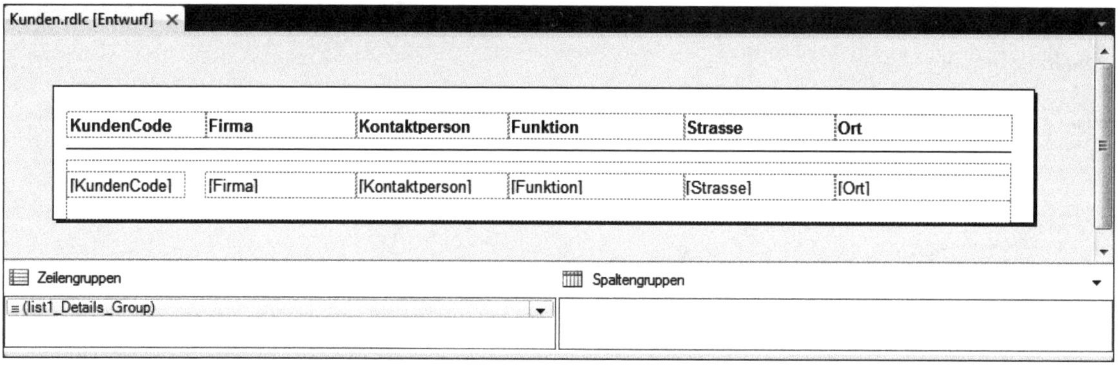

Abbildung 10.13 Entwurfsansicht des Reports

ReportViewer anbinden

Nun müssen wir den *ReportViewer* nur noch mit dem Report und mit der Datenquelle verbinden, diesmal allerdings nicht per Aufgaben-Menü des *ReportViewers*, sondern per Code:

```
Imports Microsoft.Reporting.WinForms

Public Class Form1

    Private Sub Form1_Load(ByVal sender As Object, ByVal e As EventArgs) Handles MyBase.Load
```

Eine Instanz des typisierten DataSets erzeugen:

```
        Dim nwDS As New NordwindDataSet()
```

Anstatt aus der Datenbank *Nordwind.mdb* wollen wir das DataSet diesmal ressourcenschonend aus der Datei *Kunden.xml* laden, die sich im Anwendungsverzeichnis befindet (siehe Bemerkungen am Schluss):

```
        nwDS.ReadXml("Kunden.xml")
```

Eine *BindingSource*-Komponente für die *Kunden*-Tabelle erzeugen:

```
        Dim kundenBindingSource As New BindingSource()
        kundenBindingSource.DataSource = nwDS
        kundenBindingSource.DataMember = "Kunden"
```

Eine Report-Datenquelle erzeugen, der im Konstruktor übergebene Namen entspricht der Bezeichnung im Dialog »Berichtsdatenquellen« (Menü *Bericht/Datenquellen...*) des Report-Designers:

```
        Dim rds1 As New ReportDataSource("NordwindDataSet_Kunden")
```

Der Report-Datenquelle die *BindingSource* zuweisen und zum Report hinzufügen:

```
        rds1.Value = kundenBindingSource
        ReportViewer1.LocalReport.DataSources.Add(rds1)
```

Den *ReportViewer* mit seiner Report-Ressource verbinden:

```
        ReportViewer1.LocalReport.ReportEmbeddedResource = "E_Beispiel2.Kunden.rdlc"
        Me.ReportViewer1.RefreshReport()
    End Sub
End Class
```

Test

Unsere ehrliche Handwerkerarbeit hat sich ausgezahlt:

KundenCode	Firma	Kontaktperson	Funktion	Strasse	Ort
ALFKI	Alfreds Futterkiste	Maria Anders	Vertriebsmitarbeiterin	Obere Str. 57	Berlin
ANATR	Ana Trujillo Emparedados y helados	Ana Trujillo	Inhaberin	Avda. de la Constitución 2222	México D.F.

Abbildung 10.14 Die Berichtsvorschau

Zusammenfassung und Bemerkungen

▪ Wir haben es beim Report-Entwurf mit zwei Typen von Datenquellen zu tun: Die »normalen« Projekt-Datenquellen (Menü *Daten/Datenquellen anzeigen*) und die Report-Datenquellen (Menü *Ansicht/Berichtsdaten*). Letztere werden automatisch beim visuellen Drag & Drop-Report-Entwurf angelegt und sind nach allen Änderungen an der Projekt-Datenquelle ebenfalls zu aktualisieren:

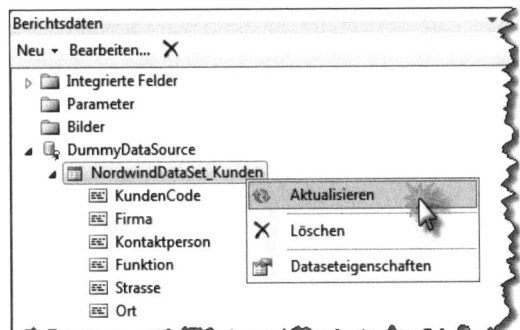

Abbildung 10.15 Berichtsdatenquellen aktualisieren

▪ Das Verbinden des *ReportViewers* mit seiner Report-Datenquelle kann – unter Verzicht auf eine *BindingSource* – wie folgt verkürzt werden:

```
Dim rds1 As New ReportDataSource("NordwindDataSet_Kunden")
rds1.Value = nwDS.Kunden
ReportViewer1.LocalReport.DataSources.Add(rds1)
```

- Die Report-Datei *Kunden.rdlc* ist standardmäßig eine eingebettete Ressource (*Embedded Resource*). Sie können sich davon überzeugen, wenn Sie im Projektmappen-Explorer (über Kontextmenü) das *Eigenschaften*-Fenster dieser Datei betrachten:

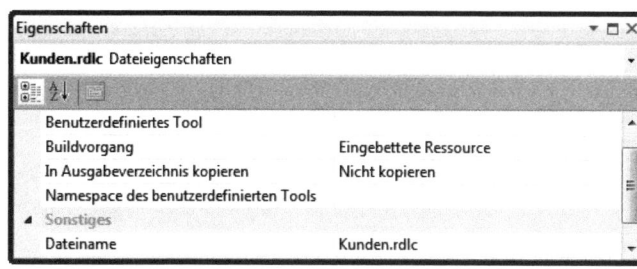

Abbildung 10.16 Eigenschaftenfenster der Datei *Kunden.rdlc*

Wenn Sie die Reportdatei nicht als Ressource einbetten, sondern als separate Datei mitführen wollen, müssen Sie die *ReportEmbeddedResource*- durch die *ReportPath*-Eigenschaft ersetzen und dieser anstatt den Resourcennamen den Dateipfad zuweisen:

BEISPIEL

Variante 1 (als Ressource, Name des Projekts ist *Test2*):

```
ReportViewer1.LocalReport.ReportEmbeddedResource = "Test2.Kunden.rdlc"
```

BEISPIEL

Variante 2 (als separate Datei im Anwendungsverzeichnis):

```
ReportViewer1.LocalReport.ReportPath = "Kunden.rdlc"
```

Vielleicht stellt sich hier mancher die Frage »Wie erzeuge ich die im Beispiel verwendete Datei *Kunden.xml*?«. Der folgende Code zeigt eine Lösung:

BEISPIEL

XML-Daten erzeugen

```
Imports System.Data.OleDb
...

Dim connStr As String = "Provider=Microsoft.Jet.OLEDB.4.0; Data Source=Nordwind.mdb"
Dim conn As New OleDbConnection(connStr)
Dim cmdSel As New OleDbCommand("SELECT * FROM Kunden", conn)
Dim da As New OleDbDataAdapter(cmdSel)
Dim ds As New DataSet()

da.Fill(ds, "Kunden")
ds.WriteXml("Kunden.xml", XmlWriteMode.WriteSchema)
```

Unsere Werkzeuge zum Berichtsentwurf

Nachdem wir ein gewisses Gefühl für die Report-Entwicklungsumgebung gewonnen haben, können wir uns den Einzelheiten zuwenden und die Bestandteile eines Reports etwas genauer unter die Lupe nehmen.

Oberfläche des Report-Designers

Die Entwurfsoberfläche des Berichtsdesigners besteht aus drei Sektionen:

- Textkörper
- Kopfzeile (optional)
- Fußzeile (optional)

Textkörper

Dieser repräsentiert den eigentlichen Bericht, der dann zur Laufzeit in einzelne Seiten aufgelöst wird.

Kopfzeile und Fußzeile

Ein Bericht kann eine Kopfzeile und eine Fußzeile enthalten, die jeweils am oberen bzw. unteren Rand jeder Seite angezeigt werden.

HINWEIS Kopfzeile und Fußzeile gehören standardmäßig nicht zur Entwurfsoberfläche, sondern müssen über das *Bericht*-Menü hinzugefügt werden.

Eine Kopf-/Fußzeile kann lediglich statische Texte, Bilder, Linien, Rechtecke, Rahmen, Hintergrundfarben und Hintergrundbilder enthalten.

Es ist nicht möglich, datengebundene Felder oder Bilder direkt hinzuzufügen. Sie können jedoch einen Ausdruck schreiben, der indirekt auf ein datengebundenes Feld oder Bild verweist, das Sie in einer Kopf- oder Fußzeile verwenden möchten.

HINWEIS Eine Berichtskopfzeile bzw. -fußzeile ist nicht zu verwechseln mit einer Kopf- oder Fußzeile in einer Tabelle oder Gruppe!

Toolbox

Die zur Gestaltung des Reports zur Verfügung stehenden Komponenten sind in der Toolbox versammelt und stehen bereit, um per Drag & Drop auf dem Report-Designer abgesetzt zu werden.

Anschließend können Sie das *Berichtsdaten*-Fenster öffnen und – ebenfalls per per Drag & Drop – bestimmte Felder in bestimmte Zellen ziehen. Jedes Element auf der Entwurfsoberfläche hat Eigenschaften die sich per Eigenschaften-Fenster ändern lassen.

Abbildung 10.17 Die Toolbox

Beschreibung

Die folgende Tabelle gibt zunächst eine Kurzbeschreibung der einzelnen Toolbox-Komponenten.

Komponente	Beschreibung
Textfeld	... zeigt Bezeichnungen, Felder oder aus Ausdrücken berechnete Werte an
Linie	... zeichnet eine Linie von einem Punkt zu einem anderen
Tabelle	... zeigt Daten in einem Raster mit fester Spaltenzahl und variabler Zeilenzahl an
Matrix	... verknüpft Zeilen oder Spalten zu einer gitterförmigen Datenstruktur
Rechteck	... umgrenzt ein Feld als Container für andere Elemente des Berichts
Liste	... zeigt einen Satz von Berichtselementen an, der für jede Datengruppe oder Zeile wiederholt wird
Bild	... zeigt ein als Bitmap verfügbares Bild an
Unterbericht	... zeigt einen im aktuellen Bericht eingebetteten Unterbericht an
Diagramm	... zeigt Daten grafisch in Balken-, Kreis- und anderen Diagrammtypen an
Messgerät	... zeigt Daten in Form von Skalen/Messgeräten an

Tabelle 10.1 Zusammenstellung der Berichts-Komponenten

HINWEIS   Die Elemente *Tabelle*, *Matrix* und *Liste* basieren alle auf einem *Tablix* und stellen lediglich Templates dar, also spezielle Formen des *Tablix*. Im weiteren belassen wir es jedoch bei den bisher üblichen Bezeichnern.

Hinweise zur Programmierung

Obwohl das Angebot an Reportkomponenten überschaubar scheint, verbirgt sich dahinter doch eine meist recht komplexe Funktionalität. Die teilweise ziemlich trickreiche Programmierung erschließt sich anhand praktischer Beispiele weitaus besser, als durch endlose Tabellen- und Feature-Auflistungen. Stattdessen einige Hinweise:

- In der Entwurfsansicht einer *Tabelle* gibt es zwei Darstellungen, die durch Klick in die linke obere Ecke bzw. auf eine Zelle wechseln. Die Anordnung der Zellen können Sie verändern, indem Sie zuerst in die Zelle klicken und diese dann an ihrem grauen Rand an die neue Position ziehen. *Textfeld* und *Tabelle* wurden in den beiden Einführungsbeispielen bereits grundsätzlich beschrieben.

- Eine *Liste* stellt eine alternative Lösung zu einer *Tabelle* dar, nur dass man die Zellen selbst entwirft (meist als *Textfeld*er). Setzen Sie ein *Textfeld* in eine *Liste* werden Sie feststellen, dass der Report Designer diesmal das Feld nicht mit der *First()*-Funktion kapselt. Bei Aufruf des Reports werden alle Zeilen der Datenquelle angezeigt. Eine komplette Anwendung, die den Einsatz von *Liste* und *Tabelle* demonstriert, finden Sie im How-to 10.3 »... eine Rechnung anzeigen?«.

- Ein *Unterbericht* ist nichts weiter als ein Platzhalter für einen separat zu erstellenden Bericht, seine wichtigsten Eigenschaften sind *ReportName* und *Parameters*-Auflistung. Die Datenquelle wird dynamisch im *SubReportProcessing*-Event des *ReportViewer*s zugewiesen. Das How-to 10.2 »... einen Unterbericht verwenden?« enthält dazu ein komplettes Beispiel.

- Eine *Matrix* ähnelt einer Kreuztabelle in Access oder einer Pivot-Tabelle in Excel. Eine Serie von Beispielen zum Einsatz der *Matrix* ist im Abschnitt »Kreuztabellenberichte« (Seite 696) enthalten.

- Ein *Bild* kann entweder direkt im Report eingebettet sein, oder aber auch von einem Datenbank oder einer externen Datenquelle stammen. Datengebundene Bilder können aus Binärdaten (BLOB) einer Datenbank gewonnen werden. Externe Bilder sind als URL spezifiziert, die auf eine Imagedatei verweist. Weitere Beispiele und Infos finden Sie im Abschnitt »Bilder anzeigen« (Seite 699).

- Beim Entwurf von *Diagramm*en kann man aus einem reichhaltigen Angebot schöpfen, wobei viele Diagrammtypen über zusätzliche Entwurfszeitunterstützung verfügen, wie z.B. Daten-, Reihen- und Kategorienfelder mit Drag & Drop-Funktionalität. Mehr Beispiele und Infos siehe Abschnitt »Diagramme darstellen« (Seite 701).

- Neu in Visual Studio 2010 ist das »Messgerät«, mit dem Sie problemlos Messwerte, Prozente etc. optisch »anspruchsvoll« darstellen können. Mehr dazu im How-to 10.6 »... das Messgerät zur Anzeige nutzen?«.

Bericht-Menü

Das *Bericht*-Menü steht Ihnen nur bei geöffnetem Report-Designer zur Verfügung.

HINWEIS	Wenn das *Bericht*-Menü nicht zu sehen ist klicken Sie mit der Maus auf die Entwurfsoberfläche!

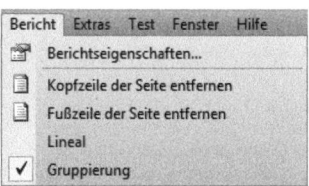

Abbildung 10.18　Das *Bericht*-Menü

Die über das *Bericht*-Menü vorgenommenen Eintragungen schlagen sich unmittelbar im XML-Code der Reportdefinition (*.rdl/.rdlc*-Datei) nieder und betreffen die Berichtseigenschaften sowie die Anzeige von Kopf- und Fußzeile.

Berichtseigenschaften

In diesem mehrseitigen Dialog werden diverse Report-Einstellungen vorgenommen (Seitenlayout, Code, Verweise, Variablen).

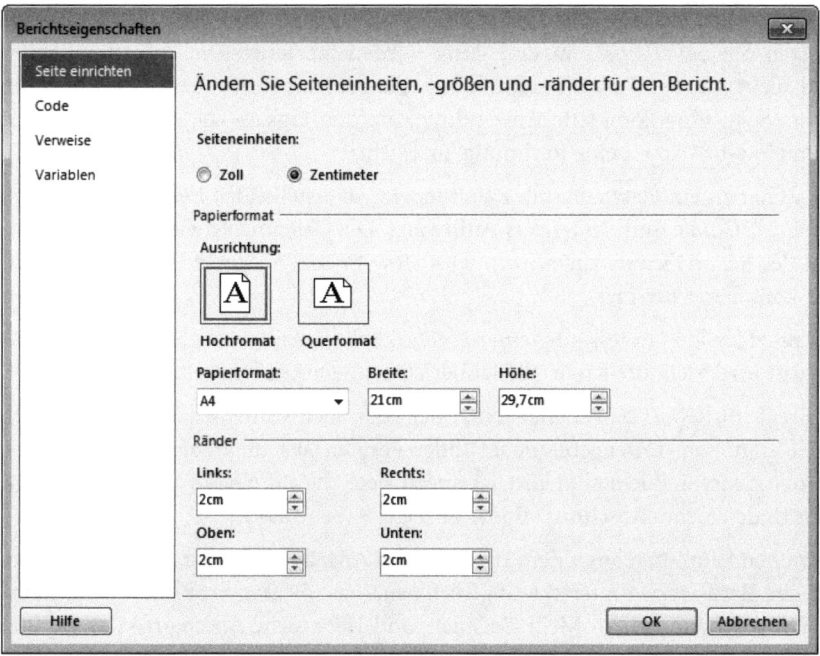

Abbildung 10.19   Seitenlayout festlegen

Für die Programmierung benutzerdefinierten Codes sind die Seiten *Code* und *Verweise* von besonderem Interesse, können Sie damit doch eigenen Visual-Basic-Code hinzufügen oder sogar Assemblies einbinden, die Sie in VB, C# oder einer anderen .NET-Programmiersprache geschrieben haben.

> **HINWEIS**   Mehr dazu finden Sie im Abschnitt »Hinzufügen von benutzerdefiniertem Code« (Seite 715) oder im How-to 10.5 »... auf eine benutzerdefinierte Assembly zugreifen?«.

Kopf-/Fusszeile ein-/ausblenden

Die Bedeutung dieser Menüpunkte dürfte klar ersichtlich sein.

Gruppierung

Blendet den Gruppierungsbereich im unteren Teil des Designers ein/aus.

Berichtsdaten-Fenster

Dieses Fenster können Sie über den Menüpunkt *Ansicht/Berichtsdaten* ein-/ausblenden. Dazu muss der Eingabefokus auf dem Designer liegen (Alternativ *Strg+Alt+D*)[1]. Die wichtigsten Funktionen dieses Fensters sind das Verwalten der Datenquellen und Bilder, das Definieren von Parametern sowie das Bereitstellen reportinterner Felder.

---

[1] Danke an die Entwickler für eine so »intelligente« Lösung, die Autoren haben fast zwei Stunden nach einer Möglichkeit gesucht, Parameter für den Bericht zu definieren. Warum kann so etwas nicht im Berichtsmenü untergebracht werden?

Integrierte Felder

Nutzen Sie diese Felder (Textfeld-Templates mit vorgegebenen Ausdrücken) um reportrelevante Informationen im Bericht auszugeben:

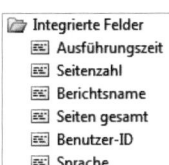

Abbildung 10.20 Integrierte Felder

Leider hat man mit obigen eingedeutschten Bezeichnern dem Anwender wieder mal einen Bärendienst erwiesen[1], intern basieren die Felder auf folgenden Ausdrücken, die Sie auch beim Erstellen eigener Ausdrücke verwenden müssen.

- *Globals!ExecutionTime*
- *Globals!PageNumber*
- *Globals!ReportFolder*
- *Globals!ReportName*
- *Globals!ReportServerUrl*
- *Globals!TotalPages*
- *User!UserID*
- *User!Language*

Mehr dazu siehe Seite 689.

Berichtsparameter

Hier definieren Sie die Parameter, die der Report verwenden soll. Mehr dazu erfahren Sie ab Seite 707.

Eingebettete Bilder

Alle Bilder, die man direkt in den XML-Code der Reportdefinition einbetten möchte, werden hier verwaltet. Mehr dazu ab Seite 699 (»Bilder anzeigen«).

DataSet

Über diesen Rubrik verwalten Sie die im Bericht verwendeten Report-Datenquellen. In der Regel erfolgt der Eintrag automatisch durch den Report-Designer, wenn Sie per Drag & Drop Tabellen/Listen in den Report Designer ziehen.

HINWEIS   Verwechseln Sie eine Report-Datenquelle nicht mit der Projekt-Datenquelle. Letztere wird im *Datenquellen-*Fenster angezeigt, welches über das Menü *Daten/ Datenquellen anzeigen* aufzurufen ist.

---

[1] Eine grauenhafte Unsitte, die das Arbeiten mit der Anwendung keinesfalls erleichtert.

Die Benennung der Report-Datenquelle kann über den Eigenschaften-Dialog frei festgelegt werden.

Neben den »automatisch« erzeugten Datenquellen steht es Ihnen natürlich auch frei, über das Berichtsdaten-Fenster weitere Datenquellen in den Bericht einzufügen.

Die Daten können dem Report über den *ReportViewer* entweder als Objekt, als *DataTable* oder auch als *IEnumerable* zur Verfügung gestellt werden. In jedem Fall müssen zwei Schritte ausgeführt werden, um den Report mit Daten zu versorgen:

- Hinzufügen einer Datenquelle (DataSet, Klassen, LINQ to SQL-DataContext, EDM-DataContext) zum Projekt
- Hinzufügen dieser Datenquelle zum Report

HINWEIS   Wie Sie zum Beispiel eine LINQ to SQL-Klasse im Report nutzen bzw. wie Sie diese Daten zur Laufzeit übergeben, zeigt der Abschnitt »Übersicht Datenbindung« ab Seite 719.

Programmieren im Ausdrucks-Editor

Fast jede Eingabemöglichkeit in ein Report-Control oder in einen Report-Dialog verfügt über das Kontextmenü *Ausdruck...* Dieses öffnet den Ausdrucks-Editor, mit dessen Hilfe Sie Visual Basic Code schreiben können, der direkt in den Report eingebettet wird und dessen Verhalten steuern kann.

HINWEIS   Den Ausdrucks-Editor können Sie auch durch Klick auf die kleine Schaltfläche *fx* öffnen, die sich neben den meisten Eingabefeldern befindet.

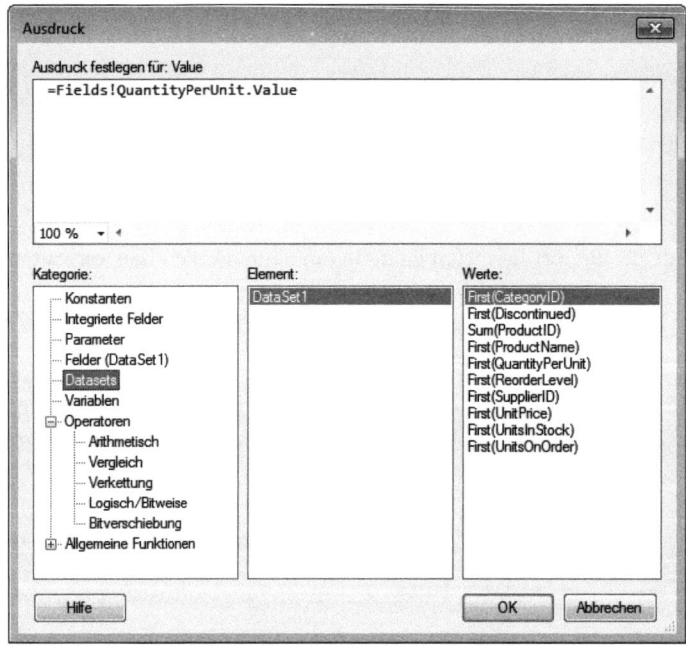

Abbildung 10.21 Ausdrucks-Editor

Konstanten

Zu dieser Kategorie werden Ihnen nur dann Konstanten zur Auswahl angeboten, wenn Sie den *Ausdruck* für eine bestimmte Eigenschaft zuweisen wollen.

BEISPIEL

Die Eigenschaft *BackgroundColor* der Zeilen einer *Tabelle* wird so eingestellt, dass die Farbe zwischen Weiß und Hellgelb wechselt.

```
=iif(RowNumber(Nothing) mod 2, "White", "#ffffc0")
```

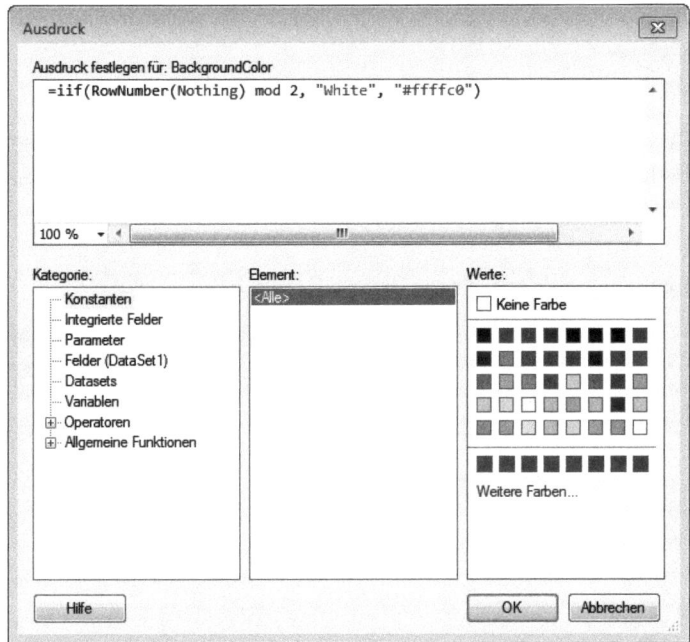

Abbildung 10.22 Zuweisen von Farbkonstanten im Ausdrucks-Editor

---

HINWEIS Obiges Beispiel ist Teil des How-to 10.3 »... eine Rechnung anzeigen?«.

Integrierte Felder

Die hier versammelten Eigenschaften betreffen allgemeine Informationen über den Bericht. Die folgende Tabelle zeigt eine Übersicht.

Eigenschaft	Beschreibung
ExecutionTime	Datum und Uhrzeit der Ausführung des Berichts
PageNumber	Aktuelle Seitennummer des Berichts (nur für Seitenkopf oder -fuß)
ReportFolder	Pfad zum Ordner, in dem der Bericht enthalten ist
ReportName	Name des Berichts

Tabelle 10.2 Globale Eigenschaften

Eigenschaft	Beschreibung
TotalPages	Gesamtanzahl der Seiten des Berichts (nur für Seitenkopf oder -fuß)
UserID	ID des Benutzers, der den Bericht ausführt
Language	Sprachen-Kürzel des Clients, auf dem Bericht ausgeführt wird

Tabelle 10.2 Globale Eigenschaften *(Fortsetzung)*

BEISPIEL

Im Seitenkopf wird die Seitenzahl als z.B. »Seite 5 von 12« in einem *Textfeld* angezeigt.

```
="Seite " & Globals!PageNumber & " von " & Globals!TotalPages
```

Parameter

Falls Sie für Ihren Bericht Parameter definiert haben (siehe Dialog *Berichtsdaten/Parameter...*), werden diese hier erscheinen, ansonsten bleibt das Angebot leer.

Felder und DataSets

Der Ausdrucks-Editor listet hier alle Felder bzw. DataSets auf, die die Report-Datenquelle anbietet.

BEISPIEL

Die folgende Abbildung zeigt die Datenfelder der Report Datenquelle »*NordwindDataSet_Rechnungen*« (siehe How-to 10.3 »... eine Rechnung anzeigen?«).

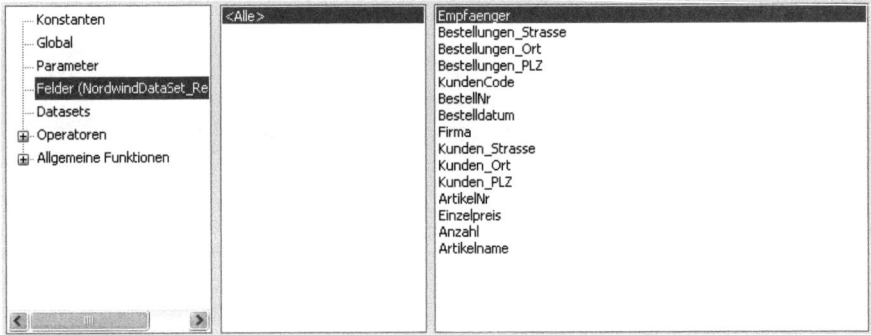

Abbildung 10.23 Der Ausdrucks-Editor listet die verfügbaren Felder der Report-Datenquelle auf

Variablen

Hier finden Sie alle Variablen, die Sie über die Berichtseigenschaften selbst definiert haben.

Operatoren

Die folgende Tabelle 10.3 gibt eine Übersicht.

Bereich	Operatoren	Bemerkung
Arithmetisch	^, *, /, \ , Mod, + , -	Potenz, Multiplikation, Division, Integer-Division, Restwert-Division, Addittion, Subtraktion
Vergleich	< , <= , > , >= , = , <>, Like, Is	kleiner, kleiner als, ... Zeichenfolgenvergleich, Objektvergleich
Verkettung	&, +	Zeichenfolgenaddition
Logisch/Bitweise	And, Not, Or, Xor, AndAlso, OrElse	... , verkürzte logische Konjunktion/Disjunktion
Bitverschiebung	<< , >>	bitweise Links- bzw. Rechtsverschiebung

Tabelle 10.3 Die verfügbaren Operatoren

Allgemeine Funktionen

Hier stehen zahlreiche Visual Basic-Funktionen zu den Bereichen *Text* (Stringverarbeitung), *Datum und Uhrzeit*, *Mathematik*, *Überprüfung*, *Programmfluss*, *Aggregat*, *Finanzen*, *Konvertierung*, *Sonstiges* zur Verfügung. Die meisten dieser Funktionen sind selbsterklärend. Eine Kurzbeschreibung der jeweiligen Funktion wird im Ausdrucks-Editors angezeigt (rechts daneben). Ansonsten sei auf die Online Hilfe zu Visual Basic verwiesen.

Häufig haben Sie bis jetzt bereits von den Funktionen *First* und *Sum* aus dem Bereich *Aggregat* Gebrauch gemacht, welche den ersten Datensatz bzw. die Summe der Werte aller Datensätze ermitteln.

BEISPIEL

Die Anwendung der *First*-Funktion

```
=First(Fields!Kunden_PLZ.Value) & " " & First(Fields!Kunden_Ort.Value)
```

Abbildung 10.24 Anzeige von Postleitzahl und Wohnort in einem *Textfeld*

HINWEIS Wie Sie umfangreichen Code, auf den der Report zur Laufzeit zugreifen kann, in Visual Basic oder auch in C# schreiben können, wird im Abschnitt »Hinzufügen von benutzerdefiniertem Code« dieses Kapitels erläutert.

Sortieren, Gruppieren und Filtern von Datensätzen

Der Report Designer bietet umfangreiche Möglichkeiten zum Sortieren, Gruppieren und Filtern von Datensätzen, die wir anhand eines lebendigen Beispiels (»Fleißige Autoverkäufer«) erkunden wollen.

Allgemeines

Die Beispiele dieses Abschnitts werden von einer Datenquelle gespeist, wie Sie bereits im How-to 6.1 »... eine Objekt-Datenquelle verwenden?« ausführlich beschrieben wurde. Natürlich könnte auch jede andere Datenquelle (Datenbank, Webdienst) Verwendung finden.

Das Objekt vom Typ *CVerkauf* widerspiegelt einen einzelnen Verkaufsvorgang (Transaktion) und hat die Eigenschaften *Datum*, *Preis*, *Produkt* und *Verkäufer*.

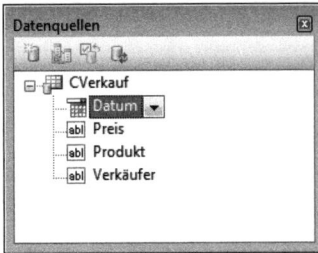

Abbildung 10.25 Die verwendete Objekt-Datenquelle

Zugang zu den Sortier- und Gruppier-Dialogen erhalten Sie nicht über das Eigenschaften-Fenster (F4), sondern über das *Eigenschaften*-Kontextmenü der entsprechenden Reportkomponente (*Tabelle, Liste, Matrix*).

Markieren Sie diese Komponente und klicken Sie mit der rechten Maustaste auf den breiten grauen Rand.

Es öffnet sich der Dialog *Tablix-Eigenschaften*, in welchem Sie unter anderem auch eine Seite für das Sortieren finden.

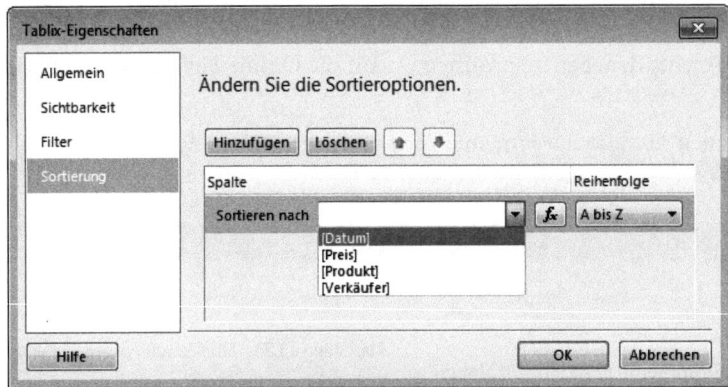

Abbildung 10.26 Dialog Tablix-Eigenschaften

Besser und wesentlich leistungsfähiger ist der Bereich Zeilengruppen, den Sie am unteren Rand des Designer-Fensters finden. Hier können Sie die Eigenschaften der Gruppe bestimmen:

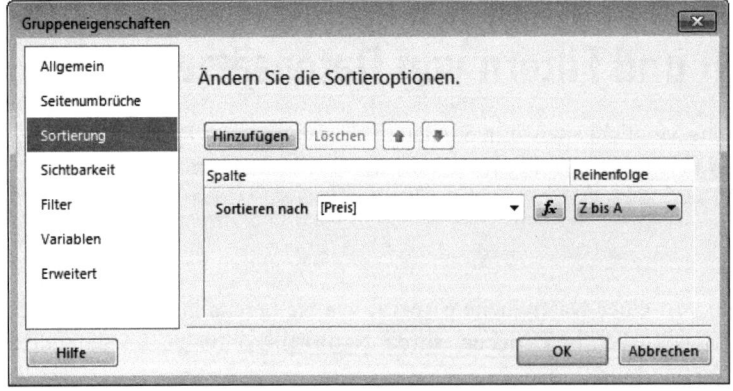

Abbildung 10.27 Gruppeneigenschaften festlegen

Sortieren

Sie haben die Möglichkeit, mehrere Sortierausdrücke einzugeben und die Sortierrichtung (aufsteigend/absteigend) festzulegen. Im einfachsten Fall stellen Sie als Sortierausdruck den Bezeichner einer bestimmten Spalte ein, wobei die möglichen Alternativen in einer Klappbox angeboten werden. Sie können aber auch mit dem Ausdrucks-Editor ein Sortierkriterium frei bestimmen.

Gemäß der Abbildung 10.27 wird nach den Werten der Spalte *Preis* in absteigender Reihenfolge (größter Wert zuerst) sortiert.

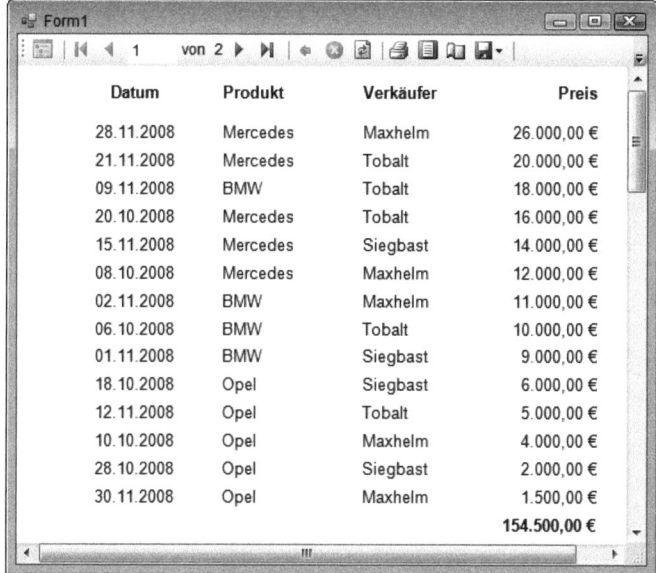

Abbildung 10.28 Nach dem Preis sortierter Verkaufsbericht (siehe Beispiel)

Gruppieren

Ein Bericht wie in obiger Abbildung ist nicht sehr übersichtlich. Ein Gruppieren der Datensätze nach dem Verkäufer oder nach dem Produkt würde die Aussagekraft deutlich steigern und deshalb soll unser Beispielbericht nach dem Verkäufer gruppiert werden:

Zunächst fügen Sie im Bereich *Zeilengruppe* eine *Übergeordnete Gruppe* (Kontextmenü) hinzu:

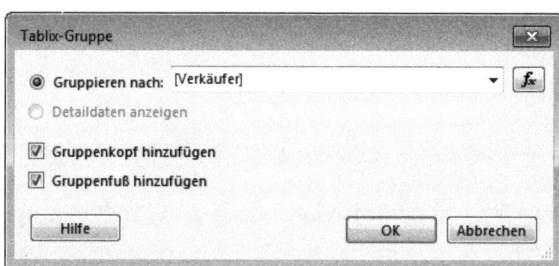

Abbildung 10.29 Neue Gruppe erzeugen

Wählen Sie hier die Gruppierung nach dem *Verkäufer* und fügen Sie Gruppenkopf und -fuß hinzu.

Haben Sie die Gruppe erzeugt, können Sie deren Eigenschaften (Kontextmenü) aufrufen, um zum Beispiel Filter oder Sortierfolgen für diese Gruppe festzulegen.

Tragen Sie die Tabelle Ausdrücke für die Gruppen- (Gruppenfuß) und die Gesamtsumme in die Tabelle ein: *=Sum(Fields!Preis.Value)*.

Group1	Datum	Produkt	Verkäufer	Preis
[Verkäufer]				
	[Datum]	[Produkt]	[Verkäufer]	[Preis]
			«Ausdr»	[Sum(Preis)]
				[Sum(Preis)]

="Summe von " & Fields!Verkäufer.Value & ":"

Abbildung 10.30   Entwurfsansicht der Tabelle mit den Zeilen für Gruppenkopf und -fuß

HINWEIS   Um Einzelzellen zu vereinigen, markieren Sie diese (bei gedrückter *Strg*-Taste) und wählen dann im Kontextmenü den Eintrag *Zellen zusammenführen*.

Group1	Datum	Produkt	Verkäufer	Preis
Maxhelm	28.11.2008	Mercedes	Maxhelm	26.000,00 €
	08.10.2008	Mercedes	Maxhelm	12.000,00 €
	02.11.2008	BMW	Maxhelm	11.000,00 €
	10.10.2008	Opel	Maxhelm	4.000,00 €
	30.11.2008	Opel	Maxhelm	1.500,00 €
			Summe von Maxhelm:	54.500,00 €
Siegbast	15.11.2008	Mercedes	Siegbast	14.000,00 €
	01.11.2008	BMW	Siegbast	9.000,00 €
	18.10.2008	Opel	Siegbast	6.000,00 €
	28.10.2008	Opel	Siegbast	2.000,00 €
			Summe von Siegbast:	31.000,00 €

Abbildung 10.31   Der nach Verkäufern gruppierte Verkaufsbericht

Damit innerhalb der Gruppe der Name des Verkäufers sich nicht ständig wiederholt, löschen Sie einfach die betreffende Spalte:

Maxhelm	28.11.2008	Mercedes	26.000,00 €
	08.10.2008	Mercedes	12.000,00 €
	02.11.2008	BMW	11.000,00 €
	10.10.2008	Opel	4.000,00 €
	30.11.2008	Opel	1.500,00 €
	Summe von Maxhelm:		54.500,00 €

Abbildung 10.32   Gruppierung ohne die vorherige Verkäuferspalte

Auf zum Vorgängerbeispiel völlig analoge Weise kann der Bericht natürlich auch nach dem Produkt gruppiert werden:

Datum	Produkt	Verkäufer	Preis
28.11.2008	Mercedes	Maxhelm	26.000,00 €
21.11.2008		Tobalt	20.000,00 €
20.10.2008		Tobalt	16.000,00 €
15.11.2008		Siegbast	14.000,00 €
08.10.2008		Maxhelm	12.000,00 €
		Summe von Mercedes:	**88.000,00 €**
09.11.2008	BMW	Tobalt	18.000,00 €
02.11.2008		Maxhelm	11.000,00 €
		Summe von BMW:	**29.000,00 €**
		Gesamtsumme:	**117.000,00 €**

Abbildung 10.33 Der nach Produkten gruppierte Verkaufsbericht

Filtern

Wollen Sie die Anzeige bestimmter Datensätze in Abhängigkeit von einer bestimmten Bedingung unterdrücken, so verwenden Sie einen Filterausdruck.

In unserem Beispiel sollen nur die Datensätze angezeigt werden, deren Preis oberhalb 10.000 Euro liegt:

Öffnen Sie die Seite *Filter* im Dialog *Tablix-Eigenschaften* und tragen Sie die folgende Bedingung in die Filterliste ein:

- Ausdruck: =*Fields!Preis.Value*
- Operator: >
- Wert: =*10000*

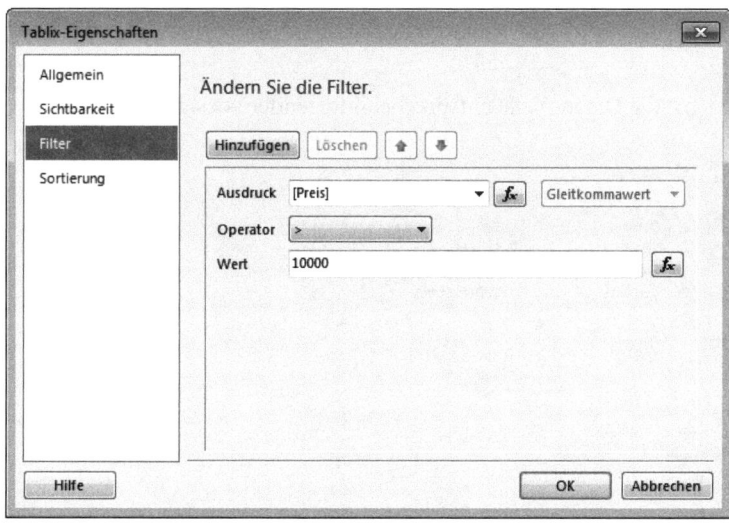

Abbildung 10.34 Eintragen der Filterbedingung

Das Ergebnis zeigt die Abbildung 10.35.

Datum	Produkt	Verkäufer	Preis
28.11.2008	Mercedes	Maxhelm	26.000,00 €
21.11.2008		Tobalt	20.000,00 €
20.10.2008		Tobalt	16.000,00 €
15.11.2008		Siegbast	14.000,00 €
08.10.2008		Maxhelm	12.000,00 €
		Summe von Mercedes:	88.000,00 €
09.11.2008	BMW	Tobalt	18.000,00 €
02.11.2008		Maxhelm	11.000,00 €
		Summe von BMW:	29.000,00 €
		Gesamtsumme:	117.000,00 €

Abbildung 10.35 Der Verkaufsbericht berücksichtigt nur Produkte mit einem Preis höher als 10.000 Euro

Achtung: Sie können auch Filterbedingungen für die jeweiligen Gruppen festlegen, in diesem Fall werden aber nur die Datensätze herausgefiltert, die Gruppensummen bleiben bei den alten Werten.

HINWEIS   Den kompletten Code finden Sie in den Begleitdateien!

Kreuztabellenberichte

Um unseren Verkaufsbericht einmal nach dem Verkäufer und ein anderes Mal nach dem Produkt zu gruppieren, haben wir bislang zwei verschiedene Berichte gebraucht, was ziemlich aufwändig und auch nicht besonders bequem war. Als Lösung des Problems bietet sich ein so genannter »Kreuztabellenbericht« an, wie er sich im Report Designer relativ leicht mittels einer *Matrix*-Komponente realisieren lässt.

Einfache Matrix

Erstellen Sie für den neuen Report zunächst die Datenquelle entsprechend folgender Vorlage:

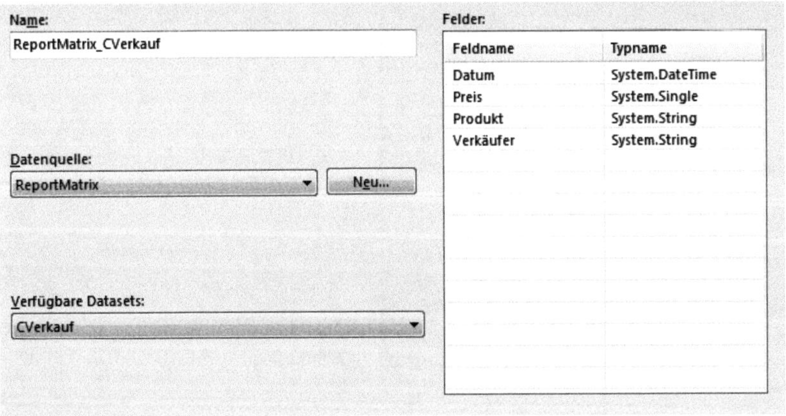

Abbildung 10.36 Neue Datenquelle erstellen

Ziehen Sie von der Toolbox eine *Matrix* auf den Report-Designer.

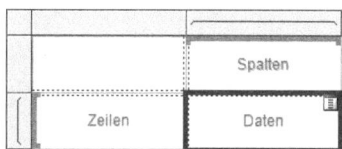

Abbildung 10.37 Eine leere Matrix in der Entwurfsansicht

Öffnen Sie nun das das *Berichtsdaten*-Fenster und ziehen Sie das Feld *Verkäufer* in die *Zeilen*-Zelle, das Feld *Produkt* in die *Spalten*-Zelle und das Feld *Preis* in die *Daten*-Zelle. Nehmen Sie die notwendigen Formatierungen (*BackgroundColor*, *Format*, *Font*, *TextAlign* ...) über das Eigenschaftenfenster vor.

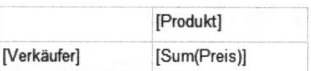

Abbildung 10.38 Anbinden der Matrix an die Felder der Datenquelle

Das Ergebnis zeigt, dass Zeilen und Spalten zu Daten verknüpft wurden:

	BMW	Mercedes	Opel
Maxhelm	11.000,00 €	38.000,00 €	4.000,00 €
Siegbast	9.000,00 €	14.000,00 €	8.000,00 €
Tobalt	28.000,00 €	36.000,00 €	5.000,00 €

Abbildung 10.39 Laufzeitansicht des einfachen Kreuztabellen-Reports

Zeilen- und Spaltensummen anzeigen

Obwohl die einfache Kreuztabelle alle Informationen bereits in komprimierter Form darstellt – so richtig zufrieden ist der Chef damit noch nicht, will er doch den »besten Verkäufer« und das »meistverkaufte Auto« auf einen Blick erfassen. Eine Lösung ist die Anzeige von Gesamtwerten bzw. Teilergebnissen.

Um Gesamtwerte für Zeilen und Spalten anzuzeigen, klicken Sie mit der rechten Maustaste zunächst auf die bestehende Gruppe im Bereich *Gruppeneigenschaften* und wählen den Menüpunkt *Gesamtergebnis hinzufügen/Nach*.

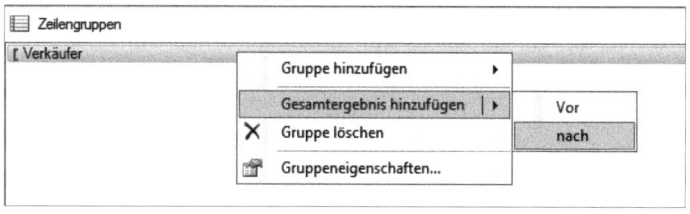

Abbildung 10.40 Hinzufügen einer Zeile für ein Gruppenergebnis

Es entsteht eine zusätzliche und mit »Gesamt« beschriftete Zeile. Gleiches gilt, wenn Sie für die Spaltengruppe ein Gesamtergebnis hinzufügen:

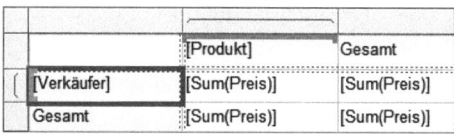

Abbildung 10.41 Entwurfsansicht der Matrix mit Zeilen- und Spaltensumme

	BMW	Mercedes	Opel	Gesamt
Tobalt	28.000,00 €	36.000,00 €	5.000,00 €	69.000,00 €
Maxhelm	11.000,00 €	38.000,00 €	5.500,00 €	54.500,00 €
Siegbast	9.000,00 €	14.000,00 €	8.000,00 €	31.000,00 €
Gesamt	48.000,00 €	88.000,00 €	18.500,00 €	154.500,00 €

Abbildung 10.42   Laufzeitansicht des Reports

Zusätzliche berechnete Spalten einfügen

Wäre es nicht schön, wenn unsere Matrix nicht nur die Preise anzeigen würde, sondern auch noch die Anzahl der von Maxhelm, Siegbast und Tobalt verkauften Autos? Auch das ist kein Problem.

Im Kontextmenü der *Daten*-Zelle wählen wir den Eintrag *Spalte hinzufügen/Innerhalb von Gruppe rechts*. Dadurch wird eine weitere *Daten*-Zelle hinzugefügt, in welche wir den Ausdruck *=CountRows()* eingeben müssen. Damit ermitteln wir, wie viele Autos jeder Verkäufer pro Typ verkauft hat.

Den Kopf der neuen Zelle beschriften wir mit »Anzahl«:

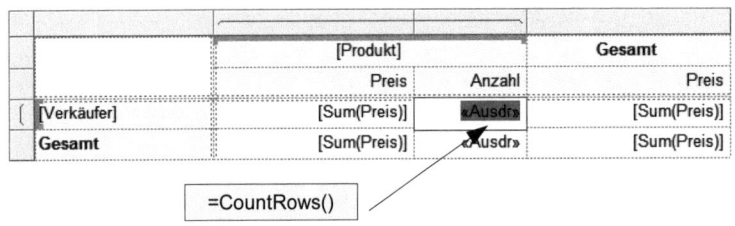

Abbildung 10.43   Entwurfsansicht der erweiterten Matrix

Auch für die Gesamtspalte können Sie eine weitere Spalte »Anzahl« erzeugen, auch hier nutzen Sie den Ausdruck *=CountRows()* um die Summe für alle Spalten zu berechnen.

Das Ergebnis kann sich sehen lassen:

	BMW		Mercedes		Opel		Gesamt	
	Preis	Anzahl	Preis	Anzahl	Preis	Anzahl	Preis	Anzahl
Tobalt	28.000,00 €	2	36.000,00 €	2	5.000,00 €	1	69.000,00 €	5
Maxhelm	11.000,00 €	1	38.000,00 €	2	5.500,00 €	2	54.500,00 €	5
Siegbast	9.000,00 €	1	14.000,00 €	1	8.000,00 €	2	31.000,00 €	4
Gesamt	48.000,00 €	4	88.000,00 €	5	18.500,00 €	5	154.500,00 €	14

Abbildung 10.44   Laufzeitansicht des Reports mit zusätzlichen berechneten Feldern

Matrix mit zwei Zeilengruppen

Eine Matrix ist nicht nur auf die eindimensionale Verknüpfung von Zeilen und Spalten beschränkt. So können wir in unserem Beispiel die Daten zusätzlich auch noch monatsweise gruppieren.

Wählen Sie im Kontextmenü der bisher existierenden Zeilengruppe (Zeilengruppenbereich) den Kontextmenüpunkt *Gruppe hinzufügen/Übergeordnete Gruppe*. Der Dialog *Tablix-Gruppe* erscheint, in welchen Sie den Ausdruck *=Fields!Datum.Value.Month* eintragen.

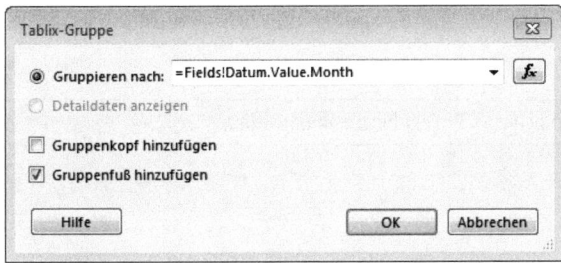

Abbildung 10.45 Einfügen einer Gruppe, die nach Monaten gruppiert

Das Ergebnis ist eine neue zeilenübergreifende Zelle am linken Rand sowie zusätzliche Zeile (Gruppenfuß). Wollen Sie dass die Gruppe mit den Monatsnamen beschriftet wird, tragen Sie in die neue Zelle den folgenden Ausdruck ein: *=MonthName(Fields!Datum.Value.Month, True)*. Die weiteren Änderungen entnehmen Sie bitte der folgenden Abbildung:

Verkaufsbericht Okt/Nov		[Produkt]		Gesamt	
		Preis	Anzahl	Preis	Anzahl
«Ausdr»	[Verkäufer]	[Sum(Preis)]	«Ausdr»	[Sum(Preis)]	«Ausdr»
	pro Monat:	[Sum(Preis)]	**«Ausdr»**		
	Gesamt	[Sum(Preis)]	«Ausdr»	[Sum(Preis)]	«Ausdr»

=CountRows()

=MonthName(Fields!Datum.Value.Month, true)

Abbildung 10.46 Entwurfsansicht

Nun liegt ein bezüglich Inhalt und Optik doch schon recht anspruchsvoller Bericht vor:

Verkaufsbericht Okt/Nov		BMW		Mercedes		Opel		Gesamt	
		Preis	Anzahl	Preis	Anzahl	Preis	Anzahl	Preis	Anzahl
Okt	Tobalt	10.000,00 €	1	16.000,00 €	1		0	26.000,00 €	2
	Maxhelm		0	12.000,00 €	1	4.000,00 €	1	16.000,00 €	2
	Siegbast		0		0	8.000,00 €	2	8.000,00 €	2
	pro Monat:	10.000,00 €	1	28.000,00 €	2	12.000,00 €	3		
Nov	Siegbast	9.000,00 €	1	14.000,00 €	1		0	23.000,00 €	2
	Maxhelm	11.000,00 €	1	26.000,00 €	1	1.500,00 €	1	38.500,00 €	3
	Tobalt	18.000,00 €	1	20.000,00 €	1	5.000,00 €	1	43.000,00 €	3
	pro Monat:	38.000,00 €	3	60.000,00 €	3	6.500,00 €	2		
	Gesamt	48.000,00 €	4	88.000,00 €	5	18.500,00 €	5	154.500,00 €	14

Abbildung 10.47 Laufzeitansicht des mit zwei Zeilengruppen ausgestatteten Reports

Bilder anzeigen

Bilder eines lokalen Reports werden meist in den Report eingebettet und dann referenziert. Das Speichern der Bilddaten erfolgt dann immer innerhalb der Reportdefinition (*.rdlc*-Datei) und nicht als separate Bilddatei.

Solche eingebetteten Bilder sind zwar immer für den Report verfügbar, aber sie können nicht gemeinsam von mehreren Reportdefinitionen benutzt werden und blähen so die *.rdlc*-Datei unnötig auf. Haben Sie ein

Bild eingebettet, wird der Report Designer eine MIME[1]-Kodierung des Bildes durchführen und es dann als Text in die Reportdefinition einlagern.

| HINWEIS | Sie können keine Bilddateien verwenden, die einfach zum Projekt hinzugefügt wurden. |

Ein Bild in den Bericht einbetten

Neue Bilder (JPEG, BMP, GIF, PNG) betten Sie über das Fenster *Berichtsdaten* in Ihren Report ein:

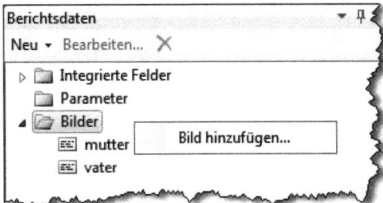

Abbildung 10.48   Einbetten von Bildern

| HINWEIS | Eine Möglichkeit, die Bilder nachträglich zu betrachten ist nicht vorhanden, vergeben Sie also möglichst sinnvolle Bezeichner für die Dateien. |

Ziehen Sie eine *Bild*-Komponente von der Toolbox auf die Oberfläche des Report-Designers. Im sich automatisch öffnenden Dialog wählen Sie einfach eines der angebotenen Bilder aus:

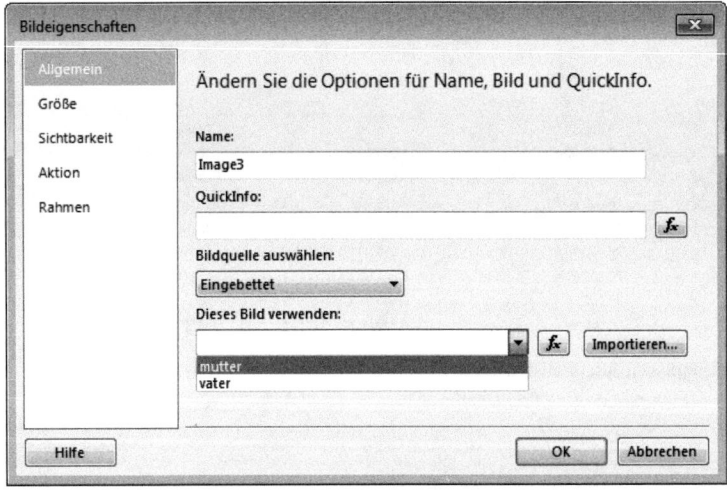

Abbildung 10.49   Bildauswahl per Assistent

Alternativ nutzen Sie die *Value*-Eigenschaft zur Auswahl eines Bildes.

---

[1] *Multipurpose Internet Mail Extensions* = Standard für Medientypen wie Grafiken, Audio- und Videodaten, ...

Bilder aus einer Datenbank

Wenn die *Source*-Eigenschaft der *Bild*-Komponente auf *Database* gesetzt ist, muss die *Value*-Eigenschaft auf das Feld verweisen, welches die binären Bilddaten enthält. Solange es sich dabei um die MIME-Typen JPG, PNG oder BMP handelt dürfte das kein größeres Problem sein. Falls aber das Bild als Binärobjekt (BLOB) vorliegt, müssen Sie selbst einen Ausdruck schreiben, der das Bild in den geforderten Typ konvertiert.

> **HINWEIS**   Die *MIMEType*-Eigenschaft ist nur dann von Bedeutung, wenn die *Source*-Eigenschaft auf *Database* gesetzt ist, in den anderen Fällen (*External* oder *Embedded*) wird der Wert von *MIMEType* ignoriert.

Externe Bilder

Die Verwendung externer Bilder in einem *ReportViewer*-Report ist standardmäßig nicht möglich (Sicherheitsrisiko). Sie müssen erst die *EnableExternalImages*-Eigenschaft von *ReportViewer.LocalReport* im Code auf *True* setzen. In Abhängigkeit von der Netzwerkkonfiguration könnte es aber trotzdem passieren, dass Sie die Proxy-Settings umgehen müssen, um das externe Bild nicht zu blocken.

> **HINWEIS**   Nähere Informationen entnehmen Sie bitte der Online-Dokumentation.

Hintergrundbilder

Hintergrundbilder können Sie für den Textkörper, den Seitenkopf oder den Seitenfuß verwenden, außerdem in den Komponenten *Textfeld*, *Rechteck*, *Liste*, *Matrix* oder *Tabelle*. Ein Hintergrundbild hat dieselben Eigenschaften wie ein normales Bild, zusätzlich können Sie spezifizieren, wie sich das Bild wiederholen soll um den Hintergrund zu füllen (*Repeat*, *NoRepeat*, *RepeatX*, *RepeatY,* benutzerdefiniert).

Diagramme darstellen

Das *Diagramm*-Steuerelement bietet eine fast schon erdrückende Vielfalt von Möglichkeiten zur grafischen Präsentation von Daten.

Diagrammtypen

Nachdem Sie ein *Diagramm* von der Toolbox auf die Oberfläche des Report-Designers gezogen haben, müssen Sie zunächst über das Kontextmenü den gewünschten Typ festlegen.

Eine Übersicht über die verfügbaren Diagrammtypen liefert die folgende Abbildung 10.50 des entsprechenden Auswahl-Assistenten.

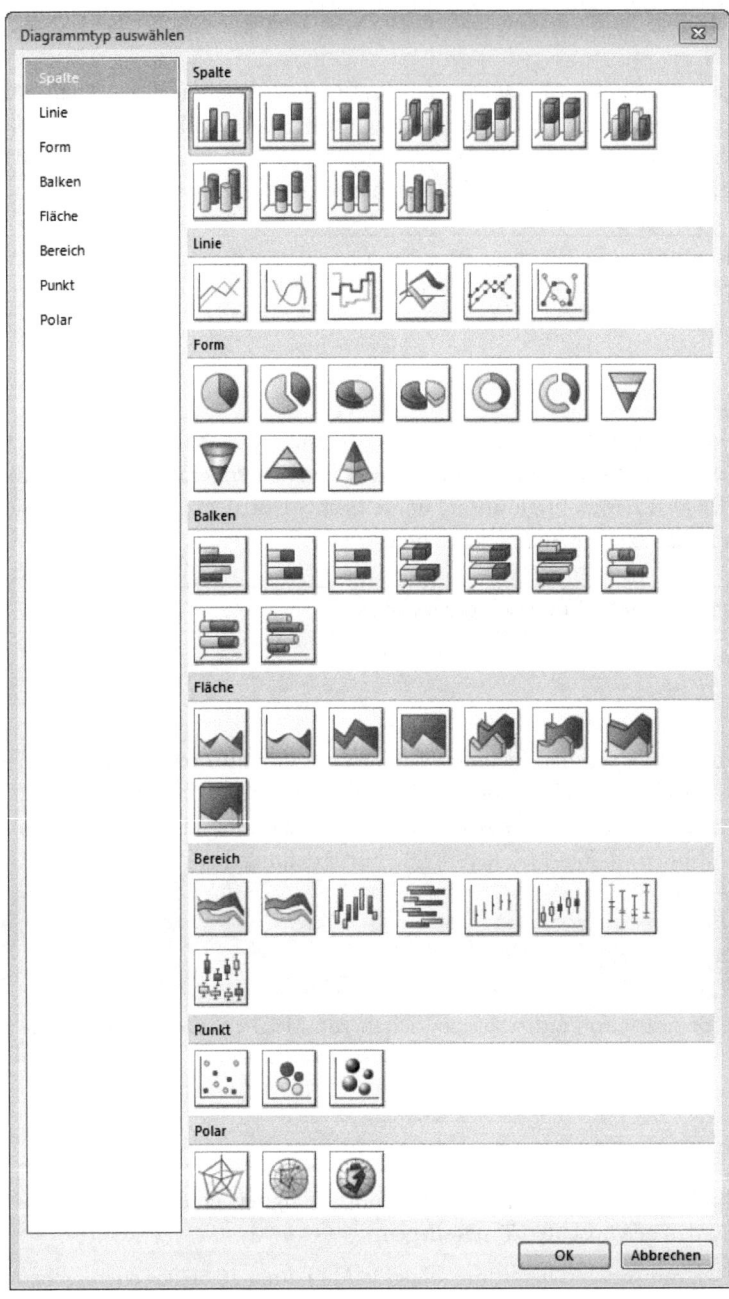

Abbildung 10.50 Diagramm-Auswahl

Säulendiagramm

Jedes Diagramm verfügt über seinen eigenen kleinen Designer, wie es die folgende Abbildung am Beispiel des Typs »Einfache Säule« verdeutlicht.

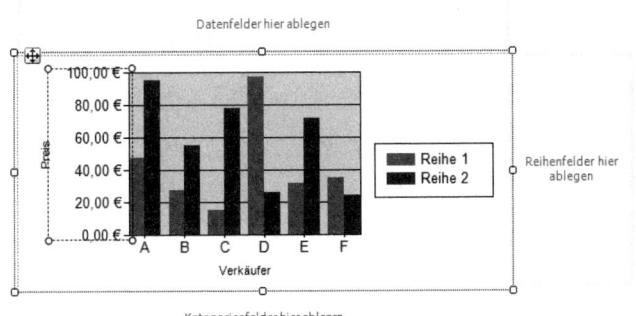

Abbildung 10.51 Entwurfsansicht des einfachen Säulendiagramms

Wie bei den meisten anderen Diagrammtypen auch, sind in der Entwurfsansicht um das Control herum drei Bereiche angeordnet:

- *Datenfelder*
- *Kategorienfelder*
- *Reihenfelder*

HINWEIS   Falls diese drei Bereiche einmal nicht sichtbar sein sollten, holen wir sie per Doppelklick auf die Oberfläche des Controls wieder herbei.

Die Bedeutung der einzelnen Bereiche wird am Beispiel unserer drei »glorreichen« Autoverkäufer am ehesten deutlich.

Nachdem Sie das Berichtsdaten-Fenster geöffnet haben, ziehen Sie per Drag & Drop die angegebenen Felder (hier Objektdatenquelle *CVerkauf*) einfach in die entsprechenden Bereiche:

- *Preis => Datenfeld*
- *Verkäufer => Kategorienfeld*
- *Produkt => Reihenfeld*

... und schon ist (bis auf wenige kosmetische Korrekturen) das Diagramm funktionsfähig!

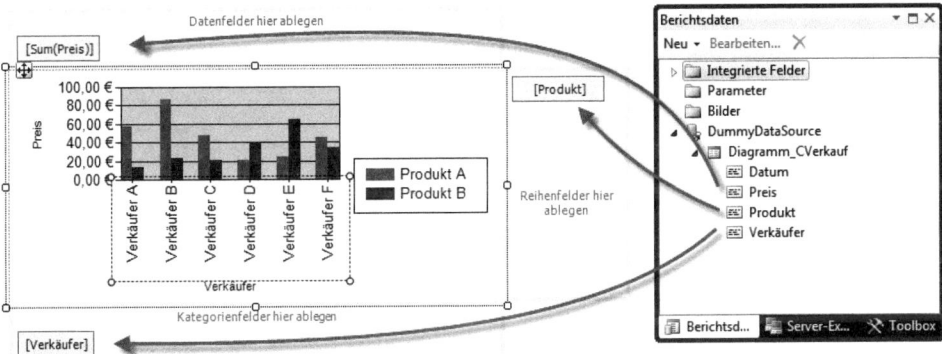

Abbildung 10.52 Entwurfsansicht des einfachen Säulendiagramms

Um die y-Achse in Euro zu beschriften und zu skalieren verwenden Sie die Seite »Nummer« des umfangreichen Wertachseneigenschaften-Dialogs, wie er über das *Eigenschaften*-Kontextmenü zu öffnen ist:

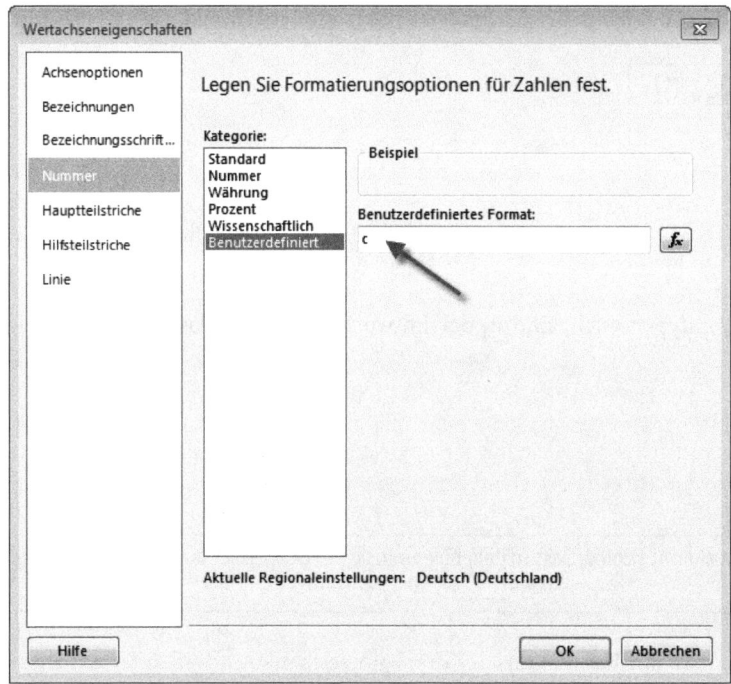

Abbildung 10.53   Eintragen des Formatcodes für die Y-Achse

Das Ergebnis zur Laufzeit zeigt, welche Preise die drei Verkäufer insgesamt pro Autotyp erzielt haben:

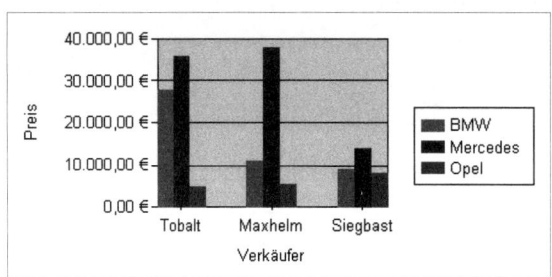

Abbildung 10.54   Laufzeitansicht des einfachen Säulendiagramms

Weitere Gruppen hinzufügen

Um auch den Verkaufsmonat im Diagramm auszuwerten, ziehen Sie das Feld *Datum* aus dem Berichtsdatenfenster in den Bereich »Kategorienfelder«.

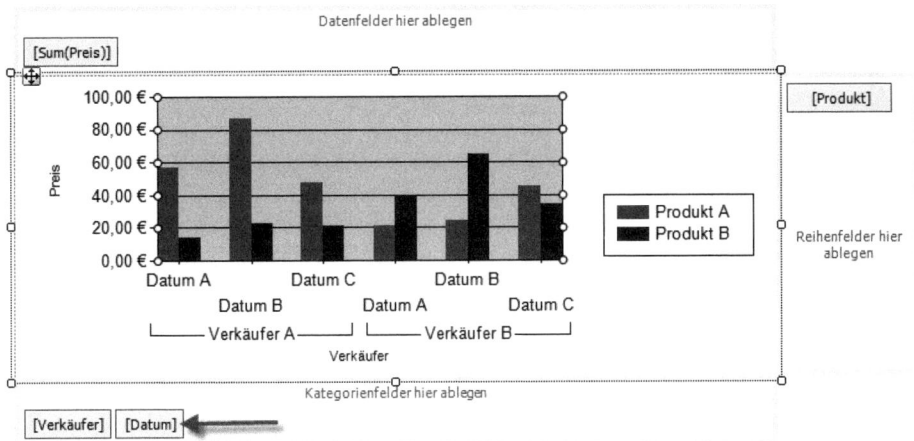

Abbildung 10.55 Entwurfsansicht des Diagramms mit zusätzlicher Kategorie *Datum*

Über das Kontextmenü der *Datum*-Schaltfläche rufen Sie den Dialog *Kategoriegruppeneigenschaften* auf, in welchem Sie die Bezeichnung =*Fields!Datum.Value* löschen und den Gruppierungs-Ausdruck =*Month-Name(Fields!Datum.Value.Month, True)* eingeben, um das Datum nach Monaten zu gruppieren (der Parameter *True* bedeutet, dass die kurze Schreibweise für den Monatsnamen anzuwenden ist).

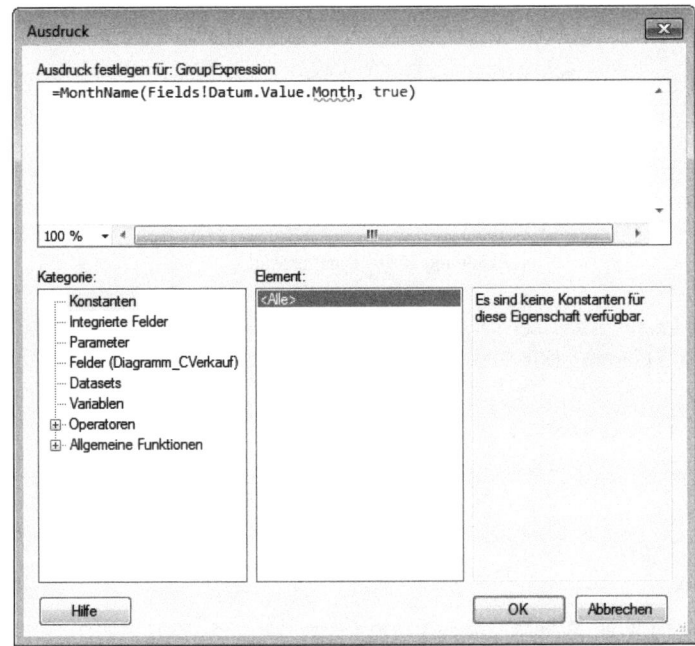

Abbildung 10.56 Gruppierung nach dem Verkaufsmonat

Das Ergebnis (siehe Abbildung 10.57) beweist anschaulich, dass Siegbast im Oktober nicht besonders gut drauf war.

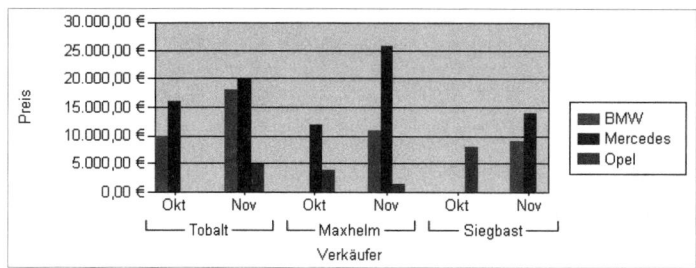

Abbildung 10.57   Laufzeitansicht mit zwei Kategoriengruppen

Weitere Diagramme

Jeder, der das Säulendiagramm einigermaßen beherrscht, wird keine Schwierigkeiten bei der Verwendung der anderen Diagrammtypen haben, sodass wohl auf weitere Erklärungen verzichtet werden kann. Beispielsweise entsteht das folgende Diagramm einfach dadurch, indem aus dem Fenster Berichtsdaten die Felder *Preis* und *Verkäufer* in die Bereiche *Datenfelder* und *Kategorien* gezogen werden.

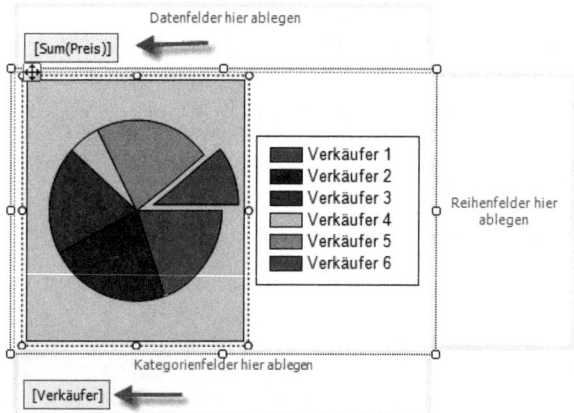

Abbildung 10.58   Reportentwurf

Da in unserem konkreten Fall der Bereich *Reihenfelder* leer geblieben ist, zeigt die Laufzeitansicht des Diagramms nur den Anteil der drei Verkäufer am Gesamterlös.

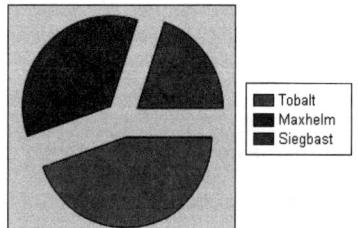

Abbildung 10.59   Laufzeitansicht des Kreisdiagramms

HINWEIS   Alle Diagramm-Beispiele sind in den Begleitdateien enthalten!

Parameter anwenden

Mit Parametern können Sie Ihren Bericht zur Laufzeit flexibel gestalten. Nach der Übergabe an den Report lassen sich diese dann in bestimmte Ausdrücke einbauen oder zum Filtern der Datenmenge verwenden.

Da – im Unterschied zum Server Report – ein lokaler Report über keine eigene Eingabemöglichkeit für Parameter verfügt, müssen Sie eine Schnittstelle in Ihre Anwendung einbauen, die die Parameterwerte vom Benutzer entgegen nimmt. Andererseits lassen sich Parameterwerte auch per Programmcode zuweisen.

Um einen Parameter einzubinden sind folgende Schritte auszuführen:

- Definition des Parameters (Name, Datentyp)
- Einbau des Parameters in den Berichtsentwurf
- Übergabe des Parameterwertes von der Anwendung an den Bericht

Während die ersten beiden Schritte im Report-Designer durchzuführen sind, wird der letzte Schritt im Programm, welches den Report aufruft, erledigt.

Im Folgenden wollen wir dies an einem konkreten Beispiel, basierend auf der Datenbank *Nordwind.mdb*, erläutern. Ein Bericht soll die von einem bestimmten *Kunden* aufgegebenen *Bestellungen* anzeigen, wobei vorher der *KundenCode* vom Anwender abzufragen ist.

Parameterdefinition

Zur Definition von Parametern dient der *Berichtsparametereigenschaften*-Dialog, den Sie über das Fenster *Berichtsdaten* öffnen.

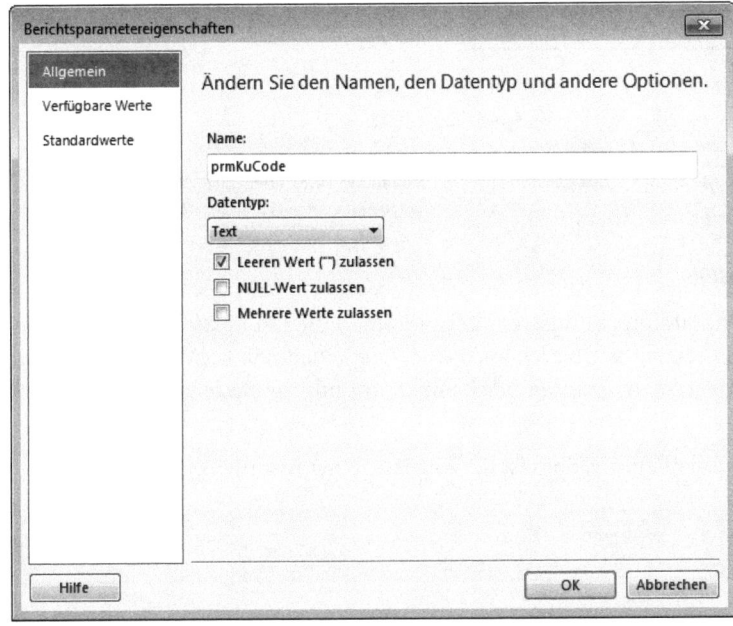

Abbildung 10.60 Der *Berichtsparameter-eigenschaften*-Dialog mit dem Parameter *prmKuCode*

Zunächst eine kurze Erklärung der wichtigsten Elemente des Dialogs *Berichtsparameter*:

Allgemein

Legen Sie hier Name, Datentyp sowie die Einschränkungen (NULL-Werte etc. fest). Wie die Abbildung 10.60 zeigt, haben wir für unser Beispiel den Parameter *prmKuCode* mit dem Datentyp *Text* eingetragen.

Verfügbare Werte

Von Interesse dürfte in manchen Fällen noch die Liste »Verfügbare Werte« sein. Hier können Sie statische Werte oder aber auch Ausdrücke vordefinieren, die dann als Name-Wert-Paare zur Auswahl bereitstehen.

Standardwerte

Ähnlich wie bei den »Verfügbaren Werten« können Sie hier statische Werte oder die Ergebnisse von Abfragen nutzen um Standardwerte vorzugeben.

Einbau von Parametern in den Berichtsentwurf

Der Zugriff auf einen bestimmten Parameter erfolgt über die *Parameters*-Auflistung des Berichts, wobei – analog zur *Fields*-Auflistung – die berichtsinterne Visual Basic-Syntax zu verwenden ist.

Parameter direkt eintragen

Um z.B. unseren oben definierten Parameter direkt zu verwenden, tragen Sie den folgenden Ausdruck ein: ==*"Bestellungen von " & Parameters!prmKuCode.Value.*

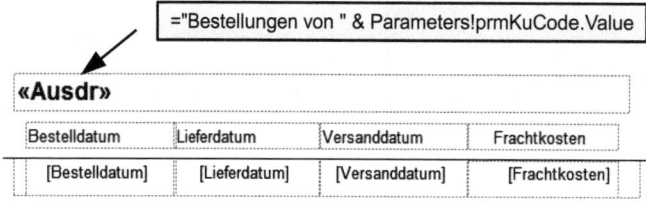

Abbildung 10.61 Berichtsentwurf unter Verwendung eines Parameter-Ausdrucks

Parameter mit Ausdruck-Editor zuweisen

Wir wollen, entsprechend der obigen Abbildung, in unserem Beispiel eine *Liste* mit *Textfeld*ern verwenden, um die Bestellungen eines Kunden anzuzeigen (wir hätten auch eine *Tabelle* nehmen können). Unsere *Liste* benötigt einen Ausdruck, welcher den Parameter *prmKuCode* benutzt, um nur die Bestellungen des betreffenden Kunden herauszufiltern.

Auf der »Filter«-Seite des »Tablix-Eigenschaften«-Dialogs ist der folgende Filterausdruck einzustellen:

```
Ausdruck:   =Fields!KundenCode.Value
Operator:   =
Wert:       =Parameters!prmKuCode.Value
```

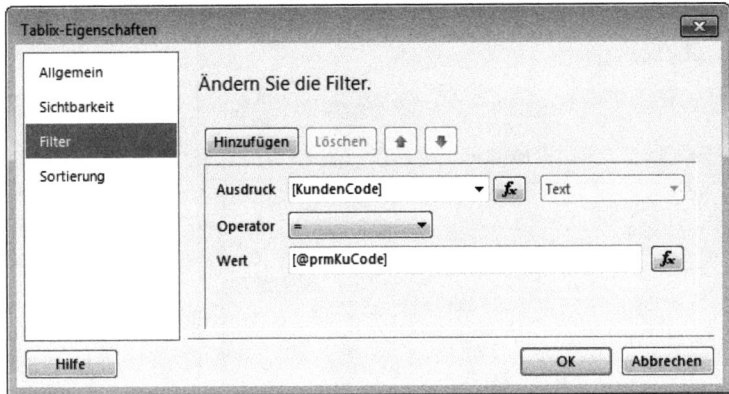

Abbildung 10.62 Zuweisen des Filterausdrucks

Parameterwerte an Bericht übergeben

Wir gehen davon aus, dass im Hauptprogramm bereits eine *ReportViewer*-Instanz vorhanden ist.

Allgemeine Syntax

Zunächst ist ein Array vom Typ *ReportParameter* (Namespace *Microsoft.Reporting.WinForms* einbinden!) zu erstellen und mit den Name-Wert-Paaren der zu übergebenden Parameter zu instanziieren:

```
Dim prms() As ReportParameter = { New ReportParameter("ParameterName1", Wert),
                                  New ReportParameter("ParameterName2", Wert), ...}
```

Nachdem ein *ReportViewer* mit dem Bericht verbunden wurde, kann das Paramter-Array an dessen *Set-Parameters*-Methode übergeben werden:

```
reportViewer.LocalReport.SetParameters(prms)
```

Parameterübergabe

In unserem Beispiel ist als einziger Parameter der Kundencode zu übergeben, dieser wird in einer *Combo-Box* ausgewählt.

BEISPIEL

Übergabe der Parameter

```
Imports Microsoft.Reporting.WinForms
...
Private Sub ComboBox1_SelectedValueChanged(ByVal sender As Object, ByVal e As EventArgs) _
                                      Handles ComboBox1.SelectedValueChanged

    Dim prms() As ReportParameter = {New ReportParameter("prmKuCode", ComboBox1.Text)}
    ReportViewer1.LocalReport.SetParameters(prms)
    ReportViewer1.RefreshReport()
End Sub
```

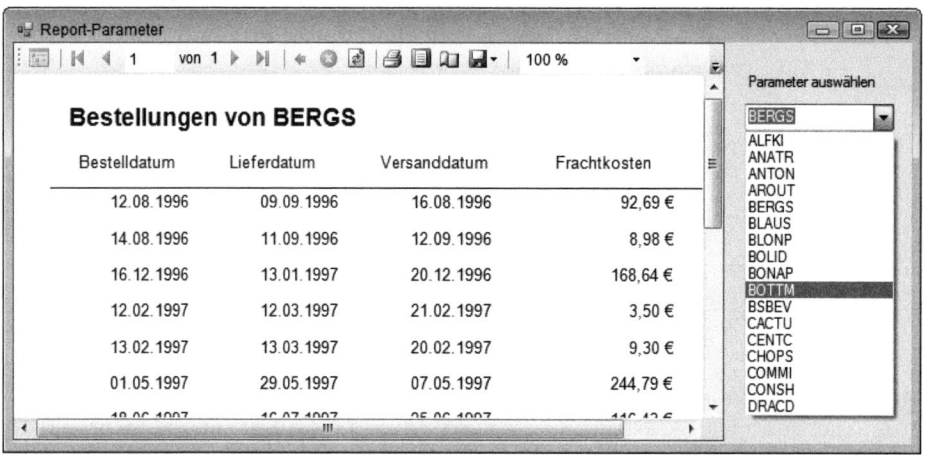

Abbildung 10.63 Laufzeitansicht im ReportViewer

HINWEIS   Das komplette Beispiel finden Sie in den Begleitdateien!

Berichtsvariablen

Neu in den Reporting Services ist die Möglichkeit, Berichtsvariablen innerhalb des Reports zu definieren und später für die Ausgabe zu nutzen. Der Sinn dieser Variablen erschließt sich am ehesten im Zusammenhang mit umfangreichen Berechnungen (z.B. in externen Assemblies, siehe Seite 716). Ist der Wert einmal zugewiesen, können Sie über die *Variables*-Auflistung mit Hilfe von Ausdrücken jederzeit auf diesen zugreifen.

Neue Berichtsvariablen definieren Sie über den Menüpunkt *Bericht/Berichtseigenschaften/Variablen*.

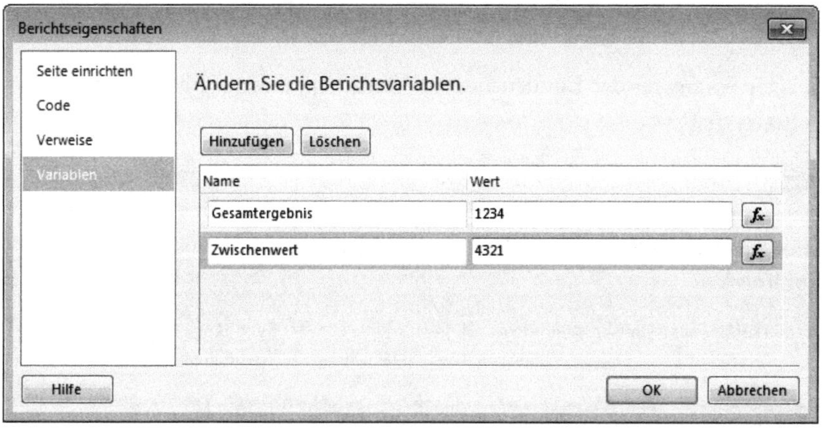

Abbildung 10.64 Definieren von Berichtsvariablen

In Ausdrücken können Sie später zum Beispiel wie folgt darauf Bezug nehmen:

```
="Gesamt: " & Variables!Gesamtergebnis.Value & "  Zwischenwert: " & Variables!Zwischenwert.Value
```

HINWEIS   Für die Übergabe von Werten aus Ihrem VB-Programm an den Report verwenden Sie bitte Parameter (siehe Seite 707).

Master-Detail-Reports

Es gibt zwei Möglichkeiten für die Anzeige von Master-Detail-Berichten:

- *Subreports*
  Dies ist die einzige (und leider relativ umständliche) Möglichkeit, wenn Master- und Detaildatensätze nicht in einem einzigen DataSet zusammengefasst werden können

- *Eingebettete Datenregionen*
  Falls Master- und Detaildatensätze in einem einzigen DataSet vereint werden können, bietet diese Lösung die bessere Performance

Subreports

Wenn Sie Master-Detail-Datensätze unter Verwendung von Subreports anzeigen wollen, verwenden Sie eine *Liste* für die Masterzeilen. Ein in die *Liste* eingefügter *Unterbericht* zeigt die Detailzeilen an.

Da der *Unterbericht* in der *Liste* enthalten ist, wird auch der Unterbericht für jede Masterzeile neu ausgegeben. Der Primärschlüssel der Masterzeile wird an den Unterbericht als Reportparameter übergeben. Der Unterbericht filtert dann nur die Detailzeilen heraus, die mit dem übergebenen Primärschlüssel übereinstimmen.

HINWEIS   Ein ausführliches Beispiel liefert das How-to 10.2 »... einen Unterbericht verwenden?«.

Eingebettete Datenregionen

Diese Variante ist deutlich schneller als die Verwendung von Unterberichten. Um sie aber nutzen zu können, müssen zuerst Master- und Detaildatensätze in ein gemeinsames DataSet zusammengeführt werden. Falls dies auf einfache Weise nicht möglich ist (z.B. wenn die Daten nicht von einer SQL Datenbank kommen) dann verwenden Sie besser Unterberichte.

Eine *Liste* wird benutzt, um die Masterzeilen anzuzeigen. Dann wird eine andere Datenregion, z.B. *Tabelle* oder *Liste*, in die Master-*Liste* eingebettet um die Detailzeilen anzuzeigen.

HINWEIS   Ein ausführliches Beispiel liefert das How-to 10.3 »... eine Rechnung anzeigen?«.

Noch mehr Reporting

Im beschränkten Rahmen dieses Kapitels konnten wir leider nicht auf alle Aspekte des Report-Entwurfs eingehen. Vieles was an theoretischem Background noch fehlt wird in den abschließenden How-to-Beispielen quasi en passant vermittelt.

Auf weitere, unserer Meinung nach besonders interessante, Features und Informationen wollen wir aber im Folgenden noch kurz eingehen.

Hyperlink realisieren

Um von einem *Textfeld* oder von einem *Bild* aus zu einer Webseite zu springen, müssen Sie über das Kontextmenü *Eigenschaften* die Seite »Aktion« öffnen und dort die Hyperlinkaktion »Gehe zu URL« aktivieren. Darunter muss eine gültige URL eingetragen werden (oder ein Ausdruck, der eine URL zurückgibt).

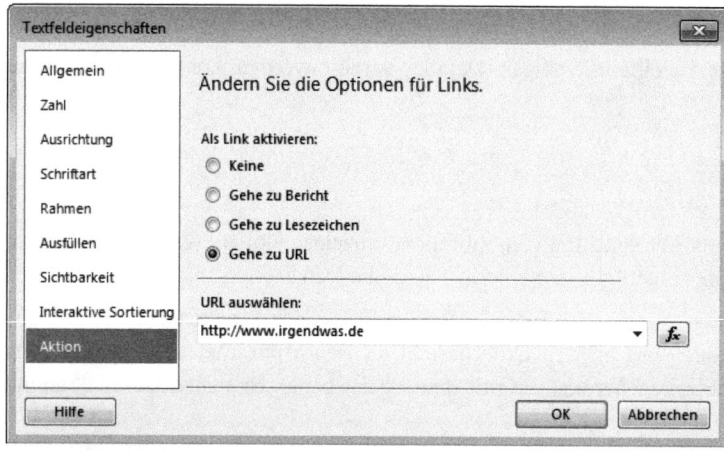

Abbildung 10.65   Eintragen eines Hyperlinks zu einer URL

Zusätzlich ist die *EnableHyperlinks*-Eigenschaft des *ReportViewers* im Eigenschaftenfenster oder per Code zu aktivieren.

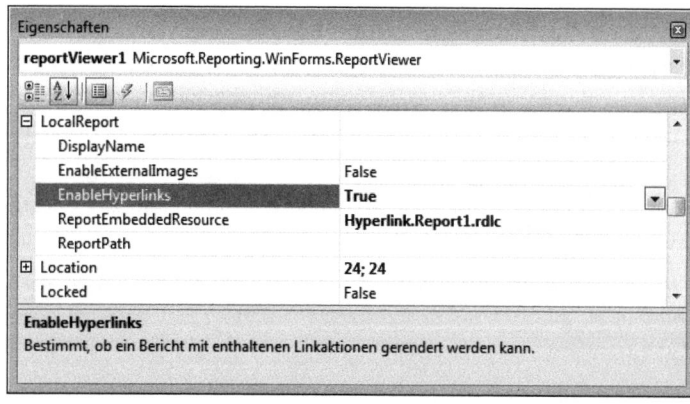

Abbildung 10.66   Aktivieren der *EnableHyperlinks*-Eigenschaft

Für die Hyperlinkaktion eines *Textfeldes* wird die URL *http://www.doko-buch.de* eingetragen. Nach Ergänzen der fettgedruckten Codezeile kann zur Laufzeit auf die Webseite zugegriffen werden.

```
Private Sub Form1_Load(ByVal sender As Object, ByVal e As EventArgs) Handles MyBase.Load
    ReportViewer1.LocalReport.EnableHyperlinks = True
    ReportViewer1.RefreshReport()
End Sub
```

HINWEIS   Vergessen Sie bei der Angabe der URL nicht das Protokoll (*http://...*)!

Verwenden von ReportViewer-Ereignissen

Der *ReportViewer* stellt eine Anzahl von Ereignissen zur Verfügung, die zur Laufzeit behandelt werden können. Besonders nützlich sind die folgenden zwei Ereignisse:

- *Drillthrough*
- *Hyperlink*

Beide Ereignisse treten im Zusammenhang mit einer »Hyperlinkaktion« auf, wie Sie im Eigenschaftendialog eines *Textfeldes* oder eines *Bildes* auf der Seite »Aktion« eingestellt werden kann.

Drillthrough-Event

Dieses Ereignis »feuert« dann, wenn der Benutzer auf eine *Textfeld* oder *Bild* klickt, für welches die Option »Zu Bericht springen:« eingestellt wurde. Das *Drillthrough*-Ereignis wird häufig dann benötigt, wenn Sie in einem Master-Report auf ein bestimmtes Feld klicken wollen und sich daraufhin ein anderer Report öffnen soll, der die zugehörigen Detaildaten anzeigt. In diesem Kontext dürfte auch der martialische Bezeichner »Drillthrough« verständlich sein, denn man meint damit bildlich das »Durchbohren« von einem Master- zu einem Detailreport.

Nach Klick auf den *KundenCode* in einem Bericht *Kunden.rdlc* wird der Detailbericht *Bestellungen.rdlc* aufgerufen, welcher die Bestellungen des Kunden anzeigt.

```
Imports Microsoft.Reporting.WinForms
...
Dim nwDS As New NordwindDataSet()

Private Sub ReportViewer1_Drillthrough(ByVal sender As Object,
                    ByVal e As DrillthroughEventArgs) Handles ReportViewer1.Drillthrough

  Dim locRep As LocalReport = CType(e.Report, LocalReport)
  locRep.DataSources.Add(New ReportDataSource("NordwindDataSet_Bestellungen", nwDS.Bestellungen))
End Sub
```

HINWEIS   Den kompletten Code finden Sie im How-to 10.4 »... das Drillthrough-Event behandeln?«.

Hyperlink-Event

Das Ereignis wird beim Klicken auf eine *Textfeld* oder *Bild* dann ausgelöst, wenn für dieses Control die Hyperlinkaktion »Gehe zu URL« eingestellt wurde.

Zum Aufruf einer Webseite wird das *Hyperlink*-Ereignis in der Regel nicht benötigt (siehe obiges Beispiel zum Hyperlink). Man kann es aber dazu verwenden, um den Bericht mit interaktivem Verhalten auszustatten, sodass nach Klick auf ein *Bild* oder *Textfeld* kein Aufruf einer Webseite erfolgt, sondern stattdessen irgendeine andere Aktion ausgeführt wird.

BEISPIEL

In einem Bericht *Rechnung.rdlc* wollen Sie auf einen bestimmten Artikelnamen klicken und es soll ein Meldungsfenster erscheinen, welches die zugehörige Bestellnummer anzeigt.

Zunächst stellen Sie für das *Textfeld*, welches den Artikelnamen im Detailbereich der Report-Tabelle anzeigt, die Hyperlinkaktion »Zu URL springen:« mit folgender URL ein:

```
="Einzelpreis:" & Fields!Einzelpreis.Value
```

Vergessen Sie nicht, vorher im Eigenschaftenfenster des *ReportViewer*s die *LocalReport.EnableHyperlinks*-Eigenschaft auf *True* zu setzen.

```
Imports Microsoft.Reporting.WinForms
...
```

Der Handler für das *Hyperlink*-Event des *ReportViewer*s:

```
Private Sub ReportViewer1_Hyperlink(ByVal sender As Object,
        ByVal e As HyperlinkEventArgs) Handles ReportViewer1.Hyperlink
```

Die aktuelle URL herausfiltern:

```
    Dim mUri As New Uri(e.Hyperlink)
    If mUri.Scheme = "einzelpreis" Then
        e.Cancel = True
```

Einzelpreis anzeigen, der Teil der URL ist:

```
        MessageBox.Show("Einzelpreis = " & mUri.Segments(0))
```

Das Auffrischen des Reports ist nur dann erforderlich, wenn auch die Datenquelle geändert wurde:

```
    ' Dim rv As ReportViewer = CType(sender, ReportViewer)
    ' rv.RefreshReport()
    End If
End Sub
```

HINWEIS   Das komplette Beispiel finden Sie in den Begleitdateien!

Hinzufügen von benutzerdefiniertem Code

Beim Kompilieren des Projekts wird auf folgende Assemblies automatisch verwiesen:

- *Microsoft.VisualBasic*

- *System.Convert*

- *System.Math*

Reicht Ihnen dieses Angebot nicht aus, so können Sie eigenen Code hinzufügen. Hierfür gibt es prinzipiell zwei Möglichkeiten:

- Einbetten eigener Visual Basic-Funktionen in den Bericht

- Verweis auf Methoden in einer benutzerdefinierten Assembly

Die erste Variante ist dann von Interesse, wenn in einem Bericht einfache Methoden, Variablen oder Konstanten global zur Verfügung stehen sollen. Auf die zweite Variante greifen Sie dann zurück, wenn Sie umfangreicheren Code in Visual Basic .NET oder auch C# erstellen wollen. Außerdem hat eine benutzerdefinierte Assembly den Vorteil, dass von mehreren Berichten des Projekts darauf zugegriffen werden kann.

Variante 1: Eingebetteter Visual Basic Code

Wählen Sie das Menü *Bericht/Berichtseigenschaften...* und tragen Sie den Code auf der Seite *Code* ein. Die Methoden werden dem Report über ein global definiertes *Code*-Element zur Verfügung gestellt.

BEISPIEL

Wir schreiben eine Funktion, die das Alter einer Person ermitteln soll, wobei als Parameter das Geburtsdatum und das aktuelle Datum zu übergeben sind. Die einfache Differenzbildung der Jahreszahlen reicht nicht aus, denn sie führt nur dann zum richtigen Ergebnis, wenn die Person im aktuellen Jahr bereits Geburtstag hatte, ansonsten würde ein Jahr zuviel berechnet werden.

Der folgende Visual Basic Code löst das Problem und kann so wie er ist (also auch mit Kommentaren!) in die *Code*-Seite kopiert werden:

```
Function berechneAlter(gebTag As DateTime, heute As DateTime) As Integer

    Dim gebTagDJ As DateTime                        ' diesjähriges Geburtstagsdatum
    Dim alter As Integer = heute.Year - gebTag.Year ' grobe Altersbestimmung
```

Das Datum des diesjährigen Geburtstags wird aus »Einzelteilen« zusammengesetzt:

```
    gebTagDJ = Convert.ToDateTime(gebTag.Day.ToString & "." & gebTag.Month.ToString & "." &
                        heute.Year.ToString)
```

Alter korrigieren, falls Person in diesem Jahr noch nicht Geburtstag hatte:

```
    If gebTagDJ > heute Then alter = alter - 1
    Return alter
End Function
```

Die Funktion *berechneAlter* verwenden wir in einem Bericht, welcher neben den Feldern *Vorname*, *Nachname* und *Geburtsdatum* auch das *Alter* aus der Tabelle *Personal* von *Nordwind.mdb* anzeigt.

Der für die Spalte *Alter* einzutragende Ausdruck ist:

```
=Code.berechneAlter(Fields!Geburtsdatum.Value, Today)
```

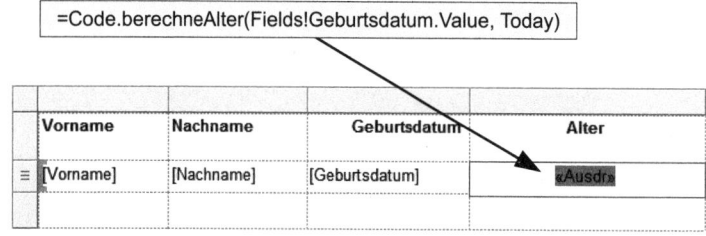

Abbildung 10.67 Verwendung einer benutzerdefinierten Funktion in einem Ausdruck

Die Laufzeitansicht des Reports:

			13.09.2010
Vorname	**Nachname**	**Geburtsdatum**	**Alter**
Nancy	Davolio	08.12.1968	41
Andrew	Fuller	19.02.1952	58
Janet	Leverling	30.08.1963	47

Abbildung 10.68 Report (siehe Beispiel)

HINWEIS Das komplette Beispiel finden Sie in den Begleitdateien!

Variante 2: Benutzerdefinierte Assembly

Eine benutzerdefinierte Assembly wird meist als separate Klassenbibliothek (*.dll*) erstellt, die Sprache (C#, Visual Basic) ist dann natürlich egal. Anschließend fügen Sie im Bericht einen Verweis auf die Assembly hinzu, indem Sie das Menü *Bericht/Berichtseigenschaften...* und dort die Seite *Verweise* aufrufen (siehe Abbildung 10.69).

Falls es sich um statische Klassen bzw. Methoden handelt, genügt der Eintrag des Assemblynamens, die untere Liste »Klassen« bleibt leer (siehe Abbildung 10.69).

Auf statische Methoden können Sie in Ausdrücken über den Namespace, die Klasse und den Methodennamen zugreifen, während für instanzbasierte Methoden – ähnlich wie bei eingebettetem Visual Basic-Code – ein globales *Code*-Objekt zur Verfügung steht.

HINWEIS   Um dem Report den Zugriff auf eine benutzerdefinierte Assembly zu erlauben, muss die *AddFullTrustModuleInSandboxAppDomain*-Methode des *ReportViewers* aufgerufen werden!

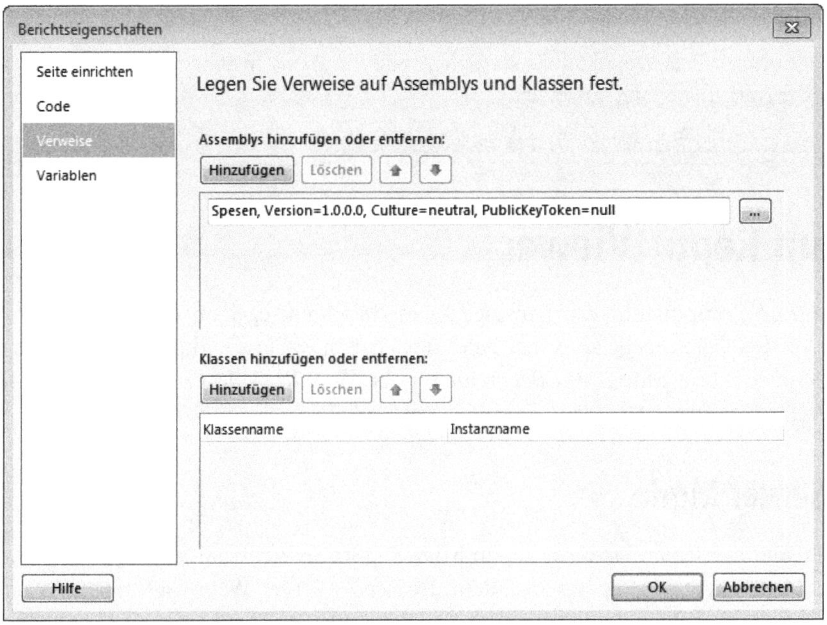

Abbildung 10.69 Die Seite *Verweise* mit einer eingetragenen benutzerdefinierten Assembly

Zum Projekt gehört eine Klassenbibliothek *Spesen.dll*, die zum Report hinzugefügt wurde (siehe obige Abbildung). Die DLL exportiert eine statische Klasse *CSpesen* mit einer Methode *getSpesen*, welche die Spesenberechnung übernimmt, wobei als Parameter der Beginn und das Ende der Reise übergeben werden.

Der Aufruf im Report:

```
=Spesen.CSpesen.getSpesen(Fields!Beginn.Value, Fields!Ende.Value)
```

Erlaubnis für den Zugriff auf die Assembly erteilen:

```
Dim asm As Assembly = Assembly.Load("spesen, Version=1.0.0.0, Culture=neutral,
                           PublicKeyToken=null")
Dim asm_name As AssemblyName = asm.GetName()
ReportViewer1.LocalReport.AddFullTrustModuleInSandboxAppDomain(
                New System.Security.Policy.StrongName(
                New StrongNamePublicKeyBlob(asm_name.GetPublicKeyToken()),
                           asm_name.Name, asm_name.Version))
```

HINWEIS Die komplette Anwendung finden Sie im How-to 10.5 »... auf eine benutzerdefinierte Assembly zugreifen?«.

Wollen Sie instanziierbare Klassen bzw. Methoden verwenden, so geben Sie in der unteren Liste der Seite *Verweise* einen Klassen- und einen Instanznamen ein. Zum Zugriff auf die Methoden verweisen Sie auf das *Code*-Element, die Instanz und den Methodennamen.

BEISPIEL

Falls die Methode *getSpesen* des obigen Beispiels nicht als statische, sondern als als Instanzmethode zur Verfügung stehen würde, könnte der Aufruf wie folgt aussehen:

```
=Code.SpesenBerechnung.getSpesen(Fields!Beginn.Value, Fields!Ende.Value)
```

Ergänzungen zum ReportViewer

Der *ReportViewer* ist die zentrale Komponente zum Anzeigen von Berichten, egal ob diese von einem Report-Server oder aus einer lokalen Datenquelle kommen. Allerdings haben wir uns in diesem Kapitel ausschließlich auf den lokalen Modus (Local Mode) des *ReportViewers* beschränkt, sodass es an der Zeit ist, beide Betriebsarten einem Vergleich zu unterziehen.

Local Mode versus Server Mode

Im lokalen Modus verwandelt sich der *ReportViewer* in einen Mini-Report Server. In dieser Konfiguration führt er die Verarbeitung und Darstellung des Reports aus, nicht der Report Server. Wenn Sie ausschließlich den Local Mode verwenden wollen, brauchen Sie überhaupt keine *Reporting Services* (weder zur Entwurfs- noch zur Laufzeit), weil das *ReportViewer* Control in keiner Weise vom Report Server abhängig ist.

Der Local Mode bietet die folgenden Vorzüge:

- Einfache Verteilung der Reports
  Sie können die Reportdateien zusammen mit Ihrer Anwendung vertreiben, ohne dass der Benutzer des Programms einen Report Server installieren müsste.

- Flexible Szenarien der Datenbindung
  Ihre Applikation kann den lokalen Report an ein ADO.NET-Dataset oder an ein Geschäftsobjekt binden. Demgegenüber ist das direkte Binden von DataSets an Server Reports nicht möglich und erfordert zusätzlichen Aufwand.

Bevor Sie aber zu früh jubeln, weil Sie weder Report Server noch SQL Server Lizenz benötigen, sollten Sie Local und Server Mode etwas genauer unter die Lupe nehmen. Dann kommen Sie nämlich zu der Erkenntnis, dass Sie den lokalen Modus des *ReportViewers* leider nicht als vollwertigen Ersatz für den Report Server betrachten können, da dieser Vergleich nur bezüglich Verarbeitung und Darstellung der Reports gilt.

In Ermanglung eines Report Servers muss der *ReportViewer* die Daten von der Anwendung holen. Im lokalen Modus ist deshalb Ihre Anwendung für die Bereitstellung des notwendigen Report-Inputs zuständig, denn der *ReportViewer* bietet keinerlei Eingabemöglichkeiten von Parametern für lokale Reports. Parameter und Daten sind aus Sicht des *ReportViewers* extern. Auch gibt es im Local Mode weder Report Catalog noch Caching, keine abonnierte Verteilung, keine Sicherheitseinstellungen etc. Die Export-Formate sind auf PDF, Word und Excel beschränkt.

RDL- versus RDLC-Format

Beide Formate haben dasselbe XML-Schema. In RDLC-Dateien können z.B. einige Ausdrücke leer sein, d.h., sie sind nicht sofort bereit um von einem Report Server verarbeitet zu werden. Die fehlenden Werte können beim Öffnen der Datei mittels der SQL Server Version des Report Designers übergeben werden (vorher *.rdlc* zu *.rdl* umbenennen).

HINWEIS   RDL-Dateien werden von der SQL Server Version des Report Designers erzeugt, RDLC-Dateien hingegen von der Visual Studio Version des Report Designers.

Durch das Ausgliedern der Logik für das Anbinden an eine Datenbank oder zum Ausführen von Abfragen ist der *ReportViewer* kompatibel zu allen Datenquellen, also nicht nur zu Datenbanken. Dies hat zur Konsequenz, dass bei Verwendung einer RDL-Datei durch den *ReportViewer* die SQL bezogenen Infos der RDL-Datei einfach ignoriert werden. Es ist Sache der Anwendung, sich mit der Datenbank zu verbinden, Abfragen auszuführen und dem *ReportViewer* die Daten zu übergeben.

Übersicht Datenbindung

In vielen der vorhergehenden Beispiele haben wir Ihnen bereits gezeigt, wie Sie die Daten Ihrer Anwendung an den lokalen Report übergeben. An dieser Stelle möchten wir noch einmal mit einigen Kurzbeispielen auf dieses Thema eingehen, bieten sich doch mittlerweile mit LINQ to SQL bzw. dem Entity Framework sowie Webdiensten und SharePoint-Listen weitere Möglichkeiten.

Anbindung DataSet

Verfügt Ihr Programm bereits über ein DataSet genügt es, wenn Sie im Report (Fenster *Berichtsdaten*) ein neues Report-DataSet erzeugen und dabei auf das bereits vorhandene DataSet verweisen. Alternativ besteht auch die Möglichkeit, ein gänzlich neues DataSet zu erzeugen.

Mit den Daten des Report-DataSets können Sie wie gewohnt den Report entwerfen. Zur Laufzeit ist es jedoch Ihre wichtigste Aufgabe, das DataSet des Reports mit den entsprechenden Daten Ihres Programms zu füllen. Nutzen Sie dazu das Aufgabenmenü des ReportViewers, werden automatisch ein *DataSet*, eine *BindingSource* sowie ein *TableAdapter* im Formular erstellt. Die Datenbindung selbst ist teilweise in der *.Designer.vb*-Datei definiert, was die Übersicht nicht leichter macht. Besser Sie erstellen die Datenbindung auf gewohnte Weise, ohne den Assistenten:

```
Imports Microsoft.Reporting.WinForms
...
    Private Sub Form1_Load(ByVal sender As System.Object, ByVal e As System.EventArgs) _
                    Handles MyBase.Load
```

DataSet erzeugen:

```
    Dim nwDS As New NordwindDataSet()
```

TableAdapter erzeugen:

```
    Dim ta As New NordwindDataSetTableAdapters.ArtikelTableAdapter()
```

Daten ins *DataSet* laden:

```
    ta.Fill(nwDS.Artikel)
```

Daten an den Report übergeben:

```
Me.reportViewer1.LocalReport.DataSources.Add(New ReportDataSource("DataSet1",
                                             CType(nwDS.Artikel, DataTable)))
```

Report auswählen:

```
Me.reportViewer1.LocalReport.ReportEmbeddedResource = "WindowsFormsApplication16.Report1.rdlc"
```

Anzeige:

```
    Me.reportViewer1.RefreshReport()
  End Sub
End Class
```

Alternativ nur mit einer *DataTable*:

```
...
    Dim dt As NordwindDataSet.ArtikelDataTable = New NordwindDataSet.ArtikelDataTable()
    Dim ta As New NordwindDataSetTableAdapters
    ta.ArtikelTableAdapter().Fill(dt)
    Me.ReportViewer1.LocalReport.DataSources.Add(New ReportDataSource("DataSet1",
                                                 CType(dt, DataTable)))
...
```

Anbindung Objekte (LINQ to SQL, Entity Framework, Webdienste)

Wählen Sie im Report (Fenster *Berichtsdaten*, *DataSet hinzufügen*) den Datenquellentyp »Objekt« und suchen Sie in der Liste die gewünschten Entitäten/Klassen aus.

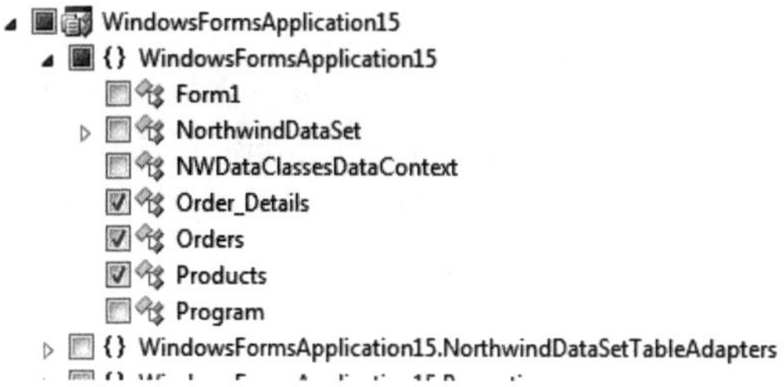

Abbildung 10.70   Auswahl der Objekte

Nachfolgend verfügt Ihr Report über das nötige DataSet und Sie können den Entwurf wie gewohnt realisieren. Bei der späteren Anbindung des Reportviewers mittels Aufgabenmenü wird im Fenster eine *Binding-Source* erzeugt, an die Sie zur Laufzeit Ihre Daten-Objekte binden müssen. Allerdings wird hier wieder einmal der Code vor dem Programmierer versteckt: In der *Form1.Designer.vb*-Datei finden Sie folgende Verbindung zwischen *BindungSource* und *ReportViewer*:

```
...
    reportDataSource1.Name = "DataSet1"
    reportDataSource1.Value = Me.OrdersBindingSource
    Me.reportViewer1.LocalReport.DataSources.Add(reportDataSource1)
    Me.reportViewer1.LocalReport.ReportEmbeddedResource = "WindowsFormsApplication15.Report5.rdlc"
...
```

Das alles sieht nicht nur unschön aus, es ist auch wenig übersichtlich. Verzichten Sie deshalb besser auf die Hilfe des Aufgabenmenüs und weisen Sie dem *ReportViewer* die Eigenschaften zur Laufzeit zu:

```
Private Sub Form1_Load(ByVal sender As System.Object, ByVal e As System.EventArgs) _
                Handles MyBase.Load
```

Datenkontext erzeugen:

```
    Dim db As New NWDataClassesDataContext()
```

Datenquelle für den Report hinzufügen:

```
    ReportViewer1.LocalReport.DataSources.Add(New ReportDataSource("DataSet1", db.Orders))
```

Report zuweisen:

```
    ReportViewer1.LocalReport.ReportEmbeddedResource =
                        "WindowsFormsApplication15.Report5.rdlc"
```

Anzeige:

```
    ReportViewer1.RefreshReport()
End Sub
```

Diese Vorgehensweise dürfte wesentlich übersichtlicher sein als die Stückelei mit der *BindingSource*.

How-to-Beispiele

10.1 ... einen Bericht mit dem Berichtsassistenten erstellen?

Report Designer; Assistent; Templates

In der aktuellen Version des Report-Designers gibt es die Möglichkeit, gleich mittels Assistent einen kompletten Report zu erstellen, ohne sich große Sorgen um Design oder Daten machen zu müssen. Notwendige Anpassungen können Sie selbstverständlich im Anschluss daran vornehmen.

Vorbereitung

Erstellen Sie zunächst ein neues Windows Forms-Projekt und fügen Sie die *Northwind*-Datenbank per Drag & Drop hinzu. Die Frage des Assistenten nach dem Datenmodell beantworten Sie mit »DataSet«.

Im folgenden Dialog wählen Sie lediglich die Tabelle »Artikel« aus:

Abbildung 10.71 Auswahl der Tabelle »Artikel«

Nachfolgend kümmern wir uns um das Erstellen des Reports.

Reportentwurf mit Assistent

Wählen Sie den Menüpunkt *Projekt/HinzufügenNeues Element/Berichts-Assistent*:

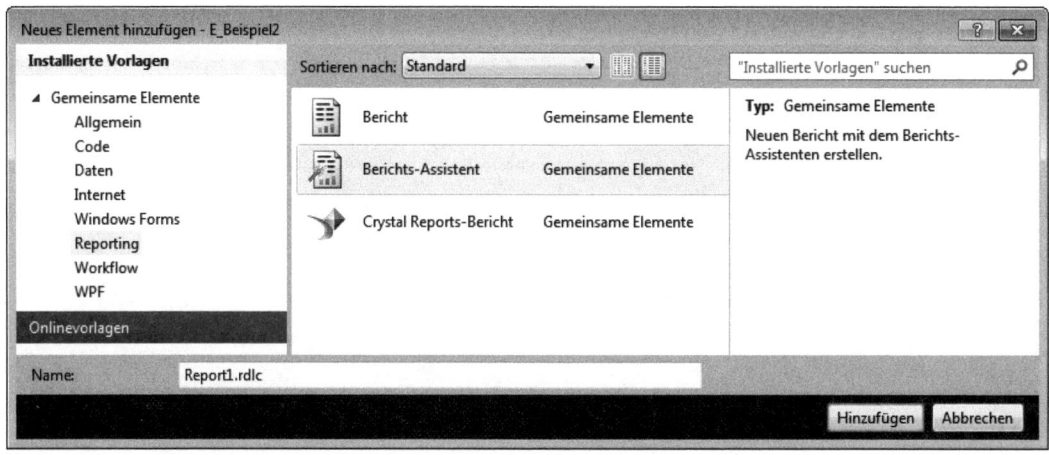

Abbildung 10.72   Neuen Bericht erzeugen

Der erste Schritt ist die Auswahl der Datenbasis für den Report. Wir erstellen an dieser Stelle eine Verbindung zu unserem schon bestehenden DataSet *NordwindDataSet* und der enthaltenen *DataTable Artikel*.

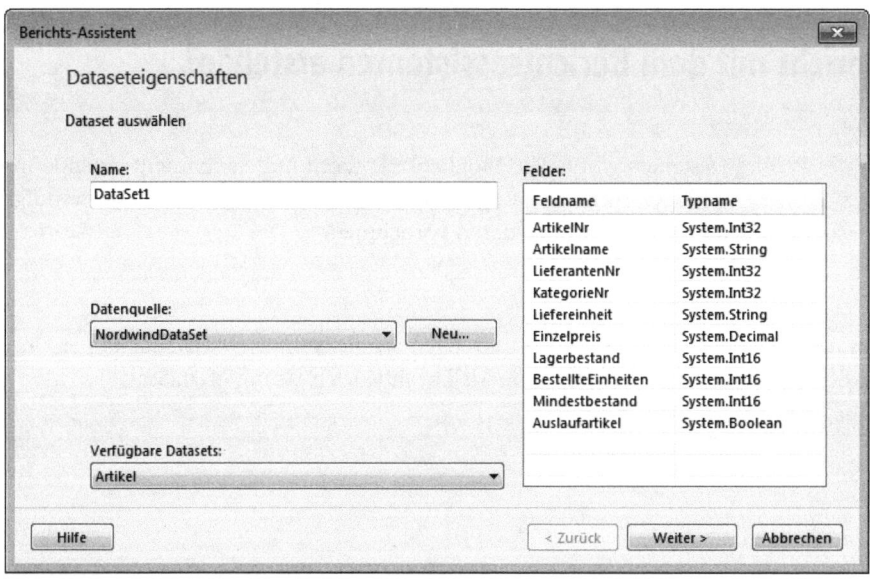

Abbildung 10.73   Auswahl der Datenbasis für den Report

Anschließend steht schon die Zuordnung der Daten an (Abbildung 10.74).

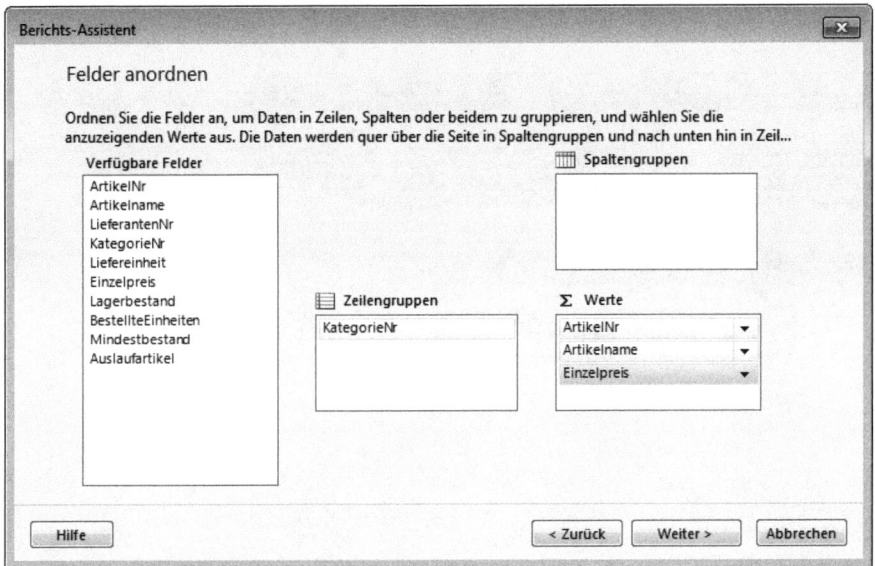

Abbildung 10.74 Zuordnen der Daten

HINWEIS   Ziehen Sie die Felder per Drag & Drop in die gewünschten Listen. Beachten Sie, dass bei *ArtikelNr* und *Einzelpreis* automatisch eine Aggregatfunktion (*Sum*) zugeordnet wird, über das Kontextmenü können Sie diese gleich wieder entfernen.

Der dritte Schritt ermöglicht Ihnen das Anpassen der Gruppierungen (Teilergebnisse und deren Position):

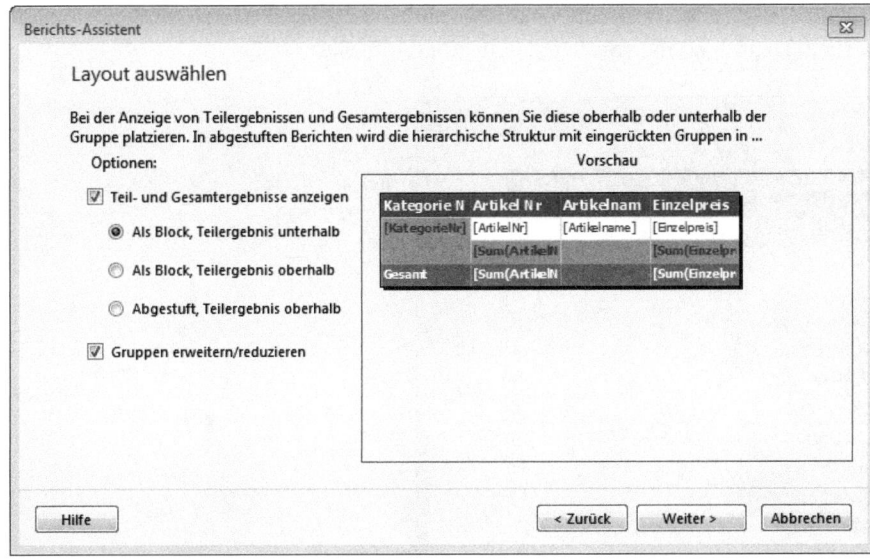

Abbildung 10.75 Anpassen der Gruppierung

Letzter Schritt ist das Zuweisen des Layouts:

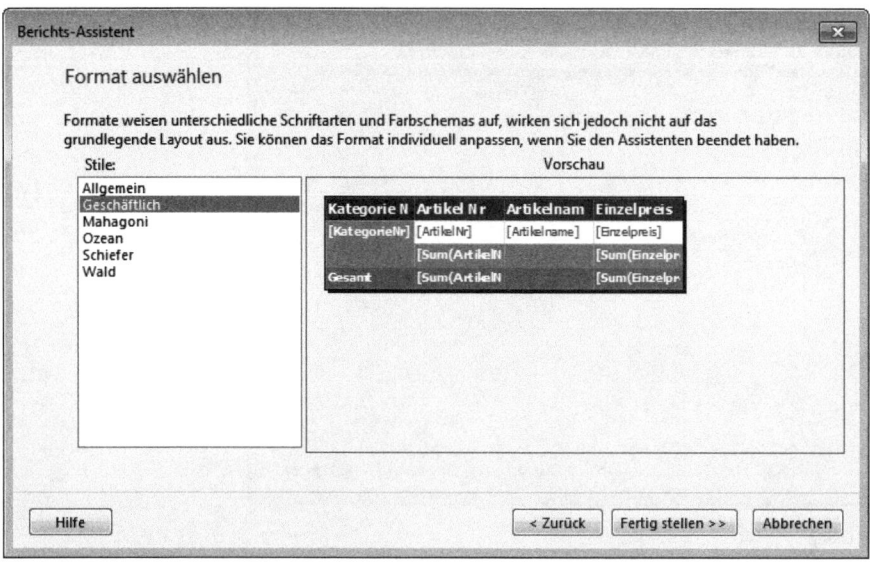

Abbildung 10.76 Layout-Auswahl

Damit ist der Reportentwurf abgeschlossen, Sie können ihn evtl. noch in Bezug auf Spaltenbreiten, Schriftarten etc. anpassen und abschließend speichern.

Anzeige per ReportViewer

Fügen Sie in das Formular eine *ReportViewer*-Komponente ein und weisen Sie dieser per Aufgabenmenü den gerade erstellten Report zu. Danach können Sie bereits Ihr Programm starten.

Abbildung 10.77 Laufzeitansicht.

Die Sichtbarkeit der Gruppendaten lässt sich über die Gruppeneigenschaften (Rubrik *Sichtbarkeit*) ändern. Sollen die Werte innerhalb der Gruppe immer angezeigt werden, wählen Sie die Option *Anzeigen* statt der vom Assistenten festgelegten Option *Ausblenden*.

10.2 ... einen Unterbericht verwenden?

Report Designer: *Liste, Tabelle, SubReport; ReportViewer*-Control: *ReportDataSource*-Objekt, *ReportEmbeddedResource*-Eigenschaft, *RefreshReport*-Methode, *SubreportProcessing*-Ereignis; *TableAdapter*-Control: *Fill*-Methode; Parameterübergabe, Gruppieren und Filtern

Master-Detail-Beziehungen lassen sich mit einem im Hauptbericht eingebetteten Unterbericht darstellen. Wir wollen das am Beispiel der Kunden der Datenbank *Nordwind.mdb* demonstrieren. Zu jedem Kunden sollen die dazugehörigen Bestellungen (ohne Artikeldetails) in einem Unterbericht aufgelistet werden.

Datenquelle erstellen

Ein typisiertes DataSet dient als Datenquelle für den Report. Um ein solches DataSet zu erstellen und mit den Datenbankinhalten zu füllen gibt es verschiedene Möglichkeiten (siehe Einführungsbeispiele dieses Kapitels bzw. DataSet-Kapitel 5).

Im vorliegenden Beispiel soll für die Tabellen *Kunden* und *Bestellungen* jeweils ein *TableAdapter* zum Einsatz kommen was den Vorteil hat, dass flexible SQL-Anweisungen für die Datenbankabfrage möglich sind und dass automatisch Methoden zum Füllen der Tabellen generiert werden.

- Öffnen Sie eine neue Windows-Anwendung mit dem Namen *SubReport*

- Über das Menü *Projekt/Neues Element hinzufügen...* erzeugen Sie eine Vorlage für ein (typisiertes) *DataSet* unter dem Dateinamen *NordwindDataSet.xsd*

- Im DataSet-Designer fügen Sie einen *TableAdapter* hinzu

- Im *TableAdapter-Konfigurations-Assistenten* stellen Sie zunächst eine Datenverbindung zu einer vorhandenen *Nordwind.mdb*-Datenbank her

- Lassen Sie es zu, dass der *NordwindConnectionString* in der Anwendungskonfigurationsdatei gespeichert wird (*OK*-Schaltfläche des Dialogs)

- Tragen Sie die folgende SQL Anweisung ein: *SELECT * FROM Kunden*. Es steht Ihnen aber frei, die Auswahl der Felder zu beschränken

- Als zu generierende Methode wird nur die *Fill*-Methode gebraucht (bei den anderen Methoden Häkchen entfernen)

- Nach Klick auf die Schaltfläche *Fertigstellen* erscheint das *NordwindDataSet* mit der Tabelle *Kunden* im Datenquellen-Fenster

- Fügen Sie im DataSet-Designer auf völlig analoge Weise einen weiteren *TableAdapter* für die Tabelle *Bestellungen* hinzu (*SELECT * FROM Bestellungen* etc.)

- Schließlich sollten Datenquellen-Fenster und DataSet-Designer den folgenden Anblick bieten (falls im DataSet-Designer zwischen beiden Tabellen eine Verbindungslinie/Relation zu sehen ist, können Sie diese löschen):

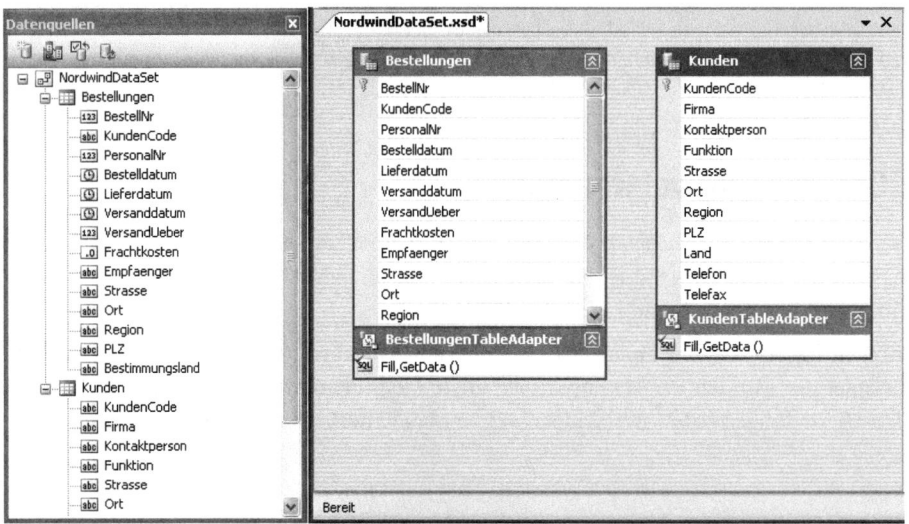

Abbildung 10.78   Datenquellen-Fenster und DataSet-Designer nach Fertigstellen der Datenquelle

Unterbericht entwerfen

Über das Menü *Projekt/Neues Element hinzufügen...* fügen Sie die Vorlage für einen *Bericht* mit dem Dateinamen *Bestellungen.rdlc* hinzu und ziehen von der Toolbox eine *Tabelle* auf die Oberfläche des Report-Designers. Im folgenden Fenster zur Auswahl der Datenquelle wählen Sie bitte unsere bereits erstelltes Data-Set »NordwindDataSet« und dort die DataTable *Bestellungen* als Report-DataSet aus.

Per Drag & Drop ziehen Sie die Felder *Bestelldatum*, *Versanddatum*, *Lieferdatum* und *Frachtkosten* aus dem Fenster *Berichtsdaten* in die mittlere Zeile der *Tabelle* und tragen in die Fußzeile den Ausdruck für die Frachtkostensumme ein.

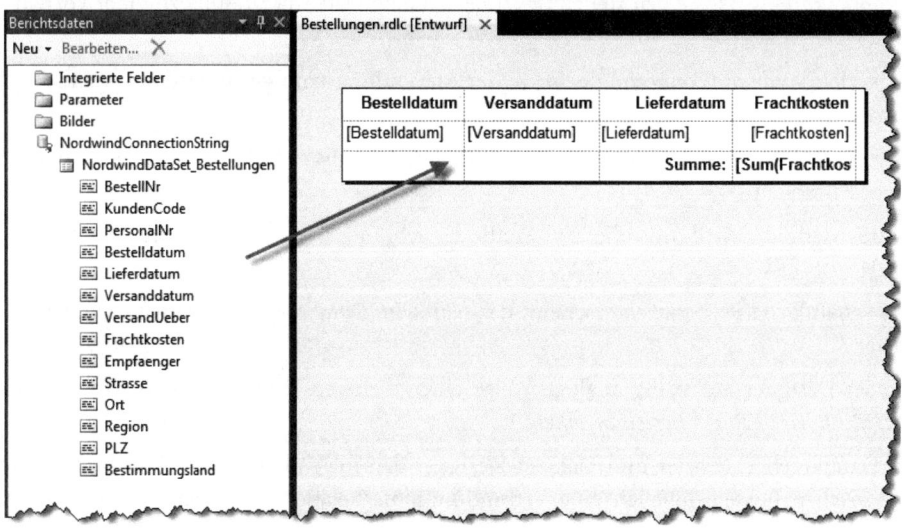

Abbildung 10.79   Entwurfsansicht des Unterberichts

Um eine formatierte Anzeige von Datum und Währung zu erreichen, setzen Sie im Eigenschaftenfenster (F4) die *Format*-Eigenschaft der drei Datumsfelder auf *d* und die der Währungsfelder auf *c*.

Parameter und Filter zum Unterbericht hinzufügen

Dem Unterbericht muss vom Hauptbericht als Parameter der *KundenCode* übergeben werden, damit dieser als Filterbedingung für die anzuzeigenden Bestellungen dienen kann. Über das Fenster *Berichtsdaten* öffnen Sie bitte den entsprechenden Dialog, klicken auf die *Hinzufügen*-Schaltfläche und tragen den Namen (*KundenCode*) des Parameters und den Datentyp (*Text*) ein.

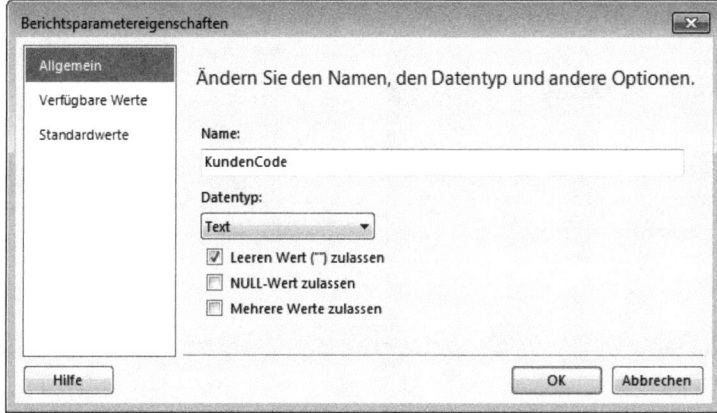

Abbildung 10.80 Der Parameter
KundenCode wird hinzugefügt

Über das Eigenschaftenfenster der Tabelle (F4) öffnen Sie den *Filter*-Dialog. Die Auswahlbox hilft Ihnen beim Einstellen des links stehenden Ausdrucks (=*Fields!KundenCode.Value*), während Sie den rechts stehenden Wert (=*Parameters!KundenCode.Value*) selbst eintragen müssen.

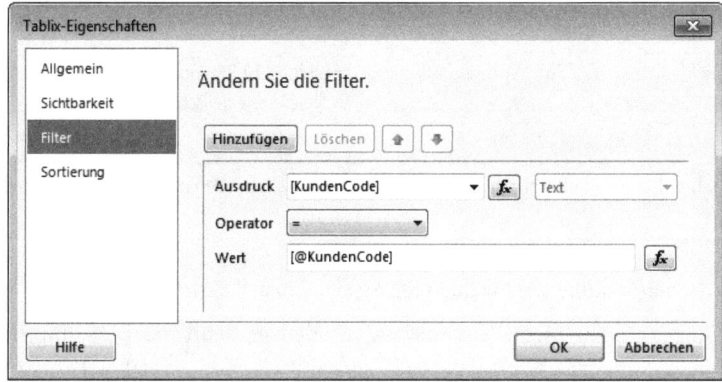

Abbildung 10.81 Filterbedingung zuweisen

Hauptbericht entwerfen

Über das Menü *Projekt/Neues Element hinzufügen...* fügen Sie die Vorlage für einen weiteren *Bericht* mit dem Dateinamen *Kunden.rdlc* hinzu und ziehen von der Toolbox eine *Liste* auf die Oberfläche des Report-Designers. Als Datenbasis dient uns in diesem Fall ebenfalls das DataSet *NordwindDataSet*, Data Table ist in diesem Fall jedoch *Kunden*.

In der *Liste* platzieren Sie bitte drei *Textfeld*er und einen *Unterbericht*.

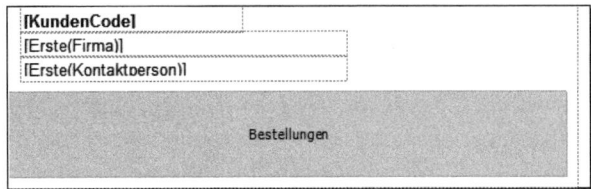

Abbildung 10.82 Entwurfsansicht des Hauptberichts mit eingebettetem Unterbericht

Klicken Sie im Bereich *Zeilengruppen* auf die vorhandene Gruppe und rufen Sie über das Kontextmenü den Dialog *Gruppeneigenschaften* auf. Geben Sie hier den Gruppierausdruck *=Fields!KundenCode.Value* ein.

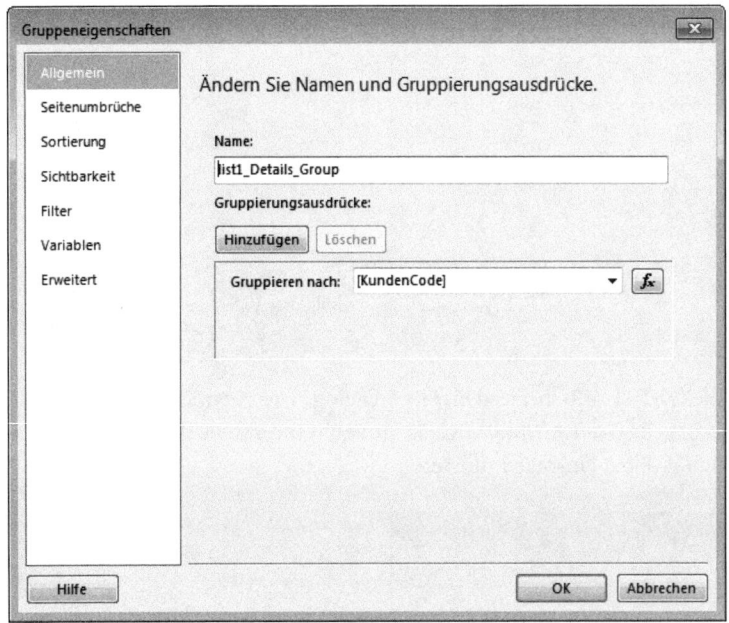

Abbildung 10.83 Einstellen der Gruppierungseigenschaften

HINWEIS   Vergessen Sie nicht, das Häkchen bei »Seitenumbruch am Ende« zu setzen, damit jede Gruppierung auf einer neuen Seite beginnen kann.

Im Eigenschaftenfenster (F4) des Unterberichts *subReport1* wählen Sie *ReportName = Bestellungen*.

Bis jetzt »weiß« der Unterbericht *subReport1* noch nicht, für welchen Kunden er denn die Bestellungen anzeigen soll. Dazu muss ihm der aktuelle *KundenCode* als Parameter übermittelt (d.h. zu seiner *Parameters*-Auflistung hinzugefügt) werden.

Klicken Sie auf *Parameter* im Eigenschaftenfenster (F4). Im zugehörigen Dialog tragen Sie den Parameternamen (*KundenCode*) und den Parameterwert (*=Fields!KundenCode.Value*) ein.

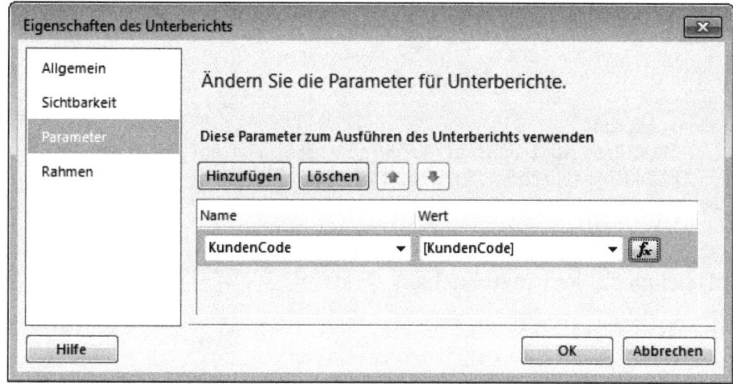

Abbildung 10.84 Dialog zur Übergabe der Parameterliste an den Unterbericht

ReportViewer anbinden

Bis jetzt sind wir ohne eine einzige Codezeile ausgekommen. Das ändert sich aber, nachdem wir eine *ReportViewer*-Komponente auf das Startformular *Form1* gesetzt haben. Aus gutem Grunde rühren wir diesmal das Aufgaben-Menü des *ReportViewers* nicht an, denn die automatisch generierten Komponenten zur Datenbindung wären einerseits unvollständig und würden andererseits nur für Verwirrung sorgen. Stattdessen werden wir den *ReportViewer* komplett per Handarbeit anbinden.

Der Code von *Form1*:

```
...
Imports Microsoft.Reporting.WinForms
```

Der Zugriff auf die automatisch generierten *TableAdapter*-Klassen ist nur über deren eigenen Namespace möglich:

```
Imports NordwindDataSetTableAdapters

Public Class Form1
```

Eine globale Instanz unseres typisierten DataSets erzeugen, die allerdings noch leer ist:

```
    Private nwDS As New NordwindDataSet()
```

Beim Laden von *Form1* gibt es allerhand zu tun:

```
    Private Sub Form1_Load(ByVal sender As Object, ByVal e As EventArgs)  Handles MyBase.Load
```

Anmelden eines Eventhandlers für das *SubReportProcessing*-Ereignis, in welchem die Report-Datenquelle für den Unterbericht dynamisch zugewiesen wird:

```
        AddHandler ReportViewer1.LocalReport.SubreportProcessing,
                                AddressOf LocalReport_SubreportProcessing
```

Beide *TableAdapter* instanziieren und Tabellen des typ. DataSets aus der Datenbank füllen:

```
        Dim kta As New NordwindDataSetTableAdapters.KundenTableAdapter()
        kta.Fill(nwDS.Kunden)

        Dim bta As New NordwindDataSetTableAdapters.BestellungenTableAdapter()
```

```
        bta.Fill(nwDS.Bestellungen)
```

ReportViewer mit Reportdatenquelle und Reportressource verbinden:

```
        ReportViewer1.LocalReport.DataSources.Add(
                                         New ReportDataSource("NordwindDataSet_Kunden", nwDS.Kunden))
        ReportViewer1.LocalReport.ReportEmbeddedResource = "SubReport.Kunden.rdlc"
        ReportViewer1.RefreshReport()
    End Sub
```

Der Eventhandler für das Zuweisen der Datenquelle des Unterberichts:

```
    Private Sub LocalReport_SubreportProcessing(ByVal sender As Object,
                                                ByVal e As SubreportProcessingEventArgs)

        e.DataSources.Add(New ReportDataSource("NordwindDataSet_Bestellungen", nwDS.Bestellungen))
    End Sub

End Class
```

Test

Beim Durchblättern der Kunden erscheinen im Unterbericht alle vom Kunden aufgegebenen Bestellungen sowie die Frachtkosten.

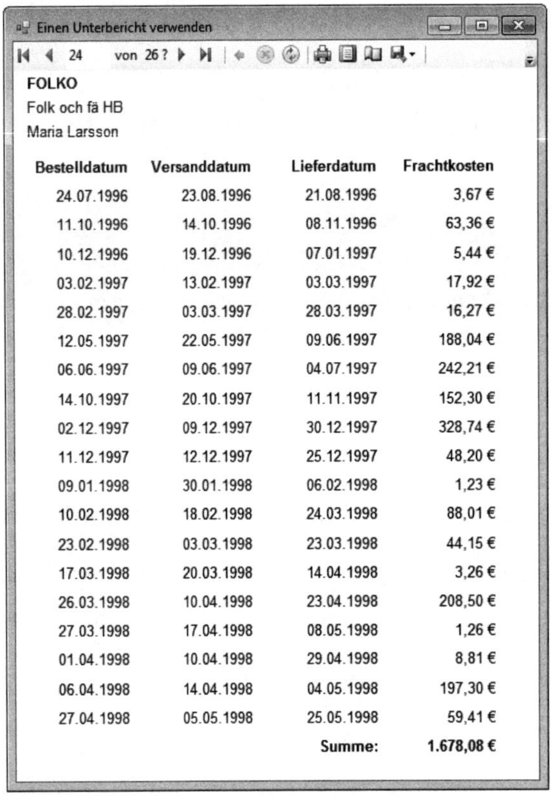

Bestelldatum	Versanddatum	Lieferdatum	Frachtkosten
24.07.1996	23.08.1996	21.08.1996	3,67 €
11.10.1996	14.10.1996	08.11.1996	63,36 €
10.12.1996	19.12.1996	07.01.1997	5,44 €
03.02.1997	13.02.1997	03.03.1997	17,92 €
28.02.1997	03.03.1997	28.03.1997	16,27 €
12.05.1997	22.05.1997	09.06.1997	188,04 €
06.06.1997	09.06.1997	04.07.1997	242,21 €
14.10.1997	20.10.1997	11.11.1997	152,30 €
02.12.1997	09.12.1997	30.12.1997	328,74 €
11.12.1997	12.12.1997	25.12.1997	48,20 €
09.01.1998	30.01.1998	06.02.1998	1,23 €
10.02.1998	18.02.1998	24.03.1998	88,01 €
23.02.1998	03.03.1998	23.03.1998	44,15 €
17.03.1998	20.03.1998	14.04.1998	3,26 €
26.03.1998	10.04.1998	23.04.1998	208,50 €
27.03.1998	17.04.1998	08.05.1998	1,26 €
01.04.1998	10.04.1998	29.04.1998	8,81 €
06.04.1998	14.04.1998	04.05.1998	197,30 €
27.04.1998	05.05.1998	25.05.1998	59,41 €
		Summe:	**1.678,08 €**

Abbildung 10.85 Der Report mit Unterbericht zur Laufzeit

10.3 ... eine Rechnung anzeigen?

ReportViewer-Control: *LocalReport.DataSources*-Auflistung, *RefreshReport*-Methode; Report-Designer: *Liste*, *Tabelle*; *TableAdapter*-Control: *Fill*-Methode; SQL: INNER JOIN

Die Ausgabe von Rechnungen gehört wohl mit zu den häufigsten Aufgaben, die ein Report erfüllen muss. Wir wollen dies anhand einer abgespeckten Version der Datenbank *Nordwind.mdb* demonstrieren.

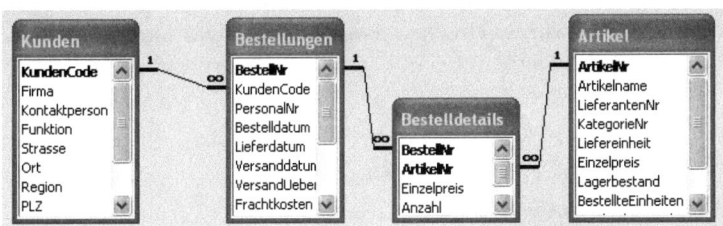

Abbildung 10.86 Datenbankstruktur

Wie die Abbildung zeigt, sind an unserem Report vier Tabellen beteiligt, denn auf der Rechnung sollen die Anschrift des Kunden, Bestellnummer und Bestelldatum sowie die Bestelldetails (Artikelname, Einzelpreis, ...) erscheinen.

Die nahe liegende Idee, es wie im Vorgängerbeispiel mit einem Unterbericht zu versuchen, scheitert an der miserablen Performance dieser Lösung, denn es dauerte einfach viel zu lange, bis ein solcher Report »zu Stuhle« kommt, da jede Menge interner Datenverarbeitung durchzuführen ist (Verknüpfen von vier Tabellen!).

Also versuchen wir es diesmal mit einer eingebetteten Datenregion, die auf ein einziges DataSet zugreift, wobei wir die Datenselektion durch eine SQL-Anweisung bereits im Vorfeld erledigen, sodass sich der Report auf seine eigentliche Aufgabe, die Anzeige der Daten, beschränken kann.

Datenquelle erstellen

Nicht nur hier werden Sie feststellen, dass es viele Analogien zum Vorgängerbeispiel gibt. Allerdings arbeiten wir nicht mit zwei, sondern nur mit einer Tabelle nebst zugehörigem *TableAdapter*.

- Öffnen Sie ein neues Projekt *Rechnung* vom Typ Windows-Anwendung und fügen Sie über *Projekt/ Neues Element hinzufügen...* ein *DataSet* unter dem Dateinamen *NordwindDataSet.xsd* hinzu

- Im DataSet-Designer fügen Sie einen *TableAdapter* mit dem Namen *Rechnungen* hinzu

- Im *TableAdapter-Konfigurations-Assistenten* stellen Sie zunächst eine Datenverbindung zu einer vorhandenen *Nordwind.mdb*-Datenbank her

- Tragen Sie die folgende SQL Anweisung ein (für das Verständnis sind die Kenntnisse des SQL-Kapitels 3 unabdingbar, denn diese mit INNER JOINs gespickte Abfrage erstreckt sich über vier Tabellen!):

```
SELECT
    Bestellungen.Empfaenger, Bestellungen.Strasse, Bestellungen.Ort, Bestellungen.PLZ,
    Bestellungen.KundenCode, Bestellungen.BestellNr, Bestellungen.Bestelldatum,
    Kunden.Firma, Kunden.Strasse, Kunden.Ort, Kunden.PLZ,
    Bestelldetails.ArtikelNr, Bestelldetails.Einzelpreis, Bestelldetails.Anzahl,
    Artikel.Artikelname
```

```
FROM Kunden INNER JOIN (Bestellungen INNER JOIN
    (Artikel INNER JOIN
        Bestelldetails ON Artikel.ArtikelNr = Bestelldetails.ArtikelNr) ON Bestellungen.BestellNr
        = Bestelldetails.BestellNr) ON Kunden.KundenCode = Bestellungen.KundenCode
```

- Als zu generierende Methode brauchen wir nur die *Fill*-Methode (bei den anderen Methoden Häkchen entfernen)

- Nach dem Klick auf die Schaltfläche *Fertigstellen* erscheint das *NordwindDataSet* mit der Tabelle *Rechnungen* im Datenquellen-Fenster, außerdem wurde ein *RechnungenTableAdapter* (inklusive *Fill*-Methode) erzeugt, der bereit ist, die Tabelle *Rechnungen* mit dem Ergebnis der zugrundeliegenden SQL-Datenbankabfrage zu füllen

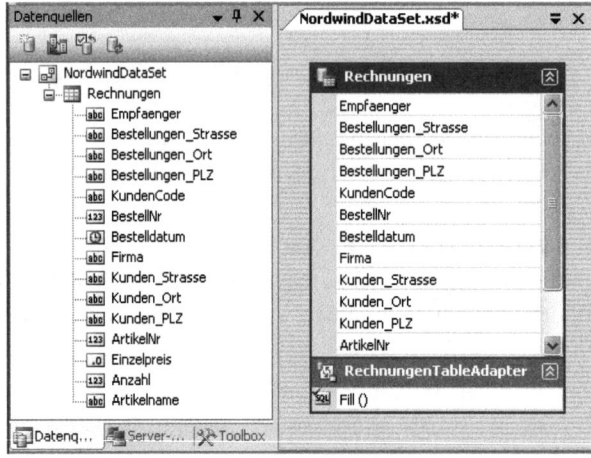

Abbildung 10.87 Datenquellen-Fenster und DataSet-Designer

Report entwerfen

- Über das Menü *Projekt/Neues Element hinzufügen...* erzeugen Sie eine *Bericht*-Vorlage mit dem Dateinamen *Rechnung.rdlc*.

- Setzen Sie eine *Liste* auf den Report. In diesem Zusammenhang können Sie bereits per Assistent die Verbindung zum gerade erstellten DataSet mit der *DataTable Rechnungen* herstellen. Die entsprechenden Felder sind nachfolgend per Berichtsdaten-Fenster verfügbar.

- Wählen Sie im Bereich *Zeilengruppen* die vorhandene Gruppe und legen Sie per Kontextmenü die Gruppeneigenschaften fest. Wählen Sie als Gruppierungsausdruck *Fields!BestellNr.Value* (Abbildung 10.88).

HINWEIS   Vergessen Sie auch nicht, in der Rubrik *Seitenumbrüche* das Häkchen für Seitenumbruch bei »Zwischen den einzelnen Instanzen einer Gruppe« zu setzen!

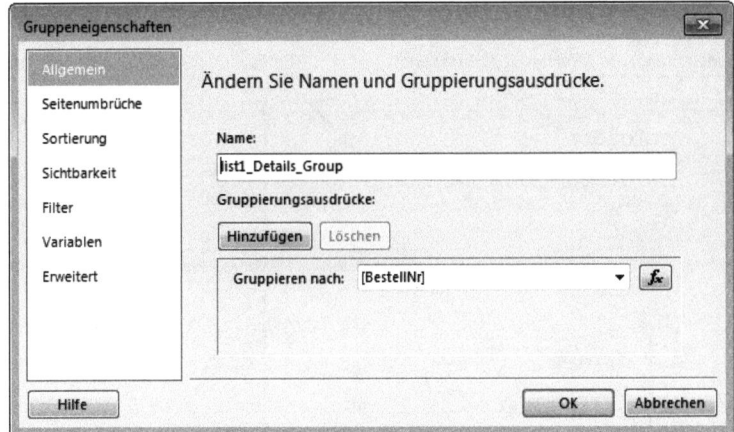

Abbildung 10.88 Gruppeneigenschaften festlegen

- Im oberen Teil der *Liste* ist Platz für *Textfeld*er mit der Überschrift (»Rechnung«) und dem aktuellen Datum (Kontextmenü *Ausdruck.../Allgemeine Funktionen/Datum und Uhrzeit*). Damit die lästigen Sekunden verschwinden, setzen Sie die *Format*-Eigenschaft des betreffenden Textfeldes auf »d«. Darunter finden mehrere gebundene *Textfeld*er ihren Platz. Öffnen Sie das Berichtsdatenfenster und ziehen Sie per Drag & Drop die benötigten Kundeninformationen aus den Feldern *Firma* und *Kunden_Strasse* der *Rechnungen*-Tabelle in die entsprechenden Textfelder. Ergänzen Sie gegebenenfalls die *First*-Funktion per Hand.

- Den Inhalt des Textfelds für *Kunden_PLZ* und *Kunden_Ort* können Sie direkt per Hand oder aber mit Hilfe des Ausdrucks-Editors eintragen. Die erforderliche Syntax bedarf wohl keiner weiteren Erklärungen. Die im mittleren Teil befindlichen Textfelder für *BestellNr* und *Bestelldatum* werden auf analoge Weise besetzt.

- Platzieren Sie im unteren Teil der *Liste* eine *Tabelle*, welche als Datenregion für die Bestelldetails fungiert und ziehen Sie aus dem Datenquellen-Fenster die Felder *Artikelname*, *Einzelpreis* und *Anzahl* auf die mittlere Zeile.

- Fügen Sie über das Kontextmenü der Tabelle eine weitere Spalte *Preis* hinzu und belegen Sie das Detailfeld mit dem Ausdruck »*=Fields!Einzelpreis.Value * Fields!Anzahl.Value*«. Dem Summenfeld in der Fußzeile weisen Sie den Ausdruck »*=Sum(Fields!Einzelpreis.Value * Fields!Anzahl.Value)*« zu.

- Formatieren Sie die Tabellenzeilen nach Bedarf (*Font*- und *BackgroundColor*-Eigenschaft. Eine *Euro*-Anzeige der Währungsfelder erreichen Sie durch Zuweisen der Formateigenschaft »c«.

- Öffnen Sie das Startformular *Form1* in der Entwurfsansicht und setzen Sie eine *ReportViewer*-Komponente (*Daten*-Seite der Toolbox) auf das Formular. Über den Smart Tag (*ReportViewer-Aufgaben*) wählen Sie den Bericht aus (*Rechnung.Rechnung.rdlc*) und lassen den *ReportViewer* an das Formular andocken.

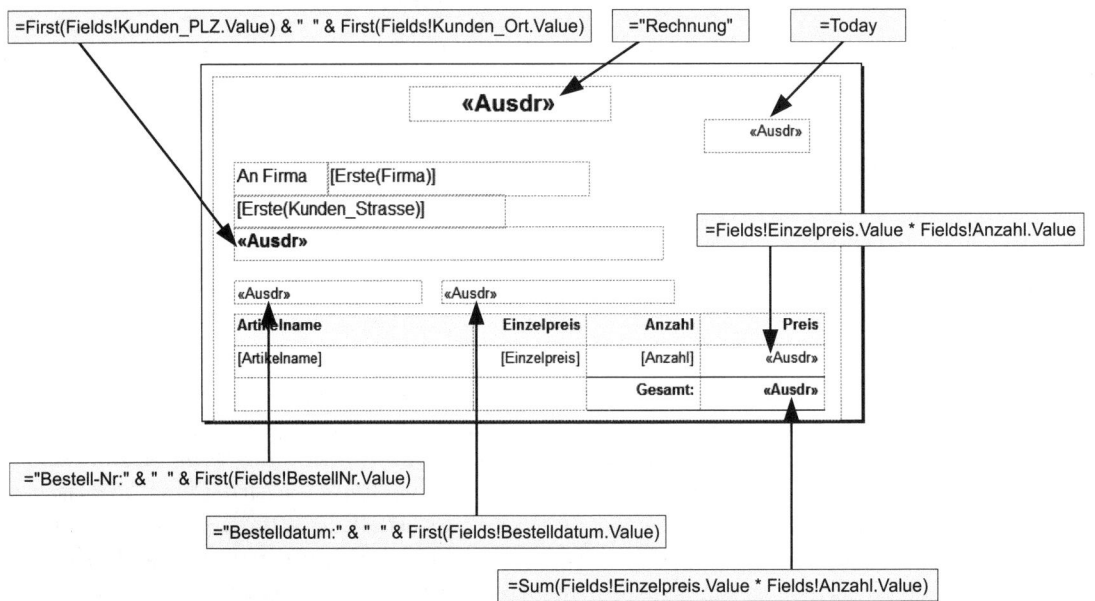

=First(Fields!Kunden_PLZ.Value) & " " & First(Fields!Kunden_Ort.Value)   ="Rechnung"   =Today

«Ausdr»

«Ausdr»

An Firma   [Erste(Firma)]
[Erste(Kunden_Strasse)]
«Ausdr»

=Fields!Einzelpreis.Value * Fields!Anzahl.Value

«Ausdr»   «Ausdr»

Artikelname	Einzelpreis	Anzahl	Preis
[Artikelname]	[Einzelpreis]	[Anzahl]	«Ausdr»
		Gesamt:	«Ausdr»

="Bestell-Nr:" & " " & First(Fields!BestellNr.Value)

="Bestelldatum:" & " " & First(Fields!Bestelldatum.Value)

=Sum(Fields!Einzelpreis.Value * Fields!Anzahl.Value)

Abbildung 10.89   Entwurfsansicht des in eine Liste eingebetteten Reports mit den zugehörigen Ausdrücken

Jetzt dürfen Sie sich entspannt zurücklehnen, denn der *ReportViewer* erledigt automatisch alle für die Datenbindung erforderlichen Restaufgaben (siehe Komponentenfach).

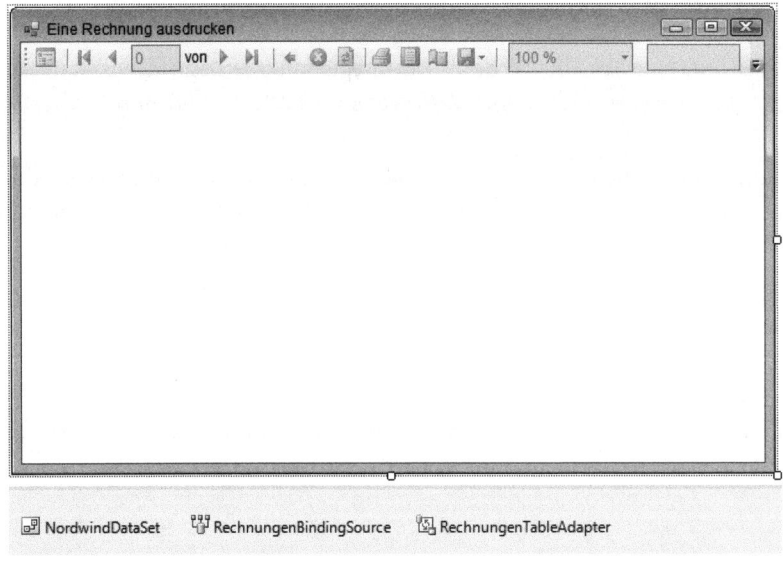

NordwindDataSet   RechnungenBindingSource   RechnungenTableAdapter

Abbildung 10.90   Entwurfsansicht des *ReportViewers* mit den automatisch generierten Komponenten

Test

Ohne dass wir eine einzige Zeile VB-Quellcode geschrieben haben, liegt bereits eine fertige Anwendung vor die in der Lage ist, die Rechnungen für alle Kunden von *Nordwind.mdb* anzuzeigen und fein säuberlich auszudrucken.

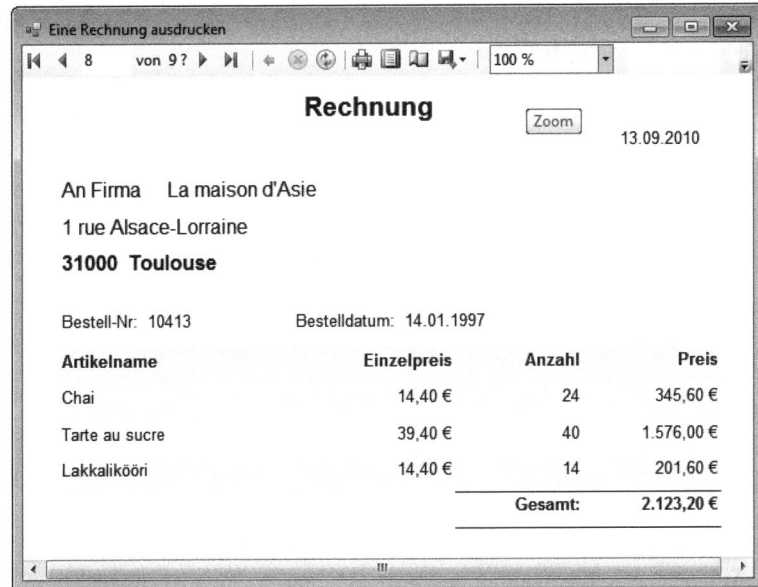

Abbildung 10.91 Laufzeitansicht des Reports

Bemerkungen

- Um den Preis einer ziemlich aufwändigen SQL-Abfrage haben wir den Report-Entwurf gegenüber der Verwendung eines *Unterberichts* deutlich vereinfacht und die Geschwindigkeit des Reportaufbaus drastisch gesteigert.

- Um die Übersichtlichkeit nicht zu gefährden, haben wir die Funktionalität des Reports auf ein Minimum beschränkt. Sinnvoll wäre z.B. die Einführung von Parametern in der SQL-Anweisung, welche die Nummern oder den Zeitraum der Rechnungen einschränken.

- Anstatt einer *Tabelle* als eingebettete Datenregion hätten wir auch eine zweite *Liste* nehmen können, was allerdings wegen der vielen einzeln hinzuzufügenden *Textfeld*er etwas mehr Aufwand erfordert hätte.

- Würden wir die Datenbindung nicht über das Aufgaben-Menü des *ReportViewer*s erledigen lassen sondern komplett selbst in die Hand nehmen, hielte sich der zusätzliche Aufwand in Grenzen und hätte darüber hinaus den Vorteil der Transparenz:

```
Imports Microsoft.Reporting.WinForms

Public Class Form1
    Dim nwDS As New NordwindDataSet()

    Private Sub Form1_Load(ByVal sender As Object, ByVal e As EventArgs) Handles MyBase.Load
        Dim rta As New NordwindDataSetTableAdapters.RechnungenTableAdapter()
        rta.Fill(nwDS.Rechnungen)
```

```
            ReportViewer1.LocalReport.DataSources.Add(
                        New ReportDataSource("NordwindDataSet_Rechnungen", nwDS.Rechnungen))
            ReportViewer1.LocalReport.ReportEmbeddedResource = "Rechnung.Rechnung.rdlc"
            ReportViewer1.RefreshReport()
    End Sub
End Class
```

10.4   ... das Drillthrough-Event behandeln?

ReportViewer-Control: *ReportDataSource*-Objekt, *Drillthrough*-Ereignis; Master-/Detail-Report; Report-parameter

Um Master- und Detail-Report mit Drillthrough-Funktionalität auszustatten, sind folgende Schritte erforderlich:

- Vorbereitung des Detail-Reports (Übergabeparameter definieren und einbauen)

- Vorbereitung des Master-Reports (Hyperlinkaktion einbauen, Parameter übergeben)

- *ReportViewer* mit Master-Report verbinden (Report-Datei und Report-Datenquelle zuweisen)

- *Drillthrough*-Event des *ReportViewers* auswerten (Datenquelle für Detail-Report zuweisen)

Wir wollen diese Schritte anhand eines Beispielprojekts erklären, welches die lokalen Reports *Kunden.rdlc* und *Bestellungen.rdlc* enthält. Beim Klick auf den Kundencode im *Kunden*-Bericht soll sich automatisch der *Bestellungen*-Bericht öffnen und die Bestellungen des Kunden anzeigen.

> **HINWEIS**   Datenbasis dieses Beispiels ist eine aus *Nordwind.mdb* gespeiste Datenquelle *NordwindDataSet* mit den Tabellen *Kunden* und *Bestellungen,* deren Erzeugung keine Besonderheiten bietet und auf die wir deshalb hier nicht näher eingehen wollen (siehe Begleitdateien).

Detail-Report vorbereiten

Der Detail-Report wird unabhängig vom Master-Report entworfen, wobei meistens ein oder mehrere Parameter einzubauen sind, die beim Aufruf vom Master-Report übergeben werden. In unserem Beispiel ist *Bestellungen.rdlc* der Detail-Report, der über einen Parameter *prmKuCode* verfügt. Der Parameter wird für die Überschrift und zum Filtern der Datenmenge verwendet (siehe dazu »Einbau von Parametern in den Berichtsentwurf« Seite 708).

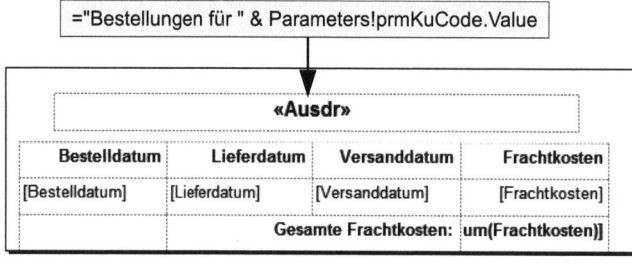

Abbildung 10.92   Detail-Report mit einem Parameter (Entwurfsansicht)

Master-Report vorbereiten

Damit ein Feld im Master-Report für Mausklicks sensibilisiert werden kann, muss eine *Hyperlinkaktion* eingefügt werden. Öffnen Sie dazu über das *Eigenschaften*-Kontextmenü den Dialog *Textfeldeigenschaften*.

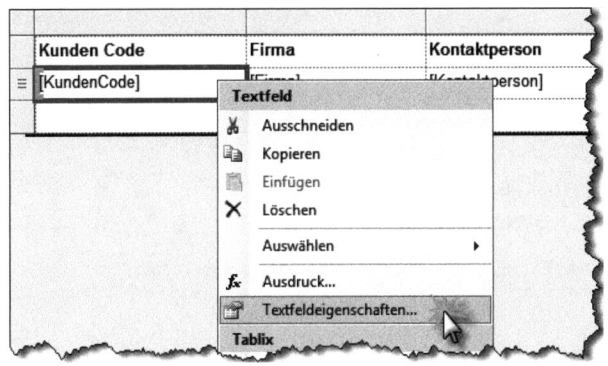

Abbildung 10.93 Entwurfsansicht des Master-Reports und Aufruf des Eigenschaftendialogs für das Hyperlink-Feld

Wählen Sie die Registerseite *Aktion* und setzen Sie die Option *Gehe zu Bericht*. Geben Sie in das Textfeld *Bestellungen* ein:

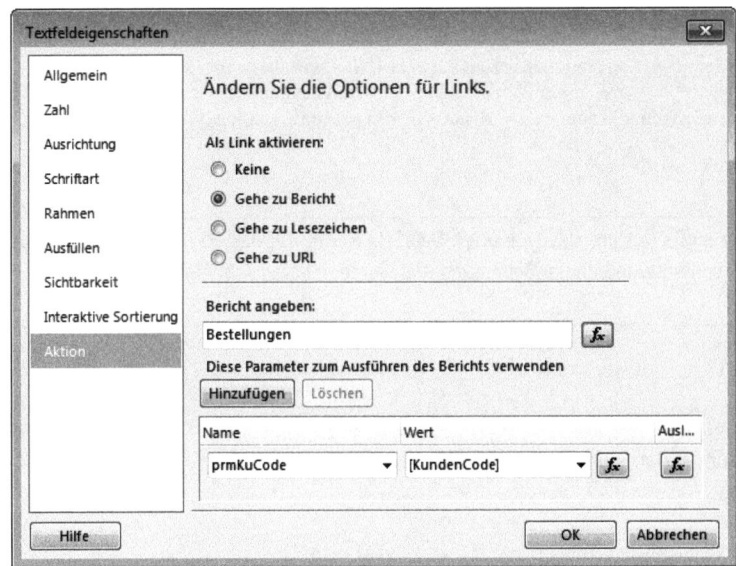

Abbildung 10.94 Auswahl des Detailberichts

Fügen Sie weiterhin den zu übergebenden Parameter hinzu (siehe obige Abbildung). In unserem Beispiel verfügt der Bericht *Bestellungen* nur über den Parameter *prmKuCode* dem hier der Wert *Fields!KundenCode.Value* des *Kunden*-Berichts zugewiesen wird.

ReportViewer mit Master-Report verbinden

Die Verbindung des *ReportViewer*-Controls mit dem Master-Report unterscheidet sich nicht von der herkömmlichen Verfahrensweise (siehe fettgedruckte Passagen im folgenden Code).

> **HINWEIS**   Der Code verzichtet auf Assistentendienste (das Aufgaben-Menü des *ReportViewers* bleibt unangetastet)!

```
Imports Microsoft.Reporting.WinForms
Imports NordwindDataSetTableAdapters

Public Class Form1
```

Die globale Datenquelle instanziieren:

```
    Private nwDS As New NordwindDataSet()
```

Die weiteren Vorbereitungen werden beim Laden des Formulars erledigt:

```
    Private Sub Form1_Load(ByVal sender As Object, ByVal e As EventArgs) Handles MyBase.Load
```

DataSet aus Datenbank befüllen:

```
        Dim kta As New KundenTableAdapter()
        kta.Fill(nwDS.Kunden)
        Dim bta As New BestellungenTableAdapter()
        bta.Fill(nwDS.Bestellungen)
```

Master-Report mit *ReportViewer* verbinden und anzeigen:

```
        ReportViewer1.LocalReport.DataSources.Add(New ReportDataSource("NordwindDataSet_Kunden",
                                                          nwDS.Kunden))
        ReportViewer1.LocalReport.ReportEmbeddedResource = "WindowsApplication1.Kunden.rdlc"
        ReportViewer1.RefreshReport()
    End Sub
```

> **HINWEIS**   Das Befüllen der Datenquelle *nwDS* (Instanz des typisierten DataSets *NordwindDataSet*) mit den Inhalten aus *Nordwind.mdb* ist im Kontext dieses Beispiels von untergeordneter Bedeutung und wurde mit zwei *TableAdapter*-Komponenten realisiert.

Drillthrough-Event auswerten

Erst jetzt – also ganz zum Schluss – kommen wir zur Auswertung des *Drillthrough*-Events. Über die Ereignisliste des *ReportViewer*-Controls lassen wir uns den Rahmencode erzeugen. Der Zielreport wird im *DrillthroughEventArgs*-Argument übergeben.

```
    Private Sub ReportViewer1_Drillthrough(ByVal sender As Object, ByVal e As _
            Microsoft.Reporting.WinForms.DrillthroughEventArgs) Handles ReportViewer1.Drillthrough

        Dim locRep As LocalReport = CType(e.Report, LocalReport)
        locRep.DataSources.Add(New ReportDataSource("NordwindDataSet_Bestellungen", nwDS.Bestellungen))
    End Sub
End Class
```

Test

Nach dem Programmstart erscheint zunächst nur der Master-Bericht. Fahren Sie mit der Maus über den Report, so ändert sich die Gestalt des Mauszeigers, sobald er sich über einem *KundenCode*-Feld befindet.

Nach dem Klick auf einen bestimmten *KundenCode* erscheint der Detailbericht im *ReportViewer*.

HINWEIS   Die Rückkehr zum übergeordneten Report ist durch Klick auf den kleinen Pfeil in der Mitte der Navigatorleiste des *ReportViewers* möglich!

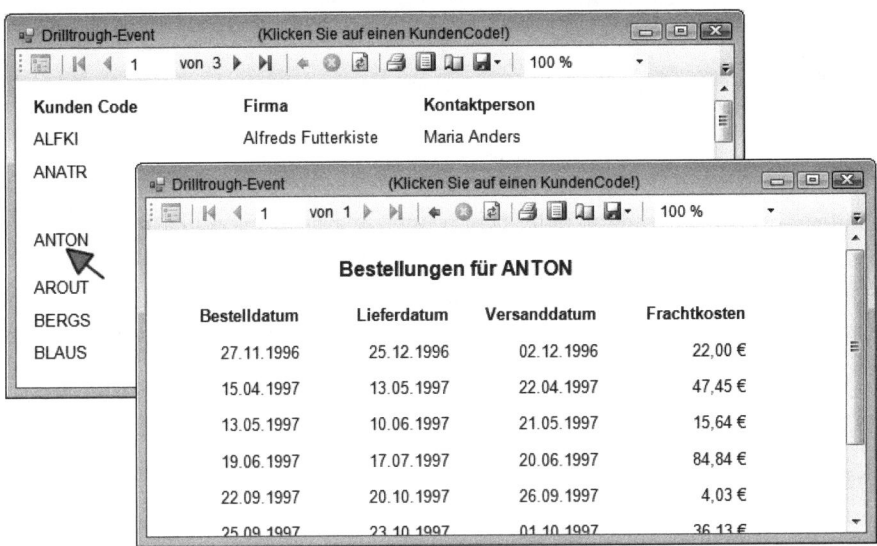

Abbildung 10.95 Laufzeitansichten der mittels »Drilltrough« verbundenen Master- und Detail-Reports

HINWEIS   Den kompletten Code finden Sie in den Begleitdateien!

10.5 ... auf eine benutzerdefinierte Assembly zugreifen?

ReportViewer-Control: *LocalReport.ReportPath*-Eigenschaft, *DateTime*-Klasse: *AddDays*-Methode; *Table-Adapter*-Objekt: *Fill*-Methode; Berichtseigenschaften-Dialog; Assembly; *AddFullTrustModuleInSandboxApp-Domain*-Methode;

Normalerweise schreiben Sie den Code, der in Berichtsausdrücken verwendet wird, im Ausdrucks-Editor oder im winzigen *Code*-Fenster des Report Designers (Menü *Bericht/Berichtseigenschaften/Code*, siehe auch Seite Abschnitt »Hinzufügen von benutzerdefiniertem Code« Seite 715). Wollen Sie aber umfangreichere Funktionen programmieren, so sehnen Sie sich nach dem vertrauten Komfort von Visual Studio zurück.

Als Lösung empfiehlt sich das Auslagern des Codes in eine benutzerdefinierte Assembly, welche nicht nur in Visual Basic, sondern auch in C# (oder in jeder anderen .NET-Programmiersprache) erstellt werden kann. Im Bericht wird dann ein Verweis auf diese Assembly eingerichtet, sodass in Ausdrücken direkt darauf zuge-griffen werden kann. In diesem Beispiel wollen wir das anhand der Berechnung von Reisespesen (Verpfle-gungspauschale) demonstrieren.

Datenbank und Datenquelle

Als Datenbasis dient eine auf das Notwendigste reduzierte Tabelle *Reisen* einer Access-Datenbank *Freiberufler.mdb,* in welche wir einige Beispieldatensätze eintragen.

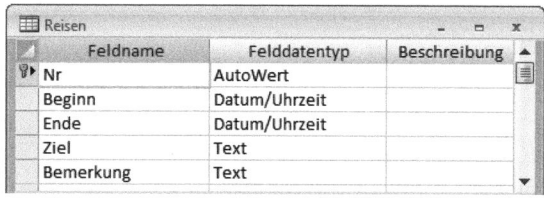

Abbildung 10.96   Tabellenstruktur

Öffnen Sie eine neue Windows Forms-Anwendung unter dem Namen *SpesenDemo* und ergänzen Sie diese über das Menü *Projekt/Neues Element hinzufügen...* um ein *DataSet* mit dem Namen *FreiberDataSet.*

Im DataSet-Designer erzeugen Sie mit Assistentenhilfe einen *TableAdapter* nebst *Fill*-Methode, den Sie mit der Tabelle *Reisen* verbinden (erlauben Sie es auch diesmal, dass *Freiberufler.mdb* in das Anwendungsverzeichnis kopiert wird, das kann nie schaden).

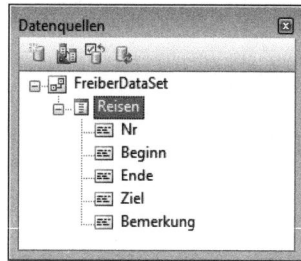

Abbildung 10.97   Die Datenquelle des Beispiels

Assembly anfertigen

Fügen Sie über das Menü *Datei/Hinzufügen/Neues Projekt...* eine Klassenbibliothek (DLL) mit dem Namen *Spesen* hinzu.

Die DLL exportiert eine statische Klasse *CSpesen* mit der einzigen Methode *getSpesen.* Übergabeparameter für die Methode sind Beginn und Ende der Reise. Rückgabewert ist der Spesenbetrag entsprechend der folgenden Tabelle[1]:

Reisedauer pro Tag	Spesen
>= 8 Stunden und < 14 Stunden	6 Euro
>= 14 Stunden und < 24 Stunden	12 Euro
24 Stunden	24 Euro

Tabelle 10.4 Spesentabelle

---

[1] Die Spesentabelle erhebt keinerlei Anspruch auf 100%-ige Übereinstimmung mit der aktuellen Steuergesetzgebung.

```
Public Class CSpesen
```

Hilfsprozedur für Verpflegungspauschale für An- oder Abreisetag lt. Spesentabelle (*dat1* und *dat2* sind Datum-Zeit-Werte vom gleichen Tag):

```
Private Shared Function oneDay(ByVal dat1 As DateTime, ByVal dat2 As DateTime) As Double
    Dim betrag As Double = 0
    Dim stunden As Integer = (dat2 - dat1).Hours    ' abgerundete Stunden aus Datumsdifferenz
    If stunden >= 8 Then betrag += 6.0              ' 6 Euro ab  8 Stunden
    If stunden >= 14 Then betrag += 6.0             ' 12 Euro ab 14 Stunden
    Return betrag
End Function
```

Hauptprozedur für Verpflegungspauschale (übergeben werden Beginn und Ende der Reise):

```
Public Shared Function getSpesen(ByVal beginn As DateTime, ByVal ende As DateTime) As Double
    Dim vp As Double = 0                            ' V-Pauschale
    ' Hilfsvariablen d1 und d2 sind ohne Zeitanteil:
    Dim sd1 As String = beginn.ToShortDateString()
    Dim d1 As DateTime = Convert.ToDateTime(sd1)    ' 0-Uhr am Anreisetag
    Dim sd2 As String = ende.ToShortDateString()
    Dim d2 As DateTime = Convert.ToDateTime(sd2)    ' ... Abreisetag

    Dim tage As Integer = (d2 - d1).Days + 1        ' Reisedauer in Tagen
    If tage = 1 Then vp += oneDay(beginn, ende)     ' eintägige Reise
    If tage > 1 Then
        Dim d1E As DateTime = d1.AddDays(1)         ' Ende des Anreisetags (0-Uhr am zweiten Tag)
        vp += oneDay(beginn, d1E)                   ' Spesen für Anreisetag
        vp += oneDay(d2, ende)                      ' ... Abreisetag
    End If
    If tage > 2 Then vp += 24.0 * (tage - 2)        ' 24 Euro für vollen Tag
    Return (vp)
End Function
```

```
End Class
```

Über das Menü *Erstellen* kompilieren Sie den Code in die Datei *Spesen.dll*.

Assemblyverweis einrichten

Über das *Projekt*-Menü fügen Sie eine Berichtsvorlage mit dem Namen *Reisen.rdlc* hinzu. Öffnen Sie die Seite *Verweise* des *Berichtseigenschaften*-Dialogs (Menü *Bericht/Berichtseigenschaften...*).

HINWEIS   Falls das Menü *Bericht* nicht zu sehen ist, klicken Sie auf die Designer-Oberfläche!

Richten Sie einen Verweis auf die Assembly *Spesen.dll* ein (siehe Abbildung 10.98), indem Sie auf die kleine Schaltfläche (...) klicken und nach der Assembly suchen.

HINWEIS   Da unsere Assembly eine statische Klasse mit einer statischen Methode exportiert, bleiben die Einträge in der *Klassen*-Liste auf der Seite *Verweise* des *Berichtseigenschaften*-Dialogs leer.

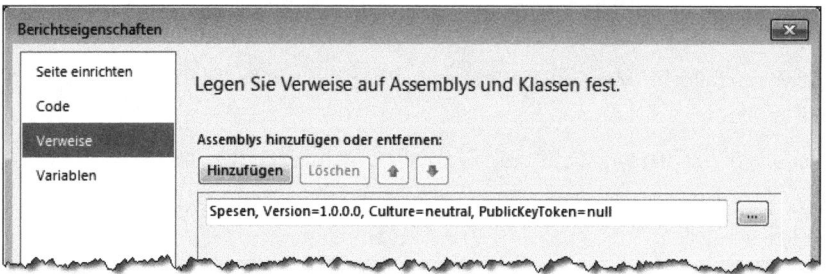

Abbildung 10.98   Hinzufügen des Verweises auf die Assembly *Spesen.dll*

Bericht entwerfen

Auf die Oberfläche des Berichts-Designers setzen Sie ein *Tabellen*-Control und ziehen per Drag & Drop die Felder *Nr, Beginn, Ende, Ziel* und *Bemerkung* aus dem Berichtsdatenfenster auf die entsprechenden Zellen im Detailbereich der Tabelle. Und jetzt kommt der entscheidende Schritt, in welchem wir unsere Assembly ins Spiel bringen:

Fügen Sie zwischen vorletzter und letzter Spalte eine neue Spalte ein, die Sie mit »Spesen« beschriften. Tragen Sie den folgenden Ausdruck ein, dessen Syntax wohl nicht näher erläutert zu werden braucht:

```
=Spesen.CSpesen.getSpesen(Fields!Beginn.Value, Fields!Ende.Value)
```

Auf die abschließenden Routinearbeiten (Summenfeld hinzufügen, Textausrichtungen, Datums- und Währungsformatierungen) brauchen wir wohl an dieser Stelle nicht näher einzugehen.

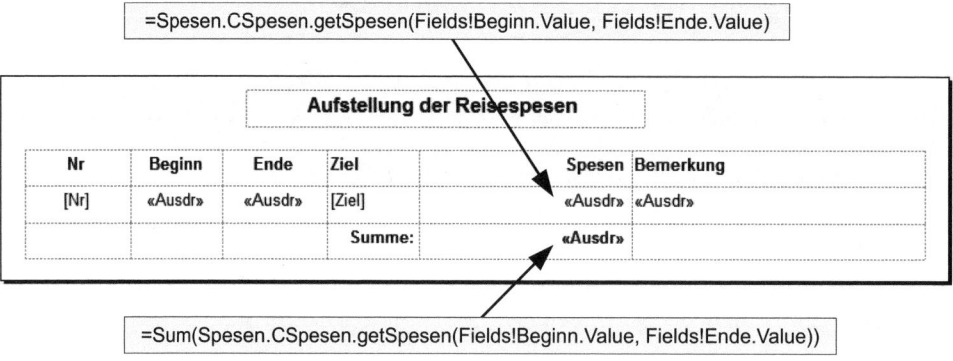

Abbildung 10.99   Entwurfsansicht des Berichts

ReportViewer anbinden

Ziehen Sie eine *ReportViewer*-Komponente von der *Daten*-Seite der Toolbox auf das Startformular *Form1*.

HINWEIS   Das Aufgaben-Menü der *ReportViewer*-Komponente bleibt unangetastet, da wir Datenquelle und Report direkt per Code zuweisen wollen.

```
Imports Microsoft.Reporting.WinForms

Public Class Form1

    Private fbDS As New FreiberDataSet()

    Private Sub Form1_Load(ByVal sender As Object, ByVal e As EventArgs) Handles MyBase.Load
```

DataSet aus Datenbank befüllen:

```
        Dim rta As New FreiberDataSetTableAdapters.ReisenTableAdapter()
        rta.Fill(fbDS.Reisen)
```

ReportViewer mit Datenquelle verbinden:

```
        ReportViewer1.LocalReport.DataSources.Add(New ReportDataSource(
                                          "FreiberDataSet_Reisen", fbDS.Reisen))
```

ReportViewer mit Report verbinden:

```
        ReportViewer1.LocalReport.ReportPath = "Reisen.rdlc"
```

Erlaubnis für den Zugriff auf die Assembly erteilen:

```
        Dim asm As Assembly = Assembly.Load("spesen, Version=1.0.0.0, Culture=neutral,
                              PublicKeyToken=null")
        Dim asm_name As AssemblyName = asm.GetName()
        ReportViewer1.LocalReport.AddFullTrustModuleInSandboxAppDomain(
                      New System.Security.Policy.StrongName(
                      New StrongNamePublicKeyBlob(asm_name.GetPublicKeyToken()),
                                            asm_name.Name, asm_name.Version))
```

Report anzeigen:

```
        Me.ReportViewer1.RefreshReport()
    End Sub

End Class
```

Besonderheiten

Dem »vorbelasteten« Leser wird nicht entgangen sein, dass wir diesmal den Report nicht wie üblich als eingebettete Ressource mitführen,

```
reportViewer1.LocalReport.ReportEmbeddedResource = "SpesenDemo.Reisen.rdlc"
```

sondern als separate Datei:

```
reportViewer1.LocalReport.ReportPath = "Reisen.rdlc"
```

Im Projektmappen-Explorer sollten Sie den Eigenschaftendialog der Datei *Reisen.rdlc* öffnen und folgende Optionen setzen:

- *Buildvorgang = Inhalt*
- *In Ausgabeverzeichnis kopieren = Immer kopieren*

Test

Dank Assembly wird die doch ziemlich komplexe Spesenberechnung ganz nebenbei mit erledigt.

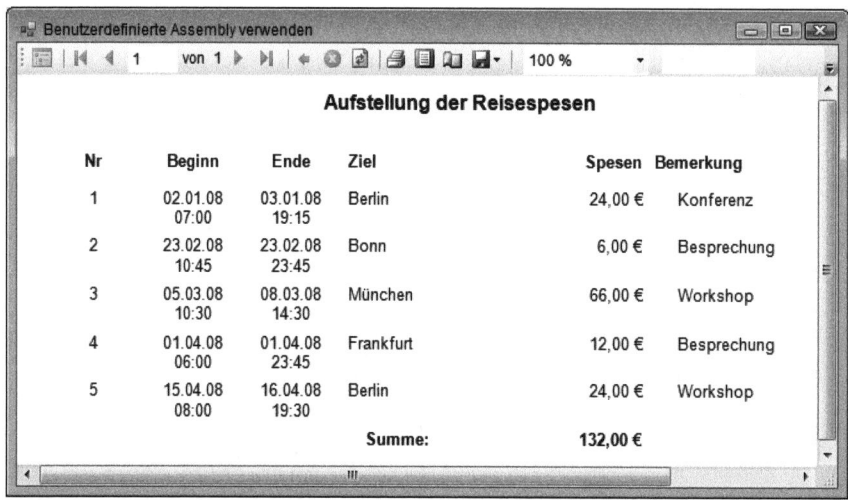

Abbildung 10.100   Die Berichtsvorschau

Bemerkungen

- Die Assembly wird beim Start des Berichts-Designers einmal geladen und erst beim Schließen von Visual Studio wieder freigegeben. Wenn Sie den Bericht anzeigen und dann Korrekturen am Code der Assembly vornehmen, werden diese Änderungen nicht sofort im Bericht sichtbar. Sie müssen Visual Studio schließen und neu öffnen, damit die Änderungen wirksam werden.

- Falls die Assembly bei Programmstart nicht gefunden wird, kann dies beispielsweise an den restriktiven Sicherheitseinstellungen unter Windows Vista/Windows 7 liegen (siehe Readme-Datei in den Begleitdateien).

10.6   ... das Messgerät zur Anzeige nutzen?

GaugePanel; Visualisierung

Lassen Sie uns abschließend einen Blick auf ein recht »verspieltes« Messgerät werfen, eine Komponente, die wohl überwiegend für Analphabeten etc. gedacht ist. Aus diesem Grund belassen wir es auch bei einem nicht ganz ernst gemeinten Beispiel, bei dem wir für die *Nordwind*-Mitarbeiter einen »Gehaltstest« mit rotem Warnbereich[1] realisieren wollen.

Vorbereitung

Erstellen Sie eine Windows Forms-Anwendung, in die Sie die Datenbank *Northwind.mdb* einfügen. Erzeugen Sie ein dazu passendes *DataSet*, das lediglich die Tabelle *Personal* enthält.

---

[1] Rot = drohende Entlassung, da zu teuer ...

Reportentwurf

Fügen Sie Ihrem Projekt einen neuen Bericht hinzu. Ziehen Sie eine *Tabelle*-Komponente in die Designer-Fläche und nutzen Sie den nachfolgenden Assistenten, um ein Berichts-DataSet zu erzeugen, das die Tabelle *Personal* enthält.

Kopieren Sie die Felder *Nachname* und *Name* aus dem Berichtsdaten-Fenster in die ersten beiden Spalten der Tabelle, in die dritte Spalte fügen Sie ein Messgerät vom Typ »Linear, horizontal« ein.

Klicken Sie nachfolgend doppelt auf das Messgerät, um den Ausdruck für die Zeigerposition festzulegen:

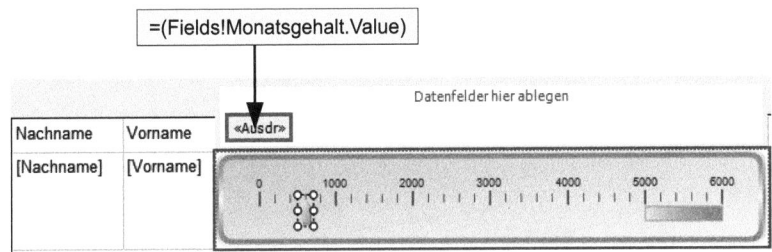

Abbildung 10.101 Festlegen der Zeigerposition (in Abhängigkeit des Gehalts)

Markieren Sie nun die eigentliche Skala und rufen Sie über das Kontextmenü das Skalierungseigenschaften-Fenster auf. Legen Sie hier das Maximum auf 6000 fest, mehr sollte kein Mitarbeiter verdienen.

Mit einem Klick auf den kleinen roten Markierungsbereich können Sie auch diesen konfigurieren (Bereichseigenschaften). Setzen Sie den Startwert auf 5000 und den Endwert auf 6000 um visuell zu veranschaulichen, wer auf der »Abschussliste« steht.

Anzeige

Haben Sie den Reportentwurf abgeschlossen, können Sie noch in *Form1* einen *ReportViewer* einfügen und mit dem gerade erstellten Report verknüpfen. Danach können Sie den Report bereits anzeigen[1]:

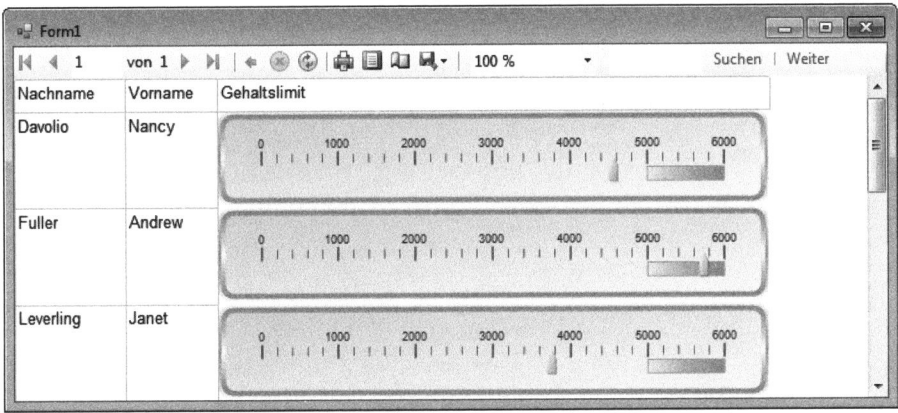

Abbildung 10.102 Laufzeitansicht

---

[1] Armer Andrew Fuller: der Zeiger steht tief im roten Bereich, da kann es nur noch wenige Tage bis zur Entlassung dauern.

Kapitel 11

Crystal Reports

Dieses Kapitel finden Sie als kostenlosen Zusatzinhalt auf der beiliegenden DVD.

Kapitel 12

Access-Datenbanken

In diesem Kapitel:

In diesem Kapitel wollen wir uns ausschließlich mit dem Zusammenspiel von VB und Microsoft Access-Datenbanken beschäftigen – angefangen bei den datenbankspezifischen Eigenheiten/Einschränkungen über das Erstellen und Verwalten bis hin zu speziellen Tipps.

Im Mittelpunkt steht die Verwendung der *Active Data Objects* Extensions (ADOX) sowie die Arbeit mit den Schema-Informationen des Datenproviders.

HINWEIS   Bevor Sie mit diesem Kapitel arbeiten, sollten Sie bereits mit der Verwendung der ADO.NET-Objekte vertraut sein, andernfalls finden Sie im Kapitel 4 einen guten Einstieg in die Thematik.

Ein erster Blick auf Microsoft Access-Datenbanken

Bevor wir uns mit den Zugriffsmöglichkeiten von Visual Basic nach Access beschäftigen, gilt es, einige grundlegende Access-Features zu beleuchten.

Warum Access?

Die Wahl ist uns relativ leicht gefallen:

- Alle aktuellen Windows-Plattformen[1] bringen bereits die volle Unterstützung für ADO/ADOX und damit auch für Access-Datenbanken mit (MDAC-Installation). Ihre Applikation muss nicht umständlich erst eine weitere Datenbankengine (MSDE etc.) oder andere Datenbanktreiber installieren, was die Distribution wesentlich vereinfacht.

- Bei Access-Datenbanken handelt es sich um reine Desktop-Datenbanken, bei denen alle Informationen in einer Datei (*.MDB/*.ACCDB) gespeichert sind. Sie müssen also nicht, wie bei Paradox oder dBase-Datenbanken üblich, mehrere Dateien (Daten, Index, Binärdaten) einzeln pflegen und eventuell weitergeben.

- Ein weiteres wichtiges Feature von Access-Datenbanken sind die *eingebundenen Tabellen*, d.h., in der Datenbank ist lediglich ein Verweis auf die Originaldatenquelle gespeichert, die eigentlichen Daten können sich auch in einer ODBC-Datenquelle (z.B. SQL-Server) oder einer weiteren Datenbank (SQL Server, dBase, Paradox, TXT, CSV etc.) befinden. Mit Hilfe dieser eingebundenen Tabellen lassen sich problemlos Abfragen über verschiedene Datenbanktypen realisieren, ohne dass Ihre VB-Applikation diese Datenbank direkt unterstützen bzw. einbinden muss.

- Last but not least können Sie die Daten auch mit Microsoft Access direkt bearbeiten oder auswerten.

Die Nörgelei von Access-Datenbank-Gegnern – »Access ist ja an die Microsoft-Plattform gebunden ...« – kann beim derzeitigen Anteil am Betriebssystem-Markt wohl kaum noch als relevant betrachtet werden. Wer damit dennoch Probleme hat, kann mit wenigen Anweisungen die Daten im universellen XML-Format exportieren.

---

[1] Für ältere Betriebssysteme finden Sie auf der Microsoft-Homepage die aktuellen MDAC-Versionen zum freien Download.

Access-Datentypen

Die folgende Tabelle zeigt die in Access-Datenbanken möglichen Datentypen und deren Verwendung bzw. Platzbedarf[1].

Datentyp	Beschreibung	Größe
Text	Entspricht String (maximal 255 Zeichen, die Länge muss gesondert festgelegt werden)	1 ... 255 Byte
Memo	Entspricht String (maximal 65.535 Zeichen)	1 ... 65.535 Byte
Zahl	Speichert numerische Daten, der genaue Datentyp wird über die Feldgröße definiert (siehe folgende Tabelle)	Je nach Feldgröße zwischen 1 und 16 Byte
Datum/Uhrzeit	Datums- und Zeitwerte, im Unterschied zu Delphi wird hier ein anderes internes Format gewählt (die Jahre 100 bis 9999 lassen sich darstellen)	8 Byte
Währung	... ein auf vier Nachkommastellen genauer Währungswert	8 Byte
AutoWert	Ein eindeutiges Feld, das entweder einen Zählerwert oder einen eindeutigen Zufallswert enthält (schreibgeschütztes Feld)	4 Byte bzw. 16 Byte, falls es sich um einen Zufallswert handelt
Ja/Nein	Boolean-Wert (True/False)	1 Bit
OLE-Objekt	Eigentlich ein Binärfeld, in dem auch OLE-Daten gespeichert werden können	Bis zu 1 Gigabyte
Hyperlink	Eigentlich ein Memofeld, in dem sich alle Informationen eines Hyperlinks (Anzeigetext, Adresse, Unteradresse, Quickinfo) speichern lassen	Maximal 4 mal 2.048 Zeichen

Tabelle 12.1 Datentypen

Die speziellen Feldgrößen für den Datentyp *Zahl* zeigt die folgende Tabelle:

Einstellung	Beschreibung	Größe
Byte	Ganzzahlige Werte im Bereich von 0 bis 255	1 Byte
Dezimal	Werte im Bereich von $-1028-1$ bis $1028-1$	12 Byte
Integer	Ganzzahlige Werte im Bereich von -32.768 bis 32.767	2 Bytes
Long Integer	Ganzzahlige Werte im Bereich von $-2.147.483.648$ bis $2.147.483.647$	4 Bytes
Single	Zahlen im Bereich von $-3.402823*1038$ bis $-1.401298*10-45$ für negative Werte und von $1.401298*10-45$ bis $3.402823*1038$ für positive Werte.	4 Bytes
Double	Zahlen von $-1.79769313486231*10308$ bis $-4.94065645841247*10-324$ für negative Werte und von $4.94065645841247*10-324$ bis $1.79769313486231*10308$ für positive Werte	8 Bytes
Replikations-ID	Eine GUID	16 Bytes

Tabelle 12.2 Feldgrößen für den Datentyp *Zahl*

---

[1] Wir beschränken uns in den Tabellen auf die Datenbank-Formate **vor** Access 2007. Mehr zu Access 2007 finden Sie ab Seite 863.

Beschränkungen

Wie bei allen anderen Datenbankformaten auch, unterliegen Access-Datenbanken gewissen Einschränkungen, die Sie als Programmierer kennen sollten. Andernfalls kann es schnell passieren, dass Sie vergeblich nach einem Fehler in Ihrem Programm suchen, denn leider ist Access (bzw. der entsprechende Datenbankprovider) für seine manchmal ziemlich diffusen Fehlermeldungen bekannt.

Die wichtigsten Datenbankparameter auf einen Blick:

- maximale Dateigröße 2 Gigabyte

- maximal 32.768 interne Objekte (Tabellen, Sichten etc.)

- maximal 64 Zeichen für Objektnamen (Tabellen, Sichten)

- maximal 64 Zeichen für Feldnamen (Leerzeichen zulässig)

- maximal 32 Indizes pro Tabelle

- maximal 10 Felder pro Index

- maximal 255 Felder pro Tabelle[1]

- maximal 2.000 Zeichen pro Record (ohne Memo-/OLE-Felder)

- maximale Tabellengröße 2 Gigabyte (gleichzeitig maximale Datenbankgröße)

- maximal 32 Tabellen pro Abfrage (Sicht)

- bei Kennwortschutz: Passwort maximal 14 Zeichen

- maximal 20 Zeichen für Nutzernamen

- maximal 255 gleichzeitige Benutzer[2]

Beachten Sie bitte auch folgende Hinweise:

HINWEIS   Sollten Sie Abfragen mit der Microsoft Access-Oberfläche erstellt haben und nutzen diese Abfragen vordefinierte oder selbst geschriebene Basic-Funktionen, können Sie die Abfrage nicht aus Visual Basic aufrufen.

HINWEIS   Feldnamen, die Leerzeichen enthalten, müssen Sie bei SQL-Anweisungen in eckige Klammern einschließen.

Diverse weitere Einschränkungen, die hier nicht aufgelistet sind, finden Sie in der Access-Online-Hilfe.

Zugriff aus Visual Basic

Nachdem wir bereits zu Beginn angekündigt hatten, uns im Wesentlichen auf die Verwendung der ADOX zu beschränken, wird der eine oder andere vielleicht einwenden, dass es auch noch andere Wege von VB nach Access gibt.

---

[1] Wem das nicht reicht: verwenden Sie einfach eine 1:1-Beziehung.

[2] Das ist ein theoretischer Wert. Aus praktischer Sicht sollten Sie sich auf maximal 10 bis 20 Nutzer beschränken.

Warum nicht nur ADO.NET?

Die Frage ist natürlich berechtigt, bieten sich doch vordergründig die ADO.NET-Objekte an.

Doch wer sich etwas eingehender mit der Materie beschäftigt oder bereits mit ADO gearbeitet hat, wird einige wesentliche Funktionen vermissen:

- Keine Möglichkeit, Access-Datenbanken zur Laufzeit zu erstellen
- Keine Möglichkeit, Access-Datenbanken zu administrieren[1]
- Keine Unterstützung für Access-typische Funktionalitäten
- Keine Reparatur-, Replikations- und Kompressions-Funktionen

Um all diese Aufgaben kümmern/kümmerten sich die ADOX sowie die JRO (*Jet Replication Objects*). Trotz COM-Interface werden wir uns weiterhin mit diesen Objekten abmühen müssen, wollen wir nicht auf deren Funktionen verzichten.

Einzige Ausnahme: Über die *GetSchema*-Methode des *OleDbConnection*-Objekts können Sie zumindest die Access-Datenbank analysieren, wir kommen an geeigneter Stelle darauf zurück.

HINWEIS   Wenn wir in diesem Kapitel von ADO sprechen, so ist das »alte« ADO (also nicht ADO.NET) gemeint!

Die ADOX-Library

Hinter der Bezeichnung *Active Data Objects Extensions for Data Definition Language and Security* (kurz ADOX) verbirgt sich lediglich eine Erweiterung der ADO-Objekte (nicht ADO.NET), d.h., haben wir es »nur« mit einer zusätzlichen Bibliothek zu tun.

Die zwei wesentlichen Aufgaben dieser Bibliothek:

- Bereitstellen einer objektorientierten Schnittstelle für alle sicherheitsrelevanten Aufgaben (User-, Gruppen- und Rechteverwaltung) innerhalb einer Datenbank, unabhängig vom jeweiligen Datenbanktyp (Provider)
- Bereitstellen von zusätzlichen Objekten zum Erstellen, Verändern und Löschen von Schemaobjekten, wie z.B. Tabellen, Indizes, Abfragen und Prozeduren

---

HINWEIS   Beachten Sie, dass nicht jeder OLEDB-Provider alle ADOX-Funktionen unterstützt. Gegebenenfalls sollten Sie vor der Verwendung einer Funktion prüfen, ob der Provider die Funktionalität bereitstellt.

Die wichtigsten Objekte auf einen Blick

Die folgende Abbildung zeigt in einer Übersicht alle wichtigen Objekte/Collections, die von der ADOX-Bibliothek zur Verfügung gestellt werden.

HINWEIS   Auf die spezielle Verwendung der ADOX-Objekte kommen wir im Laufe des Kapitels am praktischen Beispiel zurück.

---

[1] Von einigen SQL-Funktionen abgesehen.

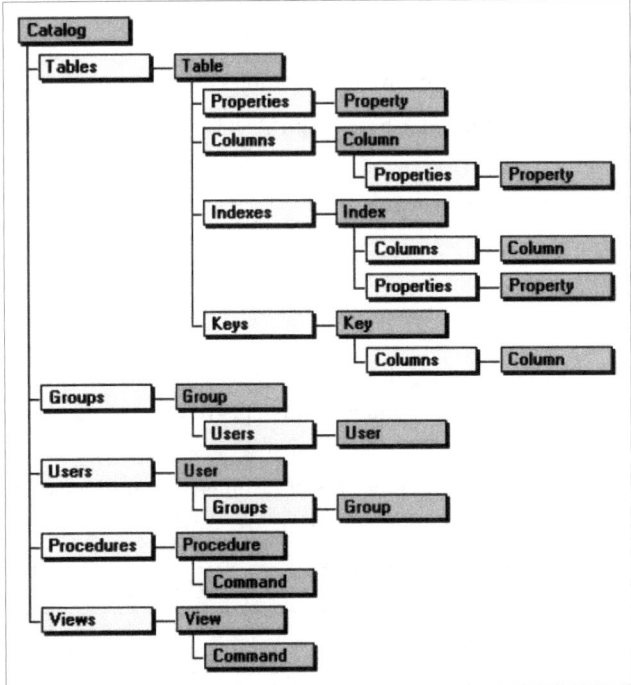

Abbildung 12.1 Objektstruktur von ADOX

Die JRO-Library

Wie auch bei den ADOX handelt es sich bei JRO um eine zusätzliche Bibliothek der ADO. JRO ist die Abkürzung für *Jet and Replication Objects*. Der Name deutet es bereits an: damit können Sie sich primär um die Replikation von Datenbanken kümmern. Unter anderem finden sich aber auch Methoden zum Packen und Verschlüsseln von Access-Datenbanken.

HINWEIS   Auf die Verwendung der JRO kommen wir im Abschnitt *Access-Datenbanken reparieren/komprimieren* zurück.

ADO MD

Nicht genug der Libraries, auch an die »Datenauswerter« unter den Programmierern hat Microsoft gedacht. Mit den *Microsoft ActiveX Data Objects Multidimensional*, kurz *ADO MD*, bieten sich mächtige Objekte für den Zugriff auf mehrdimensionale Datenstrukturen an.

Ein Beispiel soll den Hintergrund der mehrdimensionalen Datenmengen verdeutlichen.

BEISPIEL

Sie möchten Ihre Firmendatenbank auswerten (siehe Kapitel 3, SQL). Für jeden Raum sollen das Maximal-, Minimal- und das Durchschnittsgehalt der Mitarbeiter ermittelt werden.

Ausgerüstet mit dem Wissen von Kapitel 3 werden Sie jetzt sicher auch folgende SQL-Anweisung für die Aus-wahl der Daten verwenden:

```
SELECT
  RaumId AS Raum,
  MAX(gehalt) As Maximalgehalt,
  MIN(gehalt) As Minimalgehalt,
  AVG(gehalt) As Durchschnittsgehalt
FROM
  Mitarbeiter
GROUP BY
  RaumId
```

Das Resultat:

Raum	Maximalgehalt	Minimalgehalt	Durchschnittsgehalt
5	2271,49	2271,49	2271,49
9	3897,59	3897,59	3897,59
10	1848,3	1848,3	1848,3
18	4300,58	1930,11	3115,345
19	2496,72	2496,72	2496,72
20	5015,66	5015,66	5015,66
23	2620,95	1536,21	2078,58
27	3731,95	1234,22	2483,085

Abbildung 12.2 Abfrageergebnis

Was machen Sie aber, wenn Sie die Daten zusätzlich nach den einzelnen Jahrgängen auswerten möchten? Sicher könnten Sie mehrere Abfragen starten, bei denen jeweils die folgende WHERE-Klausel angehängt ist:

```
...
FROM
  Mitarbeiter
WHERE
  YEAR(geburtstag) = 1960
...
```

Das Ergebnis dieser Abfragen wären *n* Tabellen nach obigem Vorbild.

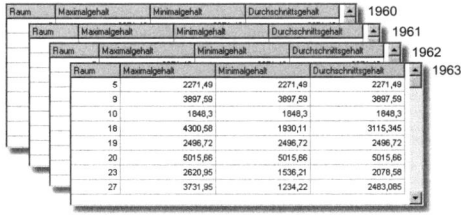

Abbildung 12.3 Auswertung nach Jahren

In einem dreidimensionalen Diagramm könnten Sie die Daten problemlos darstellen. Doch wer soll sich all die Arbeit machen, geschweige denn, Sie wollen noch einige zusätzliche Auswertungen nach Geschlecht, Qualifikation etc. realisieren? Schnell erhalten Sie Datenmengen mit mehreren Dimensionen und Tausenden von Einzeldatensätzen.

Mit Hilfe von OLAP (*OnLine Analytical Processing*) können derartige Analysen auf dem Server (z.B. *Microsoft SQL Server OLAP Services*) ausgeführt werden. ADO MD ist dafür verantwortlich, diese Daten auf dem Client in einem objektorientierten Modell abzubilden. Die folgende Abbildung gibt einen kurzen Überblick:

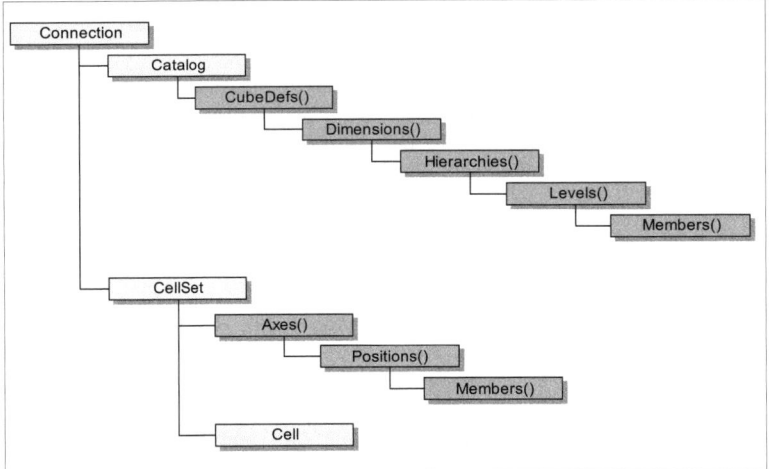

Abbildung 12.4 Objektstruktur von ADO MD

In den jeweiligen Collections, wie zum Beispiel *CubeDefs()*, befinden sich die jeweiligen Objekte, im Beispiel *CubeDef*. Wir haben im Interesse der Übersichtlichkeit auf eine ausführliche Darstellung verzichtet.

Einbinden von ADOX und JRO in VB

Da es sich bei den ADOX und JRO um COM-Objekte handelt, bleibt Ihnen nichts anderes übrig, als zunächst einen Verweis auf die entsprechende COM-Library in das Projekt aufzunehmen.

Wählen Sie dazu in Visual Studio den Menüpunkt *Projekt/Verweis hinzufügen*. Auf der Registerkarte *COM* suchen Sie die *Microsoft ADO Ext. 6.0 for DDL and Security*[1] sowie die *Microsoft Jet and Replication Objects 2.6 Library*.

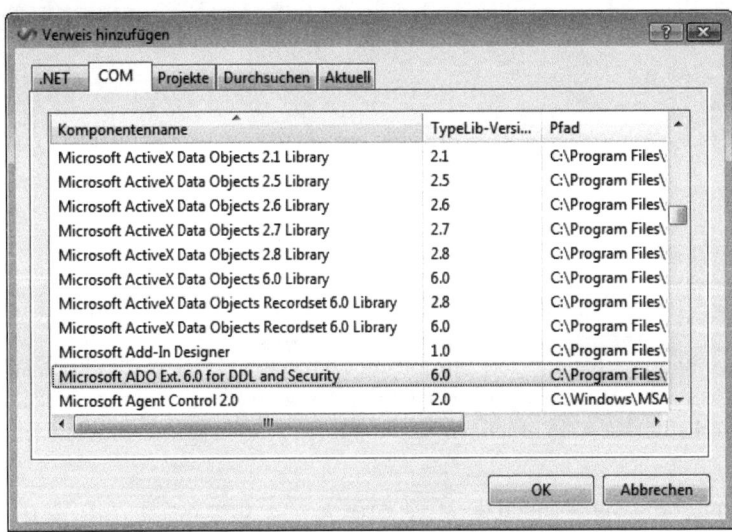

Abbildung 12.5 Einbinden der Libraries

---

[1] Wenn diese nicht vorhanden ist, müssen Sie eine der früheren Versionen verwenden (z.B. Version 2.8).

Im Projektmappen-Explorer sollten jetzt unter *Verweise* entsprechende Einträge zu finden sein:

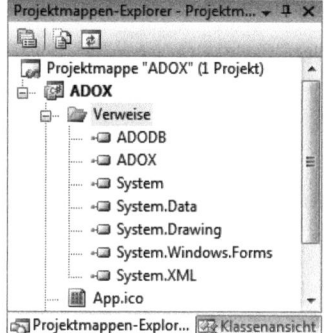

Abbildung 12.6 Verweise auf die Interop-Assemblies

HINWEIS   Wundern Sie sich nicht, wenn gleichzeitig die ADO-Library (Version 2.8) eingebunden wird.

Parameter für ADO.NET-Connectionstrings

Grundsätzlich sollten Sie für den Datenzugriff auf Access-Datenbanken die OLEDB-Komponenten verwenden. Nutzen Sie den *Microsoft Jet 4.0 OLE DB Provider*, wenn Sie den *ConnectionString* der *OleDbConnection*-Komponente festlegen.

Der gleiche Treiber, und damit dieselben Parameter, werden auch bei den ADOX-Komponenten zum Aufbau der Verbindung verwendet.

Beim Erstellen der Verbindung müssen Sie lediglich den Pfad bzw. den Dateinamen der Access-Datenbank angeben, weitere Einstellungen sind optional (wir kommen in den folgenden Abschnitten darauf zurück).

BEISPIEL

ConnectionString für den Zugriff auf eine ungeschützte Access-Datenbank

```
Provider=Microsoft.Jet.OLEDB.4.0;Data Source=c:\test.mdb
```

Access-Datenbankpasswort

Schwierigkeiten bekommen Sie meist, wenn die Access-Datenbank über ein Datenbankpasswort verfügt (in Access der Menüpunkt *Extras/Sicherheit/Datenbankkennwort vorgeben*). Beim Verbindungstest erscheint folgende Fehlermeldung:

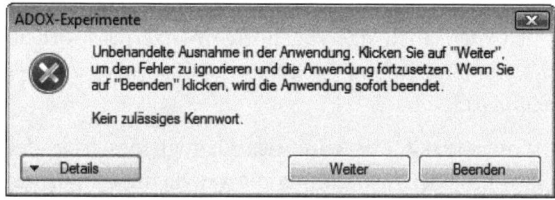

Abbildung 12.7 Fehlermeldung des Treibers

Die Ursache ist in diesem Fall die nicht zugewiesene Eigenschaft *Jet OLEDB:Database Password*, die Sie unter *Erweiterte Eigenschaften* vorfinden.

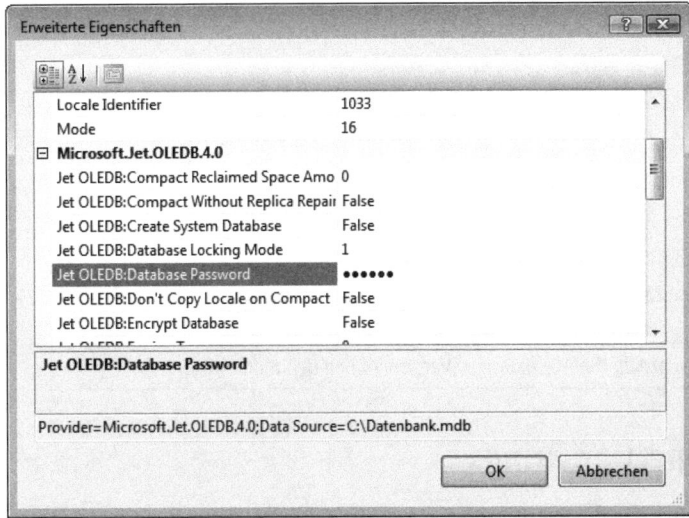

HINWEIS   Lassen Sie die Standardwerte für Benutzername/Kennwort auf der Registerkarte *Verbindung* einfach leer.

BEISPIEL

ConnectionString für passwortgeschützte Access-Datenbank (Login mit Datenbankpasswort)

```
Provider=Microsoft.Jet.OLEDB.4.0; Data Source=c:\test.mdb;Jet OLEDB:Database Password=geheim
```

Alternativ können Sie die Eigenschaft »Jet OLEDB:Database Password« sowie deren Wert zur Laufzeit auch mittels Stringaddition an den Connection-String anfügen:

```
OleDbConnection1.ConnectionString += ";Jet OLEDB:Database Password=tom"
OleDbConnection1.Open()
```

HINWEIS   Die Vergabe eines Passworts verhindert nicht den Blick in die Datei. Dazu müssen Sie zusätzlich auch noch die Verschlüsselung aktivieren.

Access-Datenbanksicherheit (Benutzer-/Gruppenebene)

Im Gegensatz zu dem im vorhergehenden Abschnitt beschriebenen Verfahren geht es bei der Sicherheit auf Benutzer-/Gruppenebene darum, neben einem Benutzernamen auch das zugehörige Nutzerpasswort zu übergeben. Diese beiden Werte entsprechen auch den Parametern *Benutzername* und *Kennwort* auf der Registerkarte *Verbindung* (Dialogfeld *Verbindungseigenschaften*).

Sie können diese beiden Werte natürlich bereits zur Entwurfszeit mit Hilfe des Dialogfeldes bzw. des ConnectionStrings zuweisen, dies ist jedoch nur in der Testphase der Anwendung ratsam, da diese Information mit einem einfachen Editor aus Ihrer EXE-Datei ausgelesen werden kann.

ConnectionString für passwortgeschützte Access-Tabelle (Login mit Name und Passwort unter Angabe der zugehörigen Systemdatenbank)

```
Provider=Microsoft.Jet.OLEDB.4.0;Data Source=c:\test.mdb;JET OLEDB:System Database=.\SYSTEM.MDW;User Id=Chef;Password=pwChef;
```

Wie Sie sehen, ist im ConnectionString auch die Access-System-Datenbank enthalten. In dieser Datei speichert Access sowohl die Nutzer- als auch die Gruppeninformationen in verschlüsselter Form ab.

HINWEIS   Da die Datenbank nicht automatisch gefunden wird, bzw. auch mehrfach vorhanden sein kann, müssen Sie den Pfad zu dieser Datei ebenfalls mit angeben.

Damit haben wir die wichtigsten Techniken beim Öffnen einer Verbindung abgehandelt, es bleibt lediglich noch ein Spezialfall übrig:

Datenbankzugriff auf schreibgeschützte Medien (CD, DVD)

Geben Sie Ihre Applikation mit einer fertigen Datenbank zum Beispiel auf einer CD weiter, können Sie diese Anwendung direkt von der CD aus starten, ohne vorher Daten auf die Festplatte zu kopieren, vorausgesetzt natürlich, dass keine Schreibzugriffe auf die Datenbank erforderlich sind (die nötigen Libraries und das .NET Framework sind bereits installiert).

Da die Datenbank jedoch standardmäßig mit Schreib-/Lesezugriff geöffnet wird, müssen Sie die Verbindungszeichenfolge entsprechend anpassen.

Datenbank auf schreibgeschütztem Medium

```
Provider=Microsoft.Jet.OLEDB.4.0;Data Source=test2.mdb;Mode=ShareExclusive
```

HINWEIS   Hier wird natürlich keine temporäre Lock-Datei (LDB) erzeugt, was auf einer CD auch schwer fallen dürfte.

Datenbanken erstellen

Ausgangspunkt für das Erstellen einer neuen Datenbank ist ein ADOX-*Catalog*-Objekt. Um welchen Datenbanktyp (Access, dBase, Paradox) es sich handelt, ist zu diesem Zeitpunkt unerheblich. Es muss lediglich ein entsprechender OLEDB-Provider, d.h. in unserem Fall *Microsoft Jet 4.0*, vorliegen, der diese Funktionen auch unterstützt.

HINWEIS   Vergessen Sie nicht, einen Verweis auf die ADOX-Type-Library in Ihr Programm einzufügen!

Die Create-Methode

Mit einem einzigen Methodenaufruf (*Create*) ist die komplette Datenbank erstellt.

BEISPIEL

Erstellen einer Access-Datenbank

```
Private Sub Button1_Click(ByVal sender As System.Object, ByVal e As System.EventArgs) _
                          Handles Button1.Click
  Dim catalog As New ADOX.Catalog()
  catalog.Create("Provider=Microsoft.Jet.OLEDB.4.0;Data Source=c:\testdb.mdb")
End Sub
```

Weitere Parameter

Was auf den ersten Blick nicht gleich ersichtlich ist, mit den Parametern der *Create*-Methode können Sie noch weitere Optionen an den OLEDB-Provider übergeben, bei Access-Datenbanken zum Beispiel Folgendes:

- die Systemdatenbank
- einen Username und ein Passwort (der neue Besitzer der Datenbank) oder
- ein Datenbankpasswort

BEISPIEL

Datenbankpasswort vorgeben

```
Dim catalog As New ADOX.Catalog()
catalog.Create("Provider=Microsoft.Jet.OLEDB.4.0;Data Source = c:\new.mdb;"+ _
          "Jet OLEDB:Database Password=geheim;")
```

Wie Sie sehen, werden zusätzliche Eigenschaften/Optionen einfach an den bestehenden String angehängt (Semikolon nicht vergessen).

Jet-spezifische Optionen

Die folgende Tabelle listet alle relevanten Optionen auf:

Option	Beschreibung
User ID, Password	Mit diesen beiden Optionen können Sie Anmeldename und Passwort vorgeben. Dieser Nutzer wird zum Besitzer der neuen Datenbank. Meist müssen Sie diese beiden Werte zusammen mit der Angabe der Systemdatenbank (siehe folgende Option) einsetzen.
Jet OLEDB:System database	Gibt den Standort der gewünschten Systemdatenbank vor.
Locale Identifier	Gibt Sortierfolge, Zeichensatz für die neue Datenbank vor (diesen Wert können Sie in Deutschland weglassen).

Tabelle 12.3 Optionen für das Erstellen von Datenbanken

Option	Beschreibung
Extended Properties	Durch Zuweisen eines Wertes können Sie Datenbanken in Fremdformaten (dBase etc.) erstellen.
Jet OLEDB:Database Password	Setzt ein Datenbank-Passwort (bitte nicht mit der Userverwaltung verwechseln).
Jet OLEDB:Registry Path	Gibt einen Registry-Eintrag an, in dem alternative Jet-Optionen gespeichert sind.
Jet OLEDB:Create System Database	Erzeugt eine neue Systemdatenbank (*True/False*).
Jet OLEDB:Engine Type	Erzeugt Datenbanken in Fremdformaten (siehe folgende Tabelle 12.4).

Tabelle 12.3 Optionen für das Erstellen von Datenbanken *(Fortsetzung)*

Typ	Wert
Microsoft Jet 1.0	1
Microsoft Jet 1.1	2
Microsoft Jet 2.0 (Access 95)	3
Microsoft Jet 3.x (Access 97)	4
Microsoft Jet 4.x (Access 2000/2002/2003)	5
Microsoft ACE 12 (Access 2007/2010)	6
dBASE III	10
dBASE 4	11
dBASE 5	12
Excel 3.0	20
Excel 4.0	21
Excel 5.0	22
Excel 8.0	23
Excel 9.0	24
Exchange 4	30
Lotus WK1	40
Lotus WK3	41
Lotus WK4	42
Paradox 3.x	50
Paradox 4.x	51
Paradox 5.x	52
Paradox 7.x	53
Text 1.x	60
Html 1.x	70

Tabelle 12.4 Zulässige Werte für den Parameter *Jet OLEDB:Engine Type*

HINWEIS   Microsoft ACE 12 (Access 2007/210) erfordert als Provider »Provider=Microsoft.ACE.OLEDB.12.0;«.

BEISPIEL

Erstellen einer uralten Access 95-Datenbank.

```
Dim catalog As New ADOX.Catalog()
catalog.Create("Provider=Microsoft.Jet.OLEDB.4.0;Data Source=c:\testdb.mdb;Jet OLEDB:Engine Type=4")
```

HINWEIS   Um die Datenbank zu verschlüsseln, müssen Sie nach dem Erstellen der Datenbank zusätzlich die JRO-Objekte
bemühen!

Tabellen/Indizes erstellen/verwalten

Eines der wichtigsten Einsatzgebiete der ADOX ist das Erstellen und Verwalten von Tabellen mit den zugehörigen Indizes.

Dreh- und Angelpunkt ist – wie wohl nicht anders zu erwarten – ein initialisiertes ADOX *Catalog*-Objekt.

Zwei Varianten bieten sich an:

- Erstellen einer neuen Datenbank mit nachfolgender Verwendung des *Catalog*-Objekts
- Initialisieren des *Catalog*-Objekts mit der *ActiveConnection*-Eigenschaft

Die erste Variante wurde bereits im vorhergehenden Abschnitt beschrieben, die zweite Variante stellt den
VB-Programmierer zunächst vor das Problem, dass diese Eigenschaft zwar vorhanden ist, aber nicht zusammen mit einer *OLEDBConnection*-Komponente verwendet werden kann.

Der Ausweg: Da ohnehin bereits ein Verweis auf die alten (!) ADO-Librarys eingebunden ist, nutzen wir das
dortige Connection-Objekt, um die Datenverbindung zu öffnen und dem Catalog-Objekt zuzuordnen.

BEISPIEL

Initialisieren eines *Catalog*-Objektes per ADO-Connection

```
Dim catalog As New ADOX.Catalog()
Dim conn As New ADODB.Connection()
conn.ConnectionString = "Provider=Microsoft.Jet.OLEDB.4.0;Data Source=c:\testdb.mdb;"
conn.Open()
catalog.ActiveConnection = conn
...
```

HINWEIS   Für den *ConnectionString* gelten alle Ausführungen, die auch für die ADO.NET-Komponenten gelten.

Tabellendefinition

Für die Tabellendefinition brauchen Sie neben dem schon erwähnten *Catalog*-Objekt, das die Datenbank
repräsentiert, auch noch ein *Table*-Objekt.

Tabellendefinition:

```
Dim catalog As New ADOX.Catalog()
Dim conn As New ADODB.Connection()
Dim table As New ADOX.Table()

conn.ConnectionString = "Provider=Microsoft.Jet.OLEDB.4.0;Data Source=c:\testdb.mdb;"
conn.Open()
catalog.ActiveConnection = conn
```

Das bereits mit *Create* erzeugte *Table*-Objekt hat weder einen Namen, noch ist in der Datenbank eine Tabelle angelegt worden. Kümmern wir uns also zuerst um den Tabellenbezeichner:

```
table.Name = "Kundenstammdaten"
```

Für die Tabellennamen gelten die Konventionen des Access-Datenbankformats, d.h., Sie können auch Leerzeichen verwenden.

Als Nächstes können wir uns mit den Tabellenspalten beschäftigen. Verwenden Sie die *Append*-Methode der *Columns*-Auflistung, um neue Tabellenspalten einzufügen.

```
table.Columns.Append("Nachname", DataTypeEnum.adVarWChar, 50)
table.Columns.Append("Vorname", DataTypeEnum.adVarWChar, 50)
```

Die drei wichtigsten Eigenschaften – Spaltenname, Datentyp und Feldgröße – können Sie bereits an dieser Stelle festlegen. Abschließend muss das neue *Table*-Objekt auch dem Catalog, d.h. der Datenbank, hinzugefügt werden:

```
catalog.Tables.Append(table)
```

Die folgende Tabelle zeigt die für Access-Tabellen sinnvollen Datentypen:

Konstante	Beschreibung
adSmallInt	2 Byte Ganzzahl
adInteger	4 Byte Ganzzahl
adUnsignedTinyInt	1 Byte Ganzzahl ohne Vorzeichen
adSingle	Gleitkommawert mit 4 Bytes (−3,402823E38 bis −1,401298E−45 für negative Werte; 1,401298E−45 bis 3,402823E38 für positive Werte.)
adDouble	Gleitkommawert mit 8 Bytes (−1,79769313486232E308 bis −4,94065645841247E-324 für negative, 4,94065645841247E−324 bis 1,79769313486232E308 für positive Werte)
adCurrency	Währungswert, eine Festkommazahl mit vier Stellen hinter dem Komma, wird als 8-Byte-Ganzzahl mit Vorzeichen, skaliert mit 10.000, gespeichert
adNumeric	Numerischer Typ
adBoolean	Boolescher Variant-Typ. 0 ist *False* und <> 0 ist *True*
adGUID	Globaler eindeutiger Bezeichner (Globally Unique Identifier, GUID)

Tabelle 12.5 Datentypen für Access-Tabellen

Konstante	Beschreibung
adDate	Automatisierungsdatum, das als Wert vom Typ Double gespeichert wird. Der Ganzzahlanteil stellt die Anzahl der Tage seit dem 30. Dezember 1899 dar, der Nachkommateil die Stunden, Minuten und Sekunden
adDBTimeStamp	Struktur des Datenbank-Zeitstempels
adVarChar	Zeichenfolge mit variabler Länge
adLongVarChar	Zeichenfolge mit Long-variabler Länge
adVarWChar	(Standard-)Zeichenfolge mit Wide-variabler Länge
adLongVarWChar	Zeichenfolge mit Long-/Wide-variabler Länge
adVarBinary	Binärdaten mit variabler Länge

Tabelle 12.5 Datentypen für Access-Tabellen *(Fortsetzung)*

Wie Sie sehen, finden Sie für jeden Access-Datentyp auch eine Entsprechung bei den ADOX-Datentypen. Natürlich gibt es noch weitere Datentypen, die jedoch im Zusammenhang mit Access ohne Bedeutung sind.

HINWEIS Möchten Sie den Datentyp einer Tabellenspalte erfahren, nutzen Sie einfach die *Type*-Eigenschaft des jeweiligen *Column*-Objekts.

BEISPIEL

Ermitteln des Datentyps

```
Dim catalog As New ADOX.Catalog()
Dim conn As New ADODB.Connection()
Dim table As New ADOX.Table()

conn.ConnectionString = "Provider=Microsoft.Jet.OLEDB.4.0;Data Source=c:\testdb.mdb;"
conn.Open()
```

Connection öffnen:

```
catalog.ActiveConnection = conn
```

Tabelle abrufen:

```
table = catalog.Tables("Kundenstammdaten")
```

Spaltentyp abfragen:

```
MessageBox.Show(table.Columns("Nachname").Type)
```

Das Ergebnis ist in diesem Fall 202, d.h., es handelt sich um einen *adVarWChar*-Wert.

HINWEIS Die *Type*-Eigenschaft ist nach dem Anhängen an eine Auflistung schreibgeschützt.

Die bisher vorgestellten Möglichkeiten können jedoch bei weitem nicht überzeugen. Weitere Möglichkeiten, die Eigenschaften von Tabellenspalten zu beeinflussen, scheinen auf den ersten Blick nicht zu existieren. Doch halt, da war doch noch die *Properties*-Auflistung, die jedem *Column*-Objekt zugeordnet ist.

Eigenschaft	Bedeutung
Autoincrement	Zählerfeld
Default	Der Defaultwert für diese Spalte
Description	Kurzbeschreibung
Nullable	Nullwerte zulässig
Fixed Length	Feld mit fester Länge
Seed	Startwert für Zähler
Increment	Inkrement für Zähler
Jet OLEDB:Column Validation Text	Jet: Fehlermeldung bei Verletzung der Regel
Jet OLEDB:Column Validation Rule	Jet: Eingaberegel
Jet OLEDB:AutoGenerate	Jet: GUID-Werte
Jet OLEDB:Compressed UNICODE Strings	Jet: Unicode-Zeichen werden komprimiert
Jet OLEDB:Allow Zero Length	Jet: Leerstring ist zulässig
Jet OLEDB:Hyperlink	Jet: Feld enthält Hyperlink-Informationen

Tabelle 12.6 Weitere Access-spezifische Eigenschaften

BEISPIEL

Das folgende nachträgliche Erzeugen eines Zählerfeldes

```
Dim catalog As New ADOX.Catalog()
Dim conn As New ADODB.Connection()
Dim table As New ADOX.Table()

conn.ConnectionString = "Provider=Microsoft.Jet.OLEDB.4.0;Data Source=c:\testdb.mdb;"
conn.Open()

catalog.ActiveConnection = conn
table = catalog.Tables("Kundenstammdaten")
table.Columns.Append("Id", DataTypeEnum.adInteger, 0)
table.Columns("Id").Properties("AutoIncrement").Value = True
```

... wird fehlschlagen. Der Grund ist recht einfach zu verstehen, denn zu diesem Zeitpunkt besteht keinerlei Verbindung zwischen Tabellendefinition und Datenbank (bzw. dem Datenbanktyp *Access*). Mit Hilfe der *ParentCatalog*-Eigenschaft werden *Catalog* und *Table* miteinander verbunden, damit sind auch die Properties zugänglich:

```
Dim catalog As New ADOX.Catalog()
Dim conn As New ADODB.Connection()
Dim table As New ADOX.Table()
Dim column As ADOX.Column

conn.ConnectionString = "Provider=Microsoft.Jet.OLEDB.4.0;Data Source=c:\testdb.mdb;"
conn.Open()
catalog.ActiveConnection = conn
table = catalog.Tables("Kundenstammdaten")

Column = New ADOX.Column()
```

```
With column
  .ParentCatalog = catalog
  .Name = "Id"
  .Type = DataTypeEnum.adInteger
  .Properties("Nullable").Value = False
  .Properties("Jet OLEDB:Allow Zero Length").Value = False
  .Properties("AutoIncrement").Value = True
End With
table.Columns.Append(column, , )
```

Weitere Spaltenoptionen für die Tabelle können Sie über die *Attributes*-Eigenschaft festlegen:

Konstante	Beschreibung
adColFixed	Die Tabellenspalte hat eine feste Länge
adColNullable	Die Tabellenspalte kann Null-Werte enthalten

Tabelle 12.7 Spaltenoptionen

HINWEIS   Sie können beide Konstanten miteinander kombinieren.

BEISPIEL

Eine Tabellenspalte erzeugen, die auch NULL-Werte enthalten darf

```
...
  table.Columns.Append("Vorname", DataTypeEnum.adVarWChar, 50)
  table.Columns("Vorname").Attributes = ColumnAttributesEnum.adColNullable
...
```

BEISPIEL

Nachträglich ein Datumsfeld erstellen (Standardwert: Tagesdatum, das Datum muss zwischen 1.1.2000 und 1.1.2010 liegen, sonst erscheint eine Fehlermeldung).

```
Dim catalog As New ADOX.Catalog()
Dim conn As New ADODB.Connection()
Dim table As New ADOX.Table()
Dim column As ADOX.Column

conn.ConnectionString = "Provider=Microsoft.Jet.OLEDB.4.0;Data Source=c:\testdb.mdb;"
conn.Open()
catalog.ActiveConnection = conn
table = catalog.Tables("Kundenstammdaten")
column = New ADOX.Column()
With column
  .ParentCatalog = catalog
  .Name = "Datum"
  .Type = DataTypeEnum.adDate
  .Properties("Jet OLEDB:Column Validation Rule").Value = "Between #1/1/1996# and #1/1/2002#"
  .Properties("Jet OLEDB:Column Validation Text").Value = "Falsches Datum"
  .Properties("Default").Value = "=Date()"
End With
table.Columns.Append(column, , )
...
```

Sie müssen erst die Tabelle an das *Catalog*-Objekt »binden«, bevor Sie auf die spezifischen Properties zugreifen können!

Das Resultat in Microsoft Access bei Eingabe eines falschen Datums:

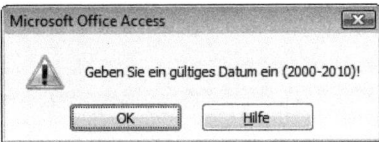

Abbildung 12.9 Dialogfeld in Microsoft Access

Die Sortierfolge einer Tabellenspalte legen Sie mit der *SortOrder*-Eigenschaft fest (siehe Tabelle 12.8).

Konstante	Beschreibung
adSortAscending	(Standard) Der Index wird in aufsteigender Reihenfolge sortiert (1, 2, 3 ...)
adSortDescending	Die Sortierreihenfolge des Index wird umgekehrt (9, 8, 7 ...)

Tabelle 12.8 Konstanten für Sortierfolge

BEISPIEL

Umkehren der Sortierfolge

```
...
    With column
        .ParentCatalog = catalog
        .Name = "Id"
        .Type = DataTypeEnum.adInteger
        .Properties("AutoIncrement").Value = True
        .SortOrder = SortOrderEnum.adSortDescending
    End With
...
```

Indexdefinition

Neben der reinen Felddefinition sind auch die Indizes von Bedeutung. Grundsätzlich müssen Sie den Index an ein bestehendes und initialisiertes *Table*-Objekt anhängen. Dazu verwenden Sie die *Indexes*-Auflistung.

BEISPIEL

Indexdefinition für das Feld *Nachname*

```
Dim catalog As New ADOX.Catalog()
Dim conn As New ADODB.Connection()
Dim table As New ADOX.Table()
Dim index As New ADOX.Index()

conn.ConnectionString = "Provider=Microsoft.Jet.OLEDB.4.0;Data Source=c:\testdb.mdb;"
conn.Open()
catalog.ActiveConnection = conn
table = catalog.Tables("Kundenstammdaten")
```

```
index.Name = "Nachname"
index.Columns.Append("Nachname", table.Columns("Nachname").Type, _
                         table.Columns("Nachname").DefinedSize)
table.Indexes.Append(index, )
...
```

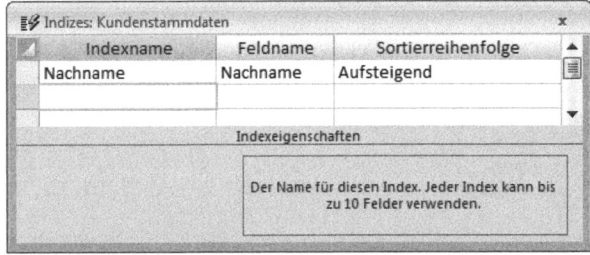

Abbildung 12.10 Kontrolle in Microsoft Access

Mit der *Type*-Eigenschaft beeinflussen Sie die Art des Index:

Konstante	Beschreibung
adKeyPrimary	Primärschlüssel (Hauptschlüssel)
adKeyForeign	Fremdschlüssel
adKeyUnique	Der Schlüssel schließt doppelte Werte aus

Tabelle 12.9 Konstanten für den Indextyp

BEISPIEL

Erzeugen eines Primärindex

```
Dim catalog As New ADOX.Catalog()
Dim conn As New ADODB.Connection()
Dim table As New ADOX.Table()
Dim column As ADOX.Column
Dim index As ADOX.Index
conn.ConnectionString = "Provider=Microsoft.Jet.OLEDB.4.0;Data Source=c:\testdb.mdb;"
conn.Open()
catalog.ActiveConnection = conn
table = catalog.Tables("Kundenstammdaten")
Column = New ADOX.Column()
With column
  .ParentCatalog = catalog
  .Name = "Id"
  .Type = DataTypeEnum.adInteger
  .Properties("Nullable").Value = False
  .Properties("Jet OLEDB:Allow Zero Length").Value = False
  .Properties("AutoIncrement").Value = True
End With
table.Columns.Append(column, , )
index = New ADOX.Index()
index.Name = "PrimaryKey"
index.PrimaryKey = True
index.Columns.Append("Id", table.Columns("Id").Type, table.Columns("Id").DefinedSize)
table.Indexes.Append(index, )
```

BEISPIEL

Erzeugen eines eindeutigen zusammengesetzten Index

```
Dim table As New ADOX.Table()
Dim column As ADOX.Column
Dim index As ADOX.Index
index = New ADOX.Index()

index.Name = "NachnameVorname"
index.Unique = True
index.Columns.Append("Nachname", table.Columns("Nachname").Type, _
                  table.Columns("nachname").DefinedSize)
index.Columns.Append("Vorname", table.Columns("Vorname").Type, _
                  table.Columns("Vorname").DefinedSize)
table.Indexes.Append(index)
```
...

Mit der Eigenschaft *IndexNulls* beeinflussen Sie die Art, wie sich die Indizes in Bezug auf NULL-Werte in den Tabellen verhalten:

Konstante	Beschreibung
adIndexNullsDisallow	(Standard) NULL-Werte in Indexspalten sind nicht zulässig und werden mit einem Fehler quittiert.
adIndexNullsIgnore	Datensätze, die NULL-Werte in Indexspalten enthalten, werden nicht in den Index aufgenommen. Eine Fehlermeldung wird nicht ausgelöst.
adIndexNullsIgnoreAny	Wie *adIndexNullsIgnore*, allerdings gilt diese Option auch für mehrspaltige Indizes.

Tabelle 12.10 Konstanten für die Eigenschaft *IndexNulls*

HINWEIS   Diese Eigenschaft können Sie nur ändern, bevor Sie das *Index*-Objekt an eine Auflistung anhängen.

Erstellen von Prozeduren und Sichten

Der Begriff »Prozedur« dürfte bei einigen Programmierern für etwas Verwirrung sorgen. Gemeint sind hier nicht etwa die Code-Module einer Access-Datenbank, sondern »nur« die altbekannten Microsoft Access-Abfragen (Parameterabfragen).

Derartige Prozeduren können verschiedene Aufgaben realisieren:

- Rückgabe von Datenbankabfragen (DQL)
- Ausführen von Lösch- oder Änderungsabfragen (DML)
- Erzeugen von Datenbankobjekten (Datenerstellungsabfragen, DDL)

Unter Sichten, auch als *Views* bezeichnet, sind nichts anderes als Abfragen über eine oder auch mehrere Tabellen zu verstehen, deren Definition in der Datenbank gespeichert wird. Die eigentlichen Daten werden erst beim Öffnen der Abfrage ermittelt.

Erzeugen einer Sicht (keine Parameter)

```
Private Sub Button7_Click(ByVal sender As Object, ByVal e As System.EventArgs) _
      Handles Button7.Click
    Dim catalog As ADOX.Catalog = New ADOX.Catalog()
    Dim conn As ADODB.Connection = New ADODB.Connection()
    Dim cmd As ADODB.Command = New ADODB.Command()

    conn.ConnectionString = "Provider=Microsoft.Jet.OLEDB.4.0;Data Source=c:\testdb.mdb"
    conn.Open(Nothing, Nothing, Nothing, 0)
    catalog.ActiveConnection = conn
    cmd.CommandText = "SELECT * FROM Kundenstammdaten;"
    cmd.CommandType = ADODB.CommandTypeEnum.adCmdText
    catalog.Views.Append("Abfrage_Test_1", cmd)
End Sub
...
```

Erstellen einer Prozedur mit Parameter

```
Dim catalog As New ADOX.Catalog()
Dim conn As New ADODB.Connection()
Dim cmd As ADODB.Command

conn.ConnectionString = "Provider=Microsoft.Jet.OLEDB.4.0;Data Source=c:\testdb.mdb;"
conn.Open()
catalog.ActiveConnection = conn

cmd = New ADODB.Command()
cmd.CommandText = "PARAMETERS [name] Text; SELECT * FROM Kundenstammdaten WHERE nachname = [name];"
cmd.CommandType = ADODB.CommandTypeEnum.adCmdText
catalog.Procedures.Append("Abfrage_Test_2", cmd)
```

Tabellen verknüpfen (Relationen)

Durch das Verknüpfen von Tabellen mit Hilfe von Relationen bietet sich die Möglichkeit, der Access Datenbank-Engine mitzuteilen, welche Beziehungen zwischen den einzelnen Tabellen bestehen. Damit wird die Datenbank-Engine in die Lage versetzt, Löschweitergaben und Integritätsprüfungen zu realisieren.

Als Einstiegsbeispiel wollen wir eine Beziehung zwischen einer Tabelle *Personen* und einer Tabelle *Raeume* herstellen. Die folgende Abbildung zeigt das gewünschte Ergebnis.

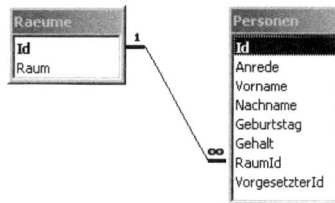

Abbildung 12.11 Relation zwischen den Tabellen

Jedem Raum sind *n* Mitarbeiter zugeordnet.

BEISPIEL

Mit Hilfe der ADOX wird ein neuer Schlüssel (Key) für die Tabelle *Personen* erzeugt. Dieser Fremdschlüssel (*ForeignKey*) zeigt auf den Primärindex der Tabelle *Raeume*:

```
Dim catalog As New ADOX.Catalog()
Dim conn As New ADODB.Connection()
Dim cmd As ADODB.Command
Dim key As ADOX.Key

conn.ConnectionString = "Provider=Microsoft.Jet.OLEDB.4.0;Data Source=c:\testdb.mdb;"
conn.Open()
catalog.ActiveConnection = conn
key = New ADOX.Key()
key.Name = "RaumPerson"
key.Type = KeyTypeEnum.adKeyForeign
key.RelatedTable = "Raeume"
key.Columns.Append("RaumID", catalog.Tables("Personen").Columns("RaumID").Type, _
                   catalog.Tables("Personen").Columns("RaumID").DefinedSize)
key.Columns("RaumId").RelatedColumn = "Id"
key.DeleteRule = RuleEnum.adRICascade
catalog.Tables("Personen").Keys.Append(key, , , , )
...
```

HINWEIS	Die beiden Tabellen müssen vorher erzeugt worden sein!

Das Resultat in Microsoft Access:

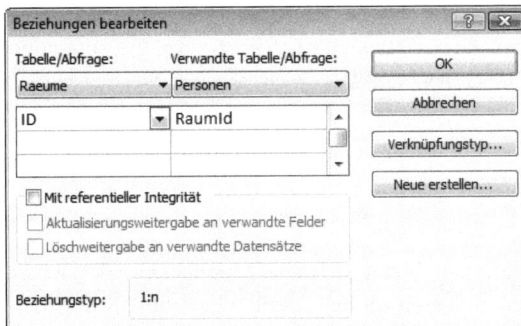

Abbildung 12.12 Beziehungen in Microsoft Access

Die nachfolgende Tabelle zeigt die möglichen Werte für Löschweitergaben bzw. Änderungen, die über die Eigenschaften *UpdateRule* und *DeleteRule* gesteuert werden.

Konstante	Beschreibung
adRINone	(Standard) Keine Aktion
adRICascade	Ändert die Kaskadierung
adRISetNull	Setzt den unbekannten Schlüsselwert auf null
adRISetDefault	Setzt den unbekannten Schlüsselwert auf den Standardwert

Tabelle 12.11 Konstanten für die Eigenschaften *UpdateRule* und *DeleteRule*

Damit dürften die wichtigsten Funktionen der ADOX im Zusammenhang mit dem Erstellen von Datenbanken aufgezeigt sein. In den folgenden Abschnitten werden noch einige Spezialthemen (Sicherheit, Verknüpfungen etc.) behandelt.

Zugriffsschutz in Access-Datenbanken

Die einfachste Möglichkeit, Datenbanken zu schützen, haben Sie bereits kennen gelernt (siehe Seite 824).
Hintergrund ist das Zuweisen eines Datenbank-Passwortes, die gleiche Funktion, die Sie auch über den
Access-Menübefehl[1] *Extras/Sicherheit/Datenbankkennwort zuweisen* realisieren können. Das verwendete
Verfahren scheint zwar relativ sicher, hat aber den Nachteil, nicht flexibel genug zu sein. Entweder kann der
Nutzer auf die gesamte Datenbank zugreifen, oder er kann es nicht. Der folgende Abschnitt zeigt weitere
Verfahren und deren Realisierung mit den ADOX.

Leider hat sich Microsoft entschlossen, die in den bisherigen Access-Versionen angebotene nutzerbasierte
Sicherheit seit dem neuen Access 2007-Datenbankformat (ACCDB) nicht weiter zu unterstützen. Stattdessen wurde eine stärkerer Verschlüsselungsalgorithmus für die Datenbank implementiert, die bisher verwendete Version galt schon lange als unsicher.

HINWEIS   Alle folgenden Ausführungen beziehen sich deshalb auf das alte MDB-Datenbankformat (Access 2000/2003),
das auch von Access 2007 weiter unterstützt wird.

Grundlagen

Das von Access verwendete Sicherheitsmodell bietet neben dem Datenbankpasswort auch Zugriffsschutz
auf Benutzerebene. Einzelne Nutzer können wiederum in Gruppen erfasst werden, was die Verwaltung
wesentlich vereinfacht.

Vordefiniert ist lediglich der Nutzer »Administrator«, kurz »Admin«. Weiterhin gibt es in jeder Access-
Datenbank zwei Nutzergruppen: *Administratoren* und *Benutzer*. Solange Sie kein Administratoren-Passwort
zugewiesen haben, merken Sie nichts vom internen Sicherheitsmodell. Das heißt jedoch noch lange nicht,
dass es deaktiviert ist.

In diesem Zusammenhang werden Sie sicher über den Begriff »Owner« oder »Besitzer« stolpern. Damit ist
der Nutzer gemeint, der die zu sichernden Datenbankobjekte erstellt hat.

Informationen über die vorhandenen Nutzer und Nutzergruppen sowie deren Passwörter werden in der
Systemdatenbank *System.mdw* abgelegt. Welche Rechte die Nutzer an einzelnen Datenbank-Objekten
haben, wird verständlicherweise in der eigentlichen Datenbank (nicht in der Systemdatenbank!) abgelegt.

Die eigentliche Vergabe von Rechten sieht komplizierter aus, als sie ist. Auf jeden Fall muss zwischen den
Rechten einer Gruppe und den Rechten einer einzelnen Person unterschieden werden.

Weisen Sie der Gruppe »Buchhalter« die Berechtigungen an der Tabelle *Gehälter* zu, können alle Nutzer, die
dieser Gruppe zugeordnet sind, auf diese Tabelle zugreifen, auch wenn die einzelne Person diese Rechte
nicht hat. Die folgende Abbildung soll dies verdeutlichen.

---
[1] In Access 2007: Multifunktionsleiste *Datenbanktools/Mit Kennwort verschlüsseln*

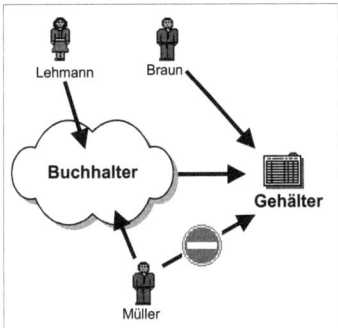

Abbildung 12.13 Berechtigungen in der Beispieldatenbank

Lehmann und Müller sind beide der Gruppe »Buchhalter« zugeordnet und können dadurch auf die Tabelle *Gehälter* zugreifen. Müller als einfacher Nutzer hat keinen Zugriff (dieser Fall tritt auf, wenn er aus »Buchhalter« entfernt wird). Etwas anders sieht es mit Braun aus, der zwar nicht Mitglied der Gruppe ist, dafür aber Nutzerrechte hat, die den Zugriff auf die Tabelle *Gehälter* erlauben.

HINWEIS In diesem Zusammenhang sei noch einmal an die Thematik »Abfragen« erinnert. Eine Option der Access SQL-Abfrage war WITH OWNERACCESS OPTION. Ist diese Option angegeben, kann ein Nutzer die SQL-Abfrage auf den zugrunde liegenden Tabellen ausführen, auch wenn ihm die Rechte an den Tabellen selbst fehlen. Für die Abfrage werden die Rechte der Person verwendet, die die Abfrage erzeugt hat (der Owner). Wird der Owner der Abfrage gelöscht, kann die Abfrage nicht mehr ausgeführt werden.

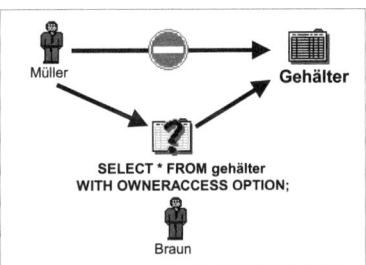

Abbildung 12.14 Verwendung von »WITH OWNERACCESS OPTION«

Nun wollen wir uns der eigentlichen Programmierung zuwenden, die (hoffentlich) alle noch offenen Fragen beantworten wird.

Sichern auf Datenbankebene

An dieser Stelle möchten wir Ihnen noch einmal kurz die Zuweisung eines Datenbankpasswortes demonstrieren.

BEISPIEL

Neue Datenbank mit Passwortschutz erzeugen.

```
Dim catalog As New ADOX.Catalog()
catalog.Create("Provider=Microsoft.Jet.OLEDB.4.0;Data Source=c:\test.mdb;" & _
            "JET OLEDB:System Database=.\SYSTEM.MDW;Jet OLEDB:Database Password=geheim")
```

BEISPIEL

Öffnen der geschützten Datenbank (*ConnectionString*).

```
Provider=Microsoft.Jet.OLEDB.4.0; Data Source=c:\Test.mdb;Jet OLEDB:Database Password=geheim
```

Erstellen neuer Benutzer und Gruppen

Auch das Erstellen von Benutzern und Gruppen ist mit den ADOX problemlos möglich. Die folgende Abbildung zeigt noch einmal die relevanten Objekte.

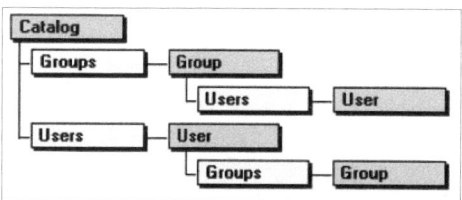

Abbildung 12.15   Übersicht der Klassen

BEISPIEL

Hinzufügen einer Gruppe »Buchhalter«

```
Dim catalog As New ADOX.Catalog()
Dim conn As New ADODB.Connection()
Dim cmd As ADODB.Command
Dim key As ADOX.Key
conn.ConnectionString = "Provider=Microsoft.Jet.OLEDB.4.0;Data Source=c:\test.mdb;" & _
                        "Jet OLEDB:System database=C:\SYSTEM.MDW"
conn.Open()
With catalog
    .ActiveConnection = conn
    .Groups.Append("Buchhalter")
```

Hinzufügen der Personen »Müller«, »Braun« und »Chef« sowie Festlegen eines Kennworts für den Chef:

```
    .Users.Append("Müller", "")
    .Users.Append("Braun", "")
    .Users.Append("Chef", "")
    .Users("Chef").ChangePassword("", "pwChef")
End With
```

HINWEIS   Wer aufmerksam die Dokumentation der ADOX studiert hat, wird einwenden, dass mit dem zweiten Parameter der Methode *Append* bereits ein Passwort zugewiesen werden kann. Soweit die Theorie, in der Praxis zeigt sich jedoch, dass Sie das Passwort erst mit der Methode *ChangePassword* richtig setzen können.

BEISPIEL

Zuordnen der Nutzer in Gruppen

```
Dim catalog As New ADOX.Catalog()
Dim conn As New ADODB.Connection()
Dim cmd As ADODB.Command
Dim key As ADOX.Key
```

```
conn.ConnectionString = "Provider=Microsoft.Jet.OLEDB.4.0;Data Source=c:\test.mdb;" + _
                        "Jet OLEDB:System database=C:\SYSTEM.MDW"
conn.Open()
catalog.ActiveConnection = conn
catalog.Groups("Buchhalter").Users.Append("Müller", "")
catalog.Groups("Buchhalter").Users.Append("Braun", "")
```

> **HINWEIS**   Die obigen Beispiele dürften recht eindrucksvoll zeigen, wie intuitiv das Erzeugen von Usern und Gruppen mit Hilfe der ADOX ist.

BEISPIEL

Nachträgliches Ändern des Passworts von »Braun«

```
...
  catalog.Users("Braun").ChangePassword("pwBraun", "geheim")
```

BEISPIEL

Entfernen von »Braun« aus der Gruppe »Administratoren«

```
...
  catalog.Groups("Admins").Users.Delete("Braun")
```

Vergabe von Rechten

Das Zuordnen von Rechten an Datenbankobjekten verläuft auch bei den ADOX nach dem Prinzip, dass für einen Nutzer bzw. eine Gruppe Rechte an einzelnen Objekten gewährt bzw. entzogen werden.

Die Syntax:

```
Group|User.SetPermissions(ObjektName, ObjectType, Action, Rights, Inherit, ObjectTypeId)
```

- Mit *ObjectName* ist der Bezeichner des jeweiligen Datenbankobjekts (Tabellenname oder Abfragename etc.) gemeint

- *ObjectType* spezifiziert die Art des Datenbankobjekts (z.B. *adPermObjTable, adPermObjDatabase, adPermObjView, adPermObjProcedure*)

Der Parameter *Action* kann folgende Werte annehmen:

Konstante	Beschreibung
adAccessGrant	Die Gruppe oder der Benutzer erhält mindestens die angeforderten Berechtigungen
adAccessSet	Die Gruppe oder der Benutzer erhält genau die angeforderten Berechtigungen
adAccessDeny	Der Gruppe oder dem Benutzer werden die angegebenen Berechtigungen verweigert bzw. entzogen
adAccessRevoke	Alle der Gruppe oder dem Benutzer ausdrücklich gewährten Zugriffsrechte werden widerrufen

Tabelle 12.12 Konstanten für *Action*

Die Tabelle 12.13 zeigt die Rechte (Parameter *Rights*) im Einzelnen.

Konstante	Beschreibung
adRightExecute	Berechtigung, das Objekt auszuführen (Abfrage)
adRightRead	Berechtigung, das Objekt zu lesen/öffnen (Datenbank, Tabelle)
adRightUpdate	Berechtigung, das Objekt zu aktualisieren/ändern (z.B. Tabelle)
adRightInsert	Berechtigung, in das Objekt Daten einzufügen (z.B. Records)
adRightDelete	Berechtigung, Daten im Objekt zu löschen (z.B. Records)
adRightReference	Berechtigung, auf das Objekt zu verweisen
adRightCreate	Berechtigung, das jeweilige Objekt zu erstellen
adRightWithGrant	Berechtigung, das Objekt zu verwalten
adRightReadDesign	Berechtigung, die Struktur des Objekts zu lesen
adRightWriteDesign	Berechtigung, die Struktur des Objekts zu schreiben
adRightFull	Summe aller o.g. Rechte
adRightNone	Keine Rechte
adRightDrop	Berechtigung, das Objekt zu löschen
adRightExclusiv	Berechtigung, auf das Objekt exklusiv zuzugreifen (z.B. Datenbank)
adRightReadPermissions	Berechtigung, die Zugriffsrechte des Objekts zu lesen
adRightWritePermissions	Berechtigung, die Zugriffsrechte des Objekts zu schreiben
adRightWriteOwner	Berechtigung, den Owner des Objekts zu ändern

Tabelle 12.13 Konstanten für *Rights*

Die folgenden Beispiele verdeutlichen Ihnen den praktischen Einsatz.

BEISPIEL

Herrn Braun werden alle Rechte an der Tabelle *Gehälter* zugewiesen.

```
Dim catalog As New ADOX.Catalog()
Dim conn As New ADODB.Connection()
conn.ConnectionString = "Provider=Microsoft.Jet.OLEDB.4.0;Data Source=c:\test.mdb;" & _
                        "Jet OLEDB:System database=C:\SYSTEM.MDW" & _
                        ";User Id=Chef;Password=pwChef;"
conn.Open()
catalog.ActiveConnection = conn
catalog.Users("Braun").SetPermissions("Gehälter", ObjectTypeEnum.adPermObjTable, _
        ActionEnum.adAccessSet, RightsEnum.adRightFull, InheritTypeEnum.adInheritNone, )
```

BEISPIEL

Der Gruppe »Buchhalter« werden die Leserechte an der Tabelle *Gehälter* erteilt.

```
Dim catalog As New ADOX.Catalog()
Dim conn As New ADODB.Connection()
conn.ConnectionString = "Provider=Microsoft.Jet.OLEDB.4.0;Data Source=c:\Test.mdb;" & _
                        "Jet OLEDB:System Database=C:\SYSTEM.MDW" & _
                        ";User Id=Chef;Password=pwChef;"
```

```
conn.Open()
catalog.ActiveConnection = conn
catalog.Groups("Buchhalter").SetPermissions("Gehälter", ObjectTypeEnum.adPermObjTable, _
            ActionEnum.adAccessSet, RightsEnum.adRightRead, InheritTypeEnum.adInheritNone, )
```

HINWEIS   Möchten Sie Rechte an allen Objekten eines Typs (z.B. alle Tabellen) vergeben, lassen Sie den Objektnamen einfach weg (Leerstring). Über den *ObjectType*-Parameter wird der Objekttyp eindeutig bestimmt.

HINWEIS   Bei der Vergabe von Rechten sollten Sie nicht zu kleinlich verfahren. Einige Berechtigungen müssen zugewiesen werden, ansonsten kann Microsoft Access (bzw. Ihre VB-Applikation) die Datenbank nicht korrekt öffnen. Dies trifft zum Beispiel auf die Systemtabellen zu. Am einfachsten ist es, wenn Sie jeden Nutzer zusätzlich zur Gruppe »Benutzer« hinzufügen.

BEISPIEL

Für alle, die mit den logischen Operatoren noch nicht klarkommen:

Entziehen eines Rechts: *Permissions = Permissions **And Not** <Recht>*
Bewilligen eines Rechts: *Permissions = Permissions **Or** <Recht>*

Verschlüsseln von Datenbanken

Alle bisher vorgestellten Verfahren haben einen wesentlichen Nachteil: Man kann zwar innerhalb der Datenbank verschiedene Sicherheitsstufen einführen, die physische Datei bleibt jedoch vollkommen ungeschützt. Ist ein ungebetener Gast an Informationen interessiert, kann er sich mit einem simplen Editor tiefe Einblicke verschaffen[1].

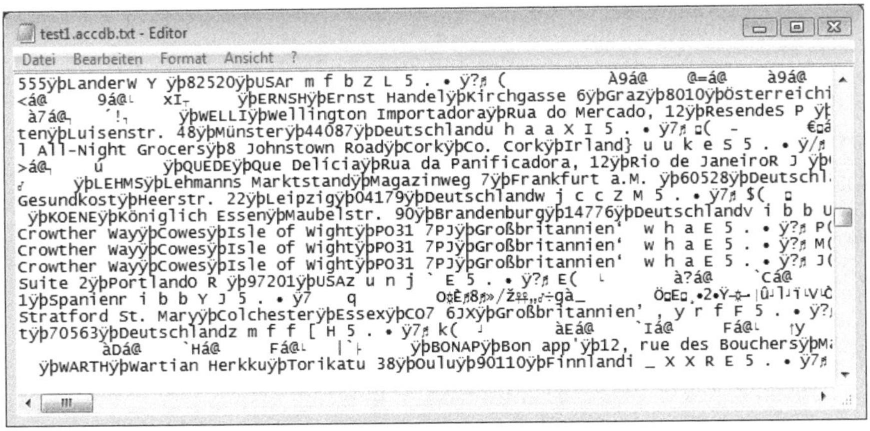

Abbildung 12.16 Ausschnitt aus einer unverschlüsselten Access-Datenbank

Wer sich an dieser Schwachstelle stört, der kann die Datenbank ja verschlüsseln. Bevor Sie damit aber beginnen sollten Sie bedenken, dass jede Verschlüsselung zu Performance-Einbußen führt, denn bevor die Daten gelesen oder geschrieben werden können, muss die Engine erst eine entsprechende Konvertierung vornehmen.

---

[1] Die Struktur ist zwar nicht so einfach wie der Aufbau von dBase-Dateien, es lassen sich jedoch genügend Einzelheiten erkennen.

HINWEIS   Für alle, die eine geschützte Datenbank weitergeben wollen, ergibt sich ein zusätzliches Problem: Verschlüsselte Datenbanken lassen sich nicht mit den konventionellen Packprogrammen (ZIP, ARJ, RAR etc.) komprimieren. Ursache ist die Verwürfelung der Daten, die das Erkennen redundanter Informationen ausschließt.

An dieser Stelle werden Sie vielleicht überrascht sein, mit JRO schon wieder eine neue Abkürzung kennen zu lernen. Hierbei handelt es sich um die *Jet and Replication Objects*. Der Name deutet es zwar nicht direkt an, aber diese Objekte bieten geeignete Methoden, um unter anderem auch Access-Datenbanken zu verschlüsseln. Haupteinsatzgebiet ist allerdings die Replikation von Datenbanken, wir kommen in einem der folgenden Abschnitte darauf zurück.

HINWEIS   Binden Sie einen Verweis auf *Microsoft Jet and Replication Objects 2.6* ein.

BEISPIEL

Verschlüsseln der Datenbank *Test.mdb*

```
Imports System.IO
...
    Dim JE As New JRO.JetEngine()

    If File.Exists("c:\Test_BCK.mdb") Then File.Delete("c:\Test_BCK.mdb")
    JE.CompactDatabase("Data Source=c:\Test.mdb;Jet OLEDB:Database Password=test", _
                       "Data Source=c:\Test_BCK.mdb;Jet OLEDB:Encrypt Database=True;" & _
                       "Jet OLEDB:Database Password=test")
    If File.Exists("c:\test_BCK.mdb") Then File.Delete("c:\Test.mdb")
    File.Copy("c:\test_BCK.mdb", "c:\test.mdb")
    If File.Exists("c:\Test.mdb") Then File.Delete("c:\Test_BCK.mdb")
```

Da wir die Datei nicht einfach umbenennen können, müssen wir etwas mehr Aufwand treiben: Nach dem Löschen der eventuell noch vorhandenen Backup-Datei wird mit Hilfe der Methode *CompactDatabase* die Datenbank verschlüsselt. Nachfolgend kann dann die neue Datei umbenannt werden.

Notorische Schnüffler dürften jetzt recht enttäuscht sein:

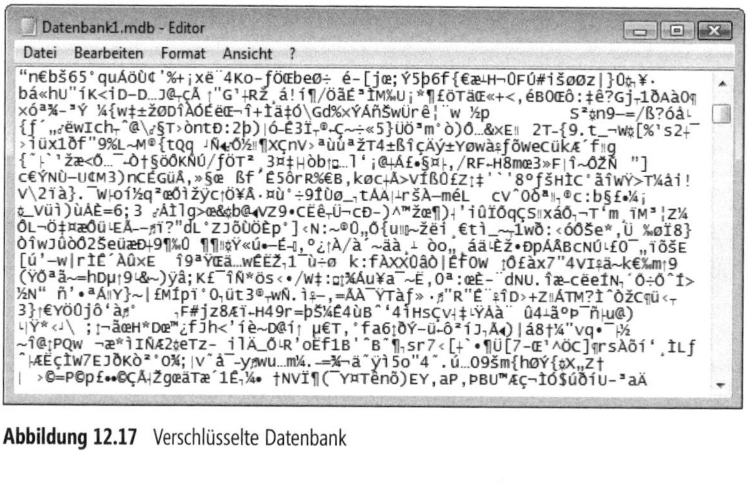

Abbildung 12.17 Verschlüsselte Datenbank

Einbinden externer Tabellen

Access-Datenbanken bieten mit der Einbindung externer Datenquellen ein besonderes Feature, um dem Desktop-Programmierer die Arbeit zu erleichtern. Diese Art des Datenzugriffs unterscheidet sich grundsätzlich vom reinen Import. Die Daten bleiben in ihrem bestehenden Datenformat, lediglich aus der Sicht des Programmierers handelt es sich um eine Access-Tabelle (mit einigen Einschränkungen), die für die weitere Bearbeitung zur Verfügung steht.

Grundsätzlich bieten sich zwei Varianten an, jedoch nur letztere kann empfohlen werden:

- Direktes Öffnen der externen Tabelle
- Einbinden der externen Tabelle

Die erste Variante ist zwar flexibler, dafür dauert der Verbindungsaufbau aber etwas länger, da die Datenbank-Engine beim Einbinden einer Tabelle einige Zusatzinformationen speichert, die einen späteren Verbindungsaufbau beschleunigen sollen. Gespeichert werden diese Informationen in der Access-Datenbank, über die auch alle weiteren Zugriffe laufen (Öffnen der Tabelle, Einfügen, Löschen, Suchen etc.).

Erstellen einer Verbindung

Zum Erstellen einer Verbindung mit Hilfe der ADOX erzeugen Sie zunächst die entsprechende Verknüpfung. Nachfolgend können Sie eine Verbindung erzeugen.

BEISPIEL

Verknüpfen einer dBase-Tabelle

```
Dim catalog As New ADOX.Catalog()
Dim conn As New ADODB.Connection()
Dim table As New ADOX.Table()

conn.ConnectionString = "Provider=Microsoft.Jet.OLEDB.4.0;Data Source=C:\testdb.mdb;"
conn.Open()
catalog.ActiveConnection = conn
table.Name = "ExterneDBASETabelle"
With table
    .ParentCatalog = catalog
    .Properties("Jet OLEDB:Create Link").Value = True
    .Properties("Jet OLEDB:Link Provider String").Value = "dBase 5.0;"
    .Properties("Jet OLEDB:Link Datasource").Value = "C:\TEMP"
    .Properties("Jet OLEDB:Remote Table Name").Value = "Personen.dbf"
End With
catalog.Tables.Append(table)
```

Ein Blick in die Access-Datenbank zeigt das gewünschte Resultat:

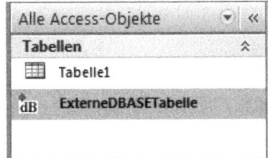

Abbildung 12.18 Externe dBase-Tabelle

Wie Sie sehen, kommen Sie nicht um die Verwendung von speziellen Eigenschaften herum, auch wenn der Ablauf dem normalen Erstellen einer Tabelle gleicht. Die folgende Tabelle zeigt die Bedeutung.

Eigenschaft	Beschreibung
Jet OLEDB:Create Link	Setzen Sie diesen Wert auf *true*, um eine Verknüpfung zu erzeugen
Jet OLEDB:Exclusive Link	Setzen Sie diesen Wert auf *true*, wenn Sie exklusiven Zugriff auf die Datenquelle wünschen
Jet OLEDB:Link Datasource	Datenbankname (meist der Verzeichnisname)
Jet OLEDB:Link Provider String	Der eigentliche ConnectionString, mit dem Sie auch den Datentyp spezifizieren (z.B. "Excel 8.0;")
Jet OLEDB:Remote Table Name	Tabellenname
Jet OLEDB:Cache Link Name/Password	Setzen Sie diesen Wert auf *true*, wenn Sie gegebenenfalls Anmeldename und -passwort in der Access-Datenbank abspeichern möchten

Tabelle 12.14 Spezifische Eigenschaften

HINWEIS   Bevor Sie am ConnectionString verzweifeln, machen Sie es sich doch einfach und erstellen Sie mit Access die gewünschte Verknüpfung, öffnen diese im Entwurfsmodus und wählen danach *Eigenschaften*. Unter *Beschreibung* finden Sie die gewünschten Einträge:

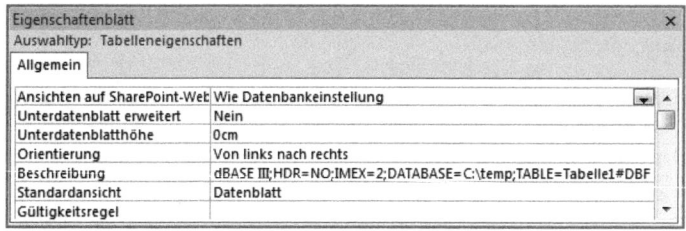

Abbildung 12.19 Beispiel für Tabellen-eigenschaften

Aktualisieren einer Verbindung

Die Verbindung aktualisieren Sie, indem Sie sowohl die Eigenschaft *Jet OLEDB:Link Datasource* als auch *Jet OLEDB:Create Link* erneut setzen.

BEISPIEL

Aktualisieren einer Verbindung

```
Dim catalog As New ADOX.Catalog()
Dim conn As New ADODB.Connection()

conn.ConnectionString = "Provider=Microsoft.Jet.OLEDB.4.0;Data Source=c:\testdb.mdb;"
conn.Open()
catalog.ActiveConnection = conn

catalog.Tables("ExterneDBASETabelle").Properties("Jet OLEDB:Create Link").Value = True
catalog.Tables("ExterneDBASETabelle").Properties("Jet OLEDB:Link Datasource").Value = "C:\TEMP2"
```

Löschen einer Verbindung

Wie wohl nicht anders zu erwarten, genügt das Löschen der entsprechenden Tabelle (in der Access-Datenbank) um die Verbindung zu lösen.

BEISPIEL

Löschen einer Verbindung

```
Dim catalog As New ADOX.Catalog()
Dim conn As New ADODB.Connection()

conn.ConnectionString = "Provider=Microsoft.Jet.OLEDB.4.0;Data Source=c:\testdb.mdb;"
conn.Open()
catalog.ActiveConnection = conn
catalog.Tables.Delete("ExterneDBASETabelle")
```

Replizieren von Datenbanken

Mit Hilfe der Aktenkoffer-Replikation können Sie mehrere Kopien einer Datenbank auf verschiedenen Rechnern erzeugen. Die Bezeichnung »Kopie« trifft eigentlich nicht den Kern, werden doch die erzeugten Duplikate bei Bedarf synchronisiert, d.h., es erfolgt ein Datenabgleich, sodass alle Versionen auf dem gleichen Stand sind.

HINWEIS   Mit Einführung von Access 2007 war Microsoft der Meinung, dass es sich bei der Replikation um ein überflüssiges und wenig genutztes Feature handelt. Datenbanken im Access 2007-Format unterstützen deshalb keine Replikation mehr. Möchten Sie dennoch Daten replizieren, nutzen Sie die Möglichkeit, Datenbanken im Access 2003-Format zu erstellen. Hier stehen dann die alten Features wie gewohnt zur Verfügung.

Ein Außendienstmitarbeiter möchte die Artikel-Stammdaten auf seinem Laptop speichern, gleichzeitig aber soll in der Firma mit den Daten gearbeitet werden. In diesem Fall bietet sich eine Aktenkoffer-Replikation an. Ist der Mitarbeiter von seiner Dienstfahrt zurückgekehrt, kann er in der Firma die Daten auf seinem Laptop auf den aktuellen Stand bringen. Außerdem werden die von ihm vorgenommenen Änderungen in der Originaldatei gespeichert.

Begriffe

Im Zusammenhang mit der Replikation von Datenbanken sind drei Begriffe interessant:

Designmaster   Das »Original«. Diese Datenbank bestimmt das Layout aller Replikate, Änderungen an der Datenbankstruktur sind nur im Designmaster zulässig. Da es nur ein »Original« geben kann, kann auch nur eine Datenbank in der Replikatgruppe der Designmaster sein.

Bei der Umwandlung der Originaldatenbank in den Master werden strukturelle Änderungen vorgenommen. Dies betrifft beispielsweise Zählerfelder, die in Felder mit eindeutigen Zufallswerten[1] umgewandelt werden. Weiterhin werden drei neue Systemtabellen angelegt.

---

[1] Die Verwendung von Zufallswerten ist nötig, um Überschneidungen beim Synchronisieren zu vermeiden.

| Replikat | Eine »Kopie« der Originaldatenbank. Es kann lediglich die Datenbasis verändert werden, die Struktur bestimmt der Designmaster. |
| Replikatgruppe | Alle Replikate, die von einem Designmaster abgeleitet wurden, sowie die Master-Datenbank. |

HINWEIS   Sowohl Designmaster als auch die Replikate können Objekte (Tabellen, Formulare etc.) enthalten, die **nicht** in die Synchronisierung einbezogen werden (lokale Daten).

Aufbau einer Replikatgruppe

Um eine funktionierende Replikatgruppe aufzubauen, können Sie eine der folgenden Möglichkeiten nutzen:

- Microsoft Access, über den Menübefehl *Extras/Replikation*[1]
- Aktenkoffer-Replikation, über das entsprechende Desktop-Symbol
- Microsoft Replication Manager, in der Microsoft ODE enthalten
- Programmierung mit Hilfe der DAOs
- Programmierung mit Hilfe der JROs

Wer bereits früher mit Replikationen gearbeitet hat, wird eine wesentliche Änderung vorfinden: Im Unterschied zu früheren Versionen (vor Access 2000) wurde es möglich, nicht nur Änderungen auf Satzebene abzugleichen, sondern auch Änderungen auf Spaltenebene.

Probleme bei Replikationen

Neben den Vorteilen der Replikation müssen Sie auch einige Nachteile in Kauf nehmen:

- Sollen zwei Datenbanken abgeglichen werden, in denen hauptsächlich Änderungen (Updates) vorgenommen wurden, kann es leicht zu Konflikten kommen. Wird beispielsweise ein und derselbe Datensatz in der Master- und in der Replikatdatenbank geändert, muss der auftretende Konflikt manuell (mit Eingabemaske) beseitigt werden. Sie können sich vorstellen, zu welcher Sisyphusarbeit dies bei mehreren hundert Datensätzen ausartet.

- Ein weiteres Problem ist die Gewährleistung der Datenkonsistenz. So kann sich beispielsweise ein Vertreter nach längerer Abwesenheit nicht mehr darauf verlassen, dass die Anzahl der Artikel in seiner Replikatdatenbank mit der tatsächlichen Anzahl (Masterdatenbank) übereinstimmt. Das Replikat stellt lediglich einen »Schnappschuss« des letzten Abgleichs dar.

- Sind mehrere Replikate von einer Datenbank erstellt worden, müssen diese regelmäßig untereinander abgeglichen werden, um die Datenkonsistenz zu gewährleisten. Dies kann zu einem recht aufwändigen Prozess ausarten, da jedes Replikat mit jedem anderen Replikat verglichen werden muss. Sollen beispielsweise drei Datenbanken A, B, C synchronisiert werden, ist es notwendig, A mit B, B mit C und zuletzt B mit A abzugleichen. In diesem Zusammenhang werden verschiedene Topologien eingesetzt (Stern, Ring ...).

---

[1] Vorausgesetzt, Sie verfügen über Microsoft Access!

HINWEIS   An dieser Stelle wollen wir lediglich auf einige Probleme und Besonderheiten im Zusammenhang mit der Datenreplikation eingehen. Für eine vollständige Darstellung des Themas fehlt an dieser Stelle einfach der Platz.

Nach den bisherigen theoretischen Abhandlungen wollen wir uns nun endlich der praktischen Umsetzung der Replikation mit Hilfe der JROs zuwenden.

Vorbereitungen zur praktischen Umsetzung

Der erste Schritt zum Replizieren einer Datenbank ist das Hinzufügen der Eigenschaft *Replicable* (eine nutzerdefinierte Property). Allerdings muss dazu die Datenbank exklusiv geöffnet sein. Ist das nicht der Fall, wird zwar die Eigenschaft angelegt, die Datenbank wird aber nicht für die Replikation vorbereitet (die Eigenschaft hat einen Wert ungleich »T«).

Die JRO beschränken sich auf den simplen Aufruf der Methode *MakeReplicable*. Der Methode übergeben Sie neben dem Namen der gewünschten Datenbank (diese muss sich exklusiv öffnen lassen) noch einen zusätzlichen Parameter, der bestimmt, ob Änderungen auf Spalten- (*True*) oder Recordebene (*False*) verfolgt werden.

BEISPIEL

Erzeugen eines Designmasters

```
Dim Rep As New JRO.Replica()
Rep.MakeReplicable("c:\test.mdb", False)
```

Danach dürfte das Tabellenlayout Ihrer Datenbank etwas anders ausschauen:

Feldname	Felddatentyp	Beschreibung
Nr	AutoWert	
Anrede	Text	
Vorname	Text	
Nachname	Text	
Geburtstag	Datum/Uhrzeit	
Gehalt	Währung	
RaumNr	Zahl	
TelefonNr	Zahl	
VorgesetzterNr	Zahl	
s_ColLineage	OLE-Objekt	
s_Generation	Zahl	
s_GUID	AutoWert	
s_Lineage	OLE-Objekt	

Abbildung 12.20 Geändertes Tabellenlayout

Wie Sie dem Tabellenlayout entnehmen, sind vier neue Felder hinzugekommen, die zur internen Verwaltung der Replikation verwendet werden:

■ *s_GUID* stellt einen eindeutigen Wert dar, mit dem jeder Zeile eine eindeutige ID zugeordnet werden kann. Dies gilt, im Unterschied zu einem Zählerfeld, auch für zwei getrennte Datenbanken

■ *s_Generation* gibt die Anzahl der Änderungen innerhalb des Datensatzes an

■ Mit *s_ColLineage* verwaltet Access Änderungen auf Feldebene

■ ... mit *s_Lineage* auf Satzebene

Replikat erstellen

Nachdem alle Vorarbeiten erledigt sind, können wir unsere ersten Replikate erstellen. Verantwortlich dafür ist die Methode *CreateReplica:*

```
Replica.CreateReplica(ReplicaName, Description, ReplicaType, Visibility, Priority, Updatability)
```

Übergeben Sie zunächst den Namen der neuen Datenbank und eine kurze Beschreibung. Der Parameter *ReplicaType* kann folgende Werte annehmen: *jrRepTypeFull* (vollständige Replikation, alle Datenbankobjekte werden repliziert) und *jrRepTypePartial* (es werden nur einige Objekte repliziert). Über *Visibility* stellen Sie den Grad der Sichtbarkeit ein (Global, Lokal, Anonym).

BEISPIEL

Erstellen eines Replikats der Datenbank *Test.mdb*

```
Dim Rep As New JRO.Replica()
Dim conn As New ADODB.Connection()

conn.ConnectionString = "Provider=Microsoft.Jet.OLEDB.4.0;Data Source=C:\Test.mdb"
conn.Open()
Rep.ActiveConnection = conn

Rep.CreateReplica("C:\Beispiel_rep.mdb", "Kopie für den Vertreter",
            JRO.ReplicaTypeEnum.jrRepTypeFull,
            JRO.VisibilityEnum.jrRepVisibilityGlobal, -1, JRO.UpdatabilityEnum.jrRepUpdFull)
```

Möchten Sie nur ein Teilreplikat erstellen, müssen Sie vor dem Replizieren definieren, welche Tabellen/ Objekte nur lokal verwaltet werden sollen. Dazu steht die Methode *SetObjectReplicability* zur Verfügung. Übergeben Sie neben dem Namen des Objekts auch den Datentyp (z.B. *Tables*) und einen booleschen Wert (*true* = replizierbar).

BEISPIEL

Die Tabelle *Kunden* wird von der Replikation ausgeschlossen

```
Dim Rep As New JRO.Replica()
Dim conn As New ADODB.Connection()

conn.ConnectionString = "Provider=Microsoft.Jet.OLEDB.4.0;Data Source=C:\Test.mdb"
conn.Open()
Rep.ActiveConnection = conn

Rep.SetObjectReplicability("Kunden", "Tables", False)
```

Abgleich von Kopie und Original

Das Ziel einer Replikation ist der Abgleich von Kopie und Original. Über die Methode *Synchronize* können Sie versuchen, beide Datenbanken zu synchronisieren. »Versuchen« deshalb, weil es in diesem Zusammenhang zu Problemen kommen kann.

Beim Synchronisieren müssen Sie zwischen mehreren Varianten unterscheiden:

Konstante	Beschreibung
jrSyncTypeExport	Änderungen (Daten und Struktur) werden in das Replikat übertragen (der Master ist aktiv)
jrSyncTypeImport	Änderungen (nur Daten) werden in den Master übernommen (der Master ist aktiv)
jrSyncTypeImpExp	Änderungen werden in beiden Datenbanken übernommen

Tabelle 12.15 Konstanten für *Synchronize*

BEISPIEL

Vollständiger Abgleich zwischen Kopie und Original

```
Dim Rep As New JRO.Replica()
Dim conn As New ADODB.Connection()
conn.ConnectionString = "Provider=Microsoft.Jet.OLEDB.4.0;Data Source=C:\Test.mdb"
conn.Open()
Rep.ActiveConnection = conn

Rep.Synchronize("c:\beispiel_rep.mdb", JRO.SyncTypeEnum.jrSyncTypeImpExp,
                                       JRO.SyncModeEnum.jrSyncModeDirect)
```

Datenbankanalyse

Haben Sie es mit unbekannten Datenbanken zu tun, stehen Sie zunächst vor dem Problem, die Grundstruktur der Datenbank zu analysieren, angefangen bei den Tabellen über die Abfragen bis hin zu speziellen Eigenschaften. Ihr wichtigster Verbündeter ist in diesem Fall ADO bzw. ADOX. Zusätzlich bietet sich mittlerweile auch die *GetSchema*-Methode des *OleDbConnection*-Objekts an.

Verwendung von GetSchema

Diese Variante der Datenbankanalyse basiert voll und ganz auf ADO.NET-Technologien, Sie müssen also keine zusätzlichen Interop-Assemblies einbinden. Das Grundprinzip ist recht simpel:

1. Sie erzeugen zunächst ein *OleDBConnection*-Objekt[1].

2. Sie rufen die Methode *GetSchema* auf. Hier können Sie zum einen die Art der abzurufenden Informationen bestimmen, zum anderen lassen sich auch Bedingungen angeben, um die Informationsflut etwas einzudämmen.

3. Der Rückgabewert der Methode ist eine *DataTable*, die Sie in Ihrem Programm auswerten oder auch an ein Control binden können.

4. Alternativ kann die *DataTable* auch in das XML-Format umgewandelt werden, damit stehen weitere Möglichkeiten der Verarbeitung offen.

---

[1] Das gleiche Verfahren ist auch für alle anderen Datenprovider realisierbar, hier steht jedoch der Zugriff auf Access-Datenbanken im Mittelpunkt.

Welche Informationen können abgerufen werden?

Folgende Informationen können Sie abrufen:

- *MetaDataCollections*
- *DataSourceInformation*
- *DataTypes*
- *Restrictions*
- *ReservedWords*
- *Columns*
- *Indexes*
- *Procedures*
- *Tables*
- *Views*

Ein kleines Beispiel zeigt die Vorgehensweise:

BEISPIEL

Anzeige aller Tabellen einer Access-Datenbank in einem *DataGridView*

```
Dim conn As New OleDbConnection("Provider=Microsoft.Jet.OLEDB.4.0;" &
                                "Data Source=C:\Testdb.mdb")
Dim dt As DataTable = Nothing

Try
    conn.Open()
    dt = conn.GetSchema("Tables")
Catch ex As Exception
    MessageBox.Show("Fehler: " & ex.Message)
    Return
Finally
    conn.Close()
End Try

DataGridView1.DataSource = dt
```

Die Ausgabe im *DataGridView*:

TABLE_SCHEMA	TABLE_NAME	TABLE_TYPE	DATE_CREATED	DATE_MODIFIED
	Abfrage_Test_1	VIEW	01.07.2008 09:00	01.07.2008 09:00
	Kundenstammdat...	TABLE	01.07.2008 09:00	01.07.2008 09:00
	MSysAccessStor...	ACCESS TABLE	01.07.2008 09:01	01.07.2008 09:01
	MSysACEs	SYSTEM TABLE	01.07.2008 09:00	01.07.2008 09:00
	MSysNavPaneGr...	ACCESS TABLE	01.07.2008 09:01	01.07.2008 09:01
	MSysNavPaneGr...	ACCESS TABLE	01.07.2008 09:01	01.07.2008 09:01
	MSysObjects	SYSTEM TABLE	01.07.2008 09:00	01.07.2008 09:00
	MSysQueries	SYSTEM TABLE	01.07.2008 09:00	01.07.2008 09:00
	MSysRelationships	SYSTEM TABLE	01.07.2008 09:00	01.07.2008 09:00

Abbildung 12.21   Die ermittelten Daten

Neben den eigentlichen Tabellen (Artikel, Bestelldetails etc.) werden auch Abfragen (Views) sowie die Systemtabellen angezeigt. Dass dürfte bei umfangreichen Datenbanken schnell zur Unübersichtlichkeit bei der Verarbeitung führen. Abhilfe schaffen die so genannten Einschränkungen, mit der Sie die Daten filtern können.

Welche Einschränkungen können verwendet werden?

Die Art der jeweils möglichen Einschränkung ist von den abzurufenden Informationen abhängig. Einschränkungen werden als String-Array unterschiedlicher Länge an die Methode *GetSchema* übergeben. Die folgende Tabelle zeigt eine Übersicht:

Collection	Mögliche Einschränkungen
MetaDataCollections, DataSourceInformation, DataTypes, Restrictions, ReservedWords	Keine
Tables	{TABLE_CATALOG, TABLE_SCHEMA, TABLE_NAME, TABLE_TYPE}
Procedures	{PROCEDURE_CATALOG, PROCEDURE_SCHEMA, PROCEDURE_NAME, PROCEDURE_TYPE}
Views	{TABLE_CATALOG, TABLE_SCHEMA, TABLE_NAME}
Columns	{TABLE_CATALOG, TABLE_SCHEMA, TABLE_NAME, COLUMN_NAME}
Indexes	{TABLE_CATALOG, TABLE_SCHEMA, INDEX_NAME, TYPE}

Tabelle 12.16 Mögliche Einschränkungen für die Collection-Auswahl

Ein Beispiel zeigt die Verwendung:

BEISPIEL

Nur die Spalten der Tabelle »Kundenstammdaten« sollen ermittelt werden

```
Dim conn As New OleDbConnection("Provider=Microsoft.Jet.OLEDB.4.0;" &
                                        "Data Source=C:\Testdb.mdb")
Dim dt As DataTable = Nothing
```

Die Einschränkung definieren:

```
Dim resValues As String() = New String(3) {}
resValues(2) = "Kundenstammdaten"
Try
    conn.Open()
    dt = conn.GetSchema("Columns", resValues)
Catch ex As Exception
    MessageBox.Show("Fehler: " & ex.Message)
    Return
Finally
    conn.Close()
End Try
DataGridView1.DataSource = dt
```

Die Ausgabe im *DataGridView* zeigt Abbildung 12.22.

TABLE_NAME	COLUMN_NAME	ORDINAL_POSITI	COLUMN_HASDEI	COLUMN_DEFAU	COLUMN_FLAGS	IS_NULLABLE	DATA_TYPE	TYPE_GUID	CHARACTER_MA>	CHARACTER_OC1	NUMERIC_PRECIS
▶	Kundenstammdaten	Id	3	☐		90	☐	3				10
	Kundenstammdaten	Nachname	1	☐		74	☐	130		50	100	
	Kundenstammdaten	Vorname	2	☐		74	☐	130		50	100	
✳				☐			☐					

Abbildung 12.22 Abfrageergebnis des Beispiels

So schön auch die Verwendung von *GetSchema* auf den ersten Blick sein mag, so werden Sie doch recht schnell feststellen, dass Sie im Zusammenhang mit Access-Datenbanken auf diesem Weg nicht alle gewünschten Informationen ermitteln können. So werden Sie früher oder später doch wieder mit den ADOX arbeiten, weshalb wir Ihnen diese – trotz der Möglichkeiten von *GetSchema* – noch einmal vorstellen möchten.

Datenbankeigenschaften mit ADOX ermitteln

Alle relevanten Datenbank-Eigenschaften können Sie, wie fast schon vermutet, über die *Properties*-Collection einer *ADODB.Connection*-Komponente abfragen.

BEISPIEL

Anzeige aller Eigenschaften sowie deren Werte

```
Dim conn As New ADODB.Connection()

conn.ConnectionString = "Provider=Microsoft.Jet.OLEDB.4.0;Data Source=C:\Test.mdb;"
conn.Open()
ListBox1.Items.Clear()
For i As Integer = 0 To conn.Properties.Count - 1
   Try
      ListBox1.Items.Add(conn.Properties(i).Name & ": " & conn.Properties(i).Value.ToString)
   Catch
   End Try
Next
```

Das Beispiel liefert die folgenden Eigenschaften (auszugsweise):

```
Active Sessions: 128
Asynchable Commit: False
Catalog Location: 1
Catalog Term: Database
Column Definition: 1
NULL Concatenation Behavior: 2
Data Source Name: c:\test.mdb
Read-Only Data Source: False
DBMS Name: MS Jet
DBMS Version: 04.00.0000
GROUP BY Support: 4
Heterogeneous Table Support: 2
Identifier Case Sensitivity: 8
Maximum Index Size: 255
Maximum Row Size: 4049
Maximum Tables in SELECT: 0
Multiple Storage Objects: False
Multi-Table Update: True
```

```
ORDER BY Columns in Select List: False
Prepare Abort Behavior: 1
Prepare Commit Behavior: 2
Provider Name: MSJETOLEDB40.DLL
OLE DB Version: 02.10
...
```

Tabellen mit ADOX bestimmen

Zur Datenbankanalyse zählen in jedem Fall auch die Ermittlung aller Tabellen sowie deren Spalten und Eigenschaften. Ansatzpunkt ist ein initialisiertes ADOX *Catalog*-Objekt.

| HINWEIS | Nutzen Sie die Collection *Tables*, um zunächst alle Tabellen zu ermitteln! |

In der *Tables*-Collection werden auch die internen Access-Tabellen zurückgegeben, über die *Type*-Eigenschaft können Sie zwischen den folgenden Tabellentypen unterscheiden:

Typ	Beschreibung
ACCESS TABLE	Eine Microsoft Access-Systemtabelle
LINK	Eine gelinkte Nicht-ODBC-Tabelle
PASS-THROUGH	Eine gelinkte ODBC-Tabelle
SYSTEM TABLE	Eine Microsoft Jet-Systemtabelle
TABLE	Eine »normale« Access-Tabelle
VIEW	Eine Abfrage ohne Parameter

Tabelle 12.17 Tabellentypen in Access-Datenbanken

Für die weitere Auswertung sind vor allem die Collections *Properties*, *Columns*, *Keys* und *Indexes* interessant.

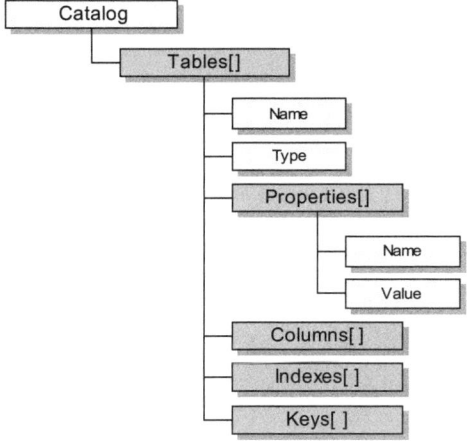

Abbildung 12.23 Klassenstruktur

Ein etwas umfangreicheres Beispiel soll die Verwendung demonstrieren.

Wir wollen alle Tabellen der Datenbank *TestDb.mdb* und deren wichtigste Eigenschaften in einem Listenfeld darstellen.

```
Dim conn As New ADODB.Connection()
Dim catalog As New ADOX.Catalog()

conn.ConnectionString = "Provider=Microsoft.Jet.OLEDB.4.0;Data Source=C:\Test.mdb"
conn.Open()
TextBox1.Clear()
catalog.ActiveConnection = conn
```

Alle Tabellen auflisten:

```
For i As Long = 0 To catalog.Tables.Count - 1
   TextBox1.AppendText(catalog.Tables(i).Name & Environment.NewLine)
```

Direkte Tabellen-Eigenschaften bestimmen:

```
TextBox1.AppendText("     Typ        : " & catalog.Tables(i).Type & Environment.NewLine)
TextBox1.AppendText("     Erstellt am: " & catalog.Tables(i).DateCreated & Environment.NewLine)
TextBox1.AppendText("     Änderung am: " & catalog.Tables(i).DateModified & Environment.NewLine)
```

Die Properties-Auflistung darstellen:

```
TextBox1.AppendText("     Properties : " & Environment.NewLine)
For j As Long = 0 To catalog.Tables(i).Properties.Count - 1
  Try
     TextBox1.AppendText("          " & catalog.Tables(i).Properties(j).Name & ": " &
                           catalog.Tables(i).Properties(j).Value & Environment.NewLine)
  Catch
  End Try
Next
```

Die Spalten anzeigen (über die Eigenschaft Type können Sie den Datentyp ermitteln):

```
TextBox1.AppendText("     Spalten : " & Environment.NewLine)
For j As Long = 0 To catalog.Tables(i).Columns.Count - 1
   TextBox1.AppendText("          " & catalog.Tables(i).Columns(j).Name & Environment.NewLine)
Next
```

Die Indizes auslesen (in Klammern werden die zugehörigen Spalten angezeigt):

```
TextBox1.AppendText("     Indizes : " & Environment.NewLine)

For j As Long = 0 To catalog.Tables(i).Indexes.Count - 1
  Dim s As String = String.Empty

  For k As Long = 0 To catalog.Tables(i).Indexes(j).Columns.Count - 1
    s &= catalog.Tables(i).Indexes(j).Columns(k).Name + " "
  Next
  TextBox1.AppendText("          " & catalog.Tables(i).Indexes(j).Name &
                   " -> [" & s.Trim & "]" + Environment.NewLine)
Next
```

Die Tabellenschlüssel bestimmen:

```
TextBox1.AppendText("     Schlüssel: " & Environment.NewLine)
For j As Long = 0 To catalog.Tables(i).Keys.Count - 1
  Dim s = String.Empty
  For k As Long = 0 To catalog.Tables(i).Keys(j).Columns.Count - 1
    s &= catalog.Tables(i).Keys(j).Columns(k).Name & " "
  Next
  TextBox1.AppendText("        " & catalog.Tables(i).Keys(j).Name &
                   " -> [" & s.Trim + "]" & Environment.NewLine)
Next
Next
```

Die vom obigen Beispiel erzeugte Ausgabe (auszugsweise, nur Tabelle *Mitarbeiter*):

```
Mitarbeiter
    Typ       : TABLE
    Erstellt am: 11.04.2003 14:26:53
    Änderung am: 11.04.2003 14:26:54
    Properties :
        Jet OLEDB:Table Validation Text:
        Jet OLEDB:Link Provider String:
        Jet OLEDB:Link Datasource:
    Spalten :
        Anrede
        Geburtstag
        Gehalt
        Nachname
        Nr
        RaumId
        Telefon
        TelefonId
        Vorgesetzter
        Vorname
    Indizes :
        PrimaryKey -> [Nr]
        Anrede -> [Anrede]
        Nachname -> [Nachname]
        RaumId -> [RaumId]
        TelefonId -> [TelefonId]
        Vorgesetzter -> [Vorgesetzter]
        Vorname -> [Vorname]
    Schlüssel:
        PrimaryKey -> [Nr]
```

Sichten/Abfragen mit ADOX bestimmen

Haben Sie sich bereits mit Access-Datenbanken beschäftigt, wissen Sie auch, dass in der Access-Datenbank Abfragen gespeichert werden können. Beim Blick in die ADOX-Hilfe werden Sie allerdings feststellen, dass Ihnen das *Catalog*-Objekt sowohl eine *Views* als auch eine *Procedures*-Collection anbietet. Die Aussage »Abfragen mit Parametern werden in die *Procedures*-Collection aufgenommen« ist zwar richtig, der Umkehrschluss ist allerdings nicht erlaubt. Sie sollten deshalb immer beide Collections abfragen, bei der *Procedures*-Collection können Sie zusätzlich die *Parameters*-Auflistung abfragen.

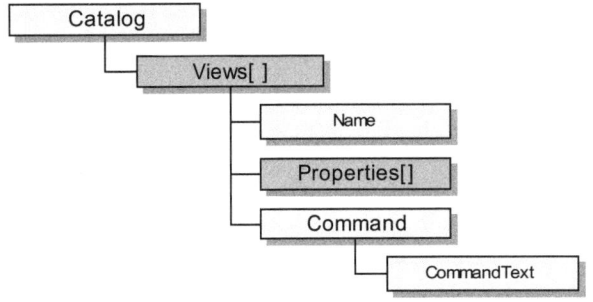

Abbildung 12.24 Klassenstruktur

BEISPIEL

Abfrage aller *View*-Objekte (normalerweise alle Abfragen ohne Parameter und ohne Verknüpfungen/Berechnungen).

```
Dim conn As New ADODB.Connection()
Dim catalog As New ADOX.Catalog()

conn.ConnectionString = "Provider=Microsoft.Jet.OLEDB.4.0;Data Source=c:\test.mdb"
conn.Open()

TextBox1.Clear()
catalog.ActiveConnection = conn
```

Leider wird das untergeordnete *Command*-Objekt nur per Methode als *object* zurückgegeben. Sie können jedoch auf alle Methoden und Eigenschaften, wie in der ADOX-Hilfe angegeben, zugreifen.

```
For i As Integer = 0 To catalog.Views.Count - 1
    TextBox1.AppendText(catalog.Views(i).Name + Environment.NewLine)
    TextBox1.AppendText("   Erstellt am: " & catalog.Views(i).DateCreated & Environment.NewLine)
    TextBox1.AppendText("   Änderung am: " & catalog.Views(i).DateModified & Environment.NewLine)
    TextBox1.AppendText("   SQL      : " & catalog.Views(i).Command.CommandText & _
                                          Environment.NewLine)

    For j As Integer = 0 To catalog.Views(i).Command.Properties.Count - 1
      Try
        TextBox1.AppendText("      Property (" & _
                     catalog.Views(i).Command.Properties(j).name & ") : " & _
                     catalog.Views(i).Command.Properties(j).Value.ToString & Environment.NewLine)
      Catch
      End Try
    Next
Next
```

Das Ausgabeergebnis (in Auszügen):

```
Alle Frauen
    Erstellt am: 11.04.2003 15:39:05
    Änderung am: 11.04.2003 15:39:05
    SQL      : SELECT anrede, nachname
FROM Mitarbeiter
WHERE anrede = 'Frau';
    Property (Preserve on Abort) : False
    Property (Blocking Storage Objects) : True
```

```
Property (Use Bookmarks) : False
Property (Skip Deleted Bookmarks) : False
Property (Bookmark Type) : 1
Property (Cache Deferred Columns) : False
Property (Fetch Backwards) : False
Property (Hold Rows) : False
Property (Scroll Backwards) : False
Property (Jet OLEDB:Pass Through Query Connect String) :
...
```

Parameterabfragen (Procedures)

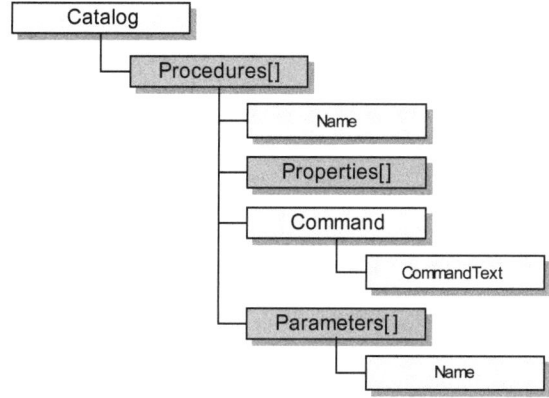

Abbildung 12.25 Klassenstruktur

BEISPIEL

Ausgabe der Parameter-Abfragen

```
Dim conn As New ADODB.Connection()
Dim catalog As New ADOX.Catalog()

conn.ConnectionString = "Provider=Microsoft.Jet.OLEDB.4.0;Data Source=C:\Test.mdb"
conn.Open()

TextBox1.Clear()
catalog.ActiveConnection = conn

For i As Integer = 0 To catalog.Procedures.Count - 1
  TextBox1.AppendText(catalog.Procedures(i).Name & Environment.NewLine)
  TextBox1.AppendText("    Erstellt am: " & catalog.Procedures(i).DateCreated &
                                            Environment.NewLine)
  TextBox1.AppendText("    Änderung am: " & catalog.Procedures(i).DateModified &
                                            Environment.NewLine)
  TextBox1.AppendText("    Properties : " & Environment.NewLine)
  TextBox1.AppendText("    SQL        : " & catalog.Procedures(i).Command.CommandText &
                                            Environment.NewLine)
  For j As Integer = 0 To catalog.Procedures(i).Command.Properties.Count - 1
    Try
      TextBox1.AppendText("        Property (" & _
      catalog.Procedures(i).Command.Properties(j).name & ") : " & _
      catalog.Procedures(i).Command.Properties(j).Value.ToString & Environment.NewLine)
```

```
      Catch
      End Try
    Next

    For j As Integer = 0 To catalog.Procedures(i).Command.Parameters.Count - 1
      Try
        TextBox1.AppendText("    Parameter (" & _
                    catalog.Procedures(i).Command.Parameters(j).name & ") : " & _
                    catalog.Procedures(i).Command.Parameters(j).Value.ToString & _
                                                          Environment.NewLine)
      Catch
      End Try
    Next
  Next
```

Die zurückgegebenen Werte (in Auszügen):

```
Abfrage1
    Erstellt am: 11.04.2003 15:39:05
    Änderung am: 11.04.2003 15:39:05
    Properties :
    SQL        : CREATE TABLE Test (ab INT)
      Property (Preserve on Abort) : False
      Property (Blocking Storage Objects) : True
      Property (Use Bookmarks) : False
      Property (Skip Deleted Bookmarks) : False
      Property (Bookmark Type) : 1
      Property (Cache Deferred Columns) : False
      Property (Fetch Backwards) : False
      Property (Hold Rows) : False
      Property (Scroll Backwards) : False
      Property (Column Privileges) : True
      Property (Preserve on Commit) : True
      Property (Defer Column) : True
      Property (Delay Storage Object Updates) : True
      Property (Immobile Rows) : False
```

Nutzer und Nutzergruppen auslesen

Geht es um die Rechteverteilung in bzw. an der Datenbank, müssen Sie sich entscheiden, ob Sie (ausgehend von der Gruppe) die zugehörigen Mitglieder auflisten wollen oder (ausgehend vom Nutzer) die zugehörigen Gruppen. Entsprechend beginnen Sie mit der Analyse bei der *Group*-Collection bzw. mit der *Users*-Collection eines initialisierten ADOX-*Catalog*-Objekts.

HINWEIS   Sie müssen in den *ConnectionString* die Position der Systemdatenbank mit aufnehmen. Andernfalls können weder Nutzer noch Gruppen abgefragt werden (die Definitionen befinden sich in der Systemdatenbank).

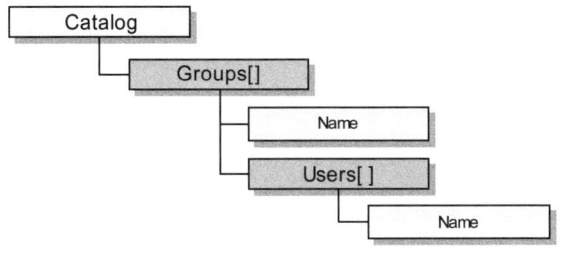

Abbildung 12.26 Klassenstruktur ausgehend von *Groups*

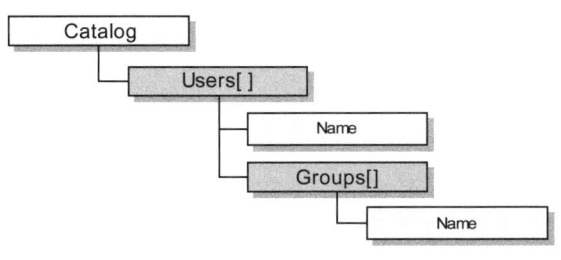

Abbildung 12.27 Klassenstruktur ausgehend von *Users*

BEISPIEL

Anzeige aller Nutzer sowie deren Gruppenzugehörigkeit

```
Dim conn As New ADODB.Connection()
Dim catalog As New ADOX.Catalog()

conn.ConnectionString = "Provider=Microsoft.Jet.OLEDB.4.0;Data Source=C:\Test.mdb;" &
                                  "JET OLEDB:System Database=C:\SYSTEM.MDW"
conn.Open()
TextBox1.Clear()
catalog.ActiveConnection = conn
For i As Integer = 0 To catalog.Users.Count - 1
  TextBox1.AppendText(catalog.Users(i).Name & Environment.NewLine)
  For j As Integer = 0 To catalog.Users(i).Groups.Count - 1
    TextBox1.AppendText(" --> " & catalog.Users(i).Groups(j).Name & Environment.NewLine)
  Next
  TextBox1.AppendText(Environment.NewLine)
Next
```

Das Ergebnis für unsere Testdatenbank:

```
admin
 --> Admins
 --> Users
Braun
 --> Buchhalter
Chef
Creator
Engine
Müller
 --> Buchhalter
```

BEISPIEL

Anzeige aller Gruppen und deren zugeordnete Nutzer

```
Dim conn As New ADODB.Connection()
Dim catalog As New ADOX.Catalog()

conn.ConnectionString = "Provider=Microsoft.Jet.OLEDB.4.0;Data Source=C:\Test.mdb;" & _
                        "JET OLEDB:System Database=C:\SYSTEM.MDW"
conn.Open()
TextBox1.Clear()
catalog.ActiveConnection = conn
For i As Integer = 0 To catalog.Groups.Count - 1
  TextBox1.AppendText(catalog.Groups(i).Name & Environment.NewLine)
  For j As Integer = 0 To catalog.Groups(i).Users.Count - 1
    TextBox1.AppendText(" --> " & catalog.Groups(i).Users(j).Name & Environment.NewLine)
  Next
  TextBox1.AppendText(Environment.NewLine)
Next
```

Das Ergebnis für unsere Testdatenbank:

```
Admins
 --> admin
Buchhalter
 --> Müller
 --> Braun
Users
 --> admin
```

Nutzer- und Gruppenberechtigungen ermitteln

Was Sie in Microsoft Access (vor 2007) über den Menüpunkt *Extras/Sicherheit/Benutzer und Gruppenbe-rechtigungen* an Informationen in Erfahrung bringen können, stellt auch für Ihr Programm kein Problem dar.

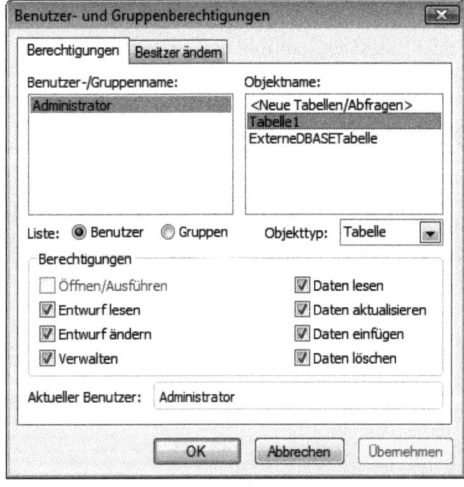

Abbildung 12.28 Nutzer- und Gruppenberechtigungen in Microsoft Access

Ansatzpunkt ist ein initialisiertes *ADOX Catalog*-Objekt sowie die Methode *GetPermissions*. Dieser übergeben Sie neben dem Objektnamen (Tabellen/Abfragename) den Objekttyp (Tabelle, Abfrage, Prozedur). Zurückgegeben wird ein Wert, dessen einzelne Bits Aufschluss über bestimmte Rechte geben.

Anzeige der Berechtigungen von *Admin* bzw. der Gruppe *Admins* an der Tabelle *Personen* (auszugsweise).

```
Dim rights As ADOX.RightsEnum

Dim conn As New ADODB.Connection()
Dim catalog As New ADOX.Catalog()

conn.ConnectionString = "Provider=Microsoft.Jet.OLEDB.4.0;Data Source=C:\Test.mdb;" & _
                        "JET OLEDB:System Database=C:\SYSTEM.MDW"
conn.Open()
TextBox1.Clear()
catalog.ActiveConnection = conn

TextBox1.AppendText("Admin" & Environment.NewLine)
rights = catalog.Users("Admin").GetPermissions("Mitarbeiter", ObjectTypeEnum.adPermObjTable, )
TextBox1.AppendText("   adRightReadDesign: " & ((rights And RightsEnum.adRightReadDesign) = _
                RightsEnum.adRightReadDesign).ToString & Environment.NewLine)
TextBox1.AppendText("   adRightWriteDesign: " & ((rights And RightsEnum.adRightWriteDesign) = _
                RightsEnum.adRightWriteDesign).ToString & Environment.NewLine)
TextBox1.AppendText("   adRightCreate: " & ((rights And RightsEnum.adRightCreate) = _
                RightsEnum.adRightCreate).ToString & Environment.NewLine)
TextBox1.AppendText("   adRightDelete: " & ((rights And RightsEnum.adRightDelete) = _
                RightsEnum.adRightDelete).ToString & Environment.NewLine)
TextBox1.AppendText("   adRightInsert: " & ((rights And RightsEnum.adRightInsert) = _
                RightsEnum.adRightInsert).ToString & Environment.NewLine)

TextBox1.AppendText(Environment.NewLine)

TextBox1.AppendText("Admins" & Environment.NewLine)

rights = catalog.Groups("Admins").GetPermissions("Mitarbeiter", ObjectTypeEnum.adPermObjTable)
TextBox1.AppendText("   adRightReadDesign: " & ((rights And RightsEnum.adRightReadDesign) = _
                RightsEnum.adRightReadDesign).ToString & Environment.NewLine)
TextBox1.AppendText("   adRightWriteDesign: " & ((rights And RightsEnum.adRightWriteDesign) = _
                RightsEnum.adRightWriteDesign).ToString & Environment.NewLine)
TextBox1.AppendText("   adRightCreate: " & ((rights And RightsEnum.adRightCreate) = _
                RightsEnum.adRightCreate).ToString & Environment.NewLine)
TextBox1.AppendText("   adRightDelete: " & ((rights And RightsEnum.adRightDelete) = _
                RightsEnum.adRightDelete).ToString & Environment.NewLine)
TextBox1.AppendText("   adRightInsert: " & ((rights And RightsEnum.adRightInsert) = _
                RightsEnum.adRightInsert).ToString & Environment.NewLine)
TextBox1.AppendText(Environment.NewLine)
```

Die Ausgabe:

```
Admin
   adRightReadDesign: True
   adRightWriteDesign: True
   adRightCreate: True
   adRightDelete: True
   adRightInsert: True
```

```
Admins
    adRightReadDesign: True
    adRightWriteDesign: True
    adRightCreate: True
    adRightDelete: True
    adRightInsert: True
```

HINWEIS   Für die weiteren Rechte verwenden Sie nach gleichem Muster die Konstanten von *RightsEnum*.

Weitere Aufgabenstellungen

Access-Datenbanken reparieren/komprimieren

Sollten Sie diesen Abschnitt mit gesteigertem Interesse lesen, so sind Sie wahrscheinlich schon Opfer eines Datenverlustes geworden, d.h. »das Kind ist bereits in den Brunnen gefallen«. Ursachen für Datenverluste sind z.B. Stromausfälle (Daten wurden unvollständig in die Datei geschrieben) oder ein instabiles Betriebssystem. Im extremsten Fall wird die gesamte Datenbank gelöscht.

HINWEIS   Lässt sich eine Access-Datei nicht mehr öffnen oder reparieren, versuchen Sie es doch einmal mit der Importfunktion von Access. Den Autoren ist sie in dankbarer Erinnerung, konnten sie doch auf diese Weise in einigen Fällen das Schlimmste verhüten und die wichtigsten Tabellen und Formulare restaurieren.

Bei einer »einfachen« Beschädigung sollten Sie die in Access eingebauten Funktionen zum Reparieren einer Datenbank dem Backup vorziehen.

HINWEIS   Es gibt allerdings keine Garantie dafür, dass sich die Daten immer restaurieren lassen!

Microsoft Access selbst bietet über das Untermenü *Extras/Datenbank-Dienstprogramme* eine Möglichkeit, defekte Datenbanken zu reparieren. Die gleiche Funktion kann auch per JRO-Code bereitgestellt werden. Diese Aufgabe übernimmt die Methode *CompactDatabase*.

BEISPIEL

Reparieren und Packen einer Access-Datenbank

```
Sub RepairAndCompact(ByVal name As String)
    Dim JetEngine As New JRO.JetEngine()
    If File.Exists(name & ".BAK") Then File.Delete(name & ".BAK")
    JetEngine.CompactDatabase("Data Source=" & name, "Data Source=" & name & ".BAK")
    If File.Exists(name & ".BAK") Then File.Delete(name)
    File.Move(name & ".BAK", name)
End Sub
```

HINWEIS   Neben dem Reparieren und Defragmentieren bietet die *CompactDatabase*-Methode auch die Möglichkeit, ein Datenbank-Passwort zu setzen, die Datenbank zu ver-/entschlüsseln oder in eine neuere Version zu konvertieren.

Distribution von Access-Datenbanken

Nach all den Mühen mit dem Entwurf und der Umsetzung Ihrer Anwendung möchten Sie diese sicher auch weitergeben. Dabei stellt sich natürlich auch die Frage, welche Dateien Sie neben Ihrem eigentlichen Programm noch installieren bzw. weitergeben müssen.

Haben Sie sich, was nach der Lektüre dieses Kapitels hoffentlich der Fall ist, mit ADOX bzw. den JRO und dem Access-Format angefreundet, genügt für die meisten Zielplattformen die nackte Anwendung und gegebenenfalls die Access-Datenbank[1].

Allerdings kann es Ihnen auf einigen Uralt-Computern passieren, dass Sie keine oder nur eine alte Version der ADOs vorfinden. In diesem Fall müssen/sollten Sie die jeweils aktuelle ADO-Version installieren.

Zum Zeitpunkt der Drucklegung dieses Buches war die MDAC-Version 2.8 SP1 aktuell. Die aktuelle MDAC-Version erhalten Sie auf der Microsoft-Homepage unter der Adresse

WWW	http://www.microsoft.com/downloads/details.aspx?FamilyID=6C050FE3-C795-4B7D-B037-185D0506396C

HINWEIS	Weitere Informationen zur Weitergabe von Access-Anwendungen bzw. der MDAC-Installation finden Sie im

How-to-Teil des vorliegenden Kapitels.

Access 2007-Datenbanken

Die Zeit ist nicht stehen geblieben und so hat sich zu den bisherigen Access-Versionen/-Dateiformaten mit Access 2007 eine neuer Vertreter dieser Gattung gesellt. Im Gegensatz zu den bisherigen Versionswechseln ist dieser aus verschiedenen Gründen allerdings etwas abrupter ausgefallen:

- Einführung eines neuen Dateiformats (*.accdb)
- Wegfall bisheriger Features (unter anderem die nutzerbasierte Sicherheit)
- Einführung neuer Datentypen
- Abkopplung der Access-Datenbank-Engine von der ADO-Entwicklung und Wiedereinstieg in die DAO-Technologie

Den augenfälligsten Unterschied werden Sie selbst recht schnell bemerken, wenn Sie mit den Bordmitteln von VB versuchen, eine neue Access 2007-Datenbank zu öffnen. Eine Fehlermeldung mit dem Hinweis auf ein nicht unterstütztes Format beendet dieses Treiben.

Aus diesen Gründen wollen wir uns in diesem extra Abschnitt ausschließlich um die Access 2007-Besonderheiten kümmern.

Zugriff auf die Datenbanken

Wie bereits erwähnt, ist es nicht ohne weiteres möglich, über den Standard Jet-OLEDB-Treiber auf Access 2007-Datenbank zuzugreifen. Voraussetzung für eine erfolgreiche Verbindungsaufnahme ist die Installation der *Office 2007 System Driver*, die Sie unter folgender Adresse herunterladen können:

---

[1] Das .NET Framework muss bei einer .NET-Anwendung natürlich auch installiert sein.

WWW   http://www.microsoft.com/downloads/details.aspx?FamilyID=7554f536-8c28-4598-9b72-ef94e038c891

Alternativ genügt auch die Installation von Microsoft Office 2007 auf dem entsprechenden PC.

Nach erfolgreicher Installation können Sie auf die neuen Access 2007-Datenbanken auf gewohnte Weise zugreifen (z.B. indem Sie eine neue Datenquelle zum Projekt hinzufügen). Unbemerkt wird hierbei jedoch von einem gänzlich anderem Provider Gebrauch gemacht, wie ein Blick auf die erweiterten Eigenschaften der Verbindung zeigt:

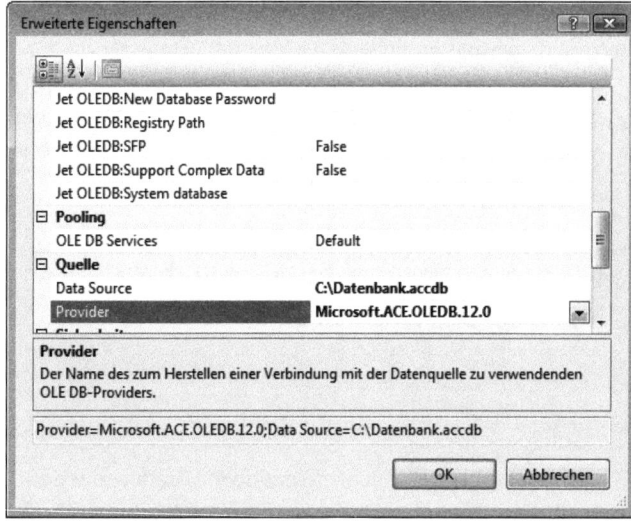

Abbildung 12.29 Neuer Provider für Access 2007

Neuer Connectionstring

Da wir es mit einem neuen Provider zu tun haben:

BEISPIEL

Erstellen einer Access 2007-Datenbank

```
Sub Erstelle_Access_Datenbank()
Dim cat As New ADOX.catalog
  cat.Create "Provider=Microsoft.ACE.OLEDB.12.0;Data Source=C:\Kunden.accdb"
End Sub
```

Übersicht neue Datentypen

Sicher ist Ihnen bereits aufgefallen, dass von den mit Access 2007 neu eingeführten Datentypen

- Memo-Feld mit Archiv-Funktion
- Rich-Text-Feld
- Anlage-Feld und
- Multivalue-Feld

bislang nicht viel zu sehen war. Die Ursachen: Zum einen handelt es sich in fast allen Fällen nur um spezielle Eigenschaften, die ein Feld mit Basisdatentyp (z.B. Memo) um einige Funktionen erweitern, zum anderen wird Ihnen die ADOX-Library in diesem Zusammenhang nicht viel nützen, hier helfen nur die DAOs weiter.

HINWEIS   Obige Datentypen wurden für die Integration des SharePoint-Servers in Access 2007 benötigt. Abgesehen vom Rich-Text-Feld sollten Sie, wann immer es geht, auf obige Datentypen verzichten, da diese einer sauberen Programmierung kaum zuträglich sind.

Arbeiten mit den DAOs

Ja, Sie haben richtig gelesen! Wer bereits vor vielen, vielen Jahren programmiert hat, dem ist DAO sicher noch ein Begriff aus der VBA- bzw. VB-Zeit. Mit Access 2007 feiert diese Datenbankschnittstelle ihre fröhliche Wiederauferstehung in Gestalt der *Microsoft Office 12.0 Access Database Engine*.

HINWEIS   Möchten Sie die neuen Access 2007-Datenbankfeatures unterstützen, müssen Sie diese Version der DAO-Library in VB importieren, nicht die Microsoft DAO 3.6-Library!

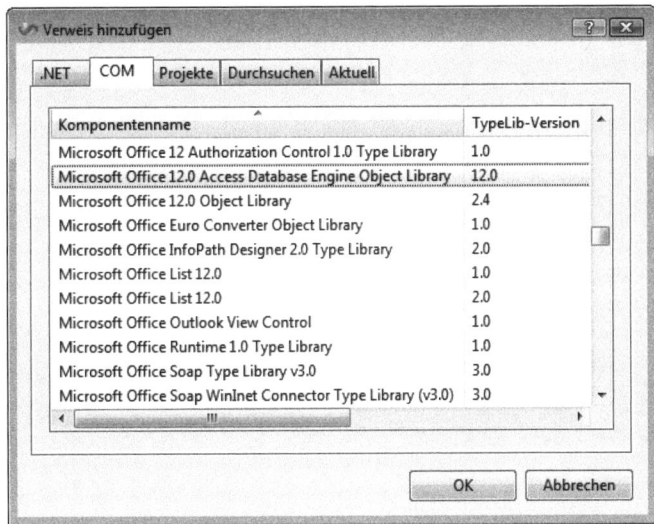

Abbildung 12.30   Verweis auf die Microsoft Office 12.0 Access Database Engine hinzufügen

Für die weitere Arbeit mit den Klassen dieser Library sollten Sie per *Imports*-Direktive sowohl *System.Reflection* als auch *Microsoft.Office.Interop.Access.Dao* hinzufügen.

```
Imports System.Reflection
```

Im Folgenden nutzen wir die Möglichkeit, einen Alias für den Namespace zu erstellen, der eine eindeutige Zuordnung der DAO-Klassen ermöglicht:

```
Imports dao = Microsoft.Office.Interop.Access.Dao
```

Im Weiteren können Sie jetzt über *dao.<...>* auf die gewünschten Klassen zugreifen.

HINWEIS   Auf Details zu den DAO-Klassen gehen wir im Rahmen dieses Buchs nicht weiter ein, dies würde zu weit führen und für das Verständnis der folgenden Beispiele auch nicht unbedingt notwendig sein.

Memofeld mit Archiv-Funktion

Dieser Datentyp entspricht der (einfachen) Erweiterung des altbekannten Memo-Feldes. Im Gegensatz zu diesem bietet ein »Nur anfügen«-Feld[1] die Möglichkeit, die Änderungen des Feldes zu archivieren/dokumentieren.

An der Tabelle selbst werden auch keinerlei Strukturänderungen vorgenommen, Access verwaltet die Vorgängerversionen des Feldinhalts in einer verborgenen Systemtabelle, zu der eine interne 1:n-Beziehung besteht. Gleichzeitig wird in dieser Tabelle das jeweilige Änderungsdatum festgehalten.

Erzeugen per Access-Editor

Erstellen Sie ein Memo-Feld und legen Sie dessen »Nur anfügen«-Eigenschaft mit *True* (Ja) fest.

Abbildung 12.31 »Nur anfügen«-Feld

Erzeugen per DAO-Code

Wir erzeugen zunächst ein normales Memofeld und setzen später dessen Eigenschaft *AppendOnly* auf *True*.

BEISPIEL

Tabelle mit »Nur anfügen«-Feld erzeugen (per DAO)

```
Imports System.Reflection
Imports dao = Microsoft.Office.Interop.Access.Dao
...
    Private Sub button2_Click(ByVal sender As Object, ByVal e As EventArgs) Handles Button2.Click
        Dim db As dao.Database
```

---

[1] Ein missverständlicher Name, da Sie den sichtbaren Text auch löschen können.

```
        Dim td As dao.TableDef
        Dim fld As dao.Field
        Dim dbEn As New dao.DBEngine()
```

Datenbank öffnen:

```
        db = dbEn.OpenDatabase("c:\Acc2007Test.accdb", Nothing, False)
```

Tabelle erzeugen:

```
        td = db.CreateTableDef("tblNurAnfuegen")
```

Zwei Spalten erzeugen und Tabellendefinition in die Datenbank einfügen:

```
        fld = td.CreateField("Id", dao.DataTypeEnum.dbLong)
        td.Fields.Append(fld)

        fld = td.CreateField("Bemerkung", dao.DataTypeEnum.dbMemo)
        td.Fields.Append(fld)
        db.TableDefs.Append(td)
```

Achtung: Erst jetzt können Sie den Datentyp für das Feld wie gewünscht erweitern:

```
        fld.Properties("AppendOnly").Value = True
    End Sub
```

Zugriff auf das History-Feld

An dieser Stelle enden die Möglichkeiten von VB, z.B. per DAO auf den Verlauf des Feldes zuzugreifen. Sie können zwar per ADO.NET/ADO/DAO etc. auf den aktuellen Inhalt wie gewohnt zugreifen, die Historie bleibt Ihnen jedoch verborgen, da Sie dies auch in Access nur per *ColumnHistory*-Methode (*Application*-Objekt) abrufen können. Einzige Lösungsmöglichkeit wäre hier der OLE-Automatisierungszugriff auf die Datenbank, was jedoch recht langsam ist und gleichzeitig eine Installation von Access erfordert.

BEISPIEL

Einfügen neuer Texte in ein History-Feld

```
    Private Sub button6_Click(ByVal sender As Object, ByVal e As EventArgs) Handles Button6.Click
        Dim db As dao.Database
        Dim rs As dao.Recordset

        Dim dbEn As New dao.DBEngine()
        db = dbEn.OpenDatabase("c:\Acc2007Test.accdb", Nothing, False)
```

Tabelle öffnen:

```
        rs = db.OpenRecordset("tblNurAnfuegen")
```

Ersten Datensatz erzeugen und Wert einfügen:

```
        rs.AddNew()
        rs.Fields("Bemerkung").Value = "Mein erster Text"
        rs.Update(1, False)
        rs.MoveFirst()
```

Wir editieren den Datensatz erneut:

```
rs.Edit()
rs.Fields("Bemerkung").Value = "Mein zweiter Text"
rs.Update(1, False)
```

Und noch ein drittes Mal:

```
    rs.Edit()
    rs.Fields("Bemerkung").Value = "Mein dritter Text"
    rs.Update(1, False)
End Sub
```

Sehen Sie sich später in Access den Inhalt des Feldes an, werden auch die zurückliegenden Einträge angezeigt:

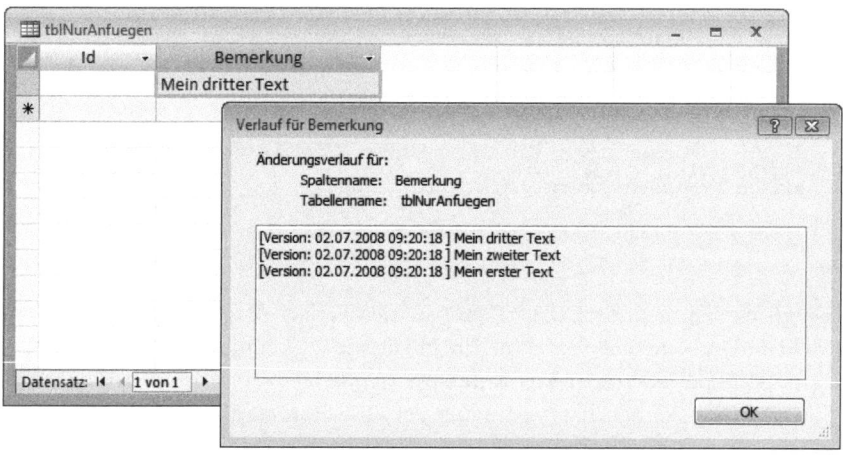

Abbildung 12.32   Anzeige der Änderungen in einem History-Feld (Microsoft Access)

Anlage-Feld

Mit dem neuen *Anlage*-Feld schließt Microsoft eine Lücke bei den verfügbaren Datentypen. Die Aufgabe derartiger Felder ist das Speichern von Dateien (vornehmlich Grafiken) in der Datenbank. Im Gegensatz zu den guten alten OLE-Objekt-Feldern wird hier der Inhalt der Felder nicht verändert, gleichzeitig ist das Speichern mehrerer Dateien in einem Feld möglich.

Dass so viel Funktionalität nicht mit einem einzelnen Feld realisierbar ist, dürfte auf der Hand liegen, Access speichert die Felddaten in einer verborgenen Systemtabelle ab. Mit Hilfe spezieller Methoden bzw. einiger SQL-Erweiterungen können Sie die Dateien in die Datenbank laden, durchsuchen, ausgeben und natürlich auch löschen.

Allerdings birgt die Komplexität des neuen Datentyps auch einige Fallstricke in sich. So können Sie nicht jeden Dateityp in Anlagefeldern sichern, von Microsoft als »unsicher« gebrandmarkte Dateitypen sind tabu, wie die folgende Abbildung zeigt:

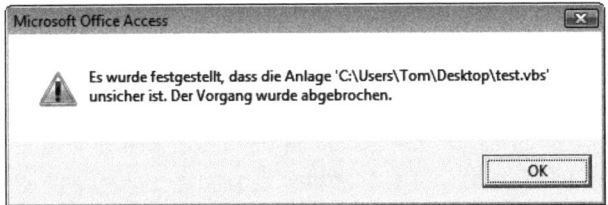

Abbildung 12.33 Fehler beim Einfügen einer Scriptdatei

Eine ziemlich sinnfreie »Sicherheitspolitik«, ist es doch problemlos möglich, die gleiche Datei mit der Extension TXT in das Feld zu laden.

Das zweite Problem: Durch die interne Verwaltung als 1:n-Beziehung ist die Verarbeitung mit SQL wesentlich fehleranfälliger geworden.

Last but not least werden Sie beim exzessiven Einsatz derartiger Felder auch schnell an die Grenzen von Access stoßen, bei 2 GByte ist nämlich Schluss. Vor vielen, vielen Jahren war das sicher noch eine ganze Menge, heute passt nicht mal mehr der Inhalt einer SD-Speicherkarte in eine Access-Datenbank.

Erzeugen per DAO-Code

Der Quellcode fällt recht knapp aus, mit einer neuen DAO-Konstanten (*DataTypeEnum.dbAttachment*) ist es beim Erstellen des Feldes möglich, den gewünschten Datentyp zu erzeugen.

BEISPIEL

Erzeugen eines Anlagefelds

```
Imports System.Reflection
Imports dao = Microsoft.Office.Interop.Access.Dao
...
    Private Sub button3_Click(ByVal sender As Object, ByVal e As EventArgs) Handles Button3.Click
        Dim db As dao.Database
        Dim td As dao.TableDef
        Dim fld As dao.Field
        Dim dbEn As New dao.DBEngine()
```

Datenbank öffnen:

```
        db = dbEn.OpenDatabase("c:\Acc2007Test.accdb", Nothing, False)
```

Tabelle erzeugen:

```
        td = db.CreateTableDef("tblAnlage")
```

Felder erzeugen:

```
        fld = td.CreateField("Id", dao.DataTypeEnum.dbLong)
        td.Fields.Append(fld)
        fld = td.CreateField("Anhang", dao.DataTypeEnum.dbAttachment)
        td.Fields.Append(fld)
        db.TableDefs.Append(td)
    End Sub
```

Dateien im Anlage-Feld speichern

Sicher sind auch Sie neugierig, wie man nun Dateien in diesem Feld speichern kann.

Im Grunde haben Sie es bei Anlage-Feldern mit 1:n-Beziehungen zu tun, können Sie doch in einem derartigen Feld mehrere Dateien sichern. Damit dürfte schnell klar sein, dass es mit dem direkten Zugriff auf die Binärdaten dieses Feldes per *Value*-Eigenschaft wohl nichts wird. Allerdings liegen Sie mit *Value* nicht ganz falsch, aus Sicht des Programmierers wird von der *Value*-Eigenschaft ein neues Recordset zurückgegeben, das in den einzelnen Zeilen die jeweiligen Anlagen verwaltet.

In diesem Zusammenhang geistern auch zwei »neue« DAO-Klassen herum: *Recordset2* und *Field2*. Während *Recordset2* lediglich über eine zusätzliche Eigenschaft verfügt (*ParentRecordset,* d.h. das übergeordnete Recordset von dem die aktuelle Instanz abgeleitet wurde), bietet ein *Field2*-Objekt zwei in diesem Zusammenhang interessante neue Methoden

- *LoadFromFile* und

- *SaveToFile*

mit denen Sie Dateien in ein Anlage-Feld einlesen bzw. die Daten auch wieder als externe Datei speichern können.

Doch der Reihe nach. Zunächst wollen wir Ihnen in einem kleinen Beispiel zeigen, wie der Zugriff auf das Anlagefeld erfolgt.

BEISPIEL

Datei im Anlagefeld speichern

```
Imports System.Reflection
Imports dao = Microsoft.Office.Interop.Access.Dao
...
    Private Sub button4_Click(ByVal sender As Object, ByVal e As EventArgs) _
                              Handles Button4.Click
        Dim db As dao.Database
        Dim rs As dao.Recordset
        Dim rsAnl As dao.Recordset2
```

Dateidialog anzeigen und eine Datei auswählen:

```
        If OpenFileDialog1.ShowDialog() = System.Windows.Forms.DialogResult.OK Then
            Dim dbEn As New dao.DBEngine()
```

Datenbank öffnen:

```
        db = dbEn.OpenDatabase("c:\Acc2007Test.accdb", Nothing, False)
```

Tabelle öffnen:

```
        rs = db.OpenRecordset("tblAnlage")
```

Neuer Datensatz in der Tabelle:

```
        rs.AddNew()
```

Hier holen wir uns das Recordset für das Anlagefeld ...

```
rsAnl = (TryCast(rs.Fields("Anhang").Value, dao.Recordset2))
```

... und fügen in dieses einen neuen Datensatz ein:

```
rsAnl.AddNew()
```

Achtung: Sie müssen das Feld als *Field2* typisieren um die Methode *LoadFromFile* nutzen zu können:

```
TryCast(rsAnl.Fields("FileData"), dao.Field2).LoadFromFile(OpenFileDialog1.FileName)
```

Anlage speichern:

```
rsAnl.Update(1, False)
```

Hier könnten Sie weitere Dateien noch obigem Muster speichern. Übergeordneten Datensatz speichern:

```
        rs.Update(1, False)
    End If
End Sub
```

Nach dem Ausführen obiger Methode können Sie sich in Access vom Erfolg überzeugen:

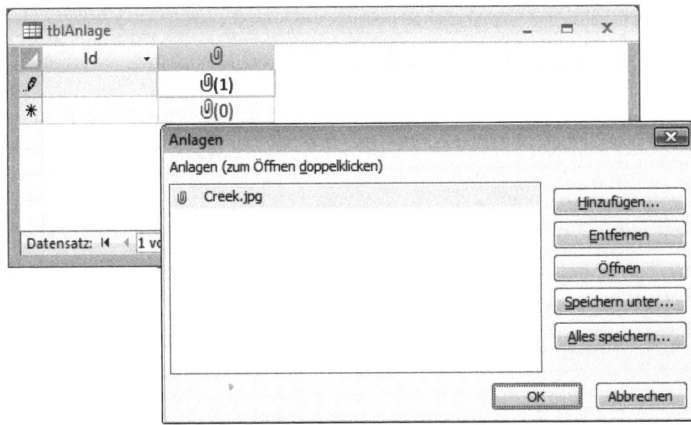

Abbildung 12.34 Anlagefeld mit Inhalt in Microsoft Access

HINWEIS   Wie schon oben erwähnt, können Sie über das Recordset (im Beispiel *rsAnl*) noch weitere Dateien einfügen. Verwechseln Sie dieses jedoch nicht mit dem Recordset für die Tabelle. Hier würden Sie neue Datensätze erzeugen!

Informationen über die Anlagen abrufen

Access speichert zu den Anlagefeldern intern folgende Informationen ab:

- *FileData*
- *FileFlags*
- *FileName*
- *FileTimeStamp*

■   *FileType* und

■   *FileURL*

Auf den ersten Blick erkennbar, handelt es sich bei *FileData* um die binären Daten[1]. Je nach Dateityp und Access-Einstellungen werden diese Daten in komprimierter oder Original-Form abgelegt. Wohlgemerkt handelt es sich hier nur um eine gespeicherte Datei, die nächste befindet sich, so vorhanden, im zweiten Datensatz des Recordsets.

FileFlags (Long) wird, wie Sie sehen können, derzeit nicht genutzt, was auch auf die Felder *FileTimeStamp* und *FileUrl* zutrifft. Im Feld *FileName* wird der Name der gespeicherten Datei inklusive der Extension abgelegt, *FileType* enthält lediglich die Extension der Datei, was für das schnelle Suchen in den Anhängen recht praktikabel ist (auch per SQL).

BEISPIEL

Abrufen der Anlageinformationen

```
Private Sub button5_Click(ByVal sender As Object, ByVal e As EventArgs) Handles Button5.Click
    Dim db As dao.Database
    Dim rs As dao.Recordset
    Dim rsAnl As dao.Recordset2

    Dim dbEn As New dao.DBEngine()
    db = dbEn.OpenDatabase("c:\Acc2007Test.accdb", Nothing, False)
    rs = db.OpenRecordset("tblAnlage")
```

Recordset für Anlagefeld erzeugen:

```
    rsAnl = (TryCast(rs.Fields("Anhang").Value, dao.Recordset2))
    ListBox1.Items.Clear()
```

Für alle Anlagen (nicht Tabellenzeilen!) des ersten Datensatzes:

```
    Do While Not rsAnl.EOF
        ListBox1.Items.Add(rsAnl.Fields("FileName").Value)
        ListBox1.Items.Add(rsAnl.Fields("FileType").Value)
        ListBox1.Items.Add(rsAnl.Fields("FileData").Value)
        rsAnl.MoveNext()
    Loop

End Sub
```

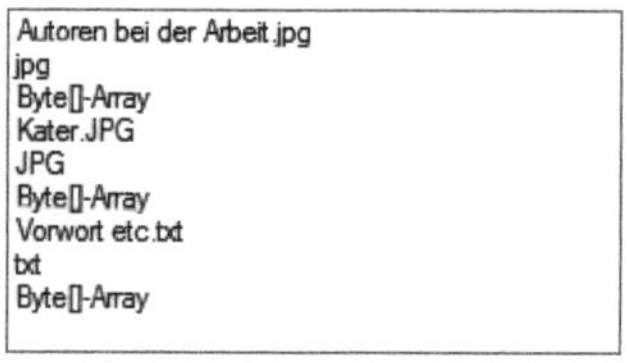

```
Autoren bei der Arbeit.jpg
jpg
Byte[]-Array
Kater.JPG
JPG
Byte[]-Array
Vorwort etc.txt
txt
Byte[]-Array
```

Abbildung 12.35   Anzeige in der *ListBox*

Wie Sie sehen, sind im ersten Datensatz der Tabelle drei Anlagen gespeichert.

---

[1] zuzüglich Verwaltungsinformationen

HINWEIS   Über die *SaveToFile*-Methode können Sie die Anlagen auch wieder als Dateien zurückspeichern. Alternativ stehen Ihnen die Daten über das oben angezeigte Byte-Array (*Fields["FileData"].Value*) zur Verfügung.

SQL und Anlagefelder

Mit den *Anlage*-Feldern halten auch ein paar gewagte neue SQL-Konstrukte Einzug. So verfügen *Anlage*-Felder bezüglich SQL über die neuen Eigenschaften

- *FileData* (die eigentlichen Daten)
- *FileName* (Dateiname mit Extension) und
- *FileType* (Extension)

über welche auf die Verwaltungsinformationen des Feldes zugegriffen werden kann.

Statt langatmiger Ausführungen zeigen wir Ihnen die Verwendung besser im Zusammenhang:

BEISPIEL

Die Liste der Anhänge abfragen

Mit dem naheliegenden Aufruf

```
SELECT
    Id,
    Anhang
FROM
    tblAnlage
```

kommen Sie aber nicht wesentlich weiter, wie die folgende Abbildung zeigt:

Id	Anhang
1	Autoren bei der Arbeit.jpg;Kater.JPG;Vorwort etc.txt
2	find.png;hand.png

Abbildung 12.36 Abfrageergebnis in der Datenvorschau

Um auf die Detaildaten von Anlage-Feldern zugreifen zu können, verwenden Sie bitte die zusätzlichen Bezeichner *FileName* und *FileType*:

```
SELECT
    Id,
    Anhang.Filename,
    Anhang.FileType
FROM
    tblAnlage
```

Id	Anhang_Filename	Anhang_FileType
1	Kater.JPG	JPG
1	Autoren bei der Arbeit.jpg	jpg
1	Vorwort etc.txt	txt
2	find.png	png
2	hand.png	png

Abbildung 12.37 Abfrageergebnis

Für eine Tabellenzeile erscheinen in der Abfrage mehrere Zeilen! Mit dem Primärschlüssel allein haben Sie jetzt keinen eindeutigen Bezeichner mehr (siehe obige Abbildung). Für Vertreter der »reinen Lehre« sicher ein grausamer Anblick.

BEISPIEL

Die Anzahl der Anlagen pro Datensatz bestimmen

Möchten Sie die Anzahl der Anlagen für die einzelnen Datensätze bestimmen, verwenden Sie eine Unterabfrage, bei der für den aktuellen Datensatz die Anzahl bestimmt wird:

```
SELECT
    A.Id,
    (SELECT COUNT(B.Anhang.FileName) FROM tblAnlage AS B WHERE B.Id=A.Id) AS Anzahl
FROM
    tblAnlage AS A
```

Das Ergebnis:

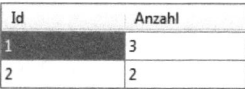

Id	Anzahl
1	3
2	2

Abbildung 12.38   Abfrageergebnis

HINWEIS   Unter Verwendung der Detaildaten können Sie mit SQL auch problemlos Anlagen löschen, auswerten etc.

Rich-Text-Feld

Auch bei diesem Feldtyp handelt es sich um einen echten »Lückenfüller«, der wegen der Kompatibilität zwischen SharePoint-Server und Access 2007 eingeführt wurde.

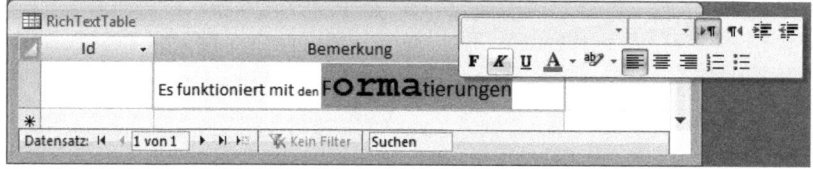

Abbildung 12.39   Rich-Text-Feld in der Datenblatt-Ansicht von Microsoft Access

Doch schon in der Bezeichnung lauert der erste Trugschluss, es handelt sich im Grunde um ein ganz normales Memofeld, das HTML-formatierte Daten enthalten kann. Intern handelt es sich also nur um eine zusätzliche Eigenschaft für den Feldtyp *Memo*, dem im Zusammenhang mit dem Im- und Export bzw. der Darstellung in Formularen/Berichten eine Bedeutung zukommt.

Erzeugen per DAO-Code

Prinzipiell könnten Sie ein normales Memofeld verwenden, in diesem Fall erkennt jedoch die Access-Datenblatt-Ansicht nicht, dass es sich um formatierte Inhalte handelt. Setzen Sie aus diesem Grund die Eigenschaft *TextFormat* auf 1.

Rich-Text-Feld erzeugen

```
Imports System.Reflection
Imports dao = Microsoft.Office.Interop.Access.Dao
...
    Private Sub Button7_Click(ByVal sender As Object, ByVal e As EventArgs) Handles Button7.Click
        Dim db As dao.Database
        Dim td As dao.TableDef
        Dim fld As dao.Field
        Dim dbEn As New dao.DBEngine()
        Dim prop As dao.Property


        db = dbEn.OpenDatabase("c:\Acc2007Test.accdb", Nothing, False)
        td = db.CreateTableDef("tblRTF")

        fld = td.CreateField("Id", dao.DataTypeEnum.dbLong)
        td.Fields.Append(fld)
```

Zunächst normales Memofeld erzeugen:

```
        fld = td.CreateField("Bemerkung", dao.DataTypeEnum.dbMemo)
        td.Fields.Append(fld)
        db.TableDefs.Append(td)
        prop = fld.CreateProperty("TextFormat", 2, 1)
```

Setzen Sie den Wert auf 0, ist es ein reines Textfeld.

```
        fld.Properties.Append(prop)
    End Sub
```

HINWEIS   Es handelt sich um eine zusätzlich zu erzeugende Eigenschaft, deshalb das *Append*.

Auf das Feld selbst greifen Sie wie gewohnt zu, statt reinem Text können Sie jetzt zusätzlich XML-Tags für die Formatierung einsetzen:

Id	Bemerkung
	\<div>\<font size=4>\\Hier steht fetter Text\\\</font>\</div>

Abbildung 12.40   Beispiel für Feldinhalt

HINWEIS   Der formatierte Text selbst ist jedoch nur in Access-Formularen sichtbar!

Multivalue-Feld (MVF)

Sicher kennen auch Sie die typische Problemstellung einer m:n-Beziehung, die im Normalfall mit drei Tabellen realisierbar ist (Abbildung 12.41).

Für das Beispiel gilt: Ein Angestellter kann beliebig viele Hobbys haben, ein Hobby kann von beliebig vielen Angestellten ausgeübt werden.

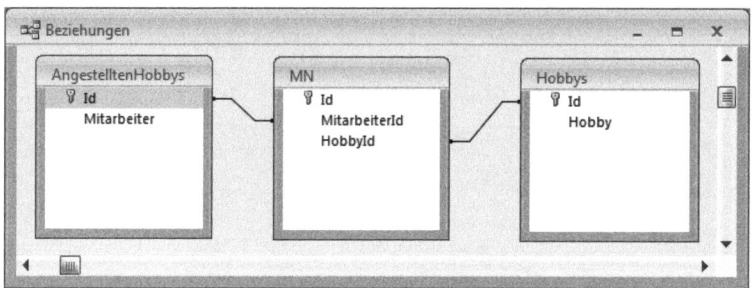

Abbildung 12.41 Lösung mit
drei Tabellen

Mit Access 2007 wird das aus relationaler Sicht Unmögliche wahr und Sie können obige Aufgabenstellung auch mit zwei Tabellen realisieren. Hier ist allerdings keine Hexerei am Werk, im Hintergrund werden nach wie vor drei Tabellen verwaltet, dies ist jedoch für den Endanwender (und leider auch für den Programmierer) nicht transparent.

Allerdings ist die Verwendung von Multivalue-Feldern nicht ganz unproblematisch. Der Übersichtlichkeit Ihrer Programme ist dieses »Feature« kaum zuträglich, ganz abgesehen davon, dass spätere Abfragen (SQL) schnell zu fehlerhaften Ergebnissen führen können.

Als Beispiel wollen wir, ausgehend von obiger Lösung mit drei Tabellen, ein Multivalue-Feld erstellen, in welchem für einzelne Mitarbeiter die Hobbys verwaltet werden.

Erzeugen per Access-Editor

Erstellen Sie zunächst eine Tabelle *Hobbys,* die alle möglichen Hobbys in der Spalte *Hobby* aufnimmt. Füllen Sie diese Tabelle mit einigen Beispieldatensätzen:

Abbildung 12.42 Die Tabelle *Hobbys*

Nachfolgend können Sie sich der Tabelle *AngestelltenHobbys* zuwenden. Neben einem Primärschlüssel (Zählerfeld) und einem Textfeld für den Namen des Mitarbeiters fügen Sie noch ein weiteres Feld *Hobbys* mit Hilfe des Nachschlage-Assistenten hinzu.

Im ersten Schritt bestimmen Sie im Assistenten, dass die Werte einer Tabelle zu entnehmen sind:

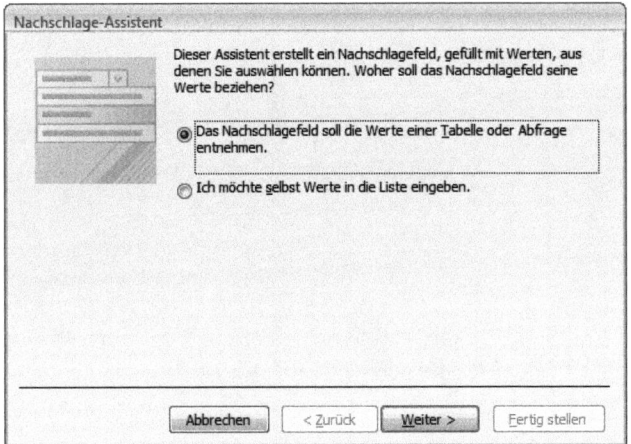

Abbildung 12.43 Erster Schritt im
Nachschlage-Assistenten

In den nachfolgenden Schritten entscheiden Sie sich für die Tabelle *Hobbys* und dort für das Feld *Hobby*.
Eine extra Sortierfolge brauchen Sie nicht anzugeben. Bevor Sie die letzte Seite in einem Anfall von Flüchtigkeit mit »Fertig« abschließen, sollten Sie noch einen Blick auf eine unscheinbare Option werfen, die in diesem Dialog angezeigt wird.

HINWEIS Markieren Sie die Option »Mehrere Werte zulassen«, um ein Multivalue-Feld zu erstellen.

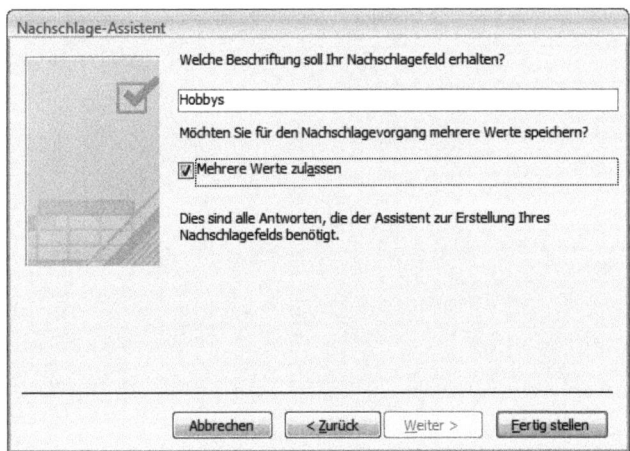

Abbildung 12.44 Letzter Schritt des
Nachschlage-Assistenten

Das war es bereits, Sie können Ihren Tabellenentwurf abspeichern und einen ersten Datensatz aufnehmen.

Abbildung 12.45   Erstellen eines ersten Datensatzes

Bemerkungen

Zunächst scheint auch alles wunderbar zu funktionieren. Doch ein erster Blick in die Beziehungen der Datenbank bringt hervor, dass beide Tabellen aus Sicht des Anwenders nicht in Beziehung stehen.

Dass dem auch so ist, werden Sie mit einem kleinen Test schnell feststellen.

Fügen Sie einen zusätzlichen Datensatz in die Tabelle *AngestelltenHobbys* ein und wählen Sie das Hobby »Laufen«. Einer plötzlichen Eingebung folgend, wollen Sie jetzt das Hobby in »Waldlauf« umbenennen. Dies funktioniert auch problemlos. Ein erneuter Blick in die Tabelle *AngestelltenHobbys* zeigt jetzt jedoch immer noch das Hobby »Laufen«, neue Datensätze können jedoch mit »Waldlauf« erstellt werden.

Abbildung 12.46   Erstellen eines weiteren Datensatzes in Access

Für etwas Verwirrung dürfte allerdings das Editieren des zuerst angelegten Datensatzes führen, taucht doch jetzt in der Liste zusätzlich auch die Option »Laufen« wieder auf:

- Auto fahren
- Bücher schreiben
- Fussball
- ☑ Reiten
- Schlafen
- Schwimmen
- Tennis
- Waldlauf
- Zeitung lesen
- ☑ Laufen

Abbildung 12.47 Editieren des vorher angelegten Datensatzes

Dem Chaos dürfte damit Tür und Tor geöffnet sein, ein sinnvolles Abfragen, Exportieren oder Verwalten der Daten bleibt damit Wunschdenken und der Profi wendet sich mit Grausen[1] ...

HINWEIS   Aus diesem Grund verzichten wir auch auf weitere Ausführungen, wie Sie derartige Felder in Visual Basic erzeugen und abfragen können. Verwenden Sie besser drei Tabellen, wie Sie es auch bisher gewohnt waren, wenn es um m:n-Beziehungen geht.

Access 2010-Datenbanken

Auch die neue Access Version 2010 beglückt uns wieder mit einigen neuen Funktionen, auf die wir im folgenden kurz eingehen wollen. Zunächst die gute Nachricht: Das Dateiformat ist das gleiche wie in Access 2007, nun die schlechte Nachricht: trotz »gleichem« Format sind Datenbanken beider Versionen nicht in jedem Fall kompatibel, wie es auch die folgende Abbildung zeigt:

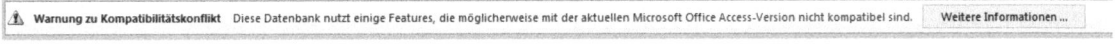

⚠ Warnung zu Kompatibilitätskonflikt   Diese Datenbank nutzt einige Features, die möglicherweise mit der aktuellen Microsoft Office Access-Version nicht kompatibel sind.   Weitere Informationen ...

Abbildung 12.48 Öffnen einer Access 2010-Datenbank mit Access 2007

Nutzen Sie in der Datenbank Features des Version 2010, kann die Datenbank im schlechtesten Fall gar nicht, im besten Fall nur schreibgeschützt geöffnet werden (siehe folgende Abbildung).

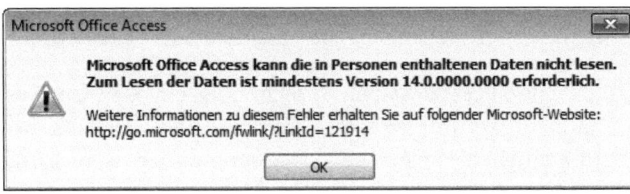

Abbildung 12.49 Die Tabelle enthält ein berechnetes Feld (Meldung in Access)

Was schon dem Originalprodukt Schwierigkeiten bereitet, ist auch für Ihr VB-Programm ein Problem. Auch hier erhalten Sie mit dem Access 2007-Treiber (siehe Seite 863) keinen sicheren Zugriff auf die Datenbank. Bereits ein kleiner Versuch in der Visual Studio IDE ein typisiertes DataSet zu erzeugen führt zum unmissverständlichen Hinweis, dass auf die gewünschte Datenbank nicht zugegriffen werden kann (siehe Abbildung 12.50).

---

[1] Oh Codd, oh Codd!

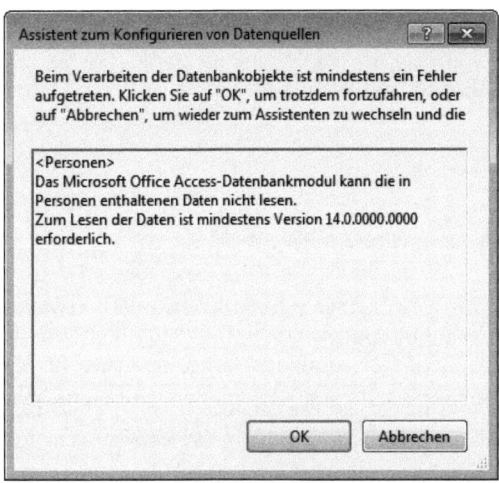

Abbildung 12.50 Versuch eine Tabelle mit Access 201-Features in Visual Studio zu öffnen

Download/Installation Access 2010 Database Engine

Ist auf dem Ziel-PC kein Microsoft Access 2010 installiert, sind Sie auf die Dienste der »Microsoft Access Database Engine 2010 Redistributable« angewiesen. Diese können Sie unter der folgenden Adresse herunterladen:

WWW	http://www.microsoft.com/downloads/details.aspx?FamilyID=c06b8369-60dd-4b64-a44b-84b371ede16d

Neben der 32 Bit-Version (26 MByte) wird Ihnen auch eine x64 Version (28 MByte) angeboten.

Haben Sie das Setup heruntergeladen, genügt der Aufruf der Datei *AccessDatabaseEngine.exe* und nach wenigen Sekunden können Sie mit Ihren VB-Programmen auf Access 2010-Datenbanken zugreifen.

HINWEIS	Wichtig: Vergessen Sie ganz schnell den auf der deutschen Downloadseite angegebenen neuen Connectionstring »Provider=Microsoft.ACE.OLEDB.**14.0** ...«. Dieser ist definitiv falsch, verwenden Sie auch für Access 2010-Datenbanken den Connectionstring »Provider=Microsoft.ACE.OLEDB.**12.0** ...«[1].

Damit könnte wir eigentlich unseren kleinen Exkurs schon beenden, wenn da nicht noch ein paar neue Features wären, die auch für den Datenbankprogrammierer von Interesse sind. Relevant sind vor allem zwei neue Funktionen, die Sie zwar nicht aktiv einsetzen können, die jedoch bei der Arbeit mit den Access 2010-Datenbanken beachtet werden müssen:

■ Berechnete Spalten

■ Verwendung von Triggern

Welche weiteren Unterschiede zwischen der Version 2007 und 2010 bestehen, zeigt der Abschnitt Unterschiede Access 2007/2010 auf Seite 885.

---

[1] Insofern ist natürlich auch die Fehlermeldung in Abbildung 12.50 falsch, aber das sind Sie ja als Programmierer bereits gewohnt.

Berechnete Spalten

Nun halten endlich auch berechnete Spalten in Access 2010 Einzug, ein Feature, das es bei anderen Daten-banksystemen bereits seit langem gibt und gab. Das Grundprinzip: basierend auf einer Spalte mit Text-, Number-, Currency-, Boolean- oder DateTime-Datentyp wird zusätzlich ein Ausdruck zugeordnet, der den Wert der Spalte basierend auf dem Wert anderer Spalten »berechnet«.

An dieser Stelle werden sicher die Befürworter der reinen Lehre »graue Haare bekommen«, handelt es sich doch in 90% der Fälle um redundante Informationen, die es in dieser Form eigentlich nicht in normalisier-ten Tabellen geben sollte. Stattdessen sollen Views zur Laufzeit diese Werte berechnen und zur Verfügung stellen. Doch genau an dieser Stelle ist auch der Vorteil des Verfahrens zu sehen: Statt umständlich mit zu-sätzlichen Abfragen können Sie direkt mit einer Tabelle arbeiten. Der zusätzlich nötige Speicher für die Feldinhalte wird durch eine schnellere Verarbeitungszeit kompensiert, da ja die Berechnungen bereits beim Einfügen/Ändern der Daten durchgeführt werden und nicht erst beim Abarbeiten einer Abfrage.

Ein kleines Beispiel zeigt im Folgenden das Erstellen der berechneten Spalten und deren Verwendung in einem VB-Programm.

Tabelle erzeugen

Zunächst erstellen wir mit Access 2010 eine neue Datenbank und fügen in diese eine Tabelle *Personen* ein. Neben einigen »konventionellen« Feldern fügen Sie ein Währungsfeld *Gehalt* und ein Berechnetes Feld *Jahresgehalt* ein. Für letzteres können Sie über die Feld-Eigenschaft Ausdruck die gewünschte Berechnungs-funktion festlegen:

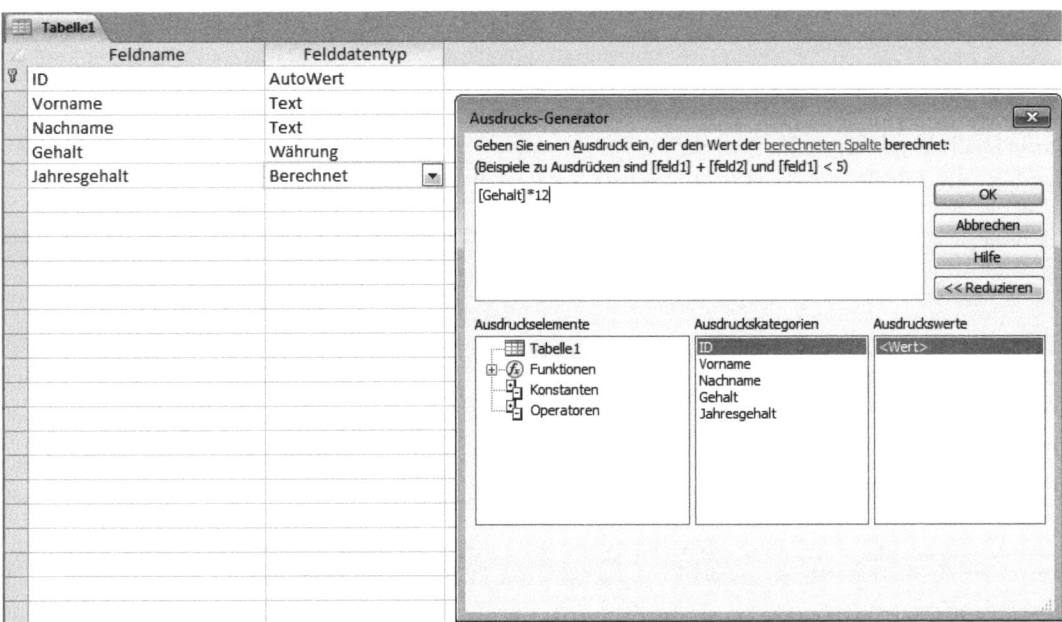

Abbildung 12.51 Erzeugen eines berechneten Feldes

Nach dem Speichern der Tabelle können Sie in einem ersten Test einige Datensätze hinzufügen, um die korrekte Funktion zu überprüfen:

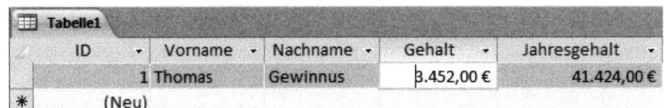

ID	Vorname	Nachname	Gehalt	Jahresgehalt
1	Thomas	Gewinnus	3.452,00 €	41.424,00 €
(Neu)				

Abbildung 12.52   Testen der berechneten Spalte

HINWEIS   Es ist nicht möglich, das aktuelle Datum für den Inhalt von berechneten Feldern zu verwenden.

Tabelle in VB verwenden

Binden Sie zunächst die neu erzeugte Access 2010-Datenbank in ein neues Windows Forms-Projekt ein. Nachfolgend erstellen Sie darauf basierend ein DataSet (siehe Abbildung 12.53).

Abbildung 12.53   Das erzeugte DataSet

Ein Blick in die Spalteneigenschaften für *Jahresgehalt* verrät, dass es sich um einen *System.Decimal*-Wert handelt. Leider wird die Eigenschaft *ReadOnly* für die Spalte nicht automatisch auf *True* gesetzt, holen Sie dies also noch schnell nach.

Auch ein Blick auf die *InsertCommand*- und *UpdateCommand*-Eigenschaft fällt ernüchternd aus, beide versuchen in das Feld Jahresgehalt zu schreiben, was in jedem Fall von der Datenbankengine abgeblockt werden wird. Sie müssen also auch an dieser Stelle noch »Hand anlegen«:

BEISPIEL

Änderung *InsertCommand*

Aus dem *CommandText*

```
INSERT INTO 'Personen' ('Vorname', 'Nachname', 'Gehalt', 'Jahresgehalt') VALUES (?, ?, ?, ?)
```

wird die folgende Anweisung:

```
INSERT INTO 'Personen' ('Vorname', 'Nachname', 'Gehalt') VALUES (?, ?, ?)
```

BEISPIEL

Änderung *UpdateCommand*

Aus dem *CommandText*

```
UPDATE Personen
SET Vorname = ?, Nachname = ?, Gehalt = ?, Jahresgehalt = ?
```

```
WHERE        (ID = ?) AND (? = 1 AND Vorname IS NULL OR Vorname = ?)
             AND (? = 1 AND Nachname IS NULL OR Nachname = ?)
             AND (? = 1 AND Gehalt IS NULL OR Gehalt = ?)
             AND (? = 1 AND Jahresgehalt IS NULL OR Jahresgehalt = ?)
```

wird

```
UPDATE    Personen
SET       Vorname = ?, Nachname = ?, Gehalt = ?
WHERE     (ID = ?)
```

Nach diesen Vorarbeiten können Sie sich um das Erzeugen der Oberfläche kümmern (ein *DataGridView* genügt) und mit wenigen Zeilen Code das Grid befüllen:

```
Private Sub Form1_Load(ByVal sender As System.Object, ByVal e As System.EventArgs) _
                    Handles MyBase.Load
    ds = New Access2010_DatabaseDataSet()
    ta = New Access2010_DatabaseDataSetTableAdapters.PersonenTableAdapter()
    ta.Adapter.MissingSchemaAction = MissingSchemaAction.AddWithKey
    ta.Fill(ds.Personen)
    DataGridView1.DataSource = ds.Personen
End Sub
```

Mit dem Aufruf der *Update*-Methode werden abschließend nur die DataSet-Daten an die Datenbank übertragen, sollen auch die Ergebnisse der berechneten Spalten zur Verfügung stehen, müssen Sie mit einem erneuten *Fill* die Daten erneut abrufen:

```
Private Sub Button1_Click(ByVal sender As System.Object, ByVal e As System.EventArgs) _
                    Handles Button1.Click
    ta.Update(ds.Personen)
    ta.Fill(ds.Personen)
End Sub
```

Ein Test wird Sie davon überzeugen, dass die Datenbankengine auch ohne Access die berechnete Spalte mit den gewünschten Werten füllt.

Trigger/Datenmakros

Neben den gerade vorgestellten berechneten Spalten bietet Access 2010 noch ein weiteres, sehr leistungsfähiges Feature, dass Sie sicher schon von der Arbeit mit dem SQL Server kennen. Die Rede ist von den neuen Triggern bzw. Datenmakros, die es dem Datenbankentwickler erlauben, Makros für folgende Aktionen festzulegen:

- Nach dem Einfügen
- Nach dem Aktualisieren
- Nach dem Löschen
- Vor dem Löschen
- Vor einer Änderung

Letzteres erlaubt die Unterscheidung zwischen Einfügen und Änderung über die Abfrage der *IsInsert*-Eigenschaft.

HINWEIS   Leider beschränkt sich das Erzeugen von Triggern auf Makros, die Verwendung von VBA-Anweisungen ist nicht möglich.

Dummerweise hat auch beim entsprechenden Makroeditor die alte Unsitte Einzug gehalten, englische Bezeichner ins Deutsche zu übertragen, was der Codelesbarkeit nicht unbedingt zuträglich ist, von der Übertragung von engl. Beispielen mal ganz abgesehen.

Auch hier soll ein kleines Beispiel die Verwendung demonstrieren.

Trigger erzeugen

Öffnen Sie die Access-Datenbank aus dem letzten Abschnitt erneut und fügen Sie der Tabelle *Personen* eine weitere Spalte *Gehaltswunsch* hinzu (Währung). Klicken Sie in der Entwurfsansicht auf die Schaltfläche *Datenmakros erstellen* und wählen Sie den Eintrag *Vor Änderung* aus:

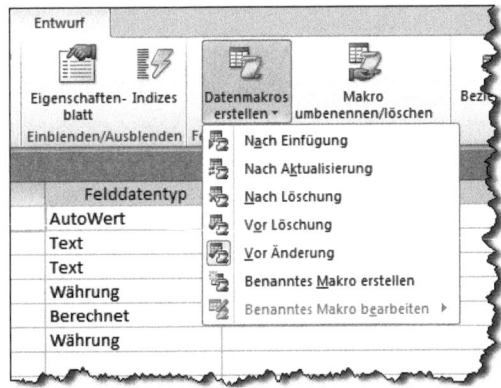

Abbildung 12.54   Datenmakro erstellen

Der eigentliche Editor ist für den Gelegenheitsprogrammierer sicher recht nett, der Programmierer wird sich jedoch mit Grausen an die Arbeit machen:

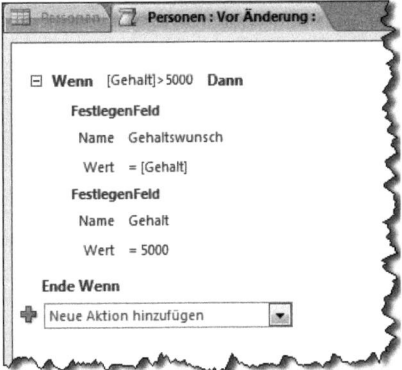

Abbildung 12.55   Beispiel für eine Datenmakro

Im obigen Beispiel kappen wir das Gehalt bei 5000 Euro, werden größere Werte eingegeben, landen diese im der Spalte *Gehaltswunsch*.

HINWEIS   Achten Sie auf die Reihenfolge der Anweisungen, wird zum Beispiel das Feld *Gehalt* bearbeitet, steht der alte Wert nicht mehr zur Verfügung.

Wem der Editor zu unübersichtlich ist bzw. wer die Makros in verständlicher Form weitergeben/kopieren will, kann dies natürlich auch tun. Kopieren Sie einfach den Inhalt des Makroeditors in die Zwischenablage und bearbeiten Sie den Text mit einem normalen Text- bzw. XML-Editor:

```xml
<?xml version="1.0" encoding="UTF-16" standalone="no"?>
<DataMacros xmlns="http://schemas.microsoft.com/office/accessservices/2009/11/application">
    <DataMacro Event="BeforeChange">
        <Statements>
            <Action Name="SetField">
                <Argument Name="Field">Gehaltswunsch</Argument>
                <Argument Name="Value">[Gehalt]</Argument>
            </Action>
        </Statements>
    </DataMacro>
</DataMacros>
```

Das dürfte doch wesentlich übersichtlicher aussehen.

Nach dem Speichern der Änderungen können Sie das Datenmakro zunächst in Access testen bevor Sie sich wieder der VB-Anwendung zuwenden. Geben Sie zum Beispiel 6000 in das Feld *Gehalt* ein, sollte nach der Datensatzübernahme in der Spalte *Gehalt* 5000 und in der Spalte *Gehaltswunsch* 6000 stehen. Unsere Berechnungsfunktion für die Spalte *Jahresgehalt* sollte korrekterweise 60.000 anzeigen.

Tabelle in VB verwenden

Die Vorgehensweise beim Erstellen eines DataSets entspricht an dieser Stelle der Arbeit mit berechneten Spalten, d.h., Sie müssen gegebenenfalls Spalten für die Bearbeitung sperren (*ReadOnly=True*). Werden Felder durch das Datenmakro geändert, müssen Sie nach dem Sichern des DataSets die Änderungen mit *Fill* erneut einlesen.

HINWEIS   Welche Aktionen Sie in Datenmakros alles ausführen können, ist unter anderem auch Gegenstand unseres Buchs [Access 2010 Programmierung], das ebenfalls im Microsoft Press-Verlag erschienen ist.

Unterschiede Access 2007/2010

Nachdem wir bereits festgestellt haben, dass Access 2007 und Access 2010-Datenbanken nicht in jedem Fall kompatibel sind, wollen wir Sie noch auf eine etwas umfangreichere Liste von Unterschieden aufmerksam machen:

WWW   http://msdn.microsoft.com/en-us/office/cc907897.aspxHow-to-Beispiele

---

How-to-Beispiele

12.1 ... ADO installieren?

Unter den Betriebssystemen Windows 2000/XP/Vista/7 ist MDAC bereits installiert, Aktualisierungen werden mit Hilfe der Service-Packs vorgenommen. So entspricht die MDAC-Version 2.8 SP1 der durch das Windows XP Service Pack 2 installierten Version.

12.2 ... Access-Datenbanken exklusiv öffnen?

Fügen Sie einfach in den ConnectionString die Optionen *Share Deny Read* und *Share Deny Write* ein.

BEISPIEL

Exklusives Öffnen der Access-Datenbank

```
Provider=Microsoft.Jet.OLEDB.4.0;Data Source=c:\Lexikon.mdb;Mode=Share Deny Read|Share Deny
Write;Persist Security Info=False
```

12.3 ... die Zugriffsgeschwindigkeit auf Access-Datenbanken erhöhen?

Verwenden Sie den *Microsoft Jet 4.0 OLE DB-Provider* für den Zugriff auf uralte Access 97-Datenbanken, werden Sie von der Zugriffsgeschwindigkeit enttäuscht sein. Der Grund dafür ist in der Inkompatibilität von Access 97 und dem OLE DB-Provider zu suchen. Alle Zugriffe werden intern über einen ISAM-Treiber abgewickelt, zusätzlich ist noch eine zeitaufwändige ANSI-UNICODE- bzw. UNICODE-ANSI-Konvertierung erforderlich. Konvertieren Sie aus diesem Grund Ihre alten Access-Datenbanken in das neuere Access 2003- bzw. 2007-Format.

12.4 ... Access-Datenbanken im Netzwerk verwenden?

HINWEIS   Grundsätzlich sollten Sie bedenken, dass es sich bei Access-Datenbanken um Desktop-Datenbanken handelt, d.h., die Datenbanken sollten sich auf dem gleichen System wie die Anwendung befinden.

Sollten Sie dennoch Ihre Access-Datenbank »netzwerktauglich« machen wollen, können Sie die Datenbank auf einem File-Server ablegen, das Verzeichnis freigeben und den ConnectionString der Anwendung dahingehend anpassen, dass Sie statt eines lokalen Pfades einen Netzwerkpfad angeben. Dies kann auch ein UNC-Name sein.

BEISPIEL

ConnectionString für eine im Netzwerk freigegebene Access-Datenbank

```
Provider=Microsoft.Jet.OLEDB.4.0;Data Source=\\P4\C$\Test.mdb
```

12.5   ... alle aktiven Verbindungen zur Datenbank auflisten?

Sicher sind Sie auch schon auf das Problem gestoßen, dass Sie eine Datenbank sperren wollten, aber gleichzeitig einige Nutzer mit der Datenbank gearbeitet haben. Der schnellste Weg, dies festzustellen, führt über die Schemas.

Mit Hilfe der Methode *OpenSchema* können Sie treiberabhängige Informationen in Tabellenform (Dataset) abrufen. In unserem Fall nutzen wir das Schema JET_SCHEMA_USERROSTER, das uns eine Tabelle mit den aktiven Nutzern, deren Login-Namen sowie den jeweiligen Computer-Namen zurückgibt.

BEISPIEL

Anzeige der aktiven Nutzer

```
Dim rs As ADODB.Recordset
Dim conn As New ADODB.Connection()

conn.ConnectionString = "Provider=Microsoft.Jet.OLEDB.4.0;Data Source=C:\Test.mdb"
conn.Open()
rs = conn.OpenSchema(ADODB.SchemaEnum.adSchemaProviderSpecific, ,
                                "{947bb102-5d43-11d1-bdbf-00c04fb92675}")
While Not rs.EOF
  Try
    TextBox2.AppendText("Computer: " & rs.Fields("COMPUTER_NAME").Value.ToString)
    TextBox2.AppendText("  Login: " & rs.Fields("LOGIN_NAME").Value.ToString & Environment.NewLine)
  Catch
  End Try
  rs.MoveNext()
End While
```

Die Anzeige:

```
Computer: Vista5   Login: Admin
Computer: Server   Login: Admin
```

12.6   ... eine Spalte mit eindeutigen Zufallswerten erzeugen?

Möchten Sie statt eines Zählerfeldes besser einen eindeutigen Zufallswert verwenden, können Sie dafür in Access ein GUID-Feld nehmen. Allerdings müssen Sie über die Jet-spezifischen Eigenschaften noch den Wert *Jet OLEDB:AutoGenerate* auf *true* setzen.

BEISPIEL

Nachträgliches Erzeugen eines GUID-Feldes mit eindeutigen Zufallswerten

```
Dim catalog As New ADOX.Catalog()
Dim conn As New ADODB.Connection()
Dim table As New ADOX.Table()
Dim column As ADOX.Column
Dim index As ADOX.Index

conn.ConnectionString = "Provider=Microsoft.Jet.OLEDB.4.0;Data Source=C:\Test.mdb"
conn.Open()
catalog.ActiveConnection = conn
```

```
table = catalog.Tables("Kundenstammdaten")

column = New ADOX.Column()
With column
  .ParentCatalog = catalog
  .Name = "GUIDId"
  .Type = DataTypeEnum.adGUID
  .Properties("Jet OLEDB:AutoGenerate").Value = True
End With
table.Columns.Append(column, , )
```

12.7   ... das Datenbank-Kennwort ändern?

Grundsätzlich müssen Sie zwischen Datenbank- und Nutzer-Kennwort unterscheiden.

Datenbankpasswort

Binden Sie einen Verweis auf die JRO-Library ein und nehmen Sie die folgende Funktion:

```
Sub SetNewDatabasePwd(ByVal dbname As String, ByVal oldpwd As String, ByVal newpwd As String)
    Dim JE As New JRO.JetEngine()

    If File.Exists(dbname + ".BAK") Then File.Delete(dbname + ".BAK")
    JE.CompactDatabase("Data Source=" & dbname & ";Jet OLEDB:Database Password=" & oldpwd,
                       "Data Source=" & dbname & ".BAK; Jet OLEDB:Database Password=" & newpwd)
    If File.Exists(dbname & ".BAK") Then File.Delete(dbname)
    File.Move(dbname & ".BAK", dbname)
End Sub
```

Verwendung der obigen Funktion:

```
SetNewDatabasePwd("C:\Test.mdb", "geheim", "strenggeheim")
```

Nutzerpasswort

Verwenden Sie z.B. folgenden Code (entsprechende Rechte vorausgesetzt):

```
Dim catalog As New ADOX.Catalog()
Dim conn As New ADODB.Connection()

conn.ConnectionString = "Provider=Microsoft.Jet.OLEDB.4.0;Data Source=C:\Test.mdb" &
                        "JET OLEDB:System Database=C:\SYSTEM.MDW"
conn.Open()
catalog.ActiveConnection = conn
catalog.Users("Admin").ChangePassword("altesPWD", "neuesPWD")
```

HINWEIS   Vergessen Sie nicht, die Systemdatenbank anzugeben (Pfad anpassen)!

12.8 ... Abfragen über mehrere Datenbanken realisieren?

Nutzen Sie die Möglichkeit, Tabellen aus verschiedenen Datenquellen einzubinden. Die Abfrage können Sie entweder zur Laufzeit erzeugen oder bereits in der Access-Datenbank speichern.

HINWEIS	Weitere Informationen siehe Abschnitt »Einbinden externer Tabellen« (Seite 843).

12.9 ... die Beschreibung von Datenbankfeldern abrufen?

In Access haben Sie die Möglichkeit, jedem Tabellenfeld eine Beschreibung zuzuordnen. Beim *Column*-Objekt finden Sie keine entsprechende Eigenschaft, da es sich um eine treiberspezifische Eigenschaft handelt. Sie müssen also die *Properties*-Collection bemühen.

BEISPIEL

Anzeige der Tabellenfeld-Beschreibung in einer Messagebox

```
Dim catalog As New ADOX.Catalog()
Dim conn As New ADODB.Connection()

conn.ConnectionString = "Provider=Microsoft.Jet.OLEDB.4.0;Data Source=C:\Test.mdb"
conn.Open()
catalog.ActiveConnection = conn
MessageBox.Show(catalog.Tables("Mitarbeiter").Columns("Gehalt").Properties(
                                            "Description").Value.ToString)
```

Kapitel 13

Microsoft SQL Server-Einstieg

In diesem Kapitel:

Schwerpunkt dieses Kapitels ist zunächst eine Einführung bzw. ein grundlegender Überblick zum Microsoft SQL Server 2008 (R2)[1], bevor wir dann im nachfolgenden Kapitel auf das Zusammenspiel mit unseren .NET-Frontend-Anwendungen im Detail eingehen.

Weitere Informationen zum Thema »SQL Server« finden Sie in den folgenden Kapiteln dieses Buchs:

- Kapitel 4 (Datenzugriff unter ADO.NET)
- Kapitel 17 (LINQ to SQL)
- Kapitel 18 (ADO.NET Entity Framework)
- Kapitel 15 (SQL Server Compact)

HINWEIS   Das vorliegende Kapitel kann und soll auch nicht eine komplette Einführung in den Microsoft SQL Server vermitteln. Dazu gibt es auf dem Buchmarkt genügend spezielle Literatur.

Übersicht

Zusammen mit Visual Studio 2010 werden zwei Varianten des Microsoft SQL Servers vertrieben, die als

- *SQL Server Express* bzw.
- *SQL Server Compact*

bezeichnet werden[2]. Da es einige Unterschiede zwischen der Vollversion und den beiden genannten Versionen gibt, die auch für Sie als .NET-Programmierer relevant sind, möchten wir zunächst auf die Unterschiede und Einschränkungen eingehen.

SQL Server Express

Bei der *SQL Server Express*, so der korrekte Name, handelt es sich um eine »abgespeckte« SQL Server 2008 Datenbank-Engine, die unter anderem mit den jeweiligen Microsoft Visual Studio-Versionen vertrieben wird und die unter allen aktuellen Windows-Betriebssystemen lauffähig ist. Die Weitergabe ihrer damit entwickelten Anwendungen an den Endkunden ist lizenzgebührenfrei.

Alternativ können Sie die aktuelle Version (derzeit SQL Server 2008 R2) unter folgender Adresse herunterladen:

WWW   http://www.microsoft.com/germany/express/products/database.aspx

Im Normalfall werden die SQL Server Express-Applikationen aus der Visual Studio-Oberfläche heraus entwickelt, ohne weitere Tools verwenden zu müssen. Neben dem Erstellen von Datenbanken, Tabellen, Views und Datenbankdiagrammen, können Sie auch Stored Procedure aus Visual Studio heraus erzeugen. Aufgaben, wie das Verwalten und Administrieren müssen Sie jedoch nach wie vor mit dem *SQL Server Management Studio* oder Ihren eigenen Programmen realisieren.

---

[1] Aus Sicht des VB-Programmierers sind die Unterschiede zwischen der Version 2008 und der neuen Version 2008 R2 so gering, dass wir es bei der Bezeichnung »SQL Server 2008« belassen. Bestehen Unterschiede, weisen wir Sie explizit darauf hin.

[2] Im Buch verwenden wir den Begriff *Express Edition*.

Als echte Client/Server-Datenbank-Engine bietet sich die Express Edition als Alternative zu den üblichen Desktop/Fileserver-Datenbanken an. Allerdings sollten Sie beachten, dass es sich beim Client/Server-Prinzip um einen etwas anderen Ansatz als bisher handelt, mit dem einfachen Portieren Ihrer Anwendung auf den SQL Server ist es meist nicht getan.

SQL Server Compact

Wer nun denkt, kleiner ginge ist nicht mehr, der hat sich getäuscht. Mit der *SQL Server Compact* möchten wir Ihnen den kleinsten Vertreter der Gattung Microsoft SQL Server vorstellen.

Hierbei handelt es sich um einen sehr kompakten (< 2 MByte) SQL Server, der unter anderem auch auf mobilen Geräten (Tablet PCs, Pocket PCs etc.) lauffähig ist. Die wichtigsten Eigenschaften auf einen Blick:

- die Datenbankgröße ist auf 4 GByte beschränkt
- es sind mehrere Verbindungen möglich
- die Datenbank kann verschlüsselt werden
- Transaktionen sind realisierbar
- fast alle Datentypen des SQL Servers werden unterstützt
- es gibt SET-Funktionen, INNER/ OUTER JOIN, Unterabfragen, GROUP BY und HAVING
- Unterstützung für Cursor-Programmierung
- kann in die Anwendung eingebettet werden
- wie auch der SQL Server Express kann diese Version frei vertrieben werden

Doch was sind nun die Besonderheiten im Vergleich zu den anderen Vertretern der Gattung »SQL Server«? Hier die wichtigsten Unterschiede auf einen Blick:

- der Server kann nicht als Service betriebene werden
- es handelt sich nicht um einen multiuserfähigen Datenbankserver
- es werden nicht alle SQL Server-Funktionen unterstützt

Damit dürfte auch die Bedeutung dieser Version klar werden. Sie haben es hier mit einer Datenbank-Engine zu tun, die fast alle Vorteile eines SQL Servers aufweist und damit eine einfache Migration und einen Datenabgleich ermöglicht. Gleichzeitig ist der administrative Aufwand (Installation, Wartung) recht gering und das bei sehr moderaten Ressourcenanforderungen. Die SQL Server Compact ist der ideale lokale Datenspeicher für Desktop-Anwendungen, Sie brauchen sich nicht mehr mit Access- oder XML-Dateien herumzuschlagen und können mit gänzlich anderen Konzepten auf die Daten zugreifen.

HINWEIS   Weitere Informationen finden Sie im Kapitel 15 (SQL Server Compact).

Unterschiede SQL Server Express/SQL Server/Jet-Engine

Trotz weitgehender Kompatibilität von SQL Server Express und SQL Server bestehen auch Unterschiede zwischen beiden Versionen. Während der SQL Server als eigenständiges Produkt vertrieben wird, finden Sie die Express-Version im Normalfall als reine Datenbank-Engine ohne eigene Administrationsoberfläche vor (es gibt lediglich einige Programme zum Konfigurieren des Netzwerkprotokolls/der Dienste sowie ein einfaches Abfragetool).

Unterschiede zwischen SQL Server Express und SQL Server:

- Unbedingt zu beachten ist die Beschränkung von Express Edition-Datenbanken auf 10 GByte[1]. Dieses Volumen ist für viele Anwendungen völlig ausreichend. Sollte das Datenaufkommen dieses Limit überschreiten, spricht nichts gegen eine Umstellung auf den eigentlichen SQL Server, Änderungen sind nicht erforderlich. Diese Beschränkung gilt allerdings nur auf Datenbankebene (eine Express Edition kann mehrere Datenbanken verwalten).

- Die Express-Version ist für den Desktop-Einsatz optimiert, d.h., es wird nur eine CPU unterstützt.

- Die Standard Express-Version unterstützt weder die Notification Services noch die Analysis Services.

- Bei Verwendung der Express-Version sind die Replikationsfunktionen eingeschränkt.

- Die Express-Version kann als »silent install« gut in eigene Installationspakete integriert werden, auch die Weitergabe von Datenbankdateien ist per »XCopy«-Fähigkeit recht einfach gelöst.

- Last but not least ist die Express-Version kostenlos, was wohl in vielen Fällen der wichtigste Grund für ihren Einsatz sein wird.

Wer in obiger Liste Einschränkungen hinsichtlich Reporting Services, Volltextsuche und Administrationsoberfläche vermisst, hat vermutlich nur die einfache SQL-Server Express-Version installiert. Auf der Microsoft-Homepage werden jedoch auch noch weitere Express-Versionen zum Download angeboten, die einen wesentlich größeren Funktionsumfang aufweisen:

- SQL Server 2008 R2 Express und Verwaltungswerkzeuge (das ist das Managementstudio)

- SQL Server 2008 R2 Express und Advanced Services (enthält das Managementstudio, die Berichtsfunktionen und die Volltextsuche)

Trotz der genannten Einschränkungen dürfte die Express-Version für den Workgroup-Einsatz[2] in kleineren Netzen die ideale Plattform sein, da sie im Gegensatz zu Desktop-Datenbanken, wie z.B. Access, einige wesentliche Vorteile bietet:

- Echte Client/Server-Datenbank-Engine

- Dynamische Sperren sind möglich (auf Satz-, Seiten-, Tabellenebene), diese werden durch die Engine automatisch verwaltet

- Die Express Edition bietet eine echte Transaktionsverwaltung, die im Fehlerfall eine konsistente Wiederherstellung der Datenbank ermöglicht

- Höhere Sicherheit, da kein direkter Zugriff auf die Datenbank möglich ist (zwei getrennte PCs vorausgesetzt)

- Bessere Unterstützung für XML-Daten

- Spätere Migration auf die Voll-Version des Microsoft SQL Servers ist problemlos möglich

---

[1] Dies gilt für die Version 2008 R2, vorher waren es 4 GByte.

[2] Single-User nutzen besser die SQL Server Compact.

Client- versus Fileserver-Programmierung

Bevor es in diesem Kapitel zu Missverständnissen kommt, möchten wir noch einmal die wesentlichen Unterschiede zwischen dem Fileserver- und dem Client/Server-Prinzip erläutern.

Die Begriffe »Client/Server« und »Fileserver« tauchen in (fast) jedem Beitrag zum Thema »Datenbanken im Netz« auf. Aus Anwendersicht sind die Grundprinzipien äquivalent, in beiden Fällen wird von einem oder mehreren Computern auf ein und dieselbe Datenbank zugegriffen. Die Netztopologie spielt in diesem Zusammenhang eine untergeordnete Rolle, wichtig ist nur, dass alle Anwender Zugriff auf den Rechner haben, der die Datenbank verwaltet.

Gänzlich unterschiedlich ist allerdings die Schnittstelle zu dieser Datenbank. Während beim Fileserver die einzelnen Arbeitsstationen auf Datei-Ebene (physisch) mit der Datenbank arbeiten, greifen beim Client-/Server-Prinzip die Clients nur noch auf logischer Ebene auf die Datei zu, die eigentliche Datei- bzw. Verwaltungsstruktur ist überhaupt nicht relevant.

Möchte ein Client mit der Datenbank arbeiten (z.B. eine Tabelle öffnen), muss er eine Anfrage (z.B. SQL SELECT) an den Server senden. Dieser (nicht der Client!) bearbeitet und optimiert die Abfrage, prüft die Zugriffsberechtigungen und sendet gegebenenfalls die Daten über das Netz an den Client zurück.

Ein Fileserver hingegen kann nur eine Dateistruktur bereitstellen. Sind Daten abzufragen, muss die Arbeitsstation alle Tabellen/Indizes, welche die Abfrage betreffen, über das Netz laden und die Daten lokal bearbeiten. Für den Datenschutz ist jede einzelne Arbeitsstation selbst verantwortlich. Dies trifft auch auf die Zugriffsverwaltung bei Mehrnutzerbetrieb zu. Beim Client/Server-Prinzip wird dies zentral geregelt, beim Fileserver-Prinzip muss jede Arbeitsstation selbst für das Sperren von Seiten bzw. Datensätzen sorgen (z.B. per LACCDB/LDB-Datei bei Access).

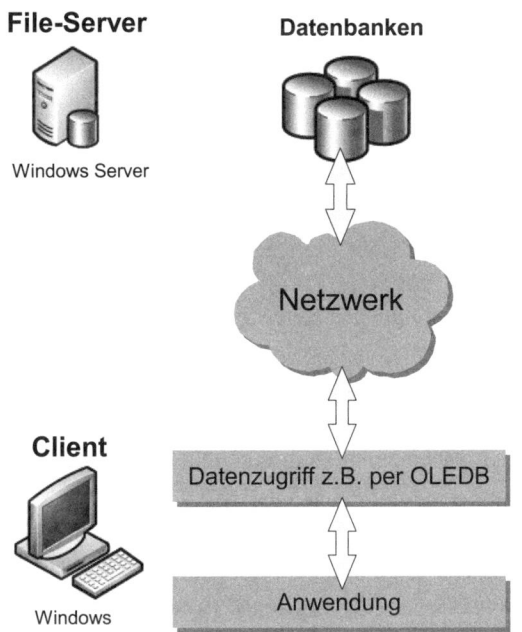

Abbildung 13.1 Fileserver-Grundprinzip

Die wichtigsten Vor- und Nachteile beider Prinzipien auf einen Blick zeigt die folgende Tabelle 13.1:

Kriterium	Fileserver	Client/Server
Sicherheit	Die physische Datei ist ungeschützt, jede Arbeitsstation besitzt Schreib-/Leserechte.	Die physische Datei kann mit allen Mitteln des Servers geschützt werden (z.B. nicht sichtbar).
	Für die interne Sicherheit muss jede Arbeitsstation selbst sorgen.	Die interne Sicherheit gewährleistet die Server-Engine.
Geschwindigkeit, Netzbelastung	Jede Abfrage erfordert den vollen Zugriff auf alle beteiligten Tabellen, sowie deren Übertragung.	Geringe Netzbelastung, da nur die angeforderten Daten übertragen werden müssen.
	Jede Arbeitsstation muss verhältnismäßig großzügig ausgestattet sein, um eine halbwegs akzeptable Geschwindigkeit zu erreichen.	Durch Multiprozessor-Server lassen sich auch höchste Anforderungen an die Geschwindigkeit befriedigen.
Datenintegrität	Jede Anwendung ist für die Datenintegrität selbst verantwortlich, entsprechend hoch ist die Fehleranfälligkeit.	Die Integritätsregeln sind auf dem Server abgelegt und werden auch dort verwaltet. Fehlerhafte Daten werden durch den Server abgewiesen.
	Änderungen an der Datenbankstruktur wirken sich auf alle Arbeitsstations-Programme aus.	Eine Erweiterung bzw. eine Änderung der Datenbankstruktur hat im Wesentlichen nur Einfluss auf den Server.

Tabelle 13.1 Vergleich beider Server-Varianten

Stellen Sie sich vor, Sie wollen in einer Tabelle mit 500.000 Datensätzen einen Eintrag löschen. Ein SQL Server bewältigt diese Aufgabe problemlos. Nach der SQL-Anweisung DELETE FROM ... wird über das Netz höchstens noch eine Vollzugsmeldung zurückgesendet. Beim Fileserver müssen jedoch zunächst einmal alle Datensätze der betroffenen Tabelle auf den lokalen Computer geladen werden. Ein normales Netzwerk ist da schon ein paar Sekunden beschäftigt. Außerdem wollen ja vielleicht auch noch andere Teilnehmer mit der Tabelle bzw. dem Netzwerk arbeiten. Die Vorteile der Client/Server-Technologie dürften also an diesem Beispiel klar erkennbar sein.

Eine einfache Fileserver-Datenbank können Sie schon mit zwei Windows-PCs aufbauen. Sie speichern die Datenbank auf einem Rechner und geben das Verzeichnis im Netzwerk frei. Binden Sie auf dem zweiten Rechner das Verzeichnis ein, haben Sie die Möglichkeit, gleichzeitig von zwei Arbeitsstationen aus auf eine Datenbank zuzugreifen. Wer nicht über zwei PCs verfügt, kann das Verhalten nachvollziehen, indem er zwei Instanzen von Access auf einem PC ausführt (genügend Arbeitsspeicher vorausgesetzt).

Eine Client/Server-Datenbank erfordert schon etwas mehr Aufwand. Sie brauchen neben dem Client, der zum Beispiel unter Windows Vista/7 läuft, einen Server (z.B. Windows 7 oder Windows 2008 Server). Zusätzlich müssen Sie die SQL Server-Software kaufen (trifft nicht auf die Express Edition zu) und installieren. Dies könnte zum Beispiel Informix, Oracle oder MS SQL Server sein.

Obwohl wir uns in diesem Buch auf den MS SQL Server beschränken, lassen sich die Ausführungen sinngemäß auch auf die anderen SQL Server übertragen. Dies trifft auch zu, wenn es sich zum Beispiel um einen Informix-Server handelt, der unter UNIX läuft. Das Betriebssystem spielt an dieser Stelle eine untergeordnete Rolle, wichtig ist nur, dass beide Rechner auf das gleiche Netzwerkprotokoll aufsetzen.

Wie Sie der Abbildung 13.2 entnehmen können, befindet sich auf der Client-Seite zwischen Anwendung (z.B. VB-WPF-Anwendung) und Netzwerk-Interface eine zweite Schicht. Dabei kann es sich entweder um bestimmte Libraries, mit denen über das Netzwerk direkt auf den jeweiligen SQL Server zugegriffen werden kann (DLLs), OLEDB-Provider, oder um einen ODBC-Treiber handeln.

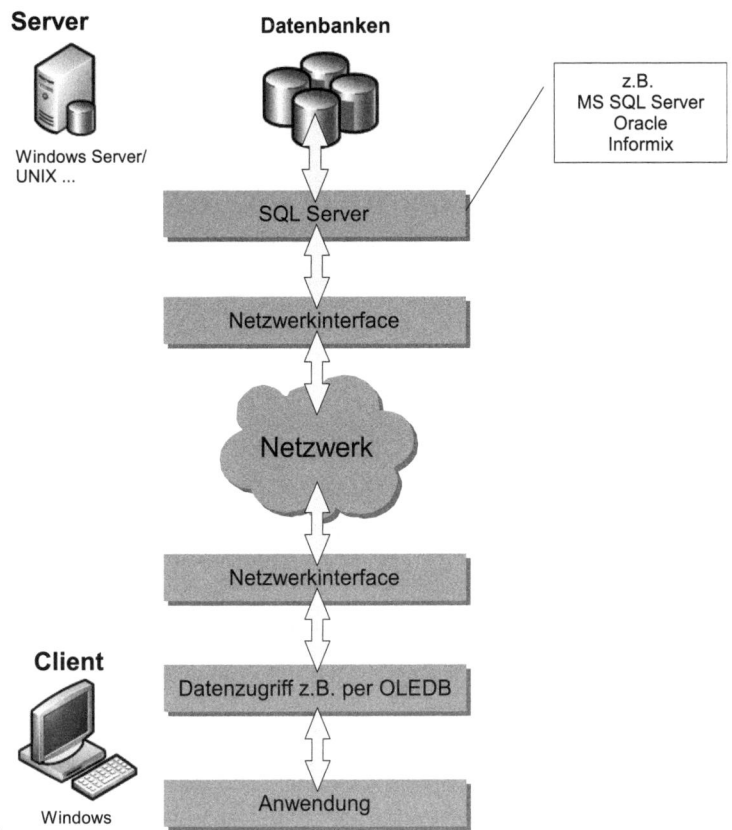

Abbildung 13.2 Client/Server-Grundprinzip

Für Sie als VB-Programmierer dürften meist der ».NET-Framework-Datenanbieter für SQL« in Frage kommen, auch wenn Sie bei LINQ to SQL von derartigen Details weitgehend abgeschirmt werden. Einfacher als auf diesem Weg lassen sich Anwendungen wohl kaum entwickeln.

Die wichtigsten Tools

Im Folgenden möchten wir Ihnen kurz die wichtigsten Tools, die mit dem Microsoft SQL Server ausgeliefert werden, vorstellen.

SQL Server Management Studio

Das wohl wichtigste Programm für den angehenden Datenbank-Administrator ist das *SQL Server Management Studio*. Angefangen mit dem Starten und Beenden von Serverdiensten über das Erstellen und Verwalten von Datenbanken und Nutzern bis hin zum Backup bzw. Restore, fast alle wesentlichen Aufgaben lassen sich mit diesem Tool realisieren.

HINWEIS   Das Tool ist leider nicht in der Standard SQL-Server Express-Installation enthalten (siehe Seite 893).

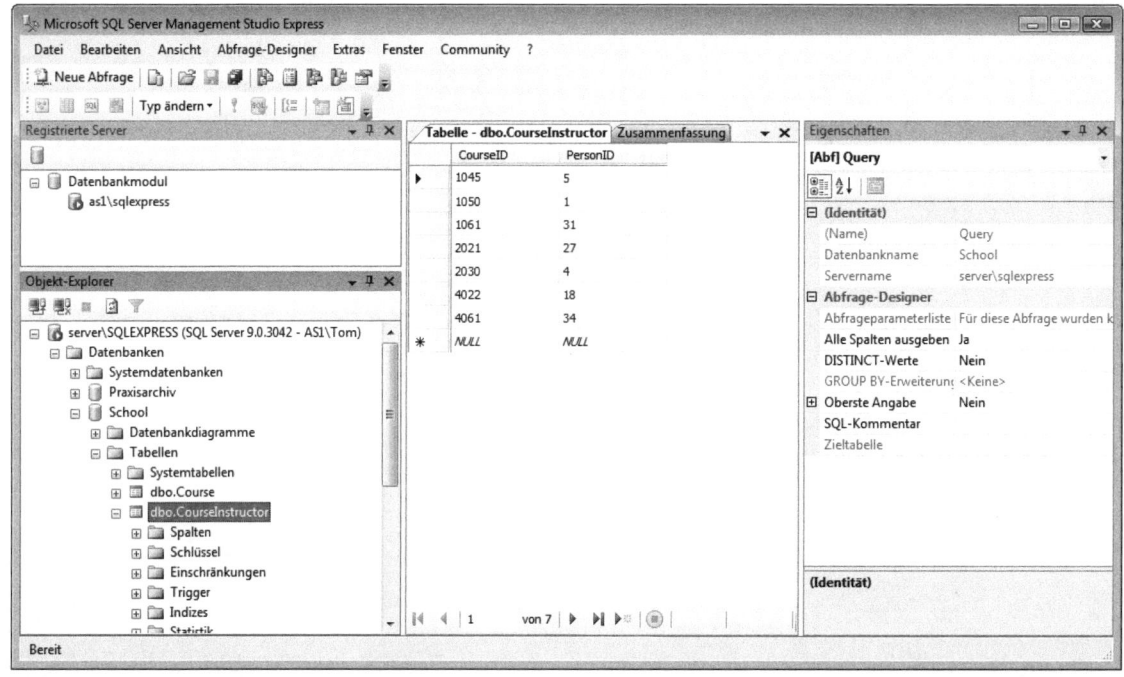

Abbildung 13.3 SQL Server Management Studio Express

HINWEIS   Im Rahmen dieses Kapitels werden wir mehrfach das SQL Server Management Studio als Alternative zur T-SQL-Programmierung vorstellen.

SQLCMD

Auch das gibt es noch, ein Kommandozeilentool wie in der DOS-Steinzeit[1]! Neben dem Konfigurations-Manager ist SQLCMD das einzige Hilfsmittel der Standard Express-Version[2]. Doch für einen kurzen Test von Verbindungen oder das schnelle Abfragen einiger Statusinformationen mit Hilfe von Stored Procedures reicht das Programm vollkommen aus.

Wechseln Sie also ganz untypisch zur Eingabeaufforderung *(Start/Alle Programme/Zubehör/Eingabeaufforderung)* und starten Sie SQLCMD mit folgenden Parametern:

```
SQLCMD.EXE -S <Servername> -U <Username> -P <Passwort>
```

Nach erfolgreichem Login wählen Sie mit dem SQL-Kommando *USE <datenbankname>* eine Datenbank aus.

HINWEIS   SQL-Befehle werden erst mit dem GO-Kommando gestartet.

---

[1] Der Nachfolger für das berühmt berüchtigte OSQL.

[2] Die *Advanced Version* besitzt ein umfangreiches Konfigurationsprogramm

Die folgende Abbildung zeigt das Programm in Aktion:

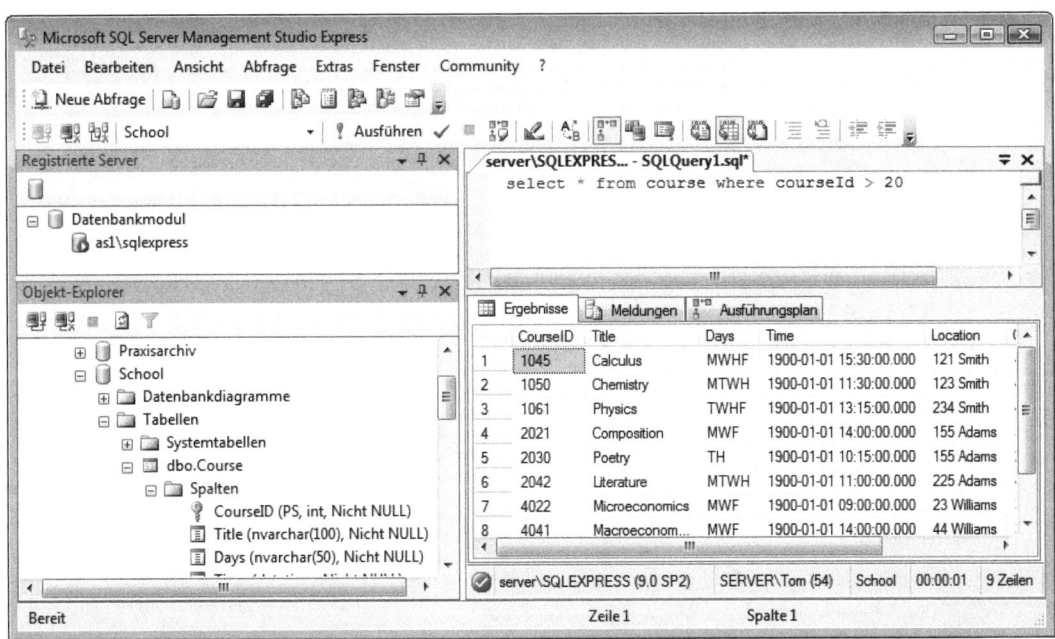

```
SQLCMD                                                               _ □ ×
C:\Users\Tom>sqlcmd -S server\sqlexpress -U sa -P tom
1> use school
2> select * from course
3> go
Der Datenbankkontext wurde auf 'School' geändert.
CourseID    Title
                                   Days
    Time                    Location
                                             Credits    DepartmentID
----------  --------------------------------  --------------------------------
----------  ----------
--- --------------------  --------------------------------  -----------  ------------

    1045 Calculus
                                   MWHF
    1900-01-01 15:30:00.000 121 Smith
                                                 4            1
    1050 Chemistry
                                   MTWH
    1900-01-01 11:30:00.000 123 Smith
                                                 4            1
    1061 Physics
                                   TWHF
    1900-01-01 13:15:00.000 234 Smith
                                                 4            1
    2021 Composition
                                   MWF
    1900-01-01 14:00:00.000 155 Adams
```

Abbildung 13.4 Kommandozeilentool SQLCMD

Query Analyzer (SQL Server Management Studio)

Ab der Version 2005 wurde auch das Abfrage- und Analysetool *Query Analyzer* in das SQL Server Management Studio integriert. Neben der Funktion als recht komfortables Abfragetool ist das Optimieren von Abfragen/Datenbanklayouts eines der Haupteinsatzgebiete des Server Query Analyzer.

Abbildung 13.5 Der Query Analyzer

Geben Sie eine SQL-Anweisung ein, können Sie sich einen »Ausführungsplan« erstellen lassen, der detailliert Auskunft darüber gibt, welche Einzeloperation wie viel Zeit benötigt bzw. in welcher Reihenfolge die Operationen ausgeführt werden.

BEISPIEL

Es wird eine GROUP BY-Abfrage in der Tabelle *Mitarbeiter* ausgeführt. Deutlich ist die Verteilung der Rechenzeit zwischen den einzelnen Operationen zu erkennen. Der wesentlichste Teil kommt dem Sortieren der Tabelle (70%) zu.

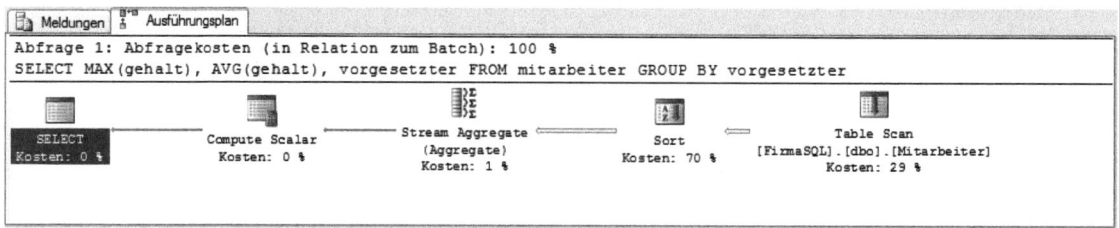

Abbildung 13.6 Ergebnis der Abfrage

SQL Server Profiler

Mit dem SQL Profiler kann der Administrator einzelne Ereignisse auf dem SQL Server überwachen und in eine Log-Datei schreiben. Zum Beispiel lässt sich auf diese Weise die Nutzungsfrequenz einzelner Objekte (Prozeduren, Trigger) aufzeichnen und für eine Optimierung auswerten.

Weiterhin lassen sich auf diese Weise Fehler in Stored Procedure bzw. Triggern recht gut lokalisieren, da alle Einzelschritte im Logfile aufgezeichnet werden:

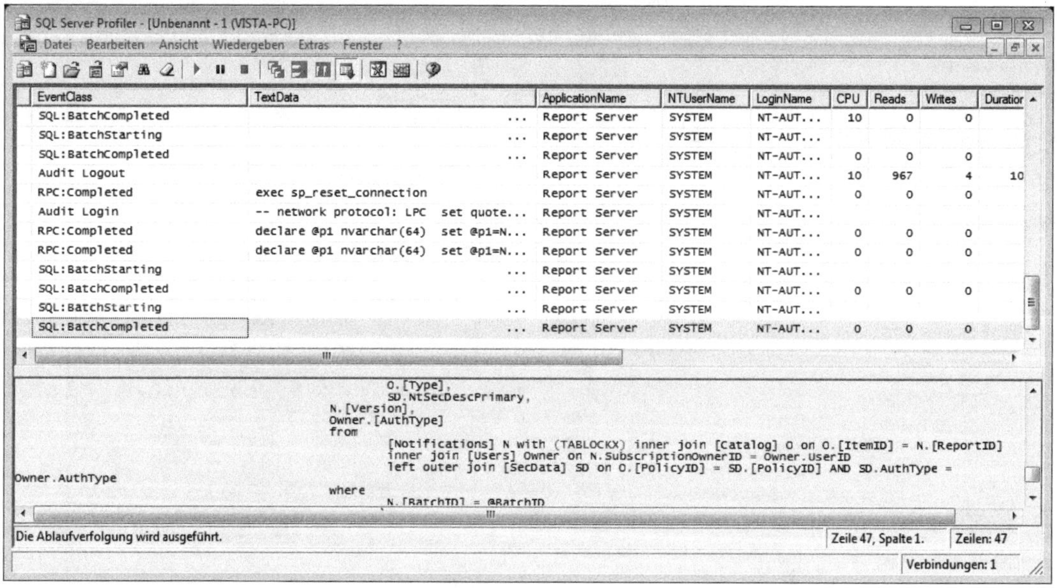

Abbildung 13.7 SQL Profiler im Einsatz

SQL Server Konfigurationsmanager

Mit diesem Tool können Sie zum einen die mit dem SQL Server im Zusammenhang stehenden Dienste starten und stoppen, gleichzeitig werden hier auch die verfügbaren Netzwerkprotokolle festgelegt.

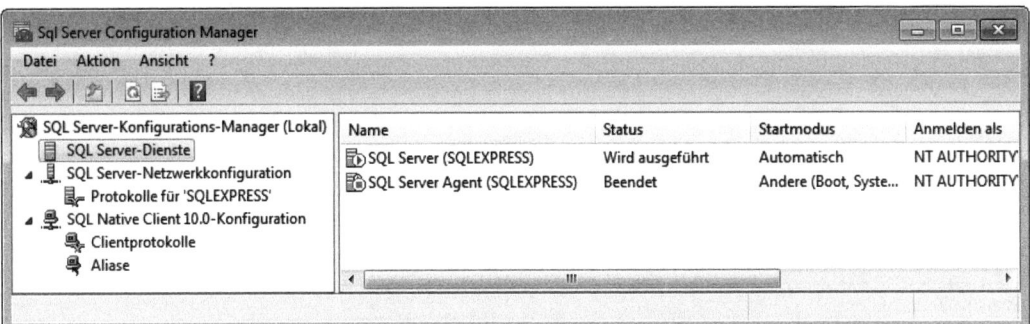

Abbildung 13.8 SQL Server Konfigurationsmanager

Das Tool finden Sie in der Programmgruppe des Microsoft SQL Servers.

Vordefinierte Datenbanken

Nach der Installation des Microsoft SQL Servers stehen Ihnen einige vordefinierte Datenbanken zur Verfügung. Welche Bedeutung diese haben, zeigt die folgende Tabelle:

Datenbank	Beschreibung
master	Enthält diverse Systemtabellen (z.B. sysdatabases) und Systemprozeduren (z.B. *sp_addrole*), in der Datenbank werden alle Anmeldekonten und alle Systemkonfigurationseinstellungen verwaltet.
model	Ist eine Standarddatenbank, die beim Erzeugen neuer Datenbanken als Vorlage dient.
msdb	Wird vom SQL Server-Agent verwendet, um Termine für Warnungen und Aufträge zu planen und Operatoren aufzuzeichnen.
Northwind	Beispieldatenbank, die in leicht abgewandelter Form auch für viele Buchbeispiele eingesetzt wird (kann gegebenenfalls gelöscht werden).
AdventureWorks	Beispieldatenbank (kann gegebenenfalls gelöscht werden).
tempdb	Verwaltet diverse temporäre Objekte, die während des Betriebs erzeugt werden. Das Medium, auf dem diese Datenbank (Datei) abgelegt ist, sollte nicht zu knapp dimensioniert sein, da die Datenbank teilweise recht groß werden kann. Die Datenbank wird bei jedem Start vom SQL Server neu erstellt.

Tabelle 13.2 Die vordefinierten Datenbanken

Einschränkungen

Die folgende Tabelle zeigt Ihnen die wichtigsten Einschränkungen beim SQL Server (teilweise versionsabhängig), obwohl man bei den meisten Werten kaum von Einschränkung reden kann. Meist setzt die verfügbare Plattenkapazität den Träumen des Entwicklers die Grenzen.

Einschränkung	SQL Server
Bytes pro Spalte (kurze Zeichenfolgen)	8.000
Bytes pro Spalte (text, ntext oder image)	2 Gigabyte
Bytes pro Zeile	8.060
Spalten pro Index	16
Spalten pro Tabelle	1.024
Spalten pro SELECT-Anweisung	4.096
Spalten pro INSERT-Anweisung	4096
Datenbankgröße	524.272 Terabyte
Datenbanken pro Instanz von SQL Server	32.767
Bezeichnerlänge (in Zeichen)	128
Schachtelungsebenen gespeicherter Prozeduren	32
Geschachtelte Unterabfragen	32
Schachtelungsebenen für Trigger	32
Nicht gruppierte Indizes pro Tabelle	999
Zeilen pro Tabelle	Begrenzt durch verfügbaren Speicherplatz
Tabellen pro Datenbank	Begrenzt durch die Anzahl der Objekte in einer Datenbank
Tabellen pro SELECT-Anweisung	Begrenzt durch die Anzahl der Objekte in einer Datenbank
Trigger pro Tabelle	Begrenzt durch die Anzahl der Objekte in einer Datenbank
UNIQUE-Indizes oder -Einschränkungen pro Tabelle	249 nicht gruppierte und 1 gruppierter

Tabelle 13.3 Datenbankeinschränkungen

Weitere SQL Server-Funktionen im Kurzüberblick

Neben der reinen SQL Server-Funktionalität als Datenbankmanagement-System (Datenverwaltung, Abfragen, Backup etc.) stellt eine SQL Serverinstallation noch weitere Dienste zur Verfügung, die wir kurz einordnen wollen.

> **HINWEIS**   Welche Dienste installiert und auch gestartet sind, hängt von der jeweiligen SQL Server-Version ab.

SQL Server-Agent

Der SQL Server-Agent-Dienst ermöglicht es, administrative Aufgaben (Tasks) zeitgesteuert auszuführen. Die Aufträge können einen oder auch mehrere Schritte enthalten, die zu einem vorgegebenen Zeitpunkt oder als Reaktion auf ein Ereignis ausgeführt werden. Beispielsweise lässt sich auf diese Weise ein zeitgesteuertes Backup der Datenbanken realisieren.

Last but not least, können von diesem Dienst auch Benachrichtigungen oder Einträge in Windows-Protokolle vorgenommen werden.

Verwalten können Sie diesen Dienst über das *Microsoft SQL Server Management Studio* (siehe folgende Abbildung 13.9).

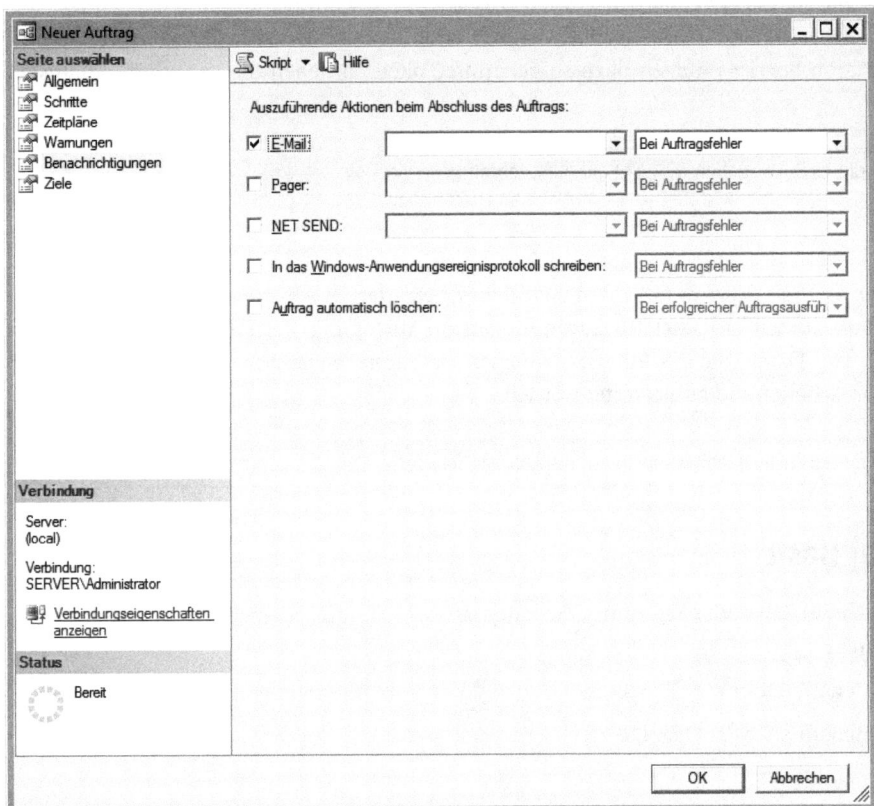

Abbildung 13.9 Auftragsassistent im Microsoft SQL Server Management Studio

Volltextsuche

Eine für den Datenbankprogrammierer recht wichtige Funktion ist die Volltextsuche, die in früheren Versionen (vor 2008) als eigener Dienst ausgeführt wurde. Im Unterschied zur Suche in Tabellenspalten mittels LIKE bietet die Volltextsuche wesentlich flexiblere Möglichkeiten der Suche, auf die wir im nächsten Kapitel näher eingehen werden.

Reporting Services

Die *Reporting Services* bieten Ihnen die Möglichkeit, komplexe Datenbankberichte serverbasiert zu entwickeln und bereitzustellen. Es ist also nicht mehr nötig, dass der Client die Daten herunterlädt und nachfolgend mit einem Reporting-Tool verarbeitet.

HINWEIS Für die Anzeige können Sie das *ReportViewer*-Control verwenden, siehe dazu Kapitel 10.

Integration Services

Häufig ist es erforderlich, Daten unterschiedlichster Herkunft zusammenzuführen und zu verarbeiten. Bei dieser Aufgabe unterstützen Sie die *Microsoft Integration Services*, die sowohl das Kopieren/Herunterladen von Daten unterschiedlichster Form (XML, Excel CSV, Text etc.) als auch das Konvertieren/Verarbeiten übernehmen. Die Integration Services nutzen dazu so genannte Pakete in denen die Aufgaben organisiert sind.

> **HINWEIS**   Im Rahmen dieses Buchs gehen wir nicht auf die Integration Services ein.

Analysis Services

Die *Microsoft SQL Server Analysis Services* (SSAS) stellen dem Anwender OLAP- (*Online Analytical Processing*) und Data Mining-Funktionen für Geschäftsanwendungen zur Verfügung. Kern des Ganzen sind mehrdimensionale Strukturen von Daten, die aus unterschiedlichen Datenquellen gesammelt und mit Hilfe von Data Mining-Modellen verarbeitet und ausgewertet werden.

> **HINWEIS**   Im Rahmen dieses Buchs gehen wir nicht auf die Analysis Services ein.

Zugriff aus Visual Basic

Aus VB heraus bieten sich zunächst vier relevante Varianten an, wie Sie mit einem Microsoft SQL Server Kontakt aufnehmen können:

- .NET Framework-Datenanbieter für SQL Server
- .NET Framework-Datenanbieter für OLE DB
- SMO (*SQL Management Objects*)
- SQLDMO (*SQL Distributed Management Objects*)

Während die erste Variante auch die vorteilhafteste ist, stellt Variante 2 für den Umsteiger ein Hilfsmittel dar, das jedoch nicht unbedingt empfehlenswert ist. Zum einen leidet die Performance, zum anderen arbeiten Sie wieder mit den COM-Objekten, die jedoch nur über eine Kompatibilitäts-Schicht angesprochen werden können.

Variante 3 wurde erst mit dem SQL Server 2005 eingeführt. Es handelt sich um verwaltete (managed) Code-Libraries, mit denen die Administration und Analyse des SQL-Servers realisiert werden kann.

Variante 4 ist nach heutigen Stand nicht mehr empfehlenswert, zukünftige Versionen von SQL Server werden die SQLDMO nicht mehr unterstützen!

> **HINWEIS**   Sollten Sie nicht unbedingt ein Uralt-Projekt pflegen, steigen Sie auf die ADO.NET-Objekte um, zumal die Autoren den Schwerpunkt dieses Buches ohnehin auf eben diese Technologie gelegt haben. ODBC-Datenquellen etc. haben in neuen Anwendungen nichts mehr zu suchen, auch wenn Ihnen dieser Weg nach wie vor offen steht.

Einrichten der Anbindung (Assistent)

Für die Verbindung zum SQL Server mittels ADO.NET erzeugen Sie zunächst eine neue Datenverbindung (Server-Explorer). Über die Eigenschaft *Datenquelle* bestimmen Sie mittels Assistent zunächst den jeweiligen Provider. Wählen Sie den »Microsoft SQL Server (SqlClient)«. Nachfolgend müssen Sie den Namen des Servers bestimmen:

Abbildung 13.10 Verbindungs-Assistent

Danach entscheiden Sie, auf welche Art und Weise Sie sich auf dem Server anmelden wollen. Die integrierte Sicherheit verwendet Ihren aktuellen Windows-Account, die spezifische Sicherheit nutzt den eingegebenen Benutzernamen und das Passwort. Welche der beiden Varianten auf Sie zutrifft, hängt davon ab, welche Sicherheit für den SQL Server bei der Installation ausgewählt wurde.

Im letzten Schritt wählen Sie eine Datenbank aus, die nach Öffnen der Verbindung aktiviert werden soll.

HINWEIS   Sie können in einer geöffneten Verbindung jederzeit mit dem SQL-USE-Befehl die aktive Datenbank wechseln. Folgende SQL-Befehle beziehen sich dann auf die ausgewählte Datenbank.

Nachfolgend steht Ihnen diese Datenverbindung zum Beispiel für das Erstellen eines typisierten DataSets in Visual Studio zur Verfügung.

HINWEIS   Arbeiten Sie mit einer SQL Server Express-Datenbankdatei (.mdf) müssen Sie als Datenquelle »Microsoft SQL Server-Datenbankdatei (SqlClient)« auswählen und den kompletten Pfad zur gewünschten Datei angeben. Alternativ können Sie auch den Platzhalter »|DataDirectory|\« für den Zugriff auf das aktuelle Verzeichnis angeben

---

Einrichten der Verbindung (Quellcode)

Beim Öffnen einer Verbindung (Connection) aus dem Programm heraus müssen Sie sich mit den einzelnen Optionen des Connectionstrings beschäftigen. Folgende Optionen sind für den Verbindungsaufbau wichtig:

```
Data Source=HPSERVER;
Persist Security Info=True;
User ID=sa;
Password=tom;
Initial Catalog=FirmaSQL;
```

Data Source bestimmt den SQL Server. Mit *Persist Security Info* bestimmen Sie, ob nach dem Verbindungsaufbau das Passwort aus der Verbindungszeichenfolge entfernt wird (nur wenn keine integrierte Sicherheit). *User Id* und *Password* dürften selbsterklärend sein, werden jedoch nur angegeben, wenn es sich um spezifische Sicherheit handelt. *Initial Catalog* bestimmt die auszuwählende Datenbank.

BEISPIEL

Integrierte Sicherheit

```
Integrated Security=SSPI;Persist Security Info=False; Initial Catalog=FirmaSQL;Data Source=HPSERVER
```

BEISPIEL

Spezifische Sicherheit

```
User ID=sa;Password=geheim;Persist Security Info=True;Initial Catalog=FirmaSQL;Data Source=HPSERVER
```

BEISPIEL

Öffnen einer Verbindung zur *FirmaSQL*-Beispieldatenbank auf dem lokalen PC

```
Imports System.Data.SqlClient
...

    Dim conn As New SqlConnection("Server=.\SQLEXPRESS;Initial Catalog=FirmaSQL;" & _
                                               "Integrated Security=True")
    conn.Open()
    ' ...
    ' Hier können Sie die Verbindung nutzen
    ' ...
    conn.Close()
```

Connectionstring für den Zugriff auf eine Datenbankdatei (SQL Server Express)

```
Data Source=.\SQLEXPRESS;AttachDbFilename=|DataDirectory|\NORTHWIND.MDF;Integrated Security=True;
                                                                                  User Instance=True
```

Alternativ können Sie auch einen Pfad zur Datenbankdatei angeben.

HINWEIS   Weitere Informationen zur Einrichtung einer Verbindung zum SQL Server finden Sie im Kapitel 4 (Datenzugriff unter ADO.NET).

Transact-SQL

Noch eine neue Programmiersprache? Leider ja[1]! Dennoch brauchen Sie nicht alles, was Sie bereits wissen, über den Haufen zu werfen: Transact-SQL (kurz T-SQL) ist die logische Weiterentwicklung der Sprache SQL für den Microsoft SQL Server.

HINWEIS   Auch wenn Sie mit LINQ to SQL eine recht praktikable Alternative zur SQL-Programmierung vorfinden, freuen Sie sich nicht zu früh. Schon aus Gründen der Performance und bei der Fehlersuche sollten Sie einen Blick auf die erzeugten SQL-Anweisungen werfen, womit wir auch schon wieder bei T-SQL und dem vorliegenden Abschnitt angelangt sind.

Haben Sie eine Abneigung gegen das Erlernen neuer Sprachen, müssen Sie an zwei wichtigen Stellen darauf verzichten, auch wenn es seit der Version 2005 möglich ist, CLR-Code auf dem Server auszuführen:

- Erstellen von Triggern
- Erstellen von Stored Procedures

Beide Objekte werden direkt auf dem SQL Server ausgeführt

Alle, die sich mit der neuen Sprache anfreunden können, werden schnell feststellen, dass man mit T-SQL meist sehr schnell zum Ziel kommt. Sei es, dass ein User eingerichtet wird oder eine kleine Änderung auf dem Server durchzuführen ist: T-SQL ist die universelle Lösung.

Leider hat die Sprache auch ihre Schattenseiten, einige Sprachkonstrukte sind zum einen sehr gewöhnungsbedürftig, zum anderen handelt es sich nicht um eine objektorientierte, sondern um eine prozedurale Programmiersprache. D.h., Sie dürfen wieder endlose Befehlslisten auswendig lernen, zwischen einer *Table* und einer *Database* besteht keinerlei logische Verknüpfung. Aus diesem Grund finden Sie in diesem Kapitel neben der T-SQL-Lösung meist auch eine SMO- oder ADO.NET-Lösung.

Doch zunächst wollen wir Ihnen noch die wichtigsten Grundregeln der Sprache erläutern.

---

[1] Eigentlich kann von »leider« nicht die Rede sein, wie Sie noch sehen werden.

Schreibweise

Wie auch einfache SQL-Anweisungen unterscheiden T-SQL-Anweisungen nicht zwischen Groß-/Klein-schreibung von Schlüsselwörtern, Variablen oder Prozeduren. Sie sollten dennoch davon Gebrauch machen, um die Übersicht zu erhöhen (Anweisungen groß schreiben, Bezeichner, Variablen etc. klein).

> **HINWEIS**   Schließen Sie T-SQL-Anweisungen immer mit einem Semikolon ab, auch wenn dies im Fall des Microsoft SQL Servers nicht immer zwingend nötig ist.

Kommentare

Wer seine Programme gern übersichtlich gestaltet, geizt auch nicht mit Kommentaren, um auch in einem halben Jahr noch zu wissen, was eine bestimmte Anweisung bezwecken sollte. T-SQL stellt zwei Varianten zur Verfügung:

- Zeilenkommentare, die Sie auch aus anderen Programmiersprachen kennen, werden durch zwei Binde-striche eingeleitet

- Mehrzeilige Kommentare beginnen mit »/*« und enden mit »*/« (die Programmiersprache C lässt grüßen)

> **BEISPIEL**
>
> Kommentare in einer Stored Procedure
>
> ```
> CREATE PROCEDURE GespeicherteProzedur1
> /* Hier kann
>    ein mehrzeiliger
>    Kommentar stehen */
> As
>    DECLARE @datum datetime
> -- Ein einzeiliger Kommentar
>    SET @datum = GetDate()
> return
> ```

Zeichenketten

Wollen Sie in T-SQL Zeichenketten zuweisen oder übergeben, müssen Sie diese in einfache Anführungs-zeichen (Hochkomma) einschließen. Soll in der Zeichenkette selbst ein einfaches Anführungszeichen ent-halten sein, müssen Sie an dieser Stelle zwei Hochkommas einfügen.

> **BEISPIEL**
>
> Verwendung von Zeichenketten
>
> ```
> SELECT * FROM Suppliers WHERE CompanyName = 'Exotic Liquids'
> ```
>
> Alternativ bei enthaltenem Hochkomma:
>
> ```
> SELECT * FROM Suppliers WHERE CompanyName = 'Mayumi''s'
> ```

> **HINWEIS**   Arbeiten Sie mit Unicode-Zeichen/-Spalten (NVARCHAR, NCHAR, NTEXT), stellen Sie der Zeichenkette ein »N« voran, um diese entsprechend zu kennzeichnen.

BEISPIEL

Verwendung Unicode-Zeichenkette

```
SELECT * FROM products WHERE ProductName = N'Chai'
```

Variablen deklarieren/verwenden

Variablen werden in T-SQL durch **ein** vorangestelltes @-Zeichen gekennzeichnet. Sie finden zwar in der Hilfe auch Variablen, die mit zwei @-Zeichen beginnen, dabei handelt es sich jedoch um System-Variablen, die über bestimmte innere Zustände des SQL Servers Auskunft geben (z.B. @@VERSION).

Die eigentliche Deklaration (in einer Stored Procedure oder einem Trigger) erfolgt durch Voranstellen der Anweisung DECLARE, des Variablennamens und des Datentyps.

BEISPIEL

Deklaration einer Datums-Variablen

```
CREATE PROCEDURE GespeicherteProzedur1
As
    DECLARE @datum datetime
return
```

BEISPIEL

Deklaration mehrerer Variablen

```
DECLARE @Nachname NVARCHAR(30), @Vorname NVARCHAR(20), @PLZ NCHAR(5)
```

Die Verwendung der Variablen selbst ist allerdings etwas gewöhnungsbedürftig. Variablen dürfen nicht direkt zugewiesen werden, Sie müssen das Schlüsselwort SET verwenden.

BEISPIEL

Zuweisen eines Wertes

```
CREATE PROCEDURE GespeicherteProzedur1
As
    DECLARE @datum datetime
    SET @datum = GetDate()
return
```

Übrigens erreichen Sie mit der folgenden Anweisung den gleichen Effekt:

```
CREATE PROCEDURE GespeicherteProzedur1
As
    DECLARE @datum datetime
    SELECT @datum = GetDate()
return
```

Im weiteren Verlauf können Sie die Variablen zum Beispiel auch in eine SELECT-Anweisung einschließen, um diese in einem *DataSet* zurückzugeben.

Selbstverständlich können Sie Variablen auch die Ergebnisse von Abfragen zuweisen.

BEISPIEL

Zuweisen eines Abfrageergebnisses (die Abfrage darf nur einen Datensatz liefern).

```
DECLARE @MitarbeiterAnzahl INT
SELECT @MitarbeiterAnzahl = Count(*) FROM personen
```

HINWEIS   Mit der Version 2008 wurde auch die Möglichkeit eingeführt, Variablen einfacher zu initialisieren, dies kann jetzt gleich bei der Definition erfolgen.

BEISPIEL

Vereinfachtes Initialisieren einer Variablen

```
CREATE PROCEDURE GespeicherteProzedur1
As
    DECLARE @datum datetime = GetDate()
    SELECT @datum
return
```

Bedingungen mit IF/ELSE auswerten

Zu jeder Programmiersprache gehören auch Anweisungen, mit denen man Bedingungen (*True/False*) auswerten kann. Auch T-SQL bietet mit der IF/ELSE-Anweisung ein entsprechendes Konstrukt.

```
IF Boolean_Ausdruck {SQL_Anweisung | Anweisungsblock}   [ELSE  { SQL_Anweisung | Anweisungsblock }]
```

Für Sie als Programmierer nichts Neues: Anweisungsblöcke müssen auch in T-SQL gekennzeichnet werden, in diesem Fall mit BEGIN und END.

BEISPIEL

Einfache IF-Bedingung

```
ALTER PROCEDURE GespeicherteProzedur1
AS
  IF (SELECT COUNT(*) FROM personen) > 400
     RAISERROR('Mitarbeiter entlassen !!!', 16, 1)
return
```

BEISPIEL

IF/ELSE-Bedingung

```
ALTER PROCEDURE GespeicherteProzedur1
AS
IF (SELECT COUNT(*) FROM personen) > 800
   RAISERROR('Mitarbeiter entlassen !!!', 16, 1)
```

```
ELSE
    RAISERROR('Mitarbeiter einstellen !!!', 16, 1)
return
```

BEISPIEL

Anweisungsblöcke

```
ALTER PROCEDURE "GespeicherteProzedur1" As
DECLARE @msg VARCHAR(30)
IF (SELECT COUNT(*) FROM personen) > 400 BEGIN
    SET @msg = 'Mindestens 10 Mitarbeiter entlassen !!!'
    RAISERROR(@msg, 16, 1)
END ELSE BEGIN
    SET @msg = 'Mitarbeiter einstellen !!!'
    RAISERROR(@msg, 16, 1)
END
return
```

Verwenden von CASE

Genügen Ihnen die Möglichkeiten von IF/ELSE nicht, weil Sie zum Beispiel nach mehreren Kriterien auswerten müssen, bedienen Sie sich einfach der CASE-Anweisung. Diese ist in der Lage, eine Tabellenspalte
oder einen Ausdruck auszuwerten und das Ergebnis an das *DataSet* zu liefern.

```
CASE Ausdruck
    WHEN bedingung THEN Ausdruck
    [...n]
    [ELSE Ausdruck]
    END
```

BEISPIEL

Eine Stored Procedure, die das Maximum zweier Integerwerte ermittelt (nur zur Verdeutlichung, es geht auch
einfacher).

```
ALTER PROCEDURE Test2 ( @A INT, @B INT)
AS
DECLARE @MAXIMUM INT
SELECT
    @MAXIMUM =  CASE
        WHEN @A > @B THEN  @A
        WHEN @A < @B THEN  @B
    ELSE
        @A
    END
RETURN @MAXIMUM
```

Verwenden von WHILE ... BREAK/CONTINUE

Wie auch in VB wiederholt eine WHILE-Schleife Anweisungen, solange eine bestimmte Bedingung erfüllt
ist. In Verbindung mit WHILE werden in der Regel zwei weitere Anweisungen verwendet: BREAK und

CONTINUE. Mit der BREAK-Anweisung brechen Sie die Bearbeitung der Schleife ab, mit der CONTINUE-Anweisung wird eine WHILE-Schleife neu gestartet.

Derartige Schleifen werden meist im Zusammenhang mit der zeilenweisen Bearbeitung von Datensätzen auf dem Server eingesetzt (Cursor-Programmierung).

BEISPIEL

Erzeugen eines Cursors und Durchlaufen aller Datensätze der Tabelle *Personen*.

```
Alter Procedure "GespeicherteProzedur1" As
DECLARE @nachname VARCHAR(50)
DECLARE myCursor CURSOR FOR SELECT * FROM Personen
OPEN myCursor
FETCH NEXT FROM myCursor
FETCH NEXT FROM myCursor INTO @nachname
WHILE (@@FETCH_STATUS = 0) BEGIN
-- Hier sind weitere Anweisungen möglich
    FETCH NEXT FROM myCursor INTO @nachname
END
CLOSE myCursor
DEALLOCATE myCursor
return
```

Sie können auch das Ergebnis einer SQL-Anweisung auswerten:

```
WHILE EXISTS(SELECT nachname FROM Personen WHERE nachname = 'Müller')
...
```

Datum und Uhrzeit in T-SQL

Möchten Sie Datums- oder Zeitangaben in SQL-Abfragen einbauen, übergeben Sie den Wert als Zeichenkette und verwenden Sie am besten das folgende Format:

```
'YYYYDDMM hh:mm:ss'
```

Kürzel	Bedeutung
YYYY	Jahresangabe vierstellig
DD	Tag zweistellig
MM	Monat zweistellig
hh	Stunde
mm	Minute
ss	Sekunde

Tabelle 13.4 Kürzel für die Datumsangabe

BEISPIEL

Verwendung obiger Datumskodierung (Abfrage 8.7.1996)

```
SELECT * FROM Orders WHERE OrderDate = '19960708'
```

mit Zeitangabe (16:30 Uhr):

```
SELECT * FROM Orders WHERE OrderDate = '19960708 16:30:00'
```

HINWEIS   Möchten Sie nur ein Datum oder eine Uhrzeit angeben, lassen Sie einfach den anderen Teil der obigen Datumsformat-Zeichenkette weg.

Verwenden von GOTO

Hurra, wir haben Sie wieder, die gute alte GOTO-Anweisung! Alte Programmier-Hasen werden sich in die Anfänge der Programmierung zurückversetzt fühlen. Doch gilt auch hier: Weniger ist mehr!

BEISPIEL

Verwenden von GOTO

```
IF @gehalt > 5000
    GOTO entlassung
ELSE
    GOTO
...
return
entlassung:
    -- Hier können Sie die nötigen Formalitäten einleiten.
...
return
```

Fehlerbehandlung

Mit dem Thema Fehlerbehandlung werden wir uns erst im folgenden Kapitel eingehend beschäftigen, an dieser Stelle nur so viel: Fehler können über die @@ERROR-Systemfunktion ausgewertet und entsprechend behandelt werden (ab SQL Server 2005 können Sie auch TRY ... CATCH-Konstrukte einsetzen).

Datenbanken mit DMO verwalten

Für das Verwalten des Microsoft SQL Servers stellt Microsoft eine eigene Library zur Verfügung. Seit der Version 6.0 des Microsoft SQL Servers werden so genannte *SQL Distributed Management Objects* (kurz SQLDMO) ausgeliefert. Über diese Objekte ist es auch Ihnen als Programmierer möglich, den SQL Server aus dem VB-Programm heraus zu administrieren.

HINWEIS   Verwenden Sie den SQL Server ab Version 2005, nutzen Sie besser die dort bereitgestellten SQL Server Management Objects kurz SMOs, auf die wir im folgenden Abschnitt eingehen werden.

Geben Sie Ihre Applikationen mit DMO-Unterstützung weiter, brauchen Sie dazu auch die erforderlichen Librarys. Dazu installieren Sie die *Microsoft SQL Server 2005 Backward Compatibility Components*, die Sie unter folgender Adresse finden:

WWW   http://www.microsoft.com/downloads/details.aspx?FamilyID=d09c1d60-a13c-4479-9b91-9e8b9d835cdc

Einbindung

Da es sich bei den SQLDMO um COM-Objekte handelt, bleibt Ihnen nichts anderes übrig, als zunächst einen Verweis auf die entsprechende COM-Library in das Projekt aufzunehmen:

1. Wählen Sie dazu den Menüpunkt *Projekt/Verweis hinzufügen*
2. Auf der Registerkarte *COM* suchen Sie den Eintrag *Microsoft SQLDMO Object Library*
3. Klicken Sie auf die Schaltfläche *Auswählen* und nachfolgend auf *OK*

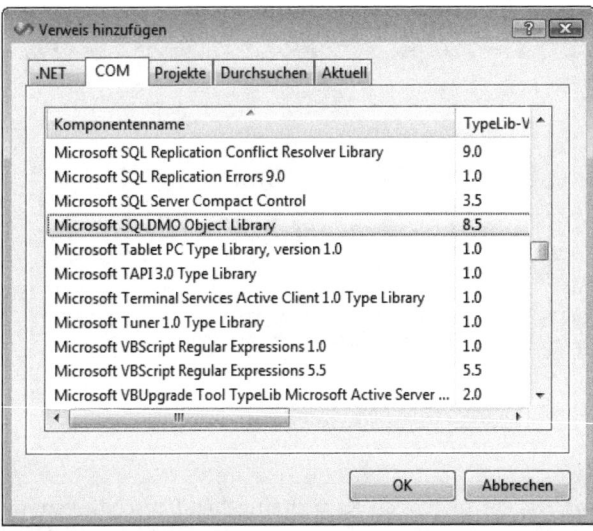

Abbildung 13.11 Verweis einbinden

Im Projektmappen-Explorer sollte jetzt unter *Verweise* ein entsprechender Eintrag zu finden sein.

Einführungsbeispiel

BEISPIEL

Im Folgenden wird gezeigt, wie Sie sich in einen SQL Server einloggen und wie Sie Informationen über die vorhandenen Datenbanken mit den enthaltenen Tabellen abfragen und in einer *ListBox* ausgeben.

```
Dim serv As New SQLDMO.SQLServer()
```

Der Ablauf ist recht einfach zu verstehen: Nach dem Öffnen einer Verbindung (Sie müssen sich gegebenen-falls mit Name und Passwort anmelden), können wir die *Databases*-Collection durchlaufen.

```
serv.LoginSecure = True
serv.LoginTimeout = 8
serv.Connect(combobox1.Text, "sa", "")
ListBox1.Items.Add("Datenbanken auf dem Server")
ListBox1.Items.Add("-------------------------------------------")
```

```
        For i As Integer = 1 To serv.Databases.Count
```

Zu jeder Datenbank auf dem SQL Server findet sich ein entsprechendes *Database*-Objekt mit seinen Eigenschaften und, last but not least, auch die enthaltenen Tabellen, die über eine *Tables*-Collection verwaltet werden. Was bleibt, ist noch die Unterscheidung zwischen Systemtabellen und Anwendertabellen (Eigenschaft *SystemObject*), um nicht unnötig viele Tabellen anzuzeigen.

```
        ListBox1.Items.Add(serv.Databases.Item(i).Name)
        ListBox1.Items.Add("---------")
        For j As Integer = 1 To serv.Databases.Item(i).Tables.Count
            If Not serv.Databases.Item(i).Tables.Item(j).SystemObject Then _
                ListBox1.Items.Add("    " & serv.Databases.Item(i).Tables.Item(j).Name)
        Next
        ListBox1.Items.Add("")
    Next
    serv.DisConnect()
```

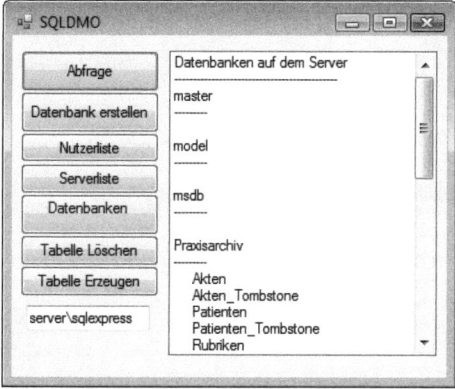

Abbildung 13.12 Das Beispielprogramm in Aktion

HINWEIS   Da die DMOs in zukünftigen SQL Server-Versionen nicht mehr unterstützt werden, gehen wir im Rahmen dieses Buchs auch nicht mehr auf diese ein.

SQL Server Management Objects (SMO)

Mit dem SQL Server 2005 hatte Microsoft auch eine Library für die Administration des SQL Servers eingeführt. Das Ganze fungiert unter dem Namen *SQL Server Management Objects*, kurz SMO.

Die Namensverwandtschaft zu den schon bekannten DMOs ist sicher nicht ganz zufällig, soll doch damit das gleiche Aufgabengebiet abgedeckt werden. Der wesentliche Unterschied zwischen DMOs und SMOs: bei letzteren handelt es sich um eine reine .NET-Klassenbibliothek.

Einbindung

Dank der Realisierung als .NET-Assemblies müssen wir uns nicht mehr mit COM-Objekten herumärgern (im Zusammenspiel mit den Interop-Libraries gab es teilweise Probleme), binden Sie einfach die beiden Libraries

- *Microsoft.SqlServer.ConnectionInfo* und

- *Microsoft.SqlServer.Smo*

in Ihre Anwendung ein (*Projekt/Verweis hinzufügen/.NET*)

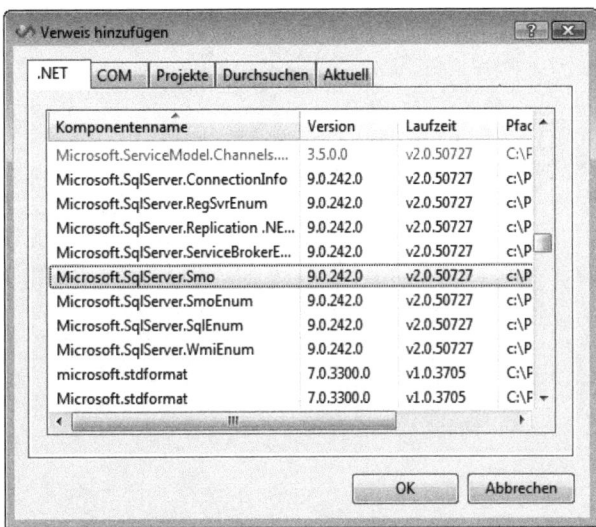

Abbildung 13.13 Einfügen der Verweise

Finden Sie die Assemblies nicht im GAC, können Sie diese mit *Durchsuchen* aus dem Verzeichnis

```
C:\Programme\Microsoft SQL Server\100\SDK\Assemblies\
```

importieren.

Mit diesen beiden Assemblies können Sie bereits eine Verbindung zu einem SQL Server herstellen und die verfügbaren Datenbanken abrufen.

HINWEIS   Die SMOs sind mit dem SQL Server Version 7.0, 2000, 2005 und 2008 kompatibel, so können Sie auch versions-übergreifende Projekte realisieren.

Einführungsbeispiel

Mit einem kleinen Einstiegsbeispiel wollen wir die grundsätzliche Vorgehensweise beschreiben.

BEISPIEL

Auflisten aller Datenbanken/Tabellen eines gewählten SQL Servers

...

Binden Sie zunächst die Assembly in Ihr Projekt ein:

```
Imports Microsoft.SqlServer.Management.Smo
```
...

Nachfolgend können Sie die gewünschten Daten abrufen:

```
Private Sub Button1_Click(ByVal sender As System.Object, ByVal e As System.EventArgs) _
                          Handles Button1.Click

    ListBox1.Items.Clear()
```

Hier bestimmen Sie den Servernamen:

```
Dim serv As New Server(TextBox1.Text)
```

> **HINWEIS** Haben Sie den Server für integrierte Sicherheit konfiguriert, können Sie die folgenden Anweisungen weglassen, andernfalls müssen wir jetzt die Anmeldedaten übergeben:

```
serv.ConnectionContext.LoginSecure = False
serv.ConnectionContext.Login = "sa"
serv.ConnectionContext.Password = "geheim"
```

Für alle Datenbanken:

```
For Each db As Database In serv.Databases
    If db.IsSystemObject Then
        ListBox1.Items.Add("(System) " & db.Name)
    Else
```

Anzeige:

```
        ListBox1.Items.Add(db.Name & "--------------------")
        Try
```

Für alle Tabellen:

```
        For Each t As Table In db.Tables
```

Anzeige:

```
            ListBox1.Items.Add("    " & t.Name)
        Next

        Catch generatedExceptionName As Exception
        End Try

    End If
Next
End Sub
```

> **HINWEIS** Bei einer SQL Express-Installation werden auch die dynamisch eingebundenen Datenbank-Files mit angezeigt.

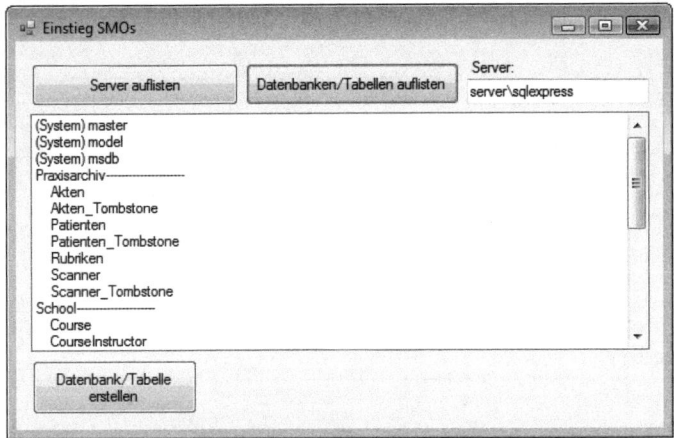

Abbildung 13.14 Das Einstiegsbeispiel in Aktion

Im Vergleich mit der DMO-Variante des Beispiels fällt sicher auf, dass ein wesentlich einfacherer und intuitiverer Zugriff auf die einzelnen Objekte und Collections möglich ist – sicher ein guter Grund, um die bisherigen DMO-Codes langfristig auf SMO umzustellen.

BEISPIEL

Ausgabe der SQL Server Version

```
...
        Dim svr As New Server(".\SQLEXPRESS")
        MessageBox.Show(svr.Information.VersionString)
...
```

Abbildung 13.15 Ausgabe des Beispiels

Anmelden am Server

Etwas schwieriger gestaltet sich dann schon die Anmeldung per SQL Server-Sicherheit, hier erzeugen Sie vor dem Instanziieren des *Server*-Objekts ein *ServerConnection*-Objekt, dem Sie die nötigen Informationen übergeben können.

BEISPIEL

Verbinden bei SQL Server Sicherheit

```
Imports Microsoft.SqlServer.Management.Common
Imports Microsoft.SqlServer.Management.Smo
...
        Dim sc As New ServerConnection()
        sc.LoginSecure = False
```

```
        sc.Login = "Admin5"
        sc.ConnectTimeout = 2
        sc.Password = "534343"
        sc.ServerInstance = "server"          ' der gewünschte Server
        Dim svr As New Server(sc)
        MessageBox.Show(svr.Information.VersionString)
...
```

Weitere Beispiele für die Verwendung der SMOs finden Sie an mehreren Stellen dieses Kapitels und des folgenden Kapitels im Zusammenhang mit praktischen Lösungen, für eine komplette und umfassende Darstellung fehlt uns einfach der Platz.

Datensicherheit auf dem Microsoft SQL Server

Im Folgenden stellen wir Ihnen, nach einem kleinen Überblick, zwei Varianten zum Administrieren des SQL Servers vor. Neben dem SQL Server Management Studio kommen T-SQL-Anweisungen zum Einsatz. Auf die Darstellung der DMO/SMO verzichten wir an dieser Stelle, da dies den Rahmen des Kapitels sprengen würde, außerdem ist die Verwendung von T-SQL an dieser Stelle wesentlich intuitiver als der endlose Aufruf von Objekten und Methoden.

HINWEIS   Vergessen Sie nach der Installation des SQL Servers[1] nicht, dem auf jedem Microsoft SQL Server vorhandenen Systemadministrator *sa* ein Kennwort zuzuweisen. Unterlassen Sie dies, kann jeder die Verwaltung der Datenbank übernehmen. Damit ist es möglich, Sie vom Datenbankzugriff auszuschließen – ein Szenario, das Sie sicherlich nicht verantworten möchten.

Doppelklicken Sie im SQL Server Management Studio im Konsolenstamm *Sicherheit/Anmeldung* auf *sa*. Im folgenden Dialogfeld vergeben Sie ein neues Passwort, das Sie gut aufheben sollten.

Überblick Sicherheitsmodell

Die Datenbanksicherheit eines SQL Servers stellt sich wesentlich komplexer dar als zum Beispiel bei einer lokalen Access-Datenbank. Zunächst gilt es zu unterscheiden zwischen

- SQL Server-Authentifizierung und
- Windows-Authentifizierung

Während die erste Variante auf den User-Konten des SQL Servers beruht und auch nur dort verwaltet wird, verwendet die zweite Variante das Windows-Sicherheitsmodell und übernimmt die User des Betriebssystems für die Anmeldung am SQL Server. Meist wird jedoch eine Vermischung von SQL Server- und Windows Authentifizierung stattfinden, Sie sollten also dieses Modell verwenden. Mit Hilfe des SQL Server Management Studios können Sie das gewünschte Sicherheitsmodell festlegen.

---

[1] Das gilt mittlerweile nur noch für »ältere« Exemplare, in den neueren Versionen hat Microsoft dazugelernt und vergibt für den Systemadministrator automatisch ein Zufallspasswort (bei integrierter Sicherheit), das Sie später ändern können.

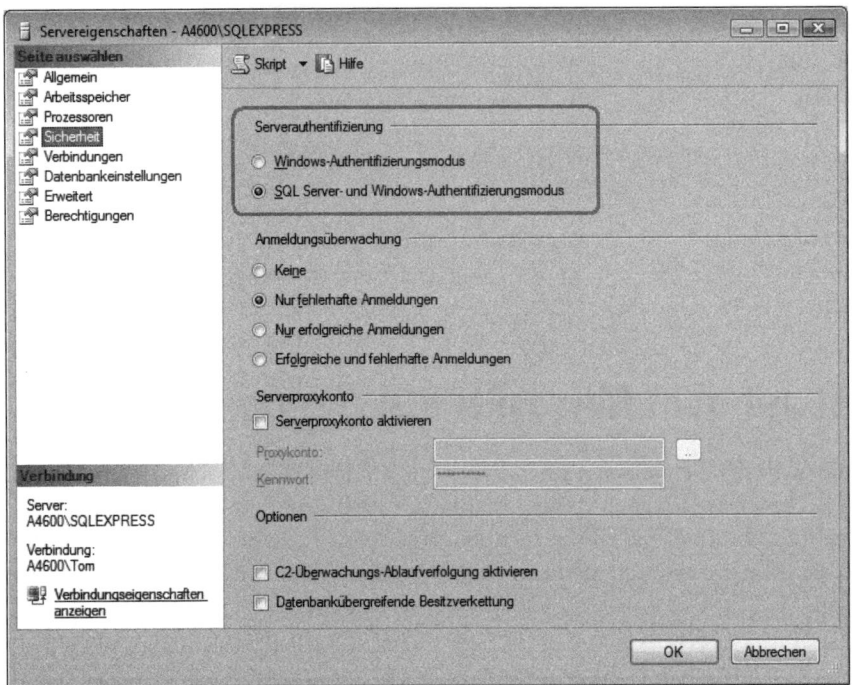

Abbildung 13.16   Einstellen des Sicherheitsmodells

Der Vorteil dieser Variante: Die User brauchen sich im Allgemeinen nur einmal anzumelden (System-Login), für die Verbindung zum SQL Server wird in diesem Fall eine *Trusted Connection* aufgebaut. Sie kennen diese Form auch von den ADO-Connectionstrings.

Der Verbindungsstring enthält keinerlei Konteninformationen (Name, Passwort). Diese werden intern an den SQL Server übermittelt.

BEISPIEL

Connectionstring für eine Verbindung mit integrierter Sicherheit

```
Integrated Security=SSPI;Persist Security Info=False;Initial Catalog=Beispieldatenbank;Data Source=P200
```

Andererseits können Sie reine SQL Server-Konten erstellen, die zum Beispiel von Ihren Programmen zur internen Verwaltung genutzt werden, ohne dass es ein entsprechendes Windows-Konto gibt. Insbesondere für Internet-Verbindungen bietet sich diese Variante an, der Client sendet seine Login-Id sowie sein Passwort an den Server und erhält gegebenenfalls die Zugriffsrechte an der Datenbank bzw. bestimmten Tabellen.

BEISPIEL

Connectionstring für eine Verbindung mit SQL Server-Sicherheit

```
Persist Security Info=True;User ID=Doberenz; Password=geheim;Initial Catalog=Beispieldatenbank;Data Source=P200
```

Rollen (Gruppen)

Vielleicht ist Ihnen schon der Begriff *Rolle* aufgefallen, dabei handelt es sich im Grunde genommen um Gruppen, wie Sie sie auch von lokalen Datenbanksystemen (z.B. Access) oder der Windows-Systemverwaltung kennen. Derartige Rollen vereinfachen die Zuweisung von Rechten für User mit einheitlichen Anforderungen. Sie brauchen nicht mehr jedem einzelnen Nutzer diverse Rechte an unterschiedlichen Datenbankobjekten zuzuweisen, sondern es genügt, wenn Sie dies für die Rolle tun. Nachfolgend können Sie beliebige Nutzer in die Rolle einfügen.

Grundsätzlich müssen Sie zwei Typen von Rollen unterscheiden:

- Server-Rollen
- Datenbank-Rollen

Während Erstere für alle verwalteten Datenbanken gelten, lassen sich Datenbank-Rollen nur einer spezifischen Datenbank zuordnen.

Rolle	Bedeutung
bulkadmin	Darf BULK INSERT-Anweisung ausführen
dbcreator	Darf Datenbanken erstellen und verwalten
diskadmin	Darf Festplattendateien verwalten
processadmin	Darf SQL Server-Prozesse verwalten
securityadmin	Darf SQL-Benutzernamen verwalten
serveradmin	Darf SQL Server-Einstellungen konfigurieren
setupadmin	Darf erweiterte gespeicherte Prozeduren verwalten
sysadmin	Darf SQL Server-Installation durchführen

Tabelle 13.5 Die vordefinierten Server-Rollen

Neben den Server-Rollen sind auch für jede Datenbank bereits einige Rollen vordefiniert.

Rolle	Bedeutung
db_owner	Darf alle Aufgaben innerhalb der Datenbank wahrnehmen (inkl. Wartungs- und Konfigurationsaktivitäten)
db_accessadmin	Darf Benutzer und Gruppen der Datenbank hinzufügen
db_datareader	Darf Daten aus Tabellen abrufen (lesen)
db_datawriter	Darf Daten lesen und schreiben bzw. löschen
db_ddladmin	Darf Datenbankobjekte erzeugen und verwalten (DDL-Befehle)
db_securityadmin	Darf Anweisungs- und Objektberechtigungen in der Datenbank vergeben
db_backupoperator	Darf die Datenbank sichern
db_denydatareader	Darf keine Daten in der Datenbank anzeigen
db_denydatawriter	Darf keine Daten in der Datenbank ändern
public	Jeder Nutzer

Tabelle 13.6 Die vordefinierten Datenbank-Rollen

Erstellen Sie in Ihrer Datenbank neue Konten (Nutzerlogins), können Sie diese den o.g. Rollen zuordnen. Damit sind auch die entsprechenden Rechte an die User vergeben.

HINWEIS   Sollten Sie weitere Rollen benötigen, können Sie auch *nutzerdefinierte Rollen* erzeugen. In diesem Fall müssen Sie der Rolle jedoch noch entsprechende Rechte an den Datenbankobjekten einräumen, bevor Sie Nutzer in diese Rolle eintragen.

Rechte

Dass die Rechtevergabe recht differenziert für die unterschiedlichen Objekte sein kann, zeigt die folgende Tabelle:

Recht	Recht
ALTER DATABASE	DENY für Objekte
ALTER PROCEDURE	DROP
ALTER TABLE	EXECUTE
ALTER TRIGGER	GRANT
ALTER VIEW	GRANT für Objekt
BACKUP	INSERT
CHECKPOINT	READTEXT
CREATE DEFAULT	REFERENCES
CREATE INDEX	RESTORE
CREATE PROCEDURE	REVOKE
CREATE RULE	REVOKE für Objekt
CREATE SCHEMA	SELECT
CREATE TABLE	SETUSER
CREATE TRIGGER	TRUNCATE TABLE
CREATE VIEW	UPDATE
DBCC	UPDATE STATISTICS
DELETE	UPDATETEXT
DENY	WRITETEXT

Tabelle 13.7 Mögliche Rechte

Wie die Vergabe im Einzelnen realisiert wird, erfahren Sie in den folgenden Abschnitten.

Verwalten mit dem SQL Server Management Studio

Bevor wir zur eigentlichen Programmierung kommen wollen wir Ihnen zeigen, wie Sie mit Hilfe des SQL Server Management Studios die Sicherheit auf SQL Server-Datenbanken verwalten können.

Wie bereits erwähnt, sollte Ihre erste »Amtshandlung« das Definieren eines Passwortes für den System-administrator sein.

Erstellen von Usern

Neue Nutzer definieren Sie über den Konsolenstamm *Sicherheit/Anmeldungen*. Über das Kontextmenü kön-nen Sie einen neuen Nutzer hinzufügen. Im folgenden Dialogfeld geben Sie einen Nutzernamen ein. Gleich-zeitig müssen Sie sich entscheiden, ob das Nutzerkonto auf dem SQL Server oder unter Windows verwaltet werden soll.

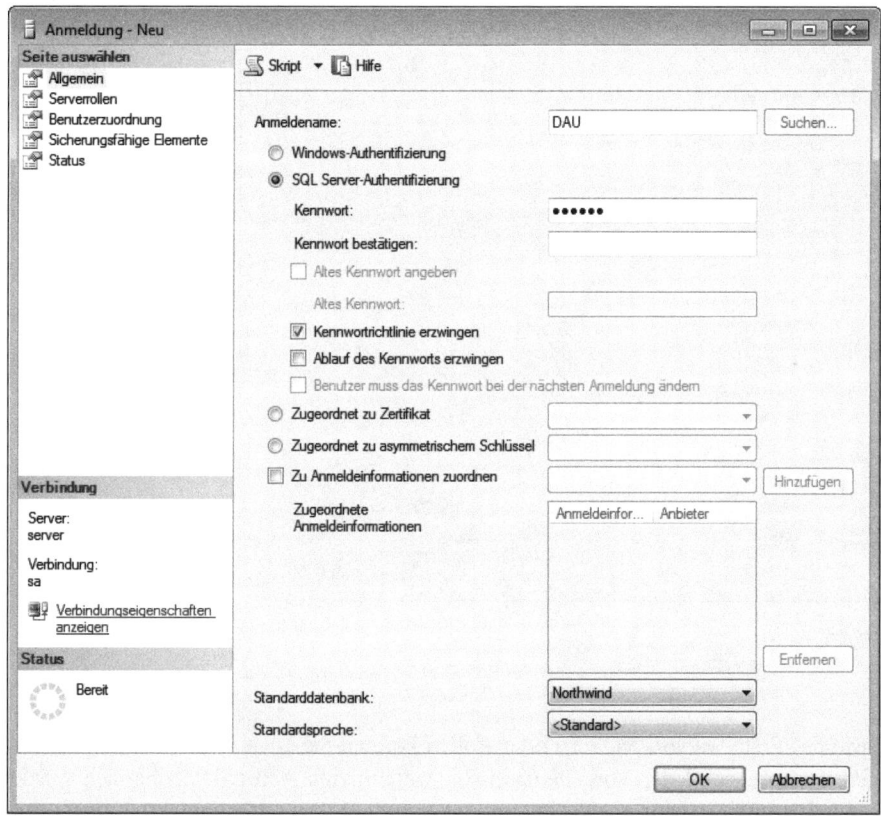

Abbildung 13.17 Neuen Nutzer erzeugen

HINWEIS Verwenden Sie die Windows-Sicherheit, muss der Nutzer unter Windows bereits existieren.

Gleichzeitig lässt sich in diesem Dialogfeld auch die Standarddatenbank des neuen Kontos festlegen.

Erstellen von Rollen

Nach dem Erstellen neuer Nutzer können Sie sich der Definition von Gruppen (Rollen) zuwenden. Das ent-sprechende Dialogfeld rufen Sie ebenfalls über den Konsolenstamm *Datenbanken/XYZ/Sicherheit/Rollen* auf. Tragen Sie einen Namen für die Rolle ein und fügen Sie die gewünschten Nutzer der Rolle hinzu (siehe Abbildung 13.18).

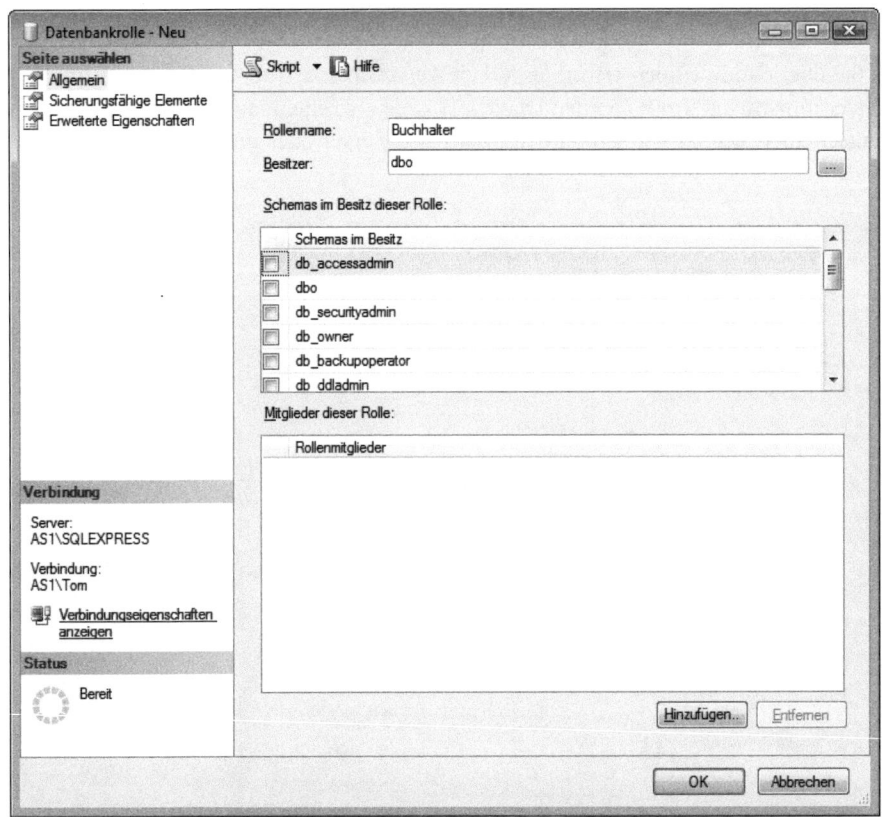

Abbildung 13.18 Neue Rolle erstellen

Verwalten von Rechten

Auf dem gleichen Weg wie das Erstellen von Nutzern oder Rollen können Sie auch das Dialogfeld zur Vergabe der Rechte aufrufen. Entsprechend der Vorgehensweise in geschützten Access-Datenbanken werden jetzt den Nutzern bzw. den Gruppen bestimmte Rechte an den einzelnen Datenbankobjekten eingeräumt bzw. wieder entzogen.

Zunächst müssen Sie jedoch dem einzelnen Nutzer auch den Zugriff auf die Datenbank überhaupt erlauben. Wählen Sie dazu in der Rubrik *Sicherheit/Anmeldung* den entsprechenden Nutzer und danach *Eigenschaften*. Im folgenden Dialogfeld aktivieren Sie die Rubrik *Benutzerzuordnung* (siehe Abbildung 13.19).

Legen Sie hier die Berechtigung für die gewünschten Datenbanken fest.

Nach diesen Vorarbeiten können wir uns der eigentlichen Rechtevergabe innerhalb der Datenbank zuwenden. Schließen Sie das Dialogfeld und wählen Sie die Eigenschaften der gewünschten Datenbank. Im nachfolgenden Dialogfeld können Sie jedem einzelnen Nutzer die gewünschten Rechte zuweisen. Die gleiche Vorgehensweise ist auch für die Datenbank-Rollen möglich.

Damit steht das Grundgerüst.

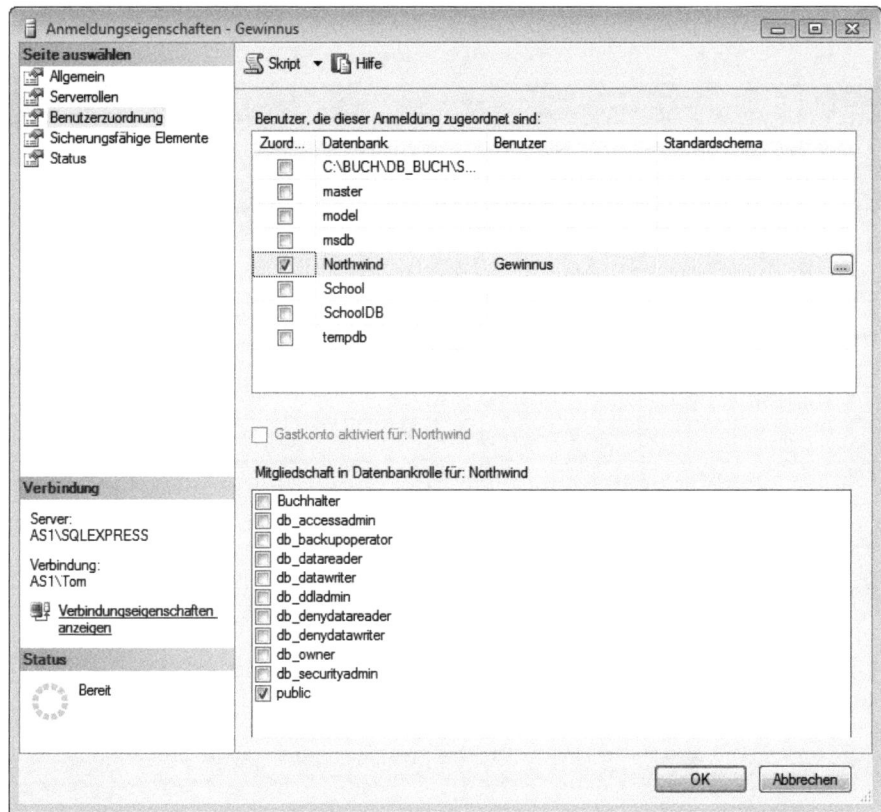

Abbildung 13.19 Rechte für die Datenbank zuordnen

HINWEIS Loggen Sie sich unter verschiedenen Namen in die Datenbank ein und testen Sie, ob die gewünschten Rechte richtig realisiert wurden.

Nach all diesen Ausführungen dürfte es für Sie etwas einfacher sein, die Administration per T-SQL-Anweisungen im folgenden Abschnitt zu verstehen.

Verwalten mit T-SQL

Diese Variante sollten Sie verwenden, wenn Sie ohnehin viel mit SQL-Anweisungen arbeiten (z.B. SQL-Skripte). Gerade für VB-Programmierer bietet sich diese Möglichkeit an, da Sie diverse Hilfetexte und Microsoft-Quellen ohne Probleme übernehmen können.

HINWEIS Der folgende Abschnitt erhebt nicht den Anspruch auf Vollständigkeit. Optionen und Parameter werden nur so weit besprochen, wie es unbedingt notwendig erscheint.

Überblick

Die folgende Tabelle zeigt die wichtigsten T-SQL-Anweisungen zum Administrieren von SQL Server-Datenbanken.

Anweisung	Beschreibung
sp_addlogin	Erstellt ein neues Nutzerkonto auf dem SQL Server
sp_password	Ändert das Kennwort eines Nutzers
sp_droplogin	Entfernt ein Nutzerkonto
sp_grantlogin	Erlaubt den Zugriff von NT-Konten auf den SQL Server
sp_revokelogin	Verhindert dauerhaft den Zugriff von NT-Konten auf den SQL Server
sp_denylogin	Verhindert den Zugriff von NT-Konten auf den SQL Server
sp_grantdbaccess	Fügt der aktuellen Datenbank ein Nutzerkonto hinzu
sp_addrole	Fügt der aktuellen Datenbank eine Rolle hinzu
sp_addrolemember	Fügt der Rolle ein neues Benutzerkonto hinzu
GRANT	Zuweisen von Rechten an Nutzer/Gruppen
REVOKE	Entziehen von Rechten.

Tabelle 13.8 T-SQL-Anweisungen zum Administrieren

Der Aufruf der T-SQL-Anweisungen gestaltet sich mit der *ExecuteNonQuery*-Methode des *Command*-Objektes absolut einfach.

BEISPIEL

Aufruf einer T-SQL-Anweisung

```
Imports System.Data.SqlClient
    ...
    conn.Open()
    Dim cmd As New SqlCommand("EXECUTE sp_addlogin 'Gewinnus', "'geheim','Beispieldatenbank'", conn)
    cmd.ExecuteNonQuery()
```

Voraussetzung für obiges Beispiel sind die entsprechenden Rechte innerhalb der Datenbank. Auf die Anweisung EXECUTE können Sie eigentlich verzichten. Aus Gründen der besseren Lesbarkeit (es handelt sich ja um einen Prozeduraufruf) sollten Sie es dennoch tun.

Erstellen eines neuen Users

Geht es darum, einen neuen Nutzer zu erzeugen, genügt der einfache Aufruf der Prozedur *sp_addlogin:*

```
sp_addlogin '<Loginname>'[,'<Password>'][,'<Datenbank>'][,'<Sprache>']
```

Übergeben Sie neben dem Nutzernamen noch das Passwort und den Namen der Standarddatenbank.

BEISPIEL

Erzeugen des neuen Kontos *Müller*

```
EXECUTE sp_addlogin "Müller", "geheim","Beispieldatenbank"
```

Löschen eines Benutzers

Vorhandene User/Konten löschen Sie mit der Prozedur *sp_droplogin.*

BEISPIEL

Löschen des Kontos *Müller*

```
EXECUTE sp_droplogin "Müller"
```

Erstellen einer neuen Rolle

Eine neue Rolle erzeugen Sie mit der Prozedur *sp_addrole.*

BEISPIEL

Erzeugen der Rolle *Verwaltung*

```
sp_addrole "Verwaltung"
```

Hinzufügen von Usern zu einer Rolle

Ein Konto bzw. einen User fügen Sie mit *sp_addrolemember* in eine bestehende Rolle ein.

BEISPIEL

Einfügen von *Müller* in die Rolle *Verwaltung*

```
EXECUTE sp_addrolemember "Verwaltung", "Müller"
```

Mit *sp_droprolemember* können Sie diesen User wieder entfernen.

Verwaltung von Rechten

Wie schon bei der Verwaltung mit dem SQL Server Management Studio, müssen wir zunächst einen Zugriff auf die Datenbank ermöglichen. Dazu nutzen wir die Prozedur *sp_grantdbaccess.*

HINWEIS   Da sich die Prozedur *sp_grantdbaccess* nur auf die aktuelle Datenbank bezieht, müssen Sie gegebenenfalls mit *USE* die Datenbank wechseln. Es ist kein Problem, zwei SQL-Anweisungen mit einem Aufruf von *Execute* auszuführen. Trennen Sie beide Anweisungen einfach per Semikolon.

BEISPIEL

User *Müller* erhält die Zugriffsrechte auf die Datenbank *Verleger.*

```
USE Verleger; EXECUTE sp_grantdbaccess 'Müller'
```

Das eigentliche Zuweisen von Rechten innerhalb der Datenbank erfolgt mit dem Befehl GRANT (es handelt sich nicht um eine Prozedur!).

```
GRANT {ALL | Recht[,...n]} TO User|Rolle [, User|Rolle] ...
```

Folgende Rechte können Sie vergeben (die Bezeichner dürften für sich sprechen):

- CREATE DATABASE
- CREATE DEFAULT
- CREATE PROCEDURE
- CREATE RULE
- CREATE TABLE
- CREATE VIEW

BEISPIEL

Der User *Müller* erhält das Recht, Tabellen und Views zu erzeugen (der Aufruf bezieht sich auf die momentan aktive Datenbank).

```
GRANT CREATE TABLE, CREATE VIEW TO Müller
```

Möchten Sie Rechte an speziellen Objekten vergeben, müssen Sie eine erweiterte Form des GRANT-Befehls nutzen.

```
GRANT {ALL | Recht[,...n]}
      { [(Spalte[,...n])] ON {Tabelle | View}
        | ON {Tabelle | View}[(Spalte[,...n])]
        | ON {StoredProcedure }
      } TO User|Rolle [,...n]
```

Für Tabellen und Views können Sie die folgenden Rechte vergeben:

- SELECT
- UPDATE
- INSERT
- REFERENCES
- DELETE

BEISPIEL

Die User *Müller* und *Gewinnus* erhalten Lese-/Schreibrechte an der Tabelle *Personen*.

```
GRANT INSERT, UPDATE ON personen TO Müller, Gewinnus
```

How-to-Beispiele

13.1 ... den Netzwerkzugriff für den SQL Server Express aktivieren?

Aus Sicherheitsgründen ist bei einem »frisch« installierten SQL Server Express die Unterstützung für Netzwerkzugriffe, d.h. Zugriffe von anderen Arbeitsstationen, deaktiviert. Versuchen Sie von einer anderen Arbeitsstation auf den SQL Server Express zuzugreifen, dürften Sie schnell eine Meldung in der Art »Keine Verbindung mit dem Server xxx« erhalten.

Für einen erfolgreichen Remotezugriff auf den SQL Server Express sind folgende Punkte wichtig:

- Der SQL Server Browser muss gestartet sein, damit der Server auch gefunden wird
- Der SQL Server muss das TCP/IP-Protokoll unterstützen
- Der SQL Server muss den Remotezugriff erlauben
- Meist ist es auch erforderlich, die gemischte Sicherheit zu aktivieren

Im Folgenden wollen wir obige Schritte abarbeiten.

SQL Server Browser aktivieren

Bei einer Installation des SQL Server Express wird zwar der Browser-Dienst installiert, er ist jedoch nicht aktiviert und kann damit auch nicht gestartet werden.

Wechseln Sie zum Aktivieren des Dienstes in den Konfigurations Manager (*Start/Alle Programme/SQL Server 2008/Konfigurationstools*) und wählen Sie in der Rubrik *SQL Server Dienste* den *SQL Server Browser* aus (siehe folgende Abbildung).

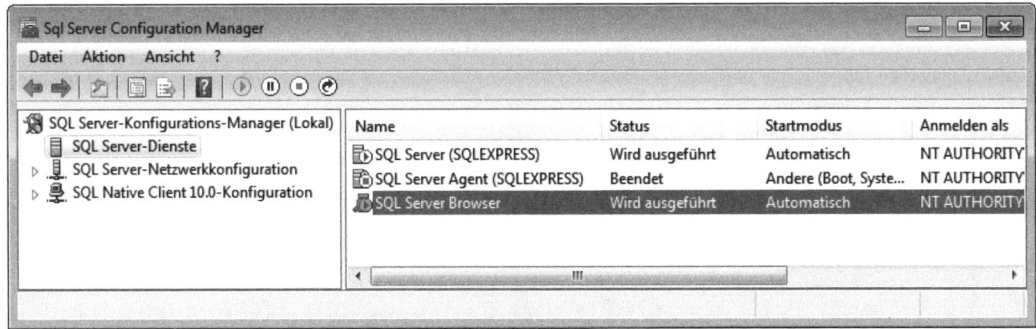

Abbildung 13.20 SQL Server Browser konfigurieren

Über das Kontextmenü können Sie nun zunächst den Dienst aktivieren bevor Sie dessen Startart auf »Automatisch« festlegen.

Jetzt steht anderen Computern der Browser-Dienst (und damit die Informationen über laufende SQL-Server-Instanzen) zur Verfügung.

TCP/IP-Protokoll aktivieren

Standardmäßig ist für den SQL Server Express nur der Zugriff per *Shared Memory* aktiviert, nutzen Sie auch hier den Konfigurations Manager um das TCP/IP-Protokoll zu aktivieren. Wählen Sie dazu die Rubrik *SQL Server-Netzwerkkonfiguration/Protokolle für SQLEXPRESS* und aktivieren Sie auf der rechten Seite das TCP/IP-Protokoll (siehe folgende Abbildung).

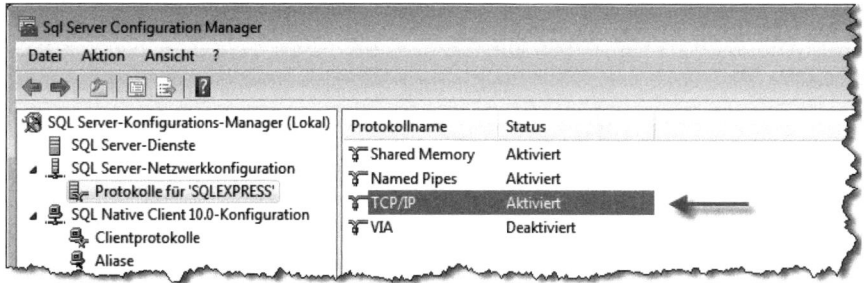

Abbildung 13.21   TCP/IP-Protokoll aktivieren

> **HINWEIS**   Der Server muss nach dieser Änderung erneut gestartet werden.

Erlaubnis für Remotezugriff überprüfen

Öffnen Sie das SQL Server Management Studio und öffnen Sie über das Kontextmenü die Eigenschaften des aktuellen Servers. In der Rubrik *Verbindungen* muss die Option *Remoteverbindungen mit diesem Server zulassen* aktiviert sein (siehe folgende Abbildung).

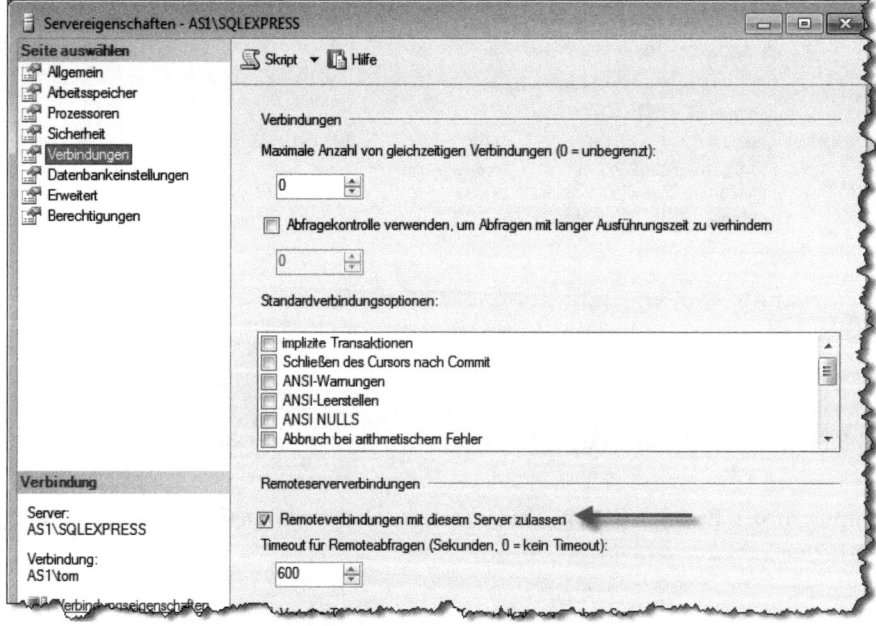

Abbildung 13.22   Dialog »Servereigenschaften«

Gemischte Anmeldung aktivieren

Soll sich der Client mit Name und Passwort anmelden, müssen Sie die *gemischte Anmeldung* aktivieren. Dies realisieren Sie ebenfalls über das SQL Server Management Studio. Rufen Sie auch hier über das Kontext-menü den Dialog mit den Servereigenschaften auf und ändern Sie in der Rubrik *Sicherheit* die Server-authentifizierung auf *SQL Server- und Windows-Authentifizierungsmodus* (siehe folgende Abbildung).

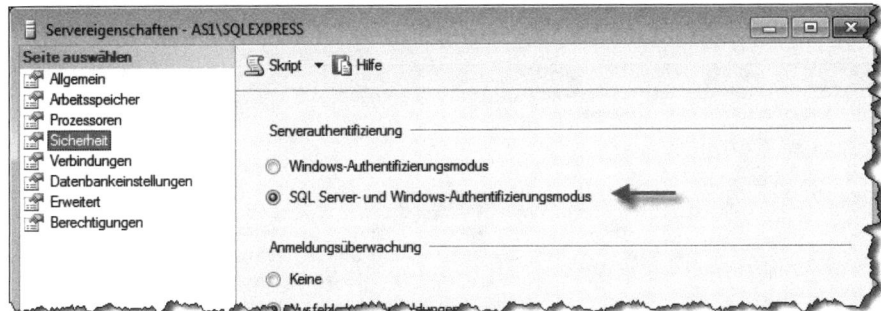

Abbildung 13.23 Wechsel des Authentifizierungsmodus

Haben Sie alle obigen Schritte abgearbeitet, dürfte dem Remotezugriff auf Ihren SQL Server Express nichts mehr im Wege stehen.

13.2 ... die SQL Server Express-Version erkennen?

Möchten Sie aus dem Programm heraus feststellen, ob es sich beim aktuellen Server um eine Express-Version handelt, können Sie mit Hilfe der SMOs wie folgt vorgehen:

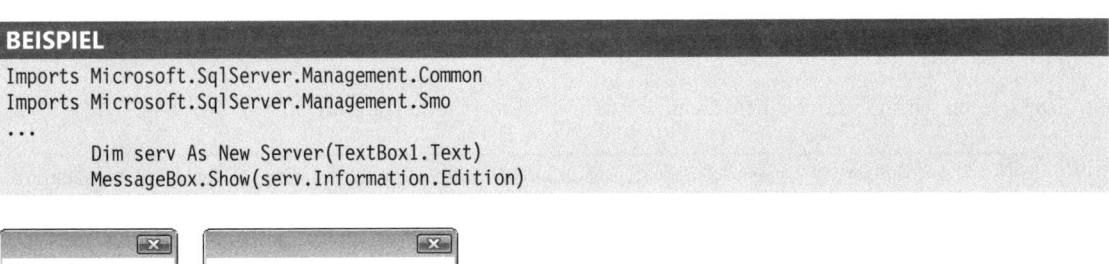

```
BEISPIEL
Imports Microsoft.SqlServer.Management.Common
Imports Microsoft.SqlServer.Management.Smo
...
        Dim serv As New Server(TextBox1.Text)
        MessageBox.Show(serv.Information.Edition)
```

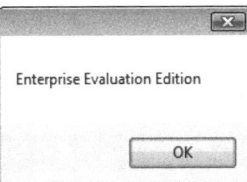

Abbildung 13.24 Mögliche Ausgabewerte

13.3 ... die SQL Server Express-Version administrieren?

Da Sie sich für die »Light Variante« entschieden haben, müssen Sie auf den Komfort praktischer Tools zunächst verzichten.

Sollten Sie gleichzeitig im Besitz einer Visual Studio-Lizenz sein, können Sie mit Hilfe des Server-Explorers Ihre SQL Server-Datenbank rudimentär verwalten. Alternativ bietet sich ein Tool namens »Microsoft SQL Server Management Studio Express« von der Microsoft-Homepage an:

WWW   http://www.microsoft.com/downloads/details.aspx?FamilyID=08e52ac2-1d62-45f6-9a4a-4b76a8564a2b

Fast wie der große Bruder, doch ohne einige Features der Vollversionen:

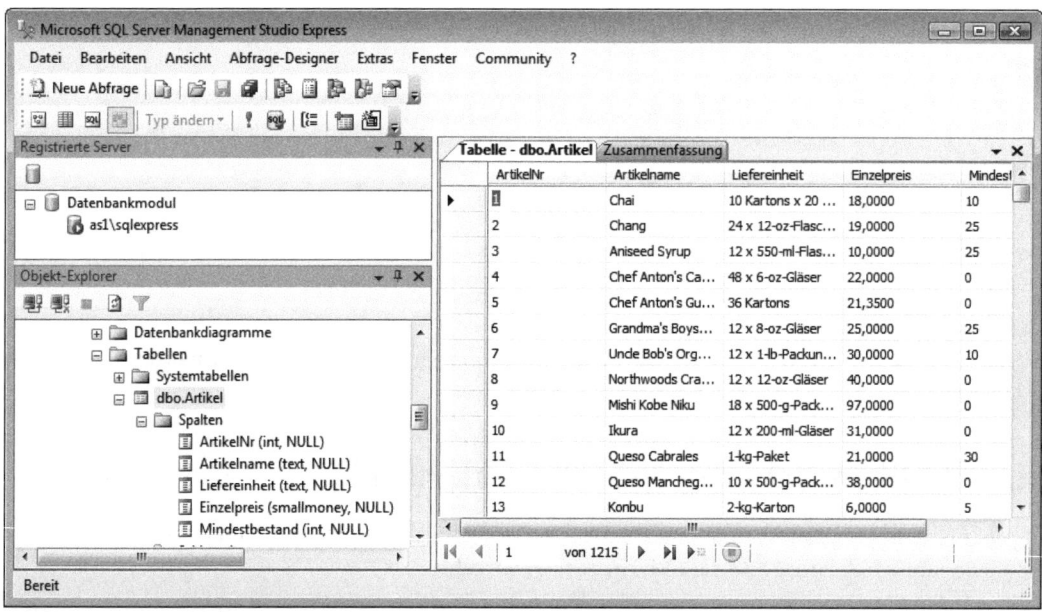

Abbildung 13.25 SQL Server Management Studio Express

Für den Gelegenheitsanwender dürfte die gebotene Funktionspalette voll und ganz genügen.

HINWEIS   Haben Sie die *SQL Server 2008 Express Edition with Advanced Services* installiert, ist das obige Programm bereits auf Ihrer Festplatte.

13.4   ... alle Nutzer einer Datenbank ermitteln?

BEISPIEL

Mit Hilfe der SMO können Sie eine Liste aller vordefinierten Nutzer einer Datenbank ermitteln.

```
Imports Microsoft.SqlServer.Management.Common
Imports Microsoft.SqlServer.Management.Smo
Imports System.Data.SqlClient
....
```

Verbinden zum Server herstellen:

```
Dim serv As New Server(TextBox1.Text)
If checkBox1.Checked Then
    serv.ConnectionContext.LoginSecure = False
    serv.ConnectionContext.Login = TextBox2.Text
    serv.ConnectionContext.Password = TextBox3.Text
End If
```

Für alle Datenbanken:

```
For Each db As Database In serv.Databases
    If db.IsSystemObject Then
        ListBox1.Items.Add("(System) " & db.Name)
    Else
        ListBox1.Items.Add(db.Name & "---------------------")
        Try
```

Nutzer auflisten:

```
        For Each u As User In db.Users
            ListBox1.Items.Add("     " & u.Name)
        Next u
    Catch e1 As Exception
    End Try
    End If
Next db
```

HINWEIS Sie müssen die entsprechenden Rechte in der Datenbank besitzen!

```
(System) master
(System) model
(System) msdb
Northwind----------------
    dbo
    guest
    INFORMATION_SCHEMA
    sys
Report Server----------------
    dbo
    guest
    INFORMATION_SCHEMA
    NT-AUTORITÄT\NETZWERKDIENST
    sys
```

Abbildung 13.26 Beispiel für Abfrageergebnis

13.5 ... alle registrierten Microsoft SQL Server ermitteln?

BEISPIEL

Auch hier helfen die SMO weiter:

```
Imports Microsoft.SqlServer.Management.Smo
...
    ListBox1.Items.Clear()
    Dim dt As DataTable = SmoApplication.EnumAvailableSqlServers(False)
    For Each dr As DataRow In dt.Rows
        ListBox1.Items.Add(dr("Server").ToString())
    Next
```

> **HINWEIS**   Damit sinnvolle Werte angezeigt werden, muss auch der *SQL Server Browser-Dienst* aktiviert und gestartet sein. Bei der Express Edition ist dies standardmäßig nicht der Fall.

13.6 ... alle Datenbanken und deren Tabellen ermitteln?

Möchten Sie den Inhalt des SQK Servers näher analysieren, können Sie sich über die *Databases-* bzw. die *Tables-*Collection der SMO tiefe Einblicke verschaffen.

> **HINWEIS**   Das entsprechende SMO-Beispiel finden Sie auf Seite 916, das komplette Programm in den Begleitdateien.

Alternativ können Sie sich auch mit T-SQL behelfen (siehe folgendes Beispiel).

> **BEISPIEL**
>
> Auflisten aller Tabellen in der **aktuell geöffneten** Datenbank.
>
> ```
> SELECT *
> FROM
>     Information_Schema.Tables
> ```

Das Ergebnis:

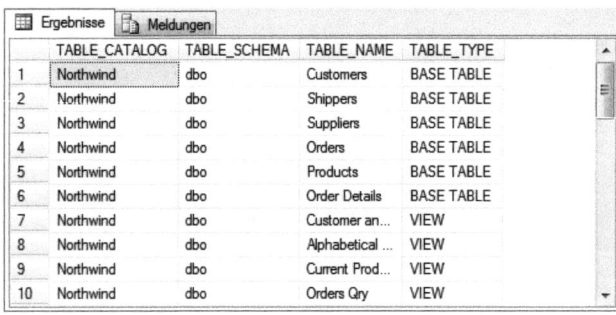

Abbildung 13.27 Abfrageergebnis

13.7 ... eine Tabelle löschen?

> **BEISPIEL**
>
> Mit SQL
>
> ```
> DROP TABLE Mitarbeiter
> ```

> **BEISPIEL**
>
> Mit den SMO
>
> ```
> Dim serv As New Server("SERVER")
> Dim db As Database = serv.Databases("BuchBeispiel")
> db.Tables("ErsteTabelle").Drop()
> ```

13.8 ... eine Tabelle mit den SMO erzeugen?

An dieser Stelle wollen wir es bei einem Beispiel belassen. Mit T-SQL kommen Sie wesentlich schneller ans Ziel.

BEISPIEL

Erstellen einer einfachen Tabelle mit einer Spalte in der neuen Datenbank *BuchBeispiel*

```
Imports Microsoft.SqlServer.Management.Common
Imports Microsoft.SqlServer.Management.Smo
Imports System.Data.SqlClient
...
```

Verbindung herstellen:

```
Dim serv As New Server(TextBox1.Text)
If checkBox1.Checked Then
    serv.ConnectionContext.LoginSecure = False
    serv.ConnectionContext.Login = TextBox2.Text
    serv.ConnectionContext.Password = TextBox3.Text
End If
```

Datenbank erzeugen:

```
Dim db As New Database(serv, "BuchBeispiel")
db.Create()
```

Table-Objekt erzeugen:

```
Dim tb As New Table(db, "ErsteTabelle")
```

Spalten zum *Table*-Objekt hinzufügen:

```
Dim col As New Column(tb, "Id")
col.DataType = DataType.Int
col.Nullable = False
col.Identity = True
col.IdentitySeed = 1
col.IdentityIncrement = 1
tb.Columns.Add(col)
col = New Column(tb, "Nachname")
col.DataType = DataType.VarChar(50)
col.Nullable = False
tb.Columns.Add(col)
```

Index erzeugen:

```
Dim idx As New Index(tb, "PK_ErsteTabelle")
idx.IndexKeyType = IndexKeyType.DriPrimaryKey
idx.IndexedColumns.Add(New IndexedColumn(idx, "Id"))
tb.Indexes.Add(idx)
```

Tabelle in der Datenbank erstellen:

```
tb.Create()
```

> **HINWEIS**   Sie sehen schon, ohne einigen Schreibaufwand geht es nicht, wenn Sie sich an eine Datenbankdefinition per SMOs wagen wollen.

BEISPIEL

Dasselbe in SQL mit wesentlich weniger Aufwand

```
USE FirmaSQL;
CREATE TABLE TestTable (Nachname VARCHAR(25))
```

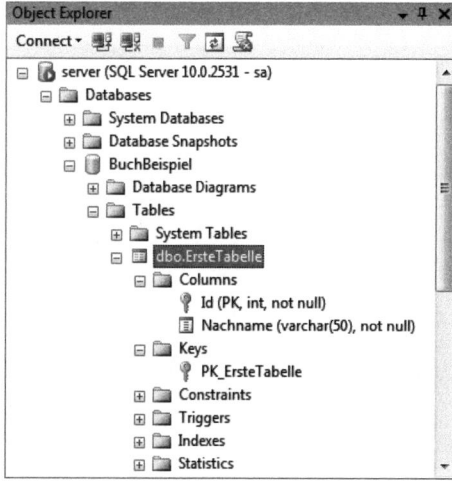

Abbildung 13.28 Die geöffnete Datenbank im SQL Server Management Studio

13.9 ... die Anzahl der Datensätze beschränken?

Zwei Varianten bieten sich an:

Variante 1 (TOP)

Wie auch in Jet-SQL können Sie die TOP-Klausel für die Einschränkung der Datensätze verwenden.

BEISPIEL

Maximal fünf Mitarbeiter anzeigen

```
SELECT
  TOP 5 *
FROM Mitarbeiter
```

Variante 2 (SET ROWCOUNT)

Mit Hilfe der Option SET ROWCOUNT können Sie für alle folgenden SQL-Anweisungen die maximale Anzahl der zurückgegebenen Datensätze bestimmen.

BEISPIEL

Maximal zehn Datensätze sollen zurückgegeben werden

```
SET ROWCOUNT 10
go
SELECT * FROM Mitarbeiter
go
```

HINWEIS   Mit »SET ROWCOUNT 0« schalten Sie die Beschränkung wieder aus!

Variante 3 (ROW_NUMBER)

Seit dem SQL Server 2005 steht auch eine ROW_NUMBER-Funktion zur Verfügung, die es ermöglicht, nicht nur die Anzahl der Datensätze zu beschränken sondern gleich einen Bereich auszuwählen (Paging). Die Funktion liefert eine sequenzielle Folge von Zahlen, beginnend bei 1 für jede Zeile der Datenmenge.

BEISPIEL

Die ersten zehn Datensätze der sortierten Tabelle *Orders* ermitteln

```
SELECT  OrderId, OrderDate
FROM    (SELECT  ROW_NUMBER() OVER (ORDER BY OrderDate DESC)
              AS Row, OrderId, OrderDate FROM Orders)
              AS t1
WHERE   Row BETWEEN 1 AND 10
```

Einen anderen Bereich auswählen:

```
SELECT  OrderId, OrderDate
FROM    (SELECT  ROW_NUMBER() OVER (ORDER BY OrderDate DESC)
              AS Row, OrderId, OrderDate FROM Orders)
              AS t1
WHERE   Row BETWEEN 11 AND 15
```

HINWEIS   Handelt es sich um eine große Anzahl von Datensätzen und befindet sich der gesuchte Bereich im vorderen Teil der Datenmenge, sollten Sie eventuell die Datenmenge mit TOP einschränken, um die Ausführungszeiten zu optimieren.

13.10   ... Platzhalterzeichen in T-SQL verwenden?

Für beliebige Zeichen verwenden Sie das Prozentzeichen (%), für einzelne Zeichen den Unterstrich (_).

BEISPIEL

```
SELECT *
FROM
  Mitarbeiter
WHERE
  nachname LIKE 'Mül%'
```

13.11 ... Teilstrings erzeugen?

Statt der von Jet-SQL bekannten MID-Funktion verwenden Sie SUBSTRING.

```
SUBSTRING (stringausdruck, start, length)
```

BEISPIEL

Es soll die Anzahl der Mitarbeiter bestimmt werden, deren Name mit einem bestimmten Buchstaben beginnt.

```
SELECT
    SUBSTRING(nachname,1,1), Count(*)
FROM
    Mitarbeiter
GROUP BY
    SUBSTRING(nachname,1,1)
```

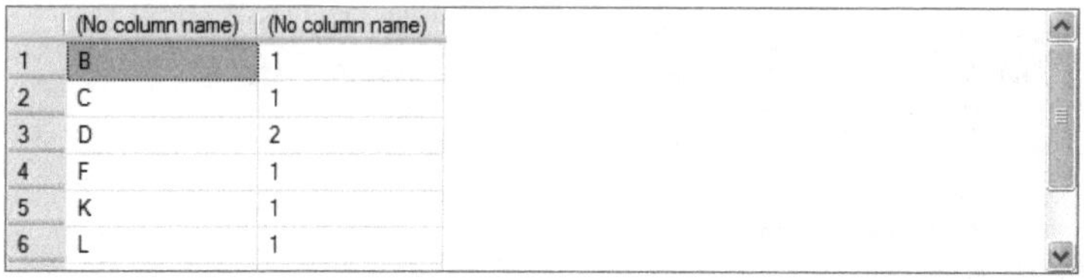

	(No column name)	(No column name)
1	B	1
2	C	1
3	D	2
4	F	1
5	K	1
6	L	1

Abbildung 13.29 Abfrageergebnis

13.12 ... Leerzeichen entfernen?

Im Gegensatz zu Jet-SQL findet sich auf dem Microsoft SQL Server keine TRIM-Funktion. Es stehen lediglich die Funktionen RTRIM (rechte Leerzeichen entfernen) und LTRIM (linke Leerzeichen entfernen) zur Verfügung. Sie können natürlich beide Funktionen gleichzeitig aufrufen.

BEISPIEL

Entfernen von Leerzeichen

```
SELECT *
FROM
  Mitarbeiter
WHERE
  nachname = LTRIM(RTRIM(@eingabewert))
```

13.13 ... mit DROP INDEX jeden Index löschen?

Es ist wie verhext: Sie wollen einen Index löschen, aber es funktioniert nicht. Das Problem: Vermutlich handelt es sich um eine Constraint (Einschränkung). Diesen Index müssen Sie mit

```
ALTER TABLE <Tabellenname> DROP CONSTRAINT <Constraintname>
```

löschen.

13.14 ... @@ERROR korrekt verarbeiten?

Vielleicht haben Sie auch schon mal vergessen, den Wert von @@ERROR in einer lokalen *Integer*-Variablen zu speichern. Führen Sie weitere SQL-Anweisungen aus, wird @@ERROR automatisch auf *null* zurückgesetzt, weitere Abfragen des Wertes oder die Rückgabe mit RETURN sind also sinnlos.

BEISPIEL

Fehlerauswertung

```
...
DECLARE @myError INT
...
SELECT @myError  = @@ERROR
...
IF @myError <> 0
    ...
```

13.15 ... die Anzahl der Datensätze einer Abfrage bestimmen?

Führen Sie eine SELECT-Anweisung aus, steht Ihnen nach der Verarbeitung in der Variablen @@ROWCOUNT die Anzahl der Datensätze zur Verfügung.

13.16 ... IFF ersetzen?

Sollten Sie bisher mit JET-SQL programmiert haben, werden Sie die IFF-Anweisung vermissen. T-SQL bietet aber auch hier mit CASE eine sinnvolle Alternative.

BEISPIEL

Statt der Feldinhalte »Herr« bzw. »Frau« sollen die Werte »0« und »1« in der neuen Spalte *Geschlecht* zurückgegeben werden.

```
SELECT
    CASE Anrede
        WHEN 'Herr' THEN 0
        WHEN 'Frau' THEN 1
    END AS Geschlecht,
    Vorname
FROM
    Mitarbeiter
```

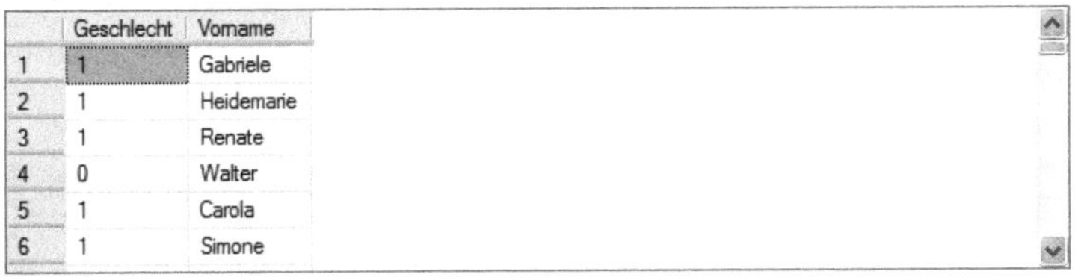

	Geschlecht	Vorname
1	1	Gabriele
2	1	Heidemarie
3	1	Renate
4	0	Walter
5	1	Carola
6	1	Simone

Abbildung 13.30 Abfrageergebnis

Alternativ können Sie auch von der ELSE-Option Gebrauch machen:

```
SELECT
    CASE
       WHEN Anrede = 'Herr' THEN 0
       ELSE 1
       END AS Geschlecht,
    Vorname
FROM
    Mitarbeiter
```

13.17 ... mit Bedingungen Feldinhalte formatieren?

Geht es um das Formatieren und Auswerten von Feldinhalten, wäre die Verwendung von Funktionen und Bedingungen häufig sinnvoll.

Auch hier hilft uns die T-SQL-CASE-Anweisung weiter.

BEISPIEL

Verwendung von CASE

```
SELECT
    CASE
        WHEN gehalt IS NULL THEN 'Vergessen worden ...'
        WHEN gehalt < 1000   THEN 'Armer Kerl ...'
        WHEN gehalt >= 1000 and gehalt < 3000 THEN 'Na ja'
        ELSE 'Ganz gut'
    END AS "Gehaltsbeurteilung",
    nachname
FROM
    Mitarbeiter
```

	Gehaltsbeurteilung	nachname
1	Ganz gut	Detert
2	Ganz gut	Obst
3	Na ja	Behn
4	Na ja	Riester
5	Ganz gut	Braun
6	Na ja	Schmidt

Abbildung 13.31 Abfrageergebnis

13.18 ... Abfragen mit Platzhaltern beschleunigen?

Vielleicht sind Sie nach endlosem Warten auf das Ergebnis einer Abfrage endlich bei diesem Tipp angelangt. Die vermutliche Ursache für Ihre Pein: Sie verwenden eine LIKE-Klausel mit Platzhalterzeichen am Beginn des Suchstrings.

BEISPIEL

```
SELECT *
FROM Mitarbeiter
WHERE nachname LIKE '%aye%'
```

Das Problem: Durch Verwendung des Platzhalterzeichens am Beginn des Suchstrings kann der eventuell vorhandene Index nicht zur Suche genutzt werden. Es werden alle Datensätze durchlaufen, was je nach Tabellengröße eben seine Zeit dauert.

13.19 ... die Groß-/Kleinschreibung berücksichtigen?

Ist bei einem Vergleich von zwei Strings die Groß-/Kleinschreibung von Bedeutung, bleibt Ihnen nichts anderes übrig, als beide Strings in den BINARY-Datentyp umzuwandeln und so zu vergleichen.

BEISPIEL

Vergleich

```
SELECT *
FROM
    Mitarbeiter
WHERE
    CONVERT(VARBINARY, nachname) = CONVERT(VARBINARY, 'MAYER')
```

Alternativ bietet sich noch die Verwendung der COLLATE-Klausel an:

```
SELECT *
FROM
    Products
WHERE
    Productname = 'ChAi' COLLATE Latin1_General_CS_AS
```

13.20 ... das Ergebnis einer Stored Procedure speichern?

Dass eine Stored Procedure ein DataSet zurückgeben kann, dürfte sicher bekannt sein. Was aber, wenn Sie die Daten gar nicht zum Client senden möchten, sondern gleich auf dem Server, d.h. in einer Tabelle, sichern wollen?

Die Antwort findet sich in der INSERT INTO-Anweisung.

BEISPIEL

Die Stored Procedure

```
CREATE PROCEDURE Test @Nachname VARCHAR(50)
As
SELECT * FROM Mitarbeiter
WHERE nachname LIKE @nachname
return
```

Der entsprechende Aufruf zum Sichern der Daten:

```
INSERT INTO
    SaveTable EXEC test 'Müller'
```

13.21   ... eine Datenbank umbenennen?

Mit Hilfe von T-SQL ist es fast kein Problem, eine bestehende Datenbank umzubenennen. Über das Wörtchen »fast« sollten Sie in jedem Fall stolpern, ist es doch notwendig, dass für diesen Vorgang die Datenbank in den Einzelbenutzermodus geschaltet werden muss.

Dazu rufen Sie ALTER DATABASE auf:

```
ALTER DATABASE FirmaSQL
SET SINGLE_USER
```

Ist die Ausführung erfolgreich, können Sie nachfolgend mit ALTER DATABASE die Datenbank umbenennen.

HINWEIS   Die bisher verwendete Stored Procedure sollten Sie laut Microsoft nicht mehr einsetzen!

```
ALTER DATABASE FirmaSQL
MODIFY NAME=FIRMA22
```

HINWEIS   Vergessen Sie nicht, die Datenbank wieder in den Normalmodus zurückzuschalten.

```
ALTER DATABASE Firma22
SET MULTI_USER;
```

Beachten Sie aber in jedem Fall, ob weitere User angemeldet sind, denn dann haben Sie schlechte Karten:

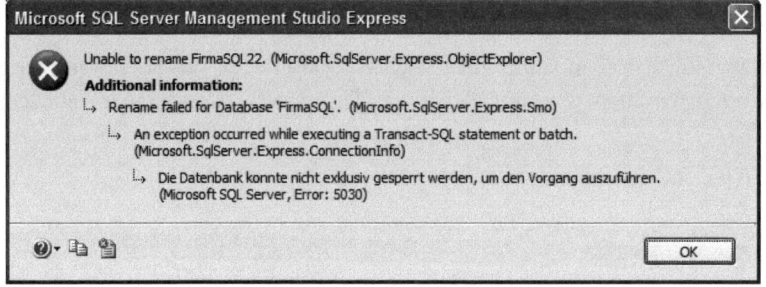

Abbildung 13.32   Fehler beim Umbenennen

13.22   ... eine Datenbank zwischen Servern verschieben?

Möchten Sie die bereits erstellte Datenbank auf einem neuen System wieder verwenden, bietet sich die folgende Vorgehensweise an:

Trennen Sie zunächst auf dem Ausgangs-PC die Datenbank vom SQL Server. Dazu verwenden Sie die Prozedur *sp_detach_db*.

BEISPIEL

```
EXEC sp_detach_db 'Firmasql', 'true'
```

Danach ist die Datenbank vom Server getrennt, Sie können die beiden zugehörigen Dateien *(*.mdf, *.ldf)* kopieren.

Auf dem neuen Server kopieren Sie die Daten in das *MSSQL\Data*-Verzeichnis und rufen die Prozedur *sp_attach_db* auf.

BEISPIEL

```
EXEC sp_attach_db @dbname = 'FirmaSQL',
   @filename1 = 'c:\Programme\Microsoft SQL Server\MSSQL\Data\Firmasql.mdf',
   @filename2 = 'c:\Programme\Microsoft SQL Server\MSSQL\Data\Firmasql.ldf'
```

Danach können Sie die Datenbank auf dem neuen Server wie gewohnt nutzen.

13.23   ... eine Datenbankstruktur kopieren?

Ein sicher häufiges Problem: Sie haben auf Ihrem PC eine SQL Server-Datenbank entwickelt und getestet und möchten nun diese Datenbank, bzw. deren Struktur, beim Kunden installieren.

Auf die Idee, die Struktur mit Hilfe des SQL Server Management Studios beim Kunden zu erstellen, werden Sie hoffentlich nicht kommen. Doch das Management Studio ist dafür schon das richtige Tool.

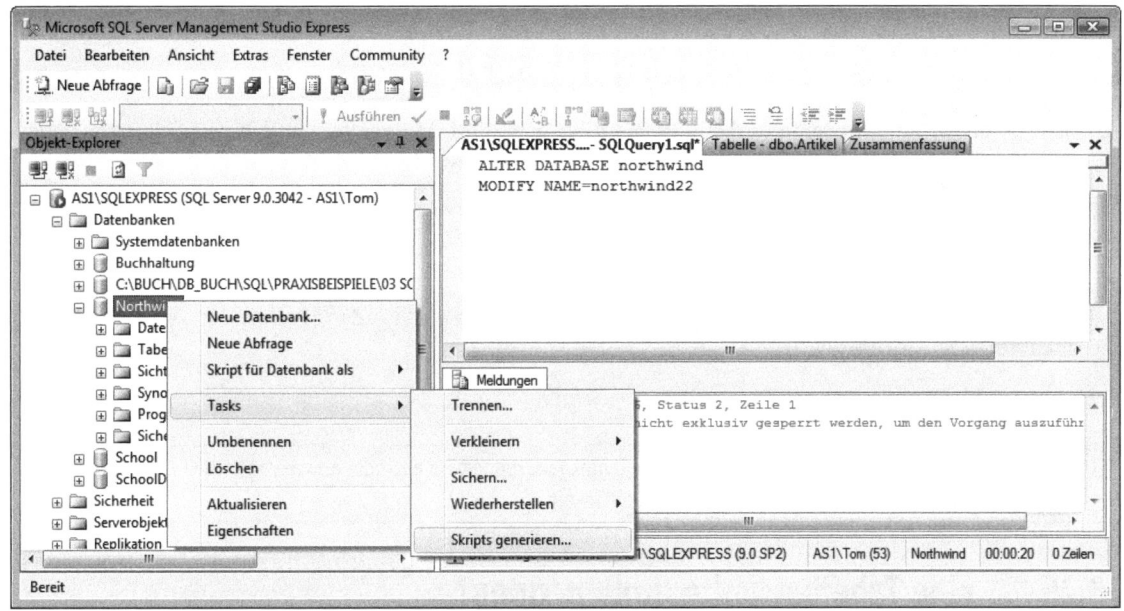

Abbildung 13.33   Erzeugen eines SQL-Skripts mit dem SQL Server Management Studio

Wählen Sie Ihre Datenbank im Baum aus und klicken Sie mit der rechten Maustaste darauf. Über den Menüpunkt *Tasks/Skripts generieren* erreichen Sie einen Assistenten, der Ihnen alle wesentlichen Schritte beim Erzeugen eines SQL-Skripts erleichtert. Dieses Skript ist eine normale Textdatei, die auf dem Zielrechner mit dem Query Analyzer wieder eingespielt werden kann.

BEISPIEL

Auszug aus einem SQL-Skript

```
IF NOT EXISTS (SELECT * FROM sys.database_principals WHERE name = N'Gewinnus')
CREATE USER [Gewinnus] FOR LOGIN [Gewinnus] WITH DEFAULT_SCHEMA=[dbo]
GO
SET ANSI_NULLS ON
GO
SET QUOTED_IDENTIFIER ON
GO
IF NOT EXISTS (SELECT * FROM sys.objects WHERE object_id = OBJECT_ID(N'[dbo].[personal]') AND type in
(N'U'))
BEGIN
CREATE TABLE [dbo].[personal](
 [Name] [nvarchar](30) NULL,
 [Vorname] [nvarchar](20) NULL,
 [Geboren] [datetime] NULL,
 [Gehalt] [money] NULL,
 [Bemerkung] [ntext] NULL
) ON [PRIMARY] TEXTIMAGE_ON [PRIMARY]
END
GO
...
```

13.24 ... nach dem Löschen IDENTITY auf 0 setzen?

Löschen Sie alle Datensätze einer Tabelle (z.B. *DELETE FROM Mitarbeiter*) und fügen Sie einen neuen Datensatz ein, wird ein Identity-Feld statt mit Null mit dem nächstfolgenden Wert gefüllt.

Abhilfe schafft die Funktion DBCC CHECKIDENT, mit der Sie den Zählerwert wieder zurücksetzen können.

BEISPIEL

Zurücksetzen des Zählerwertes

```
DBCC CHECKIDENT (Mitarbeiter, RESEED, 0)
```

HINWEIS   Sind in der Tabelle keine Fremdschlüssel enthalten, können Sie auch die Anweisung TRUNCATE TABLE nutzen. Beachten Sie jedoch, dass TRUNCATE TABLE keine Trigger aktiviert.

13.25 ... eine Tabellenspalte umbenennen?

Mit Hilfe von T-SQL ist es kein Problem, auch Tabellenspalten umzubenennen. Rufen Sie die Systemprozedur *sp_rename* mit folgender Syntax auf:

```
sp_rename '<Tabelle.Spalte>', '<Tabelle.NeuerName>', 'COLUMN'
```

BEISPIEL

```
EXEC sp_rename 'Mitarbeiter.geburtstag', '[geboren am]', 'COLUMN'
```

13.26 ... Unterschiede zwischen temporären Tabellen erkennen?

Zunächst gibt es natürlich einen Unterschied bei der Vergabe des Namens, während bei einer lokalen Tabelle lediglich ein Nummernzeichen (#) vorangestellt wird, müssen es bei einer globalen Tabelle schon zwei Nummernzeichen sein.

- Globale Tabellen werden in der Datenbank *TempDB* erzeugt, Besitzer ist in diesem Fall *dbo*. Die Tabelle wird erst gelöscht, wenn kein Benutzer die Tabelle verwendet
- Lokale Tabellen nutzt man lediglich für das kurzzeitige Speichern von Daten, werden diese Tabellen innerhalb von Prozeduren erzeugt, werden diese mit dem Ende der Prozedur wieder gelöscht

13.27 ... Daten aus verschiedenen Datenbanken anzeigen?

Handelt es sich um die gleiche Verbindung und verfügen Sie über die entsprechenden Zugriffsrechte, sollte es kein Problem sein, Daten aus einer weiteren Datenbank zu lesen. Sie müssen in diesem Fall lediglich den vollständigen Tabellennamen angeben.

```
<Datenbankname>.<Username>.>Tabellenname>
```

BEISPIEL

Obwohl aktuell die Datenbank *TestSQL* geöffnet ist, können Sie die folgende SQL-Abfrage ausführen:

```
SELECT
    *
FROM
    northwind.dbo.customers
```

Alternativ können Sie die USE-Anweisung (T-SQL) verwenden, um vollständig die aktuelle Datenbank zu wechseln.

13.28 ... die PRINT-Anweisung in VB anzeigen?

Im Gegensatz zur Vorgängerversion von ADO.NET brauchen Sie sich um die Anzeige von SQL-PRINT-Ausgaben keine Sorgen machen. Derartige Nachrichten, die aus einer Stored Procedure heraus gesendet werden können, lassen sich jetzt komfortabel mit Hilfe des *InfoMessage*-Events auswerten bzw. anzeigen.

BEISPIEL

Anzeige der Nachricht in einer *MessageBox*

```
Private Sub conn_InfoMessage(ByVal sender As Object, _
            ByVal e As System.Data.SqlClient.SqlInfoMessageEventArgs) Handles conn.InfoMessage

    MessageBox.Show(e.Message)
End Sub
```

Übersichten

Datentypen

Datentyp	Bedeutung/Bemerkung
bit	Daten mit einem Wert von 0 oder 1
integer, int	4 Byte-Datentyp, der Zahlen von −2.147.483.648 bis 2.147.483.647 speichert
smallint	2 Byte-Datentyp, der Zahlen von −32.768 bis 32.767 speichert
tinyint	1 Byte-Datentyp, der Zahlen von 0 bis 255 speichert
decimal, numeric	Numerische Daten mit fester Genauigkeit und Dezimalstellenanzahl von −10^38−1 bis 10^38−1. Sie müssen die Genauigkeit (Anzahl der Ziffern) und die Anzahl der Dezimalstellen festlegen
float	Fließkommazahlen zwischen −1,79E+308 und 1,79E+308. Verwenden Sie derartige Werte nicht in WHERE-Klauseln, da es zu Rundungsfehlern kommen kann
real	Fließkommazahlen zwischen −3,40E+38 und 3,40E+38. Verwenden Sie derartige Werte nicht in WHERE-Klauseln, da es zu Rundungsfehlern kommen kann
money	Währungsdatenwerte zwischen −922.337.203.685.477,5808 und 922.337.203.685.477,5807 mit der Genauigkeit eines Zehntausendstels der Währungseinheit
smallmoney	Währungsdatenwerte von −214.748,3648 bis 214.748,3647 mit der Genauigkeit eines Zehntausendstels der Währungseinheit
date	Datumswerte ohne Uhrzeitangaben, der Datumsbereich erstreckt sich vom 1. Januar 1000 bis zum 31. Dezember 9999. Die Genauigkeit des Datentyps ist auf einen einzigen Tag beschränkt.
time	Tageszeit ohne Datumskomponente, der Wertebereich ist auf 00:00:00.0000000 bis 23:59:59.9999999 (Stunden, Minuten, Sekunden und Sekundenbruchteile) festgelegt.
datetime	Datums- und Zeitdaten zwischen dem 1. Januar 1753 und dem 31. Dezember 9999 mit einer Genauigkeit von 300stel-Sekunden, also 3,33 Millisekunden
datetimeoffset	Dieser Datentyp berücksichtigt Zeitzonen, die als Zeitunterschied zusätzlich zur Datums- und Zeitangabe gespeichert werden.
datetime2	Erweiterung des Datentyps *datetime*. Der Datumsbereich wurde vergrößert (1. Januar 0001 bis zum 31. Dezember 9999) und eine höhere Sekundenbruchteilgenauigkeit eingeführt.
smalldatetime	Datums- und Zeitdaten zwischen dem 1. Januar 1900 und dem 6. Juni 2079 mit einer Genauigkeit von einer Minute
cursor	Ein Verweis auf einen Cursor
uniqueidentifier	Ein global eindeutiger Bezeichner (GUID, Globally Unique Identifier), verwenden Sie besser einen Identity-Wert
char	Nicht-Unicode-Zeichendaten fester Länge mit max. 8.000 Zeichen
varchar	Nicht-Unicode-Daten variabler Länge mit max. 8.000 Zeichen
text	Nicht-Unicode-Daten variabler Länge mit max. 2.147.483.647 Zeichen
nchar	Unicode-Daten fester Länge mit max. 4.000 Zeichen
nvarchar	Unicode-Daten variabler Länge mit max. 4.000 Zeichen

Tabelle 13.9 Datentypen

Datentyp	Bedeutung/Bemerkung
ntext	Unicode-Daten variabler Länge mit max. 1.073.741.823 Zeichen
binary	Binärdaten fester Länge mit max. 8.000 Byte
varbinary	Binärdaten variabler Länge mit max. 8.000 Byte
image	Binärdaten variabler Länge mit max. 2.147.483.647 Byte
varbinary(max)	externes Speichern unstrukturierter Daten im NTFS-Dateisystem
hierarchyid	Darstellung hierarchischer Strukturen. Sie können die Struktur sowohl in vertikaler als auch in horizontaler Richtung beschreiben. Zusätzliche Navigationsmethoden helfen Ihnen bei der SQL-Abfrage.
geography	Beschreibt Daten im WGS84-Koordinatensystem, d.h. in Längen- und Breitengraden. Die Datenübergabe erfolgt mit Hilfe spezieller Methoden (z.B. *STGeomFromText*) und Objekten (z.B. *Polygon*).
geometry	Darstellung von Daten im zweidimensionalen Raum. Die Datenübergabe erfolgt mit Hilfe spezieller Methoden (z.B. *STGeomFromText*) und Objekten (z.B. *Polygon*).
xml	XML-Daten variabler Länge mit max. 2.147.483.647 Zeichen

Tabelle 13.9 Datentypen *(Fortsetzung)*

HINWEIS Die fett hervorgehobenen Datentypen wurden mit dem SQL Server 2008 eingeführt und stehen auch nur für diesen zur Verfügung.

Unterschiede Access- und SQL Server-Datentypen

SQL Server	Access
char	Text
nchar	Text
varchar	Text
nvarchar	Text
text	Memo
ntext	Memo
image	OLE-Objekt
binary	Zahl:Byte
datetime	Datum/Zeit
smalldatetime	Datum/Zeit
decimal	Zahl:Decimal
numeric	Zahl:Decimal
real	Zahl:Single
float	Zahl:Double
int	Autowert, Zahl:LongInteger

Tabelle 13.10 Unterschied Access-/SQL-Serverdatentypen

SQL Server	Access
smallint	Zahl:Integer
tinyint	Zahl:Byte
money	Zahl:Währung
smallmoney	Zahl:Währung
bit	Ja/Nein
timestamp	-
uniqueidentifier	Replikations-ID

Tabelle 13.10 Unterschied Access-/SQL-Serverdatentypen *(Fortsetzung)*

HINWEIS   Der Feldtyp HYPERLINK wird vom SQL Server nicht unterstützt!

Kapitel 14

Microsoft SQL Server-Programmierung

In diesem Kapitel:

Nachdem wir uns bereits im vorhergehenden Kapitel mit den wichtigsten Grundlagen des Microsoft SQL Server beschäftigt haben, wollen wir uns nun den Themen zuwenden, die unmittelbar für den VB-Programmierer von Bedeutung sind.

Praktisches Arbeiten mit dem SQL Server

In diesem ersten Abschnitt wollen wir uns der SQL Server-Programmierung von der praktischen Seite nähern. Im Mittelpunkt stehen Realisierungsmöglichkeiten mit den ADO.NET-Objekten, den SMO[1] sowie T-SQL-Anweisungen. Für welche dieser Varianten Sie sich letztendlich entscheiden, hängt natürlich auch vom konkreten Einsatzfall ab.

Erstellen von SQL Server-Datenbanken

Der erste Schritt zu einer Client/Server-Anwendung ist das Erzeugen der Datenbank auf dem SQL Server. Einen fertig installierten SQL Server bzw. eine installierte Express Edition setzen wir an dieser Stelle natürlich voraus.

Wie Sie mit Hilfe der SQL Server Management Studio-Oberfläche oder dem Visual Studio Server Explorer die Datenbank erstellen und konfigurieren, möchten wir an dieser Stelle nicht weiter ausführen. Für uns ist interessant, wie aus dem Programm heraus eine neue Datenbank erzeugt werden kann.

Mit SQLDMO/SMO und T-SQL bieten sich drei verschiedene Varianten an. Für die folgenden Beispiele müssen Sie zum einen den Namen des SQL Servers wissen, zum anderen brauchen Sie auch die nötigen Rechte für den Zugriff auf den Server.

Verwenden von SMO

Ausgangspunkt für das Erstellen neuer Datenbanken auf dem SQL Server ist zunächst ein *Server*-Objekt. Diesem sind eventuell über die Eigenschaft *ConnectionContext* die erforderlichen Anmeldeinformationen zu übergeben, wenn es sich um eine SQL Server-Anmeldung handelt.

BEISPIEL

Erstellen einer Datenbank

```
Imports Microsoft.SqlServer.Management.Common
Imports Microsoft.SqlServer.Management.Smo
...
    Dim serv As New Server("server")
    If checkBox1.Checked Then
        serv.ConnectionContext.LoginSecure = False
        serv.ConnectionContext.Login = "sa"
        serv.ConnectionContext.Password = "geheim"
    End If
    Dim db As New Database(serv, "BuchBeispiel")
```

---

[1] Wie bereits im vorhergehenden Kapitel erwähnt, verzichten wir auf die Darstellung der DMOs, da diese von künftigen SQL Server-Versionen nicht mehr unterstützt werden.

Etwas aufwändiger wird es, wenn Sie auch eine Maximalgröße für die Datenbank angeben wollen. Dies entspricht den Einstellungen, die Sie auch mit Hilfe des SQL Server Management Studios vornehmen können (siehe folgende Abbildung).

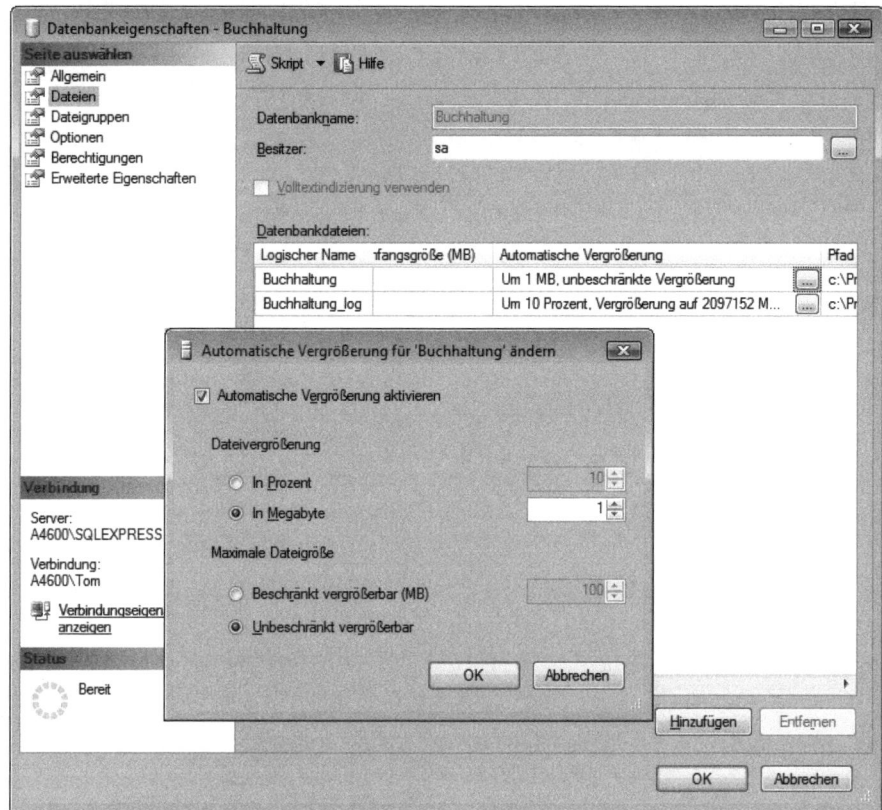

Abbildung 14.1 Datenbank-Eigenschaften im SQL Server Management Studio

In diesem Fall müssen Sie ein neues *FileGroup*- und ein zugeordnetes *DataFile*-Objekt erstellen, mit dem Sie neben der maximalen Dateigröße auch diverse Einstellungen für den Speicherort (Dateien/Medien) vornehmen können.

HINWEIS   Sie müssen eventuell einen Verweis auf *Microsoft.SqlServer.SqlEnum* einrichten.

BEISPIEL

Mit Vorgaben für die Datenbankdatei:

```
Dim serv As New Server("server")
If checkBox1.Checked Then
  serv.ConnectionContext.LoginSecure = False
  serv.ConnectionContext.Login = "sa"
  serv.ConnectionContext.Password = "geheim"
End If
```

```
    Dim db As New Database(serv, "BuchBeispiel")
```

FileGroup erzeugen:

```
    Dim fg As New FileGroup(db, "PRIMARY")
```

DataFile erzeugen:

```
    Dim df As New DataFile(fg, "BuchBeispiel_Data", "c:\BuchBeispiel_Data.mdf")
```

Parametrieren:

```
    df.GrowthType = FileGrowthType.Percent
    df.Growth = 10
    df.Size = 4000
    fg.Files.Add(df)
    db.FileGroups.Add(fg)
```

Datenbank erzeugen:

```
    db.Create()
```

HINWEIS   Über die *DatabaseOptions*-Eigenschaft des jeweiligen *Database*-Objekts haben Sie Zugriff auf eine ganze Reihe von Eigenschaften, z.B. *ReadOnly* und *UserAccess* (Mehr-/Einzelbenutzermodus), die Sie auch mit dem SQL Server Management Studio bearbeiten können.

Verwenden von T-SQL

Für den SQL-Profi wenig überraschend, verwenden wir die CREATE DATABASE-Anweisung zum Erzeugen neuer Datenbanken.

```
CREATE DATABASE <datenbankname>
    [ ON [PRIMARY][ <filespec> [,...n] ] ]
    <filespec> ::=
    ( [ NAME = logical_file_name, ]
    FILENAME = 'os_file_name'
    [, SIZE = size]
    [, MAXSIZE = { max_size | UNLIMITED } ]
    [, FILEGROWTH = growth_increment] ) [,...n]
```

Bevor Sie vor der Vielfalt der Optionen zurückschrecken, seien Sie beruhigt, mit

```
CREATE DATABASE abc
```

haben Sie bereits eine Datenbank auf dem Server erzeugt. Die automatisch eingestellten Optionen: 1 MByte Größe, 10 % automatische Vergrößerung, unbeschränkte Dateigröße.

BEISPIEL

Aufruf aus einem VB-Programm (ADO.NET) heraus

```
Imports System.Data.SqlClient
...
```

```
conn.Open()
```

Command-Objekt erzeugen:

```
Dim cmd As New SqlCommand("CREATE DATABASE abc", conn)
Try
```

und ausführen:

```
    cmd.ExecuteNonQuery()
Catch Ex As SqlException
    MessageBox.Show(Ex.Message)
End Try
```

Verbindung schließen:

```
conn.Close()
...
```

BEISPIEL

Erzeugen einer Datenbank, mit einer Anfangsgröße von 14 MByte, einer Maximalgröße von 100 MByte und einer automatischen Vergrößerung um jeweils 1 MByte. Der Speicherort wird explizit vorgegeben.

```
CREATE DATABASE Test2
ON
( NAME = buch_dat,
  FILENAME = 'e:\mssql7\data\buch.mdf',
  SIZE = 14,
  MAXSIZE = 100,
  FILEGROWTH = 1 )
```

Ergänzungen

Bevor Sie sich jetzt auf das Erstellen von Datenbanken stürzen, sollten Sie zunächst einige Grundregeln beachten:

- Der Microsoft SQL Server legt die zu speichernden Informationen in einer Datei mit der Extension .MDF bzw. .NDF ab. Hier finden sich auch die nötigen Schema-Informationen zum Aufbau der Datenbank

- Zusätzlich wird noch ein Transaktionsprotokoll erzeugt, das in einer Datei mit der Extension .LDF gesichert wird

- Standardmäßig werden die beiden Dateien in dem Verzeichnis abgelegt, das bei der SQL Server Installation dafür vorgesehen wurde (z.B. *Program Files\Microsoft SQL Server\MSSQL10.MSSQLSERVER\ MSSQL\DATA*)

- Alternativ können Sie auch ein anderes Verzeichnis beim Erstellen der Datenbank vorgeben, beachten Sie jedoch, dass es sich dabei um ein lokales Laufwerk (kein Netzlaufwerk) ohne Komprimierung und ohne Verschlüsselung handeln muss

Erzeugen und Verwalten von Tabellen

Nach dem Erstellen der Datenbank können wir die gewünschten Tabellen erzeugen oder aus anderen Datenquellen importieren.

Visual Studio

Erzeugen Sie mit dem Server-Explorer eine Datenverbindung zur gewünschten SQL Server-Datenbank. In der Rubrik *Tabellen* können Sie über das Kontextmenü eine neue Tabelle erzeugen (siehe Abbildung 14.2).

Legen Sie zunächst wie gewohnt den Namen der Spalte fest. Bei den Datentypen werden Sie sicher zum ersten Mal stutzig, müssen Sie doch teilweise neben der Größe auch die Genauigkeit und die Dezimalstellen angeben. Sollten Sie den Datentyp *AutoWert* vermissen, gedulden Sie sich noch etwas.

Die Option *NULL zulassen* ist Ihnen sicher auch bekannt. Spätestens beim *Standardwert* werden Sie jedoch erstmals mit dem Client/Server-Prinzip Bekanntschaft machen. So können Sie zwar auch hier Standardwerte für Tabellenspalten vorgeben, diese werden jedoch erst nach dem Speichern eingetragen. Der Hintergrund: Da der Standardwert auf dem SQL Server gespeichert ist, kann auch erst der Server die Werte eintragen. Neben einfachen Ausdrücken können Sie hier auch Funktionen wie *GetDate* oder *suser_sname* aufrufen, um zum Beispiel den Benutzer eintragen zu lassen, der den Datensatz erzeugt hat.

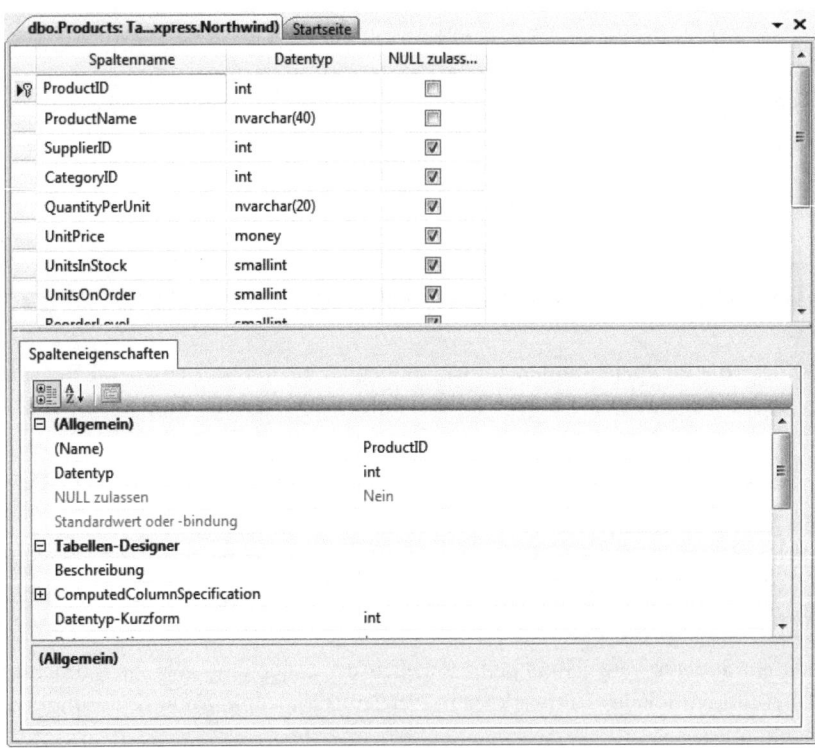

Abbildung 14.2 Neue Tabelle in Visual Studio erstellen

Mit *Identität* oder auch *Identity* haben Sie das Pendant für die Access-Zählerfelder gefunden. Basierend auf dem Datentyp *Int* bietet auch der SQL Server die Möglichkeit, Spalten mit eindeutigen IDs zu erzeugen. Für den Zähler können Sie hier zusätzlich den Startwert und das Inkrement angeben.

Die Option *Ist RowGuid* ist im Zusammenhang mit der Replikation von Bedeutung und ermöglicht eine schnellere Bearbeitung.

HINWEIS   Vergessen Sie nicht einen Primärschlüssel festzulegen, diesen brauchen Sie im Zusammenhang mit einem Client-Programm in jedem Fall.

Ebenfalls über die rechte Maustaste können Sie die Tabellen-Eigenschaften anzeigen bzw. bearbeiten. Dazu zählen neben Einschränkungen auch Beziehungen und weitere Indizes.

Mit den Einschränkungen steht Ihnen als Programmierer ein wichtiges Werkzeug zur Sicherung der Datenintegrität zur Verfügung. So können Sie hier sicherstellen, dass nur Datensätze in der Tabelle stehen bzw. eingetragen werden, die dieses Kriterium erfüllen.

Allerdings ist die Art und Weise, wie Sie später bei einem Verstoß gegen diese Einschränkung benachrichtigt werden, nicht gerade motivierend, es tritt ein Laufzeitfehler auf, den Sie umständlich auswerten müssen. Wir werden uns mit diesem Thema später noch eingehender beschäftigen.

An dieser Stelle nur so viel:

HINWEIS   Betrachten Sie die Einschränkungen als letztes Mittel zum Sichern der Datenintegrität, verwenden Sie besser einen Trigger bzw. eine Gespeicherte Prozedur, um Gültigkeitsprüfungen vorzunehmen.

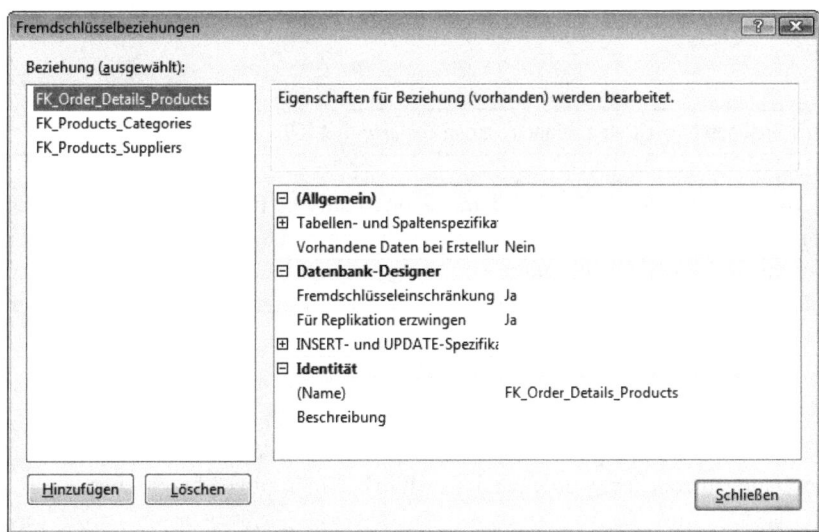

Abbildung 14.3 Beziehungen zwischen den Tabellen

Indizes

Neben den Einschränkungen verdienen auch die Indizes eine nähere Betrachtung. Wie auch bei Access-Datenbanken lassen sich einzelnen oder auch mehreren Spalten Indizes zuordnen.

Gänzlich neu für den Desktop-Programmierer dürften die Begriffe *Füllfaktor* und *Clustered* sein. Mit dem Füllfaktor geben Sie an, zu wie viel Prozent eine Indexseite belegt wird. Ist eine Indexseite gefüllt und muss ein neuer Eintrag eingefügt werden, ist dieser Vorgang recht aufwändig. Günstiger (aber nicht so platz-sparend) ist es, wenn freier Platz für das Einfügen weiterer Einträge gelassen wird.

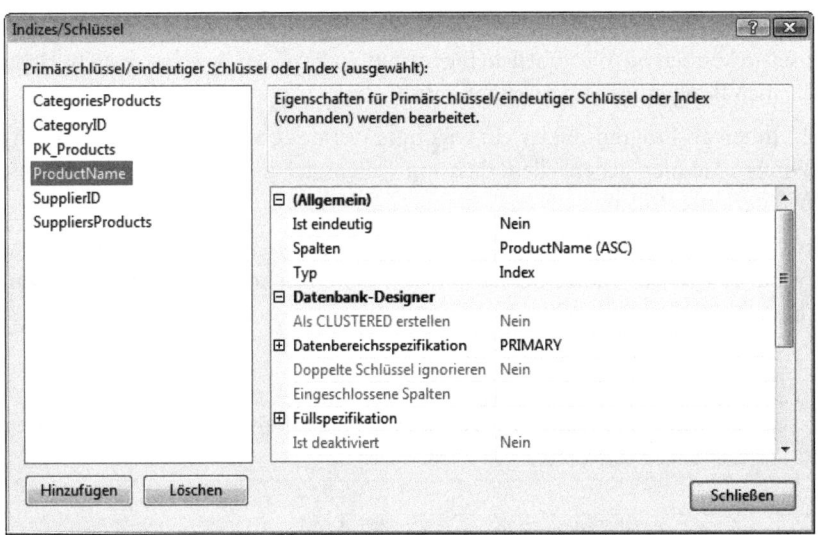

Abbildung 14.4 Indexdefinition

HINWEIS   Handelt es sich um schreibgeschützte Daten, können Sie den Füllfaktor mit 100% angeben.

Die Option *Clustered* erstellt einen gruppierten Index, bei dem die physikalische Reihenfolge der Zeilen in der Tabelle gleich der logischen (indizierten) Reihenfolge der Schlüsselwerte ist. Logischerweise kann es nur einen derartigen Schlüssel pro Tabelle geben. Insbesondere UPDATE- und DELETE-Anweisungen werden durch einen solchen Index beschleunigt, da bei diesen Vorgängen meist große Datenmengen gelesen werden müssen.

Tabellen erzeugen/verwalten mit T-SQL

An dieser Stelle möchten wir Ihnen nur einige Ergänzungen und Beispiele vorstellen. Wie Sie Tabellen und Indizes mit Hilfe von SQL-Anweisungen erstellen, wurde bereits ausführlich in Kapitel 3 besprochen.

BEISPIEL

Erstellen einer Tabelle *Kunden* mit diversen Einschränkungen und einem Defaultwert für das Feld *Status*

```
CREATE TABLE Kunden
(id        int IDENTITY(1,1) PRIMARY KEY CLUSTERED,
 Nachname  varchar(50)  NOT NULL,
```

```
Vorname   varchar(50)  NOT NULL,
Status    varchar(10), DEFAULT 'Aktiv',
Datum     datetime NOT NULL DEFAULT (getdate()))
```

BEISPIEL

Mögliche Ausdrücke für *Check*

```
CHECK (PLZ IN ('12345', '23456', '34567')
CHECK  ID LIKE '99999[0-9][0-9]')
CHECK (gehalt > 2000)AND(gehalt < 6000)
```

BEISPIEL

Mögliche Ausdrücke für *Default*

```
Kennziffer  int  NOT NULL DEFAULT 1
Datum       datetime NOT NULL DEFAULT (getdate())
Land        varchar(30) NULL DEFAULT('Deutschland')
```

BEISPIEL

Erzeugen einer berechneten Spalte

```
CREATE TABLE Buchungen
(   netto money,
    brutto money,
    mwst AS (brutto-netto) )
```

Temporäre Tabellen

Ein besonderes Feature des SQL Servers ist das Erzeugen von temporären Tabellen. Sie können sowohl lokale als auch globale temporäre Tabellen erstellen. Lokale temporäre Tabellen sind nur während der aktuellen Sitzung sichtbar, globale temporäre Tabellen sind von allen Sitzungen aus sichtbar.

Stellen Sie lokalen temporären Tabellennamen ein einzelnes Nummernzeichen (#) und globalen temporären Tabellennamen ein doppeltes Nummernzeichen voran (##).

Es stellt auch kein Problem dar, wenn zwei Nutzer gleichzeitig dieselbe temporäre Tabelle erstellen wollen. Der SQL Server hängt intern einen numerischen Suffix an den temporären Tabellennamen an, so bleiben die Tabellen immer eindeutig.

Temporäre Tabellen brauchen Sie nicht explizit zu löschen, da sie ohnehin automatisch entfernt werden. In einigen Fällen sollten Sie dennoch nicht darauf verzichten (siehe folgende Beispiele), insbesondere wenn ein und dieselbe Tabelle häufig erzeugt und gelöscht werden soll. Verwenden Sie einfach die DROP TABLE-Anweisung.

BEISPIEL

Erzeugen und Verwenden einer temporären Tabelle

```
   Imports System.Data.SqlClient
   ...
   conn.Open()
```

Erzeugen:

```
Dim cmd As New SqlCommand("CREATE TABLE #test " & _
                          "(nachname VARCHAR(30) NOT NULL Primary KEY)", conn)
cmd.ExecuteNonQuery()
```

Verwenden:

```
cmd = New SqlCommand("INSERT INTO #test VALUES ('Mayer')", conn)
cmd.ExecuteNonQuery()
cmd.ExecuteNonQuery()
conn.Close()
```

HINWEIS   Der zweite Aufruf von *ExecuteNonQuery* führt zu einem Fehler, da die Tabelle immer noch existiert! Der Grund für dieses Verhalten: Die Tabelle wird erst mit dem Schließen der Connection gelöscht.

Tabellen mit SMO erzeugen

Dass auch mit den SMO das Erstellen nicht »unmöglich« ist, zeigt das folgende Beispiel:

BEISPIEL

Tabelle erzeugen

```
Imports Microsoft.SqlServer.Management.Common
Imports Microsoft.SqlServer.Management.Smo
...
```

Server verbinden:

```
        Dim serv As New Server("HPSERVER")
```

Datenbank erstellen (Sie können auch eine Datenbank aus der *DataBases*-Collection abrufen):

```
        Dim db As New Database(serv, "BuchBeispiel")
        db.Create()
```

Table-Objekt erstellen (die Datenbanktabelle ist noch nicht erzeugt):

```
        Dim tb As New Table(db, "ErsteTabelle")
```

Erste Spalte erzeugen (Integer, Zählerfeld):

```
        Dim col As New Column(tb, "Id")
        col.DataType = DataType.Int
        col.Nullable = False
        col.Identity = True
        col.IdentitySeed = 1
        col.IdentityIncrement = 1
        tb.Columns.Add(col)
```

Zweite Spalte erzeugen (*VarChar*):

```
        col = New Column(tb, "Nachname")
        col.DataType = DataType.VarChar(50)
```

```
        col.Nullable = False
        tb.Columns.Add(col)
```

Primärschlüssel erzeugen:

```
        Dim idx As Index = New Index(tb, "PK_ErsteTabelle")
        idx.IndexKeyType = IndexKeyType.DriPrimaryKey
        idx.IndexedColumns.Add(New IndexedColumn(idx, "Id"))
        tb.Indexes.Add(idx)
```

Tabelle mit allen obigen Einstellungen auf dem Server erzeugen:

```
        tb.Create()
```

Ein Blick in den Objekt-Explorer des SQL Server Management Studios zeigt den Erfolg:

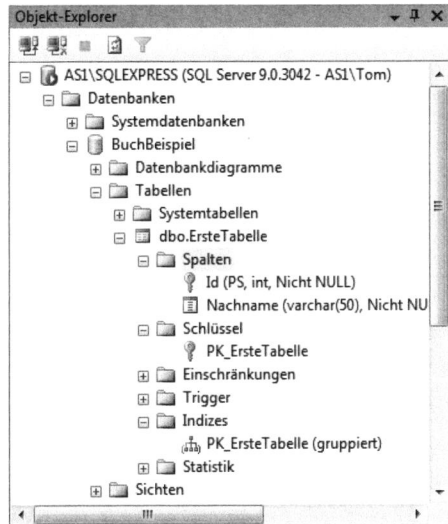

Abbildung 14.5 Die neu erzeugte Tabelle

HINWEIS   Die SMO-Variante erfordert zwar den höheren Schreibaufwand im Vergleich zu T-SQL, bietet jedoch den Vorteil recht gut strukturiert zu sein. Damit empfiehlt sich dieser Weg, wenn Sie Tabellen dynamisch durch den Anwender erstellen lassen wollen und dabei jeweils Optionen aktivieren bzw. deaktivieren. Als Beispiel sei hier eine Mini-Management-Oberfläche genannt.

Datenbankdiagramme

Je umfangreicher Ihre Datenbanken werden, desto mehr Augenmerk sollten Sie auf die Verwaltung richten. Ein wichtiges Hilfsmittel in diesem Zusammenhang sind die Datenbankdiagramme, die mit ihrer Funktionalität den Access-Beziehungen gleichen.

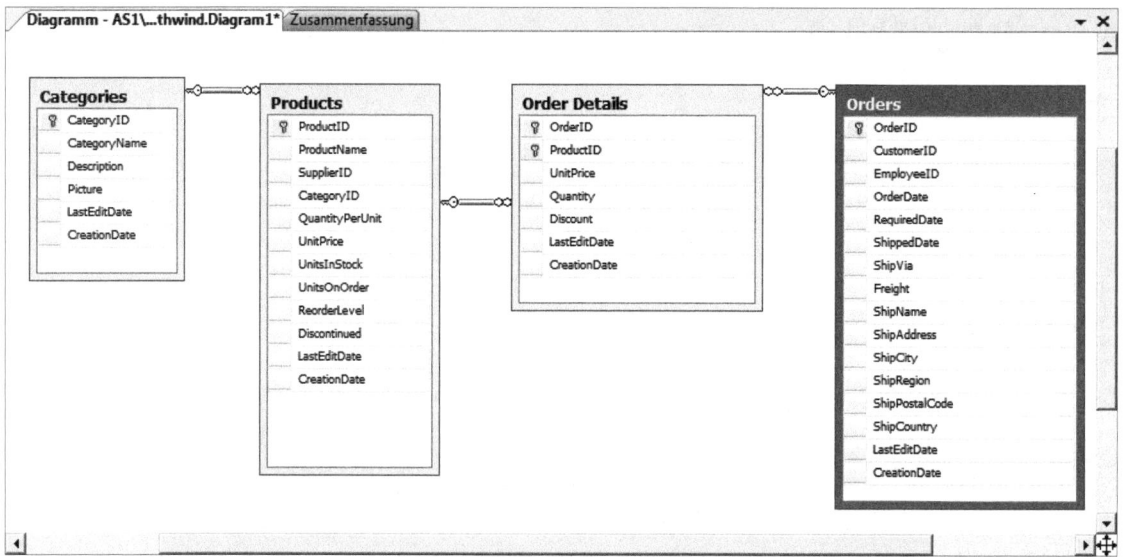

Abbildung 14.6 Datenbankdiagramm

Zu einem fertigen Datenbankdiagramm gelangen Sie auf zwei Wegen:

- Sie definieren alle Tabellen mit den jeweiligen Abhängigkeiten und rufen dann den Diagramm-Designer im Visual Studio auf. Ziehen Sie jetzt nur noch die gewünschten Tabellen in den Designer (oder nutzen Sie den Assistenten), die Verbindungen werden automatisch angezeigt.

- Sie verwenden den Designer von Anfang an als Entwurfsmittel für die gesamte Datenbank. In diesem Fall können Sie hier sowohl die Tabellen als auch die Beziehungen zwischen den Tabellen erstellen.

Abbildung 14.7 Beziehungen definieren

Folgende Operationen können Sie im Designer ausführen:

- Tabellen erzeugen/hinzufügen
- Tabellen löschen

- Beziehungen zwischen Tabellen aufbauen/löschen

- Eigenschaften von Tabellen bearbeiten

- Indizes verwalten

- Übersichten drucken

- Kommentare einfügen

HINWEIS   Nutzen Sie das Datenbankdiagramm als übersichtliches Hilfsmittel zur Verwaltung der SQL Server-Datenbank. Teilen Sie die Diagramme auf, wenn ein Diagramm nicht genügend Übersicht bietet.

Erzeugen und Verwenden von Sichten (Views)

Mit den Sichten, auch als Views bezeichnet, bietet sich dem Programmierer die Möglichkeit, Daten aufzubereiten (Verknüpfungen) oder vor dem Nutzer zu verstecken. Hintergrund ist in jedem Fall eine SQL-SELECT-Abfrage, die eine Menge von Datensätzen zurückgibt. Dabei ist es unerheblich, ob die Daten aus einer oder auch aus mehreren Tabellen stammen.

Verwenden von T-SQL

Der einfachste Weg, aus einem Programm heraus eine View zu erzeugen, bietet sich mit T-SQL an. Haben Sie die nötigen Zugriffsrechte, genügt ein einziger Befehl, um die View auf dem SQL Server zu erstellen.

```
CREATE VIEW view_name [(column [,...n])]
        [WITH ENCRYPTION]
        AS
          select_statement
        [WITH CHECK OPTION]
```

Übergeben Sie der Anweisung neben dem View-Namen gegebenenfalls auch die Namen der einzelnen Spalten. Dies ist jedoch nur nötig, wenn es sich um berechnete Spalten oder gleiche Spaltennamen (bei Verknüpfungen) handelt.

Mit dem zusätzlichen Schlüsselwort WITH ENCRYPTION verschlüsseln Sie die View auf dem Server, d.h., die View-Definition kann nicht mehr gelesen/geändert werden.

BEISPIEL

Die folgende View ist verschlüsselt[1]

```
CREATE VIEW Sonderaktion WITH ENCRYPTION
AS SELECT
      Artikelname,
      Einzelpreis * 1.5 AS Aktionspreis
FROM
   Artikel
```

---

[1] Wahrscheinlich soll der Betrug bei den Preisen nicht entdeckt werden.

BEISPIEL

Erstellen der View aus einem VB-Programm

```
Imports System.Data.SqlClient
...
conn.Open()
Dim cmd As New SqlCommand("CREATE VIEW Sonderaktion WITH ENCRYPTION AS " & _
                "SELECT Artikelname, Einzelpreis * 1.5 As Aktionspreis FROM Artikel", conn)
cmd.ExecuteNonQuery()
conn.Close()
```

HINWEIS   Sie könnten zwar auch die DMO zum Erstellen der Sicht verwenden, das ist allerdings umständlicher als bei den T-SQL-Anweisungen.

Gespeicherte Prozeduren verwenden

Mit den Gespeicherten Prozeduren (Stored Procedures) wenden wir uns einem der interessantesten SQL Server-Objekte zu. Bis zur Version 2000 wurden diese in T-SQL programmiert und auf dem Server gespeichert und ausgeführt (über eine API-Schnittstelle konnten auch Prozeduren mit Compiler-Sprachen, wie C oder Delphi, programmiert werden).

Mit der Einführung des SQL Servers 2005 wurden auch VB- und C#-Programmierer in die Lage versetzt, Stored Procedures als verwalteten (managed) Code für den SQL Server zu programmieren. Mehr dazu in einem eigenen Abschnitt ab Seite 998, der auf den Grundlagen dieses Abschnitts aufbaut.

Das wichtigste Aufgabengebiet der Stored Procedures: Auslagern von Aufgaben auf den Server, das Netzwerk als Flaschenhals entfällt.

Daneben bieten sich Gespeicherte Prozeduren auch als zusätzliche Programmebene an, zum Beispiel kann ein Satz von Prozeduren Geschäftsprozesse zentral auf dem Server realisieren. Die Programmlogik wird aus der einzelnen Client-Anwendung auf den Server verlagert. Damit lassen sich Anpassungen wesentlich einfacher und schneller realisieren, als wenn Sie jede einzelne Client-Anwendung neu erstellen. Der Vorteil bei der Entwicklung im Team: Nicht jeder muss alle Tabellen auf dem Server kennen, es genügen die Schnittstellen, die mit Hilfe der Gespeicherten Prozeduren geschaffen wurden:

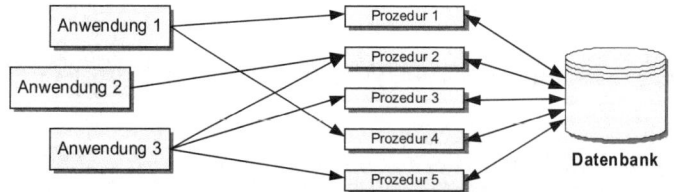

Abbildung 14.8 Grundprinzip der Gespeicherten Prozeduren

Neben den bereits vordefinierten Systemprozeduren (diese beginnen mit $sp\_$), die den direkten Zugriff auf die Systemtabellen verhindern, können Sie eigene Prozeduren definieren, die Daten auf vier verschiedenen Wegen mit Ihrem VB-Programm austauschen können:

■ Verwenden von Ausgabeparametern, die entweder Daten (z.B. eine Ganzzahl oder einen Zeichenwert) oder eine Cursor-Variable zurückgeben können

- Rückgabecodes, die immer einen ganzzahligen Wert beinhalten (wie bei Funktionen)
- Ein *DataTable* für jede SELECT-Anweisung, die von der Gespeicherten Prozedur aufgerufen wird
- Globaler Cursor, der auch außerhalb der Gespeicherten Prozedur referenziert werden kann

---

HINWEIS Auch für Prozeduren gilt: Lassen Sie die Daten da, wo sie sind: auf dem SQL Server. Was immer Sie auch mit den Daten anfangen wollen, überlegen Sie dreimal, bevor Sie diese zum Client herunterladen und bearbeiten. Dafür ist T-SQL auf dem Server da.

HINWEIS Wie Views können Sie auch Stored Procedures verschlüsseln, um deren Definition vor neugierigen Blicken zu schützen.

Verwenden von Parametern

Wie jede Prozedur in VB, lassen sich auch Gespeicherte Prozeduren mit Parametern aufrufen. Diese können sowohl zur Übergabe als auch zur Rückgabe von Werten dienen. Innerhalb der Prozedur können Sie den Parameter wie eine Variable verwenden.

Einen Parameter deklarieren Sie mit Name, Datentyp und gegebenenfalls mit einem Defaultwert.

BEISPIEL

Prozedur mit zwei Parametern (Integer und String) definieren

```
CREATE PROCEDURE Test @Parameter1 int, @Parameter2 VARCHAR(50)
AS SELECT
    @Parameter1 AS 'Parameter1',
    @Parameter2 AS 'Parameter2'
return
```

Rufen Sie die obige Prozedur aus VB auf, müssen Sie vorher die Parameter festlegen. Verwenden Sie dazu die *Parameters*-Auflistung.

BEISPIEL

Definieren und Parametrieren zur Laufzeit

```
Imports System.Data.SqlClient
...
da.SelectCommand.CommandType = CommandType.StoredProcedure
da.SelectCommand.Parameters.Add("@Parameter1", "K%")
da.SelectCommand.Parameters.Add("@Parameter2", "S%")
Dim dt As New DataTable()
da.Fill(dt)
DataGridView1.DataSource = dt
...
```

HINWEIS Im Gegensatz zur Vorgehensweise bei Access-Datenbanken ist hier die Reihenfolge der Parameterdefinition egal, es kommt auf den Namen des Parameters an.

Alternativ können Sie die Werte zur Entwurfszeit auch über einen Assistenten (DataSet-Designer) eingeben:

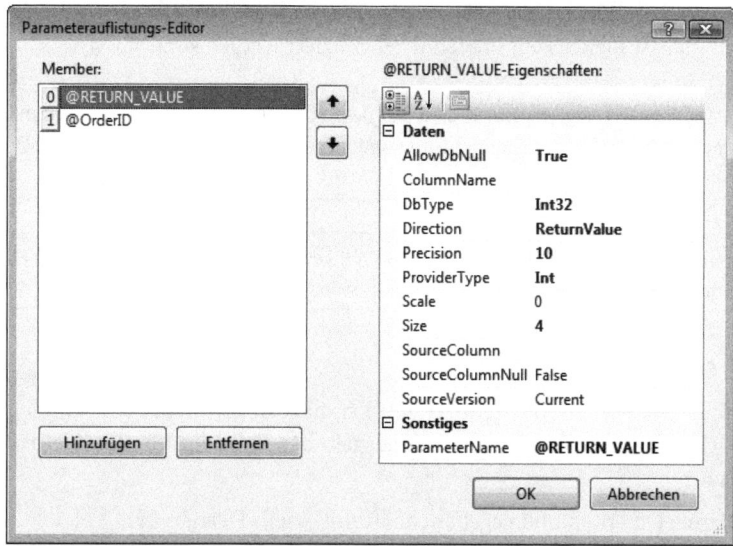

Abbildung 14.9 Parameter definieren

Resultsets als Rückgabewerte

Vielleicht haben Sie sich schon gefragt, wie Sie die Rückgabewerte der Prozedur (in unserem Fall ein Result-set) auswerten können. Die Lösung ist in ADO.NET recht einfach, Sie führen die Prozedur statt mit *Exe-cuteNonQuery* mittels *SelectCommand*-Objekt aus.

BEISPIEL

Gespeicherte Prozedur, die eine Tabelle abfragt

```
CREATE PROCEDURE TestSP @Nachname VARCHAR(50)
AS SELECT *
   FROM mitarbeiter
   WHERE
      nachname LIKE @nachname
return
```

Das zugehörige ADO.NET-Programm zur Anzeige der *DataTable* (die Prozedur wurde mittels Assistent zu-gewiesen und parametriert):

```
Imports System.Data.SqlClient
...
da.SelectCommand.Parameters("@Nachname").Value = "K%"
Dim dt As New DataTable()
da.Fill(dt)
DataGridView1.DataSource = dt
```

Output-Parameter

Sie können Parameter nicht nur für den Hinweg, sondern auch für den Rückweg verwenden, d.h., die Prozedur gibt über die Parameterwerte zurück. In diesem Fall müssen bei der Definition der Prozedur die Parameter als OUTPUT deklariert werden:

BEISPIEL

Prozedur mit OUTPUT-Parametern

```
Create Procedure Testsp @Parameter1 int OUTPUT, @Parameter2 VARCHAR(50) OUTPUT
As
    Set   @Parameter1 = 12
    Set   @Parameter2 = 'abcedfg'
return
```

BEISPIEL

Der Aufruf aus dem Programm

```
conn.Open()
SqlCommand1.ExecuteNonQuery()
MessageBox.Show(SqlCommand1.Parameters("@Parameter1").Value.ToString)
MessageBox.Show(SqlCommand1.Parameters("@Parameter2").Value.ToString)
```

HINWEIS   Achten Sie darauf, dass die *Parameters*-Collection die richtigen Datentypen und *Direction*-Werte enthält. Dies ist insbesondere für den Rückgabewert wichtig.

Verwenden des Rückgabewertes

Neben den beiden bereits gezeigten Varianten bietet sich auch der bisher vernachlässigte *Return*-Wert jeder Gespeicherten Prozedur an. Damit lassen sich einfache Integer-Werte an das aufrufende Programm zurückgeben.

BEISPIEL

Verwendung von *Return*

```
Alter Procedure TestSP @Nachname VARCHAR(50)
As
DECLARE @anzahl int

SELECT
    @anzahl = Count(*)
 FROM mitarbeiter
 WHERE nachname LIKE @nachname
return @anzahl
```

Der Aufruf aus dem Programm:

```
conn.Open()
SqlCommand1.Parameters("@Nachname").Value = "K%"
```

```
Try
    SqlCommand1.ExecuteNonQuery()
Catch Ex As SqlException
    MessageBox.Show(Ex.Message)
End Try

MessageBox.Show(SqlCommand1.Parameters("@RETURN_VALUE").Value.ToString)
```

HINWEIS   Meist wird der Rückgabewert im Zusammenhang mit der Fehlerbehandlung verwendet. Rückgabewerte kleiner Null werden als Error-Codes interpretiert.

Table Value Parameters (TVP)

HINWEIS   Dieses Feature steht nur für den SQL Server 2008 zur Verfügung!

Mit dem SQL Server 2008 hält auch eine weitere Neuerung Einzug, die auch für den VB-Programmierer von Interesse ist. *Table Value Parameters*, kurz TVP, bieten die Möglichkeit, Tabellendaten (z.B. *DataTable*) als Parameter für eine Stored Procedure zu verwenden. Statt mehrfachen Aufrufs einer Stored Procedure können Sie jetzt eine komplette Tabelle an den Server senden.

HINWEIS   Beachten Sie jedoch, das es sich aus Sicht der Stored Procedure um einen Read-only-Parameter handelt.

Die praktische Verwendung wird im How-to 14.6 demonstriert.

Programmierung/Verwendung von Triggern

Als VB-Programmierer sind Sie es gewohnt, mit Event-Prozeduren auf bestimmte Ereignisse zu reagieren. Einen ähnlichen Mechanismus stellen die Trigger dar. Ein Trigger wird gestartet, wenn Daten in Tabellen geändert, d.h., wenn die Anweisungen INSERT, UPDATE oder DELETE aufgerufen werden.

Trigger werden wie Stored Procedures auf dem SQL Server gespeichert und ausgeführt. Innerhalb eines Triggers, der in T-SQL oder per CLR-Assembly (ab SQL Server 2005) programmiert ist, können Sie zum Beispiel andere Tabellen bearbeiten, Daten auf Einhaltung bestimmter Regeln überprüfen oder Aktionen rückgängig machen. Die gesamte Routine läuft in einer eigenen Transaktion ab, auftretende Fehler führen automatisch zu einem Rollback.

Kommen wir nun zu den Einzelheiten.

DDL-Trigger

Mit dem SQL Server 2005 wurden auch DDL-Trigger eingeführt, die bei der Verwendung von DDL-Anweisungen (CREATE ...) ausgelöst werden. An dieser Stelle wollen wir nicht weiter auf diese Thema eingehen, da es sich um rein administrative Möglichkeiten der Überwachung handelt, die im Zusammenhang mit VB eher nicht zum Einsatz kommen.

Trigger-Arten (DML-Trigger)

Wie schon erwähnt, können Sie Trigger für drei verschiedene Ereignistypen einsetzen:

- *Update*

- *Insert*

- *Delete*

Worauf Sie mit Ihrem Trigger reagieren, entscheiden Sie innerhalb der Trigger-Routine durch die Angabe der entsprechenden Schlüsselwörter.

Beim Erstellen eines Triggers müssen Sie Folgendes angeben:

- Einen Namen

- Den Namen der Tabelle, für die der Trigger definiert wird

- Die Anweisungen, die den Trigger aktivieren (INSERT, UPDATE oder DELETE)

- Die eigentliche Programmlogik

Die Syntax:

```
CREATE TRIGGER <Triggername>
      ON <Tabellenname>
      [WITH ENCRYPTION]
      {    {FOR { [DELETE] [,] [INSERT] [,] [UPDATE] }
           [WITH APPEND]
           [NOT FOR REPLICATION]
        AS
        <Anweisungen>
      }
```

BEISPIEL

Langsam haben Sie es satt, dass Sie als Systemadministrator weniger verdienen als die meisten anderen Mitarbeiter. Aus diesem Grund legen Sie eine maximale Gehaltsgrenze für alle Mitarbeiter fest. Dazu brauchen Sie nicht unbedingt die ganzen Client-Anwendungen anzupassen. Es genügt, wenn Sie auf dem Server einen Einfüge- bzw. Update-Trigger bereitstellen.

```
CREATE Trigger Personen_Trigger1
On dbo.Personen
FOR INSERT, UPDATE
AS
   DECLARE @neuesgehalt money

   SELECT @neuesgehalt = i.gehalt
   FROM inserted I
   IF (@neuesgehalt > 5000)
   BEGIN
     RAISERROR ('Sind Sie sicher? Schade um das Geld!',16,-1)
     ROLLBACK TRANSACTION
   END
```

Ist der Wert der Spalte *Gehalt* größer als 5000 wird auf dem Client ein Laufzeitfehler ausgelöst und die Transaktion wird abgebrochen.

Gezielte Datensatzauswertung

Vielleicht haben Sie sich schon gefragt, wie man feststellen kann, welche Datensätze von einem UPDATE, INSERT oder DELETE betroffen sind. Zu diesem Zweck stellt der SQL Server innerhalb der Trigger-Routine zwei zusätzliche temporäre Tabellen zur Verfügung:

- Tabelle *inserted*

- Tabelle *deleted*

Diese Tabellen weisen das gleiche Layout auf wie die Tabelle, die den Trigger auslöst. Der Inhalt hängt von der jeweiligen Operation ab:

Operation	Tabelleninhalt
INSERT	Die Tabelle *inserted* enthält die neuen Datensätze, die Tabelle *deleted* ist nicht definiert
UPDATE	Die Tabelle *deleted* enthält die Datensätze, die überschrieben werden sollen (alte Werte), die Tabelle *inserted* die neuen Werte
DELETE	Die Tabelle *deleted* enthält alle zu löschenden Datensätze, die Tabelle *inserted* ist nicht definiert

Tabelle 14.1 Inhalt der virtuellen Tabellen

HINWEIS   Beachten Sie, dass Trigger nur einmal pro T-SQL-Anweisung aufgerufen werden, d.h., die Tabellen *inserted* und *deleted* können mehr als einen Datensatz enthalten. Müssen Sie spezifische Auswertungen realisieren, kommen Sie um eine Cursor-Programmierung (T-SQL) auf dem Server nicht herum. Arbeiten Sie mit CLR-Assemblies müssen Sie ebenfalls alle Datensätze z.B. mit einem *DataReader* verarbeiten.

BEISPIEL

Als misstrauischer Administrator möchten Sie verhindern, dass Datensätze endgültig gelöscht werden. Dazu erstellen Sie zunächst eine Tabelle mit dem gleichen Layout wie die Ursprungstabelle. Nachfolgend erzeugen Sie einen DELETE-Trigger, der die zu löschenden Datensätze in die zweite (Backup-)Tabelle kopiert (entfernen Sie Indizes, Identitäten und TimeStamp-Felder aus der Backup-Tabelle).

```
ALTER TRIGGER tr_Backup
On dbo.Personen
FOR DELETE
AS
INSERT INTO PersonenBackup
     SELECT
          Nr, Anrede, Vorname,
          Nachname, Geburtstag, Gehalt,
          Raum, Telefon, Vorgesetzter
     FROM
          deleted
```

Geht Ihr Misstrauen noch weiter und möchten Sie zusätzlich den Usernamen und das Löschdatum speichern, verwenden Sie den folgenden Trigger:

```
ALTER TRIGGER "tr_Backup" On dbo.Personen
FOR DELETE
AS
INSERT INTO PersonenBackup
     SELECT Nr, Anrede,
```

```
            Vorname, Nachname,
            Geburtstag, Gehalt,
            Raum, Telefon,
            Vorgesetzter,
            SYSTEM_User,
            GetDate()
    FROM deleted
```

Vergessen Sie nicht, der Backup-Tabelle vorher zwei neue Spalten hinzuzufügen (*Nutzer, Datum*).

Mit einem Trigger können Sie auch die Löschweitergabe bei verknüpften Tabellen realisieren.

BEISPIEL

Inhalt eines DELETE-Triggers für die Haupttabelle der Beziehung

```
CREATE TRIGGER deleteroom ON raum
FOR DELETE
AS
DELETE FROM personen
WHERE
    raum = deleted.nr
```

Nach dem Test werden Sie feststellen, dass dieser Trigger nicht ganz Ihren Erwartungen entspricht. Löschen Sie mehr als einen Datensatz in der Haupttabelle, bleiben bei den Details Datensätze übrig. Die Ursache haben wir bereits angesprochen: Der Trigger wird nur einmal ausgelöst, in der *Deleted*-Tabelle befindet sich aber mehr als ein Datensatz. Damit kann auch die WHERE-Klausel nicht funktionieren. Eine kleine Änderung löst das Problem:

```
CREATE TRIGGER deleteroom ON raum
FOR DELETE
AS DELETE FROM
        personen
    WHERE
        raum IN (SELECT nr FROM deleted)
```

Allerdings wird diese Abfrage relativ langsam ausgeführt, wenn Sie nur einen Datensatz ändern. Mit Hilfe der Systemfunktion @@ROWCOUNT können Sie unterscheiden, ob es sich um mehr als einen Datensatz handelt:

```
CREATE TRIGGER deleteroom
ON raum
FOR DELETE AS
IF @@ROWCOUNT = 1
  DELETE FROM
      personen
  WHERE
      raum = deleted.nr
ELSE
  DELETE FROM
    personen
  WHERE
    raum IN (SELECT nr FROM deleted)
```

Auswerten von Spaltenänderungen

Innerhalb eines Triggers können Sie nicht nur feststellen, welche Datensätze von Änderungen betroffen sind, sondern auch in welcher Spalte die Änderungen vorgenommen wurden. Diese Auswertung ist sinnvollerweise nur bei UPDATE-Triggern möglich, ein INSERT- oder ein DELETE-Trigger ändert bzw. löscht ja immer einen ganzen Record.

BEISPIEL

Mit einem Trigger wird eine Änderung in der Spalte *Nachname* verhindert

```
Alter Trigger "Personen_Trigger1" On dbo.Personen FOR  UPDATE
AS
IF UPDATE (nachname)
BEGIN
    RAISERROR ('Der Nachname darf nicht geändert werden!',16,-1)
    ROLLBACK TRANSACTION
END
```

Diese Einschränkung könnten Sie auch mit der Auswertung des aktuellen Nutzers oder einer Abfrage in einer Referenztabelle verbinden.

Volltextabfragen

Mit dem zunehmenden Einsatz von Datenbanken zur Verwaltung von Texten oder Dokumenten haben sich auch die Anforderungen an die Server-Software verändert. Informationen werden nicht mehr nur in einzelnen Tabellenspalten verwaltet (Nachname, Vorname etc.), sondern auch in bis zu 2 GByte großen Memofeldern[1]. Doch wie sollen die Daten in diesen Feldern gefunden werden? Das bisher gebräuchliche

```
SELECT * FROM xyz WHERE memofeld LIKE '%Suchausdruck%'
```

ist viel zu langsam und unflexibel.

Die Lösung ist eine Volltextindizierung von beliebigen Tabellenspalten und -inhalten, d.h., in einem separaten Index wird für jedes eindeutige Wort gespeichert, in welcher Zeile bzw. in welcher Spalte es sich befindet. Bei der späteren Suche nach dem Wort genügt der Index, um alle Fundstellen des Wortes zu ermitteln.

Seit der Version 7 des SQL Servers hat auch Microsoft eine derartige Funktion integriert, die mit dem SQL Server 2005 im Performance-Bereich wesentlich verbessert wurde.

HINWEIS   Möchten Sie dieses Feature auch mit der Express Edition nutzen, müssen Sie sich die *SQL Server 2008 Express Edition with Advanced Services* von der Microsoft-Homepage herunterladen.

Die Version 2008 wartet an dieser Stelle mit einer wesentlichen Änderung auf: die Volltextsuche ist jetzt fest in den SQL Server integriert, die Daten werden nicht mehr als eigene Dateien abgelegt, sondern in den Datenbank-Dateigruppen. Gleichzeitig ist es auch möglich, Daten die per Filestream abgelegt wurden zu indizieren. Die gültigen Datei-Extensions können Sie mit einer entsprechenden Spalte in der Datentabelle vorgeben.

---

[1] Bei Unicode nur 1 GByte, was aber auch reichen dürfte.

Für die Administration der Volltextsuchfunktionen verwenden Sie entweder T-SQL-Befehle oder das SQL Server Management Studio. Die eigentlichen Abfragen werden wie gewohnt mit SQL ausgeführt, dazu stehen mit CONTAINS und FREETEXT zwei komplexe Befehle bereit. Im Gegensatz zur LIKE-Anweisung sind die beiden genannten Befehle nicht nur wesentlich schneller, sondern auch leistungsfähiger. Neben der reinen linguistischen Suche nach Wörtern und Ausdrücken lassen sich auch Abfragebegriffe wichten, d.h., es kann eine unscharfe Suche realisiert werden. Zusätzlich sind auch Angaben wie NEAR möglich, d.h. ein Wort befindet sich »in der Nähe« des anderen Wortes.

Allgemeine Voraussetzungen

Bevor Sie eine Tabelle mit einem Volltextindex versehen, müssen Sie sich einige Gedanken über das Layout machen.

Die zu indizierende Tabelle sollte über einen möglichst kurzen Primärschlüssel verfügen. Dies kann zum Beispiel eine *Identity*-Spalte (Integer, 4 Byte) sein. Je länger der Schlüssel, desto mehr Informationen müssen in den Volltextindex aufgenommen werden (über den Schlüssel wird die Position eines Wortes bestimmt). Ein wie auch immer gestalteter Primärindex ist jedoch Voraussetzung für eine Indizierung.

Nehmen Sie nur die Spalten in den Index auf, die Sie unbedingt benötigen, da sowohl Indexerstellung als auch Verwaltung sehr ressourcenintensiv sind.

Bedenken Sie, dass nur textbasierte Spalten indiziert werden können (TEXT, VARCHAR, NVARCHAR, FILESTREAM etc.).

Haben Sie diese Vorbereitungen abgeschlossen, können Sie über das SQL Server Management Studio die gewünschten Tabellen für die Volltextsuche anmelden:

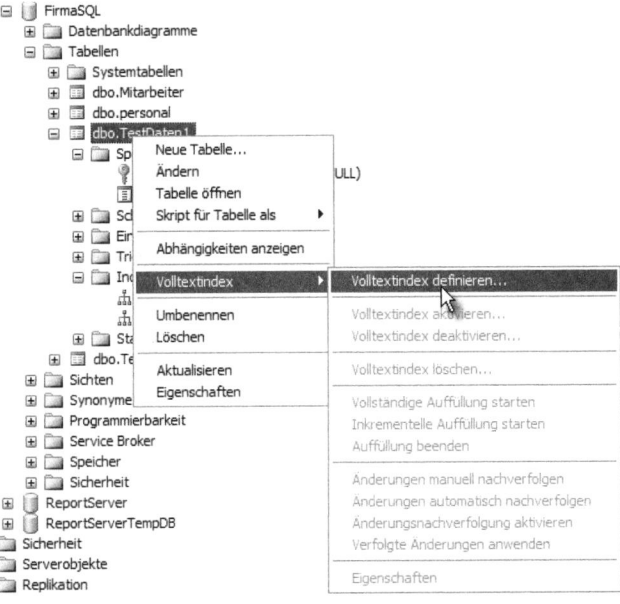

Abbildung 14.10 Anmelden der Tabellen für die Volltextsuche

Nach dem Festlegen des Primärschlüssels und der Auswahl der zu indizierenden Spalten müssen Sie entscheiden, wie Änderungen in der Tabelle in Bezug auf den Volltextindex verarbeitet werden sollen:

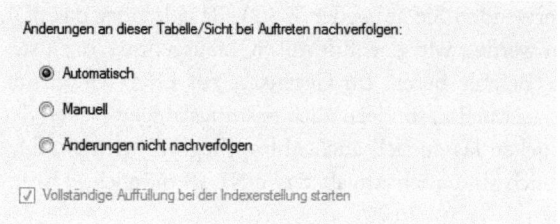

Abbildung 14.11   Optionen für die Nachverfolgung

Ändern sich die Daten relativ selten und werden wenige Daten geändert, empfiehlt es sich, den Index automatisch zu aktualisieren (bei INSERT- bzw. UPDATE-Vorgängen), so bleibt der Index immer aktuell. Werden jedoch häufig umfangreiche Änderungen vorgenommen oder viele externe Dokumente verwaltet, kann es sinnvoller sein, den Index per Zeitplan zu aktualisieren.

Im folgende Schritt weisen Sie nur noch einen Volltextkatalog zu bzw. erstellen einen neuen Katalog. Dazu müssen Sie im SQL Server 2008 nur noch einen Namen angeben.

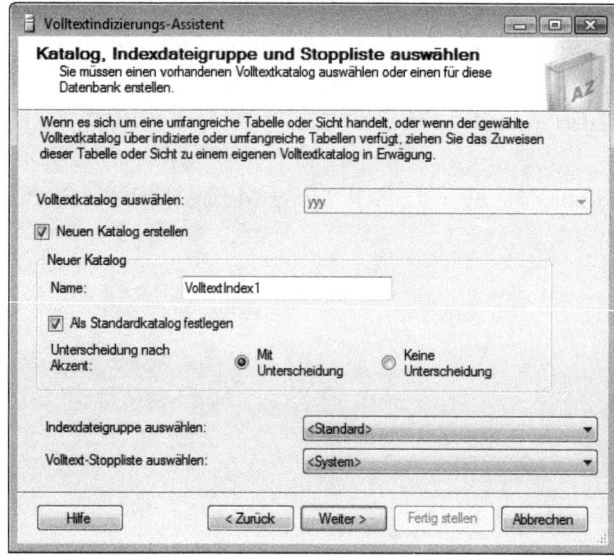

Abbildung 14.12   Volltext-Katalog zuordnen

HINWEIS   Verwenden Sie noch den SQL Server 2005, muss auch der Speicherort für den Volltextindex (die Daten werden nicht in der Datenbank gespeichert) angegeben werden.

Über den Katalog lassen sich die Zeiten festlegen, zu denen der Index aktualisiert bzw. neu aufgebaut wird (siehe Abbildung 14.13).

HINWEIS   Vergessen Sie nicht, dass kurz nach dem Erstellen zwar ein Volltextindex existiert, dieser ist jedoch in keinem Fall aktuell. Je nach Größe des Datenbestandes dauert es einige Zeit, bis alle Stichworte verarbeitet sind.

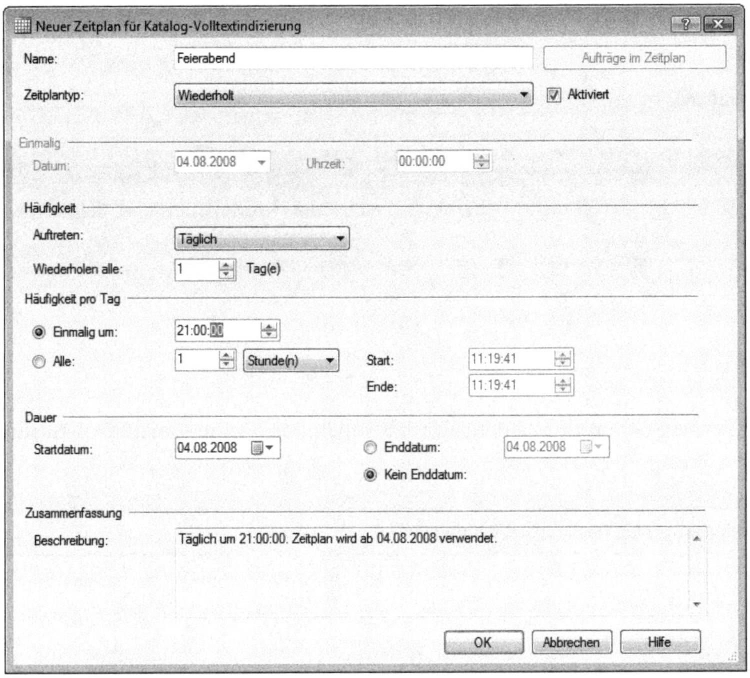

Abbildung 14.13 Zeitplan für das Auffüllen des Volltext-Index

Erstellen mit T-SQL

Auch mit TSQL können Sie einen Volltextindex erzeugen.

BEISPIEL

Volltextindex erzeugen

```
USE TestDB;
CREATE FULLTEXT CATALOG myCatalog AS DEFAULT;
CREATE FULLTEXT INDEX ON Lexikon(Beschreibung) KEY INDEX PK_Lexikon;
```

Abfragen von Daten

Damit können wir uns dem eigentlichen Ziel unserer Bemühungen zuwenden: der Abfrage von Informationen.

Wie schon erwähnt, bietet T-SQL in diesem Zusammenhang mit CONTAINS und FREETEXT zwei spezielle Anweisungen. Während CONTAINS sowohl für genaue als auch unscharfe Suche verwendet werden kann, bietet FREETEXT die Möglichkeit, auch ungenaue Ausdrücke suchen zu lassen (Gewichtung).

Die Syntax:

```
SELECT <feldliste>
    FROM <tabellenname>
    CONTAINS
        ( {spalte | *}, '<Suchausdruck>' )
```

```
SELECT <feldliste>
    FROM <tabellenname>
    FREETEXT
        ( {spalte | *}, '<Suchausdruck>' )
```

Suche aller Einträge in einem Online-Lexikon, welche die Begriffe »Lehrbuch«, »Kinderbuch«, »Buch« enthalten.

```
SELECT *
FROM lexikon
WHERE
    FREETEXT(*,'Lehrbuch Kinderbuch Buch')
```

Der Stern bei FREETEXT gibt an, dass alle Spalten durchsucht werden sollen. Sie können auch explizit die zu durchsuchenden Spalten angeben.

HINWEIS   Das Ergebnis aus 95.000 Datensätzen lag nach 0,05 Sekunden vor.

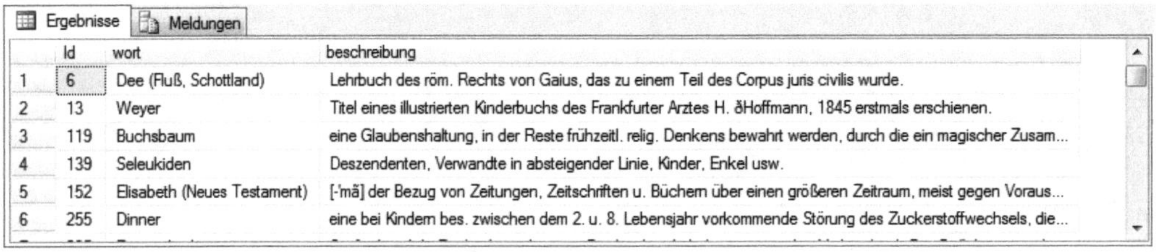

	Id	wort	beschreibung
1	6	Dee (Fluß, Schottland)	Lehrbuch des röm. Rechts von Gaius, das zu einem Teil des Corpus juris civilis wurde.
2	13	Weyer	Titel eines illustrierten Kinderbuchs des Frankfurter Arztes H. ðHoffmann, 1845 erstmals erschienen.
3	119	Buchsbaum	eine Glaubenshaltung, in der Reste frühzeitl. relig. Denkens bewahrt werden, durch die ein magischer Zusam...
4	139	Seleukiden	Deszendenten, Verwandte in absteigender Linie, Kinder, Enkel usw.
5	152	Elisabeth (Neues Testament)	[-'mä] der Bezug von Zeitungen, Zeitschriften u. Büchern über einen größeren Zeitraum, meist gegen Voraus...
6	255	Dinner	eine bei Kindern bes. zwischen dem 2. u. 8. Lebensjahr vorkommende Störung des Zuckerstoffwechsels, die...

Abbildung 14.14 Suchergebnis

Gesucht werden alle bekannten Maler.

```
SELECT
    wort, beschreibung
FROM
    Lexikon
WHERE
    CONTAINS(*, '"Maler"')
```

Gesucht werden alle bekannten Maler, die keine Bildhauer waren.

```
SELECT
    wort, beschreibung
FROM
    Lexikon
WHERE
    CONTAINS(*, '"Maler" AND NOT "Bildhauer"')
```

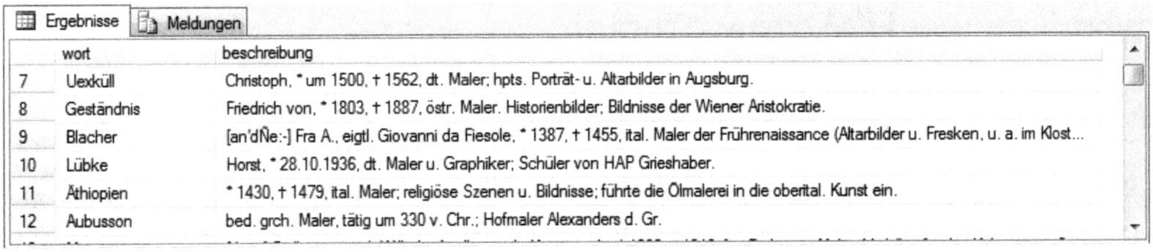

	wort	beschreibung
7	Uexküll	Christoph, * um 1500, † 1562, dt. Maler; hpts. Porträt- u. Altarbilder in Augsburg.
8	Geständnis	Friedrich von, * 1803, † 1887, östr. Maler. Historienbilder; Bildnisse der Wiener Aristokratie.
9	Blacher	[an'dÑe:-] Fra A., eigtl. Giovanni da Fiesole, * 1387, † 1455, ital. Maler der Frührenaissance (Altarbilder u. Fresken, u. a. im Klost...
10	Lübke	Horst, * 28.10.1936, dt. Maler u. Graphiker; Schüler von HAP Grieshaber.
11	Äthiopien	* 1430, † 1479, ital. Maler; religiöse Szenen u. Bildnisse; führte die Ölmalerei in die oberital. Kunst ein.
12	Aubusson	bed. grch. Maler, tätig um 330 v. Chr.; Hofmaler Alexanders d. Gr.

Abbildung 14.15 Suchergebnis

BEISPIEL

Gesucht werden alle bekannten Maler, die sich auch als Architekt betätigt haben. Das Wort »Architekt« sollte im Zusammenhang mit dem Begriff »Maler« auftauchen.

```
SELECT
    wort, beschreibung
FROM
    Lexikon
WHERE
    CONTAINS(*, 'Maler NEAR Architekt')
```

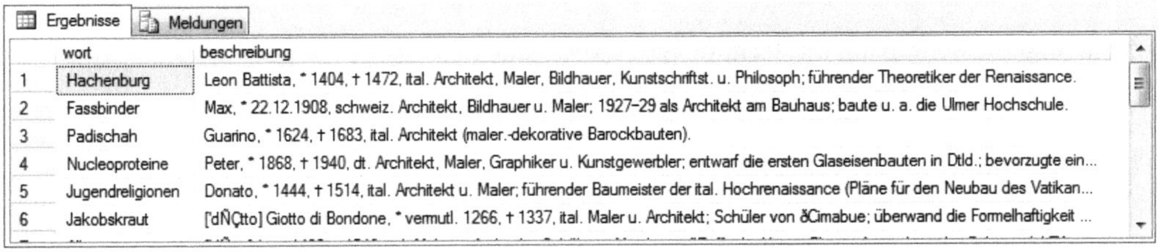

	wort	beschreibung
1	Hachenburg	Leon Battista, * 1404, † 1472, ital. Architekt, Maler, Bildhauer, Kunstschriftst. u. Philosoph; führender Theoretiker der Renaissance.
2	Fassbinder	Max, * 22.12.1908, schweiz. Architekt, Bildhauer u. Maler; 1927–29 als Architekt am Bauhaus; baute u. a. die Ulmer Hochschule.
3	Padischah	Guarino, * 1624, † 1683, ital. Architekt (maler.-dekorative Barockbauten).
4	Nucleoproteine	Peter, * 1868, † 1940, dt. Architekt, Maler, Graphiker u. Kunstgewerbler; entwarf die ersten Glaseisenbauten in Dtld.; bevorzugte ein...
5	Jugendreligionen	Donato, * 1444, † 1514, ital. Architekt u. Maler; führender Baumeister der ital. Hochrenaissance (Pläne für den Neubau des Vatikan...
6	Jakobskraut	['dÑÇtto] Giotto di Bondone, * vermutl. 1266, † 1337, ital. Maler u. Architekt; Schüler von ðCimabue; überwand die Formelhaftigkeit ...

Abbildung 14.16 Abfrageergebnis

BEISPIEL

Die Suche nach Teilbegriffen realisieren Sie mit Platzhaltern (*).

```
SELECT wort, beschreibung
FROM Lexikon
WHERE
    CONTAINS(*, '"Funk*"')
```

Auf gewichtetes Suchen mit ISABOUT bzw. WEIGHT können wir an dieser Stelle leider nicht weiter eingehen, der erste Ausblick dürfte jedoch schon die Vielfalt der Möglichkeiten andeuten.

Ergänzungen/Hinweise

Möchten Sie die Volltextsuche in Ihren Anwendungen einsetzen, sollten Sie sich in jedem Fall noch intensiver mit deren Grundlagen beschäftigen. So werden, basierend auf dem jeweiligen Ländercode, auch Wörter gefunden, die mit dem Suchwort verwandt sind (Mehrzahl, Steigerungsformen etc.). Zusätzlich bietet sich die Möglichkeit, so genannte Stoppwortlisten zu erstellen, die Wörter enthalten, die nicht in den Volltextindex aufgenommen werden sollen. Last, but not least, steht Ihnen auch ein Thesaurus zur Verfügung um die Suche auch per Synonym zu realisieren.

Die Verwendung von FileStream-Storage

HINWEIS   Dieses Feature steht nur für den SQL Server 2008 zur Verfügung!

Mit dem SQL Server 2008 hielt unter dem Begriff »FileStream-Storage« auch eine Technologie für das Ablegen von Dokumenten Einzug. Die Dokumente (z.B. Word-Dateien, Bilder, PDF-Dokumente) werden nicht wie bisher gewohnt in den Spalten einer Datenbank-Tabelle als Binärdaten gesichert, sondern als externe Dateien im Dateisystem.

HINWEIS   Das Dateisystem muss zwingend mit NTFS formatiert sein, andernfalls könnte die nötige Sicherheit für den Datenzugriff nicht gewährleistet sein.

Auf diese Weise können Sie sehr effektiv große Datenmengen ablegen, ohne die Performance des SQL Servers negativ zu beeinflussen.

HINWEIS   Für Nutzer der Express-Edition interessant: Die maximale Datenbankgröße von 4 GByte (12 GByte bei R2) erfasst nicht die externen Daten, sondern nur die direkt in der Datenbank gespeicherten Informationen.

Folgende Schritte sind notwendig um die Technologie zu verwenden:

- FileStream-Storage muss bei der Installation oder per System-Prozedur *sp_filestream_configure* aktiviert werden
- Die Datenbank besitzt eine Dateigruppe, die mit CONTAINS FILEGROUP definiert wurde
- Die Tabelle verfügt über eine Spalte vom Typ *VARBINARY(MAX) FILESTREAM*

FileStream-Storage aktivieren

Die Aktivierung/Konfiguration kann für die jeweilige SQL Server-Instanz bereits zum Zeitpunkt der Installation erfolgen (siehe Abbildung 14.17).

Alternativ können Sie auch die Prozedur *sp_filestream_configure* verwenden. Entsprechend dem in der Abbildung gezeigten Dialog können Sie dem Parameter *@enable_level* einen der Werte aus der folgenden Tabelle 14.2 übergeben, optional lässt sich der Freigabename mit *@share_name* festlegen.

Wert	Bedeutung
0	Deaktivieren
1	Zugriff per T-SQL ermöglichen
2	Zugriff per T-SQL und lokales Filesystem ermöglichen
3	Zugriff per T-SQL, lokales Filesystem und als Freigabe für den Remotezugriff ermöglichen

Tabelle 14.2 Werte für *@enable_level*

Damit sind zunächst die Grundvoraussetzungen auf Serverebene erfüllt.

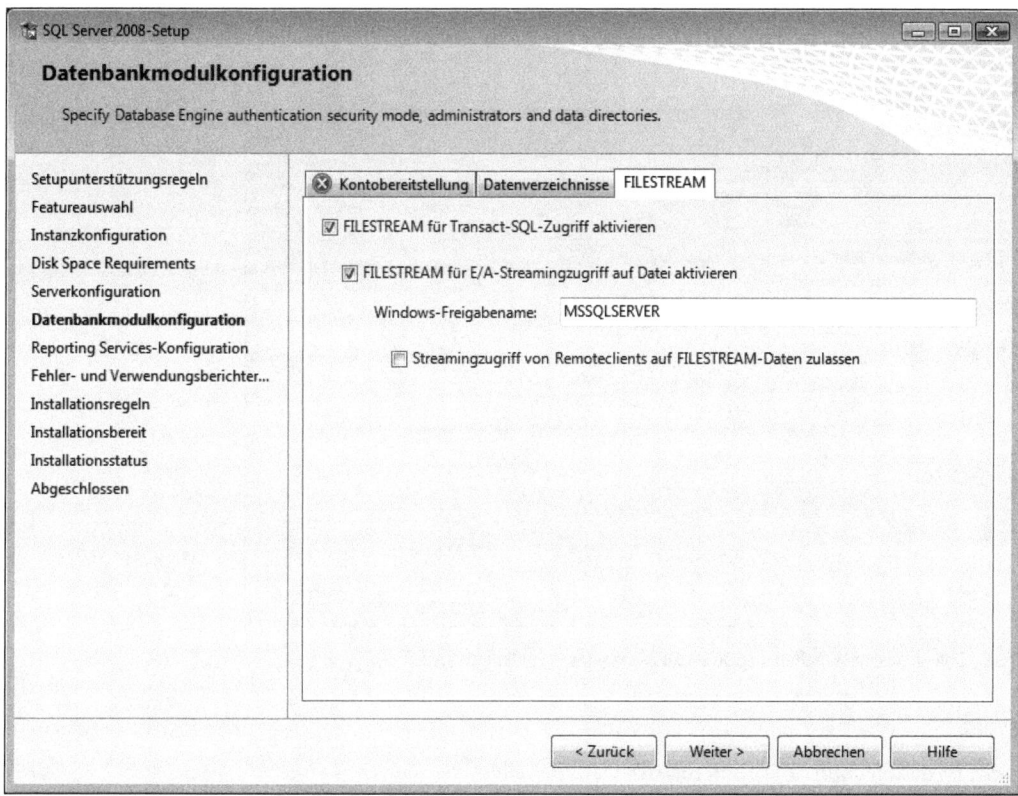

Abbildung 14.17 FileStream-Storage bei der Installation konfigurieren

CONTAINS FILEGROUP

Erzeugen Sie für die Datenbank eine Filegroup vom Typ FILESTREAM.

BEISPIEL

Erzeugen einer neuen Datenbank *TestDB* mit einer FileGroup für die FileStream-Daten.

```
CREATE DATABASE TestDB ON PRIMARY (
  NAME='TestDB',
  FILENAME = 'C:\MyDB\TestDB.mdf',
  SIZE = 10MB),
FILEGROUP FSGroup CONTAINS FILESTREAM(
  NAME = FSGroup,
  FILENAME = 'C:\MyDB\FileStream')
```

HINWEIS   Das angegebene Verzeichnis muss zu diesem Zeitpunkt bereits existieren.

Nach der Ausführung werden vom Server im angegebenen Verzeichnis eine Datei *FileStream.hdr* sowie ein Ordner *$FSLog* erzeugt.

Alternativ können Sie die FileGroup auch per Datenbank-Eigenschaftendialog im SQL Server Management Studio generieren:

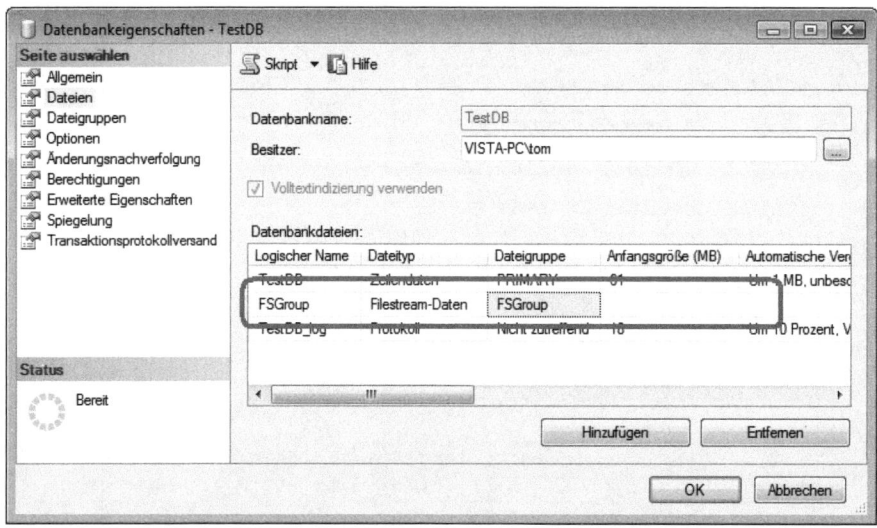

Abbildung 14.18 Datenbankeigenschaften im SQL Server Management Studio festlegen

Tabellenlayout

Letzter Schritt ist das eigentliche Definieren der Datentabelle.

> **HINWEIS**   Die Tabelle muss über eine Spalte vom Typ UNIQUEIDENTIFIER verfügen!

BEISPIEL

Wir erzeugen eine einfache Tabelle *Dokumente*

```
CREATE TABLE Dokumente
(
    ID INT IDENTITY(1,1) NOT NULL,
```

Hier die UNIQUEIDENTIFIER:

```
    FileID UNIQUEIDENTIFIER ROWGUIDCOL NOT NULL UNIQUE DEFAULT newId(),
    Titel NVARCHAR(50),
```

Die eigentlichen Daten:

```
    Dokument VARBINARY(MAX) FILESTREAM
)
```

> **HINWEIS**   Die Spalte *ID* könnte eigentlich entfallen, da auch die Spalte *FileID* als Primärindex verwendet werden kann, doch dürfte eine fortlaufende Nummer in vielen Fällen besser lesbar sein als ein UNIQUEIDENTIFIER.

Und wie kommen die Daten in die Tabelle?

Natürlich stellt sich auch die Frage, wie wir mit den FileStream-Spalten arbeiten.

BEISPIEL

Einfügen von Daten per SQL (Grundprinzip)

```
INSERT INTO
   Dokumente (Titel, Dokument)
VALUES
   ('Mein erstes Dokument', CAST ('Testdaten für FileStream, Testdaten, Testdaten' AS VARBINARY(MAX)))
```

Nach der Ausführung obiger Anweisung können Sie sich im Dateisystem (siehe Seite 977) davon überzeugen, dass die Binärdaten auch als Datei gesichert wurden (siehe folgende Abbildung).

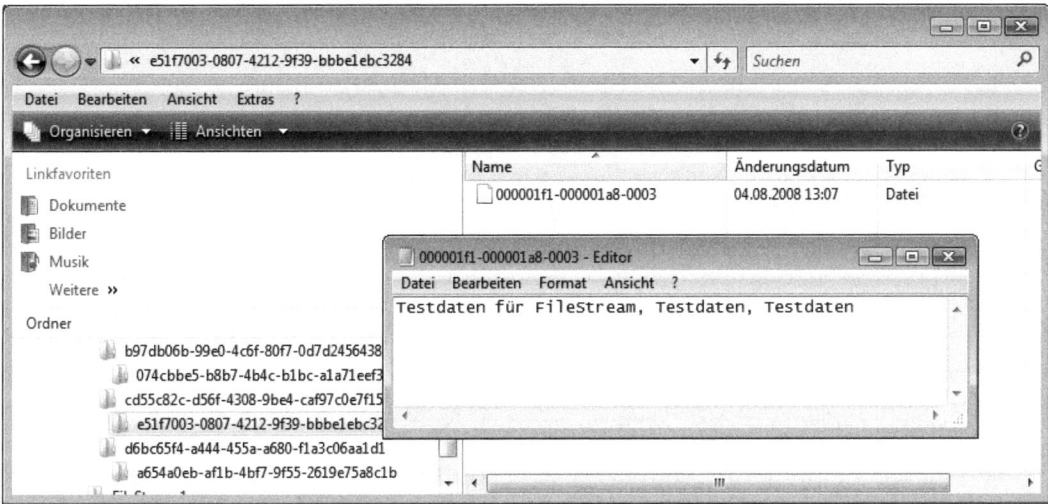

Abbildung 14.19 Die als Datei gesicherten Binärdaten

BEISPIEL

Einfügen von Daten per Visual Basic.

Wer jetzt auf eine einfache (managed) Code-Lösung gewartet hat, dürfte enttäuscht sein, aber es wird sicher nicht mehr allzu lange dauern, bis es auch hier praktikablere Lösungen gibt.

Zunächst ein paar Namespaces einbinden:

...

```
Imports System.Data.SqlClient
Imports Microsoft.Win32.SafeHandles
Imports System.Runtime.InteropServices
Imports System.IO

Partial Public Class Form1
   Inherits Form
```

Einige Konstanten für den Dateizugriff (das Handle müssen wir uns mit einer API-Funktion aus der SQL 2008 Native Client DLL holen):

```
Private Const DESIRED_ACCESS_READ As UInt32 = &H00000000
Private Const DESIRED_ACCESS_WRITE As UInt32 = &H00000001
Private Const DESIRED_ACCESS_READWRITE As UInt32 = &H00000002
Private Const SQL_FILESTREAM_OPEN_NO_FLAGS As UInt32 = &H00000000
Private Const SQL_FILESTREAM_OPEN_FLAG_ASYNC As UInt32 = &H00000001
Private Const SQL_FILESTREAM_OPEN_FLAG_NO_BUFFERING As UInt32 = &H00000002
Private Const SQL_FILESTREAM_OPEN_FLAG_NO_WRITE_THROUGH As UInt32 = &H00000004
Private Const SQL_FILESTREAM_OPEN_FLAG_SEQUENTIAL_SCAN As UInt32 = &H00000008
Private Const SQL_FILESTREAM_OPEN_FLAG_RANDOM_ACCESS As UInt32 = &H00000010
```

Die API-Funktion importieren:

```
<DllImport("sqlncli10.dll", SetLastError := True, CharSet := CharSet.Unicode)>
                    Shared Function OpenSqlFilestream(ByVal FilestreamPath As String,
                    ByVal DesiredAccess As UInt32, ByVal OpenOptions As UInt32,
                    ByVal FilestreamTransactionContext() As Byte,
                    ByVal FilestreamTransactionContextLength As UInt32,
                    ByVal AllocationSize As Int64) As SafeFileHandle
End Function
```

Für die Fehlerauswertung:

```
<DllImport("kernel32.dll", SetLastError := True)>
Shared Function GetLastError() As UInt32
End Function
...
Private Sub Button1_Click(ByVal sender As Object, ByVal e As EventArgs) _
                    Handles Button1.Click
```

Zunächst die Connection öffnen und den Dokumentenpfad abrufen:

```
Dim conn As New SqlConnection("Integrated Security=true;server=(local)")
Dim cmd As New _
    SqlCommand("SELECT Dokument.PathName() FROM TestDB.dbo.Dokumente WHERE id = 3;", conn)
```

Was zurückgegeben wird, können Sie beispielhaft in Abbildung 14.20 »bewundern«.

```
Try
  conn.Open()
  Dim filePath As String = Nothing
```

Hier der eigentliche Abruf des Dokumentenpfades:

```
Dim pathObj As Object = cmd.ExecuteScalar()
If DBNull.Value IsNot pathObj Then
  filePath = CStr(pathObj)
Else
  Throw New System.Exception("Dokument nicht gefunden!")
End If
MessageBox.Show("Dokumentpfad: " & filePath)
```

Da alle Zugriffe auf das *FileStream*-Objekt in einer Transaktion ablaufen müssen, rufen wir einen Transaktions-Kontext ab:

```
Dim trans As SqlTransaction = conn.BeginTransaction("mainTranaction")
cmd.Transaction = trans
cmd.CommandText = "SELECT GET_FILESTREAM_TRANSACTION_CONTEXT()"
Dim obj As Object = cmd.ExecuteScalar()
Dim txContext() As Byte = CType(obj, Byte())
```

Jetzt erst können wir auf den eigentlichen *FileStream* zugreifen. Zunächst das Handle abrufen:

```
Dim handle As SafeFileHandle = OpenSqlFilestream(filePath, DESIRED_ACCESS_READWRITE,
                               SQL_FILESTREAM_OPEN_NO_FLAGS,
                               txContext, CUInt(txContext.Length), 0)

If handle.IsInvalid Then
  Dim message As String = ""
  String.Format(message, "FEHLER: OpenSqlFilestream()" &
                    " GetLastError() = {0:X}", GetLastError())
  Throw New System.Exception(message)
End If
```

FileStream-Objekt mit Hilfe des Handles erzeugen:

```
Dim buffer(511) As Byte
Dim fileStream As New FileStream(handle, FileAccess.ReadWrite,
                      buffer.Length, False)
```

Wir schreiben ein paar Bytes in den FileStream:

```
Dim numBytes As Integer = 0
Dim MeineDaten As String = "Bla Bla Bla Bla ..."
Dim [unicode] As Encoding = Encoding.GetEncoding(0)

fileStream.Write([unicode].GetBytes(MeineDaten.ToCharArray()),0,
                 MeineDaten.Length)
```

Die Daten lesen:

```
fileStream.Seek(0L, SeekOrigin.Begin)
numBytes = fileStream.Read(buffer, 0, buffer.Length)
Dim readData As String = [unicode].GetString(buffer)
If numBytes <> 0 Then MessageBox.Show(readData)
```

Den FileStream schließen:

```
fileStream.Close()
If handle IsNot Nothing AndAlso (Not handle.IsClosed) Then
  handle.Close()
End If
```

Transaktion beenden:

```
cmd.Transaction.Commit()
Catch ex As System.Exception
  Console.WriteLine(ex.ToString())
```

```
    Finally
        conn.Close()
    End Try
  End Sub
End Class
```

Ganz schön aufwändig, aber es spricht sicher nichts dagegen, wenn Sie das Ganze in eine Get- bzw. Set-Methode packen und an Ihre Aufgabenstellungen (Übergabe Dateiname, Zwischenablagedaten o.ä.) anpassen.

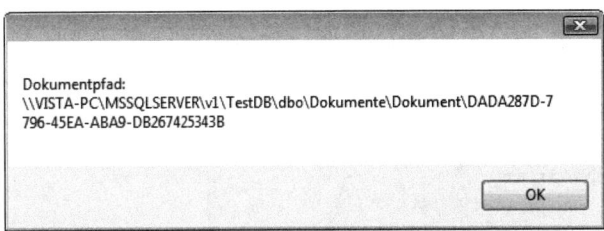

Abbildung 14.20   Das Ergebnis von
SELECT Dokument.PathName() ...

Neugierig geworden, wollen wir noch per T-SQL einen Blick in die Tabelle werfen.

BEISPIEL

SQL-Code zum Abrufen der Tabellendaten

```
SELECT
    ID, Titel,
    FileId,
    CONVERT(VARCHAR(500), [Dokument]) AS Dokument
FROM
    Dokumente
```

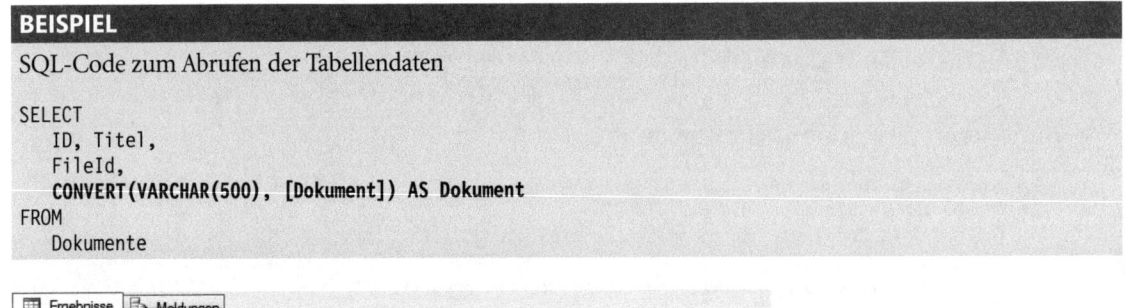

Abbildung 14.21   Die abgerufenen
BLOB-Daten aus dem VB-Beispiel

HINWEIS   Nach einem Blick in das FileStream-Storage-Verzeichnis werden Sie feststellen, dass beim Editieren (Update) die Dateien nicht überschrieben werden, sondern es wird immer eine neue Datei erzeugt. Erst beim Verkleinern der Datenbank werden die alten, nicht mehr relevanten Daten verworfen.

Massenkopieren

Sollen größere Datenmengen hin- und herbewegt werden, so ist eine zeilenweise Übertragung ziemlich zeitraubend. Die Klasse *SqlBulkCopy* stellt auch eine Funktion zum Massenkopieren (Bulkcopy/Bulkimport) zur Verfügung.

BEISPIEL

Das Ergebnis einer SQL-Abfrage der *Artikel*-Tabelle der Access-Datenbank *Nordwind.mdb* wird in die (bereits vorhandene) Tabelle *ProductsBackup* der *Northwind*-Datenbank des SQL Servers kopiert.

```
Imports System.Data.OleDb
Imports System.Data.SqlClient
...
```

Verbindungszeichenfolgen zur Quell- und zur Zieldatenbank:

```
Const CONNSTR_SRC As String = "Provider=Microsoft.Jet.OLEDB.4.0; Data Source=Nordwind.mdb"

Const CONNSTR_DEST As String =
            "Data Source=.\SQLEXPRESS; Initial Catalog=Northwind; Integrated Security=True"
```

SQL-Abfrage der Quelldatenbank und Namen der Zieltabelle festlegen:

```
Const SQL_SRC As String =
            "SELECT ArtikelNr, Artikelname, Liefereinheit, Einzelpreis, Mindestbestand FROM Artikel"

Const TBL_DEST As String = "ProductsBackup"
```

Mit der Quelldatenbank verbinden:

```
Dim connSrc As New OleDbConnection(CONNSTR_SRC)
connSrc.Open()
```

Mit der Zieldatenbank verbinden:

```
Dim connDest As New SqlConnection(CONNSTR_DEST)
connDest.Open()
```

Quelldaten bereitstellen:

```
Dim cmdSrc As New OleDbCommand(SQL_SRC, connSrc)
Dim reader As OleDbDataReader = cmdSrc.ExecuteReader()
```

Daten zum SQL Server kopieren:

```
Dim blkCop As New SqlBulkCopy(connDest)
blkCop.DestinationTableName = TBL_DEST
blkCop.WriteToServer(reader)
```

Alles beenden:

```
reader.Close()
connSrc.Close()
connDest.Close()
```

HINWEIS   Das komplette Beispiel finden Sie in den Begleitdateien!

Wer es gern etwas komplexer hat, der kann natürlich auch über das *SqlRowsCopied*-Ereignis dem Nutzer einen entsprechenden Kopierfortschritt anzeigen. Mit der *NotifyAfter*-Eigenschaft können Sie bestimmen, nach wie viel kopierten Datensätzen das Ereignis ausgelöst wird.

Mit der Eigenschaft *BatchSize* bestimmen Sie die Größe der einzelnen Datenpakete. Diese ist standardmäßig auf 1 gesetzt, welcher Wert bei Ihnen die besten Performance bietet, müssen Sie selbst ausprobieren.

Doch was, wenn es Differenzen zwischen den Tabellendefinitionen (Spaltenbezeichner) gibt? Hier hilft Ihnen die *ColumnnsMappings*-Collection weiter, diese bestimmt, welche Spalte der Quelltabelle auf welche Spalte der Zieltabelle gemappt wird.

BEISPIEL

Mappen von Spalten

```
...
  Dim blkCop As New SqlBulkCopy(connDest)

  blkCop.ColumnMappings.Add("KundenID", "ID")
  blkCop.ColumnMappings.Add("KundenName", "Name")
  blkCop.ColumnMappings.Add("KundenPLZ", "PLZ")
  blkCop.DestinationTableName = TBL_DEST
...
```

Datenbanken sichern und wiederherstellen

Zu jeder SQL Server-Anwendung sollte auch eine Funktion zum Sichern und Wiederherstellen der Daten gehören. Dies ist insbesondere seit der Version 2008 auch für Sie als Programmierer relevant, kann doch das Transaktionsprotokoll nicht mehr explizit abgeschnitten werden (DUMP TRANSACTION etc.).

Grundsätzlich bietet der SQL Server drei Varianten für eine Sicherung an:

- **Vollständig**
  Sichern Sie auf diese Weise die komplette Datenbank, dies ist immer empfehlenswert, wenn die Datenmenge dies zulässt, da Sie beim Wiederherstellen keine weiteren Dateien benötigen.

- **Differenziell**
  Diese Variante sichert nur die Änderungen, die seit der letzten vollständigen Sicherung erfolgt sind. Daraus folgt auch, dass Sie für das Wiederherstellen die komplette und die differenzielle Sicherung benötigen.

- **Transaktionsprotokoll**
  Diese Variante sichert lediglich das Transaktionsprotokoll und schneidet es anschließend ab.

Auf einen gern gemachten Fehler im Zusammenhang mit dem Backup eines SQL Servers möchten wir Sie an dieser Stelle noch einmal explizit hinweisen:

HINWEIS   Die Auswahl des Backup-Ziellaufwerks muss immer aus Sicht des SQL Servers, nicht aus Sicht der Arbeitsstation erfolgen. Der Server löst das Backup aus, nicht der Client, und so handelt es sich bei einem Ziellaufwerk »C:« um das des Servers und nicht des Clients.

Ein weiterer Stolperstein:

> **HINWEIS**   Eine Backup-Datei kann mehrere Sicherungen enthalten. Wollen Sie immer größer werdende Backupdateien vermeiden, müssen Sie explizit vorgeben, dass die alten Sicherungen überschrieben werden (siehe weitere Ausführungen).

Vier Varianten für das Backup bieten sich an:

- das Microsoft SQL Server Management Studio
- T-SQL
- SMOs oder
- Sie kopieren einfach das Datenfile auf Ihr Backup-Medium (SQL Server Express)

Microsoft SQL Server Management Studio

Über das *Task*-Menü steht Ihnen im Microsoft SQL Server Management Studio die Backup-Funktion zur Verfügung. Im zugehörigen Dialog können Sie unter anderem das Zielmedium, den Backup-Typ, das Ablaufdatum, eine Beschreibung etc. vorgeben.

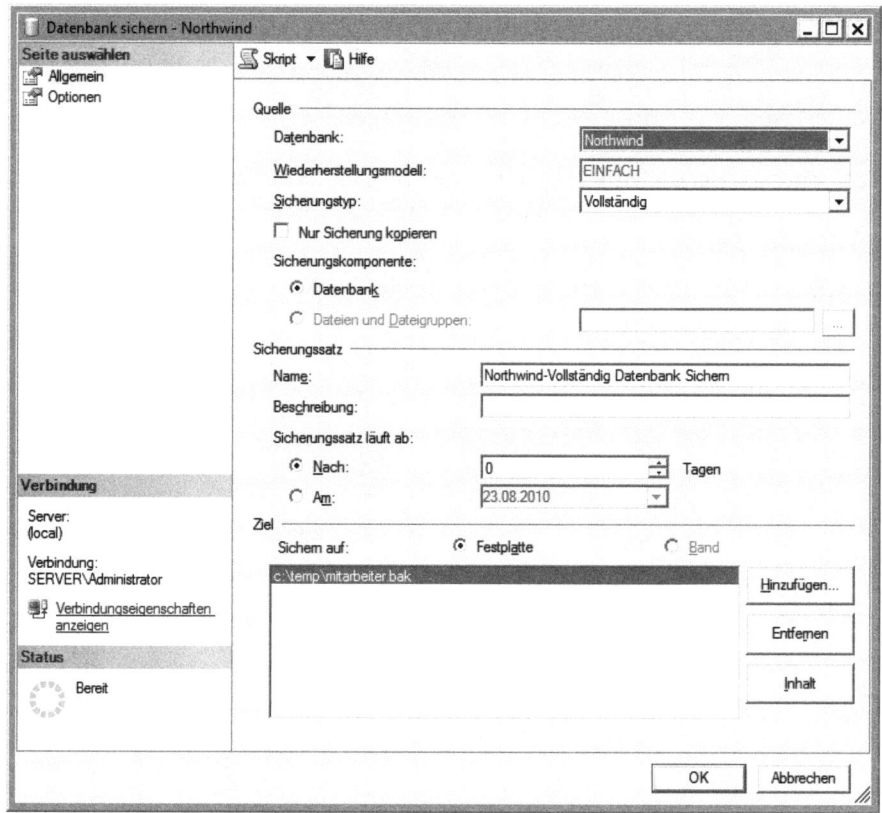

Abbildung 14.22   Dialog für das Sichern einer Datenbank

Unter *Optionen* finden sich erweiterte Einstellungen mit denen Sie festlegen können, ob alte Sicherungen überschrieben werden, ob die Sicherung überprüft werden soll, ob Prüfsummen gebildet und ob die Sicherung komprimiert werden soll.

T-SQL

Der schnellste Weg zum Backup führt über T-SQL, allerdings haben Sie hier als Programmierer kein sinnvolles Feedback.

HINWEIS   Achten Sie darauf, dass Sie sich bei der Connection mit dem Server nicht mit der gewünschten Datenbank sondern zum Beispiel mit der Master-Datenbank verbinden, dies gilt insbesondere bei einem Wiederherstellen der Datenbank. Sie selbst sind sonst ein »störender« Anwender der betreffenden Datenbank.

BEISPIEL

Sichern der Datenbank *FirmaSQL* als Datei

```
BACKUP DATABASE FirmaSQL
  TO DISK ='c:\mitarbeiter.bak'
```

Später können Sie zum Beispiel auf einem anderen PC die Datenbank folgendermaßen wiederherstellen:

```
RESTORE DATABASE FirmaSQL
  FROM DISK ='c:\mitarbeiter.bak'
```

Ganz so einfach wie in den oben gezeigten Beispielen ist es im Normalfall nicht. Meist müssen Sie damit kämpfen, dass noch einige User in der Datenbank eingeloggt sind. Auch das komplette Wiederherstellen der Datenbank ist sicher nicht der Regelfall.

Mehr über die Anweisungen BACKUP und RESTORE finden Sie in der SQL Server-Online-Hilfe, der folgende Auszug bietet einen ersten Vorgeschmack:

```
BACKUP DATABASE { database_name | @database_name_var }
      < file_or_filegroup > [ ,...n ]
     TO < backup_device > [ ,...n ]
     [ WITH
     [ BLOCKSIZE = { blocksize | @blocksize_variable } ]
     [ [ , ] DESCRIPTION = { 'text' | @text_variable } ]
     [ [ , ] EXPIREDATE = { date | @date_var }
          | RETAINDAYS = { days | @days_var } ]
     [ [ , ] PASSWORD = { password | @password_variable } ]
     [ [ , ] FORMAT | NOFORMAT ]
     [ [ , ] { INIT | NOINIT } ]
     [ [ , ] MEDIADESCRIPTION = { 'text' | @text_variable } ]
     [ [ , ] MEDIANAME = { media_name | @media_name_variable } ]
     [ [ , ] MEDIAPASSWORD = { mediapassword | @mediapassword_variable } ]
     [ [ , ] NAME = { backup_set_name | @backup_set_name_var } ]
     [ [ , ] { NOSKIP | SKIP } ]
     [ [ , ] { NOREWIND | REWIND } ]
     [ [ , ] { NOUNLOAD | UNLOAD } ]
     [ [ , ] RESTART ]
     [ [ , ] STATS [ = percentage ] ] ]
```

HINWEIS   Nutzen Sie die ADO.NET-Objekte, sollten Sie damit rechnen, dass ein Timeout auftritt, da das Wiederherstellen der Datenbank auch seine Zeit dauert. Prüfen Sie also, ob es sich um einen »normalen« Fehler oder lediglich eine Zeitüberschreitung handelt. Gegebenenfalls sollten Sie über die *Connection*-Komponente die Timeout-Zeiten anpassen.

Backup mit den SMO

Wer gern einen übersichtlichen Quellcode und Ereignisbehandlung bevorzugt, der ist bei den SMOs besser aufgehoben, wie es das folgende Beispiel zeigt.

BEISPIEL

Datenbanksicherung per SMO

Binden Sie zunächst folgende Assemblies in Ihr Projekt ein:

```
Microsoft.SqlServer.ConnectionInfo
Microsoft.SqlServer.Management.Sdk.Sfc
Microsoft.SqlServer.Smo
Microsoft.SqlServer.SmoExtended
Microsoft.SqlServer.SqlEnum
```

Nun zum Quellcode:

```
Imports Microsoft.SqlServer.Management.Common
Imports Microsoft.SqlServer.Management.Smo
Imports System.Data.SqlClient


...
    Private Sub Button5_Click(ByVal sender As System.Object, ByVal e As System.EventArgs) _
                            Handles Button5.Click
```

Auswahl Server (Eingabe per Textbox):

```
        Dim serv As New Server(TextBox1.Text)
```

Bei SQL Server-Sicherheit:

```
        If checkBox1.Checked Then
            serv.ConnectionContext.LoginSecure = False
            serv.ConnectionContext.Login = TextBox2.Text
            serv.ConnectionContext.Password = TextBox3.Text
        End If
```

Backup konfigurieren:

```
        Dim bck As New Backup()
        bck.Action = BackupActionType.Database
        bck.Database = "Northwind"
        bck.Incremental = False              ' inkrementell
        bck.Initialize = True                ' überschreiben
        bck.PercentCompleteNotification = 10
```

Da das Backup asynchron erfolgt, hier die Ereignishandler zuweisen:

```
        AddHandler bck.PercentComplete, AddressOf bck_PercentComplete
        AddHandler bck.Complete, AddressOf bck_Complete
```

Festlegen der Zieldatei:

```
bck.Devices.Add(New BackupDeviceItem("c:\temp\Sicherung.bak", DeviceType.File))
```

Das eigentliche Backup auslösen:

```
bck.SqlBackup(serv)
End Sub
```

Die beiden Ereignishandler:

```
Private Sub bck_Complete(ByVal sender As Object, ByVal e As ServerMessageEventArgs)
    MessageBox.Show("Fertig !")
    progressBar1.Value = 0
End Sub

Private Sub bck_PercentComplete(ByVal sender As Object, ByVal e As PercentCompleteEventArgs)
    progressBar1.Value = e.Percent
End Sub
```

> **HINWEIS**   Das komplette Programm finden Sie in den Begleitdateien.

Restore mit den SMO

> **BEISPIEL**

Datenbankrestore per SMO

Binden Sie zunächst folgende Assemblies in Ihr Projekt ein:

```
Microsoft.SqlServer.ConnectionInfo
Microsoft.SqlServer.Management.Sdk.Sfc
Microsoft.SqlServer.Smo
Microsoft.SqlServer.SmoExtended
Microsoft.SqlServer.SqlEnum
```

Der Quellcode:

```
Imports Microsoft.SqlServer.Management.Common
Imports Microsoft.SqlServer.Management.Smo
Imports System.Data.SqlClient
...

    Private Sub Button6_Click(ByVal sender As System.Object, ByVal e As System.EventArgs) _
                            Handles Button6.Click
```

Auswahl Server (Eingabe per Textbox):

```
Dim serv As New Server(TextBox1.Text)
```

Bei SQL Server-Sicherheit:

```
If checkBox1.Checked Then
    serv.ConnectionContext.LoginSecure = False
    serv.ConnectionContext.Login = TextBox2.Text
```

```
            serv.ConnectionContext.Password = TextBox3.Text
         End If
```

Restore konfigurieren:

```
         Dim res As New Restore()
         res.Action = RestoreActionType.Database
         res.Database = "Northwind"
```

Ereignishandler zuweisen:

```
         AddHandler res.PercentComplete, AddressOf bck_PercentComplete
         AddHandler res.Complete, AddressOf bck_Complete
```

Datei auswählen:

```
         res.Devices.Add(New BackupDeviceItem("c:\temp\Sicherung.bak", DeviceType.File))
```

Starten:

```
         res.SqlRestore(serv)
      End Sub
```

HINWEIS   Das komplette Programm finden Sie in den Begleitdateien.

Fehlerbehandlung

Nach dem Vorstellen der wichtigsten SQL Server-Objekte und -Funktionen wollen wir noch auf ein gern vernachlässigtes Thema eingehen. Es handelt sich um die leidige Behandlung von Fehlern, die im Zusammenhang mit der Ausführung von Triggern oder Gespeicherten Prozeduren auf dem Server auftreten.

Das Fehlermodell

Grundsätzlich sollten Sie zwischen zwei Teilen der Fehlerbehandlung unterscheiden:

- Fehlerbehandlung auf dem Server, nachdem ein Fehler in einer Gespeicherten Prozedur oder einem Trigger aufgetreten ist

- Fehlerbehandlung auf dem Client, nachdem der Server einen Fehler zurückgegeben hat

Dass sich die Fehlerbehandlung auf dem Server nicht auf die Anzeige eines einfachen Dialogfeldes beschränken kann, dürfte auf der Hand liegen. Deshalb werden Ereignisse im SQL Server-Fehlerprotokoll, im Windows-Anwendungsprotokoll oder in beiden protokolliert (siehe Abbildung 14.23).

Der SQL Server unterscheidet – im Gegensatz zu VB – die Fehler nach bestimmten Schweregraden:

- Bei Fehlern mit einem Schweregrad von 10 handelt es sich um Informationsmeldungen, die durch Fehler in den eingegebenen Informationen hervorgerufen wurden

- Schweregrade von 11 bis 16 werden vom Benutzer erzeugt und können auch durch diesen behoben werden. Selbst definierte Fehlermeldungen sollten in diesem Bereich liegen

- Software- oder Hardwarefehler haben die Schweregrade 17 bis 25. Der Fehler muss durch den System-administrator behoben werden. Liegt der Schweregrad zwischen 17 und 19, können Sie Ihre Arbeit dennoch fortsetzen, auch wenn möglicherweise eine bestimmte Anweisung nicht ausführbar ist.

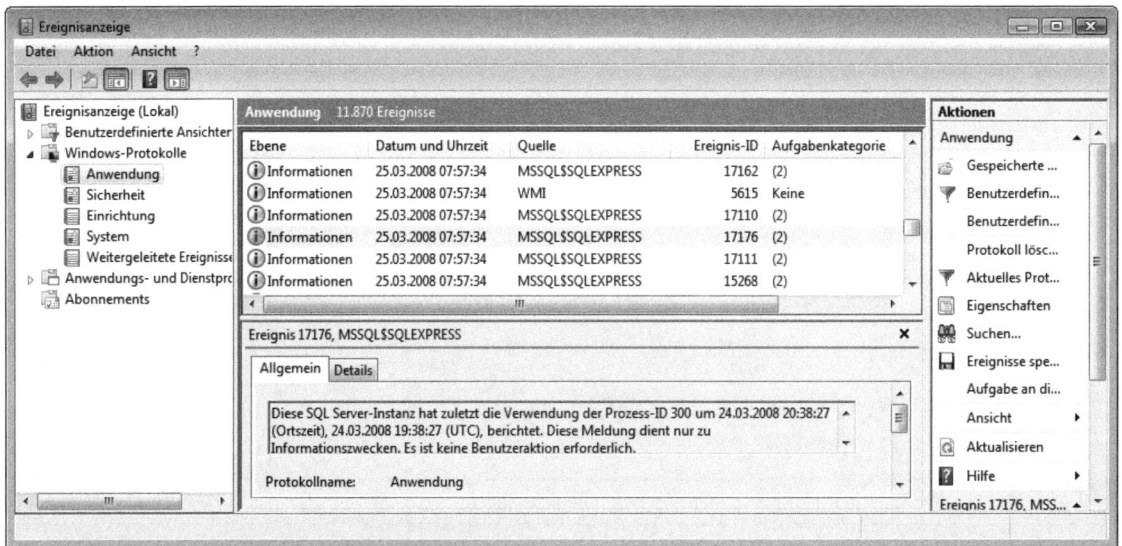

Abbildung 14.23   Fehlerprotokoll in der Ereignisanzeige

Verwenden von @@ERROR

Möchten Sie Fehler innerhalb einer Gespeicherten Prozedur oder eines Triggers behandeln, können Sie die Variable @@ERROR auswerten. Diese gibt 0 zurück, wenn die letzte Anweisung erfolgreich ausgeführt werden konnte, andernfalls die Fehlernummer. In der Prozedur selbst steht Ihnen weder der Schweregrad noch der Status der Meldungstexte zur Verfügung, dieser kann ausschließlich in der Frontend-Anwendung (in diesem Fall Ihr VB-Programm) ausgewertet werden.

Zwei Varianten bieten sich für die Auswertung von @@ERROR an:

- Sofortiges Testen oder Verwenden von @@ERROR nach der Anweisung.

- Speichern von @@ERROR in einer ganzzahligen Variablen, sofort nachdem die *TransactSQL*-Anweisung abgeschlossen ist. Der Wert der Variablen kann später verwendet oder über *Return* zurückgegeben werden.

BEISPIEL

Verwenden von @@ERROR

```
CREATE PROCEDURE test
@Id int,
@nachname varchar(40),
@vorname varchar(20)
AS
INSERT INTO Personen VALUES(@id,@nachname,@vorname)
```

```
IF @@ERROR <> 0
   RETURN(101)
ELSE
   RETURN(0)
```

Das aufrufende Programm kann den Error-Code über die Parameter abfragen.

Verwenden von RAISEERROR

Mit der RAISEERROR-Anweisung lösen Sie aus der T-SQL-Routine heraus einen Fehler aus, dessen Meldung Sie in Ihrem Programm auswerten und/oder anzeigen können. Zusätzlich können die Meldungen auch in das SQL Server-Fehlerprotokoll und im Microsoft Windows NT-Anwendungsprotokoll erscheinen.

Die Syntax:

```
RAISEERROR ({Message_id | Message_String}
            {, Schweregrad, Status} [, Argumente[,...n]] )
            [WITH option[,...n]]
```

Beim Aufruf können Sie entweder direkt einen Meldungstext übergeben, oder Sie rufen eine benutzerdefinierte Fehlermeldung über deren ID auf. Zusätzlich übergeben Sie noch den Schweregrad (z.B. 16) und den Status (ein Wert zwischen 1 und 127).

Option kann folgende Werte annehmen:

- **LOG:** Der Fehler wird in das Fehler- und Anwendungsprotokoll des Servers eingetragen. Im Server-Fehlerprotokoll protokollierte Fehler sind auf maximal 440 Byte beschränkt

- **NOWAIT:** Sendet Meldungen sofort an den Client

- **SETERROR:** Legt den @@ERROR-Wert auf *msg_id* oder 50.000 fest, unabhängig vom Schweregrad

BEISPIEL

Aufruf einer Meldung

```
...
IF (@neuesgehalt > 5000)
BEGIN
   RAISERROR ('Sind Sie sicher? Schade um das Geld!',16,-1)
   ROLLBACK TRANSACTION
END
...
```

Fehlerbehandlung mit TRY...CATCH

Endlich wurde auch für T-SQL eine moderne Fehlerbehandlung eingeführt, die nicht mehr aus dem Programmiermittelalter stammt. Als VB-Programmierer werden Sie sich schnell zu Hause fühlen, handelt es sich doch um ein ganz bekanntes Konstrukt:

```
BEGIN TRY
    { SQL-Anweisungen }
END TRY
BEGIN CATCH
    { SQL-Anweisungen }
END CATCH
```

HINWEIS   TRY...CATCH fängt nur Fehler mit einem Schweregrad größer 10 ab, niedrigere Schweregrade werden als Warnungen interpretiert! Fehler mit einem Schweregrad größer 20 werden nur abgefangen, solange die Datenbank-Engine die Verbindung nicht trennt.

Neben obigem Konstrukt stehen Ihnen auch noch folgende Funktionen zur Verfügung:

Funktion	Beschreibung/Rückgabewert
ERROR_NUMBER	Fehlernummer
ERROR_MESSAGE	Fehlerbeschreibung
ERROR_SEVERITY	Schweregrad
ERROR_STATE	Fehlerstatusnummer (Gleiche Fehlernummern können unterschiedliche Ursachen aufweisen, zur Unterscheidung gibt es die Fehlerstatusnummer)
ERROR_LINE	Zeilennummer
ERROR_PROCEDURE	Name der Prozedur, des Triggers oder der Funktion in dem der Fehler aufgetreten ist

Tabelle 14.3 Funktionen zur Abfrage der Fehlerursache

Last but not least gibt es noch eine Anweisung, die im Zusammenhang mit der Fehlerbehandlung nutzbar ist: das berüchtigte GOTO, mit dem Sie einen TRY- oder CATCH-Block »fluchtartig« verlassen können.

HINWEIS   Wie Sie sehen, handelt es sich bei T-SQL nach wie vor um eine prozedurale Sprache, Kapselungen in Objekten (z.B. *Error*) sind noch Zukunftsmusik (zumindest auf der Server-Seite).

Doch jetzt wollen wir uns der Praxis zuwenden.

BEISPIEL

Einfache Stored Procedure, die einen recht vorhersehbaren Fehler auslöst

```
CREATE PROCEDURE Test
AS
    SELECT 10/0
return 0
```

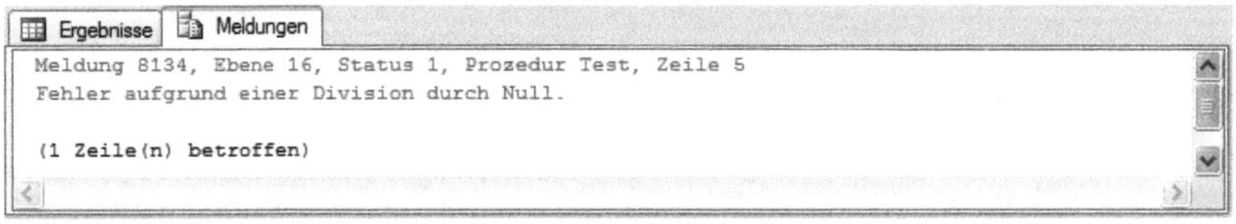

```
 Ergebnisse    Meldungen
 Meldung 8134, Ebene 16, Status 1, Prozedur Test, Zeile 5
 Fehler aufgrund einer Division durch Null.

 (1 Zeile(n) betroffen)
```

Abbildung 14.24   Der zu erwartende Fehler

Wir wollen es besser machen

```
ALTER PROCEDURE Test
AS

BEGIN TRY
    SELECT 10/0
END TRY
BEGIN CATCH
    SELECT ERROR_MESSAGE(), ERROR_NUMBER(), ERROR_LINE(), ERROR_SEVERITY()
END CATCH
return 0
```

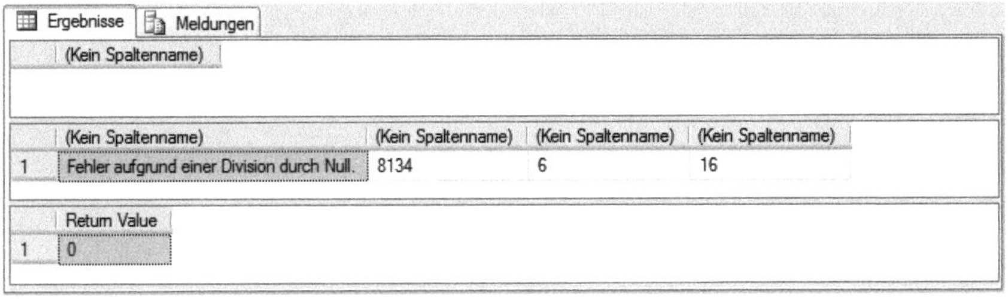

Abbildung 14.25 Die Rückgabe der Prozedur

Sie können natürlich auch einen Fehler auswerten und einen »neuen« mit RAISERROR generieren.

Fehler erneut auslösen

```
ALTER PROCEDURE Test
AS

BEGIN TRY
    SELECT 10/0
END TRY
BEGIN CATCH
    SELECT ERROR_MESSAGE(), ERROR_NUMBER(), ERROR_LINE(), ERROR_SEVERITY()
    RAISERROR('Wer programmiert so einen Mi...?',16, -1)
END CATCH
return 0
```

Wenden wir uns jetzt der Client-Seite zu.

Fehlerbehandlung mit ADO.NET

Ausgehend von den vorhergehenden Beispielen möchten wir Ihnen die Möglichkeiten der Fehlerbehandlung im Clientprogramm vorstellen. Anders als beim Vorgänger von ADO.NET brauchen wir hier nicht die Fehler über die *Errors*-Collection des *Connection*-Objekts auszuwerten. Ein Fehler wird einfach mit *Try-Catch* abgefangen und über ein zugehöriges Fehlerobjekt (*SqlException*) ausgewertet.

HINWEIS   Den Begriff »Fehler« sollten Sie in diesem Zusammenhang nicht zu wörtlich nehmen. Es kann sich auch um die Meldung eines Triggers handeln, dass ein Datensatz nicht eingefügt werden kann. Die RAISERROR-Anweisung stellt somit ein wesentliches Werkzeug zur Kommunikation zwischen Server und Client dar.

BEISPIEL

Das zum vorhergehenden Beispiel gehörende Client-Programm.

```
...
    Dim conn As New SqlConnection("Data Source=hpserver;Initial Catalog=BuchBeispiel;" & _
                               "Integrated Security=True")

    Dim cmd As New SqlCommand("EXEC Test Gewinnus", conn)
    conn.Open()
    Try
      cmd.ExecuteNonQuery()
    Catch Ex As SqlException
      If Ex.Number = 50000 Then
        MessageBox.Show(Ex.Message, "Frage", MessageBoxButtons.YesNo, MessageBoxIcon.Question)
      Else
        MessageBox.Show(Ex.Message, "Fehler", MessageBoxButtons.OK, MessageBoxIcon.Stop)
      End If
    End Try
...
```

Handelt es sich um unsere Fehlermeldung, wird diese als Dialogfeld angezeigt, andernfalls wird ein Standard-Fehlerdialog geöffnet.

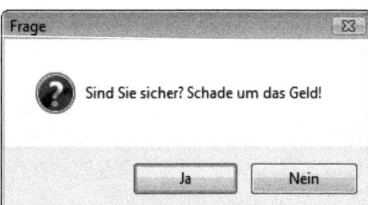

Abbildung 14.26 Meldung auf dem Client

Mit Hilfe von Argumenten lassen sich Detaildaten auf einfache Weise im Messagetext platzieren. Sie müssen nicht lange Stringadditionen und Typumwandlungen vornehmen.

```
CREATE PROCEDURE "Test" @nachname VARCHAR(30)
AS
  ...
  RAISERROR (' %s kann nicht in die Datenbank eingefügt werden!',16,-1,@nachname)
  ...
```

HINWEIS   Mehr zum Thema Validierung finden Sie unter anderem im Kapitel 13 (LINQ to SQL).

Weitere Features des Datenzugriffs unter ADO.NET

Im ADO.NET-Kapitel 4 haben wir bewusst einige Themen ausgespart, die sich ausschließlich auf den SQL Server beziehen und die deshalb hier an dieser Stelle besser aufgehoben sind.

Alle verfügbaren SQL Server ermitteln

Im *System.Data.Sql*-Namespace gibt es eine neue Klasse *SqlDataSourceEnumerator* mit einer Methode *Get-DataSources* die es ermöglicht, alle innerhalb der Windows-Domäne verfügbaren MS SQL Server in eine *DataTable* mit den Feldern *ServerName*, *InstanceName*, *IsClustered* und *Version* zu laden.

BEISPIEL

Die Namen aller SQL Server-Installationen werden in einer *ListBox* angezeigt.

```
Dim servers As DataTable = System.Data.Sql.SqlDataSourceEnumerator.Instance.GetDataSources()
For Each rw As DataRow In servers.Rows
    ListBox1.Items.Add(rw("ServerName").ToString)
Next
```

HINWEIS   Sollten bei Ihnen keine Server angezeigt werden, ist bei Ihnen vermutlich der Browser-Dienst nicht gestartet.

Asynchrone Befehlsausführung

Weil die Ausführung mancher Datenbankbefehle ziemlich viel Zeit beanspruchen kann, bietet der *SqlClient*-Namespace zusätzliche *SqlCommand*-Methoden für die asynchrone Ausführung an.

Neben den bereits vorhandenen synchronen Methoden wird jeweils auch eine *Begin*- und eine *End*-Methode für den asynchronen Zugriff bereitgestellt (Tabelle 14.4). ADO.NET realisiert alle asynchronen Aufrufe über die *IAsyncResult*-Schnittstelle. Vorbereitungen für die Durchführung sind bereits innerhalb des Connectionstrings zu treffen, hier muss der Eintrag *Asynchronous Processing=True* (bzw. *Async=True*) vorgenommen werden.

Synchrone Methode	Asynchrones Methodenpärchen
ExecuteNonQuery	*BeginExecuteNonQuery /EndExecuteNonQuery*
ExecuteReader	*BeginExecuteReader/EndExecuteReader*
ExecuteXmlReader	*BeginExecuteXmlReader/EndExecuteXmlReader*

Tabelle 14.4 Zuordnung asynchroner zu synchronen Methoden

BEISPIEL

Während des Auslesens der *Customers*-Tabelle der *Northwind*-Datenbank erfolgt zyklisches Abfragen (Polling) der *IAsyncResult*-Schnittstelle auf das *IsCompleted*-Attribut.

```
Imports System.Data.SqlClient
...
Const CONNSTR As String =
```

```
        "Data Source=.\SQLEXPRESS; Initial Catalog=Northwind; Integrated Security=sspi; Async=true"

Private Sub Button1_Click(ByVal sender As System.Object, ByVal e As System.EventArgs) _
                                                                  Handles Button1.Click
    Dim conn As New SqlConnection(CONNSTR)
    conn.Open()
    Dim cmd As SqlCommand = New SqlCommand("SELECT * FROM Customers ORDER BY CompanyName", conn)
    Dim res As IAsyncResult = cmd.BeginExecuteReader(CommandBehavior.CloseConnection)
    ProgressBar1.Value = 0
    While (Not res.IsCompleted)
```

Bis der Reader fertig ist können andere Aufgaben erledigt werden, in unserem Fall rückt die *ProgressBar* kontinuierlich vorwärts:

```
        If (ProgressBar1.Value < ProgressBar1.Maximum) Then ProgressBar1.Value += 1
    End While
```

Ergebnis auswerten:

```
    Dim dr As SqlDataReader = cmd.EndExecuteReader(res)      ' Ergebnis auswerten
    showReader(dr)
End Sub
```

Inhalt des *DataReader*s anzeigen:

```
Private Sub showReader(ByVal dr As IDataReader)
    Dim str As String = String.Empty : Dim spc As String = "   "
    ListBox1.Items.Clear()
    While dr.Read()
        str = dr("CustomerID") & spc
        str &= dr("CompanyName") & spc
        str &= dr("Address") & spc
        str &= dr("City") & spc
        ListBox1.Items.Add(str)
    End While
    dr.Close()
    MessageBox.Show("Asynchrone Operation beendet!")
End Sub
```

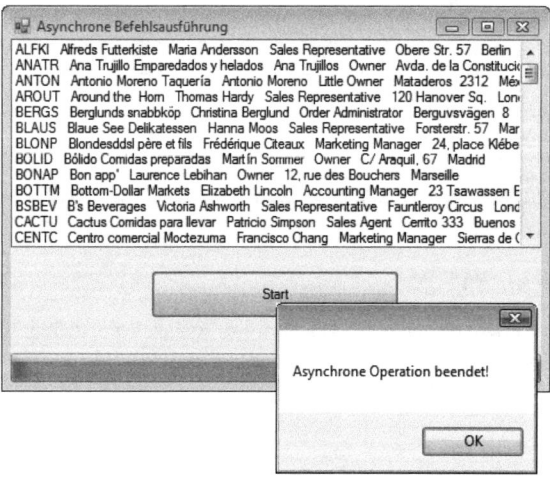

Abbildung 14.27 Während des Einlesens der Tabelle
hat sich der Fortschrittsbalken weiter bewegt

> **HINWEIS** Das komplette Beispiel finden Sie in den Begleitdateien.

Außer dem im Beispiel gezeigten Polling können asynchrone Aufrufe auch mittels Callback-Routine (das übergebene Objekt muss die *IAsyncResult*-Schnittstelle implementieren) oder mittels *WaitHandle*-Objekt realisiert werden.

Asynchrone Aufrufe sind nicht nur bei Anweisungen mit mehreren Aktionen und bei Gespeicherten Prozeduren von Vorteil. Auch bei Verwendung mehrerer aktiver Resultsets (MARS) (SQL Server 2005/2008) können Sie asynchrone SELECT-Anweisungen in einer einzelnen Datenbankverbindung bündeln.

Probleme können allerdings auftreten, wenn mit threadbezogenen .NET-Bibliotheken gearbeitet wird, denn bei der asynchronen Ausführung muss der Thread, mit dem der Vorgang startet, nicht zwangsläufig auch der Thread sein, mit dem er beendet wird.

> **HINWEIS** Verwenden Sie die asynchrone Ausführung nur dann, wenn die Befehlsausführung lange dauern kann und wenn sich in der Zwischenzeit sinnvolle andere Aktionen ausführen lassen.

Benachrichtigungen über Datenänderungen

Query Notifications erlauben es, auf das ständige Abfragen (Polling) der Datenbank zu verzichten. Unter ADO.NET wird dieses leistungsfähige Feature in den Klassen *SqlNotificationRequest* und *SqlDependency* bereitgestellt.

Und so funktioniert es: Der Client bekundet gegenüber der Datenbank sein Interesse an der Beobachtung einer bestimmten Datenmenge. Tritt eine Änderung ein – z.B. ein Datensatz wurde gelöscht – so wird der Client durch Aufruf des *OnChange*-Ereignisses benachrichtigt. Dabei wird ein Objekt vom Typ *SqlNotificationEventArgs* übergeben, welches Infos über die Art der Datenänderung (Ändern, Hinzufügen, Löschen) liefert, nicht aber die geänderten Zeilen.

> **BEISPIEL**
>
> Eine Instanz der *SqlDependency*-Klasse wird an ein *Command*-Objekt gebunden, um die Änderungen an der zurückgegebenen Datenmenge zu überwachen.
>
> ```
> Dim cmd As New SqlCommand("SELECT * FROM Customers", conn)
> Dim dep As New SqlDependency(cmd)
> AddHandler dep.OnChanged, AddressOf Me.OnDepChanged
> cmd.ExecuteReader()
> ```

> **HINWEIS** Eine ausführliche Demonstration der Query Notifications finden Sie im How-to 12.8!

Multiple Active Resultsets (MARS)

MARS wurde mit ADO.NET 2.0 eingeführt und erlaubt es, dass sowohl Abfragen als auch SQL-Befehle wie INSERT, UPDATE und DELETE auf einer gemeinsam benutzten Verbindung ausgeführt werden können.

> **HINWEIS** MARS ist gegenwärtig für SQL Server 2005/2008 verfügbar!

Vorher (unter dem »alten« ADO.NET) war es z.B. nicht möglich, zwei *DataReader* auf einer Verbindung zu betreiben (Fehlermeldung: »Diesem Befehl ist bereits ein geöffneter DataReader zugeordnet, der zuerst geschlossen werden muss.«). Jetzt markiert der Connectionstring-Eintrag »*MultipleActiveResultSets=True*« eine Verbindung als MARS-fähig.

BEISPIEL

Verbindungszeichenfolge zum SQL-Server mit MARS-Erlaubnis

```
Dim connStr As String = _
            "Data Source=.\SQLEXPRESS;Initial Catalog=Northwind;Integrated Security=True;" & _
            "MultipleActiveResultSets=True"
```

Obwohl MARS multiple aktive Resultsets auf ein und derselben Verbindung ermöglicht, werden die Operationen nach wie vor sequenziell ausgeführt. Für die parallele Verarbeitung von Daten eignet sich diese Technologie nicht, dazu werden immer noch mehrfache Verbindungen benötigt.

Weiterhin ist zu beachten, dass eine MARS-Connection etwas mehr mehr Ressourcen verbraucht als eine einfache Verbindung. Natürlich überwiegen trotzdem die Vorteile, weil Sie mehrere Abfragen hintereinander ausführen können. Falls Sie aber nur ein einziges Resultset benötigen, sollten Sie im Interesse der Performance besser auf MARS verzichten.

HINWEIS   Im How-to 14.9 »... die MARS-Technologie kennen lernen?« wird die Programmierung »mit MARS« und »ohne MARS« gegenübergestellt, sodass Sie sich selbst ein Bild über die Details der Implementierung und über die Vorteile dieser neuen Technologie machen können!

CLR-Integration im SQL Server

Mit der Version 2005 des SQL Servers wurde mit der CLR[1]-Integration eine aus Sicht des VB-Programmierers wichtige Neuerung eingeführt, welche die Möglichkeiten bietet,

- Funktionen
- Stored Procedures
- Trigger
- neue Aggregat-Funktionen
- und neue Datentypen

als managed Code zu realisieren.

HINWEIS   Bevor Sie jetzt im Eifer des Gefechts gleich Ihre ganzen Anwendungen umstellen, vergessen Sie es gleich wieder. Die Einbindung von managed Code ist eine Möglichkeit für die SQL Server-Programmierung, die den bisherigen Funktionsumfang erweitert, sie ist nicht als Ersatz zu betrachten.

---

[1] *Common Language Runtime*

Grundsätzlicher Ablauf

Was Sie mit VB oder C# für den SQL Server programmieren können, wurde bereits oben angesprochen. Während Sie die ersten drei Objektarten auch mit T-SQL erstellen konnten/können, sind Aggregat-Funktionen (SUM, MAX etc.) und neue Datentypen den managed Code-Anwendungen vorbehalten.

Die Frage ist, wie Sie Ihren managed Code mit der unmanaged Welt des SQL Servers zusammenbringen.

Zunächst der Ablauf in Stichpunkten, die Einzelheiten folgen später:

1. Aktivieren Sie die CLR-Unterstützung des SQL Servers.

2. Erstellen Sie eine Assembly mit statischen Methoden und speziellen Attributen.

3. Registrieren Sie die Assembly mit CREATE ASSEMBLY auf dem SQL Server.

4. Registrieren Sie die einzelnen statischen Methoden als Funktion/Stored Procedure oder Trigger (z.B. mit CREATE FUNCTION).

5. Verwenden Sie die neu definierten Objekte wie die entsprechenden T-SQL-Objekte.

Wer jetzt befürchtet, sich wieder in T-SQL-Anweisungen zu verstricken, um die Registrierung zu realisieren, der sei beruhigt. All diese Aufgaben können Sie bequem aus Visual Studio heraus erledigen, ohne sich mit allzuviel SQL herumschlagen zu müssen.

HINWEIS   Das heißt jedoch nicht, dass Sie keinerlei SQL-Kenntnisse mehr brauchen. Spätestens beim Testen Ihrer neu erstellten Funktionen und Prozeduren in Visual Studio müssen Sie zumindest den Aufruf und die Parametrierung per SQL beherrschen.

Wir gehen deshalb im Weiteren davon aus, dass Sie die Registrierung auch aus Visual Studio heraus vornehmen.

CLR-Unterstützung aktivieren

Haben Sie es bei der Installation des SQL Servers versäumt, die CLR-Unterstützung zu aktivieren, müssen Sie dies nachholen. Im Gegensatz zum SQL Server 2005, bei dem Sie über die »Oberflächenkonfiguration für Features«[1], die nötige Aktivierung vornehmen konnten, müssen Sie sich in der aktuellen Version 2008 (R2) mit der Kommandozeile, d.h. T-SQL herumplagen.

BEISPIEL

Die T-SQL-Alternative:

```
EXEC sp_configure @configname = 'clr enabled', @configvalue = 1
RECONFIGURE WITH OVERRIDE
GO
```

können Sie beispielsweise über den Query Analyzer oder das SQL Server Management Studio ausführen.

---

[1] *Start/Programme/SQL Server 2005/Konfigurationstools/SQL Server-Oberflächenkonfiguration*

Assembly erstellen

Ist die CLR-Unterstützung aktiviert und der SQL Server auch gestartet, können Sie sich schon an einem ersten Projekt versuchen. Starten Sie dazu Visual Studio und erstellen Sie ein neues SQL Server-Projekt. Dieses finden Sie unter der jeweiligen Sprache in der Rubrik *Datenbank* (siehe Abbildung 14.31).

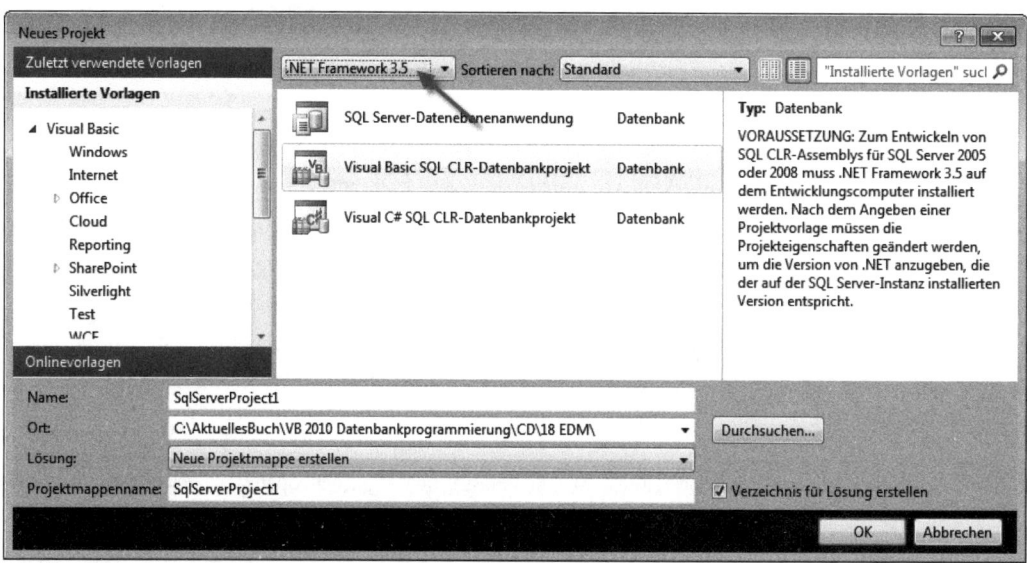

Abbildung 14.28   Neues SQL Server-Projekt erstellen

HINWEIS   Beachten Sie, dass Sie das *.NET Framework 3.5* für das neue Projekt auswählen, andernfalls kommt es beim Erstellen der Assembly bzw. dem Installieren auf dem Server zu Problemen.

Bevor das Projekt erstellt wird, nervt Sie schon der nächste Assistent, und Sie werden aufgefordert, eine Datenbankverbindung für das Projekt anzugeben:

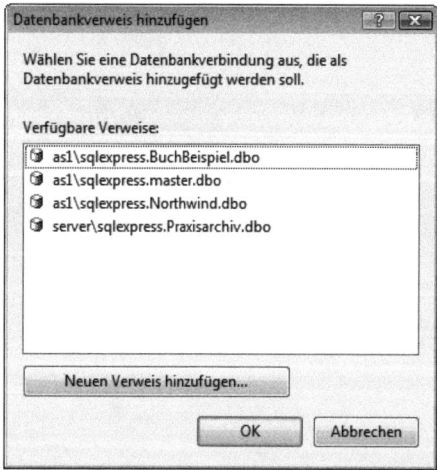

Abbildung 14.29   Auswahl der Datenbankverbindung

Keine Sorge, diese Verbindung können Sie über den Menüpunkt *Projekt/Eigenschaften/Datenbank* jederzeit wieder ändern, Visual Studio nutzt diese Information lediglich, um die erstellte Assembly und die enthaltenen Methoden zu veröffentlichen (registrieren). Einer späteren Umsetzung des Projekts auf einen anderen Server steht also nichts im Wege.

> **HINWEIS**   Die Distribution Ihrer Assembly auf dem Produktiv-Server werden Sie später sicher per SQL-Skript realisieren, denn nicht immer und überall ist auch Visual Studio vorhanden.

Nach dem Erstellen des Projekts finden Sie lediglich ein SQL-Skript (*Test.sql*) in Ihrem Projekt vor. Die gewünschten Funktionen stehen über den Kontextmenüpunkt *Hinzufügen* zur Verfügung:

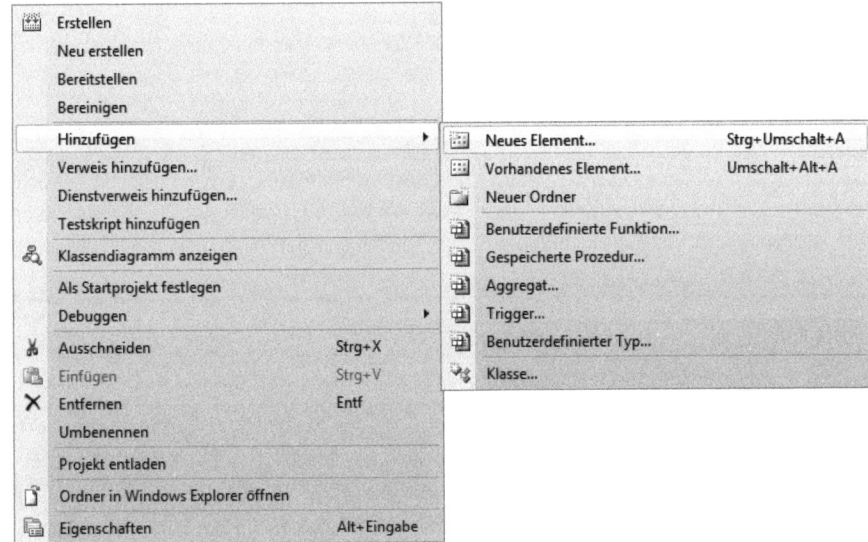

Abbildung 14.30 Hinzufügen der CLR-Funktionen

> **HINWEIS**   Zunächst werden die Funktionen im Visual Studio-Projekt gespeichert. Erst nach dem Erstellen und »Bereitstellen«[1] wird die Assembly auch auf den SQL Server kopiert und registriert.

Ein erstes Beispiel

Erstellen Sie über obiges Kontextmenü eine *Benutzerdefinierte Funktion*, erhalten Sie folgenden Klassenrumpf:

```
Imports System
Imports System.Data
Imports System.Data.SqlClient
Imports System.Data.SqlTypes
Imports Microsoft.SqlServer.Server
```

---

[1] Eine nicht ganz glückliche Übersetzung für *Deploy* ...

```
Partial Public Class UserDefinedFunctions

    <Microsoft.SqlServer.Server.SqlFunction()> _
    Public Shared Function MeineErsteFunktion() As SqlString
        ' Fügen Sie hier Ihren Code hinzu
        Return New SqlString("Hello")
    End Function

End Class
```

Die drei wichtigsten Punkte haben wir im obigen Code bereits fett hervorgehoben:

- Der Namespace *Microsoft.SqlServer.Server* für die Unterstützung der SQL Server-Funktionalität wird eingebunden

- Mit einem Attribut (in diesem Fall *Microsoft.SqlServer.Server.SqlFunction*) wird die neue Funktion in der Assembly entsprechend gekennzeichnet

- Die Funktion hat einen Rückgabewert vom Typ *SqlString*

HINWEIS   Die SQL Server-Datentypen werden mit *Sql...* gekennzeichnet und sollten auch im Zusammenhang mit dem Erstellen von Stored Procedures und Funktionen verwendet werden, auch wenn Sie mit dem Typisieren später noch viel Freude haben werden. Auf diese Weise werden jedoch Probleme mit Null etc. beim Aufruf und der Verarbeitung der Funktionen vermieden.

Wichtig: Die Funktion wird als *static* gekennzeichnet, wer sollte auch eine Instanz der Klasse auf dem Server erstellen?

Klicken Sie jetzt auf *F5*, wird die Assembly erzeugt und auf dem zugeordneten SQL Server registriert. Gleichzeitig werden auch alle Funktionen und Prozeduren registriert, Sie können sich davon im Server-Explorer überzeugen:

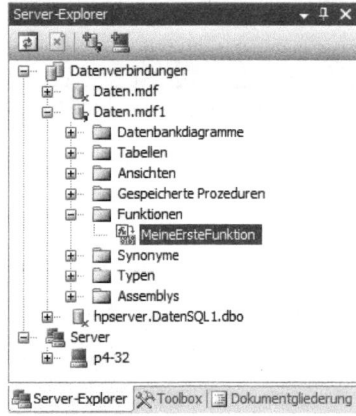

Abbildung 14.31   Die neu erzeugte Funktion ist bereits registriert

HINWEIS   Die Assembly selbst finden Sie unter dem Knoten *Assemblys*.

Doch noch passiert nichts Interessantes, dazu müssen Sie schon das Test-Skript Ihres Visual Studio-Projekts bearbeiten. Öffnen Sie also diese Datei und fügen Sie die folgende Anweisung ein:

```
SELECT dbo.MeineErsteFunktion()
```

Starten Sie jetzt erneut das Projekt (F5) und im Ausgabefenster erscheint die gewünschte Meldung:

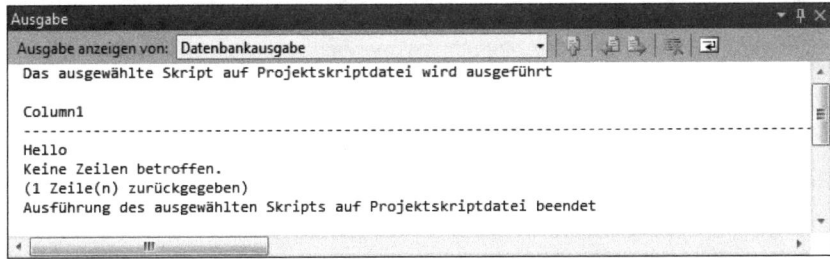

Abbildung 14.32 Ausgabefenster

HINWEIS   Die Assembly ist ab sofort in der SQL Server-Datenbank gespeichert, es handelt sich nicht um eine Referenz auf die externe Datei. Damit können auch alle per .NET erzeugten Objekte in ein SQL Server-Backup eingeschlossen werden.

Sehen wir uns im Folgenden die einzelnen Objektarten im Detail an.

Benutzerdefinierte Funktionen (UDF)

Ein erstes recht einfach gehaltenes Beispiel für eine benutzerdefinierte Funktion (*User Defined Function = UDF*) haben wir Ihnen ja bereits im vorhergehenden Abschnitt vorgestellt. Ein weiteres Beispiel zeigt, wie Sie Parameter definieren und verwenden können.

BEISPIEL

UDF mit Parametern

```
<Microsoft.SqlServer.Server.SqlFunction()> _
Public Shared Function MeineZweiteFunktion(ByVal a As SqlInt32, ByVal b As SqlInt32) As SqlString
```

Wie Sie sehen, nehmen wir eine Typisierung[1] vor, andernfalls würde VB diese implizit vornehmen:

```
Dim c As Int32
c = CType(a, Int32) + CType(b, Int32)
Return New SqlString("Mein zweites Funktionsergebnis: " & c.ToString())
End Function
```

Das Test-Skript für die neue Funktion:

```
SELECT dbo.MeineZweiteFunktion(10,20);
```

---

[1] Das ist der Nachteil der SQL Server-Datentypen.

Die Ausgabe:

```
...
Mein zweites Funktionsergebnis: 30
Keine Zeilen betroffen.
(1 Zeile(n) zurückgegeben)
```

BEISPIEL

Dass die neue Funktion auch mit ganz »normalen« SQL-Abfragen zusammenarbeitet, zeigt das folgende Test-Skript:

```
SELECT
    Artikel.Artikelname,
    dbo.MeineZweiteFunktion(Artikel.Lagerbestand,5)
FROM
    Artikel
```

Die Ausgabe:

```
...

Artikelname                       Column1
---------------------------------------------------------------------
Chai                              Mein zweites Funktionsergebnis: 23
Chang                             Mein zweites Funktionsergebnis: 22
Aniseed Syrup                     Mein zweites Funktionsergebnis: 18
Chef Anton's Cajun Seasoning      Mein zweites Funktionsergebnis: 58
Chef Anton's Gumbo Mix            Mein zweites Funktionsergebnis: 5
Grandma's Boysenberry Spread      Mein zweites Funktionsergebnis: 125
Uncle Bob's Organic Dried Pears   Mein zweites Funktionsergebnis: 20
Northwoods Cranberry Sauce        Mein zweites Funktionsergebnis: 11
Mishi Kobe Niku                   Mein zweites Funktionsergebnis: 34
...
```

Damit dürfte auch schon das Haupteinsatzgebiet der UDFs klar erkennbar sein: Aufwändige Berechnungen, Prüfungen (z.B. Regular Expressions) und Konvertierungen (XML) können mit dem kompilierten Code einer CLR-Funktion wesentlich besser und schneller ausgeführt werden als unter T-SQL.

Stored Procedures

Nachdem wir uns schon mit der Integration von CLR-Funktionen vertraut gemacht haben, erwartet Sie bei den Gespeicherten Prozeduren (Stored Procedures) zunächst nichts Neues. Diese werden ebenfalls als statische Methoden implementiert, lediglich das verwendete Attribut unterscheidet sich zunächst.

BEISPIEL

Vordefinierte Gespeicherte Prozedur

```
Imports Microsoft.SqlServer.Server

Partial Public Class StoredProcedures
    <Microsoft.SqlServer.Server.SqlProcedure()> _
```

```
     Public Shared Sub StoredProcedure2 ()
         ' Fügen Sie hier Ihren Code hinzu
     End Sub
End Class
```

Als Rückgabewerte sind lediglich *SqlInt32* und *Int32* zulässig.

Parameter/Rückgabewerte

Mit einem kleinen Beispiel wollen wir Ihnen zunächst die Verwendung der Parameter demonstrieren. Dies ist insofern von Bedeutung, da Stored Procedures auch Werte über die Parameter zurückgeben können (OUTPUT-Parameter).

BEISPIEL

Stored Procedure zur Berechnung der Summe zweier Werte, über den dritten Parameter wird das Ergebnis zurückgegeben

```
Imports System
Imports System.Data
Imports System.Data.SqlClient
Imports System.Data.SqlTypes
Imports Microsoft.SqlServer.Server


Partial Public Class StoredProcedures
    <Microsoft.SqlServer.Server.SqlProcedure()> _
```

OUTPUT-Parameter werden als *ref* deklariert:

```
    Public Shared Function Test_SP(ByVal a As SqlInt16, ByVal b As SqlInt16, _
                            ByRef c As SqlInt16) As SqlInt32
        Dim ret As SqlInt32 = c
```

OUTPUT-Parameter berechnen:

```
        c = a + b
```

Funktionsergebnis festlegen:

```
        Test_SP = ret
    End Function
End Class
```

Das Test-Skript fällt diesmal etwas umfangreicher aus, da wir dieses Beispiel gleich noch für das Debugging nutzen wollen:

Variablendeklaration in T-SQL:

```
DECLARE @a int;
DECLARE @b int;
DECLARE @c int;
DECLARE @d int;
```

Werte festlegen:

```
SET @a = 10;
SET @b = 20;
SET @c = 100;
```

Funktionsaufruf (beachten Sie die OUTPUT-Deklaration):

```
EXEC @d = dbo.Test_SP1 @a, @b, @c OUTPUT;
```

Anzeige von Parameter und Funktionsergebnis:

```
SELECT @c;
SELECT @d;
```

Die Ausgabe unseres T-SQL-Skripts:

```
...
Column1
-----------
30
Keine Zeilen betroffen.
(1 Zeile(n) zurückgegeben)
Column1
-----------
100
Keine Zeilen betroffen.
(1 Zeile(n) zurückgegeben)
...
```

Um die Debugging-Fähigkeiten zu testen, setzen Sie einfach einen Breakpoint in das T-SQL-Testskript und starten erneut mit F5:

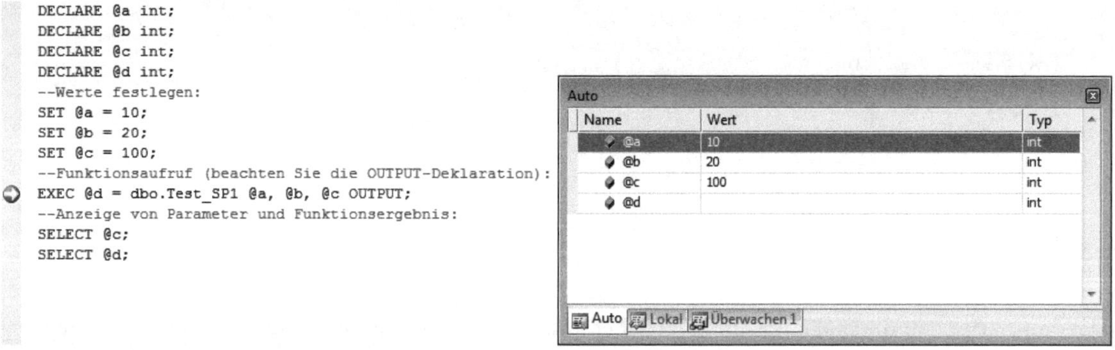

Abbildung 14.33 Der Debugger in Aktion (T-SQL-Skript)

Wie Sie sehen, können Sie problemlos die Werte im T-SQL-Script auslesen. Auch das Debugging in die eigentliche CLR-Prozedur hinein ist kein Problem, am einfachsten funktioniert es, wenn Sie dort ebenfalls einen Breakpoint setzen.

```
<Microsoft.SqlServer.Server.SqlProcedure()> _
Public Shared Function Test_SP(ByVal a As SqlInt16, ByVal b As SqlInt16, ByRef c As SqlInt16) As SqlInt32
    Dim ret As SqlInt32 = c
    c = a + b
    Test_SP = ret
End Function
```

Abbildung 14.34 Breakpoint in der Stored Procedure

Die aktuelle Verbindung für den Datenzugriff nutzen

Nach diesem recht einfachen Beispiel wollen wir uns auch mit dem eigentlichen Einsatzgebiet der Stored Procedures beschäftigen, dem Zugriff auf die Daten von Abfragen. Wer jetzt ein revolutionär neues Konzept erwartet, der dürfte zunächst enttäuscht sein, wenn es wie immer heißt:

```
<Microsoft.SqlServer.Server.SqlProcedure()> _
Public Shared Sub Test_SP2()
    Dim conn As New SqlConnection()
    conn.ConnectionString = ...
```

Das sieht ja wie in meinen normalen Visual Basic-Programm aus, wird sicher der eine oder andere sagen. Das ist korrekt und auch beabsichtigt, soll doch die Codeumstellung von einer VB-Anwendung zu einer VB-Stored Procedure möglichst einfach sein (z.B. beim Verlagern der Business-Logik vom Client auf den SQL Server). Doch spätestens beim Zuweisen der *ConnectionString*-Eigenschaft kommt der kleine aber feine Unterschied ins Spiel:

```
...
    Dim conn As New SqlConnection()
    conn.ConnectionString = "context connection = true"
```

Statt eines kompletten ConnectionString übergeben Sie obige Zeichenfolge, und es wird die bereits existierende Connection verwendet.

Gleich der nächste Knackpunkt ist das folgende *Open*, obwohl die Verbindung schon geöffnet ist:

```
    conn.Open()
```

Doch auch hier gilt: der Code soll möglichst mit einem normalen Clientprogramm vergleichbar sein, deshalb bleibt es beim *Open*, auch wenn damit keine neue Verbindung geöffnet wird.

Die folgende Anweisung dürfte für Sie nichts Neues sein, wir erzeugen ein *Command*-Objekt, das auf der aktuellen Connection basiert:

```
    Dim cmd As New SqlCommand("SELECT * FROM Artikel", conn)
```

Für die Rückgabe der Daten an den Client wird das *SqlContext.Pipe*-Objekt verwendet[1]. An die *Send*-Methode des *Pipe*-Objekts können Sie neben einfachen Meldung (*String*) auch einen *SqlDataRecord* oder, wie hier gezeigt, einen *SQLDataReader* übergeben:

```
    SqlContext.Pipe.Send(cmd.ExecuteReader())
End Sub
```

---

[1] Fast wie *Response* bei ASP.NET-Anwendungen ...

Damit werden alle Datensätze des *SqlCommand* an den Client gesendet, wir können uns mit einem Test-Skript davon überzeugen:

```
EXEC dbo.Test_SP2;
```

Die Ausgabe verhält sich wie bei einer normalen T-SQL-Stored Procedure, mit dem Unterschied, dass die Daten von einer managed Stored Procedure erzeugt wurden:

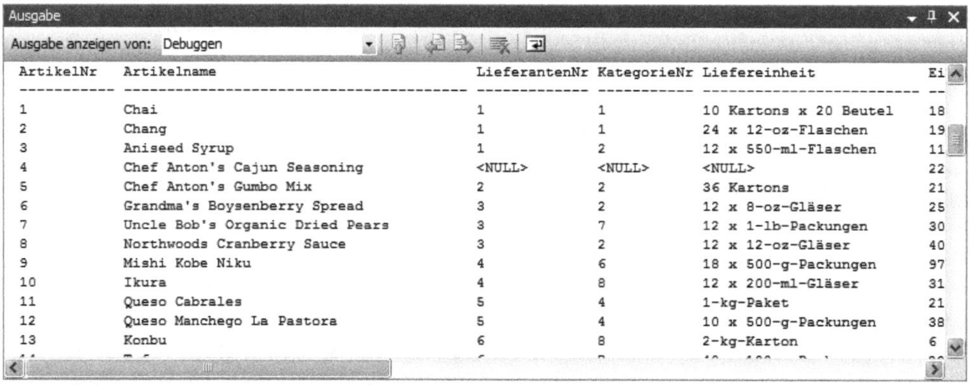

ArtikelNr	Artikelname	LieferantenNr	KategorieNr	Liefereinheit	Ei
1	Chai	1	1	10 Kartons x 20 Beutel	18
2	Chang	1	1	24 x 12-oz-Flaschen	19
3	Aniseed Syrup	1	2	12 x 550-ml-Flaschen	11
4	Chef Anton's Cajun Seasoning	<NULL>	<NULL>	<NULL>	22
5	Chef Anton's Gumbo Mix	2	2	36 Kartons	21
6	Grandma's Boysenberry Spread	3	2	12 x 8-oz-Gläser	25
7	Uncle Bob's Organic Dried Pears	3	7	12 x 1-lb-Packungen	30
8	Northwoods Cranberry Sauce	3	2	12 x 12-oz-Gläser	40
9	Mishi Kobe Niku	4	6	18 x 500-g-Packungen	97
10	Ikura	4	8	12 x 200-ml-Gläser	31
11	Queso Cabrales	5	4	1-kg-Paket	21
12	Queso Manchego La Pastora	5	4	10 x 500-g-Packungen	38
13	Konbu	6	8	2-kg-Karton	6

Abbildung 14.35 Die von der Stored Procedure zurückgegebenen Daten

HINWEIS Natürlich ist es an dieser Stelle sinnfrei, mit der Stored Procedure nur eine Tabelle abzufragen, das geht mit T-SQL schneller und vor allem einfacher. Aber hier geht es um den Zugriff auf die aktuelle Connection und die Rückgabe von Tabellendaten.

Auch wenn im obigen Beispiel die aktuelle Connection genutzt wird, Sie können aus einer solchen Stored Procedure heraus jederzeit eine gänzlich andere Connection auch auf anderen Servern öffnen und abfragen. Ebenfalls möglich ist der Zugriff auf das Dateisystem des Servers, um zum Beispiel Binärdaten zu lesen oder zu schreiben (z.B. Grafiken). Allerdings müssen Sie in diesem Fall die Berechtigungsebene für Ihre Assembly anpassen, wir kommen später darauf zurück.

Eigenes Resultset erzeugen

Einer der Vorteile der .NET-Stored Procedures gegenüber Ihren T-SQL-Pendants ist sicher die Möglichkeit, ohne temporäre Tabellen direkt neue Resultsets zu erzeugen. Ein Beispiel soll dies demonstrieren.

BEISPIEL

Stored Procedure, die für einen gegebenen Betrag und Zeitraum den Zinseszins als Resultset zurückgibt

```
<Microsoft.SqlServer.Server.SqlProcedure()> _
Public Shared Sub ZinsesZins(ByVal Betrag As SqlSingle, ByVal Startjahr As SqlInt16, _
                             ByVal Laufzeit As SqlInt16, ByVal Zins As SqlSingle)
```

Zunächst müssen Sie die Beschreibung (Tabellenkopf) für das Resultset erzeugen:

```
    Dim p As SqlPipe = SqlContext.Pipe
```

```
        Dim dr As New SqlDataRecord(New SqlMetaData() _
            {New SqlMetaData("Jahr", SqlDbType.Int), New SqlMetaData("Betrag", SqlDbType.Float)})
```

Daten senden:

```
        p.SendResultsStart(dr)
```

Für die gewählten Jahre:

```
        Dim jahr As Integer = CType(Startjahr, Int16)
        For j As Integer = 0 To CType(Laufzeit, Int16)
```

Jahr ausgeben:

```
        dr.SetInt32(0, jahr)
```

Zinseszins bestimmen:

```
        dr.SetSqlDouble(1, CType(Betrag, Double) *
                    Math.Pow(1 + CType(Zins, Double) / 100, j))
        jahr += 1
```

Zeile senden:

```
        p.SendResultsRow(dr)
    Next
```

Wir sind fertig:

```
        p.SendResultsEnd()
    End Sub
```

Das Test-Skript:

```
EXEC dbo.ZinsesZins 1000, 2000, 10, 5;
```

Die Ausgabe:

```
Jahr          Betrag
-----------   -------------------------
2000          1000
2001          1050
2002          1102,5
2003          1157,625
2004          1215,50625
2005          1276,2815625
2006          1340,095640625
2007          1407,10042265625
2008          1477,45544378906
2009          1551,32821597852
2010          1628,89462677744
Keine Zeilen betroffen.
(11 Zeile(n) zurückgegeben)
...
```

Aggregat-Funktionen

Genügen die bereits verfügbaren T-SQL-Aggregat-Funktionen nicht Ihren Ansprüchen, können Sie diese auch um zusätzliche .NET-Aggregat-Funktionen bereichern. Allerdings ist die Umsetzung in diesem Fall nicht ganz so trivial, wie zum Beispiel bei einer einfachen Funktion.

Folgendes Grundgerüst müssen Sie mit Leben erfüllen:

```
Imports System
Imports System.Data
Imports System.Data.SqlClient
Imports System.Data.SqlTypes
Imports Microsoft.SqlServer.Server


<Serializable()> _
<Microsoft.SqlServer.Server.SqlUserDefinedAggregate(Format.Native)> _
Public Structure Spezialsumme
```

Eine private Variable, die für die Berechnung des Endergebnisses genutzt wird:

```
    Private var1 As Integer
```

Mit *Init* initalisieren Sie die private Variable, das ist erforderlich, weil es sich hier nur um eine *Struct* handelt:

```
    Public Sub Init()
        ' Fügen Sie hier Ihren Code ein.
    End Sub
```

Die Methode *Accumulate* wird für jede zu verarbeitende Zeile aufgerufen:

```
    Public Sub Accumulate(ByVal value As SqlString)
        ' Fügen Sie hier Ihren Code ein.
    End Sub
```

Merge ermöglicht die parallele Verarbeitung (der Server muss nicht alle Zeilen sequenziell durchlaufen, sondern kann die Arbeit in mehreren Happen/Threads bewältigen). Sie müssen hier die Einzelergebnisse verarbeiten:

```
    Public Sub Merge(ByVal value as Spezialsumme)
        ' Fügen Sie hier Ihren Code ein.
    End Sub
```

Mit *Terminate* wird schließlich das Ergebnis als *SqlString* zurückgegeben:

```
    Public Function Terminate() As SqlString
        ' Fügen Sie hier Ihren Code ein.
        Return New SqlString("")
    End Function
```

```
End Structure
```

Genug der Theorie, ein konkretes Beispiel sorgt für Klarheit.

BEISPIEL

Wir realisieren die SUM-Funktion zum zweiten Mal[1]

```
<Serializable()> _
<Microsoft.SqlServer.Server.SqlUserDefinedAggregate(Format.Native)> _
Public Structure Spezialsumme
```

Unsere spätere Endsumme:

```
    Private _meineSumme As SqlDouble
```

Wert initalisieren:

```
    Public Sub Init()
        _meineSumme = 0
    End Sub
```

Für jeden Datensatz:

```
    Public Sub Accumulate(ByVal value As SqlDouble)
        _meineSumme += value
    End Sub
```

Für die parallele Ausführung:

```
    Public Sub Merge(ByVal value as Spezialsumme)
        _meineSumme += value._meineSumme
    End Sub
```

Alle Datensätze verarbeitet:

```
    Public Function Terminate() As SqlString
        Return New SqlString(_meineSumme.ToString)
    End Function
End Structure
```

Ein Skript für die Verwendung:

```
SELECT
    sum(artikel.Einzelpreis) As "Summe",
    dbo.Spezialsumme(artikel.Einzelpreis) As "Spezialsumme"
FROM Artikel
```

Test:

```
Summe           Spezialsumme
--------------- ------------------------------------------------
2522,71            2522,71
Keine Zeilen betroffen.
(1 Zeile(n) zurückgegeben)
...
```

Die beiden Ergebnisse stimmen überein, ein gutes Zeichen, wir haben wohl alles richtig gemacht.

---

[1] Das ist zwar sinnlos, so können wir aber das Beispiel einfach und überschaubar halten und Sie können zum Schluss auch noch vergleichen, ob wir richtig gerechnet haben.

Trigger in VB realisieren

Auch hier gilt wie für die T-SQL-Trigger:

HINWEIS Weniger ist mehr! Verzichten Sie, wann immer es geht, auf die Verwendung von Triggern, da diese weder der Übersichtlichkeit Ihrer Anwendung noch der Performance zuträglich sind.

Doch gänzlich werden Sie wahrscheinlich nicht auf Trigger verzichten können oder wollen, ein kleines Beispiel zeigt Ihnen deshalb die Herangehensweise.

BEISPIEL

Ein Insert-Trigger soll erzeugt werden, der einen Preis über 100 Euro verhindern soll[1]:

```
Imports System
Imports System.Data
Imports System.Data.SqlClient
Imports System.Data.SqlTypes
Imports Microsoft.SqlServer.Server
```

Für die Transaktionsunterstützung:

```
Imports System.Transactions

Partial Public Class Triggers
```

Dem *Microsoft.SqlServer.Server.SqlTrigger*-Attribut übergeben Sie den Namen, die Zieltabelle sowie das Ereignis für den Trigger:

```
<Microsoft.SqlServer.Server.SqlTrigger(Name:="InsWarenkorb", Target:="Warenkorb",
    Event:="FOR INSERT")>
Public Shared Sub Trigger1()
    Dim conn As SqlConnection = New SqlConnection("context connection = true")
    conn.Open()
```

Wie auch bei den T-SQL-Triggern können Sie über die Tabelle *Inserted* die einzufügenden Datensätze abrufen:

```
Dim cmd As SqlCommand = New SqlCommand("SELECT * FROM Inserted", conn)
Dim dr As SqlDataReader = cmd.ExecuteReader()
```

Alle Zeilen durchlaufen:

```
While dr.Read()
    Try
```

Ist der Preis zu hoch, wird die Transaktion abgebrochen:

```
If DirectCast(dr("Preis"), Double) > 100 Then
    Transaction.Current.Rollback()
End If
```

---

[1] Ja, die Aufgabenstellung kann mit einer Einschränkung besser gelöst werden!

```
              Catch generatedExceptionName As Exception
            End Try
        End While
        dr.Close()
        conn.Close()
    End Sub
End Class
```

Mehr Sicherheit

Wie schon kurz im Zusammenhang mit dem Dateizugriff angedeutet, wird die .NET-Assembly vom Server auf einer der drei folgenden Berechtigungsebenen ausgeführt:

Berechtigungsebene	Beschreibung
Safe	(Standard) Freier Zugriff auf die lokalen Daten des aktuellen Kontext. Nur managed Code kann ausgeführt werden
External_access	Zugriff auf externe Ressourcen (Dateien, Registry, Netzwerk) ist möglich und wird nur durch die Rechte des Aufrufers beschränkt
Unsafe	Der Aufruf von unmanaged Code ist möglich, voller Zugriff auf die Ressourcen, keine Einschränkungen

Tabelle 14.5 Mögliche Berechtigungen für den erstellten .NET-Code

Die Berechtigungsebene können Sie entweder direkt in Ihrem Visual Studio-Projekt über den Menüpunkt *Projekt/Eigenschaften/Datenbank* festlegen (siehe folgende Abbildung)

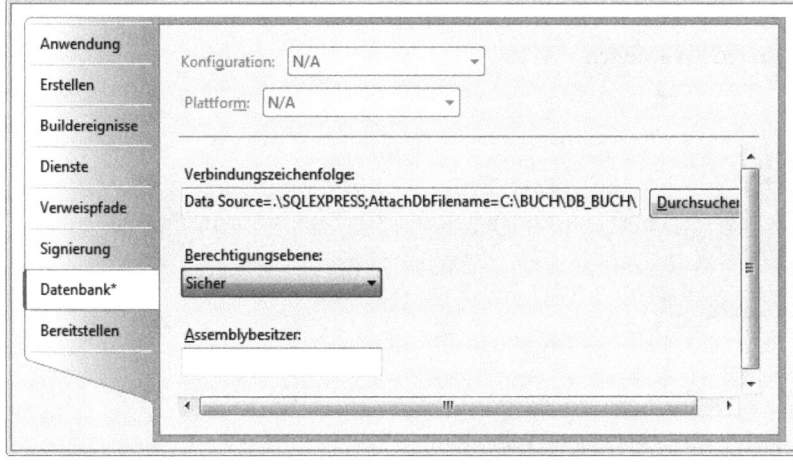

Abbildung 14.36 Einstellen der Berechtigungsebene

... oder Sie nutzen T-SQL zum Registrieren der Assembly:

```
CREATE ASSEMBLY Test FROM 'c:\Test.dll' WITH PERMISSION_SET = SAFE;
```

Fazit

Wann sollten Sie die CLR-Unterstützung nutzen? Die Antwort kann weder pauschal noch schnell gegeben werden und hängt immer vom Einzelfall ab.

Zunächst gilt:

HINWEIS   Die CLR-Integration ist kein Ersatz für die Programmierung in T-SQL!

Ebenfalls sollten Sie immer im Hinterkopf behalten:

HINWEIS   Verwenden Sie .NET-Code, muss zunächst aus der unmanaged Code-Umgebung des SQL Servers per PInvoke auf den managed Code Ihrer .NET-Funktion/Procedure etc. zugegriffen werden (Marshalling). Performance-Verluste in bestimmten Fällen sind damit fast vorprogrammiert.

Verwenden Sie CLR-Code wenn:

- ... komplexe mathematische oder String-basierte Operationen durch die Funktion/Prozedur realisiert werden. Hier können Sie auf den reichhaltigen Fundus an Klassenbibliotheken (z.B. RegularExpressions) in .NET zugreifen.
- ... wenn Sie umfangreiche logische Abläufe (z.B. Business Logik) implementieren wollen.
- ... wenn T-SQL die gewünschte Funktionalität nicht bereitstellt (z.B. Webservice-Aufrufe).
- ... Sie mit neuen Datentypen arbeiten wollen.

Verwenden Sie in jedem Fall T-SQL wenn:

- ... Sie mit umfangreichen Datenmengen arbeiten.

XML-Unterstützung

Bereits mit der Version 2005 des SQL Servers hielt eine umfangreiche XML-Unterstützung Einzug:

- XML-Datentyp
- XML-Abfragen und Modifikationen
- Indizierung von XML
- Verarbeitung von XML-Schemas

Der SQL Server 2008 bietet hier noch etwas zusätzlichen Feinschliff:

- Verbesserte Schema-Validation
- Erweiterungen bei der XQuery-Unterstützung
- Erweiterte Funktionalität für XML-DML

Wir greifen uns aus der Menge dieser Features einige für den VB-Programmierer besonders interessante heraus, eine komplette Übersicht würde den Rahmen dieses Kapitels sprengen.

Der XML-Datentyp

Seit dem SQL Server 2005 ist XML »von Grund auf« integriert. Das bedeutet, dass es auch einen entsprechenden Datentyp gibt.

BEISPIEL

Tabelle mit XML-Spalte erzeugen

```
CREATE TABLE  XMLDokumente(
    id int IDENTITY(1,1) NOT NULL,
    Beschreibung nchar(50) COLLATE Latin1_General_CI_AS NOT NULL,
    Daten xml NULL
) ON [PRIMARY]
```

Wie kommen nun Daten in diese Tabelle bzw. Spalte?

BEISPIEL

Direktes Zuweisen der XML-Daten per INSERT INTO

```
INSERT INTO
    XmlDokumente (Beschreibung, Daten)
VALUES
    ('Erster Eintrag', '<Daten><Person>Müller</Person><Person>Mayer</Person></Daten>');
```

Im obigen Beispiel verwenden wir ein wohlgeformtes XML-Dokument für die Übergabe, Sie können jedoch auch die Root des Dokuments weglassen (XML-Fragment). Allerdings gibt es Ärger, wenn Sie sich nicht an die XML-Regeln halten und zum Beispiel Elemente vergessen oder sich Elemente überschneiden. Hier prüft der interne XML-Parser was zulässig ist und was nicht, wie folgende Abbildung beweist.

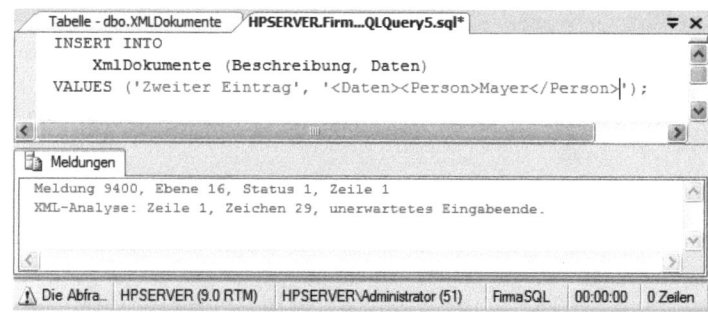

Abbildung 14.37 Fehler bei nicht wohlgeformten XML-Daten

Alternativ können Sie jetzt auch Variablen für das Zwischenspeichern von XML-Daten verwenden:

BEISPIEL

Speichern von XML in einer Variablen

```
DECLARE @doc xml
...
```

Aus einer Abfrage werden XML-Daten in der Variablen gesichert (wir kommen später darauf zurück):

```
SET @doc = (SELECT * FROM mitarbeiter FOR XML AUTO, ELEMENTS, XMLDATA, TYPE)
```

Wir speichern die Variable in einer XML-Tabellenspalte:

```
INSERT INTO
    XmlDokumente (Beschreibung, Daten)
VALUES
    ('Dritter', @doc)
```

Fragen Sie jetzt die Tabellendaten ab, erhalten Sie folgende Anzeige im Microsoft SQL Server Management Studio:

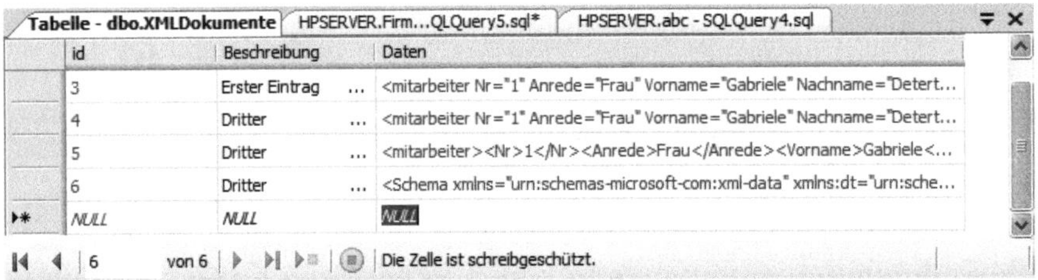

Abbildung 14.38   Anzeige von XML-Daten im Management Studio

Sie können den Datentyp *XML* auch als Parameter, zum Beispiel bei einer Stored Procedure, verwenden. In diesem Fall muss das aufrufende Programm auch den entsprechenden Datentyp unterstützen, was bei einem VB-Programm der Fall ist.

XML-Daten mit SELECT erzeugen

Bevor wir uns jetzt den eigentlichen XML-Abfragen zuwenden, wollen wir uns noch kurz mit der Möglichkeit beschäftigen, aus relationalen Daten XML-Daten zu generieren.

Der SQL Server bietet zu diesem Zweck mit »FOR XML« eine Erweiterung der SELECT-Anweisung an.

BEISPIEL

Abfrage der Artikel-Tabelle im XML-Format

```
SELECT *
FROM
    artikel
FOR XML AUTO
```

Das Ergebnis:

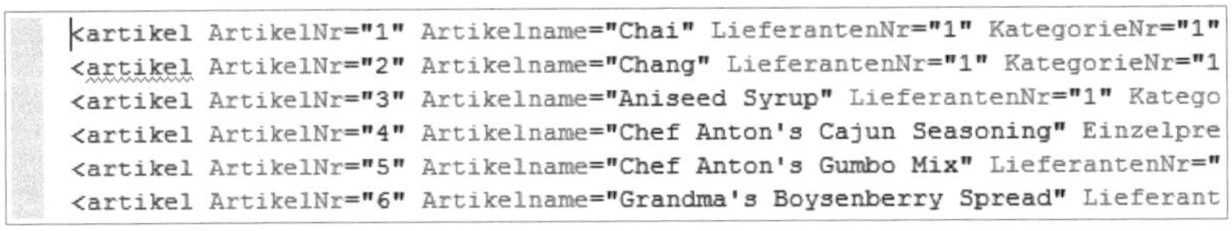

Abbildung 14.39   Abfrageergebnis

Doch nicht jeder wird mit obigen Daten glücklich sein, versuchen Sie zum Beispiel derartige Daten im Internet-Explorer anzuzeigen, wird Ihnen eine Fehlermeldung die Stimmung verderben (»XML-Dokument muss ein Element der obersten Ebene enthalten ...«).

ROOT erzeugen

Ein Blick in die Handbücher des SQL Servers verrät die Ursache: Die obige Anweisung gibt kein komplettes XML-Dokument zurück. Das Root-Element fehlt, und damit handelt es sich für den Internet Explorer bzw. das DOM um ein ungültiges XML-Dokument.

Mit der zusätzlichen Option »ROOT« weisen Sie den SQL Server an, ein Stamm-Element mit dem gewünschten Namen zu erzeugen.

BEISPIEL

Root-Element *MeineArtikelliste* erzeugen

```
SELECT
    *
FROM
    artikel
FOR XML AUTO, ROOT('MeineArtikelliste')
```

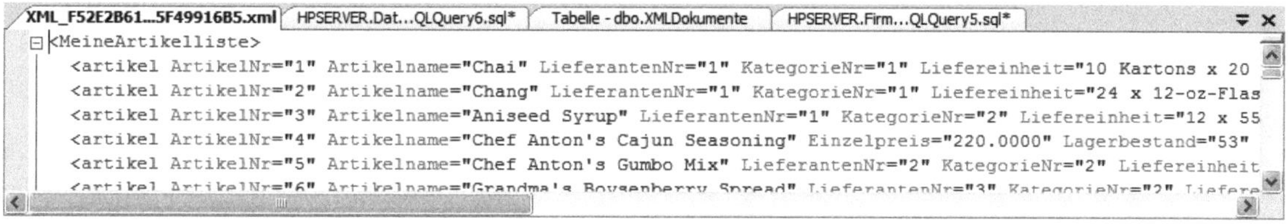

| XML_F52E2B61...5F49916B5.xml | HPSERVER.Dat...QLQuery6.sql* | Tabelle - dbo.XMLDokumente | HPSERVER.Firm...QLQuery5.sql* |

```
<MeineArtikelliste>
    <artikel ArtikelNr="1" Artikelname="Chai" LieferantenNr="1" KategorieNr="1" Liefereinheit="10 Kartons x 20
    <artikel ArtikelNr="2" Artikelname="Chang" LieferantenNr="1" KategorieNr="1" Liefereinheit="24 x 12-oz-Flas
    <artikel ArtikelNr="3" Artikelname="Aniseed Syrup" LieferantenNr="1" KategorieNr="2" Liefereinheit="12 x 55
    <artikel ArtikelNr="4" Artikelname="Chef Anton's Cajun Seasoning" Einzelpreis="220.0000" Lagerbestand="53"
    <artikel ArtikelNr="5" Artikelname="Chef Anton's Gumbo Mix" LieferantenNr="2" KategorieNr="2" Liefereinheit
    <artikel ArtikelNr="6" Artikelname="Grandma's Boysenberry Spread" LieferantenNr="3" KategorieNr="2" Liefere
```

Abbildung 14.40   Die zurückgegebenen Daten

Bisher wurde der Elementname für die einzelnen Zeilen der Abfrage aus dem Tabellennamen gebildet. Wer hier eingreifen möchte, der kann die PATH-Option verwenden.

PATH

BEISPIEL

Neuen Element-Namen festlegen

```
SELECT
    *
FROM
    artikel
FOR XML PATH('ARTICLE')
```

Statt des Elements »Artikel« wird jetzt »ARTICLE« für jeden Eintrag in der Liste ausgegeben (siehe dazu Abbildung 14.41).

Abbildung 14.41 Abfrageergebnis des Beispiels

ELEMENTS

Über den Vor- oder Nachteil, Detaildaten als Elemente oder als Attribute zu speichern, kann man sicher streiten, durch Verwendung der ELEMENTS-Option können Sie statt der standardmäßig erzeugten Attribute einzelne Elemente ausgeben lassen.

BEISPIEL

Elemente erzeugen

```
SELECT
    *
FROM
    artikel
FOR XML AUTO, ELEMENTS
```

Abbildung 14.42 Abfrageergebnis des Beispiels

Hierarchische Daten abfragen

Gibt Ihre SQL-SELECT-Abfrage einen Join zurück, werden die Daten nicht wie gewohnt in einer zwei-dimensionalen Datenmenge (Zeilen/Spalten), sondern in hierarchischer Form zurückgegeben. Dass sich gerade XML für diese Form der Darstellung eignet, können Sie sich vielleicht denken.

BEISPIEL

```
SELECT
    *
FROM
    Bestellungen, Bestelldetails
WHERE
    Bestellungen.bestellnr=bestelldetails.bestellnr
```

	BestellNr	KundenCode	PersonalNr	Bestelldatum	Lieferdatum	Versanddatum	VersandUeber	Frachtkosten	Empfaenger
1	10248	WILMK	6	1995-07-04 00:00:00.000	1996-08-01 00:00:00.000	1996-07-16 00:00:00.000	3	32,38	Vins et alcools
2	10248	WILMK	6	1995-07-04 00:00:00.000	1996-08-01 00:00:00.000	1996-07-16 00:00:00.000	3	32,38	Vins et alcools
3	10248	WILMK	6	1995-07-04 00:00:00.000	1996-08-01 00:00:00.000	1996-07-16 00:00:00.000	3	32,38	Vins et alcools
4	10249	TRADH	7	1996-07-05 00:00:00.000	1996-08-16 00:00:00.000	1996-07-10 00:00:00.000	1	11,61	Toms Speziali
5	10249	TRADH	7	1996-07-05 00:00:00.000	1996-08-16 00:00:00.000	1996-07-10 00:00:00.000	1	11,61	Toms Speziali
6	10250	HANAR	4	1997-07-08 00:00:00.000	1996-08-05 00:00:00.000	1996-07-12 00:00:00.000	2	65,83	Hanari Carnes
7	10250	HANAR	4	1997-07-08 00:00:00.000	1996-08-05 00:00:00.000	1996-07-12 00:00:00.000	2	65,83	Hanari Carnes
8	10250	HANAR	4	1997-07-08 00:00:00.000	1996-08-05 00:00:00.000	1996-07-12 00:00:00.000	2	65,83	Hanari Carnes
9	10251	VICTE	3	1996-07-08 00:00:00.000	1996-08-05 00:00:00.000	1996-07-15 00:00:00.000	1	41,34	Victuailles en

Abbildung 14.43 Relationale Daten

BEISPIEL

```
SELECT
    *
FROM
    Bestellungen, Bestelldetails
WHERE
    Bestellungen.bestellnr=bestelldetails.bestellnr
FOR XML AUTO
```

```
XML_F52E2B61...5F49916B2.xml   HPSERVER.Dat...QLQuery6.sql*   Tabelle - dbo.XMLDokumente   HPSERVER.Firm...QLQuery5.sql*            = X
<bestellungen BestellNr="10248" KundenCode="WILMK" PersonalNr="6" Bestelldatum="1995-07-04T00:00:00" Lieferda
    <Bestelldetails BestellNr="10248" ArtikelNr="11" Einzelpreis="14.0000" Anzahl="12" Rabatt="0.0000000e+000"
    <Bestelldetails BestellNr="10248" ArtikelNr="42" Einzelpreis="9.8000" Anzahl="10" Rabatt="0.0000000e+000" u
    <Bestelldetails BestellNr="10248" ArtikelNr="72" Einzelpreis="24.3000" Anzahl="5" Rabatt="0.0000000e+000" u
</bestellungen>
<bestellungen BestellNr="10249" KundenCode="TRADH" PersonalNr="7" Bestelldatum="1996-07-05T00:00:00" Lieferda
    <Bestelldetails BestellNr="10249" ArtikelNr="14" Einzelpreis="18.6000" Anzahl="9" Rabatt="0.0000000e+000" u
```

Abbildung 14.44 Relationale Daten in XML-Darstellung

Schema erzeugen

Nicht zuletzt gibt es auch noch die Möglichkeit, ein Schema in die zurückgegebenen Daten einzubetten. Verwenden Sie dazu die Option XMLDATA.

BEISPIEL

```
SELECT
    *
FROM
    artikel
FOR XML AUTO, ELEMENTS, XMLDATA
```

```
<Schema name="Schema1" xmlns="urn:schemas-microsoft-com:xml-data" xmlns:dt="urn:schem
    <ElementType name="artikel" content="eltOnly" model="closed" order="many">
        <element type="ArtikelNr" />
        <element type="Artikelname" />
        <element type="LieferantenNr" />
        <element type="KategorieNr" />
        <element type="Liefereinheit" />
        <element type="Einzelpreis" />
        <element type="Lagerbestand" />
        <element type="BestellteEinheiten" />
        <element type="Mindestbestand" />
        <element type="Auslaufartikel" />
    </ElementType>
    <ElementType name="ArtikelNr" content="textOnly" model="closed" dt:type="i4" />
    <ElementType name="Artikelname" content="textOnly" model="closed" dt:type="string"
    <ElementType name="LieferantenNr" content="textOnly" model="closed" dt:type="i4" />
    <ElementType name="KategorieNr" content="textOnly" model="closed" dt:type="i4" />
    <ElementType name="Liefereinheit" content="textOnly" model="closed" dt:type="string
    <ElementType name="Einzelpreis" content="textOnly" model="closed" dt:type="fixed.14
    <ElementType name="Lagerbestand" content="textOnly" model="closed" dt:type="i2" />
    <ElementType name="BestellteEinheiten" content="textOnly" model="closed" dt:type="i
    <ElementType name="Mindestbestand" content="textOnly" model="closed" dt:type="i2" /
    <ElementType name="Auslaufartikel" content="textOnly" model="closed" dt:type="boole
</Schema>
<artikel xmlns="x-schema:#Schema1">
    <ArtikelNr>1</ArtikelNr>
```

Abbildung 14.45   Das eingebettete Schema

XML-Abfragen

Die bisherigen Abfragen bezogen sich lediglich darauf, XML-Daten aus relationalen Daten zu erzeugen. Doch es ist sicher auch interessant, auf den Inhalt eines XML-Feldes zuzugreifen, um zum Beispiel Werte zu ermitteln oder Daten zu filtern. Dass wir hier nicht mit WHERE etc. arbeiten können, haben Sie sich vielleicht schon gedacht. XPATH heißt hier die Devise, und wer damit nichts anfangen kann, der sollte zunächst seine XML-Grundlagenkenntnisse etwas auffrischen.

Für die Verarbeitung und Abfrage der eigentlichen XML-Daten stellt uns der SQL Server einige Methoden zur Verfügung[1]:

- *query*
- *value*
- *exist*
- *nodes* und
- *modify.*

Query

Mit der *query*-Methode extrahieren Sie Teile des ursprünglichen XML-Dokuments, Sie übergeben lediglich einen entsprechenden XPath-Ausdruck.

---

[1] Ja, Sie haben richtig gelesen, es sind Methoden!

Abfrage des Mitarbeiters mit der Nummer 1

```
SELECT
    id, daten.query('/mitarbeiter[@Nr = 1]')
FROM
    XMLDokumente
```

HINWEIS Nur die XML-Dokumente der Datensätze 3 und 4 enthalten überhaupt ein entsprechendes XML-Dokument.

	id	(Kein Spaltenname)
1	1	
2	3	<mitarbeiter Nr="1" Anrede="Frau" Vorname="Gabriele" Nachname="Detert" Ge...
3	4	<mitarbeiter Nr="1" Anrede="Frau" Vorname="Gabriele" Nachname="Detert" Ge...
4	5	
5	6	

Abbildung 14.46 Abfrageergebnis

Filtern der Dokumente, es sollen nur die Frauen ausgegeben werden

```
SELECT
    id, daten.query('/mitarbeiter[@Anrede = "Frau"]')
FROM
    XMLDokumente
```

Rückgabe:

```
<mitarbeiter Nr="1" Anrede="Frau" Vorname="Gabriele" Nachname="Detert" Geburtsta
<mitarbeiter Nr="2" Anrede="Frau" Vorname="Heidemarie" Nachname="Obst" Geburtsta
<mitarbeiter Nr="3" Anrede="Frau" Vorname="Renate" Nachname="Behn" Geburtstag="1
<mitarbeiter Nr="5" Anrede="Frau" Vorname="Carola" Nachname="Braun" Geburtstag="
<mitarbeiter Nr="6" Anrede="Frau" Vorname="Simone" Nachname="Schmidt" Geburtstag
<mitarbeiter Nr="7" Anrede="Frau" Vorname="Christine" Nachname="Kamenz" Geburtst
<mitarbeiter Nr="9" Anrede="Frau" Vorname="Marion" Nachname="Adamski" Geburtstag
<mitarbeiter Nr="11" Anrede="Frau" Vorname="Hannelore" Nachname="Große" Geburtst
<mitarbeiter Nr="12" Anrede="Frau" Vorname="Brigitte" Nachname="Heil" Geburtstag
<mitarbeiter Nr="13" Anrede="Frau" Vorname="Dana" Nachname="Hilgenfeld" Geburtst
<mitarbeiter Nr="15" Anrede="Frau" Vorname="Gisela" Nachname="Vorwerk" Geburtsta
<mitarbeiter Nr="17" Anrede="Frau" Vorname="Karin" Nachname="Schulze" Geburtstag
<mitarbeiter Nr="18" Anrede="Frau" Vorname="Martina" Nachname="Berg" Geburtstag=
<mitarbeiter Nr="19" Anrede="Frau" Vorname="Friedegard" Nachname="Warnke" Geburt
```

Abbildung 14.47 Abfrageergebnis (Auszug)

Exist

Wie Sie in den vorhergehenden Beispielen gesehen haben, werden bei nichtzutreffenden XPath-Ausdrücken leere Felder zurückgegeben. Diese können Sie per *exist*-Methode herausfiltern.

Alle Datensätze sind herauszufiltern, bei denen ein enthaltenes XML-Dokument das Element *mitarbeiter* mit dem Attribut *Anrede=Frau* aufweist.

```
SELECT id, daten.query('/mitarbeiter[@Anrede = "Frau"]')
```

```
FROM
    XMLDokumente
WHERE
    daten.exist('/mitarbeiter[@Anrede = "Frau"]')=1
```

Value

Mit der *value*-Methode können Sie einen einzelnen (skalaren) Wert per XPath-Ausdruck abrufen und in einen SQL-Datentyp umwandeln.

BEISPIEL

Der Nachname des Mitarbeiters mit der Nummer 5 soll abgerufen werden.

```
SELECT
    id, daten.value('(/mitarbeiter[@Nr=5]/@Nachname)[1]', 'nvarchar(max)')
FROM
XMLDokumente
```

HINWEIS   Nur die XML-Dokumente der Datensätze 3 und 4 enthalten überhaupt ein entsprechendes XML-Dokument, in allen anderen Fällen wird NULL zurückgegeben.

---

	id	(Kein Spaltenname)
1	1	NULL
2	3	Braun
3	4	Braun
4	5	NULL
5	6	NULL

Abbildung 14.48   Abfrageergebnis des Beispiels

Der Clientzugriff auf die XML-Daten

Nachdem wir uns um die serverseitige Unterstützung für den XML-Datentyp gekümmert haben, ist sicher auch die Clientseite von Interesse. Allerdings werden wir uns an dieser Stelle nur für das reine Abrufen bzw. Speichern der Daten auf dem Server interessieren.

BEISPIEL

Zugriff auf eine XML-Datenspalte

```
Imports System.Data.SqlClient
Imports System.Data.SqlTypes
Imports System.Xml
...
        Dim conn As New SqlConnection("Data Source=hpserver;Initial Catalog=" & _
                                "FirmaSQL;Integrated Security=True")
        conn.Open()
```

Wir selektieren per SQL-WHERE den Datensatz mit der Nummer 3 und per XPath-Ausdruck den Mitarbeiter mit der Nummer 1 aus dem XML-Dokument:

```
        Dim cmd As New SqlCommand("SELECT daten.query('/mitarbeiter[@Nr = 1]') " & _
                            "FROM XMLDokumente WHERE id = 3", conn)
```

Einlesen der Daten:

```
Dim r As SqlDataReader = cmd.ExecuteReader()
r.Read()
```

Und hier können wir die Daten an den *SqlXml*-Datentyp übergeben:

```
Dim xml As SqlXml = r.GetSqlXml(0)
```

Wir speichern die Daten (hier könnte eine beliebige Verarbeitung stehen):

```
Dim xtw As New XmlTextWriter("C:\Test2.xml", System.Text.Encoding.UTF8)
xtw.WriteNode(xml.CreateReader(), True)
xtw.Flush()
xtw.Close()
```

Die Abbildung zeigt die Daten in der Datei *Test2.xml*:

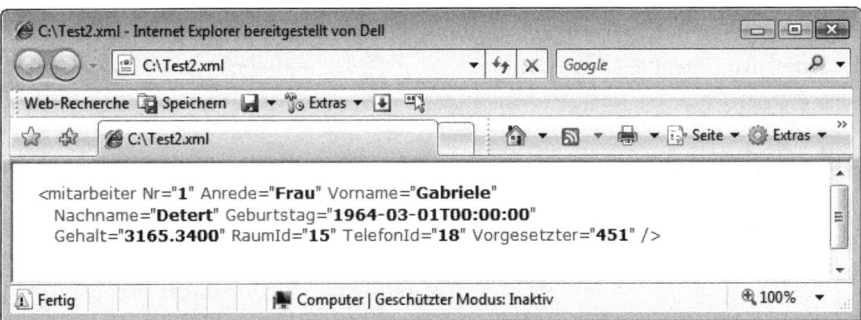

Abbildung 14.49 Dateiinhalt

BEISPIEL

Aktualisieren von XML-Daten auf dem Server

```
Imports System.Data.SqlClient
Imports System.Data.SqlTypes
Imports System.Xml
...
        Dim conn As New SqlConnection("Data Source=hpserver;Initial Catalog=" & _
                             "FirmaSQL;Integrated Security=True")
        conn.Open()
```

Eine Update-Command zusammenbauen (die Spalte *Daten* ist vom Typ *XML*):

```
Dim cmd As New SqlCommand("UPDATE XMLDokumente SET daten=@xml WHERE id=1", conn)
```

Parameter und Wert festlegen (wir lesen einfach die Datei aus dem Vorgängerbeispiel wieder ein):

```
Dim p As SqlParameter = cmd.Parameters.Add("@xml", SqlDbType.Xml)
p.Value = New SqlXml(New XmlTextReader("C:\Test2.xml"))
```

Abfrage starten:

```
cmd.ExecuteNonQuery()
```

BEISPIEL

Zugriff auf XML-Ergebnisse von FOR XML-Abfragen

```
Imports System.Data.SqlClient
Imports System.Data.SqlTypes
Imports System.Xml
        Dim conn As New SqlConnection("Data Source=hpserver;Initial Catalog=" & _
                                "FirmaSQL;Integrated Security=True")
        conn.Open()
```

Aus relationalen Daten erezugen wir ein XML-Dokument:

```
        Dim cmd As New SqlCommand("SELECT * FROM Artikel FOR XML AUTO, TYPE," & _
                                " ROOT('Artikelliste')", conn)
```

Einlesen der Daten:

```
        Dim r As SqlDataReader = cmd.ExecuteReader()
        r.Read()
```

Und hier haben wir wieder den neuen Datentyp:

```
        Dim xml As SqlXml = r.GetSqlXml(0)
```

Speichern der Abfrageergebnisse in einer Datei:

```
        Dim xtw As New XmlTextWriter("C:\Test2.xml", System.Text.Encoding.UTF8)
        xtw.WriteNode(xml.CreateReader(), True)
        xtw.Flush()
        xtw.Close()
```

```
- <Artikelliste>
    <Artikel ArtikelNr="1" Artikelname="Chai" LieferantenNr="1"
      KategorieNr="1" Liefereinheit="10 Kartons x 20 Beutel"
      Einzelpreis="18.0000" Lagerbestand="18" BestellteEinheiten="0"
      Mindestbestand="10" Auslaufartikel="0" />
    <Artikel ArtikelNr="2" Artikelname="Chang" LieferantenNr="1"
      KategorieNr="1" Liefereinheit="24 x 12-oz-Flaschen"
      Einzelpreis="19.0000" Lagerbestand="17" BestellteEinheiten="40"
      Mindestbestand="25" Auslaufartikel="0" />
    <Artikel ArtikelNr="3" Artikelname="Aniseed Syrup" LieferantenNr="1"
      KategorieNr="2" Liefereinheit="12 x 550-ml-Flaschen"
      Einzelpreis="112.0000" Lagerbestand="13" BestellteEinheiten="70"
      Mindestbestand="25" Auslaufartikel="0" />
```

Abbildung 14.50 Die gespeicherten Daten

Natürlich können Sie auch ganz ohne XML-Datentyp auskommen.

BEISPIEL

Anzeige des erzeugten XML-DataSets in einem *DataGridView*

```
    Dim conn As New SqlConnection("Data Source=hpserver;" & _
                        "Initial Catalog=Datensql1;Integrated Security=True")
    Dim cmd As New SqlCommand("SELECT * FROM Artikel FOR XML AUTO, XMLDATA, ELEMENTS", conn)
    conn.Open()
    Dim myXML As XmlReader = cmd.ExecuteXmlReader()
    Dim ds As New DataSet()
```

```
    ds.ReadXml(myXML, XmlReadMode.Fragment)
    conn.Close()
    DataGridView1.DataSource = ds.Tables(0)
```

How-to-Beispiele

14.1 ... Aktualisierungs- und Löschweitergaben realisieren?

Eine Aktualisierungs- und Löschweitergabe kann auf dem SQL Server mit Hilfe von Triggern realisiert werden.

BEISPIEL

Wird in der Tabelle *Mitarbeiter* eine Person gelöscht, zu der untergeordnete Mitarbeiter vorhanden sind, werden diese ebenfalls gelöscht. Im schlimmsten Fall werden alle Mitarbeiter gelöscht, wenn Sie den Chef aus der Tabelle entfernen, da der Trigger für alle Ebenen (Chef, Abteilungsleiter, Mitarbeiter) erneut ausgelöst wird.

```
CREATE TRIGGER myDelete
ON Mitarbeiter
FOR DELETE
AS
   DELETE FROM Mitarbeiter
   WHERE Mitarbeiter.vorgesetzter = deleted.id
```

14.2 ... Änderungen in Tabellen protokollieren?

Möchten Sie Änderungen an Tabelleninhalten automatisch protokollieren, verwenden Sie am besten einen Trigger, der die jeweiligen Änderungen in einer zweiten LOG-Tabelle (gleiches Layout) speichert. Über die Funktionen *SYSTEM_User* und *GetDate* können Sie zusätzlich speichern, wer wann die Änderung vorgenommen hat.

BEISPIEL

Änderungen in der Tabelle *Mitarbeiter* haben zur Folge, dass die Änderungen mittels Trigger in die Tabelle *mitarbeiter_LOG* geschrieben werden.

```
Create Trigger "tr_log" On dbo.Mitarbeiter
FOR UPDATE
AS
INSERT INTO mitarbeiter_LOG
      SELECT Nr, Anrede,
             Vorname, Nachname,
             Geburtstag, Gehalt,
             Raum, Telefon,
             Vorgesetzter,
             SYSTEM_User,
             GetDate()
      FROM inserted
```

HINWEIS   Da der Trigger direkt auf dem Server ausgeführt wird, ist es irrelevant, mit welcher Client-Anwendung die Daten verändert werden.

14.3   ... SQL-Anweisungen debuggen?

Zwei Varianten bieten sich an:

- Visual Studio 2008
- SQL Profiler (nicht Express-Version)

Debugging im Visual Studio 2010

Öffnen Sie über den Server-Explorer die zu untersuchende Stored Procedure/Function und setzen Sie in der Editoransicht wie gewohnt einen Breakpoint (F9).

Starten Sie nun über das Kontextmenü die gewünschte Prozedur mit *Einzelschritt in gespeicherter Prozedur*. Zunächst aber müssen Sie die Parameter für die Prozedur festlegen:

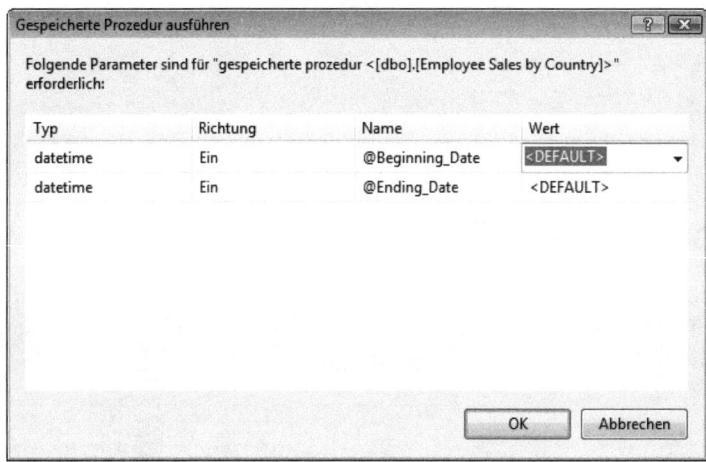

Abbildung 14.51 Beispiel für Parameter festlegen

Nachfolgend wird die Prozedur im Editorfenster geöffnet:

```
ALTER PROCEDURE dbo.NeuerArtikel
    (
    @Bezeichnung varchar(50),
    @Preis float,
    @Anzahl int,
    @Id int OUTPUT
    )

AS
    INSERT INTO [Warenkorb]
    ([Bezeichnung], [Preis], [Anzahl]) VALUES (@Bezeichnung, @Preis, @Anzahl);

    Set @Id = @@Identity


    RETURN 10
```

Abbildung 14.52 Stored Procedure im Debug-Modus

Sie können die Prozedur jetzt zeilenweise durchlaufen und auch Werte von Variablen abfragen (einfach die Maus über die entsprechende Variable bewegen).

SQL Server Profiler

Starten Sie auf dem SQL Server das Programm *SQL Server Profiler*. Über den Menüpunkt *Datei/Neue Ablaufverfolgung* können Sie eine eigene Ablaufverfolgung konfigurieren. Dazu wählen Sie die gewünschten Ereignisse sowie Datenspalten aus und setzen gegebenenfalls Filter, um die Ausgabe gezielt auf einzelne Anwendungen, Datenbanken oder auch Arbeitsstationen zu beschränken:

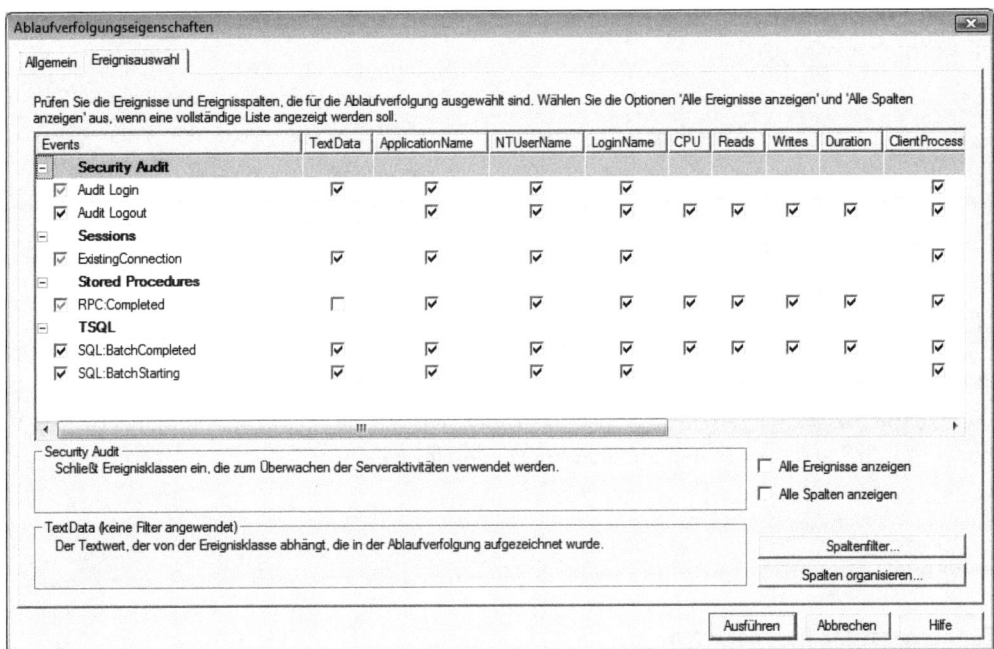

Abbildung 14.53 Eigenschaften für das Debugging setzen

Weiterhin können Sie auch eine LOG-Datei bestimmen, in der die einzelnen Schritte abgelegt werden. Nachfolgend können Sie im Profiler-Fenster die Ausführung der einzelnen SQL-Befehle verfolgen (Abbildung 14.54).

Interessant ist auch, was von der SQL-Anweisung wirklich im Server ankommt. Probleme mit Datentypumwandlungen und Währungswerten lassen sich so leicht erkennen.

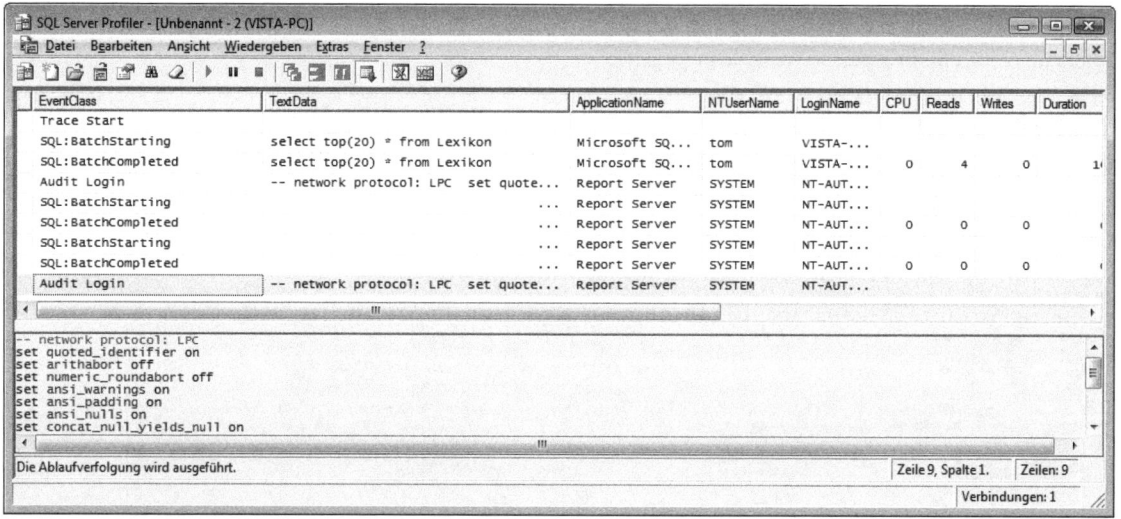

Abbildung 14.54 Debug-Protokoll

14.4   ... ein SqlConnection-Objekt programmieren?

SqlConnection-Objekt: *DataSource*-, *ServerVersion*-, *ConnectionTimeout*-, *Database*-Eigenschaft;

Das vorliegende Beispiel zeigt drei verschiedene Möglichkeiten, wie Sie ein *SqlConnection*-Objekt zur SQL Server-Datenbank *Northwind* ohne Assistentenhilfe erstellen und testen.

Oberfläche

Ein Windows-Formular mit einem *DataGridView* und einem *Button* genügt.

Variante 1: Connectionstring hart kodieren

Bei dieser einfachsten Variante wird die Verbindungszeichenfolge direkt in den Quellcode eingetragen, was allerdings den Nachteil hat, dass der spätere Programmnutzer keine Möglichkeiten mehr hat, daran etwas zu ändern (z.B. Provider- oder Servernamen wechseln).

```
Imports System.Data.SqlClient
Public Class Form1

    Private Sub Button1_Click(ByVal sender As System.Object, ByVal e As System.EventArgs) _
                                                        Handles Button1.Click
        Dim connStr As String =
                    "Data Source=.\SQLEXPRESS;Initial Catalog=Northwind;Integrated Security=True"
        Dim conn As New SqlConnection(connStr)
        connect(conn)
    End Sub
```

Variante 2: Connectionstring in Anwendungskonfigurationsdatei hinterlegen

Bei dieser Variante wird die Verbindungszeichenfolge in der Konfigurationsdatei (*app.config* bzw. *<Anwendungsname>.exe.config*) gespeichert. Der spätere Programmnutzer kann die Datei mit einem Text- oder XML-Editor bearbeiten, um die Verbindungszeichenfolge seinen Bedürfnissen anzupassen.

Wählen Sie das Menü *Projekt/<Projektname>-Eigenschaften...* und öffnen Sie die Registerseite *Einstellungen*. Tragen Sie in die erste Zeile der Liste die folgende Einstellung ein:

- Name: *NorthwindConn*

- Typ: *(Verbindungszeichenfolge)*

- Bereich: *Anwendung*

- Wert: *Data Source=.\\SQLEXPRESS;Initial Catalog=Northwind;Integrated Security=True*

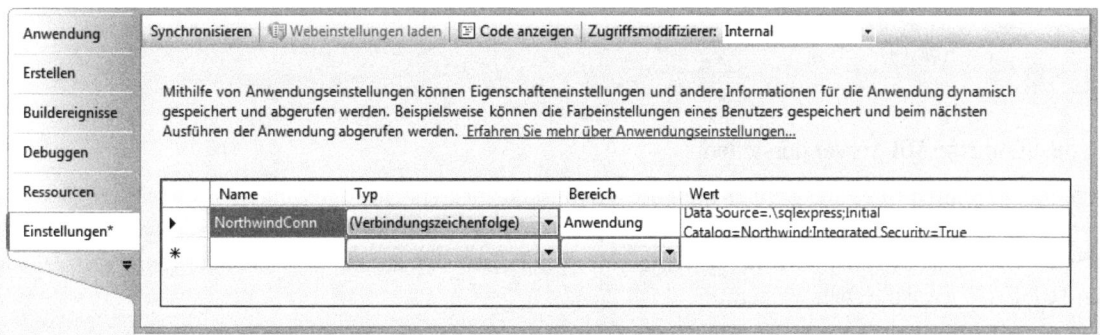

Abbildung 14.55 Eintrag der Verbindungszeichenfolge in die Anwendungseinstellungen

Der Blick in die Datei *app.config* zeigt uns, dass die Verbindungszeichenfolge unter dem Namen *<Anwendungsname>.Properties.Settings.Default.NorthwindConn* in der *ConnectionStrings*-Sektion gelandet ist:

```xml
<?xml version="1.0" encoding="utf-8" ?>
<configuration>
    <configSections>
    </configSections>
    <connectionStrings>
        <add name="WindowsFormsApplication8.Properties.Settings.NorthwindConn"
            connectionString="Data Source=.\sqlexpress;Initial Catalog=Northwind;Integrated Security=True"
            providerName="System.Data.SqlClient" />
    </connectionStrings>
</configuration>
```

Abbildung 14.56 Inhalt der Datei *app.config*

```vb
Private Sub Button2_Click(ByVal sender As System.Object, ByVal e As System.EventArgs) _
                                                        Handles Button2.Click
    Dim connStr As String = My.Settings.NorthwindConn
    Dim conn As New SqlConnection(connStr)
    connect(conn)
End Sub
```

Variante 3: Eine Datenbankdatei (.mdf) verwenden

Falls die Datenbank nicht im SQL Server vorhanden ist, sondern in einer separaten Datei (*Northwind.mdf*) vorliegt, bietet sich diese Variante an. Das hat auch den Vorteil, dass die Datenbankdatei einfach zusammen mit der Anwendung weitergegeben werden kann, ohne auf dem SQL Server des Benutzers installiert werden zu müssen.

HINWEIS   Damit die folgende Verbindungszeichenfolge funktioniert, muss die Datenbankdatei *Northwind.mdf* in das Anwendungsverzeichnis kopiert werden (Datei befindet sich in den Begleitdateien).

```
Private Sub Button3_Click(ByVal sender As System.Object, ByVal e As System.EventArgs) _
                                                        Handles Button3.Click
    Dim connStr As String =
        "Data Source=.\SQLEXPRESS;AttachDbFilename=|DataDirectory|\Northwind.mdf;" & _
                                "Integrated Security=True;User Instance=True"
    Dim conn As New SqlConnection(connStr)
    connect(conn)
End Sub
```

Verbindung zum SQL Server herstellen

Alle drei Varianten rufen die *connect*-Methode auf, um das neu erstellte *SqlConnection*-Objekt auf Brauchbarkeit zu testen. Nach erfolgreicher Verbindungsaufnahme wollen wir bestimmte Eigenschaften des *SqlConnection*-Objekts in einem Meldungsfenster anzeigen lassen. Danach soll der Inhalt der *Employees*-Tabelle im *DataGridView* dargestellt werden.

```
Private Sub connect(ByVal conn As SqlConnection)
    Dim CrLf As String = Environment.NewLine      ' für Zeilenumbruch

    DataGridView1.DataSource = Nothing
    Try
        conn.Open()
        MessageBox.Show("DataSource: " & conn.DataSource & CrLf &
                        "Server Version: " & conn.ServerVersion & CrLf &
                        "TimeOut(sek): " & conn.ConnectionTimeout.ToString() & CrLf &
                        "Database: " & conn.Database, _
                        "Die Verbindung wurde erfolgreich hergestellt !")
    Catch ex As Exception
        MessageBox.Show(ex.Message)
    Finally
        conn.Close()
    End Try
```

Kontrollanzeige:

```
    Dim da As New System.Data.SqlClient.SqlDataAdapter("SELECT * FROM Employees", conn)
    Dim dt As New DataTable()
    da.Fill(dt)
    DataGridView1.DataSource = dt
End Sub

End Class
```

Test

Bevor Sie den Code ausprobieren können, muss natürlich der SQL Server bereit sein. Ist dies nicht der Fall, rufen Sie über das Windows-Startmenü (*Start/Programme/Microsoft SQL Server 2008/Konfigurationstools*) den *SQL Server-Konfigurations-Manager* auf und ändern den Status.

Nun dürfte einer Verbindungsaufnahme nichts mehr im Wege stehen:

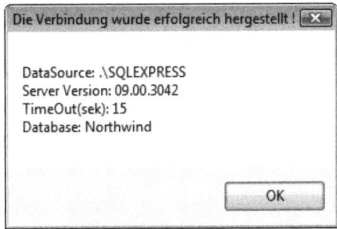

Abbildung 14.57 Anzeige von Eigenschaften der *SqlConnection*

Alle drei Varianten führen zum gleichen Ziel:

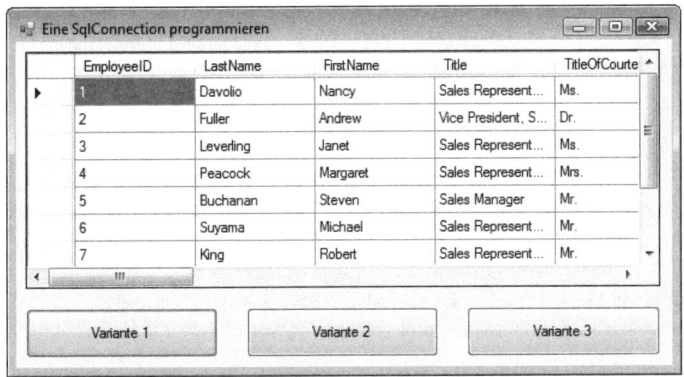

Abbildung 14.58 Anzeige der *Employees*-Tabelle

Bemerkungen

- Wer es gern übersichtlicher hätte, kann für den Zusammenbau der Verbindungszeichenfolge auch einen *SqlConnectionStringBuilder* verwenden, muss dafür aber einige zusätzliche Zeilen Code schreiben

- Ein *OleDbConnection*-Objekt wird auf prinzipiell die gleiche Weise erstellt, lediglich tragen einige Parameter andere Bezeichnungen

14.5   ... eine Gespeicherte Prozedur aufrufen?

Command-Objekt: *CommandType*-Eigenschaft, *Parameters*-Auflistung: *Add*-Methode; *Parameter*-Objekt: *Direction*-, *Value*-Eigenschaft;

Gespeicherte Prozeduren *(Stored Procedures)* werden auf dem Server verwaltet und sind eine besonders effektive Methode, um häufig benötigte Abfragen schnell auszuführen. Über den Menübefehl *Ansicht/ Server-Explorer* können Sie sich einen Überblick über die im SQL Server vorhandenen Beispieldatenbanken und die zugehörigen *Gespeicherten Prozeduren* verschaffen.

Unser Beispiel greift auf die in der *Northwind*-Datenbank enthaltene Gespeicherte Prozedur *Sales by Year* zu. Wie Sie dem Server-Explorer entnehmen können, müssen dazu der Prozedur die Parameter *@Beginning_Date* und *@Ending_Date* übergeben werden.

Falls der SQL Server und die *Northwind*-Datenbank nicht im Server-Explorer zu sehen sind, richten Sie zunächst über das Kontextmenü *Verbindung hinzufügen...* des Knotens *Datenverbindungen* eine neue Verbindung ein.

HINWEIS   Da wir in unserem Beispiel die Verbindung komplett per Code programmieren werden, ist das Einrichten einer Verbindung im Server-Explorer eigentlich überflüssig. Es dient in unserem Fall lediglich dem Erkunden der verfügbaren Gespeicherten Prozeduren und der zu übergebenden Parameter.

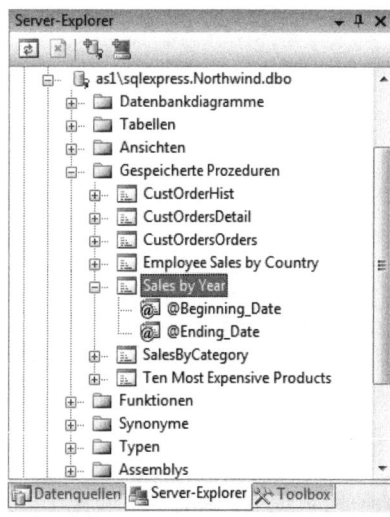

Abbildung 14.59   Der Server-Explorer zeigt die verfügbaren Gespeicherten Prozeduren der *Northwind*-Datenbank und deren Parameter

Oberfläche

Ein *DataGridView*, zwei *TextBox*en und ein *Button* bilden die Testoberfläche (siehe Laufzeitabbildung). Die *TextBox*en dienen zur Eingabe der unteren und oberen Datumsgrenze, die *Button*s dem Start der Abfrage und dem Formatieren der Währungsspalte des *DataGridView*.

Quellcode

```
Public Class Form1
```

Mit SQL Server verbinden:

```
Private Sub Button1_Click(ByVal sender As System.Object, ByVal e As System.EventArgs) _
                                                        Handles Button1.Click
    Dim connStr As String = _
            "Data Source=.\SQLEXPRESS; Initial Catalog=Northwind; Integrated Security=True"
    Dim conn As New SqlConnection(connStr)
    Dim cmd As New SqlCommand("Sales by Year", conn)
    cmd.CommandType = CommandType.StoredProcedure
```

Es folgt nun die Definition der beiden Parameter und das Hinzufügen zur *Parameters*-Auflistung des *Command*-Objekts:

```
Dim parm1 As New SqlParameter("@Beginning_Date", SqlDbType.DateTime)
parm1.Direction = ParameterDirection.Input
parm1.Value = Convert.ToDateTime(TextBox1.Text)
cmd.Parameters.Add(parm1)

Dim parm2 As New SqlParameter("@Ending_Date", SqlDbType.DateTime)
parm2.Direction = ParameterDirection.Input
parm2.Value = Convert.ToDateTime(TextBox2.Text)
cmd.Parameters.Add(parm2)
```

Das nun fertige *Command*-Objekt wird dem Konstruktor des *DataAdapters* übergeben. Nach dem Öffnen der *Connection* wird die Stored Procedure ausgeführt. Die zurückgegebenen Datensätze werden in einer im *DataSet* neu angelegten Tabelle mit einem von uns frei bestimmten Namen »SalesByDate« gespeichert:

```
Dim da As New SqlDataAdapter(cmd)
Dim ds As New DataSet()
conn.Open()
da.Fill(ds, "SalesByDate")
conn.Close()
```

Nach dem Schließen des *Connection*-Objekts erfolgt die Anzeige des Tabelleninhalts im *DataGridView*:

```
DataGridView1.DataSource = ds
DataGridView1.DataMember = "SalesByDate"
End Sub
```

Zumindest die *Subtotal*-Spalte sollte eine ordentliche Euro-Formatierung erhalten, was allerdings einigen Aufwand erfordert:

```
Private Sub Button2_Click(ByVal sender As System.Object, ByVal e As System.EventArgs) _
                                                    Handles Button2.Click
    DataGridView1.Columns.Remove("Subtotal")
    Dim tbc As New DataGridViewTextBoxColumn()
    tbc.DataPropertyName = "Subtotal"
    tbc.HeaderText = "Subtotal"
    tbc.Width = 80
    tbc.DefaultCellStyle.Format = "c"
    tbc.DefaultCellStyle.Alignment = DataGridViewContentAlignment.MiddleRight
    tbc.DisplayIndex = 2
    DataGridView1.Columns.Add(tbc)
End Sub
End Class
```

Test

Ist die Verbindungszeichenfolge zum SQL Server korrekt, so dürfte sich Ihnen nach kurzer Wartezeit der folgende Anblick bieten (Abbildung 14.60).

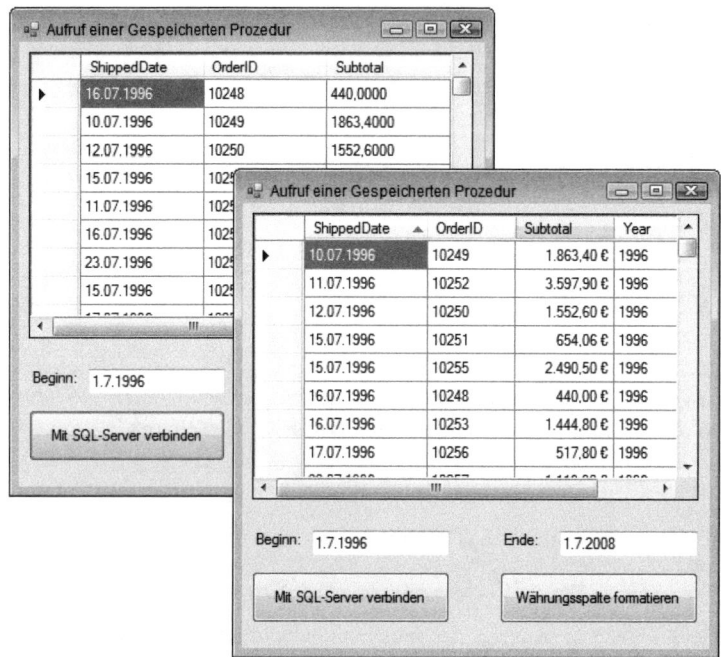

Abbildung 14.60   Laufzeitansicht vor und nach Formatierung der *Subtotal*-Spalte

Bemerkungen

- Weitere Infos zum Formatieren des *DataGridView* finden Sie im How-to 6.9 »... die Spalten im Data-GridView formatieren?«

- Im SQL-Explorer bietet sich Ihnen auch die Möglichkeit zum Testen der Gespeicherten Prozeduren

- Eine Zusammenstellung der möglichen Datentypen für *Parameter*-Objekte finden Sie im Anhang des Kapitels 4

14.6   ... mit Table Value-Parametern arbeiten?

TVP; *DataTable;* Stored Procedure

Mit den Table Value Parameters (TVP) bietet der SQL Server 2008 eine einfache Möglichkeit, größere Datenmengen in Tabellenform mit einem Stored Procedure-Aufruf an den SQL Server zu senden.

Mit dem folgenden einfachen Beispiel werden wir eine lokal erzeugte *DataTable* mit Hilfe eines *DataGrid-View* füllen und nachfolgend an den SQL Server senden. Doch bevor es soweit ist, müssen wir einige Vorarbeiten auf dem SQL Server treffen:

- Erzeugen des Tabellen-Typs

- Erzeugen der Ziel-Tabelle

- Erzeugen der Stored Procedure

Vorarbeiten auf dem SQL Server

Nach Ausführung der folgenden Anweisungen sollten Sie diese Objekte in der Datenbank vorfinden:

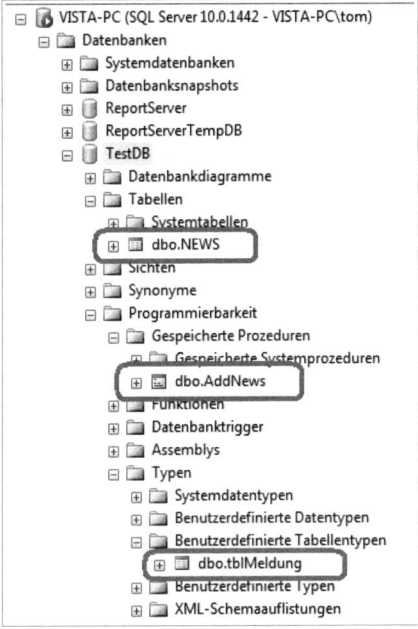

Abbildung 14.61 Die erzeugten Objekte auf dem Server

Zunächst den Typ erzeugen:

```
CREATE TYPE tblMeldung
AS TABLE (Kurztext nvarchar(50), Datum DateTime)
```

Dann die Tabelle erzeugen:

```
CREATE TABLE NEWS(
    Id INT IDENTITY PRIMARY KEY,
    KurzText NVARCHAR(50),
    Datum DATETIME);
```

Jetzt eine passende Prozedur, die den neuen Datentyp verwendet:

```
CREATE Procedure AddNews(@news tblMeldung READONLY)
AS
INSERT INTO News(Kurztext, Datum)
SELECT Kurztext, Datum FROM @news
```

In unserem Fall beschränken wir uns auf das triviale Kopieren der Daten in die Tabelle. An dieser Stelle könnte auch eine wesentlich komplexere Logik stehen.

HINWEIS Führen Sie die obigen T-SQL-Statements beispielsweise mit dem SQL Server Management Studio aus.

Oberfläche (Client)

Lediglich ein *DataGridView* und eine Schaltfläche für die Übermittlung der Daten.

Quellcode

Die Programmierung auf dem Client ist ganz normale ADO.NET-Programmierung:

```
...
Imports System.Data.SqlClient
...
```

DataTable definieren

```
    Private tblNeueMeldungen As DataTable

    Private Sub Form1_Load(ByVal sender As Object, ByVal e As EventArgs) Handles MyBase.Load
        tblNeueMeldungen = New DataTable()
        tblNeueMeldungen.Columns.Add("Kurztext", GetType(String))
        tblNeueMeldungen.Columns.Add("Datum", GetType(System.DateTime))
```

... und an das *DataGridView* binden:

```
        DataGridView1.DataSource = tblNeueMeldungen
    End Sub
```

Verbindung zum Server aufbauen:

```
    Private Sub Button1_Click(ByVal sender As Object, ByVal e As EventArgs) Handles Button1.Click

        Dim conn As New SqlConnection("Data Source=.\SQLEXPRESS;" &
                                "AttachDbFilename=|DataDirectory|\NorthwindNeu.mdf;" &
                                "Integrated Security=True;User Instance=False")
        conn.Open()
```

Die Stored Procedure konfigurieren und den Parameter wie gewohnt übergeben. Einziger Unterschied: In diesem Fall handelt es sich um eine komplette Tabelle.

```
        Dim cmd As New SqlCommand("AddNews", conn)
        cmd.CommandType = CommandType.StoredProcedure
        cmd.Parameters.AddWithValue("News", tblNeueMeldungen)
```

Ausführen und Verbindung schließen:

```
        cmd.ExecuteNonQuery()
        conn.Close()
        cmd.Dispose()
        conn.Dispose()
    End Sub
```

Test

Geben Sie einige Werte in das *DataGridView* ein und übertragen Sie die Daten zum Server. Kontrollieren Sie beispielsweise mit dem Management Studio, ob die Daten auch korrekt in die Tabelle *News* eingefügt wurden.

14.7   … mit Stapel-Abfragen arbeiten?

DataAdapter-Objekt: *TableMappings*-Auflistung; *Command*-Objekt: *CommandText*-, *UpdatedRowSource*-Eigenschaft; OleDb-Provider für SQL Server;

Mit einer Stapel- bzw. Batch-Abfrage werden mehrere SQL-Befehle hintereinander ausgeführt, sodass Sie sich mehrere Datensatzgruppen quasi »in einem Schwung« von der Datenbank abholen können. In diesem Beispiel wollen wir uns mittels Batch-Abfrage Datensätze der Tabellen *Customers* und *Orders* der *Northwind*-Datenbank des SQL Servers anzeigen lassen.

Oberfläche

Ein *DataGridView* und zwei *Button*s genügen für einen Test (siehe Laufzeitabbildung).

Quellcode

```
Imports System.Data.OleDb

Public Class Form1
    Private ds As DataSet
```

Alles Wesentliche passiert bereits beim Laden des Formulars:

```
    Protected Overrides Sub OnLoad(ByVal e As System.EventArgs)
        Dim conn As New OleDbConnection()
        conn.ConnectionString =
            "Provider=SQLOLEDB.1;Data Source=.\SQLEXPRESS;Database=Northwind;Integrated Security=SSPI"
```

Die Batch-Abfrage kapselt zwei SELECT-Anweisungen in einem String:

```
        Dim sqlBatch As String = "SELECT CustomerID, CompanyName, ContactName, ContactTitle " &
                                 "FROM Customers WHERE CustomerID = 'ALFKI'; " &
                                 "SELECT OrderID, OrderDate, RequiredDate, ShippedDate, Freight " &
                                 "FROM Orders WHERE CustomerID = 'ALFKI'"
        Dim cmd As New OleDbCommand(sqlBatch, conn)
        cmd.UpdatedRowSource = UpdateRowSource.None
        Dim da As New OleDbDataAdapter(cmd)
```

Wenn Sie die folgenden beiden Anweisungen weglassen, generiert der *DataAdapter* zwei Tabellen mit den Namen *Table* und *Table1*, was wenig aussagekräftig wäre:

```
        da.TableMappings.Add("Table", "Customers")
        da.TableMappings.Add("Table1", "Orders")
        ds = New DataSet()
        Try
            da.Fill(ds)
        Catch ex As Exception
            MessageBox.Show(ex.Message)
        End Try
        DataGridView1.DataSource = ds

        MyBase.OnLoad(e)
    End Sub
```

Die *Customers*-Tabelle anzeigen:

```
Private Sub Button1_Click(ByVal sender As System.Object, ByVal e As System.EventArgs) _
                                                            Handles Button1.Click
    DataGridView1.DataMember = "Customers"
End Sub
```

Die *Orders*-Tabelle anzeigen:

```
Private Sub Button2_Click(ByVal sender As System.Object, ByVal e As System.EventArgs) _
                                                            Handles Button2.Click
    DataGridView1.DataMember = "Orders"
    End Sub
End Class
```

Test

Sofort nach Programmstart sehen Sie nur das leere Datengitter. Anschließend können Sie sich die Ergebnisse beider Abfragen anzeigen lassen:

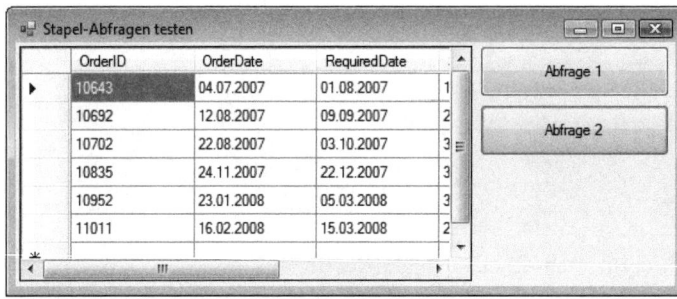

Abbildung 14.62 Laufzeitansicht

Bemerkungen

- Wenn Sie die *UpdatedRowSource*-Eigenschaft des *Command*-Objekts auf ihrem Standardwert (*Both*) belassen, hat dies eine kleine Zeiteinbuße zur Folge, da das *Command*-Objekt eine Überprüfung auf eventuelle Rückgabewerte vornimmt wie sie z.B. dann möglich sind, wenn in der Stapel-Abfrage auf einen UPDATE-Befehl ein SELECT-Befehl folgt.

- Leider unterstützt Microsoft Access keine Batch-Abfragen, sodass ein äquivalenter Code für den Zugriff auf *Nordwind.mdb* nicht funktionieren würde.

14.8   ... Query Notifications einrichten und auswerten?

SqlDependency-Klasse: *Start*-, *Stop*-Methode; *OnChange*-Ereignis; *System.Security.Permissions*-Namespace; UI-Thread;

Der SQL Server bietet auch die Möglichkeit, Benachrichtigungen über Datenänderungen (QueryNotifications) sofort an den Client zu übertragen. Dieses Beispiel zeigt, wie unter Verwendung der Klasse *SqlDependency* Ihr Client sofort benachrichtigt wird, wenn in der *Customers*-Tabelle der *Northwind*-Beispieldatenbank Daten geändert wurden.

Prinzip

Zu Beginn muss der Client beim SQL Server sein Interesse an der Beobachtung einer bestimmten Datenmenge anmelden. Treten Veränderungen in dieser Datenmenge auf (Ändern, Hinzufügen und Löschen von
Datensätzen), löst das *SqlDependency*-Objekt das *OnChange*-Ereignis aus, sodass der Client »weiß«, dass er
die Daten erneut abrufen sollte um wieder auf dem aktuellen Stand zu sein.

HINWEIS   Query Notifications machen das zyklische Abfragen (Polling) der Datenbank überflüssig und führen damit zu
einer geringen Netzwerkbelastung, da es nur im Fall von Datenänderungen zu Benachrichtigungen kommt.

Oberfläche

Auf dem Startformular *Form1* platzieren Sie ein *DataGridView*, eine *ListBox*, einen *Button* und ein *Status-
Strip*-Komponente mit einem *StatusLabel* (siehe Laufzeitabbildung).

Quellcode

```
Imports System.Data.SqlClient
Imports System.ComponentModel
Imports System.Security.Permissions

Public Class Form1
```

Bei Instanziierung der *SqlDependency*-Klasse ist ein *SqlCommand*-Objekt zu übergeben, dessen SELECT-Befehl die zu überwachende Datenmenge repräsentiert. Dem Tabellennamen ist ein »dbo.« voranzustellen.

```
    Private Const SQLSTR As String = "SELECT CustomerID, CompanyName, ContactName, ContactTitle " &
                                      "FROM dbo.Customers ORDER BY CompanyName"
    Private csb As SqlConnectionStringBuilder
    Private conn As SqlConnection
    Private cmd As SqlCommand
    Private ds As DataSet
    Private count As Integer
    Private Const msg As String = "{0} Änderungen sind aufgetreten."
```

Um die Klasse *SqlDependency* nutzen zu können, muss unsere Anwendung über eine *SqlClientPermission* verfügen:

```
    Private Function canRequestNotifications() As Boolean
        Try
            Dim perm As New SqlClientPermission(PermissionState.Unrestricted)
            perm.Demand()
            Return True
        Catch
            Return False
        End Try
    End Function
```

Beim Laden des Formulars sind auch einige Startaktivitäten zu erledigen:

```
    Protected Overrides Sub OnLoad(ByVal e As System.EventArgs)
```

Clientberechtigung prüfen:

```
    Button1.Enabled = canRequestNotifications()
```

Verbindungszeichenfolge zusammenbauen:

```
    csb = New SqlConnectionStringBuilder()
    csb.DataSource = ".\SQLEXPRESS"
    csb.IntegratedSecurity = True
    csb.InitialCatalog = "Northwind"

    MyBase.OnLoad(e)
End Sub          }
```

Die folgende Methode sorgt für die Anmeldung der Benachrichtigungen beim Server sowie für das Laden und die Anzeige der Daten:

```
Private Sub getData()
    ds.Clear()
```

Sicherstellen, dass das *Command*-Objekt nicht bereits mit einer Notification verknüpft ist:

```
    cmd.Notification = Nothing
```

Ein *SqlDependency*-Objekt erzeugen und mit dem *Command*-Objekt verbinden:

```
    Dim dep As New SqlDependency(cmd)
```

Eventhandler anmelden:

```
    AddHandler dep.OnChange, AddressOf Me.dep_OnChange
```

Daten laden und anzeigen:

```
    Dim da As SqlDataAdapter = New SqlDataAdapter(cmd)
    da.Fill(ds, "Customers")
    DataGridView1.DataSource = ds
    DataGridView1.DataMember = "Customers"
End Sub
```

Die Schaltfläche »Mit SQL Server verbinden«:

```
Private Sub Button1_Click(ByVal sender As System.Object, ByVal e As System.EventArgs) _
                                                        Handles Button1.Click
    count = 0
    ToolStripStatusLabel1.Text = String.Format(msg, count)
```

Eine existierende *Dependency*-Connection anhalten und neu starten:

```
    SqlDependency.Stop(csb.ConnectionString)
    SqlDependency.Start(csb.ConnectionString)
    If IsNothing(conn) Then conn = New SqlConnection(csb.ConnectionString)
    If IsNothing(cmd) Then cmd = New SqlCommand(SQLSTR, conn)
    If IsNothing(ds) Then ds = New DataSet()
    getData()
End Sub
```

Der Knackpunkt unserer Anwendung ist der *OnChange*-Eventhandler:

```
Private Sub dep_OnChange(ByVal sender As Object, ByVal e As SqlNotificationEventArgs)
```

Da das *OnChange*-Event nicht im Thread der Benutzerschnittstelle (UI Thread), sondern in einem anderen Thread (Benachrichtigungsthread aus dem Threadpool) auftritt, ist ein Aktualisieren der Benutzerschnittstelle zunächst nicht möglich. Der folgende Code führt die notwendigen Aktionen aus, um zum UI Thread umzuschalten und die Ereignisbehandlung erneut zu registrieren:

```
Dim isi As ISynchronizeInvoke = CType(Me, ISynchronizeInvoke)
```

Falls gilt *InvokeRequired = True*, wird der Code im Benachrichtigungsthread ausgeführt:

```
If isi.InvokeRequired Then
```

Delegate für Thread-Schalter erzeugen:

```
Dim tmpDeleg As New OnChangeEventHandler(AddressOf Me.dep_OnChange)
Dim args() As Object = {sender, e}
```

Daten-Marshalling vom Arbeitsthread zum UI Thread:

```
isi.BeginInvoke(tmpDeleg, args)
Return
End If
```

»Der Mohr hat seine Schuldigkeit getan!« – unser Notification-Handler wird nicht mehr benötigt:

```
Dim dep As SqlDependency = CType(sender, SqlDependency)
RemoveHandler dep.OnChange, AddressOf Me.dep_OnChange
```

Der Code wird nun im UI Thread ausgeführt:

```
count += 1
ToolStripStatusLabel1.Text = String.Format(msg, count)
ListBox1.Items.Clear()
ListBox1.Items.Add("Type: " & e.Type.ToString)
ListBox1.Items.Add("Source: " & e.Source.ToString)
ListBox1.Items.Add("Info: " & e.Info.ToString)
```

Geänderte Daten laden und anzeigen:

```
getData()
End Sub
```

Abschließende Aktivitäten:

```
Protected Overrides Sub OnClosed(ByVal e As System.EventArgs)
    SqlDependency.Stop(csb.ConnectionString)
    If Not IsNothing(conn) Then conn.Close()
    MyBase.OnClosed(e)
End Sub
```

```
End Class
```

Test

Starten Sie die Anwendung und stellen Sie die Verbindung zum SQL Server her. Haben Sie die *North-wind*-Beispieldatenbank vorschriftsmäßig installiert, ist der SQL Server gestartet und stimmt der Connectionstring, so dürfte es keine Probleme bei der Anzeige der *Customers*-Tabelle geben.

HINWEIS   Um Veränderungen der Daten »life« beobachten zu können, müssen Sie mit einer zweiten Client-Anwendung Datensätze der *Customers*-Tabelle manipulieren (ändern, hinzufügen, löschen).

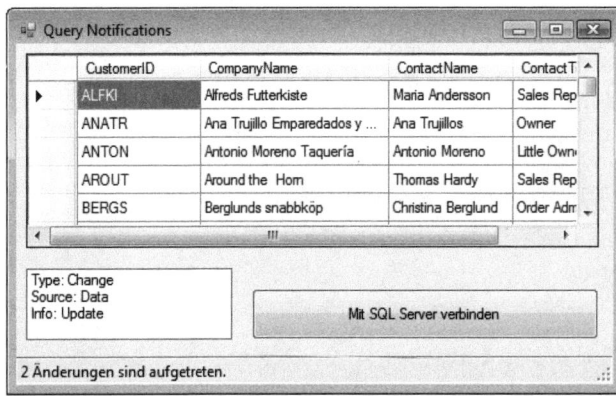

Abbildung 14.63   Laufzeitansicht

HINWEIS   Sie werden feststellen, dass die an der Datenbank vorgenommenen Änderungen sofort angezeigt werden. Außerdem erhalten Sie weitere Informationen, die in der *ListBox* und in der Statusleiste erscheinen.

Ärger mit dem SQL Server Service Broker

Sollte die Anwendung bereits beim Start ihren Dienst verweigern und mit folgendem Fehler stoppen, muss für die betreffende Datenbank der SQL Server Service Broker erst noch aktiviert werden.

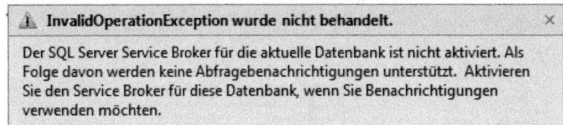

Abbildung 14.64   Fehler beim Programmstart

Abhilfe schafft folgendes T-SQL-Skript, das Sie für die betreffenden Datenbank im SQL Server Management Studio ausführen:

```
USE master;
GO
ALTER DATABASE northwind SET ENABLE_BROKER;
GO
USE northwind;
```

Hilfsclient zum Datenbank-Update

Wer auf Anhieb kein geeignetes Clientprogramm zur Datenbankmanipulation zur Hand hat, kann sich als Behelfslösung ein neues Windows Forms-Projekt erstellen, dessen Startformular lediglich mit einem *Data-GridView* und einer *Update*-Schaltfläche bestückt ist:

```
Imports System.Data.SqlClient
...
Public Class Form1
    Dim da As SqlDataAdapter
    Dim ds As DataSet

    Protected Overrides Sub OnLoad(ByVal e As System.EventArgs)
        Dim conn As SqlConnection = New SqlConnection(
            "Data Source=.\SQLEXPRESS; Initial Catalog=Northwind; Integrated Security=sspi;")
        Dim cmd As SqlCommand = New SqlCommand("SELECT * FROM Customers", conn)
        da = New SqlDataAdapter(cmd)
        Dim cb As New SqlCommandBuilder(da)
        ds = New DataSet()
        da.Fill(ds, "Customers")
        DataGridView1.DataSource = ds
        DataGridView1.DataMember = "Customers"
        MyBase.OnLoad(e)
    End Sub
```

Die »Update«-Schaltfläche:

```
    Private Sub Button1_Click(ByVal sender As System.Object, ByVal e As System.EventArgs) _
                                                            Handles Button1.Click
        da.Update(ds, "Customers")
    End Sub

End Class
```

Nach Start dieses Programms können Sie direkt im *DataGridView* Datensätze hinzufügen, löschen oder ändern und diese mittels *Update*-Schaltfläche in die Datenbank befördern.

HINWEIS   Um den Originalinhalt der *Northwind*-Datenbank nicht zu zerstören, sollten Sie nur solche Datensätze manipulieren, die Sie vorher selbst hinzugefügt haben!

14.9 ... die MARS-Technologie kennen lernen?

Connection-Objekt: *MultipleActiveResultSets*-Eigenschaft; *Command*-Objekt: *ExecuteReader*-Methode, *Parameters*-Auflistung; *DataReader*-Objekt: *Read*-Methode;

Durch MARS wird es z.B. möglich, dass auf einer Verbindung mehrere *DataReader* gemeinsam betrieben werden können (siehe Seite 997).

Das Beispiel demonstriert, wie eine einzelne Bestellung aus der *Orders*-Tabelle von der *Northwind*-Datenbank gelesen und benutzt wird, um den *UnitsOnOrder*-Bestand des Artikels (*Products*-Tabelle) entsprechend der verkauften Anzahl (*Quantity*) zu erhöhen.

- Die typische Lösung (ohne MARS) erfordert zwei aufeinanderfolgende Verbindungen zur Datenbank, eine zum Lesen der Anzahl des verkauften Artikels und eine zum Aktualisieren der bestellten Einheiten. Außerdem müssen die gelesenen Daten zwischengespeichert werden.

- Die Lösung mit MARS braucht nur eine einzige Verbindung und kommt ohne Datencache aus.

HINWEIS   Um den Originalinhalt der *Northwind*-Datenbank des SQL Servers nicht zu zerstören, verwenden wir für unsere Experimente die Datenbankdatei *Northwind.mdf*, die vorher in das Anwendungsverzeichnis zu kopieren ist (siehe Begleitdateien).

Oberfläche

Auf *Form1* setzen Sie zwei *Buttons* (zum Starten der Varianten »Ohne MARS« und »Mit MARS«) und ein *DataGridView* (zur Kontrollanzeige).

Quellcode (ohne MARS)

```
Imports System.Data.SqlClient

Public Class Form1
```

Es beginnt mit einigen globalen Konstanten, die für beide Varianten (ohne und mit MARS) Gültigkeit haben. Die Datenbankdatei *Northwind.mdf befindet* sich im Anwendungsverzeichnis:

```
    Private Const CONNSTR As String = "Data Source=.\SQLEXPRESS;AttachDbFilename=|DataDirectory|" &
                                       "\\Northwind.mdf;Integrated Security=True;User Instance=True"
```

Die *OrderID* einer gültigen Bestellung (standardmäßig zwischen 10248 ... 1069):

```
    Private Const OID As String = "10250"
```

Dieser SQL-Befehl selektiert alle Bestelldetails für die festgelegte *OrderID*:

```
    Private Const SQL1 As String = "SELECT * FROM [Order Details] WHERE OrderID = " & OID
```

Dieser SQL-Befehl aktualisiert die *Product*-Tabelle, wobei als Parameter die Anzahl (*Quantity*) und die *ProductID* übergeben werden:

```
    Private Const SQL2 As String = "UPDATE Products SET UnitsOnOrder=UnitsOnOrder & @anz " &
                                   "WHERE (ProductID=@pid)"
```

Es kann losgehen:

```
    Private Sub Button1_Click(ByVal sender As System.Object, ByVal e As System.EventArgs) _
                                                            Handles Button1.Click
```

Ein *DataReader* liest *ProductID* und *Quantity* aus der *Order Details*-Tabelle in den Datencache. Als Zwischenspeicher wird jeweils eine *ArrayList* verwendet:

```
        Dim aIDs As New ArrayList()
        Dim aQts As New ArrayList()
        Dim conn1 As New SqlConnection(CONNSTR)
        conn1.Open()
```

```
        Dim cmd1 As New SqlCommand(SQL1, conn1)

        Using reader As SqlDataReader = cmd1.ExecuteReader()
            While reader.Read()
                aIDs.Add(reader("ProductID"))
                aQts.Add(reader("Quantity"))
            End While
        End Using
        conn1.Close()
```

In einem zweiten Durchlauf wird die *Products*-Tabelle mit den Werten des Datencache aktualisiert:

```
        Dim conn2 As New SqlConnection(CONNSTR)
        conn2.Open()
        Dim cmd2 As New SqlCommand(SQL2, conn2)
        cmd2.Parameters.Add("@anz", SqlDbType.SmallInt)
        cmd2.Parameters.Add("@pid", SqlDbType.Int)
        For i As Integer = 0 To aIDs.Count - 1
            cmd2.Parameters("@anz").Value = aQts(i)
            cmd2.Parameters("@pid").Value = aIDs(i)
            cmd2.ExecuteNonQuery()
        Next i
        conn2.Close()
        showResults()
        conn1.Close()
    End Sub
```

Quellcode (mit MARS)

```
    Private Sub Button2_Click(ByVal sender As System.Object, ByVal e As System.EventArgs) _
                                                        Handles Button2.Click
```

Durch das Anhängen eines Eintrags wird der Connectionstring »MARS-fähig« gemacht:

```
        Dim conn As New SqlConnection(CONNSTR & ";MultipleActiveResultSets=True")
        conn.Open()
        Dim cmd1 As New SqlCommand(SQL1, conn)
        Dim cmd2 As New SqlCommand(SQL2, conn)

        cmd2.Parameters.Add("@anz", SqlDbType.SmallInt)
        cmd2.Parameters.Add("@pid", SqlDbType.Int)
```

Ein Durchlauf des *DataReader*s genügt, um die *Order Details*-Tabelle auszulesen und gleichzeitig die *Products*-Tabelle zu aktualisieren, ein Datencache wird nicht benötigt:

```
        Using reader As SqlDataReader = cmd1.ExecuteReader()
            While reader.Read()
                cmd2.Parameters("@anz").Value = reader("Quantity")
                cmd2.Parameters("@pid").Value = reader("ProductID")
                cmd2.ExecuteNonQuery()
            End While
        End Using
        conn.Close()
        showResults()
    End Sub
```

Quellcode (für Kontrollanzeige)

Der folgende Code hat mit MARS nichts zu tun, wir wollen uns lediglich vergewissern, ob die *Products*-Tabelle tatsächlich aktualisiert worden ist. Die folgende Methode zeigt die Spalten *Quantity* (Tabelle *Order Details)* und die Spalten *ProductName* und *UnitsOnOrder* (Tabelle *Products*) im *DataGridView* an:

```
Private Sub showResults()
    Const SQL As String = "SELECT ProductName, Quantity, UnitsOnOrder " &
                          "FROM Products, [Order Details] " &
                          "WHERE ([Order Details].OrderID = " & OID & ") " &
                          "AND (Products.ProductID = [Order Details].ProductID)"
    Dim da As New SqlDataAdapter(SQL, New SqlConnection(CONNSTR))
    Dim dt As New DataTable()
    da.Fill(dt)
    DataGridView1.DataSource = dt
End Sub
```

Test

Natürlich sollte der SQL Server gestartet sein. Auf welche der beiden Schaltflächen Sie nach dem Programmstart klicken ist egal – das Ergebnis bleibt dasselbe. Sie werden feststellen, dass sich bei jedem Klick die Werte der *UnitsOnOrder*-Spalte um den Betrag der Werte der *Quantity*-Spalte erhöhen.

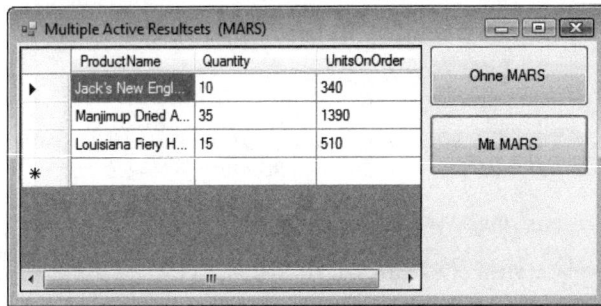

Abbildung 14.65 Laufzeitansicht

Bemerkungen

- Das Beispiel hat gezeigt, dass ohne MARS die Ergebnisse der ersten Abfrage in einem Zwischenspeicher abgelegt werden müssen, um sie dann in der zweiten Abfrage verwenden zu können. Das kann bei einer hoch frequentierten Website einen erheblichen Mehraufwand an Arbeitsspeicher bedeuten.

- Das Problem ließe sich auch mit zwei gleichzeitig geöffneten Verbindungen lösen, aber auch das bedeutet eine Verschwendung von Ressourcen.

- MARS bietet die beste Lösung des Problems, denn Sie benötigen nur eine geöffnete Verbindung und brauchen auch keinen Arbeitsspeicher für die Zwischenablage von Abfrageergebnissen zu vergeuden. Außerdem ist der MARS-Code deutlich kürzer und übersichtlicher, was der Wartbarkeit des Programms zugute kommt.

- Wer das Programm noch komfortabler gestalten möchte, kann die Werte der *OrderID* mittels einer *NumericUpDown*-Komponente variabel einstellen. Bei einer standardmäßigen *Northwind*-Datenbank käme dafür der Bereich zwischen 10248 und 11069 infrage.

- Wer nicht mit der Datenbankdatei *Northwind.mdf* (siehe Begleitdateien) arbeiten möchte, kann auch (falls vorhanden) auf die im SQL Server installierte *Northwind*-Datenbank mit dem üblichen Connectionstring zugreifen (siehe Seite 1028).

14.10 ... Row-Constructors verwenden?

Seit der Einführung des SQL Servers 2008 gibt es auch die Möglichkeit, komplette Tabellendaten mittels Row-Constructor zu erzeugen bzw. mehrere Zeichen gleichzeitig per INSERT INTO in eine Tabelle einzufügen.

BEISPIEL

Erzeugen von Tabellendaten per Row-Constructor

```
SELECT
   *
FROM
(VALUES
   (1,'Manfred','Müller',5122.12),
   (2,'Otto','Buchfink',3452.12),
   (3,'Paul','Huhn',2172.7),
   (4,'Thomas','Gewinnus',1099.1)
)
AS Mitarbeiter(Id, Vorname, Nachname, Gehalt)
```

Das Ergebnis ist folgende zurückgegebene Tabelle (z.B. aus einer Gespeicherten Prozedur):

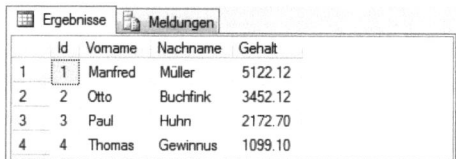

	Id	Vorname	Nachname	Gehalt
1	1	Manfred	Müller	5122.12
2	2	Otto	Buchfink	3452.12
3	3	Paul	Huhn	2172.70
4	4	Thomas	Gewinnus	1099.10

Abbildung 14.66 Abfrageergebnis

Diese Vorgehensweise funktioniert auch beim Einfügen in Tabellen, wie es das folgende Beispiel zeigt.

BEISPIEL

Row-Constructors für INSERT INTO verwenden

```
INSERT INTO
   [NEWS] (Kurztext, Datum)
VALUES
   ('Haus überflutet','1.1.2008'),
   ('Baum umgefallen','17.4.2008'),
   ('Auto gestohlen','8.8.2008')
```

Das Ergebnis zeigt die Abbildung 14.67.

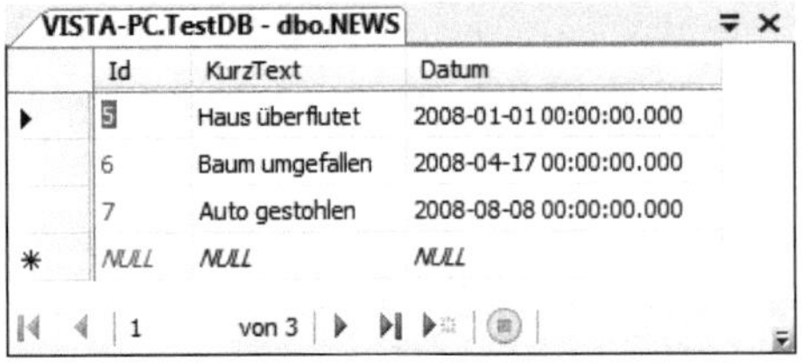

Abbildung 14.67 Tabelleninhalt nach der Ausführung

Damit steht Ihnen neben den Table Value-Parametern (siehe Seite 1034) eine weitere Möglichkeit zur Verfügung, mehrere Datensätze in einem Schwung zum Server zu übertragen.

Kapitel 15

SQL Server Compact

Nachdem wir Sie in den vorhergehenden Kapiteln mit den bekannteren Microsoft-Datenbanken vertraut gemacht haben, wollen wir es nicht versäumen, Ihnen auch eine in vielen Fällen sinnvolle Alternative vorzustellen.

Sehr zu Unrecht fristet der schon seit längerem erhältliche *SQL Server Compact* ein Schattendasein, das er nicht verdient hat. Viele Entwickler setzen für ihre Produkte lieber auf den SQL Server Express, was jedoch nicht in jedem Fall angebracht ist.

HINWEIS   Sollten Sie lokale Datenbankanwendungen entwickeln prüfen Sie bitte genau, ob nicht auch der SQL Server Compact Ihre Anforderungen erfüllt. Sie machen es sich und dem Endanwender Ihrer Produkte wesentlich einfacher. Zum Einen haben Sie keine Probleme durch fehlende Rechte bei der Installation des SQL Server Express, zum Anderen sind Backup und Wartung der Datenbank wesentlich einfacher.

Einsatzszenarien

Bevor wir uns der Verwendung des Microsoft SQL Server Compact widmen, wollen wir einen Blick auf seine Fähigkeiten und Beschränkungen werfen. Letzteres stellen wir ausnahmsweise voran, da es einen wesentlichen Unterschied zum SQL Server Express gibt.

Einschränkungen

Beim SQL Server Compact handelt es sich um eine Datenbankengine, die ausschließlich für lokale, d.h. Desktop-Anwendungen entwickelt wurde. Die Datenbankengine läuft nicht als eigenständiger Dienst, sondern wird in Form einiger DLLs direkt mit Ihrer Anwendung verknüpft und läuft deshalb auch nur im Kontext der jeweiligen Datenbank-Applikation. Die weiteren relevanten Limits sind eine Beschränkung auf maximal 256 gleichzeitige Verbindungen (empfohlen max. 100) sowie eine Größenbeschränkung auf 4 GB große Datenbanken[1].

HINWEIS   Wem die Beschränkung auf 4 GB nicht mehr ganz zeitgemäß erscheint, der findet im folgenden Kapitel mit SQLite eine sinnvolle Alternative zum SQL Server Compact.

Im Unterschied zu den großen Brüdern unterstützt die Compact-Version kein(e):

- Procedurales T-SQL
- Distributed Transactions
- Native XML, XQuery/QPath
- Stored Procedures
- Views
- Trigger
- User- und Rechteverwaltung
- Datenbankdiagramme

---

[1] Das sind schon 2 GB mehr als bei den Access-Datenbanken, wie sie sonst sehr häufig im Desktopbereich genutzt werden.

Insbesondere der letzte Punkt ist beim Entwurf neuer Datenbanken etwas hinderlich, Sie sehen immer nur eine Tabelle mit ihren Abhängigkeiten und nie einen Gesamtüberblick. Aber für riesengroße Projekte ist die Compact-Version ja auch nicht gedacht.

Doch jetzt genug der Einschränkungen, sehen wir uns nun die Vorteile an.

Fähigkeiten/Vorteile

Der sicher größte Vorteil dieser Datenbankengine ist ihr kompakter Aufbau (die nötigen DLLs erfordern weniger als 2 MB) und die moderaten Anforderungen an den Arbeitsspeicher. Beides ist sicher auch der Grund dafür, dass der SQL Server Compact ebenfalls unter Windows Mobile lauffähig ist. Am anderen Ende des Spektrums steht die native 64-Bit Unterstützung zum Beispiel unter Windows 2008 Server oder auch Windows 7. In jedem Fall ist Ihre Anwendung jedoch unabhängig von extra zu installierenden Serveranwendungen.

Da es sich um eine rein dateibasierte Datenbank handelt, sind sowohl die Weitergabe, das Backup als auch die Wartung recht einfach realisierbar. Zusammen mit der Unterstützung für das ADO.NET Sync-Framework bietet sich ebenfalls die Möglichkeit, diese SQL-Serverversion als lokalen Datenbank-Zwischenspeicher zu verwenden und so offline umfangreiche Datenbestände verfügbar zu machen.

HINWEIS   Wer sich Sorgen um die Datensicherheit macht (User- und Rechteverwaltung) kann immer noch von der möglichen Dateiverschlüsselung profitieren, um unliebsame Blicke in die Datenbank zu verhindern.

Auch um den Datentransfer zwischen SQL Server Compact und den großen Brüdern brauchen Sie sich dank Unterstützung für Mergereplikation und Remotedatenzugriff (RDA) keinen Kopf zu machen. Da sich der SQL Server Compact in weiten Teilen wie die »echten« SQL Server ansprechen lässt, ist der Migrationsaufwand in die eine oder andere Richtung recht gering, sieht man einmal von den oben genannten Einschränkungen ab.

Die umfassende Unterstützung für das ADO.NET Entity Framework ermöglicht Ihnen auch den Entwurf komplexerer Anwendungen die von LINQ-Ausdrücken Gebrauch machen[1].

Last but not least wird der SQL Server Compact von Microsoft kostenlos angeboten und kann ohne Lizenzgebühren verwendet werden.

Installation

Arbeiten Sie mit Visual Studio 2010 ist die aktuelle Version (derzeit SQL Server Compact 3.5 SP2) bereits auf Ihrem PC installiert, ansonsten finden Sie die Installationsdateien unter folgender Adresse:

WWW   http://www.microsoft.com/downloads/details.aspx?displaylang=de&FamilyID=e497988a-c93a-404c-b161-3a0b323dce24

---

[1] Die Verwendung von LINQ to SQL ist ebenfalls möglich, eine Designer-Unterstützung haben Sie in diesem Fall jedoch nicht.

Haben Sie das Installationspackage erfolgreich heruntergeladen, packen Sie zunächst die Dateien aus. Enthalten sind sowohl eine 32- als auch eine 64-Bit-Version.

HINWEIS   Beachten Sie, dass Sie auf 64-Bit-Systemen beide Versionen installieren, andernfalls kommt es zu Problemen mit möglicherweise bereits vorhandenen Applikationen. Dies gilt auch, wenn Sie später eine entsprechende Setup-Applikation für Ihre Anwendung erstellen. In diesem Fall nehmen Sie beide Packages in Ihr Setup auf.

Die Dokumentation (*Books Online*) finden Sie unter folgender Webadresse:

WWW   http://www.microsoft.com/downloads/details.aspx?displaylang=de&FamilyID=1ff0529a-eb1f-4044-b4b7-40b00710f7b7

Nach der Installation haben Sie über das Startmenü (SQL Server Compact 3.5) Zugriff auf die gewünschten Hilfeseiten:

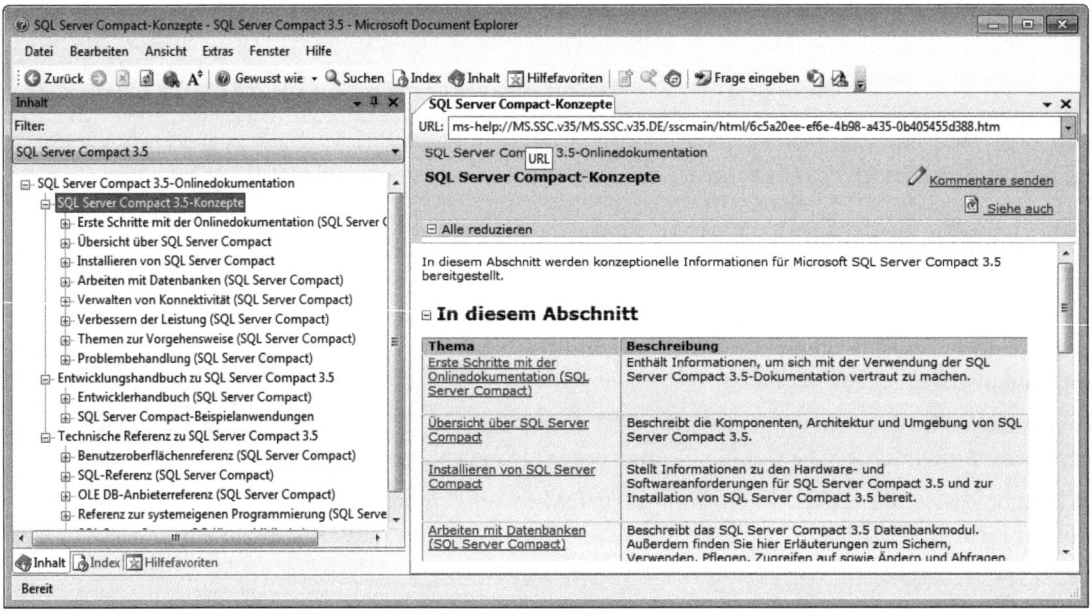

Abbildung 15.1 Books Online

Den Microsoft SQL Server Compact 3.5 Service Pack 2 für Windows Mobile finden Sie hier:

WWW   http://www.microsoft.com/downloads/details.aspx?displaylang=de&FamilyID=5544c638-c532-48e3-871c-58b49c5d855c

Wer gerne spielt und ein paar Daten zum Testen benötigt findet diese in Form der »guten alten« *Northwind*-Datenbank in den Begleitdateien oder bereits auf der Festplatte (Verzeichnis *Program Files\Microsoft SQL Server Compact Edition\v3.5\Samples*). Wir werden in einigen Beispielen auf diese Datenbank zugreifen.

Datenbanken erstellen, verwalten und einbinden

Für das Erstellen einer neuen SQL Server Compact-Datenbank bieten sich drei Varianten an:

- Visual Studio 2010
- das SQL Server Management Studio (Express)
- und natürlich der »steinige« Weg über die Programmierung mit VB

Visual Studio

Über den Menüpunkt *Projekt/Neues Element hinzufügen/Lokale Datenbank* fügen Sie Ihrem Projekt eine neue Datenbank hinzu. Wie Sie die folgende Frage des Assistenten nach einem zugeordnetem DataSet oder einem Entity Data Model beantworten, hängt nicht zuletzt von Ihren Prämissen ab. Im weiteren Verlauf des Kapitels gehen wir auf beide Varianten ein.

Nach erfolgreichem Abschluss des Assistenten finden Sie im Server Explorer die neue Datenbank mit den beiden Rubriken *Tabellen* und *Replikation* vor:

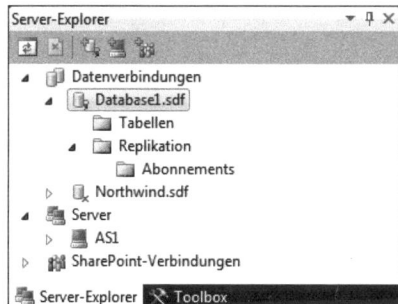

Abbildung 15.2 Neue SQL Server Compact-Datenbank

> **HINWEIS** Der Verzicht auf das Datenbankdiagramm ist zwar schmerzlich und der Übersicht nicht gerade dienlich, aber wir wollten ja eine auf das Wesentliche beschränkte Datenbank einsetzen.

Leider hat die o.g. Vorgehensweise einen kleinen Nachteil: Sie haben keinen Einfluss auf die Sortierfolge, die Beachtung der Groß-/Kleinschreibung, das optionale Kennwort und, ebenfalls optional, die Verschlüsselung. Deshalb bietet sich in den meisten Fällen der direkte Weg über den Server-Explorer an.

Wählen Sie im Server-Explorer die Schaltfläche »Mit Datenbank verbinden« und legen Sie über die Schaltfläche »Ändern« die Datenquelle auf »Microsoft SQL Server Compact 3.5« fest. Nachfolgend ändert sich die Ansicht des Dialogs und Sie haben die Möglichkeit, über die Schaltfläche *Erstellen* eine neue Datenbankdatei zu erzeugen. Der dabei angezeigte Dialog (siehe Abbildung 15.3) ermöglicht unter anderem die Auswahl der Sortierfolge, das Festlegen eines Passworts und der Verschlüsselung.

> **HINWEIS** Für das Kennwort sollten Mindestanforderungen erfüllt sein (mindestens 6 Zeichen, Buchstaben, Ziffern und Sonderzeichen).

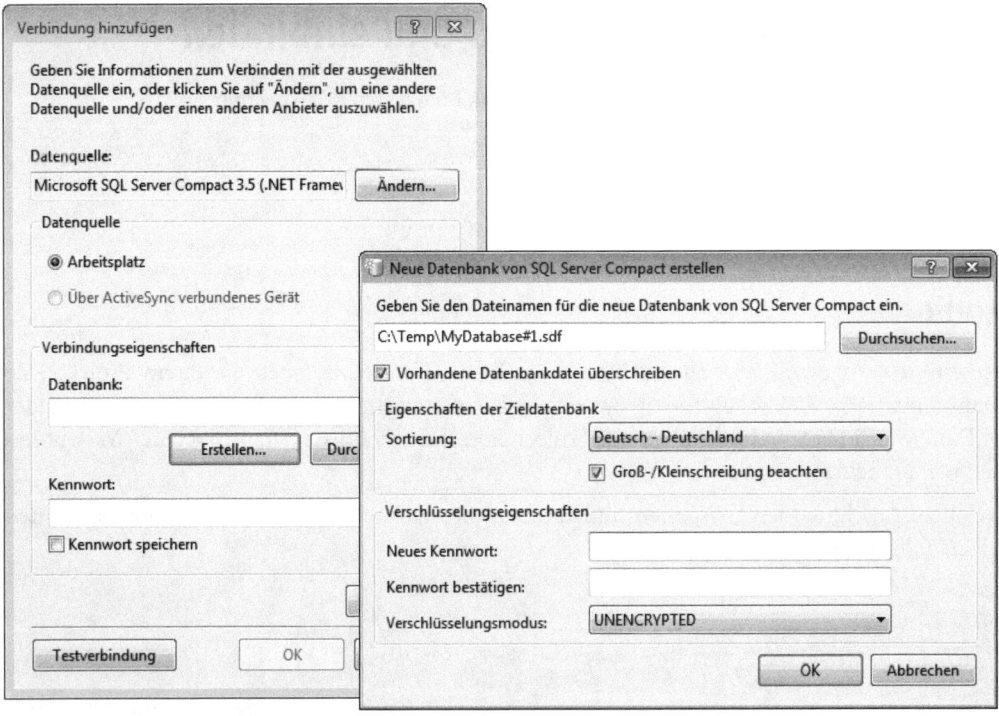

Abbildung 15.3 Erstellen einer neuen SQL Server Compact-Datenbankdatei

Für die Testphase können Sie das Kennwort im Connectionstring belassen, später sollten Sie dieses eingeben lassen oder verschlüsselt in der Config-Datei ablegen.

HINWEIS   Ein entsprechendes Beispiel finden Sie unter How-to 4.9.

Über die Taste *Erweitert* können Sie noch einige zusätzliche Optionen festlegen (wann wird die Datendatei verkleinert (*Autoshrink Threshold*), wo werden temporäre Daten abgelegt (*Temp File Directory*), welche maximale Datenbankgröße ist zulässig (*Max Database Size*)).

Ist die Datenbank erstellt und verbunden, können Sie problemlos neue Tabellen und Indizes mit Visual Studio erstellen.

SQL Server Management Studio

Wem die Arbeit mit Visual Studio nicht zusagt, der kann alternativ auch das frei erhältliche SQL Server Management Studio (z.B. von der Express-Version) verwenden. Die Vorgehensweise ist allerdings etwas gewöhnungsbedürftig, müssen Sie die neue Datenbank doch bereits im Anmeldedialog erzeugen (siehe Abbildung 15.4). Wählen Sie als Servertyp »SQL Server Compact Edition« und suchen Sie unter *Datenbankdatei* den Eintrag *Neue Datenbank*. Es erscheint der bereits aus Abbildung 15.3 bekannte Dialog zum Erstellen einer neuen Datei.

Abbildung 15.4 Erstellen einer neuen Datenbank

Haben Sie den Dialog wie gewünscht ausgefüllt und abgeschlossen, können Sie wie gewohnt Tabellen und Indizes erstellen, Daten eingeben und auch gleich erste Abfragen testen. In diesem Zusammenhang lassen sich auch die entsprechenden Ausführungspläne anzeigen, so steht einer Optimierung Ihrer Abfragen nichts mehr im Weg.

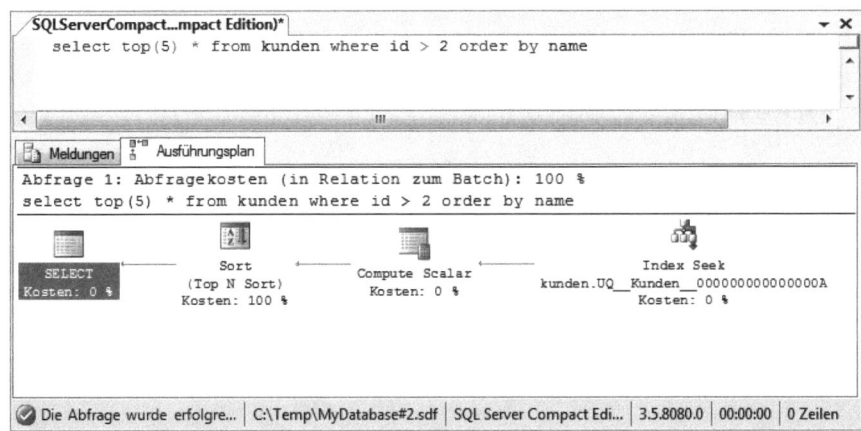

Abbildung 15.5 Beispielabfrage mit zugehörigem Ausführungsplan

HINWEIS Leider können Sie die Abfragen nicht als Views in der Datenbank ablegen, da diese nicht unterstützt werden.

Codebasiert mit VB

Wer jetzt mit seinen SQL-Kenntnissen prahlen will, kann diese zunächst wieder vergessen, ein CREATE DATABASE ist zwar möglich, setzt allerdings eine geöffnete Connection voraus und diese wiederum erfordert eine bestehende Datenbank. Wir werden uns also wohl oder übel zunächst nicht mit SQL sondern mit den Klassen der *SqlServerCe*-Library auseinandersetzen müssen.

Die prinzipielle Vorgehensweise zeigt das folgende Beispiel.

BEISPIEL

Erstellen einer neuen SQL Server Compact-Datenbank

Öffnen Sie ein neues Projekt und fügen Sie einen Verweis auf die *Library System.Data.SqlServerCe* hinzu.

Die erforderlichen Namespaces einbinden:

```
...
Imports System.Data.SqlServerCe
Imports System.IO
...
```

Der eigentliche Aufruf:

```
Private Sub Button1_Click(ByVal sender As System.Object, ByVal e As System.EventArgs) _
                        Handles Button1.Click
    Dim engine As SqlCeEngine = Nothing
    Dim conn As SqlCeConnection
```

Zunächst eine Connection zuweisen:

```
Using conn As New SqlCeConnection("Data Source=|DataDirectory|\xyz.sdf")
```

Ist die Datenbank noch nicht vorhanden, werden wir sie erzeugen:

```
If Not File.Exists(conn.Database) Then
    engine = New SqlCeEngine(conn.ConnectionString)
    engine.CreateDatabase()
End If
```

Jetzt können wir die Verbindung öffnen und Elemente in der Datenbank erzeugen:

```
conn.Open()
Using cmd As New SqlCeCommand()
    cmd = New SqlCeCommand(
            "CREATE TABLE kunden (" &
        "   ID   int IDENTITY PRIMARY KEY, " &
        "   Name  nvarchar(100), " &
        "   Telefon nvarchar(15))", conn)
    cmd.ExecuteNonQuery()
End Using
End Using
...
```

HINWEIS   Ist die Datenbank bereits vorhanden, schlägt ein Aufruf von *CreateDatabase* fehl!

Zusätzliche Parameter im Connectionstring

Haben Sie sich obiges Beispiel näher angesehen, werden Sie sicher auch bemerkt haben, dass die Möglichkeit besteht, mittels »|DataDirectory|« auf das aktuelle Anwendungsverzeichnis zu verweisen.

Welche weiteren Parameter Sie per Connectionstring auswählen können, zeigt folgende Tabelle.

Parameter	Bedeutung/Beispiel
AutoShrink Threshold	Wie viel Prozent freier Speicher ist erlaubt, bevor die Datenbank automatisch komprimiert wird (Standard = 60)? *Data Source=xyz.sdf;AutoShrink Threshold=30*
Default Lock Timeout	Wie lange wartet eine Transaktion auf einen Lock?
Max Database Size	Maximale Datenbankgröße (MB) festlegen: *Data Source=xyz.sdf;Max Database Size=512*
Max Buffer Size	Maximale Puffergröße (KB) festlegen bevor Daten auf die Festplatte geschrieben werden: *Data Source=xyz.sdf;Max Buffer Size=1024*
File Mode	Read Only (nur Lesezugriff auf die Datenbank)
	Read Write (Standard)
	Exclusive (exklusiver Zugriff, kein Zugriff für andere Prozesse)
	Shared Read (exklusiver Zugriff, andere Prozesse können lesend zugreifen) *Data Source=xyz.sdf;File Mode=Shared Read*
Password	Das optionale Datenbankpasswort *Data Source=xyz.sdf;Password=geheim*
Temp File Directory	Verzeichnis für temporäre Daten

Tabelle 15.1 Wichtige Parameter für Connectionstring

HINWEIS Wie Sie einige der obigen Parameter im Zusammenhang einsetzen zeigt Ihnen der Abschnitt Tipps & Tricks ab Seite 1078.

Tabellen und Referenzen erstellen

Hier können Sie sich entweder mit Ihren SQL-Kenntnissen austoben (CREATE TABLE ...) oder Sie nutzen Visual Studio/SQL Server Management Studio. .NET-Klassen zum Erstellen von Tabellen und Indizes werden nicht angeboten, wollen Sie die Objekte zur Laufzeit erzeugen, müssen Sie also T-SQL verwenden.

HINWEIS An dieser Stelle wollen wir es bei einigen kleinen Beispielen belassen, wesentlich ausführlichere Informationen zu T-SQL finden Sie im Kapitel 14.

BEISPIEL

Erzeugen von zwei Tabellen () mit einer Referenz

```
Imports System.Data.SqlServerCe
...
    Private Sub Button2_Click(ByVal sender As System.Object, ByVal e As System.EventArgs) _
                        Handles Button2.Click
```

Connection herstellen:

```
    Using conn As New SqlCeConnection("Data Source=|DataDirectory|\xyz.sdf")
```

Command-Objekt erzeugen:

```
Using cmd As New SqlCeCommand()
    cmd.Connection = conn
```

Erste Tabelle erzeugen:

```
cmd.CommandText = "CREATE TABLE Lieferanten (" &
                  "   Id   int IDENTITY PRIMARY KEY, " &
                  "   Name  nvarchar(100), " &
                  "   Telefon nvarchar(15));"
conn.Open()
cmd.ExecuteNonQuery()
```

Zweite Tabelle mit Referenz erzeugen:

```
cmd.CommandText = "CREATE TABLE Ansprechpartner (" &
                  "   Id   int IDENTITY PRIMARY KEY, " &
                  "   Nachname nvarchar(20), " &
                  "   Vorname nvarchar(20), " &
                  "   Telefon nvarchar(15)," &
                  "   Firma int REFERENCES Lieferanten(Id));"
cmd.ExecuteNonQuery()
        End Using
    End Using
End Sub
```

Ein Blick mit dem Management Studio hinter die Kulissen zeigt uns die erstellten Objekte:

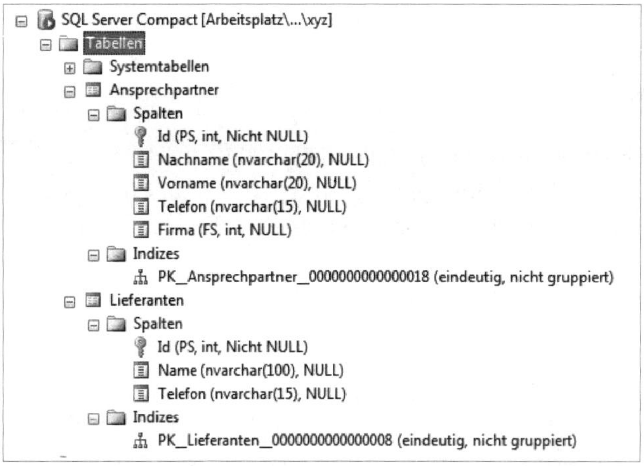

Abbildung 15.6 Datenbankaufbau

HINWEIS   Testen Sie die T-SQL-Anweisungen im Management Studio, bevor Sie diese mühevoll in Ihr VB-Programm integrieren. So sparen Sie sich unnötige Versuche und können sich gleich in der Datenbank vom Erfolg überzeugen.

Welche Datentypen Ihnen im Vergleich zum »großen« SQL Server zur Verfügung stehen, zeigt die folgende Tabelle 15.2.

SQL Server 2008	SQL Server Compact 3.5
bigint	*bigint*
binary(n)	*varbinary*
bit	*bit*
char(n)	*nchar*(n) oder *ntext*
CLR-benutzerdefinierte Typen	–
date	*nchar*(27)-Wert im Format 'jjjj-mm-tt'
datetime	*datetime*
datetime2	*nchar*(27)-Wert im Format 'jjjj-mm-tt hh:mm:ss:nnnnnnn'
datetimeoffset	*nvarchar*(34)-Wert im Format 'jjjj-mm-tt hh:mm:ss:nnnnnnn [+/-] hh:mm'
decimal	Wird nicht unterstützt. Verwenden Sie *numeric*.
double	*double*
float	*float*
geography	–
geometry	–
hierarchyid	–
image	*image*
int	*int*
money	*money*
nchar(n)	*nchar*(n)
ntext	*ntext*
nvarchar(n)	*nvarchar*(n)
nvarchar(max)	*ntext*
numeric	*numeric*
real	*real*
smalldatetime	*datetime*
smallint	*smallint*
smallmoney	*money*
sql_variant	*ntext*
text	*ntext*
time	*nvarchar*(16)-Wert im Format 'hh:mm:ss:nnnnnnn'
tinyint	*tinyint*

Tabelle 15.2 Vergleich der Datentypen

SQL Server 2008	SQL Server Compact 3.5
uniqueidentifier	*uniqueidentifier*
varbinary(n)	*varbinary*(n)
varbinary(max)	*image*
varchar(n)	*nvarchar*(n) oder *ntext*
varchar(max)	*ntext*
xml	*ntext*

Tabelle 15.3 Vergleich Datentypen *(Fortsetzung)*

Zusammenarbeit mit dem DataSet

Sind Sie an dieser Stelle angekommen, können wir Sie zunächst beruhigen, auch im Zusammenhang mit dem SQL Server Compact ist die Verwendung des DataSets kein Problem, wie es auch die folgende Abbildung zeigt:

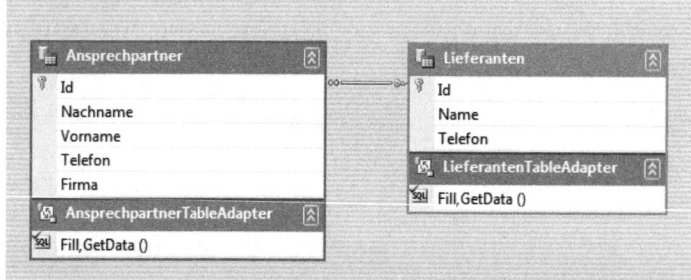

Abbildung 15.7 Von Visual Studio
erzeugtes DataSet für unsere Beispieldatenbank

Doch bevor Sie jetzt der Versuchung erliegen, Ihre im Kapitel 5 erworbenen Fähigkeiten zu nutzen, sollten Sie den Sinn des DataSets im Zusammenhang mit einer lokalen Datenbank hinterfragen.

Ein DataSet lädt die Daten von einer externen Datenquelle in den Arbeitsspeicher(!) und verwendet die zwischengespeicherten Daten für lokale Aktionen (Lesen, Schreiben, Löschen). Ein Binden der Daten an die Oberfläche ist dadurch problemlos möglich. Abschließend müssen die Daten mit der eigentlichen Datenquelle abgeglichen werden, eventuelle Probleme durch den gleichzeitigen Zugriff mehrerer Anwender müssen Sie entsprechend behandeln.

An dieser Stelle sollten Sie sich fragen, ob es das ist was Sie wollen:

- Wenn ja, können Sie später fast problemlos auf den »großen« SQL Server migrieren, die Codeanpassungen halten sich in Grenzen, Sie profitieren von allen Vor- und Nachteilen der DataSet-Programmierung (weitere Informationen siehe Kapitel 5).

- Wenn Sie sich bewusst gegen das DataSet entscheiden, werden Sie mit einem schnellen, ressourcensparenden Programm belohnt, das meist auch noch wesentlich übersichtlicher und einfacher zu programmieren ist. Ein wichtiger Helfer wird Ihnen dabei das im folgenden Abschnitt vorgestellte *SqlCeResultSet* sein.

Datenzugriff mit SqlCeResultSet

Mit der *SqlCeResultSet*-Klasse steht Ihnen ein aktualisierbarer, scrollfähigen Cursor zur Verfügung, mit dem Sie direkt auf die Datenbank zugreifen können. Das Zwischenschalten eines *DataSet*-Objekts ist in diesem Fall überflüssig, was sich positiv auf die Performance und den Ressourcenverbrauch auswirkt. Sie werden auch feststellen, dass Sie mit wesentlich weniger Code auskommen und vieles intuitiver ist.

> **HINWEIS** Veteranen der Datenbankprogrammierung werden an dieser Stelle sicher »feuchte Augen« bekommen, so etwas hatten wir vor vielen, vielen Jahren schon einmal unter dem Namen *RecordSet* kennengelernt. Wahrscheinlich haben die Entwickler bei Microsoft mitbekommen, dass nicht immer mit Offline-Datenbanken gearbeitet wird.

Datenbindung

Bevor wir zu den Methoden der *SqlCeResultSet*-Klasse kommen wollen wir Ihnen zeigen, wie Sie eine Datenbindung realisieren können.

BEISPIEL

Vielleicht wollen Sie wie folgt vorgehen:

```
Using conn As New SqlCeConnection("Data Source=|DataDirectory|\xyz.sdf")
    Using cmd As New SqlCeCommand()
        cmd.Connection = conn
        conn.Open()
        cmd.CommandText = "SELECT * FROM Lieferanten"
        Dim rs As SqlCeResultSet = cmd.ExecuteResultSet(ResultSetOptions.Updatable Or
                                              ResultSetOptions.Scrollable)

        DataGridView1.DataSource = rs
    End Using
End Using
```

An dieser Stelle werden Sie jedoch scheitern, da Sie das Grundprinzip nicht verstanden haben. Der Fehler ist die »DataSet«-Vorgehensweise, bei der Sie die Daten einmal laden und dann im Speicher verarbeiten. Dabei muss die Verbindung nur kurzzeitig hergestellt werden.

Das ist hier grundsätzlich anders. Bei der Arbeit mit dem *SqlCeResultSet* öffnen Sie die Verbindung mit dem Start der Anwendung und lassen diese solange geöffnet, wie auf die Daten zugegriffen wird. Sie benötigen für eine Datenbindung also in jedem Fall ein globales *SqlCeConnection*- und ein *SqlCeResultSet*-Objekt.

BEISPIEL

Zweiter Versuch:

```
Imports System.Data.SqlServerCe
Imports System.IO
...
Public Class Form1
```

Unsere globalen Objekte:

```
Private ceconn As SqlCeConnection
```

```
    Private cers As SqlCeResultSet
...
    Private Sub Button4_Click(ByVal sender As System.Object, ByVal e As System.EventArgs) _
                        Handles Button4.Click
```

Verbindung öffnen:

```
        ceconn = New SqlCeConnection("Data Source=|DataDirectory|\xyz.sdf")
        Using cmd As New SqlCeCommand()
```

Daten auswählen:

```
            cmd.Connection = ceconn
            ceconn.Open()
            cmd.CommandText = "SELECT * FROM Lieferanten"
```

SqlCeResultSet erzeugen:

```
            cers = cmd.ExecuteResultSet(ResultSetOptions.Updatable Or
                                       ResultSetOptions.Scrollable Or
                                       ResultSetOptions.Sensitive)
            DataGridView1.DataSource = cers
        End Using
    End Sub
```

Führen Sie obiges Beispiel aus, werden Sie zunächst mit einem leeren *DataGridView* konfrontiert (unsere Datenbank ist ja auch noch leer), in das Sie jedoch sofort Daten eingeben können:

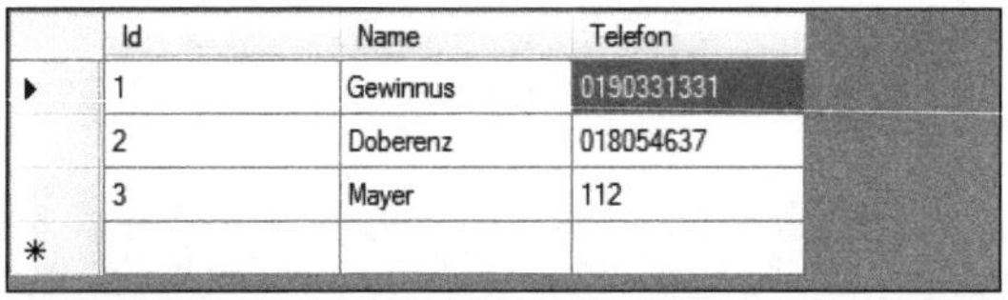

	Id	Name	Telefon
▶	1	Gewinnus	0190331331
	2	Doberenz	018054637
	3	Mayer	112
*			

Abbildung 15.8   Das gebundene *DataGridView*

Wer aufmerksam ist wird feststellen, dass die Identity-Spalte (*Id*) automatisch die neuen Werte anzeigt, es ist nicht nötig, sich mühevoll den entsprechenden Wert vom »SQL Server« zu holen.

Und was ist mit dem Speichern?

Schließen Sie einfach die Anwendung! Alle obigen Eingaben sind bereits persistent, wenn in der Zeile etwas eingegeben wurde. Behaupten Sie jetzt bitte nicht, dass Sie mit einem DataSet ähnlich einfach zum gleichen Ergebnis kommen!

HINWEIS   Arbeiten Sie mit der kompletten Tabelle können Sie das *SqlCeResultSet* auch wie im folgenden Beispiel gezeigt erzeugen.

BEISPIEL
Komplette Tabelle für das *SqlCeResultSet* verwenden

```
Using cmd As New SqlCeCommand()
    cmd.Connection = ceconn
    ceconn.Open()
    cmd.CommandText = "Lieferanten"
    cmd.CommandType = CommandType.TableDirect
    cers = cmd.ExecuteResultSet(ResultSetOptions.Updatable Or ResultSetOptions.Scrollable)
...
```

Das ResultSet konfigurieren

Sicher ist Ihnen schon aufgefallen, dass beim Ausführen der *ExecuteResultSet*-Methode zusätzliche Parameter übergeben wurden die bestimmen, welche Art von Cursor erstellt wird.

HINWEIS   Beachten Sie, dass der Cursor langsamer wird, je mehr Features dieser unterstützen muss. Wählen Sie also nur die Optionen die Sie auch wirklich benötigen.

Die folgende Tabelle zeigt die möglichen Werte:

Member	Beschreibung
Insensitive	Das *ResultSet* erkennt keine an der Datenquelle vorgenommenen Änderungen
None	Es sind keine Optionen für das *ResultSet* angegeben
Scrollable	Im *ResultSet* kann sowohl ein Vorwärts- als auch ein Rückwärtsbildlauf ausgeführt werden
Sensitive	Das *ResultSet* erkennt an der Datenquelle vorgenommene Änderungen
Updatable	Das *ResultSet* lässt Datenänderungen zu

Tabelle 15.4 *ResultSetOptions*

Einen Unterschied zwischen *Sensitive* und *Insensitive* sowohl bei *TableDirect* als auch bei einer SQL-Abfrage konnten die Autoren nicht feststellen. In beiden Fällen wurden Änderungen innerhalb der Datensätze erkannt. Ein Ereignis für die Auswertung einer Änderung steht nicht zur Verfügung.

Datensätze löschen

Nein, Sie werden jetzt nicht ein *Command*-Objekt erstellen und mittels DELETE entsprechende Änderungen an der Datenbank vornehmen! Da Sie mit einem ResultSet beglückt sind, können Sie durch einfachen Aufruf der *Delete*-Methode den gleichen Effekt erreichen.

BEISPIEL
Datensatz löschen

```
cers.Delete()
```

HINWEIS   Möchten Sie alle Datensätze löschen, sind Sie nach wie vor mit T-SQL besser bedient.

BEISPIEL

Alle Datensätze löschen

```
Dim cmd As SqlCeCommand = ceconn.CreateCommand()
cmd.CommandText = "DELETE FROM Lieferanten"
Dim anz As Integer = cmd.ExecuteNonQuery()
MessageBox.Show("Es wurden " & anz.ToString() & " Datensätze gelöscht")
```

Datensätze einfügen

Verwenden Sie einfach die *Insert*-Methode, um ein *SqlCeUpdatableRecord*-Objekt einzufügen.

BEISPIEL

Einen neuen Datensatz in das geöffnete ResultSet einfügen

```
Private Sub Button5_Click(ByVal sender As System.Object, ByVal e As System.EventArgs) _
                    Handles Button5.Click
```

Neuen Datensatz erzeugen:

```
Dim rec As SqlCeUpdatableRecord = cers.CreateRecord()
```

Werte eintragen:

```
rec("Name") = "Müller"
rec("Telefon") = "87473248274"
```

Datensatz in die Datenbank einfügen:

```
cers.Insert(rec)
End Sub
```

HINWEIS   Lassen Sie die letzte Anweisung weg, wird der Einfügevorgang abgebrochen.

Datensätze bearbeiten

Arbeiten Sie ohne Datenbindung und wollen Sie direkt Werte in den einzelnen Tabellenspalten ändern, werden Sie mit einer recht skurrilen Syntax konfrontiert. Ursache ist der Schreibschutz für den Spaltenindexer.

Das geht nicht:

```
cers("Name") = "Müller-Grube"
```

Aber das:

```
cers.SetString(1, "Müller-Grube")
```

Abschließend muss die *Update*-Methode aufgerufen werden.

Den aktuellen Datensatz ändern:

```
cers.SetString(1, "Müller-Grube")
cers.SetString(2, "4711")
cers.Update()
```

Navigation zwischen den Datensätzen

Da wir bei Verwendung eines ResultSets auch mit einem aktuellen Datensatz arbeiten (dieser wird mit *Delete* und *Update* beeinflusst), brauchen wir natürlich auch Methoden, um zwischen den einzelnen Datensätzen zu navigieren.

Die folgende Tabelle 15.5 zeigt eine Übersicht:

Methode	Beschreibung
Read	Nächsten Record lesen
ReadAbsolute	Springt zum spezifizierten Record
ReadFirst	Springt zum ersten Record
ReadLast	Springt zum letzten Record
ReadPrevious	Springt zum vorhergehenden Record
ReadRelative	Bewegt den Zeiger relativ zum aktiven Record
Seek	Springt auf den per Index spezifizierten Record

Tabelle 15.5 Navigationsmethoden

HINWEIS Obige Methoden haben keinen Einfluss auf datengebundene Controls!

Alle Datensätze durchlaufen und den Inhalt auslesen

Sprung auf den ersten Datensatz:

```
cers.ReadFirst()
Do
    MessageBox.Show(cers("Name").ToString())
Loop While cers.Read()
```

HINWEIS Voraussetzung für die Verwendung von *Seek* ist ein vorher spezifizierter Index.

Damit wollen wir an dieser Stelle schließen und uns den »gehobeneren« Datenzugriffstechniken wie LINQ to SQL und Entity Framework zuwenden.

Zugriff mit LINQ to SQL

Grundsätzlich sollten Sie prüfen, ob Sie an dieser Stelle nicht »mit Kanonen auf Spatzen schießen«, geht es beim SQL Server Compact doch eigentlich darum, möglichst sparsam mit den Ressourcen des Systems zu haushalten. In vielen Fällen dürfte deshalb die im vorhergehenden Abschnitt gezeigte Vorgehensweise mittels *SqlCeResultSet* wesentlich effizienter und schneller sein.

Wollen Sie allerdings mit den »echten« SQL Servern kompatibel bleiben und liegt Ihnen viel an einem objektorientierten Zugriff auf die Daten, so sind Sie bei LINQ to SQL richtig.

Prinzipiell können Sie mit LINQ to SQL genauso auf eine SQL Server Compact-Datenbank zugreifen wie auf eine SQL Server (Express)-Datenbank. Natürlich werden Sie keine Unterstützung für Stored Procedures realisieren können, diese werden ja vom SQL Server Compact nicht unterstützt.

Auch hier besteht die Möglichkeit

- entweder für eine bestehende Datenbank ein Modell zu erstellen und aus diesem die Mapperklassen zu generieren

- oder ein bestehendes Modell zum Erstellen der Datenbank zu nutzen

HINWEIS   Grundlegende Informationen zum Thema »LINQ to SQL« finden Sie im Kapitel 17. An dieser Stelle wollen wir lediglich SQL Server Compact-spezifische Probleme besprechen.

Anbinden einer vorhandenen Datenbank

Leider wird die Freude über die LINQ to SQL-Unterstützung recht schnell getrübt wenn Sie versuchen, für eine vorhandene SQL Server Compact Edition-Datenbank (*.sdf) die Mapperklassen mit dem LINQ to SQL-Designer zu erstellen:

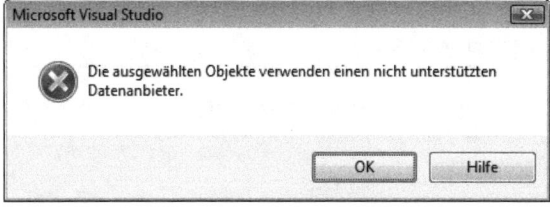

Abbildung 15.9 Fehler beim Erstellen der Mapperklassen

Einen Ausweg bietet in diesem Fall das wenig geliebte Kommandozeilen-Tool *SQLMetal.exe*, das Sie im Verzeichnis *\Program Files\Microsoft SDKs\Windows\v7.0A\bin* finden.

BEISPIEL

Aufruf von *SQLMetal.exe* für die vorhandene Datenbank *School.sdf*

```
SqlMetal.exe northwind.sdf /dbml:northwind.dbml /namespace:TestDB /pluralize
```

Fügen Sie nach dem Ausführen obiger Anweisung die erstellte *School.dbml*-Datei Ihrem aktuellen Projekt hinzu und Sie können diese wie gewohnt im Designer bearbeiten bzw. die jetzt von Visual Studio automatisch erstellten Mapperklassen in Ihrer LINQ-Anwendung nutzen (siehe folgende Abbildung 15.10).

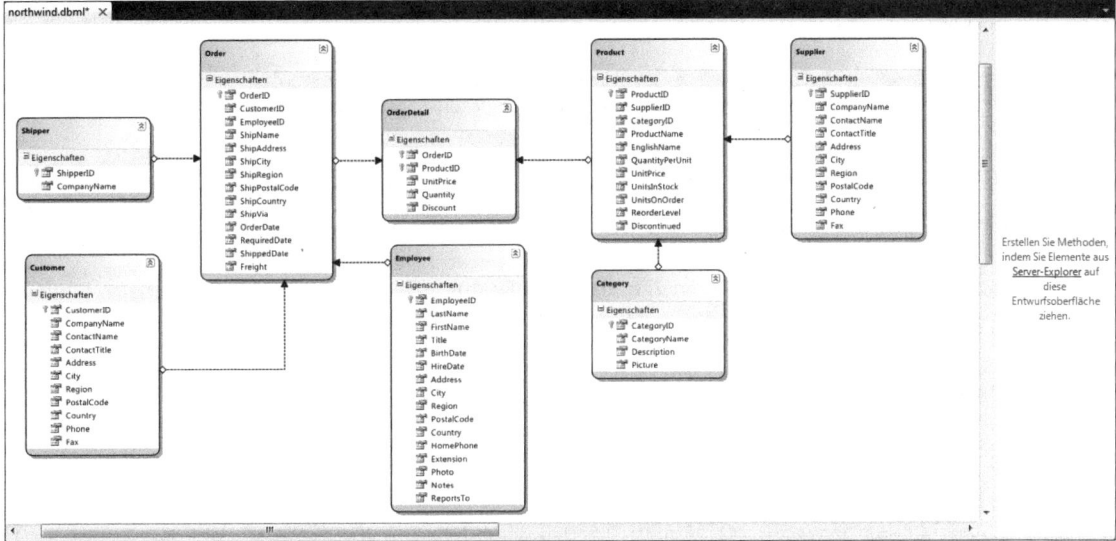

Abbildung 15.10 Erzeugte Mapperklassen für die Datenbank *Northwind.sdf*

Die Verwendung der obigen Klassen ist recht problemlos, wie es auch das folgende Beispiel zeigt.

BEISPIEL

Abrufen aller Kunden die mit »B« beginnen

```
...
Public Class Form1
```

Verbindung zur Datenbank aufbauen (hier müssen Sie eventuell auch ein Passwort übergeben, wenn die Datenbank verschlüsselt ist):

```
Private db As New TestDB.Northwind("Data Source=|DataDirectory|\Northwind.sdf")
```

Datenauswahl und Datenbindung an ein *DataGridView*:

```
Private Sub Button2_Click(ByVal sender As System.Object, ByVal e As System.EventArgs) _
                    Handles Button2.Click
    Dim cust = db.Customers.Where(Function(c) c.CompanyName.StartsWith("B"))
    DataGridView1.DataSource = cust
End Sub

End Class
```

Erstellen einer neue Datenbank

Etwas anders gehen Sie vor, wenn Sie die Compact Edition-Datenbank erst zur Laufzeit erzeugen wollen. In diesem Fall erstellen Sie mit dem LINQ to SQL-Designer wie gewohnt das Schema und speichern dieses ab. Der einzige Unterschied zu einer »echten« SQL Server-Datenbank ist der Connectionstring beim Erstellen der Datenbank.

Statt zum Beispiel

```
dbTest = New TestDataContext("Data Source=.\SQLEXPRESS;AttachDbFilename=Northwind.mdf;" &
                             "Integrated Security=True;User Instance=True")
```

... schreiben Sie einfach

```
dbTest = New TestDataContext("Data Source=|DataDirectory|\Northwind.sdf")
```

Das eigentliche Erstellen erfolgt nach dem Zuweisen des Connectionstrings mit Hilfe der *CreateDatabase*-Methode.

BEISPIEL

Erstellen einer neuen SQL Server Compact-Datenbank aus einem vorhandenen Modell.

```
Imports System.IO
...
  Dim dbNeu As New TestDB.Northwind("Data Source=|DataDirectory|\NorthwindNeu.sdf")
```

Nur erzeugen, wenn die Datenbank nicht vorhanden ist:

```
        If Not File.Exists(dbNeu.Connection.Database) Then
            dbNeu.CreateDatabase()
            MessageBox.Show("Datenbank NorthwindNeu erstellt!")
        End If
        Dim cust = dbNeu.Customers
        DataGridView1.DataSource = cust
    End Sub
...
```

Vielleicht wird mancher sich wundern, warum wir *File.Exists* verwendet haben und nicht die vorhandene Methode *dbNeu.DatabaseExists*. Die Antwort: diese Methode funktioniert nicht im Zusammenhang mit lokalen Datenbanken, der Rückgabewert ist immer *False*.

Ergänzungen

Haben Sie das Modell einmal erzeugt und die Datenbank angebunden, werden Sie keine relevanten Unterschiede zur Arbeit mit einer »echten« SQL Server-Datenbank feststellen. Wir können Sie also problemlos an das Kapitel 17 verweisen.

Wer es gern etwas komfortabler hätte, kann sich eine grafische Oberfläche für *SqlMetal.exe* unter folgender Adresse herunterladen:

WWW   http://sqlmetalosui.codeplex.com/

Zugriff per Entity Data Model

Wie auch im vorhergehenden Abschnitt im Zusammenhang mit LINQ to SQL bereits bemerkt, sollten Sie zunächst prüfen, ob es unbedingt das EDM sein muss, wenn Sie mit dem SQL Server Compact arbeiten.

Wesentlichstes Problem bei der Verwendung des EDM: Sie sind darauf angewiesen, dass entweder die neueste Version des Frameworks inklusive Entity Framework/SQL Server Compact bereits auf den Zielsystemen installiert ist oder Sie benötigen Admin-Rechte, wenn Sie eine eigene Installation »auf die Beine stellen« wollen[1]. Letzteres wird von vielen Systemadministratoren nicht gerade gern gesehen.

Gehen wir im Weiteren davon aus, dass obige Voraussetzungen erfüllt sind, können Sie in weiten Teilen, wie vom »großen« SQL Server gewohnt, per Entity Framework auf Ihre lokale Datenbank zugreifen.

HINWEIS   Eine umfassende Einführung in die Programmierung mit dem Entity Framework finden Sie im Kapitel 18. An dieser Stelle wollen wir uns nicht komplett wiederholen, sondern beschränken uns auf einige Besonderheiten.

Im Folgenden finden Sie einige Einschränkungen bei der Zusammenarbeit von SQL Server Compact und dem Entity Framework. Die Ursache für viele Einschränkungen ist in den Restriktionen und Fähigkeiten von SQL Server Compact begründet:

- Keine Unterstützung für Stored Procedures und Views
- Ausschließliche Unterstützung für Unicode-Zeichenfolgen
- Keine Query- oder Command-Timeouts
- Keine Unterstützung für servergenerierte Werte (Ausnahme *Identity*)
- Keine Unterstützung für *Skip*
- Kein FULL OUTER JOIN
- keine COLLATE-Unterklauseln
- keine Modulo-Operationen
- kein DISTINCT in Aggregat-Funktionen

Wie Sie sehen, sind die Einschränkungen nicht allzu groß. Wenden wir uns also zunächst dem Erzeugen der Datenbank zur Laufzeit zu.

Model First-Entwurf

Leider hapert es derzeit beim Model First-Entwurf an allen Ecken und Enden. Weder lassen sich Skripte zur Laufzeit generieren (Methode *CreateDatabaseScript*) noch funktioniert die Methode *CreateDataBase* mit SQL Server Compact-Datenbanken.

Auch das Erzeugen der Datenbank aus dem Designer heraus ist nicht gerade »das Gelbe vom Ei«, mit dem Connectiondialog wird bereits die Datenbank erstellt.

---

[1] Eine Installation von SQL Server Compact fügt unter anderem einige Einträge in die Datei *Machine.config* ein, auf die Sie als Standarduser keinen Zugriff haben.

Da ein Erzeugen der Datenbank zur Laufzeit ohnehin nicht oder nur sehr umständlich möglich ist (Sie müssen eine neue leere Datenbank mitgeben), können Sie auch gleich auf den Model First-Entwurf verzichten und die Datenbank mit Visual Studio oder dem Management Studio entwerfen. Hier müssen Sie sich nicht mit dem umständlichen Model Designer auseinandersetzen.

Alternativ nutzen Sie das erstellte T-SQL-Skript, um sowohl Datenbank als auch Datenbankobjekte mit Command-Abfragen zu erzeugen und nachfolgend die Verbindung mit der Datenbank aufzubauen.

Database First-Entwurf

Hier geht eigentlich alles ganz einfach. Bereits nach dem Hinzufügen einer SQL Server Compact-Datenbank zu Ihrem Projekt werden Sie mit der Frage nach dem Datenbankmodell (DataSet oder Entity Data Model) konfrontiert. Sinnvollerweise entscheiden wir uns an dieser Stelle für ein Entity Data Model und wählen im folgenden Dialog die Option *Aus Datenbank generieren*. Nächster Schritt ist das Festlegen der Verbindungszeichenfolge:

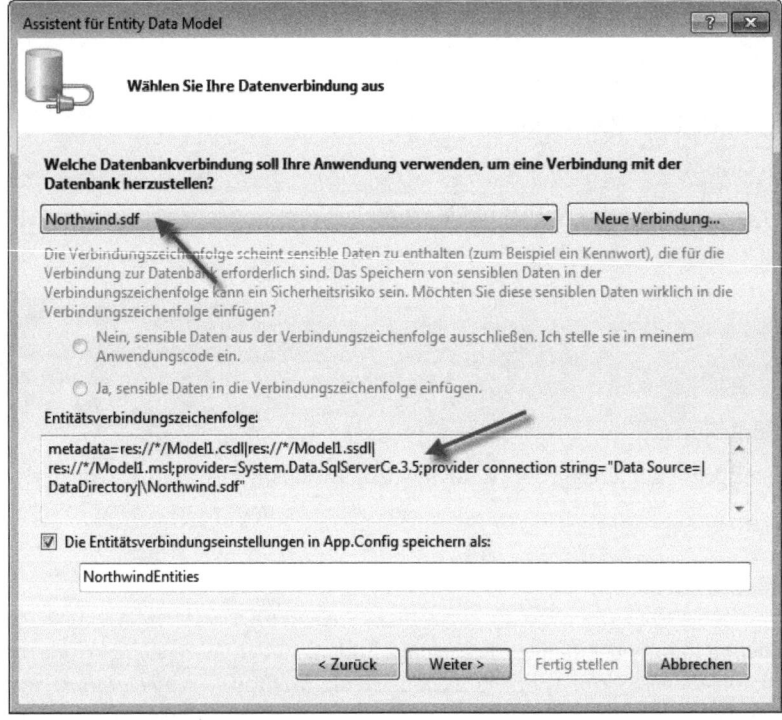

Abbildung 15.11 Festlegen
der Verbindungszeichenfolge

Nun noch schnell die gewünschten Datenbankobjekte auswählen und schon erstellt Visual Studio das entsprechende Modell mit den Mapperklassen.

Die weitere Arbeit mit dem Entity Data Model wird in Kapitel 18 ausführlich beschrieben.

Der Einsatz als Local Database Cache

Nachdem wir im vorliegenden Kapitel bereits einige Informationen zur SQL Server Compact Edition geliefert haben, wollen wir uns nun anschauen, wie Sie diesen »Mini SQL Server« als komfortablen Datenbank-Cache in einer »mobilen« Anwendung einsetzen können. Doch der Reihe nach.

Mit dem ADO.NET Sync-Framework, das in Visual Studio durch eine eigene Vorlage (*Local Database Cache*) unterstützt wird, ist es möglich, eine lokale Datenbank (z.B SQL Server Compact Edition oder SQL Express) mit einer Server-Datenbank zu synchronisieren. Der Vorteil: Ihre Anwendung muss nicht dauernd mit dem Server verbunden sein, die Daten werden lokal vorgehalten und stehen entsprechend schnell zur Verfügung. Im Zusammenhang mit der Compact Edition ist ein Szenario mit mobilen Geräten denkbar, die ihre Daten nur während der Synchronisation vom Server erhalten und ansonsten autark agieren.

Wir werden die Vorgehensweise an einem praktischen Beispiel demonstrieren, das wir schrittweise erweitern. Allerdings können und wollen wir an dieser Stelle nicht auf alle im Zusammenhang mit dem ADO.NET Sync-Framework stehenden Klassen eingehen. Wer weitere Informationen benötigt, findet diese unter der folgenden Adresse:

WWW	http://msdn.microsoft.com/de-de/library/cc307159(en-us).aspx

Beispiel Einweg Synchronisation

Als Erstes wollen wir uns an einem recht einfach gehaltenen Beispiel die Einweg-Synchronisation, d.h. das reine Herunterladen der aktuellen Daten vom SQL Server in einen lokalen Datenbank-Cache (in diesem Fall eine Local Database Cache-Datenbank), zu Gemüte führen.

Wie schon erwähnt, bietet Visual Studio für diese Aufgabenstellung einen eigenen Assistenten, den Sie als Vorlage über *Neues Element hinzufügen/Cache für lokale Datenbanken* erreichen.

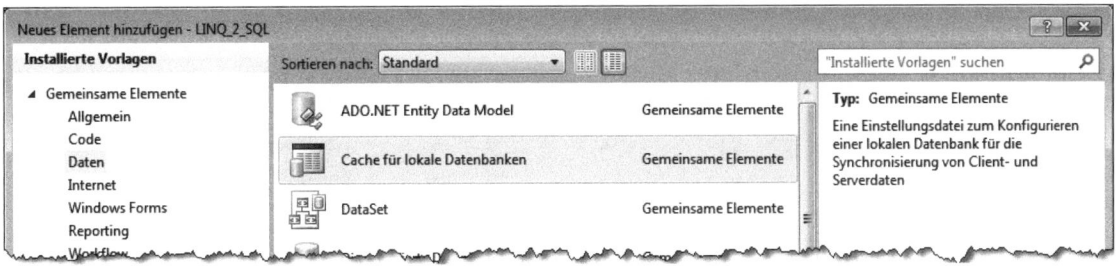

Abbildung 15.12 Lokalen Datenbankcache erstellen

Vergeben Sie beispielsweise den Namen *NWCache.sync*.

HINWEIS	Zu diesem Zeitpunkt benötigen Sie noch keine eingerichtete Client-Datenbank, diese wird automatisch vom Assistenten erzeugt.

Nachfolgend wird der Assistent für die Datensynchronisierung gestartet (siehe Abbildung 15.13). Tragen Sie zunächst die Verbindung zum Server ein (Herkunft der Daten) und legen Sie eventuell nachfolgend eine lokale Datenbank als Ziel fest.

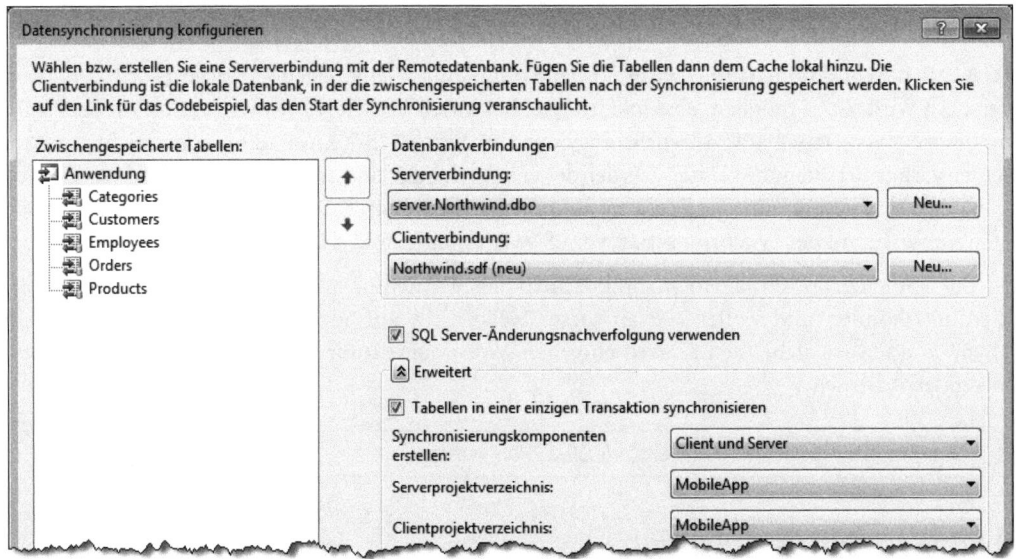

Abbildung 15.13   Assistent für Datensynchronisierung (nach dem Hinzufügen einiger Tabellen)

Nach dem Klick auf die Schaltfläche *Hinzufügen* können Sie die gewünschten Tabellen auswählen:

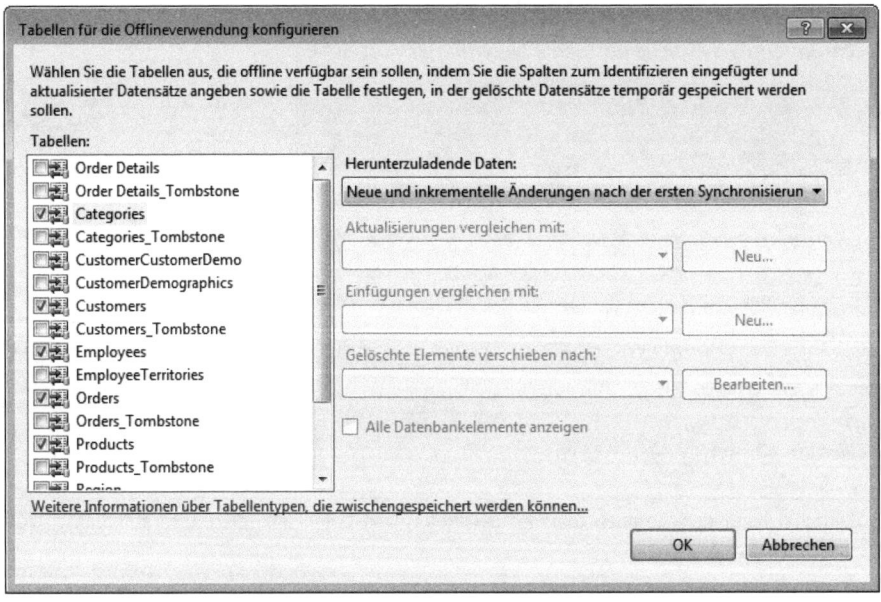

Abbildung 15.14   Auswahl der Tabellen

Wählen Sie, wie in Abbildung 15.14 gezeigt, einige Tabelle aus der Datenbank *Northwind* aus.

Abschließend erhalten Sie noch die Möglichkeit, das Tabellenlayout auf dem Server anzupassen sowie SQL-Skripte für die spätere Verwendung im Projekt zu speichern.

Der Assistent ändert beim Schließen das Tabellenlayout wie folgt:

Änderung	Erklärung
Hinzufügen Spalte *LastEditDate*	Jede zu synchronisierende Tabelle erhält eine derartige Spalte vom Typ *DateTime*. Der Wert wird bei der Synchronisation mit der gleichnamigen Spalte auf dem Client (Cache) verglichen, um Änderungen an den Datensätzen zu ermitteln.
Hinzufügen Spalte *CreationDate*	Jede zu synchronisierende Tabelle erhält eine derartige Spalte vom Typ *DateTime*. Der Wert wird bei der Synchronisation mit der gleichnamigen Spalte auf dem Client (Cache) verglichen, um Datensätzen zu ermitteln, die seit der letzten Synchronisation hinzugefügt wurden.
Hinzufügen eines InsertTriggers	Mit diesem Trigger wird die Spalte *CreationDate* aktualisiert.
Hinzufügen eines UpdateTriggers	Mit diesem Trigger wird die Spalte *LastEditDate* aktualisiert.
Hinzufügen Tabelle für gelöschte Zeilen	In diese zusätzliche Tabelle werden die gelöschten Datensätze kopiert, um diese bei einer Synchronisation abgleichen zu können.
Hinzufügen DeletionTrigger	Mit diesem Trigger werden die zu löschenden Datensätze aus der Originaltabelle in die jeweilige Tabelle für gelöschte Datensätze kopiert.

Tabelle 15.6 Änderungen an der Remote-Datenbank

Nach Abschluss des Assistenten und der dabei erfolgten Änderungen in der Remote-Datenbank wird Ihr Visual Studio-Projekt um eine Reihe neuer Dateien bereichert:

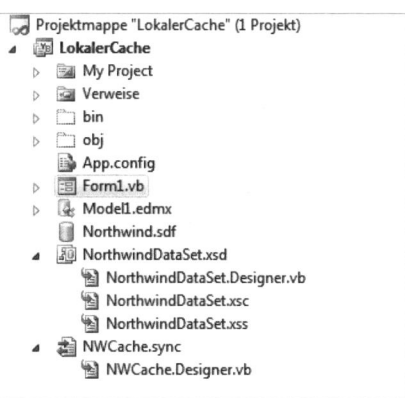

Abbildung 15.15 Änderungen am aktuellen Projekt

Northwind.sdf ist eine lokale SQL Server Compact-Datenbank, die bereits alle Tabellen, die im Synchronisationsassistenten ausgewählt wurden, enthält. Über *NWCache.sync* können Sie den Assistenten erneut starten, in der Datei *NWCache.Designer.vb* finden Sie die automatisch erzeugten Mapperklassen, die auch die Metadaten für die Synchronisation enthalten.

Ganz nebenbei wird auch für die lokale Datenbank ein eigenes DataSet oder ein Entity DataModel erzeugt, wir haben uns für letzteres entschieden.

HINWEIS　　Achtung: Verwenden Sie nicht versehentlich die Server-Connection sondern die lokale Datenbank.

Starten des Synchronisierungsprozesses in einer Anwendung

Nachdem wir mit den Vorbereitungen fertig sind, sollten wir uns nun anschauen, wie wir eine Synchronisation realisieren können. Dazu benötigen wir jedoch wenigstens eine Möglichkeit für die Datenanzeige. Erstellen Sie also ein einfaches Formular und nutzen Sie das Datenquellen-Fenster, um per Drag & Drop ein *DataGridView* sowie einen *BindingNavigator* für die Tabelle *Products* zu erstellen. Die zusätzlich benötigten Komponenten wie *BindingSource* etc. dürften danach bereits automatisch erstellt worden sein.

BEISPIEL

Synchronisation über eine zusätzliche Schaltfläche auslösen

```
Private Sub Button1_Click(ByVal sender As System.Object, ByVal e As System.EventArgs) _
        Handles Button1.Click
```

Wir erzeugen eine Instanz des SyncAgents

```
Dim syncAgent As New NWCacheSyncAgent()
```

... und starten die Synchronisation:

```
Dim syncStats As Microsoft.Synchronization.Data.SyncStatistics = syncAgent.Synchronize()
```

Nach der Ausführung müssen wir noch dafür sorgen, dass die aktuellen Daten aus der lokalen Datenbank in das *DataGridView* geladen werden (der Datenabgleich erfolgt direkt zwischen beiden Datenbanken):

```
DataGridView1.DataSource = db.Products
End Sub
```

Nach dem ersten Start des Beispielprogramms werden Sie feststellen, dass zu diesem Zeitpunkt bereits die entsprechenden Daten vom Server vorliegen. Der erste Abgleich wurde vom Assistenten durchgeführt.

Für einen Test editieren Sie beispielsweise den ersten Datensatz der Tabelle *Products* auf dem Server (z.B. per Server Explorer in Visual Studio) und geben dem Artikel einen anderen Namen. Nach dem Ausführen der obigen Anweisungen sollte die Änderung auch auf dem Client sichtbar werden. Auf eine Verbindung zum eigentlichen Server können Sie ab jetzt verzichten, der Client läuft mit den Daten der lokalen Compact-Datenbank.

HINWEIS　　Nehmen Sie einige Änderungen auf dem Client vor und versuchen Sie, diese per Sychronisation zum Server zu übertragen. Sie werden feststellen, dass dies nicht funktioniert, da im vorliegenden Zustand die Anwendung für einen reinen Download der Daten konfiguriert ist. Die für eine bidirektionale Synchronisation erforderlichen Einstellungen müssen Sie per Code vornehmen, der nächste Abschnitt zeigt wie es geht.

Bidirektionale Synchronisation

Wollen wir auch eine bidirektionale Aktualisierung erreichen, müssen wir uns etwas näher mit den Mapperklassen, die der Assistent erzeugt hatte, beschäftigen. Als Eigenschaften des SyncAgents findet sich für jede zu synchronisierende Tabelle ein entsprechendes Objekt, über welches auch die Synchronisationsoptionen geändert werden können.

BEISPIEL

Realisierung einer bidirektionale Aktualisierung für die Tabelle *Products*

Zunächst sichern wir unsere Änderungen aus dem *DataGridView* in der lokalen Datenbank:

```
db.SaveChanges()
```

Jetzt den *SyncAgent* erzeugen:

```
Dim syncAgent As New NWCacheSyncAgent()
```

Synchronisationsrichtung festlegen:

```
syncAgent.Products.SyncDirection = Microsoft.Synchronization.Data.SyncDirection.Bidirectional
```

Synchronisierung auslösen:

```
Dim syncStats As Microsoft.Synchronization.Data.SyncStatistics = syncAgent.Synchronize()
```

Anzeige der Änderungen:

```
listBox1.Items.Add("TotalChangesDownloaded : " & syncStats.TotalChangesDownloaded.ToString)
db.Refresh(System.Data.Objects.RefreshMode.StoreWins, db.Products)
DataGridView1.DataSource = db.Products
```

Nachfolgend werden Änderungen in beide Richtungen übertragen, die jeweils letzte Änderung überschreibt vorhergehende Änderungen.

Anzeige von Statusänderungen

Nun bietet unser Beispiel ja nicht unbedingt riesige Datenmengen, die abgeglichen werden müssen. Ist dies jedoch der Fall, wäre sicher eine Fortschrittsanzeige und eine Anzeige von Statusmeldungen angebracht. Die letzte Etappe unseres Beispiels zeigt, wie Sie an die entsprechenden Informationen/Ereignisse herankommen.

BEISPIEL

Ereignisauswertung

Ereignishandler anbinden:

```
Private Sub Button1_Click(ByVal sender As System.Object, ByVal e As System.EventArgs) _
                Handles Button1.Click
    Dim syncAgent As New NWCacheSyncAgent()
```

An dieser Stelle weisen wir einen Ereignishandler für eine Fortschrittsanzeige zu:

```
AddHandler syncAgent.SessionProgress, AddressOf syncAgent_SessionProgress
```

Allgemeine Statusänderungen auswerten:

```
AddHandler syncAgent.StateChanged, AddressOf syncAgent_StateChanged
```

Hier können wir detaillierte Statusmeldungen über einzelne Tabellen etc. abrufen:

```
AddHandler TryCast(syncAgent.RemoteProvider, DbServerSyncProvider).SyncProgress,
                AddressOf Form1_SyncProgress
```

Ab hier folgt die normale Synchronisation:

```
Dim syncStats As Microsoft.Synchronization.Data.SyncStatistics = syncAgent.Synchronize()
DataGridView1.DataSource = db.Products
End Sub
```

Zunächst den *ProgressBar* aktualisieren:

```
Private Sub syncAgent_SessionProgress(ByVal sender As Object,
                        ByVal e As Microsoft.Synchronization.SessionProgressEventArgs)
    progressBar1.Value = e.PercentCompleted
End Sub
```

Allgemeine Meldungen ausgeben:

```
Private Sub syncAgent_StateChanged(ByVal sender As Object,
                    ByVal e As Microsoft.Synchronization.SessionStateChangedEventArgs)
    listBox1.Items.Add(e.SessionState.ToString())
End Sub
```

Und hier gehen wir ins Detail:

```
Private Sub Form1_SyncProgress(ByVal sender As Object,
                    ByVal e As Microsoft.Synchronization.Data.SyncProgressEventArgs)
    Dim msg As String = ""
```

Auswerten der Aktion (welche Richtung, welche Aktion):

```
Select Case e.SyncStage
```

Der Client fügt Datensätze auf dem Server ein:

```
Case SyncStage.ApplyingInserts
    If e.TableProgress.Inserts > 0 Then
        msg = "INSERT: Client -> Server " & e.TableMetadata.TableName &
                "[" & e.TableProgress.Inserts.ToString() & "]"
    End If
```

Der Client ändert Datensätze auf dem Server:

```
Case SyncStage.ApplyingUpdates
    If e.TableProgress.Updates > 0 Then
        msg = "UPDATE: Client -> Server " & e.TableMetadata.TableName &
                "[" & e.TableProgress.Updates.ToString() & "]"
    End If
```

Der Client löscht Datensätze auf dem Server:

```
Case SyncStage.ApplyingDeletes
    If e.TableProgress.Deletes > 0 Then
        msg = "DELETE: Client -> Server " & e.TableMetadata.TableName &
                                "[" & e.TableProgress.Deletes.ToString() & "]"
    End If
```

Serverdatensätze werden auf dem Client hinzugefügt:

```
Case SyncStage.GettingInserts
    If e.TableProgress.Inserts > 0 Then
        msg = "INSERT: Client <- Server " & e.TableMetadata.TableName &
                    "[" & e.TableProgress.Inserts.ToString() & "]"
    End If
```

Serverdatensätze werden auf dem Client geändert:

```
Case SyncStage.GettingUpdates
    If e.TableProgress.Updates > 0 Then
        msg = "UPDATE: Client <- Server " & e.TableMetadata.TableName &
                    "[" & e.TableProgress.Updates.ToString() & "]"
    End If
```

Serverdatensätze werden auf dem Client gelöscht:

```
Case SyncStage.GettingDeletes
    If e.TableProgress.Deletes > 0 Then
        msg = "DELETE: Client <- Server " & e.TableMetadata.TableName &
                    "[" & e.TableProgress.Deletes.ToString() & "]"
    End If
End Select
If msg <> "" Then
    listBox1.Items.Add(msg)
End If
Application.DoEvents()
End Sub
...
```

Ändern Sie zum Test Datensätze in beiden Datenbanken und starten Sie die Synchronisation. Das Resultat dürfte ähnlich aussehen, wie in der folgenden Abbildung gezeigt:

```
Synchronizing
UPDATE: Client -> Server Products[2]
UPDATE: Client -> Server Products[2]
UPDATE: Client <- Server Products[4]
Ready
TotalChangesDownloaded : 4
```

Abbildung 15.16 Beispiel für die Ausgabe

Tipps & Tricks

Datenbank auf Remotelaufwerk nutzen

Grundsätzlich ist es kein Problem ein Remotelaufwerk für die Datenbank zu verwenden, solange Sie nicht auf die verwegene Idee kommen, mit mehr als einer Instanz auf die Datenbank zuzugreifen. In diesem Fall wird die zweite Instanz eine entsprechende Fehlermeldung ausgeben.

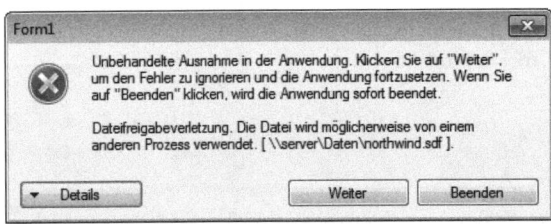

Abbildung 15.17   Fehler bei gleich-
zeitigem Zugriff auf eine Remotedatenbank

Wer jetzt auf die Idee kommt darauf zu warten, dass die vorhergehende Anwendung die Verbindung schließt, sollte sich auch den folgenden Abschnitt durchlesen. Connections zu SQL Server Compact-Datenbanken sollten nicht für einzelne Operationen geöffnet und geschlossen werden, sondern stattdessen sollten Sie die Verbindung länger geöffnet halten.

HINWEIS   Wenn Sie einen (kostenlosen) SQL Server für den Zugriff durch mehrere Anwendungen von verschiedenen Arbeitsstationen benötigen, verwenden Sie besser den Microsoft SQL Server Express.

Performance verbessern

Arbeiten Sie mit dem SQL Server Compact, so sollten Sie in einigen Punkten umdenken, um auch ein Optimum an Performance aus Ihrer Anwendung herauszuholen:

- In Schreibszenarien sollten Sie in jedem Fall vermeiden, die Connection für jede Operation zu öffnen und zu schließen. Da der SQL Server Compact kein direktes Connection Pooling unterstützt, entspricht jedes Öffnen dem kompletten Laden der SQL Serverengine.

- Verwenden Sie das *SqlCeResultSet* für ein Maximum an Performance (siehe Seite 1061) und nutzen Sie nur die Cursor-Features, die Sie unbedingt benötigen.

- Nutzen Sie für wiederkehrende Abfragen/Anweisungen ein Command-Objekt, das Sie zwischenzeitlich nicht verwerfen, Command-Caching wird nicht durch die Engine, sondern durch das Objekt bereitgestellt. Setzen Sie auch den Parametertyp, -größe und -genauigkeit.

Weitere Tipps zur Optimierung (Indizes etc.) finden Sie unter folgender Adresse:

WWW   http://msdn.microsoft.com/library/ms172434.aspx

Datenbank von schreibgeschütztem Medium starten

Wenn wir schon eine Mini-Datenbank haben, wollen wir natürlich auch deren Vorteile nutzen. Was Sie mit einem SQL Server wohl nie hinbekommen werden, ist mit dem SQL Server Compact kein Problem: Starten der Datenbank von einem schreibgeschütztem Medium (z.B. einer DVD).

BEISPIEL

Datenbank von schreibgeschütztem Medium starten

Alles was Sie machen müssen, ist das Anpassen des Connectionstrings an die recht ungewöhnliche Umgebung für die Datenbank. Zum einem müssen Sie den Mode »Read Only« setzen, zum anderen ist es erforderlich einen Pfad für die temporären Dateien anzugeben:

```
Dim connstr As String = String.Format("Data Source = |DataDirectory|\xyz.sdf;" &
                                       "Mode = Read Only;Temp Path={0}", Path.GetTempPath())
Dim conn As SqlCeConnection
conn = New SqlCeConnection(connstr)
Using conn
  conn.Open()
...
```

HINWEIS Sinnvollerweise sollten Sie Schreibzugriffe auf diese Datenbank besser vermeiden!

Datenbankinformationen abrufen

Informationen über die per *SqlCeConnection* geöffnete Datenbank erhalten Sie über die INFORMATION_SCHEMA-Views. Folgende Views werden unterstützt:

View	Bemerkung
COLUMNS	verfügbare Spalten aller Tabellen in der Datenbank
INDEXES	vorhandene Indizes
KEY_COLUMN_USAGE	Schlüssel in der aktuellen Datenbank
PROVIDER_TYPES	unterstützte Datentypen
TABLES	vorhandene Tabellen
TABLE_CONSTRAINTS	definierte Constraints
REFERENTIAL_CONSTRAINTS	Fremdconstraints

Tabelle 15.7 Mögliche INFORMATION_SCHEMA-Views

BEISPIEL

Anzeige der Tabellen in der Datenbank

```
ceconn = New SqlCeConnection("Data Source=|DataDirectory|\northwind.sdf")
ceconn.Open()
```

Für die Abfrage nutzen wir ein *SqlCeCommand*:

```
Dim cmd As SqlCeCommand = ceconn.CreateCommand()
cmd.CommandText = "SELECT Table_Name FROM INFORMATION_SCHEMA.TABLES"
DataGridView1.DataSource = cmd.ExecuteResultSet(ResultSetOptions.Scrollable)
```

Datenbank reparieren

Ja, auch das ist manchmal unumgänglich, und so bietet die Datenbankengine auch gleich eine entsprechende Funktion an (externe Tools für den SQL Server Compact sind kaum verfügbar).

Überprüfen können Sie die Datenbank zunächst mit *SqlCeEngine.Verify*. Dabei sind eine Standardvariante (nur Prüfsummentest) und eine erweiterte Version (Prüfsumme und Indexprüfung) verfügbar.

Fällt die Prüfung negativ aus, d.h., es wurde ein Fehler gefunden, so können Sie einen Rettungsversuch mit der *Repair*-Methode starten.

BEISPIEL

Datenbank prüfen und gegebenenfalls reparieren

```
Dim engine As New SqlCeEngine("Data Source=|DataDirectory|\northwind.sdf")
If Not engine.Verify(VerifyOption.Enhanced) Then
```

Übergabewerte sind die Zieldatenbank (alternativ null) und die Reparaturoption:

```
    engine.Repair("Data Source=|DataDirectory|\northwindNeu.sdf", RepairOption.RecoverAllOrFail)
    ...
End If
```

Für *Repair* stehen Ihnen folgende Optionen zur Verfügung:

RepairOption	Bermerkung
DeleteCorruptedRows	Alle fehlerhaften Einträge werden gelöscht, es wird kein Reparaturversuch unternommen
RecoverAllOrFail	Die »Alles oder Nichts«-Variante. Schlägt die Reparatur fehl wird ein Fehler ausgelöst
RecoverAllPossibleRows	Alle fehlerfreien Daten werden erhalten
RecoverCorruptedRows	Versuch, defekte Einträge zu reparieren

Tabelle 15.8 *RepairOption*-Member

HINWEIS   Eventuell sollten Sie nach einem Reparaturversuch mit *RecoverAllOrFail* etwas selektiver vorgehen und eine der anderen Varianten ausprobieren.

Verwenden Sie *RecoverCorruptedRows* können Sie meist mehr Daten erhalten, es ist aber nicht sicher, ob alle Daten fehlerfrei sind.

Datenbank komprimieren

Wird die Datenbank nicht nur für Lesevorgänge genutzt, sondern werden auch Datensätze gelöscht, bleibt es nicht aus, dass die Datei mit der Zeit fragmentiert, d.h., es entstehen leere Datensätze und letztendlich leere Seiten (eine Seite hat 4 KB). Zwei bzw. drei Optionen bieten sich an, um den »verlorenen« Platz wieder für andere Anwendungen freizugeben:

- komprimieren mit der *Compact*-Methode
- verwenden der *Shrink*-Methode
- verlassen auf die *AutoShrink*-Funktion

Compact

Dies ist die gründlichste Variante, sie hat allerdings den Nachteil, dass Sie temporär Platz für zwei Datenbanken benötigen, da sowohl die eigentlichen Daten als auch die Indizes komplett kopiert werden. Durch dieses Kopieren werden auch Fragmentierungen innerhalb der Seiten komplett behoben, die neue Datenbank ist nach dem Ausführen der Methode optimal defragmentiert.

> **BEISPIEL**
>
> Verwendung von *Compact* um die aktuelle Datendatei zu komprimieren
>
> ```
> Dim engine As New SqlCeEngine("Data Source=xyz.sdf")
> engine.Compact(Nothing)
> ```

Shrink/AutoShrink

Dies ist die Variante für »Dünnbrettbohrer«, da in diesem Fall nur komplett unbenutzte Seiten an das Ende der Datendatei kopiert und abgeschnitten werden. Im Gegensatz zur vorherigen Variante wird allerdings nur mit einer Datei gearbeitet, es wird also kein zusätzlicher Platz auf dem Datenträger benötigt. Fragmentierungen innerhalb der Seiten und in den Indizes werden durch diese Variante nicht beseitigt.

> **BEISPIEL**
>
> Verwendung von *Shrink* zum expliziten Defragmentieren der Datenbank
>
> ```
> Dim engine As New SqlCeEngine("Data Source=xyz.sdf")
> engine.Shrink()
> ```

Im Gegensatz zu *Shrink*, das Sie explizit aufrufen müssen, ist die *AutoShrink*-Funktion über den Connectionstring parametrierbar und wird später selbsttätig ausgelöst.

> **BEISPIEL**
>
> Connectionstring, mit welchem die Datenbank ab 20% freiem Seitenspeicher komprimiert wird
>
> ```
> Data Source=xyz.sdf;AutoShrink Threshold=20
> ```

> **HINWEIS** Ein Wert von 100 deaktiviert die *AutoShrink*-Funktion!

Datenbank nachträglich verschlüsseln

Möchten Sie per Code eine Datenbank nachträglich verschlüsseln, verwenden Sie dazu einfach die *Compact*-Methode und übergeben Sie im neuen Connectionstring (Zieldatei) Ihr gewünschtes Passwort:

BEISPIEL

Verwendung von *Compact* um die aktuelle Datendatei zu verschlüsseln

Verbindung zur bisherigen Datei herstellen:

```
Dim engine As New SqlCeEngine("Data Source=xyz.sdf")
```

Datenbank verschlüsseln:

```
engine.Compact("Data Source=;Password=geheim")
```

Ein Datenbank-Backup realisieren

Bevor Sie jetzt an große Programmierorgien denken, vergessen Sie es gleich wieder, eine Datenbank-Backup/-Restore ist mit dem SQL Server Compact eine der leichtesten Übungen:

- Schließen Sie einfach alle offenen Verbindungen und kopieren Sie die .sdf-Datei, d.h. die komplette Datenbank, auf Ihr Sicherungsmedium (maximal 4 GByte dürften problemlos auf DVD oder USB-Stick passen)

- Zum Wiederherstellen überschreiben Sie einfach die Datenbankdatei mit der gesicherten Datei

Fehler in der Visual Studio-IDE vermeiden

Vielleicht haben Sie sich schon einmal beim Test mit einer SQL Server Compact-Datenbank gewundert, dass nach dem Neustart alle Änderungen an den Datensätzen »verlorengegangen« sind. Die Ursache ist vermutlich ein kleiner Konfigurationsfehler in der Visual Studio IDE:

Vermutlich haben Sie für die Datendatei die Eigenschaft »In Ausgabeverzeichnis kopieren« auf »Immer kopieren« festgelegt. In diesem Fall wird Ihre Datendatei im Anwendungsverzeichnis bei jedem Kompilieren durch die Datendatei aus dem Projektverzeichnis überschrieben.

Daten vom SQL Server zum SQL Server Compact zu kopieren

Suchen Sie eine einfache Möglichkeit, bestehende SQL Server-Datenbanken auf die Compact-Version zu portieren? Wenn ja, werden Sie unter folgender Adresse fündig:

WWW   http://www.johnnycantcode.com/page/SQL-Server-to-SQL-Server-Compact-Edition-Database-Copy.aspx

Distribution

Irgendwann kommt der Punkt, wo Sie Ihr Projekt auf dem Zielsystem installieren wollen. Neben der »ganz normalen« Voraussetzung eines installierten .NET Frameworks benötigen Sie jetzt auch noch die SQL Server Compact-Assemblies.

An dieser Stelle wollen wir Ihnen zeigen, wie Sie Ihre Anwendung konfigurieren müssen, damit diese auf einem Zielsystem mit installiertem Framework, aber ohne SQL Server Compact, lauffähig ist[1].

HINWEIS   Verzichten wir im Weiteren auf die Verwendung eines Installationspakets für den SQL Server Compact hat dies den Vorteil, dass die Installation unserer Anwendung auf dem Zielsystem keine Administratorenrechte erfordert.

---

1. Assembly-Referenz hinzufügen und konfigurieren

Fügen Sie Ihrem Projekt eine Referenz auf die Assembly *System.Data.SqlServerCe* hinzu und setzen Sie die Eigenschaft »Lokale Kopie« auf *True*.

2. Hinzufügen der Assemblies

Erzeugen Sie in Ihrem Projekt ein Unterverzeichnis X86 und fügen Sie die Dateien *sqlcecompact35.dll*, *sqlcese35.dll*, *sqlceqp35.dll* und *sqlceme35.dll* als Link hinzu (Menüpunkt *Hinzufügen/Vorhandene Elemente*, siehe Abbildung 15.18).

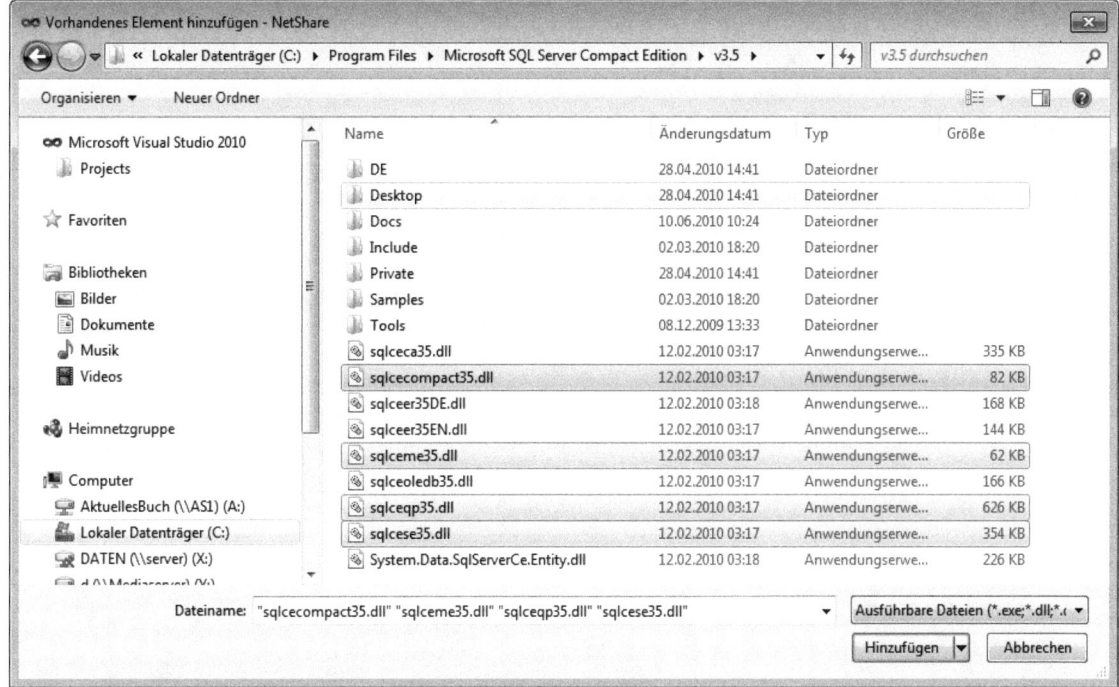

Abbildung 15.18 Dateiauswahl (klicken Sie auf Hinzufügen »Als Link hinzufügen«)

---

[1] Bei den neueren Systemen können Sie zumindest von .NET 2 bzw. 3.5 ausgehen.

Wählen Sie abschließend für die vier hinzugefügten Dateien die Eigenschaft »Ins Ausgabeverzeichnis kopieren« und legen Sie diese auf »Kopieren wenn neuer« fest.

HINWEIS   Wollen Sie eine 64-Bit Installation realisieren, verwenden Sie bitte die entsprechenden Dateien aus dem Verzeichnis *C:\Program Files\Microsoft SQL Server Compact Edition\v3.5* nicht *C:\Program Files (x86)\Microsoft SQL Server Compact Edition\v3.5* und kopieren diese in ein Verzeichnis *AMD64*.

Damit steht einer Distribution Ihrer Anwendung per *XCopy* nichts mehr im Weg, ist das Framework in der benötigten Version (siehe Projekteinstellungen) auf dem Zielsystem vorhanden, können Sie einfach Ihre Projektdateien (Verzeichnis *\\bin\Debug* bzw. *\\bin\Release*) kopieren.

Sollten Sie eine Distribution erstellen, vergessen Sie nicht, das Paket »SQL Server Compcat SP2« aus der Liste der erforderlichen Komponenten zu entfernen.

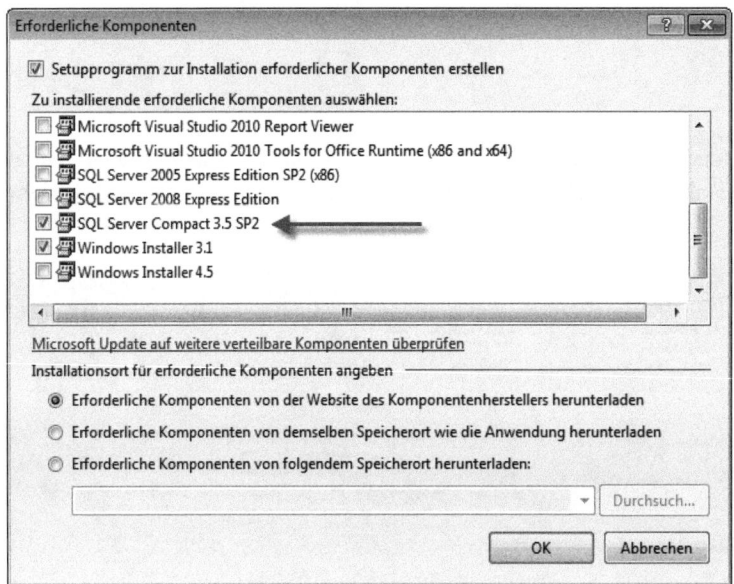

Abbildung 15.19 Diesen Eintrag entfernen

Weitere Hilfe

Weitere Hilfe finden Sie zum Beispiel unter folgender Adresse:

WWW   http://social.msdn.microsoft.com/forums/en-US/sqlce

Kapitel 16

SQLite – Ein Mini ganz groß

In diesem Kapitel wollen wir Ihnen kurz eine sinnvolle Alternative sowohl für den meist überdimensionierten Einsatz des Microsoft SQL Server Express als auch für die Verwendung von Access-Datenbanken als lokalen Datenspeicher vorstellen.

Die Hauptforderungen nach

- einfacher Installation/Distribution
- Unterstützung bekannter Technologien (ADO.NET, LINQ to SQL, Entity Framework)
- Aufhebung der Restriktionen bei der maximalen Datenbankgröße[1]
- Unterstützung für Datenbindung
- gute Performance
- Plattformunabhängigkeit des Datenformats
- und, last but not least, vor allem Datensicherheit

werden von dem im Folgenden vorgestellten SQLite in jedem Fall erfüllt.

HINWEIS   Wir beschränken uns an dieser Stelle ganz bewusst auf lokale Datenspeicher, viele Anwendungen erfordern nach wie vor keine Server-Infrastruktur und werden mit viel zu viel Ballast (zusätzliche Dienste, Probleme mit UAC, Datensicherung etc.) beim Kunden »abgeworfen«. Administratoren und Anwender sind Ihnen sicher dankbar dafür, wenn Sie eine einfach installierbare Anwendung anbieten, die nicht gleich das gesamte System »umgräbt«.

Was ist eigentlich SQLite?

Bei SQLite handelt es sich um eine Desktop-Datenbankengine, die im Gegensatz zum SQL Server ohne eine extra Server-Anwendung auskommt. Die komplette Funktionalität wird von einer DLL bereitgestellt, die Anwendung greift also direkt auf den eigentlichen Datenspeicher zu. Der Clou an dieser Lösung: Sie können trotz allem mit SQL als Abfragesprache arbeiten, müssen sich also nicht lange an eine neue Schnittstelle gewöhnen[2].

Einen grundsätzlichen Überblick zum Datenformat, zur verwendeten SQL-Syntax und zur DLL-Schnittstelle bietet Ihnen die folgende Website

---

WWW   http://www.sqlite.org/

Im Folgenden wollen wir Ihnen mit einer unverbindlichen Gegenüberstellung der Vor- und Nachteile die Entscheidung für oder gegen SQLite erleichtern.

---

[1] Insbesondere dieser Punkt dürfte für viele Programmierer von Interesse sein, ist doch das Datenlimit von 4 bzw. 2 GByte bei genannten Microsoft-Produkten nicht mehr ganz zeitgemäß.

[2] Am besten können Sie SQLite noch mit dem SQL Server Compact vergleichen, beide haben einen konzeptionell ähnlichen Ansatz.

Vorteile

Davon bietet SQLite jede Menge:

- Die Datenbankengine ist winzig im Vergleich zu den etablierten Produkten (die DLL hat lediglich eine Größe von ungefähr 880 KByte).

- Es ist keinerlei administrativer Aufwand notwendig, wenn Sie mal vom Speichern der eigentlichen Datendatei absehen.

- Das Format ist ideal für die Verwendung im Zusammenhang mit dem Compact Framework, da geringer Ressourcenbedarf.

- Alle Daten sind in einer Datei zusammengefasst.

- Die komplette Engine befindet sich in einer bzw. zwei Dateien (Compact Framework).

- SQLite implementiert eine Großteil der SQL92-Spezifikation.

- SQLite-Datenbanken sind plattformkompatibel, d.h., Sie können die Datei problemlos mit anderen Systemen auslesen und bearbeiten (z.B. PDA). Für fast jede Plattform und Programmiersprache werden entsprechende Schnittstellen angeboten.

- SQLite ist in einigen Punkten schneller[1] als eine entsprechende SQL Server Compact-Datenbank und die Dateien sind kleiner. Im Gegensatz zum SQL Server Compact kann man bei einer maximalen Datenbankgröße von 2 Terabyte kaum noch von einer Größenbegrenzung sprechen.

- Datenbanken können verschlüsselt werden.

- Unterstützung für Trigger, Views und Constraints.

- Es sind ADO.NET 2.0 Provider verfügbar, auch eine Verwendung des Entity Frameworks ist möglich.

- SQLite ist komplett kostenlos, der Quellcode ist ebenfalls verfügbar.

Nachteile

Jede Medaille hat zwei Seiten und so müssen Sie auch bei SQLite mit einigen Einschränkungen und Nachteilen leben:

- Grundsätzlich sollten Sie immer das Konzept als Desktop-Datenbank im Auge behalten, Sie können zwar mit mehreren Anwendungen auf die Datendatei zugreifen, allerdings ist der Schreibmechanismus der Engine etwas eigenwillig, nur ein Prozess kann exklusiv auf die Datenbank zugreifen, Lesezugriffe werden in dieser Zeit geblockt.

- Keine Unterstützung für Stored Procedures und UDFs, Sie können jedoch eigene Scalar- und Aggregat-Funktionen schreiben.

- Keine geschachtelten Transaktionen.

- Keine Replikationsunterstützung, Sie können jedoch eine zweite Datenbank mit ATTACH einbinden und nachfolgend die Daten mit einer Abfrage über die betreffenden Tabellen synchronisieren.

- Keine Unterstützung für Nutzer- und Rechteverwaltung, es handelt sich um eine Desktop-Datenbank, die Sie jedoch verschlüsseln können.

---

[1] Hier kommt es jedoch auf eine sinnvolle Indizierung der Tabellen an, andernfalls bricht die Performance recht schnell ein.

Vorbereitungen

Haben Sie sich für SQLite als Datenformat entschieden, ist der nächste Schritt die Auswahl eines geeigneten Datenproviders, der uns auch unter .NET wie gewohnt zur Verfügung steht.

Download/Installation

Die Autoren haben sich in diesem Fall für »System.Data.SQLite«, einem kostenlosen Wrapper und ADO-.NET 2.0/3.5-Provider, entschieden, da dieser sehr gut dokumentiert und auch aktuell ist.

Herunterladen können Sie den Provider unter der Adresse:

WWW	http://sqlite.phxsoftware.com/

Laden Sie das Setup-Programm herunter (aktuell *SQLite-1.0.66.0-setup.exe*) und führen Sie dieses aus, um die Designtime-Unterstützung in Visual Studio zu integrieren.

Die Besonderheit dieses Projekts ist eine Unterstützung sowohl für das komplette als auch für das Compact-Framework. Arbeiten Sie mit dem normalen Framework, wird für Ihr Projekt bzw. das Zielsystem lediglich die Datei *System.Data.SQLite.DLL* benötigt, in dieser befindet sich die SQLite-Engine und der für uns wichtige .NET-Wrapper. Für den Einsatz mit dem Compact Framework müssen Sie die Dateien *System.Data.-SQLite.DLL* (Unterordner *CompactFramework*) und *SQLite.Interop.066.DLL* auf dem Zielsystem bereitstellen.

HINWEIS	*System.Data.SQLite* ist »lediglich« ein Wrapper für die originale SQLite-Engine (aktuell 3.6.23.1), Sie profitieren also auch automatisch von Verbesserungen und Neuerungen an der SQLite-Engine.

Mehr über die SQLite-Engine erfahren Sie unter folgender Adresse:

WWW	http://www.sqlite.org/docs.html

Integration in Ihr Projekt

Möchten Sie den Provider in Ihr Projekt integrieren, fügen Sie zunächst einen Verweis auf die Assembly *System.Data.SQLite* hinzu und legen Sie die Eigenschaft *Lokale Kopie* auf *True* fest.

Da es sich derzeit noch um .NET 2-Assemblies handelt, müssen wir die Verwendung in der Datei *App.-Config* entsprechend konfigurieren. Fügen Sie Ihrem Projekt, wenn nicht schon vorhanden, eine neue *Anwendungskonfigurationsdatei* hinzu (Menü *Hinzufügen/Neues Element*) und fügen Sie folgende Einträge in die Datei ein:

BEISPIEL

App.Config für die Verwendung von *System.Data.SQLite* in .NET 4-Projekten

```
<?xml version="1.0" encoding="utf-8" ?>
```

```
<configuration>
  <startup useLegacyV2RuntimeActivationPolicy="true">
    <supportedRuntime version="v4.0"/>
  </startup>
</configuration>
```

Nachfolgend sollte der Verwendung der Assembly nichts mehr im Weg stehen.

Praktische Aufgabenstellungen

Im Folgenden werden Sie keine Wiederholung der ADO.NET-Kapitel 4 und 5 vorfinden, wir beschränken uns auf einige SQLite-spezifische Aufgabestellungen.

Erzeugen neuer Datenbanken mit Visual Studio

Die einfachste Möglichkeit, eine neue Datenbank zu erstellen ist Visual Studio selbst. Wählen Sie einfach im Server-Explorer die Schaltfläche »Mit Datenbank verbinden« und ändern Sie die Datenquelle in »SQLite Database File«. Der dazugehörige Datenanbieter ».NET Framework DataProvider for SQLite« ist bereits automatisch ausgewählt (siehe folgende Abbildung, rechtes Dialogfeld)

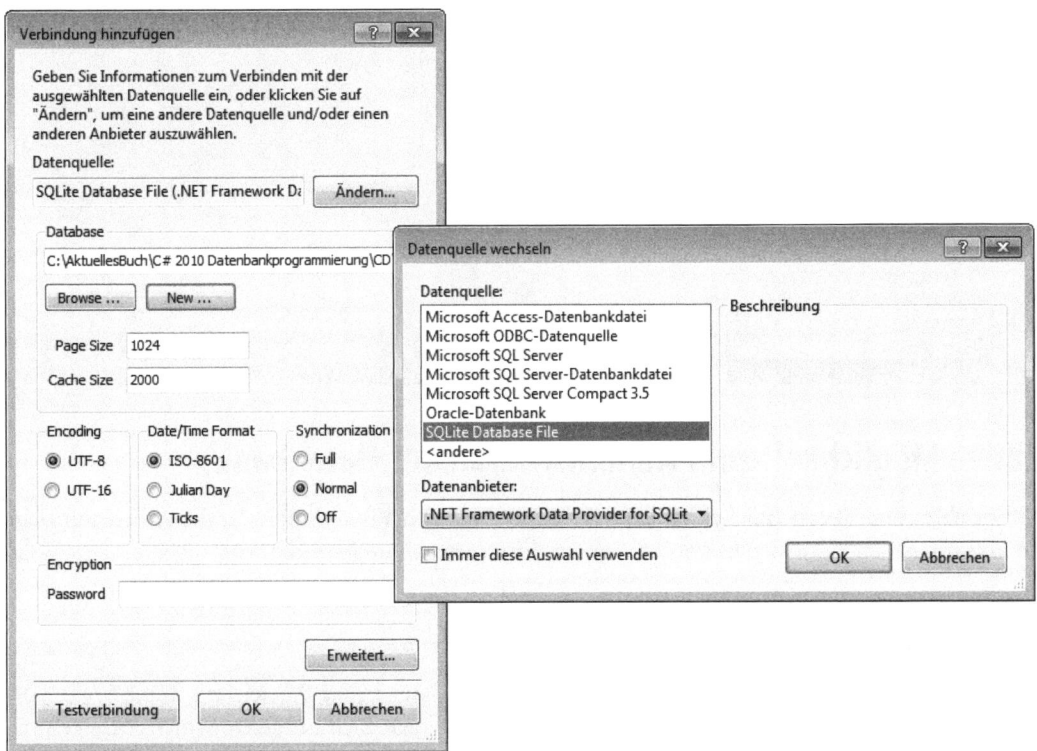

Abbildung 16.1 Neue SQLite-Datenbank erzeugen

Im eigentlichen Verbindungsdialog können Sie jetzt die neue Datenbank erzeugen. Legen Sie hier auch *Page-Size* und *Cache-Size* fest. Das Date-/Time-Format belassen Sie am besten bei »ISO-8601« (formatierte Zeichenkette). Mit »Synchronisation« ist das Verhalten beim Speichern von Änderungen gemeint:

- die Einstellung »Normal« führt dazu, dass Änderungen immer dann geschrieben werden, wenn kritische Codeabschnitte durchlaufen werden
- »Full« führt zu Schreibzugriffen bei jeder Änderung und
- »Off« bedeutet, dass die Schreibpuffer nicht explizit geschrieben werden

HINWEIS   Welche Datei-Extension Sie für die Datenbank verwenden ist egal, empfehlenswert ist ».db« oder ».db3«.

Optional haben Sie die Möglichkeit, die Datenbank mit einem Passwort zu schützen, versprechen Sie sich davon aber bitte nicht eine extreme Sicherheit, es handelt sich lediglich um einen RC4-Algorithmus mit 128 Bit-Schlüssel.

Schließen Sie den Dialog ab, können Sie sich mittels Server-Explorer um die inneren Werte der Datenbank kümmern, d.h. Tabellen und Sichten erstellen, Trigger und Check-Einschränkungen festlegen und last but not least auch Indizes erzeugen.

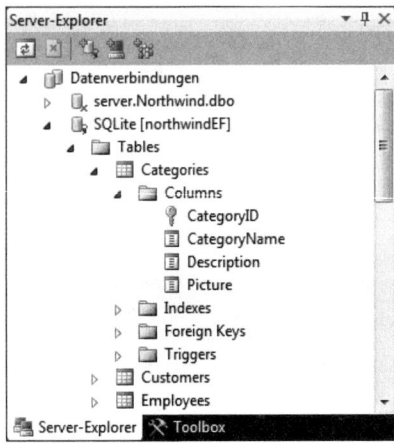

Abbildung 16.2   SQLite-Beispieldatenbank *NorthwindEF* im Server-Explorer

Alternative Möglichkeit zum Administrieren der Datenbank

Etwas komfortabler und übersichtlicher als der Server-Explorer von Visual Studio ist die Arbeit mit dem *SQLite Administrator*, den Sie kostenlos unter folgender Adresse herunterladen können:

WWW   http://sqliteadmin.orbmu2k.de/

Entpacken Sie einfach den Inhalt der heruntergeladenen ZIP-Datei in ein Verzeichnis Ihrer Wahl und starten Sie die Datei *sqliteadmin.exe*. Nach der Beantwortung der Frage nach der gewünschten Anzeigesprache können Sie auch schon loslegen (siehe Abbildung 16.3).

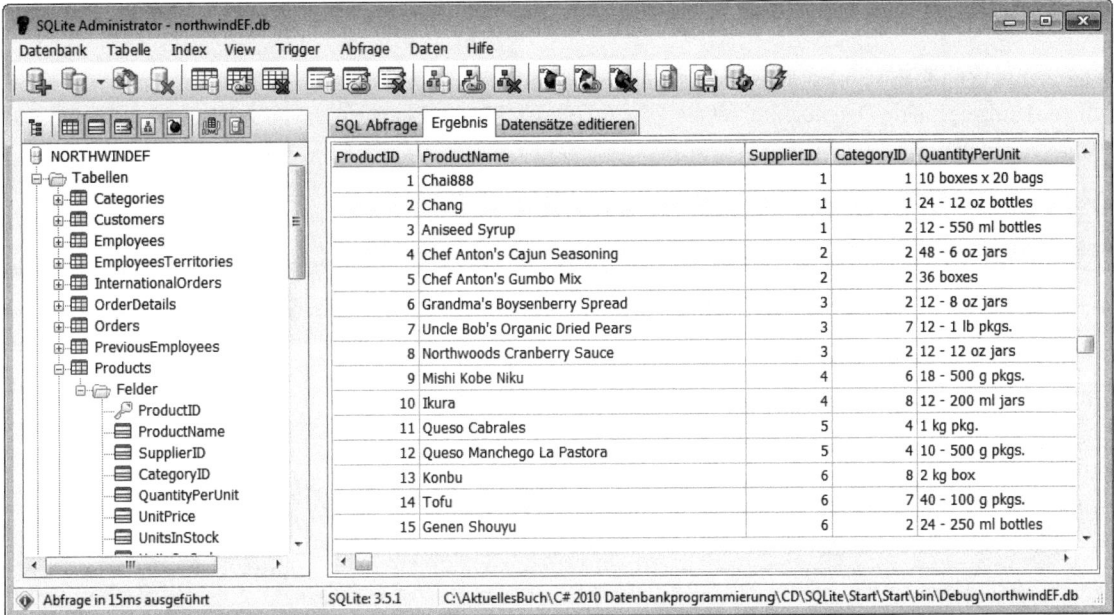

Abbildung 16.3 Der *SQLite Administrator* in Aktion

Wer kein großer Freund von SQL ist, kann hier auch auf recht einfache Art eigene Trigger und Sichten definieren (Abbildung 16.4):

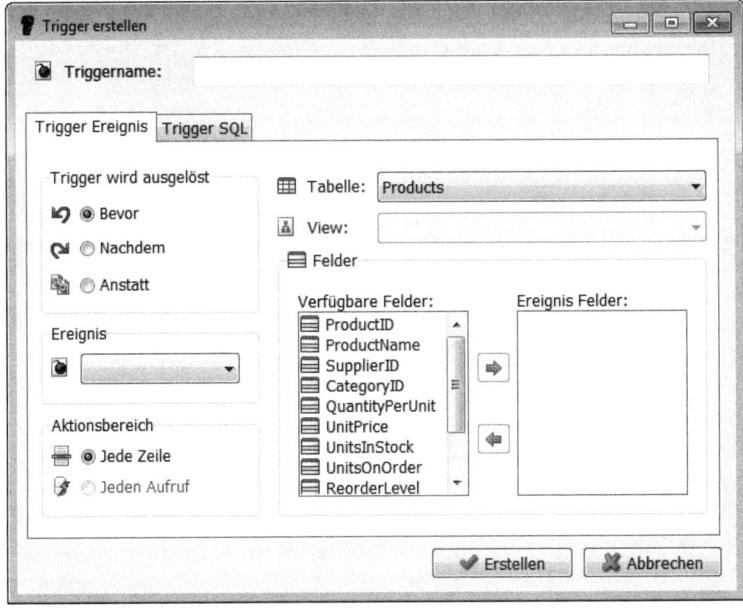

Abbildung 16.4 Neuen Trigger erstellen

Die allgemeine Programmbedienung sollte Sie vor keine allzu großen Herausforderungen stellen, wir gehen deshalb nicht weiter darauf ein.

Datenbank/Datenbankobjekte per Code erstellen

Hier sind wir endlich an einem der interessantesten Punkte für den Programmierer angelangt. Wie erstelle ich zur Laufzeit meine Datenbankobjekte? Anhand einiger kleiner Beispiele zeigen wir Ihnen die grundsätzliche Vorgehensweise.

BEISPIEL

Erzeugen einer neuen, leeren Datenbank

```
...
Imports System.Data.SQLite
...
    Private Sub Button1_Click(ByVal sender As System.Object, ByVal e As System.EventArgs) _
                        Handles Button1.Click
```

Mit der statischen *CreateFile*-Methode erzeugen Sie im Anwendungsverzeichnis eine neue Datenbank *test3.db3*:

```
        SQLiteConnection.CreateFile(AppDomain.CurrentDomain.BaseDirectory & "test.db3")
    End Sub
```

BEISPIEL

Mögliches Zugriffspasswort für die Datenbank festlegen

```
...
Imports System.Data.SQLite
...
    Private Sub Button2_Click(ByVal sender As System.Object, ByVal e As System.EventArgs) _
                        Handles Button2.Click
```

Öffnen der Verbindung (mehr zum Connectionstring siehe Seite 1093):

```
        conn = New SQLiteConnection("Data Source=" & AppDomain.CurrentDomain.BaseDirectory &
                            "test.db3")
        conn.Open()
```

Passwort festlegen:

```
        conn.ChangePassword("geheim")
```

Verbindung schließen:

```
        conn.Close()
```

Vor dem erneuten Öffnen der Datenbank ist jetzt die Angabe des Passwortes erforderlich, andernfalls tritt ein Laufzeitfehler auf

```
conn.SetPassword("geheim")
conn.Open()
conn.Close()
End Sub
```

> **HINWEIS**   Die Fehlermeldung »File opened that is not a database file, file is encrypted or is not a database« ist vielleicht etwas missverständlich, fangen Sie mögliche Fehler also ab und geben Sie eine eigene Meldung an den Anwender aus.

BEISPIEL

Erzeugen einer neuen Tabelle

```
Private Sub Button3_Click(ByVal sender As System.Object, ByVal e As System.EventArgs) _
                Handles Button3.Click

    conn = New SQLiteConnection("Data Source=" & AppDomain.CurrentDomain.BaseDirectory & _
                    "test.db3")
    conn.Open()
```

Die folgende Zeilen dürften Ihnen bereits bekannt vorkommen (ADO.NET-Kapitel 4).

Mittels *SQLiteCommand*-Objekt wird ein SQL-Statement an die Datenbankengine geschickt, um die gewünschte Tabelle zu erstellen:

```
Dim cmd As SQLiteCommand = conn.CreateCommand()

cmd.CommandText = "CREATE TABLE IF NOT EXISTS kunden (" & _
                "   Id INTEGER NOT NULL PRIMARY KEY AUTOINCREMENT," & _
                "   Vorname VARCHAR(50) NOT NULL," & _
                "   Nachname VARCHAR(50) NOT NULL," & _
                "   Telefon VARCHAR(50)" & " );"
cmd.ExecuteNonQuery()
cmd.Dispose()
conn.Close()
End Sub
```

> **HINWEIS**   Auf dem gleichen Weg können Sie auch alle anderen Datenbankobjekte (Views, Trigger etc.) erzeugen, die Vorgehensweise unterscheidet sich nicht von der bei einem *OleDBCommand*- oder einem *SQLCommand*-Objekt. Über die zulässigen SQL-Befehle und deren Syntax klärt Sie die Hilfedatei zum »System.Data.SQLite«-Wrapper auf.

Mögliche Connectionstring-Parameter

Als Ergänzung zum vorhergehenden Abschnitt wollen wir Ihnen im Folgenden noch die wichtigsten Parameter für den Connectionstring vorstellen (siehe Tabelle 16.1).

Parameter	Bedeutung	Standard
Data Source	Kompletter Datenbankpfad inklusive Dateiname	
UseUTF16Encoding	Welche Kodierung soll verwendet werden (True/False)	False
DateTimeFormat	Das verwendete Datumsformat (Ticks/ISO8601)	ISO8601
BinaryGUID	Speicherformat für GUID-Spalten (True = Binär, False = Text)	True
Cache Size	Cachegröße in Bytes	2000
Synchronous	Wann wird der Puffer geschrieben (Normal/Full/Off)	Normal
Page Size	Seitengröße in Bytes	1024
Password	Optional eine Passwortangabe	
Pooling	Verwendet Connection Pooling (True/False)	False
FaillfMissing	True – Ist die Datenbank nicht vorhanden, wird ein Fehler ausgelöst False – Ist die Datenbank nicht vorhanden, wird sie automatisch erzeugt	False
Max Page Count	Beschränkung der Seitenzahl (und damit der Datenbankgröße)	0 = keine
Legacy Format	True – Verwendet das kompatiblere 3.x Datenbankformat False – Verwendet das neuere 3.3x Datenbankformat mit besserer Kompression	False
Default Timeout	Timeout in Sekunden	30
Journal Mode	Delete – Löschen des Journals nach einem Commit Persist – Das Journal wird geleert und verbleibt auf der Festplatte Off – Das Journal wird nicht erzeugt	Delete
Read Only	True – Datenbank schreibgeschützt öffnen False – Datenbank mit Schreib-Lesezugriff öffnen	False
Max Pool Size	Connectionpool-Größe	100

Tabelle 16.1 Die wichtigsten Connectionstring-Parameter

Datenbankzugriff per DataSet realisieren

Haben Sie die Datenbank mit den entsprechenden Datenbankobjekten erzeugt, wollen Sie sicher auch auf die Tabellen und Abfragen zugreifen. Nichts leichter als das, denn haben Sie Kapitel 5 (*DataSet*-Objekt) eingehend studiert, werden Sie keine Probleme haben, auf SQLite-Datenbanken zuzugreifen.

Zwei kleine Beispiele zeigen den Zugriff auf die Tabelle *Kunden*, die wir im vorhergehenden Beispiel erstellt hatten.

BEISPIEL

Laden der Daten in ein *DataSet*

```
Imports System.Data.SQLite
...
Public Class Form1

    Private conn As SQLiteConnection
    Private ds As DataSet
    Private da As SQLiteDataAdapter
```

```
    Private Sub Button4_Click(ByVal sender As System.Object, ByVal e As System.EventArgs) _
                        Handles Button4.Click
```

Verbindung öffnen:

```
    conn = New SQLiteConnection("Data Source=" & AppDomain.CurrentDomain.BaseDirectory &
                        "test.db3")
    conn.Open()
```

Datenauswahl:

```
    da = New SQLiteDataAdapter("SELECT * FROM kunden", conn)
```

Wir wollen automatisch im *DataSet* neue Ids vergeben:

```
    da.MissingSchemaAction = MissingSchemaAction.AddWithKey
```

DataSet füllen:

```
    ds = New DataSet()
    da.Fill(ds, "Kunden")
```

DataGridView anbinden:

```
    DataGridView1.DataSource = ds
    DataGridView1.DataMember = "Kunden"
    conn.Close()
End Sub
```

Das dürfte Ihnen je recht bekannt vorkommen, lediglich die Klassenbezeichner unterscheiden sich etwas (aus *OleDbDataAdapter* wird ein *SQLiteDataAdapter* etc.).

Abschließend sollen die Daten auch aus dem *DataSet* in die Datenbank zurückgeschrieben werden.

BEISPIEL

Zurückschreiben der Änderungen in die SQLite-Datenbank

```
    Private Sub Button5_Click(ByVal sender As System.Object, ByVal e As System.EventArgs) _
                        Handles Button5.Click
```

Wir erzeugen die nötigen UPDATE-, INSERT und DELETE- Statements per *CommandBuilder*:

```
    Dim cb As New SQLiteCommandBuilder(da)
    conn.Open()
```

Änderungen schreiben:

```
    da.Update(ds, "Kunden")
    conn.Close()
End Sub
```

HINWEIS   Alternativ können/sollten Sie ein typisiertes Dataset verwenden, auch dieses wird unterstützt.

Besonderheit: InMemory-Datenbank

Auf eine Besonderheit der SQLite-Engine wollen wir an dieser Stelle noch einmal getrennt eingehen. Die Rede ist von der Möglichkeit, SQLite-Datenbanken komplett im Arbeitsspeicher abzulegen. Alle Abfragen funktionieren wie bekannt, es wird jedoch nichts auf die Platte ausgelagert.

HINWEIS   Dass Sie an dieser Stelle nicht von der maximalen Datenbankgröße von 2 TByte Gebrauch machen können, dürfte Ihnen sicher auch klar sein.

Ein Beispiel zeigt die Vorgehensweise.

BEISPIEL

Erzeugen einer InMemory-Datenbank und Verwendung mittels *DataSet*-Objekt

```
Imports System.Data.SQLite
...
Public Class Form1
```

Die zentralen Zugriffsobjekte:

```
    Private conn As SQLiteConnection
    Private ds As DataSet
    Private da As SQLiteDataAdapter

    Private Sub Button8_Click(ByVal sender As System.Object, ByVal e As System.EventArgs) _
                    Handles Button8.Click
```

Datenbank im Speicher erzeugen:

```
        conn = New SQLiteConnection("Data Source=:memory:")
        conn.Open()
```

Objekte auf die bekannte Weise erstellen:

```
        Dim cmd As SQLiteCommand = conn.CreateCommand()
        cmd.CommandText = "CREATE TABLE IF NOT EXISTS kunden (" &
                        "    Id INTEGER NOT NULL PRIMARY KEY AUTOINCREMENT," &
                        "    Vorname VARCHAR(50) NOT NULL," &
                        "    Nachname VARCHAR(50) NOT NULL," &
                        "    Telefon VARCHAR(50)" & " );"
        cmd.ExecuteNonQuery()
```

Daten abfragen und anzeigen:

```
        da = New SQLiteDataAdapter("SELECT * FROM kunden", conn)
        da.MissingSchemaAction = MissingSchemaAction.AddWithKey
        ds = New DataSet()
        da.Fill(ds, "Kunden")
        DataGridView1.DataSource = ds
        DataGridView1.DataMember = "Kunden"
    End Sub
```

HINWEIS   Beachten Sie, dass die Connection in diesem Fall nicht geschlossen wird! Die Datenbank ist sonst »futsch«.

Daten vom *DataSet* in die InMemory-Datenbank zurückschreiben:

```
Private Sub Button9_Click(ByVal sender As System.Object, ByVal e As System.EventArgs) _
                    Handles Button9.Click
    Dim cb As New SQLiteCommandBuilder(da)
    da.Update(ds, "Kunden")
End Sub
```

Hier fragen wir probeweise noch einmal etwas andere Daten aus der InMemory-Datenbank ab:

```
Private Sub Button10_Click(ByVal sender As System.Object, ByVal e As System.EventArgs) _
                    Handles Button10.Click
    Dim cmd As SQLiteCommand = conn.CreateCommand()
    da = New SQLiteDataAdapter("SELECT nachname FROM kunden", conn)
    ds = New DataSet()
    da.Fill(ds, "Kunden")
    DataGridView1.DataSource = ds
    DataGridView1.DataMember = "Kunden"
End Sub

End Class
```

> **HINWEIS**   Leider wird durch SQLite keine Cursor-Programmierung und damit möglicherweise ein recordsetartiges Konstrukt angeboten. So werden die Daten teilweise doppelt im Speicher gehalten (InMemory-Datenbank und DataSet).

Datenzugriff mit dem Entity Framework

Auch hier werden Sie nicht von großartigen Neuigkeiten gepeinigt, haben Sie die Datei *App.Config* entsprechend angepasst (siehe Seite 1088) können Sie problemlos für eine Datenbank das Entity Data Modell erstellen und mit diesem arbeiten.

> **HINWEIS**   Leider wird das »|DateDirectory|«-Konstrukt nicht im Connectionstring unterstützt. Machen Sie es sich leicht und editieren Sie nach dem Erstellen des Modells die Datei *App.Config*. Ersetzen Sie die Pfadangabe zum Beispiel durch »XXXX«. Zur Laufzeit ersetzen wir diese Angabe mit dem Pfad zur eigentlichen Datenbankdatei.

> **BEISPIEL**
>
> Dynamisches Anpassen des Connectionstrings
>
> ```
> Imports System.Configuration
> ...
>     Private Sub Button1_Click(ByVal sender As System.Object, ByVal e As System.EventArgs) _
>                         Handles Button1.Click
>         Dim connstr As String =
>                 ConfigurationManager.ConnectionStrings("northwindEFEntities").ConnectionString
>         connstr = connstr.Replace("XXXX", AppDomain.CurrentDomain.BaseDirectory & "northwindef.db")
>         db = New northwindEFEntities(connstr)
>         DataGridView1.DataSource = db.Products
>     End Sub
> ```

Der zugehörige Connectionstring in der Datei *App.config*:

```
<connectionStrings>
  <add name="northwindEFEntities" connectionString="metadata=res://*/NWModel.csdl|
res://*/NWModel.ssdl|res://*/NWModel.msl;provider=System.Data.SQLite;provider connection string='data
source=&quot;XXXX&quot;'" providerName="System.Data.EntityClient" />
</connectionStrings>
```

HINWEIS   Weitere Informationen zur Arbeit mit dem Entity Framework siehe Kapitel 18.

SOUNDEX verwenden

Im Unterschied zum SQL Server Compact bietet die SQLite-Engine auch eine *SoundEx*-Funktion:

BEISPIEL

Verwendung von SOUNDEX

```
SELECT
    SOUNDEX(ProductName) AS SoundExValue
FROM            Products
```

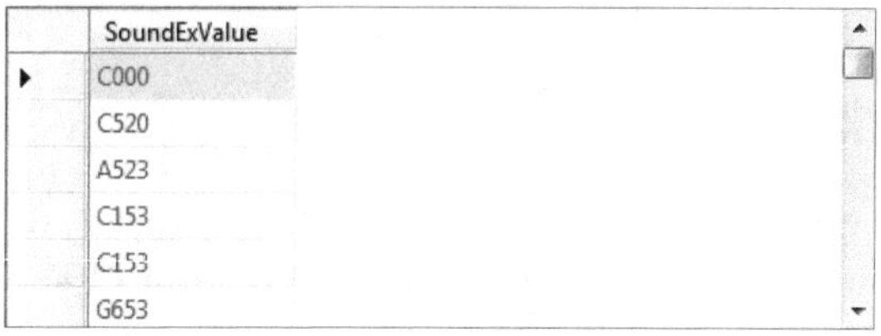

SoundExValue
► C000
C520
A523
C153
C153
G653

Abbildung 16.5 Ergebnis obiger Abfrage

Volltextabfragen realisieren

Auch hier bietet SQLite mehr als der SQL Server Compact. Sie können für entsprechend erzeugte Tabellen problemlos Volltextabfragen mit MATCH realisieren.

Die Verwendung ist für gestandene SQL Server-Programmierer etwas »merkwürdig«. So wird nicht eine bestehende Tabelle für die Volltextsuche genutzt, sondern Sie erstellen eine neue »virtuelle« Tabelle, bei der Sie auch noch eine recht eigenartige Syntax verwenden. Doch der Reihe nach, ein Beispiel ist besser als tausend Worte.

BEISPIEL

Volltextsuche für E-Mails realisieren (das komplette Beispiel finden Sie in den Begleitdateien)

Zunächst die Namespaces einbinden:

```
Imports System.Data.SQLite
Imports System.IO

Public Class Form1
```

Die nötigen Objekte für die Arbeit mit einem *DataSet* bereitstellen:

```
Private conn As SQLiteConnection
Private ds As DataSet
Private da As SQLiteDataAdapter
```

Hier erstellen wir zunächst die Datenbank:

```
Private Sub Button1_Click(ByVal sender As System.Object, ByVal e As System.EventArgs) _
                    Handles Button1.Click
    If File.Exists(AppDomain.CurrentDomain.BaseDirectory & "test.db3") Then
        File.Delete(AppDomain.CurrentDomain.BaseDirectory & "test.db3")
    End If
    SQLiteConnection.CreateFile(AppDomain.CurrentDomain.BaseDirectory & "test.db3")
```

Jetzt können wir die Verbindung öffnen und die neue Tabelle erzeugen:

```
conn = New SQLiteConnection("Data Source=" & AppDomain.CurrentDomain.BaseDirectory &
                    "test.db3")
conn.Open()
Dim cmd As SQLiteCommand = conn.CreateCommand()
cmd.CommandText = "CREATE VIRTUAL TABLE EMails USING FTS3(Betreff, Body);"
cmd.ExecuteNonQuery()
```

Was passiert hier im Detail? Eine Tabelle *Emails* wird unter Verwendung der Volltextsuche (FTS3) mit den beiden Spalten *Betreff* und *Body* erzeugt. Vermutlich vermissen Sie die Typangaben bei dieser Art von Tabellendefinition, aber das wäre unnötige »Folklore«, die Werte würden in jedem Fall ignoriert. Spalten werden immer als Text interpretiert, eine ID benötigen Sie nicht, die wird automatisch über eine interne RowId bereitgestellt. Eine Abfrage à la »SELECT rowid, betreff, body FROM emails« ist also problemlos realisierbar.

Jetzt fügen wir einfach ein paar Datensätze in die Tabelle ein:

```
cmd.CommandText = "INSERT INTO EMails (Betreff, Body) values (@betreff, @body);"
cmd.Parameters.Add("@betreff", DbType.AnsiString)
cmd.Parameters.Add("@body", DbType.AnsiString)

cmd.Parameters("@betreff").Value = "Buch fertig"
cmd.Parameters("@body").Value = "Nach ja, es sind noch zwei Wochen!"
cmd.ExecuteNonQuery()

cmd.Parameters("@betreff").Value = "Rechung schreiben"
cmd.Parameters("@body").Value =
            "Sehr geehrte Damen und Herrn, wie Sie vielleicht befürchtet haben ..."
cmd.ExecuteNonQuery()

cmd.Parameters("@betreff").Value = "Zwei Tage Zeit"
cmd.Parameters("@body").Value = "Bis Mittwoch sollten Sie fertig sein!"
cmd.ExecuteNonQuery()
```

Wir fragen die Tabelle ab und zeigen diese per *DataSet* in einem *DataGridView* an:

```
da = New SQLiteDataAdapter("SELECT * FROM emails", conn)
ds = New DataSet()
da.Fill(ds, "emails")
DataGridView1.DataSource = ds
```

```
        DataGridView1.DataMember = "emails"
        conn.Close()
    End Sub
```

So weit so gut, doch nun schreiten wir zu Abfrage. Ausgehend von den Eingaben einer *TextBox* (der zukünf-tige SQL-String) erstellen wir ein zweites *DataSet*, das wir in einem weiteren *DataGridView* anzeigen:

```
Private Sub Button2_Click(ByVal sender As System.Object, ByVal e As System.EventArgs) _
                          Handles Button2.Click
    conn = New SQLiteConnection("Data Source=" & AppDomain.CurrentDomain.BaseDirectory &
                                "test.db3")
    conn.Open()
```

Sicherheitshalber eine kleine Fehlerbehandlung, falls wir wider Erwarten einen falschen SQL-Befehl eingeben:

```
    Try
        da = New SQLiteDataAdapter(TextBox1.Text, conn)
        ds = New DataSet()
        da.Fill(ds, "emails")
        DataGridView2.DataSource = ds
        DataGridView2.DataMember = "emails"
    Catch ex As Exception
        MessageBox.Show(ex.Message)
    End Try
    conn.Close()
End Sub
```

```
End Class
```

Eine erste Beispielabfrage zeigt die folgende Abbildung 16.6:

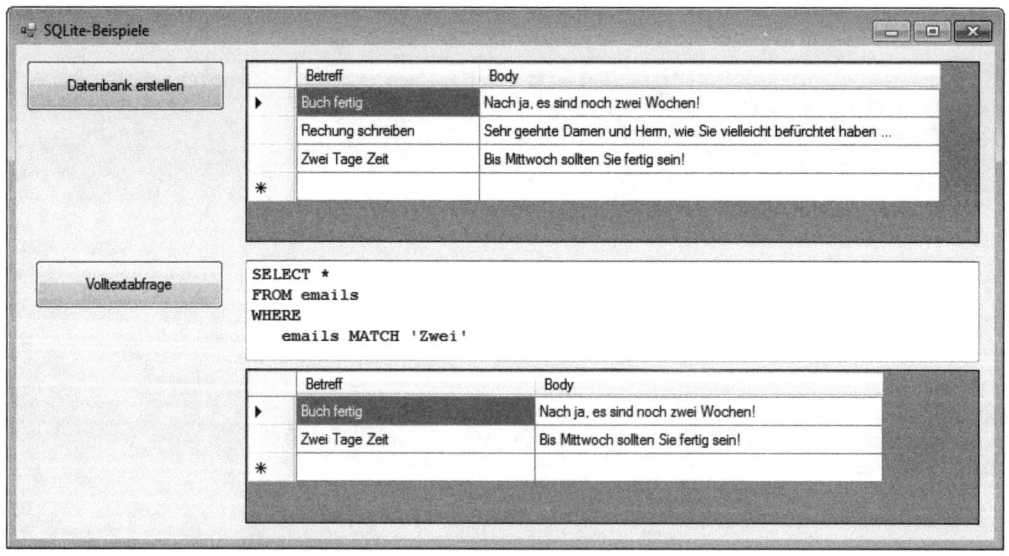

Abbildung 16.6 Das Beispielprogramm in Aktion

Vermutlich wird sich mancher die Augen reiben, fragen wir doch mit

```
... WHERE emails MATCH 'Zwei'
```

eine eigentlich nicht vorhandene Tabellenspalte ab. Sie vermuten richtig, wenn Sie davon ausgehen, dass in diesem Fall alle Spalten abgefragt werden. Alternativ können Sie auch einen einzelnen Spaltennamen angeben:

```
... WHERE body MATCH 'Zwei'
```

Neben dem zusätzlichen Operator NEAR können Sie auch AND, OR oder NOT einsetzen, mehrere Token einzeln angeben, Fundstellen lokalisieren etc. Weitere grundlegende Informationen zur Volltext-Engine und deren Syntax finden Sie unter folgender Adresse:

WWW	http://www.sqlite.org/fts3.html

Eigene skalare Funktionen in VB realisieren

Nichts leichter als das, auch hier sind SQLite sowie der Wrapper recht komfortabel. Mit Hilfe der Klasse *SQLiteFunction* haben Sie im »Handumdrehen« eine eigene Funktion für Ihre SQL-Abfragen realisiert. Sie müssen lediglich die entsprechende Methode überschreiben.

BEISPIEL

Eine Levenshtein-Funktion[1] realisieren, welche die »Distanz« zwischen zwei Strings berechnet. Dazu werden Einfüge-, Lösch- und Ersetzungsvorgänge bewertet.

Mit den Attributen steuern wir die wichtigsten Eigenschaften der Funktion (Name, Argumentzahl (-1 = beliebig), Funktionsart (in diesem Fall eine skalare Funktion). Der Name der Klasse ist irrelevant.

```
<SQLiteFunction(Name:="Levenshtein", Arguments:=2, FuncType:=FunctionType.Scalar)>
Class myLevenshtein
    Inherits SQLiteFunction
```

Durch Überschreiben der *Invoke*-Methode realisieren Sie bereits die gewünschte Funktion:

```
Public Overrides Function Invoke(ByVal args() As Object) As Object
```

Argumente auswerten:

```
        Dim s As String = args(0).ToString
        Dim t As String = args(1).ToString
```

Hier folgt der Algorithmus:

```
        Dim n As Integer = s.Length
        Dim m As Integer = t.Length
        Dim d(n, m) As Integer
        Dim cost As Integer
```

---

[1] Gefunden unter *http://dotnetperls.com/levenshtein*

```
            If n = 0 Then Return m
            If m = 0 Then Return n
            Dim i As Integer = 0
            For i = 0 To n
                d(i, 0) = i
            Next
            Dim j As Integer = 0
            For j = 0 To m
                d(0, j) = j
            Next
            For i = 1 To n
                For j = 1 To m
                    cost = If(t.Chars(j - 1) = s.Chars(i - 1), 0, 1)
                    d(i, j) = Math.Min(Math.Min(d(i - 1, j) + 1, d(i, j - 1) + 1), d(i - 1, j - 1) + cost)
                Next j
            Next i
```

Funktionsergebnis zurückgeben:

```
            Return d(n, m)
        End Function
End Class
```

Das folgende Beispiel zeigt, wie Sie die Funktion *Levenshtein* in einer Abfrage verwenden können:

BEISPIEL

Verwendung der obigen Funktion

```
        Private conn As SQLiteConnection
        Private ds As DataSet
        Private da As SQLiteDataAdapter
...
        conn = New SQLiteConnection("Data Source=" & AppDomain.CurrentDomain.BaseDirectory &
                             "northwindef.db")
        conn.Open()
        da = New SQLiteDataAdapter("SELECT lastname, Levenshtein(lastname, 'Bucha') " &
                             "As Distanz FROM employees", conn)
        ds = New DataSet()
        da.Fill(ds, "Mitarbeiter")
...
```

Das Ergebnis der Abfrage:

LastName	Distanz
Davolio	7
Fuller	5
Leverling	9
Peacock	6
Buchanan	3
Suyama	4
Callahan	6
Dodsworth	9
*	

Abbildung 16.7   Der Rückgabewert unserer Abfrage

Eigene Aggregat-Funktionen in VB realisieren

Auch in diesem Fall hilft uns die Klasse *SQLiteFunction* weiter, überschreiben Sie einfach die Methoden *Step* und *Final*, um eine eigene Aggregatfunktion zu realisieren.

BEISPIEL

Eine *MaxLenght*-Funktion implementieren (die maximale Stringlänge bestimmen)

```
Imports System.Data.SQLite
...
```

Per Attribut bestimmen wir die Funktionsparameter:

```
<SQLiteFunction(Name:="MaxLength", Arguments:=-1, FuncType:=FunctionType.Aggregate)>
Class MyMaxLength
    Inherits SQLiteFunction
```

Diese Methode wird für jeden übergebenen Datensatz aufgerufen (Argumente sind die Feldwerte, der wievielte Aufruf und eine interne Verwaltungsvariable in der wir das Zwischenergebnis speichern):

```
    Public Overrides Sub [Step](ByVal args() As Object, ByVal nStep As Integer,
                        ByRef contextData As Object)
```

Den Feldwert auslesen:

```
        Dim s As String = args(0).ToString()
```

Die interne Verwaltungsvariable initialisieren:

```
        If contextData Is Nothing Then
            contextData = 0
        Else
```

Zwischenschritt berechnen:

```
            contextData = Math.Max(CInt(Fix(contextData)), s.Length)
        End If
    End Sub
```

Das Endergebnis zurückgeben:

```
    Public Overrides Function Final(ByVal contextData As Object) As Object
        Return contextData
    End Function
End Class
```

Zum Abrufen des Ergebnisses verwenden wir ein *Command*-Objekt:

BEISPIEL

Die Verwendung im Detail

```
        conn = New SQLiteConnection("Data Source=" & AppDomain.CurrentDomain.BaseDirectory &
                              "northwindef.db")
        conn.Open()
```

```
Dim cmd As SQLiteCommand = conn.CreateCommand()
cmd.CommandText = "SELECT MaxLength(lastname) FROM employees"

Dim i As Integer = Convert.ToInt32(cmd.ExecuteScalar())
MessageBox.Show("Ergebnis = " & i.ToString())
```

Der Rückgabewert wird in unserem Beispiel »9« sein, »Dodsworth« ist der längste Eintrag.

Tipps & Tricks

Für Liebhaber der Kommandozeile – Sqlite3.exe

Unter der Adresse

WWW	http://www.sqlite.org/download.html

finden Sie in der Rubrik *Precompiled Binaries For Windows* das gewünschte Tool *sqlite3.exe*. Laden Sie die ZIP-Datei herunter und entpacken Sie den Inhalt (eine EXE) in ein Verzeichnis Ihrer Wahl.

Möchten Sie eine Datenbank öffnen, genügt es, wenn Sie die betreffende Datenbank per Drag & Drop auf die EXE ziehen.

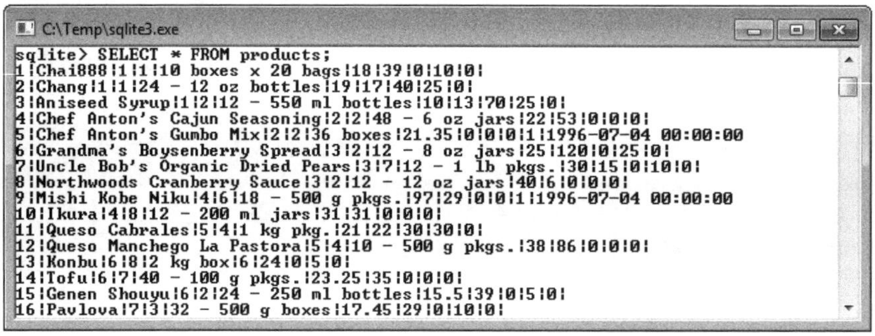

Abbildung 16.8   Abfragen per Kommandozeilentool

Nachfolgend können Sie schon Ihre SQL-Kenntnisse prüfen, alternativ stehen Ihnen auch einige zusätzliche Kommandos zur Verfügung. Über deren Verwendung informieren Sie sich bitte in der Onlinehilfe. Im Folgenden zeigen wir Ihnen an einem kleinen Beispielskript, wie Sie einen Datenbankexport im SQL-Format realisieren können.

BEISPIEL

Ein Mini-Skript *ExportSQLite.cmd*

```
sqlite3.exe %1 .dump >> output.sql
```

Ziehen Sie jetzt eine Datenbank per Drag & Drop auf dieses Skript, so wird die komplette Datenbank im SQL-Format ausgegeben (Abbildung 16.9).

```
output.sql - Editor
Datei  Bearbeiten  Format  Ansicht  ?
PRAGMA foreign_keys=OFF;
BEGIN TRANSACTION;
CREATE TABLE [Regions](
        [RegionID] integer primary key NOT NULL,
        [RegionDescription] nvarchar(50) NOT NULL COLLATE NOCASE
);
INSERT INTO "Regions" VALUES(1,'Eastern                  ');
INSERT INTO "Regions" VALUES(2,'Western                  ');
INSERT INTO "Regions" VALUES(3,'Northern                 ');
INSERT INTO "Regions" VALUES(4,'Southern                 ');
CREATE TABLE [PreviousEmployees](
        [EmployeeID] integer primary key NOT NULL,
        [LastName] nvarchar(20) NOT NULL COLLATE NOCASE,
        [FirstName] nvarchar(10) NOT NULL COLLATE NOCASE,
        [Title] nvarchar(30) NULL COLLATE NOCASE,
        [TitleOfCourtesy] nvarchar(25) NULL COLLATE NOCASE,
        [BirthDate] datetime NULL,
        [HireDate] datetime NULL,
        [Address] nvarchar(60) NULL COLLATE NOCASE,
        [City] nvarchar(15) NULL COLLATE NOCASE,
        [Region] nvarchar(15) NULL COLLATE NOCASE,
        [PostalCode] nvarchar(10) NULL COLLATE NOCASE,
        [Country] nvarchar(15) NULL COLLATE NOCASE,
        [HomePhone] nvarchar(24) NULL COLLATE NOCASE,
        [Extension] nvarchar(4) NULL COLLATE NOCASE,
```

Abbildung 16.9 Ausschnitt aus der Datei *output.sql*

Diese Funktionalität dürfte vor allem beim Exportieren der Daten in Fremdformate recht nützlich sein, einige kleine Anpassungen genügen meist und Sie können das Skript beispielsweise auf einem Microsoft SQL Server einspielen.

Eine Beispieldatenbank herunterladen

Für erste Tests eignet sich nach wie vor die *Northwind*-Datenbank recht gut. Eine entsprechende Portierung in das SQLite-Format finden Sie unter der Adresse

| WWW | http://sqlite.phxsoftware.com/forums/t/1377.aspx |

oder im EDM-Kapitelbeispiel in den Begleitdateien.

Eine Datenbank ver- und entschlüsseln

Wie Sie eine Datenbank verschlüsseln haben wir Ihnen ja bereits ab Seite 1092 gezeigt, an dieser Stelle nur noch mal ein kurzer Auszug.

BEISPIEL

Datenbank verschlüsseln

```
Imports System.Data.SQLite
...
```

```
        conn = New SQLiteConnection("Data Source=test.db3")
        conn.Open()
        conn.ChangePassword("geheim")
```

Wie Sie sehen verwenden wir *ChangePassword* um eine unverschlüsselte Datenbank zu verschlüsseln. Auf gleichem Weg können Sie diese Datenbank auch wieder entschlüsseln.

BEISPIEL

Datenbank entschlüsseln

```
Imports System.Data.SQLite
...
        conn = New SQLiteConnection("Data Source=test.db3")
        conn.SetPassword("geheim")
        conn.Open()
        conn.ChangePassword("")
        conn.Close()
```

Eine verschlüsselte Datenbank öffnen

Hier haben Sie drei Möglichkeiten:

- Sie übergeben das Passwort im Connectionsstring:

```
conn = New SQLiteConnection("Data Source=test.db3; Password=geheim")
```

- Sie verwenden die *SetPassword*-Methode mit einem String:

```
conn.SetPassword("geheim")
```

- Sie übergeben der *SetPassword*-Methode ein Byte-Array:

```
cnn.SetPassword(New Byte() { &HFF, &HEE, &HDD, &H10, &H20, &H30 })
```

Testen ob Tabelle vorhanden ist

Möchten Sie prüfen, ob eine spezifische Tabelle in der Datenbank bereits vorhanden ist, nutzen Sie folgende Hilfsfunktion:

```
    Private Function TableExists(ByVal tblName As String) As Boolean
        Return (conn.GetSchema("Tables").Select("Table_Name = '" & tblName & "'").Length > 0)
    End Function
```

Die Verwendung zeigt das folgende Beispiel:

BEISPIEL

Test auf vorhandene Tabelle

```
If TableExists("Kunden") Then MessageBox.Show("Tabelle ist vorhanden!")
```

Die Datenbank defragmentieren

Wie auch bei jedem anderen Datenbanksystem wird die Datendatei durch Löschvorgänge und Änderungen mit der Zeit fragmentiert, d.h., es verbleiben »Leerstellen« in der Datei und diese wächst immer mehr an. Um es kurz zu machen: SQLite stellt die SQL-Anweisung VACUUM zur Verfügung, um die Datenbank zu reorganisieren.

BEISPIEL

Datenbank defragmentieren

```
conn = New SQLiteConnection("Data Source=" & AppDomain.CurrentDomain.BaseDirectory & "test.db3")
conn.Open()
Dim cmd As SQLiteCommand = conn.CreateCommand()
cmd.CommandText = "VACUUM;"
cmd.ExecuteNonQuery()
```

Mehrere Datenbanken verknüpfen

Möchten Sie Abfragen über mehrere Datenbankdateien realisieren, hilft Ihnen die ATTACH-Anweisung weiter. Führen Sie diese in einer geöffneten Verbindung aus, wird eine weitere Datenbankdatei eingebunden. Sie haben nachfolgend die Möglichkeit, Abfragen über Tabellen aus zwei verschiedenen Datenbanken zu realisieren.

BEISPIEL

Öffnen der Testdatenbank *test.db* und Datenbank *Northwindef.db* anhängen

```
conn = New SQLiteConnection("Data Source=" & AppDomain.CurrentDomain.BaseDirectory &
                            "test.db3")
conn.Open()
```

Jetzt wird die Datenbank angehängt, wir vergeben den Aliasnamen »XYZ«:

```
Dim cmd As SQLiteCommand = conn.CreateCommand()
cmd.CommandText = "ATTACH DATABASE 'northwindef.db' AS XYZ;"
cmd.ExecuteNonQuery()
```

Ab sofort können Sie über die Connection auch *Northwind*-Tabellen abfragen:

```
da = New SQLiteDataAdapter("SELECT * FROM XYZ.products", conn)
ds = New DataSet()
da.Fill(ds, "Produkte")
DataGridView1.DataSource = ds
DataGridView1.DataMember = "Produkte"
conn.Close()
```

HINWEIS   Zusammen mit der Anweisung INSERT INTO können Sie mit SQL auf diese Weise Tabellendaten zwischen zwei Datenbanken austauschen.

Kapitel 17

LINQ to SQL

Nachdem wir im Kapitel 2 (LINQ) bereits die Grundlagen kennen gelernt haben, wollen wir uns jetzt mit LINQ to SQL einem recht speziellen LINQ-Flavour zuwenden, das eine Brücke zwischen den Daten eines Microsoft SQL Servers und den Objekten einer .NET-Anwendung schlagen soll.

LINQ to SQL, früher auch als DLINQ bezeichnet, bietet die Möglichkeit, ein direktes Mapping zwischen den relationalen Daten eines Microsoft SQL Servers und einem objektorientierten Zugriffsmodell (hierarchisches Modell) zu realisieren. Gleichzeitig steht Ihnen mit der LINQ-Syntax eine bereits vertraute Abfragesprache zur Verfügung.

Die Bedeutung von SQL als Abfragesprache innerhalb Ihrer .NET-Anwendung wird durch LINQ weiter reduziert, da Sie entsprechende Anfragen nicht mehr als SQL-Strings in Ihre Anwendung einbetten, sondern diese als LINQ-Statements direkt programmieren und dabei von der Syntax-Prüfung profitieren.

Im Folgenden wollen wir uns zunächst mit den Grundlagen des Modells vertraut machen, im Weiteren beschäftigen wir uns mit der praktischen Umsetzung diverser Entwickler-Szenarien.

Bevor Sie sich voller Enthusiasmus auf LINQ to SQL stürzen, ein notwendiger Hinweis:

HINWEIS   LINQ to SQL ist derzeit und vermutlich auch in Zukunft ausschließlich für den Microsoft SQL Server verfügbar. Mit der Einführung von Visual Studio 2010 wurden lediglich einige Fehlerkorrekturen durchgeführt, neue Features sind nicht enthalten. Benötigen Sie Unterstützung für ein anderes DBMS, sollten Sie sich mit dem »großen Bruder«, d.h. LINQ to Entities (siehe Kapitel 18), näher beschäftigen.

Übersicht

Das LINQ to SQL-Datenmodell

Im Gegensatz zum ebenfalls implementierten LINQ to Entities bietet LINQ to SQL nur eine relativ einfache Abstraktionsschicht, bei der LINQ-Abfragen bzw. Methodenaufrufe intern direkt in entsprechende T-SQL-Abfragen des SQL Servers umgesetzt werden. Tabelle 17.1 zeigt die Zuordnung zwischen dem relationalen und dem objektorientierten Modell in LINQ to SQL:

Relationale Datenbank	Objektmodell
Connection oder Datenbank	Klasse (*DataContext*), verwaltet die einzelnen Collections, die den Tabellendaten entsprechen, sowie die Verbindung zur eigentlichen Datenbank
Tabelle	Entitäts-Klasse mit den entsprechenden Eigenschaften
Spalte	Eigenschaft innerhalb der Entitäts-Klasse
Spalteneigenschaften/Constraints	Eigenschaftsattribute (Metadaten)
Verknüpfungen (Relationen)	Eigenschaftsattribute (Association), Instanzen verwalten die Beziehungen durch hierarchische Abhängigkeiten
Gespeicherte Prozeduren (Stored Procedures)	Methodenaufrufe über *DataContext*
Benutzerdefinierte Funktionen (UDF, User Defined Function)	Methodenaufrufe über *DataContext*

Tabelle 17.1 Objektrelationales Mapping in LINQ to SQL

Einen allgemeinen Überblick gibt die folgende Abbildung:

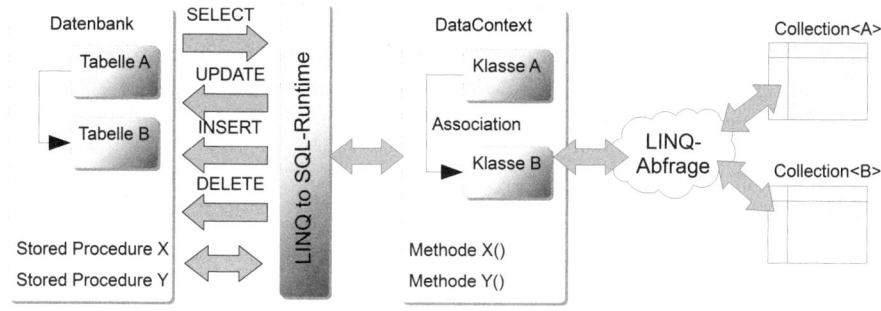

Abbildung 17.1   Grundprinzip von LINQ to SQL

Der DataContext

Jede *DataContext*-Instanz verwaltet die Verbindung zu einer spezifischen Datenquelle (Persistenzschicht), d.h. dem SQL Server.

Diese Klasse nutzt die Metadaten der zugeordneten *Table*-Klassen, um die Struktur der zugrundeliegenden relationalen Datenbank abzubilden. Folgende Aufgaben werden durch den Datenkontext übernommen:

- Verbindung zur Datenbank herstellen

- Ausgangspunkt für LINQ to SQL-Abfragen, die Ergebnismengen (typisierte Collections) zurückgeben (Select-Statements)

- Umsetzen von Methodenaufrufen auf die zugeordneten Stored Procedures/UDFs des SQL Servers

- Verwalten der Änderungen an den abgerufenen Datenmengen (Update, Insert, Delete) bis zu einem abschließenden *SubmitChanges*-Aufruf (Change Tracking), der die Änderungen in die Datenbank zurückschreibt

- Verwalten der Objektidentitäten (Identity-Management, d.h., gleiche Datensätze, Ergebnismengen werden nur einmal vom Server abgerufen)

- Übermitteln direkter T-SQL-Befehle per *ExecuteCommand*-Methode[1]

- Verwalten von Transaktionen

- Erstellen einer neuen Persistenzschicht (Datenbank) basierend auf den enthaltenen Metadaten durch Aufruf der *CreateDatabase*-Methode

> **HINWEIS**   Beachten Sie unbedingt den vierten Punkt. Änderungen an den Daten wirken sich nicht direkt auf die Basisdaten aus, diese werden zunächst als Liste von SQL-Anweisungen (INSERT, UPDATE, DELETE) zwischengespeichert. Rufen Sie zwischenzeitlich Daten per LINQ ab, basieren diese auf den Originaldaten des Servers und nicht auf den geänderten Daten ihrer Abfragen.

---

[1] Damit dürfte auch schon die Frage vieler SQL-Programmierer beantwortet sein, ob LINQ eine »totale Entmündigung« darstellt. Sie können jederzeit eigene SQL-Abfragen bilden und ausführen, diese werden direkt an den Server durchgereicht. In einigen Fällen ist dieses Vorgehen sogar die bessere Wahl, da weniger Anweisungen erforderlich sind. Allerdings machen Sie sich damit langfristig vom jeweiligen Server abhängig.

Das Beispielprogramm zu diesem Kapitel, das Sie in den Begleitdateien finden, soll Ihnen helfen, diese Abläufe besser zu verstehen. Deshalb wurde bewusst auf eine Fehlerbehandlung verzichtet, jeder Programmschritt muss einzeln von Ihnen ausgelöst werden. Gleichzeitig wird der lokale Zwischenspeicher überwacht und angezeigt. Im Debug-Fenster werden Ihnen zusätzlich die an den Server gesendeten SQL-Anweisungen angezeigt, so dürften Sie schnell ein Gefühl dafür entwickeln, wann was zum SQL Server gesendet wird und welche Daten gerade aktuell sind.

Die Entitäts-Klassen

Eine Entitäts-Klasse definiert mit ihren Metadaten das Mapping zwischen dem typisierten Objektmodell und den Tabellen der relationalen Datenbank. Die Datentypen des relationalen Modells werden auf die bekannten .NET-Datentypen abgebildet, eventuelle Zusatzangaben (z.B. für Identity-Felder) werden nur beim Erstellen der Persistenzschicht (Datenbank) genutzt.

Die Instanzen stellen Speicher für die zu lesenden Daten bzw. die zu speichernden Änderungen zur Verfügung. Dazu ist in jedem Fall ein eindeutiger Primärschlüssel zu empfehlen, andernfalls ist nur ein lesender Zugriff auf die Daten möglich, da ein interner Abgleich zwischen Originaldaten und geänderten Daten nicht realisierbar ist. Der Primärschlüssel wird ebenfalls für die zu generierenden SQL-Anweisungen genutzt.

Wie Sie noch sehen werden, können die einzelnen Eigenschaften (Spalten) zwar mit diversen Attributen parametriert werden (siehe folgende Abbildung), dem geübten Datenbankentwickler wird jedoch schnell auffallen, dass hier eine riesige Lücke zu den Möglichkeiten des SQL Servers klafft. Es sei dabei nur an Constraints, Sekundärschlüssel, Trigger etc. erinnert.

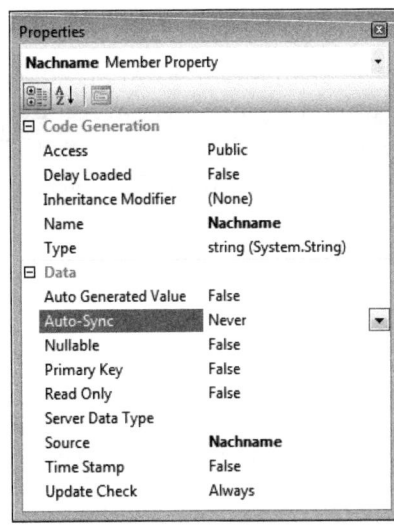

Abbildung 17.2 Verfügbare Eigenschaften einer gemappten Tabellenspalte

Damit dürfte auch klar sein, dass Fehlerprüfungen dieser Art erst wieder auf dem Server stattfinden und nicht beim Einfügen bzw. Ändern von Objekten. Einige Fehlermeldungen sind also zeitversetzt zu erwarten (denken Sie an den Zwischenspeicher!).

Diese Einschränkung bei der Definition von Entitätsklassen dürfte auch der wesentlichste Hinderungsgrund sein, wenn es um das automatische Erstellen der Persistenzschicht (SQL Server-Datenbank) basierend auf den definierten Klassen geht. Gespeicherte Prozeduren, nutzerdefinierte Funktionen, Trigger etc. werden Sie auf diese Weise nicht erstellen können. Gleiches trifft auf die Definition von Rechten innerhalb der Datenbank zu. Hier werden Sie wohl kaum um die Verwendung eines SQL-Skripts herumkommen.

HINWEIS   Entitätsklassen können auch vererbt werden, wir gehen auf diesen Umstand jedoch nicht weiter ein.

Umstiegsbeispiel für den »ehemaligen« SQL-Programmierer

Nach soviel Theorie wollen Sie sicher erstmal ein Beispiel sehen, um sich ein Bild von der LINQ-Integration beim Zugriff auf den SQL Server zu machen.

Wir gehen im Folgenden davon aus, dass wir über eine gefüllte SQL Server-Datenbank (*Northwind*) verfügen und für diese die nötigen Mapper-Klassen (*DataContext, Table(Of Customer), Table(Of Products)* usw.) bereits erstellt haben. Wie dies geschieht, haben Sie bereits im Einführungsbeispiel 1.3 in Kapitel 1 gesehen, die folgenden Abschnitte werden sich mit dieser Thematik noch im Detail beschäftigen.

BEISPIEL

Sie möchten alle Produkte abrufen, deren Preis größer als 20 ist.

```
Partial Public Class Form1
    Inherits Form

Public Sub New()
    InitializeComponent()
    Dim db As New NorthwindDataContext()

    Dim products = db.Products.Where(Function(p) p.UnitPrice > 20).Select(Function(p) p)

    DataGridView1.DataSource = products
End Sub
...
```

Die Schritte im Einzelnen:

- Der *DataContext* wird instanziiert (die Verbindungszeichenfolge ist bereits als Attribut in der Mapperklasse hinterlegt).

- Eine LINQ-Abfrage wird definiert.

- Die Ergebnismenge wird zugewiesen, erst jetzt werden die Daten abgerufen und ein SELECT-Befehl an den SQL Server gesendet. Die zurückgegebenen Daten werden in einer Collection vom Typ *Products* verwaltet.

HINWEIS   Änderungen im *DataGridView* wirken sich zunächst nur auf die obige Collection aus, der SQL Server ist nicht von den Änderungen betroffen.

Alternativ können Sie auch wieder folgende Syntax verwenden:

```
...
Dim db As New NorthwindDataContext()
Dim products = From p In db.Products
               Where p.UnitPrice > 20
               Select p
DataGridView1.DataSource = products
...
```

Das sieht bis hierhin doch recht einfach aus, und ein SQL-Programmierer muss sich auch nicht weiter umgewöhnen, statt »SELECT * FROM Products WHERE UnitPrice > 20« schreiben wir einfach obige VB-Anweisungen. Dies gilt im Grunde für alle Fälle, in denen die Daten nur abgerufen werden, um zum Beispiel als Liste ausgegeben zu werden oder um Berechnungen durchzuführen. Doch der Alltag des Datenbankprogrammierers besteht häufig auch aus lästigen Aufgabenstellungen wie Editieren Hinzufügen und Löschen bei bestehenden Verknüpfungen zwischen den Tabellen. Und genau an diesen Stellen beginnen sich auch die Unterschiede zwischen dem relationalen und dem objekt-hierarchischen Modell auszuwirken.

BEISPIEL

Sie möchten einen Datensatz löschen, der über Detaildatensätze verfügt (1:n-Beziehung). Alle Detaildatensätze sollen ebenfalls »entsorgt« werden.

Die Umsetzung in SQL dürfte etwa wie folgt aussehen (erst Detaildatensätze löschen, dann den eigentlichen Datensatz):

```
DELETE FROM Order_Details WHERE Order_Id = 10;
DELETE FROM Orders WHERE Order_Id = 10;
```

Das Ganze könnte auch gleich in eine Gespeicherte Prozedur oder einen Trigger verpackt werden, aber das ist eine andere Frage.

Die prinzipielle Umsetzung in LINQ to SQL sieht wie folgt aus:

```
...
Dim db As New NorthwindDataContext()
```

Datenauswahl:

```
Dim order = db.Orders.Where(Function(o) o.OrderID = 10265).First()
```

Alle abhängigen Kindelemente des gewählten Datensatzes löschen:

```
db.Order_Details.DeleteAllOnSubmit(order.Order_Details)
```

Den eigentlichen Datensatz löschen:

```
db.Orders.DeleteOnSubmit(order)
...
```

Hier wird schnell erkennbar, dass die Arbeit mit hierarchischen Objekten sich vom relationalen Modell unterscheidet. Ähnlich kann es sich zum Beispiel mit dem Hinzufügen von Datensätzen verhalten. Auf die Verwendung von Fremdschlüsseln bzw. das mühsame Ermitteln des Primärschlüssels brauchen Sie keinen

Gedanken zu verschwenden. Sie fügen einfach der untergeordneten Collection von *Order_Details* neue Objekte hinzu, um die Verknüpfung bzw. das spätere Einfügen von Schlüsselwerten kümmert sich die LINQ to SQL-API.

Datenbank-Entwurfskonzepte

Wo fangen wir am besten an, wenn wir eine neue SQL Server-Datenbank benötigen? Zwei Szenarien sind möglich:

- Sie erstellen per Code oder grafischem Designer Ihr LINQ to SQL-Datenmodell und erzeugen zur Laufzeit die dazu passende Persistenzschicht (Datenbank) auf dem SQL Server

- Sie erstellen die SQL Server-Datenbank wie gewohnt (Management Studio, T-SQL ...) und generieren aus dieser später die entsprechenden Mapper-Klassen

Die erste Variante hat sicher auf den ersten Blick den bestechenden Vorteil, dass Sie den kompletten Entwurf in Visual Studio und auf Basis Ihrer gewohnten Programmiersprache realisieren können. Gleichzeitig brauchen Sie kein Datenbank-Skript bei der Installation einzuplanen, darum kümmert sich ja Ihr Programm.

Soweit die Theorie, doch auf dem Weg zur praktisch nutzbaren SQL Server-Datenbank liegen so viele Stolpersteine, dass Sie mit dem »Handwagen« LINQ to SQL nicht weit kommen werden. Hier sollten Sie besser den »Geländewagen« *SQL Server Management Studio* oder T-SQL verwenden.

Wir stellen Ihnen im Folgenden dennoch beide Varianten vor, so merken Sie auch recht schnell, wo die Grenzen bzw. Vorteile der jeweiligen Verfahren liegen.

Der schnelle Weg zu den SQL Server-Daten

Sie werden sicher bereits an der Überschrift gemerkt haben, dass wir im vorliegenden Abschnitt mit möglichst geringem Aufwand[1] eine Verbindung zwischen Datenbank und Programm herstellen möchten. Ausgehend von einer Microsoft SQL Server-Installation mit installierter *Northwind*-Beispieldatenbank zeigen wir Ihnen die Schritte bis zur Abfrage der Daten per LINQ.

> **HINWEIS** Auf das Kommandozeilentool *SQLMetal* wollen wir an dieser Stelle zunächst nicht weiter eingehen, der in Visual Studio integrierte LINQ to SQL-Designer dürfte wohl wesentlich praktikabler in der Verwendung sein.

Der LINQ to SQL-Designer

Fügen Sie Ihrem Projekt eine neue »LINQ to SQL Klasse« hinzu, um den LINQ to SQL-Designer zu öffnen (*Projekt/Neues Element hinzufügen...*). Damit haben Sie bereits die zentrale *DataContext*-Klasse erstellt. Den Namen dieser Klasse können Sie jetzt gegebenenfalls über das Eigenschaftenfenster anpassen.

In die noch leere Arbeitsfläche (diese ähnelt dem Klassendesigner) fügen Sie die benötigten SQL-Server-Tabellen ein. Nutzen Sie dazu den Server-Explorer (siehe linke Seite):

---

[1] Was hätten Sie von den Autoren auch anderes erwartet ...

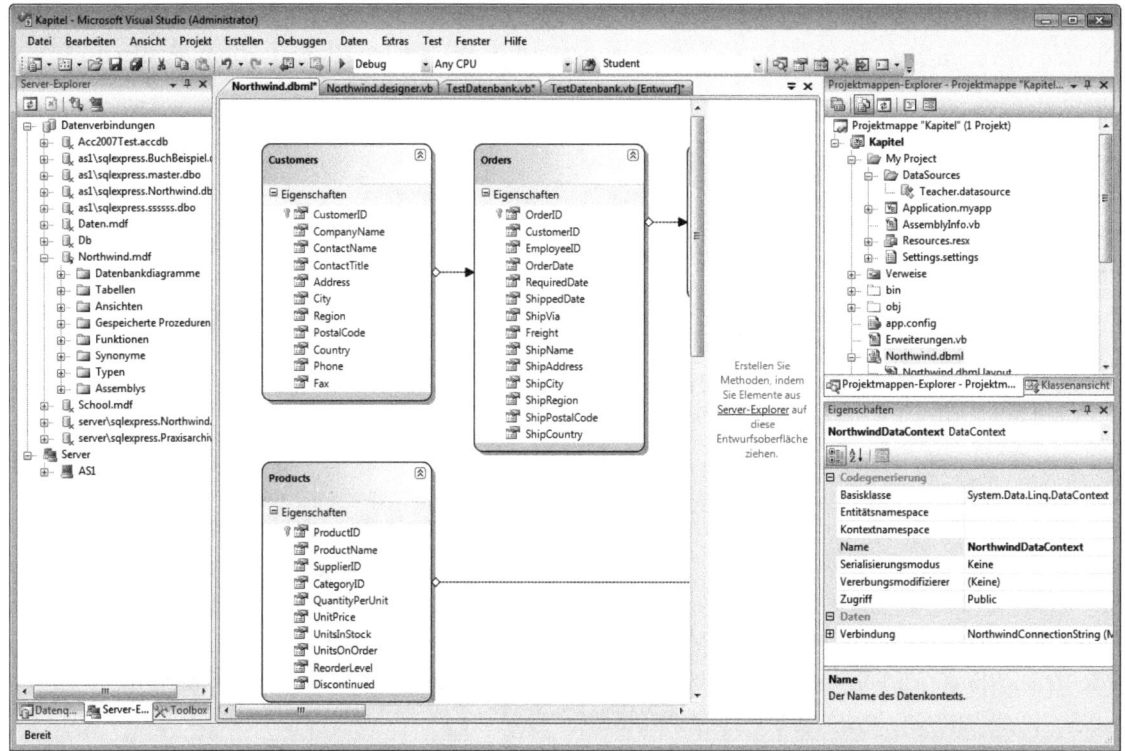

Abbildung 17.3 Der LINQ to SQL-Designer

Der Designer erstellt nun automatisch die nötigen Mapperklassen für die einzelnen Tabellen sowie deren Verknüpfungen (Associations, siehe Abbildung 17.3).

HINWEIS Sie können neben reinen Tabellen auch Views oder Gespeicherte Prozeduren in den Designer einfügen. Views werden wie Tabellen behandelt, Gespeicherte Prozeduren werden als Methoden der *DataContext*-Klasse mit typisierten Rückgabewerten gemappt.

Ein aufmerksamer Blick in den Projektmappen-Explorer zeigt, dass neben der zentralen *.dbml*-Datei noch zwei weitere Dateien erzeugt wurden:

- *.dbml.layout* ist eine XML-Datei mit der Beschreibung der grafischen Designer-Darstellung
- *.designer.vb* enthält die eigentlichen Klassendefinitionen für die *DataContext*- und *Table*-Klassen

Wir wollen im Folgenden einen kurzen Blick in die *.dbml* und die *.designer.vb*-Datei werfen.

Die .DBML-Datei

Hierbei handelt es sich um die XML-Darstellung der Datenbankstruktur bzw. der in den Designer eingefügten Tabellen, Abfragen und Gespeicherten Prozeduren.

BEISPIEL

Die *.dbml*-Datei für die *Northwind*-Datenbank (in Auszügen)

```xml
<?xml version="1.0" encoding="utf-16"?>
```

Der Datenbankname mit dem zugeordneten Datenkontext:

```xml
<Database Name="C:\DATEN\NORTHWIND.MDF"
  Class="NorthwindDataContext" xmlns="http://schemas.microsoft.com/linqtosql/dbml/2007">
```

Die Definition der Datenanbindung mit der Verbindungszeichenfolge:

```xml
  <Connection Mode="AppSettings" ConnectionString="Data Source=.\SQLEXPRESS;
    AttachDbFilename=|DataDirectory|\Daten\NORTHWIND.MDF;Integrated Security=True;User
    Instance=True" SettingsObjectName="CS.Properties.Settings"
    SettingsPropertyName="NORTHWINDConnectionString" Provider="System.Data.SqlClient" />
```

Und hier haben wir schon die erste Tabellendefinition mit all ihren Spalten und Abhängigkeiten. Hier kann auch das Mapping von Spalten- bzw. Tabellenbezeichnern realisiert werden:

```xml
  <Table Name="dbo.Categories" Member="Categories">
    <Type Name="Category">
      <Column Name="CategoryID" Type="System.Int32" DbType="Int NOT NULL IDENTITY"
          IsPrimaryKey="true" IsDbGenerated="true" CanBeNull="false" />
      <Column Name="CategoryName" Type="System.String" DbType="NVarChar(15) NOT NULL"
          CanBeNull="false" />
      <Column Name="Description" Type="System.String" DbType="NText" CanBeNull="true"
          UpdateCheck="Never" />
      <Column Name="Picture" Type="System.Byte[]" DbType="Image" CanBeNull="true"
          UpdateCheck="Never" />
      <Association Name="Category_Product" Member="Products" OtherKey="CategoryID"
          Type="Product" />
    </Type>
  </Table>
  <Table Name="dbo.Customers" Member="Customers">
...
  </Table>
```

Nach den weiteren Tabellendefinitionen tauchen hier auch die eingebundenen Gespeicherten Prozeduren auf:

```xml
  <Function Name="dbo.[Customers By City]" Method="Customers_By_City">
    <Parameter Name="param1" Type="System.String" DbType="NVarChar(20)" />
    <ElementType Name="Customers_By_CityResult">
      <Column Name="CustomerID" Type="System.String" DbType="NChar(5) NOT NULL"
          CanBeNull="false" />
      <Column Name="ContactName" Type="System.String" DbType="NVarChar(30)" CanBeNull="true" />
      <Column Name="CompanyName" Type="System.String" DbType="NVarChar(40) NOT NULL"
          CanBeNull="false" />
      <Column Name="City" Type="System.String" DbType="NVarChar(15)" CanBeNull="true" />
    </ElementType>
  </Function>
</Database>
```

Wie Sie sehen, werden hier auch die Datentypen der Parameter und Rückgabewerte definiert.

Die Designer.vb-Datei

Neben der nur für interne Zwecke genutzten *.dbml*-Datei dürfte die *.Designer.vb*-Datei für den Programmierer wesentlich interessanter sein, findet er doch hier die Grundlagen für die weitere Arbeit mit den generierten Mapper-Klassen.

HINWEIS   Bitte nehmen Sie in dieser Datei keine Änderungen vor, dies ist auch nicht notwendig, da alle enthaltenen Klassen als *partial* deklariert sind und eine Erweiterung mit einer anderen Datei damit problemlos möglich ist.

BEISPIEL

Die für die *Northwind*-Datenbank generierte *Designer.vb*-Datei (in Auszügen)

Zunächst die Definition der *DataContext*-Klasse:

```
...
<System.Data.Linq.Mapping.DatabaseAttribute(Name:="Northwind")>
Partial Public Class NorthwindDataContext
 Inherits System.Data.Linq.DataContext

 Private Shared mappingSource As System.Data.Linq.Mapping.MappingSource = New AttributeMappingSource
```

Diverse Definitionen für mögliche Erweiterungsmethoden:

```
 Partial Private Sub OnCreated()
 End Sub
...
 Partial Private Sub InsertOrders(instance As Orders)
    End Sub
 Partial Private Sub UpdateOrders(instance As Orders)
    End Sub
 Partial Private Sub DeleteOrders(instance As Orders)
    End Sub
 Partial Private Sub InsertProducts(instance As Products)
    End Sub
...
```

Die Liste der möglichen Konstruktoren:

```
Public Sub New()
  MyBase.New(Global.Kapitel.My.MySettings.Default.NorthwindConnectionString, mappingSource)
  OnCreated
End Sub

Public Sub New(ByVal connection As String)
  MyBase.New(connection, mappingSource)
  OnCreated
End Sub
...
```

Ab hier folgen die Definitionen zum Abrufen der Tabellen:

```
Public ReadOnly Property Orders() As System.Data.Linq.Table(Of Orders)
   Get
     Return Me.GetTable(Of Orders)
```

```
   End Get
 End Property
 ...
End Class
```

Neben dem DataContext brauchen wir auch noch die einzelnen Entitätsklassendefinitionen:

```
<Table(Name:="dbo.Orders")>
Partial Public Class Orders
 Implements System.ComponentModel.INotifyPropertyChanging, System.ComponentModel.INotifyPropertyChanged

 Private Shared emptyChangingEventArgs As PropertyChangingEventArgs =
                     New PropertyChangingEventArgs(String.Empty)
```

Interner Speicher für die Klassenmitglieder (Member):

```
 Private _OrderID As Integer
 Private _CustomerID As String
 Private _EmployeeID As System.Nullable(Of Integer)
```

Auch hier wieder die möglichen Erweiterungsmethoden:

```
    Partial Private Sub OnLoaded()
    Partial Private Sub OnValidate(action As System.Data.Linq.ChangeAction)
    Partial Private Sub OnCreated()
    Partial Private Sub OnOrderIDChanging(value As Integer)
...
```

Der Konstruktor:

```
Public Sub New()
   MyBase.New
   Me._Order_Details = New EntitySet(Of Order_Details)(AddressOf Me.attach_Order_Details,
                              AddressOf Me.detach_Order_Details)
   Me._Customers = CType(Nothing, EntityRef(Of Customers))
   OnCreated
End Sub
```

Beachten Sie, dass hier bereits die Verknüpfung mit den per Association zugeordneten Tabellen erfolgt.

Definition der Tabellen-Eigenschaften (Tabellenspalten) mit Metadaten per Attribut:

```
<Column(Storage:="_OrderID", AutoSync:=AutoSync.OnInsert, DbType:="Int NOT NULL IDENTITY",
IsPrimaryKey:=true, IsDbGenerated:=true)>
 Public Property OrderID() As Integer
   Get
     Return Me._OrderID
   End Get
   Set
    If ((Me._OrderID = value) = False) Then
      Me.OnOrderIDChanging(value)
      Me.SendPropertyChanging
      Me._OrderID = value
      Me.SendPropertyChanged("OrderID")
      Me.OnOrderIDChanged
    End If
   End Set
End Property
```

Definition einer Association mit Schlüssel und Fremdschlüssel:

```
<Association(Name:="Orders_Order_Details", Storage:="_Order_Details", ThisKey:="OrderID",
            OtherKey:="OrderID")>
Public Property Order_Details() As EntitySet(Of Order_Details)
  Get
    Return Me._Order_Details
  End Get
  Set
    Me._Order_Details.Assign(value)
  End Set
End Property
```

Reaktion auf Änderungen:

```
Protected Overridable Sub SendPropertyChanging()
  If ((Me.PropertyChangingEvent Is Nothing) = False) Then
    RaiseEvent PropertyChanging(Me, emptyChangingEventArgs)
  End If
End Sub
...
```

Ein erster Test und ein Blick unter die Motorhaube

Nach dem Schließen des Designers können Sie sich in einem einfachen Windows Forms-Projekt bereits von der Funktionsfähigkeit überzeugen.

BEISPIEL

Abrufen einiger Datensätze aus der Tabelle *Products*

Setzen Sie eine Schaltfläche und ein *DataGridView* auf das Startformular und geben Sie folgenden Code ein:

```
...
Public Class Form1
```

Datenkontext instanziieren:

```
    Private dbNW As New NorthwindDataContext

    Private Sub Button1_Click(ByVal sender As System.Object, ByVal e As System.EventArgs) _
                Handles Button1.Click
```

Daten abrufen (10 Datensätze überspringen und 25 abrufen) und an das *DataGridView* binden:

```
        DataGridView1.DataSource = dbNW.Products.Skip(10).Take(25)
    End Sub
End Class
```

Nach dem Start dürften die gewünschten Datensätze bereits im *DataGridView* angezeigt werden. So schnell und mit so wenig Code sind Sie bisher sicher nicht zum Ziel gekommen.

Doch was wird eigentlich an den Server gesendet? Im Normalfall bleiben Sie von diesen Informationen verschont, aber welcher Programmierer ist nicht neugierig?

Mit den folgenden Anweisungen können Sie die intern an den Server abgesetzten SQL-Anweisungen im Ausgabefenster von Visual Studio darstellen:

```
Private Sub Form1_Load(ByVal sender As System.Object, ByVal e As System.EventArgs) _
                                Handles MyBase.Load
    dbNW.Log = Console.Out
End Sub
```

Die Ausgabe zeigt, dass uns dank LINQ recht viel Schreibarbeit erspart geblieben ist:

```
SELECT TOP 25 [t1].[ProductID], [t1].[ProductName], [t1].[SupplierID], [t1].[CategoryID], [t1].
[QuantityPerUnit], [t1].[UnitPrice], [t1].[UnitsInStock], [t1].[UnitsOnOrder], [t1].[ReorderLevel],
[t1].[Discontinued]
FROM (
    SELECT ROW_NUMBER() OVER (ORDER BY [t0].[ProductID], [t0].[ProductName], [t0].[SupplierID], [t0].
[CategoryID], [t0].[QuantityPerUnit], [t0].[UnitPrice], [t0].[UnitsInStock], [t0].[UnitsOnOrder], [t0].
[ReorderLevel], [t0].[Discontinued]) AS [ROW_NUMBER], [t0].[ProductID], [t0].[ProductName], [t0].
[SupplierID], [t0].[CategoryID], [t0].[QuantityPerUnit], [t0].[UnitPrice], [t0].[UnitsInStock], [t0].
[UnitsOnOrder], [t0].[ReorderLevel], [t0].[Discontinued]
    FROM [dbo].[Products] AS [t0]
    ) AS [t1]
WHERE [t1].[ROW_NUMBER] > @p0
-- @p0: Input Int32 (Size = 0; Prec = 0; Scale = 0) [10]
```

SQL-Debugging leicht gemacht

Debugging ist das A und O jeder Anwendungsentwicklung, und so wollen wir es nicht versäumen, Sie mit zwei weiteren Varianten vertraut zu machen.

Query Visualizer

Neben der Log-Ausgabe im Ausgabefenster bietet sich mit dem Query Visualizer ein extra Tool an, das in der Lage ist, im Debug-Modus die zugrunde liegende SQL-Anweisung eines LINQ-Statements darzustellen:

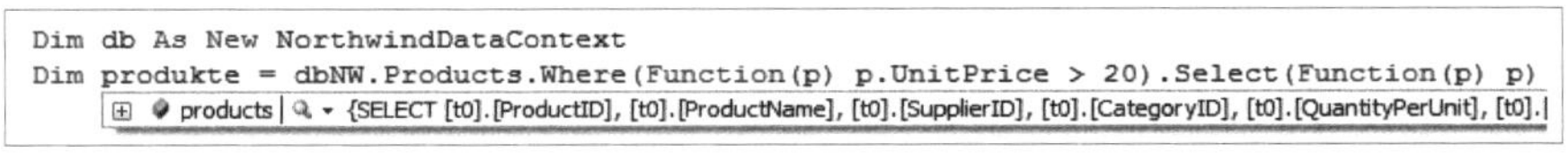

Abbildung 17.4 Beispiel für den Einsatz des Query Visualizer-Tools

Den Quellcode und die entsprechende Installationsanleitung finden Sie im Internet unter der folgenden Webadresse:

| WWW | http://weblogs.asp.net/scottgu/archive/2007/07/31/linq-to-sql-debug-visualizer.aspx |

Laden Sie einfach die ZIP-Datei herunter und installieren Sie die enthaltene DLL im Verzeichnis *Program Files\Microsoft Visual Studio 10.0\Common7\Packages\Debugger\Visualizers*.

Beim Debuggen Ihrer LINQ-Statements können Sie jetzt einfach den Kursor auf die gewünschte Variable setzen, um obige Ausgabe zu erreichen. Alternativ können Sie auch auf das Lupensymbol klicken, um einen extra Dialog zur Anzeige zu bringen (siehe Abbildung 17.5).

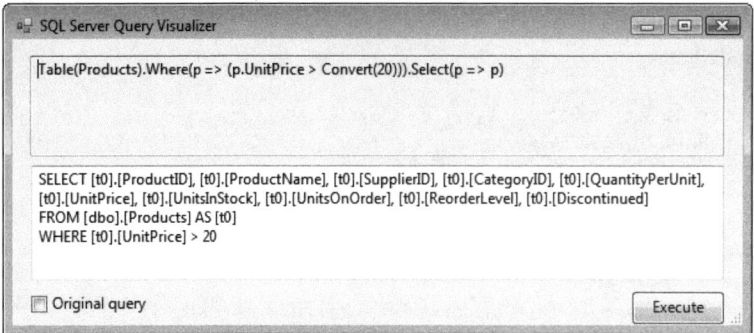

Abbildung 17.5 Query Visualizer-Dialog

Hier können Sie die Anweisung auch direkt testen, vorausgesetzt es handelt sich um einen echten SQL Server und nicht um die Express-Version mit dynamisch angebundener *.mdf*-Datei.

CommandText abrufen

Alternativ können Sie obige Funktionalität auch in einem eigenen Dialog realisieren, indem Sie den *CommandText* der betreffenden Abfrage ermitteln (im Hintergrund werkelt auch hier ein *DbCommand*-Objekt herum).

BEISPIEL

Abrufen der *CommandText*-Eigenschaft

```
...
    Private Sub Form1_Load(ByVal sender As System.Object, ByVal e As System.EventArgs) _
                    Handles MyBase.Load

        Dim db As New NorthwindDataContext
        Dim produkte = db.Products.Where(Function(p) p.UnitPrice > 20).Select(Function(p) p)
        TextBox1.Text = db.GetCommand(produkte).CommandText
    End Sub
```

Die Ausgabe:

```
SELECT [t0].[ProductID], [t0].[ProductName], [t0].[SupplierID], [t0].[CategoryID], [t0].
[QuantityPerUnit], [t0].[UnitPrice], [t0].[UnitsInStock], [t0].[UnitsOnOrder], [t0].[ReorderLevel],
[t0].[Discontinued]
FROM [dbo].[Products] AS [t0]
WHERE [t0].[UnitPrice] > @p0
```

Abbildung 17.6 Ausgabe in der *TextBox*

Beachten Sie, dass der Wert selbst als Parameter an den SQL Server übergeben wird, diese Parameter lassen sich über die *Parameters*-Collection abrufen.

HINWEIS   Die vorgestellten Debugging-Möglichkeiten sollten Sie gerade in der Anfangsphase ausgiebig nutzen, nur so bekommen Sie ein Gefühl dafür, welche LINQ-Statements sich effizient in SQL darstellen lassen.

Der steinige Weg zur Persistenz

Nein, nein, wir wollen Ihnen jetzt nicht zeigen, wie Sie die Mapper-Klassen per Hand erstellen. Das dürfte in den meisten Fällen zum verzichtbaren Wissen gehören, auch wenn es funktioniert. Doch das mögliche Fehlerpotenzial ist in diesem Fall viel zu groß, ganz abgesehen davon, dass Zeit auch Geld ist, und wer will schon freiwillig tausende Zeilen Code schreiben?[1]

Im Mittelpunkt dieses Abschnitts steht vielmehr die Arbeit mit dem LINQ to SQL-Designer und wie Sie mit diesem das Datenmodell erstellen und daraus später die Datenbank generieren können. An einer simplen 1:n-Beziehung werden wir Ihnen einige Besonderheiten und Fallstricke vor Augen führen.

HINWEIS   Die damit erzeugte Datenbank ist auch Voraussetzung für die Beispiele der folgenden Abschnitte. Übernehmen Sie bitte deshalb auch die Bezeichner für die Tabellen bzw. Tabellenspalten.

Das Datenmodell entwickeln

Erstellen Sie zunächst eine neue »LINQ to SQL Klasse« (*Projekt/Neues Element hinzufügen...*) mit dem Namen *Test*. Nachfolgend öffnet sich bereits der LINQ to SQL-Designer. Im Eigenschaftenfenster könnten Sie bei Bedarf die Bezeichnung des *DataContext*-Objekts anpassen, wir belassen es beim automatisch erzeugten *TestDataContext*.

Wie Sie sicher bereits beim Blick auf die Eigenschaften festgestellt haben, ist momentan noch keine Verbindung zu einer Datenbank definiert, das bleibt zunächst auch so, da wir die Datenbindung in diesem Fall erst zur Laufzeit herstellen werden (die Datenbank ist ja auch noch nicht existent).

Wesentlich wichtiger ist zunächst ein Blick in die Toolbox, die sich allerdings auf drei wesentliche Elemente beschränkt:

- *Class*
- *Association*
- *Inheritance*

Da wir auf Vererbung in diesem Buch nicht weiter eingehen wollen, bleiben uns die beiden ersten Elemente, um unsere Mini-Datenbank zu erzeugen.

Fügen Sie zwei *Class*-Elemente ein und legen Sie deren Eigenschaften wie in der folgenden Abbildung 17.7 gezeigt fest. Nutzen Sie dazu das Kontextmenü der jeweiligen Klasse (*Hinzufügen/Eigenschaft*).

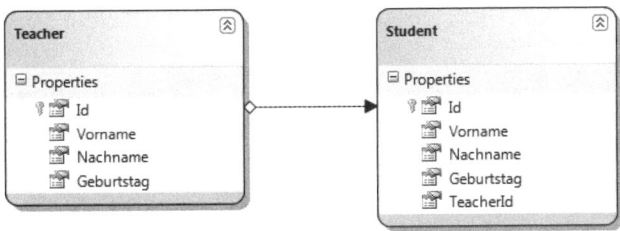

Abbildung 17.7   Unsere »komplexe« Datenstruktur

---

[1] Die wichtigsten Mapperklassen für die *Northwind*-Datenbank erfordern ca. 2800 Zeilen Code!

Die Datentypen dürften sich bereits aus obigen Eigenschaftsnamen ergeben (ID = *Int*; Vorname, Nachname = *String*; Geburtstag = *DateTime*; TeacherId = *Int*). Die jeweiligen Ids wollen wir uns noch etwas näher ansehen:

- Wir müssen einen Primärschlüssel definieren (*Primary Key = True*)
- Die Spalte ist schreibgeschützt (*Read Only = True*)
- Der Wert wird vom Server erzeugt (*Auto Generated Value = True*)
- Nach dem Einfügen des Datensatzes soll automatisch der neu vergebene Id-Wert abgerufen werden (*Auto-Sync = OnInsert*)
- Wir müssen den speziellen Serverdatentyp angeben, um einen Identity-Wert zu erzeugen (Server Data Type = Int NOT NULL IDENTITY)

Das war schon ganz schön viel Aufwand für ein Feld, und das möchten Sie sicher nicht per Quelltext erledigen.

Was noch fehlt ist die Verknüpfung (*Association*) zwischen den beiden Klassen. Ziehen Sie einfach ein *Association*-Element aus der Toolbox und klicken Sie nacheinander auf die Klassen, die Sie verbinden möchten.

Die eigentliche Zuordnung zwischen beiden Klassen können Sie mit dem sich öffnenden Dialog entsprechend Abbildung 17.8 vornehmen.

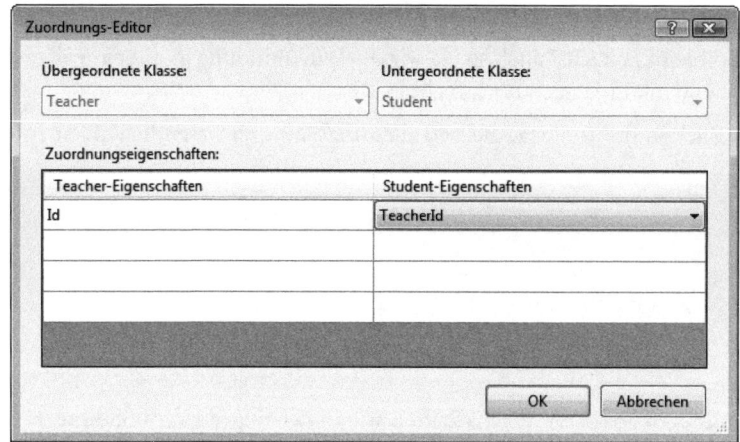

Abbildung 17.8 Verbinden der beiden Tabellen/Klassen

Über das Eigenschaften-Fenster lässt sich auch die Art der Verknüpfung festlegen (*Cardinality = OneTo-Many*).

HINWEIS   LINQ to SQL unterstützt keine direkten m:n-Beziehungen, in diesem Fall brauchen Sie, wie gewohnt, eine Interselektionstabelle.

Damit ist der Entwurf unseres Datenmodells abgeschlossen, und wir wollen uns um die Persistenzschicht kümmern.

Erzeugen der Datenbank und Herstellen der Verbindung

Bisher haben wir nur ein Datenmodell, um damit aber auch Daten zu sichern, brauchen wir eine Datenbank. Nichts leichter als das, denn das automatisch erzeugte *DataContext*-Objekt verfügt ja bereits über die erforderlichen Methoden und Eigenschaften.

BEISPIEL

Mit folgenden Anweisungen erzeugen wir, falls nicht bereits vorhanden, eine neue Datenbank im Nutzerverzeichnis:

```
...
Public Class TestDatenbank

    Private dbTest As TestDataContext
...
    Private Sub Button1_Click(ByVal sender As System.Object, ByVal e As System.EventArgs) _
                        Handles Button1.Click
        Dim filename As String = "'" & Application.UserAppDataPath & "\School.mdf'"
        dbTest = New TestDataContext("Data Source=.\SQLEXPRESS;AttachDbFilename=" & filename &
                                ";Integrated Security=True")
        If (Not dbTest.DatabaseExists()) Then
            dbTest.CreateDatabase()
        End If
        dbTest.Log = Console.Out
    End Sub
...
```

HINWEIS   Verfügen Sie über einen »echten« SQL Server, können Sie natürlich auch dessen Verbindungszeichenfolge nutzen, vorausgesetzt Sie verfügen über die nötigen Rechte an der Datenbank.

Ab hier können Sie mit dem *DataContext* bzw. der Datenbank arbeiten, so wie wir es bereits im vorhergehenden Abschnitt beschrieben haben.

BEISPIEL

Anzeige aller Lehrer

```
    Private Sub Button1_Click(ByVal sender As System.Object, ByVal e As System.EventArgs) _
                        Handles Button1.Click
        Dim teachers = From t In dbTest.Teacher
                    Select t
        TeacherDataGridView.DataSource = teachers
    End Sub
```

Nicht ganz unerwartet wird in diesem Fall das *DataGridView* leer bleiben, wir haben ja noch keine Daten in der Tabelle *Teacher* gespeichert. Lediglich die Anzeige der Spaltenköpfe deutet darauf hin, dass eine Antwort vom Server zurückgekommen ist.

Im Folgenden wollen wir uns auf die mit diesem Beispiel erzeugte Datenbank beziehen, das Grundprinzip mit größeren Datenbanken ist auch nicht anders und es geht ja nicht darum, Sie mit sinnlos verschachtelten Beispielen zu verwirren.

Ein paar Gedanken zum Erstellen neuer Datenbanken

Wer nach obigen Ausführungen der Meinung ist, der Designer biete alle Möglichkeiten, um eine reinrassige SQL Server-Datenbank zur Laufzeit zu erstellen, sollte die folgenden Einschränkungen zur Kenntnis nehmen:

- keine Gespeicherten Prozeduren
- keine Views
- keine Trigger
- keine sinnvolle Rechteverwaltung (User, Rollen, Rechte)

All diese Einschränkungen können Sie natürlich dadurch aufheben, dass Sie sofort nach Erstellen der neuen Datenbank diese per direkter T-SQL-Programmierung konfigurieren. Die *DataContext*-Klasse stellt geeignete Methoden für die Übergabe von SQL-Anweisungen bereit. Doch Achtung: Erzeugen Sie auf diesem Weg eine neue Gespeicherte Prozedur und wollen Sie darauf per *DataContext*-Objekt zugreifen, so benötigen Sie auch eine entsprechende Methodendeklaration im *DataContext*.

Damit dürfte das Erstellen von Datenbanken auf recht einfache Datenbankstrukturen beschränkt bleiben. Als Ausnahme wollen wir an dieser Stelle nochmals auf den SQL Server der Compact Edition hinweisen, dieser bietet ohnehin keine Unterstützung für obige Konstrukte und dürfte in vielen Fällen für die lokale Datenhaltung ausreichen.

Datenauswahl/Datentypen

Ausgehend von den in der *DataContext*-Klasse definierten Tabellen können Sie alle bekannten LINQ-Ausdrücke verwenden, um die Daten zu filtern, zu sortieren oder auch zu projizieren. An dieser Stelle wollen wir nicht erneut in epischer Breite darauf eingehen, die nötigen Grundlagen haben Sie ja bereits im Kapitel 2 kennen gelernt. Für uns ist es an dieser Stelle zunächst viel wichtiger, welche Datentypen von den einzelnen LINQ-Ausdrücken zurückgegeben werden und wie Sie diese verwenden können.

Einfache Datentypen

Hier rechnen Sie bereits mit einem bestimmten Datentyp, Sie können den Rückgabewert (z.B. das Ergebnis einer Aggregat-Funktion) also entsprechend definieren.

BEISPIEL

Ermittlung der Anzahl von Lehrern, deren Geburtstag nach 1950 liegt

```
Dim i As Integer = dbTest.Teacher.Where(
                Function(t) t.Geburtstag > Convert.ToDateTime("31.12.1950")).Count()
MessageBox.Show("Lehrer: " & i.ToString)
```

Können Sie den Datentyp nicht selbst bestimmen, hilft Ihnen auch der Visual Studio Editor weiter. Bewegen Sie die Maus über die Variable, so zeigt Ihnen die Kontexthilfe den zurückgegebenen Datentyp Ihres LINQ-Ausdrucks an, wie es die folgende Abbildung 17.9 zeigt:

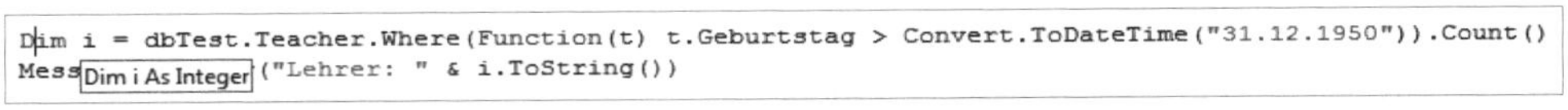

```
Dim i = dbTest.Teacher.Where(Function(t) t.Geburtstag > Convert.ToDateTime("31.12.1950")).Count()
Mess Dim i As Integer ("Lehrer: " & i.ToString())
```

Abbildung 17.9 Anzeige des Rückgabedatentyps

IQueryable(Of T)

Verwenden Sie einfache Projektionen in der LINQ-Abfrage, wird Ihnen von der Abfrage eine schreibgeschützte *IQueryable(Of T)*-Collection zurückgegeben.

BEISPIEL

Anzeige der Lehrernamen in einem Listenfeld (Rückgabewert = *IQueryable(Of String)*)

```
Dim teacher1 = dbTest.Teacher.Select(Function(t) t.Nachname & ", " & t.Vorname)
ListBox4.DataSource = teacher1
```

Gleiches trifft zu, wenn Sie bei der Projektion (*Select*) mit anonymen Typen arbeiten. Auch in diesem Fall ist der Rückgabewert in jedem Fall schreibgeschützt.

Etwas anders sieht es aus, wenn Sie eine eigene Klasse erzeugen und eine typisierte Liste zurückgeben. In diesem Fall ist die Liste editierbar, Datenänderungen werden aber nicht vom *DataContext* registriert und damit auch nicht mit einem *SubmitChanges* in die Datenbank geschrieben (kein Change Tracking und kein Identity Management).

BEISPIEL

Erzeugen einer editierbaren Liste *List(Of person)*

```
Dim per = dbTest.Teacher.Select(Function(t) New person(t.Vorname, t.Nachname, t.Id)).ToList()
DataGridView1.DataSource = per
```

Das ist möglich (wenn der Datensatz vorhanden ist):

```
per(3).Nachname = "Gurke"
```

Datenauswahl basierend auf Detaildaten

Nicht in jedem Fall betrifft die Filterbedingung nur eine einzige Tabelle. Sind Detaildatensätze für die Auswahl (*Where*) verantwortlich, können Sie diese Abhängigkeit durch die hierarchischen Verknüpfungen zwischen den einzelnen Klassen ausdrücken, ohne erst eine Verknüpfung zwischen den Tabellen herstellen zu müssen.

BEISPIEL

Anzeige aller Lehrer, die mindestens 3 Studenten haben

```
Dim q = From t In dbTest.Teacher
        Where t.Student.Count > 2
        Select t
teacherBindingSource.DataSource = q
```

Was wird wohl als SQL-Anweisung in diesem Fall an den Server gesendet? Der SQL-Profi wird sich schon denken können, dass wir es mit einer Unterabfrage zu tun haben:

```
SELECT [t0].[Id], [t0].[Vorname], [t0].[Nachname], [t0].[Geburtstag]
FROM [Teacher] AS [t0]
WHERE ((
    SELECT COUNT(*)
    FROM [Student] AS [t1]
    WHERE [t1].[TeacherId] = [t0].[Id]
    )) > @p0
-- @p0: Input Int32 (Size = 0; Prec = 0; Scale = 0) [2]
```

Gleiches trifft auch zu, wenn Sie Detaildaten basierend auf dem übergeordneten Datensatz auswählen wollen.

BEISPIEL

Auswahl aller Studenten von Lehrer »Müller«

```
Dim q = From s In dbTest.Student
        Where s.Teacher.Nachname = "Müller"
        Select s
teacherBindingSource.DataSource = q
```

Die erzeugte SQL-Anweisung (Verknüpfung fett hervorgehoben):

```
SELECT [t0].[Id], [t0].[Vorname], [t0].[Nachname], [t0].[Geburtstag], [t0].[TeacherId]
FROM [Student] AS [t0]
INNER JOIN [Teacher] AS [t1] ON [t1].[Id] = [t0].[TeacherId]
WHERE [t1].[Nachname] = @p0
-- @p0: Input String (Size = 6; Prec = 0; Scale = 0) [Müller]
```

Dem altgedienten »SQL-Hasen« wäre wohl zunächst die folgende, umständlichere Version eingefallen:

```
Dim q = From s In dbTest.Students , t In dbTest.Teachers
        Where (s.TeacherId = t.Id) And (t.Nachname = "Müller")
        Select s
```

Vergessen Sie an dieser Stelle ganz schnell die relationalen Grundlagen, hier können Sie mit Abhängigkeiten zwischen den Objekten arbeiten.

Bereichsauswahl (Paging)

Gerade in ASP.NET-Anwendungen oder Applikationen, welche die Anzahl der darzustellenden Daten gering halten wollen (reduzierte Ressourcen, Netzlast), werden Datensätze häufig per Paging abgerufen, d.h. zum Beispiel x Datensätze ab Position y. Durch diese Art der Abfrage werden immer nur soviel Daten abgerufen, wie momentan darstellbar sind.

Auch mit LINQ to SQL ist dieses Verhalten relativ einfach realisierbar, wie das folgende kleine Beispiel zeigt.

Abrufen von drei Lehrern ab der dritten Position in der Tabelle

Hier hilft uns die Möglichkeit, mit den Erweiterungsmethoden *Skip* und *Take* Datensätze zu überspringen und die Gesamtmenge zu begrenzen:

```
Dim teachers = (From t In dbTest.Teacher
                Select t).Skip(2).Take(3)
TeacherBindingSource.DataSource = teachers
```

Wer jetzt denkt, obiger Select-Aufruf wird intern zunächst komplett verarbeitet bevor die Ergebnismenge eingeschränkt wird, liegt komplett falsch (das wäre auch kompletter Unsinn). Ein Blick auf die abgesetzten SQL-Statements zeigt, dass in diesem Fall gleich mit der SQL Server-Syntax gefiltert wird:

```
SELECT [t1].[Id], [t1].[Vorname], [t1].[Nachname], [t1].[Geburtstag]
FROM (
    SELECT ROW_NUMBER() OVER (ORDER BY [t0].[Id], [t0].[Vorname], [t0].[Nachname], [t0].[Geburtstag])
AS [ROW_NUMBER], [t0].[Id], [t0].[Vorname], [t0].[Nachname], [t0].[Geburtstag]
    FROM [Teacher] AS [t0]
    ) AS [t1]
WHERE [t1].[ROW_NUMBER] BETWEEN @p0 + 1 AND @p0 + @p1
ORDER BY [t1].[ROW_NUMBER]
-- @p0: Input Int (Size = 0; Prec = 0; Scale = 0) [2]
-- @p1: Input Int (Size = 0; Prec = 0; Scale = 0) [3]
-- Context: SqlProvider(Sql2005) Model: AttributedMetaModel Build: 3.5.30428.1
```

Hier zeigen sich die Vorteile von LINQ to SQL gegenüber einer Lösung mit LINQ to DataSet. Dort wären zunächst die kompletten Daten abgerufen und nachträglich (auf dem Client) gefiltert worden, was kaum der Intention des Pagings entsprechen würde.

Probleme mit First()

Enthält die zurückgegebene Datenmenge keine Datensätze und versuchen Sie in diesem Fall mit dem *First*-Operator den ersten Datensatz abzurufen, kommt es zum »Knall«:

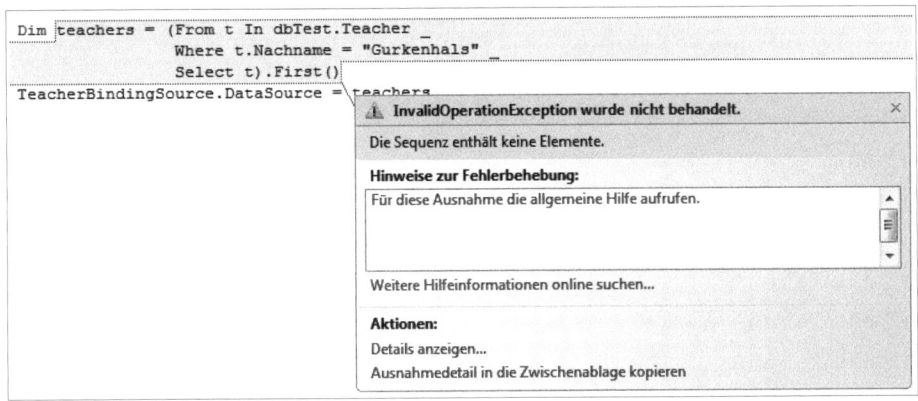

Abbildung 17.10 Fehler bei leerer Datenmenge

Besser Sie verwenden in diesen Fällen den *FirstOrDefault*-Operator, der hier einen *Nothing*-Wert zurückgibt, den Sie später problemlos auswerten können:

```
Dim teachers = (From t In dbTest.Teacher _
                Where t.Nachname = "Gurkenhals" _
                Select t).FirstOrDefault()
TeacherBindingSource.DataSource = teachers
```

Abbildung 17.11   Verwendung von *FirstOrDefault*

Datenbindung

Nicht nur Datenbanken oder Webdienste, sondern auch normale Objekte können als Datenquellen für die Windows Forms-Steuerelemente in Erscheinung treten. In vereinfachter Form wurde dies bereits in den vorhergehenden Beispielen mit einem *DataGridView* praktiziert. Möchten Sie auch Textfelder etc. mit Datenbindung ausstatten, von den Vorteilen eines Datenbanknavigators profitieren und schon zur Entwurfszeit die Darstellung von Tabellen etc. anpassen, kommen Sie nicht um die Definition einer Datenquelle herum, es sei denn, Sie wollen Unmengen von Quellcode schreiben (siehe auch How-to 6.1 »... eine Objekt-Datenquelle verwenden?«).

Datenquelle hinzufügen

Öffnen Sie das Fenster *Datenquellen* (Menü *Daten/Datenquellen anzeigen*) und klicken Sie den Link *Neue Datenquelle hinzufügen...*.

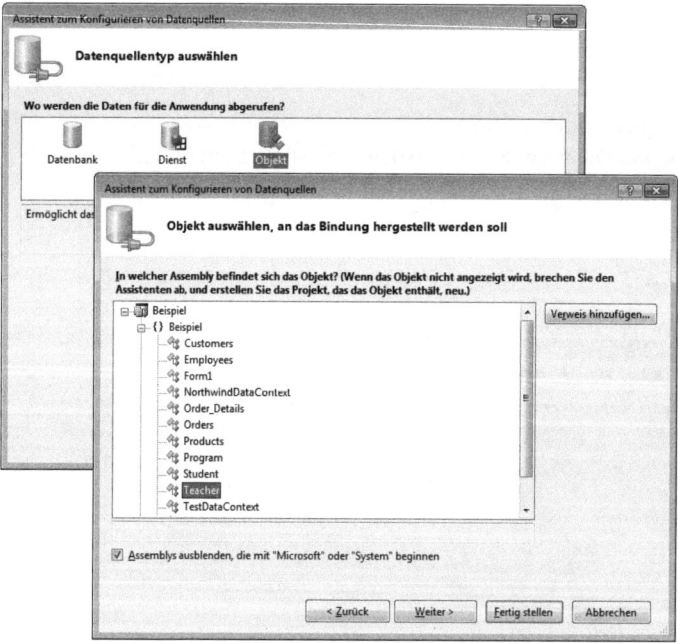

Abbildung 17.12   Neue Datenquelle erzeugen

Im *Assistent zum Konfigurieren von Datenquellen* wählen Sie zunächst den Datenquellentyp *Objekt* aus, nachfolgend spezifizieren Sie die Klasse *Teacher*.

Nach dem Klick auf *Fertigstellen* erscheint die Objekt-Datenquelle *Teacher* im Datenquellenfenster. Um die Klasse *Student* brauchen wir uns nicht zu kümmern, diese wird dank Assoziation bereits unterhalb der Klasse *Teacher* in der Liste der Datenquellen aufgeführt:

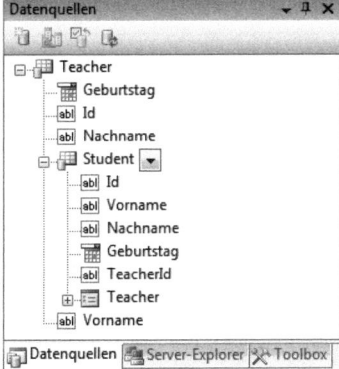

Abbildung 17.13   Die neue Datenquelle in der Übersicht

Ziehen Sie die Datenquelle *Teacher* per Drag & Drop auf das Startformular *Form1*, so wird von einem im Hintergrund agierenden Assistenten automatisch eine Benutzerschnittstelle generiert, die standardmäßig aus *DataGridView*, *BindingSource* und *BindingNavigator* besteht (Abbildung 17.14).

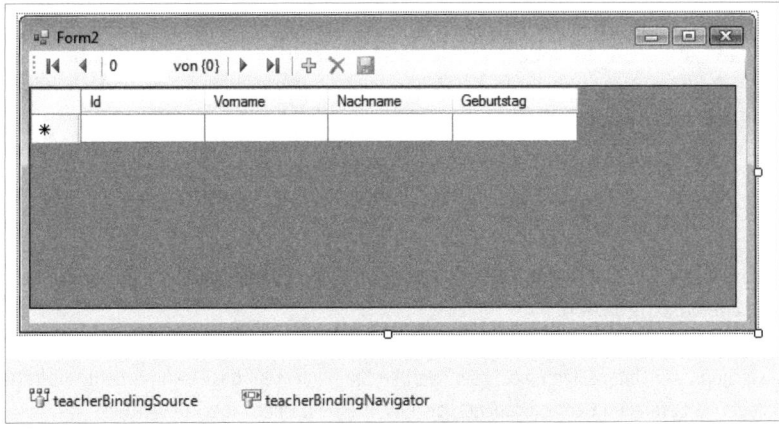

Abbildung 17.14   Das erzeugte Formular

Zu diesem Zeitpunkt werden bereits alle Spalten im *DataGridView* angezeigt, Sie können bei Bedarf diese an Ihre Vorgaben anpassen (Kontextmenü *Spalten editieren*).

HINWEIS   Wenn Sie das Programm jetzt starten, bleibt das Datengitter leer, da der *BindingSource* noch keine Instanz der *Teacher*-Liste zugewiesen wurde.

Ergänzen Sie also den Formularcode wie folgt:

```
    Private Sub Form1_Load(ByVal sender As Object, ByVal e As EventArgs)
        Dim teachers = From t In dbTest.Teacher
                       Select t
        teacherBindingSource.DataSource = teachers
...
```

Anzeige von Detaildaten

Auch die Anzeige von Detaildaten, in unserem Fall die dem Lehrer zugeordneten Studenten, stellt uns vor keine allzu große Hürde. Ziehen Sie einfach aus dem Datenquellenfenster die Klasse *Student* in das Formular, um ein entsprechende *DataGridView* inklusive *BindingSource* zu erzeugen.

Und welchen Code müssen wir schreiben?

Keinen, da durch die Assoziation zwischen beiden Klassen bereits alle Informationen vorliegen, um die nötigen Daten per SQL abzurufen.

BEISPIEL

Der generierte SQL-Code beim Abrufen der Lehrer (siehe vorhergehendes Listing):

Zunächst wird die Liste der Lehrer ermittelt:

```
SELECT [t0].[Id], [t0].[Vorname], [t0].[Nachname], [t0].[Geburtstag]
FROM [Teacher] AS [t0]
```

Nachfolgend wird für den ersten Datensatz der Lehrer-Liste der korrespondierende Detaildatensatz bei den Studenten abgerufen:

```
SELECT [t0].[Id], [t0].[Vorname], [t0].[Nachname], [t0].[Geburtstag], [t0].[TeacherId]
FROM [Student] AS [t0]
WHERE [t0].[TeacherId] = @p0
-- @p0: Input Int32 (Size = 0; Prec = 0; Scale = 0) [1]
```

Wechseln Sie den aktuellen Datensatz in der Liste der Lehrer, wird nur die zweite SQL-Anweisung mit einem geänderten Parameter für *TeacherId* aufgerufen.

HINWEIS   Sollten Sie mehrmals zwischen zwei Datensätzen wechseln, werden Sie bemerken, dass keine erneute Abfrage an den Server gesendet wird, die Daten liegen ja bereits im Cache, brauchen also nicht erneut übertragen zu werden.

Doch so schön dieses Verhalten in einer Single-User-Umgebung auch ist, so fatal wirkt es sich bei Änderungen durch andere Nutzer aus. Fügt ein weiterer Nutzer Datensätze hinzu, sind diese für uns erst sichtbar, wenn wir den *DataContext* erneut erstellen oder ein *Refresh* auslösen (mehr dazu ab Seite 1142).

Listendarstellung mit anonymen Typen optimieren

Verwenden Sie Listenfelder oder Kombinationsfelder, entsprechen die angezeigten Werte meist nicht den in der Liste gespeicherten Werten. So möchten Sie beispielsweise eine Kombination aus Nachname und Vorname anzeigen, der Rückgabewert *(Value)* soll jedoch dem kompletten Datensatz (Objekt) entsprechen.

Mit der Verwendung von anonymen Typen ist diese Aufgabenstellung recht einfach lösbar.

BEISPIEL

Anzeige der Namen aller Lehrer in einem Listenfeld. Mit einem Doppelklick soll das Geburtsjahr des Lehrers bestimmt werden.

Zunächst rufen wir die gewünschten Daten ab und projizieren diese in einen anonymen Typ, der aus Beschreibung und Wert besteht:

```
Dim q = From t In dbTest.Teacher
        Select New With {Key .Value = t, Key .Text = t.Nachname & ", " & t.Vorname}
```

Das Listenfeld müssen Sie wie folgt konfigurieren:

```
ListBox1.DataSource = q              ' Datenherkunft bestimmen
ListBox1.DisplayMember = "Text"      ' Was soll angezeigt werden
ListBox1.ValueMember = "Value"       ' Was ist der Value des Eintrags
```

Der spätere Zugriff auf die Objektdaten ist jetzt problemlos realisierbar:

```
Private Sub ListBox1_DoubleClick(ByVal sender As System.Object, ByVal e As System.EventArgs) _
                                Handles ListBox1.DoubleClick
    Dim t = (TryCast(ListBox1.SelectedValue, Teacher))
    MessageBox.Show(t.Nachname & " wurde " & t.Geburtstag.Year & " geboren.")
End Sub
```

Lazy Loading/Prefetch/Delay Loaded

Sichere haben Sie beim Durchgehen der bisherigen Beispiele schon beobachtet, dass unser *DataContext* die Daten erst dann abruft, wenn diese wirklich gebraucht werden (z.B. beim Durchlaufen der Datensätze oder beim Anzeigen in einem Steuerelement) und nicht schon beim Definieren der LINQ-Abfrage. Dieses Verhalten wird auch als *lazy loading* bezeichnet.

BEISPIEL

Bei der Anzeige der Lehrer und der zugehörigen Studenten werden zunächst nur die beiden folgenden SQL-Statements an der Server gesendet:

Abrufen aller Lehrer (da übergeordnete Collection):

```
SELECT [t0].[Id], [t0].[Vorname], [t0].[Nachname], [t0].[Geburtstag]
FROM [Teacher] AS [t0]
```

Abrufen der Studenten für den ersten Datensatz der Tabelle *Teacher:*

```
SELECT [t0].[Id], [t0].[Vorname], [t0].[Nachname], [t0].[Geburtstag], [t0].[TeacherId]
FROM [Student] AS [t0]
WHERE [t0].[TeacherId] = @p0
-- @p0: Input Int (Size = 0; Prec = 0; Scale = 0) [1]
```

Soweit so gut, doch was passiert, wenn Sie eine Listenausgabe z.B. in einem Report erzeugen wollen, bei der für alle Lehrer die Studenten abgerufen werden?

Resultat ist eine Orgie von SQL-Abfragen, zu jedem Datensatz der übergeordneten Collection wird eine Detaildatenabfrage an den Server gesendet. Aus Performance-Gesichtspunkten kann dies bei einer großen Anzahl von Datensätze schnell zum Fiasko werden, auch wenn Sie in diesem Fall den Speicherbedarf optimiert haben sollten.

DataLoadOptions

Mit Hilfe eines *DataLoadOptions*-Objekts können Sie die Prefetch-Funktionalität des DataContext gezielt beeinflussen, d.h., Sie bestimmen was später bei der Abfrage alles geladen werden soll.

BEISPIEL

Abfrage der Detaildaten (*Student*) zu jedem Lehrer:

```
...
        If (Not dbTest.DatabaseExists()) Then dbTest.CreateDatabase()
        Dim options As New DataLoadOptions()
        options.LoadWith(Of Teacher)(Function(Teacher) Teacher.Student)
        dbTest.LoadOptions = options
...
```

Ein späterer Abruf der Lehrer-Daten führt jetzt zu folgendem SQL-Statement:

```
SELECT [t0].[Id], [t0].[Vorname], [t0].[Nachname], [t0].[Geburtstag], [t1].[Id] AS [Id2], [t1].
[Vorname] AS [Vorname2], [t1].[Nachname] AS [Nachname2], [t1].[Geburtstag] AS [Geburtstag2], [t1].
[TeacherId], (
    SELECT COUNT(*)
    FROM [Student] AS [t2]
    WHERE [t2].[TeacherId] = [t0].[Id]
    ) AS [value]
FROM [Teacher] AS [t0]
LEFT OUTER JOIN [Student] AS [t1] ON [t1].[TeacherId] = [t0].[Id]
ORDER BY [t0].[Id], [t1].[Id]
```

Per Left-Outer-Join werden jetzt alle interessanten Daten am Stück geladen, beim späteren Wechsel zwischen den Datensätzen in der Lehrer-Collection brauchen die Detaildaten (*Student)* nur noch aus dem lokalen Cache abgerufen werden.

Delay Loaded

Neben der Möglichkeit, explizit mehr Daten zu laden als zunächst nötig erscheint, können Sie natürlich auch den gegenteiligen Effekt erreichen, indem Sie einzelne Daten erst dann laden, wenn wirklich auf das entsprechende Feld zugegriffen wird. In diesem Fall entscheidet bereits die Definition der Mapping-Klasse bzw. des einzelnen Attributs über den späteren Ladevorgang.

Sie fügen der Enität *Teacher* noch eine Spalte *Bemerkungen* hinzu (Serverdatentyp *NVARCHAR(MAX)*) und setzen den Wert für *Delay Loaded* auf *True*:

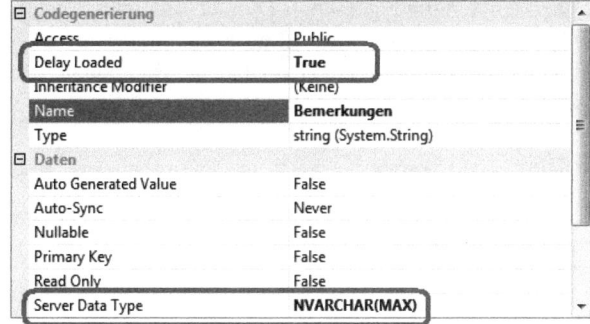

Abbildung 17.15 Neues Memofeld definieren

Bei einem späteren Abrufen der Lehrer wird in diesem Fall nur der folgende SQL-Befehl an den Server gesendet:

```
SELECT [t0].[Id], [t0].[Vorname], [t0].[Nachname], [t0].[Geburtstag]
FROM [Teacher] AS [t0]
```

Die Spalte *Bemerkungen* wird standardmäßig jetzt nicht mehr abgerufen. Erst bei einem Zugriff auf die entsprechende Spalte, z.B. mit

```
MessageBox.Show(CType(TeacherBindingSource.Current, Teacher).Bemerkungen
```

ruft der *DataContext* die gewünschte Information ab:

```
SELECT [t0].[Bemerkungen]
FROM [Teacher] AS [t0]
WHERE [t0].[Id] = @p0
-- @p0: Input Int (Size = 0; Prec = 0; Scale = 0) [1]
```

Doch wie immer kann es auch Ausnahmen von diesem neuen Standard-Verhalten geben und so lässt sich über die *LoadOptions* auch hier temporär das gewünschte Ergebnis erreichen:

Temporäre Änderung des Ladeverhaltens

```
Dim options As New DataLoadOptions()
options.LoadWith(Of Teacher)(Function(Teacher) Teacher.Bemerkungen)
dbTest.LoadOptions = options
```

Ein Zugriff auf die Teacher-Entität hat jetzt zur Folge, dass trotz »Delay Loaded = True« für *Bemerkungen* alle Spalten abgerufen werden, wie es auch die folgende SQL-Anweisung zeigt:

```
SELECT [t0].[Id], [t0].[Vorname], [t0].[Nachname], [t0].[Geburtstag], [t0].[Bemerkungen]
FROM [Teacher] AS [t0]
```

ObjectTracking ausschalten

Nicht in jedem Fall ist es notwendig, alle Dienste des DataContext in Anspruch zu nehmen. So können Sie beim reinen Lesezugriff ohne Probleme auf das Object Tracking, d.h. die Überwachung von Änderungen an den einzelnen Datenobjekten, verzichten. Setzen Sie dazu einfach die Eigenschaft *ObjectTrackingEnabled* auf *False*. Neben dem reduzierten Speicherbedarf werden Sie auch mit einer etwas höheren Performance belohnt. Doch Achtung: ein Aktualisieren der Datensätze ist jetzt nicht mehr möglich, versuchen Sie es dennoch, werden Sie mit folgender Fehlermeldung konfrontiert:

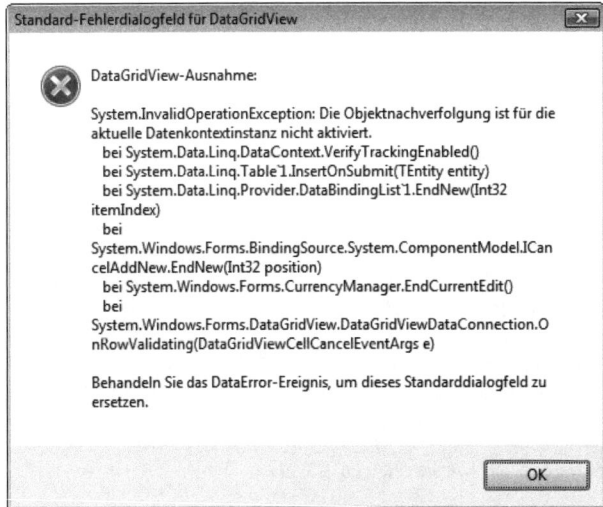

Abbildung 17.16 Fehler bei schreibgeschütztem DataContext

Bearbeiten und Aktualisieren

Nachdem Sie es geschafft haben, die LINQ to SQL-Daten auf den Bildschirm (bzw. ins Formular) zu bringen, stellt sich natürlich auch die Frage, wie Sie diese Daten bearbeiten können.

Editieren

Das Editieren der Datensätze dürfte Sie wohl zunächst vor keine größeren Schwierigkeiten stellen, verwenden Sie einfach die Eigenschaften des jeweiligen Objekts und weisen Sie diesen neue Werte zu.

BEISPIEL

Geburtsdatum aller Lehrer ändern (Sie können die Daten natürlich vorher noch filtern)

```
Dim teachers = From t In dbTest.Teacher
               Select t
For Each t As Teacher In teachers
    t.Geburtstag = Convert.ToDateTime("1.1.1957")
Next t
```

HINWEIS   Doch Achtung: Änderungen, und dazu zählen Hinzufügen, Löschen und Editieren, werden nur übertragen, wenn Sie die *SubmitChanges*-Methode des übergeordneten *DataContext*-Objekts aufrufen.

Fehler beim Aktualisieren

Ein Test des obigen Beispiels schlug bei den Autoren zunächst fehl, mit dem Aufruf von *SubmitChanges* wurde der folgende Fehler ausgelöst:

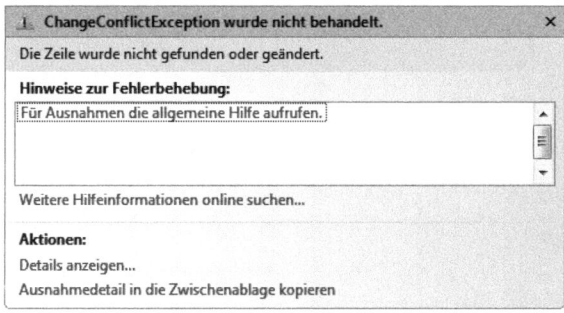

Abbildung 17.17   Fehler beim Zurückschreiben der Daten

Ein Blick auf das generierte SQL macht Sie sicherlich auch nicht schlauer:

```
UPDATE [Teacher]
SET [Geburtstag] = @p0
WHERE 0 = 1
-- @p0: Input DateTime (Size = 0; Prec = 0; Scale = 0) [01.01.1957 00:00:00]
```

Allerdings dürfte die WHERE-Klausel schnell für erstaunte Gesichter sorgen.

Sollten Sie in der »glücklichen Lage« sein, beim Löschen/Aktualisieren von Datensätzen über einen ähnlichen Fehler zu stolpern, bleibt nur ein intensiver Blick in die Mapping-Datei übrig, auch wenn zunächst nichts auf diese Ursache hindeutet[1].

Die Ursache: Beim Erzeugen der Spalte *Bemerkung* haben wir zwar die Option *Nullable* auf *False* gesetzt (Default), gleichzeitig aber den Serverdatentyp mit *NVARCHAR(MAX)* angegeben. Das ist falsch, Sie müssen in diesem Fall den Serverdatentyp mit »NVARCHAR(MAX) NOT NULL« angeben oder die Option *Nullable* auf *True* setzen.

HINWEIS   Beachten Sie peinlich genau die Datentypen, Einschränkungen etc. bei der Definition der Mapping-Klassen. Wie Sie gesehen haben, führen selbst simple Fehler ohne direkten Zusammenhang zu schwer nachvollziehbaren Laufzeitfehlern und unverständlichen SQL-Statements.

Eine recht einfache Lösungsmöglichkeit für unser Beispiel ist auch das nachträgliche Erzeugen der Mapping-Klassen aus der erstellten Datenbank. So können Sie sicherstellen, dass auch alle Einschränkungen und Datentypen korrekt gesetzt sind.

---

[1] In unserem Fall haben wir die SQL-Datenbank aus den Mapping-Daten erzeugt.

Konflikte beim Aktualisieren von Datensätzen

In vielen Fällen dürften Sie mit dem Aufruf der *SubmitChanges-Methode* wohl kaum ein Problem haben, solange nicht ein anderer Nutzer den gleichen Datensatz bearbeitet. Wie reagiert eigentlich LINQ to SQL, wenn zwei Nutzer den gleichen Datensatz editieren?

Standardmäßig verwendet LINQ to SQL das Modell der optimistischen Konkurrenz beim gleichzeitigen Zugriff mehrere Nutzer auf ein und denselben Datensatz. Bei diesem Modell kann jeder Nutzer zunächst Änderungen an den lokalen Datensatzkopien vornehmen. Beim Zurückschreiben in die Datenbank wird geprüft, ob die vorhergehenden Feldinhalte geändert wurden. Ist dies nicht der Fall, kann der Datensatz gespeichert werden. Alternativ tritt ein Laufzeitfehler (*ChangeConflictException*) auf und der *DataContext* muss entscheiden, ob die Änderungen überschrieben, verworfen oder teilweise gemischt werden sollen. Dazu steht Ihnen die *ChangeConflicts*-Collection zur Verfügung, in der Sie für jeden Konflikt eine eigene Lösung bestimmen können. Drei Lösungsmöglichkeiten sind implementiert:

- *KeepChanges*
- *KeepCurrentValues*
- *OverwriteCurrentValues*

Auf das Verhalten der drei Varianten kommen wir in den folgenden Abschnitten zu sprechen, zunächst ein Beispiel, wie Sie den Fehler behandeln können.

BEISPIEL

Reaktion auf eine *ChangeConflictException*

```
    Private Sub Button5_Click(ByVal sender As System.Object, ByVal e As System.EventArgs) _
            Handles Button5.Click
        Try
```

Versuch, die Daten zu schreiben:

```
            dbTest.SubmitChanges(ConflictMode.ContinueOnConflict)
        Catch
```

Für jeden Eintrag weisen wir *KeepChanges* zu:

```
            For Each o In dbTest.ChangeConflicts
                o.Resolve(RefreshMode.KeepChanges)
            Next o
        End Try
```

Jetzt werden die Daten wie gewünscht übernommen (oder auch nicht):

```
            dbTest.SubmitChanges(ConflictMode.FailOnFirstConflict)
    End Sub
```

KeepChanges

Bei dieser Variante werden im Konfliktfall nur die geänderten Spalten (gegenüber der Ausgangssituation) überschrieben, Werte anderer Spalten bleiben unberücksichtigt.

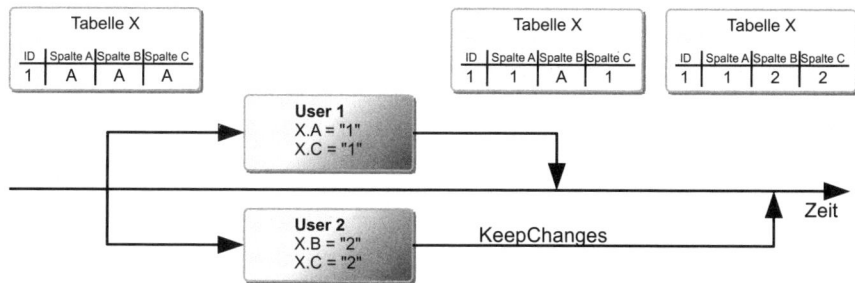

Abbildung 17.18 Verhalten bei *KeepChanges*

User 2 schreibt zuletzt, seine Änderungen in Spalte B und C werden berücksichtigt, die Änderung in Spalte A durch User 1 bleibt erhalten.

HINWEIS Das Objekt X bei User 2 korrespondiert abschließend mit den finalen Werten der Tabelle X. D.h., X.A hat den Wert »1«. Dazu werden die aktuellen Daten vom Server abgerufen.

KeepCurrentValues

KeepCurrentValues veranlasst ein komplettes Überschreiben des Datensatzes mit den Werten von User 2. Änderungen von User 1 werden in keiner Weise berücksichtigt.

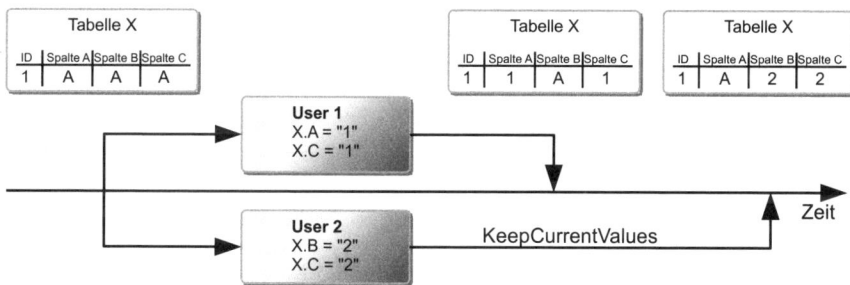

Abbildung 17.19 Verhalten bei *KeepCurrentValues*

Bei Ihnen wird jetzt sicher die Frage aufkommen, warum in Spalte A am Ende ein »A« steht. Die Antwort: Bei User B hat die Eigenschaft X.A immer noch den Ausgangswert »A«, nur die Eigenschaften X.B und X.C wurden geändert. Der Wert X.A wird also unverändert wieder in die Datenbank zurück übertragen und ändert damit den Wert in Spalte A.

HINWEIS Auch hier korrespondiert Objekt X mit der Tabelle X, ein erneutes Abrufen der Daten ist nicht notwendig, da X schon die aktuellen Werte enthält.

OverwriteCurrentValues

In diesem Fall übernimmt User 2 den Datenstand aus der Tabelle, d.h., User 1 bestimmt den endgültigen Zustand.

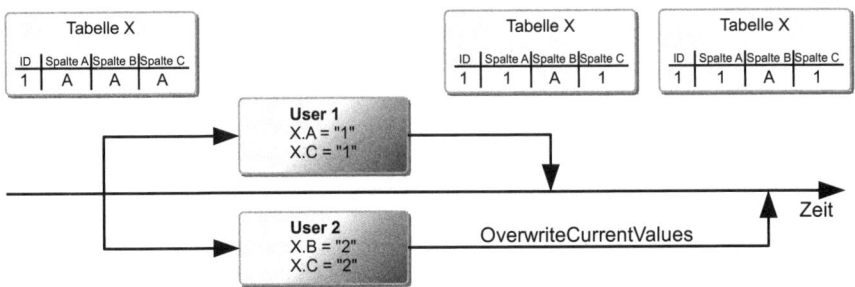

Abbildung 17.20 Verhalten bei *OverwriteCurrentValues*

> **HINWEIS**   Mit dem *SubmitChanges*-Aufruf werden die Daten des Objekts X beim User 2 komplett aktualisiert.

Welche der drei Varianten zur Konfliktlösung Sie in Ihrer Anwendung einsetzen, hängt vom jeweiligen Einsatzfall ab. Sie können diese Wahl aber auch dem Endanwender überlassen. In diesem Fall hilft Ihnen die Collection *MemberConflicts* mit den Detaildaten weiter.

MemberConflicts

So einfach pauschale Lösungen auch sind, so falsch sind diese im Einzelfall. Statt alle Werte gleich zu behandeln, können Sie durch gezielte Auswertung der *MemberConflicts*-Collection zunächst die gewünschten Informationen sammeln (aktueller Datenbankwert, alter Datenbankwert, neuer Wert) und entsprechend reagieren.

Wie Sie beispielhaft dabei vorgehen, zeigt die folgende Abbildung 17.21:

```
Try
    dbTest.SubmitChanges(ConflictMode.ContinueOnConflict)
Catch
    For Each occ In dbTest.ChangeConflicts
        Debug.Print("Tabelle: " & CType(dbTest.Mapping.GetTable(occ.Object.GetType()), MetaTable).TableName)
        For Each mcc In occ.MemberConflicts
            Debug.Print("Member:" & mcc.Member.Name)
            Debug.Print("CurrentValue:" & mcc.CurrentValue.ToString())
            Debug.Print("DatabaseValue:" & mcc.DatabaseValue.ToString())
            Debug.Print("OriginalValue" & mcc.OriginalValue.ToString())
            mcc.Resolve(RefreshMode.
                                    [KeepChanges              ]
                                    [KeepCurrentValues        ]
        Next                        [OverwriteCurrentValues   ]
        o.Resolve(RefreshMode.KeepCh
    Next o
End Try
```

Abbildung 17.21 Gezielte Auswertung von Konflikten

Die Beispiel-Ausgabe im Debug-Fenster:

```
Eine Ausnahme (erste Chance) des Typs "System.Data.Linq.ChangeConflictException" ist in
System.Data.Linq.dll aufgetreten.
Tabelle: Teacher
Member: Vorname
CurrentValue: Isolde-Berta
DatabaseValue: Isolde-Ada
OriginalValue: Isolde
```

Entweder Sie programmieren eine eigene Lösung für den Konflikt, oder Sie überlassen die Auswahl jeweils dem Endanwender, der in den meisten Fällen damit allerdings überfordert sein dürfte.

UpdateCheck

Die in den vorhergehenden Beispielen gezeigte Vorgehensweise vergleicht zunächst alle Felder des Speicher-Objekts mit allen Feldern der betreffenden Datenbankzeile. Dies kann bei umfangreichen Aktualisierungen zur Performanceverschlechterung führen. Aus diesem Grund können Sie mit dem *UpdateCheck*-Attribut gezielt festlegen, welche Felder bei einem Update zu prüfen sind. Drei Optionen stehen Ihnen zur Verfügung:

- *Always,* diese Spalte wird immer auf Änderungen geprüft

- *WhenChanged,* nur wenn wir auch den Wert geändert haben

- *Never,* wenn keine Prüfung erfolgen soll

Als bessere Alternative bietet sich auch die Verwendung einer Time-Stamp-Spalte für die betreffende Tabelle an. In diesem Fall braucht nur die Kombination aus Time-Stamp- und ID-Spalte abgerufen und verglichen zu werden. Das *UpdateCheck*-Attribut kann für alle anderen Spalten auf *Never* gesetzt werden.

Transaktionen

Die bereits gezeigten Konfliktlösungsmöglichkeiten sind nicht in jedem Fall ausreichend. Handelt es sich um Änderungen an mehreren Tabellen, ist häufig die Verwendung einer Transaktion nötig, die in dieser Form auch vom *DataContext-Objekt* unterstützt wird.

BEISPIEL

Transaktionsverwaltung über den Datenkontext

```
        Try
```

Transaktion erzeugen:

```
            dbTest.Connection.Open()
            dbTest.Transaction = dbTest.Connection.BeginTransaction()
```

Änderungen durchführen:

```
            Dim Lehrer As New Teacher()
            Lehrer.Nachname = "Müller"
            Lehrer.Vorname = "Norbert"
            Lehrer.Geburtstag = Convert.ToDateTime("22.11.1972")
            Lehrer.Student.Add(New Student("Barth", "Hans", Convert.ToDateTime("4.6.1990")))
            Lehrer.Student.Add(New Student("Barth", "Jan", Convert.ToDateTime("5.6.1990")))
            Lehrer.Student.Add(New Student("Kohl", "Blumen", Convert.ToDateTime("1.4.1982")))
            dbTest.Teacher.InsertOnSubmit(Lehrer)
```

Versuch die Änderungen zu übertragen:

```
            dbTest.SubmitChanges(ConflictMode.ContinueOnConflict)
```

Im Erfolgsfall landen wir hier und können die Transaktion erfolgreich abschließen:

```
dbTest.Transaction.Commit()
Catch e1 As ChangeConflictException
```

Andernfalls können wir die Transaktion abbrechen:

```
dbTest.Transaction.Rollback()
End Try
```

> **HINWEIS**   Wer Mehrfachbindungen oder Transaktionen über mehrere *DataContext-Objekte* hinweg realisieren will, sollte ein *TransactionScope-Objekt* verwenden (*System.Transactions*).

Lokale Datenaktualisierung per DataContext

Wie schon mehrfach erwähnt, werden Daten, die bereits einmal vom SQL Server abgerufen wurden, aus dem lokalen Cache bereitgestellt. Es genügt also nicht wenn Sie versuchen, mit einer erneuten Abfrage die Inhalte von Steuerelementen zu aktualisieren, um zum Beispiel die Änderungen anderer Nutzer sichtbar zu machen. Zwei Lösungsmöglichkeiten bieten sich an:

- Sie erzeugen einen neuen *DataContext* und rufen die Daten erneut ab
- Sie verwenden die *Refresh*-Methode des *DataContext,* um gezielt bestimmte Collections zu aktualisieren

Im Zusammenhang mit der *Refresh*-Methode treffen wir auch einen »alten Bekannten« wieder, die *Refresh-Mode*-Enumeration, die wir bereits im Zusammenhang mit der Aktualisierung von Datensätzen kennen gelernt haben. Auch hier können Sie entscheiden, ob die lokalen Cache-Daten

- teilweise beibehalten (*RefreshMode.KeepChanges*)
- überschrieben (*RefreshMode.OverwriteCurrentValues*) oder
- komplett beibehalten (*RefreshMode.KeepCurrentValues*)

werden. Weiterhin können Sie an die Methode auch die gewünschten Objekte/Collections übergeben, für die Sie die Aktualisierung erreichen möchten.

> **BEISPIEL**
>
> Aktualisieren der im *DataGridView* angezeigten Lehrer mit den Werten aus der Datenbank
>
> ```
> ...
>     dbTest.Refresh(RefreshMode.OverwriteCurrentValues, dbTest.Teacher)
>     TeacherBindingSource.CurrencyManager.Refresh()
> ...
> ```

Allerdings dürfte nach einem Blick auf die Liste der abgesetzten SQL-Statements schnell ein Gefühl der »Übelkeit« aufkommen:

```
...
SELECT [t0].[Id], [t0].[Vorname], [t0].[Nachname], [t0].[Geburtstag], [t0].[Bemerkungen]
FROM [Teacher] AS [t0]
WHERE [t0].[Id] = @p0
-- @p0: Input Int (Size = 0; Prec = 0; Scale = 0) [2]
```

```
-- Context: SqlProvider(Sql2005) Model: AttributedMetaModel Build: 3.5.30428.1

SELECT [t0].[Id], [t0].[Vorname], [t0].[Nachname], [t0].[Geburtstag], [t0].[Bemerkungen]
FROM [Teacher] AS [t0]
WHERE [t0].[Id] = @p0
-- @p0: Input Int (Size = 0; Prec = 0; Scale = 0) [4]
-- Context: SqlProvider(Sql2005) Model: AttributedMetaModel Build: 3.5.30428.1

SELECT [t0].[Id], [t0].[Vorname], [t0].[Nachname], [t0].[Geburtstag], [t0].[Bemerkungen]
FROM [Teacher] AS [t0]
WHERE [t0].[Id] = @p0
-- @p0: Input Int (Size = 0; Prec = 0; Scale = 0) [5]
-- Context: SqlProvider(Sql2005) Model: AttributedMetaModel Build: 3.5.30428.1
...
```

Für jeden der gespeicherten Datensätze wird eine entsprechende Abfrage an den Server gesendet, was bei umfangreichen Listen schnell zu Performanceproblemen führen dürfte.

Ein weiteres Problem sind in diesem Zusammenhang die auf dem Server gelöschten Datensätze. Diese werden durch ein *Refresh* nicht in der Clientdatenmenge gelöscht, sie stehen weiter für die Bearbeitung zur Verfügung. Ein Versuch, diesen Datensatz dann z.B. zu aktualisieren, wird mit einem Laufzeitfehler belohnt, da dieser Datensatz nicht in der Tabelle existiert.

Eine Allzweckwaffe gegen dieses und andere Probleme:

HINWEIS   Erzeugen Sie einen neuen *DataContext* und rufen Sie die Daten erneut ab.

Neue Datensätze erzeugen

Neue Datensätze erstellen Sie wie jedes andere Objekt auch. Sie müssen dazu eine Instanz der gewünschten Klasse erzeugen, parametrieren und abschließend an die initialisierte Liste anhängen. Letzteres setzt also zumindest einen initialisierten *DataContext* voraus.

Einfaches Einfügen

Im Gegensatz zu einfachen Collections (und zur ehemaligen Beta-Version) werden neue Objekte mit der Methode *InsertOnSubmit* statt mit *Add* eingefügt. So soll deutlich werden, dass der Datensatz wirklich erst nach dem *SubmitChanges* in der Datenbank und damit in der Collection vorhanden ist.

HINWEIS   Dies gilt nur für die oberste Ebene der Objekt-Collections. Untergeordnete (abhängige) Collections werden nach wie vor mit *Add* befüllt.

BEISPIEL

Einfügen eines neuen Lehrers

```
...
    Dim Lehrer As New Teacher()
    Lehrer.Nachname = "Müller"
    Lehrer.Vorname = "Heinz"
    Lehrer.Geburtstag = Convert.ToDateTime("1.1.1967")
```

```
        dbTest.Teacher.InsertOnSubmit(Lehrer)
...
```

HINWEIS   Zu diesem Zeitpunkt existiert der Datensatz nur als Objekt im *DataContext*. Erst ein abschließendes *Submit-Changes* wird auch die INSERT-Anweisung an den SQL Server absetzen! Durchlaufen Sie z.B. mit *For Each* die Collection, ist der neue Datensatz noch nicht eingetragen!

Abrufen eines Identity-Wertes nach dem Einfügen

Der eingefleischte Datenbankprogrammierer wird sicher nach wie vor ein Interesse daran haben, den automatisch erzeugten Identity-Wert des Primärschlüssels nach dem Einfügen auf dem SQL Server zu erfahren.

Auch wenn dieses Wissen mittlerweile verzichtbar ist (siehe folgender Abschnitt), hier die simple Lösung: Rufen Sie einfach *SubmitChanges* auf, danach können Sie über die Eigenschaften des Objekts die gewünschte Information abrufen.

BEISPIEL

Bestimmen des Werts der Identity-Spalte

```
Dim Lehrer As New Teacher()
Lehrer.Nachname = "Mayer"
Lehrer.Vorname = "Franz"
Lehrer.Geburtstag = Convert.ToDateTime("1.1.1952")
dbTest.Teacher.InsertOnSubmit(Lehrer)
dbTest.SubmitChanges()
MessageBox.Show("Die neue ID:" & Lehrer.Id.ToString())
```

HINWEIS   Bei Feldern, deren Wert vom Server bestimmt wird, müssen Sie die Eigenschaft *Auto-Sync* auf *OnInsert* festlegen. LINQ to SQL erzeugt automatisch einen geeigneten SELECT-Befehl, um die gesuchten Werte nach einem INSERT abzurufen.

Die SQL-Anweisung für obiges Beispiel:

```
INSERT INTO [Teacher]([Vorname], [Nachname], [Geburtstag]) VALUES (@p0, @p1, @p2)

SELECT [t0].[Id]
FROM [Teacher] AS [t0]
WHERE [t0].[Id] = (SCOPE_IDENTITY())

-- @p0: Input String (Size = 5; Prec = 0; Scale = 0) [Franz]
-- @p1: Input String (Size = 5; Prec = 0; Scale = 0) [Mayer]
-- @p2: Input DateTime (Size = 0; Prec = 0; Scale = 0) [01.01.1952 00:00:00]
```

Neuer Datensatz in Master-Detail-Beziehung

Wie schon angedeutet, kann in LINQ to SQL auf das mühsame Bestimmen des Primärschlüssels verzichtet werden. Auch hier nutzen wir wieder die Abhängigkeiten zwischen den Objekten aus.

BEISPIEL

Einen neuen Lehrer einfügen und einen Studenten zuordnen

```
Dim Lehrer As New Teacher()
Lehrer.Nachname = "Lehmann"
Lehrer.Vorname = "Gustav"
Lehrer.Geburtstag = Convert.ToDateTime("11.11.1950")
Dim s As New Student()
s.Vorname = "Hans"
s.Nachname = "Wurst"
s.Geburtstag = Convert.ToDateTime("11.11.1981")
Lehrer.Student.Add(s)
```

HINWEIS   Achten Sie darauf, dass wir in diesem Fall *Add* verwendet haben!

```
dbTest.Teacher.InsertOnSubmit(Lehrer)
```

Nach einem *SubmitChanges* werden beide Datensätze mit den erforderlichen Master-Detail-Beziehungen in den Tabellen abgelegt.

Sind Sie schreibfaul, können Sie auch die Vorzüge der partiellen Mapper-Klassen nutzen, um diese mit eigener Funktionalität zu erweitern.

BEISPIEL

Wir erweitern die Klasse *Student* um einen zusätzlichen Konstruktor, mit dem bereits alle Werte übergeben werden können.

```
Partial Public Class Student

    Public Sub New(ByVal nachname As String, ByVal vorname As String, ByVal geb As DateTime)
        OnCreated()
        Me._Teacher = Nothing
        Me.Nachname = nachname
        Me.Vorname = vorname
        Me.Geburtstag = geb
    End Sub

End Class
```

Das nachfolgende Erzeugen von Detaildatensätzen dürfte jetzt wesentlich einfacher und intuitiver sein:

```
Dim Lehrer As New Teacher()
Lehrer.Nachname = "Müller"
Lehrer.Vorname = "Norbert"
Lehrer.Geburtstag = Convert.ToDateTime("22.11.1972")

Lehrer.Student.Add(New Student("Barth", "Hans", Convert.ToDateTime("4.6.1990")))
Lehrer.Student.Add(New Student("Barth", "Jan", Convert.ToDateTime("5.6.1990")))
Lehrer.Student.Add(New Student("Kohl", "Blumen", Convert.ToDateTime("1.4.1982")))

dbTest.Teacher.InsertOnSubmit(Lehrer)
```

Löschen

Einfache Datensätze

Einen »einfachen« Datensatz (ohne Relationen) löschen Sie mit der *DeleteOnSubmit*- bzw. der *Delete-AllOnSubmit*-Methode. Auch hier wird der Datensatz erst mit dem abschließenden *SubmitChanges* an den SQL-Server übertragen. Nachfolgend müssen Sie die Daten erneut abrufen, um auch die Collections zu aktualisieren.

BEISPIEL

Löschen des ersten Studenten in der Liste aller Studenten

```
dbTest.Student.DeleteOnSubmit(dbTest.Student.First())
dbTest.SubmitChanges()
```

Die erzeugten SQL-Anweisungen:

Abrufen des ersten Studenten:

```
SELECT TOP (1) [t0].[Id], [t0].[Vorname], [t0].[Nachname], [t0].[Geburtstag], [t0].[TeacherId]
FROM [Student] AS [t0]
```

Mit *SubmitChanges* wir die DELETE-Anweisung ausgeführt:

```
DELETE FROM [Student] WHERE ([Id] = @p0) AND ([Vorname] = @p1) AND ([Nachname] = @p2) AND ([Geburtstag]
= @p3) AND ([TeacherId] = @p4)
-- @p0: Input Int (Size = 0; Prec = 0; Scale = 0) [1]
-- @p1: Input NVarChar (Size = 4; Prec = 0; Scale = 0) [Hans]
-- @p2: Input NVarChar (Size = 5; Prec = 0; Scale = 0) [Barth]
-- @p3: Input DateTime (Size = 0; Prec = 0; Scale = 0) [04.06.1990 00:00:00]
-- @p4: Input Int (Size = 0; Prec = 0; Scale = 0) [4]
```

Master-Detail-Datensätzen

Was auf das Einfügen zutrifft, gilt auch für das Löschen. Vergessen Sie Relationen, nutzen Sie Objektbeziehungen!

BEISPIEL

Löschen aller Lehrer, die in einem *DataGridView* markiert wurden.

```
Private Sub Button12_Click(ByVal sender As System.Object, ByVal e As System.EventArgs) _
                    Handles Button12.Click

    For Each row As DataGridViewRow In teacherDataGridView.SelectedRows
```

Lehrer bestimmen:

```
        Dim lehrer = dbTest.Teacher.Where(Function(t) t.Id = CInt(Fix(row.Cells(0).Value))).First()
```

Alle zugehörigen Studenten löschen (wir nutzen die Beziehung zwischen Lehrer und Studenten):

```
        dbTest.Student.DeleteAllOnSubmit(lehrer.Student)
```

Und erst jetzt wird der Lehrer »entsorgt«:

```
        dbTest.Teacher.DeleteOnSubmit(lehrer)
    Next row
End Sub
```

HINWEIS   Doch Achtung bei Datenbindung: Hier können Sie sich nicht auf den Navigator verlassen, dieser löscht keine Detaildatensätze.

Wer das etwas zu umständlich findet, der kann auch die »gute alte« SQL-Variante verwenden, entweder als Trigger auf dem SQL Server oder als zusätzliche Methode im *DataContext*.

BEISPIEL

Neue Methode zum Löschen von Lehrern per *Id*

Wir erweitern die partielle *DataContext*-Klasse:

```
Partial Public Class TestDataContext

    Public Sub KillTeacherById(ByVal Id As Integer)
        Me.ExecuteCommand("DELETE FROM student WHERE teacherid = {0}", Id)
        Me.ExecuteCommand("DELETE FROM teacher WHERE id = {0}", Id)
    End Sub

End Class
```

Da lacht das Herz des SQL-Programmierers, endlich wieder vertrauter Code!

Die Routine für die im *DataGridView* markierten Einträge wird auch etwas kürzer:

```
...
    For Each row As DataGridViewRow In teacherDataGridView.SelectedRows
        dbTest.KillTeacherById(CType(row.Cells(0).Value, Int16))
    Next row
...
```

Eingabevalidierung

Last but not least soll der Nutzer auch sinnvolle Werte in die Eingabefelder eintippen. Doch wo funktioniert das schon wie gewünscht? Eingabevalidierung ist also angesagt, ein für den Programmierer mühevoller und mit immer neuen Überraschungen gepflasterter Weg.

Prinzipiell ist nach wie vor die Datenbank mit ihren Constraints und Datentypen das letzte Bollwerk gegen Fehleingaben und die »Intelligenz« des Programmnutzers. Allerdings hat diese Variante der Validierung einen entscheidenden Nachteil, denn erst mit dem Datenabgleich per *SubmitChanges* werden auch entsprechende Fehlermeldungen generiert.

BEISPIEL

Versuch, einen Null-Value in eine Tabelle mit entsprechender Restriktion einzufügen

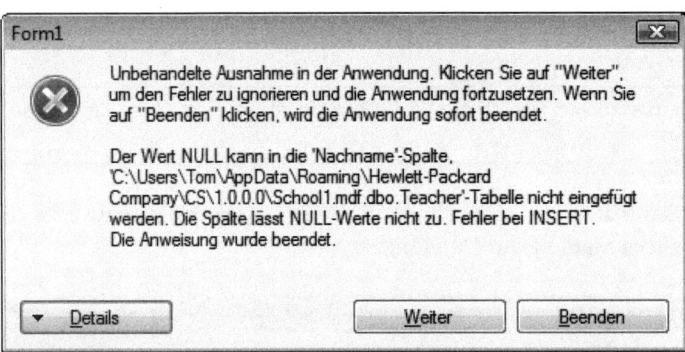

HINWEIS   Wie obiges Beispiel zeigt, ist die Metadatenbeschreibung der Mapperklassen sicher noch ergänzungsbedürftig (das Attribut *Nullable* hat in diesem Zusammenhang keine Bedeutung).

Prüfung auf Feld-Ebene (Eigenschaft)

Eine Prüfung direkt im jeweiligen Eingabesteuerelement dürfte sicher nicht die eleganteste Lösung sein, hier kann nur ein zentraler Ansatz zum Erfolg führen. Was liegt also näher, als eine entsprechende Logik in die Entitäts-Mapperklasse mit aufzunehmen?

BEISPIEL

Eingabeprüfung durch Erweiterung der Entitäts-Mapperklasse

```
Partial Public Class Teacher
```

Prüfung auf Null-Values:

```
    Private Sub OnNachnameChanging(ByVal value As String)
        If value Is Nothing Then
            Throw New Exception("Geben Sie einen Nachnamen ein!")
        End If
    End Sub
```

Prüfung auf sinnvolle Datumsangaben:

```
    Private Sub OnGeburtstagChanging(ByVal value As DateTime)
        If value >= DateTime.Now Then
            Throw New Exception("das Geburtsdatum kann ja wohl nicht stimmen ...")
        End If
    End Sub
End Class
```

Um auch eine sinnvolle Anzeige der Fehlermeldung, z.B. in einem *DataGridView*, zu realisieren, sollten Sie hier das Ereignis *DataError* wie folgt definieren:

```
    Private Sub TeacherDataGridView_DataError(ByVal sender As System.Object,
                        ByVal e As System.Windows.Forms.DataGridViewDataErrorEventArgs) _
                        Handles TeacherDataGridView.DataError

        MessageBox.Show(e.Exception.Message.ToString())
    End Sub
```

HINWEIS   Wer hier komplexere Logik hineinpacken will, der sollte einen Blick auf die *Regex*-Klasse werfen, mit der Sie reguläre Ausrücke zur Prüfung verwenden können.

Prüfung auf Datensatz-Ebene (Objekt)

Die im obigen Abschnitt gezeigte Validierung basiert immer nur auf einzelnen Feldern. Doch was ist, wenn Sie komplexere, d.h. objektbezogene Prüfungen (der komplette Datensatz soll in sich logisch aufgebaut sein), vornehmen wollen?

Nutzen Sie dazu die *OnValidate-Methode,* die vor einem *SubmitChanges* ausgeführt wird.

BEISPIEL

Prüfung, ob Nachname und Vorname gleich sind

```
Partial Public Class Teacher
...
    Private Sub OnValidate(ByVal action As ChangeAction)
        If Me.Nachname = Me.Vorname Then
            Throw New Exception("Vorname = Nachname ????")
        End If
    End Sub
...
End Class
```

Überprüfung vor Update, Insert oder Delete

Neben den objektbezogenen Validierungen bietet sich auch eine aufgabenbezogene Validierung an. Diese wird allerdings nicht der jeweiligen Mapperklasse zugeordnet, sondern dem übergeordneten *DataContext.*

Folgende Methoden sind für unser Beispiel implementierbar:

```
Partial Public Class TestDataContext
    Inherits System.Data.Linq.DataContext
...
    Partial Private Sub OnCreated()
    Partial Private Sub InsertStudent(instance As Student)
    Partial Private Sub UpdateStudent(instance As Student)
    Partial Private Sub DeleteStudent(instance As Student)
    Partial Private Sub InsertTeacher(instance As Teacher)
    Partial Private Sub UpdateTeacher(instance As Teacher)
    Partial Private Sub DeleteTeacher(instance As Teacher)
...
End Class
```

BEISPIEL

Löschen von *Teacher*-Elementen nur möglich, wenn diese jünger als Jahrgang 1950 sind

```
Partial Public Class TestDataContext
...
    Private Sub DeleteTeacher(ByVal instance As Teacher)
        If instance.Geburtstag < Convert.ToDateTime("31.12.1980") Then
            Me.ExecuteDynamicDelete(instance)
        Else
            Throw New Exception("Zu alt für eine Kündigung")
        End If
    End Sub
...
End Class
```

Stored Procedures

Fast zum Schluss wollen wir noch einen Blick auf die Bedeutung von Gespeicherten Prozeduren im Zusammenhang mit LINQ to SQL werfen, gerade weil diese aus den bisherigen Projekten kaum wegzudenken sind und eine komplette Umstellung auf eine neue Architektur wohl nur in den seltensten Fällen vorkommen wird.

Allgemeine Verwendung

Gespeicherte Prozeduren werden beim Erzeugen der Mapperklassen gegebenenfalls dem *DataContext* als Methoden zugeordnet (einfach per Drag & Drop aus dem Server-Explorer in den Designer ziehen) und automatisch mit entsprechenden .NET-Datentypen versehen. Nachfolgend können Sie diese wie jede andere Methode aufrufen.

HINWEIS   Beachten Sie, dass es bei der Schreibweise der Prozedurnamen zu Unterschieden kommen kann, LINQ to SQL ersetzt beispielsweise Leerzeichen durch durch das Underscore-Zeichen »_«.

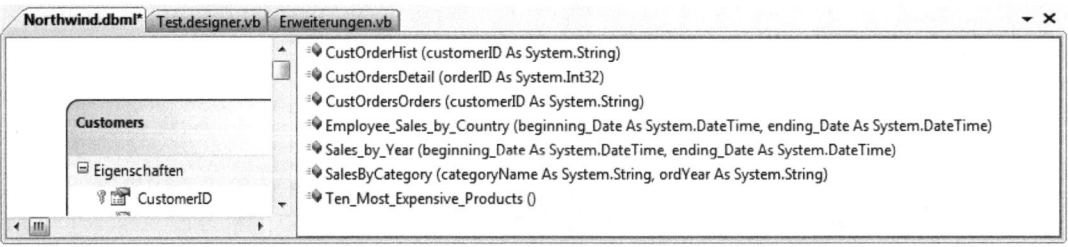

Abbildung 17.22   Beispiel für eingebundene Stored Procedures aus der *Northwind*-Datenbank (im Designer)

Zur Entwurfszeit können Sie jetzt ganz einfach auf die Methoden zugreifen (siehe Abbildung 17.24).

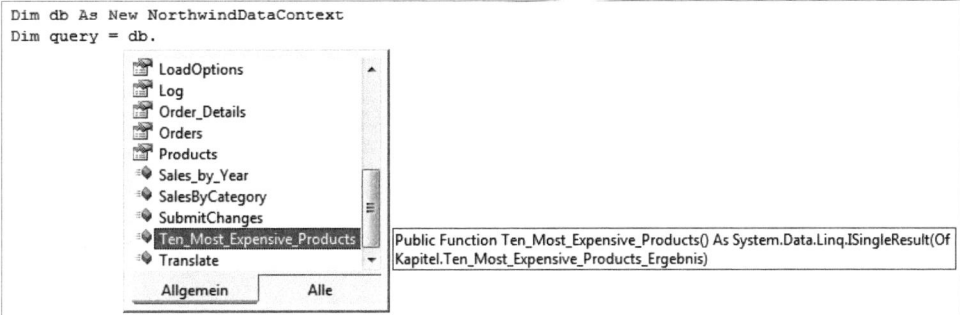

```
Dim db As New NorthwindDataContext
Dim query = db.
```

🗐 LoadOptions	
🗐 Log	
🗐 Order_Details	
🗐 Orders	
🗐 Products	
🔷 Sales_by_Year	
🔷 SalesByCategory	Public Function Ten_Most_Expensive_Products() As System.Data.Linq.ISingleResult(Of
🔷 SubmitChanges	Kapitel.Ten_Most_Expensive_Products_Ergebnis)
🔷 Ten_Most_Expensive_Products	
🔷 Translate	
Allgemein Alle	

Abbildung 17.23 Verwendung der Gespeicherten Prozeduren

HINWEIS   Handelt es sich bei den Rückgabewerten um komplexe Datentypen, erzeugt der LINQ to SQL-Designer entsprechende Mapperklassen. Sie können also auch hier mit streng typisierten Objekten arbeiten, wir kommen auf diese Thematik noch kurz zurück..

BEISPIEL

Aufruf einer Gespeicherten Prozedur (aus *Northwind*) mit entsprechenden Parametern sowie Anzeige in einem *DataGridView*

```
Dim query = db.Sales_by_Year(New DateTime(1997, 1, 1), New DateTime(1998, 1, 1))
DataGridView1.DataSource = query
```

BEISPIEL

Auch der folgende Aufruf ist zulässig:

```
Dim query = db.Sales_by_Year(New DateTime(1997, 1, 1), New DateTime(1998, 1, 1))
For Each s In query
    Console.WriteLine(s.OrderID + " " + s.Year)
Next s
```

Doch hier gibt es Ärger:

```
For Each s In query
    Console.WriteLine(s.OrderID + " " + s.Year)
```

HINWEIS   Ein erneutes Iterieren über die Auflistung wird mit einer *InvalidOperationException* beantwortet.

Skalare Rückgabewerte

Häufig werden Gespeicherte Prozeduren eingesetzt, um skalare Rückgabewerte (Summen, Anzahl etc.) zu realisieren. Das folgende Beispiel demonstriert die Verwendung.

BEISPIEL

Rückgabe der Anzahl von Lehrern aus unserer Beispieldatenbank

Die erforderliche Gespeicherte Prozedur:

```
CREATE PROCEDURE dbo.TeacherCount
AS
 DECLARE @Anzahl int
 SELECT @Anzahl = count(*) FROM dbo.Teacher
 RETURN @Anzahl
```

Die daraus resultierende Mapping-Methode in der Klasse *TestDataContext*:

```
<FunctionAttribute(Name:="dbo.TeacherCount")>
Public Function TeacherCount() As Integer
  Dim result As IExecuteResult = Me.ExecuteMethodCall(Me,
                                          CType(MethodInfo.GetCurrentMethod,MethodInfo))
  Return CType(result.ReturnValue,Integer)
End Function
```

Die Verwendung in unserem Programm:

```
MessageBox.Show(dbTest.TeacherCount().ToString())
```

Typisierte Rückgabewerte

Etwas anders liegt der Fall, wenn Sie mit Rückgabewerten rechnen, die den bereits definierten Klassen entsprechen. Der Designer kann zum Zeitpunkt des Entwurfs nicht feststellen, ob es sich bei den Rückgabewerten einer Stored Procedure um einen der bereits vorhandenen Datentypen handelt. Aus diesem Grund erstellt er einen neuen Typ, der die Spalten der Abfrage repräsentiert.

BEISPIEL

Eine Gespeicherte Prozedur, die alle Studenten eines Lehrers zurückgibt:

```
CREATE PROCEDURE dbo.StudentsbyTeacher
 (
 @id int
 )
AS
 SELECT * FROM Student WHERE TeacherId = @id
RETURN
```

Die dazu vom Designer erzeugte Mapping-Methode:

```
<FunctionAttribute(Name:="dbo.StudentsbyTeacher")>
 Public Function StudentsbyTeacher(<Parameter(DbType:="Int")>
        ByVal id As System.Nullable(Of Integer)) As ISingleResult(Of StudentsbyTeacher_Ergebnis)
  Dim result As IExecuteResult = Me.ExecuteMethodCall(Me,
                            CType(MethodInfo.GetCurrentMethod,MethodInfo), id)
  Return CType(result.ReturnValue,ISingleResult(Of StudentsbyTeacher_Ergebnis))
 End Function
```

Beachten Sie den Typ des Rückgabewertes, dieser ist zu diesem Zeitpunkt nicht *Student*, obwohl die Member der beiden Klassen (*Student* und *StudentsbyTeacherResult1*) übereinstimmen.

Da es in diesem Fall sicher wünschenswert ist, die Rückgabewerte korrekt zu typisieren, bietet sich die Möglichkeit an, über den LINQ to SQL-Designer gezielt den Datentyp der Stored Procedure zu setzen:

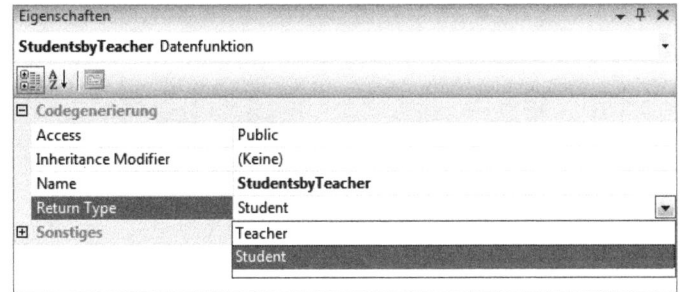

Abbildung 17.24 Zuweisen eines Datentyps

Ein Blick in die Mapper-Klasse zeigt das gewünschte Ergebnis:

```
<FunctionAttribute(Name:="dbo.StudentsbyTeacher")>
Public Function StudentsbyTeacher(<Parameter(DbType:="Int")>
            ByVal id As System.Nullable(Of Integer)) As ISingleResult(Of Student)
...
```

In Ihrer Anwendung können Sie jetzt mit streng typisierten *Student*-Objekten arbeiten, wie es die folgende Abbildung zeigt:

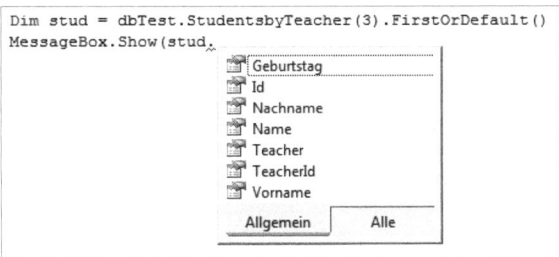

Abbildung 17.25 Der Rückgabewert ist streng typisiert

Auch der Vergleich oder die wechselseitige Zuweisung von Objekten ist jetzt problemlos realisierbar, das es sich um ein und denselben Datentyp handelt, egal ob die Daten per Stored Procedure oder per LINQ-Abfrage abgerufen wurden.

Insert/Update/Delete per Stored Procedure

In den bisherigen Beispielen sind wir davon ausgegangen, dass die SQL-Anweisungen für das Einfügen/ Aktualisieren/Löschen von Datensätzen von der LINQ to SQL-Engine automatisch erstellt und an den SQL Server gesendet wurden. Doch dieses Szenarium dürfte in den wenigsten Fällen realisierbar sein, in vielen Anwendungen werden diese Aufgaben von Gespeicherten Prozeduren übernommen, die damit die eigentliche Datenbank vom Zugriff des Anwenders/Programmierers abkapseln.

Am Beispiel einer derartigen Insert-Methode wollen wir Ihnen das Grundprinzip demonstrieren, wie Sie trotz Stored Procedure ganz normal mit den LINQ to SQL-Objekten arbeiten können.

BEISPIEL

Der Quellcode für eine Schnittstellen-Prozedur auf dem SQL Server, die für das Einfügen neuer Lehrer zuständig ist (zusätzliche Logik und Fehlerprüfung haben wir weggelassen, hier geht es um das Grundprinzip):

```
CREATE PROCEDURE dbo.NewTeacher
  (
  @vorname nvarchar(200), @nachname nvarchar(200), @geburtstag datetime
  )
AS
  INSERT INTO Teacher(Vorname, Nachname, Geburtstag) VALUES (@vorname, @nachname, @geburtstag)
RETURN
```

Per Default wird für die Klasse *Teacher* zur Laufzeit eine SQL-Anweisung generiert, wenn Datensätze mit *InsertOnSubmit* eingefügt wurden. Dieses Verhalten können Sie im LINQ to SQL-Designer ändern, wählen Sie die betreffende Klasse und weisen Sie im Eigenschaften-Fenster die vorher eingebundene Stored Procedure *NewTeacher* als Standardmethode für *Insert* zu:

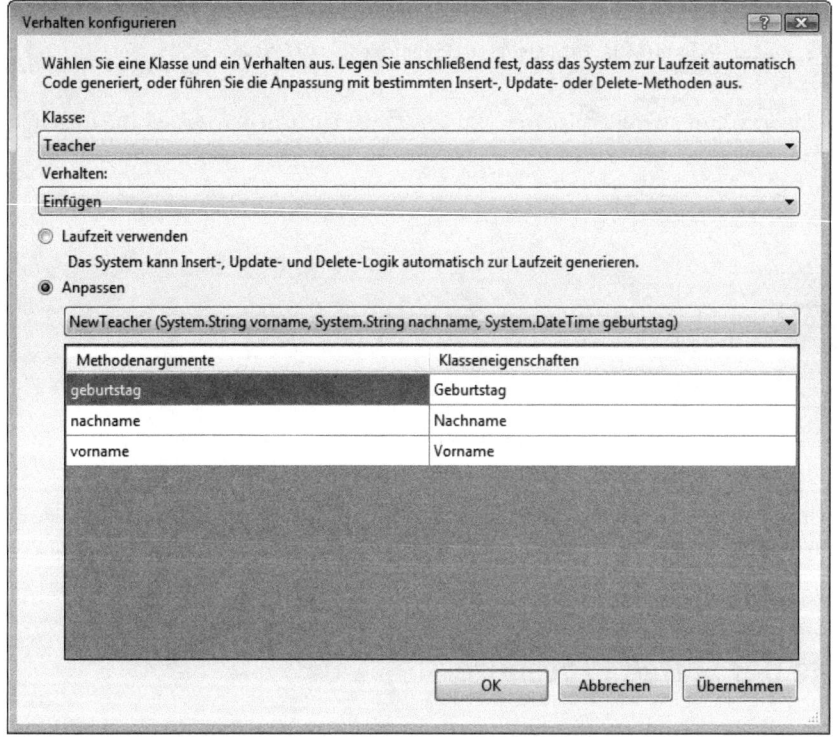

Abbildung 17.26   Assistent für das Zuweisen einer alternativen Standardmethode

Wie Sie sehen, lässt sich im Assistenten auch das Mapping für die Übergabeparameter problemlos anpassen, Name und Reihenfolge sind deshalb egal.

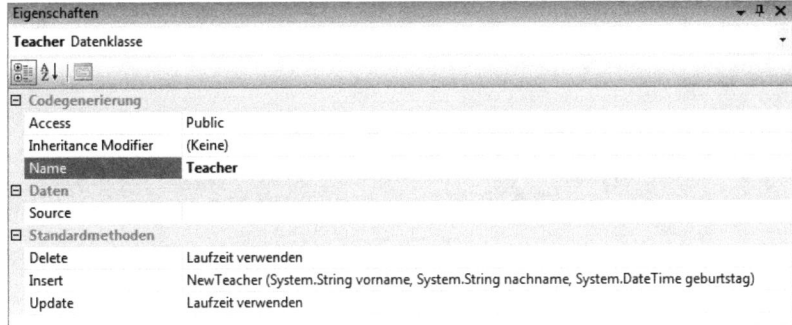

Abbildung 17.27 Die neu zugewiesene *Insert*-Methode

Fügen Sie jetzt einen Datensatz ein und rufen *SubmitChanges* auf, wird statt eine INSERT INTO-Anweisung (siehe Seite 1144) die Stored Procedure *NewTeacher* ausgeführt:

```
EXEC @RETURN_VALUE = [dbo].[NewTeacher] @vorname = @p0, @nachname = @p1, @geburtstag = @p2
-- @p0: Input NVarChar (Size = 5; Prec = 0; Scale = 0) [Heinz]
-- @p1: Input NVarChar (Size = 6; Prec = 0; Scale = 0) [Müller]
-- @p2: Input DateTime (Size = 0; Prec = 0; Scale = 0) [01.01.1967 00:00:00]
-- @RETURN_VALUE: Output Int (Size = 0; Prec = 0; Scale = 0) [Null]
```

Ähnlich ist das Vorgehen beim Löschen und Aktualisieren, wir gehen deshalb nicht explizit darauf ein.

Weitere LINQ to SQL-Features

Abschließend wollen wir uns noch kurz einigen speziellen Themen zuwenden.

Direkte SQL-Programmierung

Wie schon im Beispiel auf Seite 1147 gezeigt, ist es kein Problem, per *ExecuteCommand*-Methode eine frei definierte SQL-Anweisung an den Server abzusetzen.

BEISPIEL

Löschen aller Lehrer

```
dbTest.ExecuteCommand("DELETE FROM teacher")
```

Gleichzeitig ist es auch möglich, per *ExecuteQuery* Daten auf diese Weise abzurufen, der dazu nötige Quellcode dürfte im Vergleich zu einer normalen ADO.NET-Anwendung wesentlich kürzer ausfallen.

BEISPIEL

Auswahl aller Lehrer und Anzeige in einem *DataGridView*

```
Dim stud = dbTest.ExecuteQuery(Of Teacher)("SELECT * FROM teacher")
DataGridView1.DataSource = stud.ToList()
```

HINWEIS   Beachten Sie, dass in diesem Fall der Ergebnistyp angegeben werden muss, der Rückgabewert ist in diesem Fall eine *IEnumerable-Collection* statt wie sonst ein *IQueryable*.

Auch die Übergabe von Parametern ist kein Problem, wie das folgende Beispiel zeigt:

BEISPIEL

Parameterübergabe

```
Dim stud = dbTest.ExecuteQuery(Of Teacher)("SELECT * FROM teacher WHERE id = {0}", 5)
DataGridView1.DataSource = stud.ToList()
```

Verwendung der partiellen Klassen/Methoden

Wie schon mehrfach in diesem Kapitel erwähnt bzw. demonstriert, sind die vom LINQ to SQL-Designer generierten Klassendefinitionen als partielle Klassen definiert. Damit bietet sich für den Entwickler eine eigene »Spielwiese«, die unabhängig von den Änderungen in den Mapperklassen ist. Einige Beispielszenarien sollen Ihnen Denkanstöße für eigen Experimente aufzeigen.

BEISPIEL

Neue Eigenschaft definieren, die beispielsweise Werte berechnet oder zusammenfasst

```
Partial Public Class Student
    Public ReadOnly Property Name() As String
        Get
            Return Me._Vorname & " "c + Me.Nachname
        End Get
    End Property
End Class
```

Verwendung:

```
    Private Sub Button1_Click(ByVal sender As System.Object, ByVal e As System.EventArgs) _
                    Handles Button1.Click
        MessageBox.Show(dbTest.Student.FirstOrDefault().Name)
    End Sub
```

Jan Barth

OK

Abbildung 17.28 Der Rückgabewert

BEISPIEL

Zusätzliche Konstruktoren für das einfachere Erzeugen neuer Klasseninstanzen

```
Partial Public Class Student
    Public Sub New(ByVal nachname As String, ByVal vorname As String, ByVal geb As DateTime)
        Me._Teacher = Nothing
```

```
        Me.Nachname = nachname : Me.Vorname = vorname
        Me.Geburtstag = geb
    End Sub
End Class
```

Verwendung:

```
    Dim Lehrer As New Teacher()
    Lehrer.Nachname = "Müller"
    Lehrer.Vorname = "Norbert"
    Lehrer.Geburtstag = Convert.ToDateTime("22.11.1972")
    Lehrer.Student.Add(New Student("Barth", "Hans", Convert.ToDateTime("4.6.1990")))
```

BEISPIEL

Initialisieren der Objekte

```
Partial Public Class Student
    Private Sub OnCreated()
        Me._Teacher = Nothing
        Me.Nachname = "Mustermann"
        Me.Vorname = "Max"
        Me.Geburtstag = DateTime.Now
    End Sub
End Class
```

Erzeugen Sie beispielsweise in einem gebundenen Control einen neuen Datensatz, ist dieser bereits mit Defaultwerten initialisiert:

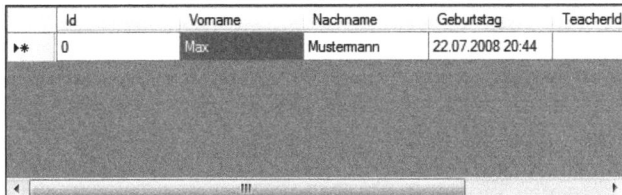

	Id	Vorname	Nachname	Geburtstag	TeacherId
▶*	0	Max	Mustermann	22.07.2008 20:44	

Abbildung 17.29 Neuer Datensatz im *DataGridView*

BEISPIEL

Verwendung einer partiellen Methode zum Prüfen von »Geschäftsregeln« beim Löschen eines Objekts

```
    Private Sub DeleteTeacher(ByVal instance As Teacher)
        If instance.Geburtstag < Convert.ToDateTime("31.12.1980") Then
            Me.ExecuteDynamicDelete(instance)
        Else
            Throw New Exception("Zu alt für eine Kündigung")
        End If
    End Sub
```

Sicher ließe sich noch endlos über das Thema LINQ to SQL diskutieren (Vererbung, kompilierte Abfragen, zustandslosen Umgebungen wie Webdienste und ASP.NET, ...), aber zum einen fehlt uns hier der Platz, zum anderen ist dies kein ausschließliches LINQ-Buch, sodass Sie Verständnis dafür aufbringen werden, dass wir uns aus dem riesigen Angebot lediglich ein paar wichtige Themen herausgepickt haben.

Schlussbemerkung

Leider scheint bei Microsoft das Interesse an LINQ to SQL nicht mehr allzu groß zu sein, ein Trend, der sich bereits in der Vorgängerversion abgezeichnet hat, als gleichzeitig LINQ to Entities (der »große Bruder«) vor-gestellt wurde[1].

Wer genau wissen will, welche Änderungen sich mit .NET 4.0 ergeben haben, sollte einen Blick auf die folgende Seite werfen:

WWW	http://damieng.com/blog/2009/06/01/linq-to-sql-changes-in-net-40

---

[1] Ein Blick ins ADO.NET-Team-Blog zeigt die letzte Meldung zu »LINQ to SQL« vom 29. Oktober 2008!

Kapitel 18

Arbeiten mit dem Entity Framework

In diesem Kapitel:

Im vorliegenden Kapitel möchten wir Ihnen zunächst eine Übersicht zu den Konzepten des nunmehr gereiften ADO.NET Entity Framework vermitteln. Anschließend werden wir uns

- mit dem Erstellen des Datenmodells
- dem »Low-Level«-Zugriff per EntityClient
- der Datenabfrage mit dem neuen eSQL (Entity SQL) sowie
- dem Datenzugriff per LINQ to Entities

beschäftigen, bevor wir einigen praktischen Fragestellungen nachgehen.

Zunächst aber werfen wir einen Blick auf das Konzept und die allgemeinen Zusammenhänge im ADO.NET Entity Framework, um die Vielzahl neuer Verfahren und Begriffe einordnen zu können.

Das Grundkonzept

Mit dem ADO.NET Entity Framework stellt Microsoft eine neue Datenzugriffs-API zur Verfügung, die im Gegensatz zu den bisherigen Modellen einen konzeptionellen Ansatz verfolgt.

»Konzeptioneller Ansatz« bedeutet, dass die Datenstrukturen als Entitäten mit entsprechenden Attributen und Abhängigkeiten beschrieben werden. Das Ganze wird allgemein als *Entity Data Model* (EDM) oder speziell als Entity-Relationship-Model (ERM) bezeichnet, die Beschreibung kann mit UML erfolgen (*Unified Modeling Language*).

> **HINWEIS**   Das Entity Framework ist keine komplette Neuentwicklung, sondern baut auf dem vorhandenen ADO.NET-Providermodell auf. Die vorhandenen Provider wurden lediglich etwas erweitert, um die Entity Framework-Funktionalität zu unterstützen.

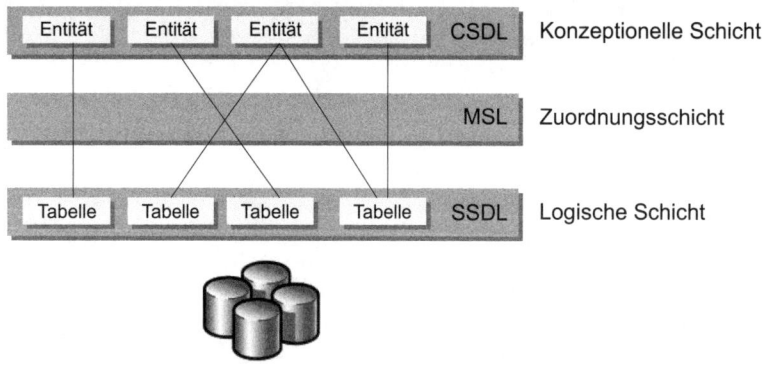

Abbildung 18.1   Grundprinzip des EDM-Modells

Im Gegensatz zum Datenmodell, das bei LINQ to SQL Verwendung findet, stellt das konzeptionelle Modell nicht zwingend eine 1:1-Abbildung der physikalischen Datenstruktur dar. So kennt das ERM z.B. auch n:m-Beziehungen, die mit zwei Klassen beschrieben werden können (in relationalen Datenbanken ist dafür neben den beiden eigentlichen Tabellen noch eine Interselektionstabelle notwendig). Für das Zusammenführen der beiden Modelle sind entsprechende Mapping- bzw. Zuordnungsschichten verantwortlich.

Das ADO.NET Entity Framework kennt insgesamt drei Schichten auf dem Weg von den physikalischen Daten bis zum Objektmodell der Anwendung:

- Konzeptionelle Schicht

- Zuordnungsschicht

- Logische Schicht

Diese Schichten werden im Entity Framework mit Hilfe spezieller XML-Dateien[1] definiert.

Konzeptionelle Schicht

Die konzeptionelle Schicht (bzw. das Datenmodell) wird mit der Schemadefinitionssprache CSDL (*Conceptual Schema Definition Language*) beschrieben. CSDL definiert die jeweiligen Entitäten und Beziehungen, so wie es die Geschäftsebene Ihres Programms erfordert.

HINWEIS   Beachten Sie jedoch, dass es sich beim ADO.NET-EDM um einen sehr persistenzorientierten Ansatz handelt. Der Entwurf beginnt meist mit einem SQL Server-Datenmodell[2] (bestehende Datenbank), das als direkte Vorlage für die logische Schicht dient. Daraus lässt sich schon ableiten, dass sich Ihre konzeptionelle Schicht stark an diesem Modell orientieren wird, das Mapping kann auch keine Wunder vollbringen, um gänzlich verschiedene Strukturen zusammenzuführen.

Das Entity Framework kennt in dieser Schicht *EntityContainer*, *EntitySets*, *EntityTypes* und *Associations*.

BEISPIEL

Auszug aus einer CSDL-Datei (für *Northwind*-Datenbank, Tabellen *Orders*, *Order_Details*, *Products*)

Die Sammlung aller Entitäten:

```
<EntityContainer Name="northwindEntities">
```

Die einzelnen Entitäten:

```
<EntitySet Name="Order_Details" EntityType="northwindModel.Order_Details" />
<EntitySet Name="Orders" EntityType="northwindModel.Orders" />
<EntitySet Name="Products" EntityType="northwindModel.Products" />
...
```

Die Beschreibung der Abhängigkeiten zwischen den Entitäten

```
<AssociationSet Name="FK_Order_Details_Orders"
        Association="northwindModel.FK_Order_Details_Orders">
...
<AssociationSet Name="FK_Order_Details_Products"
...
</EntityContainer>
```

---

[1] Diese sind allerdings in der vorliegenden Version in einer *.edmx*-Datei zusammengefasst.

[2] Auch wenn in der neuen Version ein Model-First-Entwurf möglich ist, wird doch in der praktischen Arbeit meist die Datenbank der Ausgangspunkt sein.

Es folgt die Liste der oben verwendeten Typen mit den einzelnen Eigenschaften, Schlüsseln und Navigationseigenschaften:

```
<EntityType Name="Order_Details">
  <Key>
    <PropertyRef Name="OrderID" />
    <PropertyRef Name="ProductID" />
  </Key>
  <Property Name="OrderID" Type="Int32" Nullable="false" />
  <Property Name="ProductID" Type="Int32" Nullable="false" />
  <Property Name="UnitPrice" Type="Decimal" Nullable="false" Precision="19" Scale="4" />
  <Property Name="Quantity" Type="Int16" Nullable="false" />
  <Property Name="Discount" Type="Single" Nullable="false" />
  <NavigationProperty Name="Orders"
        Relationship="northwindModel.FK_Order_Details_Orders"
        FromRole="Order_Details" ToRole="Orders" />
...
```

HINWEIS   Die Navigationseigenschaften ermöglichen das Abrufen von verknüpften Daten aus anderen Entitäten.

Das damit beschriebene Modell zeigt die folgende Abbildung:

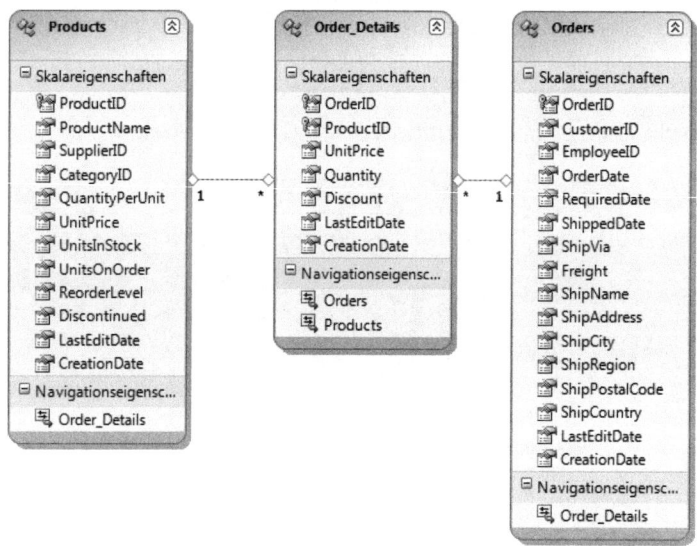

Abbildung 18.2 Durch CSDL beschriebenes
Datenmodell

Wie Sie sehen können, arbeiten Sie auf dieser Ebene mit .NET-Datentypen, verwenden Constraints und
stellen mit Associations Verbindungen zwischen den Entitäten her. Eine direkte Verbindung zur physikalischen Struktur in der Datenbank existiert auf dieser Ebene nicht mehr.

HINWEIS   Die CSDL-Datei wird durch direktes 1:1-Mapping in den Programmcode der jeweiligen Programmiersprache
umgewandelt. Aus den Entitäten werden echte Klassen, die Sie in Ihrem Code verwenden können. Bitte verwechseln Sie dies
nicht mit den Abläufen bei LINQ to SQL. Dort entsprechen die Klassen direkt den einzelnen Tabellen in der Datenbank, nicht
den Entitäten in einem konzeptionellen Modell!

Logische Schicht

Die logische Schicht wird mit einer SSDL-Datei (*Store Schema Definition Language*) beschrieben. Diese Datei entspricht dem zugrunde liegenden Datenbankschema der jeweiligen Datenbank.

BEISPIEL

Auszug aus einer SSDL-Datei

```
...
    <EntityContainer Name="dbo">
      <EntitySet Name="Order Details" EntityType="northwindModel.Store.Order Details" />
      <EntitySet Name="Orders" EntityType="northwindModel.Store.Orders" />
      <EntitySet Name="Products" EntityType="northwindModel.Store.Products" />
...
    <EntityType Name="Order Details">
      <Key>
        <PropertyRef Name="OrderID" />
        <PropertyRef Name="ProductID" />
      </Key>
      <Property Name="OrderID" Type="int" Nullable="false" />
      <Property Name="ProductID" Type="int" Nullable="false" />
      <Property Name="UnitPrice" Type="money" Nullable="false" />
      <Property Name="Quantity" Type="smallint" Nullable="false" />
      <Property Name="Discount" Type="real" Nullable="false" />
    </EntityType>
...
    <EntitySet Name="Summary of Sales by Year"
          EntityType="northwindModel.Store.Summary of Sales by Year">
      <DefiningQuery>SELECT
[Summary of Sales by Year].[ShippedDate] AS [ShippedDate],
[Summary of Sales by Year].[OrderID] AS [OrderID],
[Summary of Sales by Year].[Subtotal] AS [Subtotal]
FROM [dbo].[Summary of Sales by Year] AS [Summary of Sales by Year]</DefiningQuery>
    </EntitySet>
...
```

Wie Sie sehen, werden hier bereits spezifische SQL Server-Datentypen/-Schlüssel definiert, auch komplette Abfragen (Views) mit den zugehörigen SQL-Anweisungen sowie Stored Procedures tauchen in dieser Datei auf.

HINWEIS   Diese Datei ist das Abbild der physikalischen Datenbankstruktur, nicht deren Vorbild. Weicht die physikalische Struktur von obiger Definition ab, wird zur Laufzeit ein Fehler ausgelöst.

Zuordnungsschicht

Wie der Name schon andeutet, wird der Zusammenhang zwischen der logischen und der konzeptionellen Schicht mit einer weiteren Zuordnungsschicht hergestellt. Diese wird in einer MSL-Datei (*Mapping Schema Language*) definiert.

In der Datei werden die genauen Zusammenhänge zwischen den Tabellen/Spalten einerseits und den Entitäten/Eigenschaften andererseits dargestellt.

BEISPIEL

Auszug aus einer MSL-Datei

```
<EntityContainerMapping StorageEntityContainer="dbo"
                CdmEntityContainer="northwindEntities">
  <EntitySetMapping Name="Order_Details">
    <EntityTypeMapping TypeName="IsTypeOf(northwindModel.Order_Details)">
      <MappingFragment StoreEntitySet="Order Details">
        <ScalarProperty Name="OrderID" ColumnName="OrderID" />
        <ScalarProperty Name="ProductID" ColumnName="ProductID" />
        <ScalarProperty Name="UnitPrice" ColumnName="UnitPrice" />
        <ScalarProperty Name="Quantity" ColumnName="Quantity" />
        <ScalarProperty Name="Discount" ColumnName="Discount" />
      </MappingFragment>
    </EntityTypeMapping>
  </EntitySetMapping>
...
  <AssociationSetMapping Name="FK_Order_Details_Products"
    TypeName="northwindModel.FK_Order_Details_Products" StoreEntitySet="Order Details">
    <EndProperty Name="Products">
      <ScalarProperty Name="ProductID" ColumnName="ProductID" />
    </EndProperty>
    <EndProperty Name="Order_Details">
      <ScalarProperty Name="OrderID" ColumnName="OrderID" />
      <ScalarProperty Name="ProductID" ColumnName="ProductID" />
    </EndProperty>
    <Condition ColumnName="ProductID" IsNull="false" />
  </AssociationSetMapping>
</EntityContainerMapping>
```

Da es sich um ein recht einfaches Modell handelt, erfolgt in obigem Beispiel ein 1:1-Mapping zwischen konzeptionellem und logischem Modell.

Wie erstelle ich die Schema-Dateien?

Hierzu bieten sich zwei Varianten an:

- Sie generieren die drei Schemadateien aus einer bestehenden Datenbank mit Hilfe des Kommandozeilentools *edmgen.exe* bzw. mittels des Templates »ADO.NET Entity Data Model« aus Visual Studio 2010 heraus
- Sie erstellen mit dem Entity Data Model-Designer ein neues Datenmodell, im Hintergrund werden automatisch die Daten für die drei Schichten erzeugt (allerdings in einer gemeinsamen *edmx*-Datei)

Mehr zum Entity Data Model-Designer finden Sie ab Seite 1170.

Das Gesamtmodell im Überblick

Die folgende Abbildung 18.3 zeigt noch einmal die Einordnung der drei Schichten innerhalb des Microsoft ADO.NET Entity Frameworks, sowie die verschiedenen Schnittstellen zwischen den einzelnen Modellen. Im Vorgriff auf den folgenden Abschnitt wird auch deutlich, wie Sie auf die einzelnen Schichten aus Ihrer Anwendung heraus zugreifen können. Auch der »gute alte« SQLClient ist in diesem Zusammenhang zu finden, hier erfolgt der Zugriff per SQL bekanntermaßen direkt auf die logische Schicht, d.h. auf die physikalische Datenbank.

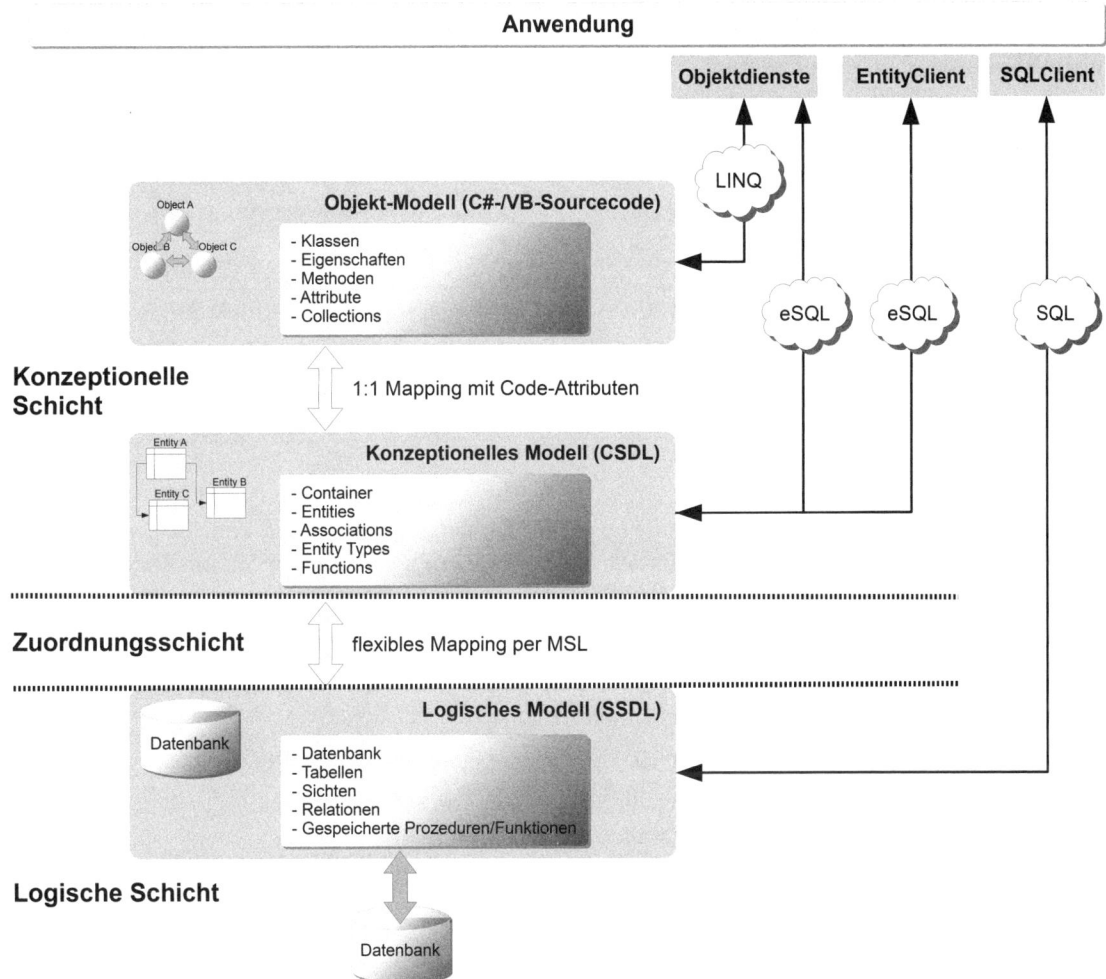

Abbildung 18.3 EDM-Gesamtmodell

Wie kann mit dem EDM gearbeitet werden?

Nachdem die Datenmodelle mit den drei Schemadateien beschrieben und zugeordnet wurden, bleibt noch die alles entscheidende Frage offen, wie Sie als Programmierer mit diesem Modell arbeiten können.

Das ADO.NET-Entity Framework bietet zunächst zwei entscheidende Schnittstellen an:

- den EntityClient
- und die Objektdienste

EntityClient

EntityClient ist ein Datenprovider, wie z.B. auch SQLClient, mit dem Unterschied, dass dieser Provider auf den Entitäten und nicht auf den zugrunde liegenden Tabellen aufsetzt. Die Abfrage der Daten erfolgt mit Entity SQL (kurz eSQL), einer an das EDM angepassten speziellen SQL-Syntax. Die eSQL-Abfragen werden anschließend vom Entity Framework in SQL-Anweisungen des jeweiligen SQL Servers umgesetzt. Die Programmierung erfolgt also systemneutral.

Der Unterschied zur bisherigen Programmierung liegt in der Abstraktion von der zugrunde liegenden Datenbank. Ohne Code-Änderung kann die logische Schicht, d.h. die Datenbank, getauscht werden. Zusätzlich bietet eSQL die Möglichkeit, auf umständliche Joins etc. zu verzichten, die Verbindung zwischen den Entitäten ist ja bereits komplett im Modell beschrieben.

HINWEIS   Der EntityClient ist derzeit nur für den lesenden Zugriff auf die Datenbank nutzbar. Wollen Sie einen Schreibzugriff realisieren, müssen Sie mit den Objektdiensten arbeiten.

Mehr zur Programmierung finden Sie ab Seite 1166.

Objektdienste

Die Objektdienste bieten die Möglichkeit, die im EDM definierten Entitäten und Beziehungen als Objekte und Assoziationen abzurufen und zu verarbeiten. Als Programmierer arbeiten Sie mit stark typisierten Objekten, was die Übersicht erhöht und dabei hilft, lästige Tippfehler zu vermeiden.

Zwei Varianten des Zugriffs bieten sich bei Verwendung der Objektdienste an:

- Direktes Abrufen von Objektlisten mit Entity SQL (eSQL), diese Befehle müssen (wie auch bei SQL-Anweisungen) als Zeichenketten übergeben werden

- Verwenden von LINQ to Entities, mit allen Vorteilen von LINQ, wie Syntax-Prüfung etc.

Im Gegensatz zu LINQ to Entities bietet sich die Verwendung von eSQL immer dann an, wenn Sie zur Laufzeit Abfragen dynamisch zusammenstellen wollen.

HINWEIS   Beide Zugriffsvarianten ermöglichen zunächst ebenfalls nur einen Lesezugriff auf die Datenbank. Im Zusammenhang mit dem übergeordneten *ObjectContext* (ähnlich *DataContext* bei LINQ to SQL) können jedoch auch Einfüge-, Änderungs- und Löschanweisungen realisiert werden.

Mehr zur Verwendung der Objektdienste finden Sie ab Seite 1190.

Entwurfsmöglichkeiten

Das in der Version 4 vorliegende Entity Framework bietet dem Entwickler zwei grundsätzliche Wege zum funktionsfähigen Datenzugriffsmodell:

- den Database-First-Entwurf
- sowie den Model-First-Entwurf

Database-First-Entwurf

Ausgangspunkt dieses Entwurfsmodells ist eine komplett definierte Datenbank mit einem EDM-fähigen Datenprovider. Mittels Entity Data Model-Assistent erstellen Sie, basierend auf den Informationen der Datenbank, das EDM. Dieses können Sie nachfolgend mit dem EDM-Designer an Ihre Bedürfnisse anpassen.

Model-First-Entwurf

Neu in Visual Studio 2010 bzw. im Entity Framework 4 ist die Möglichkeit, basierend auf einem Datenmodell die zugehörige Persistenzschicht, d.h. die Datenbank, zu erstellen.

Verwenden Sie den EDM-Designer, um zunächst die Entitäten und deren Beziehungen zu definieren. Abschließend können Sie aus dem Designer heraus ein Server- bzw. Datenprovider-spezifisches SQL-DDL-Skript erstellen, das alle SQL-Anweisungen enthält, um in einer bestehenden Datenbank die erforderlichen Objekte (Tabellen, Schlüssel, Referenzen etc.) zu erzeugen.

> **HINWEIS** Wenn Sie einen Blick auf die Werkzeuge des EDM-Designers werfen und dies mit den Möglichkeiten eines SQL Servers vergleichen, wird Ihnen sicher schnell klar werden, dass dieser Weg nur für ziemlich rudimentäre Projekte sinnvoll ist. Wir erwähnen an dieser Stelle mal kurz Stored Procedures, Userverwaltung, Funktionen, Trigger etc. Sie sehen schon, fast die ganzen »Folterwerkzeuge« des Datenbank-Administrators für eine sichere und konsistente Datenbank fehlen bei diesem Entwurfsmodell.

Code-Erzeugung

Mit den erstellten Modellen ist es für Sie als Entwickler nicht getan, Sie benötigen in jedem Fall noch entsprechende Mapperklassen, die uns die eigentliche Funktionalität des EDM in unseren Programmen zur Verfügung stellen. Im Gegensatz zur Visual Studio Vorgängerversion 2008 mit seinem statischen Code-Generator bietet Visual Studio 2010 einen gänzlich neuen Ansatz. Mit Hilfe des Visual Studio *Text Template Transformation Toolkit* (kurz T4) können Sie die Codeerzeugung an Ihre eigenen Bedürfnisse anpassen und müssen die geänderte bzw. zusätzliche Funktionalität nicht mühsam über die partiellen Klassen hinzufügen.

> **HINWEIS** Im Rahmen dieses Kapitels gehen wir nicht auf die T4-Codeerzeugung ein.

Unsere Beispieldatenbank

An dieser Stelle wollen wir uns zunächst eine kleine Pause gönnen und uns um eine praktisch nutzbare Beispieldatenbank für unsere weiteren EDM-Experimente kümmern. Aus Sicht der Autoren kranken viele Beispiele an zu komplexen Datenstrukturen, die außer den Entwicklern keiner versteht (z.B. *Adventure-Works*).

»In der Kürze liegt die Würze« und so wollen wir uns auf das absolute Minimum beschränken, was jedoch nicht heißt, dass wir mit unserer Datenbank auf Spezialfälle verzichten.

Das Datendiagramm

Der Hauptteil unserer Beispieldatenbank besteht aus den drei miteinander verknüpften Tabellen *Vereine*, *Mitglieder* und als Interselektionstabelle *Mitgliedsliste*. Wie Sie der folgenden Abbildung 18.4 entnehmen können, haben wir mit einer solchen »Vereinsverwaltung« auch gleich zwei Fliegen mit einer Klappe geschlagen: zum einen haben wir mit dem Vereinsvorsitzenden bereits ein gutes Beispiel für eine 1:n-Beziehung (ein Element der Liste *Mitglieder* kann n-mal als Vorsitzender fungieren), zum anderen wird über die Interselektionstabelle *Mitgliedsliste* eine wunderschöne m:n-Beziehung zwischen den Tabellen *Mitglieder* und *Vereine* aufgebaut.

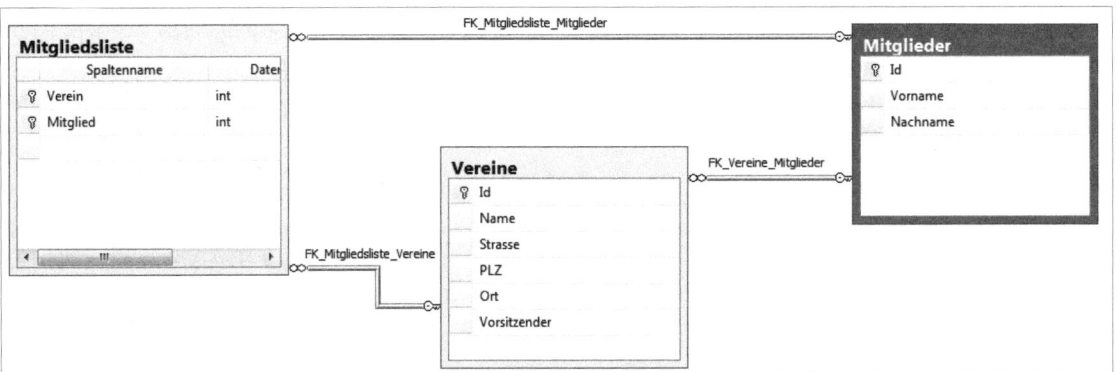

Abbildung 18.4 Datendiagramm unserer Beispieldatenbank (Ausschnitt zur »Vereinsverwaltung«)

Insbesondere die m:n-Beziehung ist im Zusammenhang mit dem EDM von Interesse, Sie werden sehen, dass wir in diesem Fall problemlos mit zwei Klassen (Entitäten) zum Mappen auskommen werden. Alle drei Tabellen ermöglichen uns ausgiebige Experimente mit den Navigationseigenschaften der Entitäten und bieten ebenfalls gute Vorlagen für das Hinzufügen und Löschen von verknüpften Datensätzen.

Weitere Tabellen

Neben obigem zusammenhängenden Beispiel wollen wir uns mit zwei weiteren Tabellen noch um Detailprobleme kümmern, die vom EDM gelöst werden.

HINWEIS   Diese Tabellen stehen in keinem logischen Zusammenhang mit obiger »Vereinsverwaltung« und werden nur aus Experimentiergründen mit in unsere Datenbank aufgenommen!

Tabelle TestTabelle

Mit dieser trivialen Tabelle demonstrieren wir später, wie sich statt des direkten Zugriffs auf eine Tabelle drei eigene Stored Procedures (INSERT, UPDATE, DELETE) nutzen lassen. Wir belassen es bei einer Identitätsspalte und einem Feld.

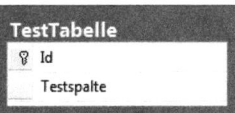

Abbildung 18.5 *TestTabelle*

Die drei Schnittstellen-Prozeduren auf dem Server:

BEISPIEL

Schnittstellenprozedur für das Einfügen eines Datensatzes (Entität):

```
ALTER PROCEDURE INSERT_TestTabelle  ( @Testdaten nchar(10) )
AS
   INSERT INTO TestTabelle (Testspalte) VALUES (@Testdaten);
   SELECT SCOPE_IDENTITY() AS NewId
RETURN
```

HINWEIS   Mit *SELECT SCOPE_IDENTITY()* ... wird der neue Zählerwert an das aufrufende Programm zurückgegeben.

BEISPIEL

Schnittstellenprozedur für das Aktualisieren eines Datensatzes:

```
ALTER PROCEDURE UPDATE_TestTabelle
  (
  @Id int,
  @TestDaten nchar(10)
  )

AS
   UPDATE TestTabelle SET Testspalte=@TestDaten WHERE Id=@Id
RETURN
```

BEISPIEL

Schnittstellenprozedur für das Löschen eines Datensatzes:

```
ALTER PROCEDURE DELETE_TestTabelle
  (
  @Id int
  )

AS
   DELETE FROM TestTabelle WHERE Id = @Id
RETURN
```

Tabelle Fahrzeuge

Diese Tabelle soll uns als Vorlage für Beispiele mit der Vererbung unter dem EDM dienen. Ausgehend von einem Basis-Typ *Fahrzeuge* wollen wir abgeleitete Typen *(Kleinwagen, Mittelklasse, Van ...)* bilden, die über spezielle Eigenschaften verfügen.

Wesentlich für das Tabellenlayout ist das Vorhandensein einer Spalte *(Fahrzeugtyp)*, die für die spätere Bestimmung des Typs verantwortlich ist. Die restlichen Spalten dienen lediglich der Anschauung.

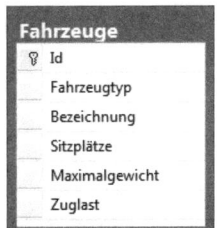

Abbildung 18.6 Tabelle *Fahrzeuge*

HINWEIS   Mit dem SQL Server 2008 bietet sich die Möglichkeit, SPARSE-Spalten für die einzelnen Attribute der Entitäten zu verwenden. Diese verbrauchen nur unwesentlich Speicher, heben aber die Beschränkung auf 1024 Spalten pro Tabelle auf.

Damit wir mit der Tabelle sofort arbeiten können, haben wir bereits einige mehr oder weniger sinnvolle Datensätze eingefügt[1].

Id	Fahrzeugtyp	Bezeichnung	Sitzplätze	Maximalgewicht	Zuglast
1	1	Ka	5	1200	NULL
2	1	Fiesta	5	1300	NULL
3	1	Fusion	5	1500	NULL
4	1	Focus	5	1600	NULL
5	1	C-Max	5	2100	NULL
6	2	Mondeo	5	2400	NULL
7	3	S-Max	7	2500	2000
8	3	Galaxy	7	2500	2000
9	4	Kuga	5	2300	1800

Abbildung 18.7 Beispieldatensätze in der Tabelle *Fahrzeuge*

Damit haben wir zunächst das Fundament gelegt, auf dem wir unser Entity Data Model aufbauen werden.

Der EDM-Entwurf

Mit der nun vorhandenen Datenbank können wir uns dem Erstellen des Entity Data Models unter Visual Studio 2010 zuwenden.

HINWEIS   Im Folgenden werden wir uns ausschließlich auf die Möglichkeiten des EDM-Designers beschränken, Änderungen an den XML-Quelltexten werden wir nicht vornehmen, da dies die weitere Verwendung des grafischen EDM-Designers ausschließt. Mehr dazu am Ende des Abschnitts.

Der EDM-Assistent

Falls Sie die Beispieldatenbank nicht bereits in einem Visual Studio Projekt entworfen haben, fügen Sie diese per Drag & Drop in ein neues Windows Forms-Projekt ein. Nachfolgend können Sie mit der neuen Vorlage *ADO.NET Entity Data Model* den Assistenten für das Generieren des EDM aufrufen (Abbildung 18.8).

---

[1] Nein, nein, das ist keine Werbung für einen bestimmten Autohersteller und wir bekommen auch kein Geld dafür!

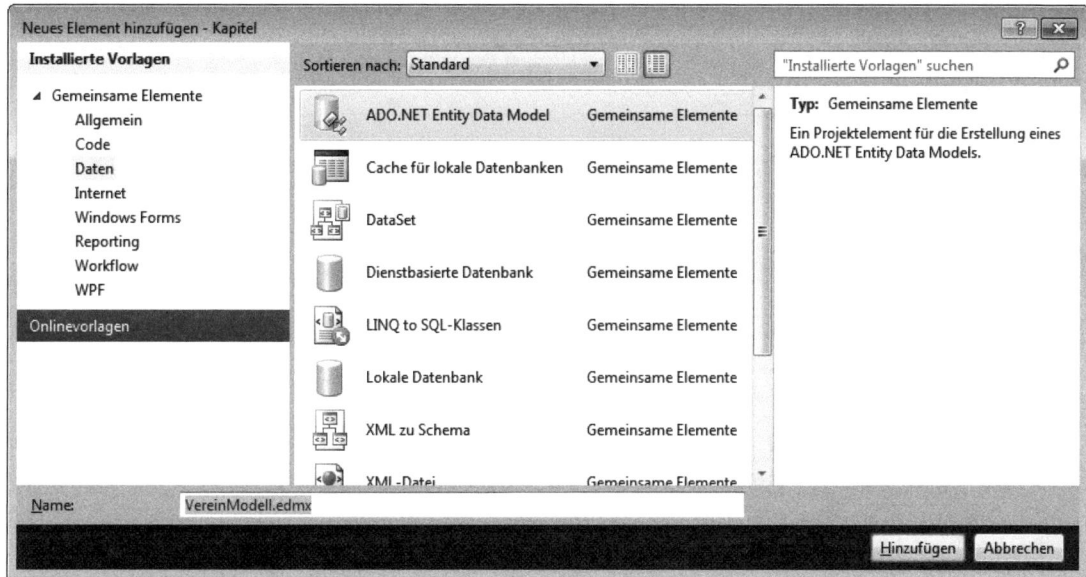

Abbildung 18.8 Aufruf des EDM-Assistenten

Erster Schritt innerhalb des Assistenten ist zunächst die Auswahl der gewünschten Datenbank:

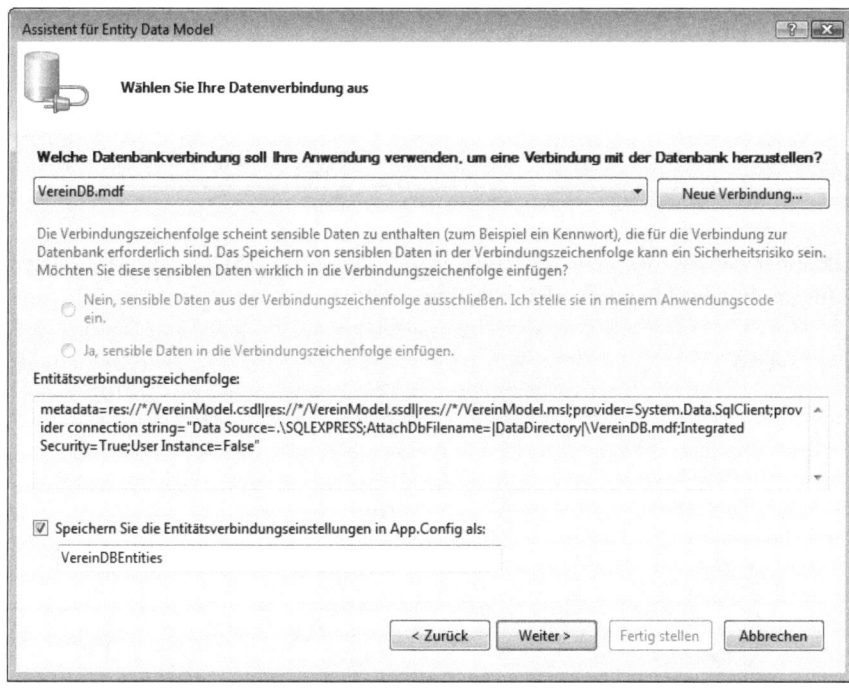

Abbildung 18.9 Auswahl der Datenbank

HINWEIS   Angesichts der Länge der Verbindungszeichenfolge werden Sie sicher feststellen, dass es empfehlenswert ist, diesen String in der *App.Config* abzulegen. Beim späteren Aufbauen der Verbindung genügt die Angabe des Verbindungs-namens (in diesem Fall »VereinDBEntities«).

Bevor das Modell endgültig erstellt werden kann, müssen wir uns noch darum kümmern, welche Datenbankobjekte aufgenommen werden sollen (Abbildung 18.10):

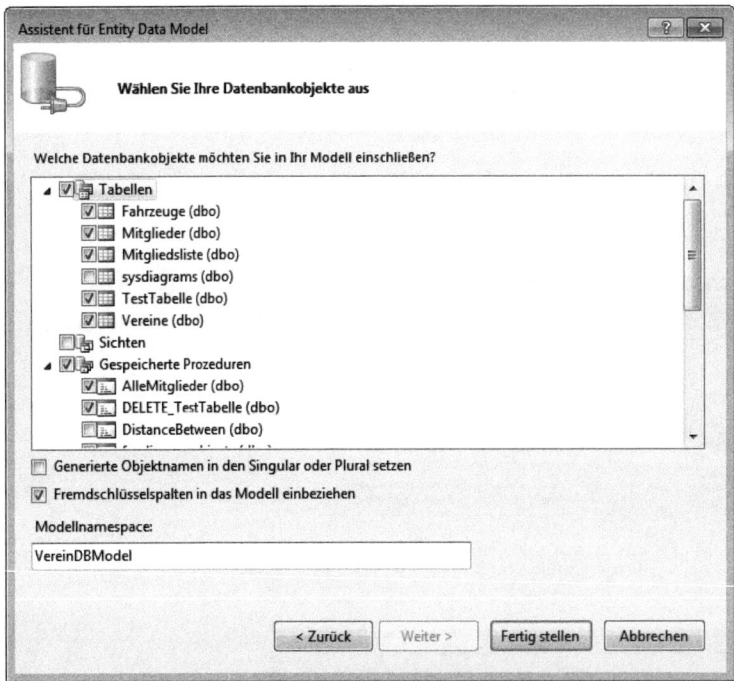

Abbildung 18.10 Auswahl der Datenbankobjekte

Nach einigem Festplattengeklapper hat der Assistent im Hintergrund die CSDL-, SSDL- und MSL-Daten (alle in einer **.edmx*-Datei) für die ausgewählten Datenbankobjekte erstellt:

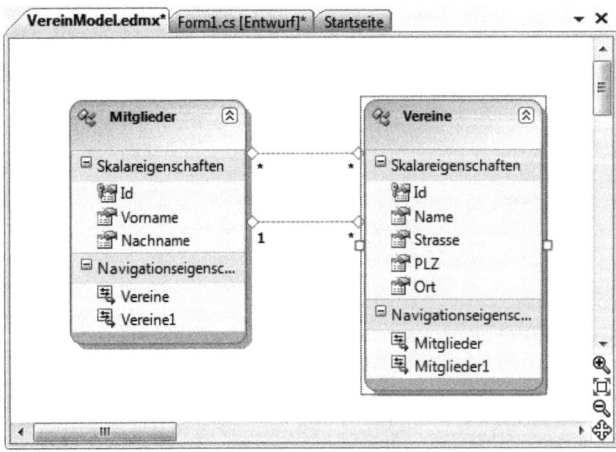

Abbildung 18.11 Ausschnitt aus unserem EDM

HINWEIS   Wer sich Abbildung 18.10 genauer ansieht wird feststellen, dass mit der EDM-Version 4 auch eine neue Option »Fremschlüsselspalten in das Modell einbeziehen« Einzug gehalten hat. In diesem Fall werden bereits die ersten OOP-Restriktionen wieder über Bord geworfen, Sie können bei Aktivierung direkt mit den Fremdschlüsseln der Tabellen arbeiten und diese damit verknüpfen[1].

Der EDM-Designer

Wie Sie bereits der Abbildung 18.11 entnehmen können, bleiben von unserer m:n-Beziehung zwischen den Tabellen *Mitglieder* und *Vereine* nur zwei Klassen übrig, die über zwei Beziehungen verfügen. Bei der oberen der dargestellten Beziehungen handelt es sich um die m:n-Beziehung, bei der unteren um die 1:n-Beziehung für den Vorsitzenden des Vereins[2].

Diese Beziehungen schlagen sich auch in jeweils zwei Navigationseigenschaften nieder, die für das spätere Navigieren zwischen den einzelnen Collections genutzt werden können. Leider sind diese in der vorliegenden Form nicht sehr übersichtlich, da die Bezeichner nicht eindeutig sind. Doch kein Problem, über den Designer können Sie den Navigationseigenschaften einfach einen neuen Bezeichner zuweisen (das trifft natürlich auch auf die Entitäten und die anderen Eigenschaften zu), wie es auch Abbildung 18.12 zeigt:

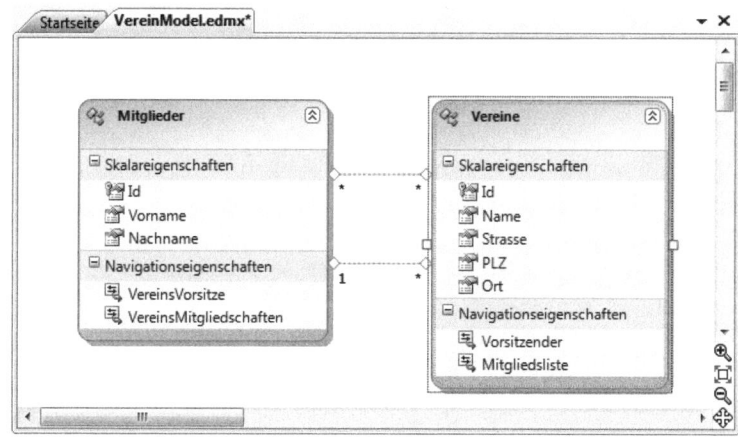

Abbildung 18.12 Entitäten mit geänderten Navigationseigenschaften

Aus obiger Definition dürfte schneller klar werden, wohin die jeweiligen Navigationseigenschaften führen.

Zuordnungsdetails

Doch wie kann man eigentlich die richtige Navigationseigenschaft identifizieren? Hier hilft Ihnen das Fenster *Zuordnungsdetails* weiter, das uns die im Hintergrund damit verknüpften Spalten anzeigt (Abbildung 18.13).

---

[1] Ja, ja, so ist das mit der reinen Lehre in der harten Praxis. IDs lassen sich nun mal leichter verwalten als komplette Objekte (z.B. bei Auswahllisten in ASP.NET).

[2] Bereits hier sehen Sie einen der wichtigsten Unterschiede zum Mapping in LINQ to SQL, wo in diesem Fall drei Klassen zur Darstellung benötigt werden.

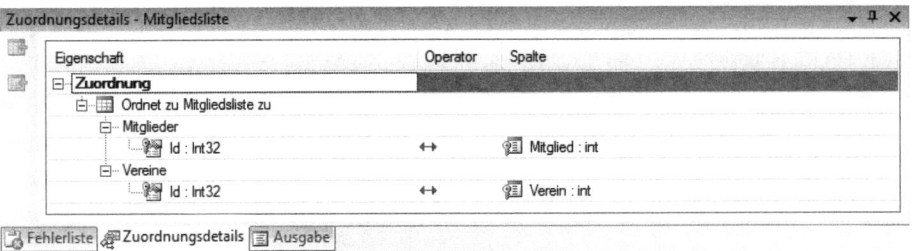

Abbildung 18.13   Beispiel Zuordnungsdetails für *Vereine.Mitgliedsliste*

Eigenschaftenfenster

Alternativ können Sie auch eine der Navigationseigenschaften auswählen und sich im Eigenschaftenfenster über die Hintergründe informieren (Eigenschaft *Rückgabetyp*):

Abbildung 18.14   Beispiel Eigenschaften für *Vereine.Mitgliedsliste*

Wie Sie in Abbildung 18.14 sehen, wird von der Navigationseigenschaft *Mitgliedsliste* eine Collection von *Mitglieder*-Objekten zurückgegeben. Interessant ist jetzt ein Blick auf die Navigationseigenschaft *Vorsitzender*, die auf die 1-Seite der 1:n-Beziehung verweist:

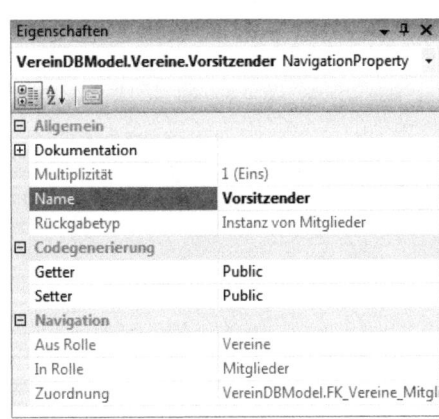

Abbildung 18.15   Beispiel Eigenschaften für *Vereine.Vorsitzender*

Hier bekommen wir keine Collection, sondern eine Instanz der *Mitglieder-Klasse* zurückgeliefert.

Zuordnen von Stored Procedures

Haben wir uns bisher auf unsere »Vereinsverwaltung« beschränkt, müssen wir uns nun noch den restlichen Tabellen unserer Beispieldatenbank zuwenden.

Zunächst gilt unsere Aufmerksamkeit der Tabelle *TestTabelle*, an der wir demonstrieren wollen, wie Sie statt der standardmäßig erfolgenden SQL-Zugriffe mit INSERT, UPDATE, DELETE auch eigene Schnitt-stellen-Prozeduren (Stored Procedures) verwenden können. Dies dürfte auch eher dem Ablauf in realen Projekten entsprechen, bei denen der Datenzugriff auf diese Weise sauber eingeschränkt werden kann.

Wählen Sie also im Arbeitsbereich des Designers die Tabelle *TestTabelle* aus und rufen Sie über das Kontext-menü die »Zuordnung der Gespeicherten Prozedur« auf.

Im Fenster »Zuordnungsdetails« haben Sie jetzt die Möglichkeit, die einzelnen Prozeduren mit den Opera-tionen Einfügen, Aktualisieren und Löschen zu verknüpfen, wählen Sie jeweils eine Zeile aus und ordnen Sie über die DropDownListe in der Spalte *Eigenschaft* eine Entitäteneigenschaft zu:

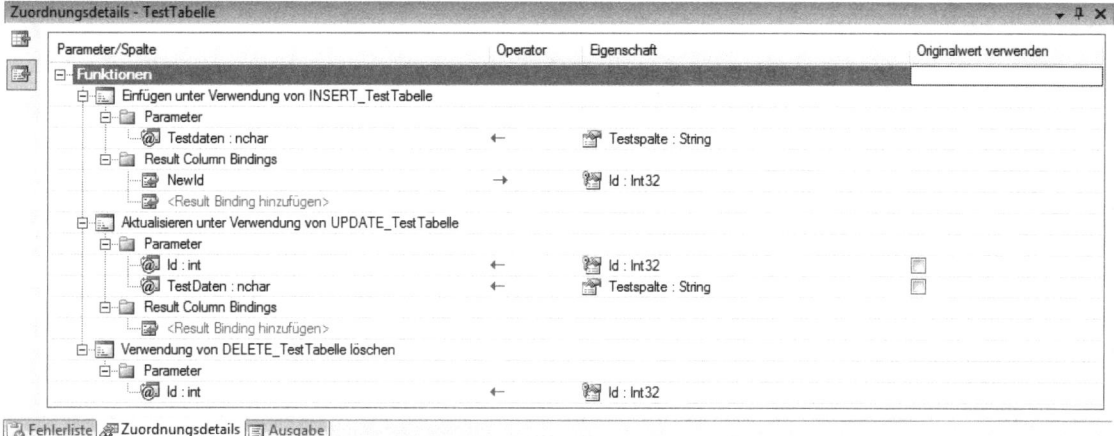

Abbildung 18.16 Zuordnung der Stored Procedures

Die Einfüge-Operation erfordert besondere Sorgfalt, müssen Sie doch in diesem Fall auch den Rückgabe-wert der Prozedur auswerten, um den Identity-Wert zu ermitteln (gleiches trifft auf Spalten zu, die Sie z.B. automatisch mit Werten aus dem SQL Server füllen). Unter »Result Column Bindungs« müssen Sie dazu »zu Fuß« den entsprechenden Parameter (in diesem Fall die Spalte *NewId*) einfügen und mit der *Id-Spalte* verknüpfen.

> **HINWEIS**   Die Verwendung von OUTPUT-Parametern ist in diesem Fall nicht möglich (siehe auch Seite 1168 zu den Prozedur-Details)!

Einfacher gestalten sich Änderungs- und Lösch-Operationen, bei denen Sie nur die neuen Werte bzw. die Id zur Identifikation des zu löschenden Datensatzes übergeben müssen.

> **HINWEIS**   Sie müssen bei Verwendung von Stored Procedures immer alle Operationen zuweisen, es genügt nicht, wie bei LINQ to SQL z.B. nur die Lösch-Operation per Stored Procedure zu realisieren.

Damit haben wir eine Entität mit Schnittstellen-Prozeduren versehen, spätere Zugriffe auf die entsprechenden Daten werden nun immer über die o.g Prozeduren abgewickelt, lediglich der Datenabruf im Hintergrund erfolgt nach wie vor per automatisch generiertem SQL[1].

Weitere Fenster des EDM-Designers

Neben den bereits beschriebenen Fenstern bietet der Designer noch weitere Fenster an, über die Sie tiefe
Einblicke in die erzeugten Klassenstrukturen gewinnen können.

Klassenansicht

Im Fenster *Klassenansicht* können Sie sich eine Übersicht der erzeugten Klassen mit allen Methoden und
Eigenschaften sowie den jeweiligen Basistypen anzeigen lassen:

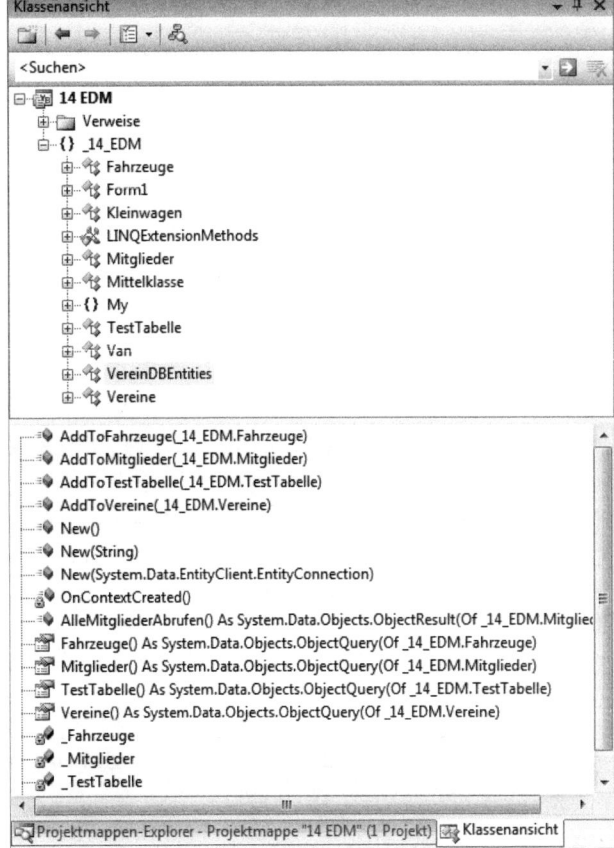

Abbildung 18.17   Klassenansicht

Wie Sie in obiger Abbildung sehen, finden sich im neu erzeugten *VereineDBEntites*-ObjectContext neben
den einzelnen Entitäten auch zusätzliche Methoden, um neue Instanzen hinzuzufügen (wir kommen später
darauf zurück).

---

[1] Wie die SQL-Abfrage aussieht, hängt davon ab, ob auch die Detail-Datensätze geladen werden oder nicht.

Modellbrowser

Weitere Einblicke in das Entitätsmodell gewährt Ihnen der Modellbrowser, der neben der Darstellung der einzelnen Entitätsklassen auch die eingebundenen Stored Procedures sowie die Einschränkungen und Zuordnungen des Modells darstellt (siehe Abbildung 18.18).

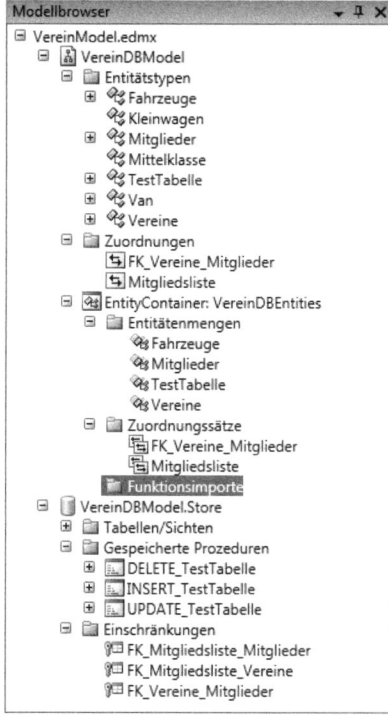

Abbildung 18.18 Modellbrowser

Ganz nebenbei und fast nicht zu bemerken findet sich hier auch eine Rubrik *Funktionsimporte*, die aber von nicht zu unterschätzender Bedeutung ist, lassen sich doch auf diese Weise Funktionen bzw. Stored Procedures der Datenbank als Methoden des *ObjectContext* einbinden.

Eigenschaften des späteren ObjectContext festlegen

Ein zunächst unterschätztes aber dafür umso wichtigeres Objekt haben wir bisher nicht beachtet, die Rede ist vom späteren *ObjectContext*. Diesen können Sie ebenfalls über den Designer konfigurieren, wichtig ist hier vor allem die Eigenschaft *Lazy Loading aktivieren* (mehr dazu siehe Seite 1204).

> **HINWEIS**   Die Eigenschaften erreichen Sie über das Eigenschaftenfenster, wenn Sie auf die freie Fläche des Designers klicken.

Zusätzlich können Sie hier den Namen der Klasse und des Namespace festlegen sowie ein alternatives T4-Skript zur Codegenerierung zuweisen.

Stored Procedures importieren

Haben Sie beim Durchlauf des EDM-Assistenten auch Stored Procedures ausgewählt, lassen sich diese über den Modellbrowser als Methoden einbinden. Wählen Sie dazu im Kontextmenü der Rubrik »Funktionsimporte« den Menüpunkt *Funktionsimport erstellen* (Abbildung 18.19), legen Sie im Dialog die gewünschte Prozedur fest und weisen Sie einen Rückgabetyp zu:

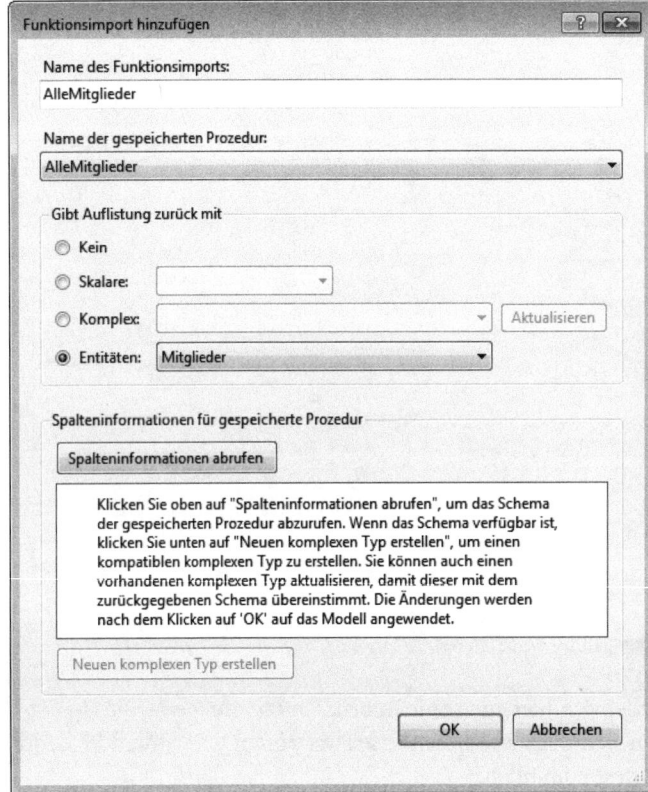

Abbildung 18.19   Beispiel Import einer Stored Procedure

Vom Erfolg können Sie sich später in der Klassenansicht überzeugen:

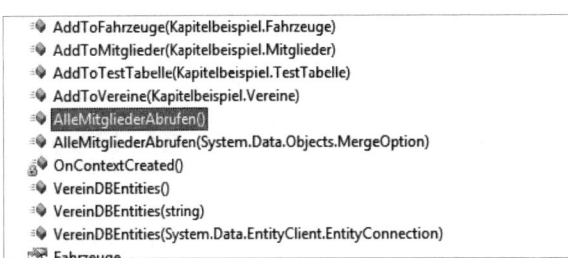

Abbildung 18.20   Die eingebundene Stored Procedure

HINWEIS   Wer bereits mit LINQ to SQL gearbeitet hat, wird die dortige intuitive Bedienung schmerzlich vermissen.

Doch was ist, wenn die Stored Procedure Daten zurückgibt, die nicht mit einer Entität unseres Daten-modells übereinstimmen?

Auch dies ist kein Problem, in diesem Fall hilft Ihnen der Import-Assistent weiter, der nach dem Abrufen der Spalteninformationen (siehe Abbildung 18.21) einen neuen komplexen Typ erstellen kann, der nach-folgend auch für die Typisierung genutzt wird.

BEISPIEL

Ausgangspunkt ist folgende Stored Procedure

```
ALTER PROCEDURE dbo.TestProcedure
AS
    SELECT Id, nachname + ', ' + vorname FROM mitglieder
RETURN
```

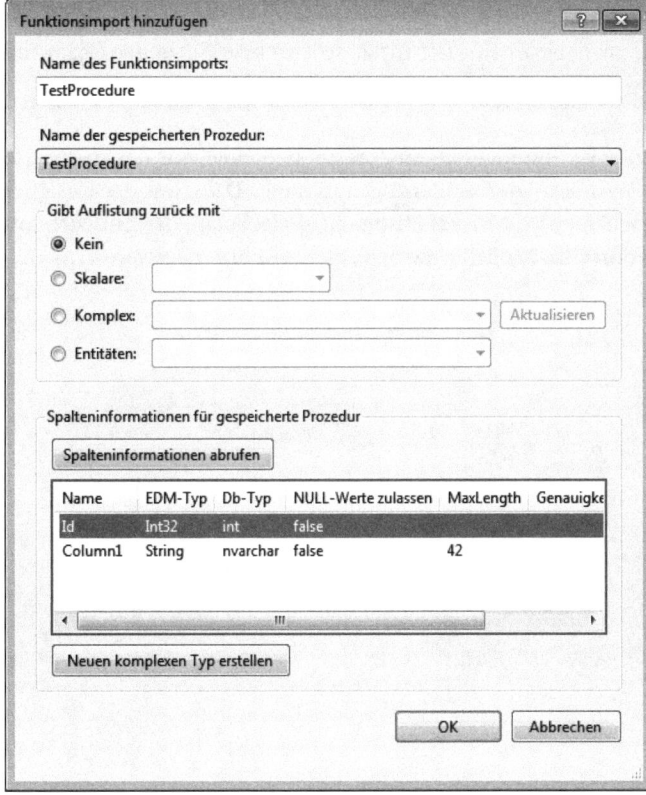

Abbildung 18.21 Neuen komplexen Typ für den Rückgabewert der Stored Procedure erzeugen

Mehr zum Aufruf von Stored Procedures ab Seite 1219. Die Besonderheiten bei der Verwendung von Server-Funktionen werden ab Seite 1221 beschrieben.

Komplexe Typen

Neben den bereits beschriebenen Möglichkeiten, Entitäten zu vererben und zu modifizieren, steht dem Entwickler mit den »komplexen Typen« eine weitere Möglichkeit zur Verfügung, etwas mehr Übersicht in die erzeugten Datenstrukturen zu bringen.

Ähnlich wie in einem normalen VB-Programm werden mit diesen Typen ähnliche Informationen (z.B. Adressdaten, Kontoinformationen) in einer Eigenschaft der Entität zusammengefasst.

BEISPIEL

LINQ-Abfrage mit komplexem Typ *(Kontoinformationen)*

```
Dim query = From m In myentities.Mitglieder
            Where m.Kontoinformationen.BLZ = "1234567890"
            Select m
```

HINWEIS   Bei *Kontoinformationen* handelt es sich nicht um eine weitere Entität, sondern lediglich um eine Eigenschaft von komplexem Typ.

Doch wie erstellen Sie einen komplexen Typ? Visual Studio 2008-Anwendern blieb hier nur der frustrierte Blick in den XML-Quellcode der *.edmx*-Datei, nach erfolgten Änderungen in dieser Datei war der Designer nicht mehr nutzbar. Hier hat sich mit dem Erscheinen von Visual Studio 2010 viel getan, der Entwurf von komplexen Typen erfolgt komplett im Designer bzw. im Modellbrowser-Fenster (Rubrik *Komplexe Typen*).

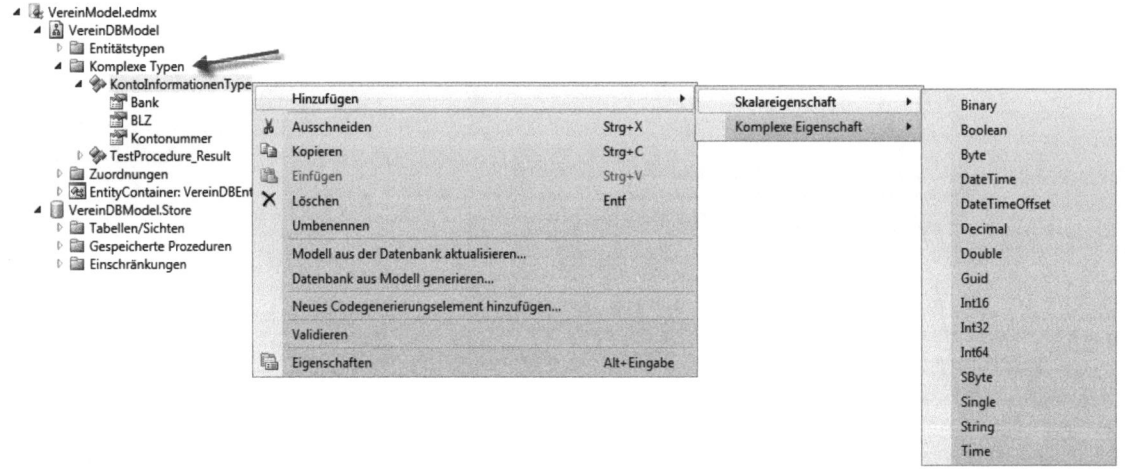

Abbildung 18.22   Erzeugen eines neuen komplexen Typs

HINWEIS   Es ist auch möglich, dass Eigenschaften komplexer Typen wiederum auf anderen komplexen Typen basieren.

Möchten Sie beispielsweise die in unserer Vereinstabelle befindlichen Spalten *Strasse, PLZ, Ort* in einem komplexen Typ zusammenfassen, markieren Sie diese einfach im Designer und wählen per Kontextmenü die Funktion »In neuen komplexen Typ umgestalten«.

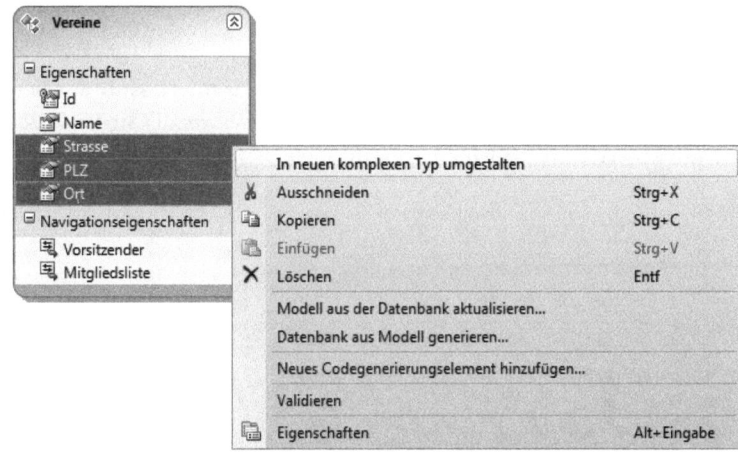

Abbildung 18.23 Entität umgestalten

Nachfolgend können Sie sowohl der Eigenschaft als auch dem komplexen Typ einen Namen geben. In den Mapping-Details taucht jetzt auch die entsprechende Zuordnung auf:

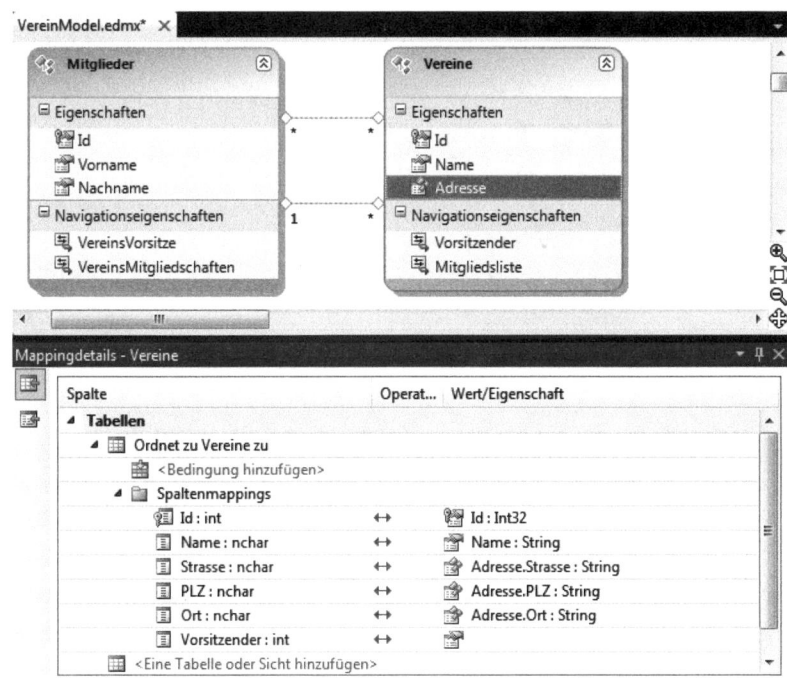

Abbildung 18.24 Mapping bei Verwendung komplexer Typen

Ein späterer Zugriff auf die PLZ erfolgt jetzt mit *Mitglieder.**Adresse**.PLZ*.

HINWEIS Bevor Sie das Modell jetzt speichern kontrollieren Sie die Änderungen genau, da das Umgestalten nicht so einfach rückgängig gemacht werden kann (Sie müssen die Eigenschaften löschen und neu hinzufügen).

Die erzeugten Klassen/partielle Klassen

Nun ist das Modell ja nur die eine Seite der Medaille und für viele ist es sicher auch interessant, welcher Code denn vom EDM-Designer im Hintergrund generiert wurde. Ein Blick in die *.edmx.Designer*-Datei zeigt uns neben der Definition des zentralen *ObjectContext* auch die Definitionen aller weiteren Entitäten.

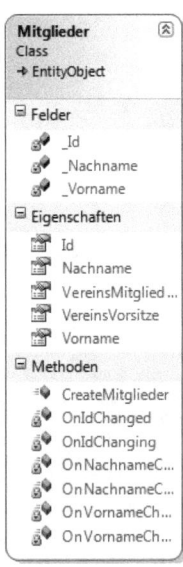

Abbildung 18.25   Auszug aus dem Klassendiagramm unseres Objektmodells

---

HINWEIS   Alle Klassen sind als *partial* deklariert, so haben Sie unabhängig von dieser Datei die Möglichkeit, Erweiterungen an der Klasse vorzunehmen (Geschäftslogik), ohne dass diese von Änderungen im Designer betroffen sind. Mehr zu dieser Thematik ab Seite 1233.

BEISPIEL

Auszug aus der *edmx.Designer*-Datei für unser Beispielmodell

Zunächst der *ObjectContext*:

```
Partial Public Class VereinDBEntities
    Inherits Global.System.Data.Objects.ObjectContext

    Public Sub New()
        MyBase.New("name=VereinDBEntities", "VereinDBEntities")
        Me.OnContextCreated
    End Sub
```

```
...
    Partial Private Sub OnContextCreated()
    End Sub
...
```

Über den *ObjectContext* können die gefüllten Entitäten abgerufen werden:

```
    Public ReadOnly Property Mitglieder() As Global.System.Data.Objects.ObjectQuery(Of Mitglieder)
        Get
            If (Me._Mitglieder Is Nothing) Then
                Me._Mitglieder = MyBase.CreateQuery(Of Mitglieder)("[Mitglieder]")
            End If
            Return Me._Mitglieder
        End Get
    End Property
...
    Private _Vereine As Global.System.Data.Objects.ObjectQuery(Of Vereine)
...
    Private _TestTabelle As Global.System.Data.Objects.ObjectQuery(Of TestTabelle)
...
```

Die Methoden für das Einfügen neuer Objekte (diese sind im Gegensatz zu LINQ to SQL dem *ObjectContext* zugeordnet):

```
    Public Sub AddToVereine(ByVal vereine As Vereine)
        MyBase.AddObject("Vereine", vereine)
    End Sub
...
    Public Sub AddToTestTabelle(ByVal testTabelle As TestTabelle)
....
    Public Sub AddToFahrzeuge(ByVal fahrzeuge As Fahrzeuge)
...
End Class
```

Die Klassendefinition für die Entität *Mitglieder*:

```
Partial Public Class Mitglieder
    Inherits Global.System.Data.Objects.DataClasses.EntityObject
```

Eine statische Methode zum Erzeugen neuer Objekte:

```
    Public Shared Function CreateMitglieder(ByVal id As Integer, ByVal vorname As String, _
                                            ByVal nachname As String) As Mitglieder
        Dim mitglieder As Mitglieder = New Mitglieder
        mitglieder.Id = id
        mitglieder.Vorname = vorname
        mitglieder.Nachname = nachname
        Return mitglieder
    End Function
...
```

Die Definition für die einzelnen Eigenschaften der Entität:

```
    Public Property Id() As Integer
        Get
            Return Me._Id
        End Get
```

```
    Set
        Me.OnIdChanging(value)
        Me.ReportPropertyChanging("Id")
        Me._Id = Global.System.Data.Objects.DataClasses.StructuralObject.SetValidValue(value)
        Me.ReportPropertyChanged("Id")
        Me.OnIdChanged
    End Set
End Property


Private _Id As Integer
```

Hiermit können Sie auf Änderungen der Eigenschaft reagieren:

```
Partial Private Sub OnIdChanging(ByVal value As Integer)
...
Partial Private Sub OnIdChanged()
...
Public Property Vorname() As String
...
Public Property Nachname() As String
...
```

Abrufen von Detaildatensätzen (Verweis auf andere Entitäten):

```
Public Property VereinsVorsitze() As _
              Global.System.Data.Objects.DataClasses.EntityCollection(Of Vereine)
...
End Property

Public Property VereinsMitgliedschaften() _
              As Global.System.Data.Objects.DataClasses.EntityCollection(Of Vereine)
...
End Property

End Class
```

Die weiteren Klassen (Entitäten):

```
Partial Public Class Vereine
    Inherits Global.System.Data.Objects.DataClasses.EntityObject
    ...
End Class
```

Im Lauf des Kapitels kommen wir auf die Verwendung der obigen Klassen im Detail zurück.

Der Model-First-Entwurf

Stillschweigend sind wir im vorhergehenden Abschnitt davon ausgegangen, dass eine entsprechende Datenbank mit vorhandenen Schemainformationen bereits vorliegt. Die aktuelle Version des Entity Frameworks gestattet es jedoch auch, ausgehend von einem Modell eine dazugehörige Datenbank zu erstellen bzw. ein DDL-SQL-Skript, mit dem die Datenbank erzeugt werden kann.

HINWEIS   Bevor Sie jetzt voller Enthusiasmus Modelle entwickeln, sollten Sie kurz auf Seite 1166 nachschlagen, wo wir uns mit den Entwurfsmöglichkeiten und dem Model-First-Entwurf bereits kurz beschäftigt haben. Neben den dortigen Ausführungen sollten Sie auch beachten, dass der Model-First-Entwurf nicht für die kontinuierliche Entwicklung geeignet ist. Haben Sie ein Modell erzeugt, können Sie aus diesem eine DDL-SQL-Script generieren, das alle Anweisungen für das Erstellen der Datenbankobjekte enthält. Bestehende Objekte und Daten werden durch dieses Skript überschrieben bzw. gelöscht.

Haben wir Sie immer noch nicht von dieser Entwurfsform abgehalten, wollen wir Ihnen im Folgenden die wichtigsten Schritte vom Modell zur Datenbank aufzeigen:

1. Wählen Sie in Visual Studio 2010 den Menüpunkt *Hinzufügen neues Element/ADO.NET Entity Data Model*.

2. Entscheiden Sie sich im ersten Schritt des Assistenten für ein *Leeres Modell*.

3. Im anschließend geöffneten EDM-Designer entwerfen Sie Ihr Modell, indem Sie aus der Toolbox Entitäten in den Designer einfügen und diese gegebenenfalls mittels Zuordnung miteinander verknüpfen.

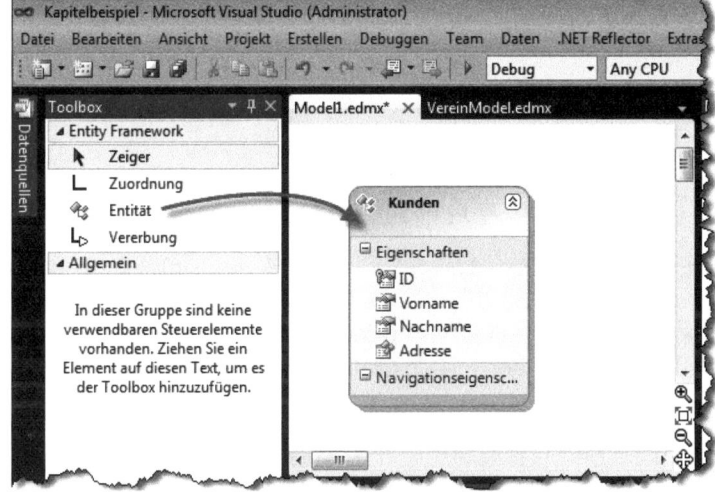

Abbildung 18.26 Beispiel für ein einfaches Modell mit komplexem Typ (Adresse)

4. Über das Kontextmenü des Designers erreichen Sie den Menüpunkt *Datenbank aus Modell generieren*. Hier werden Sie zunächst nach den Verbindungsinformationen, d.h. schlussendlich nach dem Daten Provider gefragt (SqlClient).

5. Geben Sie im Dialog einen Datenbanknamen an der noch nicht existiert, wird diese Datenbank auf Nachfrage erstellt, der Connectionstring wird in der Datei *App.Config* gespeichert.

6. Bis zum jetzigen Zeitpunkt ist noch nichts erstellt, der Assistent hat Ihnen lediglich eine *.edmx.sql*-Datei mit den nötigen DDL-Befehlen hinterlassen. Diese können Sie im Fall des MS SQL Servers zum Beispiel mit dem SQL Server Management Studio ausführen und so die finale Datenbank erstellen.

7. Alternativ können Sie die Datenbank auch per Code erzeugen, beachten Sie jedoch, dass diese zum Beispiel beim Microsoft SQL Server wiederum nicht vorhanden sein darf, bevor Sie die Methode *CreateDatabase* aufrufen.

BEISPIEL

Erstellen der Datenbank zur Laufzeit

...

Instanz des DataContext erzeugen:

```
Dim db As New ProbeModell()
```

Datenbank per Skript generieren:

```
db.CreateDatabase()
```

Eine erste Abfrage realisieren und anzeigen:

```
Dim query = db.KundenMenge
DataGridView1.DataSource = query
```

Dabei wollen wir es im Weiteren belassen, wie Sie sicher schon gelesen haben, sind die Autoren nicht unbedingt die Freunde dieser Entwurfsart. Diese Situation könnte sich vielleicht einmal ändern, wenn auch auf dem SQL Server mit Entitäten statt mit Tabellen gearbeitet wird, aber bis dahin ist es sicher noch ein weiter Weg.

Einsatz des EntityClient für die Datenabfrage

Nach endlosen Entwürfen und Modifikationen am EDM haben Sie es endlich geschafft, Sie besitzen ein abfragefähiges Datenmodell, das zum einen weitgehend Ihre Geschäftsmodelle unterstützt, zum anderen aber auch mit der relationalen Datenbankstruktur Ihres SQL Servers klar kommt. Doch das Modell ist kein Selbstzweck und so steht sicher schnell die Frage im Raum, was Sie damit überhaupt anfangen können.

Ein Überblick

Wie bereits in der Einführung beschrieben, stehen dem Programmierer zwei grundsätzliche Schnittstellen für den Zugriff auf das EDM zur Verfügung. Wir wollen uns im Weiteren zunächst mit dem EntityClient beschäftigen, quasi die Low-Level-Version des Datenzugriffs im Entity Framework.

HINWEIS   Gleich vorweg ein kleiner Dämpfer, bevor Sie sich voller Elan auf diese Form des Datenzugriffs stützen: Der EntityClient bietet lediglich einen Lesezugriff auf die Daten.

Die Verwendung des EnityClients entspricht dem Datenzugriff in einem ganz normalen ADO.NET-Programm (per *Connection, DataReader*) mit einer wichtigen Ausnahme: statt der bisher üblichen Vorgehensweise, native SQL-Abfragen an den Server zu senden, verwenden Sie in diesem Fall die neue Sprache Entity SQL, um Abfragen gegen das Entity Data Modell zu schreiben (konzeptionelles Modell). Das Entity Framework sorgt dafür, dass diese Befehle in die spezifischen SQL-Anweisungen des angeschlossenen SQL Servers übersetzt werden.

HINWEIS Wer jetzt denkt, bei Verwendung der Entitäten in der Abfrage werden auch Entitäten durch den EntityClient zurückgegeben, der irrt. Rückgabewerte der DataReader sind Zeilen- und Spaltensätze, oder alternativ komplexere hierarchische Daten.

Einsatzbeispiel

Die mit diesem Provider zum Einsatz kommenden Klassen dürften für den erfahrenen ADO.NET-Programmierer recht schnell verständlich sein, Abfragen realisieren Sie mit einem *EntityCommand*-Objekt, für die Verbindung ist ein *EntityConnection*-Objekt verantwortlich. Die Rückgabewerte der Abfragen liefern einen *DbDataReader*.

BEISPIEL

Abfrage der Vereinsmitglieder aus unserem Beispiel

```
Imports System.Data.EntityClient
...
Public Class Form1

    Private Sub Button1_Click(ByVal sender As System.Object, ByVal e As System.EventArgs) _
            Handles Button1.Click
```

Eine *EntityConnection* erzeugen und öffnen:

```
        Using conn As New EntityConnection("Name=VereinDBEntities")
            conn.Open()
```

Ein *EntityCommand* erzeugen, parametrieren und ausführen:

```
            Dim cmd As EntityCommand = conn.CreateCommand()
```

Die folgende ESQL-Abfrage dürfte für den gestandenen SQL-Programmierer leicht verständlich sein:

```
            cmd.CommandText = "SELECT VALUE m FROM VereinDBEntities.Mitglieder AS m" &
                              " ORDER BY m.Nachname"
            Dim dr As DbDataReader = cmd.ExecuteReader(CommandBehavior.SequentialAccess)
```

Daten mittels *DbDataReader* abrufen:

```
            While dr.Read()
                ListBox1.Items.Add(dr("Nachname").ToString())
            End While
            dr.Close()
        End Using
    End Sub
...
End Class
```

Der Unterschied zur bisherigen Programmierung liegt in der Abstraktion von der zugrundeliegenden Datenbank. Ohne Code-Änderung kann die logische Schicht, d.h. die Datenbank, getauscht werden. Zusätzlich bietet eSQL die Möglichkeit, auf umständliche Joins etc. zu verzichten, die Verbindung zwischen den Entitäten ist ja bereits komplett im Modell beschrieben.

HINWEIS   Beachten Sie die eSQL-Anweisung »SELECT VALUE ...«. Nur mit dem Zusatz »VALUE« werden die Daten in die gewohnte Tabellenform projiziert. Andernfalls gibt die Abfrage eine Collection von *BridgeDataRecord*-Objekten zurück. Siehe dazu auch Seite 1241.

Alternativ zum vorhergehenden Beispiel ist es natürlich auch möglich, dass Ihre Abfrage lediglich einen skalaren Rückgabewert enthält. In diesem Fall verwenden Sie die *ExecuteScalar*-Methode des *EntityCommand*-Objekts (siehe folgendes Beispiel).

BEISPIEL

Skalarer Einzelwert als Ergebnis der Abfrage

```
Using conn As New EntityConnection("Name=VereinDBEntities")
    conn.Open()
    Dim cmd As EntityCommand = conn.CreateCommand()
    cmd.CommandText = "SELECT COUNT(m.id) FROM VereinDBEntities.Mitglieder AS m"
    MessageBox.Show("Mitglieder: " & cmd.ExecuteScalar().ToString())
End Using
```

HINWEIS   In diesem Fall können Sie VALUE in der eSQL-Abfrage weglassen.

Connection aufbauen

Wie gerade gezeigt, sind wir bei der Verwendung des EntityClients wieder auf dem Stand des guten alten ADO.NET angekommen, Begriffe wie *Connection*, *DataReader* und *Command* sollten Ihnen deshalb geläufig sein (siehe dazu Kapitel 4).

Wie bei einer normalen SQL Server-Connection müssen wir auch in diesem Fall dem entsprechenden *EntityConnection*-Objekt klar machen, woher die Daten kommen. Doch halt, ganz so einfach ist es in diesem Fall nicht, geht es doch darum, neben den reinen Verbindungsdaten (Servername, Timeout, Catalog, Anmeldeinformationen) auch die entsprechenden EDM-Mapping und -Metadaten zu spezifizieren.

All diese Aufgaben übernimmt ein recht komplexer Verbindungsstring für dessen Erstellung/Verwaltung sich zwei Varianten anbieten:

- Ablegen der Informationen in einer Anwendungskonfigurationsdatei (*App.Config*) und Zuweisen des Connection-Namens per *Name*-Schlüsselwort (dies ist standardmäßig der Fall)
- Verwendung des *EntityConnectionStringBuilder* beim Zusammenbau des Connectionstrings

BEISPIEL

Connectionstring für unsere lokal abgelegte Beispieldatenbank

Die Metadaten für das OR-Mapping:

```
metadata=res://*/VereinModel.csdl|res://*/VereinModel.ssdl|res://*/VereinModel.msl;
```

Der Provider:

```
provider=System.Data.SqlClient;
```

Die providerspezifischen Informationen, wie Sie es auch von einer *SqlConnection* kennen:

```
provider connection string="Data Source=.\SQLEXPRESS;AttachDbFilename=|
DataDirectory|\VereinDB.mdf;Integrated Security=True;User
Instance=False;MultipleActiveResultSets=True";
```

Mehr über Connectionstrings finden Sie unter der folgenden Adresse bzw. ab Seite 1237.

| WWW | http://msdn.microsoft.com/en-us/library/cc716756.aspx |

Parameterabfragen realisieren

Wer aus der ADO.NET-Welt kommt, hat sicher auch mit Parameterabfragen gearbeitet. Diese haben den wesentlichen Vorteil, gegen SQL-Injection immun zu sein, da es nicht möglich ist, komplette SQL-Anweisungen in einen SQL-String einzubauen, wie dies bei einer reinen Stringaddition problemlos möglich ist.

Auch in eSQL werden die Abfrageparameter mit einem »@« gekennzeichnet, den Parameter-Wert selbst können Sie später zum Beispiel mit der *AddWithValue*-Methode übergeben.

BEISPIEL

Übergabe eines Parameters an die eSQL-Anweisung

```
Using conn As New EntityConnection("Name=VereinDBEntities")
    conn.Open()
    Dim cmd As EntityCommand = conn.CreateCommand()
    cmd.CommandText = "SELECT VALUE m FROM VereinDBEntities.Mitglieder AS m " &
                      "WHERE m.Nachname LIKE @Nachname"
    cmd.Parameters.AddWithValue("Nachname", "Ge%")
    Dim dr As DbDataReader = cmd.ExecuteReader(CommandBehavior.SequentialAccess)
    Do While dr.Read()
        ListBox1.Items.Add(dr("Nachname").ToString)
    Loop
    dr.Close()
End Using
```

Wann sollten Sie diese Variante nutzen?

Haben Sie sich das Beispiel auf Seite 1187 zu Gemüte geführt, kommt sicher schnell die Frage auf, welchen Nutzen diese Form des Datenzugriffs überhaupt hat und wann Sie den EntityClient verwenden sollten.

Verwenden Sie diese Möglichkeit des Datenzugriffs nur dann, wenn Sie Ihr EDM in bestehende Projekte (die mit DataReader etc. arbeiten) integrieren wollen oder wenn Sie das Letzte an Geschwindigkeit aus Ihrer Anwendung herauskitzeln wollen. Allerdings können Sie in diesem Fall wohl besser gleich auf die Verwendung des EntityClients verzichten und direkt mit den alten ADO.NET-Objekten arbeiten, dann entfällt auch die Einarbeitung in die neue eSQL-Syntax (SQL müssen Sie wohl oder übel können, wie wollen Sie sonst die Datenbank und deren Schnittstellen erzeugen?).

Die Einschränkungen von Entity SQL, in Bezug auf Einfüge-, Update- und Löschabfragen machen es sicher leicht, in naher Zukunft auf den EntityClient zu verzichten – wer mischt in seinen Programmen schon gern zwei verschiedene Abfragesprachen (SQL/ eSQL) und Technologien (EntityClient/SQLClient)?

Eine Übersicht zu eSQL in der aktuellen Version finden Sie unter folgender Adresse:

| **WWW** | http://msdn.microsoft.com/en-us/library/bb399560.aspx |

Mehr zum Thema »Entity SQL« finden Sie ab Seite 1194.

Wer sich dafür interessiert, welcher SQL-Befehl basierend auf einer eSQL-Abfrage an den Server gesendet wird, der findet auf Seite 1242 die Antwort.

Verwenden der Objektdienste

Nachdem wir uns kurz mit der Low-Level-Variante des Datenzugriffs mit Hilfe des Entity Frameworks beschäftigt haben, steigen wir jetzt in höhere Gefilde der Programmierung auf. Mit den Objektdiensten bietet sich die Möglichkeit, die im EDM definierten Entitäten und Beziehungen als Objekte und Assoziationen abzurufen und zu verarbeiten. D.h., Sie verwenden typisierte Objekte, die auch über sinnvoll benannte Eigenschaften verfügen, und müssen nicht wie beim EntityClient »im Blindflug« mit den Collections hantieren.

Eine Übersicht

Wie so oft im Microsoft-Universum gibt es auch hier wieder zwei Varianten des Datenzugriffs, deren Endergebnis aber in jedem Fall eine Liste von Entitäts-Objekten ist, d.h., sind die Daten einmal abgerufen, gestaltet sich die weitere Arbeit gleich:

- Direktes Abrufen von Objektlisten mit Entity SQL (eSQL), diese Befehle müssen (wie auch bei SQL-Anweisungen) als Zeichenketten übergeben werden

- Verwenden von LINQ to Entities, mit allen Vorteilen von LINQ, wie Syntax-Prüfung etc.

Warum jetzt noch eSQL? Stellen Sie sich vor, Sie müssen eine Abfrage von bestimmten Nutzereingaben abhängig machen (Sortierfolgen, Filterkriterien etc.). Nur mit eSQL ist es schnell und problemlos möglich, den übergebenen String an die neuen Gegebenheiten anzupassen. Eine LINQ-Abfrage hingegen ist, von einzelnen Bedingungen abgesehen, doch recht statisch.

Im vorhergehenden Abschnitt haben wir Sie darüber belehrt, dass Sie mit eSQL, bzw. dem EntityClient, keine Änderungen an der Datenbank vornehmen können, lediglich der Lesezugriff ist realisierbar. Die gleiche Aussage können wir an dieser Stelle wieder treffen, allerdings mit einer wesentlichen Einschränkung:

| **HINWEIS** | Einfüge-, Änderungs- und Löschabfragen werden zwar nicht per eSQL/LINQ to Entities unterstützt, jedoch bietet der alles umgebende *ObjectContext* genügend Möglichkeiten, um diese Aufgaben zu realisieren (siehe Seite 1212). |

Verwendung von eSQL

Sehen wir uns zunächst ein erstes Beispiel für die Verwendung von eSQL im Zusammenhang mit den Objektdiensten an.

HINWEIS   Verwechseln Sie diese Abfrage nicht mit dem Zugriff auf den EntityClient. Dieser kann nur einen *DataReader* zurückgeben und nutzt eine *Connection* statt des *ObjectContext*.

BEISPIEL

Verwendung von eSQL (alle Elemente aus der Liste *Mitglieder* abrufen)

```
...
Private Sub Button2_Click(ByVal sender As System.Object, ByVal e As System.EventArgs) _
        Handles Button2.Click
```

Einen neuen *ObjectContext* erzeugen:

```
Dim ctx As New VereinDBEntities()
```

Die Abfrage selbst wird als String an die Methode *CreateQuery* übergeben, den Rückgabetyp müssen Sie selbst angeben:

```
Dim query = ctx.CreateQuery(Of Mitglieder)( _
            "SELECT VALUE m FROM VereinDBEntities.Mitglieder AS m ORDER BY m.Nachname")
DataGridView1.DataSource = query
End Sub
...
```

Wie Sie sehen, wird die eSQL-Anweisung als Zeichenkette übergeben, den Rückgabewert (*ObjectQuery (Of Mitglieder)*) können Sie zum Beispiel direkt an ein *DataGridView* binden:

	Id	Vorname	Nachname	VereinsVorsitze	VereinsMitgliedscha
▶	11	Walter	Doberenz		
	10	Thomas	Gewinnus		
	7	Hans	Glück		
	8	Paul	Waldner		
	9	Werner	Wiesengrün		
*					

Abbildung 18.27 Ausgabe des Beispiels

HINWEIS   Lassen Sie das Schlüsselwort VALUE in der Abfrage weg, liefert die Abfrage *DbDataRecord*-Objekte mit den enthaltenen Daten.

Wer sich die *edmx.Designer*-Datei mit den Quellcodes für die einzelnen EDM-Klassen genau angesehen hat, dürfte sich zum Beispiel an folgende Anweisungen erinnern:

```
...
Public ReadOnly Property Mitglieder() As Global.System.Data.Objects.ObjectQuery(Of Mitglieder)
    Get
        If (Me._Mitglieder Is Nothing) Then
            Me._Mitglieder = MyBase.CreateQuery(Of Mitglieder)("[Mitglieder]")
```

```
            End If
            Return Me._Mitglieder
        End Get
    End Property
...
```

Hier passiert nichts anderes, als dass der internen Variablen für *Mitglieder* das Abfrageergebnis zugewiesen wird. Ganz nebenbei sehen Sie auch gleich eine vereinfachte Syntax für die Abfrage einer Entität, wenn Sie keine weiteren Bedingungen/Optionen angeben müssen.

Auch wenn der Aufwand für die Abfrage gegenüber dem alten ADO.NET-Code schon drastisch gesunken ist, stellt sich vielleicht die Frage, wozu jetzt eSQL statt SQL verwendet wird.

Neben der Plattformunabhängigkeit der Sprache erschließt sich ein anderer Vorteil erst bei weiteren Experimenten, wenn Sie zum Beispiel verknüpfte Daten abfragen.

BEISPIEL

Abfrage aller Vereine deren Vorsitzender »Gewinnus« heißt[1]

```
...
    Dim ctx As New VereinDBEntities()
    Dim query = ctx.CreateQuery(Of Vereine)(_
        "SELECT VALUE v FROM VereinDBEntities.Vereine AS v WHERE v.Vorsitzender.Nachname == 'Gewinnus'")
...
    DataGridView1.DataSource = query
```

Wer sich als alter SQL-Programmierer jetzt auf einen schönen Join gefreut hat, dürfte enttäuscht sein, keine einzige Verbindung muss erzeugt werden, da ja schon alles im ERM definiert ist – Abfragen leicht gemacht!

Verwendung von LINQ to Entities

Im Vergleich zur Abfrage der Datenbank per eSQL bietet die LINQ to Entities-Variante eigentlich »nur« dem Programmierer einen Nutzeffekt, kann er doch zum einen von der IntelliSense und der damit einhergehenden Typprüfung sowie von einer wesentlich vereinfachten Syntax profitieren. Da Sie als Leser dieses Buchs wahrscheinlich eher dem Programmiererumfeld zuzuordnen sind, dürfte diese Variante auch die am häufigsten genutzte sein, es sei denn, Sie müssen sich mit dynamisch erstellten eSQL-Anweisungen herumplagen.

Im Folgenden finden Sie die bereits aus dem Vorgängerabschnitt bekannten Abfragen, diesmal jedoch als LINQ-Abfragen realisiert.

BEISPIEL

Verwendung von LINQ to Entities (alle Elemente aus der Liste *Mitglieder* abrufen)

```
...
    Dim ctx As New VereinDBEntities()
    Dim query = ctx.Mitglieder
    DataGridView1.DataSource = query
...
```

[1] Nein, diese Abfrage ist rein fiktiv ...

Oder noch kürzer:

```
DataGridView1.DataSource = (New VereinDBEntities()).Mitglieder
```

Soll die Liste sortiert sein, genügt folgende Erweiterung:

```
Dim ctx As New VereinDBEntities()
Dim query = ctx.Mitglieder.OrderBy(Function(m) m.Nachname)
DataGridView1.DataSource = query
```

Wer es gern in Query-Expression-Syntax mag, auch dem kann geholfen werden:

```
Dim ctx As New VereinDBEntities()
Dim query = From m In ctx.Mitglieder _
            Order By m.Nachname _
            Select m
DataGridView1.DataSource = query
```

Diese Varianten dürften sicher deutlicher lesbarer sein als das entsprechende eSQL-Beispiel, was bei umfangreichen Datenmodellen sicher eine Erleichterung ist. Auf einen Syntax-Fehler brauchen Sie auch nicht bis zum ersten Testlauf zu warten, hier meckert der Compiler bereits, wenn etwas nicht der LINQ-Syntax entspricht oder Sie sich bei einem Bezeichner verschrieben haben[1].

BEISPIEL

Abfrage aller Vereine deren Vorsitzender »Gewinnus« heißt

```
...
Dim ctx As New VereinDBEntities()
Dim query = From v In ctx.Vereine _
            Where v.Vorsitzender.Nachname = "Gewinnus" _
            Select v
DataGridView1.DataSource = query
...
```

Alternativ:

```
Dim ctx As New VereinDBEntities()
Dim query = ctx.Vereine.Where(Function(v) v.Vorsitzender.Nachname = "Gewinnus")
DataGridView1.DataSource = query
```

Wem das noch nicht reicht, hier mal eine kurze Abfrage über drei Tabellen:

BEISPIEL

Anzeige aller Vereine in denen »Gewinnus« Mitglied ist

```
Dim ctx As New VereinDBEntities()
Dim query = From v In ctx.Vereine _
            Where v.Mitgliedsliste.Any(Function(m) m.Nachname = "Gewinnus") _
            Select v
DataGridView1.DataSource = query
```

---

[1] Wer schon einmal umfangreichere eSQL-Abfragen erstellt hat, kann ein Lied davon singen.

Bitte jetzt nicht behaupten, dass Sie diese Abfrage in T-SQL auch mit so wenigen Anweisung hinbekommen hätten. Da wären Sie schon ein paar Minuten mit den Joins über die drei beteiligten Tabellen beschäftigt.

Bevor wir uns im Weiteren mit praktischen Aufgabestellungen beschäftigen werden, wollen wir noch kurz die wichtigsten Grundlagen von Entity SQL in einem Abschnitt zusammenfassen.

Kurzeinführung in Entity SQL (eSQL)

Im Folgenden wollen wir mit einer kurzen und sicher auch nicht vollständigen Übersicht die wichtigsten Fragen zum Thema »Entity SQL« beantworten. In jedem Fall ist es für den Leser empfehlenswert, wenn er bereits über Grundlagen der Programmierung mit SQL/T-SQL verfügt, handelt es sich doch bei eSQL ebenfalls um eine strukturierte Abfragesprache.

HINWEIS   In diesem Fall liegt die Betonung eindeutig auf Abfragesprache, es gibt keine Konstrukte zum Erstellen von Datenbanken/Datenbankobjekten, Einfügen, Ändern oder Löschen von Daten bzw. zum Verwalten von Nutzern.

Für den Umsteiger: Unterschiede zu T-SQL

Zunächst ein Wort vorweg: Keine Sorge, eSQL wird SQL in naher Zukunft nicht ersetzen, ganz im Gegenteil, aus jedem eSQL-Statement wird durch das Entity Framework und den entsprechenden Datenbankprovider wieder eine server-spezifische SQL-Abfrage erzeugt, die an den Datenbankserver abgesetzt wird.

Allerdings ergeben sich aus dem grundsätzlich anderem Ansatz von eSQL auch einige wesentliche Unterschiede, die Sie beachten müssen:

- Grundsätzlich wird nicht mit Tabellen, sondern mit den Entitäten Ihres Objektmodells gearbeitet.
- Für die eindeutige Identifizierung des Enitätsmodells müssen Sie dieses beim Spezifizieren von Entitäten mit angeben, gleichzeitig müssen für alle Entitäten Alias-Bezeichner mittels AS-Klausel eingeführt werden (siehe Abbildung 18.28).
- Der Zugriff auf Eigenschaften muss über den zugehörigen Alias erfolgen.
- Sie können auf das beliebte SELECT * FROM verzichten. Da Sie ohnehin auf den Alias der Entität verweisen, werden in diesem Fall alle Eigenschaften zurückgegeben, andernfalls müssen Sie eine Liste der gewünschten Eigenschaften erstellen.

  Also entweder:

  ```
  SELECT VALUE m FROM VereinDBEntities.Mitglieder AS m
  ```

  oder

  ```
  SELECT m.Nachname, m.Vorname FROM VereinDBEntities.Mitglieder AS m
  ```

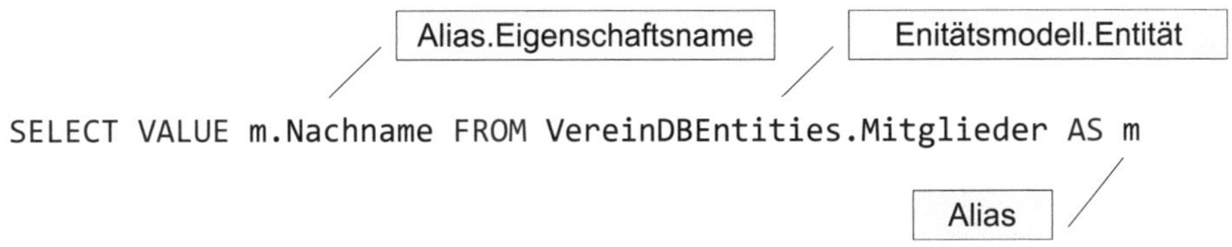

Alias.Eigenschaftsname   Enitätsmodell.Entität

```
SELECT VALUE m.Nachname FROM VereinDBEntities.Mitglieder AS m
```

Alias

Abbildung 18.28   Die wichtigsten Unterschiede für den SQL-Programmierer auf einen Blick

Eine umfassende Liste der Unterschiede finden Sie unter

WWW   http://msdn.microsoft.com/en-us/library/bb738573.aspx

Für den Einsteiger

In loser Folge stellen wir Ihnen hier die wichtigsten Sprachkonstrukte kurz vor.

HINWEIS   Bevor Sie jetzt versuchen, die Beispiele mühsam in einem eigenen Programm zu realisieren, möchten wir Sie auf die Anwendung *LINQPad* verweisen, mit der Sie problemlos und interaktiv auf das von Ihnen erstellte Datenmodell zugreifen und auch Abfragen in eSQL frei ausprobieren können. Ganz nebenbei erhalten Sie auch Einblick in die generierte T-SQL-Anweisung, Sie können also schnell überprüfen, ob die eSQL-Abfrage auch zum gewünschten (optimalen) Ergebnis führt. Mehr dazu siehe Seite 1239.

Kommentare

Auch wenn Sie in eSQL nicht allzu lange Anweisungen realisieren werden, ist es doch teilweise sinnvoll, Anmerkungen zu hinterlassen. Diese können Sie, wie auch in T-SQL, mit zwei Minuszeichen einleiten.

BEISPIEL

Kommentare

```
-- Testabfrage
SELECT VALUE m.Nachname
-- ein Kommentar
FROM VereinDBEntities.Mitglieder AS m
```

Zeichenketten

Zeichenketten sollten Sie in einfache Anführungszeichen einschließen[1], so umgehen Sie gleich noch die Probleme, die Sie sonst in VB mit den Stringbegrenzern hätten.

BEISPIEL

Zeichenketten

```
SELECT VALUE m FROM VereinDBEntities.Mitglieder AS m WHERE m.Nachname = 'Gewinnus'
```

---

[1] Es gehen auch die doppelten.

Datum-/Zeitangaben

Datums- und Datumszeitwerte müssen im Format DATETIME'YYYY-MM-DD' hh:mm angegeben werden, auch wenn es sich um einen reinen Datumswert handelt. YYYY entspricht dem vierstelligen Jahreswert, es folgt ein zweistelliger Monatswert und eine zweistellige Tagesangabe. Stunden- und Minuten sind ebenfalls zweistellig anzugeben.

BEISPIEL

Vergleich mit Datums-/Zeitwert (*Northwind*-Datenbank)

```
SELECT VALUE o FROM NorthwindEntities.Orders AS o WHERE o.OrderDate = DATETIME'2006-05-13 00:00'
```

Zeitwerte müssen dem Format TIME'HH:MM[:SS[.fffffff]]' entsprechen, der Sekunden-Wert und der Sekundenbruchteil sind optionale Angaben.

BEISPIEL

Zeitangaben

```
... WHERE t.Abfahrt = TIME'19:30'
... WHERE t.Abfahrt = TIME'19:30:05.1234567'
```

Zahlen

Decimal-Werte kennzeichnen Sie durch ein angehängtes »M«, Float und Double-Werte sind am Trennpunkt oder einem nachfolgenden »f« erkennbar.

BEISPIEL

Formatierung von Zahlenwerten

```
... WHERE p.unitprice = 19.45M     -- Decimal
... WHERE p.unitprice = 19.45      -- Double
... WHERE p.unitprice = 19.45f     -- Double
```

Parameter

Parameter werden mit einem »@« gekennzeichnet. Zur Laufzeit können Sie den Parametern über die *Parameters*-Auflistung die gewünschten Werte zuweisen.

BEISPIEL

Parameter

```
        Using conn As New EntityConnection("Name=VereinDBEntities")
            conn.Open()
            Dim cmd As EntityCommand = conn.CreateCommand()
```

Parameter definieren:

```
        cmd.CommandText = "SELECT VALUE m FROM VereinDBEntities.Mitglieder AS m " & _
                    "WHERE m.Nachname LIKE @Nachname"
```

1197

Dem Parameter einen Wert zuweisen:

```
cmd.Parameters.AddWithValue("Nachname", "Ge%")
Dim dr As DbDataReader = cmd.ExecuteReader(CommandBehavior.SequentialAccess)
Do While dr.Read()
...
    Loop
End Using
```

Projektion

Im Gegensatz zur Verwendung von LINQ to Entities, das im Falle einer Projektion einen anonymen Typ zurückgibt, müssen wir bei einer eSQL-Projektion per EntityClient oder Objektdienst uns mit der späteren Verwendung der *DBDataRecord*-Objekte bescheiden.

BEISPIEL

Projekt in eSQL

```
Dim ctx As New NorthwindEntities()
    Dim query As ObjectQuery(Of DbDataRecord) = ctx.CreateQuery(Of DbDataRecord)
            ("SELECT p.ProductName, p.UnitPrice FROM NorthwindEntities.Products AS p")
    For Each record As DbDataRecord In query
        Console.WriteLine("{0} {1}", record("ProductName").ToString().Trim(),
                            record("UnitPrice").ToString().Trim())
    Next record
```

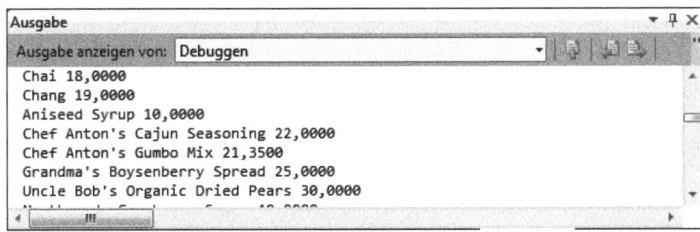

Abbildung 18.29 Ergebnis

HINWEIS   Einfacher ist es in diesem Fall, eine View in der Datenbank zu erstellen und für diese eine passende Entität im Modell zu erzeugen.

BEISPIEL

Zugriff auf eine View, die in das Datenmodell eingebunden ist

```
Dim ctx As New NorthwindEntities()
```

Variante 1:

```
Dim query = ctx.CreateQuery(Of Current_Product_List)("[Current_Product_List]")
```

Variante 2:

```
Dim query = ctx.CreateQuery(Of Current_Product_List)(
            "SELECT VALUE p FROM NorthwindEntities.Current_Product_List AS p")
```

Sortieren

Hier erwartet Sie nicht viel Neues, auch eSQL kennt die ORDER BY-Klausel. Optional können Sie mit ASC/DESC Einfluss auf die Sortierrichtung nehmen.

BEISPIEL

Sortieren

```
SELECT VALUE p FROM NorthwindEntities.Products AS p ORDER BY p.ProductName
```

Sortierfolge umkehren:

```
SELECT VALUE p FROM NorthwindEntities.Products AS p ORDER BY p.ProductName DESC
```

▲ Result Set (77 items)

ProductID	ProductName	QuantityPerUnit	UnitPrice	UnitsInStock	UnitsOnOrder	ReorderLevel	Discontinued
17	Alice Mutton	20 - 1 kg tins	39,0000	0	0	0	True
3	Aniseed Syrup	12 - 550 ml bottles	10,0000	13	70	25	False
40	Boston Crab Meat	24 - 4 oz tins	18,4000	123	0	30	False
60	Camembert Pierrot	15 - 300 g rounds	34,0000	19	0	0	False
18	Carnarvon Tigers	16 kg pkg.	62,5000	42	0	0	False
1	Chai	10 boxes x 20 bags	18,0000	39	0	10	False
2	Chang	24 - 12 oz bottles	19,0000	17	40	25	False

Abbildung 18.30   Ergebnis

Gruppieren

Verwenden Sie zum Gruppieren die GROUP BY-Klausel.

BEISPIEL

```
Gruppieren (Anzahl der Artikel in der jeweiligen Produktgruppe)
SELECT
    p.Categories.CategoryName,
    COUNT(p.ProductId) AS Anzahl
FROM
    NorthwindEntities.Products AS p
GROUP BY
    p.Categories.CategoryName
```

▲ Result Set (8 items)

CategoryName	Anzahl
Beverages	12
Condiments	12
Confections	13
Dairy Products	10
Grains/Cereals	7
Meat/Poultry	6
Produce	5
Seafood	12
	77

Abbildung 18.31   Ergebnis

Filtern

Hier haben wir es mit der altbekannten WHERE-Klausel zu tun, Sie können mehrere Bedingungen mit AND und OR verknüpfen.

BEISPIEL

Filtern mit WHERE

```
SELECT
  VALUE p FROM NorthwindEntities.Products AS p
WHERE
  (p.UnitPrice > 10) AND (p.UnitsInStock > 20)
```

▲ Result Set (39 items)

ProductID	ProductName	QuantityPerUnit	UnitPrice ≡	UnitsInStock ≡	UnitsOnOrder ≡	ReorderLevel ≡	Discontinued
1	Chai	10 boxes x 20 bags	18,0000	39	0	10	False
4	Chef Anton's Cajun Seasoning	48 - 6 oz jars	22,0000	53	0	0	False
6	Grandma's Boysenberry Spread	12 - 8 oz jars	25,0000	120	0	25	False
9	Mishi Kobe Niku	18 - 500 g pkgs.	97,0000	29	0	0	True
10	Ikura	12 - 200 ml jars	31,0000	31	0	0	False
11	Queso Cabrales	1 pkg.	21,0000	22	30	30	False

Abbildung 18.32 Ergebnis

Beschränken

Möchten Sie die zurückgegebene Datenmenge beschränken, bieten sich zwei Wege an:

- Verwendung von TOP
- Verwendung von LIMIT im Zusammenhang mit der ORDER BY-Klausel

Wie schnell ersichtlich, ist die Verwendung von LIMIT an eine sortierte Datenmenge gebunden, bei TOP steht es Ihnen frei eine Sortierfolge anzugeben.

BEISPIEL

Die zehn teuersten Artikel (zwei Versionen)

```
SELECT VALUE p FROM NorthwindEntities.Products AS p ORDER BY p.UnitPrice DESC LIMIT(10)
SELECT VALUE TOP (10) p FROM NorthwindEntities.Products AS p ORDER BY p.UnitPrice DESC
```

▲ Result Set (10 items)

ProductID	ProductName	QuantityPerUnit	UnitPrice ≡	UnitsInStock ≡	UnitsOnOrder ≡	ReorderLevel ≡	Discontinued
38	Côte de Blaye	12 - 75 cl bottles	263,5000	17	0	15	False
29	Thüringer Rostbratwurst	50 bags x 30 sausgs.	123,7900	0	0	0	True
9	Mishi Kobe Niku	18 - 500 g pkgs.	97,0000	29	0	0	True
20	Sir Rodney's Marmalade	30 gift boxes	81,0000	40	0	0	False
18	Carnarvon Tigers	16 kg pkg.	62,5000	42	0	0	False
59	Raclette Courdavault	5 kg pkg.	55,0000	79	0	0	False
51	Manjimup Dried Apples	50 - 300 g pkgs.	53,0000	20	0	10	False
62	Tarte au sucre	48 pies	49,3000	17	0	0	False
43	Ipoh Coffee	16 - 500 g tins	46,0000	17	10	25	False
28	Rössle Sauerkraut	25 - 825 g cans	45,6000	26	0	0	True
			876,6900	287	10	50	

Abbildung 18.33 Ergebnis

Paging

Gerade bei großen Datenmengen ist es wichtig, mittels Paging Teile der Ergebnismenge abrufen zu können. Dabei wird ein Startwert mittels SKIP festgelegt, die Anzahl bestimmen Sie mit LIMIT.

BEISPIEL

Realisierung von Paging (5 Elemente überspringen, 5 Elemente abrufen)

```
SELECT
   VALUE p
FROM
    NorthwindEntities.Products AS p
ORDER BY
   p.UnitPrice SKIP(5) LIMIT(5)
```

▲ Result Set (5 items)

ProductID	ProductName	QuantityPerUnit	UnitPrice ≡	UnitsInStock ≡	UnitsOnOrder ≡	ReorderLevel ≡	Discontinued
75	Rhönbräu Klosterbier	24 - 0.5 l bottles	7,7500	125	0	25	False
23	Tunnbröd	12 - 250 g pkgs.	9,0000	61	0	25	False
19	Teatime Chocolate Biscuits	10 boxes x 12 pieces	9,2000	25	0	5	False
47	Zaanse koeken	10 - 4 oz boxes	9,5000	36	0	0	False
45	Rogede sild	1k pkg.	9,5000	5	70	15	False
			44,9500	252	70	70	

Abbildung 18.34   Ergebnis

UNION

Möchten Sie zwei Ergebnismengen verbinden, können Sie den UNION-Operator verwenden, beachten Sie jedoch, dass einzelnen SELECT-Statements in Klammern einzuschließen sind.

BEISPIEL

Verwendung UNION (die fünf teuersten und fünf billigsten Artikel)

```
(SELECT VALUE p FROM NorthwindEntities.Products AS p ORDER BY p.UnitPrice DESC LIMIT(5))
UNION ALL
(SELECT VALUE p FROM NorthwindEntities.Products AS p ORDER BY p.UnitPrice ASC LIMIT(5))
```

▲ Result Set (10 items)

ProductID	ProductName	QuantityPerUnit	UnitPrice ≡	UnitsInStock ≡	UnitsOnOrder ≡	ReorderLevel ≡	Discontinued
38	Côte de Blaye	12 - 75 cl bottles	263.5000	17	0	15	False
29	Thüringer Rostbratwurst	50 bags x 30 sausgs.	123.7900	0	0	0	True
9	Mishi Kobe Niku	18 - 500 g pkgs.	97.0000	29	0	0	True
20	Sir Rodney's Marmalade	30 gift boxes	81.0000	40	0	0	False
18	Carnarvon Tigers	16 kg pkg.	62.5000	42	0	0	False
33	Geitost	500 g	2.5000	112	0	20	False
24	Guaraná Fantástica	12 - 355 ml cans	4.5000	20	0	0	True
13	Konbu	2 kg box	6.0000	24	0	5	False
52	Filo Mix	16 - 2 kg boxes	7.0000	38	0	25	False
54	Tourtière	16 pies	7.4500	21	0	10	False
			655,2400	343	0	75	

Abbildung 18.35   Ergebnis

> **HINWEIS** Beachten Sie die ALL-Option. Lassen Sie diese weg, sind die Daten unsortiert, doppelte Elemente werden ausgelassen.

BEISPIEL

Einfluss von ALL

Führen Sie folgende Abfrage mit ALL aus, werden 100 Datensätze zurückgegeben, die Ergebnismenge enthält doppelte Werte, da insgesamt nur 77 Datensätze vorhanden sind.

```
(SELECT VALUE p FROM NorthwindEntities.Products AS p ORDER BY p.UnitPrice DESC LIMIT(50))
UNION ALL
(SELECT VALUE p FROM NorthwindEntities.Products AS p ORDER BY p.UnitPrice ASC LIMIT(50))
```

Führen Sie die Abfrage ohne ALL aus, werden auch nur 77 Datensätze zurückgeben, die Daten sind unsortiert.

Verwendung von Aggregat-Funktionen

Auch in eSQL stehen Ihnen die bekannten Aggregatfunktionen (AVG, MIN, MAX, COUNT, BIGCOUNT, STDEV, SUM) zur Verfügung.

BEISPIEL

Verwendung von Aggregatfunktionen

```
SELECT
    AVG(p.UnitPrice) AS Durchschnittspreis,
    MAX(p.UnitPrice) AS Maximalpreis,
    MIN(p.UnitPrice) AS Minimalpreis
FROM
    NorthwindEntities.Products AS p
```

Durchschnittspreis	Maximalpreis	Minimalpreis
28,8663	263,5000	2,5000

Abbildung 18.36 Ergebnis

Zugriff auf Detaildaten

Gerade hier profitieren Sie von den detaillierten Informationen über die Zusammenhänge zwischen den Entitäten, da diese bereits im Modell komplett beschrieben sind. Nutzen Sie einfach die Navigationseigenschaften der jeweiligen Entität um auf die Detaildaten zuzugreifen.

BEISPIEL

Abfrage aller Bestellungen bei denen der Kundenname mit »A« beginnt

```
SELECT
    o.OrderID, o.Customers.CompanyName
FROM
    NorthwindEntities.Orders as o
WHERE
    o.Customers.CompanyName LIKE 'A%'
```

▲ Result Set (30 items)	
OrderID	**CompanyName**
10643	Alfreds Futterkiste
10692	Alfreds Futterkiste
10702	Alfreds Futterkiste
10835	Alfreds Futterkiste
10952	Alfreds Futterkiste
11011	Alfreds Futterkiste
10308	Ana Trujillo Emparedados y helados
10625	Ana Trujillo Emparedados y helados
10759	Ana Trujillo Emparedados y helados
10926	Ana Trujillo Emparedados y helados

Abbildung 18.37 Ergebnis (Auszug)

Damit wollen wir unseren Ausflug in die Sprache eSQL beenden, wir könnten sicher ein komplettes Buch damit füllen, aber es warten ja noch andere interessante Themen auf Sie.

Praktisches Arbeiten mit dem EDM

Die folgenden Abschnitte widmen sich der praktischen Arbeit mit den per eSQL oder LINQ to SQL erzeugten Datenmengen im EDM (*Entity Data Model*). Dabei werden wir uns vordergründig mit einzelnen Aufgabenstellungen beschäftigen, die bei der täglichen Arbeit anfallen.

HINWEIS   Dieser Abschnitt überschneidet sich teilweise mit Inhalten des Kapitels 17 (LINQ to SQL). Das aber haben wir im Interesse der Übersichtlichkeit bewusst in Kauf genommen. Bei Aufgabenstellungen, die mit dem Entity Framework genauso wie bei LINQ to SQL gelöst werden, verweisen wir einfach auf das entsprechende Kapitel, um nicht komplett denselben Code und Text nochmals abdrucken zu müssen.

Skalare Werte abfragen

Wie auch bei LINQ to SQL profitieren Sie beim Arbeiten mit dem EDM von der Verwendung anonymer Typen, Sie können also im einfachsten Fall immer mit dem *var-Schlüsselwort* arbeiten.

Rechnen Sie bereits mit einem bestimmten Rückgabedatentyp, können Sie diesen natürlich auch entsprechend definieren (z.B. für das Ergebnis einer Aggregat-Funktion).

BEISPIEL

Abfrage der Anzahl von Mitgliedern mit »G«

```
Dim ctx As New VereinDBEntities()
Dim i = ctx.Mitglieder.Where(Function(m) m.Nachname.Contains("G")).Count()
```

Alternativ:

```
Dim i As Integer = ctx.Mitglieder.Where(Function(m) m.Nachname.Contains("G")).Count()
MessageBox.Show("Mitglieder mit 'G':" & i.ToString())
```

Abfrage des ersten Nachnamens der »G« enthält

```
Dim ctx As New VereinDBEntities()
Dim s As String = ctx.Mitglieder.Where(Function(m) m.Nachname.Contains("G")).Select(_
                     Function(m) m.Nachname).First()
MessageBox.Show("Erstes Mitglied mit 'G':" & s)
```

HINWEIS   Nur durch Verwendung von *First* erhalten Sie einen einzelnen Wert und nicht ein *IQueryable<string>*!

Abfrage mit Projektion

Gleich vorweg ein wichtiger Hinweis:

HINWEIS   Wie auch bei LINQ to SQL gilt allgemein: Verwenden Sie Projektionen in Ihrer LINQ-Abfrage, sind die zurückgegebenen Daten schreibgeschützt, da nur einzelne Eigenschaften und nicht die komplette Entität zurückgegeben wird.

Anzeige der Mitgliedernamen in einem Listenfeld (Rückgabewert = *IQueryable<String>*)

```
Dim ctx As New VereinDBEntities()
Dim mitg = ctx.Mitglieder.Select(Function(m) m.Nachname & ", " & m.Vorname)
ListBox1.DataSource = mitg
```

Etwas anders sieht es aus, wenn Sie eine eigene Klasse erzeugen und eine typisierte Liste zurückgeben.

In diesem Fall ist die Liste editierbar, Datenänderungen werden aber nicht vom *ObjectContext* registriert
und damit auch nicht mit einem *SaveChanges* in die Datenbank geschrieben (kein Change Tracking und
kein Identity Management).

Erzeugen einer editierbaren Liste *List<string>*

```
Dim mitg As List(Of String) = ctx.Mitglieder.Select(Function(m) m.Nachname & ", " & _
                     m.Vorname).ToList()
Debug.WriteLine(mitg(1))
```

Das ist möglich (wenn der Datensatz vorhanden ist):

```
mitg(1) = "Bla Bla"
Debug.WriteLine(mitg(1))
```

Detaildaten/Verwendung der Navigationseigenschaften

Sicher ist Ihnen bei einem Blick auf das EDM auch schon aufgefallen, dass die einzelnen Entitäten über so
genannte *Navigationsmethoden* verfügen. Dies ist immer dann der Fall, wenn Entitäten (Tabellen) miteinander in Beziehung stehen. Doch wie können Sie diese Navigationseigenschaften eigentlich nutzen?

BEISPIEL

Abfrage aller Vereine, die mehr als ein Mitglied haben (*Mitgliedsliste* ist die Navigationseigenschaft)

```
Dim ctx As New VereinDBEntities()
Dim q = From v In ctx.Vereine _
        Where v.Mitgliedsliste.Count() > 1 _
        Select v
DataGridView2.DataSource = q
```

Im obigen Beispiel handelt es sich bei *Mitgliedsliste* um eine Collection von *Mitglieder*-Objekten (die klassische 1:n-Beziehung). Alternativ können Navigationseigenschaften aber auch einzelne Objekte zurückgeben, wie es im folgenden Beispiel der Fall ist.

BEISPIEL

Abfrage der Vereine in denen »Gewinnus« der Vereinsvorsitzende ist

```
Dim ctx As New VereinDBEntities()
Dim q = From v In ctx.Vereine _
        Where v.Vorsitzender.Nachname = "Gewinnus"
        Select v
DataGridView2.DataSource = q
```

Hier gibt *Vorsitzender* ein *Mitglieder*-Objekt zurück.

Doch wie sieht es eigentlich mit den Navigationseigenschaften nach dem Laden der Daten aus? Können wir, wie in LINQ to SQL, direkt zu den gewünschten Detaildaten wechseln? Die Antwort gibt der folgende Abschnitt.

Lazy Loading

Vielleicht sind Sie an der einen oder anderen Stelle schon über den Begriff »Lazy Loading« gestolpert, hier wollen wir uns im Detail damit beschäftigen.

Das Grundprinzip des Lazy Loading (übersetzt etwa »faules bzw. verzögertes Laden«) lässt sich am einfachsten mit einem kleinen Beispiel demonstrieren.

BEISPIEL

Wir rufen die Vereine ab und möchten die Namen der Vorsitzenden anzeigen.

```
Dim ctx As New VereinDBEntities()
ctx.ContextOptions.LazyLoadingEnabled = False
Dim vereine = ctx.Vereine
MessageBox.Show(vereine.ToTraceString())
For Each v As Vereine In vereine
  MessageBox.Show(v.Name)
```

In der folgenden Zeile wird ein Fehler auftreten (siehe Abbildung 18.38):

```
  MessageBox.Show(v.Vorsitzender.Nachname)
Next v
```

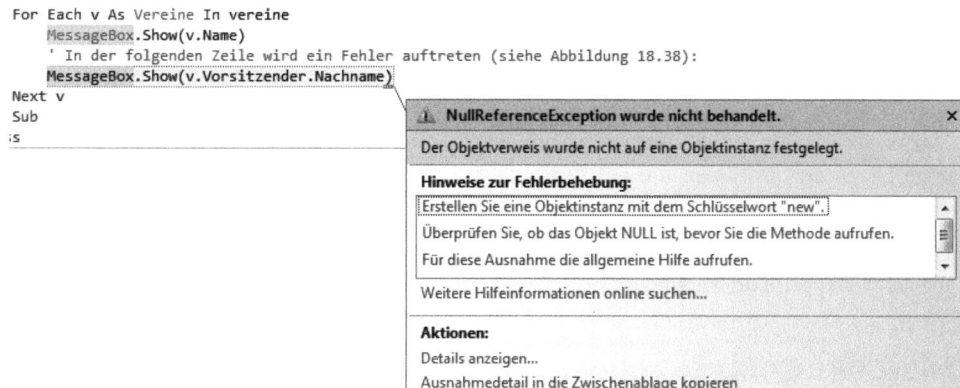

```
For Each v As Vereine In vereine
    MessageBox.Show(v.Name)
    ' In der folgenden Zeile wird ein Fehler auftreten (siehe Abbildung 18.38):
    MessageBox.Show(v.Vorsitzender.Nachname)
Next v
Sub
is
```

⚠ **NullReferenceException wurde nicht behandelt.**   ✕

Der Objektverweis wurde nicht auf eine Objektinstanz festgelegt.

Hinweise zur Fehlerbehebung:

Erstellen Sie eine Objektinstanz mit dem Schlüsselwort "new".

Überprüfen Sie, ob das Objekt NULL ist, bevor Sie die Methode aufrufen.

Für diese Ausnahme die allgemeine Hilfe aufrufen.

Weitere Hilfeinformationen online suchen...

Aktionen:

Details anzeigen...

Ausnahmedetail in die Zwischenablage kopieren

Abbildung 18.38 Reaktion ohne Lazy Loading

Der Grund für dieses Verhalten: Mit der Aufruf *ctx.Vereine* wird lediglich die Tabelle *Vereine* abgefragt:

```
SELECT
[Extent1].[Id] AS [Id],
[Extent1].[Name] AS [Name],
[Extent1].[Strasse] AS [Strasse],
[Extent1].[PLZ] AS [PLZ],
[Extent1].[Ort] AS [Ort],
[Extent1].[Vorsitzender] AS [Vorsitzender]
FROM [dbo].[Vereine] AS [Extent1]
```

Abbildung 18.39 Die T-SQL-Abfrage

Die Eigenschaft *Vorsitzender* ist zu diesem Zeitpunkt deshalb zwangsläufig mit *null* belegt, da diese Daten nicht vom Server abgerufen wurden.

Ganz anders, wenn Sie die Option *LazyLoadingEnabled* auf *True* gesetzt haben. In diesem Fall wird zwar auch nur die Tabelle *Vereine* abgefragt, beim Zugriff auf die Eigenschaft *Vorsitzender* wird jedoch eine weitere T-SQL-Abfrage zum Server gesendet, um die jetzt nötigen Daten für diese Eigenschaft aus der Tabelle *Mitglieder* abzurufen. Im Weiteren können dann alle Eigenschaften von *Vorsitzender* abgefragt werden.

HINWEIS   Lazy Loading ist also nichts anderes als eine Möglichkeit, Detaildaten automatisch erst dann abzurufen, wenn sie benötigt werden.

So weit so gut, aber ...

Kommen wir noch einmal auf unser vorhergehendes Beispiel zurück. In einer Schleife wollen wir für alle Vereine die Namen der Vorsitzenden ausgeben. Sehen Sie sich gleichzeitig obige Ausführungen genau an werden Sie feststellen, dass der Detaildatenabruf für jedes Element der Vereinsliste getrennt erfolgt. Enthält diese Liste also 10.000 Vereine, werden auch 10.000 einzelne Abfragen an den Server gesendet, um die Detaildaten zu laden. Ein wohl kaum erwünschter Effekt.

Aus gutem Grund war deshalb in der ersten Version des Entity Frameworks Lazy Loading nicht implementiert, der Programmierer sollte selbst erkennen, wann Detaildaten nachgeladen werden sollen/müssen. Mit der vorliegenden Version wurde dieses Verhalten geändert. Werden aus einer Datenbank neue Modelle erzeugt, ist die Eigenschaft *LazyLoadingEnabled* standardmäßig auf *True* gesetzt.

HINWEIS   Bei konvertierten Projekten der Vorgängerversion ist Lazy Loading deaktiviert und muss entweder im Modell oder per Code aktiviert werden.

Wann sollte man Lazy Loading aktivieren? Hier kann es eigentlich keine eindeutige Antwort geben. Iterieren Sie häufig über lange Listen von Entitäten um auf Detaildaten zuzugreifen, sollten Sie in jedem Fall Lazy Loading deaktivieren und sich mit dem vorzeitigen Laden (Eager-Load) näher beschäftigen (siehe dazu Seite 1207).

Alternativ bietet sich auch das explizite Laden an, womit wir bereits beim nächsten Thema angelangt wären.

Wie funktioniert das explizite Laden?

Kam Ihnen die Variante mit dem Lazy Loading etwas zu »leichtsinnig« vor? Wenn ja, dann sollten Sie sich eingehender mit dem expliziten Laden beschäftigen.

HINWEIS   Explizites Laden ist nur erforderlich, wenn Lazy Loading deaktiviert ist!

Wir sehen uns zunächst das letzte Beispiel erneut an und suchen eine Möglichkeit, wie die Fehlermeldung beim Zugriff auf die Eigenschaft *Vorsitzender* vermieden werden kann. Wir erweitern dieses Beispiel um einen späteren Zugriff auf die Detaildaten (wir wollen den Vornamen des Vorsitzenden ermitteln).

BEISPIEL

Nachladen der *Mitglieder*-Entität (Navigationseigenschaft *Vereinsvorsitzender*)

```
Dim ctx As New VereinDBEntities()
Dim q = (From v In ctx.Vereine _
         Where v.Vorsitzender.Nachname = "Gewinnus"
         Select v).First()
```

Hier laden wir explizit die nötigen Daten nach:

```
q.VorsitzenderReference.Load()
MessageBox.Show(q.Vorsitzender.Vorname)
```

Ähnlich sieht es aus, wenn Sie beispielsweise alle Vereine abrufen und später deren Mitglieder auflisten wollen.

BEISPIEL

Abfrage aller Vereine, deren Mitglieder auflisten

```
Dim ctx As New VereinDBEntities()
Dim q = ctx.Vereine
```

Abrufen der Vereine:

```
For Each v As Vereine In q
  Debug.WriteLine(v.Name)
```

Abrufen der jeweiligen Mitglieder:

```
For Each m As Mitglieder In v.Mitgliedsliste
    Debug.WriteLine("   " & m.Nachname)
Next m
Next v
```

Das Ergebnis:

```
Taubenzüchter
VB-Freunde 2008 e.V.
```

Es werden keine Detaildatensätze ausgegeben, da wir diese auch nicht mit *Load* geladen haben.

Die geänderte Routine:

```
Dim ctx As New VereinDBEntities()
Dim q = ctx.Vereine
For Each v As Vereine In q
    Debug.WriteLine(v.Name)
    v.Mitgliedsliste.Load()
    For Each m As Mitglieder In v.Mitgliedsliste
        Debug.WriteLine("   " & m.Nachname)
    Next m
Next v
```

Die neue Ausgabe dürfte schon eher unseren Erwartungen entsprechen:

```
Taubenzüchter
   Glück
VB-Freunde 2008 e.V.
   Gewinnus
   Doberenz
```

Doch auch hier kann es unweigerlich zum Performance-Gau kommen, wenn Sie z.B. tausende Master-Datensätze durchlaufen. Wie auch beim Lazy Loading wird für jeden Detaildatensatz (bei jedem *Load*) eine SQL-Anweisung an den Server abgesetzt, was wohl in diesem Fall nicht der Weisheit letzter Schluss sein kann. Allerdings haben Sie es bei dieser Variante selbst in der Hand, wann die Daten geladen werden, ein »versehentliches« Laden der Daten ist nicht möglich, ein Performance-Problem werden Sie so sicher eher entdecken. Wie es besser geht, zeigt der folgende Abschnitt.

HINWEIS   In .NET 4 wurde mit *LoadProperty* eine neue Methode für den ObjectContext eingeführt, mit der Sie ebenfalls für eine Entität Eigenschaften »nachladen« können.

Was passiert beim vorzeitigen Laden (Eager-Load)?

Da wir bereits festgestellt haben, dass die *Load-Methode* nicht in allen Fällen für eine optimale Abfrage-Performance taugt, müssen wir uns nach einer Alternative umschauen. Diese findet sich in Gestalt der *Include*-Anweisung, die bereits beim Erstellen der Abfrage verwendet werden kann.

BEISPIEL

Optimieren des letzten Beispiels durch Verwenden von *Include*

```
Dim ctx As New VereinDBEntities()
```

Bereits hier wird das Framework über unsere Wünsche informiert, die daraus resultierende Abfrage schließt jetzt auch die Mitgliederdaten ein:

```
Dim q = ctx.Vereine.Include("Mitgliedsliste")
For Each v As Vereine In q
    Debug.WriteLine(v.Name)
    For Each m As Mitglieder In v.Mitgliedsliste
        Debug.WriteLine("    " & m.Nachname)
    Next m
Next v
```

Die generierten SQL-Anweisungen ohne und mit *Include*:

```
SELECT                                       SELECT
1 AS [C1],                                    [Project2].[Id] AS [Id],
[Extent1].[Id] AS [Id],                       [Project2].[Name] AS [Name],
[Extent1].[Name] AS [Name],                   [Project2].[Strasse] AS [Strasse],
[Extent1].[Strasse] AS [Strasse],             [Project2].[PLZ] AS [PLZ],
[Extent1].[PLZ] AS [PLZ],                     [Project2].[Ort] AS [Ort],
[Extent1].[Ort] AS [Ort],                     [Project2].[C1] AS [C1],
[Extent1].[Vorsitzender] AS [Vorsitzender]    [Project2].[Vorsitzender] AS [Vorsitzender],
FROM [dbo].[Vereine] AS [Extent1]             [Project2].[C2] AS [C2],
                                              [Project2].[Id1] AS [Id1],
                                              [Project2].[Vorname] AS [Vorname],
                                              [Project2].[Nachname] AS [Nachname]
                                              FROM ( SELECT
                                                      [Extent1].[Id] AS [Id],
                                                      [Extent1].[Name] AS [Name],
                                                      [Extent1].[Strasse] AS [Strasse],
                                                      [Extent1].[PLZ] AS [PLZ],
                                                      [Extent1].[Ort] AS [Ort],
                                                      [Extent1].[Vorsitzender] AS [Vorsitzender],
                                                      1 AS [C1],
                                                      [Project1].[Id] AS [Id1],
                                                      [Project1].[Vorname] AS [Vorname],
                                                      [Project1].[Nachname] AS [Nachname],
                                                      [Project1].[C1] AS [C2]
                                                      FROM  [dbo].[Vereine] AS [Extent1]
                                                      LEFT OUTER JOIN  (SELECT
                                                              [Extent2].[Verein] AS [Verein],
                                                              [Extent3].[Id] AS [Id],
                                                              [Extent3].[Vorname] AS [Vorname],
                                                              [Extent3].[Nachname] AS [Nachname],
                                                              1 AS [C1]
                                                              FROM  [dbo].[Mitgliedsliste] AS [Extent2]
                                                              INNER JOIN [dbo].[Mitglieder] AS [Extent3] ON [Extent3].[Id]
                                              = [Extent2].[Mitglied] ) AS [Project1] ON [Extent1].[Id] = [Project1].[Verein]
                                              ) AS [Project2]
                                              ORDER BY [Project2].[Id] ASC, [Project2].[C2] ASC
```

Abbildung 18.40   Die im Hintergrund erzeugten SQL-Anweisungen

HINWEIS   Haben Sie mehr als eine Verknüpfung, können Sie weitere *Include*-Anweisungen anhängen, allerdings sollten Sie es mit dem pauschalen Laden der Daten auch nicht übertreiben, irgendwann ist »Speicherende«.

Ein kleiner Test soll die »Intelligenz« dieses Verfahrens testen.

Zusätzliche Abfrage des Vorsitzenden

```
Dim ctx As New VereinDBEntities()
Dim q = ctx.Vereine.Include("Mitgliedsliste")
For Each v As Vereine In q
    Debug.WriteLine(v.Name)
    For Each m As Mitglieder In v.Mitgliedsliste
        Debug.WriteLine("    " & m.Nachname)
    Next m
    Debug.WriteLine("Vorsitzender: " & v.Vorsitzender.Nachname)
Next v
```

Obwohl wir »nur« die Mitgliederliste abfragen, lässt sich problemlos auch die Navigationseigenschaft *Vorsitzender* auswerten. Der Grund dürfte schnell ersichtlich sein, auch diese Eigenschaft verweist auf die Entität *Mitglieder,* die wir über *Mitgliedsliste* bereits geladen haben.

Für die Wahl zwischen *Load* und *Include* sollten Sie in schwierigen Fällen den *SQL Server Profiler* verwenden, um die Häufigkeit der SQL-Abfragen auszuwerten.

Delay Loaded

Wer bereits mit LINQ to SQL gearbeitet hat, wird vielleicht auch die Option »Delay Loaded« für die einzelnen Eigenschaften einer Entität kennengelernt haben. Das Grundprinzip: Ist die Option für die Eigenschaft auf *True* gesetzt, wird die Eigenschaft erst mit Daten gefüllt, wenn auf diese zugegriffen wird. Ein gutes Beispiel ist in diesem Fall die Tabelle *Employees* aus der *Northwind*-Datenbank. Ein intern gesendetes

```
SELECT * FROM Employees
```

beim Abrufen aller Angestellten ist zwar auf den ersten Blick sinnvoll, ein näherer Blick auf das Tabellenschema enthüllt aber, dass in diesem Fall auch die Bilder (Spalte *Photo*) gleich mit übertragen werden. Ein sicher sinnloses Unterfangen. Hier hilft Delay Loaded weiter. Ist für die Eigenschaft *Photo* die Option auf *True* gesetzt, werden die Bilddaten zunächst nicht übertragen, dies erfolgt erst, wenn Sie explizit auf diese Eigenschaft lesend zugreifen.

HINWEIS   Das Entity Framework unterstützt kein Delay Loaded, als Alternative wird ein Aufsplitten der Tabellen mittels 1:1-Beziehung empfohlen[1].

Zugriff mit Paging

Wie auch in LINQ to SQL findet sich über die Erweiterungsmethoden *Skip* und *Take* ein einfacher Weg, um gezielt einzelne Datenpakete aus großen Listen abzufragen. Soweit die Theorie, doch versuchen Sie die beiden Methoden anzuwenden, werden Sie schnell mit einer kleinen Besonderheit des Entity Frameworks Bekanntschaft machen:

---

[1] In der nächsten Version ist die Funktion vermutlich enthalten.

HINWEIS   Die Methode *Skip* lässt sich nur auf sortierte Daten anwenden, es muss also vorher die *OrderBy*-Methode aufgerufen werden!

BEISPIEL

Zwei Datensätze überspringen, drei abrufen

```
Dim ctx As New VereinDBEntities()
Dim q = ctx.Mitglieder.OrderBy(Function(m) m.Nachname).Skip(2).Take(3)
```

Auch beim Entity Framework gilt:

HINWEIS   Die Datenauswahl (Filtern) erfolgt auf dem Server, nicht auf dem Client, von diesem werden wirklich nur die gewünschten Datensätze verarbeitet.

Abrufen einzelner Entitäten

Neben dem Abrufen von skalaren Werten und Entitätslisten ist es in einigen Fällen auch erforderlich, einzelne Entitäten vom Server abzurufen. Allerdings ist die Verwendung der in diesem Zusammenhang möglichen Methoden auch mit einigen Fallstricken versehen.

Single/First

Auf den ersten Blick bieten sich die beiden Erweiterungsmethoden *Single* und *First* an. *Single* liefert das einzige Element einer Auflistung, *First* das erste Element einer Auflistung.

BEISPIEL

Verwendung von *First*

```
Dim ctx As New VereinDBEntities()
ctx.ContextOptions.LazyLoadingEnabled = False
Dim verein = ctx.Vereine.First()
MessageBox.Show(verein.Name)
```

HINWEIS   Doch Vorsicht: Beide Methoden lösen ein Exception aus wenn kein Element vorhanden ist. Bei *Single* wird zusätzlich ein Exception ausgelöst wenn mehr als ein Element vorhanden ist.

SingleOrDefault/FirstOrDefault

Die Lösung für diesen möglicherweise unerwünschten Fehler sind die Methoden *SingleOrDefault* und *FirstOrDefault*, die zwar grundsätzlich das gleiche Verhalten haben, bei keinen vorhandenen Entitäten jedoch einen null-Wert zurückgeben.

BEISPIEL

Verwendung von *FirstOrDefault*

```
Dim ctx As New VereinDBEntities()
```

```
ctx.ContextOptions.LazyLoadingEnabled = False
Dim verein = ctx.Vereine.Where(Function(v) v.Id = 200).FirstOrDefault()
If verein IsNot Nothing Then
    MessageBox.Show(verein.Name)
End If
```

GetObjectByKey

Wer es gern »nicht objektorientiert« mag, der kann neuerdings auch direkt mit den Schlüsseln auf einzelne Entitäten zugreifen, die Methoden *GetObjectByKey* bzw. *TryGetObjectByKey* des ObjectContext helfen Ihnen hier weiter.

BEISPIEL

Abrufen des Mitglieds mit der ID 8

```
Dim ctx As New VereinDBEntities()
ctx.ContextOptions.LazyLoadingEnabled = False
Dim mitglied = CType(ctx.GetObjectByKey(New EntityKey("VereinDBEntities.Mitglieder", "Id", 8)),
            Mitglieder)
MessageBox.Show(mitglied.Nachname)
```

HINWEIS   *GetObjectByKey* löst einen Fehler aus, wenn die Entität nicht gefunden wurde.

Lokale Datenaktualisierung per ObjectContext

Wie schon erwähnt, werden Daten, die bereits einmal vom SQL Server angerufen wurden, aus dem lokalen Cache (verwaltet vom *ObjectContext*) bereitgestellt. Es genügt also nicht, wenn Sie versuchen, mit einer erneuten Abfrage die Inhalte von Steuerelementen zu aktualisieren, um zum Beispiel die Änderungen anderer Nutzer sichtbar zu machen. Zwei Lösungsmöglichkeiten bieten sich an:

- Sie erzeugen einen neuen *ObjectContext* und rufen die Daten erneut ab

- Sie verwenden die *Refresh*-Methode des *ObjectContext*, um gezielt bestimmte Collections mit den neuen Datenwerten zu aktualisieren

Im Zusammenhang mit der *Refresh*-Methode treffen wir auf die *RefreshMode*-Enumeration, die auch bei der Aktualisierung von Datensätzen eine Rolle spielt. Mit dieser können Sie entscheiden, ob die lokalen Cache-Daten

- überschrieben (*RefreshMode.StoreWins*)

- oder komplett beibehalten (*RefreshMode.ClientWins*)

werden. Weiterhin können Sie an die Methode auch die gewünschten Objekte/Collections übergeben, für die Sie die Aktualisierung erreichen möchten.

BEISPIEL

Aktualisieren der im *DataGridView* angezeigten Mitglieder mit den Werten aus der Datenbank

```
...
ctx.Refresh(System.Data.Objects.RefreshMode.StoreWins, ctx.Mitglieder)
```

```
    Dim q = ctx.Mitglieder
    DataGridView2.DataSource = q
...
```

Doch dazu einige Anmerkungen:

- Wie auch bei LINQ to SQL wird der Datenabgleich hier mit einzelnen SQL-Abfragen für jede Entität vorgenommen – ein sicher nicht sehr effizientes Verfahren.

- Daneben haben Sie mit *Refresh* auch nicht die Möglichkeit, neu hinzugefügte Datensätze vom Server herunterzuladen, diese sind nach einem *Refresh* nicht in der lokalen Datenmenge enthalten.

- Ein weiteres Problem sind in diesem Zusammenhang die auf dem Server gelöschten Datensätze. Diese werden durch ein *Refresh* nicht in der Clientdatenmenge gelöscht, sie stehen also weiter für die Bearbeitung zur Verfügung. Der Versuch, einen solchen Datensatz zu aktualisieren, wird mit einem Laufzeitfehler belohnt, da dieser Datensatz nicht mehr in der Tabelle existiert (siehe Abbildung 18.41).

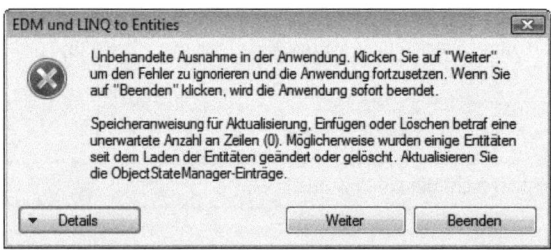

Abbildung 18.41 Laufzeitfehler beim Löschen bereits entfernter Entitäten auf dem Server

Die ebenso universelle wie brachiale Lösung für dieses und andere Probleme:

HINWEIS   Erzeugen Sie einen neuen *ObjectContext* und rufen Sie die Daten erneut ab.

Einfaches Einfügen von Datensätzen

In der ersten Version des Entity Frameworks gehörte dieses Thema zu den weniger schönen »Highlights«, da das Hinzufügen neuer Entitäten an den ObjectContext gebunden war. Dieser verfügt über einen »Sack« voller automatisch generierter Methoden (*AddToMitglieder, AddToVereine* ...).

BEISPIEL

Hinzufügen neuer Mitglieder in unser EDM

```
        Dim ctx As New VereinDBEntities()
```

Neue Instanzen lassen sich am einfachsten mit der statischen Create...-Methode des jeweiligen Typs erzeugen:

```
        Dim m As Mitglieder = Mitglieder.CreateMitglieder(0, "Hans", "Glück")
```

Ärgerlicherweise wird auch die ID abgefragt, obwohl diese schreibgeschützt ist.

```
        ctx.AddToMitglieder(m)
```

Eine alternative Schreibweise:

```
ctx.AddToMitglieder(Mitglieder.CreateMitglieder(0, "Paul", "Waldner"))
ctx.AddToMitglieder(Mitglieder.CreateMitglieder(0, "Werner", "Wiesengrün"))
```

> **HINWEIS** Nach Ausführung obiger Anweisungen sind die Daten zunächst lokal zwischengespeichert. Erst der Aufruf der *ObjectContext*-Methode *SaveChanges* überträgt die Daten zur angeschlossenen Datenquelle.

Etwas intuitiver ist sicher die folgende Möglichkeit, Objekte mittels *AddObject*-Methode direkt an die gewünschte Auflistung anzuhängen.

BEISPIEL

Verwendung von *AddObject*

```
ctx.Mitglieder.AddObject(Mitglieder.CreateMitglieder(0, "Alexander", "Lehmann"))
```

Eine weitere Variante bietet sich wiederum mit der *AddObject*-Methode des ObjectContext:

```
ctx.AddObject("Mitglieder", Mitglieder.CreateMitglieder(0, "Erwin", "Wunderlich"))
```

Für das Erzeugen der Objekte eignet sich natürlich auch die *CreateObject*-Methode des ObjectContext:

BEISPIEL

Verwendung von *CreateObjekt*

```
Dim m2 As Mitglieder = ctx.CreateObject(Of Mitglieder)()
m2.Nachname = "Wilhelm"
m2.Vorname = "Otto"
```

Abrufen eines Identity-Wertes nach dem Einfügen

Der passionierte SQL-Programmierer wird jetzt sicher schon daran denken, wie er den Identity-Wert des neuen Datensatzes in Erfahrung bringen kann. Vergessen Sie alle Überlegungen dieser Art, darum kümmert sich der *ObjectContext*, wenn Sie die Daten per *SaveChanges* übernehmen.

BEISPIEL

Bestimmen des Werts der Identity-Spalte

```
Dim ctx As New VereinDBEntities()
```

Neue Instanz erzeugen:

```
Dim m As Mitglieder = Mitglieder.CreateMitglieder(0, "Hermann", "Burgdorfer")
```

Dem ObjectContext hinzufügen:

```
ctx.AddToMitglieder(m)
MessageBox.Show("Vor SaveChanges:" & m.Id.ToString())
```

Daten übertragen:

```
ctx.SaveChanges()
```

Im Hintergrund ermittelt der ObjectContext die neue Id und Sie können diese direkt nutzen:

```
MessageBox.Show("Die neue ID:" & m.Id.ToString())
```

Abbildung 18.42   Die Ausgabedaten des Beispiels

Einfügen von Datensätzen in 1:n/m:n-Beziehungen

Wie die beiden vorhergehenden Beispiele gezeigt haben, scheint es kein Problem zu sein, neue Datensätze auf dem Server zu erzeugen. Doch wie sieht es mit verknüpften Daten aus? Ein etwas komplexeres Beispiel zeigt, dass auch dies problemlos realisierbar ist.

BEISPIEL

Erzeugen eines neuen Vereins und Zuweisen des Vereinsvorsitzenden (1:n-Beziehung) und eines Vereinsmitglieds (m:n-Beziehung)

```
Dim ctx As New VereinDBEntities()
```

Der neue Verein:

```
Dim v As New Vereine()
v.Name = "Taubenzüchter"
v.Ort = "Bad Taubhausen"
v.PLZ = "12345"
v.Strasse = "Bienengasse 333"
```

Hier wird ein Mitglied zugewiesen, das bereits vorhanden ist:

```
v.Mitgliedsliste.Add(ctx.Mitglieder.Where(Function(m) m.Nachname = "Glück").First())
```

Hier wird einem Mitglied ein Vereinsvorsitz zugewiesen:

```
ctx.Mitglieder.Where(Function(m) m.Nachname = "Glück").First().VereinsVorsitze.Add(v)
```

Mit einem abschließenden *SaveChanges* werden die Änderungen in die Datenbank übertragen.

Das folgende Beispiel ist schon etwas komplexer, wir erzeugen einen Verein mit ein paar Mitgliedern.

BEISPIEL

Verein mit zwei Mitgliedern erzeugen

Erst der Verein:

```
Dim v As New Vereine()
v.Name = "VB-Freunde"
v.Ort = "Frankfurt"
v.PLZ = "54321"
v.Strasse = "Programmiererweg 5"
```

Dann die Mitglieder:

```
v.Mitgliedsliste.Add(Mitglieder.CreateMitglieder(0, "Thomas", "Gewinnus"))
v.Mitgliedsliste.Add(Mitglieder.CreateMitglieder(0, "Walter", "Doberenz"))
```

Den Vorsitzenden dürfen wir natürlich nicht vergessen:

```
v.Vorsitzender = v.Mitgliedsliste.Where(Function(m) m.Nachname = "Gewinnus").First()
```

Und zum Schluss alles in die Vereinsliste einfügen:

```
ctx.AddToVereine(v)
```

Wer dies mit dem Aufwand eines normalen ADO.NET-Programms vergleicht, dürfte schon einige Erleichterungen feststellen, vor allem die m:n-Beziehung mit den drei beteiligten Tabellen würde uns sonst das Leben schwer machen.

Bearbeiten von Entitäten

Wie auch bei LINQ to SQL gilt: verwenden Sie einfach die Eigenschaften des jeweiligen Objekts und weisen diesen neue Werte zu.

BEISPIEL

Ändern eines Vereinsnamens

```
Dim ctx As New VereinDBEntities()
```

Wir fragen gezielt ein Objekt ab:

```
Dim ver As Vereine = ctx.Vereine.First(Function(v) v.Name.Contains("VB"))
```

Wir ändern den Wert:

```
ver.Name = "VB-Freunde"
ctx.SaveChanges()
```

HINWEIS   Änderungen, und dazu zählen Hinzufügen, Löschen und Editieren, werden nur übertragen, wenn Sie die *Save-Changes*-Methode des übergeordneten *ObjectContext*-Objekts aufrufen.

Übernahme der Daten mit SaveChanges

Wie schon in den letzten Beispielen erwähnt, werden die eingefügten (und auch geänderte) Daten erst mit einem abschließenden *SaveChanges* in die Datenbank zurückgeschrieben. So weit so gut, doch grau ist alle Theorie und so zeigt sich in der Praxis recht schnell, dass in Multiuser-Umgebungen konkurrierende Änderungen auch von anderen Usern vorgenommen werden können.

Wie reagiert hier das Entity Framework?

BEISPIEL

Ändern eines Mitgliedsnamens

```
Dim ctx As New VereinDBEntities()
Dim m = ctx.Mitglieder.First()
m.Nachname = DateTime.Now.ToString()
```

Zeitlich später...

```
ctx.SaveChanges()
```

Starten Sie das Programm zweimal und überlappen sich die Lese- und Schreibvorgänge beider Instanzen, passiert nichts. Die Daten des letzten Zugriffs werden ordnungsgemäß in der Datenbank abgelegt, als ob es keine weiteren Zugriffe gegeben hätte.

Dies ist ein grundlegender Unterschied zu LINQ to SQL, wo in diesem Fall standardmäßig ein Laufzeitfehler auftritt, den Sie entsprechend behandeln müssen.

Doch wie bringen wir unser EDM dazu, auf Änderungen anderer Instanzen zu reagieren? Hier hilft nur ein Blick in das Datenmodell und dort speziell auf die Eigenschaft *Parallelitätsmodus* (diese existiert für jedes Attribut einer Entität). Setzen Sie den Wert auf *Fixed*, werden Änderungen anderer Nutzer berücksichtigt und führen zu einem Laufzeitfehler.

Rufen Sie jetzt das vorhergehenden Beispiel in zwei Instanzen auf und überlappen sich Lese- und Schreibvorgänge, führt dies zum Laufzeitfehler (siehe Abbildung 18.43):

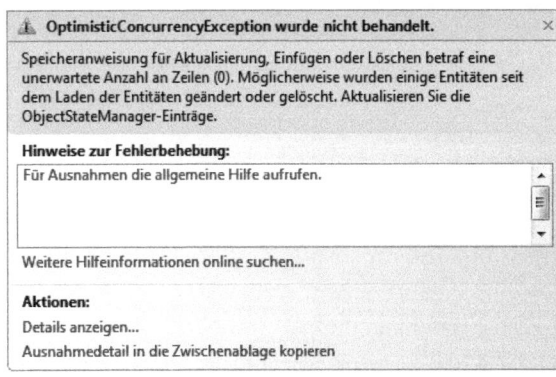

Abbildung 18.43   Laufzeitfehler beim Aufruf von *SaveChanges*

Zwei Lösungen bieten sich an:

- Die auf dem Client zwischengespeicherten Daten werden in jedem Fall gesichert:

```
Try
    ctx.SaveChanges()
Catch ex As OptimisticConcurrencyException
    ctx.Refresh(System.Data.Objects.RefreshMode.ClientWins, ctx.Mitglieder)
    ctx.SaveChanges()
End Try
```

- Die auf dem Server gespeicherten Daten werden übernommen, Clientänderungen werden ignoriert:

```
Try
    ctx.SaveChanges()
Catch ex As OptimisticConcurrencyException
    ctx.Refresh(System.Data.Objects.RefreshMode.StoreWins, ctx.Mitglieder)
    ctx.SaveChanges()
End Try
```

Welche der zwei Möglichkeiten Sie in Betracht ziehen, hängt nicht zuletzt von der jeweiligen Aufgabenstellung ab.

Sind die Datenänderungen auf den Server geschrieben bzw. die neuen Entitäten übertragen worden, wird der *EntityState* für diese Entitäten auf *Unchanged* geändert. Gleiches können Sie übrigens auch erreichen, wenn Sie die *AcceptAllChanges*-Methode aufrufen, nur dass in diesem Fall keine Daten zum Server übertragen werden, sondern lediglich der *EntityState* geändert wird.

HINWEIS   Eine Bemerkung ganz nebenbei: Der Rückgabewert von *SaveChanges* gibt darüber Auskunft, wie viele Datensätze verändert wurden.

Löschen von Daten

Einen »einfachen« Datensatz (ohne Relationen) löschen Sie mit der *DeleteObject*-Methode des *ObjectContext*[1]. Auch hier wird der Datensatz erst mit dem abschließenden *SaveChanges* an den SQL-Server übertragen. Nachfolgend müssen Sie die Daten erneut abrufen, um auch die Collections zu aktualisieren.

BEISPIEL

Löschen eines einzelnen Datensatzes

```
Dim ctx As New VereinDBEntities()
Dim mit As Mitglieder = ctx.Mitglieder.First(Function(m) m.Nachname = "Wiesengrün")
ctx.DeleteObject(mit)
ctx.SaveChanges()
```

---

[1] Auch hier sehen Sie wieder die Aufgabenteilung, für Insert, Update und Delete ist der *ObjectContext* zuständig.

So weit so gut, doch was passiert, wenn wir beispielsweise »Gewinnus« löschen wollen (Vorsitzender eines Vereins)? Der Versuch endet abrupt mit folgender Fehlermeldung:

```
"Die DELETE-Anweisung steht in Konflikt mit der REFERENCE-Einschränkung 'FK_Vereine_Mitglieder'. Der
Konflikt trat in der 'C:\\...\\VEREINDB.MDF'-Datenbank, Tabelle 'dbo.Vereine', column 'Vorsitzender'
auf.\r\nDie Anweisung wurde beendet."
```

Die Lösung: Entweder der komplette Verein wird gelöscht, oder Sie ernennen einen neuen Vorsitzenden und löschen nachfolgend »Gewinnus«. Doch ganz nebenbei ist »Gewinnus« auch noch Mitglied des Vereins, auch diese Mitgliedschaft müssen wir vor dem Löschen beenden.

BEISPIEL

Löschen von verknüpften Datensätzen

```
Dim ctx As New VereinDBEntities()
```

Zu löschenden Datensatz abrufen:

```
Dim mit As Mitglieder = ctx.Mitglieder.First(Function(m) m.Nachname = "Gewinnus")
```

Einen neuen Vorsitzenden zuweisen:

```
Dim mit2 As Mitglieder = ctx.Mitglieder.First(Function(m) m.Nachname = "Doberenz")
```

Den gewünschten Verein ermitteln:

```
Dim ver = ctx.Vereine.First(Function(v) v.Name.Contains("VB"))
```

Den Vorsitzenden neu zuweisen:

```
ver.Vorsitzender = mit2
```

Achtung: hier müssen wir erst die Mitgliedsliste laden, bevor wir das Mitglied löschen können:

```
ver.Mitgliedsliste.Load()
ver.Mitgliedsliste.Remove(mit) ' funktioniert allein nicht!!
```

Diese Änderungen übertragen:

```
ctx.SaveChanges()
```

Und jetzt können wir »Gewinnus« endlich entsorgen:

```
ctx.DeleteObject(mit)
ctx.SaveChanges()
```

Ja, das sieht schon recht aufwändig aus und der passionierte SQL-Programmierer denkt sich jetzt sicher auch seinen Teil und schreibt schnell eine Stored Procedure, die Ihm diese Arbeit abnimmt (Übergabe zweier IDs genügt). Alternativ kann je nach Anwendungsfall auch die »Delete Rule« der Fremschlüssel-Einschränkung auf »Cascade« angepasst werden, um korrespondierende Datensätze automatisch zu löschen, was in unserem Fall aber wohl nicht ganz sinnvoll wäre.

Und damit haben wir bereits unser Stichwort für den nächsten Abschnitt.

Verwendung von Stored Procedures

Die derzeitige Version des Entity Frameworks bietet, im Gegensatz zur Vorgängerversion, mittlerweile mehrere Varianten der Einbindung von Stored Procedures an:

- Verwendung beim Mapping der Insert-, Update-, Delete- Routinen für einzelne Entitäten (siehe dazu auch Seite 1175)
- Verwendung als Funktionsimport mit der Rückgabe von vordefinierte Entitäten
- Verwendung als Funktionsimport mit der Rückgabe von skalaren Werten
- Verwendung als Funktionsimport mit der Rückgabe von komplexen Typen

Während die Rückgabe vordefinierter Entitäten kein Problem ist, müssen in den beiden anderen Fällen erst die Typen zugewiesen bzw. erzeugt werden.

Komplexe Typen

Haben Sie zunächst die Stored Procedure per Assistent in das Storage-Model importiert, müssen Sie noch den erforderlichen komplexen Typ erzeugen und den Funktionsimport vornehmen (*Modellbrowser/Funktionsimporte/Funktionsimport erstellen*). Dazu steht Ihnen ein eigener Assistent zur Verfügung:

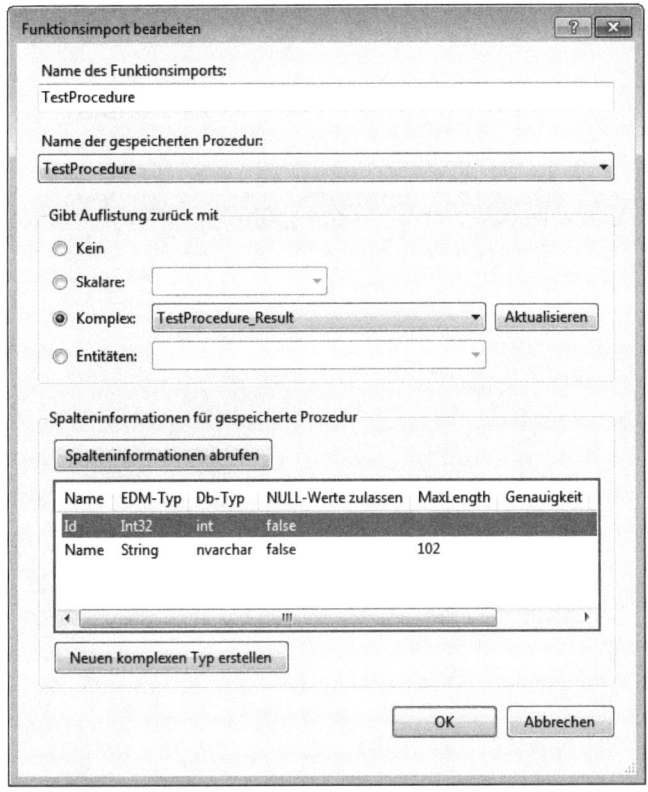

Abbildung 18.44 Funktionsimport erstellen

Klicken Sie nach Auswahl der Prozedur zunächst auf die Schaltfläche »Spalteninformationen abrufen« und nachfolgend auf »Neuen komplexen Typ erstellen«.

BEISPIEL

Import und Verwendung einer Stored Procedure mit komplexem Rückgabewert

Die zugehörige T-SQL-Prozedur:

```
ALTER PROCEDURE dbo.TestProcedure
AS
   SELECT Id, nachname + ', ' + vorname AS Name FROM Mitglieder
RETURN
```

Die Verwendung im Programm erfolgt über einen Methodenaufruf des *ObjectContext*:

```
        VereinDBEntities ctx = New VereinDBEntities()
        Dim m = ctx.TestProcedure()
        DataGridView2.DataSource = m
```

HINWEIS   Vergeben Sie in jedem Fall Alias-Namen für neu erzeugte Spalten, andernfalls kommt es später zu Problemen mit dem Rückgabewert der Prozedur bzw. den erzeugten komplexen Typen.

Skalare Rückgabewerte

Hier gehen Sie wie oben beschrieben vor, wählen jedoch aus der Liste der skalaren Rückgabewerte den geeigneten Typ aus.

BEISPIEL

Import und Verwendung einer Stored Procedure mit skalarem Rückgabewert

Die zugehörige T-SQL-Prozedur:

```
ALTER PROCEDURE dbo.Mitgliederanzahl
AS
 SELECT COUNT(*) FROM mitglieder
 RETURN
```

Die Verwendung im Programm ist etwas gewöhnungsbedürftig, da ein *ObjectResult(Of Integer?)* zurückgegeben wird:

```
        Dim ctx As New VereinDBEntities()
        Dim res As ObjectResult(Of Integer?) = ctx.Mitgliederanzahl()
```

Umwandeln in einen »normalen« nullable Typ:

```
        Dim i? As Integer = res.FirstOrDefault()
```

Anzeige:

```
        MessageBox.Show(i.ToString())
```

Alternativ können Sie auch eine eigene Methode per partieller Klasse erstellen.

Funktionsimporte

Etwas anders als bei den Stored Procedures verhält es sich mit SQL-Server-Funktionen. Wollen Sie beispielsweise eine TSQL-Funktion auch in eSQL bzw. in LINQ to Entities-Abfragen verwenden, müssen Sie neben
dem reinen Import der Funktion auch noch eine eigene Mapper-Methode erstellen. Das folgende Beispiel
zeigt, wie es geht.

BEISPIEL

Import einer Server-Funktion

Die Funktion auf dem SQL-Server[1]:

```
ALTER FUNCTION dbo.TestFunktion
  (
  @Parameter1 VARCHAR(50),
  @Parameter2 VARCHAR(50)
  )
RETURNS VARCHAR(100)
AS
  BEGIN
  DECLARE @Ausgabe VARCHAR(100)
  SET @AUSGABE = RTRIM(SUBSTRING(@Parameter1, 1, 1) + '.' + @Parameter2)
  RETURN @AUSGABE
  END
```

Der Eintrag in der Datei *VereinModel.edmx* nach dem Import der Funktion:

```
<?xml version="1.0" encoding="utf-8"?>
<edmx:Edmx Version="2.0" xmlns:edmx="http://schemas.microsoft.com/ado/2008/10/edmx">
  <!-- EF Runtime content -->
  <edmx:Runtime>
    <!-- SSDL content -->
    <edmx:StorageModels>
    <Schema Namespace="VereinDBModel.Store" Alias="Self" Provider="System.Data.SqlClient"
            ProviderManifestToken="2008"
            xmlns:store="http://schemas.microsoft.com/ado/2007/12/edm/EntityStoreSchemaGenerator"
            xmlns="http://schemas.microsoft.com/ado/2009/02/edm/ssdl">
...

      <Function Name="TestFunktion" ReturnType="varchar" Aggregate="false"
                BuiltIn="false" NiladicFunction="false" IsComposable="true"
                ParameterTypeSemantics="AllowImplicitConversion" Schema="dbo">
        <Parameter Name="Parameter1" Type="varchar" Mode="In" />
        <Parameter Name="Parameter2" Type="varchar" Mode="In" />
      </Function>
...
```

Bitte merken Sie sich den Namespace-Namen des StorageModels (siehe oben fett hervorgehoben).

Was jetzt folgt ist »Handarbeit«, wir erstellen einen Methodenrumpf für den Funktionsimport:

```
...
Imports System.Data.Objects.DataClasses
...
```

---

[1] Die Funktion verkettet Vor- und Nachname und kürzt den Vornamen auf den ersten Buchstaben ein.

```
Partial Public Class VereinDBEntities

    <EdmFunction("VereinDBModel.Store", "TestFunktion")>
    Public Function TestFunktion(ByVal Parameter1 As String, ByVal Parameter2 As String) As String
        Throw New NotImplementedException("Kein direkter Aufruf möglich!")
    End Function

End Class
```

Nachfolgend ist es kein Problem, die Server-Funktion zum Beispiel in einer LINQ-Abfrage zu verwenden:

```
Dim ctx As New VereinDBEntities()
Dim query = From m In ctx.Mitglieder
            Select New With {Key .Name = ctx.TestFunktion(m.Vorname, m.Nachname),
                             Key .Vorname = m.Vorname}
DataGridView1.DataSource = query
```

Doch warum führt die Verwendung der Methode nicht zu einem Laufzeitfehler? Hier ist etwas Trickserei im Spiel, basierend auf dem *EdmFunction*-Attribut wird der Aufruf entsprechend in den zu erzeugenden SQL-String eingebaut.

Die Eigenschaft EntityState

Sicher ist Ihnen beim Durchsehen der Entitätseigenschaften auch *EntityState* aufgefallen. Diese Eigenschaft speichert den Status, der einen der folgenden Werte annehmen kann:

Eigenschaft	Bemerkung
Detached	Das Objekt wird nicht von den Objektdiensten überwacht. Ein Objekt kann diesen Status haben, bevor es zu einer Auflistung hinzugefügt bzw. wenn es mit *Detach-Methode* vom *ObjectContext* abgekoppelt wurde.
Unchanged	Das Objekt ist unverändert seit dem letzten Laden bzw. seit dem letzten *SaveChanges*.
Added	Es handelt sich um ein neues Objekt, das noch nicht mit *SaveChanges* übertragen wurde.
Deleted	Es handelt sich um ein zu löschendes Objekt, die Änderung wurde noch nicht mit *SaveChanges* übertragen.
Modified	Seit dem letzten Laden bzw. dem letzten *SaveChanges* wurden Änderungen am Objekt vorgenommen.

Tabelle 18.1 Werte für *EntityState*

Nützlich kann diese Eigenschaft auch in der Geschäftsschicht auftreten, wo Sie zum Beispiel für neu erstellte Entitäten erst Berechnungen oder Prüfungen ausführen möchten.

HINWEIS   Mit *AcceptAllChanges* können Sie den Status für alle Entitäten zurücksetzen.

Verwendung des ObjectStateManagers

Programmierer sind von Natur aus neugierig und so verwundert es nicht, dass die EDM-Entwickler sich große Mühe gegeben haben, diese Neugier auch zu befriedigen. Gerade in Umgebungen, in denen viele Änderungen quasi »offline« ablaufen (alle Aktionen vor dem *SaveChanges*) ist es teilweise recht mühsam, irgendwann noch den Überblick zu behalten, welche Änderungen an den Datensätzen vorgenommen wurden. Dass Sie zu diesem Zweck alle Entitäten durchlaufen und die entsprechenden *EntityState*-Eigenschaften auslesen, ist wahrscheinlich keine gute Idee.

Doch ganz im Verborgenen leistet im Entity Framework der *ObjectStateManager* seine guten Dienste. Seine Aufgabe ist die Verwaltung aller Datenänderungen und der damit später mögliche Abgleich mit dem Datenspeicher.

Ein kleines Beispiel zeigt zunächst, welch tiefe Einblicke Sie gewinnen können:

BEISPIEL

Anzeige der relevanten Datenänderungen über den *ObjectStateManager*

```
ListBox1.Items.Clear()
```

Zunächst rufen wir alle geänderten Datensätze ab:

```
For Each en In ctx.ObjectStateManager.GetObjectStateEntries(EntityState.Modified)
    ListBox1.Items.Add(("Änderung für: " & en.EntityKey.EntityContainerName) & "." &
    en.EntityKey.EntitySetName.ToString() & "." &
    en.EntityKey.EntityKeyValues.First().Key & " = " &
    en.EntityKey.EntityKeyValues.First().Value)
    For i As Integer = 0 To en.CurrentValues.FieldCount - 1
        ListBox1.Items.Add(en.CurrentValues.DataRecordInfo.FieldMetadata(i).
        FieldType.ToString() & ": " & en.OriginalValues(i) & " -> " & en.CurrentValues(i))
    Next
    ListBox1.Items.Add("")
Next
```

Hier kümmern wir uns um die zu löschenden Datensätze[1]:

```
For Each en In ctx.ObjectStateManager.GetObjectStateEntries(EntityState.Deleted)
    ListBox1.Items.Add("Gelöscht: " & en.EntityKey.EntityContainerName & "." &
                        en.EntityKey.EntitySetName & "." &
                        en.EntityKey.EntityKeyValues.First().Key & " = " &
                        en.EntityKey.EntityKeyValues.First().Value)
    ListBox1.Items.Add("")
Next
```

Und hier listen wir die Neuzugänge auf:

```
For Each en In ctx.ObjectStateManager.GetObjectStateEntries(EntityState.Added)
    ListBox1.Items.Add("Hinzugefügt: " & en.EntityKey.EntityContainerName & "." &
                        en.EntityKey.EntitySetName)
    For i As Integer = 0 To en.CurrentValues.FieldCount - 1
        ListBox1.Items.Add(en.CurrentValues.DataRecordInfo.FieldMetadata(i).
                        FieldType.ToString() & ": " & en.CurrentValues(i))
    Next
    ListBox1.Items.Add("")
Next
End Sub
```

---

[1] Ob diese Aktionen auch in der Datenbank realisierbar sind, steht auf einem ganz anderen Blatt (Einschränkungen etc.).

Die Ausgaben für das Ändern, Löschen und Hinzufügen jeweils eines Datensatzes:

```
Änderung für: VereinDBEntities.Mitglieder.Id = 10
Id: 10 -> 10
Vorname: Thomas                -> Alexander
Nachname: Gewinnus             -> Gewinnus

Gelöscht: VereinDBEntities.Mitglieder.Id = 9

Hinzugefügt: VereinDBEntities.Mitglieder
Id: 0
Vorname: Otto
Nachname: Birkner
```

Abbildung 18.45 Programmausgaben

Wie Sie sehen, stehen aus logischen Gründen nicht immer alle Informationen zur Verfügung. So kann für einen neuen Datensatz sinnvollerweise auch noch keine ID angegeben werden, diese wird erst nach dem *SaveChanges* durch die Datenbank erzeugt und an den Client zurückgegeben.

Die folgende Tabelle 18.2 zeigt in einer kleinen Übersicht, wann Sie mit welchen Eigenschaften arbeiten können:

Eigenschaft	Added	Modified	Deleted	Bemerkung
Entity	•	•	•	Das entsprechende Entitätsobjekt
EntityKey		•	•	Referenz für das Entitätsobjekt
CurrentValues	•	•		Die neuen Werte für die Datenquelle
OriginalValues		•		Die vor der Änderung relevanten Werte (in der Datenbank)

Tabelle 18.2 Verfügbarkeit von Eigenschaften in Abhängigkeit vom *EntityState*

Anhängen von Objekten

Verwenden Sie das EDM in komplexeren Anwendungen, kommt schnell der Wunsch auf, Objekte unabhängig vom *ObjectContext* zu verarbeiten (Geschäftslogik) oder zu übertragen (Webdienste). In derartigen Fällen müssen Sie die einmal getrennten Objekte (detached) bzw. die extern erstellten Objekte auch wieder mit einem aktiven *ObjectContext* verbinden.

Mehrere Varianten kommen in Betracht:

- Verwenden von *AddObject* um neue Objekte hinzuzufügen

- Verwenden von *Attach*, wenn Sie Objekte hinzufügen, die zwar in der Datenquelle, aber nicht im *ObjectContext* existieren

- Verwendung von *ApplyPropertyChanges*, um Eigenschaftsänderungen abgekoppelter Objekte auf bestehende Entitäten im *ObjectContext* anzuwenden

Ein kleines Beispiel zeigt den komplizierteren Fall bei Verwendung von *ApplyPropertyChanges*.

Anwenden externer Änderungen auf eine vorhandene Entität

Ausgangspunkt ist zunächst die bestehende Enität, wir rufen einen Verein ab, der »VB« im Namen enthält:

```
ctx = New VereinDBEntities()
Dim ver As Vereine = ctx.Vereine.First(Function(v) v.Name.Contains("VB"))
MessageBox.Show(ver.Name & ": " & ver.EntityState.ToString())
```

Wir schließen den ObjectContext, das Objekt *ver* ist jetzt unabhängig vom ObjectContext:

```
ctx.Dispose()
```

Wir ändern die Eigenschaft Name des Objekts:

```
ver.Name = "VB-Freunde 2008 e.V."
MessageBox.Show(ver.Name & ": " & ver.EntityState.ToString())
```

An dieser Stelle könnten wir auch das Objekt serialisieren und übertragen (Webdienst) bzw. in Dateien speichern etc.

...

Irgendwann später erzeugen wir wieder einen ObjectContext:

```
ctx = New VereinDBEntities()
```

Wir laden das Originalobjekt in den ObjectContext:

```
Dim old As Vereine = ctx.Vereine.First(Function(v) v.Name.Contains("VB"))
```

Und wir fügen unser geändertes Objekt bzw. dessen neue Eigenschaften in den ObjectContext ein (damit werden die Eigenschaften von old geändert:

```
ctx.ApplyPropertyChanges("Vereine",ver)
```

Sichern der Änderungen:

```
ctx.SaveChanges()
```

Statt das Ursprungsobjekt direkt zu laden, könnten wir auch folgenden Weg beschreiten: Den Schlüssel des geänderten Objekts bestimmen:

```
Dim ek As EntityKey = ctx.CreateEntityKey("Vereine", ver)
Dim old As Object
```

Per Schlüssel das alte Objekt laden und die Änderungen anwenden:

```
If ctx.TryGetObjectByKey(ek, old) Then
    ctx.ApplyPropertyChanges("Vereine", ver)
End If
ctx.SaveChanges()
...
    End Sub
```

Arbeiten mit Vererbung

Um Ihnen einen ersten Eindruck von den Möglichkeiten der Vererbung im Entity Framework zu geben, hatten wir in unsere Beispieldatenbank eine Tabelle *Fahrzeuge* aufgenommen (siehe Seite 1169), die über ein entsprechendes Attribut (*Fahrzeugtyp*) den Typ der späteren Entität bestimmen sollte.

HINWEIS   Ausgehend von diesem Attribut kann der OR-Mapper eine »Table-per-hierarchy« (TPH) Vererbung realisieren[1].

Arbeit mit dem Designer

Nach Durchlauf des EDM-Assistenten findet sich auch die Entität *Fahrzeuge* in unserem Designer wieder, von Vererbung ist zunächst noch nichts zu sehen – woher soll der Assistent auch diese Informationen nehmen?

Unser Ziel ist ein Schema wie in Abbildung 18.46:

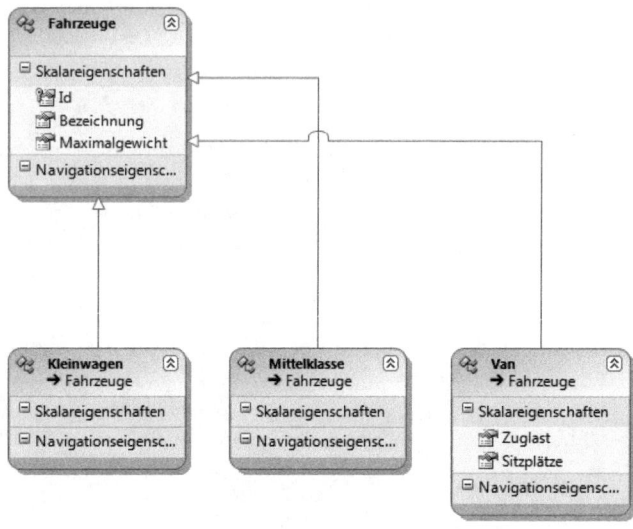

Abbildung 18.46   Vererbte Entitäten

Der weitere Ablauf, um das gezeigte Schema zu erzeugen:

1. Setzen Sie zunächst die Eigenschaft *Abstrakt* für die Entität *Fahrzeuge* auf *True*.

2. Löschen Sie die Eigenschaft *Fahrzeugtyp* aus der Entität *Fahrzeuge,* da der Entitätstyp mit diesem Wert bestimmt wird.

3. Löschen Sie die Eigenschaften *Zuglast* und *Sitzplätze* aus der Entität *Fahrzeuge.* Auf diese Eigenschaften wollen wir nur im Typ *Van* zugreifen, für *Kleinwagen* und *Mittelklasse* sollen die Informationen nicht zur Verfügung stehen.

4. Fügen Sie per Designer-Kontextmenü eine neue Entität hinzu und bestimmen Sie den Basistyp wie in Abbildung 18.47 gezeigt.

---

[1] Es gibt auch noch die Möglichkeit, eine Type-per-Type Vererbung (TPT) zu realisieren, wir gehen aber im Rahmen dieses Buchs nicht weiter darauf ein.

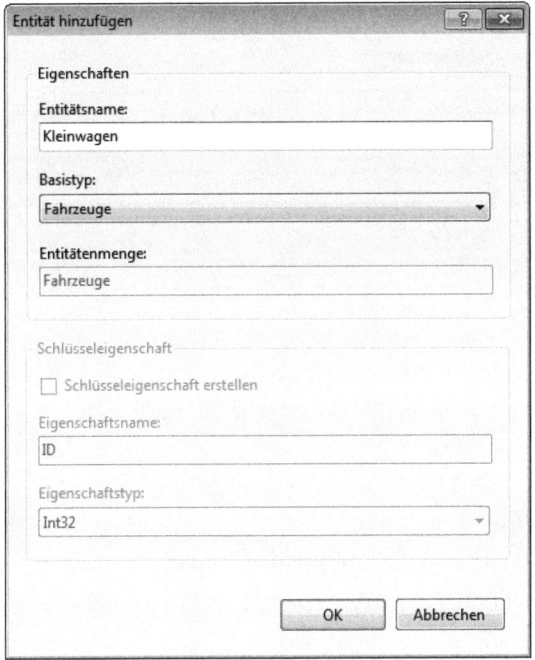

Abbildung 18.47 Erzeugen der ersten Ableitung

5. Nachdem wir über die neue Entität verfügen, müssen wir noch klären, welche Objekte dieser Entität hinzuzufügen sind. Rufen Sie dazu die Zuordnungsdetails von *Kleinwagen* auf (siehe Abbildung 18.48) und erzeugen Sie die Bedingung »When Fahrzeugtyp = 1«:

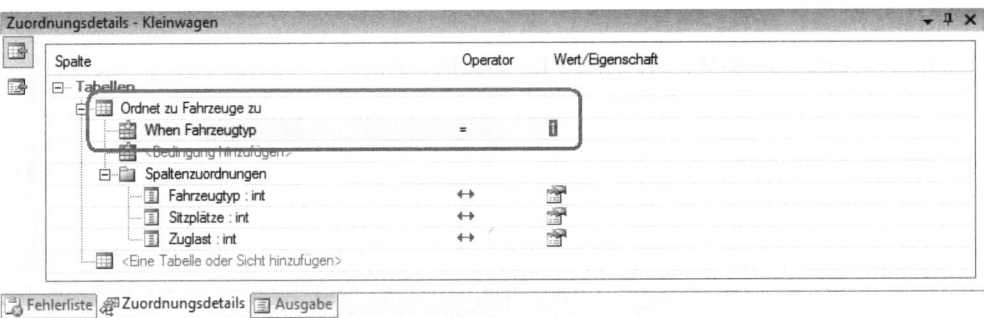

Abbildung 18.48 Zuordnen der Objekte über den Fahrzeugtyp

6. Das gleiche Vorgehen gilt auch für die beiden Typen *Mittelklassewagen* (»When Fahrzeugtyp = 2«) und *Van* (»When Fahrzeugtyp = 3«).

7. Abschließend erzeugen Sie für *Van* noch die Eigenschaften *Zuglast* und *Sitzplätze* und verknüpfen diese per Zuordnungsdetails mit den entsprechenden Eigenschaften der Basisklasse:

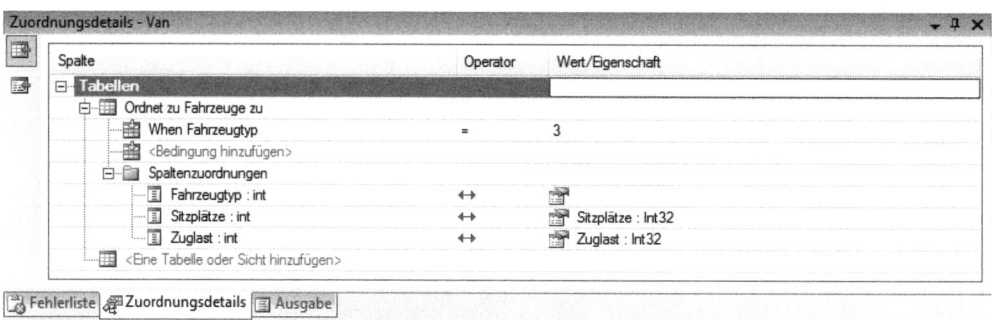

Abbildung 18.49　Zuordnung der Eigenschaften für *Van*

Damit ist der Entwurf im Designer abgeschlossen und wir können uns dem Quellcode zuwenden.

Verwendung der Vererbung

Sicher fragen Sie sich auch, was wir eigentlich mit der Vererbung der Klasse *Fahrzeuge* erreichen wollen bzw. wie wir die neuen Klassen *Kleinwagen*, *Mittelklasse* und *Van* eigentlich verwenden können.

Wer jetzt vermutet, die abgeleiteten Klassen stehen direkt über den *ObjectContext* als Eigenschaften zur Verfügung, der irrt sich.

BEISPIEL

Verwendung der Vererbung im Programm

Statt mit

```
Dim ctx As New VereinDBEntities()
DataGridView1.DataSource = ctx.Kleinwagen ' => FEHLER
```

... greifen Sie über folgendes Konstrukt auf die Daten der abgeleiteten Entitäten zu:

```
Dim ctx As New VereinDBEntities()
DataGridView1.DataSource = ctx.Fahrzeuge.OfType(Of Kleinwagen)()
```

Die folgende Abbildung 18.50 zeigt uns die Rückgabewerte für unsere Beispieldatenbank. Wie Sie sehen, werden je nach Entitätstyp unterschiedliche Daten angezeigt. *Fahrzeuge* enthält zwar alle Datensätze, aber nicht die Eigenschaften *Zuglast* und *Sitzplätze*[1], in *Kleinwagen* sind nur die Kleinwagen enthalten, in *Van* die beiden entsprechenden Datensätze, aber diesmal mit den Eigenschaften *Zuglast* und *Sitzplätze*.

---

[1] Diese Eigenschaften hatten wir per Designer aus der Entität gelöscht.

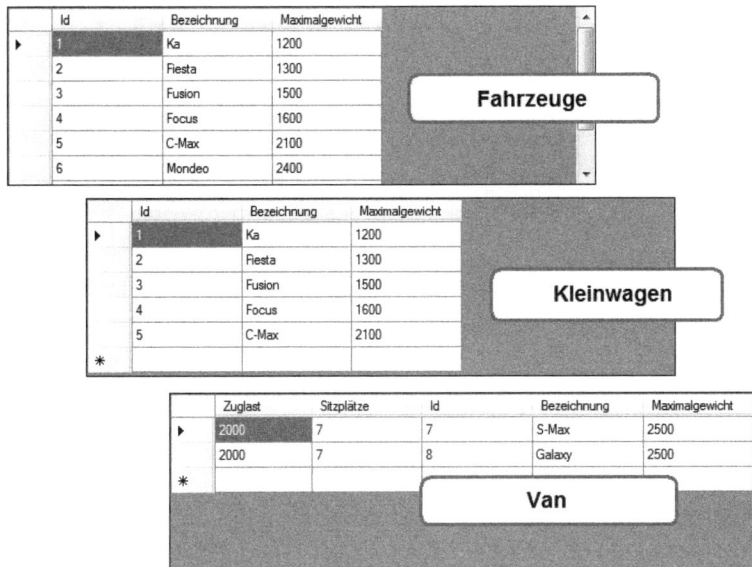

Abbildung 18.50 Beispieldaten für die jeweiligen Entitäten (Klassen)

Wie Sie neue Objekte erzeugen und zuordnen können, zeigt das folgende Beispiel.

BEISPIEL

Einfügen eines neuen Fahrzeugs (Typ *Van*)

```
Dim ctx As New VereinDBEntities()
Dim v As New Van()
v.Bezeichnung = "Super-Van"
ctx.AddToFahrzeuge(v)
ctx.SaveChanges()
```

Der Typ *Van* bestimmt intern den Wert der Spalte *Fahrzeugtyp*, damit kann dann auch die Datenbank etwas anfangen.

HINWEIS   Wer jetzt den Versuch unternimmt, ein neues Objekt vom Typ *Fahrzeuge* zu erzeugen, der dürfte schnell scheitern, Sie erinnern sich, dass wir diesen Typ als *Abstract* definiert hatten.

POCO-Unterstützung

Beginnend mit dem Entity Framework 4 wurde auch eine Unterstützung für die Arbeit mit den so genannten POCOs (*Plain Old CLR Objects*) implementiert. POCOs sind ganz normale Klassen, die keinerlei Verbindung zum Entity Framework haben, also nicht wie die anderen Entitäten von *EntityObject* abgeleitet sein müssen.

Mit Hilfe eines selbst erstellten ObjectContext können Sie nachfolgend die eigenen Klassen einbinden (als *IObjectSet*) und mit diesen arbeiten. Die nötigen Informationen bezieht der ObjectContext aus den zugeordneten Klassen. Allerdings müssen Sie sich in diesem Fall selbst um das Changetracking kümmern.

HINWEIS   Da diese Thematik im vorliegenden Kapitel viel zu weit führen würde, müssen wir Sie hier an die Spezial-literatur verweisen.

Validierung

Und damit sind wir auch schon bei einem für den Programmierer recht unerfreulichem Thema angekommen.

Grundsätzlich bietet ja unsere Datenbank die Gewähr dafür, dass Fehleingaben und der »Einfallsreichtum« des Programmnutzers nicht in einer Katastrophe enden, allerdings hat diese Variante der Validierung einen entscheidenden Nachteil, denn erst mit dem Datenabgleich per *SaveChanges* werden auch entsprechende Fehlermeldungen auf dem Server generiert. Wir müssen uns also bemühen, schon vorher ein Auge auf die zu übertragenden Daten zu werfen.

Drei sinnvolle Ansatzpunkte bieten sich an:

- Überwachen der Änderungen von Entity-Eigenschaften und direkter Eingriff per ausgelöster Exception
- Verwendung des *ObjectStateManagerChanged*-Ereignisses
- Abschließende Überwachung der zu realisierenden Änderungen im *SavingChanges*-Ereignis

Änderung der Eigenschaften überwachen

Recht detailliert und auch recht zeitnah ist die Überwachung der Entity-Eigenschaften. Vier sinnvolle Ansatzpunkte bieten sich an:

- die *On[Eigenschaftsname]Changing*-Methode der einzelnen Eigenschaft
- das *PropertyChanging*-Ereignis
- das *PropertyChanged*-Ereignis
- die *On[Eigenschaftsname]Changed*-Methode der jeweiligen Eigenschaft

In welcher Reihenfolge die Ereignisse/Methoden aufgerufen werden, ist in folgendem Beispielcode aus einem Entitymodell schnell ersichtlich.

```
<EdmScalarPropertyAttribute(EntityKeyProperty:=false, IsNullable:=true)>
<DataMemberAttribute()>
Public Property PLZ() As Global.System.String
    Get
        Return _PLZ
    End Get
    Set
        OnPLZChanging(value)
        ReportPropertyChanging("PLZ")
        _PLZ = StructuralObject.SetValidValue(value, true)
        ReportPropertyChanged("PLZ")
        OnPLZChanged()
    End Set
End Property
```

Abbildung 18.51 Aufruf der Ereignisse/Methoden beim Ändern einer Eigenschaft

---

BEISPIEL

Änderung der Eigenschaften überwachen (Entität *Mitglieder*)

Mittels partieller Klasse erweitern wir die Funktionalität der Klasse *Mitglieder*

```
...
Imports System.Data.Objects.DataClasses
Imports System.Windows.Forms
Imports System.ComponentModel
...
Partial Public Class Mitglieder
```

Ereignisse »anzapfen«:

```
Public Sub New()
    AddHandler PropertyChanging, AddressOf Mitglieder_PropertyChanging
    AddHandler PropertyChanged, AddressOf Mitglieder_PropertyChanged
End Sub
```

Die Ereignisse:

```
Private Sub Mitglieder_PropertyChanged(ByVal sender As Object, _
                ByVal e As System.ComponentModel.PropertyChangedEventArgs)
    ' Logik
End Sub

Private Sub Mitglieder_PropertyChanging(ByVal sender As Object, _
                ByVal e As System.ComponentModel.PropertyChangingEventArgs)
    ' Logik
End Sub
```

Die beiden Methoden:

```
Private Sub OnNachnameChanging(ByVal value As Global.System.String)
    If value.Length < 3 Then
        Throw New Exception("Geben Sie einen Nachnamen ein!")
    End If
End Sub

Private Sub OnNachnameChanged()
    ' Logik
End Sub
```

Die zentrale Benachrichtigung über Änderungen:

```
Protected Overrides Sub OnPropertyChanging(ByVal [property] As String)
    MessageBox.Show("Die folgende Eigenschaft hat sich geändert :" & property)
    MyBase.OnPropertyChanging([property])
End Sub

End Class
```

HINWEIS   Leider haben all die Ereignisse und Methoden einen kleinen aber gemeinen Nachteil: sie werden auch dann aufgerufen, wenn die Objekte erzeugt, d.h. vom Server abgerufen werden. Einen direkten Weg um zu unterscheiden, ob es sich um eine Nutzeraktion oder das Erstellen der Objekte handelt, gibt es nicht.

ObjectStateManagerChanged-Ereignis

Wesentlich auskunftsfreudiger als obige Methoden und Eigenschaften ist hingegen der *ObjectStateManager*. Wie bereits ab Seite 1222 ausgeführt, können Sie hier detaillierte Informationen über hinzugefügte, gelöschte und geänderte Entitäten gewinnen. Sinnvollerweise richten Sie eine Ereignisbehandlung für das *ObjectStateManagerChanged*-Ereignis ein, so sind Sie immer auf dem aktuellen Stand und können zeitnah auf Änderungen reagieren.

SavingChanges-Ereignis

Ein weiterer interessanter Einstiegspunkt in die Validierung ist das *ObjectContext*-Ereignis *SavingChanges*, das vor der Übertragung der Daten zum Server aufgerufen wird.

BEISPIEL

Entitäten vor dem Datenabgleich prüfen (zentrale Fehlerprüfung)

```
...
        ctx = New VereinDBEntities()
```

Eventhandler registrieren:

```
        AddHandler ctx.SavingChanges, AddressOf ctx_SavingChanges
...
```

Hier der Eventhandler:

```
    Private Sub ctx_SavingChanges(ByVal sender As Object, ByVal e As EventArgs)
```

Herausfiltern neuer, geänderter und gelöschter Entitäten:

```
        Dim entries = ctx.ObjectStateManager.GetObjectStateEntries(EntityState.Added Or
                          EntityState.Modified Or EntityState.Deleted)
```

Liste abarbeiten:

```
        For Each entry In entries
```

Wir kümmern uns um eine spezifische Entität:

```
            If entry.EntityKey.EntitySetName = "Mitglieder" Then
                Dim en = CType(entry.Entity, Mitglieder)
```

Wurde diese neu hinzugefügt?

```
                If en.EntityState = EntityState.Added Then ' NEU
```

Hier können Sie sich austoben:

```
                    If en.Vorname = "Peter" Then
                        Throw New InvalidOperationException("Peter wollen wir nicht ...")
                    End If
                    ' ...
```

Reaktion auf geänderte Eigenschaften:

```
        ElseIf en.EntityState = EntityState.Modified Then ' Geändert
...
```

Reaktion auf gelöschte Entitäten:

```
        ElseIf en.EntityState = EntityState.Deleted Then ' Gelöscht
...
            End If
        End If
    Next entry
End Sub
```

Da Ihnen über den *ObjectStateManager* auch die vorhergehenden Werte zur Verfügung stehen, ist auf diese Weise eine recht komplexe Fehlerprüfung möglich.

HINWEIS	Mehr über den *ObjectStateManager* finden Sie ab Seite 1222.

Verwenden der partiellen Klassen

Glücklicherweise sind alle vom Entity Framework generierten Klassen als *partial* deklariert, was es uns leicht macht, eigene Lösungen zu implementieren, die die Arbeit mit den Entitäten wesentlich komfortabler gestalten.

Im Weiteren beschränken wir uns auf einige wichtige Lösungsansätze, Sie finden sicher noch weitere sinnvolle Möglichkeiten.

OnContextCreated-Methode

Reagieren Sie in dieser Methode auf das Erstellen des ObjectContext und fügen Sie hier beispielsweise eigene Ereignishandler ein, oder legen Sie Eigenschaften für den ObjectContext zentral fest.

BEISPIEL

Verwendung von *OnContextCreated*

```
Partial Public Class VereinDBEntities

    Private Sub OnContextCreated()
        AddHandler SavingChanges, AddressOf VereinDBEntities_SavingChanges
    End Sub

    Private Sub VereinDBEntities_SavingChanges(ByVal sender As Object, ByVal e As EventArgs)
        Throw New NotImplementedException()
    End Sub

End Class
```

Entitäts-Konstruktoren überladen

Analog zu den schon vorhandenen statischen Methoden zum Erstellen neuer Entitäten (z.B. *Mitglieder.-CreateMitglieder...*) können Sie auch eigene Konstruktoren realisieren, die Eigenschaftswerte vorbelegen oder übergebene Werte den Eigenschaften entsprechend zuordnen. Alternativ lassen sich hier auch Ereignishandler für die jeweiligen Entitäten zuweisen.

BEISPIEL

```
Partial Public Class Mitglieder

    Public Sub New()
        AddHandler PropertyChanging, AddressOf Mitglieder_PropertyChanging
        AddHandler PropertyChanged, AddressOf Mitglieder_PropertyChanged
    End Sub

    Public Sub New(ByVal nachname As String, ByVal vorname As String)
        Me.Nachname = nachname
        Me.Vorname = vorname
        AddHandler PropertyChanging, AddressOf Mitglieder_PropertyChanging
        AddHandler PropertyChanged, AddressOf Mitglieder_PropertyChanged
    End Sub

    Private Sub Mitglieder_PropertyChanged(ByVal sender As Object, _
                    ByVal e As System.ComponentModel.PropertyChangedEventArgs)
        ' Logik
    End Sub

    Private Sub Mitglieder_PropertyChanging(ByVal sender As Object, _
                    ByVal e As System.ComponentModel.PropertyChangingEventArgs)
        ' Logik
    End Sub
}
```

Die statischen Create-Methoden der Entität überladen

Analog zum Überladen der Entitäts-Konstruktoren bietet es sich an, auch die statischen *Create...*-Methoden der einzelne Entitäten zu überladen, um beispielsweise Eigenschaften zu initialisieren. Beispielsweise können Sie darauf verzichten, die ID bei neuen Entitäten abzufragen, diese wird ohnehin vom Server festgelegt.

BEISPIEL

Zusätzliche *Create...*-Methode

```
Partial Public Class Mitglieder
...
    Public Shared Function CreateMitglieder(ByVal vorname As Global.System.String, _
                                ByVal nachname As Global.System.String) As Mitglieder
        Dim mitglieder_Renamed As New Mitglieder()
        mitglieder_Renamed.Vorname = vorname
        mitglieder_Renamed.Nachname = nachname
        Return mitglieder_Renamed
    End Function

End Class
```

Eigene Eigenschaften und Methoden realisieren

Nutzen Sie eigene Eigenschaften, um beispielsweise Eigenschaften zusammenzufassen, zu berechnen etc. Es ist auch denkbar, dass Sie mit eigenen Eigenschaften ein »delayed Loading« implementieren, bei dem die Werte beispielsweise per Strored Procedure intern nachgeladen werden, wenn auf die Eigenschaft zugegriffen wird.

BEISPIEL

Eine »berechnete« Eigenschaft definieren

```
Partial Public Class Mitglieder
    Public Property Mitgliedsname() As Global.System.String
        Get
            Return _Vorname & " "c & _Nachname
        End Get
        Set(ByVal value As System.String)
        End Set
    End Property
End Class
```

Weitere Ansätze bieten sich mit den vorhandenen *On..*-Methoden und den vordefinierten Ereignissen. Siehe dazu auch Seite 1230.

Abschließender Hinweis

Sollen die Änderungen in den partiellen Klassen bzw. den eigentlichen Entity-Klassen durchgehend und übergreifend realisiert werden, bietet es sich an, direkt in die T4-Codeerzeugung einzugreifen und das entsprechende Template an die eigenen Bedürfnisse anzupassen. So werden Ihre Anpassungen automatisch bei jedem Generieren der Mapperklassen automatisch mit implementiert, ohne dass Sie noch einmal »Hand anlegen« müssen.

Um zum entsprechenden Template zu gelangen, klicken Sie einfach im EDM-Designer auf die freie Fläche und verwenden den Kontextmenüpunkt »Neues Codegenerierungselement hinzufügen«.

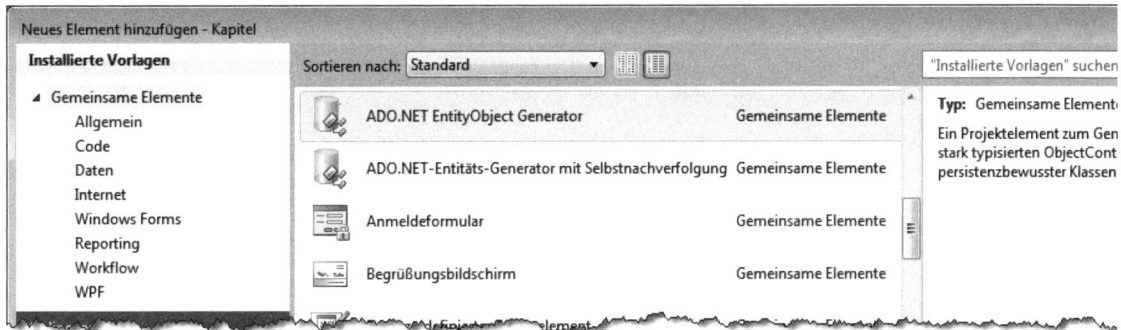

Abbildung 18.52 Codegenerator auswählen

Nachfolgend werden Sie aufgefordert einen Dateinamen für den »ADO.NET EntityObject Generator« anzugeben (siehe Abbildung 18.52).

Im Folgenden finden Sie den VB-Quellcode für Ihre zukünftigen Mappernklassen, der jedoch noch mit Platzhaltern durchsetzt ist.

Auszug aus einer Codegenerierungsvorlage

```
#>
<#@ template language="VB" debug="false" hostspecific="true"#>
<#@ include file="EF.Utility.VB.ttinclude"#><#@
 output extension = ".vb" #><#

    Dim userSettings As UserSettings =
        New UserSettings With
        {
            .SourceCsdlPath = "$edmxInputFile$", _
            .ReferenceCsdlPaths = New String () {}, _
            .FullyQualifySystemTypes = True,
            .CreateContextAddToMethods = True,
            .CamelCaseFields = False
        }

ApplyUserSettings(userSettings)
If Errors.HasErrors
    Return String.Empty
End If
Dim loader As New MetadataLoader(Me)
Dim ef As New MetadataTools(Me)
Dim region As New CodeRegion(Me)
Dim code As New CodeGenerationTools(Me) With {.FullyQualifySystemTypes =
userSettings.FullyQualifySystemTypes, .CamelCaseFields = userSettings.CamelCaseFields}

ItemCollection = loader.CreateEdmItemCollection(SourceCsdlPath, ReferenceCsdlPaths.ToArray())
ModelNamespace = loader.GetModelNamespace(SourceCsdlPath)
Dim namespaceName As String = code.VsNamespaceSuggestion()
UpdateObjectNamespaceMap(namespaceName)


'------------------------------------------------------------------------------
' <auto-generated>
' <#=GetResourceString("Template_GeneratedCodeCommentLine1")#>
'
' <#=GetResourceString("Template_GeneratedCodeCommentLine2")#>
' <#=GetResourceString("Template_GeneratedCodeCommentLine3")#>
' </auto-generated>
'------------------------------------------------------------------------------


Imports System
Imports System.Data.Objects
Imports System.Data.Objects.DataClasses
Imports System.Data.EntityClient
Imports System.ComponentModel
Imports System.Xml.Serialization
Imports System.Runtime.Serialization

<Assembly: EdmSchemaAttribute("<#=Guid.NewGuid().ToString("D", CultureInfo.InvariantCulture)#>")>
<#
    ''''''''''
```

```
''''''''' Write Relationship Attributes.
'''''''''
    region.Begin(GetResourceString("Template_RegionRelationships"))
    For Each association As AssociationType in GetSourceSchemaTypes(Of AssociationType)()
#>
<Assembly: EdmRelationshipAttribute("<#=association.NamespaceName#>", "<#=association.Name#>",
"<#=EndName(association, 0)#>", <#=EndMultiplicity(association, 0, code)#>,
GetType(<#=EscapeEndTypeName(association, 0, code)#>), "<#=EndName(association, 1)#>",
<#=EndMultiplicity(association, 1, code)#>, GetType(<#=EscapeEndTypeName(association, 1,
code)#>)<#=code.StringBefore(", ", If(association.IsForeignKey, "True", Nothing))#>)>
<#
    Next
    region.End()

    If(Not String.IsNullOrEmpty(namespaceName)) Then
#>
Namespace <#=namespaceName#>
<#
        PushIndent(CodeRegion.GetIndent(1))
    End If
#>

<#
...
```

Nehmen Sie hier Ihre Erweiterungen/Änderungen vor und speichern Sie die Datei ab.

Haben Sie eine eigene Codegenerierungsvorlage hinzugefügt, ist die Standardcodegenerierung für das Entity Modell automatisch deaktiviert, die Datei *.Designer.vb* enthält keinen Code mehr. Stattdessen finden Sie den Code jetzt in der *.vb*-Datei Ihrer neuen Codegenerierungsvorlage (z.B. *Model1.vb*)

> **HINWEIS**   Auf weitere Ausführungen zu diesem Thema müssen wir aus Platzgründen leider verzichten.

How-to-Beispiele

18.1   ... den ConnectionString anpassen?

Nicht immer werden Sie mit dem einmal erstellten Connectionstring der EntityConnection auskommen. Sei es, dass Sie den Pfad oder den Server anpassen wollen, oder dass Nutzerinformationen geändert werden müssen. Das folgende Beispiel zeigt exemplarisch, wie Sie beispielsweise den Pfad zur Datenbankdatei dynamisch anpassen können.

> **BEISPIEL**
>
> Ändern Pfad zur Datenbankdatei
>
> ```
> ...
> Imports System.Data.EntityClient
> Imports System.Data.Metadata.Edm
> Imports System.Data.Objects.DataClasses
> Imports System.Configuration
> ```

```
Imports System.Data.SqlClient
...
```

Aktuellen Connectionstring aus der *App.Config* auslesen:

```
Dim conns As String =
        ConfigurationManager.ConnectionStrings("VereinDBEntities").ConnectionString
```

EntityConnectionStringBuilder erstellen:

```
Dim csb As New EntityConnectionStringBuilder(conns)
```

Aktuellen Providerstring anzeigen:

```
MessageBox.Show(csb.ProviderConnectionString)
```

SqlConnectionStringBuilder erstellen um den Providerstring zu bearbeiten:

```
Dim sb As New SqlConnectionStringBuilder(csb.ProviderConnectionString)
```

Wir ändern den Datenbankpfad:

```
sb.AttachDBFilename = "|DataDirectory|\db\VereinDB.mdf"
```

Neuer Providerstring:

```
csb.ProviderConnectionString = sb.ToString()
```

Anzeige:

```
MessageBox.Show(csb.ProviderConnectionString)
```

Test:

```
Dim db As New VereinDBEntities(csb.ToString)
DataGridView1.DataSource = db.Mitglieder
```

Vergessen Sie nicht, für *System.Configuration* die gleichnamige Assembly einzubinden.

HINWEIS   Alternativ können Sie in der *App.Config* auch mehrere Connectionstrings ablegen und beim Erstellen des ObjectContext über die Auswahl des Namens eine andere Connection nutzen.

BEISPIEL

Auswahl der Connection über den Namen

Die *App.Config*:

```
<?xml version="1.0" encoding="utf-8"?>
<configuration>
  <connectionStrings>
    <add name="VereinDBEntities" connectionString="metadata=res://*/VereinModel.csdl|
```

```
res://*/VereinModel.ssdl|res://*/VereinModel.msl;provider=System.Data.SqlClient;provider connection
  string=&quot;Data Source=.\SQLEXPRESS;AttachDbFilename=|DataDirectory|\VereinDB.mdf;Integrated
  Security=True;User Instance=False;MultipleActiveResultSets=True&quot;"
providerName="System.Data.EntityClient" />
    <add name="VereinDBEntitiesFINAL" connectionString="metadata=res://*/VereinModel.csdl|
res://*/VereinModel.ssdl|res://*/VereinModel.msl;provider=System.Data.SqlClient;provider connection
string=&quot;Data Source=.\SQLEXPRESS;AttachDbFilename=|DataDirectory|\VereinDB.mdf;Integrated
Security=True;User Instance=False;MultipleActiveResultSets=True&quot;"
providerName="System.Data.EntityClient" />

  </connectionStrings>
  <startup>
    <supportedRuntime version="v4.0" sku=".NETFramework,Version=v4.0" />
  </startup>
</configuration>
```

Der Zugriff auf den zweiten Connectionstring:

```
Dim db As New VereinDBEntities("name=VereinDBEntitiesFINAL")
```

18.2   ... LINQPad verwenden?

Ist es Ihnen zu mühsam, in Ihrem Programm die LINQ- bzw. eSQL-Abfragen zu erstellen und zu testen, dann sollten Sie einen Blick auf das Tool LINQPad werfen, mit dem Sie diese Aufgaben im Handumdrehen erledigen können.

Download/Installation

Sie können das Programm unter folgender Adresse kostenlos[1] herunterladen:

WWW	http://www.linqpad.net

Es genügt, wenn Sie die geladene Datei auspacken, diese enthält die EXE und eine Config-Datei. Damit ist das Programm auch schon bereit für den ersten Start.

Anbinden Ihres Objektmodells

Sinn und Zweck des Programms ist ja in unserem Fall der Test von LINQ- bzw. eSQL-Abfragen gegen unser Entity Data Model. Aus diesem Grund müssen Sie LINQPad auch mitteilen, wo sich Ihre Assembly mit dem enthaltenen Datenmodell befindet. Nutzen Sie dazu die *Add connection*-Schaltfläche in der linken Baumansicht.

---

[1] Die kostenpflichtige Version bietet zusätzlich IntelliSense.

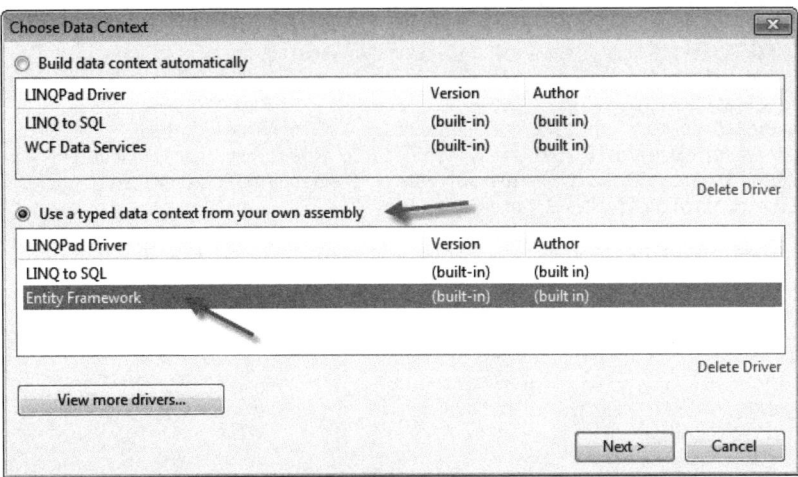

Abbildung 18.53   Auswahl des DataContext-Typs

Nachfolgend können Sie das Modell in der Assembly auswählen, im folgenden Dialog (Abbildung 18.54) bestätigen Sie noch einmal welcher Connectionstring und welche Datenbank genutzt werden sollen.

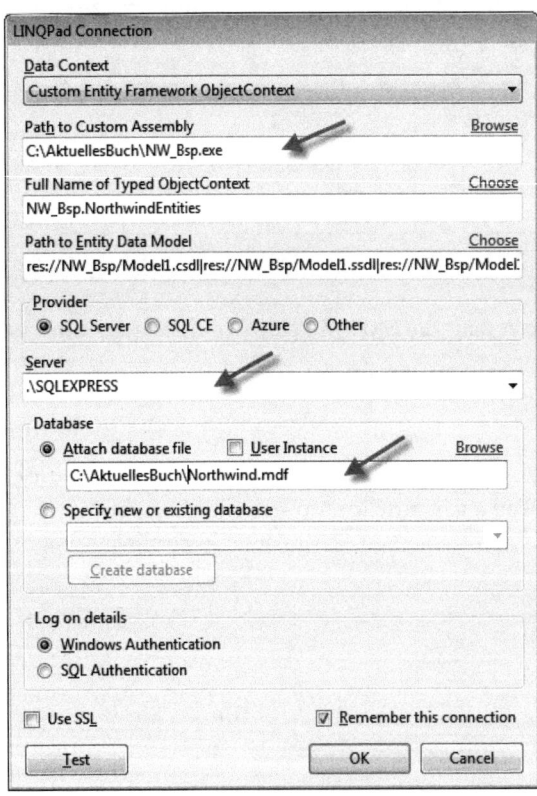

Abbildung 18.54   Auswahl Connectionstring und Datenbank

Abschließend sollte das Datenmodell auch in der Baumansicht (links) angezeigt werden:

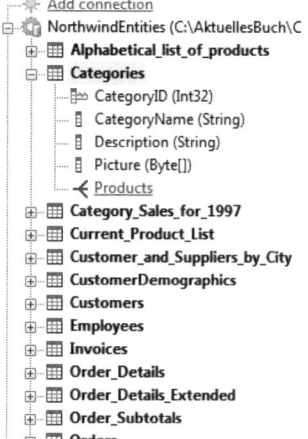

Abbildung 18.55 Ausschnitt aus dem eingelesenen Datenmodell

Und damit können Sie sich schon mit dem Abfragend des Modells beschäftigen, geben Sie Ihre Anweisung im Query-Fenster auf der rechten Seite ein.

Beispiel eSQL

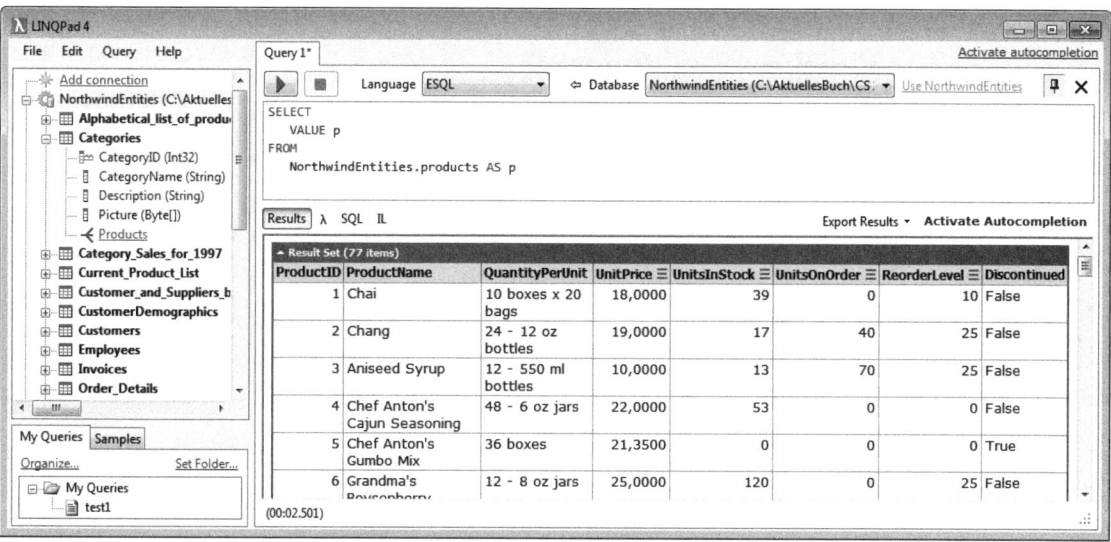

Abbildung 18.56 Ausführen einer eSQL-Abfrage gegen *NorthwindEntities* (siehe Begleitdateien)

Bei LINQ to Entities können Sie auf das Instanziieren des ObjectContext verzichten und direkt mit den Eigenschaften arbeiten. Die Ausgabe realisieren Sie mit *.Dump* (siehe folgende Abbildung).

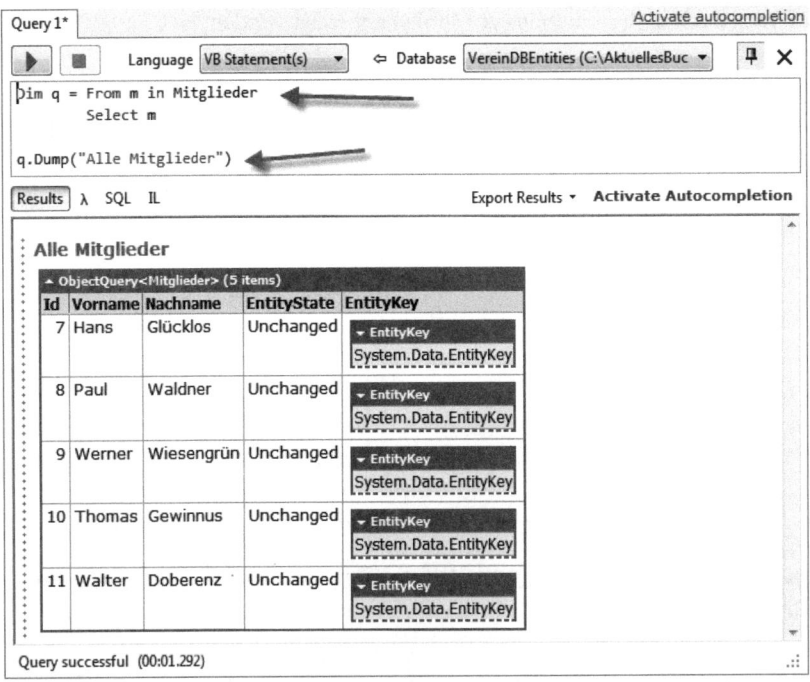

Abbildung 18.57   Resultat einer LINQ to Entities-Abfrage

18.3 ... ChangeTracking deaktivieren?

Können Sie auf die Dienste des *ObjectStateManager*-Objekts verzichten, weil Sie lediglich Daten abrufen wollen (readonly), dann ist es sinnvoll, den *ObjectStateManager* für einzelne Entitäten zu deaktivieren.

BEISPIEL

Deaktivieren des *ObjectStateManager* für die Entität *Mitglieder*

```
...
      ctx = New VereinDBEntities()
      ctx.Mitglieder.MergeOption = MergeOption.NoTracking
...
```

Neben dem reduzierten Speicherbedarf werden Sie auch mit einer etwas höheren Performance belohnt. Doch Achtung: ein Aktualisieren der Datensätze ist jetzt nicht mehr möglich!

18.4 ... SQL-Anweisungen analysieren?

Möglicherweise wird es Ihnen etwas flau im Magen, wenn Sie sich LINQ to Entities-Statements ansehen bzw. eSQL-Abfragen erstellen und Sie nicht wissen, welche finale SQL-Anweisung sich eigentlich dahinter verbirgt. In LINQ to SQL ist diese Problematik recht sinnvoll gelöst, dort können Sie sich z.B. mit dem *Query Visualizer* recht gute Einblicke verschaffen.

Im Entity Framework müssen wir etwas mehr Aufwand treiben, um das Endergebnis unserer Programmierversuche darzustellen, wenn wir nicht auf die Hilfe des *SQL Server Profilers* setzen können (z.B. bei Verwendung der SQL Server Express Edition). Dreh- und Angelpunkt ist in diesem Fall die *ToTraceString*-Methode der *ObjectQuery*-Klasse.

ObjectQuery? Bisher war von dieser Klasse nirgendwo etwas zu hören. Doch keine Sorge, Sie haben bereits die ganze Zeit mit dieser Klasse gearbeitet, ohne dass Sie die Klasse explizit instanziiert haben. (Fast) jede Abfrage der Entitäts-ObjectContext-Eigenschaften erzeugt eine Instanz dieser Klasse, die dann wiederum auch über die gewünschte Eigenschaft verfügt.

BEISPIEL

Anzeige des erzeugten SQL-Statements

```
Dim ctx As New VereinDBEntities()
Dim q = ctx.Vereine
MessageBox.Show(q.ToTraceString())
```

Abbildung 18.38 zeigt das generierte SQL-Statement.

```
SELECT
1 AS [C1],
[Extent1].[Id] AS [Id],
[Extent1].[Name] AS [Name],
[Extent1].[Strasse] AS [Strasse],
[Extent1].[PLZ] AS [PLZ],
[Extent1].[Ort] AS [Ort],
[Extent1].[Vorsitzender] AS [Vorsitzender]
FROM [dbo].[Vereine] AS [Extent1]
```

Abbildung 18.58 Ergebnis der Methode *ToTraceString*

Doch nicht immer wird eine *ObjectQuery* erzeugt. Wie Sie sich in diesen Fällen helfen können, zeigt das folgende Beispiel.

BEISPIEL

Erzeugen einer kompatiblen *ObjectQuery*

```
Dim ctx As New VereinDBEntities()
Dim ver = ctx.Mitglieder.Include("VereinsMitgliedschaften").FirstOrDefault(
              Function(m) m.Nachname.Contains("Doberenz")).VereinsMitgliedschaften
MessageBox.Show(ver.CreateSourceQuery().ToTraceString())
```

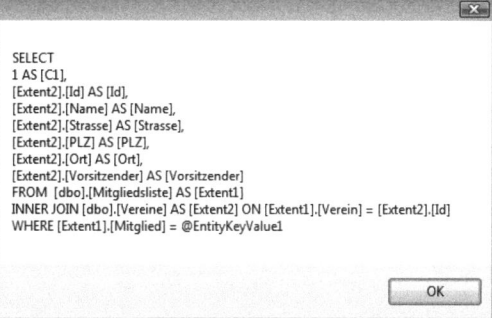

Abbildung 18.59 Die erzeugte SQL-Anweisung

Als letzte Alternative hilft auch die folgende Erweiterungsmethode, die Sie zum Beispiel Ihrem Projekt hinzufügen können[1], um für (fast) jeden Ausdruck die SQL-Anweisung auszugeben:

```
<Extension()> _
Module LINQExtensionMethods

    <Extension()> _
    Public Function ToTraceString(ByVal query As IQueryable) As String
        Dim toTraceStringMethod As System.Reflection.MethodInfo = _
                query.GetType().GetMethod("ToTraceString")
        If toTraceStringMethod IsNot Nothing Then
            Return toTraceStringMethod.Invoke(query, Nothing).ToString()
        Else
            Return ""
        End If
    End Function
End Module
```

Für Nutzer der SQL Server Express-Version bietet sich mit dem kostenlosen *Profiler for Microsoft SQL Server* eine Alternative zum SQL Server Profiler der Vollversion.

Dieses Programm können Sie unter folgender Adresse herunterladen:

WWW	http://sqlprofiler.googlepages.com/

18.5   ... direkte SQL-Statements an den Server senden?

Ja, auch das funktioniert, obwohl es den Anhängern der »reinen Lehre« ein Dorn im Auge sein wird: Sie können mit den *ObjectContext*-Methoden *ExecuteStoreCommand* und *ExecuteStoreQuery* SQL-Anweisungen direkt an den Server senden. Selbstverständlich müssen Sie in diesem Fall den jeweiligen SQL-Dialekt des Servers verwenden, und Sie arbeiten wieder mit Tabellen und nicht mit Entitäten.

Zwei kleine Beispiele zeigen Ihnen die Verwendung.

BEISPIEL

Ausführen eines INSERT-Statements

```
    Private Sub Button20_Click(ByVal sender As System.Object, ByVal e As System.EventArgs) _
                    Handles Button20.Click
        Dim ctx As New VereinDBEntities()
        ctx.ExecuteStoreCommand("INSERT INTO mitglieder(Vorname, Nachname) " & _
                    "VALUES ('Gunther', 'Weinberger');")
    End Sub
```

Die Einsatzgebiete für *ExecuteStoreCommand* dürften klar ersichtlich sein: schnelle DELETE-Abfragen, UPDATE-Anweisungen, Aufrufe von Stored Procedures etc.

---

[1] Quelle: *http://www.scip.be*

BEISPIEL

Ausführen einer SELECT-Abfrage

```
Private Sub Button21_Click(ByVal sender As System.Object, ByVal e As System.EventArgs) _
                          Handles Button21.Click
    Dim ctx As New VereinDBEntities()
    Dim q = ctx.ExecuteStoreQuery(Of Mitglieder)("SELECT * FROM mitglieder" &
                         " WHERE nachname LIKE 'G%'")
    DataGridView1.DataSource = q
End Sub
```

Aber auch dies funktioniert:

```
    Dim ctx As New VereinDBEntities()
    Dim q = ctx.ExecuteStoreQuery(Of Mitglieder)("SELECT * FROM mitglieder" &
                         " WHERE nachname LIKE 'G%'",
                         "Mitglieder", MergeOption.PreserveChanges)
```

In diesem Fall werden die Ergebnisse der Abfrage in den lokalen ObjectContext-Cache eingeordnet, nachfolgend lassen sich die Objekte bearbeiten und per *SaveChanges* auch in die Datenbank zurückschreiben:

```
    Dim m = q.FirstOrDefault()
    m.Nachname = "Gewinnuuuus"
    ctx.SaveChanges()
```

HINWEIS   Letzteres funktioniert, dürfte aber wohl kaum in ein »ordentliches« Programm gehören!

18.6 ... weitere Beispiele finden?

Weitere Beispiele für die Arbeit mit LINQ to Entities finden Sie unter folgender Adresse:

WWW   http://code.msdn.microsoft.com/EFQuerySamples

Kapitel 19

WCF – eine Einführung

In diesem Kapitel:

Die bereits unter .NET 3.0 eingeführten WCF[1] Dienste bilden Microsofts neue einheitliche Plattform zur Entwicklung serviceorientierter Anwendungen (SOA[2]) unter Windows. Im Unterschied zu anderen vergleichbaren APIs (DCOM, .NET Remoting, XML Webdienste, Message Queuing) stellt WCF ein einheitliches und erweiterbares Objektmodell zur Verfügung, mit dem die reibungslose Kommunikation zu den verschiedenen benachbarten Technologien möglich wird.

Dieses Kapitel kann Ihnen lediglich einen »WCF-Schnupperkurs« anbieten, d.h., die zentralen Konzepte kurz vorstellen und anhand einiger praktischer Beispiele einen ersten Eindruck vermitteln[3].

Trotzdem ist ein etwas längerer theoretischer Vorspann unumgänglich, da WCF weit mehr als nur (wieder mal) eine neue Microsoft Technologie ist, sondern sich als logische Konsequenz aus der bisherigen Entwicklung ableitet.

HINWEIS   Für einen ersten Eindruck und für ganz Ungeduldige empfehlen wir das Einsteigerbeispiel 1.6 »... einen einfachen WCF-Dienst entwickeln?«.

Die Programmierung verteilter Systeme

Zunächst aber sollten wir für Klarheit des Begriffs »Programmierung verteilter Systeme« sorgen:

Die Programmierung verteilter Systeme bezieht sich nicht nur auf Anwendungen, die auf mehreren miteinander über Netzwerk bzw. Internet verbundenen Computern laufen, sondern dreht sich ganz allgemein um den Datenaustausch zwischen verschiedenen Anwendungen, die durchaus auch auf dem gleichen PC lokalisiert sein können.

Intranet oder Internet?

Wollen wir eine verteilte Anwendung entwerfen, so müssen wir uns auf der Suche nach einer geeigneten Lösung zunächst eine grundsätzliche Frage stellen:

Soll die Anwendung ausschließlich im eigenen Haus betrieben werden oder soll auch externen Usern der Zugriff erlaubt sein?

Beschränken wir uns auf das hausinterne Intranet, so läuft in der Regel jeder PC mit demselben Betriebssystem und das Programmier-Framework (z.B. .NET, COM, Java) ist identisch. Da auch die volle Kontrolle über das Sicherheitssystem (Authentifizierung, Autorisierung etc.) gewährleistet ist, können wir uns voll auf die Performance konzentrieren und uns für eine ganz spezielle Lösung entscheiden.

Wenn aber unsere Anwendung auch von außerhalb erreichbar sein soll, haben wir auf einen Schlag mit einer Menge von »Problemen« zu kämpfen (Betriebssystem, Programmier-Framework, Sicherheitseinstellungen ...).

---

[1] *Windows Communication Foundation*

[2] *Service-Oriented Application*

[3] Umfassende Beschreibungen der WCF-Technologie füllen bereits heute dicke Bücher.

Ähnliche Situationen wie im Internet können aber auch im Intranet größerer Betriebe, Universitäten etc. auftreten, wo man verschiedene Betriebssysteme und Programmier-Frameworks einsetzt. Auch in solchen Fällen muss man eine flexiblere Programmier-API wählen, damit die verteilte Applikation erreichbar bleibt.

Die Vorgänger

Um die neue Qualität und die Notwendigkeit der WCF-API richtig einschätzen und würdigen zu können, erscheint ein kurzer Blick auf die wichtigsten von Windows-Entwicklern bereits seit vielen Jahren benutzten Technologien zur Entwicklung verteilter .NET-Anwendungen unerlässlich[1].

DCOM

In den Zeiten vor Einführung der .NET Plattform war DCOM[2] die Remoting-API für Entwickler von Microsoft-Produkten. Trotz seiner Erfolge blieb DCOM eine auf Windows zentrierte API, die nicht direkt für verschiedene Betriebssysteme (Windows, Unix und Mac) oder den Datenaustausch zwischen verschiedenen Architekturen (z.B. COM, Java, CORBA) geeignet war.

Unterm Strich kann man sagen, dass DCOM zwar bestens für hausinterne verteilte Anwendungen geeignet ist, das Verteilen von COM-Objekten nach außen aber diverse Komplikationen mit sich bringt (Firewalls usw.). Seit dem Erscheinen von .NET ist DCOM immer mehr in den Hintergrund getreten und gilt mittlerweile als veraltete Technologie.

MTS, COM+ und Enterprise Services

DCOM-Programmierung allein bedeutet nicht viel mehr als das Errichten eines Kommunikationskanals zwischen zwei Stückchen COM-basierter Software. Um verteilte Anwendungen mit mehr Komfort zu ermöglichen, wurde der später in COM+ umbenannte *Microsoft Transaction Server* (MTS) in die Welt gesetzt.

COM+ bietet neben dem Transaktionsmanagement auch Features wie die Verwaltung von Objekt-Lebenszyklen, Pooling Services, rollenbasierte Sicherheit, lose gekoppeltes Ereignismodell usw.

Auch .NET-Entwickler können über den Namespace *System.Enterprise Services* diese Features nutzen, um auf die gleichen Dienste wie ein traditioneller COM+ Server zugreifen zu können.

COM+/Enterprise Services haben zwar auch heute noch nicht ausgedient, sind aber eine Windows-spezifische Lösung und eigentlich nur für die hausinterne Anwendungsentwicklung bestens geeignet.

MSMQ

Jede verteilte Anwendung birgt besondere Risiken in sich, z.B. eine Datenbank ist offline, ein Netzwerk Server ist abgestürzt oder eine Verbindung ging verloren. Die Programme in einer verteilten Umgebung müssen deshalb so konstruiert werden, dass sie Nachrichten in solchen Fällen nicht verlieren, sondern später nochmals verteilen (*queuing data*). Die *Microsoft Message Queuing* (MSMQ) API dient dem Zweck, die genannten Risiken zu umgehen und zuverlässig Nachrichten über das Netzwerk zu verschicken.

---

[1] Andere APIs für verteilte Systeme, wie Named Pipes, Sockets und P2P, lassen wir hier mal außen vor.

[2] *Distributed Component Object Model*

Für .NET-Entwickler bietet der Namespace *System.Messaging* die Möglichkeit sich in MSMQ einzuklinken. Da auch die COM+-Schicht in der Laufzeitumgebung mit MSMQ-Funktionalität ausgestattet ist, kommt auch der Namespace *System.EnterpriseServices* infrage.

Unterm Strich dürfte bezüglich der Einsatzkriterien auch für MSMQ die gleiche Gesamteinschätzung wie für COM+ zutreffen (siehe obiger Abschnitt).

.NET-Remoting

Wie bereits erwähnt, wurde unter .NET das klassische DCOM schnell zum Auslaufmodell erklärt. An seine Stelle traten die Klassenbibliotheken des *System.Runtime.Remoting* Namespace. Diese API erlaubt mehreren innerhalb der .NET-Plattform laufenden PCs das Verteilen von Objekten.

Vorteilhaft beim .NET-Remoting sind beispielsweise die kompakte binäre Kodierung, die XML-basierten Konfigurationsdateien und vor allem die gute Performance. Als wesentlicher Nachteil bleibt die mangelnde Interoperabilität zu anderen Programmarchitekturen, wie beispielsweise Java.

XML-Webdienste

Seit den Anfängen von .NET konnte man XML-Webdienste über den Namespace *System.Web.Services* programmieren bzw. konsumieren. Im Unterschied zur traditionellen browserbasierten Webanwendung ermöglichte ein solcher Webdienst die Bereitstellung von Funktionalität über Standard-Web-Protokolle. Entwickler können .NET-Assemblies erstellen die Typen enthalten, welche mit einfachem HTTP erreichbar sind. Ein Webdienst kodiert seine Daten als einfaches XML. Damit ist ein hoher Grad an Interoperabilität gegeben.

Doch nichts ist perfekt, ein Hauptgrund für die abnehmende Akzeptanz von Webdiensten ist die geringe Performance auf Grund der ressourcenfressenden HTTP- bzw. XML-Datenrepräsentation. Insbesondere für hausinterne Lösungen sind TCP-basierte Protokolle und binäre Formatierungen meist effektiver.

Obwohl es auch unter .NET 4.0 (bzw. Visual Studio 2010) weiterhin möglich ist, diese traditionelle Form eines Webdienstes zu entwickeln, werden wohl die meisten neuen Dienstprojekte auf WCF basieren.

WCF – die neue Technologie

Wie Sie gesehen haben, stand in den Zeiten vor WCF der Entwickler verteilter Systeme vor der Qual der Wahl zwischen verschiedenen APIs. Jede API hat ihre eigenen Einsatzkriterien, ihr eigenes Programmiermodell, eigene Konfigurationstools usw. Aber auch bei richtiger Auswahl gestalteten sich Zusammenbau, Konfiguration und Wartung einer verteilten Anwendung ziemlich umständlich.

Microsofts Antwort auf dieses Durcheinander ist WCF – ein universeller Werkzeugkasten für den Zusammenbau verteilter Anwendungen.

Interoperabilität und Integration

WCF vereinigt die vorher voneinander unabhängigen Technologien in einer einzigen API, die hauptsächlich im *System.ServiceModel* Namespace angesiedelt ist. Mittels WCF lassen sich Dienste für verschiedenste Konsumenten bereitstellen, die ihrerseits eine weite Vielfalt von Techniken verwenden.

BEISPIEL

In einer hausinternen WCF-Anwendung, bei der alle angeschlossenen Computer unter Windows laufen, können Sie im Interesse bester Performance verschiedene TCP-Protokolle einsetzen.

Den gleichen WCF-Dienst können Sie aber auch mit XML Webservice–basierten Protokollen bereitstellen, um externen Aufrufern den Zugriff zu ermöglichen, unabhängig von deren Programmiersprache oder Betriebssystem.

Bald werden Sie es zu schätzen wissen, dass WCF die Auswahl des korrekten Protokolls für eine bestimmte Aufgabe unter Verwendung eines einheitlichen Programmiermodells erlaubt, denn die Entwicklung des Codes Ihrer verteilten Anwendung wird dadurch deutlich einfacher. Bei nachträglichen Änderungen brauchen Sie meist die Service- bzw. Clientsoftware nicht nochmals zu kompilieren, weil die grundlegenden Anwendungseinstellungen in der Konfigurationsdatei enthalten sind.

Weitere WCF-Features

Interoperabilität und Integration diverser APIs sind nur zwei wichtige Aspekte von WCF. Dem Entwickler steht außerdem eine reichhaltig bestückte Werkzeugkiste zur Verfügung, welche die verschiedenen Remoting-Technologien komplettiert:

- Unterstützung für verschiedene Bindungen (HTTP, TCP, MSMQ und Named Pipes)
- Unterstützung von streng typisierten als auch von untypisierten Nachrichten. Dadurch wird es .NET-Applikationen möglich, benutzerdefinierte Typen gemeinsam und effizient zu nutzen
- Unterstützung der aktuellsten und umfassendsten Webservice-Spezifikationen (WS-*)
- Ein vollständig integriertes Sicherheitsmodell für native Windows-/.NET-Sicherheitsprotokolle und zahlreiche neutrale Sicherheitstechniken auf Basis von Webdienst-Standards

Obige Liste kratzt nur an der Oberfläche. Weitere Fähigkeiten von WCF sind die Unterstützung von Transaktionen, ein öffentliches Ereignismodell, Logging, Performance Zähler u.a.

HINWEIS   .NET 4.0 bietet zu WCF einige neue Features, die sich vor allem auf eine Vereinfachung der Entwicklung, die Erweiterung auf verschiedene Kommunikations-Szenarien und eine Integration mit der Windows Workflow Foundation (WF) beziehen.

Fazit

Unser Rückblick in die Geschichte hat gezeigt, dass WCF für den Datenaustausch in verteilten Systemen klar zu bevorzugen ist. Dies gilt sowohl für die Kommunikation zwischen Anwendungen auf dem gleichen PC, als auch für Intranet- (TCP-Protokolle, Named Pipes) und Internetlösungen (Webdienst-Protokolle).

Wie auch seine Vorgänger benutzt WCF XML-basierte Konfigurationsdateien, .NET-Attribute und Tools zum Generieren von Proxies.

Eine vollständige Beschreibung von WCF würde zumindest ein ganzes Buch füllen, jeder der unterstützten Dienste (MSMQ, COM+, P2P, Named Pipes) wäre ein Kapitel für sich. Wir wollen uns deshalb hier nur auf den allgemeinen Aufbau und auf den Entwicklungsprozess unter Verwendung sowohl TCP- als auch HTTP-basierter Protokolle beschränken.

Allgemeiner Aufbau eines WCF-Systems

Im vorliegenden Abschnitt wollen wir zunächst die wichtigsten Assemblies skizzieren, die dem Programmierer für die Konstruktion von WCF-Anwendungen zur Verfügung stehen. Anschließend beschreiben wir kurz die drei grundlegenden Komponenten (Service, Host, Client), die der Programmierer mit diesen Bausteinen erstellen kann, um eine funktionsfähige WCF-Anwendung zu erhalten.

WCF-Assemblies – die verfügbaren Bausteine

Die Bausteine, auf die Sie als Programmierer von WCF-Anwendungen zurückgreifen, sind im Wesentlichen in zwei .NET-Assemblies enthalten, welche im GAC[1] installiert sind:

- *System.ServiceModel.dll*
  Diese grundlegende Assembly enthält die erforderlichen Typen für jede Art von WCF-Applikation

- *System.Runtime.Serialization.dll*
  Diese Assembly definiert Namespaces und Typen für das Serialisieren/Deserialisieren von Objekten

Die folgende Tabelle zeigt eine Übersicht:

WCF-Namespace	Inhalt
System.ServiceModel	... definiert die für Bindung und Hosting erforderlichen Typen sowie die grundlegenden Typen für Sicherheits- und Transaktionskontrolle
System.Runtime.Serialization	... definiert Typen, mit denen Sie die Serialisierung und Deserialisierung der Daten im WCF-Framework bestimmen können
System.ServiceModel.Configuration	... definiert Typen für den Zugriff auf WCF Konfigurationsdateien
System.ServiceModel.Description	... definiert Typen eines Objektmodells für Adressen, Bindungen und Verträge von WCF-Konfigurationsdateien
System.ServiceModel.MsmqIntegration	... enthält Typen für die Integration mit dem MSMQ Service
System.ServiceModel.Security	... definiert Typen zur Verwaltung von WCF-Sicherheitsschichten

Tabelle 19.1 Übersicht WCF-Namespaces

Service, Host und Client

Wollen Sie ein verteiltes System unter WCF entwickeln, so müssen Sie in der Regel drei miteinander in Beziehung stehende Programme erstellen:

- **WCF Service Assembly**
  Diese **.dll* enthält die Schnittstellen und Klassen, welche die Funktionalität für externe Aufrufer bereitstellen

- **WCF-Host**
  Dieses Programm beherbergt Ihre WCF Service Assembly

---

[1] *Global Assembly Cache*

- **WCF-Client**

  Das ist die Applikation, welche auf die Funktionalität des WCF-Service über einen zwischengeschalteten Proxy zugreift

Die folgende Abbildung 19.1 zeigt die allgemeinen Beziehungen zwischen den WCF-Assemblies.

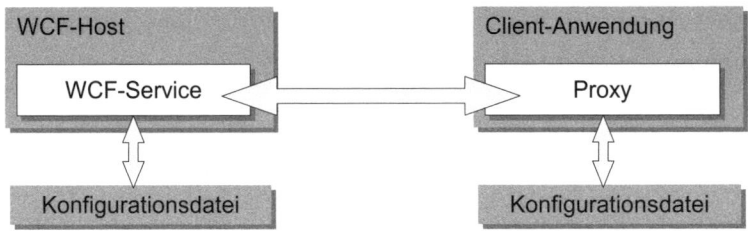

Abbildung 19.1 Das Grundprinzip von WCF-Anwendungen

Statt in einer server- oder clientseitigen *.config*-Datei können Sie viele Einstellungen auch hart kodieren. Bei späteren Änderungen von Host oder Client sind Konfigurationsdateien allerdings viel flexibler, denn man braucht nicht nochmals neu zu kompilieren (nur die **.config* ändern und neu starten).

WCF-Service

Wir wissen bereits, dass die WCF Service Assembly eine .NET-Klassenbibliothek ist, welche eine Anzahl von WCF-Verträgen und deren Implementierungen enthält. Der Hauptunterschied ist der, dass die Interface-Definitionen mit diversen Attributen ausgestattet sind, welche die Zusammenarbeit der WCF-Runtime mit den verschiedenen Methoden und Typen des Dienstes definieren.

WCF-Host

Diese zweite Assembly kann zunächst jede ausführbare .NET-EXE sein (Konsolenanwendung, Windows Forms-, WPF-Anwendung, Windows Dienst). Als Programmierer verwenden Sie in diesen Fällen das *ServiceHost*-Objekt und optional noch eine Konfigurationsdatei.

Ist der Host der IIS, brauchen Sie kein extra *ServiceHost*-Objekt, da dieses der IIS hinter den Kulissen bereits zur Verfügung stellt.

> **HINWEIS**   Es ist auch möglich, einen WCF-Service mit einem *Windows Activation Service* (WAS) zu hosten (siehe .NET Framework 4.0 SDK Dokumentation).

WCF-Client

Diese dritte Assembly repräsentiert den Client, welcher die Aufrufe an den WCF-Service absetzt. Der Client kann eine beliebige .NET Applikation sein. Ähnlich dem Host nutzt der Client eine clientseitige Konfigurationsdatei.

> **HINWEIS**   Falls Sie Ihren WCF-Service mit HTTP-basierten Bindungen aufbauen, kann der Client auch in einem anderen Framework (Java) geschrieben werden.

Nachrichtenaustausch

Aktuell unterstützt WCF drei Nachrichtenmuster:

- **One Way Messaging**
  Der Client sendet eine Nachricht zum Service ohne eine Antwort zu erwarten

- **Request/Response**
  Der Client sendet eine Nachricht und wartet auf die Antwort

- **Duplex Messaging**
  Client und Service senden sich gegenseitig Nachrichten ohne die bei Request-Response erforderliche Synchronisation

Für die Kommunikation zwischen Client-Anwendung und WCF-Host sind die so genannten Endpunkte, mit denen wir uns im Folgenden beschäftigen werden, von entscheidender Bedeutung.

Das ABC der WCF-Endpunkte

»Endpunkt« ist ein Schlüsselbegriff der WCF-Technologie, der sich auch in der folgenden Definition niederschlägt:

Ein WCF Service ist eine Applikation, die einen oder mehrere Endpunkte für die Kommunikation mit dem Client zur Verfügung stellt.

Die gesamte Kommunikation findet also zwischen Endpunkten statt, wobei ein Endpunkt die Dienste bereitstellt, die ein WCF-Service seinen Clients anbietet.

Ein Endpunkt wird, wie man es sich leicht merken kann, durch das Synonym »ABC« beschrieben, denn die drei Basiselemente der WCF Architektur sind Adresse (A), Bindung (B) und Contract (C). Dieses »ABC« ist Dreh- und Angelpunkt der Kommunikation von WCF-Diensten (bzw. deren Hosts) mit ihren Clients.

- Die Adresse spezifiziert WO der Endpunkt im Netzwerk zu finden ist, d.h. den Standort des Dienstes und auch das Format des Netzwerkprotokolls (z.B. HTTP oder TCP).

- Das Binding legt fest WIE der Endpunkt mit der Welt kommuniziert. Dies beinhaltet nähere Angaben über das Transportprotokoll, die Kodierung (z.B. Text, Binär) und Sicherheitsanforderungen (z.B. SSL, SOAP).

- Der Contract bestimmt WAS der Endpunkt für den Aufrufer tun kann, er enthält eine Beschreibung der Operationen, die vom WCF-Dienst bereitgestellt werden. WCF kennt mehrere Vertragstypen wie *ServiceContract, OperationContract, DataContract, MessageContract* etc.

In XML wird ein Endpunkt durch das *<endpoint>*-Element und durch die *address-*, *binding-* und *contract-*Attribute beschrieben.

BEISPIEL

Auszug aus einer Konfigurationsdatei

```
<endpoint address="http://localhost/NordwindWCFService/Service.svc"
          binding="basicHttpBinding"
                bindingConfiguration="BasicHttpBinding_INordwindService"
```

```
        contract="ServiceReference1.INordwindService"
               name="BasicHttpBinding_INordwindService" />
```

Schauen wir uns im Folgenden die ABCs genauer an. Sinnvollerweise versetzen wir uns in die Rolle des Entwicklers, gehen in umgekehrter Reihenfolge vor und beginnen beim »C«.

Verträge

Zu Beginn des Entwurfs Ihrer WCF-Applikation definieren Sie in der Regel die Schnittstellen, die der WCF-Dienst unterstützen soll. WCF unterstützt primär drei Vertragstypen, die durch die folgenden gleichnamigen Attribute gekennzeichnet sind:

- *ServiceContract*
  Dieser Vertrag definiert den Namen des Service, seinen Namespace und andere globale Merkmale. Der Vertrag entsteht, indem ein Interface erzeugt wird und das *ServiceContract*-Attribut auf das Interface angewendet wird.

- *OperationContract*
  Dieser Vertrag definiert die Parameter und Rückgabetypen einer Operation. Wenn Sie ein Interface für den *ServiceContract* erzeugen, definieren Sie dessen Operationsverträge mittels des *OperationContract*-Attributs für jede einzelne Methodendefinition.

- *DataContract*
  Die Datentypen eines Service müssen ebenfalls als Metadaten beschrieben werden, um den Clients die Zusammenarbeit mit dem Service zu ermöglichen. Die Beschreibung der Datentypen nennt man *DataContract*, die Typen können überall in der Nachricht verwendet werden, z.B. für Parameter oder Rückgabetypen.

Falls die in den Interfaces benutzten Datentypen nur einfache sind (numerisch, boolesch, String), brauchen Sie für einen kompletten WCF-Dienst lediglich die Attribute *<ServiceContract>* und *<OperationContract>*. Bei benutzerdefinierten Typen benötigen Sie weitere Attribute *(<DataMember>, <DataContract>)*.

BEISPIEL

Definition eines Dienstvertrags *(INordwindService)* und eines Datenvertrags *(KundenRecord)*

```
<ServiceContract>
Public Interface INordwindService

    <OperationContract>
    Function AlleKundenLaden() As KundenRecord()

    <OperationContract>
    Sub KundeEinfuegen(ByVal krec As KundenRecord)
    ...
End Interface

<DataContract>
Public Class KundenRecord

    <DataMember>
    Public KuCode As String
```

```
<DataMember>
Public Firma As String
...
End Class
```

BEISPIEL

Implementieren des Dienstvertrags *INordwindService*

```
Public Class NordwindService
    Implements INordwindService

    ...
    Public Function AlleKundenLaden() As KundenRecord()
        Dim dal As New CKundenDAL()
        dal.OpenConnection(connStr)
        Dim dt As DataTable = dal.GetAllKunden()
        dal.CloseConnection()

        Dim records As New List(Of KundenRecord)()
        Dim reader As DataTableReader = dt.CreateDataReader()
        Do While reader.Read()
            Dim r As New KundenRecord()
            r.KuCode = CStr(reader("KundenCode"))
            r.Firma = (CStr(reader("Firma")))
            ...
            records.Add(r)
        Loop
        Return CType(records.ToArray(), KundenRecord())
    End Function

    Public Sub KundeEinfuegen(ByVal krec As KundenRecord)
        Dim kd As New CKunde()
        kd.KundenCode = krec.KuCode
        ...
    End Sub
```

HINWEIS   Vollständiger Code siehe How-to 19.1 »... einen WCF-Webdienst mit Datenzugriffsschicht entwickeln?«.

Bindungen

Bindungen enthalten die Details, die ein Endpunkt erfordert. Jeder WCF-Host muss die Bindung spezifizieren, welche seine Clients verwenden sollen.

Mit einer WCF-Bindung können Sie folgende Merkmale spezifizieren:

- **Transport**
  Die Transportschicht über welche die Daten verschickt werden (HTTP, MSMQ, Named Pipes, TCP)
- **Encoding**
  Details der Nachrichtenkodierung, wie Text- oder Binärverschlüsselung
- **Protokolle**
  Details des Sicherheitsmechanismus, Transaktionskontext etc.

HINWEIS	Die beiden ersten Elemente (Transport, Encoding) sind Pflicht für jede Bindung!

Die folgende Tabelle listet einige der verfügbaren Bindungen auf.

Bindungstyp	Bemerkung
basicHttpBinding	grundlegendes HTTP Protokoll entsprechend WS-Basic-Profil
wsHttpBinding	Protokoll entsprechend WS-Spezifikation mit mehr Features
NetNamedPipeBinding	für die Verbindung von Endpunkten auf demselben PC
NetMsmqBinding	für eine Verbindung per Nachrichtenschlange (MSMQ)
NetTcpBinding	optimierte Bindung für TCP-Kommunikation

Tabelle 19.2 Auswahl verfügbarer Bindungen

Im Folgenden wollen wir die verschiedenen Bindungen etwas genauer unter die Lupe nehmen.

HTTP-Bindings

Die *BasicHttpBinding*, *WSHttpBinding*, *WSDualHttpBinding* und *WSFederationHttpBinding* erlauben die Veröffentlichung von Vertragstypen über XML Webdienst-Protokolle. Die Daten werden per XML repräsentiert und per HTTP übertragen. Wenn Sie die größtmögliche Erreichbarkeit Ihres Webdienstes anstreben (z.B. verschiedene Programmarchitekturen, mehrere Operationssysteme), so sollten Sie diese Bindungen favorisieren.

Die folgende Tabelle 19.3 zeigt, wie Sie eine WCF-Bindung entweder per Code (Klassen im *System.Service-Model*-Namespace) oder als XML-Attribute in den Konfigurationsdateien (*.config*) darstellen können.

Binding-Klasse	Binding-Element
BasicHttpBinding	<basicHttpBinding>
WSHttpBinding	<wsHttpBinding>
WSDualHttpBinding	<wsDualHttpBinding>
WSFederationHttpBinding	<wsFederationHttpBinding>

Tabelle 19.3 HTTP-Bindungen

Zu den Einzelheiten:

- *BasicHttpBinding*
  ... ist die einfachste auf Webdienste ausgerichtete Bindungsart, sie wird für WCF-Dienste entsprechend dem WS-I Basic Profile 1.1 verwendet und nutzt HTTP als Transportprotokoll und Text/XML als standardmäßige Nachrichtenkodierung. Hauptvorteil ist die Rückwärtskompatibilität mit Applikationen, die vorher für die Kommunikation mit ASP.NET-Webdiensten entwickelt wurden. Diese Bindung unterstützt keine Sessions!

- *WSHttpBinding*

  ... ähnelt der *BasicHttpBinding*, hat allerdings mehr Webdienst-Features und unterstützt beispielsweise auch Transaktionen, WS-Adressierung und binäre Datenkodierung unter Verwendung von MTOM[1].

- *WSDualHttpBinding*

  ... ähnelt der *WSHttpBinding*, ermöglicht aber Duplex-Verträge (Nachrichtenverkehr in beiden Richtungen). Diese Bindung unterstützt nur SOAP[2]-Sicherheit.

- *WSFederationHttpBinding*

  ... ist eine sichere Bindung, sie unterstützt das WS-Federation-Protokoll, mit dem Organisationen ihre User effizient authentifizieren und autorisieren können.

TCP-Bindings

Verfügen alle beteiligten PCs über die .NET 4.0 Bibliotheken bzw. alle PCs laufen unter dem Betriebssystem Windows, können Sie beachtliche Performance-Vorteile erzielen, wenn Sie die HTTP-Bindungen beiseite lassen und stattdessen eine TCP-Bindung wählen. Diese gewährleistet, dass alle Daten in einem kompakten Binärformat statt in XML kodiert werden. Eine Übersicht zeigt die folgende Tabelle.

Binding-Klasse	Binding Element
NetTcpBinding	<netTcpBinding>
NetPeerTcpBinding	<netPeerTcpBinding>
NetNamedPipeBinding	<netNamedPipeBinding>

Tabelle 19.4 TCP-Bindungen

HINWEIS   Noch einmal: Nutzen Sie die Bindungen entsprechend obiger Tabelle, müssen sowohl Host als auch Client .NET-Applikationen sein!

- Die Klasse *NetTcpBinding* verwendet TCP um binäre Daten zwischen Client und WCF Service zu transportieren. Allerdings sind Sie dabei auf hausinterne Lösungen beschränkt. *NetTcpBinding* unterstützt Features wie Transaktionen, Reliable Sessions und Secure Communications.

- *NetPeerTcpBinding* gewährleistet eine sichere Datenübertragung für P2P-Netzwerkapplikationen.

- Die *NetNamedPipeBinding* unterstützt, genauso wie die *NetTcpBinding*, Transaktionen, Reliable Sessions und Secure Communications, hat jedoch nicht die Fähigkeiten zur Kommunikation mit anderen PCs (Cross-Machine Calls). Wenn Sie jedoch die maximale Geschwindigkeit des Datenaustauschs zwischen WCF-Applikationen auf demselben PC anstreben, ist diese Bindung erste Wahl.

MSMQ-Bindings

Vollständigkeitshalber wollen wir hier auch die Klassen *NetMsmqBinding* und *MsmqIntegrationBinding* erwähnen, beide dienen der Zusammenarbeit mit einem Microsoft MSMQ Server.

---

[1] *Message Transmission Optimization Mechanism*

[2] *Simple Object Access Protocol*

Binding-Klasse	Binding Element
NetMsmqBinding	<netMsmqBinding>
MsmqIntegrationBinding	<msmqIntegrationBinding>

Tabelle 19.5 MSMQ-Bindungen

Kurze Erklärungen:

- *NetMsmqBinding*
  Diese MSMQ-Bindung kann für die Kommunikation zwischen .NET-Applikationen verwendet werden, die auf verschiedenen PCs laufen (*Cross Machine Communication*)

- *MsmqIntegrationBinding*
  Mit dieser Bindung sind WCF-Applikationen in der Lage, Nachrichten mit existierenden MSMQ-Applikationen auszutauschen, die COM, natives C++ oder Typen des *System.Messaging*-Namespace verwenden

Adressen

Nachdem Sie Verträge und Bindungen spezifiziert haben, müssen Sie sich schließlich noch um die Festlegung der Adresse des WCF Service kümmern. Wie es typisch für WCF ist, kann die Adresse entweder hart kodiert in einer Assembly versteckt werden (*System.Uri* Typ) oder in einer Konfigurationsdatei (*.config*) offenliegen.

In jedem Fall wird die WCF-Adresse von der Auswahl der Bindung (HTTP, TCP, MSMQ, Named Pipes,) abhängig sein. Ganz allgemein hat eine WCF Adresse die folgende Syntax:

```
Schema://<PCName>[:Port]/Pfad
```

Die Einzelheiten:

- *Schema*: Das Transportprotokoll (z.B. HTTP)
- *PCName*: Der voll qualifizierte Domänenname des PC
- *Port*: oft optional, z.B. Standard für HTTP-Bindings ist Port 80
- *Pfad*: Der Pfad zum WCF Service

Die folgenden Beispiele sollen die Anwendung verdeutlichen.

BEISPIEL

Adresse (Uri) einer webdienstbasierten Binding (z.B. *basicHttpBinding*, *wsHttpBinding*, *wsDualHttpBinding* oder *wsFederationHttpBinding*)

```
http://localhost:8080/MyWCFService
```

BEISPIEL

Adresse (Uri) einer TCP-Bindung (z.B. *NetTcpBinding* oder *NetPeerTcpBinding*)

```
net.tcp://localhost:8080/MyWCFService
```

HINWEIS   Für einen bestimmte Bindungstyp kann ein WCF-Service immer nur eine einzige Adresse anbieten!

Wenn Sie den Aufrufern Ihres Dienstes die Möglichkeit bieten wollen, zwischen verschiedenen Protokollen zu wählen, ist es aber auch möglich, eine Collection, bestehend aus mehreren Adressen unterschiedlicher Bindungen, zu konfigurieren (siehe Seite 1276, »Multiple Bindungen«).

Programmierung eines WCF-Dienstes

Schluss mit dem Trockenschwimmen! Da Sie nun wissen wie eine WCF-Anwendung vom Prinzip her funktioniert und welche prinzipiellen Möglichkeiten es gibt, macht es Sinn, die weiteren WCF-Features anhand einer konkreten Beispielapplikation zu vermitteln.

Wir beginnen mit der wichtigsten Komponente, dem WCF-Dienst (später kommen noch WCF-Host und WCF-Client hinzu).

Bescheidenes Ziel:

Unser WCF-Dienst soll auf Anfrage den (deutschen) Wochentag zu einem übergebenen Datum liefern.

Quellcode als Klassenbibliothek

Aus gutem Grund verzichten wir zunächst auf die von Visual Studio 2010 angebotenen WCF-Vorlagen, denn nur so können Sie die einzelnen Schritte beim Zusammenbau eines WCF-Dienstes im Detail erfassen.

Vorbereitungen

Wir beginnen mit dem Erstellen einer neuen VB-Klassenbibliothek mit dem Namen *DayOfWeekServiceLib* und benennen *Class1.vb* in *DayOfWeekService.vb* um. Nun fügen wir einen Verweis auf die *System.ServiceModel.dll*-Assembly hinzu und binden den *System.ServiceModel*-Namespace ein:

```
Imports System.ServiceModel

Public Class DayOfWeekService


End Class
```

Vertragsdefinition

Unsere Klasse soll einen einzigen Vertrag implementieren, der durch ein streng typisiertes Interface mit dem Namen *IDayOfWeek* repräsentiert wird.

Fügen Sie also zum Projekt eine neue Schnittstelle *IDayOfWeek* hinzu. Diese soll eine einzige Methode *GetDayOfWeek* bereitstellen, der ein Datum als Parameter übergeben wird.

Alle Interfaces eines WCF Service sind mit dem *<ServiceContract>*-Attribut und jedes Mitglied des Interfaces ist mit dem *<OperationContract>*-Attribut ausgestattet:

```
Imports System.ServiceModel

<ServiceContract()>
Public Interface IDayOfWeek

    <OperationContract()>
    Function GetDayOfWeek(ByVal datum As String) As String

End Interface
```

Vertragsimplementierung

Die Klasse *DayOfWeekService* implementiert die Schnittstelle *IDayOfWeek*:

```
Public Class DayOfWeekService
Implements IDayOfWeek
```

Der standardmäßige Konstruktor des WCF-Dienstes soll eine Information anzeigen, wie sie später für Diagnosezwecke auf der Konsole des Hosts erscheinen wird:

```
    Public Sub New()
        Console.WriteLine("Hier ist der DayOfWeekService ...")
    End Sub
```

Die folgende *GetDayOfWeek*-Methode gewährleistet eine robuste Konvertierung und Eingabevalidierung[1]:

```
    Public Function GetDayOfWeek(ByVal datum As String) As String Implements IDayOfWeek.GetDayOfWeek
        Dim dat As Date
        Dim day As String
        If Date.TryParse(datum, dat) Then
            day = String.Format("{0:dddd}", dat)
        Else
            day = "Das ist kein gültiges Datum!"
        End If
        Return day
    End Function
End Class
```

Unsere WCF Service Bibliothek ist nun komplett und Sie können das Projekt kompilieren.

Bevor wir aber dafür einen Host konstruieren, sollten wir uns kurz mit dem Thema »Attribute« beschäftigen, speziell mit den Attributen *<ServiceContract>* und *<OperationContract>*, die wir beide schon in obigem Code benutzt haben.

Das <ServiceContract>-Attribut

Damit ein CLR[2]-Interface an WCF-Diensten teilhaben kann, muss es mit dem *<ServiceContract>*-Attribut ausgestattet sein. Wie viele andere .NET-Attribute hat auch dieses einige Eigenschaften, die seinen weiteren Einsatz spezifizieren (siehe Tabelle 19.6).

---

[1] Die standardmäßige *DayOfWeek*-Methode liefert leider nur den englischen Wochentag.

[2] *Common Language Runtime* (.NET-Laufzeitbibliothek)

Eigenschaft	Bedeutung
Name	... bestimmt Namen des Service-Typs
Namespace	... bestimmt XML-Namespace, der den Service-Typ spezifiziert
CallbackContract	... legt fest wie der Dienstvertrag Callback-Funktionalität (z.B. für Duplex-Bindungen) erfordert
ConfigurationName	... lokalisiert das Service-Element in der Konfigurationsdatei
ProtectionLevel	... legt Sicherheitseinstellungen des Vertrags fest (Verschlüsselungstiefe, digitale Signatur der Endpunkte)
SessionMode	... legt fest, ob Sessions erlaubt oder erforderlich sind

Tabelle 19.6 Eigenschaften des *ServiceContract*-Attributs

Für unser Beispiel brauchen Sie sich um das Zuweisen eines *Name*-Werts nicht zu kümmern, weil sich der Standardname des Servicetyps direkt vom VB-Klassennamen ableitet. Der Standardnamen des darunter-liegenden XML-Namespace ist einfach *http://tempuri.org* (Sie sollten den *Namespace* für all Ihre WCF-Services aber ändern).

HINWEIS   Insbesondere wenn Sie einen WCF-Service entwickeln, der benutzerdefinierte Datentypen sendet und empfängt ist es wichtig, dass der darunterliegende XML-Namespace einen eindeutigen Namen hat (typischerweise die URI).

Aus diesem Grund könnten Sie die Interface-Definition wie im folgenden Beispiel verändern.

BEISPIEL

Festlegung der *Namespace*-Eigenschaft

```
<ServiceContract(Namespace = "http://www.doko-buch.de")>
Public Interface IDayOfWeek
    ...
End Interface
```

Das <OperationContract>-Attribut

Alle Methoden, die der WCF-Dienst bereitstellen soll (bzw. die Sie im WCF-Framework nutzen möchten) müssen mit dem Attribut *<OperationContract>* ausgestattet sein, auch dieses kann mit verschiedenen benannten Eigenschaften konfiguriert werden (siehe Tabelle 19.7).

Eigenschaft	Bedeutung
AsyncPattern	... zeigt an, ob die Operation asynchron ist und ein *Begin/End* Methodenpärchen im Service verwendet wird
IsInitiating	... zeigt an, ob diese Operation die initiale Operation in einer Session ist
IsOneWay	... zeigt an, ob die Operation nur aus einer einzigen Input Message besteht (ohne assoziierten Output)
IsTerminating	... zeigt an, ob die WCF Runtime die aktuelle Session beenden soll nachdem die Operation ausgeführt wurde

Tabelle 19.7 Eigenschaften des *OperationContract*-Attributs

Für unser Einsteigerbeispiel brauchen wir die *GetDayOfWeek()*-Methode nicht mit zusätzlichen Eigenschaften zu konfigurieren, d.h., wir nutzen das *<OperationContract>*-Atttribut so wie es ist.

Service Klassen ohne Vertrags-Interfaces

Es soll nicht unerwähnt bleiben, dass man bei der Entwicklung von Verträgen für WCF Service-Klassen nicht unbedingt Interfaces verwenden muss, denn man kann einfachheitshalber die Attribute *Service-Contract* und *OperationContract* auch direkt auf die Service-Klasse anwenden.

BEISPIEL

Eine optionale Realisierung unseres WCF-Dienstes ohne Interface

```
<ServiceContract(Namespace = "http://www.doko-buch.de")>
Public Class DayOfWeekService

    <OperationContract>
    Function GetDayOfWeek(ByVal datum As String) As String
        Dim dat As DateTime
        Dim day As String
        If Date.TryParse(datum, dat) Then
            day = String.Format("{0:dddd}", dat)
        Else
            day = "Das ist kein gültiges Datum!"
        End If
        Return day
    End Function
End Class
```

Wenn Sie aber, wie eben gezeigt, das Brett an der dünnsten Stelle bohren wollen, verlieren Sie einige Vorzüge der expliziten Definition von Interfaces für die Repräsentation von Verträgen. Ein vorhandenes Vertrags-Interface können Sie auf verschiedene Service-Klassen anwenden (in verschiedenen Sprachen und Architekturen) und damit einen hohen Grad von Polymorphismus erhalten. Weiterhin kann ein solches Interface als Basis für neue Verträge dienen (unter Verwendung von Interface-Vererbung).

Der WCF-Host

Beim Erstellen eines Hosts für einen WCF Service sind im Wesentlichen folgende Schritte auszuführen[1]:

- Definieren Sie den Endpunkt des WCF Service in der Konfigurationsdatei des Hosts

- Verwenden Sie die Klasse *ServiceHost* um die Typen bereitzustellen, die von diesem Endpunkt verfügbar sind

- Sichern Sie ab, dass der Host läuft, wenn Clientanforderungen hereinkommen (dieser Schritt entfällt beim Hosten mittels Windows-Dienst oder IIS)

Für einen produktionsreifen WCF-Service würden Sie als Host sicher einen Windows-Dienst oder den IIS bevorzugen. Für unser Einsteigerbeispiel soll aber eine einfache Konsolenanwendung genügen, die wir mit *DayOfWeekServiceHost* benennen wollen.

---

[1] Auf einige mit .NET 4.0 eingeführte Vereinfachungen gehen wir erst an späterer Stelle ein (Seite 1275).

Vorbereitungen

Haben Sie das Konsolenprojekt erzeugt, so fügen Sie eine Referenz auf die Assemblies *System.Service-Model.dll* und *DayOfWeekServiceLib.dll* hinzu und importieren die Namespaces *System.ServiceModel* und *DayOfWeekServiceLib*:

```
Imports System.ServiceModel
Imports DayOfWeekServiceLib

Module Module1

    Sub Main()

        ' ... wird später vervollständigt!

    End Sub

End Module
```

Die App.config

Vor der Entwicklung eines Hosts müssen Sie die Entscheidung treffen, ob Sie die erforderliche Hosting-Logik komplett per Code definieren oder ob Sie einige Details in die Konfigurationsdatei auslagern wollen. Wie bereits erwähnt hat letztere Variante den Vorteil, dass man bei nachträglichen Änderungen der Konfigurationsdatei die EXE-Datei nicht erneut kompilieren und verteilen muss.

Unser konsolenbasierter Host soll eine Konfigurationsdatei (*App.config*) verwenden, wählen Sie also das Menü *Projekt/Neues Element hinzufügen .../Anwendungskonfigurationsdatei*.

Ergänzen Sie die Konfigurationsdatei mit einem einzigen Endpunkt (erreichbar über Port 8080):

```xml
<?xml version="1.0" encoding="utf-8" ?>
<configuration>
  <system.serviceModel>
    <services>
      <service name="DayOfWeekServiceLib.DayOfWeekService">
        <endpoint address ="http://localhost:8080/DayOfWeekService"
                  binding="basicHttpBinding"
                  contract="DayOfWeekServiceLib.IDayOfWeek"/>
      </service>
    </services>
  </system.serviceModel>
  ...
</configuration>
```

Das Element *<system.serviceModel>* repräsentiert die Root für alle WCF-Einstellungen des Hosts. Jeder vom Host bereitgestellte Service wird durch ein solches *<service>*-Element dargestellt, welches wiederum vom Basiselement *<services>* eingeschlossen wird. Unser einziges *<service>*-Element nutzt das optionale *name*-Attribut um den Namen der Service-Klasse zu spezifizieren.

Die eingebetteten *<endpoint>*-Elemente definieren die Adresse, den Bindungstyp (hier *basicHttpBinding* mit willkürlich festgelegter Port ID) und den Namen der Schnittstelle, welches den WCF Service Vertrag festlegt (*IDayOfWeek*).

Die ServiceHost-Klasse

Mit dem Start der EXE wird eine Instanz der *ServiceHost*-Klasse erzeugt. Zur Laufzeit liest dieses Objekt automatisch die Daten im Bereich des *<system.serviceModel>*-Elements aus der Konfigurationsdatei des Hosts um Adresse, Binding und Vertrag zu spezifizieren. Ergänzen Sie den bereits vorhandenen Rahmencode wie folgt:

```
Sub Main()
```

Der Konstruktor der *ServiceHost*-Instanz verlangt als Parameter die Typinformation über den zu hostenden Service:

```
Using serviceHost As New ServiceHost(GetType(DayOfWeekService))
```

Der Host wird gestartet und ist bereit für den Empfang hereinkommender Nachrichten:

```
serviceHost.Open()
```

Der Service läuft so lange, bis die Eingabetaste gedrückt wird:

```
        Console.WriteLine("Der Service ist bereit ...")
        Console.WriteLine("Drücken Sie die Enter-Taste um den Service zu beenden.")
        Console.ReadLine()
    End Using
End Sub
```

Nachdem Sie die Host-Anwendung kompiliert und gestartet haben, ist diese bereit für den Empfang von Nachrichten entfernter Clients.

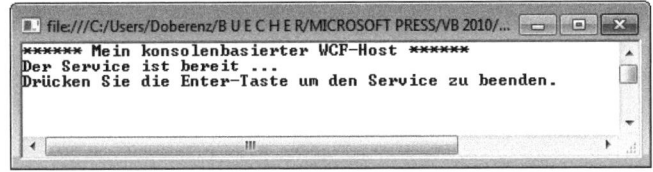

Abbildung 19.2 Unser WCF-Host in Aktion

Festlegen der Basisadressen

Momentan finden sich die Adressinformationen in unserer *App.config*-Datei. Dem Konstruktor unseres *ServiceHost* kann jedoch als zweiter Parameter ein Array von *System.Uri*-Typen übergeben werden, das *address*-Attribut in der *App.config* bleibt dann leer.

BEISPIEL

Optionale Adressübergabe (hartkodiert) außerhalb der *App.config*

```
Using serviceHost As New ServiceHost(GetType(DayOfWeekService),
                      New Uri(){New Uri("http://localhost:8080/DayOfWeekService")})
    ...
End Using
```

Die *App.config* Datei:

```
<endpoint address ="" binding="basicHttpBinding" contract="DayOfWeekServiceLib.IDayOfWeek"/>
```

Obige Vorgehensweise mindert natürlich die Flexibilität und wir werden deshalb im Folgenden von dieser Option der Adressübergabe keinen Gebrauch machen.

Es gibt aber noch eine weitere Möglichkeit zum Speichern von Adressinformationen innerhalb der *App.config*-Datei, bei der alle Basisadressen in einem extra Bereich *<baseAdresses>* von *<host>* aufgelistet werden (siehe folgendes Beispiel).

BEISPIEL

Optionale Adressübergabe

```
<?xml version="1.0" encoding="utf-8" ?>
<configuration>
  <system.serviceModel>
    <services>
      <service name="DayOfWeekServiceLib.DayOfWeekService">
        <!-- Adresse kommt von <baseAddresses> -->
        <endpoint address =""
                  binding="basicHttpBinding"
                  contract="DayOfWeekServiceLib.IDayOfWeek"/>
        <!-- Alle Basisadressen werden in einer bestimmten Sektion aufgelistet -->
        <host>
          <baseAddresses>
            <add baseAddress ="http://localhost:8080/DayOfWeekService"/>
          </baseAddresses>
        </host>
      </service>
    </services>
  </system.serviceModel>
</configuration>
```

Auch in diesem Fall ist das *address*-Attribut des *<endpoint>*-Elements leer, obwohl beim Erzeugen der *ServiceHost*-Instanz keine *Uri*-Objekte übergeben werden. Der Vorteil des Speicherns der Basisadresse in einer *<host> <baseAddresses>*-Region ist der, dass später eventuell auch andere Teile der *App.config* auf diese Adresse des Service-Endpunkts zugreifen können.

HINWEIS   Ab Seite 1281 beschreiben wir das Tool *SvcConfigEditor.exe*, welches eine bequemere Erstellung von Konfigurationsdateien ermöglicht.

Wir sind mit unserem Host noch lange nicht fertig, denn es gibt noch einiges zu tun, ehe wir uns an die Clientanwendung wagen können. Erst müssen wir die Rolle der *ServiceHost*-Klasse und des *<system.service-*

Model>-Elements etwas genauer beleuchten, insbesondere aber das Prinzip des Austauschs der Metadaten (MEX[1]).

Weitere Details der ServiceHost-Klasse

Sie werden die *ServiceHost*-Klasse nur dann direkt verwenden, wenn Sie, wie in unserem Beispiel, eine eigene EXE zum Hosten des Dienstes verwenden. Nehmen Sie hingegen den IIS (oder das Vista- und Windows 7-spezifische WAS) wird das *ServiceHost*-Objekt automatisch im Hintergrund erzeugt.

Wie Sie gesehen haben, erfordert das Erstellen des *ServiceHost*-Objekts eine komplette Dienstbeschreibung, welche dynamisch aus der *App.config* des Hosts generiert wird. Obwohl dies automatisch beim Erzeugen des *ServiceHost*-Objekts passiert ist es möglich, den Status mittels bestimmter Eigenschaften und Methoden zu beeinflussen (siehe Tabelle 19.8).

Mitglied von ServiceHost	Bedeutung
Authorization	... liefert die Ebene der Autorisierung für den zu hostenden WCF-Dienst
AddDefaultEndpoints()	... wird zur programmgesteuerten Konfiguration eines WCF Service Hosts verwendet (neu in .NET 4.0)
AddServiceEndpoint()	... registriert einen Endpunkt beim Host programmgesteuert
BaseAddresses	... ermittelt eine Liste von registrierten Basisadressen des Service
BeginOpen(), BeginClose()	... öffnen bzw. schließen ein ServiceHost-Objekt asynchron
CloseTimeout	... liefert bzw. setzt die Zeit, in der der Service geschlossen wird
Credentials	... liefert die Sicherheits-Credentials des Service
Description	... liefert die Endpunkte (siehe Beispiel unten)
EndOpen(), EndClose()	... sind die asynchronen Pendants zu *BeginOpen()* und *BeginClose()*
Open(), Close()	... öffnet bzw. schließt den Service
OpenTimeout	... liest/schreibt die zum Starten des Dienstes erlaubte Zeit
State	... liefert den aktuellen Status des Kommunikationsobjekts, welches durch die *CommunicationState*-Enumeration repräsentiert wird (z.B. *opened, closed, created*)

Tabelle 19.8 *ServiceHost*-Member

BEISPIEL

Eine Methode, welche das »ABC« jedes vom Host verwendeten Endpunkts ausgibt

```
Shared Sub DisplayHostInfo(ByVal host As ServiceHost)
    For Each se As System.ServiceModel.Description.ServiceEndpoint In host.Description.Endpoints
        Console.WriteLine("Adresse: {0}", se.Address)
        Console.WriteLine("Bindung: {0}", se.Binding.Name)
        Console.WriteLine("Vertrag: {0}", se.Contract.Name)
        Console.WriteLine()
    Next se
End Sub
```

---

[1] *Metadata Exchange*

Rufen wir diese Methode nach dem Öffnen des Hosts auf, so ergibt sich folgender Output:

```
Adresse: http://localhost:8080/DayOfWeekService
Bindung: BasicHttpBinding
Vertrag: IDayOfWeek
```

Das <system.serviceModel>-Element

Das Element *<system.serviceModel>* kann, wie jedes andere XML-Element auch, eine Menge von Unter-elementen definieren, von denen jedes mit verschiedenen Attributen ausgestattet werden kann. Hier die wichtigsten Sub-Elemente:

```
<system.serviceModel>
    <behaviors></behaviors>
    <client></client>
    <commonBehaviors> </commonBehaviors>
    <diagnostics> </diagnostics>
    <comContracts> </comContracts>
    <services> </services>
    <bindings> </bindings>
</system.serviceModel>
```

Eine Übersicht zeigt die Tabelle 19.9.

Sub-Element	Beschreibung
behaviors	... erlaubt das Festlegen der Funktionalitäten von Service, Host oder Client
bindings	... ermöglicht sowohl die Feinabstimmung von WCF-Bindungen (z.B., *basicHttpBinding* und *netMsmqBinding*) als auch von benutzerdefinierten Bindungen die vom Host benutzt werden
client	... enthält eine Liste mit Endpunkten die ein Client für die Verbindung zum Service benutzt
comContracts	... definiert COM Verträge zur WCF- und COM-Interoperabilität
diagnostics	... enthält die WCF-Diagnose-Einstellungen
services	... enthält eine Collection der vom Host bereitgestellten WCF Services

Tabelle 19.8 Subelemente von *system. serviceModel*

Austausch der Metadaten (MEX)

Der WCF-Client kommuniziert bekanntlich mit dem WCF-Service über einen zwischengeschalteten Proxy, gewissermaßen die Stellvertreter-Klasse für den entfernten WCF-Service. Obwohl Sie den Proxy-Code durchaus in Handarbeit erstellen könnten, wäre dies aber ziemlich schwierig und fehleranfällig.

Im .NET Framework 4.0 SDK findet sich glücklicherweise ein Kommandozeilen-Tool (*svcutil.exe*), welches diese Arbeit für Sie erledigen kann. Außerdem stellt Visual Studio 2010 eine ähnliche Funktionalität über die Menüoption *Project/Add Service Reference* zur Verfügung.

Damit diese Tools den erforderlichen Proxy-Code erstellen können, muss eine Möglichkeit bestehen, das Format der vom WCF-Service angebotenen Interfaces bzw. Verträge (z.B. Methodennamen, Parameter-typen) in Erfahrung zu bringen.

MEX

Metadata Exchange (MEX) ist ein WCF-Service-Verhalten (*behavior*) mit welchem Sie festlegen können, wie die WCF-Runtime Ihren Service zu behandeln hat. Jedes <*behavior*>-Element kann bestimmte Aktivitäten definieren. WCF stellt zahlreiche Behaviors bereit und Sie können auch eigene festlegen.

Das MEX-Behavior ist standardmäßig abgeschaltet und eine Abfrage der Metadaten via HTTP GET ist damit unterbunden.

HINWEIS   Sie müssen MEX aktivieren, wenn *svcutil.exe* oder Visual Studio 2010 automatisch die clientseitigen Proxy- und **.config*-Dateien erstellen sollen.

Um MEX zu aktivieren, müssen in der *App.config* des Hosts (bzw. im korrespondierenden VB-Code) entsprechende Einstellungen vorgenommen werden:

- Fügen Sie ein neues <*endpoint*>-Element für den MEX hinzu

- Definieren Sie ein WCF *Behavior* um HTTP GET Zugriff zu erlauben

- Verbinden Sie dieses *Behavior* namentlich mit Ihrem Service unter Verwendung des *behaviorConfiguration*-Attributs des öffnenden <*service*>-Elements

- Fügen Sie ein <*host*>-Element hinzu um die Basisadresse für diesen Service zu hinterlegen (MEX wird hier nachschauen um die Standorte der zu beschreibenden Typen herauszufinden)

HINWEIS   Sie können den letzten Schritt überspringen, wenn Sie ein *System.Uri*-Objekt mit der Basisadresse als Parameter an den Konstruktor des *ServiceHost* übergeben.

Die fertige App.config

Die »MEX-fähige« Konfigurationsdatei unseres Hosts enthält jetzt ein benutzerdefiniertes <*behavior*>-Element mit dem Namen *DayOfWeekServiceMEXBehavior*, es ist mit dem Service über das *behaviorConfiguration*-Attribute innerhalb der <*service*>-Definition verknüpft:

```
<?xml version="1.0" encoding="utf-8" ?>
  <configuration>
    <system.serviceModel>
      <services>
        <service name="DayOfWeekServiceLib.DayOfWeekService"
                behaviorConfiguration = "DayOfWeekServiceMEXBehavior">
          <!-- Service Endpunkt -->
          <endpoint address =""
                  binding="basicHttpBinding"
                  contract="DayOfWeekServiceLib.IDayOfWeek"/>
          <!-- MEX Endpunkt -->
          <endpoint address="mex"
                  binding="mexHttpBinding"
                  contract="IMetadataExchange" />
          <!-- Notwendig, damit auch MEX die Adresse unseres Service kennt -->
          <host>
            <baseAddresses>
              <add baseAddress ="http://localhost:8080/DayOfWeekService"/>
            </baseAddresses>
```

```
        </host>
      </service>
   </services>
   <!-- Die Behavior-Definition für MEX -->
   <behaviors>
     <serviceBehaviors>
       <behavior name="DayOfWeekServiceMEXBehavior" >
         <serviceMetadata httpGetEnabled="true" />
       </behavior>
     </serviceBehaviors>
   </behaviors>
  </system.serviceModel>
</configuration>
```

Wenn Sie jetzt den Host erneut starten so sehen Sie, dass er zwei verschiedene Endpunkte veröffentlicht, einen für den Service und einen für MEX (siehe Abbildung 19.3).

```
******** Mein konsolenbasierter WCF-Host ********

***** Host Info *****
Adresse: http://localhost:8080/DayOfWeekService
Bindung: BasicHttpBinding
Vertrag: IDayOfWeek

Adresse: http://localhost:8080/DayOfWeekService/mex
Bindung: MetadataExchangeHttpBinding
Vertrag: IMetadataExchange

********************************
Der Service ist bereit ...
Drücken Sie die Enter-Taste um den Service zu beenden!
```

Abbildung 19.3   Konsolenausgabe

Im Internetbrowser können Sie sich die Beschreibung der Metadaten Ihres WCF Service anschauen. Geben Sie dazu folgende URL ein:

```
http://localhost:8080/DayOfWeekService?
```

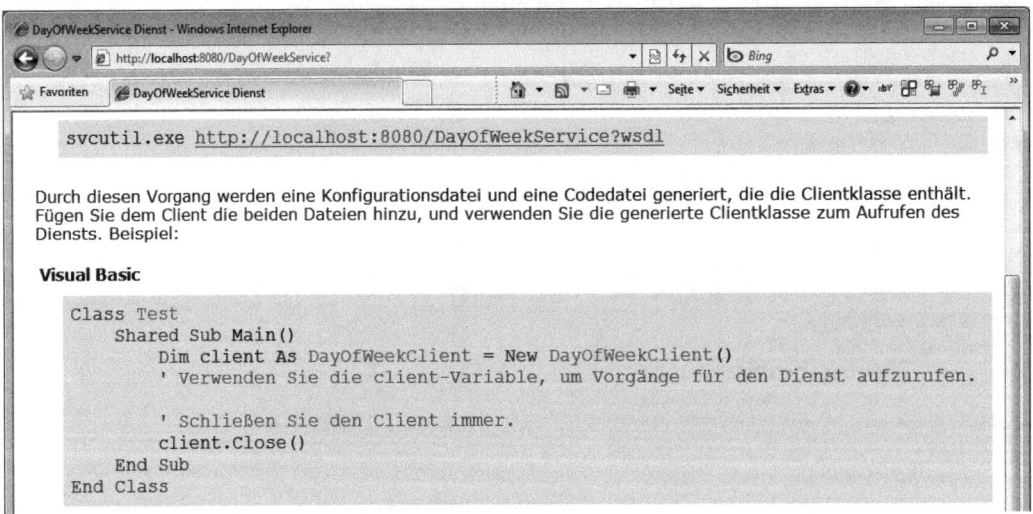

Abbildung 19.4   Homepage unseres WCF-Dienstes

Es erscheint die Homepage Ihres WCF-Service (Abbildung 19.4), auf welcher Sie Hinweise erhalten, wie Sie einen passenden Client in (C# oder VB) erstellen können, um auf den Dienst per Programm zuzugreifen.

Außerdem erhalten Sie die Möglichkeit, den zugrundeliegenden WSDL[1]-Vertrag zu besichtigen, indem Sie oben auf den entsprechenden Hyperlink klicken.

HINWEIS   Wie man unter WCF 4.0 die mit zwei Endpunkten doch ziemlich komplexe *App.config* des Hosts vereinfachen kann, zeigt der Abschnitt »Verbesserungen unter WCF 4.0« ab Seite 1275.

Der WCF-Client

Wir wollen das Prinzip anhand einer Windows Forms-Anwendung demonstrieren, diese soll unseren *DayOfWeekService* konsumieren. Herzstück eines solchen WCF-Clients ist der Proxy, wie wir wissen ein Objekt, über welches die Kommunikation mit dem Service abläuft. Zwar kann man einen solchen Proxy in mühevoller Handarbeit auch selbst programmieren, aber viel bequemer geht das mit speziellen Tools bzw. Assistenten, die uns das .NET Framework 4.0 SDK bzw. Visual Studio 2010 zur Verfügung stellen. Voraussetzung für deren Einsatz ist es aber, dass unser Dienst seine Metadaten veröffentlicht, aber dafür haben wir ja gesorgt, indem wir die *App.config* der Hostanwendung mit einem MEX-Endpunkt ausgestattet haben (siehe vorhergehender Abschnitt).

Vorbereitungen

Öffnen Sie eine neue Windows Forms-Anwendung und gestalten Sie die abgebildete Oberfläche (Laufzeitansicht):

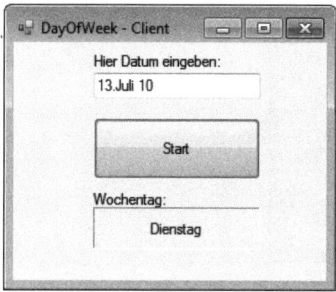

Abbildung 19.5 Oberfläche des Clients

Für das Erstellen des Proxy wollen wir die beiden Hauptvarianten gegenüberstellen:

- Verwendung von *SvcUtil.exe*

- Einsatz des Assistenten (Proxy-Generator) von Visual Studio 2010

---

[1] Die *Web Service Description Language* (WSDL) ist eine XML-Grammatik, welche die Struktur eines Webdienstes an einem bestimmten Endpunkt beschreibt.

Bewusst wählen wir zunächst die deutlich umständlichere Variante mit *SvcUtil.exe*, da dadurch die Vorgänge hinter den Kulissen transparenter hervortreten. Außerdem stellt dieses Tool zahlreiche Optionen bereit, die der Visual Studio-Assistent nicht bietet.

Verwenden von SvcUtil.exe

HINWEIS   Fügen Sie zunächst einen Verweis auf die *System.ServiceModel.dll* hinzu!

Das Standardinstrument zum Erstellen eines clientseitigen Proxy ist das Kommandozeilentool *SvcUtil.exe*. Damit erzeugen Sie anhand der Metadaten eines WCF-Diensts zwei Dateien:

- eine *.vb*- Datei mit dem Proxy-Code

- und eine clientseitige Konfigurationsdatei

SvcUtil.exe findet sich, ziemlich versteckt, in folgendem Verzeichnis (Windows 7):

```
C:\Programme\Microsoft SDKs\Windows\v7.0A\bin\SvcUtil.exe
```

Der einfachste Weg um ein Proxy-Objekt zu erstellen besteht darin, den Dienst (mit aktivierten Metadaten) zu starten und *SvcUtil.exe* an der Kommandozeile mit der URL des Metadaten-Endpunktes aufzurufen.

Um keinen langen Pfadnamen eingeben zu müssen empfiehlt es sich, *SvcUtil.exe* vorher in ein höher gelegenes Verzeichnis zu kopieren und direkt aus diesem heraus aufzurufen (vorher muss natürlich der Service *DayOfWeekServiceHost* gestartet werden):

```
svcutil /language:VB http://localhost:8080/DayOfWeekService/mex
```

Abbildung 19.6   Aufruf von *SvcUtil.exe*

SvcUtil erzeugt in unserem Fall eine Quellcodedatei *DayOfWeekService.vb*, die sowohl die Verträge (Schnittstellen) als auch die entsprechende Proxy-Klasse *DayOfWeekClient* enthält. Außerdem wird eine Konfigurationsdatei *output.config* generiert. Beide Dateien werden in dem aktuellen Verzeichnis, aus dem der Aufruf erfolgte, abgelegt.

Benennen Sie die Datei *output.config* in *App.config* um und fügen Sie beide Dateien dem Projektverzeichnis Ihrer Clientanwendung hinzu (Menü *Projekt/Vorhandenes Element hinzufügen ...*).

Quellcode Form1

Die von *SvcUtil* generierte Klasse *DayOfWeekClient* stellt alle vom Dienst implementierten Operationen des Vertrags in Form lokaler Funktionen zur Verfügung. Der erforderliche Clientcode gestaltet sich deshalb sehr einfach:

```
Public Class Form1
    Private Sub Button1_Click(ByVal sender As System.Object, ByVal e As System.EventArgs) _
                                                                       Handles Button1.Click
        Dim prx = New DayOfWeekClient()
        Label1.Text = prx.GetDayOfWeek(TextBox1.Text)
        prx.Close()
    End Sub
End Class
```

Test

Starten Sie zuerst den WCF-Service und anschließend den Client. Nach Eingabe eines Datums und Klick auf die Schaltfläche erscheint der Wochentag (siehe Abbildung 19.5). Sie werden erstaunt sein, was für Konstrukte alle noch als Datum interpretiert werden. Geht es wirklich nicht (z.B. ein »30. Februar«), so liefert der Dienst statt des Wochentags die Meldung »Das ist kein gültiges Datum«.

Ergänzungen

Das Werkzeug *SvcUtil.exe* kann mit zahlreichen Parametern aufgerufen werden, die wichtigsten zeigt die Tabelle 19.10.

Parameter	Bedeutung
/out <Datei>	... Dateiname für erzeugten Quellcode
/config <Datei>	... Name der zu erzeugenden *config*-Datei
/mergeConfig	... erzeugte und bereits vorhandene Anwendungskonfiguration werden gemischt
/noConfig	... keine Konfigurationsdatei
/dataContractOnly	... nur der Datenvertrag soll erstellt werden
/language <lang>	... legt die zu verwendende Programmiersprache (CS oder VB) fest
/namespace	... bestimmt den Namensraum, in dem der Proxy erzeugt werden soll
/enableDataBinding	... implementiert für alle Datenverträge das *System.ComponentModel.INotifyPropertyChanged*-Interface
/serializable	... fügt allen erzeugten Klassen das *Serializable*-Attribut hinzu
/async	... erzeugt neben synchronen auch asynchrone Methoden

Tabelle 19.9 Parameter für *SvcUtil.exe*

BEISPIEL

Es werden Dateien mit den Namen *myProxy.vb* und *app.config* generiert.

```
svcutil http://localhost:8080/DayOfWeekService/out:myProxy.vb /config:app.config
```

Wenn Sie eine Instanz des Proxy-Typs in Ihrer Client-Applikation erzeugen, so wird die Basisklasse eine Verbindung zum Endpunkt herstellen und dabei die Einstellungen der clientseitigen Konfigurationsdatei verwenden.

Wie auch die serverseitige Konfigurationsdatei enthält die generierte clientseitige *App.config* ein Element *<endpoint>* und Details über das *basicHttpBinding*, welches zur Kommunikation mit dem Service verwendet wird.

BEISPIEL

Das *<client>*-Element der clientseitigen Konfigurationsdatei zeigt die »ABCs« aus der Perspektive des Clients:

```
...
<client>
  <endpoint address="http://localhost:8080/DayOfWeekService"
            binding="basicHttpBinding"
            bindingConfiguration="BasicHttpBinding_IDayOfWeek"
            contract="IDayOfWeek"
            name="BasicHttpBinding_IDayOfWeek" />
</client>
...
```

Einsatz des Proxy-Generators von Visual Studio 2010

Wie Sie gerade gesehen haben, ist der direkte Einsatz des Kommandozeilentools *SvcUtil.exe* doch ziemlich umständlich. Sind Sie allerdings mit einfachen standardmäßigen Optionen beim Generieren des Proxy zufrieden, so bietet Ihnen Visual Studio 2010 eine weitaus bequemere Möglichkeit.

Klicken Sie im Projektmappen-Explorer mit der rechten Maustaste auf den Knoten *Verweise* und wählen Sie im Kontextmenü die Option *Dienstverweis hinzufügen...* (siehe folgende Abbildung 19.7).

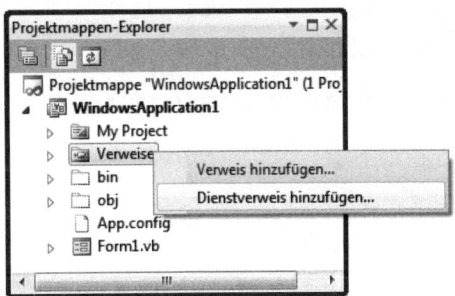

Abbildung 19.7 Den Proxy-Generator aufrufen

Es öffnet sich ein Dialogfeld, in welches Sie die Dienstadresse eingeben, um anschließend die »Gehe zu«-Schaltfläche zu betätigen (siehe Abbildung 19.8).

Ist die Adresse korrekt und wurde vorher der Dienst ordnungsgemäß gestartet, so wird dieser links angezeigt. Nach Aufklappen des Knotens erscheinen darunter die Dienstverträge und rechts die verfügbaren Methoden. Nach dem *OK* sehen Sie, dass der Projektmappen-Explorer Zuwachs bekommen hat (*ServiceReference1*, *App.config*, Verweis auf *System.ServiceModel*).

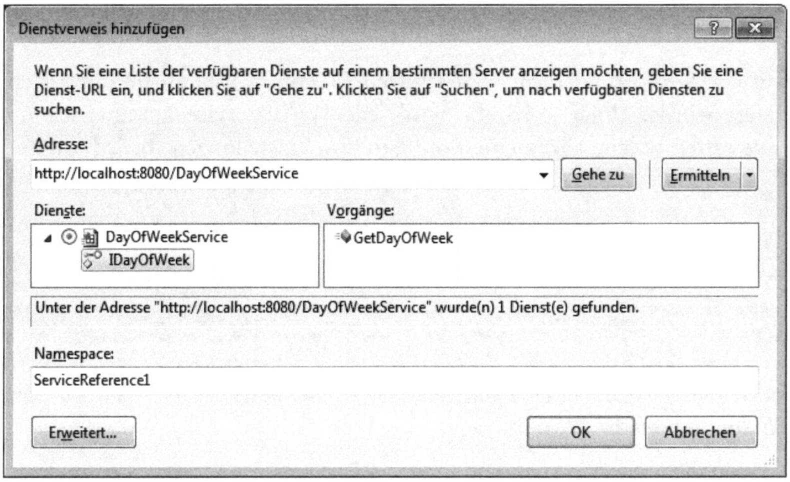

Abbildung 19.8 Dienst abfragen

Nach dem Einbinden der Proxy-Klasse *ServiceReference1* entspricht der erforderliche Quellcode etwa dem des Clients in der mit Hilfe von *SvcUtil.exe* generierten Vorgängerversion:

```
Imports WindowsApplication1.ServiceReference1

Public Class Form1

    Private Sub Button1_Click(ByVal sender As System.Object, ByVal e As System.EventArgs) _
                                                                       Handles Button1.Click

        Using prx As New DayOfWeekClient()
            Label1.Text = prx.GetDayOfWeek(TextBox1.Text)
            prx.Close()
        End Using
    End Sub

End Class
```

Verbesserungen unter WCF 4.0

Sie haben bei der Entwicklung unserer verteilten *DayOfWeekService*-Applikation sicherlich gemerkt, dass die Konfigurationsdatei *App.config* des Hosts ziemlich komplex und unübersichtlich ist. Beispielsweise waren zwei *<endpoint>*-Elemente erforderlich, eines für den Service und eines für den Austausch der Metadaten (MEX). Weiterhin waren ein *<baseAddresses>*-Element zur Beseitigung redundanter URIs und ein *<behaviors>*-Abschnitt zur Definition des MEX-Laufzeitverhaltens erforderlich.

Unter .NET 4.0 hat die WCF-API diesbezüglich einige Vereinfachungen erfahren, die die Konfiguration von Host-Anwendungen erleichtern.

Standard-Endpunkte

Unter .NET 3.5 gab es beim Aufruf von *ServiceHost.Open()* eine Laufzeit-Exception, wenn nicht mindestens ein *<endpoint>*-Element spezifiziert wurde. Unter .NET 4.0 wird jeder WCF-Service automatisch mit standardisierten Endpunkten ausgestattet, welche allgemeine Konfigurationseinstellungen für jedes unterstützte Protokoll enthalten.

Um diese Standardbindungen zu verwenden, müssen Sie lediglich die Basisadressen in der Konfigurationsdatei des Hosts angeben.

BEISPIEL

In dieser abgerüsteten *App.config* unseres *DayOfWeekServiceHost* wurden alle *<endpoint>*-Elemente sowie alle MEX-spezifischen Daten komplett entfernt. Weil aber eine gültige HTTP *<baseAddress>* spezifiziert ist, wird der Host automatisch *basicHttpBinding* verwenden.

```
<configuration>
  <system.serviceModel>
    <services>
      <service name="DayOfWeekServiceLib.DayOfWeekService" >
        <host>
          <baseAddresses>
            <add baseAddress="http://localhost:8080/DayOfWeekService"/>
          </baseAddresses>
        </host>
      </service>
    </services>
  </system.serviceModel>
</configuration>
```

Multiple Bindungen

Seit Anbeginn erlaubt es WCF jedem Host, mehrere Endpunkte anzubieten. So könnte beispielsweise Ihr WCF-Service sowohl HTTP als auch TCP bereitstellen, indem Sie einfach weitere Endpunkte zur Konfigurationsdatei hinzufügen.

Dies ist ein großer Vorteil, denn in den Zeiten vor WCF war das sehr schwierig, weil jeder Bindungstyp (HTTP, TCP, ...) sein eigenes Programmiermodell besitzt. Seit .NET 4.0 genügt die Definition von *<base-Address>*-Elementen für jedes Protokoll.

BEISPIEL

Vereinfachte Host-Konfiguration für HTTP- und für TCP-Bindungen

```
<configuration>
  <system.serviceModel>
    <services>
      <service name="DayOfWeekServiceLib.DayOfWeekService" >
        <host>
          <baseAddresses>
            <add baseAddress="http://localhost:8080/DayOfWeekService"/>
            <add baseAddress= "net.tcp://localhost:8099/DayOfWeekService"/>
          </baseAddresses>
```

```
        </host>
      </service>
    </services>
  </system.serviceModel>
</configuration>
```

Standardmäßige MEX-Konfiguration

Jedes Tool, welches einen WCF-Proxy generieren kann (*SvcUtil.exe* oder der Proxy-Generator von Visual Studio 2010) muss zunächst zur Laufzeit den Aufbau des WCF-Service erkunden, bevor es mit seiner eigentlichen Arbeit beginnen kann. Unter WCF wird dies durch die MEX-Aktivierung ermöglicht.

Die meisten Host-Konfigurationsdateien verlangen, zumindest während der Entwicklungsphase, die Aktivierung von MEX. Unter .NET 4.0 brauchen Sie, wie es das folgende Beispiel zeigt, keinen MEX-Endpunkt mehr hinzuzufügen und kein MEX-Behavior mehr zu definieren.

BEISPIEL

Eine vereinfachte MEX-Version der *App.config* des *DayOfWeekServiceHost*

```
<configuration>
  <system.serviceModel>
    <services>
      <service name="DayOfWeekServiceLib.DayOfWeekService" >
        <host>
          <baseAddresses>
            <add baseAddress="http://localhost:8080/DayOfWeekService"/>
          </baseAddresses>
        </host>
      </service>
    </services>

    <bindings>
      <basicHttpBinding>
        <binding openTimeout = "00:00:50" />
      </basicHttpBinding>
    </bindings>

    <behaviors>
      <serviceBehaviors>
        <behavior>
          <serviceMetadata httpGetEnabled="true"/>
        </behavior>
      </serviceBehaviors>
    </behaviors>

  </system.serviceModel>
</configuration>
```

Vergleichen Sie obigen Code mit dem aus dem Abschnitt »Austausch der Metadaten (MEX)« (Seite 1269) so erkennen Sie, dass das *<serviceMetadata>*-Element kein *name*-Attribut mehr hat, auch das *<service>*-Element benötigt sein *behaviorConfiguration*-Attribut nicht mehr. Trotzdem haben Sie zur Laufzeit die volle MEX-Funktionalität zur Verfügung.

Projektvorlage WCF-Dienstbibliothek

Unter Visual Studio 2010 gibt es, im Zusammenhang mit der Projektvorlage *WCF-Dienstbibliothek*, auch einen *WCF Test Client* und einen *WCF-Konfigurationseditor* zu bestaunen.

Wir wollen die Vorgehensweise anhand unseres *DayOfWeekService* demonstrieren.

Vorbereitungen

Öffnen Sie ein neues Projekt vom Typ *WCF-Dienstbibliothek*.

HINWEIS   Achten Sie darauf, dass in der Projekt-Dialogbox links der *WCF*-Knoten selektiert wird, denn nur dann wird die WCF-Dienstbibliothek angeboten.

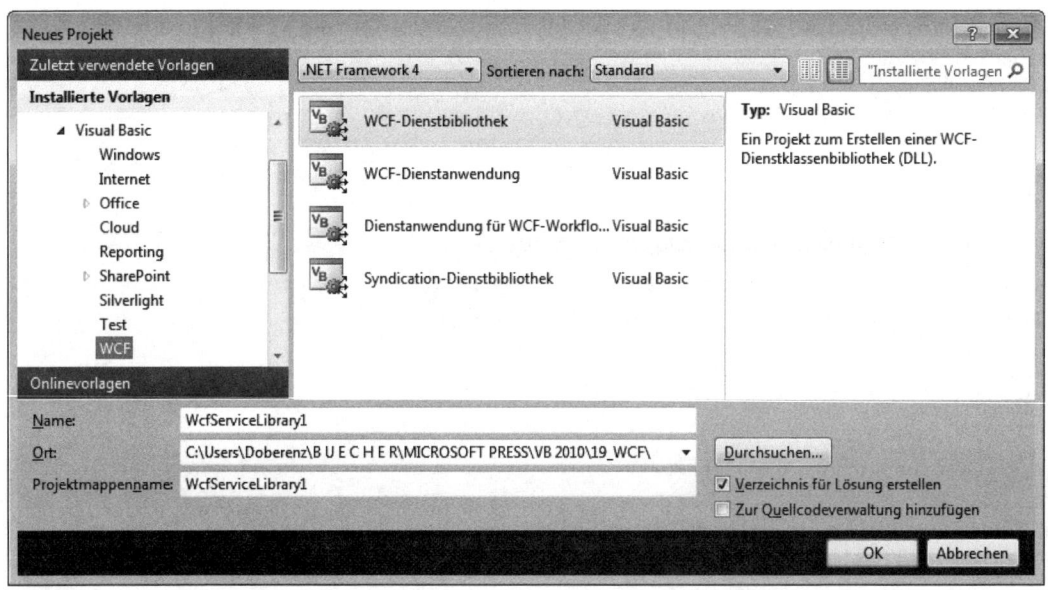

Abbildung 19.9 WCF-Dienstbibliothek erstellen

Ändern Sie den Namen von *WcfServiceLibrary1* in *DayOfWeekServiceLibrary* und (nach dem *OK*) den Namen der *IService1.vb* Datei in *IDayOfWeek.vb*.

HINWEIS   Mit dem Befehl *Umbenennen* im Menü *Umgestalten* können Sie die Klassennamen sowohl im Code als auch in der Konfigurationsdatei ändern!

Vertrag definieren

Löschen Sie nun sämtlichen Beispielcode innerhalb von *IDayOfWeek.vb* und ersetzen Sie ihn wie folgt:

```
<ServiceContract()>
Public Interface IDayOfWeek
    <OperationContract()>
```

```
    Function GetDayOfWeek(ByVal datum As String) As String
End Interface
```

Vertrag implementieren

Nun ändern Sie noch den Namen der Datei *Service1.vb* in *DayOfWeekService.vb* und löschen abermals sämtlichen Beispielcode. Implementieren Sie nun den (einzigen) Dienstvertrag wie folgt:

```
Public Class DayOfWeekService
    Implements IDayOfWeek
    Public Function GetDayOfWeek(ByVal datum As String) As String Implements IDayOfWeek.GetDayOfWeek
        Dim dat As Date
        Dim day As String
        If Date.TryParse(datum, dat) Then
            day = String.Format("{0:dddd}", dat)
        Else
            day = "Das ist kein gültiges Datum!"
        End If
        Return day
    End Function
End Class
```

App.config

Wie Sie sehen wurde auch eine *App.config* mit MEX-Funktionalität und standardmäßiger HTTP-Bindung angelegt, deren Inhalt ist aber für die Host-Anwendung bestimmt, worauf auch die eingelagerten Kommentare hinweisen:

```xml
<?xml version="1.0" encoding="utf-8" ?>
<configuration>
  <system.web>
    <compilation debug="true" />
  </system.web>
```

Bei der Bereitstellung des Dienstbibliothekprojekts muss der folgende Inhalt der Konfigurationsdatei der *App.config*-Datei des Hosts hinzugefügt werden:

```xml
<system.serviceModel>
  <services>
    <service name="DayOfWeekServiceLibrary.DayOfWeekService">
      <endpoint address="" binding="wsHttpBinding" contract="DayOfWeekServiceLibrary.IDayOfWeek">
        <identity>
          <dns value="localhost" />
        </identity>
      </endpoint>
      <endpoint address="mex" binding="mexHttpBinding" contract="IMetadataExchange" />
      <host>
        <baseAddresses>
          <add baseAddress =
            "http://localhost:8732/Design_Time_Addresses/DayOfWeekServiceLibrary/Service1/" />
        </baseAddresses>
      </host>
    </service>
  </services>
  <behaviors>
```

```
    <serviceBehaviors>
      <behavior>
```

Legen Sie den Wert unten auf *False* fest, um die Veröffentlichung von Metadateninformationen zu vermeiden, und entfernen Sie den Metadatenendpunkt oben vor der Bereitstellung:

```
      <serviceMetadata httpGetEnabled="True"/>
```

Damit Fehlerdetails zum Debuggen angezeigt werden, legen Sie den Wert unten auf *True* fest:

```
      <serviceDebug includeExceptionDetailInFaults="False" />
      </behavior>
    </serviceBehaviors>
  </behaviors>
 </system.serviceModel>
</configuration>
```

Einsatz von WcfTestClient.exe

Ein großer Vorteil der Projektvorlage *WCF-Dienstbibliothek* ist der eingebaute Testclient. Wenn Sie das Projekt debuggen bzw. kompilieren, werden die Einstellungen der *App.config*-Datei ausgelesen und zum Laden von *WcfTestClient.exe* verwendet. Mit dieser Applikation können Sie jedes Mitglied Ihres Service Interface testen, d.h., Sie brauchen keinen Host bzw. Client extra für Testzwecke zu entwickeln.

Die folgenden Abbildungen zeigen die Testumgebung für unseren *DayOfWeekService*. Durch Auswahl einer bestimmten Interface-Methode können Sie diese sofort mit verschiedenen Parametern aufrufen und testen.

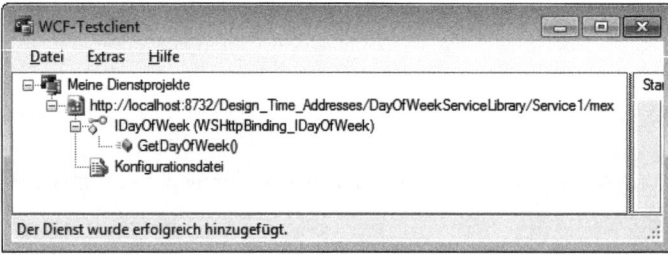

Abbildung 19.10 *WcfTestClient.exe* in Aktion

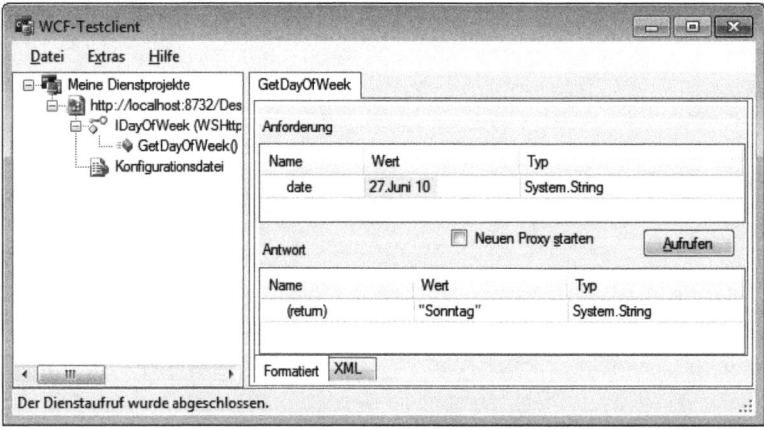

Abbildung 19.11 Methodenaufruf im WCF-Testclient

App.config mit SvcConfigEditor bearbeiten

Ein weiterer Vorteil, den die Projektvorlage »WCF Dienstbibliothek« bietet, ist der Aufruf des WCF-Konfigurations-Editors durch einfachen Rechtsklick auf die *App.config* im Projektmappen-Explorer[1].

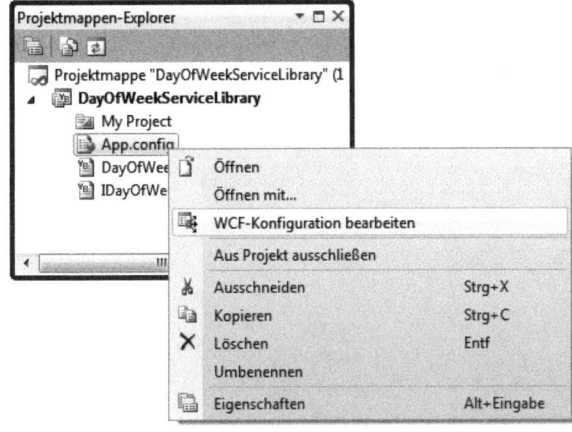

Abbildung 19.12 WCF-Konfigurations-Editor aufrufen

Haben Sie dieses Tool aufgerufen, so können Sie die XML-Daten auf bequeme Weise editieren. Leider haben wir hier nicht den Platz, um die zahlreichen Features zu erörtern, das können Sie viel besser anhand des detaillierten *Hilfe*-Menüs tun.

HINWEIS   Auch wenn Sie kein WCF Dienstbibliothek-Projekt zur Verfügung haben, kann der *SvcConfigEditor* Konfigurationsdateien editieren oder neu erzeugen. Starten Sie das Tool und wählen Sie das Menü *Datei/Öffnen* um eine vorhandene *.config*-Datei zu laden und zu editieren.

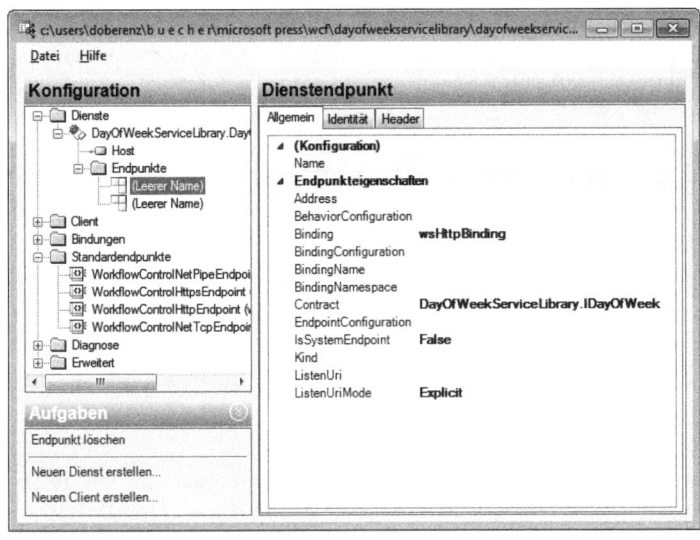

Abbildung 19.13 Der WCF-Konfigurations-Editor

---

[1] Dasselbe geht auch bei einer Client-Applikation, die einen WCF Service referenziert hat.

How-to-Beispiele

19.1 ... einen WCF-Webdienst mit Datenzugriffsschicht entwickeln?

In diesem Komplexbeispiel wollen wir endlich Nägel mit Köpfen machen und einen »richtigen«, vom IIS gehosteten Webdienst entwickeln. Dieser steht im Mittelpunkt einer verteilten Anwendung, die aus den folgenden Schichten besteht:

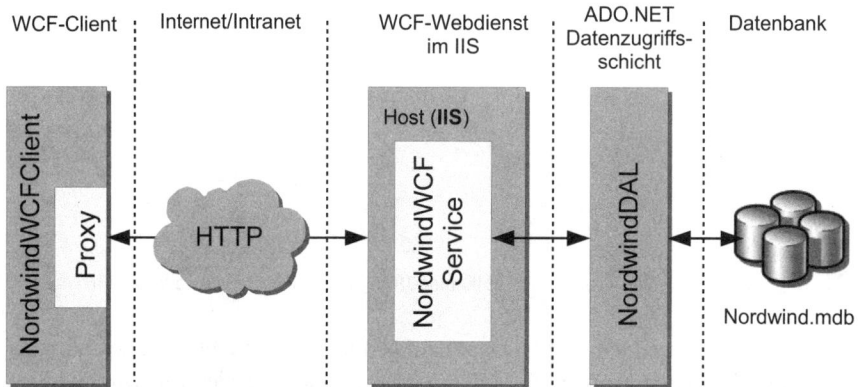

Abbildung 19.14   Schichtenmodell unserer WCF-Anwendung

- Datenzugriffsschicht (siehe How-to 4.10 »... eine klassische Datenzugriffsschicht entwickeln?«)

- WCF Service mit IIS als Host

- WCF-Clientanwendung (siehe How-to 19.2 » ... einen Client für einen WCF-Webdienst entwickeln?«)

Die komplette Datenzugriffsschicht ist in der Assembly *NordwindDAL.dll* gekapselt, welche wir bereits im Praxisteil des ADO.NET-Kapitels 4 erstellt haben und somit auf weitere Erklärungen verzichten können.

Bei der Entwicklung unseres WCF-Service verdienen zwei Aspekte besondere Beachtung:

- **Datenverträge**
  In all unseren bisherigen WCF-Beispielen haben wir nur Dienstverträge mit primitiven CLR-Datentypen (*Integer*, *String* ...) entwickelt. Wollen wir aber Dienstverträge gestalten, die selbstdefinierte Typen als Parameter bzw. Rückgabewerte verwenden, so müssen wir diese mit Hilfe eines so genannten Datenvertrags (*DataContract*) definieren.

HINWEIS   Aus Performancegründen werden wir, wie bei vielen professionellen Anwendungen üblich, auf Einsatz/ Serialisierung eines *DataSet*-Objekts verzichten!

- **Projektvorlage *WCF-Dienst***
  Statt der bislang in diesem Kapitel verwendeten Projektvorlagen *WCF-Dienstanwendung* und *WCF-Dienstbibliothek* verwenden wir diesmal die webbasierte Projektvorlage *WCF-Dienst*, d.h., der Dienst wird automatisch in einem virtuellen Verzeichnis des IIS gehostet und funktioniert ähnlich einem traditionellen XML-Webdienst, Konfigurationsdatei ist eine *Web.config*.

Vorbereitungen

Öffnen Sie Visual Studio 2010, klicken Sie den Menüeintrag *Datei/Neu/Website* ...und erstellen Sie einen neuen WCF-Dienst mit dem Namen *NordwindWCFService*, der über die URI *http://localhost/Nordwind-WCFService* veröffentlichen werden soll. Achten Sie darauf, dass unten links das »HTTP«-Protokoll eingestellt ist.

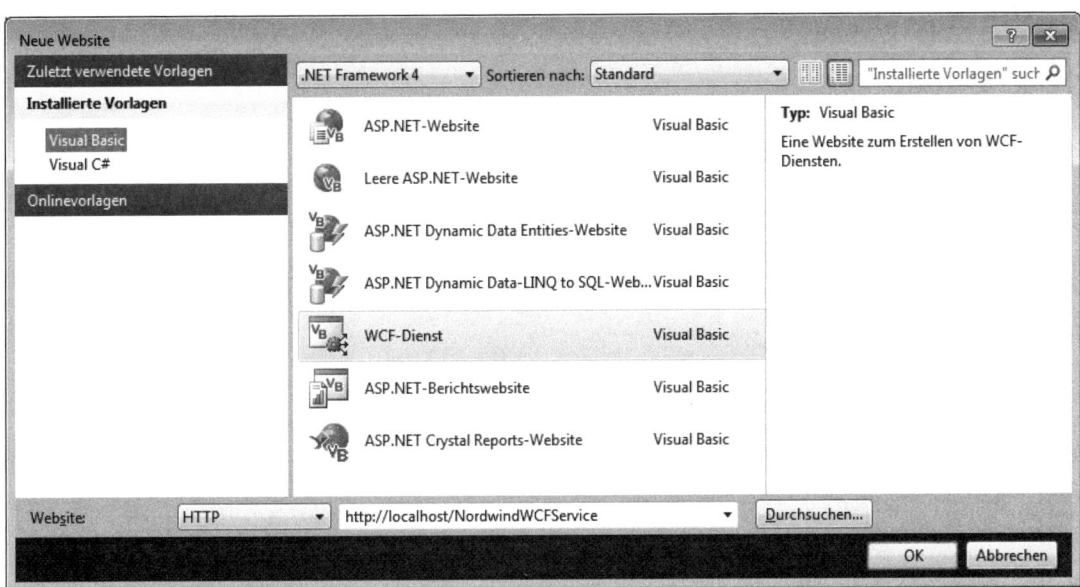

Abbildung 19.15 WCF-Dienst erstellen

HINWEIS   Wenn sich nach dem Klick auf *OK* die IDE nicht öffnet und stattdessen diverse Fehlermeldungen erscheinen, so müssen Sie eventuell Visual Studio mit der Option »Als Administrator ausführen« starten (siehe How-to 19.3 »... was tun, wenn der IIS nicht funktioniert?«).

Entwurf von Dienstvertrag und Datenvertrag

Beide ähnlich klingenden Begriffe wirft man leicht durcheinander, sodass es mitunter besser ist, dafür gleich die Originalnamen *ServiceContract* bzw. *DataContract* zu verwenden.

Öffnen Sie die bereits vorbereitete Datei *IService.vb* über den Projektmappen-Explorer (unter *App_Code*-Knoten) und entfernen Sie den darin enthaltenen Beispielcode komplett.

Wir wollen unseren WCF-Webmethoden keine einfachen Datentypen übergeben, sondern komplette Kundenobjekte, die wir selbst definieren. Zu diesem Zweck müssen wir einen Datenvertrag festlegen, dieser wird mit dem Attribut *DataContract* eingeleitet. Die einzelnen Mitglieder des Datenvertrags erhalten das Attribut *DataMember*:

```
<DataContract()>
Public Class KundenRecord
    <DataMember()>
    Public Property KuCode As String
```

```
    <DataMember()>
    Public Property Firma As String
    <DataMember()>
    Public Property Kontaktperson As String
    <DataMember()>
    Public Property Funktion As String
End Class
```

Nun können wir unter Verwendung obigen Datenvertrags den folgenden Dienstvertrag definieren:

```
<ServiceContract()>
Public Interface INordwindService

    <OperationContract()>
    Function AlleKundenLaden() As KundenRecord()

    <OperationContract()>
    Sub KundeEinfuegen(ByVal krec As KundenRecord)

    <OperationContract()>
    Sub KundeAktualisieren(ByVal krec As KundenRecord)

    <OperationContract()>
    Sub KundeLoeschen(ByVal kcode As String)

End Interface
```

Vertragsimplementierung

Zunächst klicken Sie das Menü *Website/Verweis hinzufügen...* und referenzieren die Assembly *Nordwind-DAL.dll* die bereits fertig vorliegt (siehe Begleitdateien).

Die Datei *NordwindDAL.dll* wird automatisch in das folgende (physische) Verzeichnis des IIS kopiert:

```
C:\inetpub\wwwroot\NordwindWCFService\Bin\NordwindDAL.dll
```

Ziehen Sie nun die Datenbankdatei *Nordwind.mdb* per Drag & Drop auf das *App_Data*-Verzeichnis im Projektmappen-Explorer oder kopieren Sie sie direkt in das folgende Verzeichnis:

```
C:\inetpub\wwwroot\NordwindWCFService\App_Data
```

Öffnen Sie die bereits vorbereitete Datei *Service.vb* über den Projektmappen-Explorer und entfernen Sie den darin enthaltenen Beispielcode. Binden Sie die folgenden Namespaces ein:

```
Imports NordwindDAL
Imports System.Data
```

Die von unserem WCF-Dienst bereitzustellende Klasse *NordwindService* soll (unter Verwendung des Daten-vertrags *KundenRecord*) den durch die Schnittstelle *INordwindService* beschriebenen Dienstvertrag imple-mentieren:

```
Public Class Service
    Implements INordwindService
```

Die Verbindungszeichenfolge zur Access-Datenbank:

```
Private Const connStr As String = "Provider=Microsoft.Jet.OLEDB.4.0;" &
                    "Data Source=|DataDirectory|\Nordwind.mdb;Persist Security Info=True"
```

Die nun folgenden Implementierungen der einzelnen *OperationContracts* greifen auf die darunterliegende Datenzugriffsschicht *NordwindDAL* zu.

Wir geben dem Aufrufer des Dienstes die komplette Kundenliste als Array (bestehend aus den *KundenRecord*-Objekten unseres Datenvertrags) zurück:

```
Public Function AlleKundenLaden() As KundenRecord() Implements INordwindService.AlleKundenLaden
    Dim dal As New CKundenDAL()
    dal.OpenConnection(connStr)
    Dim dt As DataTable = dal.GetAllKunden()
    dal.CloseConnection()
    Dim records As New List(Of KundenRecord)()
    Dim reader As DataTableReader = dt.CreateDataReader()
    Do While reader.Read()
        Dim r As New KundenRecord()
        r.KuCode = CStr(reader("KundenCode"))
        r.Firma = (CStr(reader("Firma")))
        r.Kontaktperson = (CStr(reader("Kontaktperson")))
        r.Funktion = (CStr(reader("Funktion")))
        records.Add(r)
    Loop
    Return CType(records.ToArray(), KundenRecord())
End Function
```

Einen einzelnen Kunden einfügen:

```
Public Sub KundeEinfuegen(ByVal krec As KundenRecord) Implements INordwindService.KundeEinfuegen
    Dim kd As New CKunde()
    kd.KundenCode = krec.KuCode
    kd.Firma = krec.Firma
    kd.Kontaktperson = krec.Kontaktperson
    kd.Funktion = krec.Funktion
    Dim dal As New CKundenDAL()
    dal.OpenConnection(connStr)
    dal.InsertKunde(kd)
    dal.CloseConnection()
End Sub
```

Einen Kunden aktualisieren:

```
Public Sub KundeAktualisieren(ByVal krec As KundenRecord) _
                                Implements INordwindService.KundeAktualisieren
    Dim kd As New CKunde()
    kd.KundenCode = krec.KuCode
    kd.Firma = krec.Firma
    kd.Kontaktperson = krec.Kontaktperson
    kd.Funktion = krec.Funktion
    Dim dal As New CKundenDAL()
    dal.OpenConnection(connStr)
    dal.UpdateKunde(kd)
    dal.CloseConnection()
End Sub
```

Einen Kunden löschen:

```
    Public Sub KundeLoeschen(ByVal kcode As String) _
                                        Implements INordwindService.KundeLoeschen

        Dim dal As New CKundenDAL()
        dal.OpenConnection(connStr)
        dal.DeleteKunde(kcode)
        dal.CloseConnection()
    End Sub
End Class
```

Kompilieren Sie das Projekt und es erscheint der Internet-Explorer mit einer Testseite, die wohlgemeinte (in unserem Fall aber überflüssige) Hinweise zur Erstellung einer Clientanwendung enthält.

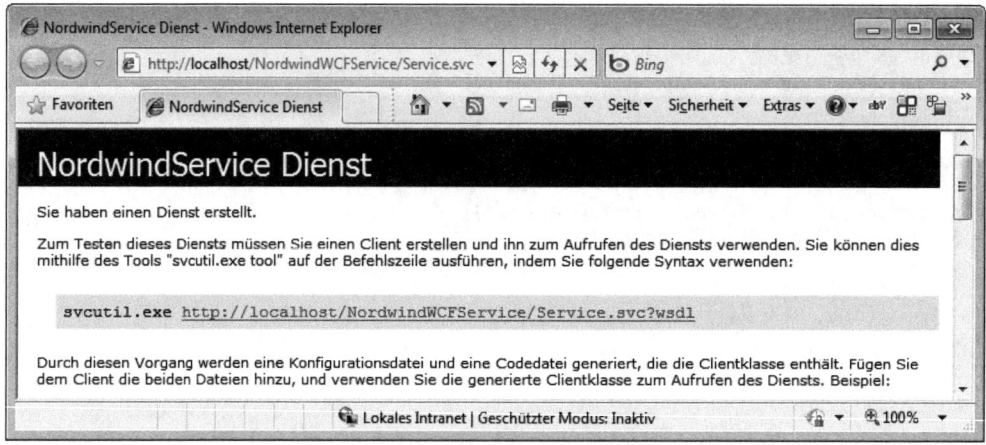

Abbildung 19.16 Testseite unseres WCF-Dienstes

Auf den empfohlenen manuellen Einsatz des Tools *svcutil.exe* (zwecks Generieren der erforderlichen Proxy- und Konfigurationsdateien) können wir verzichten, da uns der Proxy-Generator von Visual Studio 2010 diese lästige Arbeit abnehmen wird.

Unser vom IIS gehosteter WCF-Dienst ist nun fertig und bereit, mit verschiedenen Clients per HTTP zu kommunizieren.

Web.config

Die Datei *Web.config* dient einem ähnlichen Zweck wie die Konfigurationsdatei einer normalen EXE, enthält allerdings eine Anzahl webspezifischer Einstellungen. Wie wir sehen, ist der Austausch von Metadaten (MEX) bereits aktiviert, sodass die manuelle Definition eines *endpoint*-Elements nicht erforderlich ist (siehe dazu Abschnitt »Verbesserungen unter WCF 4.0« ab Seite 1275):

```
<?xml version="1.0"?>
<configuration>
 <system.web>
  <compilation debug="true" targetFramework="4.0"/>
 </system.web>
 <system.serviceModel>
```

```
  <behaviors>
    <serviceBehaviors>
      <behavior>
        <serviceMetadata httpGetEnabled="true"/>
        <serviceDebug includeExceptionDetailInFaults="false"/>
      </behavior>
    </serviceBehaviors>
  </behaviors>
  <serviceHostingEnvironment multipleSiteBindingsEnabled="true"/>
</system.serviceModel>
<system.webServer>
  <modules runAllManagedModulesForAllRequests="true"/>
</system.webServer>
</configuration>
```

Bevor wir uns mit der Clientanwendung beschäftigen, sollten wir aber noch einen Blick auf den Projektmappen-Explorer werfen.

Projektmappen-Explorer

Bei Webanwendungen unterscheiden wir zwischen physischem und virtuellem Verzeichnis. Im Projektmappen-Explorer wird als virtuelles Verzeichnis die URL *http://localhost/NordwindWCFService* angezeigt, das
entsprechende physische Verzeichnis ist

```
c:\inetpub\wwwroot\NordwindWCFService
```

Eine Projektmappendatei (*.sln*) finden Sie hier allerdings nicht, diese wird standardmäßig unter

```
...\Benutzer\Eigene Dokumente\Visual Studio 2010\Projects\NordwindWCFService\NordwindWCFService.sln
```

angelegt.

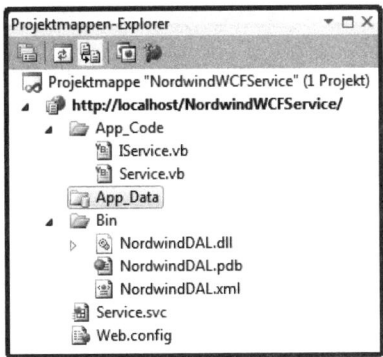

Abbildung 19.17 Projektmappen-Explorer

HINWEIS　Mit der kleinen Schaltfläche oben rechts lässt sich das *Websiteverwaltungs-Tool* öffnen, mit welchem diverse
Sicherheitseinstellungen (ASP.NET Konfiguration) vorgenommen werden können.

Bemerkungen

- Die Vorlage *WCF-Dienst* ist besonders dann nützlich, wenn Sie bereits wissen, dass Ihr WCF-Service Webdienst-Protokolle (statt z.B. TCP oder Named Pipes) verarbeiten soll. Es werden automatisch ein neues virtuelles Verzeichnis im IIS für Ihre Programmdateien, eine passende *Web.config*-Datei (um den Service über HTTP bereitzustellen) und die notwendige *.svc*-Datei[1] erzeugt. Deshalb trägt ein webbasiertes WCF-Dienst-Projekt erheblich zur Zeitersparnis bei, weil die IDE die erforderliche IIS-Infrastruktur automatisch einstellt.

- Wenn Sie statt der in diesem Beispiel benutzten Vorlage *WCF-Dienst* die Vorlage *WCF-Dienstbibliothek* verwenden, so sind Sie flexibel bezüglich des Hostings (z.B. Windows Dienst, manuell erstelltes virtuelles Verzeichnis im IIS). Diese Vorlage ist besonders zu empfehlen für benutzerdefinierte Hosts, die mit verschiedenen WCF-Bindungen arbeiten sollen.

- Wenn wir einen beliebigen HTTP-Bindungstyp verwenden (z.B. *basicHttpBinding* oder *wsHttpBinding*), werden die transportierten Daten als XML-Elemente formatiert. Andererseits werden bei TCP-basierter Bindung (*netTcpBinding*) die Parameter und Rückgabewerte der einfachen Datentypen in einem kompakten Binärformat übertragen.

- Webanwendungen die auf Datenbanken zugreifen, müssen für den SQL Server dieselben Anmeldeinformationen wie jeder andere Benutzer oder Prozess angeben (d.h., sie müssen sich bei SQL Server anmelden). In Webanwendungen kann dies zu Komplikationen führen. Wenn eine Webanwendung beispielsweise anonym ausgeführt wird, sind möglicherweise keine Anmeldeinformationen zur Weiterleitung an den SQL Server vorhanden.

- Standardmäßig verwenden Sie die integrierte Sicherheit von Windows. Mit dieser Option werden die Anmeldeinformationen des Benutzers an den SQL Server gegeben (aufgrund von Delegierungsproblemen funktioniert dies häufig nur in der Standardeinstellung, wenn der SQL Server auf demselben Computer wie der Webserver (IIS) läuft).

19.2   ... einen Client für unseren WCF-Webdienst entwickeln?

Mit einer einfachen Windows Forms-Anwendung wollen wir die prinzipielle Funktionsfähigkeit unseres WCF-Dienstes testen.

Oberfläche

Gestalten Sie eine passende Benutzerschnittstelle mit einem *DataGridView*, einigen Eingabefeldern und Schaltflächen (siehe Laufzeitansicht später).

Klicken Sie dazu mit der rechten Maustasten auf den Knoten *Verweise* im Projektmappen-Explorer und wählen Sie die Option *Dienstverweis hinzufügen* ...

Tragen Sie als Adresse die des virtuellen Verzeichnisses im IIS ein und klicken Sie auf die Schaltfläche *Gehe zu*. Unter der Spalte *Dienste* muss nun unser Service auftauchen, expandieren Sie den Knoten und klicken Sie auf den Vertrag *INordwindService*. Rechts werden nun die im Vertrag enthaltenen Methoden (*Operation Contracts*) aufgelistet.

---

[1] Unter .NET 4.0 nicht mehr unbedingt erforderlich.

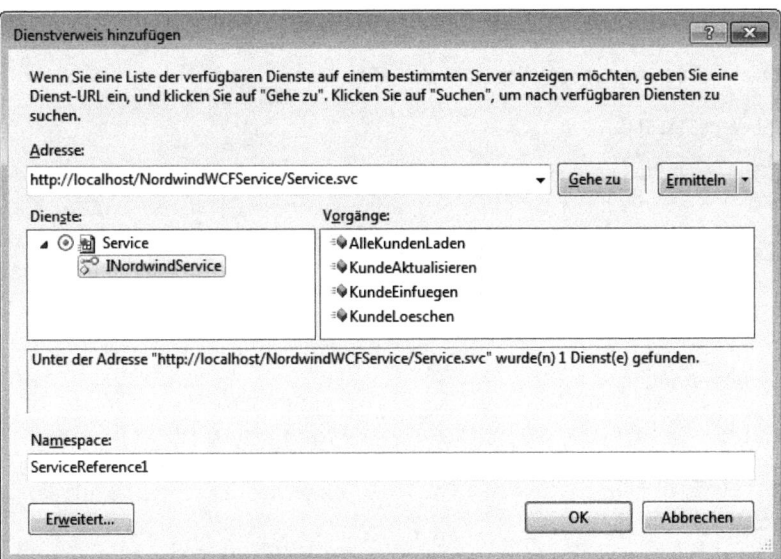

Abbildung 19.18   Dienstverweis hinzufügen

HINWEIS   Über die Schaltfläche *Erweitert...* (in unserem Beispiel nicht benötigt) lassen sich weitere Einstellungen für den Proxy-Generator vornehmen (z.B. für asynchrone Aufrufe).

Nach dem *OK* sehen Sie, dass im Projektmappen-Explorer ein neuer Knoten *ServiceReference1* hinzugekommen ist.

Quellcode

Der Proxy-Generator von Visual Studio 2010 hat inzwischen unbemerkt hinter den Kulissen eine ganze Menge Arbeit geleistet, denn nach dem Einbinden von *ServiceReference1* stehen Ihnen, wie dem folgenden Quellcode zu entnehmen ist, die automatisch generierten Klassen *NordwindServiceClient* (das ist der Proxy) und *KundenRecord* (das ist der Datenvertrag) zur Verfügung, welche Ihnen den Zugriff auf den Dienst ermöglichen.

```
Imports WindowsApplication1.ServiceReference1
...
```

Alle Kunden anzeigen:

```
    Private Sub Button1_Click(ByVal sender As System.Object, ByVal e As System.EventArgs) _
                                                            Handles Button1.Click
        Dim prx As New NordwindServiceClient()
        DataGridView1.DataSource = prx.AlleKundenLaden()
        prx.Close()
    End Sub
```

Einen Kunden einfügen:

```
Private Sub Button2_Click(ByVal sender As System.Object, ByVal e As System.EventArgs) _
                                                           Handles Button2.Click
    Dim prx As New NordwindServiceClient()
    Dim rec As New KundenRecord()
    rec.KuCode = TextBox1.Text
    rec.Firma = TextBox2.Text
    rec.Kontaktperson = TextBox3.Text
    rec.Funktion = TextBox4.Text
    prx.KundeEinfuegen(rec)
    prx.Close()
End Sub
```

Einen Kunden aktualisieren

```
Private Sub Button3_Click(ByVal sender As System.Object, ByVal e As System.EventArgs) _
                                                           Handles Button3.Click
    Dim prx As New NordwindServiceClient()
    Dim rec As New KundenRecord()
    rec.KuCode = TextBox1.Text
    rec.Firma = TextBox2.Text
    rec.Kontaktperson = TextBox3.Text
    rec.Funktion = TextBox4.Text
    prx.KundeAktualisieren(rec)
    prx.Close()
End Sub
```

Einen Kunden löschen:

```
Private Sub Button4_Click(ByVal sender As System.Object, ByVal e As System.EventArgs) _
                                                           Handles Button4.Click
    Dim prx As New NordwindServiceClient()
    prx.KundeLoeschen(TextBox1.Text)
    prx.Close()
End Sub
```

Anzeige löschen:

```
Private Sub Button5_Click(ByVal sender As System.Object, ByVal e As System.EventArgs) _
                                                           Handles Button5.Click
    DataGridView1.DataSource = Nothing
End Sub
End Class
```

Bevor wir mit dem Testen beginnen, werfen wir noch einen Blick auf die Datei *App.config*.

Konfigurationsdatei

Einen Auszug aus der automatisch generierten *App.config* zeigt u.a., dass auch ein ordnungsgemäßer Endpunkt definiert wurde:

```
<?xml version="1.0" encoding="utf-8" ?>
<configuration>
    <system.serviceModel>
        <bindings>
```

```
            <basicHttpBinding>
                <binding name="BasicHttpBinding_INordwindService" closeTimeout="00:01:00"
                    openTimeout="00:01:00" receiveTimeout="00:10:00" sendTimeout="00:01:00"
                    allowCookies="false" bypassProxyOnLocal="false"
                    ...
                    <security mode="None">
                        <transport clientCredentialType="None" proxyCredentialType="None"
                            realm="" />
                        <message clientCredentialType="UserName" algorithmSuite="Default" />
                    </security>
                </binding>
            </basicHttpBinding>
        </bindings>
        <client>
            <endpoint address="http://localhost/NordwindWCFService/Service.svc"
                binding="basicHttpBinding"
                bindingConfiguration="BasicHttpBinding_INordwindService"
                contract="ServiceReference1.INordwindService"
                name="BasicHttpBinding_INordwindService" />
        </client>
    </system.serviceModel>
</configuration>
```

Test

Starten Sie das Clientprojekt und testen Sie die verschiedenen Operationen.

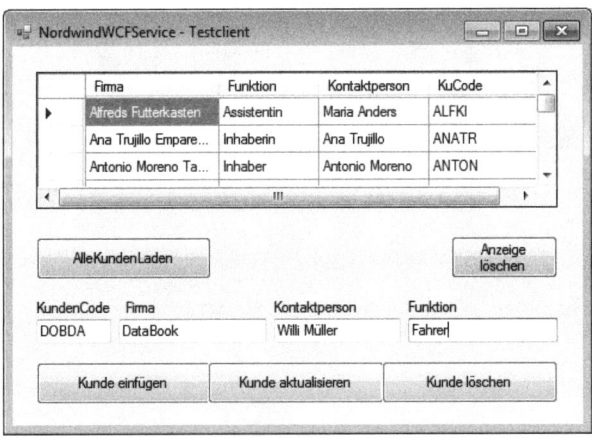

Abbildung 19.19 Laufzeitansicht des Clients

19.3 ... was tun, wenn der IIS nicht funktioniert?

Möglicherweise bremst Sie beim Testen eines WCF-Dienstes die folgende Fehlermeldung in Ihrem Tatendrang:

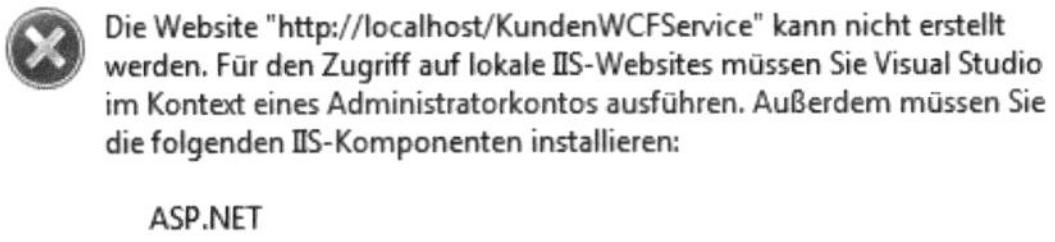

 Die Website "http://localhost/KundenWCFService" kann nicht erstellt werden. Für den Zugriff auf lokale IIS-Websites müssen Sie Visual Studio im Kontext eines Administratorkontos ausführen. Außerdem müssen Sie die folgenden IIS-Komponenten installieren:

ASP.NET

Abbildung 19.20 Fehlermeldung

Auch wenn Sie selbst mit den Rechten eines Administrators ausgestattet sind, sollten Sie sich nicht verrückt machen lassen. Schließen Sie Visual Studio 2010 und öffnen Sie es nochmals mit der Option *Als Administrator ausführen*.

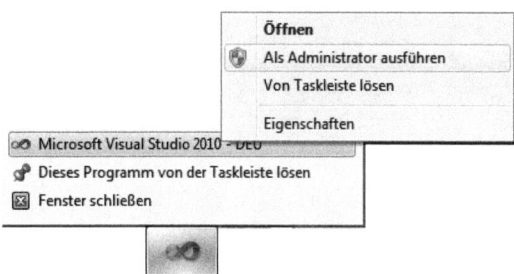

Abbildung 19.21   Visual Studio als Administrator öffnen

Eine andere Möglichkeit über den Eigenschaftendialog von Visual Studio zeigt die nachfolgende Abbildung:

Abbildung 19.22   Eigenschaftendialog von Visual Studio

Fehlende IIS-Installation

Möglicherweise aber erscheinen beim nächsten Versuch weitere Fehlermeldungen. Es kann nämlich sein, dass sowohl IIS[1] als auch ASP.NET auf Ihrem System noch gar nicht installiert bzw. registriert sind. Das sollten Sie jetzt schnellstens nachholen (siehe Kapitel 1).

---

[1] *Internet Information Server* oder auch *Internet Information Services*

Kapitel 20

Einführung WCF Data Services

Bereits mit dem .NET 3.5 Service Pack 1 wurde ein weiteres Framework für das Erstellen von REST[1]-basier-
ten Datendiensten ausgeliefert, damals noch unter der Bezeichnung *ADO.NET Data Services*. Mittlerweile
ist einige Zeit vergangen und so verwundert es nicht, dass sich nicht nur bei den Funktionen, sondern auch
bei der Bezeichnung etwas getan hat, das Ganze trägt nun den Namen *WCF Data Services*.

Einführung

Hintergrund der WCF Data Services ist die Möglichkeit, auf einfache Weise komplexe Daten per REST-
URI-Syntax freizugeben und mittels HTTP-Verben (Get, Put, Post, Delete) zu verarbeiten[2].

Warum WCF Data Services?

Grundlage der Data Services ist beispielsweise ein per ADO.NET-Entity-Framework erzeugtes Datenmodell,
das komplett oder in Teilen mit bestimmten Rechten freigegeben werden kann. Wer hier Parallelen zu den
Webdiensten sieht, liegt nicht ganz falsch, der Ansatz ist in unserem Fall jedoch etwas komplexer, da hier die
gesamte Datenstruktur im Mittelpunkt steht und kein SOAP-Protokoll eingesetzt wird. Stattdessen kommen
HTTP für den Transport und XML, Atom oder Json als Formate zum Einsatz.

Bei den »einfachen« Webdiensten oder WCF-Diensten müssen Sie für jede Datenoperation (Erzeugen,
Lesen, Aktualisieren und Löschen) jeweils eigene Webmethoden bereitstellen. Hier kann der Aufwand mit
zunehmender Komplexität des Datenmodells schnell sehr groß werden, von besonderen Anforderungen wie
Paging etc. einmal ganz abgesehen.

Hier schaffen die WCF Data Services Abhilfe, indem das zentrale Datenmodell auf einfache Weise für den
Zugriff freigegeben wird. Wie es das folgende Beispiel zeigt, beschränkt sich die Implementierung des WCF
Data Service auf wenige Zeilen VB-Codes, wenn das Datenmodell bereits vorhanden ist.

BEISPIEL

Freigabe zweier Entitäten über einen WCF Data Service

Festlegen, welches Modell angeboten wird:

```
Public Class NWService
    Inherits DataService(Of [NorthwindEntities])

    Public Shared Sub InitializeService(ByVal config As DataServiceConfiguration)
```

Hier bestimmen wir, welche Entitäten wir freigeben und welche Zugriffsrechte erteilt werden:

```
        config.SetEntitySetAccessRule("Customers", EntitySetRights.All)
        config.SetEntitySetAccessRule("Products", EntitySetRights.All)
```

Hier könnten noch weitere Freigaben folgen ...

```
        config.DataServiceBehavior.MaxProtocolVersion = DataServiceProtocolVersion.V2
```

---

[1] *Representational State Transfer*

[2] Neuerdings taucht in diesem Zusammenhang auch die Bezeichnung »OData« auf, wir werden in einem extra Abschnitt den Zusammenhang kurz beleuchten.

```
    End Sub
End Class
```

Bemerkung: Sie müssen nicht explizit alle Entitäten einzeln auflisten, es ist auch folgendes Statement denkbar, bei dem der Lesezugriff für alle Entitäten freigegeben wird:

```
config.SetEntitySetAccessRule("*", EntitySetRights.AllRead)
```

Nachfolgend könnte der Schreibzugriff für einzelne, namentlich genannte Entitäten zugelassen werden.

HINWEIS   Mit dieser Freigabe sind bereits alle CRUD-Operationen für die angegebenen Entitäten realisiert. Ob der Client diese auch implementiert, ist eine andere Frage.

Die Adressierung der einzelnen Abfragen erfolgt über die URL, was eine recht flexible Handhabung für den Client ermöglicht.

BEISPIEL

```
http://services.odata.org/Northwind/Northwind.svc/
```

Geben Sie obige URL zum Beispiel in Ihren Browser ein, werden Ihnen bereits die ersten Daten frei Haus geliefert:

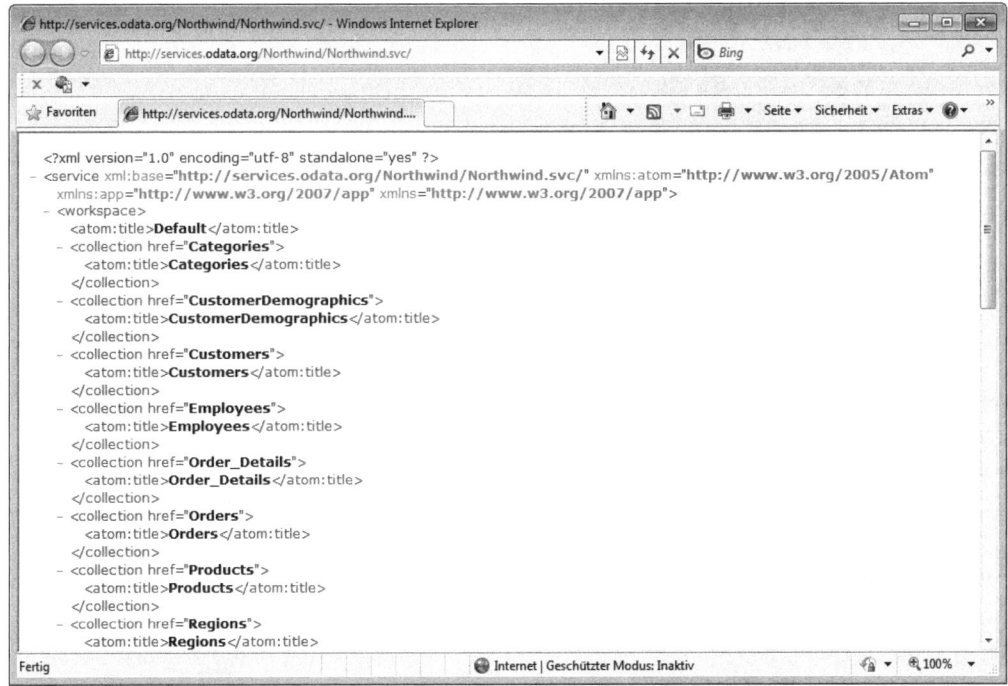

Abbildung 20.1 Rückgabewerte für die Beispiel-URL

Sehen Sie sich die Daten genauer an werden Sie feststellen, dass es sich zunächst um die Entitäten des freigegebenen Datenmodells handelt. Mit diesem Wissen können Sie jetzt problemlos auch auf die eigentlichen Daten zugreifen.

BEISPIEL

Die Abfrage aller Produkte mit

`http://services.odata.org/Northwind/Northwind.svc/`**Products**

liefert eine Liste von Product-Entries:

```
<link rel="self" title="Products" href="Products" />
- <entry>
    <id>http://services.odata.org/Northwind/Northwind.svc/Products(1)</id>
    <title type="text" />
    <updated>2010-06-22T08:29:16Z</updated>
  + <author>
    <link rel="edit" title="Product" href="Products(1)" />
    <link rel="http://schemas.microsoft.com/ado/2007/08/dataservices/related/Category"
        type="application/atom+xml;type=entry" title="Category" href="Products(1)/Category" />
    <link rel="http://schemas.microsoft.com/ado/2007/08/dataservices/related/Order_Details"
        type="application/atom+xml;type=feed" title="Order_Details" href="Products(1)/Order_Details" />
    <link rel="http://schemas.microsoft.com/ado/2007/08/dataservices/related/Supplier"
        type="application/atom+xml;type=entry" title="Supplier" href="Products(1)/Supplier" />
    <category term="NorthwindModel.Product"
        scheme="http://schemas.microsoft.com/ado/2007/08/dataservices/scheme" />
  - <content type="application/xml">
    - <m:properties>
        <d:ProductID m:type="Edm.Int32">1</d:ProductID>
        <d:ProductName>Chai</d:ProductName>
        <d:SupplierID m:type="Edm.Int32">1</d:SupplierID>
        <d:CategoryID m:type="Edm.Int32">1</d:CategoryID>
        <d:QuantityPerUnit>10 boxes x 20 bags</d:QuantityPerUnit>
        <d:UnitPrice m:type="Edm.Decimal">18.0000</d:UnitPrice>
        <d:UnitsInStock m:type="Edm.Int16">39</d:UnitsInStock>
        <d:UnitsOnOrder m:type="Edm.Int16">0</d:UnitsOnOrder>
        <d:ReorderLevel m:type="Edm.Int16">10</d:ReorderLevel>
        <d:Discontinued m:type="Edm.Boolean">false</d:Discontinued>
      </m:properties>
    </content>
  </entry>
- <entry>
    <id>http://services.odata.org/Northwind/Northwind.svc/Products(2)</id>
```

Abbildung 20.2   Rückgabewert obiger URL

Wie Sie sehen, sind alle Elemente typisiert, auch die Referenzen zu anderen Entitäten (im obigen Beispiel *Categories*, *Oder_Details* etc.) sind zugeordnet. Aus all diesen Informationen kann dann der Client die nötigen Collections für die Anzeige/Bearbeitung generieren.

Was sich bei obigem Verfahren schon andeutet, wird nach einigen Experimenten mit dem URL schnell zur Gewissheit: Sie können durch weitere Optionen und Parameter sehr genau steuern, welche Abfragen auf dem Server ausgeführt werden und welche Daten damit an den Client gesendet werden. Dabei stehen Ihnen zwei Optionen zur Verfügung:

- Sie nutzen die Low-Level-Variante und formulieren Ihre Abfragen als String und übergeben diesen als URL.

- Sie arbeiten auf einem höheren Abstraktionsniveau und verwenden LINQ bzw. die Erweiterungsmethoden, um auf dem Client entsprechende Abfragen zu formulieren. Diese werden intern wiederum in den nötigen URL transformiert und an den Server gesendet.

Die zweite Variante dürfte für Sie als .NET-Entwickler in den meisten Fällen der sinnvollere Weg sein, werden doch nach dem Einbinden des Service in Ihr Projekt die nötigen Mapperklassen automatisch erstellt.

Vor- und Nachteile

Die Vorteile des ganzen Verfahrens:

- Sie können mit minimalem Aufwand Daten für Thin-Clients zur Verfügung stellen, ohne erst aufwändig Web-Interfaces zu deklarieren

- Im Zweifel können die Clients auch mit den reinen XML-Daten etwas anfangen, was der Portabilität sicher nicht abträglich ist

- Sie müssen nicht gleich jede einzelne Anfrage auf dem Server implementieren, dies kann in gewissen Grenzen auch der Client per LINQ oder URL-Anpassung realisieren

Allerdings hat dieser konzeptionelle Ansatz auch einige Nachteile, die nicht verschwiegen werden sollen:

- Änderungen des Datenmodells erfordern das erneute Generieren des Entity Data Models, haben Sie dieses angepasst, müssen Sie erneut »Hand anlegen«.

- Nicht jeder Entwickler wird mit der Verwendung von Abfragen auf dem Client glücklich sein. Dies widerspricht der eigentlich üblichen Trennung der Aufgaben beim mehrschichtigen Entwurf.

- Möchten Sie Bulk-Operationen ausführen, sollten Sie tunlichst darauf verzichten, diese auf dem Client zu realisieren, d.h. erst die Objekte abzurufen, um diese dann einzeln zu löschen. Hier ist es besser eigene Methoden in das Model einzufügen (funktional ähnlich wie Stored Procedures), die Sie nachfolgend mit Parametern vom Client aufrufen.

Ob Ihre Projekte mit den WCF Data Services realisierbar sind, sollten Sie anhand eine Fallstudie vorab eingehend prüfen.

Die folgende Abbildung zeigt noch einmal das Grundprinzip der Data Services als Zusammenspiel von Client und Server:

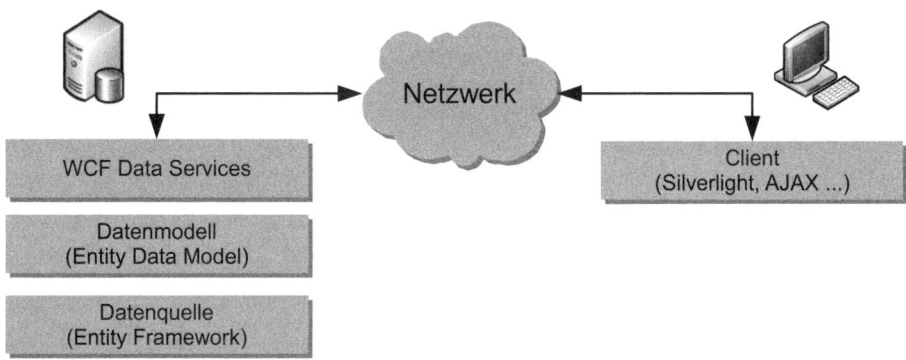

Abbildung 20.3 Grundprinzip WCF Data Services

Nachdem Sie nun einen ersten Überblick gewonnen haben, wollen wir noch einmal kurz thematisch etwas »abschweifen« und uns mit dem Begriff »OData« und dessen Beziehung zu den WCF Data Services auseinandersetzen.

Und was ist OData?

Mit dem *Open Data Protocol* (oder kurz *OData*) unternimmt Microsoft den Versuch, ein einfach verwendbares Protokoll für den systemneutralen Datenzugriff mittels HTTP, Atom und JSON zu etablieren[1].

Das Grundprinzip: *Data Producer* bieten den *Data Consumers* eine Schnittstelle, über die fast beliebige Daten (relationale Datenbanken, Dateisysteme, Content Management Systeme etc.) für eine Auswertung bzw. optional Bearbeitung zur Verfügung stehen. Alle Anfragen erfolgen per HTTP mit jeweils angepasster URL.

Nachdem Sie das alles aufmerksam gelesen haben, wird Ihnen vieles davon bekannt vorkommen, haben wir doch Gleiches bereits am Kapitelanfang in mehr oder weniger ausführlicher Form vorgestellt. Aus Microsoft-Sicht sind die WCF Data Services eine Technologie, die auf das *Open Data Protocol* aufsetzt.

Als *Data Producer* (Anbieter) kommen derzeit (3. Quartal 2010)

- SharePoint 2010
- IBM WebSphere
- Microsoft SQL Azure
- Windows Azure Table Storage
- SQL Server Reporting Services
- OpenLink Virtuoso, ...
- und Ihre VB WCF Data Service-Anwendungen

infrage.

Data Consumers (Verbraucher) können derzeit

- im einfachsten Fall der Webbrowser
- der OData Explorer
- Excel 2010 (PowerPivot)
- LINQPad
- und natürlich die diversen Client-Libraries (Javascript, PHP, Java, .NET)

sein. Hier finden Sie auch als VB-Programmierer wieder den Anschluss, sowohl in Silverlight (sicher einer der wichtigsten Clients aus Microsoft-Sicht) als auch in den ganz normalen .NET-Anwendungen können Sie problemlos auf das Open Data Protocol zugreifen, sind doch die nötigen Tools schon in Visual Studio 2010 integriert.

Mehr zu dieser ganzen Thematik, dem Protokoll etc. finden Sie unter der Adresse:

WWW	http://www.odata.org/

---

[1] OData wurde früher unter der Bezeichnung »Data Services Protocol« geführt, aber an die häufigen Namenswechsel haben Sie sich sicher schon lange gewöhnt.

Auch eine weitere Adresse sollten Sie sich in diesem Zusammenhang merken, es handelt sich um eine schreibgeschützte Version der *Northwind*-Datenbank bzw. des entsprechenden EDM, das per OData verfügbar ist und damit auch für Ihre ersten Gehversuche mit den WCF Data Services recht gut nutzbar ist:

WWW	http://services.odata.org/Northwind/Northwind.svc/

Was ist neu in .NET 4.0?

Haben Sie bereits unter Visual Studio 2008 (.NET 3.5 SP 1) mit den damaligen »ASP.NET Data Services« gearbeitet, finden Sie in der neuen Version neben der Namensänderung auch einige sinnvolle Erweiterungen, die wir hier stichpunktartig auflisten wollen:

- Unterstützung für benutzerdefinierte Datendienstanbieter, d.h., Sie können WCF Data Services für beliebige Datenquellen erstellen.

- Bidirektionale Datenbindung mit Hilfe der neuen *DataServiceCollection*-Klasse. Die Collection implementiert eine automatische Änderungsverfolgung (siehe Seite 1310).

- Erweiterte BLOB-Unterstützung für das Streamen großer Binärobjekte. Die Clientbibliothek unterstützt ebenfalls den Up- und Download von Binärobjekten (Bilder, Videos, Dokumente usw.) zu bzw. von einer mit der Bibliothek erstellten Anwendung.

- Unterstützung für serverseitiges Paging zum Reduzieren des Datentransfers.

- Unterstützung für das Abrufen der Entitätsanzahl (*$count, $inlinecount*).

- Neue Option für Auswahlabfragen (Projektion).

- ...

All die obigen Änderungen/Ergänzungen werden in .NET 4.0 bereitgestellt, Sie können jedoch auch ein Update für das .NET Framework 3.5 SP1 nutzen:

WWW	http://www.microsoft.com/downloads/details.aspx?displaylang=de&FamilyID=4b710b89-8576-46cf-a4bf-331a9306d555

Übersicht der OData-Abfrageoptionen

Bevor wir uns auf die eigentliche Arbeit mit den Client-Klassen bzw. dem Erstellen von WCF Data Services stürzen, wollen wir unsere kurzen Ausflüge zum Thema URL-Abfragestring mit einigen kleinen Beispielen erweitern, damit Sie ein Gefühl dafür bekommen, welche Abfragemöglichkeiten bestehen und wie diese per URL gesteuert werden.

Basis für unsere kleinen Experimente ist folgende OData-Datenquelle:

WWW	http://services.odata.org/Northwind/Northwind.svc/

Wie Sie in den bisherigen Beispiel bereits gesehen haben, können Sie durch das Anhängen eines Entitätsnamens an den Verbindungsstring die gewünschte Liste abrufen. Durch zusätzliche Optionen steuern Sie,
welche Objekte zurückgeben werden:

BEISPIEL

Abfrage des ersten Artikels in der Tabelle *Products*

```
http://services.odata.org/Northwind/Northwind.svc/Products(1)
```

Das Ergebnis:

```
...
- <content type="application/xml">
- <m:properties>
  <d:ProductID m:type="Edm.Int32">1</d:ProductID>
  <d:ProductName>Chai</d:ProductName>
  <d:SupplierID m:type="Edm.Int32">1</d:SupplierID>
  <d:CategoryID m:type="Edm.Int32">1</d:CategoryID>
  <d:QuantityPerUnit>10 boxes x 20 bags</d:QuantityPerUnit>
  <d:UnitPrice m:type="Edm.Decimal">18.0000</d:UnitPrice>
  <d:UnitsInStock m:type="Edm.Int16">39</d:UnitsInStock>
  <d:UnitsOnOrder m:type="Edm.Int16">0</d:UnitsOnOrder>
  <d:ReorderLevel m:type="Edm.Int16">10</d:ReorderLevel>
  <d:Discontinued m:type="Edm.Boolean">false</d:Discontinued>
  </m:properties>
  </content>
  </entry>
```

BEISPIEL

Abfrage der ersten drei Artikel aus der Tabelle *Products*

```
http://services.odata.org/Northwind/Northwind.svc/Products?$top=3
```

BEISPIEL

Abfrage des 5., 6. und 7. Artikels aus der Tabelle *Products*

```
http://services.odata.org/Northwind/Northwind.svc/Products?$skip=4&$top=3
```

Mit *skip* werden die ersten vier Einträge übersprungen, mit *top* wir die Anzahl beschränkt.

BEISPIEL

Abfrage der Produkte im JSON-Format

```
http://services.odata.org/Northwind/Northwind.svc/Products?$format=json
```

Das Ergebnis:

```
... {
"__metadata": {
"uri": "http://services.odata.org/Northwind/Northwind.svc/Products(2)", "type":
"NorthwindModel.Product"
```

```
}, "ProductID": 2, "ProductName": "Chang", "SupplierID": 1, "CategoryID": 1, "QuantityPerUnit": "24 -
12 oz bottles", "UnitPrice": "19.0000", "UnitsInStock": 17, "UnitsOnOrder": 40, "ReorderLevel": 25,
"Discontinued": false, "Category": {
"_deferred": {
"uri": "http://services.odata.org/Northwind/Northwind.svc/Products(2)/Category"
}
}, "Order_Details": {
"_deferred": {
"uri": "http://services.odata.org/Northwind/Northwind.svc/Products(2)/Order_Details"
}
}, "Supplier": {
"_deferred": {
"uri": "http://services.odata.org/Northwind/Northwind.svc/Products(2)/Supplier"
}
...
```

BEISPIEL

Rückgabewerte nach dem Produktnamen sortieren

```
http://services.odata.org/Northwind/Northwind.svc/Products?$orderby=ProductName
```

Alternativ können Sie auch die Sortierrichtung beeinflussen:

```
http://services.odata.org/Northwind/Northwind.svc/Products?$orderby=ProductName desc
```

BEISPIEL

Verknüpfte Daten anzeigen (alle Produkte einer bestimmten Kategorie)

```
http://services.odata.org/Northwind/Northwind.svc/Categories?$expand=Products
```

Das Ergebnis:

```
...
  <link rel="edit" title="Category" href="Categories(1)" />
- <link rel="http://schemas.microsoft.com/ado/2007/08/dataservices/related/Products"
type="application/atom+xml;type=feed" title="Products" href="Categories(1)/Products">
- <m:inline>
```

Zunächst folgt eine Liste der Produkte für die Kategorie 1:

```
- <feed>
  <title type="text">Products</title>
  <id>http://services.odata.org/Northwind/Northwind.svc/Categories(1)/Products</id>
  <updated>2010-06-23T08:21:19Z</updated>
  <link rel="self" title="Products" href="Categories(1)/Products" />
- <entry>
  <id>http://services.odata.org/Northwind/Northwind.svc/Products(1)</id>
  <title type="text" />
  <updated>2010-06-23T08:21:19Z</updated>
- <author>
  <name />
  </author>
...
- <content type="application/xml">
- <m:properties>
  <d:ProductID m:type="Edm.Int32">1</d:ProductID>
```

```
<d:ProductName>Chai</d:ProductName>
<d:SupplierID m:type="Edm.Int32">1</d:SupplierID>
<d:CategoryID m:type="Edm.Int32">1</d:CategoryID>
<d:QuantityPerUnit>10 boxes x 20 bags</d:QuantityPerUnit>
<d:UnitPrice m:type="Edm.Decimal">18.0000</d:UnitPrice>
<d:UnitsInStock m:type="Edm.Int16">39</d:UnitsInStock>
<d:UnitsOnOrder m:type="Edm.Int16">0</d:UnitsOnOrder>
<d:ReorderLevel m:type="Edm.Int16">10</d:ReorderLevel>
<d:Discontinued m:type="Edm.Boolean">false</d:Discontinued>
</m:properties>
</content>
</entry>
...
```

Am Ende der Produktliste steht dann die zugehörige Kategorie bzw. deren Details:

```
<category term="NorthwindModel.Category"
scheme="http://schemas.microsoft.com/ado/2007/08/dataservices/scheme" />
- <content type="application/xml">
- <m:properties>
<d:CategoryID m:type="Edm.Int32">1</d:CategoryID>
<d:CategoryName>Beverages</d:CategoryName>
<d:Description>Soft drinks, coffees, teas, beers, and ales</d:Description>
<d:Picture
...
</m:properties>
</content>
...
```

Hier folgen weitere Kategorien mit den enthaltenen Produkten.

BEISPIEL

Den Artikel »Aniseed Syrup« abrufen

```
http://services.odata.org/Northwind/Northwind.svc/Products?$filter=ProductName eq 'Aniseed Syrup'
```

BEISPIEL

Eine Projektion realisieren

```
http://services.odata.org/Northwind/Northwind.svc/Products?$select=ProductName
```

oder auch

```
http://services.odata.org/Northwind/Northwind.svc/Products?$select=ProductID,ProductName
```

BEISPIEL

Die Anzahl der Produkte bestimmen

```
http://services.odata.org/Northwind/Northwind.svc/Products/$count
```

Achten Sie auf den Frontslash vor der $count-Anweisung!

Die folgende Tabelle 20.1 zeigt eine Übersicht wichtiger Abfrageoperatoren.

Abfrageoption	Beschreibung
$expand	Zugeordnete bzw. verknüpfte Daten mit übertragen (diese werden hierarchisch eingeordnet)
$filter	Ein boolescher Filterausdruck
$format	Spezifiziert das Rückgabeformat (Standard ist *atom* alternativ auch *json* oder *xml*)
$orderby	Daten auf- oder absteigend sortieren
$select	Eine Projektion realisieren
$skip	Wie viele Einträge sollen übersprungen werden?
$skiptoken	Liefert alle Einträge nach den übersprungenen Elementen (sinnvoll im Zusammenhang mit *$orderby*)
$top	Wie viele Einträge sollen maximal zurückgegeben werden?

Tabelle 20.1 Wichtige OData-Abfrageoptionen

Eine komplette Liste der zulässigen Abfrageoptionen und deren Syntax finden Sie unter der folgenden Adresse:

WWW   http://www.odata.org/developers/protocols/uri-conventions#InlinecountSystemQueryOption

Praktisches Arbeiten mit den WCF Data Services

Im Folgenden wollen wir Ihnen in kurzen Übersichten die wichtigsten Techniken rund um die WCF Data Services vorstellen.

HINWEIS   Ein Komplettbeispiel mit der Anbindung eines Silverlight-Clients finden Sie ab Seite 1318.

Ein erster Data Consumer

Zunächst wollen wir uns ansehen, wie Sie am schnellsten eine Data Consumer-Anwendung für OData erzeugen. Basis ist der bereits bekannte Data Service unter folgender Adresse:

WWW   http://services.odata.org/Northwind/Northwind.svc/

Wir wollen eine einfache Anzeige aller Artikel (Products) in einer Liste realisieren, auf das Thema Datenbindung etc. kommen wir später zurück.

Erstellen Sie zunächst ein neues Windows Forms-Projekt und wählen Sie nachfolgend den Menüpunkt *Projekt/Dienstverweis hinzufügen*. Geben Sie im Assistenten (siehe Abbildung 20.4) die obige Adresse ein und klicken Sie auf die Schaltfläche *Gehe zu*.

Der Assistent sollte jetzt den Dienst abfragen und analysieren. Bevor Sie das Fenster schließen können Sie im unteren Textfeld noch einen eigenen Namespace für die im Weiteren erstellte Proxyklasse vorgeben.

In unserem Beispiel verwenden wir die Bezeichnung »NWService«.

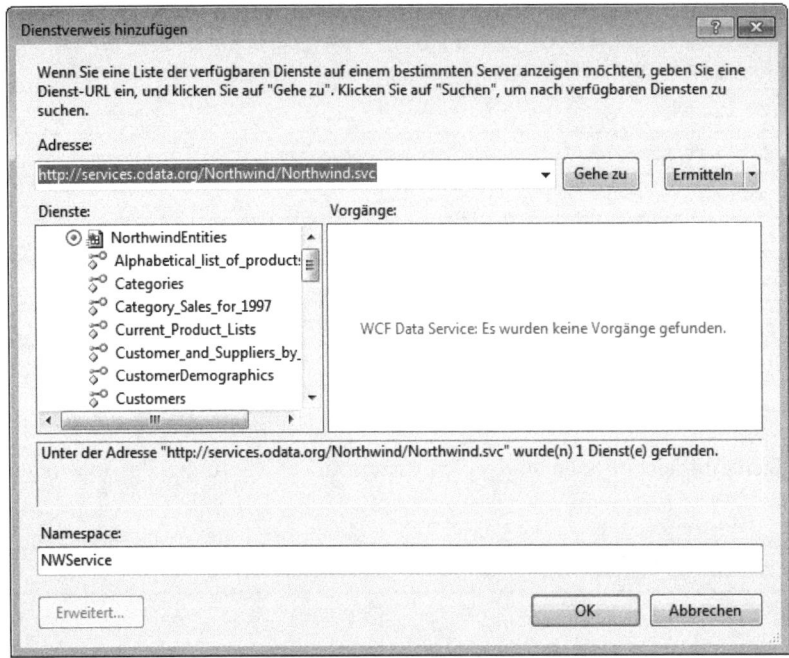

Abbildung 20.4 Einen Dienstverweis erstellen

Wählen Sie jetzt im Projektmappen-Explorer die Schaltfläche *Alle Dateien anzeigen*, um einen Blick auf die neu erzeugte Proxy-Klasse werfen zu können.

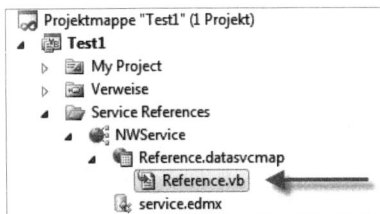

Abbildung 20.5 Die Proxyklasse

Die Proxyklasse bildet im Erfolgsfall erwartungsgemäß den freigegebenen DataServiceContext des Data Producers mit allen Entitäten ab:

```
Namespace NWService

    Partial Public Class NorthwindEntities
        Inherits Global.System.Data.Services.Client.DataServiceContext
        '''<summary>
        '''Initialisiert ein neues NorthwindEntities-Objekt.
        '''</summary>
        <System.CodeDom.Compiler.GeneratedCodeAttribute("System.Data.Services.Design", "1.0.0")>
        Public Sub New(ByVal serviceRoot As Global.System.Uri)
            MyBase.New(serviceRoot)
            Me.ResolveName = AddressOf Me.ResolveNameFromType
            Me.ResolveType = AddressOf Me.ResolveTypeFromName
            Me.OnContextCreated
        End Sub
```

```
...
      <System.CodeDom.Compiler.GeneratedCodeAttribute("System.Data.Services.Design", "1.0.0")>
      Public ReadOnly Property Products() As Global.System.Data.Services.Client.DataServiceQuery(
                                           Of Product)
          Get
              If (Me._Products Is Nothing) Then
                  Me._Products = MyBase.CreateQuery(Of Product)("Products")
              End If
              Return Me._Products
          End Get
      End Property
...
```

Zum Abrufen der Daten mittels obiger Proxy-Klasse genügt uns jetzt folgender Aufruf:

```
    Private Sub Button1_Click(ByVal sender As System.Object, ByVal e As System.EventArgs) _
                  Handles Button1.Click
```

Instanz des DataServiceContext erzeugen:

```
    Dim svc As New NWService.NorthwindEntities(New
                            Uri("http://services.odata.org/Northwind/Northwind.svc/"))
```

Wir wollen die Produkte abfragen:

```
    Dim query = svc.Products
```

Anzeige der Daten:

```
    For Each p As NWService.Product In query
        ListBox1.Items.Add(p.ProductName)
    Next p
End Sub
```

Auch die Verwendung von Erweiterungsmethoden bzw. LINQ ist kein Problem, wie es das folgende Beispiel zeigt:

BEISPIEL

Verwendung von Erweiterungsmethoden

```
    Private Sub Button3_Click(ByVal sender As System.Object, ByVal e As System.EventArgs) _
                    Handles Button3.Click
        Dim svc As New NWService.NorthwindEntities(New
              Uri("http://services.odata.org/Northwind/Northwind.svc/"))
```

Fünf Datensätze überspringen und 5 Datensätze abrufen:

```
    Dim query = svc.Products.Skip(5).Take(5)
    For Each p As NWService.Product In query
        ListBox1.Items.Add(p.ProductName)
    Next p
End Sub
```

Im Hintergrund wird ein entsprechender URL zusammengestellt, sodass auch nur die betreffenden fünf Datensätze abgerufen werden. Die Daten werden nicht auf dem Client gefiltert!

Alternativ geht es natürlich auch mit LINQ:

BEISPIEL

Auswahl per LINQ realisieren

```
Dim svc As New NWService.NorthwindEntities(New
                    Uri("http://services.odata.org/Northwind/Northwind.svc/"))
Dim query = (
    From p In svc.Products
    Where p.UnitsInStock > 2
    Select p).Skip(5).Take(5)
For Each p As NWService.Product In query
    ListBox1.Items.Add(p.ProductName)
Next p
```

Doch was ist, wenn Sie die Daten etwas variabler auswählen wollen?

Verwendung von CreateQuery(Of T)

Mögen Sie es gern etwas komplizierter und wollen Sie Ihre Kenntnisse über die OData-Abfrageoptionen zum Einsatz bringen, können Sie mit der Methode *CreateQuery* direkten Einfluss auf den URL nehmen. Allerdings müssen Sie in diesem Fall den Typ angeben. Über die Erweiterungsmethode *AddQueryOption* lassen sich zusätzliche Abfrageoptionen in den URL »einbauen«, wie es auch das folgende Beispiel zeigt.

BEISPIEL

Realisierung des Vorgängerbeispiels mit der Methode *CreateQuery*

```
Private Sub Button2_Click(ByVal sender As System.Object, ByVal e As System.EventArgs) _
                    Handles Button2.Click
    Dim svc As New NWService.NorthwindEntities(New _
                Uri("http://services.odata.org/Northwind/Northwind.svc"))
    Dim query = svc.CreateQuery(Of NWService.Product)("Products").AddQueryOption(
                "$skip", 5).AddQueryOption("$top", 5)
    MessageBox.Show(query.RequestUri.AbsoluteUri)
    For Each p As NWService.Product In query
        ListBox1.Items.Add(p.ProductName)
    Next p
End Sub
```

Falls Sie die Neugierde plagt, um was für eine Abfrage-URL es sich handelt:

```
MessageBox.Show(query.RequestUri.AbsoluteUri)
```

Abbildung 20.6 Rückgabewert von *AbsoluteUri*

Verwendung von Execute(Of T)

Hier haben wir es mit der »Low-level-Variante« zu tun. Sie können direkt den URL-Abfragestring zusammenbauen und zur Ausführung bringen.

BEISPIEL

Realisierung der Vorgängerbeispiele mit der *Execute*-Methode

```
Private Sub Button5_Click(ByVal sender As System.Object, ByVal e As System.EventArgs) _
                    Handles Button5.Click
    Dim svc As New NWService.NorthwindEntities(New
                  Uri("http://services.odata.org/Northwind/Northwind.svc/"))
    Dim query = svc.Execute(Of NWService.Product)(
                  New Uri("/Products?$top=5&$skip=5", UriKind.Relative))
```

Wie Sie sehen, arbeiten Sie hier direkt mit den OData-Abfrageoptionen.

```
    For Each p As NWService.Product In query
        ListBox1.Items.Add(p.ProductName)
    Next p
End Sub
```

Asynchrone Verarbeitung

Nicht in jedem Fall haben Sie es mit einer hinreichend schnellen Datenanbindung zu tun, und so bleibt es nicht aus, dass Sie sich mit dem Gedanken anfreunden müssen, die Daten asynchron vom Provider abzurufen.

HINWEIS   Arbeiten Sie mit einer Silverlight-Anwendung, müssen Sie in jedem Fall einen asynchronen Zugriff realisieren!

BEISPIEL

Asynchroner Zugriff (Variante 1)

```
Private Sub Button6_Click(ByVal sender As System.Object, ByVal e As System.EventArgs) _
                    Handles Button6.Click
```

Diese Objekte benötigen wir für den Zugriff auf den Vordergrundthread:

```
    Dim uiSched = TaskScheduler.FromCurrentSynchronizationContext()
    Dim token = Task.Factory.CancellationToken
    Dim svc As New NWService.NorthwindEntities(
                New Uri("http://services.odata.org/Northwind/Northwind.svc/"))
```

Hier starten wir den asynchronen Datenzugriff:

```
svc.BeginExecute(Of NWService.Product)(New Uri("/Products?$top=5&$skip=5", UriKind.Relative),
                New AsyncCallback(Sub(r)
```

War der Datenzugriff erfolgreich, landen wir hier, haben jetzt allerdings das Problem, dass wir wieder auf den Vordergrundthread zugreifen müssen. Dazu erstellen wir einen neuen Task, der im Kontext des Vordergrundthreads läuft:

```
Task.Factory.StartNew(Sub()
```

Hier nehmen wir die Ergebnisse entgegen und zeigen diese in der *ListBox1* an:

```
                Dim query = svc.EndExecute(Of NWService.Product)(r)
                For Each p As NWService.Product In query
                    ListBox1.Items.Add(p.ProductName)
                Next p
            End Sub, token, TaskCreationOptions.None, uiSched)
        End Sub), Nothing)
    End Sub
```

HINWEIS   Wer aufmerksam hinschaut, hat hier auch ein bekanntes Design-Pattern für den asynchronen Zugriff wiedergefunden (Begin.../End...).

Auch die *DataServiceQuery*-Klasse verfügt über die *BeginExecute* und *EndExecute*-Methoden, was uns etwas Schreibarbeit abnimmt:

BEISPIEL

Asynchroner Zugriff (Variante 2)

```
Imports System.Data.Services.Client
...
    Private Sub Button7_Click(ByVal sender As System.Object, ByVal e As System.EventArgs) _
                            Handles Button7.Click
        Dim uiSched = TaskScheduler.FromCurrentSynchronizationContext()
        Dim token = Task.Factory.CancellationToken

        Dim svc As New NWService.NorthwindEntities(
                New Uri("http://services.odata.org/Northwind/Northwind.svc/"))
```

Hier eine Abfrage Ihrer Wahl erstellen:

```
        Dim query = svc.Products
```

Die Abfrage wird asynchron ausgeführt:

```
        query.BeginExecute(New AsyncCallback(Sub(r)
                Task.Factory.StartNew(Sub()
                    For Each p As NWService.Product In query.EndExecute(r)
                        ListBox1.Items.Add(p.ProductName)
                    Next p
                End Sub, token, TaskCreationOptions.None, uiSched)
            End Sub), Nothing)
    End Sub
```

Anzahl der Entitäten bestimmen

Nicht ganz uninteressant ist sicher auch die Information darüber, mit welcher Anzahl von Elementen wir es bei einer bestimmten Entities-Collection zu tun haben. Zwei Varianten bieten sich an:

- Sie verwenden die *Count*-Methode, um die Datensatzanzahl zu bestimmen
- Sie verwenden eine *QueryOperationResponse* und fragen die *TotalCount*-Eigenschaft ab

Die zweite Variante hat den Vorteil, dass Sie Anzahl und Daten gleichzeitig abrufen.

BEISPIEL

Verwendung von *Count*

```
Private Sub Button9_Click(ByVal sender As System.Object, ByVal e As System.EventArgs) _
                    Handles Button9.Click
    Dim svc As New NWService.NorthwindEntities(
                New Uri("http://services.odata.org/Northwind/Northwind.svc/"))
    Dim i = svc.Products.Count()
    MessageBox.Show(i.ToString() & " Datensätze")
End Sub
```

BEISPIEL

Verwendung von *TotalCount*

```
Private Sub Button8_Click(ByVal sender As System.Object, ByVal e As System.EventArgs) _
                    Handles Button8.Click
    Dim svc As New NWService.NorthwindEntities(
                New Uri("http://services.odata.org/Northwind/Northwind.svc/"))
```

Achtung: Damit die Gesamtzahl auch mit dem Datenstrom übertragen wird, müssen wir vorher die *Include-TotalCount*-Methode aufrufen:

```
    Dim query = svc.Products.IncludeTotalCount()
```

Abfrage:

```
    Dim response = TryCast(query.Execute(), QueryOperationResponse(Of NWService.Product))
```

Anzeigen des Wertes:

```
    MessageBox.Show(response.TotalCount.ToString() & " Datensätze")
End Sub
```

#	Result	Protocol	Host	URL	Body
2	200	HTTP	services.odata.org	/Northwind/Northwind.svc/Products()/$count	2
3	200	HTTP	services.odata.org	/Northwind/Northwind.svc/Products()?$inlinecount=allpages	33.893

Abbildung 20.7 Der Unterschied zwischen den beiden Beispielen bzw. Varianten dürfte schnell ersichtlich sein, wenn Sie die übertragene Datenmenge betrachten (mit *Fiddler* ermittelt)

Verwendung der DataServiceCollection

Bei den bisherigen Beispielen hatten wir uns zunächst nur um die Übertragung und die Auswahl der Daten gekümmert. Für die Anzeige genügte uns ein Listenfeld, das wir »händisch« gefüllt haben. Dies aber dürfte in den meisten Fällen wohl kaum genügen. Abgesehen vom Aufwand sollte heutzutage auch die Datenbindung mit Änderungen und Einfügungen ohne zusätzlichen Code funktionieren.

Die einfachste Variante ist das Konvertieren der zurückgegebenen *DataServiceQuery* in eine Liste, danach steht der Anzeige (z.B. in einem *DataGridView*) nichts mehr im Weg.

> **HINWEIS**   Für die folgenden Beispiele nutzen wir den WCF Data Service, den wir im How-to 20.1 »... ... einen einfachen WCF Data Service erstellen?« ab Seite 1317 entworfen haben.

BEISPIEL

Konvertieren in eine Liste

```
Private Sub Button1_Click(ByVal sender As System.Object, ByVal e As System.EventArgs) _
            Handles Button10.Click
    svc = New NWService.NorthwindEntities(New Uri("http://localhost:52044/NWService.svc/"))
    Dim query = svc.Products
    DataGridView1.DataSource = query.ToList()
End Sub
```

Wesentlich komfortabler ist die Verwendung einer *DataServiceCollection*, die nicht nur die einfache Anzeige/Datenbindung ermöglicht, sondern ganz nebenbei auch die Änderungen an den Elementen der Collection überwacht. Editieren Sie also die Collection, können Sie nachfolgend über den *DataServiceContext* die Änderungen an die Datenquelle zurücksenden, vorausgesetzt, Sie haben auch die erforderlichen Schreibrechte.

BEISPIEL

Verwendung einer *DataServiceCollection*

```
Private Sub Button2_Click(ByVal sender As System.Object, ByVal e As System.EventArgs) _
                        Handles Button2.Click
    svc = New NWService.NorthwindEntities(New Uri("http://localhost:52044/NWService.svc/"))
    myprod = New DataServiceCollection(Of NWService.Products)(svc.Products)
    DataGridView1.DataSource = myprod
End Sub
```

Zurückschreiben der Änderungen:

```
Private Sub Button3_Click(ByVal sender As System.Object, ByVal e As System.EventArgs) _
                        Handles Button3.Click
    svc.SaveChanges()
End Sub
```

Das sieht doch schon viel freundlicher aus. Auch für das Hinzufügen neuer Einträge bietet sich die Collection an, zwei Beispiele zeigen wie es geht.

BEISPIEL

Hinzufügen eines neuen Produkts über den *DataServiceContext*

```
Imports System.Data.Services.Client
...
    Private svc As NWService.NorthwindEntities
    Private myprod As DataServiceCollection(Of NWService.Products)
...
    Private Sub Button4_Click(ByVal sender As System.Object, ByVal e As System.EventArgs) _
                                        Handles Button4.Click
        Dim p As NWService.Products = NWService.Products.CreateProducts(0, "Hühnerbeine", False)
        p.QuantityPerUnit = "Säcke"
        p.UnitPrice = 5.2D
        svc.AddToProducts(p)
    End Sub
```

BEISPIEL

Hinzufügen eines neuen Produkts über die *DataServiceCollection*

```
Imports System.Data.Services.Client
...
    Private svc As NWService.NorthwindEntities
    Private myprod As DataServiceCollection(Of NWService.Products)
...
    Private Sub Button5_Click(ByVal sender As System.Object, ByVal e As System.EventArgs) _
                                        Handles Button5.Click
        myprod.Add(NWService.Products.CreateProducts(0, "Elefantenrüssel", False))
    End Sub
```

HINWEIS In beiden Fällen müssen die Änderungen auf dem Client noch per *SaveChanges*-Methode zum Server übertragen werden.

Auch in Ihrer WPF-Anwendung ist es nach dem Einbinden des Data Service kein Problem, mit Hilfe der *DataServiceCollection* eine schnelle Datenbindung mit Änderungsverfolgung zu realisieren.

BEISPIEL

Datenbindung in WPF

Zunächst die Oberfläche (XAML):

```
<Window x:Class="WPF_Client.MainWindow"
...
    <DockPanel>
        <StackPanel DockPanel.Dock="Top" Orientation="Horizontal">
            <Button Name="Laden" Click="Laden_Click">Laden</Button>
            <Button Name="Sichern" Click="Sichern_Click">Sichern
            </Button>
        </StackPanel>
        <DataGrid AutoGenerateColumns="True" Name="DataGrid1" ItemsSource="{Binding}"
                Background="AliceBlue"/>
    </DockPanel>
</Window>
```

Und hier die Anbindung per Code:

```
...
Imports System.Data.Services.Client
...
Class MainWindow
    Private svc As NWService.NorthwindEntities
    Private myprod As DataServiceCollection(Of NWService.Products)
...
    Private Sub Laden_Click(ByVal sender As Object, ByVal e As RoutedEventArgs)
        svc = New NWService.NorthwindEntities(New Uri("http://localhost:52044/NWService.svc/"))
        myprod = New DataServiceCollection(Of NWService.Products)(svc.Products)
        DataGrid1.DataContext = myprod
    End Sub

    Private Sub Sichern_Click(ByVal sender As Object, ByVal e As RoutedEventArgs)
        svc.SaveChanges()
    End Sub

End Class
```

HINWEIS	In Silverlight müssen Sie die Daten asynchron abholen (siehe How-to 20.2 ab Seite 1318).

Eigene Methoden über den Data Service bereitstellen

Vermutlich wird nicht jeder Programmierer mit der automatisch erstellten Schnittstelle zum Datenmodell glücklich werden. Sei es, dass Sie zusätzliche Filterfunktionen gleich auf dem Server realisieren wollen, um den Client schlanker zu machen und damit eine saubere Trennung zu realisieren, oder weil Ihnen einfach einige Zusatz-Funktionen fehlen.

Die Lösung für derartige Probleme lautet »Service Operations«, das sind Methoden mit einem oder auch mehreren Parametern, die Sie im Data Services programmieren. Anhand zweier Fallbeispiele wollen wir Ihnen die Vorgehensweise demonstrieren.

Definieren der Methoden

Service Operations definieren Sie im Kontext der *DataService*-Klasse.

BEISPIEL

Definieren zweier Service Operations

```
Public Class NWService
    Inherits DataService(Of [NorthwindEntities])

    <WebGet()>
    Public Function ServiceOperation1(ByVal param1 As String) As Int32
        Try
            Return Convert.ToInt32(param1)
        Catch ex As Exception
            Throw New ApplicationException("An error occured: {0}", ex)
        End Try
    End Function
```

Die obige Methode *ServiceOperation1* erwartet einen Parameter vom Typ *String* und gibt lediglich einen *Int32*-Wert zurück (wir haben hier auf »anspruchsvolle Berechnungen« verzichtet).

Die zweite Methode *ServiceOperation2* erwartet einen *Integer*-Wert und gibt eine *IQueryable*-Collection von *Products*-Objekten zurück:

```
<WebGet()>
Public Function ServiceOperation2(ByVal anz As Integer) As IQueryable(Of Products)
```

Hier nehmen wir Bezug auf den DataContext und filtern die gewünschtne Daten heraus:

```
        Dim ctx As NorthwindEntities = Me.CurrentDataSource
        Try
            Dim prod = From p In ctx.Products
                        Where p.UnitsInStock > anz
                        Select p

            Return prod
        Catch ex As Exception
            Throw New ApplicationException("An error occured: {0}", ex)
        End Try
    End Function
End Class
```

Freigabe der Methoden

Bevor Sie bei späteren Experimenten verzweifeln:

HINWEIS   Vergessen Sie nicht, dieses Methoden mit der Methode *SetServiceOperationAccessRule* freizugeben.

BEISPIEL

Freigabe der Methoden

```
...
    Public Shared Sub InitializeService(ByVal config As DataServiceConfiguration)
        config.SetEntitySetAccessRule("*", EntitySetRights.All)
        config.SetServiceOperationAccessRule("ServiceOperation1", ServiceOperationRights.All)
        config.SetServiceOperationAccessRule("ServiceOperation2", ServiceOperationRights.All)
        config.DataServiceBehavior.MaxProtocolVersion = DataServiceProtocolVersion.V2
    End Sub
...
```

Einbinden und Aufruf der Methoden

Damit können wir uns dem Verbraucher, d.h. unserem Client zuwenden. Die Enttäuschung gleich vorweg:

HINWEIS   Der *DataServiceClientGenerator* unterstützt derzeit »noch nicht« das Erzeugen von Proxy-Methoden für Service Operations.

Die gute Nachricht: Sie können trotzdem auf die Methoden zugreifen und müssen nicht einmal den Proxy neu generieren.

Zwei Varianten müssen Sie unbedingt unterscheiden, wenn Sie bei der Fehlersuche nicht in einer Endlosschleife enden wollen:

- Verwenden Sie die *Execute*-Methode, wenn Sie einen Singleton (einzelnes Objekt oder einfacher Datentyp) als Ergebnis erwarten und die Methode Parameter benötigt

- Verwenden Sie in allen anderen Fällen *CreateQuery*

BEISPIEL

Execute-Methode

```
Private Sub Button6_Click(ByVal sender As System.Object, ByVal e As System.EventArgs) _
                            Handles Button6.Click
    svc = New NWService.NorthwindEntities(New Uri("http://localhost:52044/NWService.svc/"))
```

Wir »basteln« uns einen URL für die *Execute*-Methode zusammen:

```
Dim uri_Renamed As New Uri(String.Format("ServiceOperation1?param1='{0}'", "555"),
                            UriKind.Relative)
```

Abrufen des Ergebnisses:

```
Dim i = svc.Execute(Of Integer)(uri_Renamed).FirstOrDefault()
```

Anzeige:

```
MessageBox.Show("Ergebnis = " & i.ToString)
End Sub
```

BEISPIEL

CreateQuery-Methode

```
Private Sub Button7_Click(ByVal sender As System.Object, ByVal e As System.EventArgs) _
                            Handles Button7.Click
    svc = New NWService.NorthwindEntities(New Uri("http://localhost:52044/NWService.svc/"))
```

Bei *CreateQuery* können wir mit *AddQueryOption* die nötigen Parameter anhängen:

```
Dim query = svc.CreateQuery(Of NWService.Products)("ServiceOperation2").AddQueryOption(
                            "anz", 20)
DataGridView1.DataSource = query.ToList()
End Sub
```

Voraussetzungen für Service Operations

Im Folgenden finden Sie die wichtigsten Voraussetzungen für eine ordnungsgemäße Funktion von Service Operations:

- Es handelt sich um eine freigegebene (*Public*) Instanzenmethode der *DataService*-Klasse
- Die Methode hat nur Input-Parameter
- Als Parameter sind nur primitive Typen zulässig
- Als Rückgabewerte sind *IEnumerable, IQueryable,* Entitäten und einfache Klassen zulässig

- Um Funktionen wie Sortieren, Paging, Filtern etc. zu unterstützen, sollten Sie *IQueryable* zurückgeben
- Die Methode muss mit dem Attribut *<WebGet>* oder *<WebInvoke>* gekennzeichnet sein

Freigabe der Schnittstelle regeln

Bisher sind wir nur am Rand auf dieses Thema eingegangen: es geht um die Frage, wie die Freigabe der Schnittstelle konfiguriert werden kann. Sicher ist Ihnen auch schon die *InitializeService*-Methode der *Data-Service*-Klasse aufgefallen, in der Sie mit Hilfe der Methoden *SetEntitySetAccessRule* und *SetServiceOperationAccessRule* die Zugriffsrechte des Clients regeln:

```
Public Shared Sub InitializeService(ByVal config As DataServiceConfiguration)
    config.SetEntitySetAccessRule("*", EntitySetRights.All)
    config.SetServiceOperationAccessRule("ServiceOperation1", ServiceOperationRights.All)
    config.DataServiceBehavior.MaxProtocolVersion = DataServiceProtocolVersion.V2
End Sub
```

Welche Rechte Sie zuweisen können, zeigt die folgende Tabelle:

EntitySetRights	Beschreibung
None	Kein Zugriff
ReadSingle	Lesen einzelner Datenelemente ist zulässig
ReadMultiple	Lesen von Datengruppen ist zulässig
WriteAppend	Das Erstellen neuer Datenelemente ist zulässig
WriteReplace	Das Ersetzen von Daten ist zulässig
WriteDelete	Das Löschen von Daten ist zulässig
WriteMerge	Das Zusammenführen von Daten ist zulässig
AllRead	Das Lesen von Daten ist zulässig
AllWrite	Das Schreiben von Daten ist zulässig
All	Das Erstellen, Lesen, Aktualisieren und Löschen von Daten ist zulässig

Tabelle 20.2 *EntitySetRights*-Member

HINWEIS   Verwenden Sie statt des Entitätsnamens ein Sternchen (*), werden die Rechte für alle nicht explizit aufgeführten Entitäten festgelegt.

Verwendung von Fiddler

Sicher ist Ihnen auch schon aufgefallen, dass es in einigen Fällen wünschenswert wäre, den Datenaustausch zwischen Client und Server zu »belauschen«. Genau dafür eignet sich ein Tool namens *Fiddler*, das Sie kostenlos von folgender Website herunterladen können:

WWW   http://www.fiddler2.com/fiddler2/

Bei Fiddler handelt es sich um einen Web Debugging Proxy, der sowohl den HTTP- als auch den HTTPS-Datenaustausch zwischen zwei Endpunkten »belauschen« kann. In unserem Fall könnte es sich um eine .NET-Anwendung oder auch den Webbrowser als Client handeln.

Der Vorteil dieses Tools: Sie sehen genau, welche Anfragen an den Server gesendet werden und welche Ergebnisse dieser zurückliefert. Starten Sie dazu zunächst Ihr .NET-Programm und nachfolgend Fiddler. Wählen Sie in Fiddler die Schaltfläche *Process Filter* und markieren Sie Ihre .NET-Anwendung. Im Weiteren überwacht Fiddler den Datentransfer Ihrer Anwendung, Sie sehen also genau, welche Statements aus Ihren Abfragen gebildet werden und welche Daten zurückgeliefert werden:

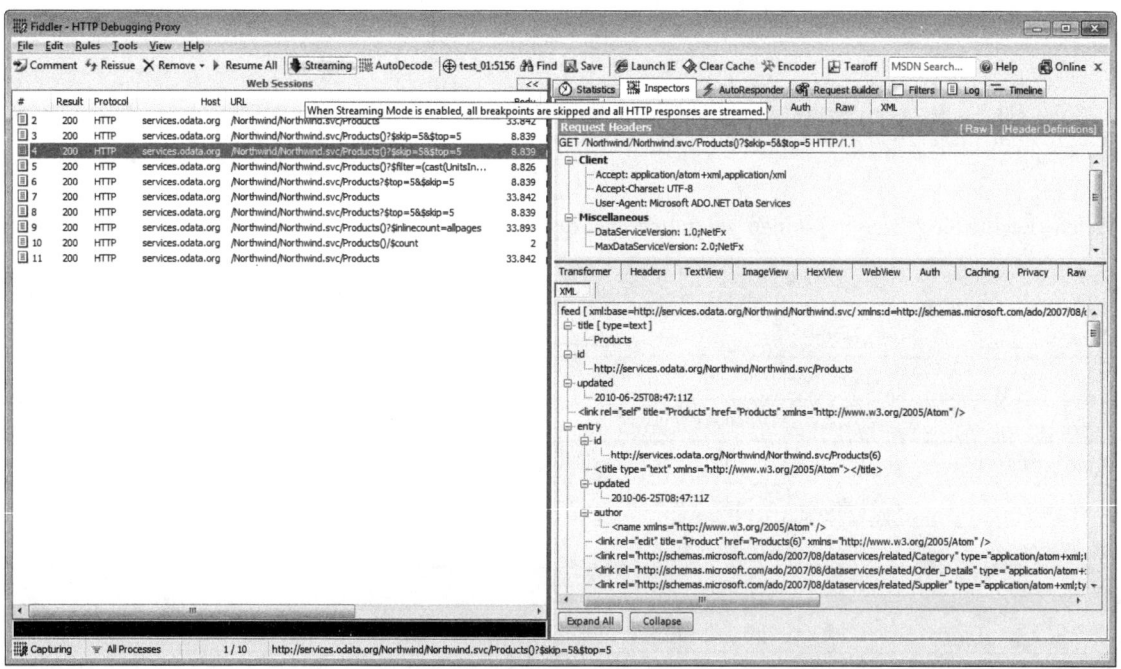

Abbildung 20.8 Fiddler in Aktion

Auf der rechten Seite finden Sie neben diversen Darstellungsarten (Binär, XML, Raw ...) des Datenstroms auch die Header-Informationen für angeforderte Operationen.

Alternativ können Sie Fiddler auch direkt für das Austesten von URL-Abfragen eines OData-Service nutzen, verwenden Sie dazu den »Request Builder« und geben Sie in das Eingabefeld den gewünschten URL ein.

How-to-Beispiele

20.1 ... einen einfachen WCF Data Service erstellen?

Im Folgenden wollen wir Ihnen mit einer schrittweisen Anleitung das Erstellen eines eigenen WCF Data Service demonstrieren.

1. Erstellen Sie in Visual Studio zunächst eine neue *Leere ASP.NET-Anwendung* und geben Sie dieser den Namen »Server«.

2. Fügen Sie Ihrem Projekt einen neuen Ordner *App_Data* hinzu (Menüpunkt *Hinzufügen/ASP.NET Ordner hinzufügen/App_Data*).

3. Kopieren Sie (z.B. aus den Begleitdateien) die Datei *Northwind.mdf* per Drag & Drop in den neu erstellten *App_Data* Ordner:

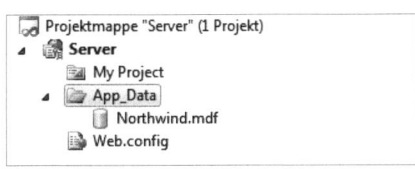

Abbildung 20.9 Neue Projektstruktur

4. Erstellen Sie ein Entity Data Model für obige Datenbank, indem Sie über den Menüpunkt *Hinzufügen/ Neues Element/ADO.NET Entity Data Model* den EDM-Assistenten aufrufen. Vergeben Sie den Modellnamen *NWModel.edmx*.

5. Wählen Sie im folgenden Schritt die Option *Aus Datenbank generieren*.

6. Nutzen Sie die bereits erstellte Verbindung zur *Northwind.mdf*.

7. Im Schritt *Datenauswahl* markieren Sie die Option *Alle Tabellen hinzufügen*.

8. Schließen Sie den Assistenten, wird Ihnen nach kurzem Festplattenrattern das neu erstellte Datenmodell präsentiert.

9. Im Weiteren müssen Sie sich um die eigentliche Schnittstelle nach außen kümmern, die Rede ist vom WCF Data Service. Wählen Sie den Menüpunkt *Hinzufügen/Neues Element/WCF Data Service* und vergeben Sie den Bezeichner *NWService.svc*.

10. Für die Freigabe Ihres Datenmodells müssen Sie die Datei *NWServicesvc.vb* noch etwas ergänzen:

```vb
Public Class NWService
    ' TODO: [[class name]] durch den eigenen Datenklassennamen ersetzen
    Inherits DataService(Of [NorthwindEntities])

    ' Diese Methode wird nur einmal aufgerufen, um dienstweite Richtlinien zu initialisieren.
    Public Shared Sub InitializeService(ByVal config As DataServiceConfiguration)
        ' TODO: Regeln festlegen, die angeben, welche Entitätssets und welche Dienstvorgänge sichtbar, aktualisierbar usw. sind
        ' Beispiele:
        config.SetEntitySetAccessRule("*", EntitySetRights.AllRead)
        ' config.SetServiceOperationAccessRule("MyServiceOperation", ServiceOperationRights.All)
        config.DataServiceBehavior.MaxProtocolVersion = DataServiceProtocolVersion.V2
    End Sub

End Class
```

Abbildung 20.10 Ergänzungen im Data Service vornehmen

Tragen Sie zunächst den Namen Ihres Entity Data Models als Typ für den DataService ein, zusätzlich müssen mittels *SetEntityAccesRule* die Entitäten des Datenmodells freigegeben werden (in obigem Fall nur Lesezugriff für alle Entitäten).

11. Starten Sie Ihr Projekt und experimentieren Sie mit dem URL, um das Modell abzufragen:

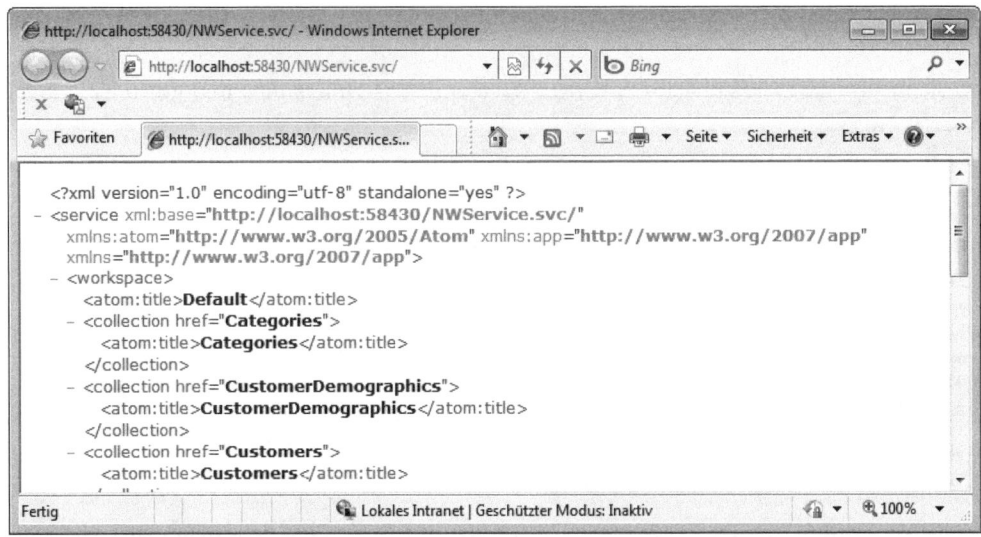

Abbildung 20.11   Abfrage unseres neuen WCF Data Service

HINWEIS   Anregungen für die URL-Syntax bietet der Abschnitt »Übersicht der OData-Abfrageoptionen« auf Seite 1299.

20.2   ... einen Silverlight-Client mit WCF Data Services anbinden?

Haben Sie bereits den Versuch unternommen, Silverlight-Anwendungen per Webdienst mit Daten zu versorgen, werden Sie schnell festgestellt haben, dass der Aufwand mit jeder Datenoperation und Tabelle (Sie können kein DataSet anbinden) rasant anwächst. Diesem Missstand sollen die WCF Data Services abhelfen.

In diesem Beispiel nutzen wir ein bereits erstelltes Silverlight-Projekt mit dazugehörigem ASP.NET-Anwendungsprojekt als Ausgangsbasis.

Folgende Schritte werden wir abarbeiten:

- Einfügen einer SQL Server-Datenbank
- Erstellen eines Entity Data Models
- Erstellen des WCF Data Service
- Einbinden des WCF Data Service in das Silverlight-Projekt
- Konfigurieren der Silverlight-Oberfläche und Abrufen der Daten

Einfügen der SQL Server-Datenbank

Wir starten mit dem Erstellen der Datenbasis, dazu nutzen wir die Beispieldatenbank *Northwind.mdf*, die Sie auch in den Begleitdateien finden.

Erzeugen Sie einen neuen *App_Data*-Ordner im ASP.NET-Web-Projekt (nicht im Silverlight-Projekt), indem Sie im Projektmappen Explorer mittels Kontextmenü den Eintrag *Hinzufügen/Hinzufügen ASP.NET Ordner/App_Data* aufrufen. In diesen neuen Ordner ziehen Sie einfach die Datei *Northwind.mdf* per Drag & Drop hinein:

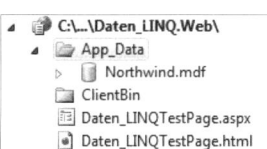

Abbildung 20.12   Datenbank in das Server-Projekt einfügen

Damit ist der »Datenbank-Import« abgeschlossen und wir können uns um das Datenmodell kümmern.

Erstellen des Entity Data Models

Für die WCF Data Services benötigen wir in jedem Fall ein ADO.NET Entity DataModel, da nur dieses freigegeben werden kann. Erstellen Sie also mittels Projektmappen Explorer (Kontextmenü *Hinzufügen/Neues Element hinzufügen*) ein *ADO.NET Entity Data Model*:

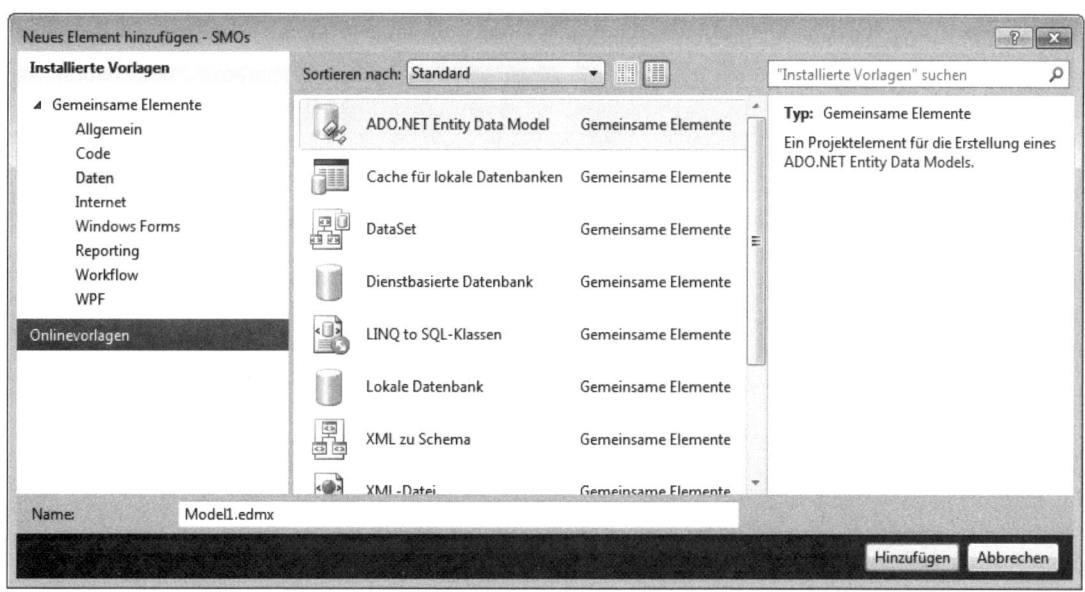

Abbildung 20.13   ADO.NET Entity Data Model hinzufügen

Wählen Sie im folgenden Assistenten als Datenquelle unsere *Northwind*-Datenbank aus und fügen Sie die beiden Tabellen *Customers* und *Products* in das Datenmodell ein:

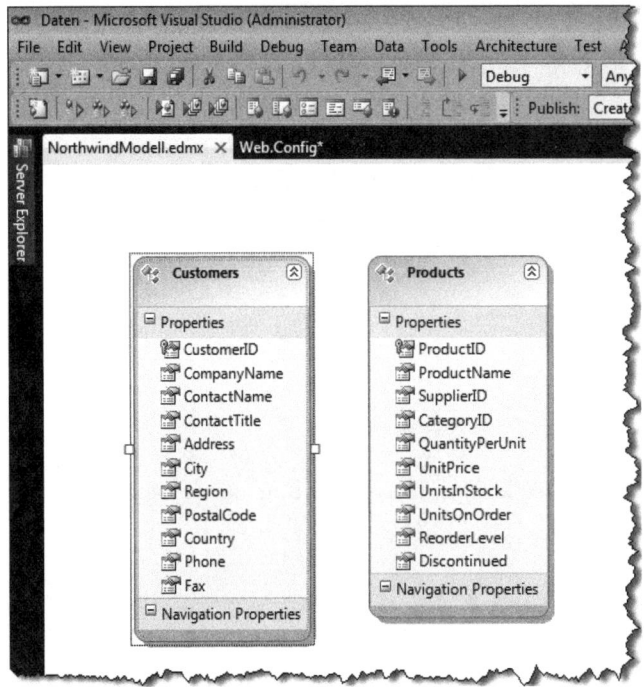

Abbildung 20.14 Die neuen Entitäten
unseres Datenmodells

Damit ist zunächst das Datenmodell mit zwei Entitäten erzeugt und wir können uns der Web-Schnittstelle zuwenden.

Erstellen des WCF Data Service

Fügen Sie über den Projektmappen-Explorer dem ASP.NET-Testprojekt (Kontextmenü *Hinzufügen/Neues Element hinzufügen*) einen WCF Data-Service hinzu. Öffnen Sie die Datei *WcfDataServices.svc.vb* und nehmen Sie folgende Änderungen vor:

Wir »zapfen« das gewünschte Entity-Modell an:

```
Public Class WcfDataService
    Inherits DataService(Of NorthwindModel.NorthwindEntities)

    Public Shared Sub InitializeService(ByVal config As DataServiceConfiguration)
```

Hier bestimmen wir, welche Entitäten wir freigeben und welche Zugriffsrechte erteilt werden:

```
        config.SetEntitySetAccessRule("Customers", EntitySetRights.All)
        config.SetEntitySetAccessRule("Products", EntitySetRights.All)
        config.DataServiceBehavior.MaxProtocolVersion = DataServiceProtocolVersion.V2
    End Sub
End Class
```

Im Normalfall sollten Sie mit den erteilten Zugriffsrechten nicht ganz so sorglos umgehen, mit obiger Einstellung ist auch das Löschen von Daten kein Problem.

Wie Sie gesehen haben, braucht es nicht einmal einen extra Client um mit den Daten arbeiten zu können, der Webbrowser genügt vollkommen.

Dies ist auch gleich das Stichwort: Starten Sie das Projekt und geben Sie folgende Parameter im Browser an:

```
http://localhost:27696/WcfDataService1.svc/Products
```

Sie sollten jetzt eine XML-Ansicht der Artikel aus unserer Datenbank erhalten (siehe folgende Abbildung).

```xml
<?xml version="1.0" encoding="utf-8" standalone="yes" ?>
- <feed xml:base="http://localhost:27696/WcfDataService1.svc/" xmlns:d="http://schemas.microsoft.com/ado/2007/08
   xmlns="http://www.w3.org/2005/Atom">
   <title type="text">Products</title>
   <id>http://localhost:27696/WcfDataService1.svc/Products</id>
   <updated>2010-03-02T18:56:58Z</updated>
   <link rel="self" title="Products" href="Products" />
 + <entry>
 + <entry>
 - <entry>
     <id>http://localhost:27696/WcfDataService1.svc/Products(3)</id>
     <title type="text" />
     <updated>2010-03-02T18:56:58Z</updated>
   - <author>
       <name />
     </author>
     <link rel="edit" title="Products" href="Products(3)" />
     <category term="NorthwindModel.Products" scheme="http://schemas.microsoft.com/ado/2007/08/dataservices/sc
   - <content type="application/xml">
     - <m:properties>
         <d:ProductID m:type="Edm.Int32">3</d:ProductID>
         <d:ProductName>Aniseed Syrup</d:ProductName>
         <d:SupplierID m:type="Edm.Int32">1</d:SupplierID>
         <d:CategoryID m:type="Edm.Int32">2</d:CategoryID>
         <d:QuantityPerUnit>12 - 550 ml bottles</d:QuantityPerUnit>
         <d:UnitPrice m:type="Edm.Decimal">10.0000</d:UnitPrice>
         <d:UnitsInStock m:type="Edm.Int16">13</d:UnitsInStock>
         <d:UnitsOnOrder m:type="Edm.Int16">70</d:UnitsOnOrder>
         <d:ReorderLevel m:type="Edm.Int16">25</d:ReorderLevel>
         <d:Discontinued m:type="Edm.Boolean">false</d:Discontinued>
       </m:properties>
```

Abbildung 20.15   Die zurückgegebenen Daten

Eventuell kann Ihnen der Browser auch eine Feed-Anzeige präsentieren, die uns allerdings hier nicht weiter-hilft:

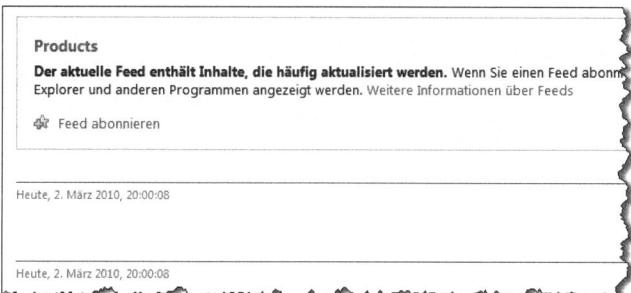

Abbildung 20.16   Standard-Feedanzeige

Um diese Ansicht auszuschalten, wechseln Sie in die Internetoptionen und entfernen das Häkchen bei *Feed-leseanzeige einschalten*:

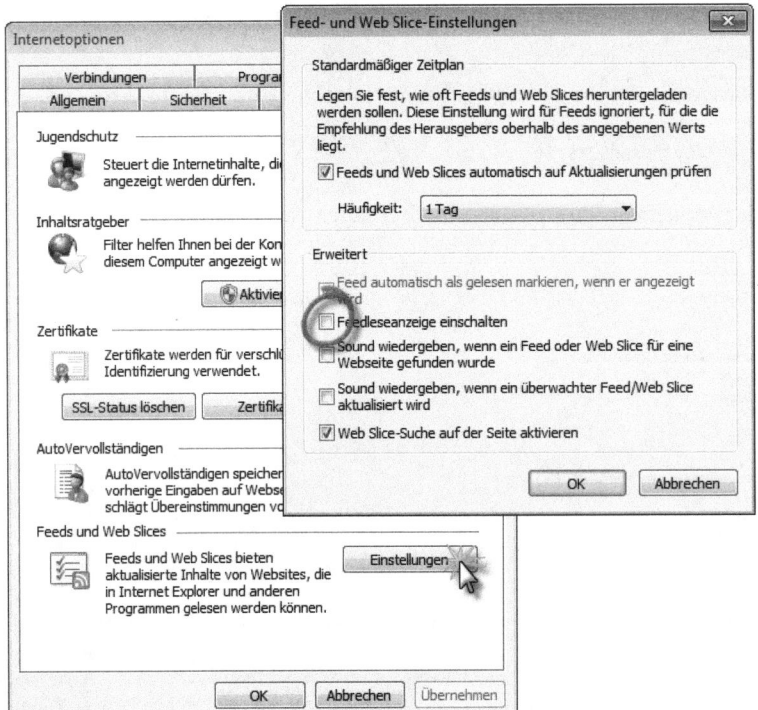

Abbildung 20.17 Ändern der
Browser-Optionen

Spätestens jetzt sollte auch eine Anzeige der XML-Daten erfolgen.

Einbinden des WCF Data Service in das Silverlight-Projekt

Damit der Client (Silverlight) mit den Informationen des WCF Data Service auch etwas anfangen kann, müssen wir einen Webverweis hinzufügen und damit auch entsprechende Proxy-Klassen erzeugen. Wählen Sie also das Silverlight-Projekt aus und fügen Sie eine Referenz auf den gerade erstellten WCF Data Service hinzu.

Konfigurieren der Silverlight-Oberfläche

Wie schon beim letzten Beispiel wollen wir es bei einer schlichten Oberfläche belassen, die lediglich aus einem *DataGrid* besteht. Beachten Sie auch die zwei Ereignishandler:

```
<UserControl x:Class="Daten.MainPage"
...
 xmlns:data="clr-namespace:System.Windows.Controls;assembly=System.Windows.Controls.Data"
        Loaded="UserControl_Loaded">
   <StackPanel>
 <data:DataGrid AutoGenerateColumns="True"  Name="dataGrid1" RowEditEnded="DataGrid1_RowEditEnded" />
   </StackPanel>
</UserControl>
```

Abrufen der Daten

Und damit sind wir auch hier fast schon am Ende angelangt. Wie auch bei den Webdiensten müssen Sie bei Verwendung der WCF Data Services darauf achten, dass Sie diese asynchron abrufen, der synchrone Zugriff wird von Silverlight nicht unterstützt.

Öffnen Sie also die Datei *MainPage.xaml.vb* und nehmen Sie folgende Erweiterungen vor:

```
...
Imports System.Data.Services.Client

Partial Public Class MainPage
    Inherits UserControl
```

Eine Instanz für die Proxy-Klasse:

```
    Dim svcContext As ServiceReference1.NorthwindEntities
...
```

Mit dem Laden der Seite beginnen die Aktivitäten:

```
    Private Sub UserControl_Loaded(ByVal sender As System.Object,
                              ByVal e As System.Windows.RoutedEventArgs)
```

DataContext mit Verweis auf den Datendienst erzeugen:

```
        svcContext = New ServiceReference1.NorthwindEntities(
                    New Uri("WcfDataService.svc", UriKind.Relative))
```

Da ein synchroner Zugriff nicht möglich ist, erzeugen wir eine *DataServiceQuery*:

```
        Dim query As DataServiceQuery(Of ServiceReference1.Products) = svcContext.Products
```

Diese wird asynchron ausgeführt:

```
        query.BeginExecute(New AsyncCallback(Sub(r)
```

Zuweisen der Rückgabedaten:

```
                DataGrid1.ItemsSource = query.EndExecute(r).ToList()
            End Sub), Nothing)
    End Sub
...
```

Wie Sie sehen, verwenden wir einen Lambda-Ausdruck für das Ende der asynchronen Operation, mit dem wir den Rückgabewert von *EndExecute* dem *DataGrid* als *ItemsSource* zuweisen.

Damit steht einem Test der Anwendung nichts mehr im Weg. Auch hier sollte nach kurzer Wartezeit (etwas mehr als bei den Webdiensten) ein gefülltes *DataGrid* angezeigt werden.

Bearbeiten der Daten

Doch wie sieht es eigentlich mit dem Bearbeiten der Daten aus? Auch das ist jetzt kein Problem mehr. Statt am Server, d.h. am WCF Data Service, herumzudoktern und endlose Erweiterungen vorzunehmen genügt es jetzt, wenn wir den Client entsprechend erweitern, der Datendienst verfügt bereits über die erforderliche Funktionalität.

Wir hatten ja bereits eine entsprechende Ereignisprozedur (*RowEditEnded*) für das *DataGrid* vorgesehen, kommen wir also jetzt zur Implementierung:

```
Private Sub DataGrid1_RowEditEnded(ByVal sender As System.Object,
             ByVal e As System.Windows.Controls.DataGridRowEditEndedEventArgs)
```

Zunächst benötigen wir den bearbeiteten Artikel, d.h. die *Products*-Instanz der bearbeiteten Zeile:

```
Dim p As ServiceReference1.Products = (TryCast(DataGrid1.ItemsSource,
         List(Of ServiceReference1.Products)))(e.Row.GetIndex())
```

HINWEIS   Mit Bezug auf die Ereignisparameter können Sie obiges schlecht lesbares Konstrukt verwenden, es geht aber alternativ auch so:

```
Dim p As ServiceReference1.Products = (TryCast(DataGrid1.SelectedItem,
                        ServiceReference1.Products))
```

Wir aktualisieren das Objekt zunächst noch lokal:

```
svcContext.UpdateObject(p)
```

Hier schreiben wir die Änderungen an den Server zurück, über das Ergebnis werden wir asynchron unterrichtet:

```
svcContext.BeginSaveChanges(New AsyncCallback(Sub(r)
```

Eine kurze Meldung sollte genügen:

```
                MessageBox.Show("Änderungen gesichert!")
            End Sub), True)
End Sub
```

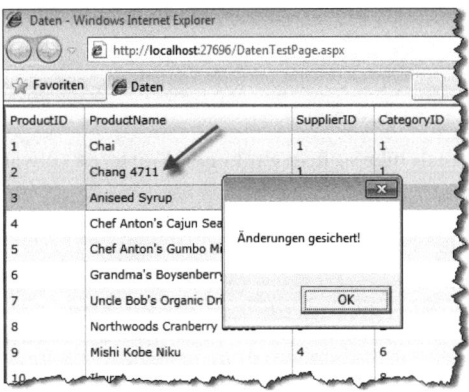

Abbildung 20.18 Die Rückmeldung

Ein Test wird Sie von der Funktionsfähigkeit überzeugen, ändern Sie einfach einen Produktnamen und warten Sie auf die Vollzugsmeldung per Messagebox.

Auf ähnliche Art und Weise lassen sich auch die anderen CRUD-Operationen realisieren, wir wollen an dieser Stelle nicht weiter darauf eingehen.

Arbeiten mit LINQ und Erweiterungsmethoden

Wer jetzt glaubt, dass damit alle Möglichkeiten der Data Services ausgeschöpft sind, dürfte sich täuschen. Auf dem Client müssen Sie nicht mit »dummen« Listen arbeiten, Sie können sich auch im fast unerschöpflichen Fundus von LINQ bedienen.

```
...
    svcContext = New ServiceReference1.NorthwindEntities(
                    New Uri("WcfDataService.svc", UriKind.Relative))
```

Hier steht die LINQ-Abfrage:

```
Dim query As DataServiceQuery(Of ServiceReference1.Products) = svcContext.Products.Take(5)
```

HINWEIS   Eine Typisierung des Abfrageergebnisses ist zwingend notwendig!

Alternativ können Sie zum Beispiel auch alle Artikel abfragen, die mit "A" beginnen:

```
Dim query As DataServiceQuery(Of ServiceReference1.Products) =
        svcContext.Products.Where(Function(p) p.ProductName.StartsWith("A"))
```

HINWEIS   Um Missverständnissen vorzubeugen: Bei den oben definierten Abfragen handelt es sich um die Vorlagen für die finalen SQL-Abfragen, d.h., im ersten Fall werden auch bloß 5 Elemente vom Server an den Client gesendet.

Mit einer einfachen Programmerweiterung können Sie auch die Uri-Befehle, die an den Server gesendet werden, ermitteln:

BEISPIEL

Anzeige der Abfragezeichenkette

```
...
    Dim query As DataServiceQuery(Of ServiceReference1.Products) =
            svcContext.Products.Where(Function(p) p.ProductName.StartsWith("A"))
    MessageBox.Show(query.RequestUri.ToString())
...
```

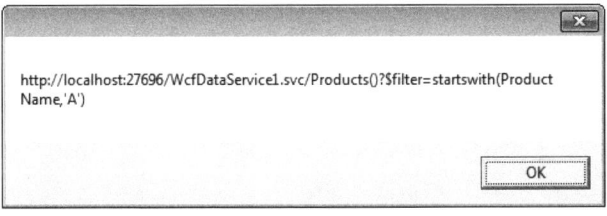

http://localhost:27696/WcfDataService1.svc/Products()?$filter=startswith(ProductName,'A')

OK

Abbildung 20.19 Das Ergebnis

Doch Vorsicht:

HINWEIS   Haben Sie die Daten einmal abgerufen und wenden Sie auf diese Ergebnisse LINQ-Abfragen an, werden diese lediglich auf dem Client ausgeführt.

Damit dürften Sie einen ersten Eindruck von der Leistungsfähigkeit der WCF Data Services gewonnen haben.

Kapitel 21

Komplexbeispiel Webshop

In diesem Kapitel:

Dieses Kapitel finden Sie als kostenlosen Zusatzinhalt auf der beiliegenden DVD.

Anhang A

Glossar

Begriff	Bedeutung	Bemerkung
ACE	Access Control Entries	Einträge in einer ACL
ACL	Access Control List	Zugangskontrollliste, dient der Rechteverwaltung
ADO	ActiveX Data Objects	ältere Datenzugriffstechnologie von Microsoft
ADO MD	ActiveX Data Objects Multidimensional	Objekte für Zugriff auf mehrdimensionale Datenstrukturen
ADO.NET		neue Datenzugriffstechnologie von Microsoft für .NET
ADS	Active Directory Service	Verzeichnisdienst
ANSI	American National Standard Institute	US-amerikanische Standardisierungsbehörde
API	Application Programming Interface	allgemeine Schnittstelle für den Anwendungsprogrammierer
ASCII	American Standard Code for Information Interchange	klassisches Textformat
ASP	Active Server Pages	Webseiten mit serverseitig ausgeführten Skripten
BLOB	Binary Large Object	binäres Objekt, z.B. Grafik
BO	Business Object	Geschäftsobjekt
CAO	Client Activated Objects	vom Client aktiviertes Objekt (.NET Remoting)
CGI	Common Gateway Interface	Möglichkeit für die Verarbeitung von Anfragen auf einem Webserver
CLI	Common Language Infrastructure	Standard für alle .NET-Programmiersprachen
CLR	Common Language Runtime	virtuelle Umgebung von .NET
COD	Click Once Deployment	neue Distributionsmöglichkeit in .NET 2.0
COM	Common Object Model	allgemeines Objektmodell von Microsoft
CRUD	Create Retrieve Update Delete	Abkürzung für die allgemeinen Datensatzoperationen
CSDL	Conceptual Schema Definition Language	Schemadefinitionssprache für Datenmodell (LINQ to Entities)
CSV	Comma Separated Variables	durch bestimmte Zeichen getrennte Daten (meist Komma)
CTS	Common Type System	Datentypen, die von .NET unterstützt werden
DAO	Data Access Objects	klassische Datenzugriffsobjekte
DC	Device Context	Gerätekontext
DCOM	Distributed Component Object Model	auf mehrere Rechner verteiltes COM
DES	Data Encryption Standard	Standard für die Verschlüsselung von Daten
DISCO	WebService Discovery	XML-Protokoll zum Aufsuchen von Webdiensten
DLL	Dynamic Link Library	Laufzeitbibliothek, die von mehreren Programmen benutzt werden kann
DQL	Data Query Language	Untermenge von SQL zur Datenabfrage
DDL	Data Definition Language	Untermenge von SQL zur Datendefinition
DML	Data Manipulation Language	Untermenge von SQL zur Datenmanipulation
DMO	Distributed Management Objects	Objekte z.B SQLDMO zum Administrieren des SQL Servers
DNS	Domain Name Service	Umwandlung von Domain-Namen in IP-Adresse
DOM	Document Object Model	objektorientiertes Modell für den Zugriff auf strukturierte Dokumente

Begriff	Bedeutung	Bemerkung
DSN	Data Source Name	Name einer Datenquelle
DTD	Document Type Definition	Definition der XML-Dokumentenstruktur
DTS	Data Transformation Services	SQL-Server-Dienst, zum Transformieren von Daten
EDM	Entity Data Model	Konzeptionelles Modell des ADO.NET Entity Framework
ERM	Entity Relationship Model	Datenzugriffs-API im EDM
ESQL	Entity SQL	Abfragesprache für das Entity-Datenmodell
FCL	Framework Class Library	.NET-Klassenbibliothek
FSM	Finite State Machine	Endlicher Zustandsautomat
FTP	File Transfer Protocol	Internet-Protokoll für Dateitransfer
FQDN	Full Qualified Domain Name	Host-Name des Servers in URL
FSO	File System Objects	Objektmodell für Zugriff auf Laufwerke, Verzeichnisse und Dateien
GAC	Global Assembly Cache	allgemein zugänglicher Speicherbereich für Assemblies
GC	Garbage Collection	»Müllsammlung« (Freigabe von Objekten)
GDI	Graphical Device Interface	Grafikfunktionen der Windows API
GDI+	Graphical Device Interface	Grafikklassenbibliothek von .NET
GLS	Gleichungssystem	Begriff der numerischen Mathematik
GUI	Graphical User Interface	grafische Benutzerschnittstelle
GUID	Global Unique Identifier	eindeutiger Zufallswert (128 Bit) zur Kennzeichnung von Klassen
HTML	Hypertext Markup Language	Sprache zur Gestaltung statischer Webseiten
HTTP	Hypertext Transfer Protocol	Protokoll für Hypertextdokumente
ICMP	Internet Control Message Protocol	Nachrichtenprotokoll im Internet
ID	Identifier	Identifikationsschlüssel
IDC	Internet Database Connector	... enthält Infos zum Herstellen einer Verbindung bzw. Ausführen von SQL
IDE	Integrated Development Environment	Integrierte Entwicklungsumgebung
IE	Internet Explorer	... oder Internet Browser
IIS	Internet Information Server	... oder Internet Information Services
IL	Intermediate Language	Zwischencode von .NET
ISAM	Indexed Sequence Access Method	indexsequenzielle Zugriffsmethode
ISAPI	Internet Server API Interface	Web-Anwendung (DLL) für IIS und IE
Jet	Joint Engineers Technology	lokales Datenbanksystem von Microsoft
JIT	Just In Time	Compilieren zur Laufzeit
JRO	Jet and Replication Objects	ADO-Zusatzbibliothek
LAN	Local Area Network	lokales Rechnernetzwerk
LINQ	Language Integrate Query	Eine in die jeweilige Programmiersprache integrierte Abfragesprache für unterschiedlichste Arten von Daten (XML, Objektlisten, ...)

Begriff	Bedeutung	Bemerkung
MARS	Multiple Active Results Sets	Mehrfachverwendung einer Connection (SQL Server 2005)
MDA	Model Driven Architecture	Anwendungsentwicklung auf Basis von Modellen
MDAC	Microsoft Data Access Components	Datenzugriffskomponenten (ab Version 2.6), müssen auf Zielcomputer installiert sein
MEX	Metadata Exchange	Austausch von WCF-Metadaten
MIME	Multipurpose Internet Mail Extensions	standardisierte Dateitypen für Internet-Nachrichten
MMC	Microsoft Management Console	Rahmenanwendung für administrative Aufgaben
MS	Microsoft	Software-Gigant
MSDE	Microsoft Data Engine	abgerüstete SQL Server-Datenbank-Engine
MSDN	Microsoft Developers Network	eine (fast) unerschöpfliche Informationsquelle für den Windows-Programmierer
MSIL	Microsoft Intermediate Language	Zwischencode für .NET
MSL	Mapping Schema Language	Beschreibungssprache für Zuordnungsschicht (LINQ to Entities)
MSXML	Microsoft XML Core Services	
ODBC	Open Database Connectivity	allgemeine Datenbankschnittstelle
OLAP	On-Line Analytical Processing	
OLE	Object Linking and Embedding	Microsoft-Technologie zum Verknüpfen und Einbetten von Objekten
OLE DB		Schnittstelle für den universellen Datenzugriff
OOP	Object Oriented Programming	Objektorientierte Programmierung
ORM	Object Relational Mapping	Objektrelationales Mapping
PAP	Programmablaufplan	
POP3	Post Office Protocol Version 3	Posteingangsserver
RAD	Rapid Application Development	schnelle Anwendungsentwicklung
RDBMS	Relational Database Management System	Relationales Datenbank-Management-System
RDL	Report Definition Language	XML-basierte Beschreibungssprache für Microsoft Reporting Services
RDS	Remote Data Services	Objektmodell für Datenverkehr mit Remote Server
RPC	Remote Procedure Call	Aufruf einer entfernten Methode
RTF	Rich Text Format	allgemeines Format für Austausch von Texten
RTL	Runtime Library	Laufzeitbibliothek
SAO	Server Activated Object	vom Server aktiviertes Objekt (.NET Remoting)
SDK	Software Development Kit	Entwickler-Tools
SGML	Standard Generalized Markup Language	Regelwerk zur Definition von Auszeichnungssprachen für Dokumente
SMO	SQL Management Objects	managed Code-Libraries zur Verwaltung und Analyse des SQL Servers
SMTP	Simple Mail Transport Protocol	TCP/IP-Protokoll für die Übertragung von Nachrichten zwischen einzelnen Computern
SOAP	Simple Object Access Protocol	Protokoll zum XML-basierten Zugriff auf Objekte

Begriff	Bedeutung	Bemerkung
SOM	Schema Object Model	zusätzliche APIs für den Zugriff auf XML Schema-Dokumente
SQL	Structured Query Language	Abfragesprache für Datenbanken
SQLDMO	SQL Distributed Management Objects	Library für Verwaltung des MS SQL Servers
SSDL	Store Schema Definition Language	Beschreibungssprache für logische Schicht (LINQ to Entities)
SSL	Secure Socket Layer	Sicherheitsprotokoll für Datenübertragung
SSPI	Security Service Provider Interface	API für Authentifizierung und Vergabe von Zugriffsberechtigungen
TCP/IP	Transmission Control Protocol/Internet Protocol	Netzwerkprotokoll zum Datentransfer, IP-Adresse ist 32-Bit-Zahl
TPH	Table-per-hierarchy	Umsetzung von Vererbungsbeziehungen (LINQ to Entities)
UDDI	Universal Description, Discovery and Integration	Technologie zum Durchsuchen nach Webdiensten
UDF	User Defined Function	benutzerdefinierte Funktion (SQL Server)
UDL	Unified Data Link	standardisierte Datenverbindung
UDP	Unified Data Protocol	standardisiertes Datenprotokoll
UI	User Interface	Benutzerschnittstelle
UML	Unified Modelling Language	Sprache zur Beschreibung von Objektmodellen
UNC	Uniform Naming Convention	System zur Benennung von Dateien in vernetzten Umgebungen
URL	Uniform Resource Locator	Web-Adresse
WCF	Windows Communication Foundation	moderne Technologie für Datenaustausch zwischen Anwendungen
WMI	Windows Management Instrumentation	Klassen zur Windows-Administration
WPF	Windows Presentation Foundation	Framework für das Erstellen interaktiver Oberflächen (langfristiger Nachfolger für Windows Forms)
WSDL	Web Services Description Language	XML-basierte Beschreibungssprache für Webdienste
WSE	Webservice Enhancements	Webdienst-Erweiterungen von Microsoft
WWW	World Wide Web	Teil des Internets
XAML	eXtensible Application Markup Language	XML-Beschreibung für Windows-Oberflächen
XML	Extensible Markup Language	universelle textbasierte Beschreibungssprache
XSD	XML Schema Definition Language	XML-Dialekt zur Beschreibung von Datenstrukturen
XSLT	Extensible Stylesheet Language Transformations	Technologie zum Transformieren der Struktur von XML-Dokumenten

Anhang B

Wichtige Dateiendungen

Extension	Beschreibung
.ascx	Web-Benutzersteuerelemente
.asp	Active Server Pages
.aspx	Webform
.aspx.vb	Quellcode für Webform
.cd	vom Klassen Designer angelegte Datei
.config	Konfigurationsdatei der Anwendung
.vbproj	VB-Projektdatei
.css	StyleSheet
.dbml	LINQ to SQL Schemabeschreibung
.deploy	Dateien für Click Once Deployment
.designer.vb	LINQ to SQL-/EDM-Mapperklassen
.disco	Static Discovery File
.dll	Assembly (Klassenbibliothek)
.edmx	Schemabeschreibung für Entity-Relationship-Modell
.exe	Assembly (ausführbare Datei)
.htm	HTML-Datei
.manifest	Deployment Manifest
.pdb	Debug-Infos (Program Debug Database)
.resources	Ressourcen-Datei
.resx	Ressourcen-Datei (Xml)
.rdl	Xml-Report (Reporting Services)
.rdlc	lokaler Xml-Report
.rpt	Crystal Report
.settings	Anwendungseinstellungen (Visual Studio Settings)
.sln	Visual Studio Projektmappe
.suo	Benutzereinstellungen Visual Studio
.vb	VB-Quellcodedatei
.vshost.exe	Visual Studio Host zum Laden der Assembly
.wsf	Skript für Windows Scripting Host
.xsd	XML Schema für XML-Dokumente
.xslt	XML-Transformationsdatei
default.aspx	Standardseite für Web
global.asax	Globale Ereignisse für die Webanwendung
web.config	WEB-Konfiguration
web.sitemap	Inhaltsverzeichnis des Webs für die Navigation

Northwind versus Nordwind

Die folgende Gegenüberstellung vergleicht die Strukturen der *Northwind*-Datenbank des Microsoft SQL Servers mit der im Buch hauptsächlich verwendeten *Nordwind*-Datenbank von Microsoft Access.

HINWEIS   Die kursiv hervorgehobenen Spaltenbezeichner der Datenbank *Nordwind.mdb* wurden gegenüber der Originalversion geringfügig geändert, um Probleme mit gleichnamigen SQL-Befehlswörtern (*POSITION*), Sonderzeichen und Umlauten zu vermeiden bzw. um den SQL-Code überschaubarer zu machen.

Customers (Northwind)		Kunden (Nordwind)	
CustomerID	nchar(5)	*KundenCode*	Text(5)
CompanyName	nvarchar(40)	Firma	Text(40)
ContactName	nvarchar(30)	Kontaktperson	Text(30)
ContactTitle	nvarchar(30)	*Funktion*	Text(30)
Address	nvarchar(60)	*Strasse*	Text(60)
City	nvarchar(15)	Ort	Text(15)
Region	nvarchar(15)	Region	Text(15)
PostalCode	nvarchar(10)	PLZ	Text(10)
Country	nvarchar(15)	Land	Text(15)
Phone	nvarchar(24)	Telefon	Text(24)
Fax	nvarchar(24)	Telefax	Text(24)

Orders (Northwind)		Bestellungen (Nordwind)	
OrderID	int(4)	*BestellNr*	AutoWert
CustomerID	nchar(5)	*KundenCode*	Text(5)
EmployeeID	int(4)	*PersonalNr*	Zahl(Long Int)
OrderDate	datetime	Bestelldatum	Datum/Uhrzeit
RequiredDate	datetime	Lieferdatum	Datum/Uhrzeit
ShippedDate	datetime	Versanddatum	Datum/Uhrzeit
ShipVia	int(4)	*VersandUeber*	Zahl(Long Int)
Freight	money(8)	Frachtkosten	Währung
ShipName	nvarchar(40)	*Empfaenger*	Text(40)
ShipAddress	nvarchar(60)	*Strasse*	Text(60)
ShipCity	nvarchar(15)	Ort	Text(15)
ShipRegion	nvarchar(15)	Region	Text(15)
ShipPostalCode	nvarchar(10)	PLZ	Text(10)
ShipCountry	nvarchar(15)	Bestimmungsland	Text(15)

OrderDetails (Northwind)		Bestelldetails (Nordwind)	
OrderID	int(4)	*BestellNr*	Zahl (Long Int)
ProductID	int(4)	*ArtikelNr*	Zahl (Long Int)
UnitPrice	money(8)	Einzelpreis	Währung
Quantity	smallint(2)	Anzahl	Zahl (Int)
Discount	real(4)	Rabatt	Single

Products (Northwind)		Artikel (Nordwind)	
ProductID	int (4)	*ArtikelNr*	AutoWert
ProductName	nvarchar (40)	Artikelname	Text (40)
SupplierID	int (4)	*LieferantenNr*	Zahl (Long Int)
CategorieID	int (4)	*KategorieNr*	Zahl (Long Int)
QuantityPerUnit	nvarchar (20)	Liefereinheit	Text (25)
UnitPrice	money (8)	Einzelpreis	Währung
UnitsInStock	smallint	Lagerbestand	Zahl (Int)
UnitsOnOrder	smallint	BestellteEinheiten	Zahl (Int)
ReorderLevel	smallint	Mindestbestand	Zahl (Int)
Discontinued	bit	Auslaufartikel	Ja/Nein

Categories (Northwind)		Kategorien (Nordwind)	
CategorieID	int(4)	*KategorieNr*	AutoWert
CategorieName	nvarchar(15)	Kategoriename	Text(20)
Description	ntext	Beschreibung	Memo
Picture	image	Abbildung	OLE-Objekt

Suppliers (Northwind)		Lieferanten (Nordwind)	
SupplierID	int(4)	*LieferantenNr*	AutoWert
CompanyName	nvarchar(40)	Firma	Text(40)
ContactName	nvarchar(30)	Kontaktperson	Text(30)
ContactTitle	nvarchar(30)	*Funktion*	Text(30)
Address	nvarchar(60)	*Strasse*	Text(60)
City	nvarchar(15)	Ort	Text(15)
Region	nvarchar(15)	Region	Text(15)
PostalCode	nvarchar(10)	PLZ	Text(10)

Suppliers (Northwind)		Lieferanten (Nordwind)	
Country	nvarchar(15)	Land	Text(15)
Phone	nvarchar(24)	Telefon	Text(24)
Fax	nvarchar(24)	Telefax	Text(24)
HomePage	ntext	Homepage	Hyperlink

Employees (Northwind)		Personal (Nordwind)	
EmployeeID	int(4)	*PersonalNr*	AutoWert
LastName	nvarchar(20)	Nachname	Text(20)
FirstName	nvarchar(10)	Vorname	Text(10)
Title	nvarchar(30)	*Funktion*	Text(30)
TitleOfCourtesy	nvarchar(25)	Anrede	Text(25)
BirthDate	datetime	Geburtsdatum	Datum/Uhrzeit
HireDate	datetime	Einstellung	Datum/Uhrzeit
Address	nvarchar(60)	*Strasse*	Text(60)
City	nvarchar(15)	Ort	Text(15)
Region	nvarchar(15)	Region	Text(15)
PostalCode	nvarchar(10)	PLZ	Text(10)
Country	nvarchar(15)	Land	Text(15)
HomePhone	nvarchar(24)	*TelefonPrivat*	Text(24)
Extension	nvarchar(4)	*DurchwahlBuero*	Text(4)
PhotoPath	nvarchar(255)	Foto	Text(255)
Notes	ntext	Bemerkungen	Memo
ReportsTo	int(4)	*Vorgesetzter*	Zahl (Long Int)

Shippers (Northwind)		Versandfirmen (Nordwind)	
ShipperID	int(4)	*FirmenNr*	AutoWert
CompanyName	nvarchar(40)	Firma	Text(40)
Phone	nvarchar(24)	Telefon	Text(24)

Stichwortverzeichnis